Für die Fundortsangaben verwendete Abkürzungen:

A	=	Alpen
J	=	Jura
M	=	Mittelland; mit Höhen (Molasseberge) bis über 1200 u. 1400 m (Gäbris in Appenzell, Napf in Bern/Luzern usw.), die subalpine Arten beherbergen (hierauf die Angaben «M» bei Alpenpflanzen zu beziehen)
S	=	Schwarzwald
T	=	Tessin
V	=	Vogesen
Aarg.	=	Aargau
Ao.	=	Aostatal
Bad.	=	Baden
Belf.	=	Territorium Belfort
Bergam.	=	Bergamaskeralpen
Chiav.	=	Chiavenna
Co.	=	Comerseegebiet (Comasco)
Els.	=	Elsass (Rheinebene, Sundgau)
Graub.	=	Graubünden
Neuenb.	=	Neuenburg
Sav.	=	Savoyen
Schaffh.	=	Schaffhausen
-schw.	=	-schweiz, z.B. Nordschw. = Nordschweiz
Sol.	=	Solothurn
Thurg.	=	Thurgau
Var.	=	Gebiet von Varese (Varesotto)
s. hfg.	=	sehr häufig
hfg.	=	häufig
verbr.	=	verbreitet
zerstr.	=	zerstreut
s.	=	selten
s. s.	=	sehr selten
adv.	=	adventiv (= eingeschleppt, Ankömmling)
kult.	=	kultiviert
u.a.	=	und anderwärts

DR. AUGUST BINZ

Schul- und Exkursionsflora für die Schweiz

mit Berücksichtigung der Grenzgebiete

Bestimmungsbuch für die wildwachsenden Gefässpflanzen

Achtzehnte Auflage (92.–99. Tausend)

Vollständig überarbeitet und erweitert von

DR. CHRISTIAN HEITZ

mit 860 Figuren von Marilise Rieder

SCHWABE & CO AG · VERLAG · BASEL   1986

Die früheren Auflagen sind wie folgt erschienen:

1. Auflage 1920	10. Auflage 1961
2. Auflage 1927	11. Auflage 1964
3. Auflage 1934	12. Auflage 1966
4. Auflage 1940	13. Auflage 1968
5. Auflage 1945	14. Auflage 1970
6. Auflage 1949	15. Auflage 1973
7. Auflage 1953	16. Auflage 1976
8. Auflage 1957	17. Auflage 1980
9. Auflage 1959	

Adresse des Herausgebers:

Dr. Christian Heitz
Botanisches Institut der Universität
CH-4056 Basel
Schönbeinstrasse 6

Inhaltsverzeichnis

*Die Abkürzungen befinden sich auf der Innenseite
des vorderen Deckels*

Vorwort zur achtzehnten Auflage

Die «Schul- und Exkursionsflora für die Schweiz» erschien erstmals 1920. Der Verfasser, August Binz, hatte dem Werk damals das Engler'sche System zugrundegelegt, das später auch Alfred Becherer, der Bearbeiter der achten bis siebzehnten Auflage (1957–1976), beibehielt.

Die vorliegende achtzehnte Auflage ist völlig überarbeitet und erweitert worden; auf die wichtigsten Veränderungen möchte ich hier besonders hinweisen, sie betreffen einerseits die Grundlagen und den Stoff des Werks, andererseits seinen praktischen Gebrauch.

In den letzten Jahrzehnten hat die Botanik dank ihrer verfeinerten Methoden neue Erkenntnisse über die verwandtschaftlichen Beziehungen der Pflanzen gewonnen. Diese neuen Erkenntnisse sind in diese Neuausgabe der «Flora» eingearbeitet. Die Anordnung der Taxa entspricht nun dem System, das F. Ehrendorfer im Strasburgerschen «Lehrbuch der Botanik» gibt. Die Nomenklatur basiert jetzt weitgehend auf Ehrendorfers «Liste der Gefässpflanzen Mitteleuropas»; in einigen Fällen wurden neuere Arbeiten berücksichtigt (Pteridophyta, Pulmonaria u.a.). Neu eingefügt wurden zahlreiche Klein- und Unterarten; sie sind kleingedruckt und eingerückt und können vom Schüler, dem sie das Bestimmen erschweren würden, übergangen werden. Dem Fachbotaniker jedoch werden die Ergänzungen eine feinere Unterscheidung einzelner Sippen erlauben.

Dem besseren Gebrauch des Buches wurde spezielle Aufmerksamkeit geschenkt und einigen Benützerwünschen Rechnung zu tragen versucht. So sind die im Text verwendeten Abkürzungen zusätzlich auf der Vorsatzblätter gedruckt, wo sie leicht auffindbar sind. Um beim Bestimmen eine Zwischenkontrolle zu ermöglichen, sind den einzelnen Pflanzenfamilien kurze Diagnosen vorangestellt; die Tabellen für die Bestimmung der Familien wurden besser gegliedert, die Figuren ergänzt, neu gezeichnet, mit neuer Numerierung versehen und besser plaziert, alles mit der Absicht, das Auffinden und damit das Bestimmen zu erleichtern. Eine wesentliche Verbesserung erfahren auch die Standorts- und Verbreitungsangaben: Die Standortsangaben wurden ergänzt und neu mit Höhenverbreitungsangaben versehen; die Verbreitungsangaben wurden nachgeführt und, wo es gegeben schien, durch Hinweise auf ein Vorkommen der Pflanze ausserhalb des Grenzgebiets erweitert. Den Verbreitungsangaben der einzelnen Arten haben wir zudem in eckigen Klammern die entsprechende Abbildungsnummer des «Taschenatlas der Schweizerflora» von Ed. Tommen angefügt, um eine parallele Benützung von «Flora» und «Atlas» zu ermöglichen.

Schliesslich sind am Ende des Bandes, vor dem Register, die morphologischen Fachausdrücke in einem neuen, eigenen Index zusammengestellt.

Bei der Bearbeitung haben mich in zuvorkommender Weise unterstützt: Frau M. Rieder, Basel, die fast sämtliche Abbildungen neu zeichnete; Herr Dr. H. P. Rieder, Basel, der die Höhenangaben einfügte, beim Lesen der Korrekturen behilflich war und den Index zur «Erklärung der morphologischen Fachausdrücke» erstellte; durch Hinweise und Anregungen hat er wesentlich zum Gelingen beigetragen.

Die Bearbeitung einzelner Sippen besorgten: Dr. M. Bolliger, Bern, *Pulmonaria*; E. Lautenschlager, Basel, *Salix*. Durch Mitteilungen, Verbesserungsvorschläge und Anregungen haben mitgeholfen: Frau Dr. I. Markgraf-Dannenberg, Zürich, *Festuca*; Prof. Dr. E. Landolt, Zürich, *Cardamine pratensis*; Dr. H. P. Fuchs, Trin-Vitg (Graubünden), *Androsace carnea* u.a.; Prof. Dr. T. Reichstein, Basel, *Pteridophyta*.

Sachdienliche Hinweise gaben: P. Güntert, Greifensee (Zürich); Frau Dr. A. K. Heitz, Riehen (Basel); Andreas Huber, Basel; D. Korneck, Bonn (BRD); Dr. H. J. Müller, Niederdorf (Baselland); Dr. M. Schwarz, Basel; Dr. C. Simon, Basel; Prof. Dr. H. Teppner, Graz (Österreich); Prof. Dr. H. Zoller, Basel.

Den genannten und allen Benützern der früheren Auflagen des «Binz» gebührt mein bester Dank für Hinweise auf Fehler, für Kritik und Anregungen, die dazu beigetragen haben, dass das Werk in der nun vorliegenden Form hat erscheinen können. Ich wünsche, dass sie mich auch weiterhin durch ihre Mitarbeit unterstützen.

Dem Verlag Schwabe & Co. AG, Basel, danke ich für die sorgfältige Ausführung und das mir stets entgegengebrachte Verständnis und Vertrauen.

Möge auch die achtzehnte Auflage der «Flora» eine wohlwollende Aufnahme finden, allen Naturfreunden ein treuer Begleiter auf den Exkursionen bleiben und den Benützern den Zugang zur Pflanzenwelt erleichtern.

Basel, im Herbst 1985   CH. HEITZ

Anleitung zum Gebrauch des Buches

Vergleiche auch: «Beispiel einer Bestimmung» auf S. 12

Um den Namen einer Pflanze zu ermitteln, suche man zuerst die Familie, dann die Gattung und schliesslich die Art. Bei der Feststellung der Merkmale ist es ratsam, nicht nur ein einziges Exemplar (oder eine einzige Blüte), sondern, wenn möglich, mehrere Exemplare derselben Art (oder mehrerer Blüten) zu untersuchen, da gelegentlich Abweichungen vom Typus vorkommen.

Zur Bestimmung der Familie sind der Tabelle, die vom sog. natürlichen System ausgeht, noch Tabellen beigefügt, denen die Linnéschen Klassen (Sexualsystem) zugrunde liegen. Die Benützung dieser führt oft rascher zum Ziel; sie kann auch als Kontrollbestimmung von Wert sein. Man beginne in der Tabelle mit Nr. 1 links und lese beide Sätze. Der gültige weist rechts auf eine Nummer, die vorn links wieder aufzusuchen ist; man vergleiche dort wieder beide Sätze usw. So findet man schliesslich den Namen der Familie und die zugehörige Ordnungszahl.

Die Tabellen zur Bestimmung der Gattung sind in der gleichen Weise eingerichtet.

Zur Bestimmung der Art ist die Gattung ebenfalls mit Hilfe von Gegensätzen gegliedert. Dabei wurde, wo dies möglich war, jede Art einzeln abgetrennt, oder es wurden je zwei Arten einander gegenübergestellt.

Jede Art ist mit einer kurzen Diagnose versehen.

Die Blütezeit oder, bei den Pteridophyten, die Zeit der Sporenreife ist durch die Zahlen 1–12 angegeben, wobei 1 = Januar, 2 = Februar usw. bedeuten. Die Blütezeit kann variieren: Gebirgspflanzen blühen auf der Südseite der Alpen, wo sie herabsteigen, früher als angegeben; umgekehrt blühen Arten der Hügelstufe an den Stellen, wo sie hoch aufsteigen, später.

Auf die Angaben der Blütezeit folgen solche über Verbreitung und Vorkommen.

Wenn bei *J* in Klammern eine nähere Ortsbezeichnung (z.B. «bis Chasseral») steht, so heisst dies, dass die betreffende Art dort für den Schweizer Jura ihr nordöstlichstes Vorkommen aufweist.

Die für die vertikale Verbreitung der Sippen angenommenen Bezeichnungen sind: *Kollin = kolline Stufe* oder *Hügelstufe*, bis zur oberen Grenze der Rebkultur; bis 600 m (800 m in den Zentralalpen). – *Montan = montane Stufe* oder *Bergstufe* (Laubwaldstufe), von der Grenze der Rebkultur bis zur oberen Grenze des Laubwaldes; bis 1300 (1700) m. In den Alpentälern mit kontinentalem Klima wird der Laubwald durch den Föhrenwald (gebildet durch Pinus silvestris) ersetzt. – *Subalpin = subalpine Stufe* (Nadelwaldstufe), von der Grenze des Laubwaldes bis zur Baumgrenze; bis

1900 (2250) m. – *Alpin* = *alpine Stufe*, von der Baumgrenze bis zur Schneegrenze; bis 2500 (3200) m. – *Nivale Stufe* oder *Schneestufe*, von der Schneegrenze aufwärts. In Klammern gesetzte Angaben über die Höhenverbreitung, etwa (Montan-)subalpin-alpin, bedeuten, dass die vertikale Hauptverbreitung in der subalpinen bis alpinen Stufe liegt, ein Vorkommen in der montanen Stufe zwar möglich, aber eher selten ist.

Die Ausdrücke *Fundort* und *Standort* bezeichnen grundsätzlich Verschiedenes: Fundort ist ein geographischer Begriff (z.B. Biel, Zernez, Chasseron), Standort ein ökologischer (z.B. Wiese, Weide, Torfmoor). In sehr vielen Fällen sind zur Angabe der geographischen Verbreitung nicht Fundorte, sondern Fundbezirke oder grössere Fundgebiete aufgeführt (z.B. Engadin, Wallis, Jura, Alpen); bei allgemein verbreiteten Arten steht überhaupt keine geographische Angabe. Die für die Fundortsangaben benützten Abkürzungen stehen auf den Vorsatzblättern.

Der Benützer der «Flora» wird beim Bestimmen mit Vorteil auch das ausgezeichnete und gleich handliche floristische Abbildungswerk zu Rate ziehen: den «Taschenatlas der Schweizer Flora» von *E. Thommen.* Die nach den Verbreitungsangaben folgende, in ekkige Klammern gesetzte Zahl entspricht den Abbildungsnummern dieses Werks und erleichtert das Auffinden der zugehörigen Darstellungen (vgl. S. 19, Bibliographie). – Die Verbreitung der Schweizer Flora nach geographischen Distrikten hat 1973 *A. Becherer* in seinem «Führer durch die Flora der Schweiz» dargestellt (vgl. ebenda).

Grenzgebiete

Die Grenzgebiete sind in der nachstehenden Reihenfolge aufgeführt: Badisches und elsässisches Grenzgebiet von Basel: Rheinebene, Kaiserstuhl, Schwarzwald, Sundgau, Vogesen; Territorium Belfort; Französischer Jura von der Ajoie bis Genf (näheres unten); Ain; Savoyen; Piemont: Aostatal, Val Sesia, Ossolatäler, Ortasee, Langensee; Lombardei: Langensee, Varesotto, Comasco, Chiavennese, Veltlin, Bormio; Ortlermassiv; Oberer Vintschgau (Val Venosta); oberstes Stück des tirolischen Inntals; Vorarlberg; Liechtenstein; Bodenseegebiet; Hegau; Badischer Jura und südliche Ausläufer; Rheintal Waldshut–Basel; Schwarzwald.

Über die Grenzen ist folgendes zu sagen:

Grenzgebiete von Basel und von Pruntrut: Die Grenzlinie verläuft: In *Baden:* Sponeck (Rhein) – Bahlingen – Dreisamkanal – Freiburg – Höllental – Titisee – Schluchsee – St. Blasien; von hier geht für die Basler Flora die Grenze südwärts durch das Albtal nach Albbruck (Rhein), für die Schweizer Flora aber ostwärts nach Füetzen im Norden des Kantons Schaffhausen; in *Frankreich:* Rhein – Canal de Colmar – Colmar – Trois Epis – Lac Noir – Lac de Longemer – Lac de Gérardmer – La Bresse – Tal der Moselotte – Cornimont – Le Thillot – Ballon d'Alsace; von hier längs der Westgrenze des Territorium Belfort südwärts bis zur Schweizer Grenze bei Fahy (Ajoie).

Französischer Jura: Die Grenze verläuft von Fahy (Ajoie) zum östlichen Teil der Lomont-Kette, dann: Tal des Dessoubre – Doubs – Pontarlier – Doubs – Morez – Tal der Valserine – Bellegarde – Mont Vuache – Salève. Besançon, Salins und St-Claude sind ausgeschlossen. In den meisten Fällen betrifft die Angabe «Französ. Jura» den Hochjura der Gegend von Genf (Reculet-Kette; Dép. de l'Ain); öfters sind mitbegriffen Salève und Mont Vuache (Savoyer Jura).

Die Grenzlinie in Savoyen verläuft wie folgt: Bellegarde – Seyssel – Frangy – Cruseilles – Bonneville – Cluses – Chamonix (Gebiete: Savoyer Jura, Savoyer Teil des Genfersees, Savoyer Kalkalpen und ein kleines Stück der Savoyer Granitalpen). Allonzier und die Balme de Sillingy im Süden des Salève sind ausgeschlossen.

Es sind also im französischen Grenzgebiet von Genf die Grenzen nicht so weit gezogen wie in der französischen Ausgabe der «Flora» und viel enger als im «Taschenatlas» von Thommen.

Von Chamonix verläuft die Grenze nach Courmayeur und ins Aostatal: sie folgt in diesem Tal dem Hauptfluss (Dora Baltea), und zwar abwärts bis Pont-St-Martin. Die nördlichen (penninischen) Seitentäler sind eingeschlossen, dagegen nur ausnahmsweise die südlichen (grajischen) Täler: auch hier gehen wir nicht so weit wie Thommen.

Dann lassen wir aus praktischen Gründen die Südgrenze auf eine längere Distanz als eine künstliche Linie folgen: Pont-St-Martin – Varallo – Arona – Varese – Como – Lecco (in diesem letzten Stück mit Einschluss der Seen der Brianza).

Von Lecco verläuft die Linie nordwärts: Valsassina – Monte Legnone (dieser eingeschlossen) – Morbegno im Veltlin. Sie folgt in diesem Tal der Adda aufwärts bis Bormio. Die südlich des Flusses gelegenen Orobischen Alpen sind, wiederum anders als bei Thommen, in der Regel ausgeschlossen.

Die Grenze geht dann weiter: Bormio – Ortler – Schlanders im Vintschgau – Glurns – Reschenpass – Nauders – Pfunds. Von hier biegt die Linie ab nach Westen zum Grenzpunkt Vorarlberg – Schweiz – Liechtenstein; dann folgt sie nordwärts streichend der Ostgrenze von Liechtenstein und gewinnt, in Rheinnähe bleibend, über das vorarlbergische Feldkirch den Bodensee.

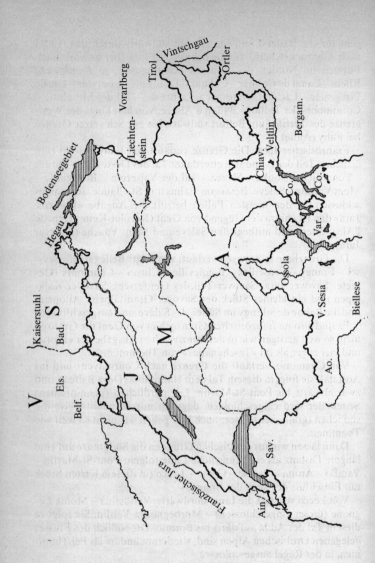

Im Bodenseegebiet ist nur der seenahe Teil berücksichtigt. Die Grenzen des Kantons Schaffhausen werden im Norden und Nordwesten nur wenig überschritten. Vom nördlichen Grenzgebiet Schaffhausens geht die Linie westlich zum Schwarzwald nach St. Blasien (weiterer Verlauf vorstehend).

In einzelnen Fällen wurden auch Arten mitberücksichtigt, welche ausserhalb der Gebietsgrenzen liegen; ebenso Fundortsangaben insbesondere südl. der Dora Baltea (Ao.) und in den Bergamasker Alpen (Bergam.), ohne Vollständigkeit anzustreben.

Bemerkungen

1. «Bad.» und «Els.» wird in den Fällen, wo eine Art bei Basel auf Schweizerboden noch heute mehrfach vorkommt, in der Regel nicht zugefügt.

«Französ. Jura» wird nicht zugefügt, wenn es in der «Flora» heisst: «J (bis ...)».

«Ain» und «Sav.» wird in der Regel nicht zugefügt bei Arten, die im Kanton Genf nicht selten sind.

«Piemont» steht bei alpinen Arten, die in Piemont in mehreren Tälern (Aostatal, Bielleser Alpen, Val Sesia, Ossolatäler) vorkommen.

Aostatal: «Ao.» wird in der Regel nicht zugefügt bei alpinen Arten, die im Wallis in der penninischen Kette, d.h. im Grenzgebiet von Aosta, an zahlreichen Stellen vorkommen (z.B. Potentilla nivea, Oxytropis foetida und helvetica). Für die Arten des Walliser Rhonetales gilt: In der Regel wird «Ao.» nur angegeben bei Arten, die sich in der Schweiz nur im Wallis finden und deren Auftreten im Aostatal eine Parallele zum Wallis bildet.

Südliche (meist insubrische) Grenzzone: Bei im Tessin allgemein verbreiteten oder doch nicht seltenen Arten werden die Grenzgebiete (Langensee, Var., Co.) meist nicht zugefügt (z.B. Ruscus, Cytisus scoparius, Silene otites, Dianthus seguieri, Cardamine bulbifera); ferner in der Regel nicht bei eingebürgerten Arten (Ausnahmen z.B. Duchesnea indica, Commelina).

«Bormio» wird nicht zugefügt bei alpinen Arten, die im benachbarten Kanton Graubünden (Ofenpass, Münstertal) von mehreren Stellen bekannt sind (z.B. Thalictrum alpinum, Primula glutinosa).

«Hegau» und «Badischer Jura» wird in der Regel nicht zugefügt, wenn eine Art im Kanton Schaffhausen vorkommt.

2. Unter «Ossolatal» (Valle d'Ossola) verstehen wir – mit *Chiovenda*, Fl. Alpi Lepont. occ. (1929, 1935) – das *ganze* Stück des Tocetals von Domodossola bis zum Langensee, nicht nur – wie z.B. die Kümmerlysche Karte – das Stück bis Vogogna.

Der deutsche Name «Ossolatäler» wird gelegentlich kollektiv gebraucht, nämlich für die Gesamtheit der Täler des Flussgebietes des Toce (Tosa).

3. Aus den Schriften *A. Becherers* von 1963 und 1966 (Übersichten der Grenzarten) wurden vier Arten *nicht* in die «Flora» genommen, nämlich:

Calamagrostis neglecta und *Salix livida* (Standorte erloschen); *Grafia* (Hladnikia) *golaka* (Vorkommen zu bestätigen); *Orchis spitzelii* (Angabe falsch).

Beispiel einer Bestimmung

Als Beispiel wählen wir den in stark gedüngten Wiesen häufigen «Scharfen Hahnenfuss», das «Anggblüemli», dessen wissenschaftliche Bezeichnung *Ranunculus acris* L. ist.

Wir beginnen in der «Tabelle zum Bestimmen der Hauptgruppen» auf S. 55 mit dem Fragenpaar Nr. 1. Da beim Hahnenfuss eine Blüte und Samen gebildet werden, entscheiden wir uns für die zweite der unter Nr. 1 aufgeführten Fragen. Die Zahl 2 hinter derselben verweist uns auf Fragenpaar 2. Wir entscheiden uns wiederum für den 2. Fall, da unsere Pflanze zahlreiche Früchtchen (Nüsschen) ausbildet und keine zapfenartigen Früchte oder Scheinbeeren hervorbringt. Durch Beantwortung von Fragenpaar Nr. 3 entscheiden wir uns für Dicotyledoneae, da der Hahnenfuss ein stark zerteiltes Blatt besitzt, dessen Nerven (bei durchfallendem Licht) ein deutliches Netz bilden, seine Blüten fünfzählig und die Leitbündel auf dem Querschnitt ringförmig angeordnet sind (mit scharfer Klinge anschneiden, Lupe!). Das nun zu beantwortende Fragenpaar 4 führt uns, da Kelch und Krone vorhanden sind, auf Nr. 5. Da die Krone getrenntblättrig ist, werden wir auf Tabelle V verwiesen, die wir auf S. 65 finden. In dieser verfahren wir sinngemäss und gelangen über Fragenpaar 1 auf Fragenpaar 28, da unser Hahnenfuss ein Kraut ist. Hier entscheiden wir uns für 35, da wir zahlreiche Fruchtknoten erkennen, wenn wir von oben *in* die Blüte hineinschauen, diese Fruchtknoten also oberständig sind. Uns für 36 entscheidend, weil viele Fruchtknoten vorhanden sind, gelangen wir sofort weiter auf 37, da die Blätter nicht fleischig sind wie beim Mauerpfeffer. Unser Hahnenfuss besitzt weder Achsenbecher noch Aussenkelch. Seine Staubblätter sind deutlich unterhalb der Fruchtknoten eingefügt, und seinen Blättern fehlen die Nebenblätter, so dass wir uns für 38 entscheiden und, da die Blüten gelb sind und unter 5 cm breit, gelangen wir auf **Ranunculaceae** (Hahnenfussgewächse). Hinter dem Wort Ranunculaceae steht die fettgedruckte Zahl **27**. Dies bedeutet, dass wir den Familienschlüssel der

Hahnenfussgewächse aufsuchen müssen. Diesen finden wir weiter hinten im Buch, wenn wir die oben an den Seiten angeführten Nummern verfolgen und die Familiennamen lesen. Die Hahnenfussgewächse sind Familie Nr. 27, deren Schlüssel auf Seite 122 beginnt.

Um die Gattung zu ermitteln, verfahren wir wieder wie vorher. Durch Beantwortung von Fragenpaar Nr. 1 entscheiden wir uns für Nr. 4, da die Blüte radiärsymmetrisch ist. Die zahlreichen Fruchtknoten führen rasch zu Fragenpaar 5, das uns zu 6 weiterführt, da die Blätter nicht gegenständig sind. Durch Beantwortung der Fragenpaare 6 und 7 gelangen wir zu 8, da die Blätter unserer Pflanze weder schmal lineal noch tief herzförmig-dreilappig sind. Dies bringt uns direkt zu Nr. 9, da kein Sporn vorhanden ist. Wir entscheiden uns nun so, dass wir auf Nr. 14 kommen, da in unserer Blüte die auf S. 123 in Figur 123/3 dargestellten Honigblätter fehlen. Die vorhandenen Kelch- und Kronblätter führen uns auf Nr. 18, von wo wir leicht auf Nr. 19 kommen, weil unsere Kronblätter die auf S. 123 in Figur 123/4 dargestellten Honiggrübchen aufweisen (herauszupfen, Lupe!). Da unser Hahnenfuss handförmig geteilte Blätter aufweist, entscheiden wir uns für **Ranunculus 65**, die Gattung Hahnenfuss. Den Gattungsschlüssel für Ranunculus finden wir, indem wir die fettgedruckten Gattungsnamen und zugehörigen Nummern vergleichen, welche nach dem Familienschlüssel der Reihe nach aufgeführt sind. Die Gattung Ranunculus finden wir so auf S. 129.

Um die Art zu bestimmen, verfahren wir wieder wie vorher. Leicht gelangen wir über Nr. 1 nach Nr. 2, da fünf Kronblätter vorhanden sind. Die gelbe Blütenfarbe führt sofort auf Nr. 18 und die geteilten Blätter dann auf Nr. 21. Die hohe Zahl der stachellosen Früchte bringt uns auf Nr. 22 und die Grösse der Pflanze, welche stets über 5 cm beträgt, leicht auf Nr. 23. Dort entscheiden wir uns für Nr. 24, da die Zahl der Früchte eher 15–30 und das Fruchtköpfchen kugelig ist. Wegen des stielrunden Blütenstiels gelangen wir auf Nr. 25. Durch Betrachten mit der Lupe (am besten gegen den hellen Himmel oder bei schräg áuffallendem Licht gegen einen dunklen Hintergrund) überzeugen wir uns, dass die Früchte kahl sind. Die handförmig geteilten Blätter bringen uns auf Nr. 26. Zupfen wir die Früchte vom Fruchtboden ab und betrachten diesen wiederum mit der Lupe, so erkennen wir, dass er kahl ist. Damit bleibt uns noch zu entscheiden, ob wir die Art *Ranunculus acris* L., den Scharfen Hahnenfuss, oder die Art *Ranunculus lanuginosus* L., den Wolligen Hahnenfuss, vor uns haben. Durch sorgfältigen Vergleich der beiden Beschreibungen (Diagnosen) mit unserer Pflanze stellen wir fest, dass es sich bei unserem Beispiel tatsächlich um den Scharfen Hahnenfuss handelt, da u.a. seine Behaarung anliegend ist und seine Früchte sich durch sehr kleine Schnäbel auszeichnen.

Für jene, welche es noch genauer wissen möchten, besteht die Möglichkeit, die Unterart (Subspecies = ssp.) zu bestimmen. Dies erfolgt durch den Vergleich der klein gedruckten Beschreibungen von *R. acris* L. ssp. *acris* mit jener von *R. acris* L. ssp. *frieseanus* (JORD.) ROUY u. FOUC.

Wissenschaftliche Benennung

Bei der wissenschaftliche Benennung der Pflanzen werden zwei Namen verwendet. Ihnen ist der Name des Urhebers (Autors), meist in abgekürzter Form, beigefügt. Beispiel: *Anemone nemorosa* L.; der erste Name (*Anemone*) bezeichnet die Gattung, der zweite (*nemorosa*) die Art; L. (*Linné*) ist der Autor. Die Artnamen werden heute stets klein geschrieben. Früher wurden sie gross geschrieben, wenn sie von Personennamen herkamen oder wenn sie Gattungsnamen, meist vorlinnéischen, entlehnt waren. Beispiele: Früher *Ranunculus Seguieri* VILL., *Euphorbia Seguieriana* NECKER; *Prunus Amygdalus* L., *Lythrum Hyssopifolia* L.; heute *R. seguieri* VILL., *E. seguieriana* NECKER; *P. amygdalus* L., *L. hyssopifolia* L.

Folgen dem Namen einer Art nicht ein, sondern zwei Autoren, von ihnen der erste in Klammern, so bedeutet dies in der Mehrzahl der Fälle, dass der Artname von dem in Klammern zitierten Autor (dem «Klammerautor») geschaffen worden ist, aber unter einem anderen Gattungsnamen als dem hier angenommenen, und dass der zweite Autor später die Umstellung der Art in die hier angenommene Gattung vorgenommen hat. Der vom Klammerautor verwendete Name ist in diesem Buch gelegentlich noch an zweiter Stelle, als *Synonym*, angeführt. Die Synonymie kann eine rein nomenklatorische (z.B. *Neslia* = *Vogelia*, *Legousia* = *Specularia*) oder aber, meist, durch veränderte Anschauungen der Botaniker in der Systematik der Sippen bedingt sein. Bei den Unterarten (vgl. unten) weist der Klammerautor meist auf eine ebenfalls frühere, aber in einer anderen Rangstufe erfolgte Kreierung des Namens. Beispiele: *Clematis alpina* (L.) MILLER (späterer, in diesem Buch angenommener Name) = *Atragene alpina* L. (früherer Name, Synonym): Die von Linné unter der Gattung *Atragene* beschriebene Alpenrebe ist in diesem Buch in der Gattung *Clematis* eingeschlossen. Da der Name *Atragene alpina* aber noch viel gebraucht wird, ist es angezeigt, ihn auch noch anzuführen. – *Senecio incanus* L. ssp. *carniolicus* (WILLD.) BR.-BL.: Der Klammerautor «WILLD.» (= Willdenow) bezieht sich auf den (nicht angeführten) Artnamen *S. carniolicus* WILLD. der älter ist als der Name der Unterart. Willdenow hatte das Kreuzkraut als selbständige Art beschrieben. Braun-Blanquet (= BR.-BL.) degradierte ihn später zu einer Unterart von *S. incanus*, und das ist in diesem Buch angenommen.

Die Art oder Species wird in gewissen Fällen weiter gegliedert in Unterarten oder Subspecies (lateinisch *subspecies*, abgekürzt *ssp.*),

Abarten oder Varietäten (*varietas,* abgekürzt *var.*) und Formen (*forma*).

Die Unterart unterscheidet sich von der Art durch einige wichtige Merkmale, ist aber mit ihr durch gelegentlich vorkommende nicht-hybride Zwischenformen verbunden. Abart und Form sind von geringerem systematischem Wert als die Unterart.

Bastarde (Hybriden) sind durch Befruchtung entstandene Kreuzungen (Zeichen: ✕) von zwei, meist verwandten Arten (selten von drei Arten: Tripelbastarde) derselben Gattung. Sie treten bei einigen Gattungen nicht selten oder sogar häufig auf, und es ist in diesem Buch bei den stark zu Bastardisierung neigenden Gattungen am Schluss ein entsprechender Vermerk angebracht. Namentlich aufgeführt sind fast nur die zur Art gewordenen Bastarde (z.B. bei Drosera, Medicago). Auch unter Arten verschiedener Gattungen kommen Bastarde vor (Poaceae, Rosaceae und besonders Orchidaceae) (intergenerische Bastarde).

Die vor Autornamen vorkommende Abkürzung *em.* bedeutet: *emendavit,* d.h. hat verbessert oder in der Umgrenzung modifiziert; die nach Autornamen vorkommende Abkürzung *s.l.: sensu latiore,* im weiteren Sinne; *s.str.: sensu strictiore,* im engeren Sinne; *s.ampl.: sensu amplificato,* im erweiterten Sinne. Das Wort *ex* (lat. = aus) bedeutet: publiziert in; z.B. *Juncus acutiflorus* EHRH. ex HOFFM. = von Ehrhart im Werk von Hoffmann veröffentlicht.

Abkürzungen von Autornamen

A. BR.	= Alexander Braun
A. DC.	= Alphonse de Candolle
AITON	= W. Aiton
AITON F.	= W. T. Aiton, der Sohn
ALL.	= Allioni
ANDRZ.	= Andrzejowski
ARCANG.	= Arcangeli
ARD.	= Arduino
ASCH.	= Ascherson
auct.	= auctorum: wird gebraucht bei einem Artnamen, der nicht demjenigen des ursprünglichen Autors entspricht, sondern später in anderem Sinne verwendet wurde.
A. u. G.	= Ascherson und Graebner
BAUMG.	= Baumgarten
BELL.	= Bellardi
BERNH.	= Bernhardi
BERTOL.	= Bertoloni
BOENNINGH.	= Boenninghausen
BORKH.	= Borkhausen
BR.-BL.	= Braun-Blanquet

Br.-Bl. u. Sam.	=	Braun-Blanquet und Samuelsson
Breistr.	=	Breistroffer
Briq.	=	Briquet
Brot.	=	Brotero
B. S. u. P.	=	Britton, Sterns und Poggenburg
Burmann f.	=	N. L. Burmann, der Sohn
Cass.	=	Cassini
Cav.	=	Cavanilles
Čel.	=	Čelakowský
Clairv.	=	Clairville
C. P. u. G.	=	Cesati, Passerini und Gibelli
Cronq.	=	Cronquist
Dahlst.	=	Dahlstedt
DC.	=	Augustin Pyramus de Candolle
Déségl.	=	Déséglise
Desf.	=	Desfontaines
Desp.	=	Desportes
Desr.	=	Desrousseaux
Desv.	=	Desvaux
D. T.	=	Dalla Torre
D. T. u. Sarnth.	=	Dalla Torre und Sarnthein
Ehrend.	=	Ehrendorfer
Ehrh.	=	Ehrhart
Engelm.	=	Engelmann
Farw.	=	Farwell
Fischer	=	F. E. L. Fischer
Fouc.	=	Foucaud
Fr.	=	E. M. Fries
Gilib.	=	Gilibert
Gmelin	=	K. C. Gmelin
G. M. Sch.	=	Gärtner, Meyer und Scherbius
Godr. u. Gren.	=	Godron und Grenier
Good.	=	Goodenough
Gren.	=	Grenier
Gren. u. Godr.	=	Grenier und Godron
Griseb.	=	Grisebach
Guss.	=	Gussone
Haller f.	=	A. Haller, der Sohn
Hartman	=	C. J. Hartman
Hausskn.	=	Haussknecht
Hegetsch.	=	Hegetschweiler
H. L. u. H.	=	Hess, Landolt und Hirzel
Heyw.	=	Heywood
Hochst.	=	Hochstetter
Hoffm.	=	Hoffmann
Hooker	=	W. J. Hooker
Hooker f.	=	J. D. Hooker, der Sohn
Hornem.	=	Hornemann
hort.	=	hortulanorum: Gärtnername
Houtt.	=	Houttnyn
Jacq.	=	Jacquin
Kerner	=	A. Kerner
Kirschl.	=	Kirschleger

Kit.	= Kitaibel
Koch	= W. D. J. Koch
L.	= C. Linnaeus (Linné)
L. f.	= C. Linnaeus, der Sohn
Lam.	= Lamarck
Lapeyr.	= Lapeyrouse
Ledeb.	= Ledebour
Lehm.	= J. G. C. Lehmann
Less.	= Lessing
Lightf.	= Lightfoot
Loisel.	= Loiseleur
Maxim.	= Maximowicz
M. B.	= Marschall v. Bieberstein
Merx.	= Merxmüller
Mgf.-Dbg.	= Markgraf-Dannenberg
Michx.	= Michaux
Mühlenb.	= Mühlenberg
M. u. K.	= Mertens und Koch
Neilr.	= Neilreich
N. P.	= Nägeli und Peter
Newm.	= Newman
Parl.	= Parlatore
P. B.	= Palisot de Beauvois
Perr. u. Song.	= Perrier und Songeon
Pers.	= Persoon
Peterm.	= Petermann
P. J. M.	= P. J. Müller
Rafin.	= Rafinesque
R. Br.	= Robert Brown
Rchb.	= H. G. L. Reichenbach
Rchb. f.	= H. G. Reichenbach, der Sohn
Retz.	= Retzius
Rich.	= L. C. Richard
Rouy u. Fouc.	= Rouy und Foucaud
Rupr.	= Ruprecht
R. u. S.	= Roemer und Schultes
Rydb.	= F. A. Rydberg
Salisb.	= Salisbury
Sam.	= Samuelsson
Sch.-Bip.	= Schultz-Bipontinus
Sch. u. K.	= Schinz und Keller
Sch. u. Th.	= Schinz und Thellung
Scop.	= Scopoli
Ser.	= Seringe
Shuttl.	= Shuttleworth
Sibth.	= Sibthorp
Sieb. u. Zucc.	= Siebold und Zuccarini
Simk.	= Simonkai (= Simkovics)
Sm.	= J. E. Smith
Sternb.	= Sternberg
Steud.	= Steudel
Sw.	= Swartz
Ten.	= Tenore

THELL.	= Thellung
THUILL.	= Thuillier
THUNB.	= Thunberg
TRATT.	= Trattinnick
TRIN.	= Trinius
TURCZ.	= Turczaninow
VEL.	= Velenovský
VILL.	= Villars (Villar)
VIS.	= Visiani
VIV.	= Viviani
WAHLENB.	= Wahlenberg
WALLR.	= Wallroth
WETTST.	= Wettstein
WIESB.	= Wiesbauer
WILLD.	= Willdenow
WILLK.	= Willkomm
WIMM. u. GRAB.	= Wimmer und Grabowski
WIRTG.	= Wirtgen
WITH.	= Withering
W. u. K.	= Waldstein und Kitaibel
W. u. N.	= Weihe und Nees

Bibliographie

Die nachstehende Liste enthält diejenigen Schriften (die ganze Schweiz oder Teilgebiete betreffende Werke), die die genauere Verbreitung der höheren Pflanzen in unserem Lande behandeln. Bei den Kantonsfloren wurde nicht weiter als bis zum Jahre 1860 zurückgegangen; liegen verschiedene Auflagen ein und desselben Werkes vor, so wurde nur die neueste zitiert; in ähnlicher Weise wurde verfahren, wenn die Flora eines Kantons mehrmals, durch verschiedene Verfasser, bearbeitet worden ist. Ausserdem wurden einige als Hilfswerke in Betracht kommende oder sonst empfehlenswerte Schriften aufgenommen.

In einer zweiten Liste sind die Werke, die die Floren der Grenzgebiete behandeln, zusammengestellt.

Schweiz

Becherer A.: Florae Vallesiacae Supplementum. 1956.
– Führer durch die Flora der Schweiz mit Berücksichtigung der Grenzgebiete. 1973.
Binz A.: Flora von Basel und Umgebung. 3. Aufl. 1911.
Binz A. et *Thommen E.:* Flore de la Suisse. 3. Aufl. (von P. Villaret) 1966.
Braun-Blanquet J.: Flora Raetica advena. 1951.
Braun-Blanquet J. und *Rübel E.:* Flora von Graubünden. 1932–1936.
Chenevard P.: Catalogue des plantes vasculaires du Tessin. 1910.
Christ H.: Das Pflanzenleben der Schweiz. 1879.
Durand Th. et *Pittier H.:* Catalogue de la Flore vaudoise. 1882.

Fischer L.: Verzeichniß der Gefäßpflanzen des Berner-Oberlandes. 1875.

Fischer L. und *Fischer E.:* Flora von Bern. 10. Aufl. (von W. Rytz) 1944.

Flury Ph.: Die forstlichen Verhältnisse der Schweiz. 2. Aufl. 1925.

Furrer E.: Kleine Pflanzengeographie der Schweiz. 1923. 2. Aufl. 1942.

– Anleitung zum Pflanzenbestimmen. 5. Aufl. 1965.

Godet Ch. H.: Flore du Jura. 1852 und 1853. Suppl. 1869.

Hegi G.: Illustrierte Flora von Mittel-Europa. 1906–1931. 2. Aufl. Ersch. in Lfg. seit 1935; 3. Aufl. Ersch. in Lfg. seit 1966.

Hess H. E., Landolt E. und *Hirzel R.:* Flora der Schweiz. 1967–1973. 2. Aufl. 1976.

– Bestimmungsschlüssel zur Flora der Schweiz. 1976.

Jaccard H.: Catalogue de la Flore valaisanne. 1895.

Jaquet F.: Catalogue raisonné des plantes vasculaires du Canton de Fribourg. 1930.

Keller C.: Schweiz. In: Junk's Naturführer. 1921.

Kienli W.: Die Gehölze der schweizerischen Flora. 1948.

Kummer G.: Die Flora des Kantons Schaffhausen. 1937–1947.

Lienert Leo u.a.: Die Pflanzenwelt in Obwalden. 1983.

Lüscher H.: Flora des Kantons Aargau. 1918.

Merz W.: Flora des Kantons Zug. 1966.

Mühlberg F.: Die Standorte und Trivialnamen der Gefässpflanzen des Aargau's. 1879 («1880»).

Probst R.: Verzeichnis der Gefässkryptogamen und Phanerogamen des Kantons Solothurn. 1949.

Reuter G. F.: Catalogue des plantes vasculaires qui croissent naturellement aux environs de Genève. 2. Aufl. 1861.

Rhiner J.: Die Gefässpflanzen der Urkantone und von Zug. 2. Aufl. 1893–1895.

Schinz H. und *Keller R.* (Mitverfasser: *A. Thellung*): Flora der Schweiz. 1. Teil, 4. Aufl. 1923; 2. Teil, 3. Aufl. 1914.

Schröter C.: Das Pflanzenleben der Alpen. 2. Aufl. 1923–1926.

– Flora des Südens. 1936. 2. Aufl. (von E. Schmid) 1956.

– Dasselbe, italienische Bearbeitung: Flora d'Insubria (von M. Jäggli). 1950.

Spinner H.: La distribution verticale et horizontale des végétaux vasculaires dans le Jura neuchâtelois. 1918.

Steiger J. R.: Die Flora des Kantons Luzern, der Rigi und des Pilatus. 1860.

Thellung A.: Beiträge zur Adventivflora der Schweiz. 1907, 1911, 1919.

Thommen E.: Taschenatlas der Schweizer Flora. 6. Aufl. (von A. Antonietti) 1983.

Thurmann J.: Essai de phytostatique appliqué à la chaîne du Jura. 1849.

Vischer W.: Naturschutz in der Schweiz. Schweiz. Naturschutzbücherei, Bd. 3. 1946.

Wallimann H.: Flora des Kantons Obwalden. 1971.

Wartmann R. und *Schlatter Th.:* Kritische Übersicht über die Gefässpflanzen der Kantone St. Gallen und Appenzell. 1881–1888.

Weber C.: Catalogue dynamique de la Flore de Genève. 1966.

Wegelin H.: Die Flora des Kantons Thurgau. 1943.

Welten, M. u. *Sutter, R:* Verbreitungsatlas der Farn- und Blütenpflanzen der Schweiz. 1982.

Wirz J.: Flora des Kantons Glarus. 1893–1896.

Zoller H.: Flora des schweizerischen Nationalparks und seiner Umgebung. 1964.

Fortschritte der schweizerischen Floristik (Titel wechselnd). Botanica Helvetica (früher: Berichte der Schweiz. Botanischen Gesellschaft), Heft 3 – Band 93, 1892–1983.

Grenzgebiete

Bemerkung: Hegau: vgl. Kummer, *vorstehend;* Französischer Jura: vgl. Godet, Reuter, Thurmann, *vorstehend.*

Becherer A. und *Terretaz J.-L.:* Zur Flora der Ossolatäler. 1975.
Bertolani Marchetti D.: Ricerche sulla vegetazione della Valsesia. 1955.
Bolzon P.: Ricerche botaniche nel bacino della Dora Baltea. 1918.
Comolli G.: Flora comense. 1834–1857.
Dalla Torre K. W. und *Sarnthein L.:* Flora von Tirol, Vorarlberg und Liechtenstein. 1900–1913.
Furrer E. und *Longa M.:* Flora von Bormio. 1915.
Garcke A.: Illustrierte Flora. Deutschland und angrenzende Gebiete. Hrsg. K. v. Weihe. 23. Aufl. 1972.
Geilinger G.: Die Grignagruppe am Comersee. 1908.
Herbelin L.: Nouvelle flore du Territoire de Belfort. 1928–1931.
Huteau H. et *Sommier F.:* Catalogue des plantes du département de l'Ain. 1894.
Issler, Loyson, Walter: Flore d'Alsace. 1965.
Klein L.: Exkursionsflora für das Grossherzogtum Baden. 6. Aufl. 1905.
Massara G. F.: Prodromo della Flora Valtellinese. 1834 (Reprint 1974).
Murr J.: Neue Übersicht über die Farn- und Blütenpflanzen von Vorarlberg und Liechtenstein. 1923–1926.
Neuberger J.: Flora von Freiburg im Breisgau. 3. und 4. Aufl. 1912.
Oberdorfer E.: Pflanzensoziologische Exkursionsflora. 5. Aufl. 1983.
Perrier de la Bâthie E.: Catalogue raisonné des plantes vasculaires de Savoie. 1917 und 1928.
Rossi P.: Nuovo contributo alla flora del «Gruppo delle Grigne». 1925 und 1926.
Pignatti, S.: Flora d'Italia. 1982.
Rossi St.: Studi sulla Flora ossolana. 1883.
Rothmaler W.: Exkursionsflora für die Gebiete der DDR und BRD II, Gefässpflanzen. 8. Aufl. 1976.
– Exkursionsflora für die Gebiete der DDR und BRD IV, Kritischer Band. 4. Aufl. 1976.
Schmeil/Fitschen: Flora von Deutschland und seinen angrenzenden Gebieten. 87. Aufl. (von W. Rauh und K. Senghas) 1982.
Seitter H.: Die Flora des Fürstentums Liechtenstein. 1977.
Vaccari L.: Catalogue raisonné des plantes vasculaires de la Vallée d'Aoste. 1904–1911.
Zangheri, P.: Flora Italica. 1976.

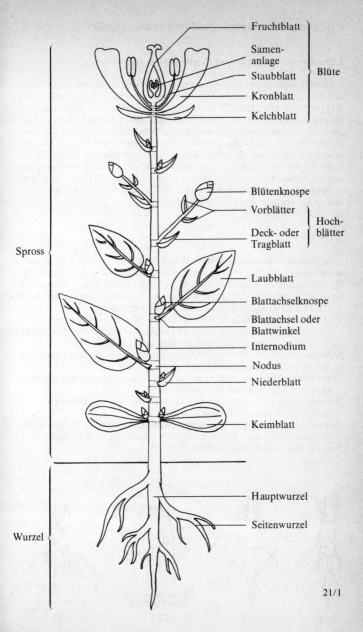

Fruchtblatt ⎤
Samen-
anlage
Staubblatt ⎬ Blüte
Kronblatt
Kelchblatt ⎦

Blütenknospe
Vorblätter ⎤
⎬ Hoch-
Deck- oder ⎟ blätter
Tragblatt ⎦

Laubblatt
Blattachselknospe
Blattachsel oder
Blattwinkel
Internodium
Nodus
Niederblatt

Keimblatt

Spross

Hauptwurzel
Seitenwurzel

Wurzel

21/1

Erklärung der morphologischen Fachausdrücke

1. Der Bau der Sprosspflanzen (Kormophyten) (Abb. 21/1)

Die Sprosspflanze in ihrer typischen Gestalt besteht aus zwei Grundorganen, aus einer Wurzel und einem Spross, welcher aus Sprossachse und Blättern besteht. Die oft verdickten Ansatzstellen der Blätter an der Sprossachse werden als Nodi (Knoten) bezeichnet. Sie sind durch Internodien (Stengelglieder, Zwischenknotenstücke) voneinander getrennt, welche gestreckt (lang) oder gestaucht (stark verkürzt) sein können. Die Seitensprosse gehen aus den Blattachselknospen hervor, welche an der Basis der Blätter im spitzenwärts zwischen diesen und der Sprossachse liegenden Winkel sitzen. Dieser Winkel wird als Blattwinkel oder Blattachsel bezeichnet. Durch mannigfaltige Umgestaltung der Blätter bilden sich an gestauchten Sprossachsen die Blüten.

2. Die Wurzel

Die Wurzel wächst meist abwärts in den Boden. Sie verankert die Pflanze, nimmt Nährsalze und Wasser durch ihre Wurzelhaare auf und kann der Speicherung von Nährstoffen dienen. Sie besitzt weder Blätter, Blattschuppen noch Blattnarben und ist nie in Nodi und Indernodien gegliedert. Auch dem Lichte ausgesetzt, ergrünt sie nie. Man unterscheidet:

Hauptwurzel (Primärwurzel): entsteht aus der Wurzel des Keimlings. Bleibt sie zeitlebens erhalten, so wird sie als Pfahlwurzel bezeichnet (Abb. 22/1).
Seitenwurzeln: Verzweigungen der Hauptwurzel (Abb. 21/1).
Rübe: zu Speicherzwecken verdickte Hauptwurzel einschliesslich des untersten Sprossabschnitts (Abb. 22/2).
Sprossbürtige Wurzeln: entspringen seitlich an der Sprossachse (an Rhizomen, an Ausläufern und Ablegern) (Abb. 22/3).
Wurzelknollen: zu Speicherzwecken verdickte sprossbürtige Wurzeln (*Knabenkräuter, Scharbockskraut*) (Abb. 22/4).
Wurzellose Pflanzen: z.B. die Wasserpflanzen *Zwerglinse*, *Hornblatt* und *Wasserschlauch*, oder die Orchideen *Korallenwurz* und *Widerbart*.
Weitere unterirdische Organe siehe unter 3.5.

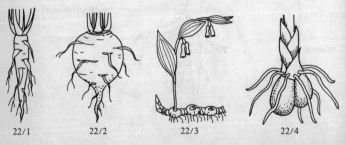

22/1   22/2   22/3   22/4

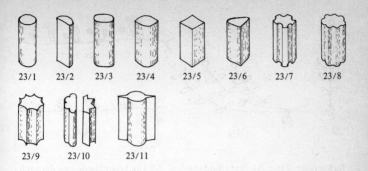

23/1 23/2 23/3 23/4 23/5 23/6 23/7 23/8

23/9 23/10 23/11

3. Die Sprossachse

Die Sprossachse, welche meist aufwärts und gegen das Licht wächst, ist in ihrer Gestalt und Wuchsform sehr verschieden, je nach den ihr zufallenden Aufgaben. Sie ist verholzt oder krautig und trägt Blätter und Blüten, welche sie untereinander und mit der Wurzel durch ihre Leitbündel verbindet. Für die Bestimmung wichtig sind Gestalt und Wuchsform sowie Sonderformen der Sprossachse.

3.1. Der Querschnitt der Sprossachse

rund: mit kreisförmigem Querschnitt (Abb. 23/1).
halbstielrund: mit halbkreisförmigem Querschnitt (Abb. 23/2).
abgeflacht/zusammengedrückt: mit ovalem Querschnitt (Abb. 23/3).
zweischneidig: im Querschnitt lanzettlich (Abb. 23/4).
drei- oder vierkantig: mit drei- oder viereckigem Querschnitt (Abb. 23/5 und 23/6).
gerieft/gerillt: mit Längsrinnen (Abb. 23/7).
gefurcht: im Querschnitt buchtig (Abb. 23/8).
kantig gefurcht (scharfkantig): im Querschnitt gezähnt (Abb. 23/9).
gerippt: im Querschnitt gekerbt oder gesägt (Abb. 23/10).
geflügelt: mit 2–4 hohen, blattartigen Längsleisten (Abb. 23/11).

3.2. Die Wuchsform der Sprossachse

aufrecht: sich mehr oder weniger senkrecht erhebend (Abb. 24/1).
aufsteigend: aus niederliegendem Grunde in die aufrechte Stellung übergehend (Abb. 24/2).
niederliegend: dem Boden anliegend, nicht wurzelnd (Abb. 24/3).
kriechend: dem Boden anliegend und teilweise wurzelnd (Abb. 24/4).
gekniet: knickig aufsteigend (Abb. 24/5).
dichtrasig/horstförmig: durch starke basale Verzweigung und aufrechten Wuchs dichtstehende Sprosse einer einzigen Pflanze, welche eine ausläuferlose Einheit, den Horst, bilden (Abb. 24/6).

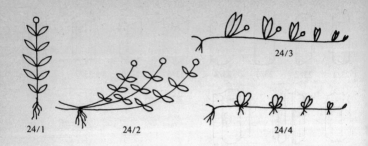

24/1 24/2 24/3 24/4

lockerrasig: durch Ausläuferbildung (vgl. 3.5.) lockerstehende und dadurch grosse Flächen überwachsende Sprosse einer einzigen Pflanze (Abb. 24/7).

kletternd (klimmend): sich fremder Stützen bedienend.
Man unterscheidet

Windepflanzen, welche mit dem Hauptspross kreisende Wachstumsbewegungen machen und sich um eine Stütze legen. Sie werden in Rechtswinder (Abb. 25/1) (Mehrzahl der Arten) und Linkswinder (Abb. 25/2) (*Hopfen, Geissblatt*) eingeteilt.

Rankepflanzen, welche sich mit fadenförmig umgestalteten Sprossteilen [Seitensprosse (*Rebe*), Blätter (*Kürbis*), Blattfiedern (*Wicke*) (Abb. 36/2)] festhalten, indem sie diese durch Krümmungs- oder Wickelbewegungen umfassen.

Spreizklimmer, welche mit hakenförmigen Haaren (*Kletten-Labkraut*), Stacheln (*Brombeeren*) oder sparrig abstehenden Ästen (*Taubenkropf*) klettern.

Wurzelkletterer, welche mit lichtscheuen Wurzeln an senkrechten Flächen emporklettern (*Efeu*).

nickend: an der Spitze bogig abwärts gekrümmt (Abb. 25/3).

flutend: im fliessenden Wasser in Strömungsrichtung ausgestreckt.

3.3. Die Anordnung der Seitensprosse oder der Blätter

allseitswendig: nach allen Seiten gerichtet.

einseitswendig: infolge Dreh- oder Krümmungsbewegung nach einer Seite hin gerichtet (Blütenstände von *Maiglöckchen* und *Schlüsselblume*, Abb. 25/4).

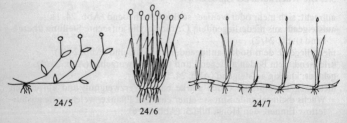

24/5 24/6 24/7

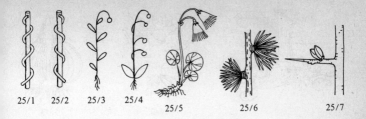

25/1   25/2   25/3   25/4

25/5   25/6   25/7

3.4. Sonderformen der Sprossachse

Stengel: krautige, im Herbst absterbende Sprossachse.

Stamm: ausdauernde, oft stark verdickte und verholzte Sprossachse.

Schaft: blattloser, aus einem einzigen Internodium bestehender Stengel, der mit einem Blütenstand abschliesst (*Löwenzahn*, *Schlüsselblume*, Abb. 25/5).

Halm: der hohle, nur an den Knoten durch Querwände gegliederte Stengel der *Süssgräser*.

Langtriebe: verholzte Sprosse von praktisch unbegrenztem Längenwachstum, deren Internodien gestreckt sind, weshalb die Blätter weit entfernt stehen. Sie bewirken den Längenzuwachs der Gehölze.

Kurztriebe: Seitensprosse von Holzgewächsen mit begrenztem Längenwachstum, deren Internodien gestaucht (verkürzt) sind, so dass die Blätter dicht gedrängt stehen. Kurztriebe sind z.B. als Sprossdornen ausgebildet (Abb. 25/7; vgl. 3.5.) oder übernehmen bei Obstgehölzen die Blütenbildung. Bei *Lärche* und *Kiefer* tragen sie die Nadeln (Abb. 25/6), beim *Sauerdorn* die Laubblätter.

Schösslinge: junge, im ersten Jahr stets nur Blätter tragende Langtriebe von Holzgewächsen (vor allem Sträuchern), welche in einer Vegetationsperiode mehrere Meter lang werden können.

3.5. Umbildungen des Sprosses

Ausläufer: im Dienste der ungeschlechtlichen (vegetativen) Vermehrung stehender, waagerecht auf oder unter dem Boden kriechender, sich an den Enden bewurzelnder Seitenspross, welcher aus langen, dünnen Internodien besteht und mit schuppenförmigen Niederblättern besetzt ist (Abb. 25/8).

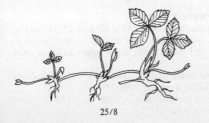

25/8   25/9

26/1	26/2	26/3

Rhizom (Wurzelstock): ausdauernder, verdickter, meist horizontal wachsender, unterirdischer Speicherspross, dessen Internodien gestaucht (*Schlüsselblume*) oder gestreckt (*Buschwindröschen*) sein können. Er ist mit schuppenartigen Niederblättern besetzt und sprossbürtig bewurzelt (Abb. 22/3 und 25/9).

Sprossknolle: meist unterirdischer (*Kartoffel*, Abb. 26/1) oder oberirdischer (*Kohlrabi*, Abb. 26/2), zu einem dicken, rundlichen Speicherorgan umgebildeter Sprossabschnitt, der blattlos, mit dünnhäutigen Schuppenblättern besetzt oder beblättert ist.

Zwiebel: unterirdische, knospenartige, gestauchte Sprossachse, welche mit verdickten, zu Speicherorganen umgewandelten Niederblättern (Zwiebelschuppen) besetzt ist (Abb. 26/3).

Dornen: meist stechende, stark verholzte, von Leitbündeln durchzogene Gebilde. Es sind Kurztriebe mit oder ohne Blätter (*Weiss-* und *Schwarzdorn*, Abb. 25/7), umgewandelte Blätter (*Berberitze*), Blattspitzen (*Distel*) oder Nebenblätter (*Robinie*, Abb. 36/4). Stacheln vgl. 3.6.

Ranken: fadenförmig umgestaltete Sprosse (Weinstock) oder Blätter (*Kürbis, Wicke*), welche auf Berührungsreize mit Wickelbewegungen oder Einkrümmungen reagieren und dadurch sich an anderen Pflanzen festhalten und klettern können (Abb. 36/2).

3.6. Nebenorgane des Sprosses

Haare: Auswüchse der Oberhaut (Epidermis), welche einzellig oder mehrzellig sein können. Man unterscheidet (Lupe!):

einfache Haare (Abb. 27/1 und 27/2), welche je nach Beschaffenheit wie folgt bezeichnet werden:

    Wollhaare: lange, gekräuselte Haare.

    Flaumhaare: feine, weiche Haare.

    Striegelhaare: steife, am Grunde verdickte, nur in einer Richtung liegende Haare.

verzweigte Haare, welche eingeteilt werden in:

    Gabelhaare: gabelartig verzweigte Haare (Abb. 27/3 und 27/4), welche **kompassnadelförmig** genannt werden, wenn sie sich unmittelbar an der Oberhaut verzweigen und dieser mehr od. weniger anliegen (Abb. 27/4a).

    Sternhaare: mit einfachem unterem und sternförmig verzweigtem oberem Teil (*Sand-Fingerkraut, Levkoje*; Abb. 27/5 und 27/6).

    Kandelaberhaare: mehrere sternförmige Verzweigungen an einer Hauptachse (*Königskerze*, Abb. 27/7).

27/1   27/2   27/3   27/4   27/4a   27/5   27/6   27/7

Schild- oder Schuppenhaare: stark verzweigte Sternhaare, deren Strahlen miteinander verwachsen sind (*Sanddorn, Alpenrose,* Abb. 27/8 und 27/9).

Drüsenhaare: Haare mit blasenartig aufgetriebenem Endköpfchen, das ein Sekret enthält (*Klebrige Salbei,* Abb. 27/10 bis 27/12).

Nektarien (Nektardrüsen): Gruppen von zuckerausscheidenden Drüsen.

Stacheln: spitze, aus der Oberhaut entstehende, verholzte, stechende Gebilde ohne Leitbündel (*Rosen*).

Spreuschuppen: häutige, braune Schuppen der *Farne.*

3.7. Die Oberflächenbeschaffenheit des Sprosses
(oft nur mit 10facher Lupe erkennbar)

glatt: ohne Unebenheiten.

rauh: mit feinen Unebenheiten (Wärzchen oder Stachelchen).

bereift: mit einer dünnen, abwischbaren Wachsschicht (Reif) überzogen (*Zwetschgen, Kohlblätter*).

papillös: Beim Betrachten von samtartigem Aussehen infolge kleinster Zellwandausstülpungen (Papillen), z.B. Blüten der *Stiefmütterchen.*

schwielig: mit blattgrünlosen, knorpelartigen Knoten besetzt (Perigonblätter der *Ampfer*-Arten).

kahl: haarlos.

verkahlend: im Alter die Haare verlierend.

feinhaarig: locker mit kurzen, zarten Haaren besetzt.

seidenhaarig/seidig behaart: dicht mit feinen, in einer Richtung liegenden Haaren besetzt (*Silbermantel, Erdbeere*).

spinnwebig/spinnwebig behaart: mit langen, ineinander verflochtenen, anliegenden und leicht abwischbaren Haaren besetzt (*Huflattich*).

flockig: in Wollflocken abfallende, dichte, weiche Behaarung.

filzig: mit dicht verflochtenen, kurzen Haaren besetzt (*Edelweiss*).

wollig: mit langen, oft gekräuselten, jedoch nicht verflochtenen Haaren besetzt.

zottig: lang abstehend und weich behaart.

rauhhaarig: mit abstehenden, biegsamen, derben Haaren besetzt.

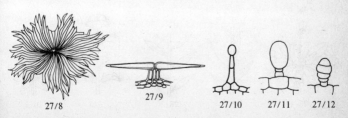

27/8   27/9   27/10   27/11   27/12

steifhaarig/borstig: mit derben, starren Haaren besetzt (*Natterkopf*).

gewimpert: mit abstehenden Haaren am Rande (Junge *Buchen*blätter, Abb. 30/5).

drüsig behaart: mit gestielten Drüsen besetzt (*Klebrige Salbei*).

sternhaarig: mit sternförmig verzweigten Haaren besetzt (*Sand- Fingerkraut, Levkoje*; Abb. 27/5 und 27/6).

schildhaarig: mit Schildhaaren besetzt (Abb. 27/8 und 27/9).

bärtig: mit begrenzten Haarfeldern oder Fransenreihen auf sonst kahlen Organen.

4. Das Blatt

Blätter sind seitliche Anhangsorgane der Sprossachse, welche sich durch ein begrenztes Längenwachstum auszeichnen. Durch ihre unterschiedliche Lage am Spross bedingt, sind sie in Form und Funktion verschieden und werden entsprechend als Laubblätter (4.4.), Hochblätter (4.6.) oder Niederblätter (4.5.) bezeichnet (vgl. Abb. 21/1).

4.1. Die Blattstellung

Die Blätter entspringen in gesetzmässiger Anordnung am Stengel, was als Blattstellung bezeichnet wird. Es bedeuten:

grundständig: an der Basis des Stengels entspringend (z.B. Rosette, Abb. 28/1).

stengelständig: entlang des Stengels entspringend (Abb. 28/2 bis 28/5).

wechselständig (spiralig): ein einziges Blatt sitzt an einem Knoten. Das nächst höher sitzende Blatt ist jeweils um einen bestimmten Winkelbetrag verschoben, was zu einer spiraligen Anordnung führt (Abb. 28/2).

zweizeilig (distich): wechselständig, wobei das nächst höhere Blatt um den Winkelbetrag von 180 Grad verschoben ist, was zu zwei gegenüberliegenden Blattreihen am Stengel führt (Abb. 28/3).

gegenständig: zwei Blätter sitzen sich an einem Knoten gegenüber (Abb. 29/7).

kreuzweise gegenständig (dekussiert): die aufeinanderfolgenden, gegenständigen Blattpaare sind jeweils senkrecht zueinander gestellt, so dass am Stengel vier Blattreihen entstehen (Abb. 28/4).

quirlständig (wirtelig): drei oder mehr Blätter sitzen am gleichen Knoten, wobei jene des nächst höheren Knotens oft so angeordnet sind, dass sie in die Blattlücken der vorhergehenden zu stehen kommen (Abb. 28/5).

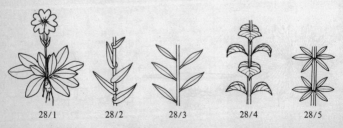

28/1   28/2   28/3   28/4   28/5

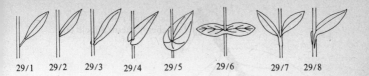

29/1   29/2   29/3   29/4   29/5   29/6   29/7   29/8

4.2. Der Blattansatz

Die Blätter sind in verschiedener Weise mit dem Stengel verwachsen. Sie sind

gestielt: mit einem Blattstiel (Abb. 29/1).

sitzend (ungestielt): ohne Blattstiel (Abb. 29/2).

halbstengelumfassend: sitzendes Blatt, das den Stengel mit seinem Grunde halb umfasst (Abb. 29/3).

stengelumfassend: sitzendes Blatt, dessen Öhrchen den Stengel ganz umfassen (Abb. 29/4).

durchwachsen: der Blattgrund scheint gleichsam vom Stengel durchbohrt, da die Öhrchen um den Sengel herum verwachsen sind (*Rundblättriges Hasenohr,* Abb. 29/5).

verwachsen: zwei oder mehrere Blätter sind miteinander zu einer Einheit verwachsen, z.B. zwei gegenständige Blätter (*Garten-Geissblatt*) oder mehrere quirlständige Blätter (Scheiden der *Schachtelhalme,* Abb. 29/6).

scheidig-verwachsen: gegenständige Blätter der *Nelken* oder quirlständige Blätter der *Schachtelhalme* (Abb. 29/7).

herablaufend: das Blatt setzt sich von seiner Ansatzstelle abwärts am Stengel als flügelartige Leiste fort (Abb. 29/8).

4.3. Die Blattkonsistenz

Die Beschaffenheit der Blätter, welche man durch Berührung feststellt, nennt man Konsistenz. Sie ist

fleischig: dicke, saftige, nicht welkende Blätter (*Mauerpfeffer*).

häutig/trockenhäutig: sehr dünne, durchscheinende Blätter, ohne Blattgrün (vor allem Hochblätter).

immergrün: grün am Spross überwinternde, oft ledrige Blätter.

krautig: weiche, leicht welkende Blätter.

ledrig: steife, kaum welkende, saftarme Blätter (*Stechpalme*).

4.4. Das Laubblatt

Die grünen Laubblätter der oberirdischen Sprosse – im Schlüssel einfach als Blätter bezeichnet – dienen dem Gasaustausch und der Photosynthese und sorgen durch ihre Verdunstungstätigkeit dafür, dass das Wasser aus den Wurzeln in die obersten Teile der Pflanze emporsteigt.

Die Laubblätter bestehen aus 3 Teilen, der S p r e i t e, dem B l a t t s t i e l und dem B l a t t g r u n d. Der Blattstiel verbindet die Spreite mit dem Blattgrund, ist aber nicht immer ausgebildet (Abb. 30/1).

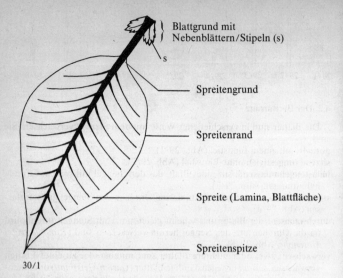

Blattgrund mit
Nebenblättern/Stipeln (s)

s

Spreitengrund

Spreitenrand

Spreite (Lamina, Blattfläche)

Spreitenspitze

30/1

4.4.1. Die Spreite (Blattfläche, Lamina)

ist die meist mannigfaltig beschaffene und geformte (und deshalb für die
Bestimmung wichtige) eigentliche Blattfläche. Zu ihrer Beschreibung werden Nervatur, Blattform, Blattrand und Konsistenz (Beschaffenheit) herangezogen.

Die Nervatur oder Aderung

Unter Nervatur versteht man die von aussen an einem Blatt sichtbare
Musterung, welche durch den Verlauf der Hauptleitbündel im Blatt
bedingt ist. Man unterscheidet:

streifennervig: mehrere kräftige Nerven verlaufen vom Grunde der
Blattspreite parallel (bei schmalen Blättern) oder bogenförmig (bei
breiteren Blättern) zur Blattspitze, ohne deutliche Seitennerven (vor
allem bei Einkeimblättrigen [Monokotylen]; jedoch auch bei
Zweikeimblättrigen [Dikotylen] wie *Wegerich, Hasenohr* und *Enzian-
arten*) (Abb. 30/2).

30/2   30/3   30/4   30/5

30

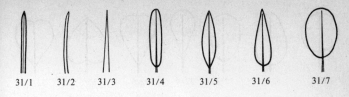

| 31/1 | 31/2 | 31/3 | 31/4 | 31/5 | 31/6 | 31/7 |

netznervig: von den kräftigen Hauptnerven gehen verzweigte, deutlich sichtbare Seitennerven ab, deren feinste Äste ein Maschenwerk bilden (vorwiegend bei Zweikeimblättrigen, jedoch auch bei wenigen Einkeimblättrigen [*Aronstab, Einbeere* und *Schmerwurz*]) (Abb. 30/3). Beim netznervigen Blatt unterscheidet man zwei Typen:

handnervig (fingernervig): netznerviges Blatt, bei dem mehrere kräftige Hauptnerven strahlenförmig vom Grunde der Spreite ausgehen (*Ahorn*) (Abb. 30/4).

fiedernervig: netznerviges Blatt, bei dem von einem mittleren Hauptnerven beidseitig Seitennerven ausgehen (*Buche*) (Abb. 30/5).

Die Blattform

Nach dem Bau ihrer Spreite werden die Blätter in einfache und zusammengesetzte Blätter eingeteilt, deren Gestalt in erster Linie durch den Verlauf der Blattnerven bestimmt wird.

Einfache Blätter: Blätter, deren Spreite mindestens um den Stielansatz noch eine geschlossene Blattfläche bildet. Je nach der Tiefe der Spreiteneinschnitte bezeichnet man das einfache Blatt als:

ungeteilt oder ganz: wenn die Spreite am Rande höchstens bis auf ¼ durch Blattrandformen eingeschnitten ist (vgl. 4.4.2.).

geteilt: Wenn die Spreite vom Rande her mindestens bis ¼ und fast bis auf die Hauptnerven eingeschnitten ist, wobei man mit zunehmender Tiefe der Einschnitte von gelappt (bis ⅓), gespalten (bis ½), geteilt (im engeren Sinne) (bis ⅔) und geschnitten (bis fast zum Grunde) spricht (vgl. unten).

Zusammengesetzte Blätter: Blätter, deren Spreite in einzelne, vollständig bis auf die Hauptnerven getrennte Teile gegliedert ist, welche oft gestielt sind. Man bezeichnet als:

Blattspindel (Spindel) od. **Blattrachis** (Rachis): den Hauptnerv (Achse), an dem die Teilblätter entspringen.

Teilblätter od. **Fiederchen:** die Teile der gegliederten Spreite.

Formen der einfachen, ungeteilten Blätter und der Teilblätter:

lineal/linealisch: lang und schmal, Ränder parallel (Abb. 31/1).

nadelförmig: schmal und starr, nicht in Stiel und Spreite gegliedert (Abb. 31/2).

pfriemlich: sehr schmal und starr, vom Grunde allmählich in die Spitze verschmälert (Abb. 31/3).

länglich: 3–6mal so lang wie breit, mehr oder weniger parallelrandig (Abb. 31/4).

lanzettlich: 3–6mal so lang wie breit, in der Mitte am breitesten und bogenförmig gegen beide Enden in eine Spitze verschmälert (Abb. 31/5).

eiförmig-lanzettlich/eilanzettlich: lanzettlich mit der grössten Breite unter der Mitte (Abb. 31/6).

31

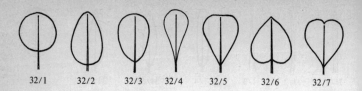

32/1   32/2   32/3   32/4   32/5   32/6   32/7

elliptisch/oval: 1,5–2mal so lang wie breit, in der Mitte am breitesten und an den beiden Enden mehr oder weniger abgerundet (Abb. 31/7).

rund/rundlich: im Umriss etwa kreisförmig (Abb. 32/1).

eiförmig: oval mit grösster Breite unter der Mitte (Abb. 32/2).

verkehrteiförmig: oval mit grösster Breite über der Mitte (Abb. 32/3).

spatelförmig: aus breit abgerundeter Spitze mit konkavem Rand in den Stiel verschmälert (Abb. 32/4).

keilförmig: in der vorderen Hälfte am breitesten und von dort geradlinig in die Basis verschmälert (Abb. 32/5).

herzförmig: Herzbucht an der Basis der Blattspreite (Abb. 32/6).

verkehrtherzförmig: Herzbucht an der Spitze der Blattspreite (Abb. 32/7).

nierenförmig: queroval bis rundlich mit breitgerundeter Einbuchtung (Abb. 32/8).

pfeilförmig: schmal dreieckig, mit zwei abwärtsgerichteten, durch eine spitze Bucht getrennten Lappen am Grunde (Abb. 32/9).

spiessförmig: schmal dreieckig, mit zwei spreizenden, durch eine stumpfe Bucht getrennten Lappen am Grunde (Abb. 32/10).

geigenförmig: länglich, beidseitig in der Mitte tief eingebuchtet (Abb. 32/11).

rautenförmig (rhombisch): auf der Spitze stehendes Viereck (Abb. 32/12).

schildförmig: Blatt rund, Stielansatz in der Mitte der Spreite und senkrecht zu dieser (Abb. 32/13).

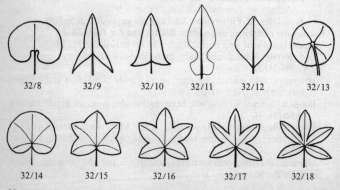

32/8   32/9   32/10   32/11   32/12   32/13

32/14   32/15   32/16   32/17   32/18

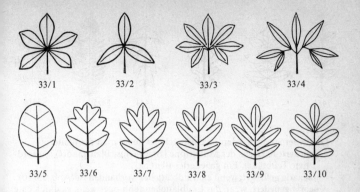

33/1   33/2   33/3   33/4

33/5   33/6   33/7   33/8   33/9   33/10

Formen der einfachen, geteilten Blätter

Der hand- oder fiedernervigen Aderung entsprechend unterscheidet man:

hand- oder fingerförmige Blätter, welche je nach der Tiefe der Einschnitte in die Blattspreite bezeichnet werden als:

handförmig gelappt, 3-, 4lappig usw. (Abb. 32/15).

handförmig gespalten, 3-, 4spaltig usw. (Abb. 32/16).

handförmig geteilt, 3-, 4teilig usw. (Abb. 32/17).

handförmig geschnitten, 3-, 4schnittig usw. (Abb. 32/18).

fussförmig: dem handförmigen Blatt ähnlich, jedoch gehen die Nerven von einer verbreiterten Basis aus, indem sich die beiden Seitennerven stets auf der dem Blattgrund zugekehrten Seite verzweigen (*Nieswurz*) (Abb. 33/3 und 33/4).

fiederförmige Blätter, welche je nach der Tiefe der Einschnitte in die Blattspreite bezeichnet werden als:

fiederlapping (Abb. 33/6).

fiederspaltig (Abb. 33/7).

fiederteilig (Abb. 33/8).

fiederschnittig (Abb. 33/9).

doppelt- bzw. mehrfach fiederschnittig: die Abschnitte des fiederschnittigen Blattes sind ihrerseits fiederschnittig usw. (*Farne, Doldengewächse*).

leierförmig: fiederlappig bis fiederschnittig mit vergrössertem Endabschnitt (Abb. 34/3).

schrotsägeförmig: fiederlappig bis fiederteilig, mit dreieckig zugespitzten, gegen den Blattgrund gerichteten Abschnitten (Abb. 34/4).

kammförmig: fiederteilig bis fiederschnittig mit zahlreichen, schmalen, parallelen Abschnitten (Abb. 34/5).

Formen der zusammengesetzten Blätter

Der handnervigen Aderung entsprechend nennt man die Blätter:

gefingert: 4 oder mehr handförmig angeordnete Teilblätter; 4-, 5zähliges Blatt usw. (Abb. 33/1).

dreizählig: gefingertes Blatt mit nur 3 Teilblättern (*Klee*) (Abb. 33/2).

doppelt dreizählig: wenn beim dreizähligen Blatt die Teilblätter wiederum dreizählig zusammengesetzt sind.

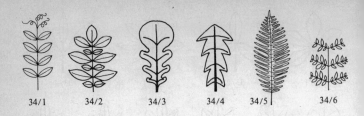

| 34/1 | 34/2 | 34/3 | 34/4 | 34/5 | 34/6 |

Der fiedernervigen Aderung entsprechend nennt man die Blätter:

gefiedert: beidseits der Mittelrippe (Blattrachis, Blattspindel) angeordnete Teilblätter. Ein gefiedertes Blatt ist

unpaarig gefiedert, wenn ein Endblättchen vorhanden ist (Abb. 33/10).

paarig gefiedert, wenn das Endblättchen fehlt oder wenn es durch eine Ranke oder durch ein kurzes Spitzchen ersetzt ist. Paarig gefiederte Blätter besitzen nicht immer eine gerade Zahl von Teilblättern, noch sitzen diese stets paarig beisammen (Abb. 34/1).

unterbrochen gefiedert: grössere und kleinere Teilblätter wechseln ab (*Tomate, Kartoffel*; Abb. 34/2).

doppelt oder mehrfach gefiedert: die Teilblätter sind ihrerseits wieder gefiedert usw. (Abb. 34/6).

4.4.2. Formen des Spreitenrandes

Die Blattrandformen von Blättern und Teilblättern sind in erster Linie durch Einschnitte in die Blattfläche bedingt, welche höchstens bis auf ¼ hineinreichen. Folgende Ausdrücke finden Verwendung:

ganzrandig: ohne irgendwelche Einschnitte (Abb. 34/7 a).

geschweift: in weiten Bogen sehr seicht gebuchtet (Abb. 34/7 b).

gezähnt: spitze Vorsprünge, stumpfe Buchten (Abb. 34/7 c).

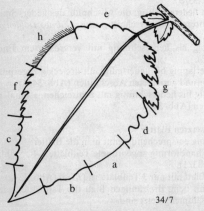

34/7

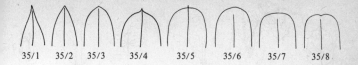

35/1   35/2   35/3   35/4   35/5   35/6   35/7   35/8

gezähnelt: sehr fein gezähnt.
doppelt gezähnt: die spitzen Vorsprünge sind ihrerseits gezähnt.
gebuchtet (buchtig): mit abgerundeten Vorsprüngen und Buchten (Abb. 34/7 d).
ausgebissen: unregelmässig buchtig.
gekerbt: stumpfe Vorsprünge, spitze Buchten (Abb. 34/7 e).
doppelt gekerbt: die stumpfen Vorsprünge sind ihrerseits gekerbt.
gesägt: spitze Vorsprünge (Sägezähne) sind durch spitze Buchten getrennt (Abb. 34/7 f).
doppelt gesägt: die Vorsprünge sind ihrerseits gesägt (Abb. 34/7 g).
bewimpert: Rand mit weichen Haaren besetzt (Abb. 34/7 h).

4.4.3. Formen der Spreitenspitze

zugespitzt: in konkaver Linie in einen spitzen Winkel verlaufend (Abb. 35/1).
spitz: in gerader Linie in einen Winkel verlaufend (Abb. 35/2).
stumpf: in einen stumpfen Winkel zusammenlaufend (Abb. 35/3).
bespitzt: abgerundet, mit kleiner aufgesetzter, flächiger Spitze (Abb. 35/4).
stachelspitzig: abgerundet, der Mittelnerv tritt als Borste aus (Abb. 35/5).
abgerundet: mit halbkreisförmiger Spitze (Abb. 35/6).
gestutzt: durch eine gerade Querlinie abschliessend (Abb. 35/7).
ausgerandet: an der Spitze eingebuchtet (Abb. 35/8).
begrannt: der Mittelnerv tritt als lange, steife Borste aus.

4.4.4. Formen des Spreitengrundes

(in den Blattstiel) verschmälert: in konkaver Linie spitzwinklig auf den Mittelnerv zusammenlaufend (Abb. 35/9).
keilförmig: in gerader Linie in einen Winkel zusammenlaufend (Abb. 35/10).
abgerundet: halbkreisförmig auf den Mittelnerv verlaufend (Abb. 35/11).
gestutzt: in gerader Querlinie auf den Mittelnerv verlaufend (Abb. 35/12).

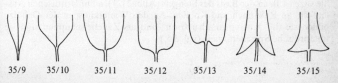

35/9   35/10   35/11   35/12   35/13   35/14   35/15

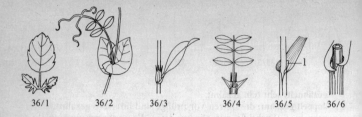

| 36/1 | 36/2 | 36/3 | 36/4 | 36/5 | 36/6 |

herzförmig: zwischen abgerundeten Seitenlappen in einen spitzen Winkel zusammenlaufend (Abb. 35/13).

pfeilförmig: mit zwei spitzen nach unten gerichteten Lappen (Abb. 35/14).

spiessförmig: mit zwei spitzen, waagerecht abstehenden Lappen (Abb. 35/15).

4.4.5. Der Blattgrund

stellt den untersten Teil des Blattes bzw. die meist verbreitete Basis des Blattstiels dar. Er kann sehr verschieden gestaltet und oft mit Anhängseln besetzt sein. Diese sind:

Nebenblätter (Stipeln): Auswüchse des Blattgrundes, welche blattartig (*Veilchen*, Abb. 36/1; *Erbse*, Abb. 36/2), zu tütenartigen Scheiden (Ochrea bei den *Knöterichgewächsen*, Abb. 36/3) oder zu Dornen (*Robinie*, Abb. 36/4) umgestaltet sein können, jedoch vielfach hinfällig sind (*Linde, Hainbuche*).

Blattscheide: Den Stengel röhrenartig umgreifender Blattgrund ungestielter Blätter (*Gräser*, Abb. 36/5) oder gestielter Blätter (*Brustwurz*).

Blatthäutchen (Ligula): feine, aus zwei verwachsenen Nebenblättern entstandene Haut, welche am Übergang von der Blattscheide zum Blatt sitzt; so vor allem bei den *Süss-* und *Sauergräsern*, beim *Moosfarn* und dem *Brachsenkraut* (Abb. 36/5 l).

Öhrchen: den Stengel mehr oder weniger umfassende Blattanhängsel. Sie können dem Spreitengrund (*Hasenohr, Gerste*), dem Blattstiel (*Mädesüss*) oder den Nebenblättern (*Ackerbohne*) entspringen (Abb. 36/6).

geöhrt: mit Öhrchen versehen.

4.5. Das Niederblatt

Niederblätter sind meist chlorophyllose (blattgrünlose), einfach gestaltete, schuppen- oder scheidenartige Blätter, welche nur aus Blattgrund bestehen. Sie sitzen z.B. an der Basis des Stengels (Abb. 21/1), an unterirdischen Ausläufern, an Rhizomen und Knollen. An den Winterknospen der Gehölze bilden sie die K n o s p e n s c h u p p e n, und als Zwiebelschuppen sind sie unterirdische Speicherorgane (vgl. 3.5.).

4.6. Das Hochblatt

Hochblätter sind einfache, oft schuppenartige und oft nur aus Olatt-grund bestehende Blätter unterhalb einer Einzelblüte oder im Bereich des Blütenstands. Man unterscheidet:

Deck- oder Tragblätter (Brakteen): Hochblätter, in deren Achseln sich eine Blüte oder ein Seitenspross befindet (Abb. 21/1).

Vorblätter: unmittelbar unter der Blüte am Blütenstiel sitzende, sich durch sehr einfache Gestaltung von den übrigen Blättern unterscheidende Hochblätter (Abb. 21/1). Sie bilden durch Verwachsung bei den *Seggen* den sogenannten Fruchtschlauch (vgl. 5.7. und Abb. 44/5).

Hüllblätter: meist zahlreich beieinanderstehende Hochblätter, welche als Hüllkelch einen Blütenstand umschliessen (*Körbchenblütler*, vgl. 6.1. und Abb. 47/1 h) oder eine Einzelblüte umgeben (*Küchenschelle*). Bei den *Doldengewächsen* bilden sie die Hülle bzw. das Hüllchen (vgl. 6.1. und Abb. 47/4 h), bei den *Malven* einen Aussenkelch (vgl. 5.7.).

Spatha (Scheidenblatt): stark vergrössertes, scheidenartiges Hochblatt, welches einen Blütenstand umhüllt (*Aronstab, Lauch, Mais*; Abb. 37/1).

Spreublätter: reduzierte Deckblätter der Einzelblüten z.B. eines Körbchenblütlers, welche schuppenartig (*Ferkel-kraut*) oder borstenförmig (*Kratzdistel*) sein können (Abb. 47/1 s).

Spelzen: Hüll-, Deck- und Vorblätter in den Teilblütenstän-den (Ährchen) der *Süssgräser* (vgl. 5.7. und Abb. 45/1).

37/1

5. Die Blüte

ist ein stark gestauchter Spross mit begrenztem Wachstum, dessen Blätter im Dienste der geschlechtlichen Fortpflanzung stehen und deshalb in ihrer Gestalt von den Laubblättern stark abweichen. Die arterhaltenden Bestand-teile einer Blüte sind die Fruchtblätter (5.6.) und die Staubblätter (5.5.), welche auf dem Blütenboden (5.3.) sitzen und meist von einer Blütendecke (5.4.) schützend umgeben sind (Abb. 21/1 und 39/1).

5.1. Die Symmetrie der Blüten

radiärsymmetrisch/strahlig (aktinomorph): Die Blüte lässt sich durch drei oder mehrere Symmetrieebenen in zwei spiegelbildlich gleiche Hälften zerlegen. Bei diesen Blüten sind Kelch-, Kron- oder Perigonblätter unter sich gleich und regelmässig um die zentrale Blütenachse angeordnet (Abb. 38/1).

disymmetrisch (bilateralsymmetrisch): nur zwei senkrecht zueinander ste-hende Symmetrieebenen sind möglich (*Frauenherz, Kreuzblütler*; Abb. 38/3).

monosymmetrisch (zygomorph, dorsiventral): nur eine Spiegelebene ist mö-glich, durch welche die Blüte in eine linke und eine rechte Hälfte zerlegt wird (*Lippenblütler, Schmetterlingsblütler*; Abb. 38/2).

asymmetrisch: keine Symmetrieebene ist möglich (*Baldrian*; Abb. 38/4).

38/1

38/2

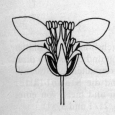

38/3

38/4

5.2. Spezielle Formen der monosymmetrischen Blüte

Schmetterlingsblüte: besteht aus fünf Kronblättern, von denen das aufwärtsgerichtete als Fahne, die beiden seitlichen, zueinander spiegelbildlichen als Flügel und die beiden miteinander verwachsenen, unteren als Schiffchen bezeichnet werden (*Wicke, Erbse*) (vgl. Fam. Schmetterlingsblütler).

Lippenblüte: besteht aus fünf miteinander verwachsenen Kronblättern, welche meist durch zwei tiefere Buchten in eine aus zwei Kronblättern verwachsene Oberlippe und eine aus drei Kronblättern verwachsene Unterlippe gespalten sind (*Taubnessel, Salbei*) (vgl. Lippenblütler).

5.3. Der Blütenboden

auch **Blütenachse** genannt: gestauchter Sprossachsenabschnitt, auf welchem Kelch-, Kron-, Staub- und Fruchtblätter sitzen (Abb. 39/1). Er ist gewölbt (*Erdbeere, Brombeere*), flach (*Tulpe*), oder verlängert (*Gifthahnenfuss, Mäuseschwänzchen*) und wird zur Zeit der Samenreife als **Fruchtboden** bezeichnet (vgl. 7.).

5.4. Die Blütendecke (Perianth)

umschliesst die Staubblätter und die Fruchtblätter. Sie ist entweder in Kelch und Krone geschieden oder ein Perigon. Kelch-, Kron- und Perigonblätter können frei oder verwachsen sein.

5.4.1. Die Teile der Blütendecke

Kelch (Kalyx): Gesamtheit der Kelchblätter (Sepalen); äusserste, meist grüne Blätter der Blütendecke (Abb. 39/1).

Krone (Corolla): Gesamtheit der Kronblätter (Petalen, Blüten- oder Blumenblätter); meist farbige, innerhalb des Kelchs stehende Blätter, welche oft dem Anlocken der Insekten dienen (Abb. 39/1). Gelegentlich täuschen Nektarblätter eine Krone vor, z.B. beim *Hahnenfuss* (vgl. unter 5.5.1.).

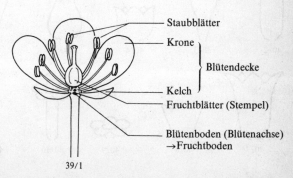

Staubblätter

Krone

Blütendecke

Kelch

Fruchtblätter (Stempel)

Blütenboden (Blütenachse)
→Fruchtboden

39/1

Perigon: Gesamtheit der Perigonblätter (Tepalen); beide Kreise der Blütendecke, also Kelch und Krone, sind in Farbe und Form gleichgestaltet. Dabei können alle Perigonblätter kelchartig ausgebildet sein (*Binsen*) oder kronenartig (petaloid) sein (*Tulpe*). Bisweilen sind sie in Form und/oder Grösse verschieden (*Orchideen, Schneeglöckchen, Schwertlilien*).

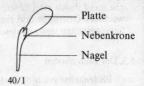

— Platte

— Nebenkrone

— Nagel

40/1

5.4.2. Sonderbildungen der Blütendecke

An manchen freien Kron- oder Perigonblättern unterscheidet man:

Platte: breiter, oberer Abschnitt eines Kron- oder Perigonblatts (Abb. 40/1).

Nagel: verschmälerter, deutlich von der Platte abgesetzter, unterer Teil des Kron- oder Perigonblatts (Abb. 40/1).

Nebenkrone: vgl. 5.7. und Abb. 40/1.

Sind Kelch-, Kron- oder Perigonblätter verwachsen, so unterscheidet man:

Saum: erweiterter, oberer Teil der Kelch-, Kron- oder Perigonblätter, welcher den mehr oder weniger verwachsenen Platten entspricht.

Röhre: unterer, den verwachsenen Nägeln entsprechender Teil derselben.

Kelchzähne: freie, obere Zipfel der zu einer Kelchröhre verwachsenen Kelchblätter.

Schlund: Übergang vom Saum in die Röhre.

Schlundschuppen: vgl. 5.7.

Pappus: vgl. 5.7.

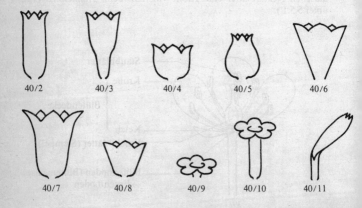

40/2   40/3   40/4   40/5   40/6

40/7   40/8   40/9   40/10   40/11

5.4.3. Formen der verwachsenblättrigen Blütendecke

röhrenförmig: ohne Erweiterung in einen Saum übergehend (Abb. 40/2).

keulenförmig: unten eng-, oben weitröhrig (Abb. 40/3).

napfförmig: halbkugelig mit kurzer Röhre (Abb. 40/4).

krugförmig: aus kugelförmig erweitertem Grunde in eine verengte, leicht röhrige Öffnung übergehend (*Heidelbeere*) (Abb. 40/5).

trichterförmig: sich nach oben kegelförmig erweiternd (Abb. 40/6).

glockenförmig: sich in geschwungener Linie von unten nach oben kegelförmig erweiternd (Abb. 40/7).

becherförmig: trichterförmig mit abgeflachtem Grunde (kegelstumpfartig) (Abb. 40/8).

radförmig: mit flach ausgebreitetem Saum und röhrenförmiger Basis (*Mannsschild, Phlox*; Abb. 40/9).

stieltellerförmig: radförmig, jedoch mit langer, enger Röhre (*Frühlingsenzian*; Abb. 40/10).

zungenförmig: röhrenförmig mit einseitswendigem, linealem bis ovalem Saum (*Löwenzahn, Habichtskraut*; Abb. 40/11).

5.5. Die Staubblätter (Androeceum)

Die Staubblätter bilden in ihrer Gesamtheit das Androëceum, den männlichen Teil der Pflanze. Das einzelne Staubblatt (Stamen) (Abb. 41/1) ist aufgebaut aus dem runden oder flachen bis blattartig verbreiterten S t a u b f a d e n (Filament) und dem S t a u b b e u t e l (Anthere), der aus zwei Hälften, den beiden S t a u b b e u t e l f ä c h e r n (Theken), besteht. Diese werden durch das M i t t e l b a n d (Konnektiv) zusammengehalten, das gelegentlich kronblattartig verlängert sein kann. Jedes Staubbeutelfach besitzt zwei P o l l e n - s ä c k e (Lokulamente), in denen der B l ü t e n s t a u b (Pollen) gebildet wird (Abb. 41/2). Das P o l l e n k o r n enthält die männliche Keimzelle (Spermakern). Sind die Staubbeutel so am Staubfaden angebracht, dass sie nach aussen gerichtet sind, so bezeichnet man sie als extrors, sind sie nach innen gerichtet, so heissen sie intrors.

5.5.1. Sonderbildungen des Androeceums

Staminodien: unfruchtbare Staubblätter, welche oft ein kronblattartiges (petaloides) Aussehen haben oder reduziert sind.

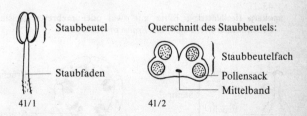

Staubbeutel

Staubfaden

41/1

Querschnitt des Staubbeutels:

Staubbeutelfach

Pollensack

Mittelband

41/2

Nektarblätter: Staminodien, welche zur Nektarbildung fähig sind. Ihr Aussehen kann röhrenförmig (*Nieswurz, Winterling*; Abb. 42/1), zweilippig (*Schwarzkümmel*), gespornt (*Akelei*) oder flach kronblattartig (*Hahnenfuss*; Abb. 42/2) sein (vgl. 5.7.).

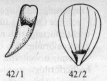

42/1   42/2

5.6. Die Fruchtblätter (Gynaeceum)

Die Fruchtblätter (Carpelle) bilden in ihrer Gesamtheit das Gynaeceum, den weiblichen Teil der Pflanze. Bei den bedecktsamigen Pflanzen (Angiospermen) umschliessen sie die Samenanlagen gehäuseartig, indem sie durch Verwachsung ihrer Ränder den Stempel (Pistill) bilden (Abb. 42/3). Den bauchartig erweiterten, unteren Teil des Stempels, der die Samenanlagen (Abb. 42/4) mit den weiblichen Keimzellen (Eizellen) enthält, bezeichnet man als Fruchtknoten (Ovar). Dieser verschmälert sich nach oben in den säulenartigen, feinen Griffel (Stylus), welcher die klebrige, meist papillöse Narbe, die den Pollen auffängt, in eine für die Bestäubung günstige Lage bringt, jedoch gelegentlich fehlen kann (*Tulpe*). Die Narbe (Stigma) kann ungeteilt sein oder sie ist mehr oder weniger tief gespalten. Gelegentlich reichen die Einschnitte bis in den Griffel hinein, oder es sind sogar mehrere Griffeläste ausgebildet, welche einzeln vom Fruchtknoten emporragen (*Sternmiere, Hornkraut*). Diese sind z.B. bei der *Schwertlilie* kronblattartig. Bei den Nadelhölzern werden die in Zapfen angeordneten Fruchtblätter als Samenschuppen bezeichnet. Da ihre Ränder nicht verwachsen, sitzen die Samenanlagen frei auf ihren Oberflächen, weshalb die Nadelhölzer als nacktsamige Pflanzen (Gymnospermen) bezeichnet werden.

5.6.1. Die Zahl der Fruchtblätter

Blüten enthalten ein einziges Fruchtblatt oder deren mehrere. Diese sind dann entweder untereinander frei oder miteinander zu einem einzigen Fruchtknoten verwachsen. Man unterscheidet deshalb:

monokarp: Blüte mit einem einzigen Fruchtblatt (*Erbse, Kirsche*; Abb. 43/1).

apokarp (freiblättrig): Blüte mit zwei oder mehreren freistehenden Fruchtblättern (*Hahnenfuss, Erdbeere*; Abb. 43/2).

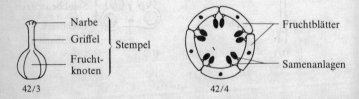

42/3   42/4

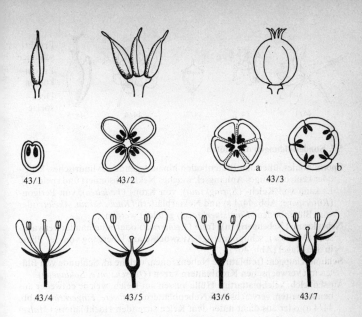

43/1 43/2 43/3

43/4 43/5 43/6 43/7

coenokarp (verwachsenblättrig): Blüte mit zwei oder mehreren miteinander zu einem einzigen Fruchtknoten verwachsenen Fruchtblättern (Abb. 43/3). Man unterscheidet coenokarp-synkarpe (Abb. 43/3 a) und coenokarp-parakarpe (Abb. 43/3 b) Fruchtknoten, je nachdem wie die Fruchtblätter miteinander verwachsen sind.

5.6.2. Stellung des Fruchtknotens

In der Blüte kann der Fruchtknoten je nach Ausbildung der Blütenachse (vgl. 5.3.) verschiedene Lagen einnehmen.
Er wird bezeichnet als:

oberständig: wenn die übrigen Blütenteile an seiner Basis eingefügt sind, er also in der Blüte drin sichtbar ist. Solche Blüten heissen hypogyn (*Tulpe, Sternmiere*; Abb. 43/4).

unterständig: wenn er von der becherförmigen Blütenachse umschlossen und mit ihr verwachsen ist, so dass die übrigen Blütenteile an seinem oberen Rande stehen, er daher unter der Blüte sichtbar ist. Solche Blüten heissen epigyn (*Märzenbecher, Narzisse*; Abb. 43/5).

halbunterständig/halboberständig: wenn er nur in seiner unteren Hälfte mit dem Achsenbecher verwachsen ist, oben dagegen frei ist. Solche Blüten heissen perigyn (Abb. 43/6).

mittelständig: wenn er von der becherförmigen Blütenachse umschlossen, jedoch nicht mit dieser verwachsen ist, so dass die übrigen Blütenteile auf dem Rande des Achsenbechers stehen. Solche Blüten heissen ebenfalls perigyn (*Kirsche, Hagebutte*; Abb. 43/7).

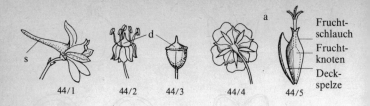

44/1   44/2   44/3   44/4   44/5

Frucht-
schlauch
Frucht-
knoten
Deck-
spelze

5.7. Sonderbildungen der Blüten

Sporn: hohles, über den Blütenboden hinausragendes, zylindrisches, kegel-
oder keulenförmiges Anhängsel, welches Nektar absondert und speichert.
Es kann von Kelch- (*Springkraut*), von Kron- (*Veilchen*), von Perigon-
(*Rittersporn*; Abb. 44/1 s) und Nektarblättern (*Knabenkraut, Akelei*) oder
vom Blütenboden (*Kapuzinerkresse*) gebildet werden.

Nebenkrone (Nebenperigon): freie (*Leimkraut*) oder miteinander verwachsene (*Narzisse*), schuppenartige Auswüchse am Übergang von der Platte
in den Nagel (Abb. 40/1).

Schlundschuppen: freiblättrige Nebenkronen, welche im Schlunde von Blüten mit verwachsenen Kronblättern sitzen (*Ochsenzunge, Soldanelle*).

Aussenkelch: kelchblattartige Hülle aussen am Kelch, welche entweder aus
benachbarten, verwachsenen Nebenblättern (*Erdbeere, Fingerkraut*; Abb.
44/4 a) oder aus dicht unter dem Kelch sitzenden Hochblättern (*Malve*)
gebildet werden.

Fruchtschlauch (Utriculus): das bei den *Seggen* zu einem ei- bis flaschenför-
migen Gebilde verwachsene Vorblatt, welches den Fruchtknoten umhüllt
(im Schlüssel der Einfachheit halber als Frucht bezeichnet) (Abb. 44/5).

Diskus: scheibenförmiges Nektarium auf dem Blütenboden (Abb. 44/2 und
44/3 d).

Nektarblätter: kronblattartige Blätter mit Nektarien am Grunde (vgl. 5.5.1.
und Abb. 42/2).

Griffelpolster: kissenartig erweiterter, drüsiger Basalteil des zweiteiligen
Griffels bei den *Doldengewächsen*.

Nektardrüsen/Nektargrübchen/Nektarien: Zuckersaft ausscheidende
Gruppen von Drüsenzellen verschiedenster Gestalt.

Pappus (Haarkelch): meist haarförmiges, der reifen Frucht der Körbchenblütler als Flugeinrichtung dienendes Organ, welches dem Kelch der einzelnen Blüte entspricht (Abb. 51/5 p).

Spelzen: zweizeilig angeordnete, kahnförmige Hochblätter (vgl. 4.6.) in den
Ährchen (vgl. 6.1. und Abb. 46/6 ä) der *Süss-* und *Sauergräser* (Abb. 45/1,
die Ährchenachse ist stark verlängert gezeichnet!):

Hüllspelzen: blütenlose Spelzen an der Ährchenbasis.

Deckspelzen: Tragblätter an der Basis der einzelnen Blüten des Ährchens.

Vorspelzen: Vorblätter der einzelnen Blüten des Ährchens.

Schwellkörper (Lodiculae): kleine, zwischen Vorspelze und Fruchtknoten
sitzende Schüppchen, welche zur Blütezeit durch Anschwellen das Öff-
nen der Spelzen bewirken.

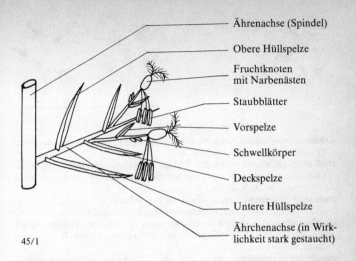

Ährenachse (Spindel)

Obere Hüllspelze

Fruchtknoten
mit Narbenästen

Staubblätter

Vorspelze

Schwellkörper

Deckspelze

Untere Hüllspelze

Ährchenachse (in Wirklichkeit stark gestaucht)

45/1

5.8. Das Geschlecht der Blüten

Gelegentlich sind nicht alle arterhaltenden Teile in der Blüte entwickelt, weshalb man bezüglich ihres Geschlechts folgendermassen unterscheidet:

zwittrig (☿): Staubblätter und Fruchtblätter sind ausgebildet und fruchtbar (fertil) (Abb. 45/2).

eingeschlechtig: entweder sind nur die Staubblätter (Blüte männlich [♂], Abb. 45/3) oder nur die Fruchtblätter (Blüte weiblich [♀], Abb. 45/4) ausgebildet und fruchtbar.

geschlechtslos (steril): nur die Blütendecke ist ausgebildet (Strahlenblüten der *Sonnenblume*).

45/2   45/3   45/4

5.9. Das Geschlecht der Pflanzen

Vielfach sind die Blüten verschiedenen Geschlechts auch auf verschiedenen Pflanzen verteilt oder sie befinden sich auf ein und derselben Pflanze an verschiedenen Orten. Man unterscheidet folgende Fälle:

zwittrig: wenn alle Blüten zwittrig sind.

46/1   46/2

einhäusig (monözisch): wenn männliche und weibliche Blüten auf derselben Pflanze sind (*Hasel, Mais*; Abb. 46/1).

zweihäusig (diözisch): wenn die Pflanze entweder nur männliche Blüten trägt, also männlich ist, oder nur weibliche Blüten trägt, also weiblich ist (*Weiden, Eibe*; Abb. 46/2).

dreihäusig (triözisch): wenn von derselben Pflanze männliche, weibliche und zwittrige Individuen vorkommen (*Esche, Spargel, Silberwurz*).

unvollständig einhäusig (trimonözisch): wenn auf derselben Pflanze männliche, weibliche und zwittrige Blüten vorkommen (*Kleiner Wiesenknopf, Rotes Seifenkraut*).

unvollständig zweihäusig: wenn von einer Pflanze Individuen mit männlichen und zwittrigen Blüten (andromonözisch: *Rosskastanie, Germer, Knollige Spierstaude*) oder mit weiblichen und zwittrigen Blüten (gynomonözisch: *Gänseblümchen, Schafgarbe*) vorkommen.

6. Der Blütenstand (Infloreszenz)

Die Blüten stehen einzeln oder bilden Gruppen, welche Blütenstände heissen. Im Blütenstand sind die einzelnen Blüten in gesetzmässiger Weise angeordnet und sitzen meist in Achseln von Hochblättern (Deck-, Hüll-, Spreu- und Vorblätter, Spelzen). Schliesst die Hauptachse des Blütenstands (Blütenstandsachse) mit einer Endblüte (Gipfelblüte, Terminalblüte) ab, so spricht man von einem geschlossenen Blütenstand. Stellt sie jedoch ihr Wachstum ein, ohne eine Endblüte zu bilden, so spricht man von einem offenen Blütenstand.

6.1. Traubige oder racemöse Blütenstände

Traube: an einer stark entwickelten Hauptachse (Spindel) sitzen gestielte Einzelblüten (Nebenachsen). Man unterscheidet offene Trauben (Abb. 46/3 a) und geschlossene Trauben (Abb. 46/3 b).

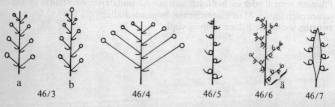

a   b   ä
46/3   46/4   46/5   46/6   46/7

Doldentraube: Traube, bei der die Nebenachsen verschieden lang gestielt sind, so dass alle Blüten in einer gemeinsamen Fläche (Ebene, Halbkugel) stehen (*Felsenkirsche, Birne*; Abb. 46/4).

Ähre: an einer stark entwickelten Spindel sitzen ungestielte Blüten; die Nebenachsen sind also gestaucht (Abb. 46/5). Der Blütenstand der Ährengräser besitzt an Stelle der einzelnen Blüten ährenartig angeordnete Teilblütenstände (Partialinfloreszenzen), welche als Ä h r c h e n (ä) bezeichnet werden (Abb. 46/6) (vgl. 5.7.).

Kolben: Ähre mit stark verdickter Spindel, welche dicht mit unscheinbaren Blüten besetzt ist (*Mais, Aronstab*; Abb. 46/7).

Köpfchen: eine stark verkürzte, mit zahlreichen Blüten dicht besetzte Hauptachse. Sie kann einer gestauchten Ähre entsprechen (*Klee,* Abb. 47/2) oder einem gestauchten Kolben, was zu halbkugeligen bis flachen, stark verbreiterten Blüten- oder Fruchtböden (vgl. 7.) führt, welche auch als Körbchen bezeichnet werden (Korbblütler, z.B. *Löwenzahn, Kardengewächse*; Abb. 47/1).

Dolde: Traube, deren Hauptachse nicht gestreckt ist, so dass die Stiele der Blüten (Doldenstrahlen) von einem Punkt ausgehen (*Schlüsselblume, Efeu*; Abb. 47/3).

Zusammengesetzte Dolde: Dolde, bei der die Doldenstrahlen mit einer kleinen Dolde, dem Döldchen, abschliessen. Die Deckblätter an der Basis der Doldenstrahlen werden Hüllblätter genannt, jene der Döldchenstrahlen Hüllchenblätter (Doldenblütler, z.B. *Bärenklau, Liebstöckel*; Abb. 47/4).

Rispe: Hauptachse mit mehrfach verzweigten Nebenachsen (Teilblütenständen), deren Verzweigung von oben nach unten zunimmt. Haupt- und Nebenachsen schliessen mit einer Endblüte ab (*Liguster, Weinrebe*; Abb. 47/5).

Doldenrispe (Corymbus): Rispe, bei der die Nebenachsen verschieden lang sind, so dass alle Blüten in einer gemeinsamen Fläche (Ebene, Halbkugel) stehen (*Holunder, Schneeball*; Abb. 47/6).

Spirre: Doldenrispe, bei welcher die unteren Nebenachsen so stark gefördert sind, dass sie die oberen übergipfeln, wodurch ein trichterförmig vertiefter Blütenstand entsteht, an dessen tiefster Stelle die Blüten der obersten Nebenachsen stehen (*Spierstaude, Waldsimse*; Abb. 47/7).

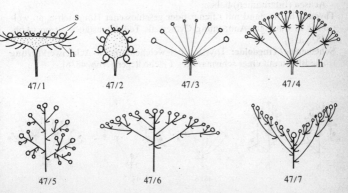

47/1   47/2   47/3   47/4

47/5   47/6   47/7

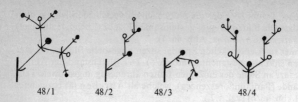

48/1   48/2   48/3   48/4

6.2. Cymöse («trugdoldige») Blütenstände

Tragen Blütenstände an einer Hauptachse verzweigte Nebenachsen (Teil-blütenstände), die Cymen sind, so nennt man sie cymös.

Cyme: Teilblütenstand, dessen Hauptachse mit einer sich zuerst entwickeln-den Blüte abschliesst, welche von 1 oder 2 Nebenachsen übergipfelt wird, die ihrerseits mit einer Blüte abschliessen, welche wiederum in gleicher Weise übergipfelt wird, usw. Die Nebenachsen entspringen stets in den Achseln der Vorblätter, welche am ersten Nodus unterhalb der Blüte sit-zen. Man unterscheidet:

Monochasium: nur ei n e Nebenachse des Nodus ist entwickelt (Abb. 48/2 und 48/3).

Dichasium: zw e i Nebenachsen des Nodus sind entwickelt (Abb. 48/1).

Wickel und Fächel: monochasialer Blütenstand, bei welchem die einzelnen sich nacheinander entwickelnden Nebenachsen der Teilblütenstände ab-wechslungsweise links und rechts auszweigen (Abb. 48/2). Fächel: die Achsen liegen in einer Ebene. Wickel: die Achsen sind räumlich angeord-net.

Schraubel und Sichel: monochasialer Blütenstand, bei welchem die einzel-nen Nebenachsen der sich nacheinander entwickelnden Teilblütenstände stets auf der gleichen Seite auszweigen (Abb. 48/3). Sichel: die Achsen liegen in einer Ebene. Schraubel: die Achsen sind räumlich angeordnet.

Doppelwickel/Doppelschraubel: Dichasium, dessen Nebenachsen wickelig/schraubelig ausgebildet sind (Abb. 48/4).

Scheinquirl: Teilblütenstand der *Lippenblütler,* welcher aus gegenständig am Stengel angeordneten Doppelwickeln besteht, welche stark verkürzte Achsen (Internodien) haben.

Thyrsus: Blütenstand mit offener oder geschlossener Hauptachse, an wel-cher in traubiger Anordnung Cymen als Teilblütenstände sitzen (Abb. 48/5 a/b).

Scheindolde/Trugdolde: Thyrsus, bei welchem durch Achsenverkürzung alle Blüten auf einer schirmartigen Fläche liegen (Abb. 48/6).

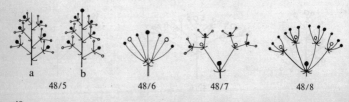

a   b
48/5   48/6   48/7   48/8

Cymoid: geschlossener Thyrsus, bei welchem nur die unmittelbar unter der Gipfelblüte sitzenden Teilblütenstände (Monochasien oder Dichasien) ausgebildet sind (*Sternmiere*; Abb. 48/7).

6.3. Sonderformen von Blütenständen

Pleiochasium: Cymoid, bei welchem mehr als zwei Nebenachsen entwickelt sind, welche alle scheinbar am gleichen Nodus entspringen (Abb. 48/3).

Kätzchen: eingeschlechtige Thyrsen mit biegsamer, oft hängender Hauptachse und unscheinbaren Blüten. Die männlichen Kätzchen fallen nach dem Entleeren des Pollens (Pollination) oft als Ganzes ab (*Pappel, Hasel, Buche* u.a.).

Zapfen: weibliche Blütenstände von *Erlen* und *Nadelhölzern*, deren Achse und Tragblätter zur Fruchtreife verholzen.

7. Die Frucht

Als Frucht bezeichnet man die Blüte im Zustand der Samenreife. Die Fruchtknotenwand ist zur **F r u c h t w a n d** (Pericarp) und die Samenanlagen sind zu **S a m e n** geworden. Die Frucht besteht aus allen jenen Blütenteilen, welche die Samen bis zu ihrer Reife umschliessen und zu deren Verbreitung dienen. Der

Fruchtboden ist, entsprechend dem Blütenboden, die oft verbreiterte Sprossachse, an welcher die Früchte angewachsen sind. Er trägt entweder die Einzelfrucht, Teilfrüchte (*Taubnessel*) oder die Früchtchen einer Sammelfrucht (*Erdbeere, Hahnenfuss*), trägt aber auch die zahlreichen Früchte eines Fruchtstandes («Körbchenboden» der *Korbblütler*). Seine besondern Formen sind ausgeprägter als beim Blütenboden (5.3.). Der

Schnabel (Frucht geschnäbelt) ist ein Fortsatz an der Spitze der Frucht, der meist aus dem Griffel hervorgeht. Bei manchen Korbblütlern trägt er den Pappus (*Löwenzahn*).

Die Früchte werden nach drei Gesichtspunkten eingeteilt:

1. Nach den an der Frucht beteiligten Blütenteilen:
   echte Frucht: nur der Fruchtknoten ist an der Frucht beteiligt.
   Scheinfrucht: ausser dem Fruchtknoten sind an der Frucht noch andere Teile der Blüte beteiligt, so z.B. die Blütendecke, der Achsenbecher oder die Blütenstandsachse (vgl. Sammelfrüchte, Fruchtstände).
2. Nach der Anzahl der vorhandenen Fruchtknoten:
   Einzelfrucht: geht aus einer Blüte, die einen einzigen Bruchtknoten enthält, hervor (monocarpes oder coenocarpes Gynaeceum).
   Sammelfrucht: geht aus einer Blüte, die mehrere Fruchtknoten enthält, hervor (apocarpes Gynaeceum).
3. Nach der Art der Verbreitungseinheit:
   Streufrucht: die Fruchtwand springt auf und entlässt die Samen.
   Schliessfrucht: die Fruchtwand bleibt um die Samen geschlossen und wird mit diesen verbreitet.

50/1   50/2   50/3   50/4   50/5

7.1. Einzelfrüchte, welche als Streufrüchte ausgebildet sind

Balgfrucht: aus einem Fruchtblatt hervorgegangene, bei der Samenreife nur an der Bauchnaht (Verwachsungsnaht der Fruchtblattränder) aufspringende, trockene Frucht (*Nieswurz, Rittersporn*; Abb. 50/1).

Hülse: die aus einem Fruchtblatt hervorgegangene, bei der Samenreife an Bauch- und Rückennaht (Mittelrippe) zweiklappig aufspringende, trockene Frucht der Schmetterlingsblütler (*Erbse*; Abb. 50/2).

Schote: aus zwei Fruchtblättern hervorgegangene, durch eine falsche Scheidewand in zwei Kammern getrennte, trockene Frucht der *Kreuzblütler*. Diese öffnet sich von unten nach oben durch zwei Klappen, wobei die Samen an einem stehenbleibenden Rahmen (Replum) hängenbleiben oder abgeschleudert werden (Abb. 50/3).

Schötchen: Schoten, welche höchstens 3mal so lang wie breit sind.

Kapsel: aus zwei oder mehreren Fruchtblättern gebildete, trockene Frucht, welche durch Wände gefächert sein kann. Nach ihrer Öffnungsweise teilt man ein in:

Spaltkapsel: die Frucht springt entweder entlang der Scheidewände auf (= wandspaltig [septicid], Abb. 50/4) oder entlang der Mittelrippen (= fachspaltig [loculicid], Abb. 50/5). Trennen sich die Fruchtblätter nur wenig an der Spitze, so springt die Frucht mit Zähnen auf.

Deckelkapsel: die Frucht öffnet sich durch ein abspringendes Deckelchen (*Ackergauchheil, Bilsenkraut*; Abb. 51/1).

Porenkapsel: die Frucht öffnet sich mit kleinen Löchern, durch welche die Samen ausgestreut werden (*Mohn, Glockenblume, Löwenmaul*; Abb. 51/2).

7.2. Einzelfrüchte, welche als Schliessfrüchte ausgebildet sind

Nuss: meist einsamige, trockene Frucht, deren Pericarp verholzt, ledrig oder trockenhäutig wird (*Haselnuss*; Abb. 51/3). Sonderformen der Nussfrüchte sind:

Karyopse: die oberständige Grasfrucht (*Weizenkorn*), bei welcher die Fruchtwand untrennbar mit der Samenschale verwachsen ist (Abb. 51/4).

Achaene: die unterständige Frucht der Körbchenblütler (*Löwenzahn*), bei welcher die Fruchtwand untrennbar mit der Samenschale verwachsen ist. Vielfach bleibt der Kelch als Pappus (p) erhalten und dient als Flugorgan (Abb. 51/5).

51/1   51/2   51/3   51/4   51/5

Spaltfrüchte: zerfallen bei der Reife entlang echter Scheidewände in einsamige Teilfrüchte (*Ahorn, Doldengewächse*; Abb. 51/6 und 51/7).

Bruchfrüchte: zerfallen bei der Reife entlang falscher Scheidewände in zahlreiche einsamige Teilfrüchte (Gliederschote beim *Hederich,* Gliederhülse beim *Hufeisenklee*; Abb. 51/8).

Klausen: Bruchfrüchte, welche durch Zerfallen entlang falscher und echter Scheidewände entstehen. Sie bilden bei den *Lippenblütlern* und *Borretschgewächsen* die Verbreitungseinheiten und werden im vollständigen Falle in der Vierzahl gebildet.

Beere: meist mehrsamige Frucht, deren Pericarp bei der Samenreife fleischig und saftig wird (*Gurke, Heidelbeere, Tollkirsche*; Abb. 51/9).

Steinfrucht: einsamige Frucht, deren Pericarp in zwei Schichten gegliedert ist, in eine äussere, saftige Schicht, welche fleischig (*Kirsche, Pfirsich, Olive*) oder faserig (*Walnuss, Mandel*) sein kann, und in eine innere, stark verholzte Schicht, die als Stein bezeichnet wird und den Samen fest umschliesst (Abb. 51/10).

7.3. Sammelfrüchte

sind aus mehreren apocarpen Fruchtknoten einer Einzelblüte hervorgegangene Früchte von einheitlichem Aussehen, deren Teilfrüchte als Früchtchen bezeichnet werden und sich meist in ihrer Gesamtheit ablösen. Bei Sammelfrüchten ist vielfach die Blütenachse in die Fruchtbildung miteinbezogen, was zur Bildung von Scheinfrüchten führt.

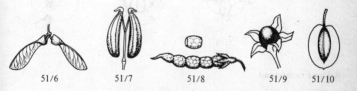

51/6   51/7   51/8   51/9   51/10

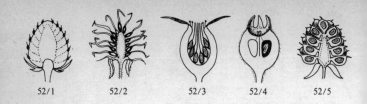

| 52/1 | 52/2 | 52/3 | 52/4 | 52/5 |

7.3.1. Sammelfrüchte mit einsamigen Teilfrüchten

Sammelnussfrüchte: die Teilfrüchte sind Nüsschen und sitzen an einer fleischigen (*Erdbeere*; Abb. 52/1) oder trockenen (*Nelkenwurz*; Abb. 52/2) Blütenachse. Bei der Hagebutte, der Frucht der *Rosen*, sitzen die Nüsschen frei im Innern eines fleischigen, krugförmig verlängerten Achsenbechers (Abb. 52/3). Bei *Weissdorn* und *Mispel* (Abb. 52/4), deren Frucht als Steinapfel bezeichnet wird, sind die Teilfrüchte fest mit dem fleischigen Achsenbecher verwachsen und heissen Steinkerne.
Sammelsteinfrüchte: die Teilfrüchte sind kleine Steinfrüchte, welche an einer trockenen Blütenachse sitzen (*Brombeere, Himbeere*; Abb. 52/5).

7.3.2. Sammelfrüchte mit mehrsamigen Teilfrüchten

Sammelbalgfrucht: die Teilfrüchte sind Bälge und sitzen auf einer trockenen Blütenachse (*Trollblume*; Abb. 52/6), oder sie werden vom fleischigen Achsenbecher umschlossen (*Teichrose*; Abb. 52/7).
Apfelfrucht: die zweisamigen Teilfrüchte sind pergamentartig ausgebildet (Kernhaus) und mit dem fleischigen, sie umschliessenden Achsenbecher verwachsen (*Apfel, Birne, Quitte, Eberesche*; Abb. 52/8).

| 52/6 | 52/7 | 52/8 |

8. Der Fruchtstand

Zur Zeit der Samenreife bezeichnet man die Blütenstände als Fruchtstände. Sie haben gelegentlich das Aussehen von Einzelfrüchten und stellen eine Verbreitungseinheit dar, da sie als Ganzes von der Mutterpflanze abfallen (*Feige, Maulbeere, Erdbeerspinat*). Sie sind ebenfalls Scheinfrüchte.

9. Der Samen

Samen sind von einer Samenschale (Testa) umschlossene Keimpflanzen im Ruhezustand, welche sich von der Mutterpflanze loslösen und der Arterhaltung und Verbreitung dienen. Samen entwickeln sich aus Samenanlagen, welche durch das Samenstielchen (Funiculus) mit den Fruchtblättern verbunden sind und durch dieses ernährt werden. Nach der Loslösung bleibt am Samen eine Narbe, der Nabel (Hilum), zurück. Zum Zwecke der Verbreitung weisen die Samenschalen verschiedener Arten mannigfaltigste Bildungen auf, wie Haare, Flügel oder Widerhaken, eiweiss- und fetthaltige Anhängsel (Elaiosomen), oder sie sind fleischig-saftig (Sarcotesta).

Bei den Bedecktsamern reifen die Samen im Innern von Fruchtknoten, während sie bei den Nacktsamern frei auf Zapfen- oder Samenschuppen sitzen und nur ausnahmsweise von fruchtähnlichen Gebilden umschlossen werden (*Wacholderbeere*).

10. Die Gefässsporenpflanzen (Pteridophyta)

Die Gefässsporenpflanzen, zu denen Farne, Schachtelhalme und bärlappartige Pflanzen gehören, vermehren sich nicht durch mehrzellige Samen, sondern durch

Sporen: einzellige, ungeschlechtlich entstandene, von einer derben Wand umgebene Verbreitungseinheiten (Abb. 53/3 s). Die Spore entwickelt sich zu einem unscheinbaren, ca. 1 cm grossen Vorkeim (Prothallium), der die Geschlechtsorgane trägt. Diese bringen durch Befruchtung (also geschlechtlich) wieder die normale Pflanze hervor. Die Sporen werden in

Sporangien (Sporenbehältern) (Abb. 53/2 sp, 53/3) gebildet, welche an besonderen Blättern, den

Sporophyllen, sitzen. Diese haben entweder ein schuppenartiges Aussehen und sind zu ährenartigen Sporophyllständen angeordnet (*Schachtelhalme, Bärlappe, Moosfarne*) oder gleichen den keine Sporangien tragenden (sterilen) Blättern (*Farne, Brachsenkräuter*).

Bei den Farnen sind die Sporangien meist gruppenweise in

Sori (Einzahl: Sorus) (Abb. 53/1 so, 53/2), den Sporangienhäufchen, angeordnet, welche auf der Unterseite oder am Rande der Blätter oder Blattabschnitte sitzen (Abb. 53/1). Sie sind häufig von einem

Schleier (Indusium) (Abb. 53/2 i) bedeckt, welcher sehr verschieden gestaltet sein kann und für die Bestimmung der Farne wichtig ist.

Mitunter stehen zwischen den Sporangien

Paraphysen, fadenartige, oft verzweigte, meist mehrzellige Strukturen.

53/1   53/2   53/3

Tabelle zum Bestimmen der Familien ausgehend vom natürlichen System

Tabelle zum Bestimmen der Hauptgruppen

1. Pfl. keine Bl. und S. bildend. Vermehrung durch Sporen, die in Sporangien gebildet werden *(Fig. 55/1–4, 57/1–8, 58/1–7)*: *Farnpfl., Gefäss-Sporenpfl.*, **Pteridophyta**. . . . . **Tabelle I**
 – Pfl. Bl. bildend. Diese Staubb. od. Fruchtb. od. beide enthaltend. Vermehrung durch S. *Samenpfl., Spermatophyta*. 2
2. S.anlagen nicht in einem Frkn. eingeschlossen, frei am Grunde von Schuppen, die entweder verholzen und eine zapfenartige Fr. bilden od. zu einer Scheinbeere verwachsen *(Wacholder)*, selten kommt nur 1 S.anlage zur Entwicklung *(Eibe)*. Holzpfl. mit nadelfg., schuppenfg. B. od. B. verkümmert *(Meerträubchen) (Fig. 55/5, 6 u. 59/1–5)*: *Nacktsamige Pfl.*, **Gymnospermae**. . . . . **Tabelle II**
 – S.anlagen in einem Frkn. eingeschlossen, der zur Reifezeit zur Fr. wird: *Bedecktsamige Pfl., Angiospermae*. 3

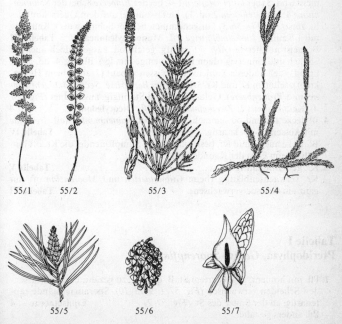

55/1   55/2   55/3   55/4

55/5   55/6   55/7

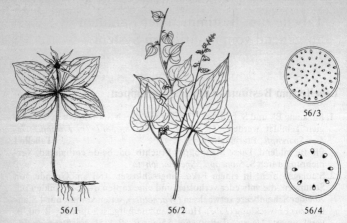

56/3

56/1   56/2   56/4

3. B. meist streifennervig *(Abb. 30/2)* (netznervig bei *Aronstab [Fig. 55/7]*, *Einbeere [Fig. 56/1]* und *Schmerwurz [Fig. 56/2]*), ungeteilt und ganzrandig. Bl. meist 3zählig, selten 4zählig. Bl.decke fehlend od. ein Pg. mit 3 äusseren und 3 inneren B., seltener in K. und Kr. geschieden. Stbb. meist 6 od. 3 (bei *Laichkräutern* 1–4, bei der *Einbeere* 8, bei der *Schattenblume* 4, bei *Orchideen* 2 od. 1). Gefässbündel auf dem Querschnitt des St. zerstreut *(Fig. 56/3)* (ausgenommen bei der Schmerwurz). Keimling mit 1 Keimb.: *Einkeimblättrige Pfl.*, **Monocotyledoneae. . Tabelle III**
– B. meist netznervig *(Abb. 30/3)*, hfg. geteilt od. zusges., doch auch oft einfach und einnervig (dann B. nur wenige mm lg.). Bl. hfg. 4- od. 5zählig od. nach anderen Zahlenverhältnissen gebaut (2zählig beim Hexenkraut), selten in K. und Kr. 3zählig (bei *Berberitze, Sechsmännigem Tännel* und *Krähenbeere*). Gefässbündel im St. ringfg. angeordnet *(Fig. 56/4)*. Keimb. meist 2: *Zweikeimblättrige Pfl.*, **Dicotyledoneae. 4**
4. Bl.decke fehlend od. einfach, k.artig (bei *Frauenmantel* und *Aremonie* mit Aussenk.), od. kr.artig. . . . . **Tabelle IV**
– Bl.decke aus K. und Kr. bestehend (beim Sumpfquendel die Kr. oft hinfällig, beim Efeu der K. undeutl.). 5
5. Kr. getrenntblättrig. . . . . **Tabelle V**
– Kr. verwachsenblättrig (beim *Gilbweiderich* und *Moorenzian* oft nur ganz am Grunde verwachsen). . . . . **Tabelle VI**

Tabelle I
Pteridophyta, *Gefäss-Sporenpflanzen*

1. Pfl. mit hohlem, gegliedertem St. B. quirlst., zu gezähnten, st.umfassenden Scheiden verwachsen *(Fig. 57/1, 99/1–10)*. Sporangienstände zapfenartig, an der Spitze des St. *(Fig. 57/2)*   **Equisetaceae   4**
– Pfl. anders gestaltet. 2

2. Pfl. frei schwimmend. 2 B. ganzrandig, als Schwimmb. ausgebildet, ein drittes B. von wurzelart. Aussehen, untergetaucht *(Fig. 57/3).*

Salviniaceae 20

– Pfl. im Boden wurzelnd, anders gestaltet. . . . . : 3

3. B. lineal-fadenfg., binsenartig, an der Spitze oft eingerollt *(Fig. 57/4),* od. 4zählig zusges., kleeblattartig *(Fig. 57/5).* Sporangien zu mehreren, in besonderen, derbwandigen Sporangienhüllen eingeschlossen am Grunde der B. stehend. **Marsileaceae 19**

– Pfl. anders gestaltet. Sporangien nicht in besonderen, derbwandigen Sporangienhüllen eingeschlossen. . . . . : 4

4. Pfl. auf dem Grunde stehender Gewässer wachsend. St. knollenartig verkürzt *(Fig. 57/6).* B. grasartig. Sporangien in den scheidig erweiterten B.grund eingesenkt. Pfl. mit grösseren (Makro-)sporen und kleineren (Mikro-)sporen. **Isoëtaceae 3**

– Land- od. Sumpfpfl. B. anders gestaltet. 5

5. B. meist länger als 10 mm, geteilt od. zusges., seltener ganzrandig. . 7

– B. meist kürzer als 10 mm, zahlreich. 6

6. Zarte, moosähnl. Pfl. mit spiralig od. 4zeilig angeordneten B. *(Fig. 57/7, 8).* Sporangien von zweierlei Gestalt: die unteren mit 4 zieml. grossen (Makro-)sporen, die oberen mit vielen kleinen (Mikro-)sporen.

Selaginellaceae 2

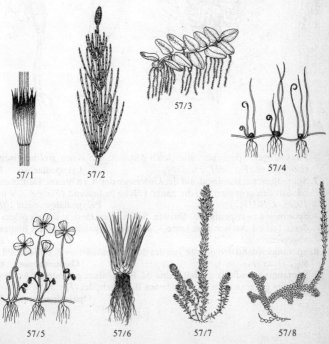

57/1   57/2   57/3   57/4

57/5   57/6   57/7   57/8

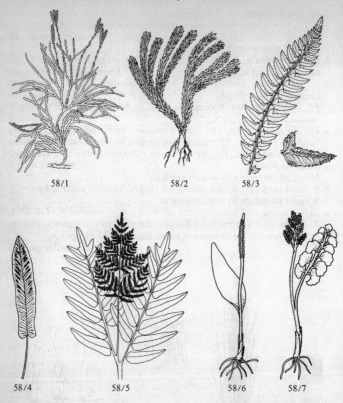

58/1   58/2 58/3

58/4   58/5   58/6   58/7

– Pfl. kräftiger. Sporangien alle gleich gestaltet: mit vielen gleichgrossen (Iso-)sporen *(Fig. 58/1, 2 u. 55/4).*   **Lycopodiaceae** **1**

7. Sporangien am Rande od. auf der Unterseite der B. zu bräunl. Häufchen od. Streifen gruppiert od. die ganze Fläche bedeckend *(Fig. 58/3, 4 u. 102/1–4, 103/1–5).*   **Polypodiales** Seite 102

– Sporangien in rispenfg. od. ährenfg. Sporangienständen, die als besonderer Teil od. Ast von dem keine Sporangien tragenden Teil des Blattes abgegrenzt sind. **8**

8. Sporangienstand den oberen Teil des doppelt gefiederten B. bildend. Pfl. 60–200 cm *(Fig. 58/5).*   **Osmundaceae** **6**

– Sporangienstand eine gestielte Ähre od. Rispe, als abgesonderter Ast des einzigen ganzrandigen od. gefiederten B. ausgebildet *(Fig. 58/6, 7).*   **Ophioglossaceae** **5**

Tabelle II
Gymnospermae, *Nacktsamige Pflanzen*

1. Zwergstrauch mit verkümmerten, gegenst. B. Pfl. 2häusig; die männl. Bl. mit Bl.decke *(Fig. 59/1)*. **Ephedraceae 24**
   – Sträucher od. Bäume mit nadelfg. od. schuppenfg. B. 2
2. B. wechselst.-2zeilig, flach, spitz. S. freiliegend, einzeln, bei der Reife mit einem roten S.mantel *(Fig. 59/2)*. **Taxaceae 21**
   – B. nach Anordnung und Form verschieden. S. von den Schuppen der Zapfen od. der Scheinbeeren bedeckt, ohne S.mantel. 3
3. B. wechselst., oft an Kurztrieben zu 2 od. mehr gebüschelt, nadelfg. *(Fig. 55/5, Abb. 31/2)*. Fr.schuppen spiralig angeordnet (Zapfen, *Fig. 59/3, 55/6*), mit je 2 S. **Pinaceae 22**
   – B., wie die Fr.schuppen, gegenst. od. zu 3 (4) quirlst., schuppenfg. od. nadelfg. S. 1 od. mehr an jeder Fr.schuppe *(Fig. 59/4, 5)*.
   Cupressaceae 23

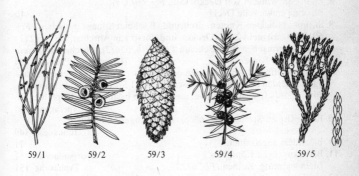

59/1   59/2   59/3   59/4   59/5

Tabelle III
Monocotyledoneae, *Einkeimblättrige Pflanzen*

1. Bl. ohne Pg. od. statt der Pgb. mit Borsten od. unscheinbaren Schüppchen. 2
   – Bl. mit deutl. ausgebildeter Bl.decke. 12
2. Pfl. aus frei auf dem Wasser schwimmenden od. untergetauchten, b.artigen Sprossen bestehend *(Fig. 60/1, 2)*. Bl. sehr selten vorhanden, eingeschlechtig. **Lemnaceae 156**
   – Pfl. mit St. und B. 3
3. Untergetauchte, flutende Wasserpfl. 4
   – Land- od. Sumpfpfl. 7
4. Bl. einzeln in den B.winkeln. B. deutl. gezähnt. **Najadaceae 143**
   – Bl. in Köpfchen od. Ähren; od. einzeln, aber im letzteren Falle die B. ganzrandig. 5
5. Pfl. einhäusig; Bl. in kugeligen Köpfchen. **Sparganiaceae 152**
   – Pfl. einhäusig od. Bl. zwittrig, einzeln od. in Ähren. 6

60/1   60/2   60/3   60/4   60/5

6. Bl. zwittrig, in Ähren. **Potamogetonaceae 141**
– Pfl. einhäusig, Bl. einzeln, b.winkelst. **Zannichelliaceae 142**
7. B. spiessfg., herzfg. od. fussfg.-geteilt, grundst. **Araceae 155**
– B. lineal od. lanzettl., ausnahmsweise eifg.-lanzettl. 8
8. Bl. in den Winkeln von Deckb. (Sp., *Fig. 60/3, 4*). 9
– Bl. ohne entwickelte Deckb. 10
9. St. mit verdickten Knoten, drehrund. B.scheiden meist gespalten *(Fig. 60/5)*. Bl. mit meist 2 Sp. (Decksp. und Vorsp.), in Ährchen, die von 2 (1– 4 Hüllsp. umgeben sind (Schema *Fig. 60/6, 556/2*). Ährchen in Ähren, Trauben od. Rispen. **(Gramineae) Poaceae 154**
– St. ohne auffällige Verdickungen der Knoten, oft mehr od. weniger 3kan- tig. B.scheiden ringsum geschlossen. Bl. mit 1 Sp. (Decksp.; Schema *Fig. 60/7, 535/1–3*), in Ährchen od. aus Ährchen bestehenden Köpfchen od. Spirren. **Cyperaceae 150**
10. Bl. in Rispen, Spirren *(Fig. 60/8)* od. verlängerten Knäueln.
Juncaceae 149
– Bl. anders angeordnet. 11
11. Bl. in kugeligen Köpfchen. **Sparganiaceae 152**
– Bl. in walzenfg. Kolben *(Fig. 61/3)*. **Typhaceae 151**
12. (1.) Frkn. 6. Stbb. 9. Bl. rosa. **Butomaceae 137**
– Frkn. 1, 3(–6) od. viele. 13
13. Frkn. 1. Pfl. einbl., mit 4 (3–6) quirlst. B. und grünl., 4zähligen Bl. (Ein- beere). **Liliaceae 144**
– Pfl. anders gestaltet. 14
14. Bl.decke aus K. und Kr. bestehend. 15
– Bl.decke ein Pg. 17

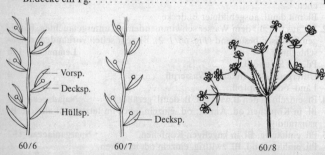

— Vorsp.
— Decksp.
— Hüllsp.
— Decksp.

60/6   60/7   60/8

15. Frkn. zahlreich, oberst. **Alismataceae 136**
– Frkn. 1. 16
16. Bl. eingeschlechtig. Frkn. unterst. Schwimmende od. flutende Wasserpfl.
Hydrocharitaceae 138
– Bl. zwittrig. Frkn. oberst. Landpfl. **Commelinaceae 153**
17. Frkn. oberst. *(Fig. 61/1).* 18
– Frkn. unterst. *(Fig. 61/2).* 22
18. Bl. in einem scheinbar seitenst., dichten Kolben, mit unansehnl., grünl.
Pg. *(Fig. 61/4).* **Araceae 155**
– Bl. nicht in einem Kolben angeordnet. 19
19. Pg. meist kr.artig, selten grünl. od. gelbl. (vgl. Tofieldia und Germer mit
3 Gr. und Mäusedorn, fast nur in der Südschw., mit eingeschlechtigen
Bl.). Stbb. 6 (bei der Schattenblume 4, beim Mäusedorn 3).
Liliaceae 144
– Pg. k.artig, krautig od. trockenhäutig. Stbb. 6(–8), seltener 3. Pfl. mit gras-
od. binsenartigen B. 20
20. Bl. in Spirren *(Fig. 60/8)* od. Knäueln. Gr. meist deutl., mit 3, meist lg. N.
(Fig. 61/5). **Juncaceae 149**
– Bl. in einer endst. Traube. Gr. fehlend. N. sitzend *(Fig. 61/6).* 21
21. St. beblättert. Pg. bleibend. Frkn. 3(–6). **Scheuchzeriaceae 139**
– St. b.los, B. grundst. Pg. abfallend. Frkn. 1. **Juncaginaceae 140**
22. Pfl. 2häusig. St. windend. **Dioscoreaceae 147**
– Bl. zwittrig. St. nicht windend. 23
23. Bl. deutl. monosymm.; 1 Pgb. des inneren Kreises besonders entwickelt
(Lippe). Stbb. 1, selten 2, mit dem Gr. verwachsen *(Fig. 61/7, 520/2–6).*
Orchidaceae 148
– Bl. meist radiärsymm., seltener (bei *Gladiolus*) monosymm. Stbb. nicht
mit dem Gr. verwachsen. 24
24. Stbb. 6. **Amaryllidaceae 145**
– Stbb. 3. (N. oft krb.artig). **Iridaceae 146**

61/1
61/6
61/2
61/3
61/4
61/5
61/7

Tabelle IV
Zweikeimblättrige Pflanzen mit fehlender oder einfacher Blütendecke

1. Bäume, Sträucher od. Halbsträucher. 2
– Krautpfl. 17
2. B. gegenst. 3
– B. wechselst. 7
3. Auf den Zweigen anderer Holzpfl. schmarotzend.   **Loranthaceae 77**
– Nicht schmarotzend. 4
4. B. lederartig, ganzrandig, immergrün. Pfl. einhäusig. Männl. Bl. mit 4, weibl. mit 5–6 (4–8) Pgb.   **Buxaceae 78**
– B. im Herbst abfallend. 5
5. Bl.decke fehlend. B. unpaarig gefiedert.   **Oleaceae 117**
– Bl.decke vorhanden. 6
6. Bl. eingeschlechtig, Fr. 2teilig, geflügelt *(Fig. 62/1).*   **Aceraceae 60**
– Bl. zwittrig. Fr. durch den bleibenden, behaarten Gr. lg. geschwänzt *(Fig. 62/2).*   **Ranunculaceae 27**
7. Bl. wenigstens teilweise zwittrig. 8
– Bl. eingeschlechtig. 10
8. B. gesägt. Pg. 4–8- (meist 5–6)teilig.   **Ulmaceae 37**
– B. ganzrandig. 9
9. Pg. röhrig-trichterfg., mit 4teiligem Saum. Stbb. 8.

                                                Thymelaeaceae 80
– Pg. fast bis zum Grunde 4teilig. Stbb. meist 12 (8–14).   **Lauraceae 29**
10. Pfl. 2häusig. 11
– Pfl. einhäusig. 12
11. Dorniger Strauch. Bl. mit 2teiligem Pg.   **Eleaeagnaceae 56**
– Ohne Dornen. Bl. ohne Pg.   **Salicaceae 89**
12. Bl. in lg. gestielten, hängenden, kugeligen Köpfchen. B. handfg. gelappt.

                                                Platanaceae 33
– Bl. nicht in hängenden, kugeligen Köpfchen od. dann B. elliptisch-eifg. 13
13. Bl. in kurzen Ähren od. im Inneren eines birnfg. Bechers.

                                                Moraceae 38
– Bl., wenigstens die männl., in längl. od. kugeligen Kätzchen. 14
14. B. unpaarig gefiedert. Weibl. Blstd. 2–3(selten mehr-)bl.

                                                Juglandaceae 41
– B. einfach. 15
15. Männl. Kätzchen dicht, längl., hängend. Fr. ohne od. mit b.artiger Hülle. 16

 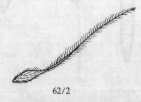

        62/1   62/2   62/3

63/1 63/2 63/3 63/4

- Männl. Kätzchen unterbrochen, hängend od. aufrecht; od. kugelig-eifg., hängend. Fr.hülle kapselartig-4klappig od. becherfg. **Fagaceae 34**
16. Männl. Bl. einzeln in den Achseln der Deckb., Bl.decke fehlend. Stbb. an der Spitze mit Haarbüscheln. Fr. eine von Vorb. mehr od. weniger umschlossene Nuss. **Corylaceae 36**
- Männl. Bl. zu mehreren in den Achseln der Deckb., eine unscheinbare Bl.decke vorhanden. Stbb. an der Spitze ohne Haarbüschel. Fr. eine geflügelte Nuss *(Fig. 62/3)*. **Betulaceae 35**

Bestimmen der Familien (natürliches System)

64/1   64/2   64/3   64/4   64/5

Tabelle V
Zweikeimblättrige Pflanzen mit doppelter, in Kelch und Krone getrennter Blütendecke, Krone getrenntblättrig

1. Bäume, Sträucher od. Halbsträucher 2
   - Kräuter od. Stauden. 28
2. Frkn. unterst. *(Abb. 43/5)* od. halbunterst. *(Abb. 43/6)*. 3
   - Frkn. oberst. *(Abb. 43/4)* od. mittelst. *(Abb. 43/7)*. 8
3. Krb. 4, weiss od. gelb. Stbb. 4. B. gegenst.　　　**Cornaceae　69**
   - Krb. 5. Stbb. 5 od. mehr. 4
4. B. gegenst. Stbb. zahlreich. 5
   - B. wechselst. 6
5. Krb. scharlachrot.　　　　　　　　　　　　**Punicaceae　51**
   - Krb. weiss.　　　　　　　　　　　　**Philadelphaceae　43**
6. Stbb. zahlreich.　　　　　　　　　　　　**Rosaceae　49**
   - Stbb. 5. 7
7. B. lederartig, immergrün.　　　　　　　　　**Araliaceae　70**
   - B. krautig, sommergrün.　　　　　　　**Grossulariaceae　42**
8. Krb. ungleich od. die Bl. monosymm. 9
   - Bl. radiärsymm. 12
9. Kb. frei. 10
   - Kb. verwachsen. 11
10. Kb. 4. Krb. 4, die 2 äusseren grösser *(Fig. 65/1)*. Stbb. 6, 4 längere und 2 kürzere *(Fig. 264/2)*.　　　　**(Cruciferae) Brassicaceae　87**
    - Kb. 5, die 2 seitl. grösser, gefärbt (Flügel). Krb. unter sich und mit den 8 in 2 Bündel verwachsenen Stbb. verbunden *(Fig. 65/2)*.
    　　　　　　　　　　　　　　　Polygalaceae　68
11. Stbb. 7 (6–8). B. 5–7zählig, handfg. zusges.　**Hippocastanaceae　61**
    - Stbb. 10, alle verwachsen od. 9 verwachsen und 1 frei *(Fig. 183/3)*.
    　　　　　　　　　　　(Papilionaceae) Fabaceae　50
12. Pfl. einhäusig. Je 1 weibl. und mehrere männl. Bl. in b.winkelst. Knäueln.　　　　　　　　　　　**Buxaceae　78**
    - Bl., wenigstens teilweise, zwittrig, od Pfl. 2häusig. 13
13. Frkn. 1. 14
    - Frkn. 2–5 od. mehr. 27
14. Pfl. immergrün. 15
    - Pfl. sommergrün 16
15. B. lineal, am Rande umgerollt. K. und Kr. 3blättrig.　**Empetraceae　96**
    - B. eifg., stachlig gezähnt. K. und Kr. 4–5teilig.　**Aquifoliaceae　72**
16. Stbb. zahlreich, mehr als 10. 17
    - Stbb. 2–10. 19

65/1　　　　　65/2　　　　　　65/3　　　　　65/4

17. Bl.boden krug- od. becherfg. vertieft. Krb. weiss od. rötl. Stbb. auf dem Rande des Bechers eingefügt *(Fig. 65/3)*. **Rosaceae 49**
– Bl.boden nicht becherfg. Stbb. am Grunde des Frkn. eingefügt. . . . 18

18. Strauch, Halbsträucher od. Kräuter mit ganzrandigen B. Kb. 3 od. 5 (dann 2 meist kleiner od. grösser). Krb. 5. **Cistaceae 85**
– Bäume mit herzfg., gesägten B. Kb. und Krb. 5. **Tiliaceae 92**

19. B. geteilt od. zusges. 20
– B. ungeteilt. 23

20. B. wechselst., gelappt od. handfg. zusges. Krb. 5. Stbb. 5. Gr. 1. **Vitaceae 75**
– B. gegenst. 21

21. B. handfg. gelappt. K. und Kr. 5teilig, gelbl.-grün. Stbb. 8. **Aceraceae 60**
– B. gefiedert. 22

22. Bl. 5zählig. K. krb.artig, abfallend. **Staphyleaceae 62**
– Bl.decke 4zählig. Stbb. 2. **Oleaceae 117**

23. B. klein, lineal-lanzettl. K. und Kr. 5blättrig. Stbb. 10, bis zur Mitte verwachsen. **Tamaricaceae 86**
– B. rundl., eifg. od. eilanzettl. 24

24. Kb. und Krb. 6, gelb. Stbb. 6. Dorniger Strauch. **Berberidaceae 28**
– Bl. 4- od. 5zählig. 25

25. Gr. (N.) 3. Bl. in Rispen. **Anacardiaceae 59**
– Gr. 1 (oft 2–4sp.). 26

26. Stbb. mit den Krb. abwechselnd. **Celastraceae 73**
– Stbb. vor den Krb. stehend; diese sehr klein. **Rhamnaceae 74**

27. Bl. alle zwittrig. Frkn. meist viele. Stbb. zahlreich. **Rosaceae 49**
– Bl. teils zwittrig, teils eingeschlechtig. Frkn. 2–5. Stbb. 10 (in den männl. Bl.). B. unpaarig gefiedert. **Simaroubaceae 58**

28. (1.) Frkn. unterst. *(Abb. 43/5)* od. halbunterst. *(Abb. 43/6)*. 29
– Frkn. oberst. *(Abb. 43/4)* od. mittelst. *(Abb. 43/7)*. 35

29. Bl. eingeschlechtig, in ährenfg. Blstd. Wasserpfl. mit kammfg.-fiedersp. B. **Haloragaceae 55**
– Bl. zwittrig od. Pfl. nicht die genannten Merkmale zeigend. 30

30. Gr. 1, mit kurzer, kopffg. od. 2–4teiliger N. 31
– Gr. od. N. 2–5. 32

31. K. 4teilig. Krb. 4. Stbb. 4. Wasserpfl. mit einer Rosette rautenfg. Schwimmb. **(Hydrocaryaceae) Trapaceae 53**
– K. 2- od. 4teilig. Krb. 2 od. 4. Stbb. 2 od. 8. Land- od. Sumpfpfl. **Onagraceae 54**

32. Stbb. 5. Krb. 5. Gr. 2. K. 5zähnig, oft undeutl. Bl. in Dolden od. Köpfchen. **(Umbelliferae) Apiaceae 71**
– Stbb. mehr als 5. 33

33. K. 2sp.; der Saum abfallend. **Portulacaceae 103**
– Kb. 5. 34

34. Stbb. meist 10. Fr. eine 2schnäblige Kapsel *(Fig. 65/4)*. **Saxifragaceae 45**
– Stbb. 10–20. Fr. nussartig. **Rosaceae 49**

35. Frkn. 2 od. mehr, voneinander getrennt. 36
– Frkn. 1 od. mehrere miteinander verwachsene. 39

36. B. fleischig. Kb. und Krb. 4–6 od. 6–20. **Crassulaceae 44**
– B. nicht fleischig, deutl. nervig. 37

67/1   67/2   67/3   67/4

37. Bl. mit vertieftem Achsenbecher *(Fig. 67/1)* od. mit gewölbtem Bl.boden *(Fig. 67/2)*, oft mit Aussenk. Stbb. meist zahlreich (nur 5 bei der Sibbaldie), auf dem Rande des Achsenbechers eingefügt. B. meist mit Nebenb.
Rosaceae 49

– Bl. ohne Achsenbecher. Stbb. meist zahlreich, am Grunde des Frkn. eingefügt. B. ohne Nebenb., oft mit Scheiden. 38

38. Bl. 5–12 cm im Durchm., Kr. rot od. weiss.   **Paeoniaceae 81**

– Bl. kleiner; wenn über 5 cm im Durchm., dann Kr. gelb.
Ranunculaceae 27

39. Krb. ungleich od. die Bl. monosymm. 40

– Bl. radiärsymm. 49

40. Bl. gespornt *(Fig. 67/3, 123/1)*. 41

– Bl. nicht gespornt. 44

41. Stbb. zahlreich. K. kr.artig.   **Ranunculaceae 27**

– Stbb. 5 od. 6. 42

42. Stbb. 6, in 2 Bündeln verwachsen. B. fiederschn. od. zusges.
Fumariaceae 31

– Stbb. 5. B. ungeteilt. 43

43. Kb. 3, eines viel grösser, gespornt, kr.artig gefärbt *(Fig. 67/3)*.
Balsaminaceae 67

– Kb. 5, grün. Unteres Krb. gespornt *(Fig. 257/2)*.   **Violaceae 84**

44. Kb. verwachsen. Kr. schmetterlingsfg. *(Fig. 67/4)*. Stbb. 10, alle verwachsen od. 9 verwachsen und 1 frei.
(Papilionaceae) Fabaceae 50

– Kb. getrennt od. am Grunde etwas verwachsen. 45

45. Stbb. 11–30. Kb. und Krb. 4–6. Krb. unregelm. zerschlitzt.
Resedaceae 88

– Stbb. 6, 8 od. 10. 46

46. Stbb. 6, 4 längere und 2 kürzere. K. und Kr. 4zählig; die 2 äusseren Krb. grösser *(Fig. 65/1)*.   **(Cruciferae) Brassicaceae 87**

– Stbb. 8 od. 10. 47

47. Stbb. 8, in 2 Bündeln verwachsen. Kb. 5, die 2 seitl. grösser, gefärbt (Flügel) *(Fig. 65/2)*.   **Polygalaceae 68**

– Stbb. 10, frei. Kb. 5, alle gleichartig. 48

48. B. gefiedert. Fr. eine 5fächerige Kapsel.   **Rutaceae 57**

– B. einfach. Fr. eine 2fächerige, 2schnäblige Kapsel *(Fig. 65/4)* (nur beim *Sternblütigen* und *Keilblättrigen Steinbrech*).   **Saxifragaceae 45**

49. (39.) Bl. mit röhrenfg. Achsenbecher, auf dessen Rande od. Innenseite die Stbb. eingefügt sind. K. 6–12zähnig. Krb. 4–6 (zuweilen fehlend). Stbb. 4–12.   **Lythraceae 52**

– Bl. nicht mit röhrenfg. Achsenbecher. 50

50. Stbb. zahlreich, mehr als 10. 51

– Stbb. 2–10. 57

51. K. 2blättrig, beim Aufblühen abfallend. **Papaveraceae 30**
– K. 3–mehrblättrig. 52
52. Wasserpfl. mit schwimmenden B. **Nymphaeaceae 25**
– Sumpf- od. Landpfl., ohne Schwimmb. 53
53. Sumpfpfl. mit schlauchfg., grundst. B. **Sarraceniaceae 47**
– Landpfl. 54
54. B. 3zählig zusges. Kb. 4, abfallend. **Ranunculaceae 27**
– B. nicht 3zählig zusges. 55
55. K. 5blättrig, mit 3blättrigem od. 6–9sp. Aussenk. *(Fig. 304/1, 2).*
Malvaceae 91
– K. ohne Aussenk. 56
56. Kb. 5, gleich gross. Stbb. in 3–5 Bündeln verwachsen.
Hypericaceae 82
– Kb. 3 od. 5 und dann meist 2 kleiner. Stbb. frei. **Cistaceae 85**
57. Gr. 1, mit meist ungeteilter N. 58
– Gr. od. N. 2 od. mehr. 63
58. Krb. mit Nebenkrb. Stbb. 4. B. doppelt-3zählig zusges.
Berberidaceae 28
– Krb. ohne Nebenkrb. 59
59. Stbb. 6, 4 längere und 2 kürzere *(Fig. 264/2),* selten nur 2–4.
(Cruciferae) Brassicaceae 87
– Stbb. 8 od. 10. 60
60. B. fiederschn. od. gefiedert. Bl. gelb. 62
– B. ungeteilt od. verkümmert, schuppenfg. (im letzteren Falle die Pfl. blass, nicht grün). Bl. weiss, gelbl.-weiss, grünl. od. rosarot. **61**
61. Pfl. ohne grüne B., bleichgelb. St. mit gelbl. Schuppen (Saprophyt).
Monotropaceae 94
– Pfl. mit grünen B. **Pyrolaceae 93**
62. B. 2–3fach fiederschn. **Rutaceae 57**
– B. 5–8paarig gefiedert. **Zygophyllaceae 65**
63. B.stiel verbreitert, an der Spitze mit langen Borsten *(Fig. 69/1).* B.spreite muschelfg.-2klappig. Wasserpfl. mit quirlst. B. **Droseraceae 48**
– B.spreite nicht muschelfg.-2klappig. 64
64. B. geteilt od. zusges. 65
– B. ungeteilt. 66
65. B. 3zählig zusges.; Teilb. verkehrt-herzfg. **Oxalidaceae 63**
– B. gefiedert od. handfg. gelappt, geteilt od. zusges. **Geraniaceae 66**
66. B. alle od. bis auf 1 grundst. 67
– Pfl. mit beblättertem St. 69
67. B. bis auf 1 grundst., kahl. Bl. einzeln. **Parnassiaceae 46**
– Alle B. grundst. 68
68. B. mit roten Drüsenhaaren besetzt. Bl. weiss, in einer Traube.
Droseraceae 48
– B. kahl. Bl. rosen- od. karminrot, in einem dichten Köpfchen.
Plumbaginaceae 107
69. Kb. 2. Kleine Pfl. feuchter Standorte, mit linealen bis spatelfg. B.
Portulacaceae 103
– Kb. 3–5. 70
70. Bl. 3- od. 4zählig (3, 6 od. 8 Stbb.), klein, in den B.achseln sitzend od. gestielt. Kleine Pfl. zeitweise überschwemmter Orte. **Elatinaceae 83**
– Bl. meist 5-, seltener 4zählig, aber dann die Bl. nicht b.achselst. . . . 71

71. Kapsel 2schnäblig, zwischen den Gr. aufspringend *(Fig. 65/4)*.

Saxifragaceae 45

– Kapsel nicht 2schnäblig. 72

72. B. gegenst. od. quirlst. (beim Hirschsprung und der Telephie wechselst.). Alle Stbb. mit Stb.beuteln. Gr. 2–5. **Caryophyllaceae 99**

– B. wechselst. od. (beim Purgierlein und Zwergflachs) gegenst. Stbb. am Grunde ringfg. verwachsen, nur 5 (4) mit Stb.beuteln, dazwischen zahnfg., verkümmerte Stbb. ohne Stb.beutel. Gr. 5 (4). **Linaceae 64**

Tabelle VI
Zweikeimblättrige Pflanzen mit doppelter, in Kelch und Krone getrennter Blütendecke, Krone verwachsenblättrig

1. St. stielrund od. kantig, krautig od. verholzt. Zahl der Krb. und Stbb. bestimmt (1–10). 2

– St. aus saftreichen, etwas flachgedrückten, ovalen od. verkehrt-eifg. Gliedern bestehend. Krb. und Stbb. zahlreich **Cactaceae 102**

2. Bl. radiärsymm. Stbb. doppelt so viele wie Kr.zipfel. 3

– Bl. radiärsymm., aber Stbb. nicht doppelt so viele wie Kr.zipfel, od. Bl. monosymm., od. Bl. asymm. 4

3. Krautpfl. mit 3zählig zusges. B. Bl. zu 5–9 in fast würfelfg., endst. Köpfchen. **Adoxaceae 114**

– Sträucher od. Halbsträucher mit einfachen B. **Ericaceae 95**

4. Frkn. oberst. *(Fig. 61/1)* (beim *Portulak* halbunterst.). 5

– Frkn. unterst. *(Fig. 61/2)*. 33

5. Frkn. 4teilig (bei Verbenaceae erst zur Reifezeit) und die Teile einsamig od. (bei der Wachsblume) Frkn. 2teilig und die Teile 2samig. 6

– Frkn. ungeteilt od. 2teilig und die Teile mehrsamig. 8

6. B. wechselst. Stb. 5. **Boraginaceae 122**

– B. gegenst. Stbb. 2 od. 4, 2 längere und 2 kürzere, od. fehlend. . . . 7

7. Kr. meist 2lippig, seltener fast regelm. 4zipflig. Gr. zwischen den Teilen des Frkn. grundst. *(Fig. 69/2)*. Bl. einzeln od. in Halbquirlen (Trugdolden) in den Winkeln von B. od. Deckb. **(Labiatae) Lamiaceae 132**

– Kr. unregelm. 5zipflig. Gr. auf der Spitze des Frkn. *(Fig. 69/3)*. Bl. in Ähren. **Verbenaceae 131**

69/1   69/2   69/3   69/4

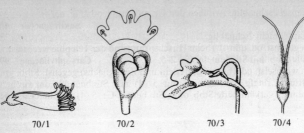

70/1   70/2   70/3   70/4

8. Frkn. 2, von unten her bis zur Gr.spitze od. N. voneinander getrennt. Fr.
2 Balgkapseln *(Fig. 69/4)*. 9
– Frkn. 1. 10
9. Bl. weiss, in Trugdolden. Stbb. miteinander verwachsen, mit ein Krön-
chen bildenden Anhängseln.   **Asclepiadaceae 111**
– Bl. meist blau, einzeln. Stbb. frei. Gr. oben ringfg. verdickt, eine Haarkr.
tragend.   **Apocynaceae 110**
10. Stbb. mindestens teilweise rinnen- od. röhrenfg. miteinander verwach-
sen. 11
– Stbb. frei od. höchstens vereinzelt am Grunde miteinander verwach-
sen. 12
11. Stbb. 10, 9 miteinander verwachsen, 1 frei *(Fig. 70/1)*.
        (Papilionaceae) Fabaceae 50
– Stbb. 8, in 2 Bündeln miteinander und mit der Kr. verwachsen *(Fig.
65/2)*.   **Polygalaceae 68**
12. Stbb. 2–8. 14
– Stbb. 6–16. 13
13. Stbb. 8–15. Kr. gelb. Frkn. halbunterst.   **Portulacaceae 103**
– Stbb. 6–16, 2häusiger Strauch.   **Ebenaceae 97**
14. Sträucher od. Bäume. Stbb. 2.   **Oleaceae 117**
– Kräuter od. Sträucher, aber im letzteren Falle mehr als 2 (bis 8)
Stbb. 15
15. Pfl. ohne grüne B., auf anderen Pfl. schmarotzend. 16
– Pfl. mit grünen B. 18
16. St. windend, fadenfg. Bl. klein, in dichten Knäueln. Kr.zipfel gleich.
        Cuscutaceae 119
– St. nicht windend. Bl. in Ähren od. Trauben. Kr. 2lippig. 17
17. Unterird. St. reich verzweigt, mit dicht dachziegelartig angeordneten
Schuppen besetzt. Bl. einseitswendig.   **Scrophulariaceae 125**
– Unterird. Teil des St. einfach, oft knollig verdickt. Bl. allseitswendig.
        Orobanchaceae 126
18. Kr. einseitig aufgeschlitzt, 5sp. Kb. 2. Stbb. 3. B. gegenst. Bl. klein, weiss
(Fig. 70/2).   **Portulacaceae 103**
– Bl. anders gestaltet. 19
19. Kr. monosymm., 2lippig, od. in ungleiche Zipfel od. Lappen geteilt, od.
fast radiärsymm., 4zipflig; aber im letzteren Falle nur 2 Stbb. 20
– Kr. radiärsymm. Stbb. 4–8. 22
20. Bl. in dichten, kugeligen Köpfchen, in der Regel blau. Stbb. 4.
        Globulariaceae 128

71/1 71/2 71/3

- Bl. nicht in Köpfchen. 21
21. Stbb. 2. Kr. gespornt *(Fig. 70/3).* **Lentibulariaceae 127**
- Stbb. 5 (mit weisser od. violetter Wolle besetzt) od. 4 (2 längere und 2 kürzere) od. 2, im letzteren Falle die Kr. nicht gespornt.
Scrophulariaceae 125
22. Kr. trockenhäutig, meist 4sp. Stbb. 4. B. grundst. od. gegenst.
Plantaginaceae 129
- Kr. nicht trockenhäutig. 23
23. St. windend. Kapsel 2–4fächerig, mit 1–2samigen Fächern.
Convolvulaceae 118
- St. nicht windend. 24
24. Gr. 5. Bl. in dichten Köpfchen. **Plumbaginaceae 107**
- Gr. 1–2. 25
25. Gr. 1. N. 3. Kapsel 3fächerig. **Polemoniaceae 120**
- Gr. od. N. 1–2. 26
26. Stbb. vor den Krb. stehend. **Primulaceae 98**
- Stbb. mit den Krb. abwechselnd. 27
27. Wasserpfl. mit schwimmenden B. Bl. gelb. **Menyanthaceae 108**
- Landpfl. od. Wasserpfl., aber dann ohne Schwimmb. 28
28. B. gegenst. od. grundst. 29
- B. wechselst. 32
29. Strauch od. niederliegender Zwergstrauch. 31
- Krautpfl. 30
30. B. grundst., 3teilig. **Menyanthaceae 108**
- B. gegenst., einfach, ungeteilt. **Gentianaceae 109**
31. Bis 3 m hoher Strauch mit violetten Bl. in lg. Rispen. **Buddlejaceae 124**
- Niederliegender alpiner Zwergstrauch. Bl. rosenrot. **Ericaceae 95**
32. Gr. tief-2ästig *(Fig. 70/4).* B. gefiedert. **Hydrophyllaceae 121**
- Gr. ungeteilt od. kurz-2schenklig. **Solanaceae 123**
33. (4.) B. quirlst. (je 2 gegenst. B. mit Nebenb. od. b.ähnl. Teilen von solchen). **Rubiaceae 112**
- B. gegenst., wechselst. od. grundst. 34
34. Bl. in dichten, von Hüllb. umgebenen Köpfchen *(Fig. 71/1, 2).* . . . 35
- Bl. ohne gemeinsame Hüllb. (beim Garten-Geissblatt oberes B.paar an den Blstd. hinaufgerückt; beim Ackersalat im Blstd. gegenst. Deckb.). 37
35. Stbb. 4. K. doppelt, der eine (meist aus Borsten bestehend) oberst., der andere (Aussenk.) den Frkn. einschliessend, unterst. *(Fig. 71/3).*
Dipsacaceae 116

– Stbb. 5. K. einfach, fehlend od. aus Haaren bestehend. 36

36. K. krautig, 5sp. Stb.beutel frei od. nur am Grunde verbunden.

Campanulaceae 134

– K. fehlend od. aus kleinen Schüppchen, Haaren od. Borsten bestehend (Pappus; *Fig. 72/1, 2*). Stb.beutel meist röhrenfg. verwachsen.

(Compositae) Asteraceae 135

37. B. gegenst. 38

– B. wechselst. 39

38. Stbb. 5, seltener 4 (2 längere und 2 kürzere). K. 5zähnig. Holzpfl. (ausg. *Zwergholunder*).

Caprifoliaceae 113

– Stbb. 1 od. 3. K. durch Zähne od. eine Haarkr. angedeutet *(Fig. 72/3, 4)*.

Valerianaceae 115

39. Pfl. mit Ranken. Bl. eingeschlechtig.

Cucurbitaceae 90

– Pfl. ohne Ranken. Bl. zwittrig. 40

40. Bl. mit 5 fruchtbaren Stbb.

Campanulaceae 134

– Bl. (sehr klein, 3 mm) mit 5 fruchtbaren Stbb. und 5 Stbf. ohne Stb.beutel. Frkn. halbunterst.

Primulaceae 98

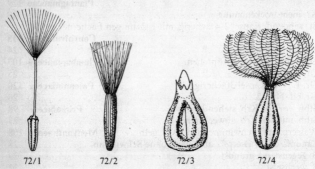

72/1   72/2   72/3   72/4

Tabellen zum Bestimmen der Familien ausgehend von den Linnéschen Klassen

1. Klasse: Monandria
Zwitterbl. mit 1 freien Stbb.

1. Wasserpfl.	2
– Landpfl.	3
2. B. quirlst. Gr. 1.	**Hippuridaceae 130**
– B. gegenst. Gr. 2.	**Callitrichaceae 133**
3. B. gegenst.	**Valerianaceae 115**
– B. wechselst.	4
4. B. lineal, mit B.scheiden.	5
– B. nicht lineal.	6
5. St. 3kantig. B.scheiden geschlossen.	**Cyperaceae 150**
– St. rundl. B.scheiden offen.	**(Gramineae) Poaceae 154**
6. B. handfg. 3–5sp.	**Rosaceae 49**
– B. 3eckig-spiessfg.	**Chenopodiaceae 104**

2. Klasse: Diandria
Zwitterbl. mit 2 freien Stbb.

1. Pfl. grasartig.	2
– Pfl. nicht grasartig.	3
2. Ährchen büschelig od. einzeln. B.scheiden geschlossen.	**Cyperaceae 150**
– Ährchen in ährenfg. zusgez. Rispe. B.scheiden offen.	**(Gramineae) Poaceae 154**
3. Holzpfl. mit gegenst. B.	**Oleaceae 117**
– Krautpfl.	4
4. Pfl. aus kleinen, frei auf dem Wasser schwimmenden od. untergetauchten, b.artigen Sprossen bestehend *(Fig. 60/1, 2)*.	**Lemnaceae 156**
– Pfl. mit St. und B.	5
5. Krb. getrennt od. fehlend.	6
– Krb. verwachsen.	7
6. Krb. 2. B. gegenst.	**Onagraceae 54**
– Krb. 4 od. 0. B. wechselst.	**(Cruciferae) Brassicaceae 87**
7. Kr. gespornt *(Fig. 70/3)*.	**Lentibulariaceae 127**
– Kr. nicht gespornt.	8
8. Frkn. 4teilig.	**(Labiatae) Lamiaceae 132**
– Frkn. ungeteilt od. 2teilig.	**Scrophulariaceae 125**

3. Klasse: Triandria
Zwitterbl. mit 3 freien Stbb.

4. Klasse: Tetrandria
Zwitterbl. mit 4 freien Stbb.

8. B. zu 4–12 quirlst. **Rubiaceae 112**
– B. grundst., wechselst. od. gegenst. (zu 3 quirlst. beim *Fischkraut*). 9
9. Bl.decke einfach (ein Pg.) od. fehlend. 10
– Bl.decke in K. und Kr. geschieden. 16
10. B. gefiedert od. handfg.-zusges. od. geteilt. **Rosaceae 49**
– B. einfach, ungeteilt. 11
11. Gr. fehlend. N. 4. Wasserpfl. mit ährenfg. Blstd.

Potamogetonaceae 141
– Gr. od. N. 1–2. 12
12. Frkn. unterst. *(Fig. 61/2).* 13
– Frkn. oberst. *(Fig. 61/1).* 15
13. B. wechselst. Pg. nach dem Verblühen eingerollt. **Santalaceae 76**
– B. gegenst. 14
14. Wasser- od. Sumpfpfl. mit eifg., spitzen B. **Onagraceae 54**
– Landpfl. mit linealen B. **Rubiaceae 112**
15. Bl. grünl., in b.winkelst. Knäueln. **Urticaceae 40**
– Bl. weiss, in einer endst. Traube. **Liliaceae 144**
16. Kr. getrenntblättrig. 17
– Kr. verwachsenblättrig. 21
17. Frkn. unterst. *(Fig. 61/2).* Wasserpfl. mit einer Rosette rautenfg.
Schwimmb. **(Hydrocaryaceae) Trapaceae 53**
– Frkn. oberst. *(Fig. 61/1).* 18
18. B. gegenst. Gr. 2–5. 19
– B. wechselst. od. grundst. Gr. 1. 20
19. K.zipfel an der Spitze 3zähnig. **Linaceae 64**
– K.zipfel ganzrandig. **Caryophyllaceae 99**
20. Krb. braunrot, mit gelben Nebenkrb. B. doppelt-3zählig zusges.

Berberidaceae 28
– Krb. weiss, ohne Nebenkrb. B. fiederschn. od. ungeteilt.

(Cruciferae) Brassicaceae 87
21. Frkn. unterst. Bl. in Köpfchen mit k.artiger Hülle. **Dipsacaceae 116**
– Frkn. oberst. 22
22. Frkn. 4teilig. **(Labiatae) Lamiaceae 132**
– Frkn. ungeteilt, 1- od. 2fächerig. 23
23. Bl. radiärsymm. 24
– Bl. monosymm. 26
24. Kr. trockenhäutig. Stbb. weit vorragend. **Plantaginaceae 129**
– Kr. nicht trockenhäutig. 25
25. B. wechselst. Bl. einzeln, b.winkelst. **Primulaceae 98**
– B. gegenst. Bl. einzeln, endst. od. quirlig angeordnet. **Gentianaceae 109**
26. Bl. in einem Köpfchen, in der Regel blau. **Globulariaceae 128**
– Bl. einzeln, in einer Traube od. Ähre. **Scrophulariaceae 125**

5. Klasse: Pentandria
Zwitterbl. mit 5 freien Stbb.

1. Holzpfl. 2
– Kräuter 12
2. Bl. mit k.artigem Pg., meist vor den B. entwickelt. **Ulmaceae 37**

Bestimmen der Familien (nach Linné)

– Frkn. von unten her bis zur gemeinsamen N. od. Gr.spitze 2teilig. . 23
– Frkn. ungeteilt. 24
23. Bl. weiss, in Trugdolden. **Asclepiadaceae 111**
– Bl. meistens blau, einzeln. **Apocynaceae 110**
24. Wasserpfl. mit schwimmenden B. Bl. gelb. **Menyanthaceae 108**
– Landpfl. od. Wasserpfl., aber dann ohne Schwimmb. 25
25. B. gegenst., quirlst., grundst. od. rosettenartig gedrängt. 26
– B. wechselst. (vgl. auch den *Fieberklee* mit 3teiligen B.). 28
26. Stbb. vor den Krb. stehend. N. einfach, kopffg. **Primulaceae 98**
– Stbb. mit den Krb. abwechselnd. N. meist 2lappig. 27
27. B. grundst., 3teilig. **Menyanthaceae 108**
– B. gegenst., einfach, ungeteilt. **Gentianaceae 109**
28. St. windend, kletternd od. liegend. **Convolvulaceae 118**
– St. aufrecht od. aufsteigend. 29
29. N. 3. Kapsel 3fächerig. B. gefiedert. **Polemoniaceae 120**
– N. 1–2. Frkn. 2–5fächerig. 30
30. Stbf., wenigstens die 3 hinteren, mit weisser od. violetter Wolle besetzt.
Scrophulariaceae 125
– Stbf. nicht wollig, höchstens am Grunde behaart. 31
31. Gr. tief 2ästig *(Fig. 70/4)*. B. gefiedert. **Hydrophyllaceae 121**
– Gr. ungeteilt od. kurz-2schenklig. **Solanaceae 123**
32. (17.) Frkn. unterst. Krb. getrennt. **(Umbelliferae) Apiaceae 71**
– Frkn. oberst. Krb. verwachsen. 33
33. Pfl. ohne grüne B., mit fadenfg., windenden St. **Cuscutaceae 119**
– Pfl. mit gegenst., grünen B. **Gentianaceae 109**
34. (17.) St. b.los. B. grundst. 35
– St. mit mindestens 1 B. 37
35. Gr. zahlreich. Bl. gelbl.-grün. **Ranunculaceae 27**
– Gr. 3–5. 36
36. Bl. weiss, in Trauben. **Droseraceae 48**
– Bl. rosenrot bis karminrot, in dichten Köpfchen. **Plumbaginaceae 107**
37. K. 10blättrig. B. 3zählig. **Rosaceae 49**
– K. 5blättrig. 38
38. B. gefiedert. **Caprifoliaceae 113**
– B. ungeteilt. 39
39. St. mit einem einzigen, herzfg. umfassenden B. Bl. einzeln, weiss. N. 4.
Parnassiaceae 46
– St. reichl. beblättert. 40
40. Frkn. 5. B. fleischig-saftig. **Crassulaceae 44**
– Frkn. 1. 41
41. Gr. od. N. 3. **Caryophyllaceae 99**
– Gr. od. N. 5. 42
42. Wasserpfl. mit quirlst. B. **Droseraceae 48**
– Landpfl. 43
43. B. wechselst. od. (beim *Purgierlein*) gegenst. Nur 5 entwickelte Stbb.,
dazwischen 5 Stbf. ohne Stb.beutel. **Linaceae 64**
– B. gegenst. od. quirlst. Alle Stbb. mit Stb.beuteln. **Caryophyllaceae 99**

6. Klasse: Hexandria
Zwitterbl. mit 6 freien Stbb.

1. Holzpfl. 2
– Krautpfl. 3
2. Dorniger Strauch mit gelben Bl. **Berberidaceae 28**
– Dornenloser Baum od. Strauch. Bl. grünl., mit violettroten Stbb., vor den
B. entwickelt. **Ulmaceae 37**
3. Bl.decke ein Pg., einfach, od. fehlend. 4
– Bl.decke in K. und Kr. geschieden. 10
4. Bl. in dichten Kolben. Pgb. fehlend od. klein. **Araceae 155**
– Bl. nicht in Kolben. 5
5. Pg. oberst. *(Fig. 61/2).* **Amaryllidaceae 145**
– Pg. unterst. *(Fig. 61/1).* 6
6. B. netznervig, mit tütenfg., den St. umfassender Scheide *(Fig. 64/3).*
Polygonaceae 106
– B. streifennervig, bisweilen zur Bl.zeit fehlend. 7
7. Pg. kr.artig. **Liliaceae 144**
– Pg. krautartig od. trockenhäutig. 8
8. Gr. ausgebildet *(Fig. 61/5).* Pg. trockenhäutig. **Juncaceae 149**
– Gr. fehlend. N. sitzend *(Fig. 61/6).* Pg. gelbgrün. 9
9. St. beblättert. Pg. bleibend. Frkn. 3(–6). **Scheuchzeriaceae 139**
– St. b.los. B. grundst. Pg. abfallend. Frkn. 1. **Juncaginaceae 140**
10. Gr. 1. 11
– Gr. 2, 3 od. mehr. 13
11. Krb. getrennt, meist 6 (beim *Sumpfquendel* zuweilen fehlend). K. 12zäh-
nig. **Lythraceae 52**
– Krb. verwachsen. 12
12. Stbb. vor den Krb. stehend. **Primulaceae 98**
– Stbb. mit den Krb. abwechselnd. **Gentianaceae 109**
13. K. und Kr. 5blättrig. Gr. 2. **Caryophyllaceae 99**
– K. und Kr. 3blättrig. 14
14. B. grundst. Gr. zahlreich. **Alismataceae 136**
– B. gegenst. Gr. 2–3. **Elatinaceae 83**

7. Klasse: Heptandria
Zwitterbl. mit 7 freien Stbb.

1. Holzpfl. 2
– Krautpfl. 3
2. B. handfg. zusges. **Hippocastanaceae 61**
– B. einfach. **Ulmaceae 37**
3. B. unterbrochen gefiedert. Gr. 2. **Rosaceae 49**
– B. einfach. 4
4. Frkn. zahlreich. B. grundst. **Ranunculaceae 27**
– Frkn. 1. B. gegenst. od. rosettenartig angeordnet. 5
5. Gr. 1. **Primulaceae 98**
– Gr. 2–3. **Caryophyllaceae 99**

8. Klasse: Octandria
Zwitterbl. mit 8 freien Stbb.

1. St. einen einzigen Quirl von 4 (3–6) B. tragend. Bl. 4zählig.
   Liliaceae 144
– B. nicht quirlst., od. der St. mehrere (nicht nur 1) Quirle tragend. . 2
2. Bl. monosymm., gespornt. **Ranunculaceae 27**
– Bl. radiärsymm. od. schwach monosymm., nicht gespornt. 3
3. Bl.decke in K. und Kr. geschieden. 4
– Bl.decke einfach, ein Pg. 14
4. Kr. verwachsenblättrig. 5
– Kr. getrenntblättrig. 7
5. B. 1–2fach 3zählig zusges. **Adoxaceae 114**
– B. einfach. 6
6. Sträucher mit roten, weissen od. grünl. Bl. **Ericaceae 95**
– Krautpfl. mit gelben Bl. **Gentianaceae 109**
7. Baum mit handfg. gelappten B. **Aceraceae 60**
– Krautpfl. 8
8. Pfl. ohne grüne B., bleichgelb. **Monotropaceae 94**
– Pfl. mit grünen B. 9
9. Frkn. unterst. *(Fig. 61/2)*. 10
– Frkn. oberst. *(Fig. 61/1)*. 11
10. B. unterbrochen gefiedert. Krb. 5. **Rosaceae 49**
– B. einfach. Krb. 4. **Onagraceae 54**
11. B. 2–3fach fiederschn. Bl. grünl.-gelb. **Rutaceae 57**
– B. einfach. 12
12. Frkn. zahlreich. B. grundst. **Ranunculaceae 27**
– Frkn. 4. B. wechselst. **Crassulaceae 44**
– Frkn. 1. B. gegenst. od. quirlst. 13
13. Bl. in den B.winkeln sitzend. Kapsel 3–4fächerig. **Elatinaceae 83**
– Bl. nicht sitzend. Kapsel einfächerig. **Caryophyllaceae 99**
14. Gr. od. N. 1. Sträuchlein od. Kräuter mit einfachen, ganzrandigen B.
   Thymelaeaceae 80
– Gr. od. N. 2–4 od. 8. 15
15. Gr. od. N. 8. **Phytolaccaceae 100**
– Gr. od. N. 2–4. 16
16. Holzpfl. Bl. vor den B. entwickelt. **Ulmaceae 37**
– Krautpfl. 17
17. B. rundl.-nierenfg., gekerbt. Pg. 4teilig. **Saxifragaceae 45**
– B. herz-pfeilfg., ganzrandig. Pg. 5teilig. **Polygonaceae 106**

9. Klasse: Enneandria
Zwitterbl. mit 9 freien Stbb.

1. Frkn. unterst. *(Fig. 61/2)*. Gr. 2. Krb. gelb. B. unterbrochen gefiedert.
Rosaceae 49
– Frkn. oberst. *(Fig. 61/1)*. 2
2. Frkn. 6. Sumpf- od. Wasserpfl. mit doldig angeordneten, rosa Bl.
Butomaceae 137
– Frkn. 1 und Bl. monosymm., blau, od. Frkn. zahlreich und Bl. radiär-
symm., grün. **Ranunculaceae 27**

10. Klasse: Decandria
Zwitterbl. mit 10 freien Stbb.

1. Gr. 1. 2
– Gr. 2–5. 8
– Gr. 10. **Phytolaccaceae 100**
2. Zwergsträucher mit verwachsenen Krb. **Ericaceae 95**
– Krautpfl. 3
3. B. einfach od. verkümmert (schuppenfg.). 4
– B. geteilt od. zusges. 5
4. Pfl. ohne grüne B., bleichgelb. St. mit gelbl. Schuppen (Saprophyt).
Monotropaceae 94
– Pfl. mit grünen B. **Pyrolaceae 93**
5. Bl. monosymm., gespornt. B. 1–3fach 3zählig geschlitzt, mit linealen
Zipfeln. **Ranunculaceae 27**
– Bl. radiärsymm. 6
6. B. handfg. gelappt od. 3zählig zusges. **Geraniaceae 66**
– B. gefiedert od. fiederschn. 7
7. B. 2–3fach fiederschn. **Rutaceae 57**
– B. 5–8paarig gefiedert. **Zygophyllaceae 65**
8. Baum mit gefiederten B. **Simaroubaceae 58**
– Krautpfl. 9
9. Kr. fehlend. 10
– K. und Kr. vorhanden. 11
10. B. lineal od. pfriemfg., ganzrandig. **Caryophyllaceae 99**
– B. rundl.-nierenfg., gekerbt. **Saxifragaceae 45**
11. Kr. verwachsenblättrig. **Adoxaceae 114**
– Kr. getrenntblättrig. 12
12. B. 3zählig zusges., mit verkehrt-herzfg. Teilb. **Oxalidaceae 63**
– B. nicht 3zählig zusges. 13
13. Fr. eine 2schnäbelige, zwischen den Schnäbeln aufspringende Kapsel
(Fig. 65/4). **Saxifragaceae 45**
– Fr. (Frkn.) nicht 2schnäbl. 14
14. B. handfg. geteilt, od. ungeteilt und dann grundst. **Ranunculaceae 27**
– B. ungeteilt, nicht grundst. 15
15. Fr. (Frkn.) 5, fast bis zum Grunde od. ganz voneinander getrennt. B. flei-
schig, meist wechselst. **Crassulaceae 44**
– Fr. (Frkn.) 1. B. gegenst. **Caryophyllaceae 99**

11. Klasse: Dodecandria
Zwitterbl. mit 11–20 freien Stbb.

1. Holzpfl. 2
– Krautpfl. 3
2. Bl.decke aus K. und Kr. bestehend. **Rosaceae 49**
– Bl.decke einfach, ein 4teiliges Pg. **Lauraceae 29**
3. Pfl. mit Milchsaft. 4
– Pfl. ohne Milchsaft. 5
4. B. fiederschn. K. 2blättrig, abfallend. Krb. 4. **Papaveraceae 30**
– B. ungeteilt. Bl. mit k.artiger Hülle; diese mit wachsgelben od. roten Drüsen. **Euphorbiaceae 79**
5. B. nierenfg. Bl. einzeln, unter Laub od. anderen Pfl. verborgen.
Aristolochiaceae 32
– Bl. nicht nierenfg. 6
6. Bl.decke einfach. 7
– Bl.decke aus K. und Kr. bestehend. 8
7. B. rautenfg.-3eckig, mit wasserhellen Papillen besetzt. Bl. in den B.winkeln sitzend. **Aizoaceae 101**
– B. doppelt gefiedert. Bl. in Trauben, mit hinfälligem Pg.
Ranunculaceae 27
8. Krb. unregelm. zerschlitzt. Bl. grünl.-gelb, hellgelb od. weissl., in Trauben. **Resedaceae 88**
– Krb. ungeteilt. 9
9. B. geteilt od. zusges. 10
– B. einfach, ungeteilt. 12
10. Frkn. unterst. *(Fig. 61/2)*. Gr. 2. B. gefiedert. **Rosaceae 49**
– Frkn. oberst. *(Fig. 61/1)*. Gr. od. N. meist zahlreich. 11
11. K. mit Aussenk. *(Fig. 159/1)*. Nebenb. meist vorhanden. **Rosaceae 49**
– K. ohne Aussenk. Nebenb. fehlend. **Ranunculaceae 27**
12. Gr. 6–20. Krb. zahlreich. **Crassulaceae 44**
– Gr. 1–5. Krb. 5–6. 13
13. Krb. 6, rot. K. 12zähnig. **Lythraceae 52**
– Krb. 5, gelb. K. 2teilig. **Portulacaceae 103**

12. Klasse: Icosandria
Zwitterbl. mit mehr als 20 freien Stbb., die auf dem Rande der k.- oder becherartig gestalteten Bl.achse eingefügt sind

1. Krb. zahlreich, gelb. St. aus fleischigen, saftreichen, ovalen Gliedern bestehend. **Cactaceae 102**
– Krb. fehlend od. 4–6 (meist 6). 2
2. B. wechselst. od. grundst. **Rosaceae 49**
– B. gegenst. (Holzpfl.). **Punicaceae 51**

13. Klasse: Polyandria

Zwitterbl. mit mehr als 20 freien Stbb., die unmittelbar unterhalb des od. der Frkn. eingefügt sind

1. Wasserpfl. mit grossen, auf der Oberfläche schwimmenden B. Krb. zahlreich. **Nymphaeaceae 25**
 – Land- od. Sumpfpfl., od. Wasserpfl. mit untergetauchten B. Krb. meist 4–5, seltener mehr (bei der *Trollblume* zahlreich). 2
2. Bäume od. Sträucher mit herzfg. B. **Tiliaceae 92**
 – Kräuter od. Sträucher, aber diese nie mit herzfg. B. 3
3. K. 2blättrig, abfallend. Krb. 4. **Papaveraceae 30**
 – K. mehrblättrig od. scheinbar fehlend (kr.artig). 4
4. Gr. 1. B. einfach. 5
 – Gr. 2 od. mehr, od. 1 und dann die B. geteilt od. zusges. 6
5. Sumpfpfl. mit schlauchfg. grundst. B. **Sarraceniaceae 47**
 – Landpfl. mit flachen Stlb. **Cistaceae 85**
6. Bl. monosymm. Kb. und Krb. 4–7, letztere unregelm. zerschlitzt.
 Resedaceae 88
 – Bl. radiärsymm., oft ein Pg., od. monosymm., aber dann die Kb. kr.artig gefärbt, das obere gespornt *(Fig. 123/1)* od. helmfg. *(Fig. 123/2).* . 7
7. Bl. 5–12 cm im Durchm., Kr. rot od. weiss. **Paeoniaceae 81**
 – Bl. kleiner, wenn über 5 cm im Durchm., dann Kr. gelb.
 Ranunculaceae 27

14. Klasse: Didynamia

Zwitterbl. mit 4 freien Stbb., von denen 2 länger und 2 kürzer sind

1. Frkn. 4teilig. Fr. in 4 einsamige Nüsschen zerfallend. B. stets gegenst. 2
 – Frkn. ungeteilt. Fr. eine 1–3fächerige Kapsel. 3
2. Gr. zwischen den Teilfr. grundst. *(Fig. 69/2)*, an der Spitze 2teilig.
 (Labiatae) Lamiaceae 132
 – Gr. endst. *(Fig. 69/3)*, einfach od. undeutl. schief 2lappig. Blstd. ährig.
 Verbenaceae 131
3. B.lose, nicht grüne Schmarotzerpfl. 4
 – Grüne, beblätterte Pfl. 5
4. Unterird. Teil des St. einfach, oft knollig verdickt. Bl. allseitswendig.
 Orobanchaceae 126
 – Unterird. St. reich verzweigt, mit dicht dachziegelartig angeordneten Schuppen besetzt. **Scrophulariaceae 125**
5. Bl. in einem kugeligen Köpfchen, blau. **Globulariaceae 128**
 – Bl. nicht in einem kugeligen Köpfchen. 6
6. Frkn. unterst. *(Fig. 61/2)*, 3fächerig. **Caprifoliaceae 113**
 – Frkn. oberst. *(Fig. 61/1)*, 1–2fächerig. **Scrophulariaceae 125**

15. Klasse: Tetradynamia
Zwitterbl. mit 6 freien Stbb., von denen 4 länger und 2 kürzer sind

K. und Kr. 4blättrig. Blstd. traubig od. doldentraubig. Fr. eine Schote, ein Schötchen od. eine Schliessfr. **(Cruciferae) Brassicaceae 87**

16. Klasse: Monadelphia
Zwitterbl., deren Stbb. sämtl. (am Grunde) verwachsen sind

1. Bl. monosymm. 2
– Bl. radiärsymm. 3
2. K. 5blättrig; 2 Kb. grösser, kronb.artig (Flügel, *Fig. 65/2*). Stbb. 8.
                        Polygalaceae 68
– K. verwachsenblättrig, 5zähnig, 5sp., 2lippig od. fast bis zum Grunde 2teilig. Stbb. 10. **(Papilionaceae) Fabaceae 50**
3. Bl. 3zählig. 4
– Bl. 5-, selten 4zählig. 5
4. Stbb. 3. **Iridaceae 146**
– Stbb. 6. **Liliaceae 144**
5. Strauch mit kleinen, schuppenfg. B. und einen Haarschopf tragenden S.
                        Tamaricaceae 86
– Krautpfl. 6
6. B. einfach, ganzrandig. Stbb. 4 od. 5. 7
– B. geteilt od. zusges., nie einfach und ganzrandig. Stbb. meist 10 od. mehr. 9
7. Kr. getrenntblättrig, blau, hell-rötl.-lila od. weiss. **Linaceae 64**
– Kr. verwachsenblättrig. 8
8. Kr. schmutzigweiss; ihr Schlund durch eine Nebenkr. verschlossen.
                        Asclepiadaceae 111
– Kr. gelb, ohne Nebenkr. **Primulaceae 98**
9. B. 3zählig zusges.; Teilb. verkehrt-herzfg. **Oxalidaceae 63**
– B. gefiedert od. handfg. geteilt od. gelappt. 10
10. Stbb. zahlreich. K. doppelt, mit einem Aussenk. **Malvaceae 91**
– Stbb. 5 od. meist 10. K. einfach. **Geraniaceae 66**

17. Klasse: Diadelphia
Zwitterbl., deren Stbb. (am Grunde) in 2 Bündel verwachsen sind (od. 1 Bündel und 1 freies Stbb.)

1. Kb. 5, bleibend, 2 grösser, blumenb.artig (Flügel). Stbb. 8, je 4 verwachsen. B. einfach und ganzrandig. **Polygalaceae 68**
– Kb. 2, abfallend. Stbb. 6, je 3 verwachsen. B. fiederschn. od. zusges. **Fumariaceae 31**
– Kb. verwachsen, bleibend. Stbb. 10, 9 verwachsen und 1 frei. B. gefiedert od. fingerfg. zusges., selten einfach. **(Papilionaceae) Fabaceae 50**

18. Klasse: Polyadelphia
Zwitterbl., deren Stbb. (am Grunde) in mehr als 2 Bündel
verwachsen sind

Pfl. mit gegenst. od. quirlst. B. Kb. und Krb. 5. Krb. gelb. Stbb. zahlreich.
Gr. 3. **Hypericaceae 82**

19. Klasse: Syngenesia
Zwitterbl.; die Stb.beutel der 5 Stbb. zu einer den Gr.
umschliessenden Röhre verwachsen

1. Bl. in Köpfchen, mit gemeinsamer Hülle. Gr. mit 2 N.
(Compositae) Asteraceae 135
– Bl. einzeln od. in lockeren, trugdoldigen Blstd. Gr. mit kopffg. und 2teili-
ger N. **Solanaceae 123**

20. Klasse: Gynandria
Zwitterbl.; die Stbb. mit dem Gr. verwachsen

1. Stbb. 6. Pg. verwachsenblättrig, röhrig, mit zungenfg. Saum. B. herzfg.
Aristolochiaceae 32
– Stbb. 1 od. 2. Pg. 6blättrig. 1 Pgb. des inneren Kreises öfters besonders
ausgebildet (Lippe) und durch Drehung des Frkn. meist abwärts gerichtet *(Fig. 61/7).* **Orchidaceae 148**

21. Klasse: Monoecia
Bl. eingeschlechtig; die männl. und weibl. auf derselben Pfl.
(Pfl. einhäusig)

1. 1–2,5 m hohes Gras mit br., lineal-lanzettl. B. Weibl. Bl. in b.winkelst.
Kolben, männl. in einer endst. Rispe. **(Gramineae) Poaceae 154**
– Niedere bis hohe, grasartige Pfl. (*Scheingräser*) mit geschlossenen
B.scheiden. Bl. in den Winkeln von Deckb. (Sp.). St. 3kantig.
Cyperaceae 150
– Bäume od. Sträucher 2
– Krautpfl. 9
2. Nadelhölzer. B. lineal-nadelfg. od. schuppenfg. 3
– Laubhölzer. B. nicht nadelfg. 4
3. B. nadelfg., wechselst., oft an Kurztrieben zu 2 od. mehr gebüschelt.
Fr.schuppen spiralig angeordnet. **Pinaceae 22**
– B. schuppenfg. od. nadelfg., wie die Fr.schuppen gegenst. od. zu 3 (4)
quirlst. **Cupressaceae 23**
4. B. gefiedert. **Juglandaceae 41**
– B. einfach, ungeteilt od. gelappt. 5

5. Pfl. immergrün. B. gegenst., ganzrandig. **Buxaceae 78**
 – B. sommergrün, abfallend. 6
6. Bl. in lg. gestielten, hängenden, kugeligen Köpfchen. B. handfg. gelappt.
 Platanaceae 33
 – Bl. in kurzen Ähren od. im Innern eines birnfg. Bechers. Beerenartige od.
 birnfg. Scheinfr. **Moraceae 38**
 – Bl., wenigstens die männl., in Kätzchen. 7
7. Männl. Kätzchen dicht, längl., hängend. Fr. ohne od. mit b.artiger
 Hülle. 8
 – Männl. Kätzchen aufrecht od., wenn hängend, unterbrochen od. eifg.
 Fr.hülle kapselartig-4klappig, stachlig od. becherartig, höckerig.
 Fagaceae 34
8. Männl. Bl. einzeln in den Achseln der Deckb., Bl.decke fehlend. Stbb. an
 der Spitze mit Haarbüschel. Fr. eine von Vorb. mehr od. weniger umschlossene Nuss. **Corylaceae 36**
 – Männl. Bl. zu mehreren in den Achseln der Deckb., eine unscheinbare
 Bl.decke vorhanden. Stbb. an der Spitze ohne Haarbüschel. Fr. eine geflügelte Nuss. **Betulaceae 35**
9. Schwimmende od. untergetauchte Wasserpfl. 10
 – Land- od. Sumpfpfl. 17
10. Pfl. aus kleinen (höchstens 10 mm lg.), frei auf dem Wasser schwimmenden od. untergetauchten, b.artigen Sprossen bestehend. **Lemnaceae 156**
 – Pfl. mit St. und B. 11
11. B. gabelfg. od. fiederfg. geteilt. 12
 – B. einfach 13
12. K. 10–12blättrig. Kr. fehlend. Stbb. 12–20. B. 2–3fach gabelsp.
 Ceratophyllaceae 26
 – K. 4teilig. Krb. 4. Stbb. 8. B. kammfg.-fiederteilig. **Haloragaceae 55**
13. Stbb. zahlreich. B. pfeilfg. **Alismataceae 136**
 – Stbb. 1–3(–6). 14
14. B. stachlig gezähnt. **Najadaceae 143**
 – B. ganzrandig. 15
15. Bl. in kugeligen Köpfchen. **Sparganiaceae 152**
 – Bl. einzeln in den B.winkeln sitzend. 16
16. B. lineal od. längl.-verkehrteifg. K. und Kr. fehlend. Frkn. 1.
 Callitrichaceae 133
 – B. fast haarfg., dünn. Weibl. Bl. mit becherfg. Pg. Frkn. 4.
 Zannichelliaceae 142
17. B. gefiedert. Bl. in Köpfchen. Stbb. 20–30. **Rosaceae 49**
 – B. nicht gefiedert. 18
18. Bl. in längl. Kolben. 19
 – Bl. in Köpfchen. 20
 – Bl. weder in Kolben noch in Köpfchen. 21
19. Blstd. mit einem tütenfg. zusammengerollten od. flachen Scheidenb. B.
 grundst. **Araceae 155**
 – Blstd. ohne od. mit hinfälligem Hüllb. St. mit linealen B.
 Typhaceae 151
20. Köpfchen von Hüllb. umgeben; die weibl. 2bl. *(Fig. 63/3)*, die männl.
 mehrbl. B. meist 3lappig od. fiederschn. **(Compositae) Asteraceae 135**
 – Köpfchen ohne Hüllb., alle mehrbl. B. lineal. **Sparganiaceae 152**

22. Klasse: Dioècia
Bl. eingeschlechtig; die männl. und weibl. auf verschiedenen
Pfl. (Pfl. 2häusig)

– Stbb. 4 od. 12, od. 6–16. 14
13. Bl. zu 1–3 in den B.winkeln. B. derb, lederartig, mit umgerollten Rändern. **Empetraceae 96**
– Bl. einzeln od. gebüschelt am Mittelnerv an der Unterseite der B.
Liliaceae 144
14. Stbb. 6–16. **Ebenaceae 97**
– Stbb. 4 od. 12. 15
15. Bl.decke in K. und Kr. geschieden, grünl. Stbb. 4. **Rhamnaceae 74**
– Bl.decke einfach. 16
16. Pg. 2sp. Stbb. 4. B. lineal-lanzettl. **Elaeagnaceae 56**
– Pg. 4teilig. Stbb. 12. B. lanzettl. **Lauraceae 29**
17. (1.) Untergetauchte od. schwimmende Wasserpfl. 18
– Landpfl. 19
18. Weibl. Bl. ohne Bl.decke. B. gegenst. od. (scheinbar) zu 3 quirlst., stachlig gezähnt. **Najadaceae 143**
– Bl.decke aus K. und Kr. bestehend, auch an den weibl. Bl. ausgebildet.
Hydrocharitaceae 138
19. Bl.decke in K. und Kr. geschieden (bisweilen an Stelle des K. eine Haarkr.). 20
– Bl.decke einfach, ein Pg. 26
20. B. gegenst. 21
– B. wechselst. 22
21. Krb. 5. Gr. 3–5. Stbb. 10. **Caryophyllaceae 99**
– Kr. verwachsenblättrig. Gr. 1. Stbb. 3. **Valerianaceae 115**
22. Kr. getrenntblättrig. 24
– Kr. verwachsenblättrig. 23
23. Bl. in zusges. Dolden. B.abschn. lineal. **(Umbelliferae) Apiaceae 71**
– Bl. in rispig zusammengestellten Ähren. B.abschn. eifg. **Rosaceae 49**
24. B. einfach, ungeteilt. **Crassulaceae 44**
– B. mehrfach zusges. 25
25. Bl. in Köpfchen mit gemeinsamer Hülle. **(Compositae) Asteraceae 135**
– Bl. nicht in Köpfchen. Pfl. mit spiralig gedrehten Ranken.
Cucurbitaceae 90
26. B. gegenst. (od. im Blstd. wechselst.). 27
– B. wechselst. 29
27. B. handfg. zusges. od. gelappt. **Cannabaceae 39**
– B. einfach, ungeteilt. 28
28. Pfl. mit Brennhaaren. Bl. in b.winkelst. Rispen. Stbb. 4. N. pinselfg.
Urticaceae 40
– Pfl. ohne Brennhaare. Männl. Bl. in nicht unterbrochenen Ähren, mit 9–12 Stbb. Weibl. Bl. zu 1–3 b.winkelst., mit 2 N.
Euphorbiaceae 79
29. St. windend. B. herzfg., lg. gestielt. **Dioscoreaceae 147**
– St. nicht windend. 30
30. Bl. in Scheinquirlen. Pg. 6teilig. Stbb. 6. Gr. 3. **Polygonaceae 106**
– Bl. in Knäueln od. Scheinähren. Pg. 4sp. Stbb. 3–5. Gr. 4teilig.
Chenopodiaceae 104

23. Klasse: Polygamia
Bl. teils zwittrig, teils eingeschlechtig

Die hierher gehörenden Pfl. sind auf die anderen Klassen verteilt.

24. Klasse: Cryptogamia

Die Pfl. erzeugt (bei den hier in Betracht kommenden Familien) unge-
schlechtl. Fortpflanzungszellen (Sporen) in besonderen Behältern (Sporangien). Aus den Sporen entwickelt sich ein sog. Vorkeim (Prothallium), der
die Geschlechtsorgane trägt. Diese bringen durch die Befruchtung wieder
die normale Pfl. hervor. (Siehe Tabelle I, Seite 56.)

Übersicht der Familien und der diesen übergeordneten taxonomischen Einheiten

Abteilung: Pteridophyta — *Gefässsporenpflanzen*

Unterabteilung: Lycophytina — *Bärlappe*
  Klasse: Lycopsida — *Bärlappähnliche*
    Ordnung: Lycopodiales — *Bärlappartige*
      Familie: Lycopodiaceae — *Bärlappgewächse*
    Ordnung: Selaginellales — *Moosfarnartige*
      Familie: Selaginellaceae — *Moosfarngewächse*
  Klasse: Isoëtopsida — *Brachsenkrautähnliche*
    Ordnung: Isoëtales — *Brachsenkrautartige*
      Familie: Isoëtaceae — *Brachsenkrautgewächse*

Unterabteilung: Sphenophytina — *Schachtelhalme*
  Klasse: Sphenopsida — *Schachtelhalmähnliche*
    Ordnung: Equisetales — *Schachtelhalmartige*
      Familie: Equisetaceae — *Schachtelhalmgewächse*

Unterabteilung: Pterophytina — *Farne*
  Klasse: Eusporangiatae (Ophioglossopsida) — *Derbkapselige Farne*
    Ordnung: Ophioglossales — *Natternzungenartige*
      Familie: Ophioglossaceae — *Natternzungengewächse*
  Klasse: Leptosporangiatae (Polypodiopsida) — *Zartkapselige Farne*
    Ordnung: Osmundales — *Rispenfarnartige*
      Familie: Osmundaceae — *Rispenfarngewächse*
    Ordnung: Polypodiales — *Tüpfelfarnartige*
      Familie: Pteridaceae — *Saumfarngewächse*
      Familie: Sinopteridaceae — *Schuppenfarngewächse*
      Familie: Cryptogrammaceae — *Rollfarngewächse*
      Familie: Hemionitidaceae — *Nacktfarngewächse*
      Familie: Adiantaceae — *Frauenhaargewächse*
      Familie: Dennstaedtiaceae — *Adlerfarngewächse*
      Familie: Thelypteridaceae — *Lappenfarngewächse*
      Familie: Aspidiaceae — *Schildfarngewächse*
      Familie: Athyriaceae — *Frauenfarngewächse*
      Familie: Aspleniaceae — *Streifenfarngewächse*
      Familie: Blechnaceae — *Rippenfarngewächse*
      Familie: Polypodiaceae — *Tüpfelfarngewächse*
    Ordnung: Marsileales — *Kleefarnartige*
      Familie: Marsileaceae — *Kleefarngewächse*
    Ordnung: Salviniales — *Schwimmfarnartige*
      Familie: Salviniaceae — *Schwimmfarngewächse*

Abteilung: Spermatophyta — *Samenpflanzen*

Unterabteilung: Gymnospermae
(Gymnospermophytina) — *Nacktsamige Pflanzen*
  Klasse: Taxopsida — *Eibenähnliche*
    Ordnung: Taxales — *Eibenartige*
      Familie: Taxaceae — *Eibengewächse*

Klasse: Coniferopsida	*Kiefernähnliche*
Ordnung: Coniferales	*Kiefernartige*
Familie: Pinaceae	*Kieferngewächse*
Familie: Cupressaceae	*Zypressengewächse*
Klasse: Gnetopsida	*Gnetumähnliche*
Ordnung: Gnetales	*Gnetumartige*
Familie: Ephedraceae	*Meerträubchengewächse*
Unterabteilung: Angiospermae (Magnoliophytina)	*Bedecktsamige Pflanzen*
Klasse: Dicotyledoneae (Magnoliopsida)	*Zweikeimblättrige Pflanzen*
Unterklasse: Polycarpicae (Magnoliidae)	*Vielfrüchtige Pflanzen*
Ordnung: Nymphaeales	*Seerosenartige*
Familie: Nymphaeaceae	*Seerosengewächse*
Familie: Ceratophyllaceae	*Hornblattgewächse*
Ordnung: Ranunculales (Ranales)	*Hahnenfussartige*
Familie: Ranunculaceae	*Hahnenfussgewächse*
Familie: Berberidaceae	*Sauerdorngewächse*
Ordnung: Laurales	*Lorbeerartige*
Familie: Lauraceae	*Lorbeergewächse*
Ordnung: Papaverales (Rhoeadales)	*Mohnartige*
Familie: Papaveraceae	*Mohngewächse*
Familie: Fumariaceae	*Erdrauchgewächse*
Ordnung: Aristolochiales	*Osterluzeiartige*
Familie: Aristolochiaceae	*Osterluzeigewächse*
Unterklasse: Hamamelididae (Amentiferae)	*Kätzchenblütler*
Ordnung: Hamamelidales	*Hamamelisartige*
Familie: Platanaceae	*Platanengewächse*
Ordnung: Fagales	*Buchenartige*
Familie: Fagaceae	*Buchengewächse*
Familie: Betulaceae	*Birkengewächse*
Familie: Corylaceae	*Haselgewächse*
Ordnung: Urticales	*Brennesselartige*
Familie: Ulmaceae	*Ulmengewächse*
Familie: Moraceae	*Maulbeergewächse*
Familie: Cannabaceae	*Hanfgewächse*
Familie: Urticaceae	*Brennesselgewächse*
Ordnung: Juglandales	*Walnussartige*
Familie: Juglandaceae	*Walnussgewächse*
Unterklasse: Rosidae	*Rosenähnliche*
Ordnung: Saxifragales	*Steinbrechartige*
Familie: Grossulariaceae	*Stachelbeergewächse*
Familie: Philadelphaceae	*Pfeifenstrauchgewächse*
Familie: Crassulaceae	*Dickblattgewächse*
Familie: Saxifragaceae	*Steinbrechgewächse*
Familie: Parnassiaceae	*Herzblattgewächse*
Ordnung: Sarraceniales	*Krugpflanzenartige*
Familie: Sarraceniaceae	*Krugpflanzengewächse*
Familie: Droseraceae	*Sonnentaugewächse*
Ordnung: Rosales	*Rosenartige*
Familie: Rosaceae	*Rosengewächse*
Unterfamilie: Spiraeoideae	*Spiraeenartige*
Unterfamilie: Rosoideae	*Rosenartige*
Unterfamilie: Maloideae	*Kernobstartige*
Unterfamilie: Prunoideae	*Steinobstartige*

Ordnung: Fabales (Leguminosae)	*Hülsenfrüchtler*
Familie: Fabaceae (Papilionaceae)	*Schmetterlingsblütengewächse*
Ordnung: Myrtales	*Myrtenartige*
Familie: Punicaceae	*Granatapfelgewächse*
Familie: Lythraceae	*Weiderichgewächse*
Familie: Trapaceae (Hydrocaryaceae)	*Wassernussgewächse*
Familie: Onagraceae (Oenotheraceae)	*Nachtkerzengewächse*
Ordnung: Haloragales (Hippuridales)	*Tausendblattartige*
Familie: Haloragaceae	*Tausendblattgewächse*
Ordnung: Elaeagnales	*Ölweidenartige*
Familie: Elaeagnaceae	*Ölweidengewächse*
Ordnung: Rutales	*Rautenartige*
Familie: Rutaceae	*Rautengewächse*
Familie: Simaroubaceae	*Bitterholzgewächse*
Familie: Anacardiaceae	*Sumachgewächse*
Ordnung: Sapindales	*Seifenbaumartige*
Familie: Aceraceae	*Ahorngewächse*
Familie: Hippocastanaceae	*Rosskastaniengewächse*
Familie: Staphyleaceae	*Pimpernussgewächse*
Ordnung: Geraniales	*Storchschnabelartige*
Familie: Oxalidaceae	*Sauerkleegewächse*
Familie: Linaceae	*Leingewächse*
Familie: Zygophyllaceae	*Jochblattgewächse*
Familie: Geraniaceae	*Storchschnabelgewächse*
Familie: Balsaminaceae	*Balsaminengewächse*
Ordnung: Polygalales	*Kreuzblumenartige*
Familie: Polygalaceae	*Kreuzblumengewächse*
Ordnung: Cornales	*Hornstrauchartige*
Familie: Cornaceae	*Hornstrauchgewächse*
Ordnung: Apiales (Araliales)	*Doldengewächsartige*
Familie: Araliaceae	*Efeugewächse*
Familie: Apiaceae (Umbelliferae)	*Doldengewächse*
Ordnung: Celastrales	*Spindelstrauchartige*
Familie: Aquifoliaceae	*Stechpalmengewächse*
Familie: Celastraceae	*Spindelstrauchgewächse*
Ordnung: Rhamnales	*Kreuzdornartige*
Familie: Rhamnaceae	*Kreuzdorngewächse*
Familie: Vitaceae	*Weinrebengewächse*
Ordnung: Santalales	*Sandelholzartige*
Familie: Santalaceae	*Sandelholzgewächse*
Familie: Loranthaceae	*Mistelgewächse*
Ordnung: Euphorbiales	*Wolfsmilchartige*
Familie: Buxaceae	*Buchsbaumgewächse*
Familie: Euphorbiaceae	*Wolfsmilchgewächse*
Ordnung: Thymelaeales	*Seidelbastartige*
Familie: Thymelaeaceae	*Seidelbastgewächse*
Unterklasse: Dilleniidae	*Dillenienähnliche*
Ordnung: Dilleniales	*Dillenienartige*
Familie: Paeoniaceae	*Pfingstrosengewächse*
Ordnung: Theales (Guttiferales)	*Teestrauchartige*
Familie: Hypericaceae	*Johanniskrautgewächse*
Familie: Elatinaceae	*Tännelgewächse*
Ordnung: Violales (Cistales)	*Veilchenartige*
Familie: Violaceae	*Veilchengewächse*

91

Familie: Cistaceae	*Cistrosengewächse*
Familie: Tamaricaceae	*Tamariskengewächse*
Ordnung: Capparales (Cruciales)	*Kapernstrauchartige*
Familie: Brassicaceae (Cruciferae)	*Kreuzblütler*
Familie: Resedaceae	*Resedagewächse*
Ordnung: Salicales	*Weidenartige*
Familie: Salicaceae	*Weidengewächse*
Ordnung: Cucurbitales	*Kürbisartige*
Familie: Cucurbitaceae	*Kürbisgewächse*
Ordnung: Malvales	*Malvenartige*
Familie: Malvaceae	*Malvengewächse*
Familie: Tiliaceae	*Lindengewächse*
Ordnung: Ericales	*Heidekrautartige*
Familie: Pyrolaceae	*Wintergrüngewächse*
Familie: Monotropaceae	*Fichtenspargelgewächse*
Familie: Ericaceae	*Heidekrautgewächse*
Familie: Empetraceae	*Krähenbeerengewächse*
Ordnung: Ebenales	*Ebenholzartige*
Familie: Ebenaceae	*Ebenholzgewächse*
Ordnung: Primulales	*Primelartige*
Familie: Primulaceae	*Schlüsselblumengewächse*
Unterklasse: Caryophyllidae	*Nelkenähnliche*
Ordnung: Caryophyllales	*Nelkenartige*
Familie: Caryophyllaceae	*Nelkengewächse*
Unterfamilie: Paronychioideae	*Paronychienartige*
Unterfamilie: Alsinoideae	*Mierenartige*
Unterfamilie: Silenoideae	*Leimkrautartige*
Familie: Phytolaccaceae	*Kermesbeerengewächse*
Familie: Aizoaceae	*Eiskrautgewächse*
Familie: Cactaceae	*Kaktusgewächse*
Familie: Portulacaceae	*Portulakgewächse*
Familie: Chenopodiaceae	*Gänsefussgewächse*
Familie: Amaranthaceae	*Amarantgewächse*
Ordnung: Polygonales	*Knöterichartige*
Familie: Polygonaceae	*Knöterichgewächse*
Ordnung: Plumbaginales	*Bleiwurzartige*
Familie: Plumbaginaceae	*Bleiwurzgewächse*
Unterklasse: Asteridae	*Asternähnliche*
Ordnung: Gentianales (Contortae)	*Enzianartige*
Familie: Menyanthaceae	*Fieberkleegewächse*
Familie: Gentianaceae	*Enziangewächse*
Familie: Apocynaceae	*Hundsgiftgewächse*
Familie: Asclepiadaceae	*Seidenpflanzengewächse*
Familie: Rubiaceae	*Krappgewächse*
Ordnung: Dipsacales	*Kardenartige*
Familie: Caprifoliaceae	*Geissblattgewächse*
Familie: Adoxaceae	*Bisamkrautgewächse*
Familie: Valerianaceae	*Baldriangewächse*
Familie: Dipsacaceae	*Kardengewächse*
Ordnung: Oleales	*Ölbaumartige*
Familie: Oleaceae	*Ölbaumgewächse*
Ordnung: Polemoniales	*Sperrkrautartige*
Familie: Convolvulaceae	*Windengewächse*
Familie: Cuscutaceae	*Seidengewächse*

Familie: Polemoniaceae	*Sperrkrautgewächse*
Ordnung: Boraginales	*Borretschartige*
Familie: Hydrophyllaceae	*Wasserblattgewächse*
Familie: Boraginaceae	*Borretschgewächse*
Ordnung: Scrophulariales (Solanales)	*Braunwurzartige*
Familie: Solanaceae	*Nachtschattengewächse*
Familie: Buddlejaceae	*Buddlejagewächse*
Familie: Scrophulariaceae	*Braunwurzgewächse*
Familie: Orobanchaceae	*Sommerwurzgewächse*
Familie: Lentibulariaceae	*Wasserschlauchgewächse*
Familie: Globulariaceae	*Kugelblumengewächse*
Familie: Plantaginaceae	*Wegerichgewächse*
Ordnung: Hippuridales	*Tannenwedelartige*
Familie: Hippuridaceae	*Tannenwedelgewächse*
Ordnung: Lamiales	*Lippenblütlerartige*
Familie: Verbenaceae	*Eisenkrautgewächse*
Familie: Lamiaceae (Labiatae)	*Lippenblütler*
Familie: Callitrichaceae	*Wassersterngewächse*
Ordnung: Campanulales	*Glockenblumenartige*
Familie: Campanulaceae	*Glockenblumengewächse*
Ordnung: Asterales	*Asternartige*
Familie: Asteraceae (Compositae)	*Köpfchen-, Körbchenblütler*
Unterfamilie: Asteroideae (Tubuliflorae)	*Röhrenblütler*
Unterfamilie: Cichorioideae (Liguliflorae)	*Zungenblütler*
Klasse: Monocotyledoneae (Liliopsida)	*Einkeimblättrige Pflanzen*
Unterklasse: Alismatidae	*Froschlöffelähnliche*
Ordnung: Alismatales	*Froschlöffelartige*
Familie: Alismataceae	*Froschlöffelgewächse*
Familie: Butomaceae	*Schwanenblumengewächse*
Ordnung: Hydrocharitales	*Froschbissartige*
Familie: Hydrocharitaceae	*Froschbissgewächse*
Ordnung: Potamogetonales	*Laichkrautartige*
Familie: Scheuchzeriaceae	*Blumenbinsengewächse*
Familie: Juncaginaceae	*Dreizackgewächse*
Familie: Potamogetonaceae	*Laichkrautgewächse*
Familie: Zannichelliaceae	*Teichfadengewächse*
Familie: Najadaceae	*Nixenkrautgewächse*
Unterklasse: Liliidae	*Lilienähnliche*
Ordnung: Liliales	*Lilienartige*
Familie: Liliaceae	*Liliengewächse*
Familie: Amaryllidaceae	*Narzissengewächse*
Familie: Iridaceae	*Schwertliliengewächse*
Familie: Dioscoreaceae	*Yamswurzgewächse*
Ordnung: Orchidales	*Orchideenartige*
Familie: Orchidaceae	*Orchideen, Knabenkräuter*
Unterklasse: Juncidae (Junciflorae)	*Binsenähnliche*
Ordnung: Juncales	*Binsenartige*
Familie: Juncaceae	*Binsengewächse*
Ordnung: Cyperales	*Scheingräserartige*
Familie: Cyperaceae	*Scheingräser, Sauergräser*
Ordnung: Typhales	*Rohrkolbenartige*
Familie: Typhaceae	*Rohrkolbengewächse*
Familie: Sparganiaceae	*Igelkolbengewächse*

Unterklasse: Commelinidae	*Commelinenähnliche*
Ordnung: Commelinales	*Commelinenartige*
Familie: Commelinaceae	*Commelinengewächse*
Ordnung: Poales (Graminales)	*Süssgrasartige*
Familie: Poaceae (Gramineae)	*Echte Gräser, Süssgräser*
Unterklasse: Arecidae (Spadiciflorae)	*Kolbenblütige*
Ordnung: Arales	*Aronstabartige*
Familie: Araceae	*Aronstabgewächse*
Familie: Lemnaceae	*Wasserlinsengewächse*

Abteilung: Pteridóphyta
Gefäss-Sporenpflanzen, Leitbündel – Kryptogamen

Klasse: Lycópsida. *Bärlappähnliche*

Fam. 1. **Lycopodiáceae.** *Bärlappgewächse*

Ausdauernde Pfl. mit ± gegabelten Sprossen *(Fig. 55/4, 58/1, 2)*. B. klein, ganzrandig, nervenlos, spiralig od. wirtelig angeordnet. Sporangien in den Achseln blattartiger, zu endständigen Ähren angeordneter Sporophylle, sich durch eine Querspalte öffnend. Sporen alle gleichartig. Vorkeim ein mehrjähriger, zwittriger, unterird. lebender Saprophyt mit Mykorrhiza.

1. Sporangien in den Winkeln gewöhnlicher B., nicht in deutl. abgesetzten Ähren angeordnet *(Fig. 58/2).*   **Huperzia**   **1**
– Sporangien in den Winkeln von Deckb. zu endständigen Ähren angeordnet *(Fig. 55/4, 58/1)*. **2**
2. B. schuppenfg., der Sprossachse angedrückt, kreuzgegenst., in 4 Reihen angeordnet, Sproß abgeflacht od. 4kantig *(Fig. 58/1)*.   **Diphasium**   **4**
– B. von der Sprossachse abstehend, spiralig angeordnet, Sproß rund.   **3**
3. B. aufrecht abstehend, Sproß kurz, niederliegend, ein einziger, aufrechter Ast mit undeutl. abgesetzter Ähre.   **Lycopodiella**   **2**
– B. fast waagerecht abstehend, Sproß lange kriechend, mehrfach verzweigt, mit mehreren aufrechten Ästen mit deutl. abgesetzter Ähre *(Fig. 55/4)*.   **Lycopodium**   **3**

1. **Hupérzia** BERNH., *Tannenbärlapp*

H. selágo (L.) BERNH. ex SCHR. u. MART. (*Lycopodium selago* L.), *Tannenbärlapp.* – St. 10–20 cm, aufstrebend, ästig *(Fig. 58/2)*. B. gedrängt, lineal-lanzettl., stachelspitzig. / 7 bis 10 / (Kollin-montan-)subalpin-alpin. Fichtenwälder, Zwergstrauchheiden, Felsen; verbr. [64]

2. **Lycopodiélla** HOLUB, *Moorbärlapp*

L. inundáta (L.) HOLUB (*Lycopodium inundatum* L., *Lepidotis inundata* (L.) C. BÖRNER), *Moorbärlapp.* – St. mit 2–10 cm hohen, aufrechten

Ästen. B. vielreihig, an den kriechenden St. einseitig aufwärts gekrümmt. / 7 bis 10 / Kollin-subalpin. Torfmoore; zerstr. J, M, A. – S, V, Belf. [65]

3. Lycopódium L., *Bärlapp*

1. Ähren zu 2–3 auf langem, locker beblättertem Stiel, selten einzeln.

L. clavátum L., *Keulenförmiger B.* – St. bis 1 m lg. und mehr, kriechend, mit 5–15 cm hohen, aufstrebenden Ästen *(Fig. 55/4)*. B. vielreihig, spiralig angeordnet, in eine weisse Haarspitze auslaufend. Ähren zu 2(–4). / 7 bis 9 / (Kollin-montan-)subalpin. Moosige Wälder, Weiden; zerstr. [66]
– Ähren meist einzeln, ungestielt.

L. annótinum L. s.l., *Berg-B.* – St. bis 1 m lg., kriechend, mit aufsteigenden Ästen. B. lineal-lanzettl., stachelspitzig. / 6 bis 9 / (Kollin-montan-)subalpin. Bergwälder; verbr. [68]

L. annótinum L. s.str., *Echter Berg-B.* – Triebe 10–15 mm br., aufsteigend. B. abstehend od. zurückgekrümmt, 5–10 mm lg., lineal-lanzettl. od. lineal, dünn, spitz. B.rand fein und regelm. gezähnt. Sporangienähren 1,5–3 cm lg. – (Kollin-montan-)subalpin. Saure bis kalkhaltige, humose Böden. Fichten- und Tannenwälder, seltener Arvenwälder, Alpenrosen- und Erlengebüsche; verbr.

L. dúbium Zoëga (*L. annotinum* L. ssp. *alpestre* (Hartman) A. u. D. Löve, *L. pungens* La Pylaie ex Komarov), *Stechender Berg-B.* – Triebe 3–7 mm br., aufrecht. B. abstehend bis aufrecht, 3–7 mm lg., lineal bis pfrieml., mit knorpeliger Spitze. B.rand ganzrandig od. höchstens mit vereinzelten Zähnen. Sporangienähren 0,5–1,5 cm lg. – Subalpin(-alpin). Saure Böden, Weiden, Zwergstrauchheiden, Moore; s. Früher von voriger nicht unterschieden. A (Gäbris, San Bernardino).

4. Diphásium K. Presl ex Rothm. *Flachbärlapp*

1. B. der Sprossunterseite deutl. gestielt, gekniet *(Fig. 97/1)*.

D. alpínum (L.) Rothm. (*Lycopodium alpinum* L.), *Alpen-Bärlapp.* – Äste 6–12 cm hoch, büschelig verzweigt. Seitliche B. gegen die Sprossunterseite gekrümmt, daher Ästchen kaum abgeflacht, 4kantig. B. an den keine Sporangien tragenden Trieben 4reihig. Ähren 5–15 mm lg. / 7 bis 9 / Subalpin-alpin. Zwergstrauchbestände, Weiden. J (bis Chasseral), M (vereinzelt), A (zerstr.). – S, V. [69]
– B. der Sprossunterseite ungestielt, nicht gekniet. 2

2. Ähren meist ungestielt. Ventralb. 1,5–2 mm lg., am Grunde der Jahrestriebe etwa ¾ der Internodienlänge erreichend *(Fig. 97/2)*.

D. íssleri (Rouy) Holub (*L. issleri* (Rouy) Lawalrée), *Isslers F.* – St. mit lockeren Astbüscheln. Zweige deutl. abgeflacht, 2–3 mm br. Lateralb. sichelfg. abstehend, gegen die Ventralseite gekrümmt. Ventralb. lineal, etwa ⅓ so br. wie die geflügelte Sprossachse. Ähren bis 20 mm lg., zu 1–3. Deckb. der Sporangien br.-oval, plötzl. zugespitzt. / 7 bis 9 / Kollin-subalpin. Zwergstrauchheiden, lichte Nadelwälder; s. A (T, Graub.). – V.
– Ähren auf locker beblätterten, oberwärts meist verzweigten Stielen. Ventralb. am Grunde der Jahrestriebe höchstens halb so lg. wie die Internodien, oder aber so lg. wie diese. 3

3. Ventralb. am Grunde der Jahrestriebe so lg. wie die Internodien, den Lateralb. gleichend. Daher Sprosse ober- und unterseits fast gleich aussehend, 1,5 mm br. *(Fig. 97/3)*.

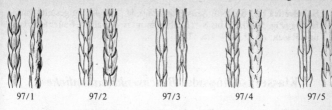

97/1   97/2   97/3   97/4   97/5

D. tristáchyum (PURSH) ROTHM. (*L. chamaecyparissus* A. BR.), *Zypressen- F.* – St. mit dichten Astbüscheln. Zweige mit kurzen Internodien, kaum abgeflacht, 1,5–1,8 mm br. Lateralb. der Achse dicht angedrückt. Ventralb. ⅓ so br. wie die kaum geflügelte Sprossachse. Ähren 20–30 mm lg., zu 2–6. Deckb. der Sporangien plötzl. in eine lg. Spitze verschmälert. / 8 bis 9 / Montan-subalpin. Lichte Nadelwälder und Heiden; s. s. und Fundorte zurückgehend. T. – V, Belf., Var., Co., Chiav., Veltlin(?).
– Ventralb. am Grunde der Jahrestriebe höchstens halb so lg. wie die Internodien, von den Lateralb. deutl. unterscheidbar. Sprosse daher ober- und unterseits deutl. verschieden. 4
4. Ventralb. am Grunde der Jahrestriebe 0,5–1,5 mm lg., ⅕–¼ ihres Abstands erreichend. Internodien 1,5–2mal so lg. wie br. *(Fig. 97/4).*
D. complanátum (L.) ROTHM. (*L. complanatum* L., *L. anceps* WALLR.), *Gemeiner F.* – St. hellgrün, mit trichterfg. divergierenden Endverzweigungen. Zweige deutl. abgeflacht, 2–4 mm br. Ventralb. auffallend kleiner als die Dorsal- und Lateralb., (¼–)⅕–⅙ so br. wie die scharf geflügelte Sprossachse. Ähren 20–30 mm lg., zu 1–4. Deckb. der Sporangien br.-oval, plötzl. zugespitzt. / 7 bis 9 / (Montan-)subalpin. Lichte Nadelwälder; s. M, Graub. – V. [67]
– Ventralb. am Grunde der Jahrestriebe ⅓–½mal so lg. wie ihr Abstand. Internodien 2–2,5mal so lg. wie br. *(Fig. 97/5).*
D. zeílleri (ROUY) DAMBOLDT (*L. complanatum* L. var. *zeilleri* ROUY, *L. complanatum* L. ssp. *complanatum* var. *subanceps* (JUNGE) DOMIN), *Zeillers F.* – St. graugrün, mit lockeren Astbüscheln. Zweige deutl. abgeflacht, 1,8–2,4 mm br. Ventralb. wenig kleiner als die Dorsal- und Lateralb., ¼ so br. wie die geflügelte Sprossachse. Ähren 20–30 mm lg., zu 2–4. Deckb. der Sporangien plötzl. kurz zugespitzt. / 7 bis 9 / Montan-subalpin. Lichte Nadelwälder; s. T(?). – V.

Fam. 2. **Selaginelláceae.** *Moosfarngewächse*

Ausdauernde Pfl. von moosartigem Aussehen *(Fig. 57/7, 8).* B. klein, einnervig, spiralig od. kreuzgegenst. angeordnet. Sporangien in den Achseln von zu endst. Ähren angeordneten Sporophyllen, untere mit 4 Makrosporen, obere mit zahlreichen Mikrosporen. Vorkeime 2häusig, sehr klein, kurzlebig, in den Sporen eingeschlossen bleibend.

5. **Selaginélla** P. B., *Moosfarn*

S. selaginoídes (L.) P. B. ex SCHR. u. MART. (*S. spinulosa* A. BR.), *Dorniger M.* – B. spiralig gestellt, gewimpert-gezähnt *(Fig. 57/7).* / 6 bis 8 / (Montan-)subalpin-alpin. Schattige Orte und Weiderasen. J, M, A (hfg.). – S. [70]

3. Isoëtaceae, 4. Equisetaceae

S. helvética (L.) SPRING, *Schweizerischer M.* – B. 4zeilig gestellt, ganz-randig *(Fig. 57/8).* / 6 bis 8 / (Kollin-)montan-subalpin. Feuchte Felsen und Rasen; zerstr. A. – Ain. [71]

Klasse: Isoëtópsida. *Brachsenkrautähnliche*

Fam. 3. Isoëtáceae. *Brachsenkrautgewächse*

Ausdauernde, untergetauchte Wasserpfl. mit knollenfg. verdicktem, kurzem Spross. B. binsenfg., in einer Rosette *(Fig. 57/6).* Sporangien in einer Grube auf der Oberseite der scheidenartig erweiterten B.basis, äussere Sporophylle mit Makrosporen, innere mit Mikrosporen. Vorkeime 2häusig, sehr klein, kurzlebig, in den Sporen eingeschlossen bleibend.

6. Isóëtes L., *Brachsenkraut*

I. lacústris L., *See-B.* – B. 10–15 cm, dunkelgrün, steif. Makrosporen feinhöckerig-warzig. / 7 bis 9 / Montan-subalpin. Auf dem Grunde von Seen; s. s. A (Wallis [Binntal], Graub. [St. Bernhardin]). – S, V. [72]
I. echinóspora DURIEU (*I. tenella* DESV.), *Stachelsporiges B.* – B. 5–12 cm, hellgrün. Makrosporen mit kegelfg. Stacheln besetzt. / 7 bis 9 / Kollin-montan. Wie vorige. Südl. T (ob noch?). – S, V, Ortasee (wahrscheinl. erloschen). [73]

Klasse: Sphenópsida. *Schachtelhalmähnliche*

Fam. 4. Equisetáceae. *Schachtelhalmgewächse*

Ausdauernde Pfl. mit gegliedertem, hohlem, oft quirlig verzweigtem Spross. B. quirlst., zu becherfg. Scheiden verwachsen *(Fig. 99/1–10).* Sporangien auf der Unterseite schildfg., zu einer endst. Sporangienähre angeordneter Träger. Sporen alle gleichartig, mit 4 langen Fortsätzen (Elateren). Vorkeime 2häusig, verzweigt, grün.

7. Equisétum L., *Schachtelhalm*

1. Sporangientragende St. zur Sporenreife anders gestaltet und gefärbt als die keine Sporangien tragenden (sterilen) St. 2
– Sporangientragende und sterile St. gleichgestaltet. 3
2. Sporangientragende St. vor den anderen erscheinend, blass, astlos.
E. arvénse L., *Acker-S.* – Sporangientragende St. 10–20 cm, rötl.-braun, etwas fleischig; ihre Scheiden 8–12zähnig *(Fig. 55/3, 57/1).* Die sterilen St. grün, bis 40 cm hoch, mit quirlig angeordneten Ästen. / 3 bis 5 / Kollin-subalpin. Felder, Wegränder, Alluvionen, Bahnkörper; hfg. [54]
E. telmatéia EHRH. (*E. maximum* auct.), *Riesen-S.* – Sporangientragende St. 10–30 cm, bis 13 mm dick, blassbräunl., fleischig; ihre Scheiden 20–30zähnig *(Fig. 99/1).* Die sterilen St. elfenbeinweiss, bis 1 m hoch, mit lg., dünnen, hellgrünen, quirligen Ästen. / 3 bis 5 / Kollin-montan. Nasse Orte; verbr. [55]

99/1   99/2   99/3   99/4   99/5

– Sporangientragende und sterile St. gleichzeitig erscheinend.

E. silváticum L., *Wald-S.* – Sporangientragende St. 20–50 cm, zuerst blass und astlos, später ergrünend und quirlig angeordnete Äste treibend; die Scheiden glockenfg., oben braun, mit 3–6 Zähnen *(Fig. 99/2)*. Die sterilen St. mit feinen, verzweigten, bogenfg. herabhängenden Ästen. / 4 bis 5 / (Kollin-)montan-subalpin. Wälder, Weiden, Moore; verbr. [56]

E. praténse EHRH., *Wiesen-S.* – Sporangientragende St. 10–30 cm, oberwärts nur unvollkommen ergrünend, mit trichterfg., 10–15zähnigen Scheiden *(Fig. 99/3)*. Äste der sterilen St. meist unverzweigt, waagrecht abstehend od. überhängend. / 5 bis 6 / (Montan-)subalpin. Feuchte Wiesen und Waldstellen im Gebirge; s. Wallis, T, Schwyz, Uri, Graub. – Bormio, badisches Gebiet nördl. Schaffh. [57]

3. Ähre stumpf *(Fig. 99/4)*. St. glatt od. kaum rauh, nicht überwinternd.

E. palústre L., *Sumpf-S.* – St. 20–60 cm, dünn (2–3,5 mm), tief gefurcht, meist ästig. Scheiden locker; Zähne 5–8, lanzettl., mit br. Hautrand *(Fig. 99/5)*. / 6 bis 9 / Kollin-subalpin. Gräben, Sumpfwiesen; hfg. [58]

E. fluviátile L. em EHRH. (*E. limosum* L., em. ROTH), *Schlamm-S.* – St. 30–120 cm, dick (5–8 mm), glatt und gerieft, einfach od. oberwärts ästig. Scheiden eng anliegend; Zähne 10–20, pfriemfg., mit schmalem Rand *(Fig. 99/6)*. / 5 bis 7 / Kollin-subalpin. Gräben, Teiche; verbr. [59]

– Ähre bespitzt *(Fig. 99/7)*. St. rauh, meist überwinternd. 4

4. Scheidenzähne frühzeitig abfallend.

E. hiemále L., *Überwinternder S.* – St. 50–150 cm, meist einfach, aufrecht, bis 6 mm dick, kantig gestreift. Scheiden walzl., eng anliegend, mit stumpfgekerbtem Rand (Basis der abgefallenen Zähne; *Fig. 99/8*). / 5 bis 7 / Kollin-subalpin. Lichte Wälder, wasserzügige Hänge, Zwergstrauchbestände; zerstr.; öfters herdenweise. [60]

99/6   99/7   99/8   99/9   99/10

– Scheidenzähne lange bleibend. 5
5. Scheiden eng anliegend.
  E. ×trachýodon A. Br. (*E. hiemale × variegatum*), *Rauhzähniger S.* – St.
  20–50 cm, bis 3 mm dick, einfach. Untere Scheiden schwarz; Zähne lanzettl.-pfriemfg., schwarz-braun, mit weissem Hautrand. / 7 bis 8 / Kollin. Sandige, kiesige Flussufer; s. Rhein (Basel [erloschen], Aarg., Zürich), M. – Els. [61]
– Scheiden oberwärts becher- od. trichterfg. erweitert.
  E. variegátum Schleicher ex Web. u. Mohr, *Bunter S.* – St. 10–30 cm,
  2(–3) mm dick, am Grunde ästig. Scheiden am Saume mit schwarzer
  Querbinde; oberer, grannenartig zugespitzter Teil der Zähne später abfallend *(Fig. 99/9).* / 5 bis 8 / (Kollin-)montan-subalpin(-alpin). Kiesigsandige Orte, Alluvionen; verbr. [62]
  E. ramosíssimum Desf., *Ästiger S.* – St. 30–90 cm, 1–2 (seltener bis 6) mm
  dick, meist ästig. Scheiden gleichfarbig od. oberwärts bräunl.; Zähne mit
  pfriemfg., weisser, zuletzt meist abfallender Spitze *(Fig. 99/10).* / 6 bis 7
  / Kollin-montan. Sandige, trockene Orte; zerstr. [63]
  Bastarde.

Klasse: Eusporangiátae (Ophioglossópsida).
Derbkapselige Farne

Fam. 5. **Ophioglossáceae.** *Natterzungengewächse*

Ausdauernde Krautpfl. mit kurzem, unterird. Spross, jährl. meist nur 1 fleischiges, in
der Knospenlage nicht gerolltes B. hervorbringend, welches in einen sporangientragenden und einen sterilen, gefiederten od. ganzrandigen Teil gegliedert ist *(Fig. 58/6,
7).* Sporangien ährig od. rispig angeordnet, mit mehrschichtigen Wänden, ohne Ring.
Sporen alle gleichartig. Vorkeim ein mehrjähriger, 2häusiger, unterird. lebender Saprophyt mit Mykorrhiza.

1. Steriler (keine Sporangien tragender) B.teil ungeteilt. Sporangienstand
  ährenfg. *(Fig. 58/6).*   **Ophioglossum   8**
– Steriler B.teil fiederschn. (selten gekerbt bis ungeteilt). Sporangienstand
  rispig *(Fig. 58/7).*   **Botrychium   9**

8. **Ophioglóssum** L., *Natterzunge*

O. vulgátum L., *Natterzunge.* – Pfl. 10–30 cm. Steriler B.teil längl.-eifg.,
kürzer als der 2zeilig-ährenfg. Sporangienstand. / 6 bis 7 / Kollin-montan(-subalpin). Feuchte Wiesen; zerstr. und Fundorte zurückgehend.
[44]

9. **Botrýchium** Sw., *Mondraute*

1. Steriler B.teil gestielt, nahe über dem Grunde der Pfl. vom sporangientragenden B.teil abgetrennt.

B. simplex E. HITCHCOCK, *Einfache M.* – Pfl. 3–8 cm. Steriler B.teil ungeteilt, gekerbt od. einfach fiederschn., mit gekerbten Abschn. / 7 bis 8 / Kollin-subalpin. Rasen; s. s. A (Wallis, Graub.). [45]

B. multífidum (S. G. GMELIN) RUPR. (*B. matricariae* SPRENGEL, *B. rutifolium* A. BR.), *Vielspaltige M.* – Pfl. 5–20 cm. Steriler B.teil 3eckig, 2–3fach fiederschn., im jungen Zustand behaart. / 8 / Kollin-subalpin. Rasen; s. s. A (in neuerer Zeit nicht gefunden). – V. [46]

– Steriler B.teil sitzend, in der Mitte der Pfl. od. höher abgetrennt. ..   2
2. Steriler B.teil 2–4fach fiederschn.

    B. virginiánum (L.) Sw., *Virginische M.* – Pfl. 10–35 cm. Steriler B.teil br., 3eckig, mit längl., eingeschnitten-gezähnten Abschn., dünnlaubig. / 6 bis 8 / Montan-subalpin. Schattige Waldwiesen; s. s. A (Berner Oberland, Graub.). [47]

– Steriler B.teil 1–2fach fiederschn. 3
3. Steriler B.teil etwa in der Mitte der Pfl. stehend, daher die Rispe lg. gestielt erscheinend.

    B. lunária (L.) Sw., *Gemeine M.* – Pfl. 5–20 cm. Steriler B.teil längl., meist einfach fiederschn.; Abschn. aus br.-keilfg. Grunde halbmondfg., ganzrandig od. eingeschnitten-gelappt *(Fig. 58/7).* / 5 bis 8 /Kollin-alpin. Wiesen, Weiden; hfg. [48]

– Steriler B.teil über der Mitte der Pfl., dicht unter der Rispe stehend.
    B. matricariifólium (RETZ.) A. BR. ex KOCH (*B. ramosum* ASCH.), *Ästige M.* – Pfl. 5–20 cm. Steriler B.teil doppelt fiederschn.; Abschn. zweiter Ordn. rundl. bis längl., stumpf od. gestutzt, an der Spitze oft gekerbt, 2–3lappig. / 6 bis 7 / Kollin-montan. Weiden, Gebüsche; s. s. A (in neuerer Zeit nicht gefunden). – S, V. [49]

    B. lanceolátum (S. G. GMELIN) ÅNGSTRÖM, *Lanzettliche M.* – Pfl. 10–25 cm. Steriler B.teil eifg. bis 3eckig-eifg., spitz; Abschn. zweiter Ordn. längl. bis lanzettl., spitz. / 7 bis 8 / Subalpin-alpin. Trockene Grashänge; s. s. M, A. [50]

Klasse: Leptosporangiátae (Polypodiópsida).
Zartkapselige Farne

Fam. 6. Osmundáceae. *Rispenfarngewächse*

Ausdauernde Krautpfl. mit unterird. Spross. B. gross, gefiedert, ohne Spreuschuppen, in der Knospenlage eingerollt. Sporangien an besonderen, meist endst. B.abschn. zu Knäueln gehäuft *(Fig. 58/5).* Sporangienwand einzellschichtig, auf dem Rücken mit einem unvollständigen Ring, 2klappig aufspringend. Sporen meist gleichartig. Vorkeim unterird., mehrjährig.

10. Osmúnda L., *Rispenfarn*

    O. regális L., *Königsfarn.* – B. 60–200 cm, lg. gestielt. Abschn. längl., stumpf *(Fig. 58/5).* / 6 bis 7 / Kollin. Feuchte, schattige Stellen. T. – Bad., Piemont, Langensee, Co., Veltlin. [43]

Ordn. Polypodiáles. *Tüpfelfarnartige*

Meist ausdauernde Krautpfl. mit ungegliedertem, vertikalem od. horizontalem, unter- od. oberird., meist mit Spreuschuppen bedecktem Rhizom. B. in der Knospenlage eingerollt, die fertilen gelegentl. anders gestaltet als die sterilen. Sporangien meist auf der B.unterseite in Sori (Sporangienhäufchen; *Fig. 102/1–4, 103/1–5*), diese oft mit einem Schleier. Sporangienwand einzellschichtig, mit deutl. Ring. Sporen gleichartig. Vorkeime grün.

1. Sporangientragende B. von den keine Sporangien tragenden (sterilen) B. deutl. verschieden. 2
– Sporangientragende und sterile B. gleichgestaltet. 4
2. B. 3–4fach gefiedert, lg. gestielt.   **Cryptogrammaceae**   **9**
– Sporangientragende B. einfach gefiedert. 3
3. Sporangientragende und sterile B. einfach gefiedert, mit ganzrandigen Abschn.   **Blechnaceae**   **17**
– Sporangientragende B. einfach gefiedert, mit walzl.-eingerollten Fiedern; die sterilen B. gefiedert, mit fiederschn. Fiedern.
                              (*Matteuccia*) **Athyriaceae**   **15**
4. Sori am B. randst., vom (schleierartigen) umgerollten B.rand bedeckt. 5
– Sori nicht vom umgerollten B.rand bedeckt, unbedeckt od. von einem besonderen Häutchen (Schleier) bedeckt. 8
5. Sori am B.rand in unterbrochener Linie. B. mit 3eckigen, keilfg. verschmälerten Abschn. an haardünnen Stielchen.   **Adiantaceae**   **11**
– Sori am B.rand in nicht unterbrochener Linie. 6
6. B. 3–4fach gefiedert. Pfl. 0,3–3 m hoch.
                    (*Pteridium*) **Dennstaedtiaceae**   **12**
– B. einfach gefiedert od. nur die untersten Fiedern gespalten, od. B. 3fach fiedersp. Pfl. 5–35 cm hoch. 7
7. B. gross, gebüschelt, einfach gefiedert od. nur die untersten Fiedern gespalten.   **Pteridaceae**   **7**
– B. klein, oval, 3fach fiedersp.   (*Cheilanthes*) **Sinopteridaceae**   **8**
8. B. unterseits dicht spreuschuppig. Sori, wenigstens in der Jugend, durch die Schuppen verdeckt. 9
– B. unterseits kahl od. zerstr. spreuschuppig. 10
9. B. einfach fiederschn., kurz gestielt.   (*Ceterach*) **Aspleniaceae**   **16**
– B. doppelt gefiedert, lg. gestielt.   (*Notholaena*) **Sinopteridaceae**   **8**
10. Sori ohne Schleier. 11
– Sori dauernd od. wenigstens in der Jugend mit einem Schleier bedeckt (*Fig. 102/1–4, 103/1–5*). 15

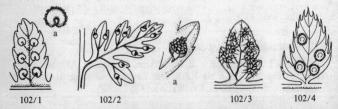

102/1   102/2   102/3   102/4

103/1   103/2   103/3   103/4   103/5

11. Sori längl. B. zart, einjährig, 1–3fach gefiedert, mit keilfg. verschmälerten Endabschn. (*Anogramma*) **Hemionitidaceae 10**
– Sori rundl. 12
12. B. einfach fiederschn. **Polypodiaceae 18**
– B. 1–3fach gefiedert od. doppelt fiederschn. 13
13. B. lg. gestielt, Stiel deutl. abgesetzt, meist länger als die br.-3eckige od. 3eckig-eifg. Spreite... 14
– B. kurz gestielt, Spreite br.-lanzettl., nach unten verschmälert.
(*Athyrium*) **Athyriaceae 15**
14. B. doppelt fiederschn. od. am Grunde einfach gefiedert und fiederschn.
(*Phegopteris*) **Thelypteridaceae 13**
– B. wenigstens am Grunde doppelt gefiedert. Fiederchen fiederspaltig.
(*Gymnocarpium*) **Aspidiaceae 14**
15. Sori rundl., auf dem Rücken der B.nerven sitzend *(Fig. 102/1, 2)*. . 16
– Sori längl. bis lineal *(Fig. 103/3, 4)* od. hufeisenfg. *(Fig. 103/5)*. Schleier seitl. an den Nerven angewachsen. 20
16. Schleier unterständig, bis zum Grunde in haarfg. Zipfel zerschlitzt *(Fig. 102/3)*. (*Woodsia*) **Athyriaceae 15**
– Schleier anders gestaltet, höchstens am Rande fransig. 17
17. Schleier eifg., auf der einen Seite des Sorus angewachsen *(Fig. 102/2a)*.
(*Cystopteris*) **Athyriaceae 15**
– Schleier nierenfg. *(Fig. 102/1a)* od. rundl., schildfg. *(Fig. 102/4)*. . . 18
18. Schleier rundl., schildfg., in der Mitte angewachsen *(Fig. 102/4)*.
(*Polystichum*) **Aspidiaceae 14**
– Schleier nierenfg., in der Bucht angewachsen, bleibend, hinfällig od. fehlend *(Fig. 102/1)*. 19
19. Schleier bleibend, deutl. nierenfg. B. ein- od. mehrfach gefiedert. Fiederabschn. deutl. gezähnt. (*Dryopteris*) **Aspidiaceae 14**
– Schleier hinfällig od. fehlend. B. einfach od. doppelt gefiedert. Fiederabschn. ganzrandig od. etwas ausgeschweift *(Fig. 103/1, 2)*.
(*Thelypteris/Oreopteris*) **Thelypteridaceae 13**
20. B. einfach, ungeteilt *(Fig. 58/4)*. (*Phyllitis*) **Aspleniaceae 16**
– B. ein- bis mehrfach gefiedert od. 3spaltig bis gefingert 3zählig. . . . 21
21. B. ± derb, selten über 30 cm lg., meist kürzer. Sori längl. bis lineal *(Fig. 103/3, 4)*. (*Asplenium*) **Aspleniaceae 16**
– B. zart, bis 120 cm lg. Sori klein, längl. od. hufeisenfg. *(Fig. 103/5)*.
(*Athyrium*) **Athyriaceae 15**

Fam. 7. **Pteridáceae.** *Saumfarngewächse*

Ausdauernde Krautpfl. Rhizomschuppen matt. B. gleichartig. B.stiel mit 1 U-fg. Leitbündel. B.spreiten 1(–2)fach gefiedert. Sori mit Paraphysen, sehr lang, randnah, den ganzen Rand der B.abschn. einnehmend, vom schleierartigen B.rand bedeckt.

11. **Pteris** L., *Saumfarn*

P. crética L., *Saumfarn.* – B. 30–90 cm. Abschn. der B. lineal-lanzettl., lg. zugespitzt. / 6 bis 8 / Kollin. Feuchte, schattige Schluchten; s. Südl. T. – Ossolatal, Langensee, Co., Chiav. [36]

Fam. 8. **Sinopteridáceae.** *Schuppenfarngewächse*

Ausdauernde Krautpfl. Rhizomschuppen matt. B.stiel unterwärts mit 1 Leitbündel. Sori randnah, rundl. od. längl. und gelegentl. zusammenfliessend, ohne Schleier, vom schleierartigen B.rand bedeckt.

12. **Cheilánthes** Sw., *Schuppenfarn*

Ch. pteridioídes (REICHARD) CHRISTENSEN (*Ch. fragrans* Sw., *Ch. odora* Sw.), *Schuppenfarn.* – Pfl. duftend. B. 5–20 cm, lederig, starr, zerbrechl.; Stiel braun, mit Schuppen besetzt, später kahl werdend. Fiedern im Umriss oval, gekerbt bis fiederteilig. / 4 bis 6 / Kollin. Trockenmauern, Felsen. – Ao., Val Sesia; Ossolatal (wohl erloschen). [39]

13. **Notholaéna** R. BR., *Pelzfarn*

N. marántae (L.) DESV. (*Cheilanthes marantae* DOMIN), *Pelzfarn.* – B. 10–35 cm, längl., derb, unterseits in der Jugend silbergrau, später rotbraun. / 5 bis 7 / Kollin-montan(-subalpin). Serpentinfelsen, Mauern; s. s. T. – Südl. Grenzzone von Ao. bis Veltlin, Chiav. [40]

Fam. 9. **Cryptogrammáceae.** *Rollfarngewächse*

Ausdauernde Krautpfl. Rhizomschuppen matt. Sterile und fertile B. verschiedenartig. B.stiele mit 1 Leitbündel. Sori randnah, rundl., längl. bis linienfg., anfängl. vom schleierartigen B.rand völlig verdeckt.

14. **Cryptográmma** R. BR., *Rollfarn*

C. crispa (L.) R. BR. (*Allosorus crispus* ROEHLING), *Rollfarn.* – B. 15–30 cm, lg. gestielt. Abschn. der sporangientragenden B. lineal, am Rande umgerollt. / 8 bis 9 / (Montan-)subalpin-alpin. Felsschutt; auf Silikatgestein; verbr. A. – S, V. [37]

Fam. 10. **Hemionitidáceae** (*Gymnogrammaceae*).
Nacktfarngewächse

Einjährige Pfl. Rhizomschuppen matt. Sterile und fertile B. fast gleichartig. B.stiel mit 2 Leitbündeln. Endabschn. der B.spreite keilfg. Sori randnah, längl. bis lineal, anfangs getrennt voneinander, unbedeckt, schleierlos.

15. **Anográmma** LINK, *Nacktfarn*

A. leptophýlla (L.) LINK (*Gymnogramma leptophylla* DESV.), *Nacktfarn.* – Pfl. einjährig. B. 5–25 cm, lg. gestielt, zart, dunkelgrün, die unteren rundl.-nierenfg., die übrigen eifg., 1–3fach gefiedert. / 3 bis 4 / Kollin-montan. Frostgeschützte Felshöhlen, Mauern; auf kalkarmem Gestein; s. s. Wallis, südl. T. – Ao., Ossolatäler, Langensee, Co., Veltlin. [41]

Fam. 11. **Adiantáceae.** *Frauenhaargewächse*

Ausdauernde Krautpfl. Rhizomschuppen matt. B. gleichartig. B.stiel mit 2 Leitbündeln. B.abschn. haarfein gestielt. Sori auf nach unten umgeschlagenen Randlappen in unterbrochener Linie, schleierlos.

16. **Adiántum** L., *Frauenhaar*

A. capíllus-véneris L., *Venushaar.* – B. 10–40 cm, zart, 2–3fach gefiedert. Teilb. eingeschnitten-gelappt. / 6 bis 9 / Kollin(-montan). Felsnischen, Schluchten; auf von Tropfwasser befeuchtetem Tuff in frostgeschützten Lagen; s. Waadt, T. – Ain; südl. Grenzzone von Ao. bis Bormio. [38]

Fam. 12. **Dennstaedtiáceae** (*Pteridiaceae*).
Adlerfarngewächse

Ausdauernde Krautpfl. Rhizomschuppen haarfg. B. gleichartig. B.stiel mit mehreren, reichsadlerartig angeordneten Leitbündeln. B.spreite 3eckig, 3–4fach gefiedert. Sori randnah, zu einer Linie vereinigt, vom schleierartigen B.rand bedeckt.

17. **Pterídium** SCOP., *Adlerfarn*

P. aquilínum (L.) KUHN (*Eupteris aquilina* NEWMAN, *Pteris aquilina* L.), *Adlerfarn.* – B. 30–300 cm, einzeln, lg. gestielt. / 7 bis 9 / Kollin-subalpin. Wälder, Buschweiden, Heiden; verbr. [35]

Fam 13. **Thelypteridáceae.** *Lappenfarngewächse*

Ausdauernde Krautpfl. Rhizom behaart od. mit behaarten Spreuschuppen. B. gleichartig. B.stiel mit 3–7 Leitbündeln. B.spreite einfach gefiedert mit fiederschn. Fiedern od. 2fach fiederschn. Sori randnah, schleierlos od. mit hinfälligem Schleier.

1. Schleier fehlend. Unterstes Fiederpaar herabgeschlagen.
  Phegopteris 18
 – Schleier vorhanden, oft hinfällig. Unterstes Fiederpaar nicht herabgeschlagen. 2
2. B.spreite viel länger als der B.stiel, am Grunde stark und allmähl. verschmälert, beim Zerreiben nach Zitrone riechend. **Oreopteris 19**
 – B.spreite so lg. wie der B.stiel, am Grunde wenig verschmälert, nicht nach Zitrone riechend. **Thelypteris 20**

18. **Phegópteris** FÉE, *Buchenfarn*

Ph. connéctilis (MICHX.) WATT (*Aspidium phegopteris* (L.) BAUMG., *Dryopteris phegopteris* (L.) CHRISTENSEN, *Gymnocarpium phegopteris* (L.) NEWMAN, *Lastrea phegopteris* (L.) BORY, *Nephrodium phegopteris* (L.) PRANTL, *Thelypteris phegopteris* (L.) SLOSSON in RYDB.), *Buchenfarn.* – B. 10–30 cm, 3eckig bis pfeilfg., hellgrün, behaart. / 6 bis 9 / Kollinsubalpin(-alpin). Wälder, Hochstaudenfluren; verbr. [6]

19. **Oreópteris** HOLUB (*Lastrea* BORY), *Bergfarn*

O. limbospérma (ALL.) HOLUB (*Aspidium montanum* (VOGLER) ASCH., *Dryopteris limbosperma* (ALL.) BECHERER, *D. oreopteris* (EHRH.) MAXON, *Lastrea oreopteris* (EHRH.) BORY, *Nephrodium oreopteris* (EHRH.) DESV., *Thelypteris limbosperma* (ALL.) H. P. FUCHS, *Th. oreopteris* (EHRH.) SLOSSON in RYDB.), *Bergfarn.* – W.stock kurz, dick, B. daher in dichter Rosette. B. 30–120 cm, lanzettl., kurz gestielt, unterseits bleibend drüsig. Sori nahe dem Rande und meist bis zur Spitze der flachen Fiederchen *(Fig. 103/1).* / 6 bis 9 / (Kollin-)montan-subalpin. Feuchte Laubmischwälder, Hochstaudenfluren, Weiden; verbr. [9]

20. **Thelýpteris** SCHMIDEL, *Sumpffarn*

Th. palústris SCHOTT (*Aspidium thelypteris* (L.) SW., *Dryopteris thelypteris* (L.) A. GRAY, *Lastrea thelypteris* (L.) BORY, *Nephrodium thelypteris* (L.) DESV., *Polystichum thelypteris* (L.) A. GRAY, *Thelypteris thelypteroides* (MICHX.) HOLUB), *Sumpffarn.* – W.stock verlängert, weitkriechend, B. daher verteilt stehend. B. 30–100 cm, Spreite lanzettl., in der Jugend unterwärts behaart und drüsig. Sori zw. Mittelnerv und dem auffallend nach unten umgerollten Rand der Fiedern *(Fig. 103/2).* / 7 bis 9 / Kollin-montan(-subalpin). Erlenbrücher, Sümpfe, Moore; zerstr. [10]

Fam 14. **Aspidiáceae** (*Dryopteridáceae*).
Schildfarngewächse, Wurmfarngewächse

Ausdauernde Krautpfl. Rhizomschuppen dunkelbraun, kahl. B.stiel mit 5–7 Leitbündeln. B.spindel oberseits rinnig. B.spreite 1–4fach gefiedert, seltener gelappt od. ungeteilt. B.haare mehrzellig. Sori flächenst., Schleier schildfg., nierenfg. od. fehlend.

1. Schleier fehlend. B.stielgrund mit 2 Leitbündeln. **Gymnocarpium 21**
   – Schleier vorhanden. B.stielgrund mit 5–8 Leitbündeln. 2
2. Schleier rundl., schildfg., in der Mitte festgewachsen *(Fig. 102/4)*. Basis der Fiedern deutl. asymm., die der Spitze zugewandten Lappen od. Fiederchen deutl. vergrössert. **Polystichum 23**
   – Schleier nierenfg., in seiner Bucht angewachsen *(Fig. 102/1a)*. Basis der Fiedern kaum asymm. **Dryopteris 22**

21. **Gymnocárpium** NEWMAN, *Eichenfarn, Ruprechtsfarn*

1. B.spindel nicht drüsig; unterste Fiedern etwa so gross wie die restl. Spreite.
   G. dryópteris (L.) NEWMAN (*Aspidium dryopteris* (L.) BAUMG., *Dryopteris disjuncta* (RUPR.) C. V. MORTON, *D. linneana* CHRISTENSEN, *Lastrea dryopteris* (L.) BORY ex NEWMAN, *Nephrodium dryopteris* (L.) MICHX., *Phegopteris dryopteris* (L.) FÉE, *Thelypteris dryopteris* (L.) SLOSSON), *Eichenfarn*. – B. 10–45 cm, Stiel 2–3mal so lg. wie die fast waagrecht stehende, 3eckige, lebhaft grüne Spreite. / 6 bis 9 / Montan-subalpin. Wälder, Blockschutthalden, Hochstauden; verbr., zieml. hfg. [7]
   – B.spindel reichdrüsig (Lupe!); unterste Fiedern viel kleiner als die restl. Spreite.
   G. robertiánum (HOFFM.) NEWMAN (*A. robertianum* (HOFFM.) LUERSSEN, *D. robertiana* (HOFFM.) CHRISTENSEN, *L. robertiana* (HOFFM.) NEWMAN, *L. calcaria* (SM.) BORY, *N. robertianum* (HOFFM.) PRANTL, *Ph. robertiana* (HOFFM.) A. BR., *Th. robertiana* (HOFFM.) SLOSSON), *Ruprechtsfarn*. – B. 15–60 cm, Stiel 1,5mal so lg. wie die fast aufrechte, 3eckig-eifg., dunkelgelbgrüne Spreite. / 6 bis 9 / (Kollin-)montan-subalpin. Kalkblockschutt, Mauerritzen, steinige Wälder; verbr., zieml. hfg. [8]

22. **Dryópteris** ADANSON, *Wurmfarn*

1. B. einfach gefiedert, mit tief fiedersp. Abschn., seltener doppelt gefiedert. 2
   – B. doppelt gefiedert mit fiedersp. Fiederchen od. 3–4fach gefiedert. 3
2. B. mit 10–20 Fiederpaaren. Sporangientragende B. steif aufrecht, länger als die schräg ausgebreiteten, sterilen B. B.stiel dünn (1,5–2 mm), spärl. spreuschuppig, etwas länger als die Spreite.
   D. cristáta (L.) A. GRAY (*Aspidium cristatum* (L.) SW.), *Kamm-W.* – B. 30–100 cm, Spreite schmal-lanzettl., Fiedern 3eckig-eifg., 2–3mal so lg. wie br. Unterste Fiedern deutl. gestielt, aus herzfg. Grunde 3eckig. Obere, fertile Fiedern rechtwinklig zur B.fläche stehend. / 7 bis 9 / Kollin-montan. Bruchwälder, Torfmoore; s. und Fundorte am Erlöschen. M. – Bad., Belf., Sav., Ao., Piemont. [12]

14. Aspidiaceae

– B. mit 20–35 Fiederpaaren. Alle B. gleich gestaltet. B.stiele 3–4 mm dick, dicht spreuschuppig, kürzer als die Spreite.

D. affinis (LOWE) FRASER-JENKINS (*D. filix-mas* (L.) SCHOTT var. *borreri* NEWMAN, *D. paleacea* (SW.) HANDEL-MAZZETTI, *D. pseudomas* (WOLLASTON) HOLUB u. POUZAR), *Schuppiger W.* – B. 60–160 cm, derb, meist überwinternd. Stiel und B.spindel dicht mit rot- bis dunkel-kastanienbraunen Spreuschuppen besetzt. B. längl.-lanzettl. Fiederspindel an der Basis in frischem Zustand schwarzviolett. Lappen der Fiedern lineallängl., flach, meist schief gestutzt, mit ± parallelen, ganzrandigen Seiten, an der Spitze fein gezähnt, am Grunde miteinander verbunden. Schleier derb, bei der Sporenreife den Sorus umschliessend. 32 gute Sporen pro Sporangium. / 7 bis 9 / Kollin-subalpin. Buchen- und Tannenwälder luftfeuchter Lagen; verbr.

D. filix-mas (L.) SCHOTT (*A. filix-mas* (L.) SW.), *Gemeiner W.* – B. 30–120 cm, weich, meist sommergrün. Stiel und B.spindel mit breiten, matten, bleichbraunen Spreuschuppen besetzt. B. längl.-lanzettl. Fiederspindeln an der Basis nicht schwarzviolett. Fiederchen ringsum gezähnt, gekerbt od. gelappt, abgerundet od. stumpf, gegen die Basis verschmälert. Schleier bei der Sporenreife meist schrumpfend, den Sorus nicht deckend. 64 gute Sporen pro Sporangium. / 7 bis 9 / Kollin-subalpin. Wälder, Hochstaudenfluren, Weiden; s. hfg. [11]

3. B. doppelt gefiedert mit fiedersp. Fiederchen. 4
– B. 3–4fach gefiedert.

D. dilatáta (HOFFM.) A. GRAY (*D. austriaca* (JACQ.) WOYNAR ssp. *dilatata* (HOFFM.) ex. SCH. u. TH.), *Breiter W.* – B. 10–150 cm, dunkelgrün, meist bis in den Winter bleibend. B.stiel 0,3–0,5mal so lg. wie die Spreite. Dunkler Mittelteil aller Spreuschuppen bis zur Schuppenspitze reichend. Spreite eifg.-längl. bis 3eckig, am Grunde 3–4fach gefiedert. Das nach unten gerichtete basale Fiederchen der untersten B.fieder ⅓- bis höchstens ½mal so lg. wie diese B.fieder. Sporen dunkelbraun, mit stumpfen, zusammenfliessenden Höckern. / 7 bis 8 / Montan-subalpin (-alpin). Wälder, Blockfluren schattiger Lagen; hfg.

D. expánsa (PRESL) FRASER-JENKINS u. JERMY (*D. assimilis* S. WALKER, *D. dilatata* (HOFFM.) A. GRAY var. *alpina* MOORE), *Alpen-W.* – B. 10–150 cm, hellgrün, im Herbst frühzeitig absterbend. B.stiel ± so lg. wie die Spreite. Dunkler Mittelteil der Spreuschuppen die Schuppenspitze meist nicht erreichend. Spreite längl.-eifg., am Grunde 3–4fach gefiedert. Das nach unten gerichtete basale Fiederchen der untersten B.fieder mindestens ½ so lg. wie diese B.fieder. Sporen blassbraun mit spitzen, sich nicht berührenden Höckern. / 7 bis 9 / Montan-alpin. Wälder, Blockfluren feuchterer Lagen; zerstr. [Oft mit voriger verwechselt!]

4. B. hellgrün, mindestens unterseits und auf den B.spindeln dicht gelbdrüsig. B.stiel bis ⅓ so lg. wie die Spreite.

D. villárii (BELL.) WOYNAR ex. SCH. u. TH. (*A. rigidum* HOFFM. ex SW.), *Starrer W., Villars W.* – B. 15–60 cm, schmal-lanzettl., in trichterfg. Büscheln, wohlriechend. B.stiel am Grunde schwarz, sonst blass- od. gelbgrün, mit hellrotbraunen, gleichfarbenen Spreuschuppen. Fiederchen der untersten Fiederpaare beiderseits gleich lg. Schleier dicht gelbdrüsig. / 7 bis 8 / Subalpin. Kalkgeröll. J (Dôle, Suchet, Chasseral), A (nördl. Kalkalpen verbr., in den zentralen und insubrischen Gebieten fehlend, Graub. s.). – Französ. Jura, Co. [13]

– B. dunkelgrün und höchstens spärl. drüsig od. hellgrün und kahl. B.stiel
± so lg. wie die Spreite. 5
5. B.stiel und Rachis mit einfarbigen, blassen Spreuschuppen spärl. besetzt.
Fiederspindeln am Grunde nicht violettschwarz.

D. carthusiána (VILL.) H. P. FUCHS (*A. spinulosum* (MÜLLER) SW., *D.
spinulosa* (MÜLLER) WATT), *Dorniger W.* – B. 15–60(–90) cm, hellgrün,
kahl. Spreite längl. bis eifg.-lanzettl., am Grunde doppelt bis 4fach gefiedert. Fiedern flach, kurz gestielt, 3eckig-eifg. bis lanzettl. Abschnitte der
Fiederchen lg. stachelspitzig gezähnelt. Schleier drüsenlos. / 7 bis 8 /
Kollin-subalpin. Bodensaure Wälder, Erlenbrücher, Moorränder; verbr.
[14]
– B.stiel und Rachis mit zweifarbigen, an der Basis rötl. dunkelbraunen,
am Rande hellbraunen Spreuschuppen besetzt. Fiederspindeln am
Grunde violettschwarz.

D. remóta (A. BR. ex DÖLL) DRUCE, *Entferntfiedriger W.* – B. 20–90 cm,
dunkelgrün, in der Jugend gelbgrün, höchstens spärl. drüsig. Spreite
schmal-lanzettl. bis 3eckig-lanzettl. Fiedern an der B.basis meist deutl.
voneinander abgerückt, lanzettl. Fiederchen parallelrandig, zugespitzt
od. fast gestutzt, leicht gelappt, die Abschn. gestutzt, die grösseren gezähnelt. Schleier dick, bleibend, drüsenlos. Sporen teilweise abortiert, max.
32 gute Sporen pro Sporangium. / 7 bis 8 / Kollin-montan. Wasserzügige
Stellen schattiger Wälder; verbr. J, M, A. (Fehlt Genf, Waadt, Wallis, T,
südl. Graub.)

Bastarde.

23. Polýstichum ROTH, *Schildfarn*

1. B. einfach gefiedert.
P. lonchítis (L.) ROTH (*Aspidium lonchitis* (L.) SW., *Dryopteris lonchitis*
(L.) O. KUNTZE), *Lanzenfarn.* – B. 20–50 cm, starr, im Umriss lanzettl.
Abschn. sichelfg. aufwärts gekrümmt, stachlig gezähnt *(Fig. 58/3).* / 7 bis
9 / Montan-subalpin(-alpin). Bergwälder, felsige Halden; hfg. Besonders J und A. [15]
– B. doppelt bis 3fach gefiedert. 2
2. Fiederchen kurz-, aber deutl. und fein gestielt. B.spreite am Grunde
kaum verschmälert.
P. setíferum (FORSKÅL) TH. MOORE ex WOYNAR (*A. angulare* KIT., *D.
setifera* (FORSKÅL) WOYNAR), *Borstiger S.* – B. 40–100 cm, weichlederig.
Fiederchen jederseits etwa 20, das unterste kaum od. wenig grösser als
die übrigen; alle stumpf, mit feiner Endgranne. / 6 bis 8 / Kollin-montan. Wälder. Rheintal (Rheinfelden), Ajoie, Baden, Uri, Zug, Schänis,
Rhonetal, T (verbr.), Graub. (Misox). – S, V, Sav. (Genfersee), Langensee, Var., Co., Veltlin [16]
– Fiederchen sitzend od. br. gestielt. B.spreite am Grunde meist deutl. verschmälert.
P. aculeátum (L.) ROTH (*A. lobatum* (HUDSON) SW., *D. lobata* (HUDSON)
SCH. u. TH., *P. lobatum* (HUDSON) CHEVALLIER), *Gelappter S.* – B. 30–90
cm, derb, lederartig, überwinternd. Das unterste Fiederchen der oberen
Reihe bedeutend grösser als die übrigen; alle Fiederchen stachelspitzig

gesägt od. die Zähne begrannt *(Fig. 102/4)*. / 6 bis 9 / Montan-subalpin. Bergwälder; verbr. [17]

P. braúnii (SPENNER) FÉE *(A. braunii* SPENNER, *D. braunii* UNDERWOOD), *Alex. Brauns S.* – B. 30–70 cm, dünn, weich, nicht überwinternd, auf der ganzen Oberfl. stark spreuschuppig. Untere Abschn. stumpf. Das unterste Fiederchen der oberen Reihe wenig grösser als die übrigen; alle Fiederchen mit zart begrannten Zähnchen. / 7 bis 9 / Montan-subalpin. Bergwälder; s. A (T, verbr.). – S. [18]

Bastarde.

Fam. 15. **Athyriáceae.** *Frauenfarngewächse*

Ausdauernde Krautpfl. Rhizomschuppen undurchsichtig. B.stiel rinnig, mit 2 Leitbündeln, die sich oberwärts zu einem einzigen, U-fg. Leitbündel vereinigen. B.spreite 1–3fach gefiedert. Sori asymm., flächenst. Schleier unterst., hinfällig od. fehlend.

1. Sporentragende (fertile) B. und keine Sporen tragende (sterile) B. deutl. verschieden. Fertile B. straussenfedernartig. **Matteuccia** 27
– Fertile und sterile B. ± gleich gestaltet. 2
2. Schleier bis zum Grunde in haarfg. Fransen zerschlitzt *(Fig. 102/3)*. B. unterseits daher scheinbar behaart. **Woodsia** 26
– Schleier höchstens am Rande bewimpert od. fehlend. 3
3. B. derb, 30–120 cm, Sori längl. od. hufeisenfg., mit Schleier *(Fig. 103/5)*, od. Sori rundl. mit hinfälligem Schleier. **Athyrium** 24
– B. zart, bis 40 cm, Schleier eifg., zart, an der Seite des Sorus angewachsen, zuletzt zurückgeschlagen *(Fig. 102/2a)*. **Cystopteris** 25

24. **Athýrium** ROTH, *Waldfarn*

A. filix-fémina (L.) ROTH *(Aspidium filix-femina* (L.) SW.), *Gemeiner W.* – B. 30–120 cm, kurz gestielt, hellgrün, 2–3fach gefiedert. Abschn. erster Ordn. lg. zugespitzt. Sori längl. od. hufeisenfg. Schleier bleibend, gewimpert. / 7 bis 9 / Kollin-subalpin(-alpin). Wälder; s. hfg. [1]

A. distentifólium TAUSCH ex OPIZ *(A. alpestre* HOPPE, *A. rhaeticum* (L.) GREMLI), *Alpen-W.* – Der vorigen Art sehr ähnl., aber Sori rundl. und Schleier sehr klein und frühzeitig verschwindend. / 7 bis 9 / (Montan-)subalpin(-alpin). Wälder, Zwergstrauchheiden. J (bis Chasseral), M, A (hfg.). – S, V. [2]

25. **Cystópteris** BERNH., *Blasenfarn*

1. B.spreite 3eckig-eifg., meist kürzer als der B.stiel. Rhizom schlank, kriechend. B. einzeln stehend.
C. montána (LAM.) DESV., *Berg-B.* – B. 10–40 cm, 3–4fach gefiedert. Das nach unten gerichtete basale Fiederchen der untersten Fieder länger als die folgenden. B.spindel fein drüsig. Schleier kahl od. schwach drüsig. / 7 bis 8 / (Montan-)subalpin. Schattige Wälder, Felsen; auf Kalk; verbr. J, M (zerstr.), A. [3]
– B.spreite lanzettl.-oval, meist länger als der B.stiel. Rhizom dick, kurz. B. in Büscheln stehend. 2

2. Endzipfel der B.abschn. eifg.-lanzettl., spitz od. zugespitzt. Nerven in die Spitzen auslaufend.

    C. frágilis (L.) BERNH. (*Aspidium fragilis* (L.) SW.), *Gemeiner B.* – B. 10–40 cm, bis 3fach gefiedert, meist kahl. Sporen dicht mit Stacheln besetzt (Mikroskop!). / 7 bis 9 / Kollin-alpin. Felsen, Felsschutt, Mauern; auf Kalk; s. hfg. [4]

    C. dickieána R. *Sim (C. baenitzii* DÖRFLER), *Dickie's B.* – B. 10–40 cm, bis 3fach gefiedert, meist kahl. Sporen von unregelm. Leisten runzlig (Mikroskop!). / 6 bis 9 / Alpin. Felsen (Verrucano); s. A (Wallis, Glarus).

– Endzipfel der B.abschnitte lineal, gestutzt od. ausgerandet. Nerven in der Ausrandung endend.

    C. régia (L.) DESV. (*Aspidium regium* (L.) SW., *C. crispa* (GOUAN) H. P. FUCHS), *Alpen-B.* – B. 5–30 cm, sehr zart, 2–3fach gefiedert. Sporenoberfläche faltig mit spitzen Stacheln. / 7 bis 8 / Subalpin-alpin. Felsen, Felsschutt, Geröll; auf Kalk. J (Dôle), M (s.), A. – Französ. Jura. [5]

26. Woódsia R. BR., *Wimperfarn*

1. B.stiel im unteren Teil schwarz, oben braun, nebst der B.spindel spreuschuppig.

    W. alpína (BOLTON) S. F. GRAY (*W. ilvensis* (L.) R. BR. ssp. *alpina* (BOLTON) ASCH., *W. hyperborea* (LILJEBLAD) R. BR.), *Alpen-W.* – B. 2–17 cm, B.stiel oberhalb des schwarzen Grundes bräunl. B.spindel und Fiedern unterseits spärl. beschuppt und nur zerstreut behaart, im Alter verkahlend. Die längsten Fiedern beiderseits mit 1–4 stumpfen Lappen. / 7 bis 9 / (Montan-)subalpin-alpin. Kalkfreie Felsen, Mauern; zerstr. A. [20]

    W. ilvénsis (L.) R. BR. (*W. ilvensis* (L.) R. BR. ssp. *rufidula* (MICHX.) ASCH.), *Südlicher W.* – B. 5–20 cm, B.stiel rotbraun, B.spindel und Fiedern unterseits dicht, spreuschuppig und behaart, nicht verkahlend. Die längsten Fiedern beiderseits 4–8lappig. / 7 bis 8 / Montan-subalpin. Kalkfreie Geröllhalden, Felsen sonnigtrockener Lagen; s. A (Wallis, T, Graub.). – S. [21]

– B.stiel am Grunde schwarzbraun, sonst grünl. bis strohgelb, nebst der B.spindel kahl od. mit wenigen Spreuschuppen od. Haaren besetzt.

    W. glabélla R. BR. (*W. pulchella* BERTOL.), *Kahler W., Zierlicher W.* – B. 2–10 cm, B.stiel nur am Grunde etwas spreuschuppig, B.spindel und Fiedern kahl. Fiedern jederseits 1–7lappig. / 7 bis 8 / Subalpin-alpin. Felsen; auf Kalk; s. s. A (T [Mte. Generoso], Bern, Obwalden, St. Gallen, Appenzell). – Co. [22]

27. Matteúccia TODARO, *Straussfarn*

M. struthiópteris (L.) TODARO (*Onoclea struthiopteris* ROTH, *Struthiopteris filicastrum* ALL.), *Straussfarn.* – B. trichterfg. angeordnet, 30–170 cm, nach dem Grunde allmähl. verschmälert, kurz gestielt. B.spindel am Fiederansatz graufilzig. Die sporangientragenden lineal-lanzettl., kürzer, mit walzl.-eingerollten Abschn. / 6 bis 8 / Kollin-montan. Feuchte Wälder. T, Graub. (Misox). – Val Sesia, Ossolatäler, Var., Co., Veltlin. [19]

Fam. 16. **Aspleniáceae.** *Streifenfarngewächse*

Ausdauernde Krautpfl. Rhizomschuppen gitterartig. B. gleichgestaltet. B.stiel mit 2 Leitbündeln, diese oft zu einem einzigen, X-fg. Leitbündel zusammenfliessend. B.spreiten sehr verschieden gestaltet. Sori auf den B.nerven, mit Schleier.

1. B. unterseits dicht spreuschuppig. Sori wenigstens in der Jugend durch Spreuschuppen verdeckt. **Ceterach 29**
– B. unterseits kahl od. zerstreut spreuschuppig. 2
2. B. einfach, ungeteilt *(Fig. 58/4).* **Phyllitis 30**
– B. ein- bis mehrfach gefiedert od. 3spaltig bis gefingert 3zählig.
  Asplenium 28

28. **Asplénium** L., *Streifenfarn*

1. B. 3spaltig bis handfg. geteilt od. unregelm. gablcig geteilt.
   A. septentrionále (L.) Hoffm., *Nördlicher S., Gabeliger S.* – B. 5–15 cm, kahl, in 2–5 aufrecht abstehende Abschn. gegabelt, diese lineal bis lineal-lanzettl., an der Spitze ungleich eingeschnitten. Sori lineal, die ganze Unterseite deckend. / 7 bis 10 / Kollin-alpin. Felsen, Mauern; auf Silikat; verbr. A, s. in J und M (auf erratischen Blöcken). – S, V, Belf., Hegau [31]
   A. seelósii Leybold, *Dolomiten-S., Seelos' S.* – B. 1–10 cm, behaart, 3spaltig bis handfg. geteilt, Abschn. rhombisch-eifg., unregelm. gesägt. Sori br.-lineal, zuletzt die ganze Unterseite deckend. / 7 bis 9 / Kollin-subalpin. Felsritzen, Spalten, unter Überhängen; auf Dolomit; s. s. – Var. [1A]
– B. ein- bis mehrfach deutl. gefiedert. 2
2. B. einfach gefiedert *(Fig. 55/2).* B.stiel bis halb so lg. wie die Spreite. 3
– B. wenigstens am Grunde 2–3fach gefiedert. 4
3. B.stiel nur am Grunde schwarzbraun, sonst wie die B.spindel grün.
   A. víride Hudson, *Grünstieliger S.* – B. 10–20(–30) cm, lineal-lanzettl. B.stiel und B.spindel nicht geflügelt. Fiedern jederseits bis etwa 30, nicht abfallend. Sori längl., vom Rande entfernt stehend. / 7 bis 8 / Montan-alpin. Felsen, Mauern; auf Kalk u. basenreichem Gestein; s. hfg. J, A. [27]
– B.stiel und mindestens die untere Hälfte der B.spindel glänzend rot- bis schwarzbraun.
   A. trichómanes L., *Braunstieliger S.* – B. 5–20(–35) cm, lineal-lanzettl. B.stiel und B.spindel beidseitig geflügelt, bis zur Spitze rot- bis schwarzbraun. Fiedern jederseits 15–40, im Frühling abfallend. Sori längl., von der Mittelrippe bis zum Rande reichend. / 7 bis 8 / Kollin-subalpin. Felsen, Mauern; s. hfg. [26]
   A. adulterínum Milde, *Braungrünstieliger S., Bastard-S.* – B. 5–15(–20) cm, lineal-lanzettl. B.stiel und untere Hälfte der B.spindel rot- bis schwarzbraun, nicht geflügelt, Spitze grün. Fiedern jederseits 15–40, im Herbst abfallend. Sori längl., den Rand meist nicht erreichend *(Fig. 103/4).* / 7 bis 8 / Kollin-subalpin. Felsen; auf Serpentin; s. s. T (mehrfach), Graub. (Oberhalbstein). – Ossolatal, Valle Vigezzo, Valle Cannobina.
4. Unterste Fiedern deutl. grösser als die oberen, Spreite daher 3eckig. B.stiel braun, am Grunde knollig verdickt. 5

– Unterste Fiedern so gross od. kleiner als die oberen, Spreite daher eifg., elliptisch od. lanzettl. B.stiel grün od. braun, am Grunde nicht knollig verdickt. 6
5. B. weich, glanzlos, nicht überwinternd.
    A. cuneifólium Viv. (*A. serpentini* Tausch), *Keilblättriger S., Serpentin-S.* – B. 10–40(–50) cm, hellgrün. B.stiel oberseits grün. Spreite 3–4fach gefiedert, die letzten Abschn. rauten-'od. fächerfg., mit keilfg. Basis, vorne oft gestutzt, stumpf gezähnt. / 7 bis 10 / Montan-subalpin. Felsen, Felsschutt; nur auf Serpentin; s. T (Centovalli), Graub. (Klosters, Davos, Marmorera). – Ao., Valle Vigezzo, Valle Cannobina, Veltlin. [2A]
– B. derb, glänzend, meist überwinternd.
    A. adiántum-nigrum L., *Schwarzstieliger S.* – B. 10–45(–50) cm, dunkelgrün. B.stiel schwarzpurpurn bis dunkelbraun. Spreite 3eckig-eifg., 2–3fach gefiedert. Fiedern wenig gegen die B.spitze gekrümmt, die letzten Abschn. lanzettl. od. am Grunde keilfg., vorne abgerundet und spitz gezähnt. Spreiten- und Fiederspitzen nicht geschwänzt. Exospor (30–)34–38(–44) μm lg. / 6 bis 10 / Kollin-montan. Kalkarme, sonnige Felsen, Mauern; s. Rheintal (Basel, Aargau), J, M, A, Südschw. verbr. – S, V, Hegau. [33]
    A. onópteris L. (*A. adiantum-nigrum* L. ssp. *onopteris* (L.) Heuffler), *Spitzer S.* – B. 15–50 cm, dunkelgrün. B.stiel schwarzpurpurn bis dunkelbraun. Spreite eifg., zugespitzt, 2–4fach gefiedert. Fiedern deutl. gegen die Spitze gebogen, die letzten Abschn. lanzettl. bis lineal, am Grunde schmal keilfg., vorn zugespitzt, scharf grannenartig gezähnt. Spreiten- und Fiederspitzen längl. bis linealisch verlängert (geschwänzt). Exospor (26–)28–32(–34) μm lg. / 5 bis 10 / Kollin(-montan). Trockene, saure Böden lichter, steiniger Wälder, Mauern. T, Graub. (Misox, Puschlav). – Co., Chiav., Veltlin.
6. B.stiel bis über die Mitte braun od. rotbraun.
    A. foreziénse Le Grand (*A. forisiense* Le Grand, *A. foresiacum* (Le Grand) Christ), *Foreser-S., Französischer S.* – B. 5–25 cm. B.stiel rotbraun, ¼–½ so lg. wie die Spreite. B.spindel grün. B.spreite eifg.-lanzettl. bis lanzettl., am Grunde etwas verschmälert. Unterste Fiedern oft abwärts gerichtet und kürzer als die folgenden. Fiederchen rundl.-oval, jederseits mit 3–4 scharfen Zähnen. Sori der Mittelrippe genähert. / 6 bis 9 / Kollin-montan. Felsen, Mauern; auf Silikat; s. s. südl. T. – Var. (?). [30]
    A. billótii F. W. Schultz (*A. lanceolatum* Huds., *A. obovatum* Viv. em. Becherer var. *billotii* (F. W. Schultz) Becherer), *Billots S.* – B. 10–25(–40) cm. B.stiel glänzend rotbraun, etwas kürzer als die Spreite. B.spindel unterseits bis über die Mitte glänzend rotbraun, oberwärts grün. Spreite längl. bis eifg.-lanzettl., am Grunde kaum verschmälert. Untere Fiedern meist rechtwinklig abstehend, fast so lg. wie die folgenden. Fiederchen rundl. bis längl.-verkehrteifg., stachelspitzig gesägt. Sori dem Rande genähert. / 8 bis 9 / Kollin. Felsen, Mauern; auf Silikat; s. s. (Wallis [Martigny, ob noch?]), südl. T. [29]
– B.stiel grün, nur am Grunde braunschwarz. 7
7. B.stiel höchstens halb so lg. wie die Spreite.
    A. fontánum (L.) Bernh. (*A. halleri* (Roth) DC.), *Jura-S., Quell-S.* – B. 15–25 cm. B.stiel selten bis gegen die Mitte bräunl. überlaufen, ¼–½ so lg. wie die Spreite. B.spindel gelb od. grün. Spreite doppelt gefiedert,

lanzettl. bis lineal-lanzettl., am Grunde stark verschmälert *(Fig. 55/1)*. Unterste Fiedern deutl. nach abwärts gerichtet und kürzer als die folgenden. Fiederchen fiederteilig mit stachelspitzigen Lappen. Sori der Mittelrippe genähert. / 7 bis 9 / Kollin-montan(-subalpin). Felsen, Mauern; auf Kalk. J (verbr.), Rhonetal, Walensee u.a. – Bad., Belf. [28]

– B.stiel fast so lg. od. länger als die Spreite. 8
8. B.abschn. mindestens 2 mm br., rundl. od. rauten- bis fächerfg.

A. ruta-murária L., *Mauerraute, Mauer-S.* – B. 4–15(–25) cm, matt, dunkelgrün, derb. B.stiel so lg. od. länger als die Spreite. B.spreite 2–3fach gefiedert, 3eckig bis eifg., selten lanzettl.-eifg. Abschn. rauten- od. fächerfg., abgerundet, fein gezähnt *(Fig. 103/3)*. Sori lineal, den Vorderrand des Abschnitts zuletzt erreichend. Schleier gewimpert. / 7 bis 9 / Kollin-alpin. Felsen, Mauern; auf Kalk; s. hfg. [32]

A. lépidum PRESL, *Drüsiger S.* – B. 4–9(–13) cm, hellgrün, durchscheinend, zart, in allen Teilen drüsig behaart. B.stiel schlaff, so lg. od. länger als die Spreite. B.spreite 2(–3)fach gefiedert, 3eckig bis br.-eifg. Abschnitte br. fächerfg., vorn gestutzt, dreispaltig, gekerbt. Sori lineal, vom Vorderrand des Abschnitts stets abgerückt. Schleier gefranst. / 7 bis 9 / (Kollin-)montan. Felsen, in Spalten und Höhlungen; auf Kalk; s. s. – Bergam. (Val di Cané [Camonica]).

– B.abschn. höchstens 0,5 mm br., lineal.

A. físsum KIT., *Zerschlitzter S.* – B. 10–25(–32) cm, matt, grün. B.stiel 1–2mal so lg. wie die Spreite. B.spreite 3(–4)fach gefiedert, längl.-eifg. bis lanzettl. Abschn. aus keilfg. Grunde lineal, gegen die Spitze gerichtet. Sori lineal, mit gekerbtem Schleier, zuletzt weit über den Rand der Abschnitte ragend. / 7 bis 9 / Montan-alpin. Felsen, Felsschutt; auf Kalk; s. s. A (Graub. [Unterengadin] erloschen).

29. Céterach DC., *Schriftfarn*

C. officinárum DC. (*Asplenium ceterach* L.), *Schriftfarn.* – B. 5–20 cm, lineal-lanzettl., stumpf, mit ganzrandigen Abschn. / 5 bis 8 / Kollin(-montan). Mauern, Felsen; in warmen Lagen. Aargauisches Rheintal, J (besonders Südrand), M, A, Südschw. – Bad., Els., Belf. [25]

30. Phyllítis HILL, *Hirschzunge*

Ph. scolopéndrium (L.) NEWMAN (*Scolopendrium vulgare* SM.), *Hirschzunge.* – B. 15–60 cm, meist kurz gestielt, längl.-lanzettl., am Grunde herzfg., fast ganzrandig *(Fig. 58/4)*. / 6 bis 8 / Kollin-subalpin. Felsige Waldstellen, Schluchten; auch an Mauern, in Grotten; zerstr. [24]

Fam. 17. **Blechnáceae.** *Rippenfarngewächse*

Ausdauernde Krautpfl. Rhizomschuppen dunkel, gitterartig. Sterile und fertile B. verschiedenartig. B.stiel mit 2 Leitbündeln. Sori zusammenfliessend. Schleier sich gegen die Mittelrippe öffnend.

31. **Blechnum** L., *Rippenfarn*

B. spicant (L.) ROTH, *Rippenfarn.* – B. 20–45 cm, längl.-lanzettl., an beiden Enden verschmälert; die sporangientragenden, inneren, aufrecht und länger, mit entfernter stehenden Abschn. / 7 bis 9 / (Kollin-)montan-subalpin. Wälder; kalkmeidend; verbr. [23]

Fam. 18. **Polypodiáceae.** *Tüpfelfarngewächse*

Ausdauernde Krautpfl. Rhizomschuppen meist gitterartig. B. auf der Rhizomoberseite in 2 Reihen. B.stiel am Grunde angegliedert, mit 1–3 Leitbündeln, die sich oberwärts vereinigen. B.spreite fiedersp. bis gefiedert, kahl. Sori flächenst., rund, schleierlos.

32. **Polypodium** L., *Tüpfelfarn*

1. Seitennerven der untersten B.abschn. 1–2(–3)mal gegabelt. Rhizomschuppen 3–4 mm lg.
   P. vulgáre L., *Gemeiner T., Engelsüss.* – B. 10–40 cm, im Frühling absterbend, im Frühsommer neu austreibend. B.spreite lineal bis lineal-lanzettl., 4–5mal so lg. wie br. B.abschn. lineal-lanzettl., meist abgerundet, ganzrandig od. fein gesägt. Sori rund, zwischen den Sporangien ohne fadenartige, verzweigte Gebilde (Paraphysen; 50×). / 7 bis 8 / Kollinsubalpin(-alpin). Wälder, Felsen, Baumstrünke; kalkmeidend; hfg. [42]
– Seitennerven der untersten B.abschn. (2–)3–4(–6)mal gegabelt. Rhizomschuppen 4–11 mm lg.
   P. interjéctum SHIVAS (*P. vulgare* L. ssp. *prionodes* (ASCH.) ROTHMALER), *Gesägter T.* – B. 15–70 cm, im Frühsommer absterbend, im Spätsommer bis Herbst neu austreibend. B.spreite eifg. bis eifg.-lanzettl., 1,5–2,5(–3)mal so lg. wie br. B.abschn. schmal-lanzettl., allmähl. zugespitzt, scharf gesägt. Seitennerven der untersten Fiedern 2–4mal gegabelt. Sori oval bis elliptisch, meist ohne Paraphysen. / 8 bis 12 / Kollin. Felsen, Mauern, steinige Böden in Wäldern; meist kalkmeidend; zerstr. J, Rheintal, M, A. – V, Hegau.
   P. austrále FÉE (*P. vulgare* L. ssp. *serratum* (WILLD.) CHRIST), *Südlicher T.* – B. 10–60 cm, im Frühsommer absterbend, im Herbst neu austreibend, Pfl. mit deutl. Sommerruhe. B.spreite 3eckig bis eifg., 1,5–3mal so lg. wie br. B.abschn. schmal-lanzettl., allmähl. zugespitzt, gesägt. Seitennerven der untersten Fiedern 3–4(–6)mal gegabelt. Sori längl.-elliptisch, stets mit Paraphysen (50×). / 5 bis 6 / Kollin. Fels- und Mauerspalten; s. Rhonetal, südl. T. – Südl. Grenzzone vom Langensee bis Veltlin.

Fam 19. **Marsileáceae.** *Kleefarngewächse*

Ausdauernde, krautartige Sumpfpfl. mit in der Jugend einrollten, kleeblatt- od. binsenartigen B. *(Fig. 57/4, 5)*. Sporangien (Mikro- und Makrosporangien) in kugeligen od. bohnenfg. Hüllen (Sporokarpien) am Grunde der B., bei der Reife 2- od. 4klappig aufspringend. Vorkeim klein, in der Sporenhülle verbleibend.

1. B. lg. gestielt; Spreite mit 4 Teilb.	**Marsilea**	**33**
– B. lineal, pfriemfg.	**Pilularia**	**34**

33. **Marsílea** L., *Kleefarn*

M. quadrifólia L., *Kleefarn.* – B. 8–15 cm; Teilb. verkehrt-herzfg. Sporangienhüllen bohnenfg. / 7 bis 10 / Kollin. Sümpfe, Teiche; s. s. Ajoie. – Els., Belf., Co., Veltlin. [51]

34. **Pilulária** L., *Pillenfarn*

P. globulífera L., *Pillenfarn.* – B. 3–10 cm. Sporangienhüllen kugelig (3 mm). / 7 bis 9 / Kollin. Teiche; s. s. Ajoie. – Els., Belf., Montbéliard. [52]

Fam. 20. **Salviniáceae.** *Schwimmfarngewächse*

Einjährige od. ausdauernde, wurzellose Schwimmpfl. B. zu 3 in Wirteln, die Schwimmb. durch Haare od. Papillen wasserabweisend. Sporangien (Mikro- und Makrosporangien) in kugeligen Hüllen (Sporokarpien) am Grunde der B.

35. **Salvínia** ADANSON, *Schwimmfarn*

S. natans (L.) ALL., *Schwimmfarn.* – Kleine, einjährige, schwimmende, w.lose Wasserpfl. mit w.ähnl. zerteilten Wasserb. und ungeteilten, fast kreisrunden, 1–2 cm grossen, mit Borsten besetzten Luftb. *(Fig. 57/3).* Sporangienhüllen zu 3–8 geknäuelt, behaart. / 8 bis 10 / Kollin. Stehende od. langsam fliessende Gewässer. Genf (eingeführt und vorübergehend). – Co., Chiav., Veltlin. [53]

Abteilung: Spermatóphyta. Samenpflanzen

Unterabteilung: Gymnospérmae (Gymnospermophytína).
Nacktsamige Pflanzen

Klasse: Taxópsida. *Eibenähnliche*

Fam. 21. **Taxáceae.** *Eibengewächse*

2häusige Bäume od. Sträucher mit spiralig angeordneten, in eine Ebene gedrehten,
immergrünen, nadelfg., harzganglosen B. Männl. Bl. in kätzchenartigen Blstd., weibl.
Bl. einzeln, endst. in den Achseln von Deckschuppen. Samen freiliegend, mit Samenmantel (Arillus).

36. **Taxus** L., *Eibe*

T. baccáta L., *Eibe*. – Nadeln oberseits glänzend, unterseits matt, gelbgrün. S. an kurzen Zweigen in den B.winkeln, zur Reifezeit schwarz, mit
einem roten, saftigen S.mantel *(Fig. 59/2)*. / 3 bis 4 / Kollin-montan.
Wälder, Felsen in Waldschluchten; verbr. [74]

Klasse: Coniferópsida. *Kiefernähnliche*

Fam. 22. **Pináceae.** *Föhrengewächse, Kieferngewächse*

Einhäusige Bäume, seltener Sträucher mit spiralig od. büschelig angeordneten, nadelfg. B. mit Harzgängen. Männl. Blstd. aus zapfenartig angeordneten, auf der Unterseite 2 Pollensäcke tragenden Schuppenb. Weibl. Blstd. aus spiralig angeordneten, bei
der Reife zu Zapfen verholzenden Deckschuppen, in deren Achseln S.schuppen
(«Fr.schuppen») mit 2 offen auf der Oberseite liegenden S.anlagen sitzen. S. nussartig,
oft einseitig geflügelt.

1. Nadeln einzeln stehend. 2
– Nadeln an den älteren Zweigen in 2- bis mehrzähligen Büscheln *(Abb.
25/6, Fig. 55/5)*. 3
2. Nadeln flach, vorn meist ausgerandet *(Fig. 118/1)*.   **Abies   37**
– Nadeln 4kantig, spitz *(Fig. 118/2)*.   **Picea   38**
3. Nadeln zu 15–30, im Herbst abfallend *(Abb. 25/6)*.   **Larix   39**
– Nadeln zu 2 od. 5, mehrjährig *(Fig. 55/5)*.   **Pinus   40**

37. **Ábies** MILLER, *Tanne*

A. alba MILLER *(A. pectinata* (LAM.) DC.), *Weiss-T., Edel-T.* – Rinde hellgrau. Nadeln 2zeilig-abstehend, unterseits mit 2 weissen Linien. Zapfen

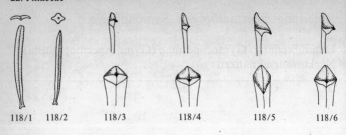

118/1   118/2   118/3   118/4   118/5   118/6

aufrecht, zur Reifezeit zerfallend. / 5 / (Kollin-)montan(-subalpin).
Wälder; hfg. [75]

38. Pícea A. DIETRICH, *Fichte*

P. ábies (L.) H. KARSTEN (*P. excelsa* (LAM.) LINK, *P. vulgaris* LINK),
Fichte, Rottanne. – Rinde braun. Nadeln allseitig abstehend, vorwiegend
nach oben und seitwärts, zusgedr.-4kantig. Zapfen hängend, nicht zerfallend *(Fig. 59/3).* / 5 / (Kollin gepflanzt-)montan-subalpin. Wälder; hfg.
[76]

39. Larix MILLER, *Lärche*

L. decídua MILLER (*L. europaea* DC.), *Lärche.* – Nadeln hellgrün, weich,
spitz. Zapfen 1½–4 cm lg. / 5 bis 6 / (Kollin-montan gepflanzt-)subalpin.
Wälder; verbr. A (besonders im südl. Teil; waldbildend). [77]

40. Pinus L., *Föhre, Kiefer*

1. Nadeln zu 2. 2
– Nadeln zu 5.
  P. cembra L., *Arve.* – Nadeln derb, 3kantig, auf der inneren Seite bläul.-
  grün, 4–8 cm lg. S. ohne Flügel. / 6 bis 8 / Subalpin. Wälder; verbr. A
  (besonders Wallis und Graub.). Auch gepflanzt. [81]
  P. strobus L., *Weymouth-K.* – Nadeln zart, grün, 8–10 cm lg. S. geflügelt.
  / 5 / Kollin(-montan). Gepflanzt. Stammt aus Nordamerika.[1] [82]
2. Nadeln 8–15 cm lg.
  P. nigra ARNOLD ssp. **nigra** (*P. nigricans* HOST), *Schwarz-K.* – Nadeln
  sehr derb, dunkelgrün, am Rande fein gesägt. Zapfen ± sitzend, ei-
  kegelfg., glänzend, braungelb. Schuppenschilder graubraun, mit dunk-
  lem Nabel. Stammborke schwarzgrau, tiefrissig, gefeldert. / 5 bis 6 /
  Kollin-montan. Angepflanzt und aufgeforstet.

[1] Ausser der Weymouthkiefer werden bei uns in Parkanlagen und in Wäldern (Auffor-
stungen) noch mehrere andere fremdländische Koniferen aus der Familie der Pina-
ceae gepflanzt, hauptsächl.: *Pinus banksiana* LAMBERT (P. divaricata (AITON)
DUMONT-COURSET), *Picea glauca* (MOENCH) VOSS (P. canadensis B. S. P.), *P. pungens*
ENGELM., *P. sitchensis* CARRIÈRE (P. falcata (RAFIN.) VALCKENIER-SURINGAR), *P.*
omorika (PANČIĆ) PURKYNE, *Abies balsamea* (L.) MILLER, *A. nordmanniana* (STEVEN)
SPACH und *Pseudotsuga menziesii* (MIRBEL) FRANCO (P. taxifolia (POIRET) BRITTON,
P. douglasii (LINDLEY) CARRIÈRE), *Douglastanne, Douglasie.*

– Nadeln 3–8 cm lg.

P. silvéstris L., *Wald-F., Gemeine F., Dähle.* – Nadeln auf der inneren Seite bläul.-grün, 4–6 cm lg. Zapfen deutl. gestielt; der Stiel gleich nach der Bl.zeit hakenfg.-abwärts gekrümmt *(Fig. 55/6)*. Schuppenschild graubraun, matt. / 5 / Kollin-subalpin. Wälder, Felsen; hfg. [78]

P. mugo TURRA (*P. montana* MILLER), *Berg-F.* – Aufrecht od. niederliegend-strauchartig. Nadeln beiderseits dunkelgrün, 3–5 cm lg. Zapfen fast sitzend, nach der Bl.zeit schief- od. waagrecht-abstehend. Schuppenschild graubraun, glänzend. / 6 bis 7 / (Montan-)subalpin. Wälder, Torfmoore, Felsen; verbr. J, M (s.), A. – S. [79]

P. mugo TURRA ssp. mugo (incl. *P. pumilio* HAENKE), *Leg-F., Latsche.* – Meist niederliegend-aufsteigende, bis 5 m hohe, strauchartige Bäume. Zapfen 2–5 cm lg., ± symmetrisch. Schuppenschilder zieml. flach, nicht hakig. Nabel in der Mitte des Schuppenschildes *(Fig. 118/3)* = var. **mughus** (SCOP.) ZENARI, od. Nabel unterhalb der Mitte des Schuppenschilds *(Fig. 118/4)* = var. **pumilio** (HAENKE) ZENARI. – Östl. Gebiet, westwärts bis zur Reuss und zum Tessinfluss, einzelne Vorposten im Berner Oberland und Unterwallis.

P. mugo TURRA ssp. **uncináta** (MILL.) DOMIN (incl. *P. rotundata* LINK), *Aufrechte Berg-F., Haken-K.* – Meist aufrechte, bis 25 m hohe Bäume. Zapfen 4–7 cm lg., meist stark asymmetrisch. Schuppenschilder stark aufgewölbt, hakig zurückgekrümmt od. abgerundet bis zugespitzt. Nabel exzentrisch, Schuppenschild hakig gekrümmt, höher als br. *(Fig. 118/5)* = var. **rostráta** ANTOINE, od. Nabel ± in der Mitte, Schuppenschild abgerundet bis zugespitzt, wenig breiter als hoch *(Fig. 118/6)* = var. **rotundáta** (LINK) ANTOINE. – Westl. Gebiet, ostwärts bis T, Bormio, Münstertal, Unterengadin. (Unterscheidung an den Grenzen der beiden Areale durch Übergangsformen erschwert.)

Bastard: P. mugo ×silvestris.

Fam. 23. **Cupressáceae.** *Zypressengewächse*

Ein- od. 2häusige Bäume od. Sträucher mit Harzgängen. B. schuppenfg. *(Fig. 59/5)* und gegenst. od. nadelfg. und quirlst. *(Fig. 59/4)*. Blstd. zapfenartig. Die Schuppen der männl. Zapfen unterseits mit 3–5 Pollensäcken. Weibl. Zapfen verholzt od. beerenartig. Deck- und Samenschuppen verwachsen. S.anlagen 1 bis zahlreich, S. mit od. ohne Flügel.

1. Fr.schuppen zur Reifezeit zu einer blau bereiften Scheinbeere verwachsen. B. nadelfg. od. schuppenfg. **Juniperus 41**
– Fr.schuppen lederig od. holzig, zu 3–5(–7) kreuzweise angeordneten Paaren, Zapfen bildend. B. schuppenfg. 2
2. Zweige flach zusgedr. Fr.schuppen mit den Rändern übereinandergreifend. **Thuja 42**
– Zweige 4kantig. Fr.schuppen schildfg., mit den Rändern aneinanderstossend. **Cupressus 43**

41. **Juníperus** L., *Wacholder*

1. B. alle nadelfg., stechend, in 3blättrigen Quirlen *(Fig. 59/4)*.
J. commúnis L. s.l., *Wacholder, Reckholder.* – Pfl. strauch-, selten baumfg. Nadeln auf der Oberseite mit deutl. weissen Wachsstreifen, ohne Harzdrüsen. / 4 (bis 8) / Kollin-subalpin(-alpin). Lichte Wälder, trockene Hänge, Weiden; hfg. [85]

J. commúnis L. ssp. **commúnis**, *Gemeiner W.* –Aufrechter Strauch, seltener Baum. Nadeln sparrig abstehend, in 5–10 mm voneinander entfernten Quirlen, lineal-pfriemfg., scharf stachelspitzig, bis 20 mm lg. und 1–1,5 mm br., mindestens 2mal so lg. wie die kugelige Scheinbeere. – Kollin-montan(-subalpin).

J. commúnis L. ssp. **alpína** (NEILR.) ČELAK. (*J. nana* WILLD., *J. sibirica* BURGSDORF), *Zwerg-W.* – Niederliegender, spalierartiger Zwergstrauch. Nadeln anliegend, aufwärtsgekrümmt, sich dachziegelartig deckend, in höchstens 3 mm voneinander entfernten Quirlen, br.-lanzettl., spitz bis stumpfl., 10–15 mm lg. und bis 2 mm br., etwa so lg. wie die leicht längliche Scheinbeere. – Subalpin(-alpin). Weiden, Zwergstrauchgesellschaften, Felsen, Hochmoorbulten. J (bei Dôle), A (hfg.).

– B. grossenteils schuppenfg., kreuzweise gegenst. *(Fig. 59/5).*

J. sabína L., *Sefistrauch, Sefi.* – B. teils schuppenfg., am Zweige herablaufend, dachziegelfg.-4reihig, teils nadelfg., lanzettl.-pfriemfg., abstehend, mit Harzdrüsen. / 4 bis 5 / Kollin-subalpin(-alpin). Felsige Hänge; zerstr. J (Waadt, Sol.), A. Auch gepflanzt. [86]

42. **Thuja** L., *Lebensbaum*

Th. occidentális L., *Amerikanischer L.* – Äste meist in waagrechter Lage verzweigt; Ober- und Unterseite verschieden gefärbt. B. unter der Spitze mit einem Drüsenhöcker. Zapfen 6–12 mm lg., hellbraun. / 4 / Kollin(-montan). Gepflanzt und nicht s. an Mauern und Felsen verwildert. Stammt aus Nordamerika. [83]

Th. orientális L. (*Biota orientalis* ENDLICHER), *Chinesischer L.* – Äste in senkrechter Lage verzweigt. B. auf dem Rücken mit einer Längsfurche. Zapfen 10–15 mm lg., bläul. bereift. / 4 / Kollin. Gepflanzt. Stammt aus Ostasien. [84]

43. **Cupréssus** L., *Zypresse*

C. sempérvirens L., *Zypresse.* – Schlanker, aufrecht-ästiger Baum. B. dunkelgrün, 4zeilig angeordnet. Zapfen 3–4 cm lg. / 2 bis 4 / Kollin. Gepflanzt; besonders auf Friedhöfen im südl. T. Heimat das östl. Mittelmeergebiet. [34]

Klasse: Gnetópsida. *Gnetumähnliche*

Fam. 24. **Ephedráceae.** *Meerträubchengewächse*

2häusige Sträucher, ohne Harzgänge. Blstd. b.achselst., gestielt, kätzchen- od. zapfenartig. Bl. mit perianthartiger Bl.decke.

44. **Éphedra** L., *Meerträubchen*

E. helvética C. A. MEYER (*E. distachya* L. ssp. *helvetica* (C. A. MEYER) A. u. G.), *Schweizerisches M.* – Aus niederliegendem Grunde 20–40(–100) cm aufsteigender, reich verzweigter Strauch mit rutenartigen, gegliederten, grünen Zweigen *(Fig. 59/1).* B. gegenst., ca. 2 mm lg., braun, trokkenhäutig, am Grunde oft zu einer Scheide verwachsen. Männl. Bl. in lg. gestielten, 8–16bl. Kätzchen. Stbb. meist zu 8 an gemeinsamem, fadenfg. Träger. Weibl. Blstd. fast sitzend, 2bl. Bl. von meist 3 schuppenartigen Hochb.paaren bedeckt, welche sich bei der Reife zu einer roten Zapfenbeere entwickeln. Hals der S.hülle (Mikropylartubus) meist korkenzieherartig gedreht. S. in lederartiger Haut, bis 5 mm lg. / 4 bis 5 / Kollinmontan. Felsenheiden, Gesteinsschutt, Mauern der inneralpinen Trokkentäler; leicht kalkliebend. Wallis. – Ao., Vintschgau. [87]

Unterabteilung: Angiospérmae (Magnoliophytina).
Bedecktsamige Pflanzen

Klasse: Dicotyledóneae (Magnoliópsida).
Zweikeimblättrige Pflanzen

Fam. 25. **Nymphaeáceae**. *Seerosengewächse*

Ausdauernde, wasserbewohnende Krautpfl. mit grossen, ganzrandigen, spiralig angeordneten Schwimmb. und stärkereichen Rhizomen. Bl. aus dem Wasser ragend, radiärsymm., zwittrig. Bl.decke in K. und Kr. geschieden, Stbb. zahlreich, durch Übergänge mit den Krb. verbunden. Frb. 8 od. mehr, frei (apokarp), zur Bl.zeit vom Achsenbecher umschlossen, der sich bei der Reife ablöst *(Abb. 52/7).* Kapsel- od. beerenartige Sammelfr.

1. Kb. 4. Krb. weiss, ohne Nektargrübchen.   **Nymphaea 45**
– Kb. 5. Krb. gelb, auf dem Rücken mit einem Nektargrübchen.
     Nuphar 46

45. **Nymphaéa** L., *Seerose*

N. alba L., *Weisse S.* – B. rundl., tief herzfg. Frkn. kugelig. N.strahlen meist gelb. / 6 bis 8 / Kollin(-montan). Stehende Gewässer; verbr. [975]

46. **Nuphar** Sm., *Teichrose, Gelbe Seerose*

N. lútea (L.) Sm., *Grosse T.* – B. eifg., tief herzfg. Stb.beutel längl. N. in der Mitte trichterfg. vertieft, ganzrandig; N.strahlen den Rand nicht erreichend. / 6 bis 8 / Kollin-montan. Stehende Gewässer; verbr. [976]
N. púmila (Timm) DC., *Kleine T.* – B. und Bl. kleiner als bei der vorigen Art. Stb.beutel kurz, fast würfelig. N. flach, sternfg., spitz gezähnt; N.strahlen bis zum Rande auslaufend. / 7 bis 8 / (Kollin-)montan(-subalpin). Stehende Gewässer; s. s. M, A. – S, V, Französ. Jura. [977]

Fam. 26. **Ceratophylláceae.** *Hornblattgewächse*

Ausdauernde, untergetauchte, wurzellose Krautpfl. mit quirlst., gabelig geteilten, hornartigen B. mit fadenfg. Abschn. Bl. eingeschlechtig. Bl.decke 1–12blättrig. Stbb. 10–20, mit kurzem Stbf. Frb. 1, oberst. Einsamige Nuss.

47. **Ceratophýllum** L., *Hornblatt*

C. demérsum L., *Rauhes H.* – B. starr, brüchig, dunkelgrün, in 2–4 lineale Zipfel geteilt. Fr. mit 2 grundst. Dornen; der endst. Dorn so lg. od. länger als die Fr. / 6 bis 8 / Kollin-montan. Stehende Gewässer; zerstr. [978]

C. submérsum L., *Glattes H.* – B. weicher, lebhaft grün, in 5–12 lineal-fadenfg. Zipfel geteilt. Fr. ohne grundst. Dornen; der endst. Dorn kürzer als die Fr. / 6 bis 8 / Kollin. Wie vorige; s. [979]

Fam. 27. **Ranunculáceae.** *Hahnenfussgewächse*

Ein- od. mehrjährige Kräuter od. Stauden, seltener kletternde Sträucher. B. meist wechselst., seltener gegen- od. grundst., ohne Nebenb. Bl. meist zwittrig, radiärsymm. od. monosymm. Bl.decke meist einfach, oft kr.artig, 4-, 5- od. vielblättrig, hfg. zw. dieser und den oft zahlreichen Stbb. krb.artige *(Fig. 123/4)* od. röhrenfg. Nektarb. *(Fig. 123/3).* Frb. zahlreich bis 1, oberst., meist frei (apokarp). 1- bis mehrsamig. Nüsse, Balgfr., selten Beeren.

Anmerkung: Schauorgane sind bei den Hahnenfussgewächsen K., Kr. od. Nektarb., oft auch 2 dieser Organkategorien. Deshalb wird im Schlüssel zur Vereinfachung von «Blumenb.» gesprochen.

1. Bl. monosymm. 2
– Bl. radiärsymm. 4
2. Oberes Blumenb. (Kb.) gespornt, 1 od. 2 gesporne Krb. (Nektarb.) einschliessend *(Fig. 123/1).* 3
– Oberes Blumenb. (Kb.) helmfg., 2 lg. gestielte, kappenfg., gesporne Krb. (Nektarb.) einschliessend *(Fig. 123/2).* **Aconitum 58**
3. Frkn. 1. Nektarb. 1 (aus 2 verwachsen). Pfl. einjährig. **Consolida 57**
– Frkn. 3–5. Nektarb. 4, die 2 oberen gespornt. Pfl. mehrjährig.
Delphinium 56
4. Bl. mit 1 Frkn. **Actaea 54**
– Bl. mit 2 bis mehreren Frkn. 5
5. B. gegenst. (Bl. nie gelb). **Clematis 59**
– B. nicht gegenst. (ausg. bisweilen bei *Ranunculus ficaria,* mit gelben Bl.). 6
6. Grundst. B. schmal-lineal, 0,5–2 mm br. **Myosurus 63**
– Grundst. B. anders geformt od. fehlend. 7
7. Grundst. B. tief-herzfg., 3lappig, mit in der Regel ganzrandigen Lappen.
Hepatica 60
– Grundst. B. anders geformt od. fehlend. 8
8. Bl. gespornt. B. doppelt 3zählig zusges. **Aquilegia 55**
– Bl. nicht gespornt. 9
9. Bl. mit becherfg. od. löffelfg. Nektarb. *(Fig. 123/3).* 10
– Bl. nicht mit becherfg. od. löffelfg. Nektarb. 14
10. Bl. gelb. 11

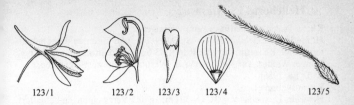

123/1   123/2   123/3   123/4   123/5

– Bl. nicht gelb. **12**
11. St. unter der Bl. mit 3 quirlst., handfg. geteilten Hüllb. Blumenb. 5–8.
                                                     Eranthis 51
– Bl. ohne quirlst. Hüllb. Blumenb. 10 od. mehr.   **Trollius 49**
12. Kb. zur Fr.zeit bleibend, grün, weiss od. rosa. B. fussfg. **Helleborus 50**
– Kb. hinfällig, kr.artig, bläul. od. weiss. **13**
13. Bl. bläul., 2–3 cm gross. B.abschn. lineal.   **Nigella 52**
– Bl. weiss, klein. B.abschn. br.   **Isopyrum 53**
14. Bl.decke ein Pg., oft kr.artig. **15**
– Kb. und Krb. vorhanden. **18**
15. St. unter der Bl. (dem Blstd.) mit 3 quirlst. B. **16**
– Stbl. wechselst. **17**
16. Gr. zur Fr.zeit schweifartig verlängert, behaart *(Fig. 123/5).*
                                                  Pulsatilla 62
– Gr. zur Fr.zeit nicht besonders verlängert.   **Anemone 61**
17. B. ungeteilt. Kb. 5.   **Caltha 48**
– B. zusges. Kb. 4–5, hinfällig, von den Stbb. überragt. **Thalictrum 66**
18. Krb. mit Nektargrübchen *(Fig. 123/4, 130/1–3)*, weiss od. gelb, selten
    rötl. **19**
– Krb. ohne Nektargrübchen, gelb od. rot.   **Adonis 67**
19. B. doppelt gefiedert, mit tief-3teiligen Abschn., wie die ganze Pfl. kahl.
    Kb. grünl. od. weiss. Krb. weiss od. schwach rosa. **Callianthemum 64**
– B. ungeteilt, handfg. geteilt od. einfach- bis doppelt-3zählig zusges., bei
    den wasserbewohnenden Arten oft in lineale Zipfel zerspalten. Bl. gelb
    od. weiss, selten rötl.   **Ranunculus 65**

48. **Caltha** L., *Dotterblume*

C. palústris L., *Dotterblume.* – Pfl. 15–50 cm. B. herzfg.-kreisrund, klein gekerbt, Blumenb. gelb. / 3 bis 5, im Gebirge später, im Herbst oft nochmals blühend. / Kollin-subalpin(-alpin). Bachufer, Quellfluren, Sumpfwiesen; hfg. [981]

49. **Tróllius** L., *Trollblume*

T. europaéus L., *Trollblume.* – Pfl. 10–60 cm. B. handfg. geteilt, mit rautenfg., 3sp. Abschn. Blumenb. gelb, fast kugelig zusammenschliessend. / 5 bis 6, im Herbst vereinzelt nochmals blühend. / (Kollin-)montansubalpin(-alpin). Fettwiesen, Flachmoore, Lägerstellen; hfg. [982]

50. **Helléborus** L., *Nieswurz*

1. Kb. zu Bl.zeit glockenfg. zusammenneigend.
H. foétidus L., *Stinkende N.* – St. 30–60 cm, von unten an dicht beblättert, vielbl. Kb. grün, mit rötl. Rand. / 3 bis 4 / Kollin-montan. Buschige Hänge, Wälder; auf Kalk; verbr. J, West- und Südwestschw.; sonst s. – Bad., Els. [985]
– Kb. ausgebreitet.
H. víridis L., *Grüne N.* – St. 15–30 cm, an den Verzweigungen beblättert, 1- bis mehrbl. Grundst. B. (nach der Bl.zeit entwickelt) sehr gross, mit bis 16 Teilb., lebhaft grün. Kb. grün / 2 bis 4 / Kollin-montan. Wälder, Gebüsche, Baumgärten; zerstr. A (Föhngebiete), südl. T, Graub. (Calanca); sonst s.; auch verwildert. [984]
H. niger L., *Christrose.* – St. 10–20 cm, mit 2–3 Hochb., sonst b.los, 1(–2)bl. Grundst. B. mit bis 9 Teilb., derb, lederartig, überwinternd. Kb. weiss od. rosa. / 12 bis 3 (5) / Kollin-montan(-subalpin). Wälder, buschige Hänge, Weiden; auf Kalk. Südl. T. – Var., Co. [983]

51. **Eránthis** SALISB., *Winterling*

E. hiemális (L.) SALISB., *Winterling.* – St. 8–15 cm, einbl. B. grundst., erst nach der Bl.zeit entwickelt, kreisrund, vielsp. Blumenb. gelb, 4–7 mehrsamige Balgfr. / 1 bis 3 / Kollin. Weinberge. Basel. In J und M da und dort in Gras- und Obstgärten, Parkanlagen und Gehölzen. Eingebürgert (aus Südeuropa stammend). [986]

52. **Nigélla** L., *Schwarzkümmel*

N. arvénsis L., *Acker-S.* – Pfl. 10–30 cm. B. 2–3fach fiederschn. Blumenb. mit lg. Nagel, weiss, vorn bläul. / 6 bis 9 / Kollin. Äcker, Brachfelder; s. s.; heute fast alle Fundorte erloschen (noch in Schaffh.?); auch adv. – Els. [987]
N. damascéna L., *Gretchen-im-Busch.* – Pfl. 20–30 cm. Bl. von einer vielteiligen Hülle dichtstehender B. umgeben. / 5 bis 7 / Kollin. Kult. als Zierpfl. und verwildert. Heimat Mittelmeergebiet. [988]

53. **Isopýrum** L., *Muschelblümchen*

I. thalictroides L., *Muschelblümchen.* – St. 15–30 cm. Grundst. B. doppelt-3zählig zuges. Blumenb. 5–6, weiss. / 4 bis 5 / Kollin. Gebüsche; s. Genf; sonst verwildert. – Sav. [989]

54. **Actaéa** L., *Christophskraut*

A. spicáta L., *Christophskraut.* – Pfl. 30–80 cm. B. 2–3fach 3zählig zuges. Bl. weiss, in kurzen, eifg. Trauben. Beere schwarz, glänzend. / 5 bis 7 / Kollin-montan(-subalpin). Wälder, Gebüsche; verbr. [990]

55. **Aquilégia** L., *Akelei*

1. Sporn an der Spitze hakig eingerollt.
   A. vulgáris L., *Gemeine A.* – St. 30–90 cm, 3–12bl. Bl. bis 5 cm im Durchm., blauviolett, sehr selten rosa od. weiss. Stbb. nur wenig aus der Bl. herausragend. / 5 bis 7 / Kollin-montan(-subalpin). Waldwiesen, Gebüsche; verbr. [991]
   A. atráta KOCH (*A. atroviolacea* BECK, *A. vulgaris* L. ssp. *atrata* GAUDIN), *Dunkle A.* – St. 30–70 cm, 3–10bl. Bl. kleiner als bei der vorigen Art, in der Regel braunviolett. Stbb. weit aus der Bl. herausragend. / 6 bis 7 / (Kollin-)montan-subalpin. Nadelwälder, buschige Hänge, Moorwiesen; verbr.
– Sporn an der Spitze gerade od. nur schwach gekrümmt.
   A. alpína L., *Alpen-A.* – St. 20–70 cm, 1–3(–5)bl. Bl. bis 8 cm im Durchm., leuchtend hellblau. / 7 / (Montan-)subalpin(-alpin). Buschige Orte; auf Kalk; zerstr. A. [992]
   A. einseleána F. W. SCHULTZ, *Einseles A.* – St. 15–40 cm, 1–3(–6)bl. Bl. 2,5–4 cm im Durchm., violettblau. / 6 bis 7 / Montan-subalpin. Felsschutt, Felsen; auf Dolomit; s. s. A (T [Val Colla]). – Co. [993]

56. **Delphínium** L., *Rittersporn*

   D. elátum L., *Hoher R.* – St. 60–150 cm. B. handfg. 5–7sp., mit br., eingeschnitten-gezähnten Abschn. Bl. stahlblau, in einer dichten Traube. / 7 bis 8 / (Montan-)subalpin. Hochstaudenfluren; auf Kalk; zerstr. A.

57. **Consólida** (DC.) S. F. GRAY, *Rittersporn*

   C. regális S. F. GRAY (*Delphinium consolida* L.), *Acker-R.* – St. 20–50 cm, sparrig-ästig. B. 1- bis mehrfach 3zählig zerschlitzt, mit linealen Abschn. Bl. blau, in lockeren, wenig-(bis 7-)bl. Trauben. Fr. kahl. / 6 bis 9 / Kollin(-montan). Getreideäcker; kalkliebend; zerstr. (Fundorte zurückgehend).
   C. ajácis (L.) SCHUR (*D. ajácis* L., *C. ambigua* (L.) BALL u. HEYWOOD), *Garten-R.* – St. 30–90 cm. Bl. blau, violett, weiss od. rosa, in reichbl. Trauben. Fr. behaart. / 6 bis 8 / Kollin. Kult. und nicht s. verwildert.

58. **Aconítum** L., *Eisenhut*

1. Bl. hellgelb. 2
– Bl. blau od. violett, selten weiss od. gescheckt. 3
2. Helm etwa so hoch wie br. B.zipfel sehr schmal. W. rübenfg.
   A. anthóra L., *Blassgelber E.* – St. 25–90 cm. B. tief handfg.-5–7sp.; Abschn. in schmal-lineale Zipfel gespalten. / 8 bis 9 / Montan-subalpin. Weiden; s: s. J (Dôle bis Creux-du-Van), T (Mte. Generoso [ob noch?]). – Französ. Jura, Co.
– Helm fast 3mal so hoch wie br. B.zipfel meist breiter als 3 mm. W. faserig.
   A. vulpária RCHB. s.l. (*A. lycoctonum* auct.), *Gelber E.* – St. 50–180 cm. B. tief handfg.-5–7sp.; Abschn. rautenfg.-keilfg. bis lanzettl., 3sp. Blstd.

locker und meist ästig. / 6 bis 8 / Bergwälder, Hochstaudenfluren; hfg.;
stellenweise auch in tiefen Lagen. [998]

01. Pfl. deutl. kraushaarig, drüsenlos. Fr. kahl. 02
– **A. pennínum** (SER.) GÁYER, *Penninischer E.* – Pfl. mit geraden, abstehenden
Haaren. Frkn., Pgb. und Bl.stiele drüsig behaart. / 7 bis 8 / Subalpin. Hochstaudenfluren. A, südwestl. Teil.
02. B.zipfel plötzlich in eine Spitze zusgez. *(Fig. 126/1).* Grösste B. bis etwa 15 cm
br. B.spreite bis etwa zur Hälfte eingeschnitten.
A. vulpária RCHB. s.str., *Wolfs-E.* – Pfl. s. über 70 cm hoch. B.spreite bis in die
Hälfte mehrfach in keilfg. Zipfel mit stumpfl. Spitzen geteilt, beiderseits
zerstr. behaart. / 6 bis 8 / (Kollin-)montan-subalpin. Feuchte, schattige Wälder; verbr.
– B.zipfel allmählich in eine Spitze verschmälert. Grösste B. zw. 20 und 35 cm
br.
A. lamárkii RCHB. (*A. ranunculifolium* RCHB., *A. lycoctonum* L. ssp. *ranunculifolium* (RCHB.) SCH. u. K.), *Hahnenfussblättriger E.* – B.spreite fast bis zum
Grunde mehrfach in fein zugespitzte, fast lineale Zipfel geteilt *(Fig. 126/2),*
beiderseits zerstr. behaart. / 7 bis 8 / Subalpin. Hochstaudenfluren. A, in den
südl. Ketten verbr., sonst s.
A. platanifólium DEGEN ex GÁYER (= *A. vulparia × lamarkii*?), *Platanenblättriger E.* – B. in 5–7 grossflächige, bis auf ¾ voneinander getrennte Abschn.
mit zugespitzten Zipfeln geteilt *(Fig. 126/3),* oberseits kahl, unterseits an den
Nerven behaart. / 7 bis 8 / Subalpin. Hochstaudenfluren. A, in den nördl.
Ketten verbr.

3. Blstd.achse und Bl.stiele entweder kahl od. gerade abstehend behaart
und teilweise drüsig-klebrig. 4
– Blstd.achse und Bl.stiele kraus anliegend behaart, nie drüsig.
A. napéllus L. s.l., *Blauer E., Echter E.* – Pfl. 50–150 cm, straff aufrecht,
meist einfach. B.spreite in 5–7 bis zum Grunde getrennte Abschnitte geteilt. B.zipfel lineal od. lineal-lanzettl. Blstd. dicht, wenn verzweigt mit
grosser endständiger Traube. Helm meist nicht höher als br. / 6 bis 8 /
(Kollin-)montan-subalpin. Lägerstellen und Weiden; gelegentl. herabgeschwemmt; hfg. [999]

01. **A. compáctum** RCHB. (*A. napellus* L. ssp. *compactum* (RCHB.) GAYER), *Dicht-
blütiger E.* – Pfl. 40–100 cm. Mittelabschnitt der meisten B. nicht gestielt erscheinend *(Fig. 127/1),* mit bis 5 mm br., allmählich zugespitzten Zipfeln.
Blstd. unverzweigt, dicht. Alle Bl. nur ganz kurz gestielt. / 6 bis 8 / Subalpin-
alpin. Überdüngte Weiden, Läger; hfg. J, A.
– **A. napéllus** L. s.str. (*A. napellus* L. ssp. *neomontanum* (WULFEN) GAYER, *A.
lobelianum* RCHB.), *Blauer E.* – Pfl. 80–160 cm. Mittelabschnitt der meisten B.
gestielt erscheinend *(Fig. 127/2),* mit bis 7 mm br. allmählich zugespitzten
Zipfeln. Blstd. verzweigt, mit grossen Hochb. Untere Bl. länger gestielt als
obere. / 6 bis 8 / (Kollin-)montan-subalpin. Hochstaudenfluren, frische Weiden; verbr. J, M, A. – V, S, Bodenseegebiet.

126/1   126/2   126/3

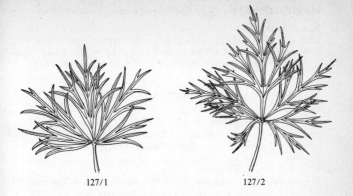

127/1   127/2

4. Bl.stiele abstehend, die oberen teilweise drüsig behaart.
   A. paniculátum LAM., *Rispen-E.* – St. 60–170 cm. B.spreite in 5–7 lanzettl.
   bis zum Grunde getrennte Abschnitte geteilt. Helm etwa so hoch wie br.
   Stbf. kahl. / 7 bis 9 / Montan-subalpin. Lichte Bergwälder, Kar- und
   Hochstaudenfluren; verbr. A. – Französ. Jura. [1000]
– Bl.stiele und Bl. kahl.
   A. variegátum L. s.l., *Gescheckter E.* – Pfl. 40–180 cm. Blstd. wenig bis
   stark verzweigt. Bl. oft gescheckt, Helm meist höher als br. Stbf. kahl / 7
   bis 9 / Montan-subalpin. Gebüsche, Hochstaudenfluren; zerstr. A.
   [1001]
     01. A. variegátum L. (*A. cammarum* JACQ.), *Gescheckter E.* – Pfl. 10–180 cm.
     B.spreite in 5–7 meist nicht bis zum Grunde getrennte Abschnitte geteilt.
     Blstd. lg., stark ästig verzweigt. / 7 bis 9 / Montan(-subalpin). Gebüsche, auf
     kalkhaltigen, trockenen Böden. A (Graub. [Unterengadin, Samnaun, Mün-
     stertal]). – Co., Bormio, Vintschgau. [1001]
     – **A. rostrátum** BERNH. (*A. variegatum* L. ssp. *rostratum* (BERNH.) GAYER), *Ge-
     schnäbelter E.* – Pfl. 10–70 cm. B.spreite in 5–7 meist bis zum Grunde ge-
     trennte Abschnitte geteilt. Blstd. kurz und wenig verzweigt. / 7 bis 9 / Subal-
     pin. Hochstaudenfluren. A, vor allem nordwestl. Teile.

59. **Clématis** L., *Waldrebe*

1. B. doppelt 3zählig zusges. Bl. gross, einzeln, hellviolett bis hellblau, mit
   vielen weissen Honigb.
   C. alpína (L.) MILLER (*Atragene alpina* L.), *Alpenrebe.* – Kletternder, 1–
   2(–4) m hoher Strauch. / 5 bis 7 / (Montan-)subalpin. Wälder, Gebü-
   sche, Felsen. A (besonders Graub.; fehlt dem Wallis, im T nur in der Val
   Colla). – Salève bei Genf, Ao., Val Sesia, Co., Veltlin. [1003]
– B. unpaarig gefiedert. Bl. in Rispen od. Trugdolden, weiss, ohne Honigb.
   C. vitálba L., *Gemeine W., Niele.* – St. 3–7 m, holzig, kletternd. Kb. bei-
   derseits filzig behaart. / 7 bis 8 / Kollin-montan(-subalpin). Wälder, Ge-
   büsche; hfg. [1007]
   C. recta L., *Aufrechte W.* – St. 0,5–2 m, krautig, aufrecht. Kb. nur am
   Rande weichhaarig. / 5 bis 7 / Kollin-montan(-subalpin). Grasplätze,
   Gebüsche. Mittelwallis, T. [1006]

60. Hepática MILLER, *Leberblümchen*

H. nóbilis SCHREBER (*H. triloba* CHAIX, *Anemone hepatica* L.), *Leberblümchen.* – Pfl. 5–15 cm. Grundst. B. herzfg.-3lappig. Die 3 quirlst. Stlb. dicht an die Bl. gerückt, k.artig. Bl. blau, rosarot od. weiss. / 3 bis 5 / Kollin-montan(-subalpin). Wälder, buschige Hänge; meist verbr. [1008]

61. Anemóne L., *Windröschen, Anemone*

1. Bl. gelb.
   A. ranunculoídes L., *Gelbes W.* – St. 10–25 cm. Stlb. kurz gestielt, wie die grundst. handfg. zusges. Bl. zu 1–3, aussen etwas behaart. / 4 / Kollin-montan(-subalpin). Wälder, frische Wiesen; zerstr. [1009]
– Bl. weiss (od. rosa überlaufen).   2
2. Bl. zu 3–8, doldig angeordnet.
   A. narcissiflóra L., *Narzissenblütiges W.* – St. 20–50 cm. B. handfg. zusges., mit eingeschnitten-gesägten Abschn. Bl. weiss, aussen oft rötl. Fr. seitl. zusgedr. / 5 bis 7 / (Montan-)subalpin(-alpin). Bergwiesen; kalkliebend; verbr. J (bis Chasseral, Schaffh.), A (vor allem Nordketten, Graub.). – V, Badischer Jura. [1010]
– Bl. einzeln, selten zu 2.   3
3. Blumenb. beiderseits kahl.
   A. nemorósa L., *Busch-W.* – St. 7–25 cm. W.stock kriechend. Grundst. B. fehlend od. 1. B. handfg. zusges. Bl. weiss, oft rosa überlaufen. / 3 bis 5 / Kollin-montan(-subalpin). Wälder, Baumgärten, Wiesen; s. hfg. [1011]
– Blumenb. aussen behaart.
   A. silvéstris L., *Hügel-W.* – St. 20–40 cm. Grundst. B. 4–6. Bl. weiss, 4–6 cm br., mit 5–6 Blumenb. / 4 bis 5 / Kollin(-montan). Trockenwarme Hügel; s. Schaffh. (Merishausen [Fundort am Erlöschen]); sonst verwildert. – Rheintal unterhalb Basel (Bad., Els.), Badischer Jura. [1012]
   A. baldénsis TURRA, *Monte-Baldo-W.* – St. 5–12(–20) cm. Grundst. B. 2–4. Bl. weiss, 2–3,5 cm br., mit 8–10 Blumenb. / 7 bis 8 / (Subalpin-)alpin. Weiden, Felsschutt; auf Kalk; zerstr. A (westl. Teile; Ostgrenze: T). – Piemont. [1013]

62. Pulsatílla MILLER, *Pulsatille, Anemone, Küchenschelle*

1. B. der Hochb.hülle kurz- und br.gestielt, auch am Grunde frei, den übrigen B. gleich gestaltet.
   P. alpína (L.) DELARBRE s.l. (*Anemone alpina* L.), *Alpen-A.* – Pfl. 5–35 cm. B. doppelt 3zählig zusges. Bl. mit 6 weissen od. gelben, aussen oft bläulich überlaufenen Pgb. / 5 bis 8 / Montan-subalpin. Wiesen, Weiden, Zwergstrauchheiden; hfg. [1014]
   01. B. weiss.
      P. alpína (L.) DELARBRE, *Alpen-A.* – Pfl. 20–50 cm. Bl. im Durchm. 3–6 cm. Gr.spitze zur Fr.zeit kahl. Rhizom ohne Faserschopf. – Subalpin(-alpin). J (bis Chasseral und ob Selzach [ob hier urwüchsig?]), A (auf Kalk); hfg.
      P. alba RCHB. (*A. alba* (RCHB.) KERNER), *Weisse A.* – Pfl. 5–25 cm. Bl. im Durchm. 2,5–4 cm. Gr.spitze zur Fr.zeit behaart. Rhizom mit Faserschopf. – Montan. – V (Sulzer Belchen, Hoheneck).
   – Bl. schwefelgelb.

P. apiifólia (SCOP.) SCHULT. (*P. sulphurea* auct.), *Schwefel-A.* – Pfl. 20–25 cm. Bl. im Durchm. 3–6 cm. Gr. zur Fr.zeit kahl. – (Montan-)subalpin(-alpin). A (auf Silikat); hfg.

– B. der Hochb.hülle sitzend, am Grunde scheidenfg. verwachsen, fingerfg. geteilt. 2
2. Bl. weiss, aussen violett überlaufen und silber-seidenglänzend behaart.
P. vernális (L.) MILLER (*A. vernalis* L.), *Frühlings-A., Pelz-A.* – Pfl. 5–15 cm. B. 3zählig od. einfach gefiedert, mit verkehrt-eifg., keilfg., 2–3sp. Abschn. / 4 bis 7 / (Montan-)subalpin(-alpin). Magerwiesen, Weiden, Zwergstrauchheiden; hfg. A. [1015]
– Bl. violett (selten hellblau, rosa od. weiss). 3
3. B. einfach gefiedert; Abschn. fiederschn., mit lineal-lanzettl. Zipfeln, seidig-zottig.
P. hálleri (ALL.) WILLD. (*A. halleri* ALL.), *Hallers K.* – St. 10–30 cm. Bl. violett, aufrecht / 5 bis 7 / Subalpin-alpin. Rasen; s. Wallis (Mattertal). – Ao.
– B. 2–3fach gefiedert; Abschn. fiederschn., mit linealen Zipfeln, ausgewachsen kahl werdend. [1016]
P. vulgáris MILLER (*A. pulsatilla* L.), *Gewöhnliche K.* – St. 10–30 cm. Bl. hellviolett, aufrecht od. etwas nickend. / 3 bis 4 / Trockenwarme Orte; s. J und Jurafuss, Nordostschw., Graub. – Bad., Els. [1017]
P. montána (HOPPE) RCHB. (*A. montana* HOPPE), *Berg-K.* – St. 10–25 cm. Bl. in der Regel dunkelviolett, stark nickend. Blumenb. zuletzt sternfg. ausgebreitet. / 3 bis 5 / Kollin-montan(-subalpin). Wie vorige; zerstr. Wallis, T (wohl erloschen), Graub. – Ao., Var., Co., Veltlin, Vintschgau. [1019]
Bastarde.

63. **Myosúrus** L., *Mäuseschwanz*

M. mínimus L., *Mäuseschwanz.* – St. 3–10 cm. Bl. klein, gelbl.-grün. Kb. 5, kr.artig, am Grunde gespornt. 5 zungenfg. Honigb. Fr.boden sehr verlängert. / 4 bis 5 / Kollin. Sandige und lehmige Äcker, zeitweise überschwemmte Orte. Früher Basel und Umgebung, aargauisches Rheintal, Ajoie, M; heute vielleicht noch in der Ajoie. – Bad., Els., Belf. [1020]

64. **Calliánthemum** C. A. MEYER, *Schmuckblume*

C. coriandrifólium RCHB. (*C. rutifolium* C. A. MEYER), *Schmuckblume.* – St. 5–20(–37) cm. B. blaugrün. Bl. 1–3 cm gross. Kb. 5. Krb. 6–12, weiss od. schwach rosa. / 6 bis 7 / (Subalpin-)alpin. Weiden, feuchte Rasen; s. A. [1022]

65. **Ranúnculus** L., *Hahnenfuss*

1. Kb. 3 (4). Krb. 8–10.
R. ficária L. (*Ficaria verna* HUDSON, *F. ranunculoides* ROTH), *Scharbockskraut.* – W.fasern knollig verdickt. St. 10–30 cm, niederliegend, in den unteren B.winkeln mit Brutknöllchen. B. rundl.-herzfg., die unteren geschweift, die oberen eckig, zuweilen schwarz gefleckt. Bl. gelb. / 3 bis 4

130/1   130/2   130/3

/ Kollin-montan(-subalpin). Baumgärten, Hecken, feuchte Laubmischwälder; hfg. [1023]
- Kb. 5. Krb. meist 5.   2
2. Bl. weiss (bei *R. glacialis* weiss od. rosa bis rot).   3
- Bl. gelb (auch hellgelb od. goldgelb).   18
3. Wasser- od. Landpfl. mit stengelst. B. Fr. querrunzelig. Nektarien unbedeckt. (Untergattung *Batrachium, Wasserhahnenfuss*).   4
- Landpfl. mit meist grundst. B. Fr. nicht querrunzelig. Nektarien von
einer Schuppe bedeckt.   15
4. Schwimmb. vorhanden *(Fig. 131/1, 2)*. Haarb. (= borstl. zerschlitzte,
untergetauchte B., *(Fig. 131/3)* vorhanden od. fehlend.   5
- Schwimmb. fehlend.   9
5. Haarb. fehlend.   6
- Haarb. vorhanden.   8
6. Fr. vollständig kahl.   7
- Fr. behaart, oft nur sehr fein und spärl.   *R. peltatus* (8)
7. Fr.boden kahl.
   R. hederáceus L. (*B. hederaceum* (L.) S. F. GRAY), *Efeu-Wasser-H.* – Pfl.
   bis 50 cm, im Schlamm kriechend. B. herz-nierenfg., mit 3–5 seichten,
   halbkreisfg. bis 3eckigen Lappen. Krb. bis 4,5 mm lg., sich nicht berüh-
   rend. / 6 bis 9 / Kollin. Seichte Bäche, Gräben, Quellfluren; s. und
   Fundorte zurückgehend. – Els.(?), V, Französ. Jura. [1030]
- Fr.boden behaart.   *R. baudotii* (8)
8. Unreife Fr. vollständig kahl. Schwimmb. 3teilig.
   R. baudótii GODR. (*R. obtusiflorus* auct., *B. marinum* FR.), *Baudots W.* –
   Pfl. bis 50 cm. Schwimmb. mit keilfg., oft etwas gestielten Lappen.
   Bl.stiel bis 9mal so lg. wie das zugehörige B. Krb. verkehrteifg., keilfg.,
   6–10 mm lg., sich berührend. Stbb. kürzer als das Frkn.köpfchen. / 5 bis
   8 / Kollin. Stehende leicht salzhaltige Gewässer; eingeschleppt. Früher
   Wallis. [1029]
- Unreife Fr. behaart, oft nur sehr fein und spärl. Schwimmb. 3–5lappig.
   R. aquátilis L. s.l., (*B. aquatile* (L.) DUMORTIER), *Grosser W.* – Pfl. bis 2
   m. Bl. gross, 0,8–3 cm br. Krb. 5–30 mm lg., sich berührend. Stbb. länger
   als das Frkn.köpfchen. Fr. im Alter verkalkend. / 5 bis 9 / Kollin-montan. Stehende od. langsam fliessende, nährstoffreiche Gewässer, zerstr.
   01. Nektarien kreisfg. *(Fig. 130/2)*.
      R. aquátilis L. s.str. (*R. radians* REVEL), *Gemeiner W.* – Bl.stiel zur Fr.zeit meist
      weniger als 5 cm lg., den Stiel des gegenüberstehenden B. selten überragend.
      Schwimmb. meist bis zum Grunde 3teilig, Abschn. mit länger als br. Zähnen.
      Krb. 5–10 mm lg. – Kollin(-montan). Stehende, kalkfreie Gewässer mit
      schlammigem Grunde; s. M. – Els., Bodensee [1027]
   – Nektarien längl., birnfg. *(Fig. 130/3)*.
      R. peltátus SCHRANK (*R. aquatilis* auct. p.p., *R. petiveri* auct. non KOCH),

Schild-W. – Bl.stiel zur Fr.zeit meist über 5 cm lg., den Stiel des gegenüberliegenden B. meist überragend. Haarb. kürzer als die Internodien. Schwimmb. bis etwas über die Mitte 3spaltig, Abschn. mit breiter als lg. Zähnen. Krb. 10–15 mm lg. – Kollin. Stehende, langsam fliessende, kalkfreie Gewässer; zerstr. J, M, T. – Bad., Els., Belf., Hegau [1028]

R. pennicillátus (DUMORTIER) BABINGTON (*R. pseudofluitans* (SYME) NEWBOLD ex BAKER u. FOGGIT), *Pinsel-W.* – Bl.stiel zur Fr.zeit 5–10 cm lg. Schwimmb. wie bei voriger, meist jedoch fehlend. Haarb. länger als die Internodien. Kr. 10–15 mm lg. – Kollin. Fliessende, nährstoffreiche Gewässer, Flüsse, Kanäle.

9. B. meist länger als 8 cm, länger als ihre Internodien, ihre Abschn. ± parallel. 10
– B. meist viel kürzer als 8 cm, kürzer als ihre Internodien, ihre Abschn. meist nicht parallel. . . . .• 11

10. Fr.boden deutl. behaart.   *R. pennicillatus* (8)
– Fr.boden ± kahl.

R. flúitans LAM. (*B. fluitans* (LAM.) WIMMER), *Flutender W.* – St. 1–6 m lg., flutend. B. doppelt 3teilig, mit lg., mehrfach geteilten, bandartigen Zipfeln. Krb. 7–12 mm lg. Stbb. meist kürzer als das Frkn.köpfchen. / 6 bis 8 / Kollin. Fliessende Gewässer grösserer Tiefe; zerstr. [1024]

11. B.zipfel in einer Ebene ausgebreitet, B. im Umriss ± rund, ausserhalb des Wassers spreizend.

R. circinátus SIBTH. (*R. divaricatus* SCHRADER, *B. circinatum* (SIBTH.) SPACH), *Starrer W.* – St. bis 1 m lg. B. 3teilig, mit mehrfach geteilten, borstenfg. Zipfeln. Bl.stiel zur Fr.zeit 4–5mal so lg. wie das gegenüberliegende B. Krb. bis 10 mm lg. sich berührend, mit halbmondfg. Nektarien *(Fig. 130/1).* Stbb. meist länger als das Frkn.köpfchen. / 5 bis 8 / Kollin-montan. Stehende und langsam fliessende Gewässer; zerstr. [1025]

– B.zipfel nicht in einer Ebene ausgebreitet, ausserhalb des Wassers pinselartig zusammenneigend; schlaff. 12

12. Krb. selten über 5 mm, schmal, sich nicht berührend. Nektarien halbmondfg. *(Fig. 130/1).*

R. trichophýllus CHAIX (*R. flaccidus* PERS., *R. paucistamineus* TAUSCH, *B. trichophyllum* (CHAIX) F. SCHULTZ), *Haarblättriger W.* – Pfl. bis 1 m. B.stiel kürzer od. wenig länger als die zugehörige Spreite. Stbb. 9–15. Fr. ± behaart, mindestens 1,5 mm lg., Fr.boden kugelig, behaart. / 5 bis 8 / Kollin-subalpin(-alpin). Wie vorige; verbr. [1026]

R. trichophýllus CHAIX ssp. trichophýllus. – Fr. zahleich, 15–33, abgeflacht, oval, oben zugespitzt, am Rücken zerstreut borstig. Pfl. kräftig, aufrecht, nur an den unteren Knoten wurzelnd. – Kollin-subalpin.

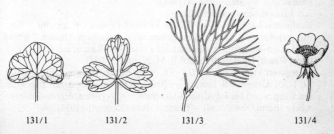

131/1   131/2   131/3   131/4

R. trichophýllus CHAIX ssp. **lutulentus** (PERR. u. SONG.) VIERHAPPER (*R. con-fervoides* FR.), *Brunnen-W.* – Fr. weniger zahlreich, 5–16, rundl., mit deutl. Spitzchen, kahl. Pfl. zart, niederliegend, an den meisten Knoten wurzelnd. / 7 bis 8 / (Subalpin-)alpin. Hochgebirgsseen; zieml. s.

R. riónii LAGGER (*B. rionii* (LAGGER) NYMAN), *Rions W.* – Pfl. bis 1 m. Fr. zahlreich, 50–100, meist unter 1,5 mm lg., kahl. Fr.boden eifg. bis zylindrisch, behaart. – Kollin. Teiche und Tümpel; s. M (Rorschach [Wannenweiher]), Wallis (zw. Siders und Fully). Fundorte am Erlöschen.
– Krb. meist über 5 mm lg., sich berührend. Nektarien nicht halbmond-fg. 13
13. Unreife Fr. ± kahl, reife Fr. geflügelt.   *R. baudotii* (8)
– Unreife Fr. behaart, oft nur spärl., reife Fr. nicht geflügelt. 14
14. Bl.stiel zur Fr.zeit meist unter 5 cm, Krb. über 10 mm, Nektarien rund *(Fig. 130/2).*   *R. aquatilis* (8)
– B.stiel zur Fr.zeit meist über 5 cm lg. Krb. meist über 10 mm, Nektarien längl., birnfg. *(Fig. 130/3).*   *R. peltatus* (8)
15. B. ungeteilt.
R. pyrenaéus L., *Pyrenäen-H.* – St. 8–30 cm, 1- bis mehrbl. B. lineal-lanzettl. od. lanzettl., kahl. Kb. kahl. / 6 bis 7 / (Subalpin-)alpin. Weiden; verbr. A. [1031]
R. parnassiifólius L., *Herzblatt-H.* – St. 5–15 cm, mehrbl. Grundst. B. herz-eifg., am Rande und oberseits auf den Nerven wollig, später kahl werdend. Kb. behaart. / 7 / Alpin. Felsgrus; auf Kalk; zerstr. A. [1032]
– B. handfg. geteilt od. zusges. 16
16. St. 20–130 cm hoch, ästig und vielbl.
R. aconitifólius L., *Eisenhutblättriger H.* – St. 20–100 cm hoch, abstehend-ästig. Grundst. B. 3–5(–7)teilig; Abschn. zugespitzt, ungleich gesägt, am Grunde frei. Bl.stiele 1–3mal so lg. wie die Hochb. / 5 bis 7 / (Kollin-)montan-subalpin(-alpin). Bachufer, nasse Wiesen und feuchte Waldstellen; hfg. [1036]
R. platanifólius L. (*R. aconitifolius* L. ssp. *platanifolius* RIKLI), *Platanenblättriger H.* – St. 50–130 cm hoch, aufrecht-ästig. B. wie bei der vorigen Art, aber Abschn. am Grunde miteinander verbunden. Bl.stiele schlank, 4–5mal so lg. wie die Hochb. / 6 bis 7 / (Montan-)subalpin. Hochstauden, Wälder und Gebüsche; verbr.
– St. 5–15(–20) cm hoch, 1–5bl. 17
17. Kb. rot-bräunl.-rauhhaarig od. -filzig, bis zur Fr.reife bleibend.
R. glaciális L. (*Oxygraphis vulgaris* FREYN), *Gletscher-H.* – St. niederliegend-aufsteigend, 1–5bl. Grundst. B. 3zählig; Abschn. 3- bis mehrsp. Krb. weiss, oft rosa überlaufen bis tiefrot. / 7 bis 8 / Alpin. Feuchter Gesteinsschutt, Felsen; verbr. A. [1033]
– Kb. kahl od. schwach behaart.
R. alpéstris L., *Alpen-H.* – Pfl. kahl. St. einbl. Grundst. B. handfg. 3–5sp., mit verkehrt-eifg., vorn eingeschnittenen od. gekerbten Abschn. / 6 bis 8 / (Montan-)subalpin-alpin. Feuchte Felsen und Rasen; auf Kalk. J (Suchet [Waadt] bis Balmfluh [Sol.]), M, A (hfg.). [1035]
R. seguiéri VILL., *Séguiers H.* – Pfl. zottig behaart, später kahl werdend. St. 1–3bl. Grundst. B. handfg.-vielteilig; Abschn. schmal, mit zugespitzten Lappen. / 5 bis 7 / Alpin. Kalkschutt; s. s. A (Brienzergrat–Giswilerstöcke [Bern/Obwalden]). – Französ. Jura (Reculet). [1034]

18. Alle B. od. doch das untere Stlb. ungeteilt. 19
– B. geteilt od. zusges. od. nur die grundst. ungeteilt. 21
19. Grundst. B. und unterste Stlb. nierenfg. Alle B. derb, blaugrün bereift.
   R. thora L., *Schildblättriger H.* – W.fasern knollig verdickt. St. 10–25 cm,
   1–5bl. Grundst. B. zur Bl.zeit nicht mehr vorhanden (in der Regel frühzeitig abgestorben). Unterstes Stlb. sitzend od. kurzgestielt, gekerbt, bis
   14 cm br.; die obersten Stlb. schmal-lanzettl., 3teilig. / 5 bis 7 / Montan-
   subalpin(-alpin). Bergwiesen, Felsschutt, Legföhrengehölz; auf Kalk; s.
   J (Dôle), A. – Französ. Jura. [1037]
   R. hýbridus BIRIA (*R. phthora* CRANTZ), *Bastard-H.* – Ähnl. der vorigen
   Art, aber nur 10–15 cm hoch. Grundst. B. zur Bl.zeit vorhanden, meist 2,
   lg.-gestielt, eingeschnitten-gezähnt; obere Stlb. 3–5zähnig, oberste lanzettl., ganzrandig. / 6 bis 8 / (Montan-)subalpin-alpin. Rasen und Felsen
   der östl. Kalkalpen. – Stilfser Joch. [1038]
– B. lineal-lanzettl. bis eifg. 20
20. St. straff-aufrecht.
   R. gramíneus L., *Grasblättriger H.* – St. 10–30 cm, am Grunde mit einem
   starken Faserschopf. B. lineal-lanzettl. Bl. 1,5–1,8 cm im Durchm. / 4 bis
   5 / Kollin-montan. Trockenwarme Rasen; s. s. Mittelwallis. [1039]
   R. língua L., *Grosser Sumpf-H.* – St. 50–130 cm. B. verlängert-lanzettl.,
   zugespitzt. Bl. 2–4 cm im Durchm. / 6 bis 8 / Kollin(-montan). Ufer,
   Sumpfgräben; zerstr.; Fundorte zurückgehend. [1040]
– St. niederliegend od. aufsteigend.
   R. flámmula L., *Kleiner Sumpf-H.* – St. 15–70 cm, niederliegend-aufsteigend, an den untersten Knoten wurzelnd. Untere B. lg. gestielt, eifg.,
   obere lanzettl. od. lineal-lanzettl. Bl. 0,8–1,5 cm im Durchm. / 6 bis 8 /
   Kollin-montan(-subalpin). Gräben, Sumpfwiesen, Moore; verbr. [1042]
   R. reptans L., *Wurzelnder Sumpf-H.* – St. 5–50 cm, niederliegend, zart,
   mit bogigen Gliedern, an den Knoten wurzelnd. B. schmal, lineal-lanzettl. Bl. 7–10 mm im Durchm. / 5 bis 9 / Kollin-subalpin. Sandige Ufer
   an Seen und Flüssen; zerstr. [1041]
21. Fr. 4–8, netzartig-runzlig, lg. geschnäbelt, mit Stacheln besetzt.
   R. arvénsis L., *Acker-H.* – Pfl. einjährig. St. 20–60 cm. B. 3zählig, mit gestielten, mehrsp. Abschn. Krb. klein (4–10 mm), schwefelgelb. / 5 bis 7 /
   Kollin-montan. Getreidefelder, Ödland; zerstr. [1043]
   Fr. zahlreich, ohne Stacheln. 22
22. Pfl. 1–4 cm (im Fr.zustand bis 11 cm). Fr.köpfchen längl.
   R. pygmaéus WAHLENB., *Zwerg-H.* – St. einbl. Untere B. handfg.-3–5lap-
   pig; obere Stlb. tief 3sp. Bl. klein (5–10 mm), blassgelb / 7 bis 8 / Alpin.
   Schneetälchen; s. s. A (Graub. [Unterengadin]). [1045]
– Pfl. mindestens 5 cm hoch, meist höher. 23
23. Fr.köpfchen längl.-walzenfg. Fr. 70–100 cm.
   R. scelerátus L., *Gift-H.* – St. 10–90 cm, aufrecht, hohl, reichbl. B. etwas
   fleischig, glänzend, handfg.-3–5teilig; Abschn. keilfg., vorn eingeschnitten-gekerbt; im Wasser bisweilen mit lg. gestielten Schwimmb. Krb.
   klein (2–4 mm), blassgelb. / 6 bis 8 / Kollin(-montan). Sümpfe, Gräben,
   Seen, Schuttstellen; s. und Fundorte zurückgehend. [1046]
– Fr.köpfchen kugelig. Fr. 15–30. 24
24. Bl.stiele meist stielrund. 25
– Bl.stiele gefurcht. 27

25. Fr. behaart. Grundst. B. rundl.-nierenfg., ungeteilt od. handfg., 3–5sp.

R. aurícomus L. s.l., *Gold-H.* – St. 15–30 cm. Grundst. B. 1–4; Spreite mit tiefer od. offener Bucht, seltener am Grunde quer abgestutzt. Stlb. fingerfg. geteilt, mit meist linealen, ganzrandigen od. etwas gezähnten Abschn. Krb. nicht selten teilweise verkümmert. Fr.boden kahl od. behaart. Fr.schnabel hakig gekrümmt. Formenreiche Art[1]. / 4 bis 5 (6) / Kollin(-montan). Gebüsche, Wälder, Wald- und Moorwiesen; verbr. [1048]

– Fr. kahl. Grundst. B. handfg. geteilt od. zusges. 26

26. Fr.boden kahl. Pfl. 30–100 cm hoch.

R. ácris L. s.l., *Scharfer H.* – Pfl. anliegend behaart bis kahl. St. aufrecht, verzweigt. Kb. den Krb. anliegend. Fr. rundl., berandet, mit geradem od. schwach gekrümmtem, selten eingerollten Schnabel. / 4 bis 9 / Kollin-subalpin(-alpin). Wiesen, Baumgärten, Weiden; hfg. [1051/1052]

> **R. ácris** L. ssp. **acris** (*R. boreanus* JORD.), *Scharfer H.* – W.stock kurz, ca. 1 cm lg., B. bis zum Grunde 3–5teilig, Abschn. lineal-lanzettl., spreizend, sich überlappend. Fr.schnabel ± gerade. – Mager- und Nasswiesen, in höheren Lagen auf nährstoffreicherer Unterlage; verbr.
> **R. ácris** L. ssp. **frieseánus** (JORD.) ROUY u. FOUC. (*R. stevenii* ANDRZ.), *Fries' H.* – W.stock 3–10 cm lg., waagrecht od schräg kriechend. B. fast bis zum Grunde 3–5teilig, Abschn. rhombisch, 2–3teilig, nicht spreizend und sich nicht überlappend. Fr.schnabel gekrümmt bis eingerollt. – Nährstoffreiche Fettwiesen; nördl. der Alpen hfg.

R. lanuginósus L., *Wolliger H.* – St. und B.stiele mit abstehenden, gelbl. Haaren. B. unterseits mehr od. weniger seidenartig weichhaarig; Abschn. verkehrt-eifg., vorn eingeschnitten-gezähnt. Fr.schnabel stark hakig gekrümmt, fast halb so lg. wie die Fr. / 5 bis 8 / (Kollin-)montan-subalpin. Bergwälder; verbr. J, M, A. [1053]

– Fr.boden behaart. Pfl. 5–40 cm hoch.

R. montánus WILLD. s.l. (*R. geraniifolius* auct.), *Berg-H.* – St. 1–3-, seltener bis 5bl. Obere Stlb. mit längl.-linealen bis lanzettl. Abschn. Fr.schnabel etwas gekrümmt, höchstens ⅓ so lg. wie die Fr. / 5 bis 8 / (Montan-)subalpin-alpin. Weiden; in seltenen Lagen in Wiesen. J (bis Röthifluh [Kt. Sol.]), M (vereinzelt), A; s. hfg.; mit den Flüssen herabsteigend. – S, Badischer Jura. [1054]

> **01.** Ansatzstelle der Stbb. und oberer Teil des Rhizoms behaart.
> **R. oreóphilus** M. B. (*R. hornschuchii* HOPPE), *Gebirgs-H.* – Grundst. B. behaart, im noch gefalteten Zustand nach unten gebogen. Stlb. mit linealen Abschn. Krb. etwas ausgerandet. Fr.schnabel kurz, angedrückt. / 5 bis 7 / (Montan-)subalpin-alpin. Rasen, lichte Wälder, Schutthalden; auf Kalk; zerstr. J (Chasseral, Chaumont, Court), A (nördl. und südl. Kalkketten, in den Zentralalpen s.). – Hegau.
> – Ansatzstelle der Stbb. und Rhizom kahl. 02
> **02.** B. alle ± kahl. 03
> – B. alle ± behaart, ausgenommen gelegentl. die basalen. 04
> **03.** Abschn. der Stlb. lineal bis schmal-lanzettl. Fr.schnabel sehr kurz, anliegend.
> **R. carinthíacus** HOPPE (*R. gracilis* SCHLEICHER), *Kärntner H.* – Grundst. B. kahl, 3teilig, seitl. Abschn. bis über die Mitte 2teilig. Stlb. 3–7teilig, Abschn. 6–15mal so lg. wie br. Krb. nicht ausgerandet. / 5 bis 7 / Montan-alpin. Wiesen, Weiden, lichte Wälder, auf steinigen, kalkhaltigen Böden; zerstr. J, A. – Sav., Co. [1055]

---

[1] Kleinarten: Alpen: *R. allemannii* BR.-BL. (R. cassubicus auct. raet.) (Graub.). [1049] – Rheingebiet, Jura und Mittelland: mehrere Arten: *R. pseudocassubicus* CHRIST [1050], *R. puberulus* W. KOCH, *R. biformis* W. KOCH, *R. kunzii* W. KOCH, *R. argoviensis* W. KOCH, *R. cassubicifolius* W. KOCH und andere.

– Abschn. der Stlb. schmallanzettl. bis lanzettl. Fr.schnabel ⅙–⅓mal so lg. wie die Fr.

R. montánus WILLD. s.str., *Berg-H.* – Grundst. B. glänzend kahl od. spärl. behaart, 3teilig, seitl. Abschn. wenig tief eingeschnitten. Stlb. 3–7teilig, Abschn. 2–7mal so lg. wie br. Krb. nicht ausgerandet. / 5 bis 7 / (Montan-)subalpin-alpin. Weiden, feuchtere Wiesen, Wälder, Schutthalden, nährstoffreicherer Boden; hfg.; im T seltener. [1054]

04. B. dicht seidig behaart.

R. grenieránus WILLD., *Greniers H.* – Grundst. B. 3teilig, seitl. Abschn. bis zur Mitte 2teilig. Stlb. 3–5teilig, lanzettl., 4–10mal so lg. wie br. Krb. nicht ausgerandet. Fr.schnabel bis ⅓mal so lg. wie die Fr. / 5 bis 7 / Subalpin-alpin. Wiesen, Weiden, lichte Wälder kalkarmer Böden. A (hfg. in den zentralen und südl. Teilen, im Norden s.)

– B. spärl. behaart bis kahl. *R. montanus* (03)

27. Kb. zurückgeschlagen *(Fig. 131/4).*

R. bulbósus L., *Knolliger H.* – St. 15–50 cm, am Grunde knollig verdickt. Fr. glatt, mit kurzem, gekrümmtem Schnabel. / 5 bis 7 / Kollin-subalpin. Trockene Wiesen, Raine; hfg. [1056]

R. sardóus CRANTZ (*R. philonotis* RETZ.), *Sardinischer H.* – Pfl. einjährig. St. 10–30 cm, am Grunde nicht verdickt. Fr. gegen den Rand hin oft mit Knötchen besetzt, mit geradem Schnabel. Krb. klein, hellgelb. / 5 bis 7 / Kollin(-montan). Feuchte Orte; s. s. und Fundorte am Erlöschen; auch adv. [1057]

– Kb. nicht zurückgeschlagen. 28

28. Grundst. B. 3zählig zusges., mit gestielten, 3teiligen Abschn.

R. repens L., *Kriechender H.* – Pfl. mit oberird. Ausläufern. St. 15–50 cm, aufrecht od. aufsteigend. Fr.schnabel kurz, gerade. / 5 bis 9 / Kollin-subalpin. Äcker, Weinberge, Gräben, Läger; s. hfg. [1059]

– Grundst. B. handfg. geteilt (Abschn. am Grunde vereinigt).

R. nemorósus DC. s.l., *Wald-H.* St. 20–60 cm, aufrecht abstehend behaart. Abschn. der grundst. B. verkehrt-eifg., keilfg., 3sp. Bl.boden behaart. Fr.schnabel verlängert, bis 1,5 mm lg., an der Spitze eingerollt. / 5 bis 7 / Kollin-subalpin. Wälder, Weiden, Flachmoore; verbr. [1060]

01. St. niederliegend, kriechend od. schief aufrecht.

R. sérpens SCHRANK (*R. radicescens* JORDAN), *Wurzelnder H.* – Pfl. 2jährig. St. dicht abstehend behaart. Grundst. und stengelst. B. gleich, 5eckig, tief 3teilig mit br., wenig zerteilten Abschn. In den B.achseln zur Bl.zeit Rosetten treibend. Bl. ockergelb. – (Kollin-)montan-subalpin. Feuchte Lehmböden ohne geschlossene Pflanzendecke, nie in Wiesen; zerstr. M, A. – S, V.

– St. steif aufrecht. Grund- und stengelst. B. verschieden gestaltet.

R. nemorósus DC., s.str. (*R. breyninus* auct. non CRANTZ), *Wald-H.* – Pfl. ausdauernd. St. locker, anliegend bis abstehend behaart. Grundst. B. wie bei voriger, stengelst. B. mit schmal-lanzettl. Abschn. Bl. leuchtend gelb. – Kollin-subalpin. Wiesen, Flachmoore, Wälder; verbr.

R. polyanthemophýllus KOCH u. HESS, *Polyanthemusblättriger H.* – Pfl. ausdauernd. St. reich verzweigt, unterwärts locker anliegend behaart. Frühjahrsb. 5–7eckig, bis zum Grunde 3–5teilig, mittlerer Abschn. stielartig verschmälert. Abschn. mehrfach zerteilt, die Zipfel sich überdeckend. Bl. hellgelb. – Kollin(-montan). Feuchte Wiesen, Wälder; zerstr. J (Hochrhein), A (Wallis [Rhonetal], Walensee, Rheintal. – Bad., Els., Ao., Bergam.

R. polyánthemos L., *Vielblütiger H.* – St. 30–60 cm, oberwärts angedrückt behaart. Abschn. der grundst. B. lineal-lanzettl. Fr.schnabel kurz, hakenfg. / 5 bis 6 / Kollin. Wälder. – Bad.

Bastarde.

27. Ranunculaceae

66. **Thalíctrum** L., *Wiesenraute*

1. Bl. hell-lila, seltener weiss. Fr. lg. gestielt, hängend, 3kantig.

    Th. aquilegiifólium L., *Akeleiblättrige W.* – Pfl. 40–140 cm. Abschn. der B. rundl.-herzeifg., vorn eingeschnitten-gekerbt. / 5 bis 7 / Kollin-subalpin(-alpin). Ufergelände, Wälder, schattige Wiesen, Hochstaudenfluren; verbr. [1061]

– Bl. grünl. od. gelbl. Fr. kurz gestielt od. sitzend, längsrippig.   2

2. St. b.los od. einblättrig. Blstd. eine einfache Traube. Fr. kurz gestielt, zurückgekrümmt. (Zwerghafte Alpenpfl.)

    Th. alpínum L. *Alpen-W.* – Pfl. 5–18 cm, unscheinbar. B. lg. gestielt, doppelt gefiedert, kahl. / 6 bis 7 / (Subalpin-)alpin. Rasen. A (südl. Graub.). [1062]

– St. beblättert. Blstd. eine Rispe. Fr. sitzend, gerade.   3

3. Teilb. nicht od. wenig länger als br.   4

– Teilb. mindestens 1,5mal länger als br.   5

4. St. stielrund od. schwach kantig. Pfl. meist reich-drüsig. N. am Rande fransig gezähnt.

    Th. foétidum L., *Stinkende W.* – St. 20–70 cm. Teilb. klein (3–7 mm), meist zart, rundl., gezähnelt. / 6 bis 8 / Montan-subalpin(-alpin). Felsige, buschige Orte; zerstr. A. [1063]

– St. gerillt bis kantig gefurcht. Pfl. meist drüsenlos.

    Th. mínus L., *Kleine W.* – Pfl. 20–120 cm, kahl. B. 2–4fach gefiedert. Teilb. meist ohne Nebenb. Blstd. eine reich verzweigte Rispe. Bl. mit 4 gelbl. Pgb. / 5 bis 7 / Kollin-alpin. Trockenwarme Felsen, Hügel, Gebüsche und Wiesen; verbr.

        Th. minus L. ssp. **mínus,** *Kleine W.* – Pfl. 20–120 cm. B. am Stiel zieml. gleichfg. verteilt. Teilb. derb, oft blaugrün, mehr od. weniger bereift; die Nerven unterseits wenig stark vortretend. Rispe oft verlängert, mit abstehenden Ästen. – Trockenwarme Hügel, Gebüsche, Wiesen; verbr. [1064]

        Th. minus L. ssp. **saxátile** (DC.) Gaudin, *Felsen-W.* – Pfl. 20–30 cm. B. gegen die Mitte des St. gedrängt. Teilb. klein, derb; die Nerven unterseits stark vortretend. – Hügel, felsige Orte; verbr. [1065]

5. Teilb. 4–20mal so lg. wie br. Blstd. zusgez. Stbf. nickend.

    Th. símplex L., *Schmalblättrige W.* – Pfl. 30–70 cm. Teilb. ungeteilt bis 3sp., oft am Rande umgerollt. / 6 bis 7 / Kollin-montan(-subalpin). Kalkhaltige, feuchte bis trockene Wiesen und Raine; s. [1066]

        Th. símplex L. ssp. **bauhini** (Crantz) Tutin, *Bauhins W.* – Teilb. der unteren B. lineal-lanzettl. od. breiter 2–3lappig od. gezähnt, 4–6mal so lg. wie br.

        Th. símplex L. ssp. **galioides** (Nestler) Borza, *Labkrautähnliche W.* – Teilb. alle mehr od. weniger linealisch bis fadenfg., meist ungeteilt, 10–20mal so lg. wie br.

– Teilb. 2–4mal so lg. wie br. Blstd. weit ausladend. Stbf. aufrecht. . .   6

6. Pfl. mit unterirdischen Ausläufern.

    Th. flávum L., *Gelbe W.* – Pfl. 100–150 cm. St. matt. Teilb. meist 2–4mal so lg. wie br. Tragb. der Bl. mindestens 1 mm lg. Stb.beutel 1,4–1,7 mm lg. / 6 bis 7 / Kollin-montan. Ufer, Sumpfwiesen, Auenwälder; zerstr. [1068]

    Th. morisónii C. C. Gmelin (*Th. exaltatum* auct.), *Hohe W.* – Pfl. 100–150 cm. St. glänzend. Teilb. meist 3–4mal so lg. wie br. Tragb. der Bl. höchstens 1 mm lg. Stb.beutel bis 1,4 mm lg. / 6 bis 7 / Kollin. Auenwälder, Flussufer; s. M, südl. T. – Var., Co., Veltlin; Bodenseegebiet (?). [1069]

137/1 137/2 137/3

– Pfl. ohne unterirdische Ausläufer.

Th. lúcidum L. (*Th. angustifolium* JACQ. non L.), *Glänzende W.* – Pfl. 50–120 cm. St. matt. Teilb. an den obersten St.b. über 5mal so lg. wie br. Nebenb. stets fehlend. / 6 bis 7 / Kollin. Stromtalpfl., s. – Meran.

67. Adónis L., *Adonis, Blutströpfchen*

1. Pfl. mehrjährig. Bl. 4–6 cm im Durchm. Krb. 10–20, lebhaft gelb.

    A. vernális L., *Frühlings-A.* – St. 20–40 cm. B. 2–3fach fiederteilig, alle mit schmal-linealischen Zipfeln[1]. Kb. weichhaarig. / 4 bis 5 / Kollinmontan. Trockenwarme, buschige Hügel, Magerwiesen. Wallis. – Els. [1070]

– Pfl. einjährig. Bl. 1,5–3 cm im Durchm. Krb. 5–8, rot (selten strohgelb). 2

2. Kb. anliegend behaart.

    A. flámmea JACQ., *Scharlachrotes B.* – St. 20–50 cm, wenn verzweigt, dann meist im unteren Drittel, mit lg. Ästen. Krb. blutrot, am Grunde oft schwarz, längl.-lanzettl. Frstd. locker (Spindel sichtbar). Fr.schnabel schwärzl., seitl. unter der Spitze entspringend. Fr. runzelig, mit 1 Zahn *(Fig. 137/1).* / 5 bis 7 / Kollin-montan. Unter Getreide; s. s. Wallis, Schaffh.; Fundorte am Erlöschen. – Els., Ao. [1071]

– Kb. (meist) kahl.

    A. aestivális L., *Sommer-B.* – St. 25–60 cm, wenn verzweigt, dann meist im oberen Drittel, mit kurzen Ästen. Kb. flach, der Kr. anliegend. Krb. mennigrot, am Grunde schwarz, längl.-verkehrteifg. Frstd. dicht. Fr.schnabel grün. Fr. scharfkantig, mit 3 Zähnen *(Fig. 137/2).* / 5 bis 7 / Kollin-montan. Unter Getreide, auf Ödland; s.; Fundorte zurückgehend. [1072]

    A. ánnua L. em. HUDSON (*A. autumnalis* L.), *Herbst-B.* – St. 25–45 cm. Kb. konkav, abstehend bis zurückgeschlagen. Krb. dunkelrot, am Grunde schwarz, längl.-verkehrteifg. Frstd. locker. Fr. ohne Zahn *(Fig. 137/3).* / 6 bis 7 / Kollin(-montan). Unter Getreide; s. Wallis (wohl erloschen). Auch kult. und verwildert. [1073]

Fam. 28. **Berberidáceae.** *Sauerdorngewächse*

Sträucher od. Stauden mit einfachen od. zuges. B. Bl. zwittrig, radiärsymm., 2- od. 3zählig. Bl.organe in 3 od. 4 Quirlen angeordnet. Bl.decke meist mit 4–6 Nektarb. Stbb. 4–18, frei, klappig aufspringend. Frb. 1, oberst. Mehrsamige Beeren od. Kapseln.

1. Strauch mit einfachen B. Bl. 3zählig.   **Berberis 68**

– Krautpfl. mit zuges. B. Bl. 2zählig.   **Epimedium 64**

[1] So auch die folgenden Arten.

68. **Bérberis** L., *Sauerdorn*

B. vulgáris L., *Sauerdorn, Berberitze.* – Strauch mit rutenfg. Ästen und meist 3teiligen Dornen. B. verkehrt-eifg., dornig gewimpert. Bl. hellgelb, in meist hängenden Trauben. / 5 bis 6 / Kollin-subalpin. Gebüsche, Hecken, felsige Orte; verbr. [1074]

69. **Epimédium** L., *Sockenblume*

E. alpínum L., *Sockenblume.* – St. 20–40 cm. B. doppelt-3zählig, mit ge-stielten, herzfg., gewimpert-gezähnten Abschn. Krb. braunrot; Ne-benkrb. gelb. / 4 bis 5 / Kollin-montan. Gebüsche, Wälder; auf kalkrei-chem Boden. – Langensee (Arona); weiter entfernt bei Biella und in der unteren Val Sesia. In der Schweiz als Zierpfl. kult. und da und dort ver-wildert od. eingebürgert. [1075]

Fam. 29. **Lauráceae.** *Lorbeergewächse*

Immergrüne Bäume od. Sträucher, durch aromatische Öle ausgezeichnet. Bl. radiär-symm., 2häusig od. zwittrig. Bl.decke tief 4–6lappig. Stbb. in 3–4 Kreisen, sich mit 2 od. 4 von unten nach oben aufspringenden Klappen öffnend. Frkn. 1, oberst. 1–2samige Beeren.

70. **Laurus** L., *Lorbeer*

L. nóbilis L., *Lorbeer.* – Strauch, 1–5 m. B. lederartig, immergrün, längl.-lanzettl., ganzrandig. Bl. gelbl.-weiss, in b.winkelst. Büscheln. Fr. bee-renartig. / 4 / Kollin. Gepflanzt im südl. T und hier an felsigen, buschi-gen Orten verwildert od. eingebürgert. Urwüchsig im Mittelmeergebiet. [1076]

Fam. 30. **Papaveráceae.** *Mohngewächse*

Kräuter od. Stauden, oft mit Milchsaft. B.wechselst., ohne Nebenb. Bl. radiärsymm. Kb. 2, beim Aufblühen abfallend. Krb. 4(–6). Stbb. zahlreich. Frb. 2, 4 bis viele, zu einem oberst. Frkn. verwachsen. Mehrsamige, mit Poren od. Klappen öffnende Kap-seln.

1. Kapsel kugelig bis keulenfg., unvollständig vielfächerig, unter der viel-strahligen N. mit Löchern aufspringend. **Papaver 71**
– Kapsel lineal, schotenfg., 2lappig aufspringend. N. 2lappig. 2
2. Fr. einfächerig, bis 5 cm lg. Krb. gelb, 1 cm lg. **Chelidonium 73**
– Fr. 2fächerig, 10–25 cm lg. Krb. gelb. od. rot, 2–3 cm lg. **Glaucium 72**

71. **Papáver** L., *Mohn*

1. Pfl. mehrjährig. St. b.los, einbl. 2
– Pfl. einjährig. St. beblättert, 1- bis mehrbl. 3

2. Pfl. 15–40 cm. B. kahl od. fast kahl, mit wenigen, br. Abschn.

P. cróceum LEDEBOUR (*P. nudicaule* auct.), *Altaischer M.* – Krb. gelb,
weiss od. orangerot. / 7 bis 8 / Subalpin-alpin. Als Zierpfl. kult. Hfg. verwildert, besonders in den Alpen von Wallis und Graub. Stammt aus dem
Altai. [1077]

– Pfl. 5–15 cm. B. behaart od. kahl, aber im letzteren Falle mit schmalen
Abschn.

P. alpínum L. s.l., *Alpen-M.* – B. behaart od. kahl, fiederschn., mit ovalen
bis lineal-lanzettl. Abschn. Kb. hellbraun bis schwärzl. behaart. Krb.
weiss od. gelb. / 7 / Alpin. Geröll, bewegl. Kalkschutt; zerstr. [1078]

  01. Krb. (meist) gelb, getrocknet rötl. gelb. Folgeb. jederseits mit 2–3 Fiedern 1.
  Ordn.

  P. rhaéticum LERESCHE ex GREMLI (*P. aurantiacum* auct.), *Gelber Alpen-M.* –
  B. behaart, fiederschn. mit ovalen od. breitlanzettl. Abschn. Kb. braun behaart. / 7 / A (Engadin, Puschlav, Münstertal). – Co., Bormio.

  – Krb. (meist) weiss. Folgeb. jederseits mit 3–5 Fiedern 1. Ordn.

  P. séndtneri KERNER ex HAYEK, *Sendtners Alpen-M.* – B.fläche beiderseits
  behaart. Stiel der untersten Fiedern 1. Ordn. höchstens 3 mm lg. Fr.kapsel mit
  5 nur wenig herablaufenden Narbenstrahlen. / 7 / Nordalpen, östl. Teil (Pilatus, Urner und Glarner Alpen, Rätikon).

  P. occidentále (MARKGRAF) HESS und LANDOLT (*P. alpinum* L. ssp. *tatricum*
  NYARADY var. *occidentale* MARKGRAF), *Westlicher Alpen-M.* – B.fläche bei-
  derseits fast kahl. Stiel der untersten Fiedern 1. Ordn. oft mehr als 5 mm lg.
  Fr.kapsel mit 4 lg. herablaufenden Narbenstrahlen. / 7 / Nordalpen, westl.
  Teil (Waadtländer, Freiburger und Berner Alpen). – Sav.

3. Stlb. umfassend, kahl. Krb. weiss, lila od. rot.

P. somníferum L., *Schlaf-M.* – St. 50–150 cm. B. blaugrün, die oberen ungeteilt. / 5 bis 7 / Kollin-montan. Kult. und hie und da verwildert. [1080]

– Stlb. nicht umfassend, behaart. Krb. rot. 4

4. Frkn. (Kapsel) kahl.

P. rhoeas L., *Klatsch-M.*, *Feuer-M.* – St. 30–70 cm. Haare der Bl.stiele
meist waagrecht abstehend, selten anliegend. Kapsel verkehrt-eirund,
am Grunde abgerundet. / 5 bis 9 / Kollin-montan(-subalpin). Äcker,
Schuttstellen; verbr. [1083]

P. dúbium L. s.l., *Hügel-M.* – St. 30–80 cm. Haare den Bl.stielen anliegend. Kapsel längl.-keulenfg., am Grunde verschmälert. / 5 bis 7 / Kol-
lin-montan(-subalpin). Äcker, trockenwarme Hügel, Ödland; verbr.
[1084]

  01. P. dúbium L. s.str., *Saat-M.* – Stb.beutel bläulich. Narbenstrahlen bis auf 0,5–
  0,3 mm an den Deckelrand der Kapsel heranreichend. Freie Lappen des Dek-
  kelrandes sich nicht berührend *(Fig. 140/1).* – Verbr.

  – **P. lecóquii** LAMOTTE, *Lecoques M.* – Stb.beutel gelblichbraun. Narbenstrahlen bis auf 0,3–0,1 mm an den Deckelrand der Kapsel heranreichend. *Freie*
  Lappen des Deckelrandes sich berührend od. teilweise überdeckend (Fig.
  140/2). Zerstr.

– Frkn. (Kapsel) borstig behaart. 5

5. St. und Kb. mit bis 1 mm lg. Haaren besetzt.

P. ápulum TEN. (*P. argemone* L. ssp. *apulum* ROUY u. FOUC.), *Apulischer*
M. – St. 15–55 cm. Kb. locker behaart. Kapsel eifg., 0,6–1 cm lg., mit
zieml. zahlreichen Borstenhaaren besetzt *(Fig. 140/3).* / 5 bis 6 / Kollin.
Äcker, Felder, Ödland. – Co. In der Schweiz. adv.

– St. und Kb. mit bis 3 mm lg. Haaren besetzt.

140/1   140/2   140/3   140/4   140/5

P. argemóne L., *Sand-M.* – St. 15–30 cm. Kb. locker behaart. Kapsel keulenfg., 1,5–2 cm lg., mit einzelnen aufrecht abstehenden Borstenhaaren besetzt *(Fig. 140/4).* / 4 bis 6 / Kollin-subalpin. Äcker, Brachfelder, Ödland; zerstr. [1081]

P. hýbridum L. (*P. hispidum* L.), *Krummborstiger M.* – St. 25–50 cm. Kb. dicht behaart. Kapsel rundl.-eifg., 1–1,5 cm lg., mit bogig gekrümmten, abstehenden Borstenhaaren besetzt *(Fig. 140/5).* / 5 bis 6 / Kollin. Wie vorige; s. s. Wallis (wohl erloschen). – Els. (ob noch?). [1082]

72. Glaúcium MILLER, *Hornmohn*

G. flavum CRANTZ, *Gelber H.* – St. 30–60 cm. Obere B. mit tief herzfg. Grunde umfassend. Krb. gelb. Fr. mit spitzigen Knötchen od. fast glatt. / 6 bis 8 / Kollin. Kiesige Orte. Früher am Neuenburgersee; sonst eingeschleppt. [1086]

G. corniculátum (L.) RUDOLPH, *Roter H.* – St. 15–50 cm. Obere B. am Grunde schwach herzfg. od. gestutzt. Krb. scharlachrot od. orange, mit einem schwarzen, weissrandigen Fleck. Fr. behaart. / 6 bis 8 / Kollin. Ödland, Schuttstellen, Bahnareale; eingeschleppt. [1087]

73. Chelidónium L., *Schöllkraut*

Ch. május L., *Schöllkraut.* – Pfl. 30–80 cm, mit gelbem Milchsaft. B. fiederschn. Krb. gelb. / 4 bis 9 / Kollin-montan. Hecken, Mauern, Schuttstellen; s. hfg. [1088]

Fam. 31. Fumariáceae. *Erdrauchgewächse*

Kräuter od. Stauden mit wechselst., meist geteilten, nebenb.losen B. Blstd. traubig. Bl. bilateralsymm. od. quer-monosymm. Kb. 2, hinfällig. Krb. 2 und 2, von den äusseren 1 od. 2 gespornt, die inneren an der Spitze zusammenhängend. Stbb. 6, in 2 Bündeln zu 3 angeordnet, wovon je 2 mit einer, je 1 mit 2 Theken. Frb. 2, zu einem oberst. Frkn. verwachsen. 2- bis mehrsamige, scheidewandlose Schoten od. Nüsse. (Von manchen Autoren in den *Papaveraceae* eingeschlossen.)

1. Bl. 14–25 mm lg. Fr. eine längl., mehrsamige, schotenfg., 2klappig aufspringende Kapsel.   **Corydalis 74**

– Bl. 5–12 mm lg. Fr. ein eirundes od. kugeliges, einsamiges Nüsschen.   **Fumaria 75**

74. Corýdalis VENTENAT, *Lerchensporn*

1. Bl. gelb.

C. lútea (L.) DC., *Gelber L.* – St. 10–30 cm. B. lauchgrün, 3fach 3zählig, mit ungleich gekerbt-eingeschnittenen Abschn. Bl. goldgelb, vorne dunkelgelb. S. glänzend. / 3 bis 9 / Kollin-montan(-subalpin). Schattige Felsen, Bachschotter; zerstr. T; oft kult. und an Mauern verwildert und hie und da eingebürgert. – Co., Veltlin. [1090]

C. ochroleúca KOCH, *Blassgelber L.* – St. 20–40 cm. B. wie bei der vorigen Art, aber Stiele mit deutl. vorspringendem Rand. Bl. cremefarben, an der Spitze gelb. S. matt. / 6 bis 9 / Kollin-montan(-subalpin). Felsen und Felsschutt der südl. Kalkalpen. – Co. In der Schweiz als Zierpfl. kult. und verwildert. [1091]

– Bl. rötl., lila od. weiss. St. mit einer unterird. Knolle. 2

2. Knolle hohl. St. am Grunde ohne Schuppe.

C. cava (MILLER) SCHWEIGGER, *Hohlknolliger L.* – St. 15–30 cm. B. doppelt 3zählig, mit eingeschnittenen Abschn. Deckb. eilanzettl., ganzrandig (selten gezähnelt). / 3 bis 4 / Kollin-montan(-subalpin). Wälder, Hekken, Baumgärten, Weinberge; verbr. [1092]

– Knolle fest. St. unter den B. mit einer Schuppe.

C. sólida (L.) Sw. (*C. bulbosa* (L. em. MILLER) DC.), *Festknolliger L.* – St. 10–20 cm. B. wie bei der vorigen Art. Traube reichbl., zur Fr.zeit aufrecht. Deckb. fingerfg. eingeschnitten. / 3 bis 5 / Kollin-subalpin. Wie vorige; bis ins Gebirge (hier auf Weiden); zerstr. Westschw., Gondo, Oberengadin, Puschlav. – Südl. Grenzzone von Ao. bis Bormio. [1093]

C. intermédia (L.) MÉRAT (*C. fabacea* (RETZ.) PERS.), *Mittlerer L.* – St. 5–10 cm. B. wie bei den vorigen Arten. Traube armbl., zur Fr.zeit überhängend. Deckb. meist ungeteilt. / 3 bis 5 / (Kollin-montan-)subalpin. Lichte Wälder, Gebüsche, Weiden; zerstr. J (Creux-du-Van), A. – V, Französ. Jura. [1094]

75. Fumária L., *Erdrauch*

1. Fr.stiele zurückgekrümmt. Bl. 10–12 mm lg.

F. capreoláta L., *Klimmender E.* – Pfl. 30–80 cm. Bl. rosa bis fast weiss od. gelbl., vorne dunkel-purpurrot. / 5 bis 9 / Kollin. Rebgelände, Ödland, Schuttstellen. T, Graub. (Misox); sonst. s. und unbeständig. – Co., Chiav. [1095]

– Fr.stiele aufrecht-abstehend. Bl. 5–9 mm lg. 2

2. Kr. (ohne Sporn) 2–4mal so lg. wie die Kb.

F. officinális L., *Gebräuchlicher E.* – Pfl. 10–30 cm. Bl. purpurrosa, 5–9 mm lg. / 5 bis 9 / Kollin-montan(-subalpin). Äcker, Gartenland, Ödland; s. hfg. [1096]

    01. F. officinális L. ssp. **officinális.** –Blstd. mehr als 20bltg. Kr. 8–9 mm lg. Fr. an der Spitze seicht ausgerandet, breiter als lg.

    – **F. officinális** L. ssp. **wirtgéni** (KOCH) ARCANG. (ssp. *tenuiflora* NEUMAN, *F. wirtgeni* KOCH). – Blstd. 10–20bltg. Kr. 5–6 mm lg. Fr. rundl. od. leicht gestutzt. – Wegränder, Schuttstellen; s.

– Kr. (ohne Sporn) 5–8mal so lg. wie die Kb.

F. vaillántii LOISEL., *Vaillants E.* – Pfl. 7–25 cm. Bl. blassrosa, 5–6 mm lg. Deckb. wenig kürzer als die Fr.stiele. / 5 bis 9 / Kollin-montan(-subalpin). Äcker, Ödland; kalkliebend; zerstr. [1097]

F. schleícheri SOYER-WILLEMET, *Schleichers E.* – Pfl. 10–30 cm. Bl. lebhaft rosa, 5–6 mm lg. Deckb. ⅓–½ so lg. wie die Fr.stiele. / 5 bis 9 / Kollin-montan(-subalpin). Gebüsche, Äcker, Schuttstellen; zerstr. Besonders Wallis und Graub. [1098]

Fam 32. **Aristolochiáceae.** *Osterluzeigewächse*

Stauden od. windende Holzpfl. mit 2zeilig stehenden, ganzrandigen, nebenb.losen B. Bl. zwittrig, radiär- od. monosymm. Bl.decke perigonartig, 3zählig, verwachsen. Stbb. 6 od. 12, mit den 4 od. 6 Griffeln verwachsen (Gynostemium) od. frei. Frb. 4–6, zu einem unterst. Frkn. verwachsen. Mehrsamige Kapseln.

1. St. niederliegend. Die im neuen Jahr gebildeten Triebe mit 2 B. und 1 endst. Bl. Pg. glockenfg. *(Fig. 64/2).*   **Asarum 76**
   – St. mehrblättrig. Bl. in den B.winkeln. Pg. röhrig, am Grunde bauchfg. erweitert, mit zungenartigem Saum *(Fig. 64/1).*   **Aristolochia 77**

76. **Ásarum** L., *Haselwurz*

A. europaéum L., *Haselwurz.* – W.stock kriechend. B. gross, lg. gestielt, nierenfg. Pg. aussen bräunl., innen schwarzrot, 3zipflig. / 4 bis 5 / Kollin-montan. Wälder; verbr. [771]

77. **Aristolóchia** L., *Osterluzei*

1. B. sitzend.
   A. rotúnda L., *Rundblättrige O.* – Grundachse knollig. St. 20–40 cm. B. herz-eifg. Bl. einzeln. Pg. rötl.-braun. / 5 / Kollin. Gebüsche, Magerwiesen; s. s. Südl. T. – Var., Co. [773]
   – B. gestielt.
   A. clematítis L., *Gewöhnliche O.* – St. 30–80 cm. B. tief herzfg. Bl. gebüschelt. Pgb. grünl.-gelb. / 5 bis 8 / Kollin. Hecken, Weinberge; zerstr. und Fundorte zurückgehend. [772]
   A. pállida WILLD., *Bleiche O.* – St. 20–50 cm. B. dreieckig-nierenfg. Pgb. gelbl., mit roten Längsstreifen. / 5 / Kollin-montan. Buschige Hänge, Wegränder. – Co. [13A]

Fam. 33. **Platanáceae.** *Platanengewächse*

Einhäusige Bäume mit schuppig abblätternder Borke, Stamm und Äste daher ± gefleckt erscheinend. B. handfg. gelappt, mit grossen Nebenb. Bl. eingeschlechtig, in kugeligen, hängenden Blstd., männl. Bl. mit 3–8 Stbb., weibl. Bl. mit 3–8 freien, oberst. Frkn. Nüsse.

78. **Plátanus** L., *Platane*

P. orientális L., *Asiatische P.* – B. am Grunde keilfg., gestutzt od. schwach herzfg., tief handfg.-5–7lappig, mit gezähnten Lappen; Mittellappen am Grunde schmäler als lg. Bl. in lg. gestielten, perlenschnurartig

hängenden, kugeligen Köpfchen. / 5 / Kollin. Gepflanzt. Stammt aus
dem Orient. [1358]

P. hýbrida BROT. (*P. acerifolia* WILLD.), *Bastard-P.* – B. am Grunde gestutzt od. herzfg., 3–5-, selten fast 7lappig, mit mehr ganzrandigen Lappen; Mittellappen am Grunde so br. od. breiter als lg. (Wahrscheinl. Bastard zwischen der vorigen Art und der amerikanischen *P. occidentalis*
L.) / 5 / Kollin. Hfg. gepflanzt. [1359]

Fam. 34. **Fagáceae.** *Buchengewächse*

Einhäusige Bäume mit spiralig od. 2zeilig stehenden B. Nebenb. hinfällig. Bl. eingeschlechtig, in kätzchenartigen Blstd. Bl.decke unscheinbar. Frb. 3(–6), zu einem
unterst. Frkn. verwachsen. Fr. einzeln od. zu 2–5 von einer später ledrigen od. verholz-
ten Hülle (Achsenbecher/Cupula) umschlossen. Nüsse.

1. Männl. Kätzchen eifg., lg. gestielt, hängend. B. ganzrandig od. schwach
   gezähnt.   **Fagus 79**
– Männl. Kätzchen verlängert.   2
2. Männl. Kätzchen aufrecht. B. stachelspitzig gezähnt.   **Castanea 80**
– Männl. Kätzchen hängend. B. buchtig gelappt.   **Quercus 81**

79. **Fagus** L., *Buche*

F. silvática L., *Rot-B.* – B. elliptisch-eifg., flach, fast ganzrandig, in der
Jugend zottig-gewimpert. Fr. mit kapselartig aufspringender, 4klappiger,
stachliger Hülle. / 4 bis 5 / (Kollin-)montan(-subalpin). Wälder; verbr.
(in den zentralalpinen Tälern fast ganz fehlend). [743]

80. **Castánea** MILLER, *Kastanie*

C. satíva MILLER (*C. vesca* GAERTNER), *Edel-K.* – B. längl.-lanzettl., derb,
oberseits glänzend-dunkelgrün, unterseits hellgrün. Fr. mit stachliger
Hülle. / 6 / Kollin(-montan). Wälder. Wärmere Schweiz, besonders auf
der Alpensüdseite. Ursprüngl. eingeführt (einheimisch in Kleinasien).
Auch gepflanzt und verwildert. [744]

81. **Quercus** L., *Eiche*

1. B. wintergrün, 3–6 cm lg., unterseits dicht sternhaarig-filzig.
   Q. ilex L., *Stein-E., Stechpalmenblättrige E.* – Bis 20 m hoher Strauch od.
   Baum. B. oval bis br.-lanzettl., ganzrandig od. stachlig gezähnt, nie gelappt, oft auch oberseits dicht sternhaarig. / 4 bis 5 / Kollin. Heisse Felshänge. Im T gelegentl. in Gärten und stellenweise verwildernd. Stammt
   aus dem Mittelmeergebiet. – Co. [745]
– B. nicht wintergrün, mindestens 5 cm lg., unterseits locker sternhaarig-
   flaumig bis kahl.   2
2. Lappen der B. mit kurzen Stachelspitzen. Nebenb. bleibend, schmal,
   fadenartig. Schuppen der Fr.hülle verlängert, lineal-pfriemfg., zurückgebogen. Fr. im zweiten Jahr reifend.

Q. cerris L., *Cerr-E.* – B. lederig-häutig, längl., am Grunde keilfg., tief buchtig-fiederlappig, oberseits kahl werdend, dunkelgrün, unterseits von dichten, sitzenden, meist 6–10teiligen Sternhaaren graufilzig. / 5 / Kollin. Wälder, Buschhänge. Südl. T. – Var., Co., Veltlin. [746]
– Lappen der B. stumpf (selten spitz). Nebenb. abfallend. Schuppen der Fr.hülle kurz, anliegend. Fr. im ersten Jahr reifend. 3
3. Junge Zweige graufilzig. B. unterseits flaumhaarig.
Q. pubéscens WILLD. (*Q. lanuginosa* THUILL.), *Flaum-E.* – Niedriger Baum od. Strauch. B. unterseits dicht mit sitzenden, meist 4–6teiligen Sternhaaren und etwas längeren Büschelhaaren besetzt, oft zuletzt kahl werdend. Weibl. Bl. und Frstd. gedrängt, fast sitzend. / 4 bis 5 / Kollin(-montan). Trockene, buschige Hügel und Felsen; zerstr. Wärmere Schweiz. [747]
– Junge Zweige kahl od. schwach behaart. B. unterseits kahl od. zerstr. behaart.
Q. robur L. (*Q. pedunculata* EHRH.), *Stiel-E.* – B. kurz gestielt, am Grunde meist ausgebuchtet, unterseits ganz kahl od. spärl. behaart. Fr. lg. gestielt. / 4 bis 5 / Kollin(-montan). Wälder; verbr. [748]
Q. petraéa (MATTUSCHKA) LIEBLEIN (*Q. sessiliflora* SALISB.), *Trauben-E.* – B. mit 10–25 mm lg. Stiel, am Grunde meist keilfg. verschmälert, unterseits mit kleinen, 3–4strahligen Sternhaaren. / 4 bis 5 / Kollin(-montan). Trockene, steinige Hänge, seltener in Wäldern; verbr. [749]
Bastarde hfg.

Gepflanzt in Wäldern und als Alleebäume die nordamerikanischen Arten: **Q. rubra** L. – B. 12–20 cm lg., 8–12 cm br., unterseits in den Nervenwinkeln oft bärtig, sonst kahl, buchtig-gelappt, mit grannenspitzigen Lappen, die breiter sind als die Buchten, im Herbst scharlach- od. braunrot gefärbt. [11A] – **Q. coccínea** MUENCHHAUSEN. – Der vorigen Art ähnl. B. viel tiefer gelappt; Lappen schmäler als die Buchten. Herbstfärbung scharlachrot. [12A]

Fam. 35. **Betuláceae.** *Birkengewächse*

Einhäusige Bäume od. Sträucher mit wechselst. B. Nebenb. hinfällig. Bl. eingeschlechtig, in kätzchenartigen Blstd. Männl. Bl. mit unscheinbarem Pg., zu mehreren in den Achseln der Tragb. Stb.beutel an der Spitze ohne Haarbüschel. Weibl. Bl. ohne Bl.decke, in aufrechten Kätzchen. Frb. 2, zu einem unterst. Frkn. verwachsen. Geflügelte Nüsschen, ohne Hülle.

1. Weibl. Kätzchen zu 3–5 an gemeinsamem Stiel, kurz, eifg., zur Fr.zeit zapfenartig verholzend. **Alnus 82**
– Weibl. Kätzchen einzeln, zur Fr.zeit zerfallend. **Betula 83**

82. **Alnus** MILLER, *Erle*

1. Weibl. Kätzchen an diesjährigen Zweigen. Fr. mit br., häutigem, durchsichtigem Flügel.
A. víridis (CHAIX) DC., (*A. alnobetula* HARTIG), *Grün-E.*, *Alpen-E.* – B. eifg., spitz, doppelt gezähnt, beiderseits grün, unterseits auf den Nerven kurzhaarig. / 4 bis 6 (7) / (Kollin-)montan-subalpin. Steinige, felsige Hänge, Runsen. M, Schaffh., A (hfg.). – S, Savoyer Jura. [733]

145/1   145/2   145/3   145/4

– Weibl. und männl. Kätzchen an vorjährigen Zweigen. Fr. mit schmalem, undurchsichtigem Flügel.
A. glutinósa (L.) GAERTNER (*A. rotundifolia* MILLER), *Schwarz-E.* – B. rundl., vorn stumpf od. ausgerandet, in der Jugend klebrig, ausgewachsen kahl, nur unterseits in den Nervenwinkeln bärtig. Fr.zapfen gestielt. / 2 bis 4 / Kollin-montan. Feuchte Wälder, Ufer; verbr. [734]
A. incána (L.) MOENCH, *Grau-E.*, *Weiss-E.* – B. eifg., spitz od. zugespitzt, doppelt gezähnt, unterseits grauhaarig. Seitl. Fr.zapfen sitzend od. kurz gestielt. / 2 bis 4 / Kollin-montan(-subalpin). Wie vorige; hfg. [735]

83. **Bétula** L., *Birke*

1. Grössere Sträucher od. Bäume. Männl. Kätzchen hängend, ebenso zuletzt die weibl.
B. péndula ROTH (*B. verrucosa* EHRH.), *Hänge-B.*, *Weiss-B.* – B. rautenfg.-3eckig, lg. zugespitzt, doppelt gezähnt, ausgewachsen kahl. Fr.flügel 2–3mal so br. wie die Fr. *(Fig. 145/1).* / 4 bis 5 / Kollin-subalpin. Wälder, Ufergelände, Torfmoore; hfg. [736]
B. pubéscens EHRH., *Moor-B.* – B. eifg. od. rauten-eifg., bisweilen etwas herzfg., spitz, nebst den Zweigen in der Jugend weichhaarig (ausgewachsen wenigstens in den Nervenwinkeln), unterseits bärtig. Fr.flügel höchstens 2mal so br. wie die Fr. *(Fig. 145/2).* / 4 bis 5 / Kollin-subalpin. Torfmoore, bewaldete Hänge und Schluchten; verbr. J, M, A. – S, V. [737]
– Niedrige Sträucher. Männl. und weibl. Kätzchen aufrecht.
B. húmilis SCHRANK, *Niedrige B.* – Strauch, 60–200 cm. B. 10–35 mm lg., rundl.eifg. bis eifg., stumpfl. bis etwas zugespitzt, ungleich gekerbtgesägt. Flügel der Fr. etwa halb so br. wie diese. / 5 / Montan. Waldmoore; s. s. Kt. St. Gallen. – Badischer Jura. [738]
B. nana L., *Zwerg-B.* – Sträuchlein, 30–80 cm. B. 4–12 mm lg., rundl., oft breiter als lg., stumpf gekerbt. Flügel der Fr. schmal. / 5 / Montan. Torfmoore. J (Waadt, Neuenb., Bern), M (s.), A (s.). [739]
Bastarde.

Fam. 36. **Coryláceae.** *Haselgewächse*

Einhäusige Bäume od. Sträucher mit spiralig od. 2zeilig stehenden B. Nebenb. hinfällig. Bl. eingeschlechtig. Männl. Bl. ohne Bl.decke, einzeln in den Achseln der Tragb. von Kätzchen. Stbb. an der Spitze mit Haarbüscheln. Weibl. Bl. mit unscheinbarem Pg., in knospenfg. od. lockeren bis dichten Kätzchen. Frb. 2, zu einem unterst. Frkn. verwachsen. Von Deck- und Vorb. umhüllte Nüsse.

1. Weibl. Bl. in der Knospe eingeschlossen, nur die roten N. vorragend *(Fig. 145/3).* Bl. vor den B. entwickelt. **Corylus 85**
– Männl. und weibl. Bl. in Kätzchen. 2
2. Weibl. Kätzchen locker. Fr.hülle 3lappig. **Carpinus 84**
– Weibl. Kätzchen dicht (an diejenigen des Hopfens erinnernd). Fr.hülle sackartig, die Fr. ganz einhüllend. **Ostrya 86**

84. Cárpinus L., *Hainbuche*

C. bétulus L., *Hagebuche, Weissbuche.* – B. eifg.-längl., doppelt gesägt; Seitennerven etwas vertieft. Mittlerer Lappen der Fr.hülle viel länger als die seitl. / 5 / Kollin(-montan). Wälder; verbr. (auf weite Strecken fehlend). [740]

85. Córylus L., *Haselstrauch*

C. avellána L., *Haselstrauch, Hasel.* – B. rundl. od. längl.-verkehrt-eifg., am Grunde herzfg., zugespitzt, doppelt gesägt. / 2 bis 4 / Kollin-subalpin. Wälder, Gebüsche; hfg. [741]

86. Óstrya SCOP., *Hopfenbuche*

O. carpinifólia SCOP., *Hopfenbuche.* – B. eifg., zugespitzt, am Grunde etwas herzfg., doppelt gesägt. / 4 bis 5 / Kollin-montan. Wälder, Buschhänge. T und Südtäler von Graub. – Südl. Grenzzone von Ao. bis Chiav. und Veltlin. [742]

Fam 37. **Ulmáceae.** *Ulmengewächse*

Bäume mit 2zeilig stehenden, ungeteilten, an der Basis meist asymm. B. Nebenb. hinfällig. Bl. zwittrig od. eingeschlechtig, einzeln od. in Büscheln. Bl.decke einfach, 4–5blättrig. Stbb. 4–5. Frb. 1, oberst. Geflügelte Nüsse od. Steinfr.

1. Bl. vor den B. entwickelt, in Büscheln. Fr. nussfg., br. geflügelt *(Fig. 145/4).* **Ulmus 87**
– Bl. mit den B. erscheinend, meist einzeln, lg. gestielt. Fr. eine Steinfr. **Celtis 88**

87. Ulmus L., *Ulme*

1. Bl. lg. gestielt, gebüschelt, hängend. Fr. am Rande zottig-gewimpert.
U. laevis PALLAS (*U. effusa* WILLD.), *Flatter-U.* – B. unterseits weichhaarig. / 3 / Kollin. Gepflanzt; s. verwildert. [750]
– Bl. kurz gestielt od. fast sitzend, geknäuelt, nicht hängend. Fr. am Rande kahl.
U. minor MILLER (*U. campestris* L. em. HUDSON), *Feld-U.* – Junge Zweige kahl, die älteren oft mit Korkleisten. Knospen fast kahl. B. lg. gestielt, doppelt-gekerbt-gesägt, kahl od. unterseits in den Nervenwinkeln

bärtig. S. unmittelbar unter der Ausrandung der Fr. liegend. / 3 / Kollin. Wälder, Gebüsche; in wärmeren Lagen; zerstr. [751]

U. glabra HUDSON (*U. scabra* MILLER, *U. montana* STOKES), *Berg-U.* – Junge Zweige und Knospen behaart. B. kurz gestielt, lg. zugespitzt, mit sichelfg. gekrümmten Doppelzähnen, oberseits rauh, unterseits kurzhaarig. S. etwa in der Mitte der Fr. liegend. / 3 / Kollin-montan. Wälder; verbr. Hfg. gepflanzt. [752]

88. **Celtis** L., *Zürgelbaum*

C. austrális L., *Zürgelbaum.* – B. schief-eifg., lg. zugespitzt, doppelt gesägt, beiderseits behaart. / 3 bis 4 / Kollin. Felsige, buschige Hänge. Südl. T, Graub. (Puschlav). – Südl. Grenzzone von Ao. bis Chiav. und Veltlin, Vintschgau. [753]

Fam. 38. **Moráceae.** *Maulbeergewächse*

Ein- od. 2häusige Bäume und Sträucher, selten Kräuter, mit Milchsaft. Nebenb. hinfällig. B. ungeteilt od. gelappt. Bl. eingeschlechtig, in dichten Kätzchen od. fleischigen, birnfg. Behältern (Feigen). Bl.decke 3–4teilig. Männl. Bl. mit 3–4 Stbb., weibl. Bl. mit oberst., sich zu Nüssen entwickelnden Frb. Birnenfg. od. beerenartige Scheinfr.

1. B. ungeteilt od. gelappt. Fr. eine Scheinbeere.   **Morus** 89
– B. handfg. gelappt. Fr. birnfg.   **Ficus** 90

89. **Morus** L., *Maulbeerbaum*

M. nigra L., *Schwarzer M.* – B. derb, herzfg., ungeteilt od. buchtig-gelappt, beiderseits rauhhaarig. Scheinbeere schwarzviolett, fast sitzend. / 5 / Kollin. Kult. (besonders auf der Alpensüdseite). Heimat Südwestasien. [754]

M. alba L., *Weisser M.* – B. weich, ungeteilt od. gelappt, oberseits kahl, unterseits spärl. behaart. Scheinbeere weiss od. rot, gestielt, von fadem Geschmack. / 5 / Wie vorige. Heimat Nordindien und Zentralasien bis China. [755]

90. **Ficus** L., *Feigenbaum*

F. cárica L., *Feigenbaum.* – B. 3–5lappig, am Grunde herzfg., oberseits rauh, unterseits flaumhaarig. / 5 bis 8 / Kollin. Felsige Orte; verwildert. Besonders Südschw. [757]

Fam. 39. **Cannabáceae.** *Hanfgewächse*

2häusige Kräuter od. Stauden, ohne Milchsaft. B. gefingert od. gelappt. Bl. eingeschlechtig, die männl. gestielt mit 5teiliger Bl.decke, die weibl. Bl. sitzend, mit ungeteilter Bl.decke. Frb. 1, oberst. Von der bleibenden Bl.decke umhüllte Achaenen.

1. St. windend.   **Humulus** 91
– St. aufrecht.   **Cannabis** 92

91. **Húmulus** L., *Hopfen*

H. lúpulus L., *Hopfen*. – Pfl. 3–6 m, rauh, mit rechtswindendem St. B. handfg. 3–5lappig, grob gezähnt. Männl. Blstd. locker-rispig, weibl. dicht, zapfenähnl. / 7 bis 8 / Kollin(-montan). Hecken, Gebüsche; verbr. [758]

92. **Cánnabis** L., *Hanf*

C. satíva L., *Hanf*. – St. 50–150 cm. B. gegenst., handfg. 5–7zählig, mit lanzettl., scharf gesägten Teilb. / 7 bis 8 / Kollin. Kult. (heute nur noch s.); gelegentl. auf Ödland. Stammt aus Westasien und Indien. [759]

Fam. 40. **Urticáceae.** *Brennesselgewächse*

Kräuter od. Stauden mit gegenst. od. wechselst., ungeteilten B., meist mit Nebenb. Bl. zwittrig od. eingeschlechtig, Pg. 4–5zählig. Stbb. 4–5, in der Knospenlage nach innen gekrümmt, dann elastisch sich spreizend. Frb. 1, oberst. Achaenen.

1. Pfl. mit Brennhaaren. B. gegenst., gesägt.   **Urtica** 93
– Pfl. ohne Brennhaare. B. wechselst., ganzrandig.   **Parietaria** 94

93. **Urtíca** L., *Brennessel*

U. urens L., *Kleine B*. – Pfl. einjährig, 20–50 cm. B. eifg. tiefeingeschnitten-gesägt. Bl.zweige mit männl. und weibl. Bl., aufrecht, kürzer als die B.stiele. / 6 bis 9 / Kollin-montan(-subalpin). Schuttplätze, Dorfstrassen; zerstr. [760]
U. dioéca L., *Grosse B*. – Pfl. mehrjährig, 50–120 cm, 2häusig. B. längl.-herzfg., grob gesägt. Alle Bl.zweige länger als die B.stiele, die weibl. Bl. tragenden hängend. / 6 bis 9 / Kollin-subalpin(-alpin). Hecken, Gebüsche, Ruderalstellen, Viehläger; s. hfg. [761]

94. **Parietária** L., *Glaskraut*

P. officinális L. (*P. erecta* M. u. K.), *Aufrechtes G*. – St. 20–100 cm, aufrecht, einfach od. wenig ästig. B. elliptisch-lanzettl., lg. zugespitzt. Pg. der Zwitterbl. so lg. wie die Stbb., bis 3 mm lg., auch zur Fr.zeit glockig. Weibl. Bl. die Deckb. weit überragend. / 6 bis 8 / Kollin(-montan). Hekken, frische Ruderalstellen; zerstr. [762]
P. judáica L. (*P. ramiflora* MOENCH, *P. diffusa* M. u. K.), *Niederliegendes G*. – St. 4–40 cm, niederliegend, ästig. B. eifg.-rundl., zugespitzt. Pg. der Zwitterbl. zuletzt etwa doppelt so lg. wie die Stbb., bis 3,5 mm lg., röhrig. Weibl. Bl. die Deckb. kaum überragend. / 6 bis 8 / Kollin(-montan). Mauern, Steinhaufen; verbr. Südschw. – Ain, Sav.

Fam. 41. **Juglandáceae.** *Walnussgewächse*

Einhäusige Bäume mit wechselst., gefiederten, aromatisch duftenden B., ohne Nebenb. Männl. Blstd. am Vorjahresholz. Stbb. 3–40. Weibl. Bl. am Ende der diesjährigen Triebe, mit 3–5teiliger Bl.decke. Frb. 2, zu einem unterst. Frkn. verwachsen. Fr. mit grüner, bei der Fr.reife sich fasrig ablösender Fr.schale, einsamig.

95. **Juglans** L., *Walnussbaum*

J. régia L., *Nussbaum.* – B. unpaarig gefiedert; Teilb. längl.-eifg., fast ganzrandig, unterseits in den Aderwinkeln bärtig. Männl. Bl. in hängenden Kätzchen; weibl. zu 2–3 (selten mehr). Fr. eine Steinfr. / 5 / Kollin-montan. Gepflanzt und verwildert. Heimat Südosteuropa und Asien. [732]

Fam. 42. **Grossulariáceae.** *Stachelbeergewächse*

Stachlige od. wehrlose Sträucher mit wechselst., nebenb.losen, meist handfg. gelappten B. Blstd. traubig. Bl. zwittrig, radiärsymm., die Teile frei, in Kreisen angeordnet. Kb. 5, Krb. 5, Stbb. 5, Frb. 2, zu einem unterst. Frkn. verwachsen. Griffel 2, im unteren Teil verwachsen. Mehrsamige Beeren.

96. **Ribes** L., *Johannisbeere*

1. Strauch stachlig.
   R. uva-crispa L. (*R. grossularia* L.), *Stachelbeere.* – B. 3–5lappig, eingeschnitten-gezähnt. Traube 1–3bl. Krb. grünl. od. schmutzigrot. Fr. kahl od. mit drüsenlosen od. drüsigen Haaren. / 4 / Kollin-montan(-subalpin). Steinige Orte, Hecken; verbr. Hfg. kult. [1353]
– Strauch wehrlos. 2
2. Traube auch zur Fr.zeit aufrecht.
   R. alpínum L., *Alpen-J.* – B. klein (samt Stiel 2–4 cm). Traube drüsig behaart. Deckb. länger als die Bl.stiele. Pfl. unvollkommen 2häusig. Krb. gelbl. / 4 bis 6 / Montan-subalpin. Wälder und Gebüsche; verbr.; s. in tiefen Lagen. [1354]
– Traube, wenigstens nach dem Verblühen, hängend. 3
3. B. unterseits drüsig punktiert.
   R. nigrum L., *Schwarze J., Cassis.* – Traube flaumig behaart. Deckb. viel kürzer als die Bl.stiele. Krb. rötl. Fr. schwarz. / 4 / Kollin. Kult. und verwildert. [1355]
– B. drüsenlos.
   R. rubrum L. (*R. vulgare* LAM.), *Rote J.* – K.zipfel kahl. K.röhre flachbekkenfg. Krb. grünl.-gelb. Fr. rot od. gelbl.-weiss. / 4 bis 5 / Kollin-montan. Kult. und verwildert. [1356]
   R. petraéum WULFEN, *Felsen-J.* – K.zipfel gewimpert. K.röhre vertieftglockenfg. Krb. grünl.-gelb, oft rot überlaufen. Fr. rot. / 4 bis 5 / (Montan-)subalpin(-alpin). Wälder, Blockhalden; zerstr. J (bis Hasenmatt [Kt. Sol.]), M (s.), A. Auch kult. – S, V. [1357]

Fam. 43. **Philadelpháceae.** *Pfeifenstrauchgewächse*

Sträucher od. kleine Bäume mit einfachen, gegenst., nebenb.losen B. Bl. zwittrig, radiärsymm., 4–5zählig, die Teile frei. Kb. 4–5, Krb. 4–5, Stbb. 10 od. ca. 25, Frb. 2, zu einem unterst. Frkn. verwachsen. Mehrsamige, 3–4fächrige Kapseln.

97. **Philadélphus** L., *Pfeifenstrauch*

Ph. coronárius L., *Pfeifenstrauch, Falscher Jasmin.* – Bis 3 m hoher Strauch. B. eifg.-elliptisch, gezähnelt. Blstd. traubig, 1–10bl. Bl. weiss, stark duftend. / 5 bis 6 / Kollin. Gepflanzt und nicht s. verwildert od. eingebürgert. (Urwüchsig in Österreich, Norditalien, Siebenbürgen, Südrussland [in Armenien und im Kaukasus?]; die wilde Form wird auch als eigene Art: *Ph. pallidus* HAYEK betrachtet.) [1352]

Fam. 44. **Crassuláceae.** *Dickblattgewächse*

Ein- od. 2jährige Kräuter od. Stauden, selten Halbsträucher, mit wechselst., gegenst. od. grundst., fleischigen, ungeteilten B. Nebenb. fehlend. Blstd. cymös. Bl. zwittrig, radiärsymm., die Teile frei od. verwachsen. Kb. (3–)5(–20), Krb. (3–)5(–20), Stbb. 1 od. 2mal so viele wie Krb. Frb. meist so viele wie Krb., frei od. am Grunde verwachsen, oberst. Mehrsamige Balgfrüchte.

1. Untere Stlb. fast kreisrund, schildfg. Krb. röhrenfg. verwachsen.

                                       Umbilicus 101

– Stlb. nicht schildfg. Krb. frei od. nur am Grunde verwachsen. 2

2. Kb. und Krb. 6–20. Stbb. 12–40.   **Sempervivum 100**

– Kb. und Krb. 5 (ausnahmsweise 4 od. 6–8). Stbb. 10 (bei S. rubens

    5). 3

3. Pfl. 2häusig; Bl. meist 4zählig.   **Rhodiola 98**

– Pfl. zwittrig; Bl. meist 5zählig.   **Sedum 99**

98. **Rhodíola** L., *Rosenwurz*

R. rósea L. (*Sedum rhodiola* DC., *S. rosea* (L.) SCOP.), *Rosenwurz.* – St. 15–35 cm. B. lanzettl., spitz, vorn gezähnt. Bl. gelbl., oft rot überlaufen; die Krb. der weibl. Bl. verkümmert od. fehlend. / 6 bis 8 / Subalpin-alpin. Felsige Stellen; kalkfliehend; verbr. A (Südketten). – S, V. [1284]

99. **Sedum** L., *Fettkraut, Mauerpfeffer*

1. B. flach. 2

– B. halbstielrund od. stielrund. 3

2. B. ganzrandig.

    S. anacámpseros L., *Rundblättriges F.* – St. 10–25 cm, meist rasig niederliegend. B. verkehrt-eifg., stumpf. Blstd. dicht trugdoldig. Krb. rot. / 7 bis 9 / Subalpin-alpin. Gesteinsschutt, Felsen; kalkfliehend; s. A (Waadt, Wallis). – Ao., Val Sesia. [1285]

    S. cepaéa L., *Rispiges F.* – St. 10–40 cm, aufrecht. Untere B. verkehrt-eifg., obere lineal. Blstd. locker-rispig. Krb. rosenrot od. weissl., mit ro-

tem, seltener grünem Mittelstreifen. / 6 bis 7 / Kollin. Warme, schattige Orte, Mauern, Südwestschw., T, Graub. (Misox, Calanca). [1286]
– B. gezähnt.
  S. teléphium L. s.l., *Grosses F.* – St. 20–70 cm, aufrecht, kahl. Sterile Triebe fehlend. Blstd. dicht, doldentraubig. Krb. 4–5 mm lg. / 6 bis 9 / Kollin-subalpin. Steinige, buschige Orte, Rasen, Felsen; verbr. [1287–1288]
    01. S. máximum (L.) HOFFM., *Grosses F.* – Obere B. eifg., schwach herzfg. umfassend od. sitzend, meist gegenst. od. zu 3 quirlst., unregelm. stumpfzähnig. Krb. grünl.-gelb, selten blassrot. – Kollin-subalpin. Steinige, buschige Orte, Mauern, Schutt; zerstr. [1287]
    – Obere B. lanzettl., nicht umfassend, mit verschmälertem Grunde sitzend, wechselst.
      S. teléphium L. s.str. (*S. purpurascens* KOCH, *S. purpureum* (L.) SCHULT.), *Purpurrotes F.* – Obere B. mit abgerundetem Grunde sitzend, unregelm. stumpfzähnig. Krb. rot, über der Mitte zurückgekrümmt. – Kollin-subalpin. Steinige, buschige Orte, Mauern, Schutt; verbr.
      S. fabária KOCH, *Saubohnen-F.* – Obere B. mit stielartig verschmälertem Grunde sitzend, spitzig gezähnt. Krb. rot, gerade abstehend. – Kollin-montan. Feuchte Felsen, Rasen. J, M. – S, V. [1288]
  S. spúrium M. B., *Kaukasus-F.* – St. 10–20 cm, niederliegend, wurzelnd, mit nichtblühenden seitl. Trieben. B. keilfg.-verkehrt-eifg. Blstd. doldenrispig. Krb. rot (selten weiss). / 6 bis 7 / Kollin-montan. Kult.; hie und da an Mauern und Wegrändern verwildert. Heimat Kaukasusländer, Armenien und Kurdistan. [1289]
3. Krb. gelb 4
– Krb. nicht gelb 7
4. Pfl. 1–2jährig, ohne nichtblühende Triebe.
  S. ánnuum L., *Einjähriger M.* – St. 5–15 cm. B. walzenfg.-lineal. Äste der Trugdolde verlängert, mit sitzenden Bl. / 7 bis 8 / (Kollin-montan-)subalpin(-alpin). Felsen, Mauern, Alluvionen; auf Silikatgestein; verbr. A. – S, V. [1290]
– Pfl. mehrjährig, mit nichtblühenden Trieben (vgl. aber S. atratum). 5
5. B. stachelspitzig *(Fig. 151/1).* St. 10–30 cm.
  S. rupéstre L. s.l., *Felsen-M.* – Pfl. 5–50 cm, mit mehreren, bogig aufsteigenden St. B. lineal-pfrieml. Blstd. eine Trugdolde. Bl. 5–7zählig. Krb.

151/1   151/2

44. Crassulaceae

2–3mal so lg. wie die Kb., stumpf, gelb bis weiss. / 7 bis 9 / Kollin-subalpin. Trockenrasen, Mauern, Felsen; zerstr. [1291, 1293]

01. Trugdolde mit zurückgekrümmten od. etwas eingerollten Ästen. Kb. spitz, kahl. Stbb. am Grunde auf der Innenseite behaart.
S. refléxum L. (*S. rupestre* auct. p.p.), *Felsen-M.* – St. 15–30 cm. Krb. lebhaft gelb. – Kollin-montan. Trockene kalkarme Böden; zerstr. [1291]
– Trugdolde eben. Kb. zugespitzt, drüsig behaart. Stbb. vollständig kahl.
S. ochroléucum CHAIX (*S. anopetalum* DC.), *Blassgelber M.* – St. 10–20 cm. Krb. weissl.-gelb od. crèmefarben, meist aufrecht. – Kollin-montan. Felsen; Südschw. – Sav.
S. montánum PERR. u. SONG., *Berg-M.* – St. 10–20 cm. Krb. lebhaft gelb, meist abstehend. – Kollin-subalpin. Felsspalten, Silikatschutt; verbr., besonders Südschw. [1293]

– B. stumpf, ohne Stachelspitze *(Fig. 151/2)*. St. 3–12 cm. 6
6. B. locker, unregelm. stehend. Blstd. arm- (bis 5-)bl. Krb. kurz, stumpf.
S. alpéstre VILL. (*S. repens* SCHLEICHER), *Alpen-M.* – St. 3–5 cm. Krb. blassgelb. / 7 bis 8 / (Subalpin-)alpin. Rasen, Felsschutt; verbr. A. – V. [1295]
– B. dicht, in regelm. Längsreihen stehend. Blstd. reichbl. Krb. lanzettl., spitz.
S. acre L., *Scharfer M.* – St. 8–12 cm. B. eifg., oberseits flach, am Grunde nur wenig über die Anwachsstelle herabreichend. Krb. lebhaft gelb. / 6 bis 7 / Kollin-subalpin. Trockene Orte, Mauern, Felsen, Äcker; verbr. [1296]
S. sexanguláre L. emend. GRIMM (*S. mite* GILIB., *S. boloniense* auct.), *Milder M.* – St. 5–10 cm. B. lineal, walzenfg., am Grunde mit einem unter die Anwachsstelle herabreichenden Sporn. Krb. gelb. / 6 bis 8 / Kollin-subalpin. Trockene Orte, Mauern, Alluvionen; hfg. [1297]
7. B. elliptisch, eifg. od. fast rundl.
S. dasyphýllum L., *Dickblättriger M.* – St. 5–15 cm. B. unterseits stark gewölbt, oberseits fast flach, blaugrün. Krb. weiss, mit rotem Mittelstreifen. / 5 bis 8 / Kollin-subalpin(-alpin). Mauern, Felsen; verbr. [1298]
– B. längl., keulenfg. od. lineal. 8
8. Stbb. 5.
S. rubens L. (*Crassula rubens* L.), *Rötlicher M.* – St. 5–15 cm, oberwärts drüsig behaart, rötl. überlaufen. B. fleischig, oberseits flach od. rinnig, blaugrün. Bl. rötl.-weiss. Stb.beutel rot. / 6 bis 7 / Kollin. Trockenrasen, Äcker, Weinberge; s. s. M. [1283]
– Stbb. 10. 9
9. Krb. meist 6, fast 4mal so lg. wie der K.
S. hispánicum L., *Spanischer M.* – St. 8–15 cm. B. lineal, spitz, blaugrün. Krb. weiss, mit rötl. Mittelstreifen. / 7 / Kollin-subalpin. Felsen, Felsschutt, Mauern; zerstr. Zentral-, Ost- und Südschw. [1299]
– Krb. 5, 2–3mal so lg. wie der K. 10
10. Pfl. drüsenhaarig.
S. villósum L., *Moor-M.* – St. 5–20 cm. B. längl., stumpf, gelbgrün. Krb. rosenrot, mit dunklerem Mittelstreifen. / 6 bis 7 / Montan-alpin. Nasse Wiesen, Moore, feuchte Felsen; kalkmeidend; s. s. M, A. – S, V. [1300]
– Pfl. kahl.
S. album L., *Weisser M.* – Pfl. 10–30 cm, mit nichtblühenden Trieben. B. lineal-walzenfg. Krb. weiss od. blassrosa. / 6 bis 9 / Kollin-subalpin(-alpin). Mauern, Felsen, Alluvionen; verbr. [1301]

S. atrátum L., *Dunkler M.* – Pfl. 3–6 cm, ohne nichtblühende Triebe, meist rotbraun überlaufen. B. keulenfg. Krb. weissl., grünl. od. rötl. / 7 bis 8 / (Montan-)subalpin-alpin. Kalkschutt, Rasen. J (bis Chasseral), M (s.), A (hfg.). [1303]

100. Sempervívum L., *Hauswurz*

1. Krb. gelb (beim Trocknen grün werdend).

  S. wulfénii HOPPE, *Wulfens H.* – St. 10–25 cm. Rosettenb. auf den Flächen kahl, am Rande drüsig gewimpert, seegrün. Krb. gelb. / 7 bis 8 / Subalpin-alpin. Steinige Weiden, Felsen; s. A (südöstl. Graub.). [1304]

  S. grandiflórum HAWORTH (*S. gaudini* CHRIST), *Gaudins H.* – St. 10–25 cm. Rosettenb. auf den Flächen und am Rande drüsig gewimpert (intensiv duftend), an der Spitze braunrot, bläul.-grün. Krb. grünl.-gelb. / 6 bis 8 / Subalpin. Wie vorige; s. s. A (Wallis, T). – Piemont. [1305]

– Krb. rot od. violett, selten weiss od. weissl.-gelb. 2

2. Rosettenb. an der Spitze durch lg., weisse Haare spinnwebartig miteinander verbunden.

  S. arachnoídeum L., *Spinnweb-H.* – St. 5–12 cm. Haarüberzug der Rosetten von Pfl. sonniger Standorte besonders dicht. Krb. lebhaft hellrot bis karminrot. / 6 bis 8 / (Kollin-)montan-alpin. Felsen, steinige Orte, Mauerkronen; meist auf Silikatgestein; hfg. A. [1307]

– Rosettenb. an der Spitze nicht spinnwebartig lg.haarig. 3

3. Rosettenb. auf den Flächen und am Rande dicht drüsenhaarig.

  S. fauconnétii REUTER, *Fauconnets H.* – St. 10–20 cm. Rosettenb. gegen die Spitze durch lg., geschlängelte Wimperhaare bärtig. Krb. ei-lanzettl., 2mal so lg. wie die Kb., rosa. / 7 bis 9 / Montan-subalpin. Steinige Weiden. – Französ. Jura (Reculet). [1311]

  S. montánum L., *Berg-H.* – St. 10–15 cm. Rosettenb. an der Spitze ohne lg. Wimpern. Krb. schmal, 3mal so lg. wie die Kb., rotviolett (selten weissl.-gelb). / 7 bis 8 / (Montan-)subalpin-alpin. Steinige Rasen; auf Silikatgestein; hfg. A. [1310]

– Rosettenb. auf den Flächen kahl, am Rande mit steifl. Wimpern.

  S. tectórum L., *Gemeine H.* – St. 20–60 cm. Rosettenb. rasch zugespitzt, oft ganz od. teilweise rot überlaufen. Krb. schmutzigrot. / 7 bis 9 / Felsige Orte. J (bis Pieterlen), M (s.), A (verbr.). Auch gepflanzt auf Dächern und Mauern. – V, Hegau. [1308]

  S. alpínum GRISEB. u. SCHENK, *Alpen-H.* – Unterscheidet sich von der vorigen Art durch niedrigeren Wuchs und durch Rosetten, die kleiner und deren B. lg. zugespitzt und am Rande unregelm. gewimpert sind. / 7 bis 8 / (Kollin-)montan-alpin. Wie vorige. A (T, Graub.). [1309]

Bastarde zahlreich.

101. Umbilícus DC., *Venusnabel*

U. rupéster (SALISB.) DANDY (*U. pendulinus* DC., *Cotyledon umbilicus-veneris* auct.), *Venusnabel*. – W. knollig. St. 10–60 cm. B. fleischig, lg. gestielt. Bl. zahlreich, grünl. od. rötl., in einer verlängerten Ähre. / 5 bis 7 / Kollin. Mauern. – Italienisches Gebiet des Langensees, Var.; Co. (?). (Früher auch im T.) [1282]

Fam. 45. **Saxifragáceae.** *Steinbrechgewächse*

Einjährige Kräuter od. Stauden mit wechselst., selten gegenst., nebenb.losen B. Blstd. cymös od. traubig. Bl. zwittrig, radiärsymm., die Teile ± frei. Kb. 5(–4), Krb. 5 od. 0, Stbb. 2×5 od. 8–10, Frb. 2, im unteren Teil verwachsen, oben frei, oberst. od. halboberst. *(Fig. 65/4).* Mehrsamige, 2schnäblige Kapseln.

1. Kr. fehlend. Stbb. meist 8.	**Chrysosplenium 103**
– K. und Kr. vorhanden. Stbb. 10.	**Saxifraga 102**

102. **Saxífraga** L., *Steinbrech*

1. B. gegenst., stets ungeteilt. Krb. rot od. violett.................. 2
– B. wechselst. od. grundst....................................... 4
2. B. an der Spitze mit 3–5 kalkausscheidenden Grübchen.
   S. retúsa GOUAN s.l., *Gestutzter S.* – St. 1–5(–15) cm, niederliegend, ästig, dicht beblättert. B. längl.-lanzettl., von der Mitte an zurückgebogen. Krb. rot. Stbb. gelb. / 5 bis 6 / (Subalpin-)alpin. Felsen, Felsgrus; s. A. [1312]
      S. retúsa GOUAN s.str. (*S. retusa* GOUAN var. *sturmiana* (RCHB.) BECHERER u. THELL., *S. retusa* GOUAN var. *wulfiana* (SCHOTT) SCH. u. K.), *Gestutzter S.* – Bl.sprosse 0,5–1,5 cm, 1–3bl. Oberer Teil des St. und K. kahl. Krb. br.-lanzettl. – (Subalpin-)alpin. Auf Silikatgestein. Wallis (Simplon-Südseite), T (Maggiatäler, Centovalli). – Ao., Val Sesia, Ossolatäler. [1312]
      S. purpúrea ALL. sec. H. HUBER (*S. retusa* GOUAN var. *augustana* VACC.), *Purpur-S.* – Bl.sprosse 2–5 cm, 2–5bl. Oberer Teil des St. und K. dicht drüsig behaart. Krb. schmal-lanzettl. – (Subalpin-)alpin. Auf Kalkschiefer. – Ao., Ossolatäler (?).
– B. an der Spitze mit 1–3 kalkausscheidenden Grübchen. 3
3. Bl. einzeln. Stbb. grauviolett.
   S. oppositifólia L., *Gegenblättriger S.* – Pfl. 10–30 cm, dichtrasig, niederliegend, mit aufrechten blühenden St. B. 2,5–4 mm lg., spitzl. Kb. mit drüsenlosen, seltener drüsentragenden Wimpern. Krb. 5nervig, violett od. lila. / 5 bis 7 / (Montan-subalpin-)alpin. Felsen, Gesteinsschutt. J (Dent de Vaulion), M (Napf), A (hfg.); an Flüssen herabgeschwemmt. – Französ. Jura. – Die robuste, grossblütige im Feb. und März blühende var. *amphibia* SÜNDERMANN früher am Unter- und Bodensee. [1313]
– Bl. zu 2–5 (9). Stbb. orangegelb.
   S. biflóra ALL., *Zweiblütiger S.* – Pfl. 10–30 cm, lockerrasig. B. rundl., verkehrt-eifg., dick, fleischig. Krb. spatelfg.-lanzettl., 3nervig, meist dunkelviolett, seltener rötl. od. weiss. / 7 bis 8 / (Subalpin-)alpin. Felsschutt; zerstr. A. [1314]
   S. macropétala KERNER, *Grossblütiger S.* – Von der vorigen Art verschieden durch br.-verkehrt-eifg., 5nervige Krb. / 7 bis 8 / (Subalpin-)alpin. Wie vorige; zerstr. A. [1315]
4. B. am Rande mit eingedrückten kalkausscheidenden Grübchen. .. 5
– B. ohne kalkausscheidende Grübchen. 9
5. Krb. safran- od. orangegelb.
   S. mutáta L., *Safrangelber S.* – St. 10–50 cm, weisshaarig, oberwärts drüsig. B. zungenfg. Krb. lineal-lanzettl. / 6 bis 7 / Kollin-subalpin. Feuchte Felsen und Schluchten; zerstr. M, A. [1316]
– Krb. weiss, bisweilen rötl. überlaufen. 6
6. B. zungenfg., gross, gezähnt od. gekerbt. 7

– B. fast 3kantig, 3–7 mm lg., ganzrandig. St. 1–12 cm.   8
7. St. nur oberwärts rispig verzweigt.
  S. hóstii TAUSCH (*S. elatior* M. u. K.), *Hosts S.* – St. 20–60 cm. Rosettenb.
  2–10 cm lg., gekerbt, mit gestutzten Kerben, od., wenn gezähnt, an der
  Spitze herabgebogen. Rispe 5–9bl. Krb. öfter rot punktiert. / 5 bis 7 /
  Montan-alpin. Felsen der südl. Kalkalpen. – Co., Bormio. [1318]
  S. paniculáta MILLER (*S. aizoon* JACQ.), *Trauben-S.* – St. 5–50 cm. Rosettenb. 1–3 cm lg., gesägt, mit zugespitzten, vorwärts gerichteten Zähnen,
  gerade od. einwärts gebogen. Seitenäste der Rispe 1–5bl. Krb. bisweilen
  rot punktiert. / 5 bis 7 / (Kollin-montan-)subalpin-alpin. Felsen, Felsschutt, Rasen; s. hfg. J, M (vereinzelt), A. – S, V. [1317]
– St. schon vom Grunde an rispig.
  S. hálleri VEST (*S. cotyledon* L. p.p.), *Strauss-S.* – St. 30–80 cm. Rosettenb. 2–8 cm lg. Rispe oft überhängend, mit 5–20bl. Ästen. Krb. selten
  rot punktiert. / 5 bis 7 / Kollin-subalpin(-alpin). Felsen; auf Silikatgestein. A (in den Südtälern verbr.). [1319]
8. B. in eine starre, stechende Spitze verschmälert.
  S. vandéllii STERNB., *Vandellis S.* – Starre, stechende, meist kompakte
  Halbkugelpolster bildend. St. 3–7bl. B. dunkelgrün. Krb. keilfg. bis verkehrt-eifg., bis 3mal so lg. wie die Kb. / 5 bis 6 / Montan-subal-
  pin(-alpin). Felsen der südl. Kalkalpen. – Co., Bormio. [1320]
– B. stumpf od. stumpfl., nicht stechend.
  S. caésia L., *Blaugrüner S.* – St. 3–12 cm, oberwärts zerstr.-drüsig behaart. Rosettenb. blaugrün, fast vom Grunde an bogenfg. zurückgekrümmt. / 7 bis 8 / (Montan-)subalpin-alpin. Felsen, Felsschutt; auf
  Kalk; verbr. M (Appenzell), A. [1321]
  S. diapensioídes BELL., *Diapensienartiger S.* – St. 1–10 cm, dicht drüsig
  behaart. Rosettenb. hellgraugrün, aufrecht od. an der Spitze etwas zurückgekrümmt. / 6 bis 7 / Subalpin-alpin. Felsen; auf Kalk und Dolomit; s. A (Wallis [Dransetäler]). – Ao. [1322]
9. St. (abgesehen von kleinen Deckb. der Bl.zweige) b.los. Grundst. B. ungeteilt. 10
– St. beblättert od., wenn b.los, die grundst. B. handfg. geteilt. 12
10. B. mit spitzen Zähnen, am Grunde keilfg. verschmälert, fast sitzend.
  S. stelláris L., *Sternblütiger S.* – St. 7–20 cm. B. glänzend, verkehrt-eifg.
  Krb. weiss, mit 2 gelben Flecken. / 7 bis 8 / Montan-alpin. Quellfluren,
  feuchte Felsen; hfg. A. – S, V. [1327]
– B. gekerbt, mit knorpeligem Rand, gestielt. 11
11. B. herzfg.-rundl. od. oval.
  S. stolonífera CURTIS (*S. sarmentosa* L.), *Judenbart.* – Pfl. 20–50 cm, mit
  oberird., lg., fadenfg. Ausläufern. B. gekerbt, behaart, unterseits rötl.
  Krb. weiss od. rosa, ungleich, die 2 unteren viel länger, bis 10 mm. / 5 bis
  7 / Kollin. Kult. und an Mauern verwildert; eingebürgert im T und in
  Graub. (Misox) sowie in den italienischen Grenzgebieten. Stammt aus
  China und Japan. [1325]
  S. hirsúta L. (*S. geum* auct.), *Nieren-S.* – Pfl. 10–40 cm, ohne Ausläufer.
  B. beiderseits grün. Krb. weiss, klein / 7 / Montan. Kult. und verwildert;
  eingebürgert in den V.
– B. am Grunde keilfg. verschmälert.
  S. cuneifólia L., *Keilblättriger S.* – St. 10–20 cm. B. kahl, rundl.-verkehrt-
  eifg., vorn gestutzt. B.stiel kahl. Krb. weiss, am Grunde mit einem

45. Saxifragaceae

orangegelben Fleck. / 5 bis 7 / Montan-subalpin. Schattige Stellen. J
(Dôle), A (verbr.). – Französ. Jura (Dép. du Jura). [1326]

S. umbrósa L., *Schattenliebender S.* – St. 10–30 cm. B. kahl, verkehrt-
eifg.-längl. B.stiel zottig gewimpert. Krb. weiss, rot punktiert. / 7 / Montan. Kult. und verwildert; eingebürgert in den V. [1324]

12. Krb. goldgelb, zitronengelb od. orange.

S. hírculus L., *Goldblumiger S.* – Pfl. mit beblätterten Ausläufern. St. 20–
30 cm. B. lanzettl. Bl. 1–3(–5). Krb. goldgelb, bis 15 mm lg. / 7 / Kollin-
montan. Torfmoore, Sumpfgräben; s. s. J (Waadt; noch eine einzige
Fundstelle); in M längst erloschen. [1328]

S. aizoídes L. (*S. autumnalis* L.), *Bewimperter S.* – Pfl. lockerrasig. St. 10–
25 cm, aufsteigend, reich beblättert. B. fleischig, lineal bis lineal-lanzettl.,
gewimpert. Krb. zitronengelb, seltener orange, selten dunkelrot bis
schwärzl., 4–6 mm lg. / 6 bis 8 / (Kollin-)montan-alpin. Quellfluren und
feuchte Hänge; hfg. M (s.), A; hie und da mit den Flüssen herabsteigend.
– Französ. Jura. [1329]

14. Krb. weiss, gelb und rot punktiert. Pfl. ohne Brutknöllchen.

S. rotundifólia L., *Rundblättriger S.* – St. 20–50 cm, reichbl. B. rundl.-nie-
renfg., eingeschnitten-gezähnt. Kb. nach dem Verblühen abstehend
od. zurückgeschlagen. / 6 bis 9 / (Kollin-)montan-subalpin(-alpin).
Feuchte, schattige Orte; verbr. J, M, A. [1330]

15. Brutknöllchen nur am unteren Teil des St., unterird.

S. granuláta L., *Knöllchen-S.* – St. 20–40 cm. Grundst. B. nierenfg., lap-
pig-gekerbt. Stlb. keilfg., grob- und tiefgezähnt. Krb. 10–17(–20) mm lg.
/ 4 bis 5 / Kollin-montan. Wiesen, grasige Raine: s. Nord- und Südwestschw. – Els., Ao. [1331]

– Brutknöllchen auch in den Winkeln der oberen Stlb.

S. bulbífera L., *Zwiebel-S.* – St. 20–30 cm, vielbl. Grundst. B. rundl., nierenfg., gekerbt, behaart. Krb. 6–10 mm lg. / 5 / Kollin-montan. Grasige
Hügel; s. Wallis. – Co., Veltlin. [1332]

S. cérnua L., *Arktischer Knöllchen-S.* – St. 10–15 cm, meist einbl. Brutknöllchen am St. karminrot. B. kahl; die grundst. und die unteren Stlb.
gestielt, 5–7lappig. Krb. 8–13 mm lg. / 7 / Subalpin-alpin. Feuchte Felsen, Rasen; s. s. A (Waadt, Bern, Wallis, Graub.). – Tirol. [1333]

17. B. handfg.-3sp., eingeschnitten gezähnt. Krb. 3mal so lg. wie die Kb.

S. petraéa L., *Krainer S.* – St. 10–25 cm, zart, hin und her gebogen.
Untere B. am Grunde nierenfg., in den lg. B.stiel verschmälert; Lappen
gezähnt. Obere St.b. fast sitzend, eifg. Krb. weiss. / 5 bis 6 / Montan-
subalpin. Feuchte Kalkfelsen. – Co. [1336]

– B. 3–7zähnig od. lappig bis ganzrandig. Krb. 2–3mal so lg. wie die Kb.

S. tridactylites L., *Dreifingeriger S.* – Pfl. 2–12 cm, drüsig-klebrig.
Grundst. B. frühzeitig absterbend. Stlb. 3lappig od. ungeteilt. Bl.stiele
2–5mal so lg. wie die Bl. Krb. weiss / 3 bis 5 / Kollin-montan. Rasen, steinige Orte, Mauern; verbr. [1334]

S. ascéndens L. (*S. controversa* STERNB.), *Aufsteigender S.* – Pfl. 5–20 cm, drüsig behaart. Grundst. B. bis zur Fr.zeit bleibend, wie die Stlb. ungeteilt od 3–5sp. Bl.stiele höchstens so lg. wie die Bl. Krb. weiss. / 7 bis 8 / Subalpin-alpin. Steinige Rasen; s. A. [1335]

18. Alle B. ungeteilt, bisweilen kurz 3–5spitzig. 19

– Untere B. (wenigstens die der Rosetten) handfg. 3–5–9sp., zuweilen einzelne (selten bei S. moschata alle) ungeteilt. 22

19. B. lineal od. lineal-lanzettl., grannenartig zugespitzt, dornig gewimpert.

S. áspera L., *Rauher S.* – Pfl. 5–15 cm, in lockeren Polstern. B. 1–2 mm br. B.rosetten an den sterilen Trieben kürzer als ihr Tragb. St. 1–7bl. Krb. verkehrt-eifg., weiss, am Grunde mit einem gelben Fleck. / 7 bis 8 / (Montan-)subalpin(-alpin). Felsen, Felsgrus; auf Silikat; verbr. A. [1344]

S. bryoídes L. (*S. aspera* L. ssp. *bryoides* (L.) GAUDIN), *Moosartiger S.* – Pfl. 2–5 cm, in dichten Polstern. B. bis 1 mm br. B.rosetten der sterilen Triebe so lange wie ihr Tragb. St. meist einbl. Krb. oval, weiss, am Grunde mit einem gelben Fleck und orangen Punkten. / 7 bis 8 / (Subalpin-)alpin. Felsgrus; auf Silikat; verbr. A. [1345]

– B. nicht grannenartig zugespitzt, drüsig gewimpert. 20

20. Grundst. B. lineal-längl. St. 2–5blättrig.

S. muscoídes ALL. (*S. planifolia* auct.), *Flachblättriger S.* – St. 2–5 cm, 1–5bl. Triebe dicht dachziegelartig beblättert. B. glänzend, die abgestorbenen vorn weissl. Krb. gelbl.-weiss, selten zitronengelb, doppelt so lg. wie die Kb. / 7 bis 8 / (Subalpin-)alpin. Felsen, Felsgrus; zerstr. A. [1346]

– Grundst. B. spatelfg. St. b.los od. bis 3blättrig. 21

21. B. stachelspitzig.

S. sedoídes L., *Fettkraut-S.* – Pfl. lockerrasig, kriechend, drüsenhaarig. Blühende St. 1,5–5 cm hoch. Krb. gelbl., so lg. od. ein wenig länger als die Kb. / 6 bis 8 / Subalpin-alpin. Felsen und Felsschutt der südl. Kalkalpen. – Co. [1338]

– B. nicht stachelspitzig.

S. androsácea L., *Mannsschild-S.* – St. 2–10 cm. B. ganzrandig od. an der Spitze 3–5zähnig. Krb. weiss, etwa doppelt so lg. wie die Kb. / 7 bis 8 / (Subalpin-)alpin. Rasen, Felsen; kalkliebend; verbr. A. [1347]

S. seguiéri SPRENGEL, *Séguiers S.* – St. 2–6 cm. B. ganzrandig. Krb. gelbl., so lg. oder ein wenig länger als die Kb. / 7 bis 8 / (Subalpin-)alpin. Wie vorige; vorwiegend auf Silikatgestein; verbr. A. [1348]

22. Krb. lineal, viel schmäler als die Kb.

S. aphýlla STERNB. (*S. stenopetala* GAUDIN), *Schmalkronblättriger S.* – St. 1–5 cm, b.los, meist einbl. Krb. gelbl.-weiss, nur wenig länger als die Kb. / 7 bis 8 / (Subalpin-)alpin. Kalkschutt; zerstr. A (östl. Teile, westl. bis Kt. Bern). [1337]

– Krb. so br. od. breiter als die Kb. 23

23. Nichtblühende Triebe kurz; Pfl. dichtrasig. Krb. höchstens 5 mm lg.

S. moscháta WULFEN (*S. varians* SIEBER), *Moschus-S.* – St. 2–12 cm, mehr od. weniger drüsig od. fast kahl. B. im frischen Zustande ohne Furchen, getrocknet leicht gefurcht, ungeteilt od. meist 3–5sp., mit linealen Zipfeln. Krb. gelbl.-grün, selten weiss, rosa od. dunkelrot, so br. od. ein wenig breiter als die Kb. / 7 bis 8 / Subalpin-alpin. Felsen, Felsschutt; verbr. A. – Französ. Jura. [1340]

S. exaráta VILL., *Gefurchter S.* – St. 3–15 cm, behaart, drüsig. B. getrocknet zwischen den Nerven deutl. gefurcht. Krb. gelbl.-weiss, seltener

weiss od. rötl., bis doppelt so br. wie die Kb. / (5) 7 bis 8 / Subalpin-alpin. Nur auf kalkarmer Unterlage; verbr. A; auch herabsteigend. [1341]
– Nichtblühende Triebe verlängert; Pfl. lockerrasig. Krb. 8–10 mm lg.
S. hypnoídes L., *Moos-S.* – St. 10–20 cm. B. gestielt, mit unterseits ge-wölbtem Stiel, an den jungen Trieben meist ungeteilt, an den Rosetten handfg.-5sp., mit lanzettl., stachelspitzigen Zipfeln. Krb. weissgelb. / 5 bis 6 / Montan. Kult. und verwildert; eingebürgert in den V. [1342]
S. decípiens EHRH. (*S. rosacea* MOENCH), *Rosen-S.* – St. 10–30 cm. B. lg. gestielt, an den jungen Trieben 3sp., an den Rosetten 5–9sp., mit lan-zettl., stumpfen od. stachelspitzigen Zipfeln. Krb. weiss. / 5 bis 6 / Wie vorige; eingebürgert in S und V. [1343]
Bastarde.

103. **Chrysosplénium** L., *Milzkraut*

Ch. alternifólium L., *Wechselblättriges M.* – St. 5–20 cm. B. wechselst., rundl.-nierenfg., tief gekerbt. Bl. goldgelb. / 4 bis 6 / Kollin-subal-pin(-alpin). Feuchte, schattige Orte, an Bächen; verbr. [1349]
Ch. oppositifólium L., *Gegenblättriges M.* – St. 5–15 cm. B. gegenst., am Grunde gestutzt, geschweift-gekerbt. Bl. grünl.-gelb. / 4 bis 7 / (Kollin-) montan(-subalpin). Wie vorige; zerstr. J und M (s.). – S und V (hfg.), Sav. [1350]

Fam. 46. **Parnassiáceae.** *Herzblattgewächse*

Stauden mit ungeteilten B. Bl. zwittrig, radiärsymm., die Teile frei. Kb. 5, Krb. 5, Stbb. 5, abwechselnd mit 5 gelbgrünen, drüsig gefransten Nektarb., Frb. 4, zu einem oberst. Frkn. verwachsen. Mehrsamige Kapseln.

104. **Parnássia** L., *Herzblatt*

P. palústris L., *Herzblatt, Studentenröschen.* – St. 5–30 cm, aufrecht, kan-tig, einbl., mit einem sitzenden, umfassenden B. Grundst. B. herzfg. Krb. weiss. / 7 bis 9 / Kollin-alpin. Sumpfwiesen, Quellen, Kiesalluvionen, Felsschutt; verbr. [1351]

Fam. 47. **Sarraceniáceae.** *Krugpflanzengewächse*

Insektenfangende Stauden mit schlauchfg., vorn durch einen klappenartigen Lappen verschlossenen B. Bl. zwittrig, radiärsymm., die Teile frei. Kb. 5, Krb. 5, Stbb. zahl-reich, Frb. 5, zu einem oberst. Frkn. verwachsen. Mehrsamige Kapseln.

105. **Sarracénia** L., *Krugpflanze*

S. purpúrea L., *Krugpflanze.* – Pfl. mit grundst., 6–15 cm lg. B. Bl. einzeln, 20–35 cm lg. gestielt, bis 7 cm im Durchm. Bl.decke grünl., rot überlau-fen. N. schirmfg. / 7 / Kollin(-montan). Sumpfwiesen, Torfmoore. Ein-gebürgert im Berner und Neuenburger Jura sowie im M. Stammt aus Nordamerika. [1281]

Fam. 48. **Droseráceae.** *Sonnentaugewächse*

Insektenfangende Stauden. B. wechselst., meist gestielt, mit reizbaren Drüsenhaaren und kurzen Verdauungsdrüsen zum Fangen und Verdauen von Insekten. Blstd. cymös. Bl. zwittrig, radiärsymm. Kb. 5, am Grunde verwachsen, Krb. 5, Stbb. 5, Frb. 3, zu einem oberst. Frkn. verwachsen. Einfächrige, mehrsamige Kapseln.

1. Moorpfl. mit grundst. B. Kr. weiss.   **Drosera 106**
– Untergetauchte, w.lose Wasserpfl. mit quirlst. B. Kr. grünl.-weiss.
                                               Aldrovanda 107

106. **Drósera** L., *Sonnentau*

1. St. kaum höher als die B.
    D. intermédia HAYNE, *Mittlerer S.* – St. 5–10 cm. B. keilfg.-verkehrt-eifg. / 7 bis 8 / Kollin-montan. Torfmoore; s. [1276]
– St. 2–4mal so hoch wie die B.
    D. ánglica HUDSON em. SM., *Langblättriger S.* – St. 10–25 cm. B. lineal-keulenfg., allmähl. in den Stiel verschmälert. / 7 bis 8 / Kollin-subalpin. Torfmoore, quellige Stellen an Berghängen; verbr. [1278]
    D. rotundifólia L., *Rundblättriger S.* – St. 10–25 cm. B. ausgebreitet, rundl., plötzl. in den lg. Stiel zusgez. / 7 bis 8 / Wie vorige; verbr. [1277]
    D. obováta M. u. K. (*D. anglica × rotundifolia*), *Breitblättriger S.* – B. aufrecht, verkehrt-eifg., in den Stiel verschmälert. / 7 bis 8 / Mit den Eltern, öfters aber auch ohne *D. anglica*; zerstr. [1279]

107. **Aldrovánda** L., *Aldrovande*

    A. vesiculósa L., *Aldrovande.* – St. 5–20 cm. B.stiel am Ende verbreitert, jederseits mit 2–3 borstenfg. Wimpern. B.spreite muschelfg.-2klappig (reizbar, bei Berührung zusammenklappend; *Fig. 69/1*). Bl. einzeln in den B.winkeln. Fr. eine Kapsel. / 7 bis 8 / Kollin. Stehende Gewässer. Mettmenhaslersee bei Niederhasli (Kt. Zürich) (hier 1908 eingepflanzt). 1955 und 1964 mehrfach in Seen und Tümpeln im Kt. Bern eingeführt. [1280]

Fam. 49. **Rosáceae.** *Rosengewächse*

Kräuter, Stauden, Sträucher od. Bäume. B. wechselst., einfach od. zusges., gefiedert od. gefingert, meist mit Nebenb. Bl. einzeln od. in Blstd., meist zwittrig, radiärsymm. Kb. (4–)5 od. mehr, oft mit Aussenkelch *(Fig. 159/1)*, Krb. (4–)5, selten 0 od. 8–9, Stbb.

159/1

159/2

159/3

49. Rosaceae

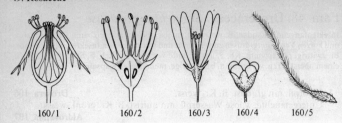

160/1   160/2   160/3   160/4   160/5

meist zahlreich, Frb. zahlreich bis 1, frei (apokarp) od. scheinbar verwachsen (coenokarp), auf dem kegelfg. gewölbten od. ± flachen Bl.boden sitzend *(Fig. 159/2)* od. in
einen krugfg. Achsenbecher eingesenkt *(Fig. 159/3, 160/1)* und mit diesem ± verwachsen *(Fig. 160/2)*. Frkn. daher oberst., mittelst. od. unterst. Kapseln, Nüsse od.
Steinfr., vielfach Sammelfr. und durch die mannigfaltige Beteiligung der Bl.achse oft
Scheinfr. bildend.

14. Bl.achse flach od. gewölbt *(Fig. 159/2)*. Saftige Sammelfr.   **Rubus 122**
– Bl.achse krugfg. vertieft, die zahlreichen Frkn. einschliessend *(Fig. 160/1)*. Hagebutte.   **Rosa 121**
15. Bl.decke einfach (bei Alchemilla und Aremonia mit Aussenk.). 16
– Bl.decke in K. und Kr. geschieden. 18
16. B. handfg. gelappt od. fingerfg. geteilt. 17
– B. gefiedert.   **Sanguisorba 111**
17. Pfl. einjährig, ohne grundst. B. Bl. in Knäueln zw. den Nebenb. sitzend. Stbb. 1–2.   **Aphanes 119**
– Pfl. mehrjährig. Bl. in endst. Blstd. Stbb. 4.   **Alchemilla 120**
18. K.zipfel so viele wie Krb. (4 od. 5, zuweilen bis 8). 19
– K.zipfel doppelt so viele wie Krb. *(Fig. 159/1)*. 23
19. Bl. gelb. 20
– Bl. weiss od rötl. 21
20. Bl. in reichbl., verlängerten, traubigen Blstd.   **Agrimonia 110**
– Bl. wenige, doldentraubig.   **Aremonia 112**
21. B. einfach-3zählig zusges. od. gelappt.   **Rubus 122**
– B. gefiedert od. doppelt-3zählig zusges. 22
22. B. mit Nebenb., unterbrochen gefiedert. Fr. einsamig.   **Filipendula 109**
– B. ohne Nebenb., doppelt-3zählig zusges. od. gefiedert. Fr. mehrsamig.   **Aruncus 108**
23. Gr. nach der Bl.zeit bleibend, verlängert, ganz od. teilweise zottigbehaart. B. fiederschn. od. leierfg.-fiederschn.   **Geum 114**
– Gr. abfallend. B. gefiedert od. fingerfg. zusges. 24
24. Krb. klein (1–1½ mm). Stbb. meist 5.   **Sibbaldia 118**
– Krb. ansehnl. Stbb. zahlreich. 25
25. Fr.boden zuletzt saftig, sich vom K. ablösend *(Fig. 161/1)*. B. 3zählig. Krb. weiss od. gelb. 26
– Fr.boden trocken, sich vom K. nicht lösend *(Fig. 161/2)*. B. 3- bis mehrzählig gefingert od. gefiedert. Krb. weiss, gelb, rötl., rosa od. schwarzrot.   **Potentilla 115**
26. Krb. gelb.   **Duchesnea 117**
– Krb. weiss.   **Fragaria 116**

Unterfam. 49.1. **Spiraeoídeae.** *Spiraeenartige*

Sträucher od. Stauden, meist ohne Nebenb. Bl. 5zählig, mit flachem bis glockenfg. Bl.boden *(Fig. 161/3)*. Stbb. 15 bis viele. Frb. 1–5, frei od. am Grunde verwachsen. Mehrsamige Balgfr.

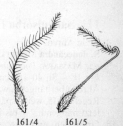

161/1   161/2   161/3   161/4   161/5

49. Rosaceae

108. Arúncus ADANSON, *Geissbart*

A. dioécus (WALTER) FERNALD (*A. silvester* KOSTELETZKY, *Spiraea aruncus* L.), *Geissbart.* – Pfl. 1–2 m hoch. Teilb. eifg., fein zugespitzt, scharf doppelt gesägt. Bl. meist eingeschlechtig, klein, in rispig zusammengestellten Ähren. Krb. der männl. Bl. reinweiss, die der weibl. Bl. gelbl.-weiss. / 6 bis 7 / Kollin-montan(-subalpin). Wälder, Schluchten; hfg. [1360]

Unterfam. 49.2. Rosoídeae. *Rosenartige*

Holzgewächse, Stauden od. Kräuter mit Nebenb. Bl. 4-, 5- od. 6zählig mit flachem, kegelfg. gewölbtem *(Fig. 159/2)* od. becherartig vertieftem Bl.boden *(Fig. 160/1)*, oft mit Aussenkelch *(Fig. 159/1)*. Stbb. 5 bis viele, Frb. 5 bis viele. Nüsse, oft mit Griffelfortsatz *(Fig. 161/4, 5)*. Sammelfr.

109. Filipéndula MILLER, *Spierstaude, Mädesüss*

F. ulmária (L.) MAXIM. (*Spiraea ulmaria* L., *Ulmaria pentapetala* GILIB.), *Moor-S.* – St. 90–150 cm. Grössere Teilb. jederseits 3–6, eifg. bis längl.; Endb. gross, 3–5lappig; alle Teilb. doppelt gesägt. Krb. weiss, 3–5 mm lg. / 6 bis 8 / Kollin-subalpin. Feuchte Wiesen, Gräben, Gebüsche; hfg. [1443]

F. vulgaris MOENCH (*F. hexapetala* GILIB., *S. filipendula* L.), *Knollige S.* – W.fasern knollig verdickt. St. 40–80 cm. Grössere Teilb. jederseits 15–30, längl., fiedersp.-eingeschnitten. Krb. weiss, 5–9 mm lg. / 5 bis 7 / Kollin-montan(-subalpin). Wiesen, lichte Wälder; zerstr. [1444]

110. Agrimónia L., *Odermennig*

A. eupatória L., *Gemeiner O.* – St. 30–100 cm, fast stielrund, rauhhaarig, mit sitzenden Drüsen. Teilb. unterseits dicht grau behaart, drüsenlos od. zerstr. drüsig. Krb. gelb. Frkn. fast bis zum Grunde tief gefurcht; äussere Stacheln weit abstehend. / 6 bis 9 / Kollin-montan(-subalpin). Wegränder, Raine, Hecken; hfg. [1456]

A. procéra WALLR. (*A. odorata* (GONAN) MILLER), *Wohlriechender O.* – St. 60–180 cm, mit deutl. gestielten Drüsen. Teilb. beiderseits zerstr. behaart, unterseits reichdrüsig. Krb. gelb. Frkn. bis gegen die Mitte seicht gefurcht; äussere Stacheln zurückgeschlagen. / 6 bis 8 / Kollin-montan. Gebüsche, Waldränder; s. [1457]

111. Sanguisórba L., *Wiesenknopf*

1. Bl. in Ähren.

S. dodecándra MORETTI (*S. macrostachya* COMOLLI u. JAN, *S. vallistellinae* MASSARA, *Poterium dodecandrum* BENTHAM u. HOOKER), *Bergamasker W.* – St. 40–150 cm. B. gefiedert, mit 7–19 zieml. schmalen Teilb. Ähren überhängend, walzenfg., bis 7 cm lg. Kb. gelbl.-grün. Stbb. in der Regel 12–15, weiss, später gelb bis rostrot, 3–4mal so lg. wie die Kb., zuletzt hängend. / 7 bis 8 / Montan-subalpin(-alpin). Wiesen, Bachufer, Grünerlen- und Zwergstrauchbestände. – Veltlin, Bergam. [1460]

– Bl. in Köpfchen. 2
2. Bl. dunkelrot, alle od. doch die unteren des Köpfchens zwittrig. Stbb. 4.
S. officinális L. (*P. officinale* A. GRAY), *Grosser W.* – St. 30–120 cm. B. gefiedert; Teilb. gestielt, am Grunde herzfg., oberseits grasgrün, glänzend, unterseits graugrün. Köpfchen eilängl. / 6 bis 9 / Kollin-subalpin(-alpin). Feuchte Wiesen, Flachmoore; verbr. [1459]
– Bl. grün od. rötl., die oberen des Köpfchens weibl., die unteren männl. Stbb. zahlreich.
S. minor SCOP. (*P. sanguisorba* L.), *Kleiner W.* – St. 20–50 cm. B. gefiedert; Teilb. eirundl. od. längl., unterseits graugrün. Köpfchen kugelig od. oval. K. zur Fr.zeit netzartig-runzlig. / 5 bis 8 / Kollin-subalpin. Raine, trockene Wiesen; hfg. [1462]
S. muricáta (SPACH) GREMLI (*P. muricatum* SPACH), *Weichstachliger W.* – Der vorigen Art ähnl., aber K.röhre zur Fr.zeit fein vertieft-runzlig, mit geflügelten Kanten. / 6 bis 7 / Kollin. Kunstwiesen, Ödland; s. [1451]

112. **Aremónia** DC., *Aremonie*

A. agrimonoídes (L.) DC., *Aremonie*. – Pfl. ohne Drüsen (geruchlos). St. 10–30 cm, stielrund, unterwärts meist purpurn überlaufen. B. fast alle zu einer grundst. Rosette vereinigt, unterbrochen gefiedert, mit grösseren und kleineren Teilb. Bl. zu 2–5, lebhaft gelb, mit 6–10sp. Aussenk. / 5 / Kollin-montan. Laubwälder. Genf (eingebürgert in Parkanlagen). – Bad. (Schliengen und Gegend von Waldshut). [1458]

113. **Dryas** L., *Silberwurz*

D. octopétala L., *Silberwurz*. – Zwergstrauch. Zweige niederliegend, bis 50 cm lg. B. gestielt, oval bis längl., gekerbt, unterseits (selten auch oberseits) weissfilzig. Bl. einzeln. Bl.stiele aufrecht, 5–10 cm hoch. Krb. weiss. / 6 bis 7 / Subalpin-alpin. Felsschutt, Felsen, steinige Rasen; auf Kalk. J (bis Lauchfluh bei ·Waldenburg [Kt. Baselland]), M (vereinzelt), A (s. hfg.). [1442]

114. **Geum** L., *Nelkenwurz*

1. St. einbl. Gr. ungegliedert, zottig behaart *(Fig. 161/4).*
G. reptans L. (*Sieversia reptans* (L.) R. BR.), *Kriechende Berg-N.* – Pfl. 5–20 cm, mit Ausläufern. Teilb. eingeschnitten-gesägt, mit spitzen Zähnen; Endb. 3–5sp. Krb. gelb. / 7 bis 8 / Alpin. Felsschutt, Alluvionen; verbr. A. [1441]
G. montánum L. (*S. montana* (L.) R. BR.), *Gemeine Berg-N.* – Pfl. 10–40 cm, ohne Ausläufer. Teilb. ungleich gekerbt; Endb. viel grösser, eifg.-rundl., am Grunde fast herzfg., stumpflappig. Krb. gelb. / 5 bis 8 / (Montan-)subalpin-alpin. Rasen; s. hfg. A. – Französ. Jura. [1440]
– St. mehrbl. Gr. gegliedert; der untere, hakige Teil bleibend, der obere abfallend *(Fig. 161/5).*
G. urbánum L., *Gemeine N., Benediktenkraut.* – St. 25–90 cm. Bl. aufrecht. Krb. gelb, ausgebreitet, ohne Nagel. Fr.köpfchen im K. sitzend. / 5 bis 8 / Kollin-montan(-subalpin). Wälder, Gebüsche; s. hfg. [1438]

163

G. rivále L., *Bach-N.* – St. 30–60 cm. Bl. nickend. Kb. braunrot. Krb. blassgelb, dunkler geadert und oft gegen den Rand und aussen braunrot überlaufen, aufrecht, mit lg. Nagel. Fr.köpfchen im K. lg. gestielt. / 4 bis 7 / Kollin-subalpin(-alpin). Feuchte Wiesen, an Waldbächen; hfg. [1439] Bastarde.

115. **Potentílla** L., *Fingerkraut*

1. Krb. bleibend, schwarzrot.
   P. palústris (L.) SCOP. (*Comarum palustre* L.), *Blutauge.* – St. 30–70 cm, niederliegend-aufsteigend. B. gefiedert; Teilb. 5–7, längl., scharf gesägt, unterseits bläul.-grün. Krb. schwarzrot, kürzer als die Kb. / 5 bis 7 / Kollin-subalpin. Torfsümpfe, Flachmoore; zerstr. [1401]
   – Krb. abfallend, nicht schwarzrot. 2
2. Spalierbildender Halbstrauch.
   P. nítida L., *Glänzendes F.* – Bis 10 cm hoch; die Sprosse von dichten, aufrecht-anliegenden Seidenhaaren gelbl.-weiss bis hellgrau schimmernd. Rosettenb. mit meist 3 sitzenden Teilb., beiderseits filzig-seidenhaarig. Bl. 2–2,5 cm im Durchm. Krb. doppelt so lg. wie die Kb., rosa. / 7 bis 8 / (Montan-)subalpin(-alpin). Felsen der südl. Kalkalpen. – Co. [1408]
   – Kräuter, Halbrosetten- od. Rosettenstauden. 3
3. Bl. weiss od. rosa. 4
   – Bl. gelb. 7
4. Grundst. B. gefiedert. Pfl. 20–60 cm.
   P. rupéstris L., *Felsen-F.* – St. aufrecht, meist rot überlaufen, behaart, oberwärts drüsig. Obere B. 3zählig. Krb. weiss. / 5 bis 7 / Kollin-montan(-subalpin). Felsen, Mauern, Raine, Waldränder; zerstr. M, Schaffh., A. – Bad., Els. [1402]
   – Grundst. B. fingerfg. zusges. Pfl. 5–20(–30) cm. 5
5. Grundst. B. 5zählig.
   P. alba L., *Weisses F.* – B. unterseits dicht- und angedrückt-seidenhaarig, silberglänzend. Blstd. locker, 1–5bl. Krb. weiss. Stbf. kahl. / 4 bis 6 / Kollin. Wälder, Gebüsche, Magerwiesen; s. M, Schaffh., T, Graub. (Misox). – Els., Sav., Ao., Var., Co., Veltlin. [1403]
   P. cauléscens L., *Vielstengliges F.* – B. unterseits behaart, grün. Blstd. trugdoldig-mehrbl. Krb. weiss. Stbf. behaart. / 7 bis 8 / Kollin-subalpin(-alpin). Kalkfelsen. J (Neuenb.), M (vereinzelt), A (im Osten verbr.). – Salève bei Genf. [1404]
   – Grundst. B. 3zählig. 6
6. Pfl. drüsig-klebrig. Blstd. reichbl.
   P. grammopétala MORETTI, *Schmalkronblättriges F.* – Pfl. dicht behaart. Krb. weiss, schmal spatelfg. Gr. rot. / 7 / Subalpin. Felsen; auf Silikatgestein; s. s. A (T, Graub. [Misox]). – Piemont, Co. [1405]
   – Pfl. nicht drüsig. Blstd. armbl.
   P. stérilis (L.) GARCKE (*P. fragariastrum* EHRH.), *Erdbeer-F.* – Pfl. mit Ausläufern. Zähne an den Teilb. jederseits 4–6. Krb. weiss, länger als die Kb. Stbf. fadenfg. / 3 bis 5 / Kollin(-montan-subalpin). Wälder, Raine; nördl. der A hfg., südl. der A s. [1406]
   P. micrántha RAMOND, *Kleinblütiges F.* – Pfl. ohne Ausläufer. Zähne an

den Teilb. jederseits 6–10. Krb. blassrötl., höchstens so lg. wie die Kb.; diese innen purpurn. Stbf. br., flach. / (2) 3 bis 5 / Kollin-montan. Waldränder, Gebüsche, Mauern, Schaffh., Südwest- und Südschw.; sonst s. – Bad., Els. [1407]

7. B. fingerfg. zusges., 3–5–7–9zählig. 9
– B. doppelt od. einfach gefiedert. 8
8. B. doppelt gefiedert, mit linealen Zipfeln.

P. multífida L., *Schlitzblättriges F.* – St. 5–25 cm, ausgebreitet, aufsteigend. B. unterseits weissfilzig. Krb. etwas länger als die Kb. / 7 bis 8 / Alpin. Weiden, Schaf- und Gemsläger; s. s. A (Wallis, Unterengadin). – Piemont (Val Divedro). [1409]

– B., wenigstens die unteren, einfach gefiedert.

P. supína L., *Niederliegendes F.* – Pfl. einjährig. St. 10–50 cm, niederliegend-aufsteigend, ästig. B. 3–5paarig gefiedert, beiderseits grün. Bl. klein (Krb. kürzer als die Kb.). / 6 bis 9 / Kollin-montan. Feuchte Orte, Dorfwege. – Bad., Els., Vintschgau. In der Schweiz adv. [1411]

P. anserína L., *Gänse-F.* – Pfl. mehrjährig, mit ausläuferartig kriechenden, 15–50 cm lg. St. B. unterbrochen-6–10paarig gefiedert, unterseits seidenhaarig-filzig, seltener auch oberseits seidenhaarig-filzig od. beiderseits grün. Bl. gross. / 5 bis 9 / Kollin-montan(-subalpin). Wegränder, Gräben, Weiden; meist hfg. [1412]

9. Bl. meist 4zählig, einzeln in den B.winkeln.

P. erécta (L.) Räuschel (*P. tormentilla* Necker), *Gemeiner Tormentill.* – St. 15–60 cm, niederliegend bis aufsteigend, nie wurzelnd. B. 3zählig; Stlb. sitzend od. sehr kurz gestielt. Teilb. längl.-keilfg., vorn eingeschnitten-gesägt, nebst den grossen, tief-3–5sp. Nebenb. angedrückt-behaart. Bl. in der Regel bis 1 cm im Durchm. / 6 bis 9 / Kollin-subalpin. Wälder, Moore, Wiesen, Weiden; s. hfg. [1413]

P. ×**mixta** Nolte ex Rchb. (*P. erecta* ×*reptans*), *Kriechender Tormentill.* – St. 15–60 cm, niederliegend, an den Knoten oft wurzelnd. B. 3–7zählig; untere Stlb. deutl. bis lg. gestielt. Bl. 15–18 mm im Durchm. / 6 bis 9 / Kollin. Schattige Wälder, Gräben, sumpfige Wiesen. Schaffh. – Vintschgau, Bodenseegebiet. Weitere Verbreitung festzustellen. [1414]

– Bl. 5zählig. 10
10. B. 3zählig (selten bei P. norvegica die grundst. 5–7zählig gefiedert). 11
– B. 5–7–9zählig (an Kümmerformen zuweilen 3zählig). 14
11. B. unterseits schneeweissfilzig.

P. nívea L., *Schneeweisses F.* – St. 5–10(20) cm, wollig behaart, fast b.los. Teilb. jederseits mit 3–7 Zähnen / 7 bis 8 / Subalpin-alpin. Steinige Rasen, Gräte; s. A (Wallis, Graub.). [1415]

– B. beiderseits grün. 12
12. Krb. kürzer als der K.

P. norvégica L., *Norwegisches F.* – St. 20–60 cm, rauhhaarig, gabelästig. Krb. blassgelb. / 6 bis 7 / Kollin. Schuttstellen, Torfmoore; eingeschleppt. [1416]

– Krb. länger als der K. 13
13. Bl. gross (bis über 2 cm im Durchm.).

P. grandiflóra L., *Grossblütiges F.* – St. 10–30 cm. B. beiderseits anliegend schimmernd behaart, gezähnt. / 7 bis 8 / Subalpin-alpin. Wiesen, Weiden, Felshänge; kalkfliehend; hfg. A. [1417]

– Bl. klein (8–12 mm im Durchm.).

P. frígida VILL. (*P. glacialis* HALLER f.), *Gletscher-F.* – Pfl. zottig behaart. St. 2–10 cm. Teilb. beiderseits zottig behaart, jederseits 2–4zähnig. / 7 bis 8 / Alpin. Kalkarme Rasen, Felsen; verbr. A. [1419]

P. brauneána HOPPE (*P. minima* HALLER f., *P. dubia* (CRANTZ) ZIMMETER), *Zwerg-F.* – St. 2–4 cm, meist 1bl. Teilb. oberseits kahl, unterseits an den Nerven zottig behaart, jederseits 2–3zähnig. / 7 bis 8 / (Subalpin-)alpin. Kalkhaltige Rasen, Schneetälchen; verbr. A. – Französ. Jura. [1420]

14. St. niederliegend-kriechend, an den Knoten wurzelnd.

P. reptans L., *Kriechendes F.* – St. 40–90 cm lg. B. sämtl. gestielt. Teilb. längl.-verkehrt-eifg., fast bis zum Grunde grob gesägt. Bl. einzeln, bis 2 cm gross. / 6 bis 8 / Kollin-montan(-subalpin). Wegränder, Hecken, Schuttplätze; hfg. [1421]

– Blühende St. aufrecht, aufsteigend od. niedergestreckt, aber nicht wurzelnd. 15

15. Pfl. mit zentralem, aufrechtem od. bogig aufsteigendem, reichbl. St. 16
– Blühende St. bogig aufsteigend, meist seitl. in den Winkeln einer zentralen B.rosette entspringend. 17

16. B. beiderseits grün.

P. recta L., *Hohes F.* – St. 30–70 cm, straff aufrecht, mit lg., abstehenden Haaren. Untere B. 5–7-, oberste 3zählig. Teilb. längl., bis zum Grunde tief eingeschnitten-gesägt. Bl. gross. Krb. schwefelgelb. / 6 bis 7 / Kollin(-montan). Trockenwarme Hügel (s.); Ödland, Dämme, Kunstwiesen; zerstr. [1422]

– B. unterseits weiss- od. graufilzig.

P. argéntea L., *Silber-F.* – St. 15–40 cm, bogenfg. aufsteigend, weissfilzig, spärl. lg.haarig. B. 5zählig, fast lederartig. Teilb. unterseits weissfilzig, oberseits dunkelgrün, kahl od. schwach behaart, am Rande umgerollt, gegen den Grund keilfg. verschmälert, vorn tief eingeschnitten-gesägt. / 6 bis 8 / Kollin-subalpin. Trockenwarme Hügel, Wegränder; verbr. [1423]

P. inclináta VILL. (*P. canescens* BESSER), *Graues F.* – St. 30–60 cm, steif aufrecht, graufilzig und lg.haarig. B. 5–7zählig. Teilb. unterseits graufilzig, oberseits behaart, am Rande flach, fast bis zum Grunde gesägt, jederseits 5–10zähnig. / 5 bis 6 / Kollin. Trockenwarme Orte; s. Nordschw., Wallis, T; auch adv. – Bad., Els., [1424]

17. B. unterseits von wollig-gekräuselten Haaren graufilzig; der Filz bedeckt von meist anliegenden, lg. Striegelhaaren. 18
– B. unterseits grün. od. sternhaarig-graufilzig; jedenfalls nie mit wollig-gekräuselten Haaren. 20

18. Pfl. hochwüchsig, in der Tracht der P. argentea und P. canescens ähnl. Bl. klein. Krb. lebhaft gelb.

P. collína WIBEL s. str., *Hügel-F.* – St. 20–30 cm. St. meist nur oberwärts verzweigt. Teilb. aus keilfg. Grunde längl.-verkehrt-eifg., jederseits mit 2–4 stumpfen Zähnen. / 5 bis 7 / Kollin. Trockenstellen; s. s. M (Glattfelden [Kt. Zürich]). – Ao.

– Pfl. mässig hoch, in der Tracht mehr der *P. neumanniana* ähnl. Bl. mittelgross. Krb. hellgelb. 19

19. B. unterseits schwach filzig, besonders an den Nerven schimmernd behaart.

P. alpícola DELASOIE, *Alpen-F.* – St. 10–35 cm. Grundst. B. lg. gestielt, meist 5zählig. Teilb. unterseits blassgrün, an den Nerven zottig-weisshaarig, am Grunde keilfg., vorn gestutzt, jederseits mit 2–4 nach vorwärts gerichteten, spitzen Zähnen. / 5 bis 7 / Kollin(-montan). Trockenwarme Hänge; s. s. Wallis, T, Graub. [1425]

– B. unterseits dicht seidig- bis graufilzig.

P. praecox F. SCHULTZ, *Frühzeitiges F.* – Pfl. 15–30 cm, dicht zottigbehaart, mit zahlreichen nichtblühenden B.rosetten. B. 5zählig. Teilb. längl.-keilfg., jederseits mit 3–7 stumpfen Zähnen, unterseits an den Nerven zottig-lg.haarig. Bl. 12–15 mm im Durchm. / 4 bis 7 / Kollin. Raine, Dämme; s. Schaffh. – Bad., Els. [1426]

P. leucopolitána P. J. M., *Weissenburger F.* – Pfl. 10–25 cm, mit einzelnen nichtblühenden B.rosetten. St. weiss- od. graufilzig. B. meist 5zählig. Teilb. mit keilfg. Grunde, jederseits mit 2–3 längl., stumpfen od. lanzettl., spitzen Zähnen. Bl. 8–10 mm im Durchm. / 5 bis 8 / Kollin. Trockene Hügel, Raine; s. s. Nordschw. – Bad. [1427]

20. Krb. klein, meist kürzer als der K.

P. intermédia L., *Mittleres F.* – St. 20–50 cm, verzweigt, wie die B. zottigweichhaarig. Untere B. 5zählig. Teilb. verkehrt-eifg., mit verschmälertem Grunde, grob eingeschnitten-gesägt. / 6 bis 7 / Kollin. Schuttstellen; eingeschleppt. [1428]

– Krb. ansehnl., meist länger als der K. 21

21. Grundst. B. 6–7–9zählig. Teilb. meist fast bis zum Grunde gezähnt.

P. thuringíaca BERNH. (*P. parviflora* GAUDIN), *Thüringer F.* – St. 10–40 cm, gabelästig. Teilb. br.-verkehrt-eifg., keilfg., jederseits mit 7–10 vorgestreckten Zähnen, oberseits dünn anliegend-, unterseits dichter anliegend- od. abstehend-behaart. Bl. 1,5–2 cm im Durchm. / 6 / Kollinmontan(-subalpin). Wiesenränder, Mauern; zerstr. J (bis Neuenb.), A. [1429]

P. heptaphýlla L. (*P. rubens* ZIMMETER), *Rötliches F.* – St. 5–25 cm, meist zahlreich, aufsteigend od. kreisfg. ausgebreitet, rot überlaufen, nebst den B.stielen von weichen, abstehenden Haaren fast zottig und bisweilen drüsig. Teilb. längl.-verkehrt-eifg., jederseits mit 3–6 Zähnen, unterseits und am Rande lg.haarig. Bl. 1–1,5 cm im Durchm. / 4 bis 5 / Kollin(-montan). Trockenwarme Hügel; s. Nordschw. – Bad., Els. [1430]

– Grundst. B. meist 5-, seltener bis 7zählig. 22

22. Rand der Teilb. silberglänzend-seidenhaarig.

P. aúrea L., *Gold-F.* – St. 5–20 cm. Nebenb. der grundst. B. lanzettl. Teilb. längl.-eifg., jederseits mit 2–4(–7) vorwärts gerichteten Zähnen und einem viel kleineren Endzahn. / 6 bis 8 / (Montan-)subalpin-alpin. Wiesen, Weiden; vorwiegend auf Silikat; s. hfg. J (bis Montoz), M (vereinzelt), A. – S. [1431]

– Rand der Teilb. nicht silberglänzend-seidenhaarig. 23

23. Nebenb. der grundst. B. eifg. od. br.-lanzettl.

P. crántzii (CRANTZ) BECK (*P. alpestris* HALLER f., *P. villosa* ZIMMETER), *Crantz' F.* – Pfl. 10–30 cm, behaart. Teilb. längl.- od. br.-verkehrt-eifg., keilfg., sich mit den Rändern oft seitl. deckend, jederseits 2–4zähnig; der Endzahn nicht od. nur wenig kleiner als die oberen Seitenzähne. / 6 bis 8 / (Montan-)subalpin-alpin. Rasen. Weiden; vorwiegend auf Kalk; s. hfg. J (bis Moron und Hasenmatt), M (östl. Teil), A. – V. [1432]

– Nebenb. der grundst. B. lineal. 24

24. B. ohne Sternhaare.

 P. neumanníana RCHB. (*P. tabernaemontani* ASCH., *P. verna* auct.), *Früh-lings-F.* – St. 5–30 cm, kreisfg. ausgebreitet, niederliegend-aufsteigend, mit aufrecht-abstehenden Haaren. Teilb. längl.-eifg., vorn stumpfl. ge-zähnt; Zähne jederseits meist unter 4, selten bis 8, oberseits dunkelgrün, unterseits blassgrün, an den Nerven behaart. Krb. verkehrt-herzfg., sich mit den Rändern kaum berührend. Formenreiche Art. / 4 bis 5 / Kol-lin(-montan). Hügel, Raine, Wegränder; s. hfg. [1433]
– B. (wenigstens unterseits) und übrige Teile der Pfl. sternhaarig. ... 25
25. Sternhaare nur auf der Unterseite und am Rande der B. einen lockeren Filz bildend.

 P. pusílla HOST (*P. puberula* KRAŠAN, *P. gaudini* GREMLI), *Schwachflok-kiges F.* – St. 5–15 cm. Teilb. längl.-verkehrt-eifg., beiderseits mehr od. weniger dicht sternhaarig, unterseits auf den Nerven striegelhaarig, stumpf gekerbt-gesägt, jederseits mit 4–8 Zähnen. / 4 bis 5 / Kollin-subalpin. Trockenwarme Hügel, Grasplätze; verbr. Südschw.; sonst s. – Els. [1434]
– Sternhaare auf beiden B.seiten einen zusammenhängenden Filz bildend, daher die B. grau bis weissgrau.

 P. arenária BORKH., *Sand-F.* – St. 5–15 cm. Untere B. oft 3zählig. Teilb. meist klein, längl.-keilfg., gegen die Spitze gesägt, jederseits mit 3–5 Zäh-nen. Haare des St. und der B.stiele mässig lg. od. kurz, anliegend od. auf-recht abstehend. Aussenkb. längl., spitzl., etwas kürzer od. so lg. wie die spitzen Kb. / 4 bis 5 / Kollin. Trockenwarme Hügel und Felsen; s. s. Nordostschw. – Bad., Els. [1435]
 P. cinérea CHAIX, *Aschgraues F.* – St. 5–15 cm. Teilb. längl.-verkehrt-eifg., derb, lederartig; Zähne jederseits bis 6 od. mehr. Haare des St. und der B.stiele sehr lg., teilweise waagrecht-abstehend. Aussenkb. elliptisch, stumpf, meist deutl. kürzer als die stumpfl. Kb. / 4 / Kollin-montan. Wie vorige; s. Wallis. – Ao. [1436]
 Bastarde zahlreich.

116. Fragária L., *Erdbeere*

1. Haare der seitl. Bl.stiele waagrecht-abstehend.

 F. moscháta DUCHESNE (*F. elatior* EHRH.), *Moschus-E.* – St. 20–40 cm, meist länger als die B. Seitl. Teilb. kurz gestielt. K. zur Fr.zeit abstehend. / 5 bis 6 / Kollin(-montan). Wälder, Gebüsche; s. Auch kult. und verwil-dert. [1398]
– Haare der seitl. Bl.stiele aufrecht od. anliegend.

 F. víridis DUCHESNE (*F. collina* EHRH.), *Hügel-E.* – Pfl. 5–15 cm, unvoll-kommen-zweihäusig. Stbb. der mehr männl. Bl. doppelt so hoch wie die Gr. K. nach dem Verblühen aufrecht. / 5 / Kollin-montan. Trockene Magerwiesen, Waldränder; zerstr. [1399]
 F. vesca L., *Wald-E.* – Pfl. 5–20 cm, zwittrig. Stbb. kaum so lg. wie die Gr. K. nach dem Verblühen abstehend od. zurückgeschlagen. / 4 bis 6 / Kol-lin-subalpin. Holzschläge, Waldränder, lichte Wälder; s. hfg.[1] [1400]
 Bastarde.

[1] Die – mancherorts verwildernden – Gartenerdbeeren gehen zurück auf die grossblü-tigen amerikanischen Arten *F. chiloensis* (L.) DUCHESNE, *F. virginiana* DUCHESNE und den Bastard zwischen diesen beiden, *F. ananassa* DUCHESNE (*Ananas-Erdbeere*), ausserdem auf Bastarde der amerikanischen Arten mit unseren einheimischen.

117. **Duchésnea** Sm., *Scheinerdbeere*

D. índica (ANDREWS) FOCKE (*Fragaria indica* ANDREWS), *Scheinerd-beere.* – St. niederliegend, 20–50 cm. B. lg. gestielt. Bl. einzeln. Aussenkb. gross, 3zähnig. Scheinfr. ungeniessbar. / 4 bis 7 / Kollin. Hecken, Mauern, Grasplätze. Eingebürgert im T und in Graub. (Misox); sonst hie und da verschleppt. – Südl. Grenzzone von Ao. bis Veltlin. Stammt aus Süd- und Südostasien. [1397]

118. **Sibbáldia** L., *Sibbaldie*

S. procúmbens L., *Sibbaldie.* – St. 2–5(–7) cm, niederliegend, B. 3zählig. Teilb. keilfg., an der Spitze 3zähnig, oberseits fast kahl, unterseits be-haart. Krb. gelbgrün. / 6 bis 7 / (Montan-subalpin-)alpin. Rasen, Schneetälchen. J (bis Mont Tendre), A (verbr.). – V. [1437]

119. **Aphánes** L., *Ackerfrauenmantel*

A. arvénsis L. (*Alchemilla arvensis* (L.) SCOP.), *Ackerfrauenmantel.* – Pfl. dunkelgrün. St. 5–15(–20) cm, bogig aufsteigend bis aufrecht, meist ver-zweigt. B. tief 3lappig, mit eingeschnittenen Lappen. Lappen der Ne-benb. etwa so lg. wie br. *(Fig. 169/1).* K.becher der reifen F. die Nebenb. nicht überragend, deutl. nervig, unterhalb der K.zähne deutl. einge-schnürt. K.zähne oft etwas spreizend *(Fig. 169/2).* Fr. 1,4–1,8 mm lg., braun. / 5 bis 9 / Kollin(-montan). Sandige bis lehmige Getreideäcker und Trockenrasen; zerstr. [1445]

A. microcárpa (BOISSIER u. REUTER) ROTHMALER (*A. microcarpa* BOISSIER u. REUTER), *Kleinfrüchtiger A.* – Pfl. hellgrün, der vorigen Art ähnl., jedoch selten über 5 cm. Lappen der Nebenb. etwa 2mal so lg. wie br. *(Fig. 169/3).* K.becher der reifen Fr. die Nebenb. meist überragend, undeutl. nervig, unterhalb der K.zähne kaum eingeschnürt. K.zähne zusammenneigend *(Fig. 169/4).* Fr. 0,1–1,1 mm lg., gelb. / 5 bis 6 / Kollin. Kalkarme, sandige Felder und Alluvionen; s. s. T (Locarno). – S, Els. [1446]

120. **Alchemílla** L., *Frauenmantel, Taumantel*

1. Grundst. B. bis od. fast bis zum Grunde 5–9teilig. 2
– Grundst. B. höchstens bis zur Mitte od. wenig darüber 5–11-lappig; Lap-pen br. 3
2. B. beiderseits grün.
   A. pentaphylléa L., *Schneetälchen-F.* – St. 3–15 cm, niederliegend. B.

169/1   169/2   169/3   169/4

5teilig, die 3 mittleren Abschn. verkehrt-eifg., keilfg., tief-eingeschnitten-gezähnt. / 7 bis 8 / (Subalpin-)alpin. Feuchte Rasen, Schneetälchen; verbr. A. [1447]

– B. unterseits grau- od. weissfilzig, seidig schimmernd.

A. alpína L. s.l., *Alpen-F., Silbermantel.* – St. 10–30 cm. B. 5–7teilig; Abschn. meist alle voneinander bis zum Grunde getrennt (od. weniger als 2 mm weit verwachsen). Bl.stiele kürzer bis so lg. wie die Bl. Bl.knäuel daher dicht. Pfl. mit bis 10 cm lg., oberirdischen Seitentrieben. / 6 bis 7 / Montan-alpin. Rasen, Felsen; auf Silikatgestein; verbr. A. [1448]

A. conjúncta BABINGTON s.l. (*A. hoppeana* D.T. s.l.), *Kalk-Silbermantel.* – St. 10–30 cm. B. 7–9teilig; Abschn. am Grunde meist od. weniger miteinander verbunden od. nur die 3 mittleren (bis auf 2 mm) voneinander getrennt. Bl.stiele länger od. doch so lg. wie die Bl. Bl.knäuel daher locker. Pfl. ohne oberirdische Seitentriebe. / 5 bis 7 / Montan-subalpin. Weiden, Felsen; besonders auf Kalk; hfg. J, M, A. – S, V. [1449]

3. St. und B. kahl. Kb. scharf zugesp., so lg. wie die Aussenkb., zur Fr.zeit länger als der K.becher.

A. físsa GUENTHER u. SCHUMMEL s.l. (*A. glaberrima* BUSER), *Geschlitzter F.* – St. 10–30 cm, aufsteigend od. niederliegend. B. bis zur Mitte 5–7lappig; Lappen abgerundet od. gestutzt, vorn jederseits mit 4–7 Zähnen, an den Seiten ganzrandig. B.nervatur durchscheinend. / 6 bis 8 / Subalpin(-alpin). Rasen, Schneetälchen; hfg. A. – V, Franz. Jura. [1450]

– St. und B. mehr od. weniger behaart, seltener kahl. Kb. stumpfl., länger als die Aussenkb. und zur Fr.zeit kürzer bis so lg. wie der K.becher.   4

4. Bl.stiele (nicht St.!) dicht behaart, gelegentl. einzelne kahl.

A. spléndens CHRIST s.l., *Glänzender F.* – St. 10–20 cm. Pfl. anliegend behaart. B. oberseits kahl od. schwach anliegend seidenhaarig, unterseits an den Nerven und am Rande dicht seidig-schimmernd behaart. B. 9–11lappig, bis ¾ od. ⅔ gespalten; Lappen vorn abgerundet, jederseits 7–8zähnig, mit sehr kleinem Endzahn. / 7 / (Montan-)subalpin. Weiden; auf Kalk; zerstr. A (vor allem Nordketten). – Französ. Jura, Co. [1451]

A. hýbrida L. s.l. (*A. pubescens* LAM.), *Weichhaariger F.* – St. 10–20 cm. Pfl. abstehend behaart. B. auch oberseits dicht behaart, unterseits oft etwas seidig schimmernd. B. (5–)7–9lappig, bis ¾ od. ⅓ gespalten. Lappen vorn jederseits mit 4–8 abstehenden Zähnen. / 7 / Kollin-alpin. Rasen; verbr. J, M, A. – V. [1452]

– Bl.stiele (nicht St.!) kahl.

A. vulgáris L. s.l., *Gemeiner F.* – St. 10–50 cm, nebst den B. sehr verschiedenartig behaart, jedoch nie dicht od. seidig schimmernd. K.becher und K. kahl, selten etwas behaart. B. 9–13lappig, jederseits mit 5–12 Zähnen. / 5 bis 7 / Montan-alpin. Wiesen, Weiden; s. hfg.

01. Pfl. mindestens im unteren Teil deutl. behaart.

A. xanthochlóra ROTHMALER s.l. (*A. pratensis* auct.), *Gelbgrüner F.* – Pfl. 3–60 cm. St. und B.stiele abstehend behaart. B. 7–11-lappig, bis ⅔ gespalten. Lappen jederseits mit 5–9(–12) Zähnen. Kollin-alpin. Hfg. [1453]

A. glabra NEYGENFIND s.l. (*A. alpestris* F. W. SCHMIDT), *Kahler F.* – Pfl. 10–50 cm. St. am Grunde nebst den B.stielen anliegend behaart. B. 7–11lappig, bis gespalten. Lappen jederseits mit 5–11 Zähnen. Montan-alpin. Hfg. [1454]

– Ganze Pfl. weitgehend kahl.

A. coriácea BUSER s.l., *Lederblättriger F.* – Pfl. 20–50 cm. St., B.stiele und Blstd. stets kahl. B. 9–11-lappig, bis ⅔ gespalten. Lappen jederseits mit 5–10 Zähnen. Montan-subalpin. Hfg. [1455]

121. **Rosa** L., *Rose, Wildrose, Hagrose*

1. Teilb. 9–11, seltener 7. Alle Kb. einfach.

R. pendulína L. (*R. alpina* L.), *Alpen-Hagrose.* – Strauch ½–2 m hoch.
Bl.zweige meist ohne Stacheln. Teilb. längl.-elliptisch, 2–3fach, selten
einfach gezähnt, mit fein zugespitzten, drüsigen Zähnen, meist kahl,
unterseits in der Regel drüsenlos. Kb. mit oft b.artig verbreitertem Endzipfel. Bl.stiele meist drüsig. Krb. lebhaft purpurrot. Fr. eilängl., oberwärts halsfg. verengert, oft etwas überhängend, meist drüsig. / 6 bis 7 /
(Kollin-)montan-subalpin(-alpin). Bergwälder, felsige, buschige Hänge,
Zwergstrauchheiden; s. hfg. [1463]

R. pimpinellifólia L. (*R. spinosissima* L.), *Reichstachlige R.* – 10–80 cm
hoher Strauch. Junge Zweige mit zahlreichen, pfriemfg. od. borstenfg.
Stacheln, selten fast od. ganz wehrlos. Teilb. oval-rundl., meist einfach
gezähnt, drüsenlos. Krb. weiss. Fr. kugelig, reif schwärzl. / 5 / Kollin-
montan(-subalpin). Felsige Orte. Hfg. im J; sonst s. s. – V. [1464]

– Teilb. 5–7. 2

2. Alle Kb. einfach (ausnahmsweise die äusseren mit einzelnen kleinen
Fiedern). 3

– Äussere Kb. fiedersp. 4

3. Gr. verwachsen, eine Säule von der Länge der Stbb. bildend *(Fig. 171/2).*

R. arvénsis Hudson, *Feld-R., Weisse Wildrose.* – Strauch ausgebreitet
ästig, aufrecht, bis 1 m hoch, auch kriechend. Teilb. kahl od. schwach
flaumig, unterseits mattgrün, rundl.-eifg.; Zahnung einfach. Bl.stiele lg.,
mit kleinen sitzenden od. gestielten Drüsen, seltener kahl. Krb. weiss. Fr.
klein, fast kugelig. / 6 bis 7 / Kollin-montan. Wälder, Hecken; verbr.
[1465]

– Gr. frei, ein halbkugeliges Köpfchen bildend *(Fig. 171/1).*

R. majális HERRMANN (*R. cinnamomea* auct.), *Zimt-R.* – Strauch 20–100
cm hoch. Äste rotbraun. Stacheln der Bl.zweige kräftig, gekrümmt, meist
paarig; ausserdem kleinere nadelfg. od. borstenfg. Stacheln am Grunde
der Zweige. Teilb. längl.-eifg., seltener rund, stumpf, einfach gezähnt,
unterseits grauhaarig. Nebenb. der nichtblühenden Sprosse schmal, mit
eingerollten Rändern. Bl.stiele kurz, kahl, selten drüsig. Krb. lebhaft rosa
bis purpurn. Fr. klein, kugelig. / 5 bis 7 / Kollin-montan(-subalpin). Buschige Hänge; zerstr. M (östl. Teil), A (Südketten); auch verwildert.
[1466]

Vgl. auch *R. glauca*, S. 172, mit kahlen B.

4. Strauch 20–100 cm hoch, mit zweierlei Stacheln: grösseren, gekrümmten
und kleineren, borstenfg.

R. gállica L., *Essig-R.* – Teilb. gross, lederig, br.-elliptisch, am Grunde

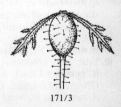

171/1   171/2   171/3

etwas herzfg., unterseits flaumig, graul. Bl.stiele sehr lg., stacheldrüsig.
Kr. gross, tief rosa- od. purpurrot. / 6 / Kollin-montan. Gebüsche.
Schaffh., Genf, Waadt, T; sonst s. s. [1467]
– Strauch meist über 1 m hoch. Stacheln gekrümmt od. gerade, nicht bor-
stenfg. 5
5. B. unterseits reichdrüsig und drüsig gezähnt. Stacheln gekrümmt. . 6
– B. unterseits drüsenlos od. armdrüsig (die Drüsen oft nur auf den Nerven), seltener zieml. reichdrüsig, aber dann die Drüsen von den Haaren
teilweise verdeckt. 8
6. Drüsen klein, auch auf der Oberseite der B. meist reichl.: vgl. *R. rhaetica*,
S. 175.
– Drüsen zieml. gross, mit Apfelgeruch, auf der Oberseite der B. meist feh-
lend. 7
7. Bl.stiele mit Stieldrüsen *(Fig. 171/3).*
  R. rubinósa L. (*R. eglanteria* L.), *Wein-R.* – Strauch gedrungen. Stacheln gleichfg. od. oft etwas ungleich. Teilb. oberseits meist kahl, längl.-
  oval od. oval-rundl., drüsig gezähnt. Kb. abstehend od. aufgerichtet,
  wenigstens bis zur Färbung der Fr. bleibend. Krb. lebhaft rosa bis dunkelrot. Gr. wollig. / 6 bis 7 / Kollin-montan(-subalpin). Hügel, Weiden;
  verbr. [1468]
  R. micrántha BORRER ex SM., *Kleinblütige R.* – Strauch lockerästig. Stacheln meist gleichfg. Teilb. meist oval, mehr od. weniger behaart. Kb.
  nach der Bl.zeit zurückgeschlagen, frühzeitig abfallend. Krb. weiss od.
  blassrosa, seltener tiefrot. Gr. lg., kahl. / 6 / Kollin-montan. Trockenwarme Orte; zerstr. [1469]
– Bl.stiele meist ohne Stieldrüsen
  R. agréstis SAVI, *Hohe Hecken-R.* – Teilb. längl. od. schmal-elliptisch,
  nach dem Grunde zu verschmälert. Bl.stiele lg. Krb. blassrosa od. weiss.
  Gr. kahl. Kb. nach der Bl.zeit zurückgeschlagen. / 6 bis 7 / Kollin-montan. Gebüsche; zerstr. [1470]
  R. ellíptica TAUSCH (*R. graveolens* GREN.), *Duft-R.* – Teilb. verkehrt-
  eifg., keilfg. Bl.stiele kurz. Krb. weiss od. blassrosa. Gr. dicht behaart.
  Kb. nach dem Verblühen aufgerichtet od. ausgebreitet, bis zur Fr.reife
  bleibend. / 7 / Kollin-montan(-subalpin). Wie vorige; s. Besonders Südwestschw., J, A. [1471]
8. Stacheln schlank, gerade od. schwach gebogen. 9
– Stacheln kräftig, an blühenden Zweigen hakig gekrümmt. 14
9. Bl.stiele meist ohne Stieldrüsen. Teilb. unterseits drüsenlos, meist beiderseits kahl.
  R. glauca POURRET (*R. rubrifolia* VILL.), *Bereifte R.* – Stacheln sehr
  zerstr., leicht gekrümmt od. gerade. Zweige dunkelrot, nebst den B. und
  B.stielen bläul. bereift. Teilb. etwas keilfg., einfach-grob gezähnt.
  Bl.stiele meist zu mehreren, drüsenlos, seltener drüsentragend. Kb. oft
  alle ungeteilt od. die äusseren fiedersp. Krb. lebhaft rot. Fr. klein, kugelig
  bis abgestumpft kegelfg. / 6 bis 7 / Montan-subalpin. Gebüsche; verbr.
  J, A. – S, V. [1472]
– Bl.stiele mit Stieldrüsen *(Fig. 171/3)*. 10
10. Teilb. kahl, unterseits (ausg. bisweilen auf den Nerven) drüsenlos.
  R. montána CHAIX, *Südalpine R.* – Teilb. blaugrün bereift, oval, am
  Grunde etwas keilfg., doppelt gezähnt. Kb. nach dem Verblühen aufgerichtet, lange bleibend. Krb. rot. Gr. wollig behaart. / 6 bis 7 / Kollin-

montan(-subalpin). Steinige Hänge, Gebüsche; zerstr. J, A. [1473]

R. chavíni RAPIN, *Chavins R.* – B. bläul. bereift. Teilb. oval od. rundl.-oval, einfach od. doppelt gezähnt. Kb. nach dem Verblühen zurückgeschlagen, frühzeitig abfallend. Krb. rosa. Gr. behaart. / 6 bis 7 / Kollinmontan. Wie vorige; s. A. – Salève bei Genf. [1474]

– Teilb. kahl od. behaart, unterseits mehr od. weniger drüsig. 11

11. Kb. nach dem Verblühen abstehend od. zurückgeschlagen. Teilb., wenigstens oberseits, meist kahl.

    R. jundzíllii BESSER, *Jundzills R.* – Zweige oft etwas bereift. Teilb. etwas starr, verlängert-eifg., mit abgerundetem Grunde, spitz, tief doppelt und reichdrüsig gezähnt, unterseits deutl. netzaderig, kahl od. unterseits an den Nerven od. auf der ganzen Fläche behaart. Krb. tiefrot bis purpurn. / 6 bis 7 / Kollin-montan. Gebüsche; zerstr. J, M, A. [1475]

    Vgl. auch *R. abietina*, S. 174.

– Kb. nach dem Verblühen aufgerichtet, lange bleibend. Teilb. meist beiderseits behaart. 12

12. Teilb. oberseits kahl od. beiderseits behaart, aber nicht filzig: vgl. *R. uriensis*, S. 175.

– Teilb. meist beiderseits weichfilzig od. samtartig behaart. 13

13. Stacheln schwach gebogen, seltener gekrümmt. Zweige zickzackfg. gebogen.

    R. tomentósa SM., *Filzige R.* – Strauch mit längeren, bogigen Ästen. Teilb. hell-graugrün, nebst dem B.stiel mehr od. weniger weichfilzig, einfach bis doppelt gezähnt. Bl.stiele lg., die Deckb. überragend, drüsenlos od. mit Stieldrüsen. Kb. mit oft b.artig verbreitertem Endzipfel, vor der Fr.reife abfallend. Krb. blassrot od. weiss. / 6 bis 7 / Kollin-montan. Hecken, Gebüsche; verbr. [1476]

    R. sherárdii DAVIES (*R. omissa* DÉSÉGL.), *Sherards R.* – Wuchs gedrungen. Teilb. eifg. od. verkehrt-eifg., einander genähert, beiderseits weich und dicht behaart, bläul., seidig schimmernd, unterseits mit zahlreichen Drüsen, doppelt gezähnt. B.stiele kurz, dicht stieldrüsig. K. und Fr. mit zahlreichen, borstigen Stieldrüsen. Kb. bis zur Fr.reife bleibend. Krb. meist lebhaft dunkelrot. Gr. wollig behaart. / 6 / Kollin-montan. Wie vorige; s. Nordwest- und Westschw. [1477]

– Stacheln vollkommen gerade. Zweige gerade. (Gesamtart *R. villosa* L.)

    R. villósa L. (*R. pomifera* HERRMANN), *Apfel-R.* – Teilb. gross, elliptisch, kurz zugespitzt, unten abgerundet od. etwas herzfg., meist beiderseits dicht od. oberseits leichter behaart, mit besonders unterseits zahlreichen, kleinen Drüsen, doppelt-drüsig gezähnt. Bl.stiele kurz, von den Deckb. verhüllt, drüsig-weichstachlig. K. dicht weichstachlig. Kb. stark drüsig. Krb. lebhaft dunkelrot. Gr. wollig. / 6 / Montan-subalpin. Steinige Hänge, Gebüsche; verbr. J und M (s.), A. [1478]

    R. mollis SM., *Weiche R.* – Teilb. oval, an beiden Enden abgerundet, oberseits dicht anliegend-, unterseits seidig-schimmernd behaart, vieldrüsig. Bl.stiele mit zarten, meist spärl. Stieldrüsen. Krb. rot / 6 / Montan-subalpin. Wie vorige; s. s. J (ob noch?), A. [1479]

14. Teilb. unterseits wenigstens auf den stärkeren Seitennerven drüsig (an den unteren B. der Bl.sprosse deutl.).

    R. obtusifólia DESV. (*R. tomentella* LÉMAN), *Stumpfblättrige R.* – Stacheln auffallend gross, flach zusgedr., gelbbraun. Teilb. graul.-grün, meist beiderseits behaart, doppelt gezähnt. Bl.stiele meist kahl. Kb. früh-

zeitig abfallend. Krb. blassrosa. / 6 / Kollin-subalpin. Gebüsche; zerstr.,
doch nicht hfg. [1480]

R. abiétina GREN., *Tannen-R.* – Stacheln meist schwächer gebogen als
bei der vorigen Art. Teilb. oberseits kahl od. zerstr. behaart, unterseits
zerstr. behaart bis fast weichfilzig, doppelt gezähnt. Bl.stiele nebst dem
K. und dem Rücken der Kb. stieldrüsig. Krb. blassrosa. / 6 bis 7 / (Kol-
lin-)montan-subalpin. Wie vorige; zerstr. M, A. [1481]

– Teilb. unterseits drüsenlos od. höchstens am Mittelnerv drüsig. ... 15

15. Kb. an der Fr. zurückgeschlagen, frühzeitig abfallend. Gr. behaart od.
kahl. 16

– Kb. an der Fr. abstehend od. aufgerichet, lange bleibend. Gr. dicht wollig. 17

16. Gr. säulenfg. vereinigt (doch kürzer als die Stbb.), kahl.

R. stylósa DESV., *Säulengrifflige R.* – Strauch lockerästig. Teilb. gross,
derb, oberseits glänzend, kahl, unterseits matt und auf den Nerven behaart. Bl.stiele verlängert, oft zu mehreren, stieldrüsig. Krb. hellrosa bis
weiss. Fr. eifg. / 6 bis 7 / Kollin-montan. Gebüsche; s. s. Nordwest- und
Westschw. [1482]

– Gr. frei, kahl od. behaart. (Gesamtart *R. canina* L. s.l.)

R. canína L., *Hunds-R.* – Strauch meist lockerästig. Teilb. beiderseits
kahl; Zahnung offen, einfach od. zusges. Bl.stiele lg. Krb. weiss od. rosa.
Kb. vor der Färbung der Fr. abfallend. Fr.reife spät. / 6 / Kollin-mon-
tan(-subalpin). Hecken, Gebüsche, Weiden; verbr. [1483]

R. corymbífera BORKH. (*R. dumetorum* THUILL.), *Busch-R.* – Pfl. in den
Merkmalen mit R. canina übereinstimmend, aber Teilb. und B.stiele
behaart; Zahnung einfach, seltener zusges.; Zähne oft drüsig. / 6 / Kol-
lin-montan(-subalpin). Waldränder, Gebüsche; hfg. [1484]

17. Kb. meist ungeteilt. Stacheln oft fast gerade: vgl. *R. glauca*, S. 172.

– Äusere Kb. fiedersp. (Gesamtart *R. afzeliana* FR.)

R. vosagíaca DESP. s.l., *Blaugrüne R.* – Strauch von gedrungenem
Wuchs. Teilb. beiderseits kahl. Kb. bis zur Fr.reife bleibend. Krb. hell-
bis tiefrosa. Gr. behaart. Fr.reife früh. / 6 / Kollin-subalpin. Gebüsche,
Hecken; zerstr. J, A. – S, V. [1485]

> **R. vosagíaca** DESP. s.str. (*R. afzeliana* FR. ssp. *vosagiaca* (DESP.) R. KELLER u.
> GAMS, *R. glauca* VILL. ex LOIS.). – Bl.stiele kurz, von den Deckb. umhüllt. Kb.
> abstehend od. aufgerichtet. Gr. kurz, weisswollig behaart. Montan-subalpin.
> **R. subcanina** (CHRIST) D.T. u. SARNTH. (*R. vosagiaca* DESP. ssp. *subcanina*
> (CHRIST) SCH. u. K., *R. afzeliana* FR. ssp. *subcanína* (CHRIST) R. KELLER). –
> Bl.stiele etwas verlängert. Kb. nach der Bl.zeit zurückgeschlagen, später sich
> teilweise erhebent. Gr. oft etwas verlängert, schwächer behaart. Kollin-mon-
> tan.

> **R. coriifólia** FR. s.l. (*R. dumalis* BECHST. ssp. *coriifolia* (FR.) FOURNIER),
> *Lederblättrige R.* – Strauch von meist gedrungenem Wuchs. Teilb. längl.,
> am Grunde meist etwas keilfg. mindestens unterseits an den Nerven be-
> haart. Kb. fast doppelt fiedersp., grau behaart, lange bleibend. Krb. tief-
> rosa. Gr. behaart. / 6 bis 7 / Montan-subalpin. Gebüsche, trockene
> Hänge; zerstr. J, M (s.), A. [1486]

> **01.** Zahnung der Teilb. einfach. Stacheln derb, sichelfg.
> **R. coriifólia** FR. s.str. (*R. afzeliana* FR. ssp. *coriifolia* (FR.) R. KELLER u. GAMS
> – Teilb. unterseits dicht graufilzig behaart. Bl.stiele sehr kurz. Gr. wollig be-
> haart, kurz.

R. subcollína (CHRIST) D.T. u. SARNTH. (*R. coriifolia* FR. ssp. *subcollina* (CHRIST) HAYEK, *R. afzeliana* FR. ssp. *subcollina* (CHRIST) R. KELLER). – Teilb. unterseits dicht behaart. Bl.stiele mehr od. weniger verlängert. Gr. weniger dicht behaart, oft etwas verlängert.
– Zahnung der Teilb. doppelt. Stacheln leicht gekrümmt bis fast gerade.
R. uriénsis LAGGER u. PUGET (*R. coriifolia* FR. ssp. *uriensis* (LAGGER u. PUGET) SCH. u. K.). – B.stiele filzig od. flaumhaarig. Teilb. meist behaart, etwas voneinander entfernt stehend, zieml. klein. Bl.stiele kurz, nebst dem K. und dem Rücken der Kb. stieldrüsig bis stachelig-drüsig. Gr. wollig behaart. – A.
R. rhaética GREMLI (*R. coriifolia* FR. ssp. *rhaetica* (GREMLI) SCH. u. K., *R. afzeliana* FR. ssp. *rhaetica* (GREMLI) R. KELLER). – Teilb. mit mehr od. weniger zahlreichen, feinen Drüsen (oft nur unterseits), beiderseits behaart od. kahl od. unterseits nur an den Nerven behaart, verkehrt-eifg., oft etwas keilfg. Bl.stiele kurz, drüsenlos od. mit Stieldrüsen. Gr. wollig od. nur mehr od. weniger dicht behaart. – Graub. – Bormio.

Bastarde häufig.

Kult. als Zierpfl. und hie und da verwildert: **R. foétida** HERRMANN (*R. lutea* MILLER), mit gelben, seltener rotgestreiften od. orangeroten Bl.

122. Rubus L., *Brombeere*

Anmerkung: Die Bestimmung der Arten der Untergattung *Eubatus* ist der vielen Formen und Bastarde halber sehr schwierig. Schössl. (nichtblühender Erneuerungsspross) und Fr. sind stets notwendig. Hier sind nur die für das Gebiet wichtigeren Arten aufgeführt. Die Grenzgebiete sind nicht berücksichtigt. – Die hier aufgeführten Arten von *R. nessensis* an, mit Ausnahme von *R. caesius*, sind Kleinarten der Linnéschen Sammelart *R. fruticosus*.

1. St. krautig, einjährig. (Untergattung *Cyláctis*.)
   R. saxátilis L., *Steinbeere.* – Blühende St. aufrecht, schwach bewehrt, 10–25 cm. B. 3zählig; Endb. lg. gestielt, Seitenb. sitzend. Bl. weiss, klein, fast doldig. Krb. aufrecht. Fr. rot. / 5 bis 6 / Kollin-subalpin. Bergwälder; verbr. [1378]
– St. verholzend, 2- bis mehrjährig (im ersten Jahre als Schössl. bezeichnet), erst im zweiten (dritten) Jahre blühende Seitensprosse treibend. 2
2. B. 3zählig od. 5(selten 7-)zählig gefiedert. Fr. rot, bei der Reife vom kegelfg. Fr.träger abfallend. (Untergattung *Idaeóbatus*.)
   R. idaéus L., *Himbeere.* – B. unterseits weissfilzig. Krb. weiss, längl., zuerst aufrecht, später abstehend. / 5 bis 6 / Kollin-subalpin(-alpin). Holzschläge, Wälder, Felsschutt; hfg. Oft kult. [1379]
– B. 3–5(–7)zählig fingerfg. od. fussfg. zusges. Fr. schwarz, glänzend od. blau bereift, bei der Reife mit dem Fr.träger verbunden abfallend. (Untergattung *Eúbatus*). 3
3. Vermehrung durch W.brut. Schössl. zuerst aufrecht, später nickend od. bogig. B. beiderseits grün; Nebenb. meist br.-lineal. Blstd. meist traubig. Kb. aussen grün, mit weissem Rand. Stbb. nach dem Verblühen vertrocknend, nicht zusammenneigend. Fr. glänzend.
   R. nessénsis W. HALL (*R. suberectus* G. ANDERSON), *Schottische B.* – Schössl. unterwärts mit abgerundeten Kanten, kahl, grün, oft etwas bereift. Stacheln am Grunde zahlreich, nach oben zerstr., kurz, kegelfg., fast gerade, meist dunkel braunrot od. schwarzviolett. B. oft 7zählig. Nebenb. klein. Krb. weiss, verkehrt-eifg. / 5 bis 7 / Kollin-montan. Wälder; zerstr. [1380]

R. sulcátus VEST, *Gefurchte B.* – Schössl. kantig, meist mit gefurchten Flächen, mit zerstr., kantenst., br. zusgedr. Stacheln. B. 5zählig. Nebenb. lineal-lanzettl. Kb. an der Fr. zurückgeschlagen. Krb. weiss od. hellrosa, gross, verkehrt-eifg. / 6 bis 7 / Kollin-montan. Wie vorige; verbr. [1381]
– Vermehrung durch Bewurzelung der Spitzen von Schössl. und Zweigen. Schössl. bogig od. kriechend. 4
4. Nebenb. lanzettl., nach beiden Enden verschmälert. Seitenb. sitzend od. kurz gestielt.
R. caésius L., *Hechtblaue B.* – Schössl. stielrund, nur oben undeutl. kantig, stark bereift, mit zieml. gleichartigen, kleinen od. pfriemfg. Stacheln. B. 3zählig, beiderseits behaart. Teilb. grob- und ungleich-, oft eingeschnitten-gesägt. Endb. br.-herzfg. bis rautenfg. Kb. an der Fr. aufrecht. Krb. weiss, br.-elliptisch. Fr. blau bereift. / 6 bis 9 / Kollin-montan(-subalpin). Hecken, Wälder; s. hfg. [1382]
– Nebenb. lineal od. fadenfg. Äussere Seitenb. deutl. gestielt. 5
5. Stacheln gleichartig, ohne Übergänge zu Stachelchen, Stieldrüsen und Drüsenborsten. 6
– Stacheln sehr ungleich, gemischt mit zahlreichen Stachelchen, Stieldrüsen und Drüsenborsten. 15
6. Schössl. hochwüchsig, wenig behaart, ohne Stieldrüsen. 7
– Schössl. bogig od. liegend, meist behaart. 8
7. Teilb. rundl. od. elliptisch, klein gesägt.
R. obtusángulus GREMLI, *Stumpfkantige B.* – Schössl. stumpfkantig. B. oberseits kurzhaarig-flaumig, unterseits angedrückt-weissfilzig. Krb. weiss. / 6 bis 7 / Kollin-montan. Waldränder, Gebüsche; zerstr.
– Teilb. am Grunde herzfg. od. ausgerandet, eifg. bis längl., ungleich-grob gesägt. Blstd. schmal.
R. cándicans WEIHE (*R. thyrsoideus* WIMMER), *Weissliche B.* – Schössl. kantig, bis unten od. doch oberwärts tief gefurcht, meist kahl od. fast kahl. B. unterseits grau- bis weissfilzig. Blstd. ohne Stieldrüsen. Krb. weiss bis rosa. / 6 bis 8 / Kollin-montan. Waldränder; verbr. [1383]
R. merciéri GENEVIER, *Merciers B.* – Schössl. kantig, gefurcht, kahl od. spärl. behaart. B. unterseits graufilzig-weichhaarig. Blstd. mit Stieldrüsen. Krb. rosa, gross. / 6 bis 7 / Kollin-montan. Wie vorige; zerstr.
8. Blstd. mit lg. Drüsenborsten.
R. apiculátus W. u. N., *Bespitzte B.* – Schössl. kantig, spärl. behaart, zerstr. stieldrüsig. B. 3zählig od. fussfg. 4–5zählig, oberseits mattgrün, angedrückt-behaart, unterseits weichhaarig, oft etwas grauschimmernd. Endb. verkehrt-eifg., zugespitzt. Krb. blassrosa od. weiss. / 6 bis 7 / Kollin-montan. Wälder; nicht hfg. J, Nord- und Südschw. [1386]
– Blstd. und Schössl. ohne lg. Drüsenborsten. 9
9. Schössl. ohne od. nur mit zerstr. Stieldrüsen und Stachelchen. 10
– Schössl. dicht mit Stieldrüsen und Stachelchen besetzt; Stieldrüsen kurz, gleichartig. 14
10. Schössl. locker behaart od. fast kahl. 11
– Schössl. (wenigstens an den jüngeren Teilen) zottig-behaart. 13
11. Teilb. oberseits behaart, unterseits grün od. graugrün (zuweilen in der Jugend graufilzig).
R. macrophýllus W. u. N., *Grossblättrige B.* – Schössl. lg. (3–4 m) und dick, unten rundl., oberwärts kantig, zerstr.-abstehend behaart. B. gross,

unterseits in der Jugend weichhaarig-graufilzig. Endb. mit br., etwas herzfg. Grunde und aufgesetzter Spitze. Krb. meist weiss, verkehrt-eifg. / 6 bis 7 / Kollin. Wälder. Nord- und Westschw.

– Teilb. oberseits fast kahl od. sternhaarig, unterseits weissfilzig. 12

12. Teilb. oberseits oft sternhaarig. Stieldrüsen meist vorhanden. B.stiel oberseits rinnig.

R. tomentósus BORKH., *Filzige B.* – Schössl. kantig, mit ebenen od. vertieften Seitenflächen und zieml. gleichartigen, gebogenen Stacheln. Teilb. zieml. klein, nach vorn sehr grob- und meist eingeschnitten-gesägt. Blstd. dicht und lg., die Achsen dicht filzig-zottig. Krb. gelbl.-weiss. / 6 bis 8 / Kollin(-montan). Steinige, warme Orte, Gebüsche, Waldränder; verbr. [1384]

– Teilb. oberseits wenig behaart. Stieldrüsen fehlend. B.stiel oberseits flach.

R. bifrons VEST, *Zweifarbige B.* – Schössl. stumpfkantig. B. fussfg.; die Stiele der äusseren Teilb. oft auffallend hoch mit denjenigen der davorstehenden verwachsen. B. oberseits kahl, unterseits angedrückt weissfilzig. Rispe sternhaarig-filzig, mit untermischten längeren, einfachen Haaren und nadelfg., geraden Stacheln. Krb. rötl. / 6 bis 8 / Kollin-montan. Steinige Orte, Hecken, Waldränder; hfg. [1387]

R. procérus P. J. M. (*R. hedycarpus* FOCKE), *Schlanke B.* – Schössl. scharfkantig, nicht bereift. B. fingerfg. zusges., oberseits zerstr. behaart, unterseits sternfilzig-weiss und auf den Nerven dicht kurzhaarig. Blstd. abstehend-filzig, kurzhaarig, mit hakig-gekrümmten Stacheln. Krb. zuerst rosarot, später fast weiss. / 6 bis 7 / Kollin-montan. Waldränder, Gebüsche; verbr. [1388]

R. ulmifólius SCHOTT, *Ulmenblättrige B.* – Unterscheidet sich von der vorigen Art durch blau-bereiften Schössl. und sternhaarig-filzige (wie mehlartig bepuderte) Blstd.achsen. Krb. rosa bis purpurrot. / 6 bis 8 / Kollin(-montan). Wälder, Hecken, Geröllhalden. West-, Zentral- und Südschw., Graub. [1389]

13. Stacheln am Grunde des Blstd. lg., kräftig.

R. vestítus W. u. N., *Samtige B.* – Schössl. unterwärts rundl., oberwärts stumpfkantig, dicht abstehend behaart. B. etwas derb, unterseits grün bis grau-weiss, durch Sternhaare und längere Haare wollig-zottig, weich anzufühlen. Krb. weiss bis lebhaft rosa, rundl. od. verkehrt-eifg. / 6 bis 7 / Kollin-montan. Waldlichtungen, Hecken; verbr. [1390]

– Stacheln am Grunde des Blstd. nicht auffallend lg.

R. obscúrus KALTENBACH, *Dunkle B.* – Schössl. mit nadelfg.-pfriemfg., oft braunroten Stacheln. B. oberseits behaart, unterseits durch abstehende Haare seidig-weichhaarig-schimmernd. Krb. meist lebhaft rosa, längl. / 7 / Kollin-montan. Wälder, Gebüsche. Nord- und Westschw.

R. ménkei W. u. N., *Menkes B.* – Schössl. kantig, filzig-zottig, mit Stieldrüsen und Stachelchen. B. meist 3zählig od. unvollständig 5zählig, oberseits etwas behaart, unterseits weichhaarig. Endb. verkehrt-eifg. od. längl., mit schmaler, aufgesetzter Spitze. Rispe mässig lg., meist durchblättert. Krb. weiss. / 6 bis 7 / Kollin-montan. Wälder; verbr. [1391]

14. Blstd. kurz, sparrig. Bl.stiele kurzhaarig-filzig, kurzdrüsig.

R. rudis W. u. N., *Rauhe B.* – Schössl. unten rundl., oberwärts scharfkantig, kahl od. fast kahl. B. 3zählig und fussfg.-5zählig, unterseits auf den Nerven behaart und angedrückt-sternhaarig. Rispe br., mit lg., sparrigen

Ästen. Krb. rötl., klein, längl.-keilfg. / 7 bis 8 / Kollin(-montan). Wälder; stellenweise.

– Blstd. lg., schmal. Bl.stiele filzig und abstehend-behaart.

R. rádula WEIHE, *Raspel-B.* – Schössl. kantig, nach oben mit ebenen Flächen, mit kräftigen, lanzettl. Stacheln. B. unterseits in der Jugend weiss-, später graufilzig. Endb. in eine lg. Spitze verschmälert. Blstd. am Grunde mit lg., rückwärts abstehenden Stacheln. Kb. zurückgeschlagen. Krb. hellrosa od. weiss, br.-elliptisch. / 7 bis 8 / Kollin(-montan). Wälder; verbr.

R. foliósus W. u. N., *Blattreiche B.* – Schössl. stumpfkantig, zieml. dicht behaart, mit schwachen Stacheln. B. oberseits dunkelgrün, unterseits in der Jugend dünn-graufilzig. Endb. eifg. od. elliptisch, lg. zugespitzt. Rispe reichbl., durchblättert, mit schwachen Stacheln. Kb. herabgeschlagen, zur Fr.zeit teilweise abstehend od. aufgerichtet. Krb. weiss od. hellrosa, schmal-elliptisch. / 7 bis 8 / Kollin-montan. Wie vorige; verbr. [1392]

15. Blstd. rispig; mittlere Ästchen trugdoldig.

R. koéhleri W. u. N., *Koehlers B.* – Schössl. unten rundl., oben kantig, meist braunrot, dicht besetzt mit Stacheln, Drüsenborsten und Stieldrüsen. B. 3–5zählig. Teilb. grob- und ungleich gesägt, unterseits weichhaarig bis graufilzig. Achsen des Blstd. abstehend-behaart, dicht besetzt mit Stieldrüsen und ungleichen Nadelstacheln. Kb. an der Fr. zurückgeschlagen. Krb. weiss od. blassrosa, eifg. / 6 bis 7 / (Kollin-)montan. Waldränder, Gebüsche; zerstr.

– Blstd. oberwärts traubig; mittlere und untere Ästchen wenigbl. Trauben bildend. 16

16. Grössere Stacheln des Schössl. br., kräftig.

R. thyrsiflórus W. u. N., *Straussblütige B.* – Schössl. oben mehr od. weniger kantig, kahl od. behaart. B. 3zählig od. fussfg.-5zählig. Teilb. meist br., sich oft mit den Rändern deckend, oberseits kurzhaarig od. fast kahl, unterseits kurzhaarig, grün. Endb. aus herzfg. Grunde rundl. od. verkehrt-eifg., kurz zugespitzt. Krb. weiss, elliptisch. / 6 bis 7 / Kollin-montan. Wälder, Gebüsche. Besonders Nordschw.

– Stacheln des Schössl. sämtl. schmal, pfriemfg. bis borstenfg. 17

17. Blstd.achsen mit gelbl. Stacheln und gelbl. Stieldrüsen. B. mattgrün.

R. serpens WEIHE, *Kriechende B.* – Schössl. bereift, meist behaart, mit vielen gelbl. Drüsen und vereinzelten Stacheln. B. 3–5zählig, unterseits kurzhaarig, scharf gezähnelt. Endb. herz-eifg., zieml. lg. zugespitzt. Kb. zur Fr.zeit abstehend od. aufrecht. Krb. weiss, längl. / 5 bis 7 / (Kollin-)montan. Wälder; verbr. [1393]

– Blstd.achsen mit roten od. schwarzroten Stieldrüsen. B. frisch- od. dunkelgrün. 18

18. Stieldrüsen der Blstd.achsen zum grössten Teil kürzer als der Durchm. dieser.

R. tereticáulis P. J. M., *Rundstenglige B.* – Schössl. schwach, rundl. B. meist 3zählig. Teilb. fein und fast einfach scharf gesägt. Endb. br. rhombisch-eifg., am Grunde ausgerandet, lg. zugespitzt. Krb. weiss, klein, längl. / 7 / Kollin-montan. Wälder; verbr. [1394]

– Stieldrüsen der Blstd.achsen zum grössten Teil länger als der Durchm. dieser.

R. bellárdii W. u. N., *Bellardis B.* – Schössl. rundl., bereift, wenig behaart. B. 3zählig. Teilb. gleichmässig klein gesägt. Endb. elliptisch, plötzl. in eine lg. Spitze zusgez. Kb. zur Fr.zeit aufrecht. Krb. weiss. / 6 bis 7 / (Kollin-)montan. Wälder, Gebüsche; zerstr. [1395]

R. hirtus W. u. K., *Drüsige B.* – Schössl. unten rundl., nach oben etwas kantig, meist behaart. Ganze Pfl. dicht rot- od. schwarzrot-drüsig. B. meist 3zählig. Teilb. ungleich doppelt gesägt. Endb. br.-elliptisch, mit herzfg. Grunde, allmähl. zugespitzt. Kb. zur Fr.zeit aufrecht. Krb. weiss, schmal. Sehr formenreich. / 7 / (Kollin-)montan-subalpin. Wälder; verbr. [1396]

Kult. als Zierpfl. und gelegentl. verwildert: **R. laciniátus** WILLD. – Teilb. doppelt fiederschn., mit schmalen Abschn. Krb. blassrosa. – Art unbekannter Herkunft. [25A]

Verwildert ferner: **R. phoenicolásius** MAXIM. – Pfl. an den B.stielen und an allen Achsen, besonders im Blstd., dicht mit lg., braunroten Drüsenborsten besetzt. Krb. rosa, klein. – Stammt aus Ostasien.

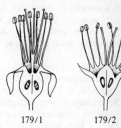

179/1   179/2

Unterfam. 49.3.
Maloídeae. *Kernobstartige*

Bäume od. Sträucher mit hinfälligen Nebenb. Bl. 5zählig, ohne Aussenkelch. Stbb. zahlreich, Frb. 2–5, pergament- od. steinartig, in den becherfg. vertieften Bl.boden eingesenkt und mit diesem ± verwachsen *(Fig. 179/1, 2)*. Dieser zur Fr.zeit eine fleischige Scheinfr. bildend (Apfel).

123. Cydónia MILLER, *Quittenbaum*

C. oblónga MILLER (*C. maliformis* MILLER, *C. vulgaris* DELARBRE), *Quittenbaum, Quitte.* – Junge Zweige und Unterseite der B. filzig. Bl. einzeln, gross. Krb. weiss, rot angehaucht. / 5 / Kollin-montan. Kult. Stammt aus dem Orient. [1364]

124. Pyrus (*Pirus*) L., *Birnbaum*

P. pyraster (L.) BURGSDORF (*P. communis* L.), *Birnbaum.* – B. rundl.-eifg., eifg. od. elliptisch, fein gesägt bis granzrandig, zuletzt unterseits fast kahl; Stiel so lg. od. ein wenig kürzer als die Spreite. Krb. weiss. / 4 bis 5 / Kollin-montan. Wälder (*Holzbirne*); hfg. In vielen Formen kult. [1366]

P. nivális JACQ., *Schneebirne.* – B. unterseits bleibend dicht wollig-filzig. sonst wie die vorige Art. / 5 / Wie vorige; s. Südwest- und Südschw. [1367]

125. Malus MILLER, *Apfelbaum*

M. silvéstris MILLER (*Pyrus malus* L. var. *sylvestris* L.), *Holzapfel.* – Zweige meist dornig. B. eifg., fein gekerbt-gesägt, ausgewachsen beiderseits kahl. B.stiel kürzer als die Spreite. Krb. weiss, unterseits rosa. / 5 / Kollin-montan. Steinige Böden, trockene Wälder; verbr. [1365]
M. doméstica BORKH. (*P. malus* L. ssp. *mitis* (WALLR.) SYME), *Kultur-A.* – Zweige dornenlos. B. wenigstens unterseits bleibend behaart. Sonst wie vorige Art. Kult. und verwildert.

126. Sorbus L. em. CRANTZ, *Eberesche*

1. B. unpaarig gefiedert.
    S. aucupária L., *Vogelbeerbaum.* – Knospen filzig. Krb. weiss, 4–5 mm lg. Gr. 2–4. Fr. kugelig, 9–10 mm im Durchm., scharlach- od. gelbrot. / 5 bis 6 / Montan-subalpin. Wälder; s. hfg. [1368]
    S. doméstica L., *Speierling, Sperberbaum.* – Knospen kahl werdend, klebrig. Krb. weiss od. schwach rötl., 6–7 mm lg. Gr. meist 5. Fr. birnfg. od. kugelig, 1,5–3 cm lg., gelb. / 5 bis 6 / Kollin. Wie vorige; s. und vereinzelt. Nord- und Westschw. Auch kult. [1369]
– B. einfach. 2
2. Krb. hell- bis dunkelrosa.
    S. chamaeméspilus (L.) CRANTZ, *Zwergmispel.* – Kleiner Strauch. B. elliptisch, an beiden Enden spitz, doppelt gesägt, jederseits mit 4–7(–10) Seitennerven, unterseits grün. (Die Formen mit unterseits filzigen B. sind Bastarde zwischen S. chamaemespilus und S. aria od. S. mougeotii.) / 6 bis 7 / Subalpin. Wäder, Zwergstrauchheiden. J (bis Hasenmatt [Kt. Sol.]), A (hfg., vor allem Nordketten). – S, V. [1370]
– Krb. weiss. 3
3. B. beiderseits grün od. unterseits in der Jugend (selten bleibend) flaumig bis wollhaarig.
    S. torminális (L.) CRANTZ, *Elsbeerbaum.* – B. br.-eifg., jederseits mit 3–5 stärkeren Seitennerven und 3–4 zugespitzten Lappen. / 5 / Kollin(-montan). Wälder; verbr. J, M. [1371]
– B. unterseits grau- od. weissfilzig.
    S. aria (L.) CRANTZ, *Mehlbeerbaum.* – B. unterseits dicht weissfilzig, ungeteilt, doppelt gezähnt od. klein gelappt; Zähne od. Lappen von der Mitte des B. gegen den Grund an Grösse abnehmend. / 5 / Kollin-subalpin. Wälder, felsige Orte; s. hfg. [1372]
    S. mougeótii SOYER u. GODRON, *Mougeots Mehlbeerbaum.* – B. unterseits graufilzig, eingeschnitten-gelappt; Lappen vorwärts gerichtet, die grössten in der Mitte des Randes. / 5 / Montan(-subalpin). Bergwälder, Felsgräte; verbr. J, M, A. – V. [1373]
    Bastarde zahlreich.

127. Crataégus L., *Weissdorn*

C. laevigáta (POIRET) DC. s.l. (*C. oxyacantha* L. em JACQ.), *Zweigriffliger W.* – B. beiderseits fast gleichfarbig, seicht gelappt, mit etwas vorgestreckten Lappen. Bl.stiele kahl. Krb. weiss, selten rosa. Gr. und Steinkerne meist 2. / 5 / Kollin-montan. Hecken, Gebüsche, hfg. [1374]

C. monógyna JACQ., *Eingriffliger W.* – B. unterseits weissl.-grün, tief 3–5lappig, mit abstehenden, vorn gezähnten, an den Seiten ganzrandigen Lappen. Bl.stiele meist etwas zottig. Krb. weiss, selten rosa. Gr. und Steinkern 1. / 5 bis 6 / Kollin-montan. Wie vorige; s. hfg. [1375]
Formenreiche Art, da vielfach apomiktisch; Bastarde zahlreich.

128. **Méspilus** L., *Mispel*

M. germánica L., *Mispel.* – B. unterseits lockerfilzig. Krb. grünl.-weiss. Fr. von den verlängerten, b.artigen Kb. gekrönt. / 5 bis 6 / Kollin. Kult. (heute zurückgehend) und verwildert; eingebürgert im T und in Sav. (Wälder, Hecken, felsige Hänge). [1377]

129. **Amelánchier** MEDIKUS, *Felsenmispel*

A. ovális MEDIKUS (*Aronia rotundifolia* PERS.), *Felsenmispel.* – B. oval, stumpf, gesägt, in der Jugend unterseits flockig, später kahl. Krb. weiss. Fr. heidelbeerähnl. / 4 bis 5 / Kollin-subalpin. Felsige Berghänge, Gräte; verbr. [1376]

130. **Cotoneáster** MEDIKUS, *Steinmispel*

C. integérrimus MEDIKUS (*C. vulgaris* LINDLEY), *Gewöhnliche S.* – B. rundl.-eifg., stumpf od. zugespitzt. Bl. zu 1–3 Bl.stiele und K. fast kahl. Krb. rosa. / 4 bis 5 / Montan-subalpin(-alpin). Felsige Berghänge, Gräte; kalkliebend; hfg. [1362]
C. tomentósus (AITON) LINDLEY, *Filzige S.* – B. br.-oval, stumpf. Bl. zu 3–5(–8). Bl.stiele und K. wollig-filzig. Krb. rosa. / 5 bis 7 / Kollin-montan. Wie vorige; verbr. [1363]

Unterfam. 49.4.
Prunoídeae. *Steinobstartige*

181/1

Bäume od. Sträucher mit oft kleinen, hinfälligen Nebenb. Bl. 5zählig, Stbb. zahlreich, Frb. 1, in den becherfg. Bl.boden eingesenkt, jedoch nicht mit diesem verwachsen (mittelst.) *(Fig. 181/1)*. Steinfr.

131. **Prunus** L., *Steinobstbäume*

1. Bl. sehr kurz gestielt, fast sitzend, weiss od. rötl. Fr. samtartig od. filzig. 2
– Bl. deutl gestielt, weiss (bei *P. domestica* ins Grünliche spielend). Fr. kahl, oft bereift. 3
2. B. in der Knospenlage gerollt, ausgewachsen br.-eifg., fast herzfg., zugespitzt.
P. armeníaca L., (*Armeniaca vulgaris* LAM.), *Aprikosenbaum,* (im Vintschgau: *Marillenbaum*). – Kb. rötl. Krb. weiss, rötl. angehaucht. Fr. fleischig, saftig; Steinkern glatt. / 3 bis 4 / Kollin. Kult. Heimat Mittelasien bis Nordwestchina. [1487]

– B. in der Knospenlage gefaltet, ausgewachsen lanzettl.

P. pérsica (L.) BATSCH (*Persica vulgaris* MILLER), *Pfirsichbaum.* – B. br.-lanzettl. gesägt. B.stiel kürzer als die halbe B.breite. Krb. hellrosa. Fr. saftig; Steinkern tieflöcherig, dick- und hartschalig. / 3 bis 4 / Kollin. Kult. Heimat China. [1488]

P. dulcis (MILLER) D. A. WEBB (*P. amygdalus* BATSCH, *P. communis* ARCANG., *Amygdalus communis* L.), *Mandelbaum.* – B. längl.-lanzettl., drüsig gesägt. B.stiele so lg. od. länger als die B.breite. Krb. zart rosarot bis weissl. Fr. saftlos; Steinkern löcherig, dünnschalig. / 3 / Kollin. Kult. Im Wallis (und in Ao.) an trockenen, felsigen Hängen eingebürgert. Heimat Westasien und westl. Mittelasien. [1484]

3. Bl. einzeln od. zu 2. Fr. bereift. 4

– Bl. in doldenfg. Büscheln od. Trauben. Fr. nicht bereift. 5

4. Bl.stiele kahl, meist einzeln.

P. spinósa L., *Schlehdorn, Schwarzdorn.* – Sparrig-ästiger Strauch mit dunkelgrauer Rinde. Äste dornig. B. längl.-elliptisch, gesägt. Bl. meist vor den B. entwickelt. Fr. kugelig, aufrecht, bläul. bereift. / 4 / Kollin-montan. Hecken, Waldränder; hfg. [1490]

– Bl.stiele flaumig, meist zu 2.

P. insitítia L., *Pflaumenbaum.* – Äste nicht od. schwach-dornig. Zweige kurzhaarig. B. unterseits zerstr. behaart. Krb. rundl. Fr. kugelig. hängend. / 4 / Kollin-montan. In vielen Spielarten (Schwarze Pflaume, Mirabelle, Reineclaude) kult.; s. verwildert. Heimat Südwestasien und Nordafrika. [1492]

P. doméstica L., *Zwetschgenbaum.* Ohne Dornen. Zweige kahl, B. unterseits weichhaarig. Krb. längl. Fr. längl., hängend. / 4 / Kollin. Wie vorige. Heimat Südwestasien. [1493]

5. Bl. in doldenfg. Büscheln, lg. gestielt, vor den B. entwickelt. (*Kirschbaum*).

P. ávium L., *Süsskirsche.* – B. dünn, unterseits in der Jugend meist behaart, etwas runzlig. B.stiel vorn mit 1–2 Drüsen. Blstd. am Grunde von Knospenschuppen umhüllt, sonst b.los. / 4 bis 5 / Kollin(-montan). Wälder; hfg. Vielfach kult. [1495]

P. cérasus L., *Sauerkirsche, Weichselkirsche.* – B. derb, glänzend. B.stiel ohne Drüsen od. diese an den unteren B.zähnen. Blstd. am Grunde mit Knospenschuppen und dazu einigen kleinen B. / 4 bis 5 / Kollin-montan. Kult. und hie und da verwildert. [1496]

> **P. cérasus** L. ssp. **cérasus** A. u. G., *Baumweichsel.* – Meist baumartig. Krb. rundl. Fr. gross, mit meist rundl. Stein.
>
> **P. cérasus** L. ssp. **ácida** (DUMORTIER) A. u. G., *Strauchweichsel.* – Strauchartig, mit hängenden Ästen. Krb. verkehrt-eifg. Fr. zieml. klein, mit eifg. Stein.

– Bl. in Trauben od. Doldentrauben, zu gleicher Zeit wie die B. entwickelt.

P. pádus L. (*Padus avium* MILLER), *Traubenkirsche.* – B. eifg., etwas zugespitzt, fein und scharf gezähnt. Bl. in lg., meist über 10blütigen Trauben. Bl.stiele 5–10 mm lg. / 4 bis 6 / Kollin-subalpin; verbr.

> **P. pádus** L. ssp. **pádus**, *Traubenkirsche.* – Seitennerven der B.unterseits nicht vorstehend. Bl.std. gegen das Ende der Bl.zeit und zur Fr.zeit hängend. Kollin-montan. Auenwälder, Mantelgebüsche; auf feuchten, nährstoffreichen Böden; verbr. [1498]
>
> **P. pádus** L. ssp. **petraéa** (TAUSCH) DOMIN (*P. padus* L. var. *transsilvanica* (SCHUR) BECHERER), *Transsilvanische Traubenkirsche.* – Seitennerven der B.unterseite deutl. vorstehend. Bl.stände und Fr.stände stets aufrecht od.

abstehend. Kollin-subalpin. Trockene buschige Hänge in wärmeren Lagen. A.
[1499]

P. máhaleb L., *Felsenkirsche, Steinweichsel.* – B. rundl.-eifg., etwas herzfg., klein-gekerbt-gesägt. Trauben kurz, aufrecht, fast doldenfg. Bl.stiele
8–20 mm lg. / 4 bis 5 / Kollin-montan. Buschige Hänge, Felsen, besonders in wärmeren Lagen; verbr. [1497]

Fam. 50. **Fabáceae** (*Papilionáceae*).
Schmetterlingsblütler

Kräuter, Stauden, Sträucher od. Bäume mit Bakterienknöllchen an den Seitenwurzeln.
B. wechselst., meist gefiedert, gefingert od. 3teilig, selten einfach, mit Nebenb. Bl. einzeln od. in Blstd., zwittrig, monosymm. (Schmetterlingsb.). Kb. 5, meist zu einer
K.röhre verwachsen *(Fig. 183/1)*. Krb. 5, sich absteigend deckend *(Fig. 183/1)*; das
oberste meist stark vergrösserte, aufgerichtete ist die Fahne (a), die beiden seitl. vorgestreckten sind die Flügel (b) und die beiden untersten, an der Spitze meist verwachsenen, das Schiffchen (c). Stbb. 10, ihre Stbf. alle zu einer den Frkn. umschliessenden
Röhre verwachsen od. 1 frei *(Fig. 183/3)*. Frb. 1, sich zu einer oberst., einfächrigen Fr.
entwickelnd. Fr. eine Hülse, 2klappig aufspringend *(Fig. 183/2)*, querteilig *(Fig. 186/2–5)*
od. nussartig.

1. B. zusges. (bei *Ononis* die oberen oft einfach, gezähnt). 8
– B. anders gestaltet. 2
2. B. durch eine Wickelranke ersetzt; nur die Nebenb. ausgebildet *(Fig.
183/4)*. **Lathyrus 166**
– B. einfach, ganzrandig, oft nur schwach ausgebildet. 3
3. Bl. rot, einzeln od. zu 2. B. grasartig *(Fig. 183/5)*. **Lathyrus 166**
– Bl. gelb. 4
4. K. tief 2teilig *(Fig. 184/3)*. Dorniger Strauch mit stark verkümmerten B.
Ulex 134
– K. 2lippig-5zähnig. 5
5. Gr. kreisfg. eingerollt, sehr lg. N. kopffg. *(Fig. 184/4)*. **Cytisus 135**
– Gr. schief-aufwärts gekrümmt, nicht eingerollt *(Fig. 184/5)*. 6
6. St. br. geflügelt. **Chamaespartium 136**
– St. nicht geflügelt. 7
7. Bl.stiele 3mal so lg. wie der K. **Cytisus 135**
– Bl.stiele kürzer od. etwa so lg. wie der K. **Genista 133**

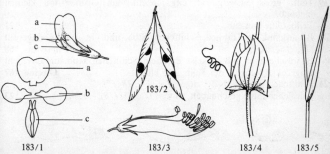

183/1   183/2   183/3   183/4   183/5

50. Fabaceae

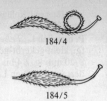

184/1   184/2   184/3   184/4   184/5

8. B. 3zählig (*Fig. 184/1*; bei *Ononis* die oberen oft einfach) od. gefingert. 9
– B. gefiedert. 26
9. Teilb. 5–15 *(Fig. 184/2)*. B. gestielt. Bl. in reichbl. Trauben.   **Lupinus 140**
– Pfl. anders gestaltet. 10
10. Teilb. 3–5, die 2 unteren wie Nebenb. gestellt; die Nebenb. verkümmert. B. sitzend. Bl. in doldenartigen Köpfchen, klein, weiss; das Schiffchen an der Spitze schwarzviolett.   **Dorycnium 147**
– Teilb. 3 (bei *Lotus* ausserdem ein unteres Paar am Grunde des B.stieles, nebenb.artig; die Nebenb. verkümmert). B. meist gestielt. 11
11. Bäume od. Sträucher. Alle 10 Stbb. verwachsen. 12
– Stauden od. Kräuter. 9 Stbb. verwachsen, das 10., hintere, frei (ausg. bei *Ononis* und *Glycine*). 18
12. Bl. in hängenden Trauben.   **Laburnum 139**
– Bl. nicht in hängenden Trauben. 13
13. Gr. kreisfg. eingerollt, sehr lg. N. kopffg. *(Fig. 184/4)*.   **Cytisus 135**
– Gr. schief-aufwärts gekrümmt, nicht eingerollt *(Fig. 184/5)*. 14
14. Teilb. unterseits silbrig-seidig   **Argyrolobium 132**
– Teilb. beiderseits grün. 15
15. B. gegenst.   **Genista 133**
– B. wechselst. 16
16. Bl.stiele kürzer als der K.   **Chamaecytisus 138**
– Bl.stiele so lg. od. länger als der K. 17
17. Bl. in lg. b.losen Trauben.   **Lembotropis 137**
– Bl. zu wenigen seitenst. od. in kurzen Trauben.   **Cytisus 135**
18. Bl. einzeln, lg. gestielt, gelb.   **Tetragonolobus 149**
– Bl. zu 1–2 in den B.winkeln sitzend od. kurz gestielt od. in 2- bis mehrbl. Blstd. 19
19. Bl. gross, br.-eifg. od. eifg.-lanzettl., am Grunde mit kleinen Nebenb. 20
– Teilb. ohne Nebenb. 21
20. Bl. ansehnl., in Trauben, Schiffchen, Stbb. und Gr. spiralig eingerollt *(Fig. 184/6)*.   **Phaseolus 168**
– Bl. unscheinbar, in b.winkelst. Büscheln. Schiffchen, Stbb. und Gr. nicht eingerollt. (Nebenb. der Teilb. sehr klein.)   **Glycine 167**
21. Schiffchen lg. schnabelfg. zugespitzt *(Fig. 184/7)*. 22
– Schiffchen nicht geschnäbelt, stumpf *(Fig. 184/8)*. 23

184/6   184/7   184/8

22. Teilb. ganzrandig. **Lotus 148**
 – Teilb. gezähnt. **Ononis 141**
23. Bl. hängend, gelb od. weiss, in lockeren, aufrechten Trauben.
   Melilotus 144
 – Bl. in dichten Köpfchen, Dolden, Ähren od. Trauben (bei einigen Arten
   von *Medicago* sind die Blstd. nur 1–5bl.). 24
24. Kr. rot, weiss od. gelb bis braun, mit den Stbb. mehr od. weniger verwachsen, Fr. kurz, in der bleibenden, verwelkenden Kr. (und dem K.)
   eingeschlossen. **Trifolium 145**
 – Kr. gelb, violett od. bläul., nach dem Verblühen abfallend. 25
25. Teilb. nur vorn gezähnt *(Fig. 185/3)*. Blstd. deutl. gestielt. Fr. nierenfg.,
   sichelfg. od. schneckenfg. gewunden. **Medicago 143**
 – Teilb. fast bis zum Grunde gezähnt *(Fig. 185/4)* od. die Blstd. nahezu sitzend. Fr. gerade od. gebogen. **Trigonella 142**
26. B. unpaarig gefiedert *(Fig. 185/1)*; ein Endb. vorhanden. 27
 – B. paarig gefiedert *(Fig. 185/2)*; statt des Endb. eine Ranke, ein Dorn od.
   ein Spitzchen; bisweilen das B. einpaarig od. nur die Nebenb. ausgebil-
   det. 42
27. Sträucher od. Bäume. 28
 – Krautpfl. (Halbstrauch: *Anthyllis montana, Astragalus pastelli-
   anus*). 32
28. Flügel und Schiffchen fehlend, nur die Fahne ausgebildet.
   Amorpha 151
 – Bl. vollständig ausgebildet. 29
29. Bl. weiss od. blau, in hängenden Trauben. 30
 – Bl. gelb, in aufrechten Trauben od. Dolden. 31
30. Hochwindender Strauch. **Wisteria 152**
 – Baum od. Strauch. **Robinia 153**
31. Schiffchen geschnäbelt *(Fig. 185/5)*. Gr. kahl. **Coronilla 158**
 – Schiffchen stumpf *(Fig. 185/6)*. Gr. behaart. **Colutea 154**
32. Bl. einzeln, b.winkelst. **Cicer 162**
 – Bl. in meist reichbl. Blstd. 33
33. Schiffchen unter dem stumpfen Ende mit einem aufgesetzten Spitzchen
   (Fig. 185/7). **Oxytropis 156**
 – Schiffchen zugespitzt od. stumpf, aber dann nicht mit einem aufgesetz-
   ten Spitzchen. 34

185/1   185/2   185/3   185/4   185/7
185/5
185/6

50. Fabaceae

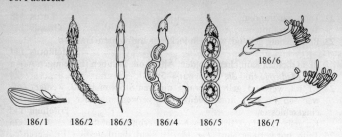

186/1   186/2   186/3   186/4   186/5   186/7

34. Bl. in Köpfchen od. Dolden. 35
 – Bl. in Ähren od. Trauben. 39
35. Bl. klein, höchstens 5 mm lg., weissl., rötl. gestreift. Hülse gegliedert *(Fig. 186/2)*.   **Ornithopus 157**
 – Bl. mindestens 7 mm lg., meist länger. 36
36. Blstd. mit einer Hülle fingerfg. geteilter Hochb. Hülse im K. eingeschlossen, einsamig.   **Anthyllis 146**
 – Blstd. ohne Hülle. Hülse nicht im K. eingeschlossen, mehrsamig.   37
37. Schiffchen stumpf. Hülse nicht gegliedert.   **Astragalus 155**
 – Schiffchen schnabelfg. zugespitzt *(Fig. 185/5)*. Hülse gegliedert *(Fig. 186/3, 4)*. 38
38. Hülse stielrund od. 4–6kantig; Glieder der Hülse und S. gerade *(Fig. 186/3)*.   **Coronilla 158**
 – Hülse zusgedr., an der s.tragenden Naht buchtig eingeschnitten; Glieder und S. gekrümmt *(Fig. 186/4)*.   **Hippocrepis 159**
39. Flügel verkümmert *(Fig. 186/1)*, kürzer als der K. Hülse dornig gezähnt, einsamig.   **Onobrychis 161**
 – Flügel gut ausgebildet. 40
40. Das hintere (obere) Stbb. bis zur Hälfte mit den übrigen verwachsen. Kr. bläul., selten weiss.   **Galega 150**
 – Das hintere (obere) Stbb. frei. 41
41. Hülse quer gegliedert, in einsamige Stücke zerfallend *(Fig. 186/5)*.   **Hedysarum 160**
 – Hülse nicht quer gegliedert.   **Astragalus 155**
42. B.spindel in einen Dorn auslaufend   **Astragalus 155**
 – B.spindel nicht in einen Dorn auslaufend. 43
43. Nebenb. grösser als die Teilb. B. mit einer geteilten Wickelranke.   **Pisum 165**
 – Nebenb. kleiner od. höchstens gleich gross wie die Teilb. 44
44. Stbf.röhre gerade abgeschnitten *(Fig. 186/6)*. Bl. einzeln, lg., gestielt od. in lg. gestielten Trauben. B. 1–3paarig, mit Wickelranke, od. 2–3–6paarig, mit Stachelspitze.   **Lathyrus 166**
 – Stbf.röhre schief abgeschnitten *(Fig. 186/7)*. Bl. zu 1–2 in den B.winkeln sitzend od. in ganz kurz gestielten Trauben; od. Bl. in lg. gestielten Trauben, aber dann die B. 3- bis mehrpaarig, mit Wickelranke, od. 8–12paarig, mit Stachelspitze. 45
45. Fr. 2samig, kahl. K.zähne etwa so lg. od. länger als die Kr. Gr. flach.   **Lens 164**
 – Fr. mehr- od. 2samig, aber dann behaart. Gr. fadenfg.   **Vicia 163**

132. **Argyrolóbium** ECKLON u. ZEYHER, *Silberginster*

A. zanónii (TURRA) P. W. BALL (*A. argenteum* ARRONDEAU, *A. linnaeanum* WALPERS, *Cytisus argenteus* L., *Genista argentea* NOULET), *Silberginster.* – Silberig-seidig behaarter Halbstrauch, 10–30 cm hoch. B. eifg.-lanzettl., unterseits silberig-seidig behaart. Bl. einzeln od. zu 2–3 endst. Krb. goldgelb. Hülsen seidenhaarig. / 5 bis 6 / Kollin. Trockene, felsige Orte; auf Kalk. – Französ. Jura, Ao. [1501]

133. **Genísta** L., *Ginster*

1. B. gegenst., 3teilig zusges.
   G. radiáta (L.) SCOP. (*Cytisus radiatus* (L.) M. u. K.), *Kugelginster.* – St. 30–80 cm, ästig; Äste strahlenartig ausgebreitet, gegenst. od. quirlig. B. klein, 3zählig; Teilb. abstehend. Bl. gelb. Schiffchen dicht seidenhaarig. / 5 bis 7 / Kollin-montan(-subalpin). Trockenwarme Hänge, Felsen. Rhonetal, Unterengadin. – Val Sesia, Co. [1509]
 – B. wechselst., 1fach. 2
2. St. unterwärts b.los, dornig.
   G. germánica L., *Deutscher G.* – Pfl. 25–60 cm. St. aufrecht, ästig. Äste, B., Bl.stiele, K. und Hülsen rauhhaarig. Bl. gelb. / 5 bis 6 / Kollin-montan(-subalpin). Trockenrasen, Wälder; zerstr. [1504]
   G. ánglica L., *Englischer G.* – Pfl. 10–50 cm. St. aufsteigend, ästig. Äste, B., Bl.stiele, K. und Hülsen kahl. Bl. gelb. / 5 bis 6 / Kollin. Weiden. – S (bei Schönau; eingebürgert). [1505]
 – St. auch unterwärts beblättert, ohne Dornen.
   G. tinctória L., *Färber-G.* – Pfl. kahl, seltener oberwärts etwas angedrückt-behaart. St. 30–70 cm, aufrecht. Bl. gelb, in Trauben. / 6 bis 8 / Kollin-montan. Trockenwiesen, lichte Wälder; verbr. [1502]
   G. pilósa L., *Behaarter G.* – Ganze Pfl. angedrückt-seidenhaarig. St. 10–40 cm, liegend, ästig. Bl. gelb, zu 1–3. / 4 bis 6 / Kollin-montan(-subalpin). Trockene Orte, Felsen. J, T; sonst verschleppt. – S, V, Belf., Val Sesia, Var. [1503]

134. **Ulex** L., *Stechginster*

U. europaéus L., *Stechginster.* – St. 1–3 m, sehr stark dornig-ästig. Untere B. klein, 3zählig, obere lineal, pfriemfg. Bl. lebhaft gelb. K. und Fr. bräunl. behaart. / 4 bis 5 / Kollin(-montan). Bewaldete Hänge. T (bei Lugano; eingebürgert); sonst verwildert. [1508]

135. **Cýtisus** L., *Geissklee*

1. Alle B. einfach.
   C. decúmbens (DURANDE) SPACH (*Genista halleri* DC., *G. decumbens* auct., *G. pedunculata* L'HÉRITIER ssp. *decumbens* GAMS), *Niederliegender G.* – St. 20–40 cm, mit niederliegenden Ästen. B. lanzettl., am Rande und unterseits rauhhaarig. Bl. gelb. / 5 bis 6 / Kollin-montan. Steinige Weiden. J (Waadt, Neuenb.). – Französ. Jura (Dép. du Doubs). [1511]
 – Mindestens die unteren B. 3zählig zusges. 2

2. Gr. kreisfg. eingerollt, sehr lang. N. kopffg. *(Fig. 184/4).*

C. scopárius Link *(Sarothamnus scoparius* (L.) Koch*), Besenginster.* –
Bis 2 m hoher Strauch. Untere B. gestielt, 3zählig, obere fast sitzend, einfach. Bl. gross, einzeln, gelb. / 5 bis 6 / Kollin-montan. Lichte Wälder,
Hügel; kalkfliehend; verbr. T, südl. Graub.; sonst s. und meist gepflanzt
od. verwildert. – S, V und Belf. (hfg.). [1521]

– Gr. schief aufwärtsgekrümmt, nicht eingerollt.

C. emerifórus Rchb. *(C. glabrescens* Sartorelli*), Strauchwicken-G.* –
St. 20–60(–100) cm. Teilb. längl. stumpf, mit einem aufgesetzten Spitzchen. Bl.stiele 4mal so lg. wie der K. Bl. gelb, zu 1–3, seitenst. / 5 / Kollin-
montan. Steinige, buschige Hänge; auf Kalk; s. T (Monte Boglia und
Denti della Vecchia bei Lugano). – Co. [1514]

C. sessilifólius L., *Blattstielloser G.* – St. 40–100 cm. Jahrestriebe wie die
B. etwas bereift. Obere B. sitzend; Teilb. dickl., fast kreisrund od. br.-
rhombisch, kurz bespitzt. Bl.stiele kaum länger als der K. Bl. gelb, in kurzen, endst. Trauben. / 5 bis 6 / Kollin-montan(-subalpin). Buschige
Hänge; auf Kalk. – Co. [1513]

136. **Chamaespártium** Adanson, *Flügelginster*

Ch. sagittále (L.) P. Gibbs *(Cytisus sagittalis* (L.) Koch*, Genista sagittalis*
L.)*, Flügelginster.* – St. b.artig geflügelt, kriechend, mit aufstrebenden,
15–25 cm hohen blühenden Zweigen. B. sitzend, längl., spitz, nebst dem
K. rauhhaarig. Bl. gelb. / 5 bis 7 / Kollin-montan(-subalpin). Hügel,
lichte Wälder, Weiden. Nord- und Westschw. (verbr.). [1510]

137. **Lembótropis** Griseb., *Geissklee*

L. nígricans (L.) Griseb. *(Cytisus nigricans* L.)*, Schwarzwerdender G.* –
St. 30–100 cm, ästig. B. beim Trocknen schwarz werdend; Teilb. verkehrt-eifg., oberseits kahl, unterseits angedrückt-behaart. Bl. gelb, in lg.
b.losen Trauben. / 6 bis 7 / Kollin-montan. Trockene, steinige Hänge,
Kastanienwälder. Nordost- und Südschw.; sonst verschleppt. [1512]

138. **Chamaecýtisus** Link, *Zwergginster*

1. Bl. hellkarminrot (selten weiss).

Ch. purpúreus (Scop.) Link *(Cytisus purpureus* Scop.)*, Roter Z.* – St. 10–
50 cm. Teilb. verkehrt-eifg., stachelspitzig. Bl. an seitenst. Kurztrieben. /
4 bis 6 / Kollin-montan. Trockene, rasige und buschige Hänge; auf Kalk.
– Co. [1518]

– Bl. lebhaft gelb (getrocknet bräunl.) od. nur die Fahne rot.

Ch. supínus (L.) Link *(C. supinus* L., *C. capitatus* Scop.)*, Niedriger Z.* –
St. 15–50 cm. Bl. meist endst., doldig. K. längl., mässig behaart; Unterlippe beträchtl. länger als br. Kr. gelb, die Fahne meist mit einem braunen Fleck. / 4 bis 6 / Kollin-montan. Buschige Hänge. Südl. T. [1516]

Ch. hirsútus (L.) Link *(C. hirsutus* L.)*, Rauhhaariger Z.* – St. 30–80 cm.
Bl. zu 1–3, immer seitenst. K. abstehend-rauhhaarig; Unterlippe nicht
viel länger als br. Kr. gelb od. die Fahne rötl.-braun (selten die Fahne
violettrot). / 4 bis 6 / Kollin-montan. Wie vorige. Südl. T. [1517]

139. Labúrnum MEDIKUS, *Goldregen*

L. anagyroídes MEDIKUS (*L. vulgare* GRISEB., *Cytisus laburnum* L.), *Gewöhnlicher G.* – Teilb. oberseits kahl, unterseits wie die Bl.stiele angedrückt-behaart. Bl. gelb. Hülsen seidenhaarig. / 5 bis 6 / Kollin-montan(-subalpin). Wälder; kalkliebend. Südl. T (verbr.); sonst gepflanzt und hie und da verwildert. – Französ. Jura. [1520]

L. alpínum (MILLER) J. PRESL (*C. alpinus* MILLER), *Alpen-G.* – Teilb. am Rande gewimpert. Bl.stiele abstehend-kurzhaarig. Bl. gelb. Hülsen kahl / 5 bis 7 / Kollin-montan(-subalpin). Bergwälder; zerstr. J (bis Chaumont), A (westl. Gebiete, T, Graub. [Misox, Bergell]). – Val Sesia [1519]

140. Lupínus L., *Lupine, Wolfsbohne*

1. Pfl. mehrjährig. Teilb. 9–15.
   L. polyphýllus LINDLEY, *Vielblättrige L.* – St. 100–150 cm. Teilb. lanzettl. Bl. blau od. purpurn; Fahne in der Mitte weissl. / 6 bis 9 / Kollin-montan. Kult. und verwildert und eingebürgert. Stammt aus Nordamerika. [1522]
– Pfl. einjährig. Teilb. 5–9.
   L. albus L., *Weisse L.* – St. 30–120 cm. Teilb. 5–7, längl.- bis rundl.-verkehrt-eifg. Bl. weiss, ohne Deckb. und Vorb. / 5 bis 7 / Kollin. Kult. und verwildert. Stammt aus dem Mittelmeergebiet. [1523]
   L. angustifólius L., *Schmalblättrige L.* – St. 30–120 cm. Teilb. 7–9, lineal bis lineal-lanzettl. Bl. meist blau, mit Deckb. und Vorb. / 5 bis 7 / Kollin. Wie vorige. Stammt aus dem Mittelmeergebiet. [1524]

141. Onónis L., *Hauhechel*

1. Bl. gelb.
   O. pusílla L. (*O. columnae* ALL., *O. subocculta* VILL.), *Zierliche H.* – St. 10–30 cm. Teilb. verkehrt-eifg., gezähnelt, drüsenhaarig; Nebenb. gezähnelt. Bl. b.winkelst. Krb. kürzer als der K. / 6 / Kollin-montan. Trockenwarme Hügel, kiesige Orte; zerstr. Waadt, Wallis, südl. T. – Ao., Co. [1525]
   O. natrix L., *Gelbe H.* – St. 20–40 cm, nebst den B. drüsig-zottig. Teilb. längl.-oval, gezähnelt; Nebenb. ganzrandig. Blstd. traubig. Krb. länger als der K., rot gestreift. / 6 bis 7 / Kollin-montan(-subalpin). Wie vorige; zerstr. Südwest- und Südschw. – Vintschgau. [1526]
– Bl. rot, bisweilen weiss od. bläul. 2
2. Teilb. fast kreisrund. Fr. hängend.
   O. rotundifólia L., *Rundblättrige H.* – Pfl. 15–40 cm, drüsig-zottig. B. gezähnelt. Bl. rosenrot. / 5 bis 7 / Kollin-montan(-subalpin). Lichte Wälder und Felsen warmer Lagen. J (Orbe), A (zerstr.). – Salève bei Genf. [1530]
– Teilb. elliptisch od. eifg. Fr. aufrecht.
   O. spinósa L. s.l., *Dornige H.* – St. 30–60 cm, aufrecht od. aufsteigend, 1- od. 2zeilig behaart, stets mit Dornzweigen. Teilb. längl., fast kahl. Hülse so lg. od. länger als der K. / 6 bis 9 / Kollin-montan. Wegränder, trockene Rasen, Weiden; verbr. [1527]

O. spinósa L. ssp. **austríaca** (G. BECK) GAMS. – Pfl. mit lg. unterirdischen Ausläufern. St. aufrecht bis aufsteigend, meist einfach, mit wenigen od. weichen Dornen. Bl. 10–30 mm lg. / 6 bis 9 / Kollin-montan. Wechselfeuchte Wiesen.
O. spinósa L. ssp. **spinósa**. – Pfl. ohne unterirdische Ausläufer. St. aufrecht, reich verzweigt, mit vielen harten Dornen. Bl. 5–15 mm lg. / 6 bis 9 / Kollin-montan. Mager- und Halbtrockenrasen, Weiden.

O. repens L., *Kriechende H.* – St. 30–60 cm, niederliegend od. aufsteigend, ringsum abstehend-behaart, mit zerstr. Dornzweigen od. ohne solche. Teilb. eifg., stark drüsig behaart. Hülse kürzer als der K. / 6 bis 9 / Kollin-montan(-subalpin). Wiesen, Flachmoore; hfg. [1528]

142. **Trigonélla** L., *Bockshornklee*

T. monspelíaca L., *Französischer B.* – St. 5–20 cm, niederliegend. Bl. hellgelb, in wenigbl., fast sitzenden Dolden. Fr. lineal, gebogen, sternfg. ausgebreitet. / 3 bis 5 / Kollin-montan. Trockenwarme Hügel; s. Wallis. – Ao., Veltlin (erloschen?), Vintschgau. [1532]
T. coerulea (L.) SER. (*T. melilotus-coerulea* (L.) A. u. G., *Melilotus coeruleus* DESR.), *Blauer B., Schabziegerkraut.* – St. 30–60 cm, aufrecht. Bl. hellblau, in lg. gestielten, kopffg. Trauben. Fr. eifg. Pfl. mit herb balsamischem Kumarinduft. / 6 bis 7 / Kollin. Kult. (besonders Kt. Schwyz und Glarus); auch verschleppt. [1534]

143. **Medicágo** L., *Schneckenklee*

1. Bl. 8–12 mm lg. Teilb. längl. od. lineal-keilfg. Hülsen sichelfg. gekrümmt *(Fig. 190/1)* od. schneckenfg. gewunden, im Mittelpunkt offen *(Fig. 190/2).* 2
– Bl. höchstens 6 mm lg. Teilb. verkehrt-eifg. od. rautenfg.-verkehrt-eifg. Hülsen nierenfg. od. schneckenfg. gewunden, im Mittelpunkt geschlossen *(Fig. 190/3, 4).* Bl. gelb. 3
2. Bl. hellgelb od. goldgelb. Hülsen sichelfg. od. höchstens ¾ gewunden.
   M. falcáta L., *Sichelklee, Gelbe Luzerne.* – St. 20–60 cm. Teilb. ausgerandet, in der Ausrandung stachelspitzig. / 5 bis 8 / Kollin-subalpin. Trockenrasen, Raine, Wegränder; verbr. [1542]
– Bl. heller od. dunkler blau od. verschiedenfarbig gescheckt. Hülsen ¾– 3mal gewunden.
   M. satíva L., *Luzerne.* – St. 30–90 cm. Teilb. vorn stachelspitzig gezähnt, meist abgerundet od. gestutzt. Bl. heller od. dunkler blau bis violett. Hülsen 1½–3mal gewunden. / 6 bis 8 / Kollin-montan(-subalpin). Kult. und hfg. verwildert und eingebürgert. [1541]
   M. ×**vária** MARTYN (*M. falcata* ×*sativa*), *Sand-Luzerne, Bastard-Luzerne.* – St. 30–60 cm. Bl. verschiedenfarbig: zuerst violett, dann grün

190/1　　　　190/2　　　　190/3　　　　190/4

und gelb gescheckt, auch bräunl. Hülsen ¾–2mal gewunden. / 6 bis 8 / Kollin-subalpin. Mit den Stammarten, oft aber auch ohne *M. falcata*; stellenweise.
3. Hülsen ohne Stacheln *(Fig. 190/3)*.
    M. lupulína L., *Hopfenklee*. – St. 10–30 cm. Nebenb. fast ganzrandig. Hülsen nierenfg. / 5 bis 9 / Kollin-montan(-subalpin). Wiesen, Wegränder; s. hfg. [1535]
– Hülsen stachlig, in 2–5 Windungen gedreht *(Fig. 190/4)*. 4
4. B. beiderseits behaart. Nebenb. ganzrandig od. am Grunde gezähnt.
    M. mínima (L.) BARTALINI, *Zwerg-S.* – Pfl. mehr od. weniger weichhaarig. St. 5–30 cm, liegend od. aufsteigend. Stacheln der Fr. an der Spitze hakig. / 5 bis 6 / Kollin-montan. Trockene Orte; verbr. Wärmere Schweiz. [1536]
– B., wenigstens oberseits, kahl. 5
5. Teilb. gross, herzfg., meist mit einem braunen Fleck.
    M. arábica (L.) HUDSON (*M. maculata* WILLD.), *Arabischer S.* – St. 20–50 cm. Nebenb. eifg., eingeschnitten-gezähnt. Blstd. 1–5bl. / 4 bis 5 / Kollin. Unter Getreide, auf Schuttstellen; eingeschleppt. [1537]
– Teilb. ohne braunen Fleck.
    M. polymórpha L. (*M. nigra* (L.) KROCKER, *M. hispida* GAERTNER), *Stachliger S.* – Pfl. einjährig. St. 20–70 cm. Nebenb. tief-fiedersp. gezähnt. Blstd. 3–8bl. Bl. 2,5–3 mm lg. / 5 bis 6 / Kollin. Wegränder, Schuttstellen, Kleefelder; s. [1538]
    M. carstiénsis JACQ., *Karst-S.* – Pfl. mehrjährig. St. 30–60 cm. Nebenb. spitz gezähnt. Blstd. 1–20bl. Bl. ca. 6 mm lg. / 5 bis 6 / Kollin. Magerwiesen, Gebüsche. – Co. [1544]

144. **Melilótus** MILLER, *Honigklee*

1. Bl. weiss.
    M. alba MEDICUS, *Weisser H.* – St. 30–150 cm. Teilb. der unteren B. längl.-eifg., die der oberen fast lineal. / 6 bis 8 / Kollin-montan(-subalpin). Wegränder, Ufer; hfg. [1545]
– Bl. gelb. 2
2. Bl. 5–7 mm lg. Flügel so lg. wie die Fahne.
    M. altíssima THUILL., *Hoher H.* – St. 80–150 cm. Teilb. der unteren B. verkehrt-eifg., die der oberen längl.-lineal, etwas gestutzt. Flügel so lg. wie das Schiffchen. Hülsen angedrückt-behaart. / 6 bis 8 / Kollin(-montan). Kiesige Orte, sumpfige Wiesen; verbr. [1546]
    M. officinális (L.) PALLAS, *Gebräuchlicher H.* – St. 30–150 cm. Teilb. der unteren B. verkehrt-eifg., die der oberen lanzettl. bis oval. Flügel länger als das Schiffchen. Hülsen kahl. / 6 bis 10 / Kollin-montan(-subalpin). Wegränder, unbebaute Orte; hfg. [1547]
– Bl. 2–3,5 mm lg. Flügel kürzer als die Fahne.
    M. índica (L.) ALL. (*M. parviflora* DESF.), *Kleinblütiger H.* – St. 15–50 cm. Bl. 2–3 mm lg. Fr. fast kugelig, stumpf, von einigen gegabelten Nerven schwach streifig. / 6 bis 8 / Kollin. Schuttstellen, Bahnhöfe, Kulturland; hie und da eingeschleppt. [1548]
    M. sulcáta DESF., *Gefurchter H.* – St. 10–40 cm. Bl. 3,5 mm lg. Fr. fast kugelig, dicht konzentrisch gestreift. / 6 bis 8 / Kollin. Wie vorige. [1549]

50. Fabaceae

145. **Trifólium** L., *Klee*

1. Bl. rot, rosa, weiss od. gelbl.-weiss. 2
– Bl. gelb od. braun. 14
2. Bl. im Köpfchen sitzend od. sehr kurz gestielt. 3
– Bl. im Köpfchen deutl. gestielt. 10
3. K. nach dem Verblühen blasenfg. aufgetrieben. Köpfchen lg. gestielt.
   T. fragíferum L., *Erdbeer-K.* – St. 10–20 cm, niederliegend, wurzelnd. Bl.
   rosarot, normal gestellt. / 6 bis 9 / Kollin-montan. Feuchte Wiesen, Wegränder; zerstr. [1550]
   T. resupinátum L., *Persischer K.* – St. 10–30(–50) cm, aufsteigend, nicht
   wurzelnd. Bl. klein, rosarot, umgewendet (mit abwärts gerichteter
   Fahne). / 4 bis 8 / Kollin(-montan-subalpin). Bahnhöfe, Schuttstellen,
   Rasen; eingeschleppt. Auch kult. [1551]
– K. nach dem Verblühen nicht blasenfg. aufgetrieben (ausg. bei T. striatum, mit sitzenden Köpfchen). 4
4. K.röhre aussen kahl (bei einer Varietät von *T. rubens* behaart).
   T. rubens L., *Purpur-K.* – St. 20–70 cm. St. und B. kahl, selten schwach
   behaart. Freier Teil der Nebenb. halb so lg. wie der mit dem B.stiel verwachsene. Köpfchen längl.-walzenfg., einzeln od. zu zweien. Bl. purpurn. / 6 bis 7 / Kollin-montan(-subalpin). Trockene, buschige Hänge;
   in wärmeren Lagen verbr. [1552]
   T. médium L., *Mittlerer K.* – St. 20–50 cm. St. angedrückt-behaart. Freier
   Teil der Nebenb. länger als der mit dem B.stiel verwachsene. Köpfchen
   kugelig, gestielt. Bl. rot. / 5 bis 7 / Kollin-montan(-subalpin). Lichte
   Wälder, trockene Wiesen; hfg. [1553]
– K.röhre aussen behaart. 5
5. K.zähne länger als die Kr.
   T. arvénse L., *Hasen-K,* – Pfl. einjährig. St. 5–40 cm, aufrecht, ästig, an-
   liegend behaart. Köpfchen gestielt, ohne umhüllende B. K. stark zottig
   behaart. Kr. zuerst weissl., später rötl. / 6 bis 8 / Kollin-montan(-sub-
   alpin). Trockene Orte, sandige Äcker; zerstr. [1558]
   T. saxátile ALL., *Stein-K.* – Pfl. ausdauernd. St. 3–15 cm, niederliegend,
   weichhaarig. Köpfchen sitzend, am Grunde von B. umhüllt. K. rauhhaarig. Kr. weissl. / 7 bis 8 / (Montan-)subalpin-alpin. Gesteinsschutt; s. A
   (Wallis). – Ao. [1559]
– K.zähne kürzer od. höchstens so lg. wie die Kr. 6
6. Köpfchen ohne umhüllende B., eifg., zuletzt walzenfg. verlängert.
   T. incarnátum L., *Inkarnat-K.* – Pfl. zottig-behaart. St. 20–40 cm, aufrecht. Teilb. verkehrt-eifg., vorn gezähnt. Nebenb. verkehrt-eifg., stumpf
   od. spitz. Bl. lebhaft rot, selten gelbl.-weiss. / 5 bis 7 / Kollin-mon-
   tan(-subalpin). Kult. und verwildert. [1555]
   T. alexandrínum L., *Alexandriner-K.* – St. 20–60 cm. Pfl. einjährig,
   schwach behaart, ästig. Teilb. längl. bis lanzettl. Köpfchen gestielt bis
   fast sitzend, eifg., zuletzt keilfg.-längl. Krb. gelbl.-weiss. – Kult. Stammt
   aus Nordafrika. [32A]
– Köpfchen am Grunde meist von B. umhüllt, rundl. bis eifg. 7
7. K. 20nervig. Teilb. längl.-lanzettl.
   T. alpéstre L., *Hügel-K.* – Pfl. stark behaart. St. 15–40 cm, aufrecht, unverzweigt. Teilb. sehr fein gezähnelt. Der freie Teil der Nebenb. lanzettl.-

pfriemfg., allmähl. verschmälert. Kr. rot. / 6 bis 7 / Kollin-montan(-subalpin). Trockene Hänge; zerstr. [1556]
– K. 10nervig. Teilb. oval bis verkehrt-eifg. 8
8. K.zähne, abgesehen vom unteren, höchstens halb so lg. wie die Kr.

T. praténse L., *Rot-K., Roter Wiesen-K.* – Pfl. mehr od. weniger behaart. St. 15–40 cm, aufsteigend, oft verzweigt, mit grundst. B.rosette. Teilb. eifg. od. elliptisch, meist ganzrandig. Der freie Teil der Nebenb. eifg., plötzl. in eine Granne zusgez. Kr. rot, seltener weiss (im Gebirge meist rötl.-weiss od. schmutzig- bis gelbl.-weiss). / 5 bis 10 / Kollin-alpin. Wiesen, Weiden; s. hfg. Auch kult. [1557]

> **T. praténse** L. ssp. **praténse**, *Rot-K.* – Pfl. kräftig, aufrecht. St. meist angedrückt behaart. Nebenb. meist nur auf den Nerven behaart. Blstd. mittelgross, zuletzt eifg. K. mässig behaart, der untere K.zahn bis 2mal so lg. wie die K.röhre. Kr. purpurn. / 5 bis 10 / Kollin-montan(-subalpin). Wiesen, Wälder, Halbtrockenrasen; s. hfg.
> **T. praténse** L. ssp. **niválе** (KOCH) ARCANG., *Schnee-K.* – Pfl. niederliegend bis aufsteigend. St. meist dicht behaart. Nebenb. meist auf der ganzen Aussenfläche behaart. Blstd. gross, kopffg. K. stark behaart, der untere K.zahn bis ⅓ so lg. wie die K.röhre. Kr. meist schmutzig- bis gelbl.-weiss. / 5 bis 10 / (Subalpin-)alpin. Frische Wiesen und Weiden, Läger; hfg. A.

T. ochroleúcon HUDSON, *Gelblicher K.* – St. 20–40 cm, aufrecht, abstehend behaart. Teilb. längl.-elliptisch, beiderseits behaart. Nebenb. allmähl. in eine lg. Spitze verschmälert. K.zähne lanzettl.-pfriemfg., der untere zur Fr.zeit meist herabgebogen. Kr. gelbl.-weiss. / 6 bis 7 / Kollin-montan(-subalpin). Bergwiesen, Weiden; zerstr. [1554]

– K.zähne so lg. od. ein wenig kürzer als die Kr. 9
9. Seitennerven der Teilb. scharf hervortretend. K.zähne zur Fr.zeit abstehend.

T. scabrum L., *Rauher K.* – St. 5–15 cm, niederliegend, vom Grunde an ästig, nebst den B. rauhhaarig. Seitennerven der Teilb. bogenfg. abwärts gekrümmt. K.röhre zur Fr.zeit walzenfg. (aber nicht aufgetrieben), mit starren, lanzettl., nach aussen gebogenen Zähnen. Kr. weissl. / 5 bis 7 / Kollin-montan. Trockene, steinige Orte; s. s. und Fundorte zurückgehend. West- und Südschw. – Bad., Els. [1560]

T. striátum L., *Gestreifter K.* – Pfl. 5–30 cm, zottig-behaart. Seitennerven der Teilb. zieml. gerade. K.röhre zur Fr.zeit stark aufgetrieben, mit geraden, pfriemfg., abstehenden Zähnen. Kr. rosa. / 5 bis 7 / Kollin(-montan). Wie vorige; s. s. West- und Südschw. – Bad., Els. [1561]

– Seitennerven der Teilb. undeutl. K.zähne zur Fr.zeit aufrecht, nicht abstehend: vgl. *T. saxatile*, oben.
10. Köpfchen wenig-(6–12)bl. Bl. bis über 2 cm lg.

T. alpínum L., *Alpen-K.* – Pfl. 5–20 cm. B. und Köpfchenstiele grundst. Teilb. lineal-lanzettl. Bl. süss duftend. Kr. rot, selten cremefarben. / 6 bis 8 / Subalpin-alpin. Rasen, Weiden, lichte Waldstellen. M (s.), A (hfg.). [1563]

– Köpfchen vielbl. Bl. bis 1 cm lg. 11
11. Bl.stiele (ausg. bisweilen die untersten) nach dem Verblühen nicht herabgeschlagen.

T. tháli VILL. (*T. caespitosum* REYNIER), *Thals K.* – Pfl. 5–15 cm. St. und B. kahl. Teilb. verkehrt-eifg. Köpfchenstiele grundst. Bl.stiele kürzer als die K.röhre. K. kahl, weissl. Kr. rosa. / 7 bis 8 / Subalpin-alpin. Weiden; auf Kalk. J (bis Mt. Tendre), A (verbr.). [1564]

50. Fabaceae

– Bl.stiele nach dem Verblühen herabgeschlagen. 12
12. St. niederliegend, wurzelnd, ausläuferartig.
  T. repens L., *Kriechender K., Weisser Wiesen-K.* – St. 20–50 cm. Köpfchen lg.-gestielt, in den B.winkeln der St. entspringend. Kr. weiss, zuletzt
  bräunl. / 5 bis 9 / Wegränder, Grasplätze; s. hfg. Auch kult. [1565]
– St. aufrecht, aufsteigend od. niederliegend, aber nicht wurzelnd. . . 13
13. St. und Unterseite der B. behaart. Bl.stiele viel kürzer als die K.röhre.
  T. montánum L., *Berg-K.* – St. 15–20 cm. Teilb. elliptisch od. längl.-lan-
  zettl., am Rande dicht nervig und mit stachelspitzigen Zähnchen. Alle
  K.zähne gleich lg. Kr. weiss. / 5 bis 7 / Kollin-subalpin. Bergwiesen,
  Weiden; verbr.; hie und da auch in tiefen Lagen. [1566]
– Pfl. kahl (od. der St. oberwärts etwas behaart). Bl.stiele so lg. od. länger
  als die K.röhre.
  T. hýbridum L., *Schweden-K.* – St. 10–50 cm. Nebenb. in eine Granne
  auslaufend. Die 2 oberen K.zähne durch eine runde Bucht so tief od. tie-
  fer als die übrigen voneinander getrennt. / 6 bis 8 / Kollin-subalpin.
  Wiesen, Wegränder; hfg. [1567]

  > **T. hýbridum** L. ssp. **hýbridum** (ssp. *fistulosum* (GILIB.) A. u. G.). – St. aufrecht
  > od. aufsteigend, hohl. Bl. weiss, dann rosa. Krb. 7–12 mm lg. Kollin-subalpin.
  > Kult. und in Wiesen und an Strassen- und Wegrändern hfg. verwildert.
  > **T. hýbridum** L. ssp. **élegans** (SAVI) A. u. G. – St. kreisfg. ausgebreitet, niederlie-
  > gend, vollmarkig. Bl. zuerst hellrosa, dann dunkelrosa. Krb. 5–6 mm lg. Kol-
  > lin-montan(-subalpin). Wegränder, Ödland; s.; eingeschleppt.

  T. palléscens SCHREBER, *Bleicher K.* – St. 10–20 cm. Nebenb. in eine
  3nervige Spitze auslaufend. Die 2 oberen K.zähne aneinanderliegend,
  durch eine spitze Bucht weniger tief als die übrigen voneinander getrennt. Kr. weiss od. hellrosa. / 7 bis 8 / (Subalpin-)alpin. Rasen, Alluvionen; verbr. A. [1569]
14. (1.) K.zähne gewimpert. Obere B. fast gegenst. Oft nur 1 endst. od. noch
  1–2 seitenst. Köpfchen.
  T. spadíceum L., *Brauner Moor-K.* – St. 20–40 cm. Alle Nebenb. längl.-
  lanzettl. Köpfchen zuletzt längl.-walzenfg. Bl. beim Aufblühen goldgelb,
  dann schwarzbraun. / 6 bis 8 / Montan-subalpin. Nasse Wiesen, Moore,
  feuchte Waldstellen; s. J (bis Le Bémont [Kt. Jura]), A (südwestl. Teile
  und Graub.). – S, Sav. [1570]
  T. bádium SCHREBER, *Braun-K.* – St. 10–20 cm. Obere Nebenb. fast eilängl. Köpfchen zuletzt eifg. Bl. beim Aufblühen goldgelb, später leder-
  braun. / 7 bis 8 / Subalpin(-alpin). Fettwiesen, Quellfluren, Weiden. J
  (bis Chasseral), M (vereinzelt), A (s. hfg.). [1571]
– K.zähne kahl od. fast kahl. Alle B. wechselst. Seitenst. Köpfchen meist
  zahlreich. 15
15. Blstd. dicht, 20–50bl.
  T. aúreum POLLICH (*T. agrarium* L., *T. strepens* CRANTZ), *Gold-K.* – St.
  15–30 cm, aufrecht od. aufsteigend. Teilb. alle gleich kurz gestielt. Nebenb. längl.-lanzettl. Köpfchen zuletzt zieml. gross (bis 1,6 cm lg.). Bl.
  goldgelb, später bräunl. Gr. etwa so lg. wie die Fr. / 6 bis 8 / Kollin-mon-
  tan(-subalpin). Lichte Waldstellen, trockene Hügel; zerstr. [1572]
  T. campéstre SCHREBER (*T. procumbens* L.), *Gelber Acker-K.* – St. 10–30
  cm, aufrecht od. niederliegend. Mittleres Teilb. viel länger gestielt als die
  seitl. Nebenb. eifg., spitz. Köpfchen meist nicht über 1,2 cm lg. Bl. gelb,

später dunkler werdend. Gr. viel kürzer als die Fr. / 5 bis 8 / Kollin-montan(-subalpin). Äcker, Grasplätze, Schuttstellen; verbr. [1573]

– Blstd. locker, 5–20(–35)bl.

T. dúbium SIBTH. (*T. minus* SM.), *Gelber Wiesen-K.* – St. 10–30 cm, meist ausgebreitet, ästig, seltener einfach. Mittleres Teilb. meist länger gestielt als die seitl. Nebenb., eifg. Bl. hellgelb, später dunkler werdend. Fahne kahnfg., gekielt-gefaltet. Gr. viel kürzer als die Fr. / 5 bis 9 / Kollin(-montan-subalpin). Wiesen, Wegränder; verbr. [1575]

T. patens SCHREBER (*T. chrysanthum* GAUDIN), *Südlicher Gold-K.* – St. 15–45 cm, aufsteigend. Mittleres Teilb. gleich lg. od. länger gestielt als die seitl. Nebenb., halb-herzfg. Bl. goldgelb, zuletzt gelbbraun. Fahne gewölbt, löffelfg. verbreitert. Gr. fast so lg. wie die Fr. / 6 bis 9 / Kollin(-montan). Frische Wiesen; s. West-, Südwest- und besonders Südschw.; sonst hie und da verschleppt. – Belf., Ain. [1574]

146. **Anthýllis** L., *Wundklee*

A. vulnerária L., *Gemeiner W.* – St. 15–60 cm. B. unpaarig gefiedert, mit 1–5 B.paaren; das Endb. grösser; selten alle B. einfach. Kr. hellgelb od. goldgelb, gelegentl. rot überlaufen. / 5 bis 6 / Kollin-alpin. Wiesen, Alluvionen, Weiden; s. hfg. [1577]

01. Unterer Teil des St. und obere Stb. anliegend behaart 02
– **A. vulnerária** L. ssp. **polyphýlla** (DC.) NYMAN (*A. macrocephala* WENDEROTH), *Steppen-W.* – Unterer Teil des St. und obere Stb. abstehend behaart. Kollin-subalpin. Trockenwarme Orte, Felsensteppen. Waadt, Wallis. – Sav., Ao., Val Sesia.

02. Kr. gelb, rosa od. purpurn. Schiffchenspitze rot. K.zipfel oft rötl.
A. vulnerária L. ssp. **vulnerária**, *Echter W.* – Stb. 3–5, mehr oder weniger gleichmässig auf den St. verteilt. Flügel 11–14 mm lg. Kollin-montan(-subalpin). Trockenrasen, Gebüsche, lichte Wälder; hfg. J, M, A.
A. vulnerária L. ssp. **chérleri** (BRÜGGER) BR.-BL. (*A. valesiaca* BECK), *Cherlers W.* – Stb. 2–3, meist in der unteren Hälfte des St. Flügel 13–18 mm lg. (Montan-)subalpin-alpin. Steinige, oft kalkarme Böden, Alluvionen, Weiden; verbr. A, vor allem südl. Teile. [1578]
– Krone goldgelb. Schiffchenspitze nicht purpurn. K. blass.
A. vulnerária L. ssp. **carpática** (PANTOCEK) NYMAN (*A. vulgaris* (KOCH) KERNER), *Karpaten-W.* – Hüllb. mindestens bis auf ⅓ od. tiefer geteilt. Zipfel lineal-lanzettl., so lg. od. länger als der 9–13 mm lg. K. Kollin-montan(-subalpin). Kalkhaltige Halbtrockenrasen, lichte Wälder; zerstr.
A. vulnerária L. ssp. **alpéstris** (KIT. ex SCHULT.) A. u. G. (*A. alpestris* (KIT. ex SCHULT.) HEGETSCHW.), *Alpen-W.* – Hüllb. nur bis ½ geteilt. Zipfel br.-lanzettl., stumpfl., meist kürzer als der 12–15 mm lg. K. (Montan-)subalpin-alpin. Grashänge und Weiden, auf Kalk; hfg. J, A.

A. montána L. s.l., *Berg-W.* – Halbstrauch. Pfl. dicht seidig behaart. St. 10–20 cm, niederliegend-aufsteigend. B. 10–13paarig; das Endb. nicht besonders gross. Kr. hellrot bis purpurn. / 6 / Kollin-subalpin. Felsen, steinige Rasen; auf Kalk; s. [1579]

A. montána L. s.str., *Berg-W.* – B. beiderseits ± dicht behaart. Bl.köpfe 2,5–3 cm br., die Deckb. die Bl. meist nicht überragend. K.zähne 4–5 mm lg., die oberen etwas länger als die unteren. Kr. 1,4–1,6 mm lg., purpurn, selten weiss. – J (bis Val de Travers). – Savoyer Voralpen.
A. jacquínii KERNER, *Jacquins W.* – B. oberseits fast kahl, unterseits vor allem auf dem Mittelnerv behaart. Bl.köpfe 2–2,5 cm br., die Deckb. die Bl. meist überragend. K.zähne 3–4 mm lg., ± gleich lg. Kr. 1–1,4 cm lg., hell- bis dunkelrosa. – T (Val Colla, Generoso)? – Co., Bergam.

147. Dorýcnium Miller, *Backenklee*

D. germánicum (Gremli) Rikli (*D. suffruticosum* auct. helv.), *Deutscher B.* – St. 15–40 cm. B. anliegend-seidenhaarig. Bl. zu 8–14, 5–7 mm lg. K. von locker anliegenden, längeren Haaren seidig-zottig. K.zähne etwa so lg. wie die K.röhre. Bl. weiss. / 7 / Kollin(-montan). Trockene, buschige Orte; auf Kalk; s. Graub. (Rheintal zwischen Chur und Fläsch); auch adv. – Vorarlberg. [1582]

D. herbáceum Vill., *Krautiger B.* – St. 30–60 cm. B. zerstr. abstehend-lg.haarig. Bl. zu 15–25, 4–5 mm lg. K. kurz anliegend behaart. K.zähne viel kürzer als die K.röhre. Bl. weiss. / 6 bis 7 / Kollin-montan. Mager-wiesen, Buschweiden; auf Kalk; s. Südl. T. – Var., Co. [1581]

148. Lotus L., *Hornklee, Schotenklee*

L. corniculátus L. s.l., *Wiesen-H.* – Pfl. kahl od. mehr od. weniger be-haart. St. 10–30 cm, aufsteigend, kantig. Teilb. verkehrt-eifg. bis längl. od. lineal-längl. Dolden 3–8bl. K.zähne vor dem Aufblühen zusammen-neigend. Bl. gelb, oft rot überlaufen. / 5 bis 7 / Kollin-alpin. Wiesen, Weiden, trockene Hänge; s. hfg. Auch als Futterpfl. kult. [1583]

01. Teilb. der Stb. 1–3mal so lg. wie br. K. 5–7 mm lg. 02
– Teilb. des Stb. 3–10mal so lg. wie br. K. 4–5 mm lg.
   L. ténuis W. u. K. (*L. tenuifolius* (L.) Rchb.), *Schmalblättriger H.* – Teilb. der Stb. schmal-lanzettl. bis lineal. St. kahl. Blstd. 1–4(–6)bl. Kollin. Feuchte oft salzhaltige Orte, Wegränder, Weiden; zerstr. [1584]
02. Schiffchenspitze hell gefärbt. Teilb. bis 2 cm lg. Blstd. 2–8bl. 03
– Schiffchenspitze dunkel gefärbt. Teilb. bis 0,8 mm lg.
   L. alpínus Schleicher ex Ramond, *Alpen-H.* – Schiffchenspitze rotbraun bis schwarzbraun. Blstd. 1–3bl. (Subalpin-)alpin. Steinige Weiden und Rasen, Alluvionen, Schutthalden; hfg. A.
03. L. corniculátus L. s.str., *Hornklee.* – St. und B. fast kahl. B. nur am Rande und an den Nerven der Unterseite bewimpert. Blstd. 4–8bl. Kollin-subalpin. Kalk und nährstoffreiche Wiesen und Wegränder; s. hfg.
   L. delórtii Timbal-Lagrave (incl. *L. pilosus* Jordan), *Behaarter H.* – St. und B. kurz behaart. Blstd. 2–5bl. Kollin-montan(-subalpin). Trockenwiesen, Wei-den und Föhrenwälder, in warmen Lagen; verbr. J, A. – Bad., Els.

L. uliginósus Schkuhr, *Sumpf-H.* – Pfl. kahl od. zerstr. behaart. St. 30–80 cm, aufrecht od. aufsteigend, stielrund, hohl. Dolden 8–15bl. K.zähne vor dem Aufblühen zurückgebogen. Bl. gelb. / 6 bis 7 / Kollin-montan. Sumpfige Orte, feuchte Waldstellen; verbr. [1585]

149. Tetragonólobus Scop., *Spargelerbse*

T. marítimus (L.) Roth (*T. siliquosus* Roth), *Spargelerbse.* – St. 10–30 cm, zerstr. behaart. Teilb. keilfg.-verkehrt-eifg., bläul.-grün. Nebenb. schief-eifg. Bl. schwefelgelb. Hülsen lg., 4kantig, geflügelt. / 5 bis 7 / Kollin-mon-tan(-subalpin). Nasse, lehmige od. tuffige Stellen; verbr. [1586]

150. Galéga L., *Geissraute*

G. officinális L., *Geissraute.* – Pfl. kahl. St. 30–80 cm, hohl. Teilb. längl.-lanzettl., stachelspitzig. Bl. bläul., selten weiss. / 6 bis 7 / Kollin. Hie und da kult. und verwildert. [1588]

151. Amórpha L., *Bastardindigo*

A. fruticósa L., *Bastardindigo.* – Strauch. B. mit 11–25 längl.-ovalen bis lanzettl. Teilb. Blstd. aufrecht, dicht ährenfg. Bl. klein, dunkelviolettblau. / 5 bis 6 / Kollin. Gepflanzt und verwildert. Stammt aus Nordamerika. [1587]

152. Wistéria NUTTALL (*Wistaria* SPRENGEL), *Wistarie*

W. sinénsis (SIMS) SWEET (*Glycine sinensis* SIMS), *Wistarie, Glyzine.* – Windender Strauch. B. mit 7–11 eifg.-lanzettl. Teilb. Trauben 20–30 cm lg., reichbl. Bl. blau, seltener weiss. / 4 bis 5 / Kollin. Kult. und verwildert. Stammt aus China. [34A]

153. Robínia L., *Robinie*

R. pseudoacácia L., *Robinie, Falsche Akazie, «Akazie».* – Baum. Nebenb. zu starken Dornen umgebildet. Bl. weiss, wohlriechend, in lockeren, hängenden Trauben. / 5 bis 6 / Kollin(-montan). Gepflanzt und vielerorts verwildert und eingebürgert. Stammt aus Nordamerika. [1589]

154. Colútea L., *Blasenstrauch*

C. arboréscens L., *Blasenstrauch.* – Strauch. Teilb. elliptisch, gestutzt od. leicht ausgerandet. Bl. goldgelb, in armbl. Trauben. Hülsen aufgeblasen. / 5 / Kollin(-montan). Buschwälder, warme Felshänge; zerstr. [1590]

155. Astrágalus L., *Tragant*

1. Grosse, wollig behaarte Pfl. mit bis 15 cm lg., dichten, eifg. Bl.trauben und mit bis 40 Fiederpaare aufweisenden B.
    A. centroalpínus BR.-BL. (*A. alopecuroides* auct.), *Alpen-Fuchsschwanztragant.* – St. 50–120 cm, hohl, oft reichästig. B. sehr lg.; Teilb. oval-lanzettl. K. dicht-wollig. Krb. gelb, den K. kaum überragend. Fr. zusgedr. / 7 / Subalpin. Trockenwarme, steinige Berghänge, unter Föhren und Lärchen. – Ao. (Valtournanche). [1593]
– Pfl. anders gestaltet. 2
2. B.spindel in einen Dorn auslaufend.
    A. sempérvirens LAM. (*A. aristatus* L'HÉRITIER), *Dorniger T.* – Pfl. 5–20 cm, zottig behaart. Blstd. b.winkelst., kürzer als das B. Bl. blassrosa bis schmutzigweiss. / 5 bis 7 / Montan-subalpin(-alpin). Steinige Hänge, Felsen; auf Kalk; zerstr. A. – Französ. Jura (Reculet). [1592]
– B.spindel nicht in einen Dorn auslaufend. 3
3. K. nach der Bl.zeit stark blasenfg. vergrössert.
    A. pastelliánus POLLINI (*A. vesicarius* L. ssp. *pastellianus* ARCANG. var. *leucanthus* BR.-BL., *A. leucanthus* D. T. u. SARNTH., *A. venostanus* KERNER), *Gelber Blasentragant.* – Halbstrauch. St. 10–30 cm. B. mit 5–10 Paaren eifg. Blättchen. Bl. 2–2,5 cm lg., kurz gestielt, in 3–10bl. Köpfchen; diese auf kräftigen, lg. Stielen. K. behaart. Krb. gelb bis cremefarben. Fr. dicht-weisswollig. / 5 bis 7 / Montan. Trockenwarme Hänge, lichte Föhrenwälder. – Ao., Vintschgau. [1598]

50. Fabaceae

– K. nach der Bl.zeit nicht, od. nur schwach, aufgetrieben.   4
4. Bl. gelb od. gelbl.-weiss.   5
– Bl. violett, blau, rot od. weissl.-bunt.   7
5. Bl. zu 5–20, nickend. Hülse einfächerig *(Fig. 199/1). Berglinse.* . . .   10
– Bl. aufrecht abstehend. Hülse durch die eingebogene untere Naht unvollständig 2fächerig *(Fig. 199/2).*   6
6. St. gut entwickelt, 30–120 cm lg.
   A. glycyphýllos L., *Süsser T., Bärenschote.* – St. 30–120 cm, niederliegend, meist kahl. Teilb. 9–13, eifg. Bl. bleich-grünl.-gelb. Fr. lineal, kahl,
   zusammenneigend. / 6 bis 8 / Kollin-montan(-subalpin). Gebüsche,
   Waldränder; hfg. [1594]
   A. cicer L., *Kichererbsen-T.* – St. 30–60 cm, ausgebreitet, nebst den B. anliegend behaart. Teilb. 17–31, oval bis längl. Bl. hellgelb. Fr. kugelig, aufgeblasen, rauhhaarig. / 6 bis 7 / Kollin-montan(-subalpin). Grasige Stellen, Gebüsche; s. [1595]
– St. verkürzt od. höchstens 10 cm lg.
   A. exscápus L., *Stengelloser T.* – B. grundst., 12–15paarig, abstehend-zottig behaart. Teilb. oval bis längl. Bl. goldgelb. Fr. eifg., abstehend behaart. / 5 bis 7 / (Kollin-)montan-subalpin. Föhrenwälder, Trockenrasen. Wallis (zerstr.). – Ao., Vintschgau. [1597]
   A. depréssus L., *Niederliegender T.* – B. 9–11paarig. Teilb. unterseits angedrückt behaart, rundl.-verkehrt-eifg. Bl. gelbl.-weiss, oft bläul. Fr.
   zylindrisch. / 5 bis 6 / (Montan-)subalpin(-alpin). Trockene Rasen, Felsen; auf Kalk; s. A. [1596]
7. Bl. sitzend od. undeutl. gestielt.   8
– Bl. oft kurz, aber deutl. gestielt.   9
8. Fahne schmal, um 6–8 mm länger als die Flügel.
   A. onóbrychis L., *Esparsetten-T.* – St. 10–25 cm. B. 8–12paarig. Bl. zu
   10–20. Krb. lebhaft hellviolett. Fr. sitzend / 5 bis 7 / Kollin-montan.
   Trockenwarme Hänge, Flussalluvionen; verbr. A (Wallis, Graub.
   [Unterengadin]). [1601]
   A. purpúreus LAM. em. DC. ssp. **grémlii** (BURNAT) A. u. G. (*A. gremlii*
   BURNAT, *A. hypoglottis* L. var. *gremlii* FIORI u. PAOLETTI), *Gremlis T.* – St.
   20–30 cm, wie die B. mit weissen, mehr od. weniger anliegenden Haaren
   besetzt. B. 7–12paarig. Bl. zu 10–20. Krb. purpurn. Fr. fast sitzend. / 5 bis
   7 / Kollin-montan(-subalpin). Weiden, Wildheuhänge. – Co. [1600]
– Fahne eifg., um höchstens 3 mm länger als die Flügel.
   A. leontínus WULFEN, *Tiroler T.* – St. 5–20 cm. Pfl. mit verzweigten, kom-
   passnadelfg. Haaren. B. 6–9paarig. Krb. blauviolett bis lila od. rosa, seltener mehr od. weniger weiss. Fr. wenig gedunsen. / 6 bis 7 / (Mon-
   tan-)subalpin(-alpin). Trockenwarme Hänge; zerstr. A (südl. Teile).
   [1602]
   A. dánicus RETZ, *Dänischer T.* – St. 8–25 cm. Pfl. mit einfachen Haaren.
   B. 7–13paarig. Krb. blauviolett, am Grunde gelbl.-weiss. Fr. aufgeblasen. / 5 bis 6 / Kollin-subalpin. Trockenrasen. – Els. Fundorte am Erlöschen. [1599]
9. Schiffchen fast so lg. wie die Fahne; Flügel kürzer als das Schiffchen.
   A. alpínus L., *Alpen-T.,* – St. 8–15 cm. B. 8–12paarig. Flügel weiss. Fahne
   bläul. Schiffchen vorn violett. Fr. hängend. / 7 bis 8 / Subalpin-alpin.
   Rasen; verbr. A. [1603]

199/1   199/2   199/3

– Schiffchen kürzer als die Fahne; Flügel länger als das Schiffchen.
  A. austrális (L.) Lam., *Südlicher T.* – Pfl. 5–30 cm, meist mit gut ausgebildetem St. B. 4–7paarig. Bl. etwa 12 mm lg., gelbl.-weiss. Schiffchen an der Spitze violett. Sehr selten Bl. purpurn. Flügel tief ausgerandet *(Fig. 199/3).* Fr. hängend. / 7 bis 8 / Subalpin-alpin. Rasen, Felsschutt; verbr. A. [1604]
  A. monspessulánus L., *Französischer T.* – St. verkürzt. B. und Blstd.stiele grundst., letztere so lg. od. länger als die B. Diese 10–20paarig. Bl. 20–25 mm lg., purpurviolett. Flügel nicht ausgerandet. Fr. aufwärts gekrümmt. / 5 bis 7 / Trockenrasen, Föhrenbestände, Kiesplätze; zerstr. A (besonders südl. Teile). [1605]
10. **A. pendulifiórus** (LAM.) (*Phaca penduliflora* (LAM.) DUSÉN, *Ph. alpina* L.), *Alpenlinse.* – St. 30–80 cm, ästig, behaart. B. 9–11paarig. Nebenb. lineal-lanzettl. Bl. lebhaft gelb. / 7 bis 8 / Subalpin(-alpin). Trockene Hänge, Lärchenwälder; verbr. A.
  A. frígidus (L.) A. GRAY (*Ph. frigida* L.), *Gletscherlinse.* – St. 20–40 cm, einfach, kahl. B. 4–5paarig. Nebenb. oval. Bl. gelbl.-weiss. / 7 bis 8 / Subalpin-alpin. Rasen, Felsen; hfg. A.

156. Oxýtropis DC., *Spitzkiel*

1. Bl. gelb od. weiss. 2
– Bl. rötl. od, violett bis blauviolett. 3
2. Pfl. mit entwickeltem, 10–30 cm hohem St.
  O. pilósa (L.) DC., *Zottiger S.* – Pfl. dicht abstehend behaart. B. 9–13paarig. Bl. blassgelb. Fr. unvollkommen 2fächerig. / 5 bis 7 / Kollin-montan. Trockenwarme Hügel, Alluvionen; zerstr. A (Wallis, St. Galler-Rheintal, Graub.). – Hegau. [1608]
– St. verkürzt. B. und Blstd.stiele grundst.
  O. foétida (VILL.) DC., *Drüsiger S.* – Pfl. 5–15 cm, drüsig-klebrig. B. 14–25paarig. Bl. milchweiss bis gelbl.-weiss, selten schwach violett überlaufen. / 7 bis 8 / (Subalpin-)alpin. Steinige Hänge; s. A (Wallis; Unterengadin?). [1609]
  O. campéstris L. (DC.), *Alpen-S.* – Pfl. 5–15 cm, drüsenlos. B. 10–15paarig. Bl. weiss od. gelbl.-weiss, selten das Schiffchen beiderseits mit einem schwarzvioletten Fleck. / 7 bis 8 / (Subalpin-)alpin. Weiden, Alluvionen; hfg. A. [1610]
3. Bl. 15–17 mm lg. Fr. durch die eingebogenen Nähte 2fächerig.
  O. hálleri BUNGE (*O. sericea* SIMONKAI), *Hallers S.* – Pfl. 5–20 cm, meist zottig-seidenhaarig. B. grundst., 9–16paarig. Deckb. so lg. od. etwas län-

50. Fabaceae

ger als der K. Bl. violett. / 4 bis 7 / (Kollin-montan-)subalpin-alpin.
Trockene Rasen, Felsschutt; zerstr. A. [1611]

> O. hálleri BUNGE ssp. hálleri (ssp. *appresso-sericea* (SCHUTTL.) BECHERER). – B.
> mit 8–11 Teilb., an deren Spitze 0,5–1 mm lg. Haarbüschel sitzen. B.spindel
> und Teilb. von mehr od. weniger anliegenden Haaren seidig schimmernd. Pfl.
> relativ kleinwüchsig. – A (Nordketten, Graub. [Engadin]).
> O. hálleri BUNGE ssp. velútina (SIEB.) O. SCHWARZ (ssp. *villoso-sericea*
> (SCHUTTL.) BECHERER). – B. mit 10–16 Teilb., an deren Spitze über 1 mm lg.
> Haarbüschel sitzen. B.spindel und Teilb. von aufrecht abstehenden Haaren
> wollig-zottig. Pfl. relativ grosswüchsig. – Wallis, nördl. T, Uri, Graub. (Mün-
> stertal). – Sav., Ao., Vintschgau.

– Bl. 10–13 mm lg. Fr. einfächerig. 4
4. Deckb. halb so lg. bis gleich lg. wie der K. K.zähne so lg. wie die K.röhre.
Fr. hängend.

O. lappónica (WAHLENB.) J. GAY, *Lappländer S.* – Pfl. 10–30 cm, kurz-
stenglig, behaart. B. 8–14paarig. Nebenb. bis zur Hälfte od. zu zwei Drit-
teln verwachsen. K. kurzröhrig, fast glockenfg. Krb. violett. / 7 bis 8 /
(Subalpin-)alpin. Rasen, Alluvionen; zerstr. A. [1612]

– Deckb. etwas länger als der Grund des K. K.zähne kürzer als die K.röhre.
Fr. zuletzt aufrecht od. abstehend. 5
5. K.zähne kürzer als die halbe K.röhre. Fr.träger die K.röhre meist überragend.

O. jacquínii BUNGE (*O. montana* DC.), *Jacquins S.* – Pfl. 5–15 cm, behaart bis fast kahl. St. meist verkürzt. B. 8–17paarig. Nebenb. höchstens
am Grunde verwachsen. Krb. blauviolett od. lila (getrocknet blau). / 7 /
(Subalpin-)alpin. Rasen, Felsschutt; auf Kalk; verbr. A. – Französ. Jura.
[1613]

– K.zähne so lg. od. etwas länger als die halbe K.röhre. Fr.träger halb so lg.
wie die K.röhre.

O. helvética SCHEELE (*O. gaudini* BUNGE, *O. triflora* SCH. u. K.), *Schweizerischer S.* – Pfl. 3–10 cm, dicht grauseidig behaart, mit meist verkürztem St. B. und Blstd.stiele dem Boden aufliegend; letztere nebst den
B.spindeln oft rot überlaufen. B. 7–15paarig. Teilb. 2–7 mm lg., 1–3 mm
br. Krb. schmutzig-rotviolett. / 7 bis 8 / (Subalpin-)alpin. Rasen, Felsschutt. A (Wallis; verbr.). [1614]

O. pyrenáica GODR. u. GREN. var. **insúbrica** (*O. generosa* BRÜGGER, *O.
huteri* RCHB. f., *O. triflora* var. *insubrica* SCH. u. K.), *Südalpiner S.* – Pfl.
5–15 cm, locker behaart. B. und Blstd.stiele aufrecht, letztere nicht rot
überlaufen. B. 7–15paarig. Teilb. 7–13 mm lg., 2–4 mm br. Krb. blauviolett. / 7 bis 8 / Subalpin-alpin. Wie vorige; s. s. T (Mte. Generoso). – Co.
[1615]

157. Orníthopus L., *Krallenklee*

O. perpusíllus L., *Krallenklee, Vogelfuss.* – St. 5–30 cm, niederliegend,
nebst den B. weichhaarig. B. 8–12paarig. Bl. weissl. mit rötl. gestreifter
Fahne. Hülsen zusgedr., quer gefächert *(Fig. 186/2)*. / 5 bis 9 / Kol-
lin(-montan). Sandige Orte; kalkfliehend. M. (Fundorte am Erlöschen).
– Bad., Els., Belf.; Co. (ob noch?). [1617]

158. Coronílla L., *Kronwicke*

1. Bl. bunt (rötl. und weiss, Schiffchen an der Spitze dunkelviolett), selten weiss.
   C. vária L., *Bunte K.* – St. 30–120 cm, liegend od. aufsteigend. B. 6–12paarig. / 6 bis 8 / Kollin-montan. Raine, Gebüsche; verbr. [1619]
– Bl. gelb. 2
2. Nagel der Krb. 2–3mal so lg. wie der K.
   C. émerus L., *Strauchwicke.* – 80–200 cm hoher Strauch. B. 2–4paarig. Bl. meist zu 3. Hülsen fast zylindrisch. / 4 bis 6 / Kollin-montan. Steinige, waldige Abhänge; verbr. [1620]
– Nagel der Krb. ungefähr so lg. wie der K. 3
3. Bl.stiele 3mal so lg. wie die K.röhre. Dolde 15–30bl.
   C. coronáta L. (*C. montana* JACQ.), *Berg-K.* – St. 30–50 cm, aufrecht. B. 4–6paarig. / 6 / Kollin-montan. Bergwälder, Felsen; auf Kalk; zerstr. J, Graub. – Bad. [1621]
– Bl.stiele so lg. od. nur wenig länger als die K.röhre. Dolde 5–10bl.
   C. vaginális LAM., *Scheiden-K.* – St. 10–20 cm, niederliegend-ausgebreitet, aufstrebend. B. 4–6paarig. Nebenb. fast so gross wie die Teilb.; diese blaugrün, dickl., das unterste Paar vom St. entfernt stehend. / 5 bis 7 / (Kollin-)montan-subalpin. Felsige Orte, steinige Rasen; auf Kalk; verbr. J, M, (s.), A. [1622]
   C. mínima L., *Kleine K.* – St. 15–25 cm, niederliegend, aufsteigend. B. 3–4paarig. Nebenb. klein. Teilb. blaugrün, das unterste Paar dem St. sehr genähert. / 6 bis 7 / Kollin(-montan). Trockenwarme, steinige od. sandige Orte; s. Mittelwallis. [1623]

159. Hippocrépis L., *Hufeisenklee*

H. comósa L., *Hufeisenklee.* – St. 10–25 cm, niederliegend-ausgebreitet. B. 5–8paarig. Bl. gelb. Nagel der Krb. 2–3mal so lg. wie der K. / 5 bis 6 / Kollin-subalpin(-alpin). Trockene Hügel, Rasen, Felsen; kalkliebend; s. hfg. [1624]

160. Hedýsarum L., *Süssklee*

H. hedysaroídes (L.) SCH. u. TH. (*H. obscurum* L.), *Süssklee.* St. 10–50 cm, aufrecht od. aufsteigend. B. 5–9paarig. Bl. violettpurpurn. / 7 bis 8 / Subalpin-alpin. Wiesen, Zwergstrauchgebüsch, Felshänge; auf Kalk; hfg. A. [1625]

161. Onóbrychis MILLER, *Esparsette*

1. Schiffchen meist deutl. länger als die Fahne. Flügel so lg. od. etwas kürzer als der K. B. 5–8paarig.
   O. montána DC., *Berg-E.* – St. 15–40 cm, niederliegend-aufsteigend. Blstd. kurz, dicht. Bl. lebhaft rot, selten weiss. Fr. stark behaart, mit schlanken Stacheln. / 7 / (Montan-)subalpin. Wiesen und Weiden; hfg. J, A. [1626]
– Schiffchen so lg. od. kürzer als die Fahne. Flügel bedeutend kürzer als der K. B. 6–12paarig.

O. viciifólia Scop. (*O. sativa* Lam.), *Futter-E.* – St. 30–70 cm, aufrecht od. aufsteigend. Blstd. schlank. Bl. lebhaft rot, selten blassrot od. weiss, 10–13 cm lg. Fr. 6–8 mm lg.; Stacheln etwa 0,5 mm lg. / 5 bis 8 / Kollin-montan(-subalpin). Wiesen (oft kult.), Raine, Alluvionen; verbr. [1627]

O. arenária (Kit.) Ser., *Sand-E.* – St. 20–50 cm, niederliegend od. aufsteigend. Blstd. sehr lg. gestielt. Bl. blassrosa bis weissl., 8–12 mm lg. Fr. 5–6 mm lg.; Stacheln 0,5–2 mm lg. / 6 bis 7 / Kollin-montan. Trockenwarme Hügel; zerstr. Nordost- und Südschw. [1628]

162. Cicer L., *Kichererbse*

C. arietínum L., *Kichererbse.* – Pfl. 20–40 cm, abstehend drüsenhaarig. B. 6–8paarig. Teilb. gezähnt. Bl. violett, purpurn, lila od. weiss. / 6 / Kollin. Hie und da kult. und verwildert. [1629]

163. Vícia L., *Wicke*

1. Bl. alle in lg. gestielten Trauben (bei V. ervilia Trauben erst zur Fr.zeit lg.stielig), od. einzeln, lg. gestielt in den B.winkeln. 2
– Bl. entweder alle in ganz kurz gestielten Trauben vereinigt, od. mindestens eine Bl. sitzend in den B.winkeln. 10
2. Trauben arm-(1–7)bl. Bl. 3–10 mm lg. 3
– Trauben reich-(6–30)bl. Bl. (8–)12–25(–30) mm lg. 5
3. B. ohne Wickelranke, in eine Stachelspitze endend.
  V. ervília (L.) Willd., *Linsen-W.* – St. 30–60 cm. B. 8–12paarig. Nebenb. halb-pfeilfg. Krb. weissl.; Fahne violett gestreift. Hülsen buchtig-holprig, fast perlenschnurartig. / 7 / Kollin. Unter Getreide; s. s.; eingeschleppt. [1630]
– B. mit einer meist ästigen Wickelranke. 4
4. B. 7–10paarig. K.zähne fast so lg. wie die Kr. Hülsen behaart.
  V. hirsúta (L.) S. F. Gray, *Rauhhaarige W.* – St. 30–60 cm. Trauben 2–8bl. Bl. 3–4 mm lg., bläul.-weiss. Hülsen meist 2samig. S. fast kugelig. / 5 bis 7 / Kollin-montan(-subalpin). Äcker, Hecken; verbr. [1631]
– B. 3–8paarig. K.zähne viel kürzer als die Kr. Hülsen kahl.
  V. tetraspérma (L.) Schreber, *Viersamige W.* – St. 15–30 cm. B. 3–8paarig. Trauben etwa so lg. wie das B. Krb. bläul.-weiss. Hülsen meist 4samig. / 5 bis 7 / Kollin-montan(-subalpin). Äcker, Ödland; verbr. [1632]
  V. tenuíssima (M. B.) Sch. u. Th. (*V. gracilis* Loisel.), *Zarte W.* – St. 15–40 cm. B. 3–4paarig. Trauben zuletzt fast noch einmal so lg. wie das B. Krb. bläul.-weiss. Hülsen meist 6samig. / 6 / Kollin. Wie vorige; s. auch adv. – Els. [1633]
5. B. in eine Stachelspitze endend, ohne Wickelranke.
  V. órobus DC., *Rankenlose W.* – St. 30–60 cm. B. 6–14paarig. Nebenb. halb-spiessfg. Krb. porzellanweiss, blau angehaucht; Fahne und Schiffchen an der Spitze dunkelblau. / 6 bis 7 / Kollin-montan. Gebüsche; s. s. J (Kt. Neuenb.). [1634]
– B. mit einer Wickelranke. 6
6. Bl. hellgelb. Teilb. br.-eifg., stumpf.
  V. pisifórmis L., *Erbsen-W.* – St. 80–200 cm. B. 3–5paarig; das unterste Paar der Teilb. dem St. dicht genähert, die Nebenb. verdeckend; diese

halb-pfeilfg., gezähnt. / 6 bis 8 / Kollin. Wälder, Gebüsche; s. s.
Schaffh., Wallis, T (?), Puschlav. – Bad. (Kaiserstuhl), Els., Hegau. [1635]
– Bl. rötl., violett, blau od. weissl. 7
7. Nebenb. gezähnt od. eingeschnitten. 8
– Nebenb. ganzrandig od. höchstens mit 1–2 Zähnen. 9
8. Bl. 20–25 mm lg. Teilb. lineal.
   V. onobrychioídes L., *Esparsetten-W.* – St. 40–100 cm. B. 6–8paarig.
   Teilb. stumpf, stachelspitzig. Bl. dunkel-kobaltblau. / 5 bis 7 / Kollin-
   montan(-subalpin). Trockenwarme Hänge, Felder. Wallis (verbr.). – Ao.
   [1638]
– Bl. 13–20 mm lg. Teilb. eifg. od. längl.
   V. dumetórum L., *Hecken-W.* – St. 60–200 cm. B. 3–5paarig. Teilb. eifg.
   Bl. zuerst violettrot, später schmutziggelb-rötl. / 6 bis 8 / Kollin-montan.
   Wälder, Gebüsche; zerstr. [1636]
   V. silvática L., *Wald-W.* – St. 50–150 cm. B. 6–12paarig. Teilb. längl. Bl.
   weissl.; Fahne mit bläul. Adern. / 6 bis 8 / (Kollin-)montan-subalpin.
   Wälder; verbr. J, M, A. [1637]
9. Platte der Fahne so lg. od. länger als der Nagel.
   V. cracca L. s.l., *Vogel-W.* – St. 20–120 cm, aufrecht od. kletternd. B.
   6–15paarig. Teilb. längl. bis lineal. Bl. blau od. violett, selten weiss od.
   gelbl. / 6 bis 8 / Kollin-subalpin. Hfg.
   01. Blstd. das Tragb. zur Bl.zeit nicht od. wenig überragend.
      V. cracca L. s.str. (*V. cracca* L. ssp. *vulgaris* GAUDIN), *Vogel-W.* – Pfl. oft
      schwach-, meist angedrückt-behaart. B. meist 10paarig. Bl. 8–11 mm lg.,
      Platte der Fahne etwa so lg. wie der Nagel. K.zähne dreieckig-lanzettl. – Kol-
      lin-subalpin. Wiesen, Äcker, Gebüsche, Waldränder; hfg. [1639]
      V. incána GOUAN (*V. cracca* L. ssp. *gerardii* GAUDIN (ssp. *incana* ROUY)),
      Graue Vogel-W. – Pfl. abstehend-zottig behaart. B. bis 15paarig. Bl. 9–12 mm
      lg. Platte der Fahne etwa so lg. wie der Nagel. K.zähne lineal-lanzettl. – Kol-
      lin-montan(-subalpin). Trockenhänge, Föhrenwälder; in wärmeren Alpentä-
      lern; verbr. [1640]
   – Blstd. das Tragb. zur Bl.zeit etwa um das 2fache überragend.
      V. tenuifólia ROTH (*V. cracca* L. ssp. *tenuifolia* (ROTH) GAUDIN), *Schmalblätt-
      rige Vogel-W.* – Pfl. zerstreut behaart bis kahl. B. 9–14paarig. Bl. 11–16 mm lg.
      Platte der Fahne um ½ länger als der Nagel. – Kollin-montan(-subalpin).
      Weg- und Waldränder trockenwarmer Orte; zerstr. [1641]
– Platte der Fahne halb so lg. wie der Nagel.
   V. villósa ROTH, *Zottige W.* – St. 30–60(–150) cm, nebst den B. abstehend
   behaart, flaumig od. zottig. Trauben dicht und reichbl., vor dem Aufblü-
   hen infolge der lg. behaarten K.zähne federig-schopfartig erscheinend.
   Krb. blau-violett. Untere K.zähne fadenfg., so lg. od. etwas länger als die
   K.röhre, obere lanzettl.-pfriemfg. / 6 bis 8 / Kollin-montan(-subalpin).
   Unter Getreide, auf Wiesen; zerstr.; auch adv. Ausserdem als Futterpfl.
   kult. [1642]
   V. dasycárpa TEN. (*V. villosa* ROTH ssp. *varia* (HOST) CORBIÈRE, *V. varia*
   HOST), *Bunte W.* – St. 30–60 cm, nebst den B. angedrückt-behaart od. fast
   kahl. Trauben lockerer und weniger reichbl. als bei der vorigen Art.
   Untere K.zähne kürzer als die K.röhre, obere kurz-3eckig. Krb. purpur-
   violett. / 6 bis 8 / Kollin-montan. Unter Getreide, auf Ödland; zerstr.
   und unbeständig. [1643]
10. B. 1–3(bisweilen bis 5)paarig. 11
– B. 4–9paarig. 12

50. Fabaceae

11. Bl. 6–7 mm lg.

    V. lathyroídes L., *Platterbsen-W.* – St. 5–25 cm. B. 2–4paarig, untere mit Stachelspitze, obere mit Wickelranke. Bl. hellviolett. Hülsen kahl od. etwas behaart. / 4 bis 5 / Kollin. Trockene Rasen, Mauerkronen; s. Wallis, T, Graub. (Misox). – Bad., Els., Ao., Ossolatal, Antigoriotal, Co., Veltlin. [1644]

– Bl. bis 20 mm lg. und länger.

    V. faba L., *Ackerbohne, Saubohne.* – St. 50–120 cm. B. 2–3paarig, mit einer Stachelspitze. Teilb. elliptisch. Bl. weiss, die Flügel mit einem schwarzen Fleck. Hülsen fast zylindrisch. / 6 bis 7 / Kollin-montan(-subalpin). Kult. und verwildert. [1645]

    V. narbonénsis L., *Maus-W.* – St. 30–50 cm. Untere B. 1-, obere 2–3paarig; untere mit Stachelspitze, obere mit Wickelranke. Teilb. oval od. schief-eifg. Bl. schmutzig-rotviolett. Hülsen zusgedr. / 5 / Kollin. Weinberge, buschige Hänge. – Bad., Els. In der Schweiz adv. [1646]

12. Fahne aussen dicht seidig behaart.

    V. hýbrida L., *Bastard-W.* – St. 20–40 cm. B. 4–9paarig. Bl. einzeln in den B.winkeln. Krb. hellgelb; Fahne am Rücken rot überlaufen, oft grün gestreift. Hülsen 1–3samig. / 5 / Kollin-montan. Äcker; s. s. und unbeständig. [1647]

    V. pannónica CRANTZ, *Ungarische W.* – St. 30–60 cm. B. 4–8paarig. Bl. zu 2–4 in kurzen Trauben. K. dicht zottig behaart. Krb. gelbl., mit braungestreifter Fahne, od. (var. *purpuráscens* [DC.] SER.) schmutzigrot. Hülsen 3–8samig. / 5 bis 7 / Kollin-montan(-subalpin). Äcker, Schuttstellen; eingeschleppt; s. [1648]

– Fahne kahl. 13

13. Bl. in 3–6bl., kurzen Trauben.

    V. sépium L., *Zaun-W.* – St. 30–60 cm, ästig. B. 4–7paarig. Teilb. längl.-eifg., an beiden Enden abgerundet od. vorn seicht ausgerandet und kurz bespitzt. Bl. schmutzigviolett, selten blassgelb od. weiss. Hülsen kahl. / 4 bis 6 / Kollin-montan(-subalpin). Wiesen, Wälder, Gebüsche; s. hfg. [1649]

– Bl. zu 1–3 in den B.winkeln; mindestens eine von den Bl. sitzend. . 14

14. Bl. hell- bis zitronengelb. Fr. lg.-steifhaarig.

    V. lútea L., *Gelbe W.* – St. 20–60 cm. B. 5–9paarig. Teilb. lineal-längl., stumpf. Hülsen herabgeschlagen. / 5 bis 7 / Kollin(-montan). Trockenhänge, Äcker, Raine; sehr zerstr.; auch adv. [1650]

– Bl. hellrötl., purpurn od. violett. Fr. kahl od. kurzhaarig.

    V. satíva L. s.l., *Futter-W.* – Pfl. 10–90 cm, mehr od. weniger behaart. Nebenb. halbpfeilfg., gezähnt. Alle K.zähne gerade vorgestreckt. / 5 bis 10 / Kollin-montan. Äcker, Wegränder, Trockenstellen; hfg. [1652–1654]

    01. Krb. verschiedenfarbig. Fahne hellrotviolett bis rosa, Flügel purpurn bis bläul., Schiffchen grünl. bis rosa. Bl. 1,8–3 cm lg. Fr. aufwärtsgerichtet, meist kurzhaarig, braun.

    V. satíva L. s.str. (*V. sativa* L. ssp. *ovata* (SER.) GAUDIN), *Futter-W.* – B. 5–7paarig. Teilb. meist verkehrt-eifg. bis verkehrt-herzfg. Kr. 2–3 cm lg. Fahne schräg aufwärts gerichtet. Fr. 5–10 mm br., zw. den S. etwas eingeschnürt, hellbraun. / 6 bis 10 / Kollin-montan(-subalpin). Äcker, Wegränder; verbr., oft angebaut. [1652]

    V. cordáta WULFEN (*V. sativa* L. ssp. *cordata* (WULFEN) ARCANG.), *Herzblättrige W.* – Untere Bl. 2–3paarig, mit kleinen, tief verkehrt herzfg. Teilb. und mit Stachelspitze, obere 4–7paarig. Kr. ca. 2 cm lg. Fahne nach vorn gerichtet. Fr.

bis 5 mm br., zw. den S. nicht eingeschnürt, dunkelbraun. / 5 bis 7 / Kollin-montan. Schuttplätze, Bahnareale. Besonders Südschweiz. [1654]
– Krb. fast gleichfarbig, purpurviolett. Bl. 10–18 mm lg.
V. angustifólia L. (*V. sativa* L. ssp. *angustifolia* (L.) GAUDIN), *Schmalblättrige W.* – B. 5–7paarig. Teilb. meist schmallineal. K. 7–12 mm lg. Reife Fr. abstehend, schwarz, kahl. / 5 bis 7 / Kollin-montan. Trockenwarme, nährstoffreiche Orte; hfg. [1653]

V. angustifólia L. ssp. **angustifólia** (*V. sativa* L. ssp. *nigra* (L.) EHRH.). – K. bis ⅔ so lg. wie die Fahne, behaart. Platte der Fahne senkrecht aufgerichtet, aussen gleichfarbig. Fr. 3–4 cm lg. – Zerstr. und zieml. s.

V. angustifólia L. ssp. **segetális** (TUILL.) ARCANG. (*V. segetalis* TUILL.). – K. bis ¾ so lg. wie die Fahne. Platte der Fahne nach vorne od. schräg aufwärts gerichtet, aussen grünl. überlaufen. Fr. 4–4,5 cm lg. – Verbr.

V. peregrína L., *Fremde W.* – St. 20–80 cm. B. 4–7paarig. Teilb. lineal, gestutzt od. ausgerandet. Bl. einzeln. Die 4 oberen K.zähne zuletzt aufwärts gekrümmt. Krb. rötl. Hülsen angedrückt-seidig-behaart, selten kahl. / 4 bis 6 / Kollin-montan. Äcker; s. s.; eingeschleppt. [1651]

164. Lens MILLER, *Linse*

L. culináris MEDIKUS (*L. esculenta* MOENCH, *Vicia lens* COSSON u. GERMAIN), *Linse*. – St. 15–40 cm, aufrecht od. aufsteigend. B. 2–6paarig, mit Wickelranke. Trauben 1–3bl. Bl. 5–7 mm lg. Krb. weiss, bläul. geadert, von den lg. K.zähnen überragt. S. stark zusgedr. / 6 bis 7 / Kollin. Kult.; hie und da verwildert. [1655]

165. Pisum L., *Erbse*

P. satívum L. s.l., *Erbse*. – Pfl. einjährig, 50–200 cm, niederliegend od. rankend, kahl. B. 2–3paarig, mit verzweigter Ranke. Teilb. bis 6 cm lg., Nebenb. gross, den St. umfassend. Blstd. 1–2bl. Bl. weiss od. rötl., einfarbig od. gescheckt. / 5 bis 8 / Kollin-montan. Kult. und verwildert.

01. Kr. einfarbig, rötl. od. weiss. Fr. breiter als 1,4 cm.
P. satívum L. ssp. **satívum** (*P. hortense* NEILR.), *Garten-E.* – Teilb. ganzrandig, am Rande wellig. Nebenb. ohne Flecken. Stiel des Blstd. kürzer bis wenig länger als die Nebenb. der Tragb. Kr. 1,5–3 cm lg. / 5 bis 8 / Kult. in verschiedenen Formen (Gemeine Erbse, Zuckererbse) und verwildert.
– Krb. verschiedenfarbig. Fr. bis 1,2 cm br. [1656]
P. satívum L. ssp. **arvénse** (L.) A. u. G., *Feld-E.* – Teilb. entfernt gezähnt. Nebenb. am Grunde mit einem violetten Fleck. Stiel des Blstd. kürzer bis 1,5mal so lg. wie die Nebenb. des Tragb. Kr. 1,5–2 cm lg. / 6 bis 7 / Als Unkraut im Getreide, auch als Futterpfl. kult. [1657]
P. satívum L. ssp. **elátius** (M. B.) A. u. G., *Wilde E.* – Teilb. ganzrandig od. gezähnelt. Nebenb. ohne Fleck. Stiel des Blstd. 1,5–2,5mal so lg. wie die Nebenb. des Tragb. Kr. 2–3 cm lg. / 5 bis 6 / Buschige Orte, Weinberge (Kulturrelikt); s. Wallis. [1658]

166. Láthyrus L., *Platterbse*

1. B. 1- bis mehrpaarig gefiedert (vgl. aber *L. aphaca*). 3
– B. nicht gefiedert. 2
2. B. einfach, grasartig (der verbreiterte B.stiel; *Fig. 183/5*), mit sehr kleinen, pfriemfg. Nebenb.
L. nissólia L., *Gras-P.* – St. 20–40 cm. B. (B.stiel) lanzettl., ohne Wickel-

ranke. Bl. rot, einzeln od. zu zweien. / 5 bis 7 / Kollin(-montan). Äcker, Grasplätze; s. s. und Fundorte am Erlöschen; auch adv. [1659]
– B. eine einfache od. am Ende verzweigte Ranke, mit grossen, halb-spiessfg. Nebenb. (scheinbar einpaarig gefiedert; *Fig. 183/4*).
  L. áphaca L., *Ranken-P.* – St. 10–30 cm. Bl. gelb, einzeln. / 5 bis 7 / Kollin-montan. Getreideäcker, Ödland; zerstr. und Fundorte zurückgehend. [1660]
3. B., wenigstens die oberen, mit einer einfachen od. ästigen Ranke. . 4
– B. ohne Ranke, meist mit einer kleinen Stachelspitze. 11
4. Trauben 1–3bl. 5
– Trauben 4- bis mehrbl. (bei L. tuberosus, kenntl. an den lebhaft karmin-roten Bl., oft nur 1–3bl.). 7
5. Blstd. viel länger als das B., meist 2bl.
  L. hirsútus L., *Behaartfrüchtige P.* – St. 30–100 cm, schmal geflügelt. B. einpaarig. Teilb. lineal-lanzettl., stumpf, stachelspitzig. Bl. violettblau. Hülsen rauhhaarig. / 6 / Kollin(-montan). Äcker, Ödland; zerstr. und Fundorte zurückgehend. [1661]
– Blstd. kürzer als das B., meist einbl. 6
6. St. kantig, nicht geflügelt.
  L. sphaéricus RETZ., *Kugelsamige P.* – St. 15–50 cm. B. einpaarig. Teilb. schmal-lanzettl. od lineal. Bl. ziegelrot, mit weissl. Schiffchen. Hülsen kahl. / 5 / Kollin-montan. Gebüschränder, grasige Raine, Äcker; s. Südwest- und Südschw.; auch adv. – Ao., Veltlin, Hegau. [1662]
– St. schmal geflügelt.
  L. cícera L., *Kicher-P.* – St. 20–50 cm. B. einpaarig. Nebenb. fast so lg. bis etwas länger als der B.stiel. Bl. rötl. Hülsen am oberen Rande rinnig. / 5 / Kollin. Äcker; s. und Fundorte am Erlöschen. Westschw.; auch verschleppt. [1665]
  L. satívus L., *Saat-P.* – St. 15–60 cm. B. einpaarig. Nebenb. viel kürzer als der B.stiel. Bl. weiss, rosarot od. bläul. Hülsen am oberen Rande 2flügelig. / 6 bis 7 / Kollin. Kult. und verwildert. [1666]
7. Bl. gelb.
  L. praténsis L., *Wiesen-P.* – St. 30–90 cm. B. einpaarig. Teilb. längl.-lanzettl., zugespitzt. / 6 bis 7 / Kollin-montan. Wiesen, lichte Gehölze; s. hfg. [1667]
– Bl. rot und blau. 8
8. St. kantig, nicht geflügelt.
  L. tuberósus L., *Knollige P.* – W. knollenfg. od. spindelfg. St. 30–90 cm. B. einpaarig. Bl. lebhaft karminrot. / 6 bis 7 / Kollin(-montan). Äcker, Weinberge, Rasenplätze; zerstr. [1668]
– St. geflügelt. 9
9. B.stiel nicht od. sehr schmal geflügelt. Bl. schmutzigblau.
  L. palúster L., *Sumpf-P.* – St. 30–80 cm. B. 2–3paarig. Teilb. lineal-lanzettl., stachelspitzig. / 6 / Kollin. Sumpfwiesen; s. [1669]
– B.stiel deutl. geflügelt. Bl. rot od. rötl. 10
10. B.stiel schmal geflügelt, schmäler als der St.
  L. silvéster L., *Wald-P.* – St. 1–2 m. B. einpaarig. Nebenb. schmal-lanzettl. Teilb. lineal-lanzettl., meist 3nervig. Fahne der Krb. rot, aussen grünl. überlaufen; Flügel purpurrot; Schiffchen grünl. / 7 bis 8 / Kollin-montan(-subalpin). Gebüsche, Flussufer, trockene Wiesen; verbr. [1670]
– B.stiel br. geflügelt, mindestens so br. wie der St.

L. heterophýllus L., *Verschiedenblättrige P.* – St. 1–3 m. Untere B. 1-, obere 2–3paarig. Teilb. eifg. od. lanzettl., meist 5nervig. Bl. rosa. / 7 bis 8 / (Kollin-)montan-subalpin. Felsschutt, buschige Hänge; zerstr. [1671]

L. latifólius L., *Breitblättrige P.* – St. 1–3 m. Alle B. einpaarig. Teilb. elliptisch od. längl., meist 5nervig. Bl. lebhaft rosa. / 6 bis 8 / Kollin. Kult. und hie und da (so im T) verwildert. [1672]

11. St. geflügelt.

– **L. linifolius** (REICHARD) BÄSSLER (*L. montanus* BERNH.), *Berg-P.* – W.stock knollig verdickt. St. 15–30 cm. Teilb. längl.-lanzettl., selten lineal, unterseits blaugrün. Bl. zuerst hellpurpurn, später bläul. / 4 bis 5 (7) / Kollin-montan(-subalpin). Wälder, Wiesen; verbr. [1673]

– St. nicht geflügelt, kantig. 12

12. Krb. hellgelb, zuletzt bräunl.

. **L. laevigátus** (W. u. K.) GREN. ssp. **occidentalis** (FISCHER u. MEYER) BREISTR. (*L. luteus* PETERM.), *Gelbe Berg-P.* – St. 20–60 cm. B. 4–5paarig. Teilb. elliptisch, spitz. / 6 bis 7 / (Montan-)subalpin. Bergwiesen, felsige Hänge; kalkliebend. J (Dôle), A (in den Nordketten verbr., sonst s.). – Französ. Jura. [1674]

– Krb. nicht gelb. 13

13. B. 4–5(–6)paarig. Teilb. oval, stumpf od. spitzl.

L. niger (L.) BERNH.), *Dunkle P.* St. 30–90 cm, ästig. B. fast 2zeilig gestellt. Bl. trüb-purpurn bis bräunl. Pfl. beim Trocknen schwarz werdend. / 6 / Kollin(-montan). Wälder; zerstr. [1675]

– B. 2–4paarig. Teilb. eifg., lanzettl. od lineal, zugespitzt. 14

14. Teilb. lineal-lanzettl., am Grunde 2–4 mm voneinander entfernt stehend.

L. bauhínii GENTY (*L. filiformis* (LAM.) J. GAY ssp. *ensifolius* (LAPEYR.) GAMS), *Schwertblättrige P.* – St. 20–40 cm. B. kurz gestielt, meist 2paarig. Teilb. starr. Bl. bis über 2 cm lg. Krb. violettrot. / 6 bis 7 / Kollin-montan. Buschige Weiden; s. s. J (Kt. Neuenb.). – Französ. Jura (Dép. du Doubs); Co. (zu bestätigen). [1676]

– Teilb. eifg. bis lanzettl., selten lineal, aber dann weiter voneinander entfernt stehend.

L. vernus (L.) BERNH. s.l., *Frühlings-P.* – St. 20–55 cm. Teilb. eifg. bis lg. lineal-lanzettl., zugespitzt. Blstd. locker, 2–9bl. Bl. 17–20 mm lg. Krb. zuerst rot, dann blau, zuletzt blaugrün; selten Krb. blassrot od. weissl. Hülsen kahl. / 4 bis 5 / Kollin-montan. Wälder; hfg.

L. vernus (L.) BERNH. s.str., *Frühlings-P.* – Teilb. eifg., zugespitzt, bis 7 cm lg., 1,5–5mal so lg. wie br. – Kollin-montan. Laubwälder; hfg. [1677]
L. grácilis (GAUDIN) DUCOMMUN (*L. vernus* (L.) BERNH. var. *flaccidus* (SER.) DUCOMMUN), *Zarte P.* – Teilb. lineal-lanzettl., bis 14 cm lg., 10–60mal so lg. wie br. – Kollin-montan. Warme, schattige Lagen, Wälder, Gebüsche. T, Graub. (Puschlav). – Italienisches Grenzgebiet. [1678]

L. vénetus (MILLER) WOHLFARTH (*L. variegatus* (TEN.) GODR. u. GREN.), *Venezianische P.* – St. 30–50(–65) cm. Teilb. br.-eifg. Blstd. dicht, 10–30bl. Bl. 10–13 mm lg. Krb. hellpurpurn; Fahne dunkler. Hülsen fein drüsig-behaart. / 5 bis 6 / Kollin-montan. Buschige Stellen, Kastanienhaine; s. s. Graub. (Puschlav). – Veltlin. [1679]

167. Glycíne L., *Sojabohne*

G. max (L.) MERRILL (*G. soja* (L.) SIEB. u. ZUCC., *G. hispida* MAXIM.), *Sojabohne*. – Pfl. 30–90 cm, dicht zottig behaart. B. lg. gestielt, mit eifg.- lanzettl. Teilbl. Bl. zu 3–8 in den B.winkeln, violett bis weissl. Fr. rauh- haarig. / 7 bis 8 / Kollin. Kult. Stammt aus Ostasien. [1680]

168. Phaséolus L., *Bohne*

Ph. vulgáris L., *Garten-B.* – St. 0,5–3 m. B. unpaarig gefiedert. Teilb. gross, eifg., ganzrandig, zugespitzt. Blstd. kürzer als das B. Bl. weiss, gelbl. od. rötl. Hülsen glatt. / 7 bis 8 / Kollin-montan. Kult. als Gemü- sepfl. Stammt aus dem tropischen und subtropischen Amerika. [1681]
Ph. coccíneus L. (*Ph. multiflorus* LAM.), *Feuer-B.* – St. 3–4 m. B. wie bei der vorigen Art. Blstd. länger als das B. Bl. weiss od. scharlachrot. Hülsen rauh. / 7 bis 8 / Kollin-montan. Kult. als Gemüse- und Zierpfl.; zuwei- len verwildert. Stammt aus dem tropischen Amerika. [1682]

Fam. 51. Punicáceae. *Granatapfelgewächse*

Sträucher od. Bäume mit 4kantigen Zweigen. Bl. zwittrig, radiärsymm., zu 1–5 an Zweigspitzen od. einzeln in B.achseln. Kb. 5–7, bleibend, Krb. 5–7, in der Knospenlage zerknittert. Stbb. zahlreich, Frb. 9, zu einem unterst., in den Achsenbecher eingesenk- ten, mehrfächerigen Frkn. verwachsen. Samen zahlreich, mit rotem, fleischigem (ess- barem) Samenmantel.

169. Púnica L., *Granatapfelbaum*

P. granátum L., *Granatapfelbaum*. – B. gegenst., lanzettl., ganzrandig, kahl. Achsenbecher, Kb. und Krb. scharlachrot. Fr. bis 12 cm br., bee- renartig mit lederiger Schale, rotgelb. / 6 / Kollin. Kult.; verwildert an fel- sigen Orten im Wallis und im südl. T. [1865]

Fam. 52. Lythráceae. *Weiderichgewächse*

Kräuter, seltener Halbsträucher od. Sträucher. B. gegenst. od. quirlst., selten Wech- selst., meist ganzrandig. Nebenb. klein, hinfällig. Bl. in Blstd. od. einzeln in B.achseln, zwittrig, radiär- od. monosymm., mit Achsenbecher. Kb. 4–6, oft mit Nebenb., Krb. 4–6 od. 0, Stbb. 8–12, Frb. 2(–6), zu einem mittelst. Frkn. verwachsen. Kapseln.

1. St. aufrecht. Krb. 4–7. Stbb. 6–12. **Lythrum 451**
– St. niederliegend. Krb. fehlend od. sehr klein (6). Stbb. 6. **Peplis 452**

170. Lythrum L., *Weiderich*

L. salicária L., *Blut-W.* – St. 30–120 cm. B. lanzettl. Bl. purpurn, in einer verlängerten Ähre, quirlig angeordnet. / 7 bis 8 / Kollin(-montan). Feuchte Wiesen, Gräben; hfg. [1860]

L. hyssopifólia L., *Ysop-W.* – St. 10–60 cm. B. lineal od. längl. Bl. rötl.-lila, klein, einzeln in den B.winkeln. / 6 bis 9 / Kollin. Feuchte Äcker, überschwemmte Orte; s. s. und Fundorte am Erlöschen. Nord-, West- und Südwestschw. – Bad., Els., Belf. [1862]

171. Peplis L., *Sumpfquendel*

P. pórtula L., *Sumpfquendel.* – St. 5–25 cm, niederliegend und wurzelnd (gelegentl. im Wasser flutend). B. gegenst., verkehrt-eifg., stumpf, ganz-randig, kahl. Bl. unscheinbar. / 6 bis 9 / Kollin(-montan). Feuchte Äcker, überschwemmte Orte; s. und Fundorte zurückgehend. [1864]

Fam. 53. Trapáceae (*Hydrocaryaceae*).
Wassernussgewächse

Einjährige Wasserpfl. mit Schwimmb.rosette und assimilierenden Nebenwurzeln. Ne-benb. 4–8spaltig, hinfällig. Bl. zwittrig, radiärsymm. Kb. 4, Krb. 4, Stbb. 4, Frb. 2, zu einem mittelst. Frkn. verwachsen. Fr. eine mit dem Achsenbecher verwachsene, stär-kereiche, steinfruchtartige Nuss («Wasserkastanie»).

172. Trapa L., *Wassernuss*

T. natans L., *Wassernuss.* – Schwimmb. rautenfg., vorn grob gezähnt; B.stiel in der Mitte aufgeblasen. Untergetauchte B. lineal, hinfällig. Bl. weiss, einzeln in den Winkeln der Schwimmb. Fr. mit 2 od. 4 spitzen od. stumpfen, aus den K.zipfeln hervorgegangenen Fortsätzen. / 8 / Kollin. Seen; s. Südl. T. – Belf., Langensee, Var., Co. [1890]

Fam. 54. Onagráceae (*Oenotheraceae*).
Nachtkerzengewächse

Meist Kräuter od. Stauden. B. gegenst., selten spiralig od. quirlst. Nebenb. hinfällig od. fehlend. Bl. einzeln od. in traubigen Blstd., zwittrig, radiärsymm. od. leicht mono-symm., mit kr.artig gefärbtem, verlängertem, röhrigem Achsenbecher. Kb. 4 od. 2, Krb. 4 od. 2, selten 0, Stbb. 8 od. 4, selten 2, Frb. 4, zu einem unterst. Frkn. verwachsen. Mehrsamige Kapseln od. 1–2samige Nüsse.

1. Krb. fehlend. Stbb. 4. **Ludwigia 175**
– Krb. vorhanden. Stbb. 2 od. 8. 2
2. Bl. 2zählig, weiss od. rötl. **Circaea 176**
– Bl. 4zählig. 3
3. Bl. gelb. **Oenothera 174**
– Bl. rot od. rosa, selten weiss. **Epilobium 173**

173. Epilóbium L., *Weidenröschen*

1. Alle B., auch die unteren, wechselst. Krb. ungeteilt od. schwach ausge-randet. Gr. abwärts gekrümmt. 2

– Untere B. gegenst. od. quirlig. Krb. ausgerandet od. 2sp. Gr. gerade. 3
2. B. lanzettl., unterseits bläul.-grün und deutl. netzaderig. Krb. mit einem kurzen Nagel.
    E. angustifólium L., *Wald-W.* – St. 60–140 cm, kahl. Blstd. sehr verlängert. Bl. gross, violettrot, selten weiss. / 6 bis 8 / Kollin-subalpin(-alpin). Lichte Waldstellen, Ufergelände, Felsschutt; s. hfg. [1866]
– B. lineal od. lineal-lanzettl., beiderseits fast gleichfarbig, nicht netzaderig. Blstd. kurz. Krb. ohne Nagel.
    E. dodonaéi VILL. (*E. rosmarinifolium* HAENKE), *Dodonaeus' W.* – St. aufrecht, 30–90 cm. B. schmal-lineal, meist ganzrandig. Krb. rosa bis blassrosa. Gr. im unteren Drittel behaart. / 6 bis 9 / Kollin-montan. Kiesige Orte, Ufer, trockenwarme Hänge; verbr. [1867]
    E. fleíscheri HOCHST., *Fleischers W.* – St. niederliegend-aufsteigend, 20–50 cm. B. lineal-lanzettl., gezähnelt. K. braunrot. Krb. rosa. Gr. bis über die Mitte behaart. / 7 bis 8 / (Montan-)subalpin-alpin. Kies der Gebirgsflüsse, Felsschutt. M (s.), A (hfg.). [1868]
3. N. im entwickelten Zustande sternfg. ausgebreitet. St. stielrund, ohne erhabene Längslinien. 4
– N. keulenfg. vereinigt. 7
4. Alle B. sitzend. St. abstehend behaart.
    E. hirsútum L., *Zottiges W.* – St. 50–120 cm, zottig und drüsig behaart. B. halb-umfassend, etwas herablaufend, längl.-lanzettl., weichhaarig. Kb. stachelspitzig. Krb. 1,5–2 cm lg., purpurn. / 6 bis 9 / Kollin-montan. Gräben, feuchte Wälder; hfg. [1869]
    E. parviflórum SCHREBER, *Kleinblütiges W.* – St. 20–60 cm, behaart, drüsenlos. B. nicht umfassend, nicht herablaufend, weichhaarig bis fast kahl. Kb. nicht bespitzt. Krb. 7–9 mm lg., hellviolettrosa. / 6 bis 9 / Kollin-montan(-subalpin). Wie vorige; hfg. [1870]
– B., wenigstens zum Teil, deutl. gestielt. St. anliegend od. kraus behaart. 5
5. Mittlere B. lanzettl., gegen die Mitte am breitesten.
    E. lanceolátum SEBASTIANI u. MAURI, *Lanzettblättriges W.* – St. 30–60 cm, oberwärts nebst Bl.stielen und Fr. grauweissl. behaart. B. alle, die unteren zieml. lg., gestielt, grob gezähnelt. Bl. 6–10 mm lg. Krb. zuerst weiss, dann rosa. / 6 bis 9 / Kollin-montan. Steinige Orte, lichte Wälder; auf Silikatgestein; s. s. M (Kt. Zürich), Unterwallis, südl. T. – Bad., V. [1871]
– Mittlere B. eifg., nahe dem Grunde am breitesten. 6
6. Bl. 4–6 mm lg. B. zieml. lg. gestielt.
    E. collínum GMELIN, *Hügel-W.* – St. 10–40 cm, meist vom Grunde an ästig. B. geschweift-gezähnt, stumpfl., etwas graugrün. Krb. blassrosa. / 6 bis 7 / (Kollin-)montan-subalpin(-alpin). Mauern, Felsen; auf Silikatgestein; verbr. M, A. – S, V, Hegau. [1872]
– Bl. 8–12(–15) mm lg. B. kurz gestielt.
    E. montánum L., *Berg-W.* – Ohne Ausläufer. St. 30–80 cm, einfach od. wenigästig. B. kurz gestielt od. fast sitzend, am Grunde abgerundet, dicht ungleich gezähnt-gesägt, spitz, grasgrün. Bl. 8–12 mm, selten (var. *thellungiánum* LÉVEILLÉ) 12–15 mm lg. Krb. rosa. / 6 bis 8 / Kollin-subalpin. Schattige Orte, Gebüsche; hfg. [1873]

E. duriaéi J. GAY, *Durieus W.* – Von der vorigen Art verschieden: Pfl. mit unterird., fleischigen Ausläufern. St. 25–40 cm. Krb. 10–12 mm lg., rosa. / 7 / (Montan-)subalpin. Feuchte, buschige Berghänge; s. – Französ. Jura. Aus der Schweiz (J, M, A) unsichere Angaben. [1874]

7. St. stielrund, ohne erhabene Linien, oft zweizeilig behaart.

    E. palústre L., *Sumpf-W.* – St. 10–50 cm, meist einfach, oberwärts flaumhaarig. B. schmal-lanzettl., meist ganzrandig, stumpfl., mit keilfg. Grunde sitzend. Krb. rosa. / 7 bis 9 / Kollin-subalpin. Sumpfwiesen, Gräben; verbr. [1875]

– St. mit 2–4 erhabenen, oft behaarten Längslinien. 8

8. B. zieml. lg. gestielt.

    E. róseum SCHREBER, *Rosenrotes W.* – St. 20–70 cm, meist sehr ästig, oberwärts weichhaarig. B. längl., dicht-ungleich-drüsig gezähnelt. Bl.knospen nickend. Krb. 5–6 mm lg., weissl., später rosa. / 7 bis 9 / Kollin-montan(-subalpin). Feuchte Orte, Mauern, Gebüsche; verbr. [1876]

– B. sitzend od. ganz kurz gestielt. 9

9. Mittlere Stlb. zu 3–4 quirlig, selten gegenst.

    E. alpéstre (JACQ.) KROCKER (*E. trigonum* SCHRANK), *Quirliges W.* – St. 30–80 cm, meist einfach, oberwärts weichhaarig. B. aus abgerundetem Grunde lanzettl., zugespitzt, scharf gezähnelt, am Rande und auf den Nerven flaumig. Krb. 8–12 mm lg., rosa bis violett-rötl. / 6 bis 8 / Montan-subalpin. Feuchte Wälder, Hochstaudenfluren, Grünerlenbestände; hfg. J, M (vereinzelt), A. – S, V. [1877]

– Mittlere Stlb. gegenst., selten wechselst. od ausnahmsweise quirlig. 10

10. Pfl. 40–120 cm, oft ästig, reichbl.

    E. obscúrum SCHREBER, *Dunkelgrünes W.* – Pfl. mit verlängerten, entfernt beblätterten Ausläufern. St. meist ästig, oberwärts weichhaarig. B. sitzend od. sehr kurz gestielt, längl.-lanzettl. K. am Grunde zwischen den gewöhnlichen Haaren mit einzelnen abstehenden Drüsenhaaren. Krb. trübrosa. / 7 bis 9 / Kollin-montan. Feuchte Orte, Gebüsche; zerstr. [1878]

    E. tetragónum L. s.l., *Vierkantiges W.* – Pfl. ohne Ausläufer. St. ästig, vierkantig. B. schmal-lanzettl. od. lineal-längl., gezähnt. K. ohne Drüsenhaare. Krb. blassrosa. / 6 bis 9 / Kollin-montan; zerstr.

      E. tetragónum L. ssp. **tetragónum** (*E. adnatum* GRISEB.), *Vierkantiges W.* – St. fast kahl. B. sitzend, schmal-lanzettl., scharf gezähnt, die mittleren mit br. gestutztem Grunde sitzend od. herablaufend angewachsen. – Feuchte Orte; zerstr. [1879]

      E. tetragónum L. ssp. **lámyi** (F. SCHULTZ) NYMAN, *Lamys W.* – St. weichhaa-rig-grau. B. lineal-längl., kurz gestielt od. mit verschmälertem Grunde sitzend, nicht herablaufend, entfernt und undeutl. gezähnelt. – Waldlichtungen, Auenwälder; s. [1880]

– Pfl. 5–30 cm, meist einfach, arm(1–7)bl. Junge Bl. mit den Astspitzen nickend. 11

11. Pfl. mit unterird. Ausläufern. Bl. 8–12 mm lg.

    E. alsinifólium VILL. (*E. origanifolium* LAM.), *Mierenblättriges W.* – St. 10–30 cm, einfach od. ästig. B. eifg. od. eilanzettl., entfernt gezähnelt, glänzend. Krb. tief ausgerandet, violettrosa. Fr. etwas drüsig behaart, zuletzt kahl werdend. / 7 bis 8 / (Kollin-montan-)subalpin-alpin. An Quellen und Bächen. J (bis Brunnersberg westl. Gänsbrunnen), M, A (hfg.). – S. [1881]

– Pfl. mit oberird. Ausläufern. Bl. 4–5 mm lg.

E. anagallidifólium Lam. (*E. alpinum* auct.), *Alpen-W.* – St. 5–15 cm, abgesehen von den behaarten Längslinien kahl. B. längl.-eifg., meist kaum gezähnelt, die unteren zieml. lg. gestielt. Krb. rosarot. Fr. etwas drüsig behaart, bald kahl werdend. / 7 bis 8 / (Montan-subalpin-)alpin. Feuchte Stellen. J (Chasseral), A (verbr.). – S, Französ. Jura. [1882]

E. nutans F. W. Schmidt, *Nickendes W.* – St. 8–15 cm, oberwärts nebst den Bl.stielen weichhaarig. B. sitzend od. kurz gestielt, meist ganzrandig. Krb. blassviolett. Fr. angedrückt-grauhaarig, selten kahl werdend. / 7 bis 8 / (Montan-)subalpin-alpin. Wie vorige; kalkmeidend; zerstr. A. – S, V. [1883]

Bastarde zahlreich und hfg.

174. Oenothéra L. (*Onagra* Miller), *Nachtkerze*

1. Blstd. zur Bl.zeit aufrecht. Kb.spitzen in der Knospenlage zusammenneigend, aneinander gedrückt.

Oe. biénnis L. s.l., *Gemeine N.* – Pfl. 10–300 cm, St. behaart. Bl.röhre 1,8–5 cm lg. Krb. 1,2–6 cm lg., gelb. Fr.kapsel 1–4 cm lg. gegen die Spitze verschmälert. / 6 bis 9 / Kollin. Bahnareale, Ufer, Ödland; hfg. Stammt aus Nordamerika. [1884]

> **01.** Frkn. direkt anliegend behaart, höchstens spärl. drüsig.
>
> **Oe. strigósa** (Rydberg) Mackenzie u. Bush (*Oe. bauri* Boedjin, *Oe. depressa* Greene, *Oe. hungarica* Borbás), *Schmächtige N.* – Pfl. 50–200 cm, grau-flaumig. St. rot getupft, oberwärts rötl. angelaufen. Blstd. locker. K. rötl. Krb. 15–20 mm lg., br. – Els. (Chalampé).
>
> – Frkn. deutl. drüsig. 02
> **02.** St. und Frkn. rot getupft.
>
> **Oe. erythrosépala** Borbás (*Oe. lamarkiana* auct., *Oe. vrieseana* Léveillé), *Lamarks N.* – Pfl. 30–150 cm, behaart. Untere B. ellipt., bucklig gewellt. Krb. 4–6 cm lg. Griffel lg., die Narben die Stb.beutel überragend. – Nordwestschw. (Basel). – Bad., Els., Hegau.
>
> – St. und Frkn. grün.
>
> **Oe. biénnis** L. s.str. (*Onagra biennis* (L.) Scop.), *Gemeine N.* – Pfl. 10–150 cm. B. ellipt., mit roten Mittelnerven. Kb. grün. Krb. 2–3 cm lg. Griffel kurz, Narben die Stb.beutel nicht überragend. Bl. wenig duftend. – Zerstr., nicht hfg.
>
> **Oe. suavéolens** Desf., *Wohlriechende N.* – Pfl. 30–150 cm. B. ellipt. bis br.-lanzettl., flach, mit weissem Mittelnerv. Krb. bis 35 cm lg., länger als br. Narbe von den Stb.beuteln umgeben. Bl. stark duftend. – Mit voriger, jedoch seltener. – Els.

– Blstd. zur Bl.zeit nickend. Kb.spitzen in der Knospenlage spreizend.

Oe. parviflóra L. s.l. (*Oe. muricata* L.?), *Kleinblütige N.* – Pfl. 50–200 cm, St. aufrecht od. niederliegend, behaart. Bl.röhre 1,5–3 cm lg. Krb. 9–20 mm lg., gelb. Fr.kapsel 2–4 cm lg. / 6 bis 9 / Kollin. Bahnareale, Ufer, Ödland; zerstr. [1885]

> **Oe. íssleri** Renner, *Isslers N.* – Pfl. stark nickend, ohne rote Punkte, gelegentl. mit roten Strichen. Kelch stets grün, kahl. Kb.spitzen V-förmig spreizend. Krb. 12–20 mm lg. – Im Els. sich ausbreitend.
>
> **Oe. parviflóra** L. s.str., *Kleinblütige N.* – Pfl. weniger stark nickend, mit roten Punkten im Alter. Kelch grün od. rötl. überlaufen. Kb.spitzen U-förmig spreizend. Krb. 9–12 mm lg. – Els.; s.

175. Ludwígia L., *Heusenkraut*

L. palústris (L.) Elliott (*Isnardia palustris* L.), *Heusenkraut.* – St. 15–60 cm, am Grunde wurzelnd, kahl. B. gegenst., eifg., spitz. Bl. einzeln, b.winkelst., unscheinbar. / 7 bis 8 / Kollin. Sumpfgräben, Teiche; s. s. und Fundorte am Erlöschen. [1886]

176. Circaéa L., *Hexenkraut*

1. Bl.stiele ohne Deckb.
   C. lutetiána L., *Gemeines H.* – St. 20–50 cm, nebst den B. mehr od. weniger behaart. B. eifg., am Grunde oft etwas herzfg., gezähnelt, matt. Krb. weiss od. rötl. / 6 bis 8 / Kollin-montan. Wälder, Gebüsche; hfg. [1887]
– Bl.stiele mit kleinen, borstenfg., hinfälligen Deckb.
   C. ×intermédia Ehrh. (*C. alpina × lutetiana*), *Mittleres H.* St. 20–40 cm. B. eifg., seicht herzfg., geschweift-gezähnt, glänzend. Krb. weiss od rötl., so lg. wie der K. N. tief 2lappig. / 6 bis 8 / Kollin-montan. Feuchte Wälder; zerstr. [1888]
   C. alpína L., *Alpen-H.* – St. 5–15(–20) cm. B. eifg., deutl. herzfg., dünn, gezähnt, glänzend. Krb. weiss od. rötl., kürzer als der K. N. ausgerandet. / 6 bis 8 / (Kollin-)montan-subalpin. Schattige Wälder, auf feuchten, humosen Böden; verbr. [1889]

Fam. 55. Haloragáceae. *Tausendblattgewächse*

Ausdauernde Wasserpfl. mit quirlst., kammfg. gefiederten od. ungeteilten B. Nebenb. fehlend. Bl. in ährigen Blstd., zwittrig od. eingeschlechtig, radiärsymm. Kb. 0 od. 4, Krb. 0 od 4, Stbb. 4 od. 8. Frb. 4 od. 2, zu einem oberst. Frkn. verwachsen. Nüsse, in 4 od. 2 einsamige Teilfr. zerfallend.

177. Myriophýllum L., *Tausendblatt*

1. Alle Deckb. fiedersp., länger als die Bl.
   M. verticillátum L., *Quirliges T.* – St. 30–200 cm, einfach od. ästig, meist gelbl. B. zu 5 od. 6. Ähren aufrecht. / 6 bis 9 / Kollin. Stehende und langsam fliessende Gewässer; zerstr. [1891]
– Obere Deckb. ungeteilt, kürzer als die Bl.
   M. spicátum L., *Ähriges T.* – St. 20–180 cm, meist ästig, rötl. B. zu 4. Ähren vor dem Aufblühen gerade aufrecht. / 6 bis 9 / Kollin-subalpin. Stehende und langsam fliessende Gewässer; zerstr. [1892]
   M. alterniflórum DC., *Armblütiges T.* – St. 20–120 cm. B. zu 4, mit haarfeinen Abschn. Ähren schlank, armbl., vor dem Aufblühen überhängend. / 7 bis 9 / Kollin-montan. Seen, Bäche; kalkfliehend; s. s. T. – S, Thiengen, V, Co. [1893]

Fam. 56. **Elaeagnáceae.** *Ölweidengewächse*

Sträucher od. Bäume, deren B.unterseite und junge Triebe dicht mit Schild- od. Sternhaaren besetzt sind. B. wechselst., selten gegenst., einfach. Nebenb. fehlend. Bl. einzeln, in Trauben od. Ähren, zwittrig od. eingeschlechtig, radiärsymm. Kb. 4, röhrig
verwachsen. Krb. 0. Stbb. 4 od. mehr, dem K. eingefügt. Frb. 1. Frkn. mittelst. Nuss,
von der fleischigen Kr.röhre umwachsen und daher steinfr.artig.

178. **Hippóphaë** L., *Sanddorn*

H. rhamnoídes L., *Sanddorn.* – Dorniger Strauch, 1–3 m hoch. B. lineal-
lanzettl., unterseits silberweiss-schildhaarig. Bl. bräunl. Fr. orange. / 4
bis 5 / Kollin-montan(-subalpin). Kiesige Orte, Ufer; zerstr. [1859]

Fam. 57. **Rutáceae.** *Rautengewächse*

Stauden mit Öldrüsen führenden, daher durchscheinend punktierten, gegenst., gefiederten od. fiederschn. B. Nebenb. fehlend. Bl. in cymösen od. traubigen Blstd., zwittrig,
radiär- od. monosymm. Kb. 4–5, Krb. 4–5, Stbb. 4–5 od. 8–10, seltener mehr od. weniger. Frb. 4 od. 5, zu einem ± oberst. Frkn. verwachsen. Mehrfächrige Kapseln, Beeren,
Steinfr. od. Flügelfr.

1. Bl. trüb-grünl.-gelb, in Trugdolden. **Ruta 179**
– Bl. rosa, mit dunkleren Adern (in Kultur auch weiss), in Trauben.
Dictamnus 180

179. **Ruta** L., *Raute*

R. gravéolens L., *Raute.* – Pfl. 30–50 cm, kahl, graugrün, stark aromatisch. B. 2–3fach fiederschn. Bl. 4zählig, die Gipfelbl. 5zählig. / 6 bis 7 /
Kollin. Kult.; nicht s. verwildert und (in der West- und Südschw.) eingebürgert. – Urwüchsig: Langensee, Co., Chiav. [1716]

180. **Dictámnus** L., *Diptam*

D. albus L., *Diptam.* – Pfl. 60–120 cm, oberwärts drüsig behaart, mit Po-
meranzengeruch. B. unpaarig gefiedert. / 5 bis 6 / Kollin. Buschige, trokkene Hänge, Felsen, lichte Waldstellen; s. Wallis, südl. T, Schaffh. –
Bad., Els., Mont Vuache bei Genf, Ao., Val Sesia, Var., Co., Hegau.
[1717]

Fam. 58. **Simaroubáceae.** *Bitterholzgewächse*

Bäume od. Sträucher mit bitterer Rinde. B. wechselst., meist gefiedert. Nebenb. fehlend. Blstd. rispig od. traubig, Bl. zwittrig od. eingeschlechtig, radiärsymm. Kb. 3–7,
Krb. 3–7. Stbb. in männl. Bl. 10, in zwittrigen Bl. 2–3. Frb. 4–5, frei od. die Griffel verwachsen, oberst. Fr. geflügelt, steinfr.artig.

181. Ailánthus DESF., *Götterbaum*

A. altíssima (MILL.) SWINGLE (*A. cacodendron* SCH. u. TH., *A. glandulosa* DESF.), *Götterbaum.* – B. bis 90 cm lg., mit 13–25 Teilb.; diese am Grunde auf einer Seite mit 1–2(–3) Drüsenzähnen. Bl. gelbl.-weiss, in grossen Rispen, holunderartig riechend. / 6 bis 7 / Kollin. Gepflanzt. Eingebürgert im T und Misox; auch anderwärts verwildert. Stammt aus China. [1718]

Fam. 59. **Anacardiáceae.** *Sumachgewächse*

Bäume od. Sträucher mit Harzgängen. B. wechselst., einfach gefiedert od. gefingert. Nebenb. fehlend od. hinfällig. Bl. in Rispen od. Thyrsen, zwittrig od. eingeschlechtig, radiärsymm. Kb. 5, Krb. 5, selten 0, Stbb. 5 od. 10. Frb. 3, zu einem oberst. Frkn. verwachsen. Steinfr.

182. Cótinus MILLER, *Perückenstrauch*

C. coggýgria SCOP. (*Rhus cotinus* L.), *Perückenstrauch.* – B. gestielt, verkehrt-eifg., stumpf, ganzrandig, im Herbst blutrot gefärbt. Bl. gelbl., in lockeren Rispen. Stiele der unfruchtbaren Bl. zuletzt fadenartig verlängert, abstehend behaart. / 6 / Kollin-montan. Trockenwarme Hänge; s. Wallis (Martigny, Leuk), T. Auch gepflanzt und verwildert. – Ain, Sav., Co., Veltlin. [1760]

Fam. 60. **Aceráceae.** *Ahorngewächse*

Meist Bäume mit gegenst., handfg. gelappten od. gefiederten B. Nebenb. fehlend. Bl. in Rispen, Dolden, Trauben od. Ähren, zwittrig od. eingeschlechtig, radiärsymm. Kb. 5(–4), Krb. 5(–4), selten 0, Stbb. meist 8. Frb. 2, zu einem oberst. Frkn. verwachsen. Geflügelte, 2teilige Spaltfr.

183. Acer L., *Ahorn*

1. B. 1–2paarig gefiedert.
    A. negúndo L., *Eschen-A.* – Bl. lg. gestielt, in hängenden Doldentrauben. / 4 bis 5 / Kollin. Gepflanzt und hie und da verwildert. Stammt aus Nordamerika. [1766]
– B. 3lappig od. handfg. gelappt. 2
2. Blstd. rispig, überhängend.
    A. pseudoplátanus L., *Berg-A.* – B. 5lappig, unterseits matt, graugrün; Lappen gekerbt-gesägt, mit spitzen Buchten. Flügel der Fr. etwas abstehend-vorgestreckt. / 4 bis 5 / Kollin-subalpin. Wälder; hfg. und oft gepflanzt. [1770]
– Blstd. doldentraubig. 3
3. Abschn. der B. in lg. Spitzen ausgezogen.
    A. platanoídes L., *Spitz-A.* – B. 5lappig, beiderseits fast gleichfarbig, glänzend; Lappen lg. zugespitzt, mit fein zugespitzten Zähnen und stumpfen Buchten. Bl. in aufrechten Doldentrauben. Flügel der Fr.

unter stumpfem Winkel weit auseinandertretend. / 4 / Kollin-montan.
Wälder; verbr. Hfg. gepflanzt. [1771]
– Abschn. der B. stumpf bis spitzl., aber nicht lg. ausgezogen. 4
4. B. 3lappig.
    A. monspessulánum L., *Französischer Massholder.* – B. 3–6 cm lg., ober-
seits glänzend, glatt; Lappen ganzrandig. Bl. in mehr od. weniger nickenden Doldentrauben. Flügel der Fr. vorwärts gerichtet, etwas abstehend.
/ 4 / Kollin. Laubgehölze, warme Felshänge; auf Kalk. – Französ. Jura
(Ain, Sav.). [1767]
– B. 5lappig (die 2 unteren Lappen bisweilen nur angedeutet).
    A. campéstre L., *Feld-A., Massholder.* – Junge Zweige oft mit Korklei-
sten. B. unterseits behaart; Lappen ganzrandig od. grob gekerbt-gebuch-
tet. Bl. in aufrechten Doldentrauben. Flügel der Fr. fast waagrecht aus-
einandergespreizt. / 5 / Kollin-montan. Wälder, Gebüsche; verbr. Auch
gepflanzt (im T zur Stütze der Reben verwendet). [1768]
    A. ópalus MILLER (*A. opulifolium* CHAIX, *A. italum* LAUTH), *Schneeball-
blättriger A.* – B. etwas derb, unterseits hell-graugrün, fast kahl; Lappen
oft spitzl., unregelm. gekerbt-gezähnt. Doldentrauben zuletzt hängend.
Flügel der Fr. etwas abstehend. / 4 / Kollin(-montan). Wälder; zerstr.
West- und Südwestschw.; besonders hfg. im J (hier nordwärts bis Mut-
tenz [Baselland]. ostwärts bis Erlinsbach [Aarg.]). – Bad. (Grenzach).
[1769]
    Bastarde.

Fam. 61. **Hippocastanáceae.** *Rosskastaniengewächse*

Bäume od. Sträucher mit gegenst., gefingerten B. Nebenb. fehlend. Bl. in Rispen,
zwittrig, selten eingeschlechtig, schrägdorsiventral. Kb. 5± verwachsen. Krb. 4–5,
Stbb. 5–8, abwärts gerichtet. Frb. 3, zu einem oberst. Frkn. verwachsen. Lederige, fachspaltige Kapsel.

184. **Aésculus** L., *Rosskastanie*

    A. hippocástanum L., *Rosskastanie.* – Krb. mit kurzem Nagel, weiss, mit
gelben und roten Flecken. Fr. stachlig. / 4 bis 5 / Kollin-montan. Gepflanzt und bisweilen verwildert. Heimat östl. Balkanländer. [1772]

Fam. 62. **Staphyleáceae.** *Pimpernussgewächse*

Sträucher od. Bäume mit gegenst., selten wechselst., zusges. B. Nebenb. hinfällig. Bl. in
Trauben, zwittrig, radiärsymm. Kb. 5, oft krb.artig. Krb. 5, Stbb. 5. Frb. 3–2, selten 4, zu
einem oberst. Frkn. ± verwachsen. Balgfr., Kapseln od. Schliessfr.

185. **Staphyléa** L., *Pimpernuss*

    S. pinnáta L., *Pimpernuss.* – Bis 3 m hoher Strauch. B. unpaarig gefie-
dert; Abschn. 5–7, kahl. Bl. weiss. Fr. aufgeblasen. / 5 / Kollin. Lichte
Wälder, Gebüsche; zerstr. (öfters bloss verwildert od. eingebürgert).
Rheintal (Basel bis Schaffh.), J, M, A. – Bad., Els., Belf. [1765]

Fam. 63. **Oxalidáceae.** *Sauerkleegewächse*

Einjährige Kräuter od. Stauden mit wechselst., zusges. B. Nebenb. vorhanden. Bl. einzeln od. in cymösen Blstd., zwittrig, radiärsymm. Kb. 5, Krb. 5. Stbb. 10, am Grunde verwachsen. Frb. 5, zu einem oberst. Frkn. verwachsen. Fachspaltige Kapseln, selten Beeren.

186. **Óxalis** L., *Sauerklee*

1. B. und Bl.stiele grundst. Krb. weiss, rötl. geadert (zuweilen lila, rosa od. bläul.).

   O. acetosélla L., *Gemeiner S., Kuckucksklee.* – Pfl. 5–15 cm, mit kriechendem W.stock. Bl. einzeln. / 4 bis 6 / Kollin-subalpin. Wälder, Gebüsche; hfg. [1704]

– Bl. in 2–5bl. Blstd., b.winkelst. Krb. gelb.   2
2. St. aufrecht. Haare gegliedert. Nebenb. fehlend.

   O. fontána BUNGE (*O. stricta* auct. non L., *O. europaea* JORD.), *Aufrechter S.* – St. 10–30 cm, aufrecht. Stiel des Bl.stands mit knotigem Gelenk. Bl.stiele nach dem Verblühen aufrecht-abstehend *(Fig. 217/1).* Fr. 8–15 mm lg., oft kahl. / 6 bis 9 / Kollin(-montan). Bebautes Land, Schuttstellen, Bahnareale; verbr.; eingebürgert. Stammt aus Nordamerika. [1705]

– St. niederliegend. Haare nicht gegliedert. Nebenb. vorhanden.

   O. corniculáta L., *Hornfrüchtiger S.* – St. 10–30 cm, vom Grunde an ästig, an den Knoten wurzelnd. B. oft dunkelpurpurn bis purpurbraun überlaufen. Bl.stiele nach dem Verblühen abwärts gebogen, mit aufrechter Fr. *(Fig. 217/2).* Diese 12–15 mm lg., behaart. / 4 bis 10 / Kollin. Mauern, Wegränder; zerstr. T, Graub. (Südtäler); sonst hie und da verschleppt. [1706]

   O. dillénii JACQ., (*O. stricta* L.), *Dillens S.* – St. 10–30 cm, an den Knoten nicht wurzelnd. B. fast gegenst. od. in Büscheln. Fr. 15–25 mm lg., behaart. / 7 bis 10 / Kollin(-montan). Bebaute Orte, Ruderalstellen. – Bad., Els.

Fam. 64. **Lináceae.** *Leingewächse*

Einjährige Kräuter od. Stauden mit wechselst., selten gegenst., einfachen, sitzenden B. Nebenb. meist fehlend. Bl. in cymösen Blstd., zwittrig, radiärsymm. Kb. 4–5, Krb. 4–5. Stbb. 4–5 od. 10, am Grunde verwachsen. Frb. 4–5, zu einem oberst. Frkn. verwachsen. Fachspaltige Kapsel od. Schliessfr.

217/1   217/2   217/3   217/4

1. Bl. 5zählig. Kb. ungeteilt. **Linum 415**
– Bl. 4zählig. Kb. 2–3sp. **Radiola 416**

187. **Linum** L., *Lein*

1. B., ausg. etwa die obersten, gegenst.
    L. cathárticum L., *Purgier-L.* – St. 5–30 cm, dünn, oben gabelästig. Untere B. verkehrt-eifg., obere lanzettl. Bl. klein (bei einer Gebirgsform ansehnl.), weiss. / 5 bis 8 / Kollin-subalpin. Grasplätze, Raine; s. hfg. [1707]
– B. alle od. zum grössten Teil wechselst. 2
2. Kb. am Rande drüsig *(Fig. 217/3).*
    L. tenuifólium L., *Feinblättriger L.* – St. 15–40 cm. B. schmal-lineal, am Rande gewimpert. Krb. hell-rötl.-lila. / 6 bis 7 / Kollin-montan. Trokkenwarme Orte; zerstr. [1709]
– Kb. am Rande drüsenlos *(Fig. 217/4).* 3
3. Pfl. einjährig. St. einzeln. Kb. am Rande fein gewimpert.
    L. usitatíssimum L., *Saat-L., Flachs.* – St. 30–80 cm. B. schmal-lanzettl. Krb. azurblau (selten weiss). / 6 bis 7 / Kollin-montan(-subalpin). Kult. (Anbau stark zurückgehend); auch verwildert und hfg. verschleppt. [1710]
– Pfl. mehrjährig (L. bienne auch 2jährig). St. mehrere. 4
4. Kb. am Rande fein gewimpert.
    L. biénne MILLER (*L. angustifolium* HUDSON, *L. usitatissimum* L. ssp. *angustifolium* THELL.), *Wild-L.* – St. 30–50 cm, niederliegend bis aufsteigend. B. schmal-lanzettl. Bl. azurblau, wie bei L. usitatissimum, aber kleiner. / 6 / Kollin. Trockene und felsige Hänge; auf Kalk. – Co. (Monte Grona). In der Schweiz adv.
– Kb. kahl. 5
5. Kb. lanzettl., zugespitzt. N. verlängert, fast fadenfg.
    L. narbonénse L., *Südfranzösischer L.* – St. 30–50 cm. B. schmal-lanzettl. Kb. br.-hautrandig. Krb. azurblau. / 6 bis 7 / Kollin. Felsige Hänge; s. s. Wallis (bei Visp; eingebürgert). [35A]
– Kb. eifg., stumpf od. die äusseren zugespitzt. N. keulenfg.
    L. perénne L. ssp. **alpínum** (JACQ.) OCKENDON (*L. alpinum* JACQ.), *Alpen-L.* – St. 10–30 cm. B. lineal-lanzettl. Krb. hellblau (selten weiss), ihre Ränder vor der Mitte an auseinandertretend. Fr.stiele aufrecht. / 6 bis 7 / (Montan-)subalpin(-alpin). Felsige Hänge, Rasen; auf Kalk; zerstr. J (bis Dent de Vaulion), A (westl. und östl. Teile). – Co. [1711]
    L. austríacum L., *Österreichischer L.* – St. 30–90 cm. B. lineal-lanzettl. Krb. azurblau (selten weiss), ihre Ränder sich bis vorn deckend. Fr.stiele bogenfg. hängend. / 6 bis 7 / Kollin-montan. Buschige Felshänge; s. Unterengadin. Eingebürgert im Wallis u. a., ferner nicht s. adv. [1712]

188. **Radíola** HILL, *Zwergflachs*

R. linoídes ROTH, *Zwergflachs.* – St. 2–5 cm, fadenfg., vom Grunde an gabelästig. B. gegenst., eifg. Bl. sehr klein, weiss. / 7 bis 8 / Kollin. Feuchte, sandige Orte. – Els.; Sav. (wohl erloschen). [1714]

Fam. 65. **Zygophylláceae.** *Jochblattgewächse*

Kräuter od. Sträucher mit meist gegenst., einfachen od. zusges. B. Nebenb. vorhanden, mitunter dornig. Bl. in Wickeln od. zusges. Blstd., zwittrig, radiärsymm. Kb. 5(–4), hinfällig. Krb. 5(–4), Stbb. 10(–8). Frb. 5(–4), zu einem oberst. Frkn. verwachsen. Spaltfr., in 5(–4) Teilfr. (Kokken) zerfallend, Kapseln, Beeren od. Steinfr.

189. **Tríbulus** L., *Burzeldorn*

T. terréstris L., *Burzeldorn.* – Pfl. einjährig. St. 10–60 cm lg., niederliegend, ästig, behaart. B. gefiedert, mit 10–16 elliptischen, ganzrandigen Blättchen. Bl. einzeln in den B.achseln. Krb. 4–5 mm lg., gelb. Fr. auf verlängertem Stiel, in dornige Teilfr. zerfallend. / 5 bis 10 / Kollin-montan. Unbebaute, sandige Orte, Wegränder, Rebäcker. – Ao., Co. In der Schweiz adv. [1715]

Fam. 66. **Geraniáceae.** *Storchschnabelgewächse*

Einjährige Kräuter, Stauden, seltener Halbsträucher, mit wechselst., gelappten, geteilten od. zusges. B. Nebenb. vorhanden. Bl. in cymösen Blstd., selten einzeln, zwittrig, radiärsymm., selten schwach monosymm. Kb. 5, Krb. 5, Stbb. 10. Frb. 5, zu einem oberst. Frkn. verwachsen. Spaltfr., in 5 einsamige Teilfr. mit hygroskopischen, grannenartigen, aus der Griffelsäule hervorgehenden Fortsätzen zerfallend *(Fig. 219/1, 2).*

1. Schnabel der Fr. spiralig (in einer Ebene) gewunden *(Fig. 219/1).* Blstd. meist 2-, selten einbl. B. handfg. zusges. od. geteilt.   **Geranium 190**
– Schnabel der Fr. schraubenfg. gewunden *(Fig. 219/3).* Bl. in Dolden. B. gefiedert.   **Erodium 191**

190. **Geránium** L., *Storchschnabel*

1. B. bis zum Grunde geteilt; Abschn., besonders der mittlere, gestielt, doppelt fiederschn.
G. robertiánum L. s.l., *Ruprechtskraut.* – Pfl. 20–50 cm, unangenehm riechend. B. im Umriss eckig, handfg.-3–5teilig. Kb. begrannt. Krb. mit lg. Nagel, rosa od. purpurn. / 5 bis 10 / Laubwälder, Hecken, Mauern, Schuttstellen; s. hfg. [1683]

219/1   219/2   219/3

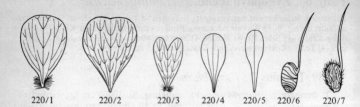

220/1 220/2 220/3 220/4 220/5 220/6 220/7

G. robertiánum L. s.str., *Ruprechtskraut*. – Granne der Kb. mindestens 1,5 mm lg. Krb. 9–12 mm lg., 1,5mal länger als die Kb., rosa. Stbb. orange. Pfl. stark behaart und drüsig. / 5 bis 10 / Kollin-montan(-subalpin). S. hfg.

G. purpúreum VILL. (*G. minutiflorum* JORD., *G. parviflorum* VIV.), *Purpur-S.* – Granne der Kb. höchstens 1,5 mm lg. Krb. 5–9 mm lg., 1–1,5mal so lg. wie die Kb., purpurrot. Stbb. gelb. Pfl. schwach behaart und drüsig. / 4 bis 6 / Kollin. Gebüsche, steinige Orte; in wärmeren Lagen; s. s. Östl. M, T. – Sav.

– B. nicht bis zum Grunde geteilt od. doch die Abschn. nicht gestielt.   2

2. Krb. zugespitzt, abgerundet, gestutzt od. schwach ausgerandet *(Fig. 220/ 1, 4, 5)*.   3

– Krb. an der Spitze deutl. ausgerandet od. 2sp. *(Fig. 220/2, 3)*.   6

3. Krb. mit lg. Nagel od. am Grunde lg. keilfg. verschmälert, kahl *(Fig. 220/ 4, 5)*. Pfl. einjährig. Bl. klein.

G. rotundifólium L., *Rundblättriger S.* – Pfl. 10–40 cm, weichhaarig. B. rundl.-nierenfg., handfg.-3–9lappig. Kb. längl.-eifg. Krb. am Grunde keilfg. verschmälert *(Fig. 220/4)*, rosa, kaum länger als der K. Fr. glatt. S. fein netzartig punktiert. / 5 bis 10 / Kollin-montan. Weinberge, Wegränder, steinige Orte; besonders in den wärmeren Gegenden; zerstr. [1684]

G. lúcidum L., *Glänzender S.* – Pfl. 15–40 cm, zart, fast kahl, glänzend. B. rundl., handfg.-5lappig. Kb. eifg.-lanzettl., mit kielfg. vorspringenden Nerven. Krb. mit lg. Nagel *(Fig. 220/5)*, lebhaft rosa, länger als der K. Fr. querrunzlig. S. glatt. / 5 bis 8 / Kollin-montan. Felsige, schattige Orte; s. s. J und Jurafuss, Rhonetal, Freiburg. – V, Montbéliard, Salève und Mont Vuache bei Genf, Chiav. [1685]

– Krb. ohne od. mit kurzem, undeutl. Nagel, am Grunde gewimpert *(Fig. 220/1)*. Pfl. mehrjährig. Bl. gross (1,5–4 cm im Durchm.).   4

4. Kb. kurz stachelspitzig. Krb. radfg. ausgebreitet bis zurückgeschlagen. Fr. oben querrunzlig.

G. phaeum L., *Brauner S.* – St. 40–40 cm, abstehend zerstr. behaart, oberwärts wie die Bl.stiele drüsig-flaumhaarig. Krb. schwarzviolett od. hellschmutzig-violett. / 5 bis 6 / Kollin-subalpin. Wiesen, Hochstaudenfluren; zerstr. [1686]

    G. phaeum L. ssp. **phaeum,** *Brauner S.* – B. oft mit einem braunen Fleck. Krb. schwarzviolett. Staubfäden an der Basis plötzlich verbreitert. – Kollin-subalpin. Kult. und in Wiesen verwildert und eingebürgert. [1686]

    G. phaeum L. ssp. **lívidum** (L'HÉRITIER) HAYEK, *Violetter S.* – B. nie mit einem braunen Fleck. Krb. hellschmutzig-violett. Staubfäden allmählich vom Grunde gegen die Spitze verschmälert. / 5 bis 6 / Subalpin. Wiesen, Hochstaudenfluren; zerstr. A. – Französ. Jura.

– Kb. begrannt. Krb. nicht zurückgeschlagen. Fr. glatt.   5

5. Bl.stiele drüsenlos, mit rückwärts anliegenden Haaren.

G. palústre L., *Sumpf-S.* – St. 30–80 cm. B. 3–5sp. Bl.stiele nach dem Verblühen abwärts gebogen. Krb. lebhaft violett-karminrot. / 6 bis 9 / Kollin(-montan). Sumpfwiesen, Gräben; zerstr. [1687]

G. riváláre VILL. (*G. aconitifolium* L'HÉRITIER), *Blassblütiger S.* – St. 20–60 cm. B. 5–7sp. Bl.stiele aufrecht bleibend. Krb. weiss, rot geadert. / 7 bis 8 / (Montan-)subalpin(-alpin). Lärchen- und Arvenwälder, Zwergstrauchheiden; kalkfliehend; zerstr. A (Wallis, Graub. [Engadin]). [1688]
– Bl.stiele drüsenhaarig.

    G. silváticum L., *Wald-S.* – St. 30–60 cm. Abschn. der B. br.-rhombisch, eingeschnitten-gezähnt. Krb. rotviolett. Fr.stiele samt K. aufrecht. / 6 bis 7 / (Kollin-)montan-subalpin(-alpin). Wiesen, Weiden, Wälder; s. hfg. [1689]

    G. praténse L., *Wiesen-S.* – St. 40–80 cm. Abschn. der B. schmal, fiedersp. Krb. violettblau. Fr.stiele zuerst mit abwärts gerichtetem K. zurückgeschlagen, zuletzt aufrecht. / 6 bis 7 / Kollin(-montan). Feuchte Wiesen; s. Nordostschw.; auch als Zierpfl. kult. und verwildert. – Bad., Els., Belf., Pontarlier. [1690]

6. Krb. *(Fig. 220/2)* 15–20 mm lg.

    G. sanguíneum L., *Blutroter S.* – St. 30–50 cm, abstehend-behaart. B. handfg.-7teilig; Abschn. fiedersp. od. 3sp., mit lineal-lanzettl. Zipfeln. Bl. einzeln. Krb. purpurn. / 5 bis 7 / Kollin-montan(-subalpin). Trokkene, felsige Orte, lichte Gehölze; verbr. [1691]

    G. nodósum L., *Knotiger S.* – St. 20–50 cm, kahl od. mit kurzen, rückwärts-anliegenden Haaren. B. handfg.-3–5teilig; Abschn. eifg., zugespitzt, gezähnt. Bl. zu zweien. Krb. matt-blassviolett. / 5 bis 8 / Kollin(-montan). Wälder, Gebüsche. Südl. T; sonst s. [1692]
– Krb. nicht über 10 mm lg., meist kürzer. 7

7. B. sehr tief-, bis od. fast bis zum Grunde, geteilt.

    G. columbínum L., *Tauben-S.* – St. 20–50 cm, rückwärts-angedrückt behaart. Blstd. das B. weit überragend. Krb. hellrosa. Fr.schnabel mit kurzen, vorwärts gerichteten, drüsenlosen Haaren. / 6 bis 9 / Kollin-montan. Felder, Wegränder, Felsschutt; verbr. [1693]

    G. disséctum L., *Schlitzblättriger S.* – St. 10–40 cm, abstehend-kurzhaarig. Blstd. kürzer od. ein wenig länger als das B. Krb. rot. Fr.schnabel mit abstehenden, drüsentragenden Haaren. / 6 bis 9 / Kollin-montan. Äcker, Wegränder, Schuttstellen; verbr., im Süden zerstr. [1694]
– B. kaum bis zur Hälfte, selten tiefer (bis ⅚), geteilt. 8

8. Bl. einzeln.

    G. sibíricum L., *Sibirischer S.* – St. 15–80 cm. B. 3–5lappig; Lappen spitz, grob-eingeschnitten gezähnt. Bl.stiele mit rückwärts-abstehenden Haaren. Krb. blassrosa, mit dunkleren Streifen. Fr. zerstr. behaart. / 6 bis 8 / Kollin-montan. Hecken, Wegränder, Ödland; s. Wallis (Sitten), T (Riviera), Graub. (Puschlav); eingeschleppt. – Veltlin, Lindau. [1697]
– Bl. zu 2. 9

9. Fr. querrunzlig *(Fig. 220/6).*

    G. molle L., *Weicher S.* – St. 5–30 cm, lg.-zottig behaart. B. handfg.-7–9lappig. Krb. rosa. Fr. kahl *(Fig. 220/6).* / 5 bis 9 / Kollin-montan. Wegränder, Schuttstellen; verbr. [1695]

    G. divaricátum EHRH., *Spreizender S.* – St. 20–60 cm, abstehend-behaart und reichdrüsig. Untere B. 3–5-, obere 3teilig, mit gespreizten Abschn.

Krb. rosa. Fr. kurzhaarig. / 6 bis 7 / Kollin-montan(-subalpin). Gebüsche, steinige Hänge; s. Wallis, Graub. (Unterengadin, Münstertal). – Ao., Bormio, Vintschgau. [1696]
– Fr. nicht querrunzlig, behaart *(Fig. 220/7).* 10
10. Krb. 3–5 mm lg.

G. pusíllum BURMANN f., *Kleiner S.* – St. 10–25 cm, nur sehr locker mit kurzen, mehr od. weniger abstehenden Haaren besetzt. B. meist gegenst. Krb. lila. Fr. angedrückt-behaart, mit dem Schnabel 8–11 mm lg. / 5 bis 9 / Kollin-montan(-subalpin). Wegränder, Schuttstellen; verbr. [1698]
– Krb. 6–10 mm lg.

G. pyrenáicum BURMANN f., *Pyrenäen-S.* – St. 25–60 cm, oberwärts drüsig, weichhaarig. Bl.stiele nach dem Verblühen zurückgebogen. Kb. kurz stachelspitzig. Krb. *(Fig. 220/3)* hellviolett, bis doppelt so lg. wie der K. Fr. kurzhaarig, mit dem Schnabel 13–18 mm lg. / 5 bis 8 / Kollin-montan(-subalpin). Wiesen, Gebüsche, Wegränder, Schuttstellen; hfg. [1699]
G. bohémicum L., *Böhmischer S.* – St. 20–60 cm, abstehend behaart, oberwärts reichdrüsig. Bl.stiele aufrecht bleibend. Kb. begrannt, zur Fr.zeit stark vergrössert (bis über 1 cm lg.). Krb. blau, mit violetten Adern, kaum länger als der K. Fr. lg. zottig behaart, mit dem Schnabel 2,5–3 cm lg. / 7 bis 9 / Kollin-subalpin. Bergwälder (an Brandstellen); s. s., aber gelegentl. in Menge. Waadt, Wallis, Graub. [1700]

191. Eródium L'HÉRITIER, *Reiherschnabel*

1. B.spindel zwischen den Fiedern mit Zähnen od. kleinen Lappen.
E. cicónium (L.) L'HÉRITIER, *Langschnäbliger R.* – St. 20–60 cm. Pfl. dicht wollig-drüsenhaarig. Krb. violettblau. / 4 bis 8 / Kollin. Trockenstellen, Wegränder. – Ao., Co.(?), Veltlin(?). In der Schweiz adv. [1703]
– B.spindel zwischen den Fiedern ohne Zähne od. Lappen.
E. cicutárium (L.) L'HÉRITIER, *Gemeiner R.* – St. 5–40 cm. Teilb. sitzend od. ganz kurz gestielt, tief fiedersp., mit lineal-lanzettl. Zipfeln. Nebenb. eifg.-lanzettl., zugespitzt. Krb. rosa, selten weiss. Fruchtbare Stbf. am Grunde verbreitert, zahnlos. / 4 bis 9 / Kollin-montan(-subalpin). Äcker, Wegränder, Schuttstellen; verbr. [1701]

> **E. cicutárium** (L.) L'HÉRITIER ssp. **cicutárium**, *Gewöhnlicher R.* – Pfl. 5–40 cm, niederliegend-aufsteigend, abstehend, nicht drüsig behaart. Blstd. 2–8bl. Kb. 4–7 mm lg., Krb. 5–9 mm lg., rosa, obere mit dunklen Flecken am Grunde. Teilfr. (mit Schnabel) 3–4 cm lg., mit ringfg. Einschnürung unterhalb der Schnabelansatzstelle. / 4 bis 9 / Kollin-montan(-subalpin). Äcker, Wegränder, Schuttstellen; verbr.
> **E. cicutárium** (L.) L'HÉRITIER ssp. **bipinnátum** TOURLET, *Doppeltfiedriger R.* – Pfl. 3–20 cm, meist aufrecht, dicht behaart und drüsig. Blstd. 2–3bl. Kb. 3.5–4 mm lg., Krb. 4–5 mm lg., blassrosa, nicht gefleckt. Teilfr. (mit Schnabel) 2–3 cm lg., ohne Einschnürung unterhalb der Schnabelansatzstelle. / 6 bis 8 / Kollin-montan. Sandige Orte in wärmeren Lagen; s. A (Wallis, Graub., St. Gallen).

E. moschátum (L.) L'HÉRITIER, *Moschus-R.* – St. 10–45 cm. Teilb. ganz kurz gestielt, br.-eifg., ungleich eingeschnitten-gezähnt. Nebenb. br.-eifg., stumpf. Krb. rosa. Fruchtbare Stbf. am Grunde verbreitert und 2zähnig. / 5 bis 9 / Kollin(-montan). Schuttstellen, Bahnareale; s.; eingeschleppt. [1702]

Fam. 67. **Balsamináceae.** *Balsaminengewächse*

Kräuter mit saftigen, durchscheinenden St. B. meist wechselst., einfach. Nebenb. fehlend. Bl. einzeln od. traubig, zwittrig, monosymm. Kb. 3, die beiden vorderen verkümmert, das hintere stark vergrössert, gespornt, krb.artig *(Fig. 67/3)*. Krb. 5, die seitl. paarweise verwachsen, das unterste stark vergrössert. Stbb. 5, die Stb.beutel den Griffel bedeckend. Frb. 5, zu einem oberst. Frkn. verwachsen. Fachspaltige, nasse Schleuderkapsel.

192. **Impátiens** L., *Springkraut, Balsamine*

1. Bl. weinrot od. rosa.

I. glandulífera ROYLE (*I. roylei* WALPERS), *Drüsiges S.* – Pfl. 1–2 m, reichdrüsig. Bl. weinrot. Sporn kurz, zurückgekrümmt. / 7 bis 9 / Kollin(-montan). Als Zier- und Honigpfl. kult.; verwildert und stellenweise, besonders an Wasserläufen, vollständig eingebürgert. Stammt aus Ostindien und dem Himalaja. [1773]

I. balfoúrii HOOKER f. (*I. mathildae* CHIOVENDA, *I. insubrica* BEAUVERD), *Balfours S.* – Pfl. 50–80 cm. Bl. oben sehr schwach, unten lebhaft rosa. Sporn fleischrot, lg., gerade od. schwach gekrümmt. / 7 bis 10 / Kollin. Kult.; verwildert und eingebürgert (besonders im T) in Gärten, auf Rasenplätzen, an Strassen- und Wegrändern und in Gehölzen. Stammt aus dem westl. Himalaja. [1774]

– Bl. gelb.

I. noli-tángere L., *Wald-S., Rührmichnichtan.* – St. 30–60 cm, ästig. B. eifg., grob gezähnt. Bl. bis 3 cm lg. und mehr, hängend, goldgelb, mit gekrümmtem Sporn. / 6 bis 8 / Kollin-montan(-subalpin). Feuchte Waldstellen, Auen; hfg. [1775]

I. parviflóra DC., *Kleinblütiges S.* – St. 20–70 cm, einfach od. ästig. B. zugespitzt, gesägt. Bl. etwa 1 cm lg., aufrecht, hellgelb, mit geradem Sporn. / 6 bis 10 / Kollin-montan(-subalpin). Wegränder, Schuttstellen, Wälder; öfters in Menge; hfg. Stammt aus Ostsibirien und der Mongolei. [1776]

Fam. 68. **Polygaláceae.** *Kreuzblumengewächse*

Stauden, selten einjährige Kräuter od. Halbsträucher, mit wechselst., einfachen B. Nebenb. fehlend. Bl. in ährigen od. rispigen Blstd., mit Vorb., zwittrig, monosymm. Kb. 5, 2 seitl. grösser, krb.artig, 3 klein, grün. Krb. 5, 2 seitl. meist verkümmert od. 0, das untere gross, schiffchenartig mit gefranstem Anhängsel *(Fig. 224/1)*, die übrigen klein, unter sich und mit den Stbb. ± verwachsen. Stbb. 8(–10), zu einer Röhre verwachsen. Frb. 2(–3–5), zu einem oberst. Frkn. verwachsen. Kapseln, Nüsse od. Steinfr.

193. **Polýgala** L., *Kreuzblume*

1. Bl. gelb und weiss, oft rot überlaufen (selten rosa), zu 1–3 in den B.winkeln.

P. chamaebúxus L., *Buchsblättrige K.* – Halbstrauch. St. 5–30 cm. B. immergrün, derb, lederartig, elliptisch. / 3 bis 6 (gelegentl. schon im Winter) / (Kollin-)montan-subalpin(-alpin). Als Unterwuchs lichter Gehölze, Waldränder, steinige Hänge, besonders auf Kalk; hfg. J (zerstr.), M (östl. Teile), A. [1719]

223

68. Polygalaceae

224/1   224/2   224/3

– Bl. blau, violett, rosa od. weiss, in Trauben. 2
2. Untere B. meist rosettenartig angeordnet, viel grösser als die
   übrigen. 3
– Untere B. meist nicht rosettenartig angeordnet, kleiner (öfters breiter) als
   die übrigen. 4
3. Flügel deutl. netzaderig, 5 mm lg.
   P. calcárea F. SCHULTZ, *Kalk-K.* – St. 5–20 cm, niederliegend-aufsteigend, der unterste Teil b.los. B. krautig schmeckend, die unteren spatelfg., gross. Bl. blau, rosa od. weiss. / 5 / Kollin. Trockene, steinige Böden, Trockenwiesen; auf Kalk; s. J (Chasseral, Ajoie). – Bad., Els., Belf.,
   Montbéliard. [1721]
– Flügel nicht netzaderig, 2,5–4,5 mm lg.
   P. amarélla CRANTZ, *Bittere K.* – Mitteltrieb jeder B.rosette mit einem
   Blstd. abschliessend. St. 5–12(–20) cm. B. bitter schmeckend. Trauben
   verlängert, reichbl. Bl. hellblau, rötl., grünl. od. weissl. / 4 bis 7 / Kollin-
   montan(-subalpin). Feuchte Rasen, Weiden; hfg. [1722]
   P. alpína (POIR.) STEUDEL, *Alpen-K.* – Mitteltrieb nicht blühend. Die
   blühenden Seitentriebe 2–5 cm lg. Trauben kurz, 5–10bl. Bl. bläul. od.
   weissl. / 7 bis 8 / (Subalpin-)alpin. Weiden; zerstr. A (südl. Teile). [1723]
4. Untere B. gegenst.
   P. serpyllifólia HOSE (*P. serpyllacea* WEIHE, *P. depressa* WENDEROTH),
   Quendelblättrige K. – St. 5–20 cm, dünn, niederliegend, ästig. Blstd. 3–
   8bl. Bl. blassblau od. blass-grünl.-weiss. / 5 bis 9 / (Kollin-)mon-
   tan(-subalpin). Feuchte Weiden und Torfmoore in der Bergstufe; zerstr.
   [1724]
– B. wechselst.
5. Seitl. Nerven der Flügel deutl. verzweigt, 1–14 geschlossene Netzma-
   schen bildend *(Fig. 224/2)*. 6
– Seitl. Nerven der Flügel undeutl., höchstens 4 geschlossene Netzma-
   schen bildend *(Fig. 224/3)*.
   P. alpéstris RCHB., *Voralpen-K.* – St. 5–15 cm. B. getrocknet am Rande
   leicht umgerollt. Bl. blau. Flügel 4–6 mm lg., kaum netzaderig. Fr. 3,2–
   4,2 mm lg. / 6 bis 7 / (Montan-)subalpin(-alpin). Wiesen, Weiden, lichte
   Föhrenwälder; s. hfg. J (bis Stallberg [Kt. Sol.]), M, A. [1725]
6. Deckb. 1–2,4 mm lg., kürzer als die Bl.stiele, die Knospen nicht überragend.
   P. vulgáris L., *Gemeine K.* – St. 15–30 cm, aufrecht od. aufsteigend. Bl.
   meist blau, selten weiss od. rötl. Fr. 4–5,5 mm lg. / 5 bis 7 / Kollin-mon-
   tan(-subalpin). Wiesen, Weiden; hfg. [1726]

   P. vulgáris L. ssp. **vulgáris**, *Gemeine K.* – Untere Krb. mit 14–21 Fransen. Fr.
   4,5–5,5 mm lg., deutl. kürzer und etwa so br. wie die Flügel. – Kollin-mon-
   tan(-subalpin). Trockene warme Wiesen und Weiden auf eher lehmigen Böden; verbr.

P. vulgáris L. ssp. **oxýptera** (RCHB.) LANGE, *Schmalflügelige K.* – Untere Krb. mit 10–13 Fransen. Fr. 4–5 mm lg., so lg. und deutl. breiter als die Flügel. – Kollin-montan. Weiden, Waldränder, auf kalkarmer Unterlage; zerstr.

– Deckb. 2,2–4 mm lg., länger als die Bl.stiele, die Knospen schopfartig überragend.
P. comósa SCHKUHR, *Schopfige K.* – St. 15–30 cm, aufrecht od. aufsteigend. Bl. meist rotviolett bis rosa. Flügel 4,5–7 mm lg. und 2,4–4 mm br. Fr. 4,5–5,5 mm lg. / 5 bis 7 / Kollin-subalpin. Trockene Wiesen; auf Kalk; zerstr. [1727]
P. pedemontána PERR. u. VERLOT, *Südalpen-K.* – St. 15–40 cm. B. im oberen Teil des St. bis 4 cm lg. Bl. hellrosa bis orangerot. Flügel 7–9 mm lg. und 5–6 mm br. Fr. 5,5–6,5 mm lg. / 5 bis 7 / Kollin-montan(-subalpin). Trockene Wiesen, lichte Wälder in wärmeren Lagen. A (Wallis, T (verbr.), Graub. [Südtäler]).

Fam. 69. **Cornáceae.** *Hornstrauchgewächse*

Bäume, Sträucher, selten Stauden, mit meist gegenst., einfachen B. Nebenb. fehlend. Bl. in doldigen od. doldenrispigen Blstd., meist zwittrig, radiärsymm. Kb. 4, röhrig verwachsen. Krb. 4, Stbb. 4. Frb. 4–2, zu einem unterst. Frkn. verwachsen. Steinfr., seltener Beeren.

194. **Cornus** L., *Hornstrauch*

C. sanguínea L., *Roter H., Hartriegel.* – Zweige im Herbst und Winter blutrot gefärbt. B. br.-eifg. od. elliptisch, mit bogenfg. verlaufenden Seitennerven. Bl. weiss, nach den B. erscheinend. Blstd. doldenrispig. Fr. kugelig, schwarz. / 5 / Kollin(-montan). Laubwälder, Gebüsche; hfg. [2007]
C. mas L., *Kornelkirsche, Tierlibaum.* – B. eifg., zugespitzt. Bl. gelb, vor den B. erscheinend. Blstd. einfach-doldig, von einer Hülle gestützt. Fr. längl., kirschrot, selten gelb. / 3 / Kollin(-montan). Waldige Hänge, Gebüsche; zerstr. Rhonetal, T, Graub. (Südtäler). Auch kult. und verwildert od. verschleppt. [2008]

Fam. 70. **Araliáceae.** *Efeugewächse*

Sträucher od. Bäume, seltener Lianen od. Stauden, mit wechselst., geteilten od. einfachen B. Nebenb. vorhanden od. 0. Blstd. zusges. aus Dolden, Ähren od. Köpfen, welche traubig od. rispig angeordnet sind. Bl. meist zwittrig, radiärsymm. Kb. 5, sehr klein od. hinfällig. Krb. 5, Stbb. 5. Frb. (1–)5 bis viele, zu einem unterst. Frkn. verwachsen. Beeren, Steinfr., seltener Spaltfr.

195. **Hédera** L., *Efeu*

H. helix L., *Efeu.* – St. kletternd, mit Haftw. B. immergrün, eckig-3–5lappig, an den blühenden Zweigen ungeteilt. Bl. gelbl.-grün. Fr. eine schwarze Beere. / 9 bis 10 / Kollin-montan. An Bäumen, Felsen, Mauern; hfg. [1895]

Fam. 71. **Apiáceae** *(Umbelliferae). Doldengewächse*

Stauden od. einjährige Kräuter, seltener Sträucher, mit Pfahlw. od. Rhizomen, von Ölgängen durchzogen, duftend. St. hohl, knotig. B. wechselst., mit scheidig erweitertem B.grund den St. umfassend, meist gefiedert od. fiederschn., seltener einfach. Nebenb. meist fehlend. Bl. in zusges. Dolden *(Fig. 226/3)*, in Köpfchen od. einfachen Dolden *(Abb. 47/3)*. Dolde und Döldchen (dö) bisweilen mit Hüllb. (h) bzw. Hüllchenb. (h'). Bl. meist zwittrig, seltener eingeschlechtig, radiärsymm. *(Fig. 226/1)* od. die in der Dolde randst., strahlenden ± monosymm. *(Fig. 226/2)*. Kb. 5, stark reduziert od. hinfällig. Krb. 5, oft mit eingebogener Spitze (s). Stbb. 5. Frb. 2, zu einem unterst. Frkn. verwachsen. Griffel 2, einem scheibenfg. Griffelpolster (d) aufsitzend. Spaltfr., in 2 einsamige, lange an einem 2schenkligen Fr.träger (Karpophor, *Fig. 226/4 c*) haftende Teilfr. (Achänen) zerfallend. Teilfr. mit 5, oft flügelartig verbreiterten, Hauptrippen *(Fig. 227/4)* od., durch die sekundäre Entwicklung von Nebenrippen bzw. -flügeln aus den dazwischen liegenden Tälchen, mit 9 Rippen *(Fig. 227/3)*; von Ölgängen (Striemen) durchzogen (ö).

Anmerkung: Für die Bestimmung der Doldengewächse sind gut entwickelte Fr. unerlässlich.

1. B. kreisrund-schildfg. *(Fig. 227/1)*. **Hydrocotyle 196**
– B. nicht kreisrund-schildfg. 2
2. Dolde einfach od. kopffg.; im letzteren Falle die Köpfchen in eine Scheindolde zusammengestellt. 3
– Dolde vollkommen regelm. zusges. *(Fig. 226/3)*. 6
3. Pfl. distelartig. B. und Hüllb. stachlig. **Eryngium 199**
– Pfl. nicht distelartig. 4
4. Fr. lg. (bis 4 cm) geschnäbelt *(Fig. 227/2)*. B. mehrfach fiederschn.
Scandix 203
– Fr. nicht geschnäbelt. B. handfg. gelappt od. geteilt. 5
5. Hüllb. gross, strahlenartig, weiss od. rötl. Fr. wehrlos. **Astrantia 198**
– Hüllb. sehr klein, 2–4 mm lg. Fr. dicht hakig-stachlig. **Sanicula 197**
6. Sämtl. B. ungeteilt, ganzrandig. Bl. gelb. **Bupleurum 213**
– B. geteilt od. scheinbar zusges. 7
7. Pfl. 2häusig. B. 2–3fach fiederschn., mit linealen Zipfeln. **Trinia 214**
– Bl. zwittrig od. Pfl. vielehig. 8
8. Bl. gelb od. grünl.-gelb. 9
– Bl. weiss od. rot. 19
9. Hülle und Hüllchen vielblättrig. B. doppelt gefiedert. 10
– Hülle fehlend od. 1–2(–3)blättrig. 12
10. Teilfr. mit 4 geflügelten Nebenrippen *(Fig. 227/3)*. **Laserpitium 246**
– Teilfr. ohne geflügelte Nebenrippen. 11
11. Teilfr. mit 5 geflügelten Hauptrippen; die randst. br., klaffend *(Fig. 227/4)*. **Levisticum 240**

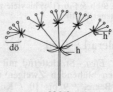

226/1   226/2   226/3   226/4

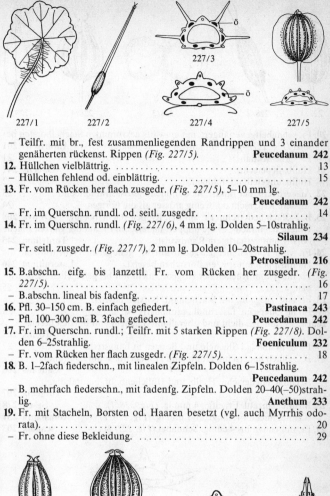

227/1 227/2 227/3 227/4 227/5

– Teilfr. mit br., fest zusammenliegenden Randrippen und 3 einander
  genäherten rückenst. Rippen *(Fig. 227/5)*. **Peucedanum 242**
12. Hüllchen vielblättrig. 13
– Hüllchen fehlend od. einblättrig. 15
13. Fr. vom Rücken her flach zusgedr. *(Fig. 227/5)*, 5–10 mm lg.
  Peucedanum 242
– Fr. im Querschn. rundl. od. seitl. zusgedr. 14
14. Fr. im Querschn. rundl. *(Fig. 227/6)*, 4 mm lg. Dolden 5–10strahlig.
  Silaum 234
– Fr. seitl. zusgedr. *(Fig. 227/7)*, 2 mm lg. Dolden 10–20strahlig.
  Petroselinum 216
15. B.abschn. eifg. bis lanzettl. Fr. vom Rücken her zusgedr. *(Fig.
  227/5)*. 16
– B.abschn. lineal bis fadenfg. 17
16. Pfl. 30–150 cm. B. einfach gefiedert. **Pastinaca 243**
– Pfl. 100–300 cm. B. 3fach gefiedert. **Peucedanum 242**
17. Fr. im Querschn. rundl.; Teilfr. mit 5 starken Rippen *(Fig. 227/8)*. Dolden 6–25strahlig. **Foeniculum 232**
– Fr. vom Rücken her flach zusgedr. *(Fig. 227/5)*. 18
18. B. 1–2fach fiederschn., mit linealen Zipfeln. Dolden 6–15strahlig.
  Peucedanum 242
– B. mehrfach fiederschn., mit fadenfg. Zipfeln. Dolden 20–40(–50)strah-
  lig. **Anethum 233**
19. Fr. mit Stacheln, Borsten od. Haaren besetzt (vgl. auch Myrrhis odorata). 20
– Fr. ohne diese Bekleidung. 29

227/6 227/7 227/8 227/9

228/1   228/2   228/3   228/4   228/5

20. Fr. schnabelfg. verlängert, mit einwärts gekrümmten Stachelborsten besetzt *(Fig. 227/9)* od. mit kurzen Borstenhaaren.   **Anthriscus 201**
– Fr. ohne Schnabel. 21
21. Hüllb. fiederschn.   **Daucus 247**
– Hüllb. ungeteilt od. fehlend. 22
22. Äussere Krb. der randst. Bl. auffallend gross, strahlbildend 23
– Äussere Krb. nicht od. wenig grösser als die übrigen. 24
23. B. 2–3fach fiederschn. Fr. auf den Rippen stachelborstig.   **Orlaya 208**
– Untere B. einfach-, obere doppelt-fiederschn. Fr. auf der ganzen Fläche borstig, mit verhärtetem Randwulst.   **Tordylium 245**
24. Fr. vom Rücken her zusgedr., mit br. geflügelten Nebenrippen; die Hauptrippen mit spitzen Börstchen besetzt.   **Laserpitium 246**
– Fr. nicht vom Rücken her zusgedr., nicht mit br. geflügelten Nebenrippen. 25
25. Fr. seitl. zusgedr., mit Stacheln od. Borsten besetzt. 26
– Fr. im Querschn. fast rundl., rauhhaarig od. filzig. 28
26. Fr. 3–7 mm lg., dicht und überall mit Stacheln und Borsten besetzt.   **Torilis 205**
– Fr. 8–14 mm lg.; Stacheln und Borsten in Längsreihe. 27
27. B. 2–3fach fiederschn. Hüllb. und Hüllchenb. kaum hautrandig.   **Caucalis 206**
– B. einfach fiederschn. Hüllb. und Hüllchenb. br. hautrandig.   **Turgenia 207**
28. B.zipfel lanzettl. Fr. eifg., 4 mm lg. *(Fig. 228/1).*   **Seseli 228**
– B.zipfel lineal. Fr. längl., 6–7 mm lg. *(Fig. 228/2).*   **Athamanta 231**
29. Fr. mit einem bis 4 cm lg. Schnabel *(Fig. 227/2).*   **Scandix 203**

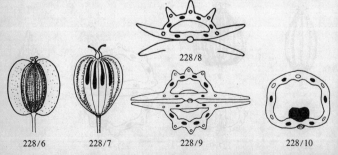

228/8

228/6   228/7   228/9   228/10

196. **Hydrocótyle** L., *Wassernabel*

H. vulgáris L., *Wassernabel.* – St. 5–25(–100) cm, niederliegend, krie-chend. B. kreisrund-schildfg., gestielt. Bl. unscheinbar, in kopffg. Dol-den. / 6 bis 7 / Kollin(-montan). Sümpfe; zerstr. [1896]

197. **Sanícula** L., *Heilkraut*

S. europaéa L., *Sanikel.* – St. 10–40 cm. Grundst. B. lg. gestielt, handfg. geteilt. Dolden kopffg.; die Köpfchen eine Scheindolde bildend. Bl. weiss od. rosa. / 5 bis 7 / Kollin-montan. Wälder; hfg. [1897]

198. **Astrántia** L., *Sterndolde*

A. major L., *Grosse S.* – St. 30–90 cm. Grundst. B. handfg. geteilt; Ab-schn. am Grunde verbunden, längl.-verkehrt-eifg., scharf gezähnt. Hüllb. 11–30 mm lg. Krb. weiss od. rötl. / 6 bis 8 / (Kollin-)montan-sub-alpin(-alpin). Bergwiesen; verbr. J, M (vereinzelt), A. [1898]
A. minor L., *Kleine S.* – St. 15–30 cm. Grundst. B. bis zum Grunde fin-gerfg. geteilt; Abschn. schmal-lanzettl., gesägt. Hüllb. 5–11 mm lg. Krb. weiss. / 7 bis 8 / Wie vorige. Rasen und felsige Hänge; meist kalkmei-dend; verbr. M (s.), A. [1899]

199. **Erýngium** L., *Mannstreu*

E. campéstre L., *Feld-M.* – St. 20–50 cm. Grundst. B. 3zählig-doppelt-fie-derschn. Köpfchen fast kugelig, weissl.-grün. / 7 bis 9 / Kollin(-montan). Trockenrasen, Raine, Wegränder; s. Basel, Südwestschw., T. – Bad., Els., Belf., Ao., Var., Co., Veltlin, Bormio. [1900]
E. alpínum L., *Alpen-M., Alpendistel.* – St. 30–80 cm. Grundst. B. unge-teilt. Köpfchen längl., wie die Hüllb. amethystblau. / 7 bis 8 / Subalpin. Wiesen, Wildheuplanken; auf Kalk; s. A. – Französ. Jura (Reculet). [1901]

200. **Chaerophýllum** L., *Kälberkropf*

1. Krb. gewimpert.

Ch. hirsútum L. s.l., *Gebirgs-K.* – St. 30–100 cm. B. doppelt-fiederschn.; Abschn. fiedersp. Krb. weiss od. rötl. / 5 bis 8 / (Kollin-)montan-alpin. Feuchte Wiesen, an Waldbächen, Hochstaudenfluren; hfg.

01. Unterste Teilb. 1. Ordnung so gross wie der Rest der B.spreite. B. fast 3teilig erscheinend.

Ch. hirsútum L. s.str. (*Ch. hirsutum* L. ssp. *cicutaria* (VILL.) BRIQ., *Ch. circutaria* VILL.), *Berg-K., Schierlings-K.* – B.spreite br. und wenig eingeschnitten. Kr. oft rosa. Fr.träger nur an der Spitze 2sp. – (Kollin-)montan-alpin. Fettwiesen, Bachränder, Hochstaudenfluren; hfg. [1902]

– Unterste Teilb. 1. Ordnung deutl. kleiner als der Rest der B.spreite. B. mehr fiederfg. aussehend.

Ch. villársii KOCH (*Ch. hirsutum* L. ssp. *villarsii* (KOCH) ARCANG.), *Villars K.* – B.spreite schmal und zahlreich eingeschnitten. Kr. meist weiss. Fr.träger bis zur Mitte od. noch tiefer 2sp. *(Fig. 226/4).* – (Montan-)subalpin-alpin. Bergwiesen, Bachränder, Hochstaudenfluren; hfg. J, M, A. [1903]

Ch. élegans GAUDIN (*Ch. hirsutum* L. ssp. *elegans* (GAUDIN) ARCANG.), *Zierlicher K.* – B.abschnitte lg. vorgezogen, unterseits weichflaumig behaart. Hauptnerven mit 2 weissflaumigen Haarleisten. Dolden oft gegenst. od. zu 3 quirlig. Fr.träger tief geteilt. – Subalpin. s. Wallis (Gr. St. Bernhard). – Ao., Val Sesia.

– Krb. nicht gewimpert 2

2. Hüllchenb. am Rande kahl.

Ch. bulbósum L., *Kerbelrübe.* – St. 1–2 m, am Grunde rübenfg. verdickt und unter den Gelenken aufgeblasen. B. 3–4fach fiederschn.; Abschn. der unteren B. lineal-lanzettl., spitz, die der oberen schmal-lineal. Krb. weiss. / 6 bis 8 / Kollin. Feuchte Wälder. – Els., Hegau. In der Schweiz verwildert od. verschleppt. [1904]

– Hüllchenb. am Rande gewimpert.

Ch. témulum L., *Hecken-K.* – St. 30–100 cm. B. doppelt-fiederschn.; Abschn. stumpfl. Dolden 6–12strahlig. Hüllchenb. eilanzettl., kurz zugespitzt. Krb. gelbl. / 5 bis 7 / Kollin-montan. Gebüsche, Hecken, Schuttstellen; zerstr. [1905]

Ch. aúreum L., *Gelbfrüchtiger K.* – St. 50–100 cm. B. 2–3fach fiederschn.; Abschn. aus eifg. Grunde lg. zugespitzt, die Spitze einfach gesägt. Dolden 9–20strahlig. Hüllchenb. br.-lanzettl., zugespitzt, am Rande häutig. Krb. weiss. Reife Fr. gelbbraun. / 6 bis 8 / (Kollin-)montan-subalpin. Hecken, Waldränder; verbr. [1906]

201. **Anthríscus** PERS., *Kerbel*

1. Dolden 8–15strahlig, alle gestielt.

A. silvéstris (L.) HOFFM. (*Chaerefolium silvestre* SCH. u. TH.), *Wiesen-K.* – St. 80–150 cm. B. 2–3fach fiederschn.; die 2 unteren Abschn. erster Ordn. kleiner als der übrige Teil des B. Hüllchenb. lanzettl. od. elliptisch, zugespitzt, hautrandig, bewimpert. Krb. weiss. Die meisten Bl. der Döldchen fruchtbar; 6–12 Fr. in einem Döldchen. / 4 bis 8 / Kollin-subalpin. Wiesen; s. hfg. [1907]

A. nítida (WAHLENB.) HAZSLINSKY (*Ch. silvestre* HOFFM. ssp. *nitidum* SCH. u. TH., *A. silvestris* ssp. *alpestris* GREMLI), *Glänzender K.* – St. 80–130 cm. B. 3zählig-doppelt- bis -3fach fiederschn.; die unteren Abschn.

Chaerophyllum, Anthriscus, Myrrhis, Scandix, Molopospermum, Torilis

erster Ordn. fast so gross wie der übrige Teil des B. Krb. weiss. Die inneren Bl. der Döldchen unfruchtbar; 2–6 Fr. in einem Döldchen. / 5 bis 6 / Montan-subalpin. Schluchten und steinige, bewaldete Hänge; s. tiefer; zerstr. J, M, A. – V. [1908]
– Dolden 2–5strahlig, teilweise sitzend.
   A. cerefólium (L.) Hoffm. (*Ch. cerefolium* Sch. u. Th.), *Garten-K.* – St. 30–70 cm. Doldenstrahlen fein behaart. Krb. weiss. Fr. lineal, kahl, seltener mit kurzen Borstenhaaren. / 5 bis 8 / Kollin(-montan-subalpin). Kult. und verwildert. [1910]
   A. caúcalis M. B. (*A. scandicina* Mansfeld, *A. vulgaris* Pers., *Ch. anthriscus* Sch. u. Th.), *Gemeiner K.* – St. 15–80 cm. Doldenstrahlen kahl. Krb. weiss. Fr. eirund, dicht mit einwärts gekrümmten Stachelborsten besetzt. / 5 bis 6 / Kollin. Wegränder, unbebaute Orte; s. s. Ajoie, Wallis. [1911]

202. Myrrhis Miller, *Süssdolde*

M. odoráta (L.) Scop., *Süssdolde*. – St. 60–150 cm, gerillt, röhrig, ästig. Gelenke und B.stiele zottig. B. gross, weich, abstehend behaart, 2–3fach fiederschn., mit fiedersp. Abschn. Dolden gross, mit flaumigen Strahlen und Bl.stielen. Krb. weiss, verkehrt-eifg., mit eingebogener Spitze. Fr. glänzend-braun, bisweilen an den Kanten borstenhaarig. Pfl. nach Anis duftend. / 5 bis 7 / Kollin-subalpin. Weiden, steinig-buschige Hänge; zerstr. J (bis Tiefmatt ob Court), A. Auch kult. und verwildert. [1912]

203. Scandix L., *Nadelkerbel*

S. pecten-véneris L., *Venuskamm.* St. 10–30 cm. B. 2–3fach fiederschn.; Zipfel lineal. Dolden wenig-strahlig, oft einfach. Krb. weiss. / 5 bis 6 / Kollin(-montan). Äcker, Weinberge, Ödland; kalkliebend; zerstr. [1913]

204. Molopospérmum Koch, *Striemensame*

M. peloponnesíacum (L.) Koch (*M. cicutarium* DC.), *Striemensame.* – Pfl. 80–150 cm, kahl. St. röhrig. B. 3fach fiederschn. Abschn. fiedersp., lg. zugespitzt. Ausser der grossen Gipfeldolde quirlig angeordnete Seitendolden. Krb. weiss. Mittlere Rippen der Teilfr. kantig vorspringend; Randrippen schmal, halb so br. wie die mittleren. Pfl. widerlich riechend. / 6 bis 7 / (Kollin-)montan-subalpin. Felsige, buschige Hänge; zerstr. A (südl. Teile). [1914]

205. Tórilis Adanson, *Borstendolde*

1. Dolden fast sitzend, knäuelfg. Krb. weiss.
   T. nodósa (L.) Gaertner, *Knäuelkerbel.* – St. 15–35 cm. B. 2–4fach fiederschn. Dolden b.gegenst., kurzstrahlig. Bl. fast sitzend. / 5 bis 6 / Kollin. Ödland, Bahnhöfe; eingeschleppt; s. [1915]
– Dolden gestielt, offen. Krb. weiss od. rosa. 2
2. Dolden 2–3strahlig.
   T. leptophýlla (L.) Rchb. f., *Feinblättrige B.* – Pfl. 15–30 cm, kurzrauhhaarig. B. doppelt-fiederschn.; Abschn. mit lineal-lanzettl. Lappen. Bl.

233

sehr klein. Stacheln der Fr. schlank. / 6 bis 7 / Kollin. Schuttstellen; s. und vorübergehend verschleppt. [1916]
– Dolden 3–12strahlig.
T. japónica (HOUTTUYN) DC. (*T. anthriscus* GMELIN), *Gemeine B.* – St. 30–120 cm. B. 2–3fach fiederschn. Dolden 9–12strahlig, mit reichblättriger Hülle. Stacheln der Fr. gekrümmt, in eine schlanke, stechende Spitze auslaufend. / 7 bis 8 / Kollin-montan. Wegränder, Hecken; verbr. [1917]
T. arvénsis (HUDSON) LINK (*T. infesta* CLAIRY.), *Feld-B.* – St. 10–80 cm. B. 2–3fach fiederschn. Dolden 3–9strahlig, ohne od. mit 1 Hüllb. Stacheln der Fr. an der Spitze widerhakig. / 6 bis 8 / Kollin. Felder, Weg- und Ackerränder, Ödland; s. Westschw., T, Schaffh.; sonst s. s. [1918]

206. Caúcalis L., *Haftdolde*

C. platycárpos L. (*C. lappula* (WEBER) GRANDE, *C. daucoides* L.), *Möhren-H.* – St. 5–30 cm. B. 2–3fach fiederschn., mit lineal-lanzettl., spitzen Zipfeln, unterseits an den Nerven steifhaarig. Dolden in der Regel 2–3strahlig. Hülle fehlend od. einblättrig. Krb. weiss. Teilfr. mit je 4 Stachelreihen. / 5 bis 7 / Kollin(-montan). Äcker, Trockenstellen; auf Kalk; zerstr.; auch adv. [1919]

207. Turgénia HOFFM., *Turgenie*

T. latifólia (L.) HOFFM. (*Caucalis latifolia* L.), *Breitblättrige T.* – St. 15–60 cm. B. einfach fiederschn., mit eingeschnitten-gezähnten Abschn., unterseits od. beiderseits rauhhaarig. Dolden 2–5strahlig. Krb. weiss od. rosarot bis rotbraun. Teilfr. mit je 9 Stachelreihen. / 6 bis 8 / Kollin(-montan-subalpin). Unter Getreide; s. s. Wallis, früher auch Basel; sonst hie und da adv. – Hegau, Badischer Jura. [1920]

208. Orlaýa HOFFM., *Breitsame*

O. grandiflóra (L.) HOFFM., *Breitsame.* – St. 10–70 cm. B. 2–3fach fiederschn. Hülle und Hüllchen reichblättrig, ihre B. mit weissem Hautrand. Krb. weiss, die äusseren tief gespalten, strahlend. / 5 bis 7 / Kollin-montan. Getreidefelder, Rebberge, felsige, buschige Hänge; kalkliebend; besonders in den wärmeren Gegenden; s. J (Bielersee), Wallis, Schaffh. [1921]

209. Coriándrum L., *Koriander*

C. satívum L., *Koriander.* – St. 30–70 cm. Untere B. einfach fiederschn., mit rundl., gelappten Abschn., obere 2–3fach fiederschn., mit linealen Zipfeln. Randst. Krb. weiss, die äusseren grösser als die inneren, strahlend. / 6 bis 7 / Kollin(-montan). Kult. und hie und da verwildert. [1922]

210. Bífora HOFFM., *Hohlsame*

B. rádians M. B., *Hohlsame.* – St. 15–50 cm. B. 2–3fach fiederschn.; Zipfel der unteren B. lineal, die der oberen fadenfg. Krb. weiss, die äusseren grösser als die inneren, strahlend. / 5 bis 8 / Kollin. Äcker, Ödland; hie und da eingeschleppt; s. [1923]

211. Coníum L., *Schierling, Fleckenschierling*

C. maculátum L., *Fleckenschierling.* – Pfl. 50–150(–200) cm, kahl. St. nebst den B.stielen hohl, wenigstens am Grunde rot gefleckt. B. 3–4fach fiederschn., mit fiedersp. Abschn. Krb. weiss. Pfl. widerlich riechend. / 6 bis 9 / Kollin(-montan). Steinige, unbebaute Orte, Schuttplätze; zerstr. [1924]

212. Pleurospérmum HOFFM., *Rippensame*

P. austríacum (L.) HOFFM., *Rippensame.* – Pfl. 80–150(–200) cm, kahl. B. 2–3fach fiederschn., mit eifg. od schief-eilängl., Abschn. Dolden flach, 12–20(–40)strahlig. Krb. weiss. / 7 bis 8 / (Kollin-)montan-subalpin. Buschige Hänge, Hochstaudenfluren, Flussufer; s. Nordost- und Südschw.; s. s. in der Zentralschw. (Pilatus). – Badischer Jura. [1925]

213. Bupleúrum L., *Hasenohr*

1. Mittlere und obere B. vom St. durchwachsen.
   B. rotundifólium L., *Rundblättriges H.* – St. 20–60 cm, oberwärts ästig. B. eifg., die unteren am Grunde verschmälert. Dolden 5–8strahlig. Krb. weissl.-gelb. / 6 bis 7 / Kollin-montan. Getreideäcker; besonders auf Kalkböden; s. und Fundorte zurückgehend; auch ruderal. [1926]
   – B. nicht vom St. durchwachsen.   2
2. B. zwischen den Hauptnerven deutl. netznervig. St. meist nur oben 1–2blättrig. Hüllchenb. bis zur Mitte miteinander verwachsen.
   B. stellátum L., *Sternblütiges H.* – Pfl. seegrün. St. 10–40 cm. B. lineal-lanzettl. Krb. gelb. / 7 bis 8 / (Montan-)subalpin-alpin. Felsige Hänge; auf Silikatgestein; verbr. A. [1927]
   – B. mit 1 od. meist mehreren Längsnerven, dazwischen manchmal aderig. Hüllchenb. meist frei.   3
3. Pfl. einjährig.   4
   – Pfl. ausdauernd.   5
4. Hüllchenb. höchstens ½ mm br., sp.fg., mehr od. weniger ausgehöhlt, zugespitzt, plötzl. in eine 1–2 mm lg. Granne ausgezogen.
   B. baldénse TURRA (*B. opacum* (CESATI) LANGE, *B. odontites* auct.), *Monte-Baldo-H.* – St. 5–25 cm. B. schmal-lineal. Dolden 2–4strahlig, kürzer als die Hülle. Döldchen 4–9bl. Hüllchenb. grün od. bläul.-grün. Krb. gelb. / 6 bis 8 / Kollin-montan. Trockene, kurzgrasige Orte. – Ao. [1935]
   – Hüllchenb. ½–1 mm br., nicht sp.fg., flach, krautig, am Rand mit einem schmalen Hautsaum.
   B. praeáltum L. (*B. junceum* L.), *Simsen-H.* – St. 40–120 cm, von der Mitte an mit aufrecht abstehenden Seitenästen. Grundst. B. 10–20 cm lg., schmal- bis br.-lineal, grasartig. Dolden 2–3strahlig. Hüllchenb. lanzettl.-lineal. Krb. gelb. / 6 bis 9 / Kollin(-montan). Steinige, buschige Hügel; auf Kalk. – Französ. Jura (Mont Vuache bei Genf). [1932]
5. B. nur mit 1 durchgehenden Nerv.

B. longifólium L., *Langblättriges H.* – St. 30–80 cm. Untere B. verkehrt-eilängl., in einen lg. Stiel verschmälert; obere B. eifg.-längl., tief herzfg. Krb. rötl.-gelb. / 6 bis 8 / Montan(-subalpin). Wälder, steinige Abhänge; zerstr. J, M (s.), A (s.). – V. [1928]

– B. mit mehreren Längsnerven. 6

6. St. einfach, ohne B. od. oberwärts einblättrig.

B. petraéum L. (*B. graminifolium* VAHL), *Felsen-H.* – St. 20–30 cm. Grundachse stark verdickt, mit den Resten der vorjährigen B. besetzt. Grundst. B. lineal, grasartig, rosetten-schopfartig angeordnet, dichte Halbkugelpolster bildend. Dolden 5–15strahlig. Krb. gelb. / 7 bis 8 / Montan-subalpin. Felsen der südl. Kalkalpen. – Co. [1929]

– St. ästig (selten einfach), mehrblättrig.

B. falcátum L., *Sichelblättriges H.* – St. 30–90 cm, ästig. Grundst. B. eifg. od. elliptisch, obere lineal od. lineal-lanzettl., oft sichelfg. gebogen. Hüll-chenb. kurz, lineal-lanzettl. Krb. gelb. Tälchen der Fr. 5–6striemig. / 7 bis 9 / Kollin-montan(-subalpin). Trockene Hügel, Raine; zerstr. Westschw., Schaffh. [1931]

B. ranunculoídes L., *Hahnenfussartiges H.* – St. 6–30(–50) cm. Grundst. B. lanzettl. od. lineal, obere breiter, eilanzettl., mit umfassendem Grunde. Hüllchenb. lanzettl., elliptisch od. eifg., oft länger als die Döld-chen. Krb. gelb. Tälchen der Fr. 1–2striemig. / 7 bis 8 / Montan-alpin. Rasen, Felsen; auf Kalk; verbr. J (bis Balmfluhkopf ob Balm [Kt. Sol.]), A (vor allem Nordketten). [1930]

214. Trínia Hoffm., *Faserschirm*

T. glauca (L.) DUMORTIER (*T. vulgaris* DC.), *Faserschirm.* – Pfl. 2häusig. St. 10–45 cm. B. 2–3fach fiederschn., mit linealen Zipfeln, wie der St. kahl, seegrün. Krb. gelbl.-weiss. / 4 bis 6 / Kollin-montan(-subalpin). Felsen, steinige Trockenrasen; kalkliebend; s. West- und Südschw. – Bad., Els. [1936]

215. Ápium L., *Sellerie, Eppich*

1. Hüllchenb. fehlend.

A. graveólens L., *Sellerie.* – St. 30–100 cm. B. dunkelgrün, glänzend, fie-derschn.; Abschn. keilfg., vorn eingeschnitten. Seitl. Dolden sehr kurz gestielt. Krb. weissl. / 6 bis 10 / Kollin-montan. Kult. und verwildert. [1937]

– Hüllchenb. zahlreich.

A. repens (JACQ.) LAGASCA (*Helosciadium repens* KOCH), *Kriechender E.* – St. 5–30 cm, der ganzen Länge nach niederliegend und wurzelnd. Ab-schn. der B. eifg. Dolden gestielt, mit vielblättriger Hülle. Krb. weiss od. grünl.-weiss. / 7 bis 8 / Kollin. Sumpfgräben; M (Kt. Zürich), s. s. und Fundorte am Erlöschen. [1938]

A. nodiflórum (L.) LAGASCA (*H. nodiflorum* KOCH), *Knotenblütiger E.* – St. 15–30 cm, nur am Grunde niederliegend und wurzelnd. Abschn. der B. eilanzettl. Dolden fast sitzend. Hülle fehlend od. 1–2blättrig. Krb. weiss od. grünl.-weiss. / 7 bis 8 / Kollin. Wie vorige; s. s. (Fundorte erlo-schen?). – Französ. Jura (Doubs), Co.; Veltlin (ob noch?). [1939]

216. **Petroselínum** HILL, *Petersilie*

P. crispum (MILLER) A. W. HILL (*P. hortense* HOFFM., *P. sativum* HOFFM.), *Petersilie*. – St. 30–90 cm. B. kahl, oberseits glänzend, die unteren 3–4fach fiederschn., mit lanzettl. Zipfeln. Krb. grünl.-gelb. / 6 bis 7 / Kollin-subalpin. Kult. und verwildert. [1940]

217. **Sison** L., *Gewürzdolde*

S. amómum L., *Gewürzdolde*. St. 30–80 cm. B. fiederschn.; Abschn. der unteren B. eilängl., die der oberen fiedersp., mit linealen Zipfeln. Krb. weissl. / 7 bis 8 / Kollin. Schattige Orte. Genf (wohl nicht urwüchsig). [1941]

218. **Cicúta** L., *Wasserschierling*

C. virósa L., *Wasserschierling*. – W.stock inwendig gefächert. Pfl. 50–150 cm, kahl, mit röhrigem St. B. 3fach fiederschn. Dolden gewölbt, vielstrahlig. Krb. weiss. / 7 bis 9 / Kollin-montan. Sumpfgräben, Ufer; s. und Fundorte zurückgehend. J (Le Séchey, La Brévine), Schaffh., M, A. – Els., Co., Hegau, Badischer Jura. [1942]

219. **Ammi** L., *Knorpelmöhre*

A. majus L., *Knorpelmöhre*. – Pfl. 30–100 cm, kahl. B. 1–3fach 3zählig-fiederschn.; Abschn. der unteren B. elliptisch bis lanzettl., stachelspitziggesägt, die der oberen B. lineal, fast ganzrandig. Krb. weiss. / 6 bis 10 / Kollin. Äcker, Schuttstellen; s., hie und da eingeschleppt. [1443]

220. **Ptychótis** KOCH, *Faltenohr*

P. saxífraga (L.) LORET u. BARRANDON (*P. heterophylla* KOCH), *Faltenohr*. – Pfl. 30–60 cm, kahl. Stlb. vielsp., mit linealen, fadenfg. Zipfeln. Krb. weiss. / 7 / Kollin-montan. Kiesige Orte. Früher M (Genf und Waadt). – Sav., Ao. [1944]

221. **Falcária** BERNH., *Sicheldolde*

F. vulgáris BERNH. (*F. rivini* HOST), *Sicheldolde*. – Pfl. 30–50 cm, kahl, blaugrün. St. ästig. Dolden vielstrahlig. Hüllchenb. ungleich, 3 grösser, borstenfg. Krb. weiss. Fr. 4 mm lg. Teilfr. mit 5 feinen Rippen. / 7 bis 10 / Kollin. Äcker, Wegränder. Nordschw.; s. s. und Fundorte am Erlöschen; auch adv. – Bad., Els., Belf., Ao. [1945]

222. **Carum** L., *Kümmel*

C. carvi L., *Kümmel, Wiesenkümmel*. – Pfl. 30–80 cm, kahl, mit spindelfg. W. Dolden vielstrahlig. Krb. weiss, seltener rötl. (im Gebirge oft lebhaft rot). / 5 bis 7; öfters nochmals im Herbst / Kollin-subalpin(-alpin). Wiesen, Weiden; hfg. Auch kult. [1946]

223. Búnium L., *Knollenkümmel*

B. bulbocástanum L. (*Carum bulbocastanum* KOCH), *Erdkastanie.* – Pfl. 30–60 cm, kahl. B. 2–3fach fiederschn., mit linealen od. lanzettl., bespitzten Zipfeln. Krb. weiss. / 6 bis 7 / Kollin-montan(-subalpin). Äcker, Trockenrasen; zerstr. Besonders West- und Südwestschw.; auch adv. [1948]

224. Pimpinélla L., *Bibernelle*

P. major (L.) HUDSON (*P. magna* L.), *Grosse B.* – St. 40–90 cm, kantig gefurcht, beblättert. Abschn. der grundst. Fiederb. eifg., spitz, bis 4 cm lg., am Grunde gestutzt. Krb. weiss, selten rötl. Gr. sofort nach dem Verblühen länger als die junge Fr. / 6 bis 9 / (Kollin-)montan-subalpin(-alpin). Wiesen, Weiden, Hochstaudenfluren; s. hfg. [1949]

P. saxífraga L. s.l., *Kleine B.* – St. 15–60 cm, stielrund, kantig od. fein gerillt, oberwärts fast b.los. Abschn. der grundst. Fiederb. oval, meist kaum 1,5 cm lg., am Grunde keilfg., verschmälert. Krb. weiss, selten rötl. Gr. sofort nach dem Verblühen kürzer als die junge Fr. / 7 bis 10 / Kollin-subalpin(-alpin). Trockene Wiesen, Raine; hfg. [1950]

01. St. stielrund, an der Basis ohne Faserschopf.
    P. saxífraga L. s.str., *Kleine B.* – St. kahl od. unterwärts locker behaart. Fiederb. oberseits kahl, unterseits locker behaart. Dolden 8–15strahlig. – Kollin-subalpin. Trockene Wiesen, Raine und Wälder; hfg.
    P. nígra MILLER (*P. saxifraga* L. ssp. *nigra* (MILLER) GAUDIN), *Schwarze B.* – St. bis zur ersten Verzweigung dicht zottig-grauflaumig. Fiederb. beiderseits stark, unterseits dicht zottig behaart. Dolden 15–24strahlig. – Kollin-montan(-subalpin). Sehr trockene Wiesen und Föhrenwälder der zentral- und südalpinen Trockentäler; zerstr.
– St. kantig, gerillt, an der Basis mit einem Faserschopf.
    P. alpína HOST (*P. saxifraga* L. ssp. *alpestris* (SPRENGEL) SIMONKAI), *Alpen-B.* – St. meist völlig kahl, wenig verzweigt. Fiederb. sehr klein, blassgrün. Dolden 8–12strahlig. – Subalpin(-alpin). Rasen, Geröll.

225. Aegopódium L., *Geissfuss*

A. podagrária L., *Geissfuss.* – St. 50–90 cm. Untere B. doppelt 3zählig, mit grossen, eifg., ungleich gezähnten Abschn. Krb. weiss, selten rosa. / 5 bis 9 / Kollin-montan(-subalpin). Schattige Orte; s. hfg. [1951]

226. Sium L., *Merk*

S. latifólium L., *Grosser M.* – Pfl. 80–150 cm, kahl, ohne Ausläufer. Abschn. der untergetauchten B. in feine, lineale Zipfel zerteilt, die der anderen lanzettl., fein regelm. gesägt. Dolden endst. Krb. weiss. Fr. 3,5–4 mm lg. / 7 bis 8 / Kollin. Gräben, Sümpfe; s. s. M (Meienried bei Büren a. d. Aare [Kt. Bern]). – Co.; Veltlin (ob noch?). [1952]

227. Bérula KOCH, *Wassersellerie*

B. erécta (HUDSON) COVILLE (*B. angustifolia* (L.) KOCH, *Sium angustifolium* L., *S. erectum* HUDSON), *Wassersellerie, Kleiner Merk.* – Pfl. 30–100 cm, kahl, mit unterird. Ausläufern. Abschn. der unteren B. eifg., die der oberen längl., ungleich gesägt. Dolden. b.gegenst., kurz gestielt. Krb. weiss. Fr. 2 mm lg. / 6 bis 8 / Kollin-montan. Wie vorige; zerstr. [1953]

228. Séseli L., *Sesel*

1. Hülle vielblättrig.
   S. libanótis (L.) KOCH (*Libanotis montana* CRANTZ), *Hirschheil.* – St. 50–120 cm, kantig gefurcht. B. 2–3fach fiederschn., unterseits bläul.-grün. Dolden 25–40strahlig. Krb. weiss od. rosa. / 7 bis 9 / Kollin-sub-alpin. Steinige Hänge, Felsen; kalkliebend; zerstr. J, M, A. – V. [1957]
   – Hülle fehlend od. einblättrig. 2
2. Hüllchenb. becherfg. verwachsen.
   S. hippomárathrum JACQ., *Ross-S.* – Pfl. 20–60 cm, kahl. B. 2–3fach fie-derschn., bläul.-grün. Dolden 5–12strahlig. Krb. weiss. / 7 bis 8 / Kollin. Trockene Hügel. – Bad. (Kaiserstuhl). [1954]
   – Hüllchenb. frei. 3
3. Doldenstrahlen fast stielrund.
   S. várium TREVIRANUS, *Bunter S.* – Pfl. 30–120 cm, kahl. B. 2- bis mehr-fach-fiederschn. Hüllchenb. lanzettl., mit schmalem Hautrand. Krb. weiss. / 7 bis 8 / Kollin-montan. Trockenwiesen, Felsen. – Vintschgau.
   – Doldenstrahlen kantig.
   S. montánum L., *Berg-S.* – Pfl. 30–60 cm, kahl. B. 3fach fiederschn. Dol-den 5–12strahlig. Hüllchenb. mit sehr schmalem Hautrand. Krb. weiss. / 7 bis 10 / Kollin-montan. Kalkhügel; s. Ajoie. – Els., Belf. [1955]
   S. ánnuum L. (*S. coloratum* EHRH.), *Hügel-S.* – Pfl. 20–90 cm, fein kurz-haarig. B. 3fach fiederschn. Dolden 15–30strahlig. Hüllchenb. mit br. Hautrand. Krb. weiss od. rötl. / 7 bis 10 / Kollin-montan. Magerwiesen, lichte Gehölze; zerstr. M, A, T. [1956]

229. Oenánthe L., *Rebendolde*

1. Obere B. 2–3fach fiederschn. Alle Bl. gestielt und fruchtbar.
   O. aquática (L.) POIRET (*O. phellandrium* LAM.), *Wasserfenchel.* – W. spindelfg. St. 50–180 cm, aufrecht. B. mit kurzen (2–4 mm lg.), linealen Zipfeln; die Zipfel der untergetauchten B. haarfg.-vielsp. Dolden b.-gegenst. Krb. weiss. / 6 bis 8 / Kollin. Sumpfgräben, Teiche; s. s.; Fundorte zurückgehend. [1958]
   O. fluviátilis (BABINGTON) COLEMAN, *Flutende R.* – St. im fliessenden Wasser flutend od. im Schlamm kriechend, bis über 2 m lg. Unterge-tauchte B. mit lineal-keilfg., schwach und unregelm. eingeschnittenen Endzipfeln. Krb. weiss. / 6 bis 7 / Kollin. Bäche, Flüsse. – Els. [1959]
   – Obere B. einfach fiederschn. Mittlere Bl. der Döldchen kaum gestielt, fruchtbar; die randst. gestielt, unfruchtbar. 2
2. Dolden 2-4- od. die seitenst. 3–7strahlig.
   O. fistulósa L., *Röhrige R.* – St. 30–90 cm, nebst den B.stielen röhrig. Der fiederschn. Teil des B. kürzer als der Stiel. B.abschn. lineal, einfach bis 3sp. Krb. weiss od. rötl. / 5 bis 7 / Kollin. Sumpfwiesen, Gräben; früher M. – Bad., Els., Belf., Sav.; Veltlin (ob noch?). [1960]
   – Dolden 7–15strahlig.

O. lachenálii GMELIN, *Lachenals R.* – W. büschelig; die Fasern fadenfg. od. verlängert-keulenfg. St. 30–90 cm. Untere B. doppelt-, obere einfach fiederschn., die grundst. mit eifg. od. keilfg., eingeschnitten-gekerbten Abschn., die oberen mit verlängerten, linealen Zipfeln. Krb. weiss. / 7 bis 9 / Kollin. Sumpfwiesen; s. s. Südwestschw., Bielersee, Zürichsee u. a. – Els., Sav. [1961]

O. peucedanifólia POLLICH, *Schmalblättrige R.* – W. büschelig; die Fasern rübenfg., oval od. längl. St. 30–90 cm, röhrig. Alle B.zipfel lineal. Krb. weiss. / 5 bis 7 / Kollin. Wie vorige; s. s. T; auch adv. – Els., Belf. [1962]

230. Aethúsa L., *Hundspetersilie*

A. cynápium L., *Hundspetersilie.* – Pfl. 5–120 cm, kahl. B. 2–3fach fiederschn., unterseits glänzend. Äussere Hüllchenb. sehr lg., zurückgeschlagen. Krb. weiss. / 6 bis 10 / Kollin-montan(-subalpin). Äcker, Gärten, unbebaute Orte; verbr. [1963]

231. Athamánta L., *Augenwurz*

A. creténsis L. (*A. hirsuta* POHL), *Augenwurz.* – Pfl. 15–30 cm, mehr od. weniger behaart. B. 3fach fiederschn., mit linealen, 3–5 mm lg. Zipfeln. Dolde 6–15strahlig. B. der Hülle und des Hüllchens mit trockenhäutigem Rand. Krb. weiss. / 5 bis 7 / Montan-alpin. Felsen, Felsschutt; auf Kalk; hfg. J, M (Napf), A, im Süden seltener. [1964]

232. Foenículum MILLER, *Fenchel*

F. vulgáre MILLER (*F. officinale* ALL.), *Fenchel.* – Pfl. 80–200 cm, kahl, bläul. bereift. B. mehrfach fiederschn., mit lineal-pfriemfg. Zipfeln. B.scheiden 2–5 cm lg., an der Spitze kapuzenfg. ausgezogen. Krb. gelb. / 7 bis 10 / Kollin. Kult. und hie und da an steinigen Orten und in Weinbergen verwildert. [1965]

233. Anéthum L., *Dill*

A. gravéolens L., *Dill.* – Pfl. 50–120 cm, kahl, bläul. bereift. B. mehrfach fiederschn., mit fadenfg. Zipfeln. B.scheiden 1–2 cm lg., an der Spitze beiderseits geöhrt. Krb. gelb. / 7 bis 8 / Kollin. Kult. und hie und da verwildert. [1966]

234. Sílaum MILLER, *Rosskümmel*

S. sílaus (L.) SCH. u. TH. (*Silaus flavescens* BERNH., *Silaus pratensis* BESSER), *Rosskümmel.* – Pfl. 30–100 cm, kahl. St. kantig. B. 2–4fach fiederschn., mit lineal-lanzettl., am Rand durch feine Zähnchen rauhen Zipfeln. Hüllchenb. mit häutigem Rand. Krb. blass-grünl.-gelb. / 6 bis 9 / Kollin-montan. Wiesen, Gebüsche; zerstr. [1967]

235. **Trochiscánthes** KOCH, *Radblüte*

T. nodiflórus (ALL.) KOCH, *Radblüte*. – Pfl. 60–200 cm, kahl. St. oberwärts ästig, mit gegenst. od. quirligen Zweigen. Dolden klein, 4–8strah-
lig. Krb. blass-grünl.-gelb. Fr. bis 6 mm lg. / 6 bis 8 / Kollin-montan.
Waldige Orte; s. Unteres Rhonetal. [1968]

236. **Meum** MILLER, *Bärenwurz*

M. athamánticum JACQ., *Bärenwurz*. – Pfl. 20–50 cm, kahl, mit faser-
schopfartigem W.stock. B. mehrfach fiederschn., mit haarfeinen Zipfeln.
Krb. weiss. / 5 bis 8 / Montan-subalpin(-alpin). Bergwiesen; kalkfliehend; zerstr. J (Waadt, Neuenb.), M, A. – S und V (hfg.), Französ. Jura
(Dép. du Doubs). [1969]

237. **Cnídium** CUSSON, *Brenndolde*

C. silaifólium (JACQ.) SIMONKAI (*C. apioides* SPRENGEL), *Brenndolde*. –
Pfl. 60–120 cm, kahl. B. 3fach fiederschn., mit lineal-lanzettl., durchscheinend geaderten Zipfeln. Krb. weiss. / 6 bis 8 / Kollin-montan. Buschige Hänge. Südl. T (verbr.). – Var., Co. [1970]

238. **Selínum** L., *Silge*

S. carvifólia (L.) L., *Silge*. – St. 40–80 cm, mit fast flügelartig vorspringenden Kanten. B. 3–4fach fiederschn. Dolden 10–20strahlig. Krb. weiss.
/ 7 bis 9 / Kollin-montan. Feuchte Wiesen, Gebüsche, Schluchten;
zerstr. [1971]

239. **Ligústicum** L., *Liebstock*

1. Hülle (und Hüllchen) mit mehreren, fiedersp. B.
   L. feruláceum ALL., *Asantblättriger L.* – St. 30–60 cm, einfach od. wenig
   ästig. B. mehrfach fiederteilig, mit lineal-lanzettl., stachelspitzigen Zipfeln. Dolden 8–25strahlig. Krb. weiss. / 7 bis 8 / Subalpin. Felsen, Felsschutt; auf Kalk. – Französ. Jura (Reculet-Kette). [1972]
 – Hülle fehlend od, mit ganzrandigen (od. an der Spitze 3–5sp.) B. . .   2
2. St. 60–130 cm hoch.
   L. lúcidum MILLER ssp. **seguiéri** (JACQ.) LEUTE (*L. seguieri* KOCH), *Séguiers L.* – St. röhrig, ästig; die oberen Äste gegenst. od. quirlig. B. mehrfach fiederschn., mit linealen Zipfeln. Dolden 30–40strahlig. Krb. weiss.
   / 7 bis 8 / Montan-subalpin. Felsige Orte; auf Kalk; s. s. Südl. T. – Co.
   [1973]
 – St. 5–20(–50) cm hoch.
   L. mutellína (L.) CRANTZ (*Meum mutellina* GAERTNER), *Alpen-L.*, *Al-
   pen-Mutterwurz, Muttern*. – St. 10–20(–50) cm. Dolden 10–15strahlig.
   Hülle fehlend od. einblättrig. Krb. weiss od. rosa bis purpurn. Fr. 5–6
   mm lg. / 6 bis 8 / (Montan-)subalpin-alpin. Wiesen, Weiden und lichte
   Wälder; s. hfg. A. – S. [1974]
   L. mutellinoídes (CRANTZ) VILL. (*L. simplex* ALL., *Gaya simplex*
   GAUDIN, *Pachypleurum simplex* RCHB.), *Zwerg-Mutterwurz*. – St. 5–15

cm. Dolden 12–20strahlig. Hülle 5–10blättrig. Krb. weiss od. (namentl. vor dem Aufblühen) rötl. bis purpurn. Fr. 3–4 mm lg. / 7 / (Subalpin-)alpin. Rasen, Felsgrus; verbr. A. [1975]

240. Levísticum HILL, *Liebstöckel*

L. officinále KOCH, *Liebstöckel, Stockkraut.* – Pfl. 1–2 m. Abschn. der B. rautenfg.-keilfg., vorn spitzlappig-eingeschnitten. Krb. blassgelb. / 7 bis 8 / Kollin-subalpin. Kult. (besonders in den Gebirgsgegenden); s. verwildert. [1976]

241. Angélica L., *Brustwurz*

A. pyrenaéa (L.) SPRENGEL (*Selinum pyrenaeum* GOUAN), *Pyrenäen-B.* – St. 10–40 cm, b.los od. 1–2blättrig, kahl. B.abschn. lineal-lanzettl., ungeteilt od. 2–3sp., fein zugespitzt. Dolden 3–9strahlig, mit ungleich lg. Strahlen. Krb. gelbl.- od. grünl.-weiss. / 6 bis 9 / Montan. Weiden. – V. [1977]
A. silvéstris L., *Wilde B.* – St. 50–150 cm, kahl, nur die Äste unter der Dolde kurz grauhaarig. B.abschn. eifg., gesägt. Dolden stark gewölbt, 20–30strahlig. Krb. weiss od. rötl. / 7 bis 9 / Kollin-subalpin. Wiesen, feuchte Waldstellen, an Bächen; hfg. [1978]

242. Peucédanum L., *Haarstrang*

1. Hülle fehlend od. 1–3blättrig. 2
– Hülle reichblättrig. 4
2. B. 1–2fach fiederschn., mit linealen Zipfeln.
  P. carvifólia VILL. (*P. chabraei* RCHB.), *Kümmel-H.* – St. 30–100 cm. B. beiderseits glänzend. Doldenstrahlen innen papillös-flaumig. Krb. grünl.-weiss od. gelbl. / 8 bis 10 / Kollin(-montan). Waldränder, Gebüsche; s. J (unteres Birstal, Ajoie, Neuenb., Waadt). – Els., Belf., Französ. Jura [1980]
  P. schóttii BESSER ex DC., *Schotts H.* – St. 50–60 cm. B. glanzlos, etwas seegrün. Doldenstrahlen kahl. Krb. weiss (anfangs rötl.). / 7 bis 9 / (Kollin-)montan. Bergwiesen, buschige Hänge; auf Kalk. – Co. [1971]
– B. 2–3fach fiederschn. od. 3zählig zusges. 3
3. Krb. grünl.-gelb.
  P. verticilláre (L.) M. u. K. (*P. altissimum* THELL., *Angelica altissima* GRANDE, *A. verticillaris* L., *Tommasinia verticillaris* BERTOL.), *Quirldoldiger H.* – St. 1–2(–3) m hoch, stielrund, oberwärts quirlig verzweigt. B. 3fach fiederschn.; Abschn. eifg., grob gezähnt. Fr. mit br. Randflügeln. / 7 bis 8 / Kollin-montan(-subalpin). Buschige Hänge; verbr. St. Galler Rheintal, Graub. – Ao., Bormio. [1982]
– Krb. weiss, blassgelb od. rötl.
  P. officinále L., *Gebräuchlicher H.* – St. 60–120 cm, stielrund. B. 5mal 3zählig zusges.; Abschn. lg., schmal-lineal. Hüllchenb. zahlreich. Krb. blassgelb. / 7 bis 9 / Kollin-montan. Riedwiesen, Berghänge. – Els., Belf.; Veltlin (?). [1984]
  P. ostrúthium (L.) KOCH (*Imperatoria ostruthium* L.), *Meisterwurz.* – St. 40–100 cm. B. 1–2mal 3zählig; Abschn. eifg. od. längl., ungleich gesägt.

Hüllchenb. wenige. Krb. weiss od. rötl. / 6 bis 8 / (Montan-)subalpin-alpin. Feuchte Wiesen, Läger, Karfluren; s. hfg. M (Napf), A. Auch kult. und verwildert. [1983]

4. St. stielrund, gerillt. W.stock mit einem Faserschopf.

    P. oreoselínum (L.) MOENCH, *Berg-H.* – St. 30–150 cm. B. 2–3fach fie-derschn. Verästelung des B.stiels sparrig, d. h. Ästchen fast rechtwinklig-abstehend od. sogar zurückgebogen. B.abschn. beiderseits grasgrün, längl.-keilfg., eingeschnitten-gezähnt. Krb. weiss. / 7 bis 9 / Kollin-mon-tan(-subalpin). Trockene Wiesen und Hügel; zerstr., Südschw. verbr. [1985]

    P. cervária (L.) LAPEYR., *Hirschwurz.* – St. 40–100(–150) cm. B. 2–3fach fiederschn. Ästchen des B.stiels unter spitzen Winkeln abstehend. B.ab-schn. derb, unterseits graugrün, längl.-eifg., fast dornig gezähnt. Krb. weiss. / 7 bis 9 / Kollin-montan. Wie vorige; zerstr. [1986]

– St. kantig gefurcht. 5

5. St. hohl. Sumpfpfl.

    P. palústre (L.) MOENCH (*Thysselinum palustre* HOFFM.), *Sumpf-H.* – St. 50–150 cm. B. 2- bis mehrfach fiederschn., mit linealen od. lineal-lan-zettl., zugespitzten, am Rande rauhen Zipfeln. Hüllb. zurückgeschlagen, nebst den Hüllchenb. mit häutigem Rand. Krb. weiss od. rötl. / 7 bis 8 / Sumpfwiesen, Ufer; zerstr. Besonders M. [1987]

– St. nicht hohl. Pfl. trockener Standorte. 6

6. Dolden gross, 15–20strahlig; die oberen meist wechselst.

    P. austríacum (JACQ.) KOCH s.l., *Österreichischer H.* – St. 60–150 cm. Untere B 3–4fach fiederschn., mit lineal-lanzettl. Zipfeln. Doldenstrah-len auf der Innenseite flaumig. Hüllb. und Hüllchenb. hautrandig, fein gewimpert. Krb. weiss. Rand der Fr. so br. wie diese. / 7 bis 8 / Kollin-montan(-subalpin). Steinige, bewaldete Hänge; zerstr. A. [1988]

        P. austríacum (JACQ.) KOCH s.str., *Österreichischer H.* – Längste B.zipfel höch-stens 5mal so lg. wie br. – (Kollin-)montan(-subalpin). Nordalpen; zerstr. (Wallis, Waadt, Freib., Berner Oberland). – Sav.

        P. rablénse (WULFEN) KOCH, *Raibler H.* – Längste B.zipfel 10–20mal so lg. wie br. – Kollin-montan. Südalpen; zerstr. (T, Graub. [Misox, Bergell, Puschlav]). – Ao., Veltlin, Bormio.

– Dolden zieml. klein, 6–15strahlig; die oberen quirlig od. gegenst.

    P. alsáticum L., *Elsässischer H.* – St. 50–150 cm. B. 2–3fach fiederschn.; Abschn. fiedersp., mit lineal-lanzettl., stachelspitzigen Zipfeln. Dolden-strahlen auf der Innenseite in der Regel kahl. Hüllb. und Hüllchenb. hautrandig, nicht gewimpert. Krb. gelbl. / 7 bis 9 / Kollin. Trockene Orte, Weinberge. – Els. [1989]

    P. vénetum (SPRENGEL) KOCH, *Venezianischer H.* – Unterscheidet sich von der vorigen Art durch auf der Innenseite schwach gezäckelt-rauh-flaumige Doldenstrahlen und weisse Krb. / 7 bis 8 / Kollin. Buschige Hänge, Wegränder; s. Wallis, T, Graub. (Misox, Calanca). – Co., Veltlin. [1990]

243. **Pastináca** L., *Pastinak*

    P. satíva L., *Pastinak.* – St. 30–250 cm. B. einfach fiederschn.; Abschn. eifg., der endst. 3lappig, alle stumpf-gekerbt-gesägt. Krb. gelb. / 7 bis 8 / Kollin-montan(-subalpin). Wiesen, Ödland; verbr. [1991]

01. Pfl. spärlich behaart bis kahl.

P. satíva L. ssp. **satíva.** – B.fiedern schmal zugespitzt, oft mit keilfg. Grunde. W. dick, fleischig, essbar (var. sativa) od. dünn, spindelfg., verholzt (var. pratensis Pers.). Dolden 7–20strahlig. – Verbr.

– Pfl. mehr od. weniger grauhaarig.

P. satíva L. ssp. **silvéstris** (MILLER) ROUY u. CAMUS. – St. kantig, gefurcht, weichzottig behaart. B.fiedern br., stumpf, mit gestutzter Basis. Dolden 9–20strahlig. – Sonnige Hänge; s. Westschw. und Wallis.

P. satíva L. ssp. **urens** (REQUIEN ex GODRON) ČEL. – St. rundl. od. gerieft. Pfl. hochwüchsig, bis 2,5 m, kurz behaart, oft verkahlend. Dolden 5–7strahlig. – Ödland, Äcker, Felsen, s.

244. **Heracléum** L., *Bärenklau*

1. Pfl. 50 cm hoch, Basis des St. bis 3 mm dick.

H. austríacum L., *Österreichische B.* – St. gerillt od. schwach gefurcht. B. einfach fiederschn., mit 3–7(–9) meist ungeteilten, sitzenden Abschn., Abschn. der Stlb. längl.-eifg. bis lanzettl. Dolden 1–3. Krb. blass-rötl. Fr. 6–10 mm lg. Ölstriemen fein, fadenfg., oft schwer sichtbar. / 7 bis 9 / Subalpin. Felsig-buschige Hänge; s. s. Gipfelstufe des Napf (Grenze Bern–Luzern), auf Nagelfluh.

– Pfl. meist über 50 cm hoch. Basis des St. meist über 5 mm dick. . . .   2

2. Pfl. 1,5–3,5 m hoch. Basis des St. bis 10 cm dick. Randrippen der Fr. borstig behaart.

H. mantegazziánum SOMMIER u. LEVIER, *Mantegazzis B.* – B. bis 1 m lg., 3(–5)zählig zerschnitten, mit oft tief 3teiligem Endabschn. Durchm. der Enddolde bis 50 cm. Krb. weiss. – Kollin. Als Zierpfl. und Bienenweide kult.; hie und da verwildert und stellenweie (J, M, A) eingebürgert. Stammt aus dem Kaukasus.

– Pfl. 0,5–1,5 m hoch. Basis des St. bis 2 cm dick. Randrippen der Fr. kahl.

H. sphondýlium L. s.l., *Wiesen-B.* – St. kantig gefurcht, meist steifhaarig. B. ungeteilt bis gelappt, od. 3schn., od. fiederschn., mit 5–9 Abschn. (die unteren Abschn. deutl. gestielt). Dolden zahlreich. Krb. weiss. Fr. 7–11 mm lg., mit 2 deutl., keulenfg. Ölstriemen. – Kollin-alpin. Wiesen, Wälder; s. hfg.

01. Grundst. B. gefiedert, Teilb. fiederschn.

H. sphondýlium L. ssp. **sphondýlium** (*H. sphondylium* L. ssp. *australe* (HARTMAN) AHLFVENGREN), *Gemeine B.* – Grundst. B. mit 5–9, stengelst. B. mit 3–5 gestielten B.abschn., diese fiederschn. B. zerstreut borstig behaart. / 6 bis 9 / Kollin-subalpin. Feuchte, nährstoffreiche Wiesen, Wälder, Hochstaudenfluren; s. hfg.

– Grundst. B. nicht gefiedert, rundl.-eifg., gelappt. Buchten nie bis auf die Mittelrippe reichend. 02

02. Lappen der grundst. B. abgerundet, Buchten seicht.

H. sphondýlium L. ssp. **alpínum** (L.) BONNIER u. LAYENS (*H. sphondylium* L. ssp. *juranum* (GENTY) THELL., *H. alpinum* L.), *Jura-B.* – Grundst. B. mit 3–5 br. abgerundeten Lappen, stengelst. B. mit zugespitzten Lappen. B. oberseits kahl, unterseits auf den Nerven borstig behaart, sonst kahl, freudig-grün. / 5 bis 7 / (Kollin-)montan-subalpin. Bergwälder, Schluchten; verbr. J (Vallée de Joux bis Gislifluh). – Salève bei Genf.

– Lappen der grundst. B. allmählich zugespitzt, Buchten tief spitzwinklig.

H. sphondýlium L. ssp. **élegans** (CRANTZ) ARCANG. (*H. sphondylium* L. ssp. *montanum* (SCHLEICHER) BRIQ., *H. montanum* SCHLEICHER), *Berg-B.* – Grundst. B. mit 3–7 zugespitzten Lappen, stengelst. B. stumpf od. spitz 3lappig. B. oberseits kahl, unterseits auf den Nerven borstig behaart und deutl.

rauh, dazwischenliegende B.fläche fast kahl. B. graugrün. / 7 bis 8 / Subalpin-alpin. Hochstaudenfluren, Fettwiesen, Wildheuplanggen; verbr.
H. sphondýlium L. ssp. **polliniánum** (BERTOL.) NEUMAYER (*H. sphondylium* L. ssp. *pyrenaicum* (LAM.) BONNIER em. THELL. var. *pollinianum* (BERTOL.) THELL., *H. pollinianum* BERTOL.), *Pollinis B.* – Behaarung der B. unterseits auf den Nerven borstig, auf der dazwischenliegenden B.fläche dünn graufilzig und weichhaarig. B. graugrün. / 7 bis 8 / Subalpin. Kalkschutt; zerstr. Engadin, Münstertal. – Bormio.

245. Tordýlium L., *Zirmet*

T. máximum L., *Zirmet.* – St. 30–120 cm, rückwärts-steifhaarig. Abschn. der B. mit eifg. bis lanzettl., gezähnten, am Rande rauhen Zipfeln. Krb. weiss, aussen oft rötl. / 6 bis 8 / Kollin. Unbebaute Orte; eingeschleppt. [1997]

246. Laserpítium L., *Laserkraut*

1. St. kantig gefurcht, unterwärts rauhhaarig.
 L. prutčnicum L., *Preussisches L.* – St. 30–100 cm. B. doppelt fiederschn.; Abschn. fiedersp., mit lanzettl. Zipfeln. Hüll- und Hüllchenb. zurückgeschlagen, br.-hautrandig. Krb. weiss. / 7 bis 9 / Kollin(-montan). Feuchte Wiesen, Gebüsche; zerstr. [1998]
– St. stielrund, fein gerillt, kahl. 2
2. Dolden 20–30strahlig. 3
– Dolden 4–18(–25)strahlig. 5
3. B.abschn. gross, br.-eifg. od. längl., grob gesägt.
 L. latifólium L., *Breitblättriges L.* – St. 60–150 cm. B. 3zählig-doppelt fiederschn., kahl. Dolden gross. Hüllb. und Hüllchenb. lanzettl.-pfriemfg. Krb. weiss. / 7 bis 8 / (Kollin-)montan-subalpin(-alpin). Steinige Hänge, Felsen; hfg. [2001]
– B.abschn. lanzettl. od. lineal, od. im Umriss eifg. und fiedersp. 4
4. Untere B. 3fach fiederschn., mit lanzettl., ganzrandigen od. 2–3sp., kahlen Abschn.
 L. siler L. (*Siler montanum* CRANTZ), *Berg-L.* – St. 40–150 cm. Dolden gross. Hüllb. und Hüllchenb. pfriemfg. Krb. weiss. / 6 bis 8 / (Kollin-)montan-subalpin. Felsen, steinige Hänge; auf Kalk; verbr. J, A. [2000]
– B. mehrfach fiederschn., mit fiedersp. Abschn. und linealen Zipfeln.
 L. hálleri CRANTZ (*L. panax* GOUAN, *L. hirsutum* LAM.), *Hallers L.* – St. 15–50 cm. B. mehr od. weniger kurzhaarig; Abschn. in lineale, kurze (3 mm lg.) Zipfel geteilt. Hüllchenb. mit br. Hautrand. Krb. weiss. / 6 bis 8 / (Montan-)subalpin-alpin. Trockenwarme Hänge; kalkfliehend; verbr. A (zentrale und südl. Teile). [2003]
 L. gállicum L., *Französisches L.* – St. 30–100 cm. B. sehr gross, kahl, dunkelgrün, glänzend; Abschn. keilfg., meist 3sp.bis fiedersp., in lanzettl. bis schmallineale, 3–12 mm lg. Lappen geteilt. Hüllchenb. mit schmalem Hautrand. Krb. weiss od. schwach rosa. / 6 bis 7 / Montan-subalpin. Trockenwarme, felsige Hänge; auf Kalk. – Ao. [2004]
5. Krb. gelbl.-grün, mit scharfem, rotem Rand und rotem Mittelstreifen.
 L. krápfii CRANTZ (*L. marginatum* W. u. K.) ssp. **gaudínii** (MORETTI) THELL., *Gaudins L.* – St. 60–120 cm. B. doppelt fiederschn., mit grossen,

eifg. od. herzfg., grob und ungleich gezähnten Abschn. / 7 bis 8 / (Montan-)subalpin-alpin. Steinige, waldige Hänge; verbr. A (Wallis [s.], T, Graub.). [1999]

– Krb. weiss od. etwas rötl. 6
6. Pfl. zerstr. borstig-steifhaarig.

L. nítidum ZANTEDESCHI, *Glänzendes L.* – St. 30–60 cm. Untere B. 3fach fiederschn., mit borstig-steifhaariger Spindel; Abschn. letzter Ordn. eifg.-längl., 3–5lappig, am Rande scharf gesägt-gezähnt. Dolden 10–25strahlig. / 7 bis 8 / Montan-subalpin. Buschige Abhänge; auf Kalk. – Co. [2002]

– Pfl. kahl.

L. peucedanoídes L., *Haarstrang-L.* – St. 30–60 cm. Untere B. 2–3fach 3zählig-fiederschn.; Abschn. lineal, ganzrandig, beiderseits verjüngt, am Ende mit einer schlanken Stachelspitze. Dolden klein, 5–10strahlig. / 6 bis 8 / Kollin-subalpin. Bergwiesen, Weiden, Legföhrengebüsch; auf Kalk. – Co. [2005]

247. Daucus L., *Mohrrübe*

D. caróta L., *Möhre.* – St. 30–90 cm. B. 2–3fach fiederschn. Dolden fast flach. Hüllb. gross, fiedersp. Krb. weiss; mittlere Bl. bei der wildwachsenden Pfl. unfruchtbar, schwarzrot. / 6 bis 8 / Kollin-montan(-subalpin). Wiesen; s. hfg. Auch kult. (Karotte, Gelbe Rübe). [2006]

Fam. 72. Aquifoliáceae. *Stechpalmengewächse*

Sträucher od. Bäume mit wechselst., einfachen B. Nebenb. sehr klein od. 0. Blstd. cymös, b.achselst. Bl. meist eingeschlechtig, radiärsymm. Kb. 4–9, napffg. verwachsen. Krb. 4–9, frei od. am Grunde ± verwachsen. Stbb. 4–9. Frg. 4–6, selten mehr, zu einem oberst. Frkn. verwachsen. Mehrsamige Steinfr.

248. Ilex L., *Stechpalme*

I. aquifólium L., *Stechpalme.* – B. derb, lederartig, immergrün, dornig gezähnt od. (an älteren Exemplaren) die oberen ganzrandig. Bl. weiss. Fr. korallenrot, selten gelb. / 5 / Kollin-montan. Wälder; besonders im westl. Teil des Gebietes und vorzugsweise in der Bergstufe; verbr. [1762]

Fam. 73. Celastráceae. *Spindelstrauchgewächse*

Sträucher od. Bäume mit gegenst. od. wechselst., einfachen B. Nebenb. klein od. 0. Bl. einzeln od. in meist cymösen Blstd. Bl. meist zwittrig, radiärsymm. Kb. 4–5. Krb. 4–5, meist klein und grünl. Stbb. 4–5. Frb. 5–2, zu einem oberst. Frkn. verwachsen. Kapseln, Steinfr. od. Beeren. S. oft mit lebhaft gefärbtem S.mantel (Arillus).

249. Euónymus (*Evonymus*) L., *Spindelstrauch*

1. Zweige dicht mit Korkwarzen besetzt. Bl. mit rotpunktierten Krb.
E. verrucósa SCOP., *Warzen-S.* – Zweige fast stielrund. B. längl.-elliptisch

od. eifg., am Grunde keilfg. verschmälert, zugespitzt, fein gekerbt-gesägt. Krb. 4, grünl., dicht und fein rotpunktiert. Kapsel mit abgerunde-ten Kanten. / 5 bis 6 / Kollin. Trockene Gebüsche, lichte Wälder. – Ao., Val Sessera nordöstl. Biella.
– Zweige ohne Korkwarzen. Bl. mit grünl. Krb.
    E. europaéa L., *Gemeiner S., Pfaffenhütchen.* – Zweige 4kantig, glatt. B. eilanzettl., klein gesägt. Krb. meist 4, hellgrün. Kapsel stumpfkantig. / 5 bis 6 / Kollin-montan. Gebüsche, Wälder; hfg. [1763]
    E. latifólia (L.) MILLER, *Breitblättriger S.* – Zweige etwas zusgedr. B. längl.-eifg., fein gesägt. Krb. meist 5, grünl., purpurn überlaufen. Kapsel an den Kanten geflügelt. / 5 bis 6 / Kollin-montan(-subalpin). Wälder; zerstr. M, A; besonders T, Zentral- und Ostschw. [1764]

Fam. 74. **Rhamnáceae.** *Kreuzdorngewächse*

Sträucher od. Bäume, hfg. mit Sprossdornen. B. wechselst. od. gegenst., einfach. Ne-benb. klein. Blstd. meist cymös. Bl. zwittrig, radiärsymm., mit Achsenbecher. Kb. 4–5. Krb. 4–5, klein, oft hinfällig, die Stbb. umschliessend. Stbb. 4–5. Frb. (5–)3(–2), zu einem oberst. Frkn. verwachsen. Steinfr., Beeren, seltener Nüsse.

1. Gr. 2–4sp. B. gezähnelt.   **Rhamnus 250**
– Gr. ungeteilt, mit kopffg. N. B. meist ganzrandig.   **Frangula 251**

250. **Rhamnus** L., *Kreuzdorn*

1. B. jederseits mit 2–3(–4) bogenfg. Seitennerven, fein gezähnt. Zweige meist gegenst., dornspitzig.
    R. cathárticus L., *Gemeiner K.* – Strauch, bis 3 m. B. eifg., mit abgerunde-tem od. etwas herzfg. Grunde. Nebenb. hinfällig, viel kürzer als der B.stiel. Bl. grünl. Fr. schwarz. / 5 / Kollin-montan. Steinige, bewaldete Orte; hfg. [1778]
    R. saxátilis JACQ., *Felsen-K.* – Strauch, 30–100 cm. B. elliptisch od. lan-zettl., in den Stiel verschmälert. Nebenb. so lg. wie der B.stiel. Bl. gelbl.-grün. Fr. schwarz. / 4 bis 5 / Kollin-montan. Kalkhügel; s. J, Nord-ostschw., T, Graub. [1779]
– B. jederseits mit 4–20 Seitennerven, fein gezähnt. Zweige wechselst., ohne Dornen.
    R. alpínus L., *Alpen-K.* – Aufrechter, bis 2,5 m hoher Strauch. B. ellip-tisch, am Grunde abgerundet od. fast herzfg., jederseits mit 9–15(–20) fast geraden Seitennerven. Bl. grünl. Fr. blauschwarz. / 5 bis 6 / (Kol-lin-)montan(-subalpin). Felsige Hänge; Gräte; verbr. J, A. [1781]
    R. púmilus TURRA, *Zwerg-K.* – Sträuchlein mit niederliegenden, sich an den Fels anschmiegenden Ästen. B. elliptisch od. verkehrt-eifg., jeder-seits mit 4–9(–12) etwas bogenfg. Seitennerven. Bl. gelbgrün. Fr. blau-schwarz. / (5) 6 bis 7 / (Kollin-)montan-alpin. Felsen; kalkliebend; verbr. A. – Französ. Jura (Mont d'Or). [1782]

251. Frángula MILLER, *Faulbaum*

F. alnus MILLER (*Rhamnus frangula* L.), *Faulbaum.* – Zweige unbewehrt, weiss getüpfelt. B. elliptisch od verkehrt-eifg., meist ganzrandig. Bl. grünl.-weiss. Reife Fr. schwarzbraun. / 5 bis 6 / Kollin-montan. Auen-wälder, Hecken, Gebüsche; hfg. [1783]

Fam. 75. Vitáceae. *Weinrebengewächse*

Kletternde Sträucher mit b.gegenst. Ranken (umgewandelte Blstd.). B. wechselst., einfach od. gefingert. Nebenb. hinfällig. Bl. in rispigen Blstd., klein, meist zwittrig, radiärsymm. Kb. 4–5, verwachsen. Krb. 4–5, frei od. an den Spitzen verwachsen. Stbb. 4–5. Frb. 2, zu einem oberst. Frkn. verwachsen. 2–4samige Beeren.

1. B. handfg.-3–5lappig. Krb. an der Spitze verbunden. **Vitis 252**
 – B. fingerfg. zusges., mit 5–7 Teilb. Krb. an der Spitze frei.
Parthenocissus 253

252. Vitis L., *Weinrebe, Rebe*

V. vinífera L., *Europäische W.* – B. 3–5lappig, in der Jugend behaart, zu-letzt kahl werdend. / 6 / Kollin. Kult. und zuweilen verwildert. [1784]
V. labrúsca L., *Labruska-W., Tessiner Rebe.* – B. undeutl.-3lappig, unter-seits gleich den Bl.stielen und den Ranken grau- od. rostfarbenfilzig. / 5 bis 6 / Kollin. Kult. T. Stammt aus Nordamerika. [1785]

253. Parthenocíssus PLANCHON, *Jungfernrebe*

P. quinquefólia (L.) PLANCHON (*Ampelopsis quinquefolia* MICHX.), *Jung-fernrebe.* – B. kahl, im Herbst lebhaft rot gefärbt. / 6 bis 8 / Kollin(-mon-tan). Gepflanzt und bisweilen verwildert. Stammt aus Nordamerika. [1786]

Fam. 76. Santaláceae. *Sandelholzgewächse*

Halbparasitische od. parasitische Stauden, Sträucher od. Bäume mit grünen, meist wechselst., einfachen B. Nebenb. fehlend. Bl. in Trauben od. Rispen, zwittrig, seltener eingeschlechtig, radiärsymm. Pgb. 3–6, verwachsen. Stbb. 3–6. Frb. 2–3, zu einem unterst. Frkn. verwachsen. Einsamige Nüsse od. Steinfr.

254. Thesíum L., *Bergflachs*

1. Unter jeder Bl. 1 Hochb. An der Spitze des St. ein B.schopf ohne Bl.
Th. rostrátum M. u. K., *Schnabelfrüchtiger B.* – St. 20–30 cm. Pg. lg.röh-rig, zur Fr.zeit an der Spitze eingerollt. Fr. gelb bis rot. / 5 / Kollin-mon-tan. Föhrenwälder, Buschweiden; s. Nordostschw., Graub. – Badischer Jura. [765]

– Unter jeder Bl. 3 Hochb. St. bis zur Spitze Bl. tragend. 2
2. Pg. nach dem Verblühen nur an der Spitze eingerollt, so lg. od. länger als die Fr.

  Th. pyrenáicum POURRET (*Th. pratense* EHRH.), *Pyrenäen-B.* – St. 15–50 cm. Pg. meist 5sp. Fr.tragende Ästchen fast waagrecht abstehend, allseitswendig. / 6 bis 7 / (Kollin-)montan-alpin. Magerwiesen, lichte Gebüsche; verbr. [766]

  Th. alpínum L., *Gemeiner B.* – St. 10–50 cm. Pg. meist 4sp. Fr.tragende Ästchen aufrecht-abstehend, einseitswendig. / 5 bis 7 / Montan-alpin. Trockenrasen, Schluchten; hfg. [767]

– Pg. nach dem Verblühen bis auf den Grund eingerollt, kürzer als die Fr. 3
3. B. 2–4(–8) mm br., mindestens an der B.basis mit 1–3–5 gut sichtbaren Nerven.

  Th. bávarum SCHRANK (*Th. montanum* EHRH.), *Bayrischer B.* – Pfl. 30–80 cm, mit absteigendem W.stock. B. bläul.-grün, lg. zugespitzt, 3–5nervig. / 6 bis 7 / Kollin-montan. Trockene Wiesen, lichte Wälder; zerstr. J, M, T, Graub. [768]

  Th. linophýllon L. (*Th. linifolium* SCHRANK, *Th. intermedium* SCHRADER), *Leinblättriger B.* – Pfl. 15–40 cm, mit kriechendem, ausläufertreibendem W.stock. B. gelbl.-grün, spitz, einnervig od. schwach 3nervig. / 5 bis 7 / Kollin-montan. Trockene, warme Hänge; s. Nördl. Rheingebiet (Aarg., Zürich, Schaffh.), Südwest- und Südschw. (zerstr.). – Bad., Els., Belf., Hegau. [769]

– B. sehr schmal, 1–2 mm, ohne od. mit 1 deutl. Nerven.

  Th. divaricátum JAN ex M. u. K., *Spreizender B.* – Pfl. 15–25(–35) cm, aufsteigend bis aufrecht, mit absteigendem W.stock. Äste im Blstd. glatt. Deckb. kürzer als die Bl. od. Fr., etwa so lg. wie die Vorb. / 5 bis 6 / Kollin. Trockene Wiesen. – Ain, Sav., Veltlin, Bergam. [770]

  Th. humifúsum DC. in LAM., *Niederliegender B.* – Pfl. 10–20 cm, niederliegend bis aufsteigend, mit absteigendem W.stock. Äste im Blstd. rauh. Deckb. so lg. wie die Bl. od. Fr., deutl. länger als die Vorb. / 6 bis 8 / (Kollin-)montan. Trockene Wiesen; auf Kalk. – Französ. Jura, Ain,

Fam. 77. **Loranth[á]ceae.** *Mistelgewächse*

Auf Bäumen od. selten in der Erde lebende, halbstrauchige, gabelig verzweigte Halbparasiten mit gegenst. od. quirlst., einfachen B. Nebenb. fehlend. Bl. in traubigen od. cymösen Blstd., eingeschlechtig od. zwittrig, meist radiärsymm. Pgb. 4 od. 6, in 2 Ringen, die inneren ± krb.artig. Stbb. 4–6. Frb. 2, zu einem unterst. in die Bl.achse eingesenkten Frkn. verwachsen. Fr. beerenartig, klebrig verschleimend, seltener steinfr.artig.

255. **Viscum** L., *Mistel*

V. album L., *Mistel.* – Auf Bäumen schmarotzend. Gelbgrün, gabelästig, mit derben, lanzettl., ganzrandigen B. Bl. zu 3–5 geknäuelt. Fr. weiss od. gelbl., beerenartig. / 3 bis 4 / Kollin-montan. Auf Laubhölzern, weniger hfg. auf Nadelhölzern; verbr. [763]

Fam. 78. **Buxáceae.** *Buchsbaumgewächse*

Sträucher, auch Stauden od. Bäume, mit wechselst. od. gegenst., einfachen, wintergrünen B. Nebenb. fehlend. Bl. einzeln od. in Ähren, meist eingeschlechtig, unscheinbar, radiärsymm. Kb. 4, Krb. 0, Stbb. 4 bis viele. Frb. 3 (2–4), zu einem oberst. Frkn. verwachsen. Fachspaltige Kapseln, seltner Steinfr.

256. **Buxus** L., *Buchs*

B. sempérvirens L., *Buchs.* – B. gegenst., lederartig, immergrün, elliptisch, stumpf. Bl. klein, gelbl.-grün. Fr. eine Kapsel. / 3 bis 4 / Kollinmontan. Wälder, buschige, felsige Hänge; zerstr. Basel (Bettingen), J (besonders Ostrand und Basler Jura), M (Genf), Wallis (St-Maurice); sonst aus Kultur verwildert od. eingebürgert. – Bad., Els., Belf., Französ. Jura, Genfersee bei Sciez (Sav.), Lemanische Alpen (Sav.). [1758]

Fam. 79. **Euphorbiáceae.** *Wolfsmilchgewächse*

Einjährige Kräuter, Stauden, Sträucher od. Bäume von sehr verschiedener Gestalt, teilweise mit giftigem Milchsaft. B. meist wechselst., einfach. Nebenb. vorhanden. Bl. eingeschlechtig, in ährig-traubigen od. knäueligen Blstd.; Teilblstd. mitunter zu einem funktionell zwitterblütigen Gebilde (Cyathium, *Fig. 251/1, 2*) reduziert. Hülle dann vielfach mit drüsigen Anhängseln (d). Bl. meist radiärsymm., oft stark reduziert od. fehlend. Männl. Bl. mit 1 bis vielen Stbb., weibl. Bl. mit 2–3 zu einem oberst. Frkn. verwachsenen Frb. Fr. in 2–3 klappig aufspringende Teilfr. (Kokken) zerfallend.

1. Pfl. mit Milchsaft. N. 3.   **Euphorbia 259**
 – Pfl. ohne Milchsaft. N. 2, wenn 3, dann B. wechselst. 2
2. B. gegenst. Pfl. 2häusig.   **Mercurialis 257**
 – B. wechselst. Pfl. einhäusig.   **Acalypha 258**

257. **Mercuriális** L., *Bingelkraut*

1. Pfl. einjährig, kahl. St. ästig, vom Grunde an beblättert.
   M. ánnua L., *Einjähriges B.* – Pfl. 20–45 cm. B. hellgrün, gekerbt-gesägt. Weibl. Bl. fast sitzend. / 5 bis 10 / Kollin(-montan). Schuttstellen, Äcker, Weinberge, Gartenland; zerstr. [1750]
 – Pfl. mehrjährig, mit kriechendem W.stock, zerstr. rauhhaarig. St. einfach, nur im oberen Teil beblättert.
   M. perénnis L., *Ausdauerndes B.* – Pfl. 15–35 cm. B. deutl. gestielt, längl.-eifg. bis lanzettl. Weibl. Bl. lg. gestielt. / 3 bis 4 (6) / Kollin-montan(-subalpin). Wälder; hfg. [1751]
   M. ováta STERNB. u. HOPPE, *Eiblättriges B.* – Pfl. 15–40 cm. B. fast sitzend, br.-eifg. Weibl. Bl. kürzer gestielt als bei der vorigen Art. / 6 / Kollin(-subalpin). Kalkgeröll, Fichtenwälder; s. s. Graub. (Ardez). [1752]

258. **Acalýpha** L., *Nesselblatt*

A. virgínica L., *Virginisches N., Dreisamiges Bingelkraut.* – Pfl. 15–50 cm, kraus behaart. St. verzweigt. B. lanzettl., stumpf gezähnt. Weibl. Blstd. von spitz gezähnten Deckb. umhüllt. Fr. 3fächerig. / 5 bis 8 / Kollin.

Gärten, Äcker. Als Unkraut im südl. T eingebürgert. Stammt aus Nordamerika. [36A]

259. **Euphórbia** L., *Wolfsmilch*

1. B. gegenst. od. zu 3 quirlst. 2
– B. wechselst. 6
2. St. aufrecht, 20–100 cm hoch. B. ohne Nebenb.
    E. láthyris L., *Kreuzblättrige W.* – B. längl.-lineal, kreuzweise gegenst., kahl. Fr. fast 1 cm im Durchm. / 6 bis 8 / Kollin. Wegränder, Schuttstellen, Gartenland; zerstr.; verwildert. [1728]
– St. 3–30 cm. B. mit kleinen Nebenb. 3
3. St. aufrecht od. aufsteigend, 5–30 cm. B. 1–3 cm lg. Fr. 2–2½mm br.
    E. nutans LAGASCA, *Nickende W.* – B. eifg. od. längl., schwach gesägt, oberseits meist mit einem rötl. Fleck. Fr. kahl. S. schwärzl. / 7 bis 9 / Kollin. Bahnareale, seltener auf Ödland; eingebürgert. Stammt aus Nordamerika; s. [1729]
– St. niederliegend, 3–15 cm. B. 3–9 mm lg. Fr. 1½–2 mm br.
4. Fr. nur auf den Kielen der Fr.fächer behaart.
    E. prostráta AITON, *Niederliegende W.* – St. behaart bis kahl. B. br.-elliptisch, ungefleckt. S. mit 4 scharfen Kanten und 5–8 deutl. Querrippen auf den Flächen. / 6 bis 9 / Kollin-montan. Adv. auf Bahnhöfen. Stammt aus dem tropischen und subtropischen Amerika.
– Fr. ganz behaart od. kahl. 5
5. B. mehr als 2mal so lg. wie br. S. mit 3–6 oft undeutl. Querwülsten.
    E. maculáta L., *Gefleckte W.* – St. behaart. B. elliptisch, spitz, oberseits meist mit einem dunklen Fleck. Fr. behaart. S. in der Regel blass-ziegelrot. / 6 bis 9 / Kollin. Bahnareale, Gartenland, Strassenpflaster; eingebürgert. Stammt aus Nordamerika; zerstr. [1730]
– B. höchstens 2mal so lg. wie br. S. nie mit Querwülsten.
    E. chamaesýce L., *Zwerg-W.* – Pfl. abstehend kraushaarig, selten verkahlend. B. rundl., ungefleckt. S. scharfkantig, mit unregelmässig grubigwulstiger Oberfläche. / 6 bis 7 / Kollin. Trockene steinige Orte; s. T. – Co. [1731]
    E. humifúsa WILLD., *Niederliegende W.* – St. kahl. B. verkehrt-eifg. bis längl., stumpf. Fr. kahl. S. grau, mit glatter, fein punktierter Oberfläche. / 6 bis 9 / Kollin. Bahnareale, Strassenpflaster, Gartenland. Stammt aus Asien; s. [1732]
6. Drüsen der k.artigen Hülle rundl. od. elliptisch, ganzrandig *(Fig. 251/1)*. 7
– Drüsen der k.artigen Hülle halbmondfg. ausgeschnitten od. 2hörnig *(Fig. 251/2)*. 11

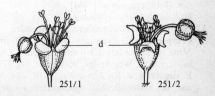

251/1   251/2

7. Fr. glatt od. fein punktiert.

E. helioscópia L., *Sonnenwend-W.* – St. 5–40 cm. B. verkehrt-eifg., keilfg. verschmälert, vorn klein gezähnelt. Dolde 5strahlig. S. fein punktiert. / 4 bis 9 / Kollin-montan(-subalpin). Bebaute Orte; hfg. [1733]

E. seguierána NECKER (*E. gerardiana* JACQ.), *Séguiers W.* – St. 15–35 cm. B. lineal od. lineal-lanzettl., zugespitzt, stachlig, ganzrandig, blaugrün. Dolde vielstrahlig. S. glatt. / 5 bis 7 / Kollin-subalpin. Steinige, sandige Orte. Nord- und Südwestschw. (Wallis [hfg.]), Puschlav. – Bad., Els., Vintschgau. [1734]

– Fr. deutl. warzig. 8

8. Pfl. 50–140 cm hoch. Dolde vielstrahlig.

E. palústris L., *Sumpf-W.* – St. aufrecht, kräftig. B. lanzettl., fast ganzrandig, kahl. / 5 bis 6 / Kollin. Sumpfwiesen; s. und Fundorte zurückgehend. M, unteres Rhonetal. – Bad., Els. [1735]

– Pfl. 15–60 cm hoch. Dolde 3–5(bisweilen bis 7)strahlig. 9

9. Pfl. 1–2jährig. Deckb. der Doldenstrahlen stachelspitzig.

E. platyphýllos L., *Breitblättrige W.* – St. 30–60 cm. Obere B. längl.-lanzettl., spitz, stachelspitzig, von der Mitte an fein gezähnelt, meist kahl. Dolde meist 5strahlig. S. fast 2 mm br. / 6 bis 8 / Kollin(-montan). Äcker, Wegränder; zerstr. [1736]

E. stricta L., *Steife W.* – St. 20–50 cm. B. lanzettl., meist kahl od. zerstr. lg. behaart, ungleich gesägt. Dolde meist 3strahlig. S. 1 mm br. / 6 bis 7 / Kollin(-montan). Feuchte Orte, Gebüsche, Schuttstellen, zerstr. [1737]

– Pfl. mehrjährig. Deckb. der Doldenstrahlen stumpf. 10

10. Drüsen der k.artigen Hülle schwarzrot od. grünl. Hüllchenb. nicht gestielt.

E. dulcis L., *Süsse W.* – St. 15–45 cm. B. längl.-lanzettl., nebst dem St. zerstr. kurzhaarig. Doldenstrahlen gegabelt-2ästig. Hüllchenb. fein gesägt. / 4 bis 6 / Kollin-montan(-subalpin). Laubwälder, Gebüsche; verbr. [1738]

– Drüsen der k.artigen Hülle wachs- od. braungelb. Hüllchenb. kurz gestielt.

E. verrucósa L. em. L., *Warzige W.* – St. 25–50 cm. B. längl.-eifg., kahl od. unterseits, bisweilen beiderseits, weichhaarig, fein gesägt. Doldenstrahlen 3ästig. / 5 bis 6 / Kollin-montan. Trockenwarme Orte; zerstr. [1739]

E. carniólica JACQ., *Krainer W.* – St. 20–40 cm. B. längl. bis lanzettl., wie die Hüllchenb. ganzrandig. Doldenstrahlen 2ästig. K.artige Hülle lg. behaart. / 6 / Kollin-montan. Lichte Waldstellen, s. Graub. (Tarasp). – Biellese, Val Sesia, Ossolatal, Langensee, Co. [1740]

11. Hüllchenb. am Grunde verwachsen.

E. amygdaloídes L., *Mandelblättrige W.* – St. 30–60 cm. B. derb, wintergrün, längl.-verkehrt-eifg., weichhaarig, in der Mitte des St. gedrängt stehend, darüber entfernter und kleiner. / 4 bis 6 / Kollin-montan. Wälder, Gebüsche, verbr. [1741]

– Hüllchenb. nicht verwachsen. 12

12. Hauptdolde mit sehr zahlreichen Strahlen.

E. cyparíssias L., *Zypressen-W.* – St. 15–50 cm. B. schmal-lineal, über der Mitte am breitesten, 1,5–4 cm lg., kahl. / 4 bis 7 / Kollin-alpin. Kiesige, sandige Orte, Wegränder, Weiden; s. hfg. [1744]

E. virgáta W. u. K., *Rutenförmige W.* – St. 30–80 cm. B. lineal-lanzettl., nach der Spitze allmähl. verschmälert, stachelspitzig, ganzrandig, 3–6 cm

lg., kahl. / 5 bis 7 / Kollin(-montan). Wegränder, Trockenrasen, Ufergelände; zerstr.; eingeschleppt. [1743]
– Hauptdolde mit 2–5 Strahlen. 13
13. Pfl. mehrjährig. S. glatt.
   E. variábilis Cesati (*E. gayi* Sch. u. K., non Salis), *Insubrische W.* – St. 10–35 cm. Untere B. sehr klein, verkehrt-eifg., die oberen allmähl. grösser werdend, längl.-lanzettl., alle sitzend. Hüllchenb. 3eckig-herzfg. / 6 bis 7 / Kollin-montan(-subalpin). Buschige Hänge, Bergwiesen; auf Kalk. – Co. [1742]
– Pfl. einjährig. S. runzlig od. höckerig. 14
14. B. gestielt, verkehrt-eifg., stumpf.
   E. péplus L., *Garten-W.* – St. 10–25 cm. Hüllchenb. eifg., stumpf, stachelspitzig. Fr. mit 3 geflügelten Doppelleisten. / 6 bis 10 / Kollin-montan(-subalpin). Bebautes Land; hfg. [1746]
– B. sitzend, lineal, lineal-lanzettl. od. keilfg.-lanzettl. 15
15. Hüllchenb. aus br. Grunde lineal. Pfl. grün.
   E. exígua L., *Kleine W.* – St. 5–20 cm. B. lineal, stachelspitzig, kahl. / 5 bis 10 / Kollin-montan. Äcker, Gartenland; hfg.; Südschw.; s. s. [1747]
– Hüllchenb. eifg., rautenfg. od. nierenfg. Pfl. blaugrün.
   E. segetális L., *Saat-W.* – St. 10–30 cm. B. lineal od. lineal-lanzettl., kahl, stachelspitzig. Dolde 5strahlig. Fr. feinwarzig. S. unregelm. fein vertieftnetzartig. / 5 bis 7 / Kollin. Unter Getreide; s. s.; auch adv. [1748]
   E. falcáta L., *Sichelblättrige W.* – St. 10–20 cm. B. keilfg.-lanzettl., spitz od. zugespitzt. Dolde meist 3strahlig. Fr. glatt. S. mit 4 Längsreihen von Gruben. / 6 bis 9 / Kollin. Äcker; s.; auch verschleppt. [1749]

Bastard: E. cyparissias ×virgata.

Fam. 80. **Thymelaeáceae.** *Seidelbastgewächse*

Sträucher, seltener Kräuter od. Bäume mit meist wechselst., einfachen B. Nebenb. fehlend. Bl. in ährigen od. traubigen Blstd., selten einzeln, zwittrig od. eingeschlechtig, radiärsymm. Kb. 4–5, kr.artig gefärbt, dem krug- od. röhrenfg. verlängerten, oft kr.artig gefärbten Achsenbecher eingefügt. Krb. 0, Stbb. 4–8. Frb. 2(–5), zu einem oberst. Frkn. verwachsen. Kapseln, Nüsse od. Steinfr.

1. Pg. bleibend. Krautpfl.   **Thymelaea 260**
– Pg. abfallend. Sträuchlein.   **Daphne 261**

260. **Thymelaéa** Miller, *Vogelkopf, Spatzenzunge*

Th. passerína (L.) Cosson u. Germain (*Passerina annua* Wikström), *Vogelkopf.* – St. 15–40 cm, schlank, aufrecht, oft verzweigt. B. lineal od. lineal-lanzettl. Bl. grünl., b.achselst. / 7 bis 9 / Kollin(-montan). Äcker, Brachfelder; s. und Fundorte zurückgehend. [1853]

261. **Daphne** L., *Seidelbast, Kellerhals*

1. Bl. vor den B. erscheinend.
   D. mezéreum L., *Gemeiner S., Ziland.* – Pfl. 30–120 cm. B. längl.-lanzettl., unterseits graugrün. Bl. sitzend, meist zu 3 in den Winkeln der vorjähri-

gen (abgefallenen) B., rot, wohlriechend. / 2 bis 4 (in höheren Lagen bis 7) / Kollin-subalpin(-alpin). Wälder, Weiden; s. hfg. [1854]
– Bl. nicht vor dem B. erscheinend. 2
2. Bl. in b.winkelst., nickenden Trauben.
  D. lauréola L., *Lorbeer-S.* – Pfl. 60–120 cm. B. lanzettl., kahl, derb, glänzend, immergrün. Bl. gelbgrün. / 3 bis 4 / Kollin-montan. Laubwälder, Gebüsche; kalkliebend; zerstr., häufiger im J. [1855]
– Bl. in endst., doldenfg. Büscheln. 3
3. Bl. weiss, zottig behaart.
  D.alpína L., *Alpen-S.* – Pfl. 30–120 cm. B. lanzettl. od. verkehrt-eifg., in der Jugend behaart. Bl. wohlriechend. / 5 bis 6 / Kollin-subalpin. Felsige Orte; auf Kalk; s. J, A. [1856]
– Bl. rosa.
  D. cneórum L., *Flaumiger S., Fluhröschen.* – Pfl. 10–30 cm. Junge Zweige behaart. B. lineal-keilfg., lederartig, kahl. Bl. lebhaft rosa, flaumhaarig, stark wohlriechend. / 5 / Kollin-montan(-subalpin). Felsige Orte; auf Kalk; s. s. J, Eglisau, T. – Französ. Jura, Val Sesia, Var., Co., Badischer Jura. [1857]
  D. striáta TRATT., *Gestreifter S., Steinröschen.* – Pfl. 5–15 cm. Zweige kahl. B. lineal-keilfg., kahl. Bl. trübrosa (selten weiss), fast od. ganz kahl, wohlriechend. / 6 bis 7 / Subalpin-alpin. Lichte Nadelwälder, Legföhrengebüsche, Zwergstrauchheiden; vorzugsweise auf Kalk. A (hfg. und nur im östl. Teil). [1858]

Fam. 81. **Paeoniáceae.** *Pfingstrosengewächse*

Stauden od. Sträucher mit knollig verdickten W. B. zusges., wechselst. Nebenb. fehlend. Bl. einzeln, zwittrig, radiärsymm. Kb. 5, Krb. 5 od. mehr, Stbb. zahlreich. Frb. 2–8, frei. Oberst. Balgfr.

262. **Paeónia** L., *Pfingstrose, Päonie*

P. officinális L. em. GOUAN (*P. feminea* DESF., *P. peregrina* KOCH), *Pfingstrose.* – Pfl. 60–90 cm. B. doppelt 3zählig zusges., oberseits dunkelgrün, unterseits hellgrün und fein behaart. Krb. purpurn. / 5 bis 6 / Kollin-montan. Lichte, felsige Berghänge; auf Kalk; s. T (Monte Generoso). – Ao., Var., Co., Tirol (Finstermünz [ob hier noch?]). [980]

Fam. 82. **Hypericáceae.** *Johanniskrautgewächse*

Einjährige Kräuter od. Stauden mit durchscheinenden od. dunkel gefärbten Öldrüsen. B. gegenst. od. quirlst., einfach. Bl. in Trugdolden, selten einzeln, zwittrig, radiärsymm. Kb. 5, Krb. 5. Stbb. zahlreich, in 5–2 Bündeln verwachsen. Frb. 3 od. 5, zu einem oberst. Frkn. verwachsen. Mehrsamige, wandspaltige Kapseln od. Beeren.

263. **Hypéricum** L., *Johanniskraut, Hartheu*

1. Stbb. in 5 Bündel verwachsen.
  H. androsaémum L., *Mannsblut.* – St. 50–90 cm, mit 2 Längsleisten. B. eifg., durchscheinend punktiert. Blstd. armbl. Krb. gelb[1], 1 cm lg. Fr.

[1] So auch alle übrigen Arten.

beerenartig. / 6 / Kollin-montan(-subalpin). Feuchte, schattige Orte; s. T. Auch kult. und verwildert. – Langensee, Co. [1796]

H. calýcinum L., *Grossblütiges J.* – St. 20–40 cm, mit 4 Längsleisten. B. längl.-elliptisch. 1 endst. Bl. Krb. 3–4 cm lg. Fr. eine Kapsel. / 6 bis 8 / Kollin-montan. Kult. und verwildert. Heimat Südosteuropa und Kleinasien. [1797]

– Stbb. in 3 Bündel verwachsen. Fr. eine Kapsel. 2

2. B. zu 3–4 quirlst.

H. coris L., *Quirlblättriges J.* – St. 15–40 cm. B. lineal, am Rande umgerollt, durchscheinend punktiert. / 6 bis 7 / Kollin-montan(-subalpin). Trockene, felsige Hänge; auf Kalk; s. A (Reuss-, Sihl- und Linthgebiet). [1798]

– B. gegenst. 3

3. St. schwach, dünn, niederliegend.

H. humifúsum L., *Niederliegendes J.* – St. 5–20 cm, mit 2 Längslinien. Obere B. durchscheinend punktiert. Kb. längl., stumpf, ganzrandig od. mit einzelnen, sitzenden Drüsen. / 6 bis 8 / Kollin-montan(-subalpin). Lichte Waldstellen, Äcker, auf nackter Erde; kalkfliehend; zieml. verbr. [1799]

– St. kräftig, aufrecht od. aufsteigend. 4

4. Kb. gefranst od. drüsig gezähnt *(Fig. 255/1, 2).* 5

– Kb. ganzrandig, drüsenlos od. mit vereinzelten Zähnchen od. Drüsen. 7

5. St. behaart.

H. hirsútum L., *Behaartes J.* – Pfl. 40–80 cm, weichhaarig. B. oval od. längl.-eifg., mit zahlreichen durchscheinenden Punkten. Bl. in einer verlängerten Rispe. / 6 bis 8 / Kollin(-montan). Wälder, Gebüsche; verbr. [1800]

– St. kahl. 6

6. Kb. am Rande lg. gefranst *(Fig. 255/1).*

H. richéri VILL., *Richers J.* – St. 15–35 cm. B. eifg., am Grunde herzfg., nicht od. spärl. durchscheinend punktiert. Kb. zugespitzt. / 7 / Montansubalpin. Weiden; s. J (bis Chasseron und La Brévine), A (westl. Wallis). [1801]

– Kb. jederseits mit 6–8 sitzenden od. kurz gestielten Drüsen *(Fig. 255/2).*

H. pulchrum L., *Schönes J.* – St. 30–60 cm. B. herz-eifg., sitzend, unterseits graugrün; die unteren mit vielen durchscheinenden Punkten. Kb. verkehrt-eifg., stumpf; Randdrüsen fast sitzend. / 6 bis 7 / Kollin-montan. Trockene Wälder, Heiden; kalkfliehend; zerstr. Nordschw., Entlebuch. – S, V, Belf., Sav. [1804]

H. montánum L., *Berg-J.* – St. 30–60 cm. B. herz-eifg., sitzend; die unteren

255/1   255/2   255/3   255/4

meist ohne durchscheinende Punkte. Kb. lanzettl., spitz; Randdrüsen gestielt. / 6 bis 7 / Kollin-montan(-subalpin). Wälder; verbr. [1803]

7. St. mit 2 erhabenen Längslinien.

H. perforátum L., *Gemeines J.* – St. 30–70 cm. B. längl.-oval od. schmal-lineal, dicht und fein durchscheinend punktiert. Kb. lanzettl., fein zugespitzt. / 6 bis 9 / Kollin-montan(-subalpin). Trockenwiesen, Buschweiden; s. hfg. [1805]

– St. mit 4 Längslinien, 4kantig od. mit 4 Flügeln. 8

8. St. 4flügelig.

H. tetrápterum Fr. (*H. acutum* Moench), *Vierflügeliges J.* – St. 30–60 cm, mit 4 geflügelten Kanten. B. eifg., dicht durchscheinend punktiert. Krb. hellgelb, meist ungefleckt. / 7 bis 8 / Kollin. Gräben, Quellen, Bachufer; verbr. [1807]

– St. 4kantig, oberwärts oft nur 2kantig. 9

9. Kb. abgerundet *(Fig. 255/3)* od. gezähnelt, nicht zugespitzt; bisweilen einzelne spitz.

H. maculátum Crantz s.l., *Geflecktes J.* – St. 30–60 cm, 4kantig. B. elliptisch; meist nur die oberen zerstr. und gross durchscheinend punktiert. Krb. goldgelb, schwarz gefleckt. / 6 bis 8 / Kollin-alpin. Wiesen, Hochstaudenfluren, Waldlichtungen; hfg. [1806]

H. maculátum Crantz s.str. (*H. quadrangulum* auct.), *Geflecktes J.* – St. überall 4kantig. Blstd. gedrängt. Bl. 20–25 mm br. Kb. br.-eifg., vorn abgerundet, ganzrandig. – Kollin-alpin. Feuchte Rasen, Fettwiesen; hfg., im M zerstr.

H. dúbium Leers (*H. erosum* (Schinz) Schwarz, *H. maculatum* Crantz ssp. *obtusiusculum* (Tourlet) Hayek em. A. Fröhlich), *Stumpfes J.* – St. oberwärts oft nur 2kantig. Blstd. locker verzweigt. Kb. eifg. bis längl.-eifg., kurz zugespitzt, mit gezähntem Rand. – Kollin. Feuchte Wiesen, Hochstaudengesellschaften; Nord- und Ostschw. verbr., sonst s.

– Kb. zugespitzt *(Fig. 255/4)*.

H. desetángsii Lamotte, *Des Etangs' J.* – St. 30–100 cm, mit 2 sehr deutl. und 2 meist weniger scharf ausgeprägten Längskanten od. -linien. B. oval, längl., mit od. ohne grosse durchscheinende Punkte. Krb. goldgelb, schwarz gestreift und punktiert. / 6 bis 8 / Kollin. Feuchte Orte; zerstr. [1808]

Bastarde.

Fam. 83. **Elatináceae.** *Tännelgewächse*

Sumpf- od. Wasserkräuter mit gegenst. od. quirlst. B. Nebenb. vorhanden. Bl. einzeln od. in Wickeln, b.achselst., zwittrig, radiärsymm. Kb. 5–2, frei od. am Grunde verwachsen. Krb. 5–2, Stbb. 10–4. Frb. 5–2, zu einem oberst. Frkn. verwachsen. Wandspaltige Kapseln.

264. **Elatíne** L., *Tännel*

1. B. quirlst., sitzend.

E. alsinástrum L., *Quirliger T.* – St. 2–30 cm. Obere B. eifg. Bl. 4zählig. Stbb. 8 / 6 bis 9 / Kollin. Zeitweise überschwemmte Orte; s. s. T (ob noch?). – Bad., Belf. [1809]

– B. gegenst., gestielt. 2

2. Bl.stiel meist länger als das B.

E. hydrópiper L. em. OEDER, *Wasserpfeffer-T.* – St. 2–12 cm. Bl. 4zählig, sitzend. Stbb. 8. / 6 bis 9 / Kollin. Zeitweise überschwemmte Orte; s. s. T. – Bad., Els., Belf.; Veltlin (ob noch?). [1810]
– B.stiel kürzer als das B.
    E. triándra SCHKUHR, *Dreimänniger T.* – St. 2–10 cm. Bl. 3zählig, sitzend. K. 2teilig. Stbb. 3. / 6 bis 9 / Kollin. Wie vorige; s. – Bad., Els., Belf.; Chiav. (ob noch?). [1812]
    E. hexándra (LAPIERRE) DC., *Sechsmänniger T.* – St. 2–12 cm. Bl. 3zählig, gestielt. K. 3teilig. Stbb. 6. / 6 bis 9 / Kollin. Wie die vorigen; s. s. J (Ajoie), T. – Els., Belf.; Co. und Veltlin (ob noch?). [1811]

Fam. 84. **Violáceae.** *Veilchengewächse*

Kräuter, Sträucher od. Bäume mit wechselst., meist einfachen B. Nebenb. vorhanden. Bl. einzeln, zwittrig, monosymm. Kb. 5, bleibend. Krb. 5, das untere meist vergrössert und gespornt. Stbb. 5, frei od. verwachsen, die 2 unteren mit spornartigen Nektarien. Frb. (2–)3(–5), zu einem oberst. Frkn. verwachsen. Fachspaltige, 3klappige Kapseln. S. mit Ölkörper.

265. **Víola** L., *Veilchen, Stiefmütterchen*

1. Die 2 seitl. Krb. waagrecht abstehend od. abwärts gerichtet, die 2 oberen aufwärts gerichtet *(Fig. 257/1)*. 2
– Die 2 seitl. Krb. zu den 2 oberen emporgerichtet *(Fig. 257/2)*. 15
2. Kb. stumpf *(Fig. 257/3)*. B.- und Bl.stiele grundst. 3
– Kb. spitz *(Fig. 257/4)*. Pfl. mit beblättertem (bisweilen kurzem) St. Bl. in den Winkeln der Stlb. 10
3. B. tief fiederschn.
    V. pinnáta L., *Fiederblättriges V.* – Pfl. kahl. Bl. blass-violettblau. / 6 / (Montan-)subalpin. Kalkschutt, lichtes Föhrengehölz; s. A (besonders Südketten). [1823]
– B. ungeteilt, gekerbt. 4
4. B. beiderseits kahl.
    V. palústris L., *Sumpf-V.* – B. nieren-herzfg. Krb. lila, das untere violett geadert. / 4 bis 6 / Kollin-subalpin(-alpin). Feuchte Wiesen, Torfmoore; verbr. [1824]
– B. behaart. 5
5. Pfl. mit dicker, fleischiger Grundachse.
    V. cullata AITON, *Amerikanisches V.* – B. gross, herzfg., jung tütenfg. eingerollt, später mehr od. weniger löffelfg. eingebogen. Bl. 1,8–2,5 cm gross, geruchlos, blau od. weiss. Seitl. Krb. innen am Grunde mit Haa-

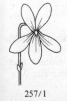

257/1   257/2   257/3   257/4

ren. / 5 / Kollin. Zierpfl. aus Nordamerika. In der weissblühenden Form im T und im südl. Graub. (Misox, Bergell, Puschlav) auf Rasenplätzen, an Strassenrändern, auf Ödland verwildert und eingebürgert; sich neuerdings stark ausbreitend; die blaublühende Form s. s. (T).

– Pfl. nicht mit dicker, fleischiger Grundachse. 6
6. Pfl. mit verlängerten, bisweilen unterird. Ausläufern. 7
– Pfl. ohne Ausläufer. 8
7. Die im neuen Jahr gebildeten oberird. Ausläufer mit der Stammpfl. blühend (selten fehlend). Nebenb. lineal-lanzettl.

V. alba BESSER, *Weisses V.* – Pfl. mit 1–2 grossen B. des Vorjahres. B. herzeifg., zugespitzt. Nebenb. lineal-lanzettl., gefranst und nebst den Fransen behaart. Bl. wohlriechend, weiss od. etwas violett angehaucht, sehr selten lebhaft violett. / 3 bis 4 / Kollin(-montan). Wälder, Gebüsche; in wärmeren Lagen; zerstr. [1826]

– Oberird. Ausläufer, wenn vorhanden, meist ohne Bl. Nebenb. lanzettl. bis eifg.

V. odoráta L., *Wohlriechendes V.* – Pfl. mit dünnen, oberird., wurzelnden Ausläufern. B. rundl.-nierenfg. bis br.-eifg., stumpf. Nebenb. br.-lanzettl. bis eifg. Bl. wohlriechend, meist sattviolett. Frkn. und Fr. dichtkurzhaarig. / 3 bis 4 / Kollin-montan. Schattige Orte, Grasplätze; verbr., aber wohl nur aus Gärten verwildert und eingebürgert. [1825]

V. suávis M. B. (*V. wolfiana* W. BECKER, *V. steveni* auct.), *Ferd. Otto Wolfs V.* – Ausläufer meist unterird., kurz. B. br.-herz-eifg. Nebenb. lineal-lanzettl. Bl. wohlriechend, blauviolett bis kornblumenblau, mit weissem Schlund. Frkn. und Fr. fast od. ganz kahl. / 3 bis 4 / Kollin. Schattige Orte; s. Rhonetal (wohl nicht urwüchsig). – Ao. [1827]

8. Fr. (Frkn.) kahl.

V. pyrenáica RAMOND (*V. sciaphila* KOCH), *Pyrenäen-V.* – B. br.-eifg., zuletzt fast kahl, am Grunde mit br., offenem Ausschnitt. Nebenb. lanzettl., zugespitzt. Bl. wohlriechend, violett, mit weissem Schlund. / 4 bis 5 / (Kollin-)montan-subalpin. Buschige Orte; zerstr. J (Neuenb.), A. – Französ. Jura. [1828]

– Fr. (Frkn.) behaart. 9
9. Nebenb. br.-lanzettl., kahl od. spärl. behaart *(Fig. 259/1)*.

V. hirta L., *Rauhhaariges V.* – B. eifg. bis längl.-eifg., am Grunde tief herzfg. Nebenb. kurz-, seltener lg.gefranst; Fransen nicht gewimpert. Bl. geruchlos, violett, selten bläul. od. weiss. / 3 bis 4 / Kollin-montan(-subalpin). Trockene Wiesen, Raine; hfg. [1829]

– Nebenb. lineal od. lineal-lanzettl., behaart od. mit gewimperten Fransen *(Fig. 259/2)*.

V. collína BESSER, *Hügel-V.* – B. br.-eifg., am Grunde tief herzfg., mit schmalem Ausschnitt, unterseits fast wollig behaart. Fransen der Nebenb. so lg. wie deren Breite, gewimpert. Bl. schwach wohlriechend, hellviolett od. weissl. / 4 / Kollin-montan(-subalpin). Trockenwarme, bewaldete Hänge; zerstr. [1830]

V. thomasiána PERR. u. SONG., *Thomas' V.* – B. eifg., am Grunde seicht herzfg. bis fast gestutzt. Untere Fransen der Nebenb. halb so lg. wie deren Breite, behaart. Bl. wohlriechend, rötl.-violett. Sporn schlank und dünn. / 4 bis 6 / (Kollin-montan-)subalpin. Lichte Waldstellen und Weiden; zerstr. A. (besonders südl. Teile). [1831]

10. Pfl. mit grundst. B. 11

259/1   259/2   259/3   259/4   259/5   259/6

– Pfl. ohne grundst. B. 13
11. Nebenb. ganzrandig, fein gewimpert *(Fig. 259/3).*
 V. mirábilis L., *Wunder-V.* – W.stock mit braunen Schuppen. Pfl. 5–30
 cm, anfangs st.los. B. gross, br.-eifg., mit vorgezogener Spitze. Die ersten
 Bl. grundst., meist unfruchtbar, mit gut ausgebildeter Kr., wohlriechend.
 Krb. blasslila; Sporn grünl.-weiss. Spätere Bl. in den Winkeln der Stlb.,
 mehr od weniger verkümmert, aber stets fruchtbar. / 4 bis 5 / Kollin-
 montan(-subalpin). Wälder; zerstr. [1832]
– Nebenb. gefranst *(Fig. 259/4)* od. gesägt. 12
12. Fr. (Frkn.) kurzhaarig-filzig.
 V. rupéstris F. W. SCHMIDT (*V. arenaria* DC.), *Sand-V.* – Pfl. niedrig, 3–8
 cm, St., B. und Bl.stiele fein kurzhaarig. B. herzfg., fast rundl., stumpf.
 Nebenb. eifg.-längl., gesägt. Bl. lilablau, nicht selten bleichviolett bis
 weiss od. gelbl. / 4 bis 5 (7) / Kollin-subalpin(-alpin). Trockene, sandige
 Orte; verbr. Besonders Südschw. [1833]
– Fr. (Frkn.) kahl.
 V. reichenbachiana JORD. ex BOREAU (*V. silvestris* LAM. em. RCHB., *V. silvatica* FR.), *Wald-V.* – St. 5–25 cm. B. herz-eifg., mehr od. weniger spitz. Nebenb. lanzettl.-lineal, pfriemfg. zugespitzt, gewimpert-gefranst *(Fig. 259/4).*
 Krb. hellviolett; Sporn gleichfarbig, selten bleich, an der Spitze nicht ausgerandet. K.anhängsel an der Fr. klein, bei der Reife fast verschwunden. / 4 bis
 5 / Kollin-montan(-subalpin). Wälder; s. hfg. [1834]
 V. riviniána RCHB., *Rivinus' V.* – St. 5–25 cm. B. br.-herzfg., die grundst.
 fast nierenfg., stumpf. Nebenb. lanzettl., lg. gefranst. Krb. blau-hellviolett,
 sich mit den Rändern deckend; Sporn nebst dem Schlunde weissl.,
 dick, gefurcht, an der Spitze ausgerandet. K.anhängsel an der Fr. deutl. /
 4 bis 5 / Kollin-subalpin. Wie vorige; hfg. [1835]
13. Nebenb. der mittleren B. mehr als doppelt so lg. wie der B.stiel.
 V. elátior FR., *Hohes V.* – St. 20–50 cm, aufrecht, nebst den B. flaumig. B.
 lanzettl., am Grunde gestutzt od. seicht herzfg. Bl. gross, blassblau. / 5
 bis 6 / Wässer- und Sumpfwiesen; s. s. M. – Els., Belf. [1836]
 V. púmila CHAIX, *Niedriges V.* – St. 5–15 cm, nebst den B. kahl. B. am
 Grunde keilfg. in den Stiel übergehend. Bl. mittelgross, blassblau. / 5 bis
 6 / Kollin. Sumpfwiesen; s. s. und Fundorte am Erlöschen. M, unteres
 Rhonetal; ob noch? – Bad. [1837]
– Nebenb. der mittleren B. höchstens halb so lg. wie der B.stiel. 14
14. B. am Grunde gestutzt, bleich-gelbgrün. Sporn sehr kurz.
 V. persicifolia SCHREBER (*V. stagnina* KIT.), *Moor-V.* – St. 10–25 cm, aufrecht. B. dünn, längl.-lanzettl., bis 3mal so lg. wie br. B.stiel schmal-, aber
 deutl. geflügelt. Kr. blassblau od. milchweiss. / 5 / Kollin. Sumpfwiesen;
 s. s. und Fundorte am Erlöschen. M. [1838]

84. Violaceae

V. montána L., *Berg-V.* – St. 10–30 cm, aufrecht. B. längl.-eifg., etwas derb. Nebenb. der mittleren B. 10–15 mm, die der oberen 20 mm lg. Krb. längl., hellblau bis weiss. / 5 / Kollin-subalpin. Trockene Weiden, lichte Wälder, auch in Sumpfwiesen; zerstr. M, A. – Els. [1840]

V. canína L., *Heide-V.* – St. 5–30 cm, aufsteigend od. niederliegend. B. längl.-eifg., am Grunde schwach herzfg. Nebenb. der mittleren B. 5 mm, die der oberen 8–10 mm lg. Krb. verkehrt-eifg., hellblau, mit weissem Schlund. / 5 bis 6 / Kollin-subalpin. Torfmoore, feuchte Wald- und Heidestellen, Weiden; verbr. [1839]

15. B. nierenfg. N. flach, fast 2lappig *(Fig. 259/5).*

    V. biflóra L., *Gelbes Berg-V.* – St. 5–15 cm, dünn, 1–2bl. Krb. gelb, bräunl. gestreift. / 5 bis 8 / (Kollin-montan-)subalpin-alpin. Schattige, feuchte Orte. J (bis Dent de Vaulion und Doubs [Kt. Neuenb.]), M (vereinzelt), A (s. hfg.). [1841]

 – B. nicht nierenfg. Gr.ende kugelig verdickt, mit einer krugfg. N. *(Fig. 259/6).* 16

16. St. verlängert, aufsteigend od. aufrecht. Laubb. nie ganzrandig. 18

 – St. kurz, niederliegend bis aufsteigend od. kriechend. Laubb. ganzrandig, bei *V. calcarata* oft mit wenigen, seichten Kerben. Niedere Alpenpfl. 17

17. B.spreite meist deutl. länger als br., mit gekerbtem Rande.

    V. calcaráta L., *Langsporniges S.* – St. 3–15 cm, aufrecht. B. eifg. bis lanzettl. Nebenb. gezähnt od. ganzrandig, mit 0–4 basalen Seitenzipfeln. Kr. 2,5–4 cm, dunkelviolett, seltener gelb od. weiss. Sporn so lg. wie die Krb., 3–4mal so lg. wie die Kb.anhängsel. / 6 bis 8 / Subalpin-alpin. Rasen; auf Kalk; hfg. J (Mt. Tendre), A. – Französ. Jura. [1844]

 – B.spreite fast rund, ganzrandig.

    V. cenísia L., *Mont-Cenis-S.* – St. 3–15 cm, niederliegend, oft verzweigt. Nebenb. ganzrandig, meist ungeteilt od. mit 1–2 basalen Seitenzipfeln. Kb. und Kb.anhängsel kahl. Kr. 2–2,5 cm, hellviolett. Sporn knapp so lg. wie das Krb., 2–4mal so lg. wie die Kb.anhängsel. / 7 / (Subalpin-)alpin. Gesteinsschutt; auf Kalk; zerstr. A (vor allem Nordketten). [1842]

    V. comóllia MASSARA, *Comollis S.* – St. 3–10 cm, niederliegend, oft verzweigt. Nebenb. ganzrandig, selten mit basalen Seitenzipfeln. Kb. und insbesondere Kb.anhängsel am Rande behaart. Bl. 2–2,5 cm, hellviolett od. gelb. Sporn höchstens halb so lg. wie die Krb. und bis 2mal so lg. wie die Kb.anhängsel. / 7 bis 8 / (Subalpin-)alpin. Ruhender Gesteinsschutt; auf Silikat. – Co.(?), Orobische Alpen. [1843]

18. St. mindestens bei den Gebirgsformen ästig. Nebenb. mit 2–4 (selten 5) Fiederpaaren und meist deutl. verbreitertem, oft gekerbtem Endabschn.

    V. trícolor L. s.l., *Feld-S.* – Pfl. 2–30(–90) cm. St. nicht unterirdisch kriechend. B. rundl. bis lanzettl., gezähnt, selten ganzrandig. Nebenb. halb bis fast so lg. wie die Laubb. Kb. spitz. Krb. violett, gelb od. weiss, einfarbig od. gescheckt. Sporn höchstens halb so lg. wie die Krb., bis 2mal so lg. wie die Kb.anhängsel. / 3 bis 9 / Kollin-subalpin. Verbr. [1850]

  01. Krb. 1,5–3,5 cm lg., 1¼–2mal länger als die Kb. Pfl. 1- od. mehrjährig.

    V. trícolor L. s.str. (incl. ssp. **subalpina** GAUDIN), *Echtes S.* – Pfl. 10–30(–90) cm. St. meist aufrecht od. aufsteigend, unterwärts verzweigt. Sporn 1–1,5mal so lg. wie die Kb.anhängsel. Kr. violett, blau, gelb od. gescheckt. – (Kollin-)montan-subalpin. Wiesen, Felder; verbr. [1850/1851]

  – Krb. 0,5–1,5 cm lg., kürzer bis wenig länger als die Kb. Pfl. einjährig.

V. arvénsis MURRAY (*V. tricolor* L. ssp. *arvensis* (MURRAY) GAUDIN), *Acker-S.* – Pfl. 10–20 cm. St. niederliegend bis aufsteigend, unterwärts verzweigt. Kb. mit den Anhängseln 6–12 mm lg. Krb. gelbl.-weiss, die oberen beiden oft etwas violett. Unterstes Krb. mit dem Sporn 8–15 mm lg. – Kollin-subalpin. Äcker, Schuttstellen; verbr. [1848]

V. kitaibeliána R. u. S. (*V. tricolor* L. ssp. *minima* GAUDIN, *V. minima* PRESL, *V. valesiaca* E. THOMAS), *Zwerg-S.* – Pfl. zwerghaft klein, 2–5(–15) cm. St. aufrecht, unverzweigt. Kb. mit den Anhängseln 3–6 mm lg. Krb. weiss bis gelbl. Unterstes Krb. mit dem Sporn 3–10 mm lg. / 3 bis 5 / Kollin-montan. Äcker, Felsenheide; s. Wallis, T(?), Graub. (Puschlav?). – Ao., Veltlin. [1849]

– St. meist einfach, am Grunde niederliegend. Nebenb. mit mehr od. weniger linealem, stets ganzrandigem Endabschn. Ausdauernde Gebirgspfl.

V. lútea HUDSON, *Gelbes Alpen-S.* – St. 10–20 cm, meist 3kantig. Nebenb. mit 2 od. 3 Paaren zieml. kurzer Fiedern. Bl. 2–4 cm gross. Krb. meist hell- bis lebhaft gelb, zuweilen blassblau bis purpurviolett. Sporn zieml. dünn, meist gerade. / 6 bis 8 / (Montan-)subalpin(-alpin). Wiesen, Weiden; zerstr. A (Nordketten von Uri an westwärts). – V. [1847]

V. dubyána BURNAT ex GREMLI (*V. gracilis* COMOLLI, *V. heterophylla* COMOLLI, *V. declinata* GAUDIN), *Dubys S.* – St. 10–20 cm. Nebenb. mit 4–7 Paaren verlängerter Fiedern. Bl. 2–2,5 cm gross. Krb. stets (meist lebhaft) violett. Sporn zieml. dünn, meist gerade. / 6 bis 7 / Subalpin-alpin. Magerwiesen und Felshänge der südl. Kalkalpen. – Co. [1845]

Bastarde zahlreich.

Fam. 85. **Cistáceae.** *Cistrosengewächse*

Kräuter od. Sträucher mit Stern-, Büschel- od. Drüsenhaaren. B. meist gegenst., einfach. Nebenb. vorhanden od. 0. Bl. einzeln od. in Wickeln, zwittrig, radiärsymm. Kb. 5(–3), oft verschieden gross. Krb. 5(–3), bisweilen 0, Stbb. zahlreich. Frb. meist 3, zu einem oberst. Frkn. verwachsen. Vielsamige fachspaltige Kapseln.

1. Äussere Kb. etwas grösser als die inneren *(Fig. 261/1)*. Gr. kurz. N. 5lappig. Strauch. **Cistus 266**
– Äussere Kb. kleiner als die inneren *(Fig. 261/2)*. .Gr. deutl. N. 3lappig. 2
2. Alle B. wechselst., fast nadelfg. Halbsträucher. **Fumana 267**
– Wenigstens die unteren B. gegenst. Halbsträucher od. einjährige Kräuter. 3
3. B. mit 3 Längsnverven, sitzend. Blstd. ohne Deckb. Pfl. krautig. **Tuberaria 269**
– B. fiedernervig, untere kurz gestielt. Blstd. mit Deckb. Halbstrauch. **Helianthemum 268**

261/1

261/2

266. Cistus L., *Cistrose*

C. salviifólius L., *Cistrose.* – St. 30–60 cm. B. eifg., unterseits etwas filzig. Bl. gross, weiss. / 5 / Kollin(-montan). Trockenwarme, buschige Hügel; s. T. – Ossolatal, Langensee, Co., Chiav., Veltlin. [1814]

267. Fumána (Dunal) Spach, *Heideröschen*

F. procúmbens (Dunal) Gren. u. Godr. (*F. vulgaris* Spach, *Helianthemum fumana* Miller), *Niederliegendes H.* – St. 10–20 cm, niederliegend, oberwärts flaumig, meist drüsenlos. Bl.stiele etwa so lg. wie die nächststehenden B., flaumig bis kahl. Krb. goldgelb. / 5 bis 7 / Kollin-montan. Trockenwarme, felsige Orte; zerstr. J (Orbe bis Grändelfluh/Trimbach [Kt. Sol.]), M (westl. Gebiet), A, St. Galler-Rheintal, südl. T. – Bad., Els., Französ. Jura, südl. Grenzzone von Ao. bis Bormio, Vintschgau. [1815]
F. ericoídes (Cav.) Gandoger (*F. spachii* Gren. u. Godr.), *Aufrechtes H.* – St. 10–30 cm, mit aufrechten Ästen, abstehend drüsenhaarig. Bl.stiele länger als die nächststehenden B., dicht abstehend-kurzdrüsig. Krb. goldgelb. / 5 bis 7 / Kollin(-montan). Wie vorige; seltener. Gebiet des Urner- und Thunersees, Wallis, T. – Ao., Co., Veltlin. [1816]

268. Heliánthemum Miller, *Sonnenröschen*

1. B. ohne Nebenb.
　H. alpéstre (Jacq.) DC., *Alpen-S.* – St. 10–15 cm. B. lineal, längl. od. eifg., beiderseits grün, anliegend behaart od. kahl. Krb. gelb. / 6 bis 7 / (Montan-)subalpin-alpin. Steinige Hänge und Weiden; kalkliebend; verbr. A. [1817]
　H. canum (L.) Baumg., *Graufilziges S.* – St. 10–15 cm. B. längl.-lanzettl., unterseits grau- od. weissfilzig und, besonders am Rande und am Mittelnerv, mit vereinzelten längeren Haaren. Krb. gelb. / 6 / Kollin-montan(-subalpin). Felsige Orte; auf Kalk; zerstr. J (bis Stallfluh [Kt. Sol.]), Wallis. – Ain, Dép. Doubs, Sav., Hochrhein (Bad.), Bad. Jura. [1818]
－ B., wenigstens teilweise, mit Nebenb. 2
2. Krb. weiss. Nebenb. lineal-pfrieml.
　H. apennínum (L.) Miller (*H. poliifolium* Miller, *H. pulverulentum* Lam. u. DC.), *Apenninen-S.* – St. 10–30 cm. B. lineal-längl., am Rande umgerollt, oberseits graugrün, unterseits sternhaarig-weissfilzig. / 5 bis 6 / Kollin(-montan). Felsige Hänge; auf Kalk; s. Südl. T (San Salvatore bei Lugano). – Ain, Mont Vuache bei Genf, Co. [1819]
－ Krb. gelb (nur ausnahmsweise weiss). Nebenb. lanzettl. 3
3. Gr. gerade, kurz, od. fehlend.
　H. salicifólium (L.) Miller, *Weidenblättriges S.* – St. 5–15 cm. Untere B. längl.-oval, obere lanzettl.; die unteren mit, die oberen ohne Nebenb. Bl. mit Deckb. Krb. zitronengelb. / 4 bis 5 / Kollin. Trockene Hänge; s. s. Wallis. [1821]
－ Gr. kniefg. gebogen, 2–3mal so lg. wie der Frkn.
　H. nummulárium (L.) Miller s.l., *Gemeines S.* – St. 10–40 cm. Alle B. gegenst., mit Nebenb., oval od. längl. bis lineal, am Rande oft etwas umgerollt, bewimpert, kurzhaarig od. unterseits filzig, selten kahl. Krb. goldgelb. Sehr formenreich. / 5 bis 10 / Kollin-alpin. Trockenrasen; hfg. [1820]

01. Laubb. oberseits völlig kahl, unterseits nur am Rande und auf dem Mittelnerv behaart.

H. nummulárium (L.) MILLER ssp. **glábrum** (KOCH) WILCZEK (*H. nitidum* CLEMENTI), *Glänzendes S.* – B. lanzettl. mit etwas umgerolltem B.rand. Br. (innere) Kb. zwischen den mittleren Nerven fast kahl od. locker mit kleinen Büschelhaaren besetzt. Nerven mit langen Büschelhaaren besetzt. Krb. 10–15 mm lg. – Kollin-montan(-subalpin). A (Wallis, Thunerseegebiet, T [Val Piora], Graub. [Schanfigg], Liechtenstein). – V.

– Laubb. meist beidseitig, jedoch besonders unterseits locker bis dicht behaart. 02

02. Laubb. lederartig, oberseits kahl bis zerstreut behaart, unterseits von zahlreichen Sternhaaren grau- bis weissfilzig.

H. nummulárium (L.) MILLER ssp. **nummulárium** (*H. vulgare* GAERTNER, *H. chamaecistus* MILLER), *Gemeines S.* – Laubb. lineal-lanzettl., mit etwas umgerolltem B.rand, unterseits von kleinen Sternhaaren und wenigen Büschelhaaren gleichmässig grau- bis weissfilzig. Br. (innere) Kb. zwischen den mittleren Nerven und zum Teil auf den Nerven ebenfalls von kleinen Sternhaaren filzig. Krb. 8–12 mm lg. – Kollin-montan(-subalpin). Trockene Wiesen und Gebüsche; zerstr.

H. nummulárium (L.) MILLER ssp. **tomentósum** (SCOP.) SCH. u. THELL. (*H. tomentosum* (SCOP.) S. F. GRAY), *Filziges S.* – Laubb. lanzettl., am Rande flach, unterseits von verschieden grossen Büschelhaaren lockerfilzig. Br. (innere) Kb. ebenfalls lockerfilzig. Krb. 10–15 mm lg. – Subalpin-alpin. A (Wallis, T); s.

– Laubb. nicht lederartig, beidseitig lg.borstig, doppel- od. büschelborstig behaart bis fast kahl, höchstens locker mit Sternhaaren besetzt.

H. nummulárium (L.) MILLER ssp. **ovátum** (VIV.) SCH. u. THELL. (*H. ovatum* (VIV.) DUNAL, *H. obscurum* PERS.), *Ovalblättriges S.* – Laubb. lanzettl., am Rande flach. Blstd. zieml. reichbl. Br. (innere) Kb. zwischen den mittleren Nerven von Büschelhärchen flaumig-filzig. Krb. 8–12 mm lg. – Kollin-montan. Trockene, magere Wiesen, Gebüsche; verbr.

H. nummulárium (L.) ssp. **grandiflórum** (SCOP.) SCH. u. THELL. (*H. grandiflorum* (SCOP.) DC.), *Grossblütiges S.* – Laubb. rundl. eifg. bis br.-lanzettl., am Rande flach. Blstd. meist armbl. Br. (innere) Kb. zwischen den mittleren Nerven kahl od. fast kahl. Krb. 10–15 mm lg. – Subalpin-alpin. Rasen, Zwergstrauchheiden; hfg.

269. **Tuberária** (DUNAL) SPACH, *Sandröschen*

T. guttáta (L.) FOURREAU (*Helianthemum guttatum* (L.) MILLER), *Getüpfeltes S.* – St. 10–30 cm. Untere B. verkehrt-eifg., gegenst., ohne Nebenb.; obere lanzettl. bis lineal-lanzettl., wechselst., mit Nebenb. Bl. ohne Deckb. Krb. zitronengelb, am Grunde meist mit einem schwarzbraunen Fleck. / 6 bis 7 / Kollin. Trockene, sandige Orte. – Els. (ob noch?), Ao. [1822]

Fam. 86. **Tamaricáceae.** *Tamariskengewächse*

Sträucher od. Bäume mit wechselst., einfachen, nadelfg. od. schuppenfg. B. Nebenb. fehlend. Bl. einzeln od. in ährenartigen Trauben, zwittrig, radiärsymm. Kb. 4–5(–6), Krb. 4–5(–6). Stbb. 4–10, am Grunde ± verwachsen. Frb. 3–5, zu einem oberst. Frkn. verwachsen. Vielsamige, wandspaltige Kapseln. S. mit Haarschopf.

270. **Myricária** DESV., *Tamariske*

M. germánica (L.) DESV., *Tamariske.* – Pfl. strauchig, bis 2 m hoch. B.

klein, lineal-lanzettl., bläul.-grün. Bl. blassrosa, in endst., ährenfg. Blstd. / 6 / (Kollin-)montan-subalpin. Flusskies; verbr., aber infolge der Gewässerverbauungen heute mancherorts s. geworden. [1813]

Fam. 87. **Brassicáceae** (*Cruciferae*). *Kreuzblütler*

Einjährige Kräuter od. Stauden, seltener Holzgewächse, mit wechselst., einfachen od. geteilten B. Nebenb. fehlend. Bl. meist in Trauben, zwittrig, disymm. Kb. 4, 2 median stehend, 2 transversal und oft sackartig ausgebuchtet. Krb. 4, diagonal stehend *(Fig. 264/1)*. Stbb. 6, aussen 2 kurze transversal stehend, innen 4 längere *(Fig. 264/2)*. Frb. 2, transversal stehend, zu einem oberst. Frkn. verwachsen. Fr. eine von unten nach oben 2klappig aufspringende Schote *(Fig. 264/3, Abb. 50/3)* od. Schötchen *(Fig. 264/4)*, meist durch eine falsche Scheidewand 2fächerig *(Fig. 264/5 s)*, seltener eine Gliederschote *(Fig. 264/6)* od. Nuss *(Fig. 264/7)*.
Anmerkung: Für die Bestimmung der Kreuzblütler sind Fr. unerlässlich.

1. Fr. nicht od. nicht viel (höchstens 3mal) länger als br. (Schötchen od. Schliessfr.). *(Fig. 264/4, 6, 266/1; 266/3–6)*. 2
   – Fr. viel länger als br. (Schote od. Gliederschote). *(Fig. 264/3, 6; 266/7, 267/1, 5)*. 38
2. Trauben den B. gegenüberstehend. St. niederliegend. B. fiederteilig. Fr. nicht aufspringend. **Coronopus 316**
   – Trauben endst. 3
3. Krb. fehlend. **Lepidium 314**
   – Krb. vorhanden. 4
4. Krb. weiss, violett, lila od. rot. 5
   – Krb. gelb od. blassgelb 25
5. Krb. tief 2teilig *(Fig. 265/1)*. 6
   – Krb. ungeteilt, höchstens ausgerandet *(Fig. 265/3a, b)*. 7
6. St. beblättert. Kürzere Stbf. mit einem zahnfg. Anhängsel *(Fig. 265/2)*. **Berteroa 297**
   – B. in grundst. Rosette. Stbf. ohne Anhängsel. **Erophila 299**
7. Krb. ungleich, die 2 äusseren bedeutend grösser *(Fig. 265/4)*. 8
   – Krb. gleich. 9
8. B. in grundst. Rosette. Bl. klein (2 mm). **Teesdalia 309**
   – St. beblättert. Bl. ansehnl. **Iberis 312**
9. Bl. gross; Krb. bis 2 cm lg., rot od. lila. B., wenigstens die unteren, gestielt, herzfg. **Lunaria 293**
   – Bl. klein; Krb. höchstens 8 mm lg. 10

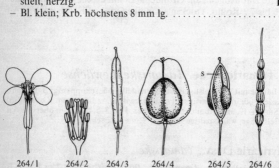

264/1   264/2   264/3   264/4   264/5   264/6   264/7

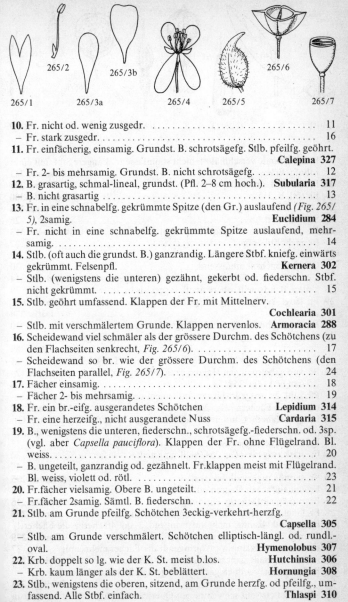

265/2   265/3b   265/6

265/1   265/3a   265/4   265/5   265/7

10. Fr. nicht od. wenig zusgedr. 11
– Fr. stark zusgedr. 16
11. Fr. einfächerig, einsamig. Grundst. B. schrotsägefg. Stlb. pfeilfg. geöhrt.
                                            Calepina 327
– Fr. 2- bis mehrsamig. Grundst. B. nicht schrotsägefg. 12
12. B. grasartig, schmal-lineal, grundst. (Pfl. 2–8 cm hoch.).   **Subularia 317**
– B. nicht grasartig 13
13. Fr. in eine schnabelfg. gekrümmte Spitze (den Gr.) auslaufend *(Fig. 265/ 5)*, 2samig.   **Euclidium 284**
– Fr. nicht in eine schnabelfg. gekrümmte Spitze auslaufend, mehrsamig. 14
14. Stlb. (oft auch die grundst. B.) ganzrandig. Längere Stbf. kniefg. einwärts gekrümmt. Felsenpfl.   **Kernera 302**
– Stlb. (wenigstens die unteren) gezähnt, gekerbt od. fiederschn. Stbf. nicht gekrümmt. 15
15. Stlb. geöhrt umfassend. Klappen der Fr. mit Mittelnerv.
                                             Cochlearia 301
– Stlb. mit verschmälertem Grunde. Klappen nervenlos.   **Armoracia 288**
16. Scheidewand viel schmäler als der grössere Durchm. des Schötchens (zu den Flachseiten senkrecht, *Fig. 265/6*). 17
– Scheidewand so br. wie der grössere Durchm. des Schötchens (den Flachseiten parallel, *Fig. 265/7*). 24
17. Fächer einsamig. 18
– Fächer 2- bis mehrsamig. 19
18. Fr. ein br.-eifg. ausgerandetes Schötchen   **Lepidium 314**
– Fr. eine herzeifg., nicht ausgerandete Nuss   **Cardaria 315**
19. B., wenigstens die unteren, fiederschn., schrotsägefg.-fiederschn. od. 3sp. (vgl. aber *Capsella pauciflora*). Klappen der Fr. ohne Flügelrand. Bl. weiss. 20
– B. ungeteilt, ganzrandig od. gezähnelt. Fr.klappen meist mit Flügelrand. Bl. weiss, violett od. rötl. 23
20. Fr.fächer vielsamig. Obere B. ungeteilt. 21
– Fr.fächer 2samig. Sämtl. B. fiederschn. 22
21. Stlb. am Grunde pfeilfg. Schötchen 3eckig-verkehrt-herzfg.
                                             Capsella 305
– Stlb. am Grunde verschmälert. Schötchen elliptisch-längl. od. rundl.-oval.   **Hymenolobus 307**
22. Krb. doppelt so lg. wie der K. St. meist b.los.   **Hutchinsia 306**
– Krb. kaum länger als der K. St. beblättert.   **Hornungia 308**
23. Stlb., wenigstens die oberen, sitzend, am Grunde herzfg. od pfeilfg., umfassend. Alle Stbf. einfach.   **Thlaspi 310**

87. Brassicaceae

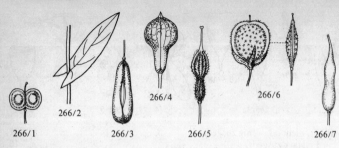

266/1   266/2   266/3   266/4   266/5   266/6   266/7

266

einsamige Stücke zerfallend *(Fig. 264/6)*. Krb. weiss, violett od. gelbl., mit violetten Adern.   **Raphanus 328**
– Fr. 2klappig aufspringend (Schote). 39
39. Krb. weiss, gelbl.-weiss, bläul., rötl., lila od. violett (bei *Cardamine impatiens* zuweilen fehlend). 40
– Krb. gelb od. blassgelb (bei *Descurainia* zuweilen fehlend). 53
40. B., mindestens an der St.basis, ungeteilt. 41
– B. geteilt od. zusges. 48
41. B. gestielt, die unteren herzfg. od. nierenfg. (vgl. auch *Cardamine asarifolia*).   **Alliaria 275**
– B. sitzend od. gestielt, aber im letzteren Falle nicht herzfg. 42
42. Stlb. mit herz- od. pfeilfg. Grunde umfassend *(Fig. 266/2)*. 43
– B. nicht mit herz- od. pfeilfg. Grunde. 44
43. Schoten 4kantig (bis 12 cm lg.).   **Conringia 318**
– Schoten zusgedr.   **Arabis 292**
44. Bl. gross; Krb. 15–20 mm lg. N. aus 2 aufrechten, aneinanderliegenden Lappen bestehend. 45
– Bl. klein; Krb. nicht über 10 mm lg. N. stumpf od. ausgerandet. 46
45. Pfl. sternhaarig-graufilzig. B. lineal.   **Matthiola 283**
– Pfl. grün. B. eifg. od. lanzettl.   **Hesperis 281**
46. Scheidewand der Schote schmal. Klappen gewölbt *(Fig. 267/1)*. Pfl. einjährig, mit kleinen (3 mm), weissen Bl.   **Arabidopsis 276**
– Scheidewand der Schote br. Klappen flach *(Fig. 267/2)*. 47
47. Stlb. sitzend.   **Arabis 292**
– Grundst. B. und untere Stlb. deutl. gestielt.   **Cardamine 289**
48. Haare, wenigstens teilweise, verzweigt (sternfg.) 49
– Pfl. kahl od. mit einfachen Haaren 50
49. Krb. 4–9 mm lg., lila od. weiss und dann Stb. lanzettl. gezähnt.
                                                                   Cardaminopsis 291
– Krb. ca. 3 mm lg., weiss. Stb. fiederschn.   **Murbeckiella 272**
50. S. in jedem Schotenfach einreihig *(Fig. 267/2, 4, 7)* (vgl. auch *Nasturtium microphyllum*). 51
– S. in jedem Schotenfach 2reihig *(Fig. 267/3)*. 52
51. Grundst. B. meist vorhanden. W.stock, wenn vorhanden, ohne od. mit unscheinbaren B.schuppen.   **Cardamine 289**
– Grundst. B. fehlend. W.stock mit fleischigen, zahnartigen B.schuppen.
                                                                   Dentaria 290

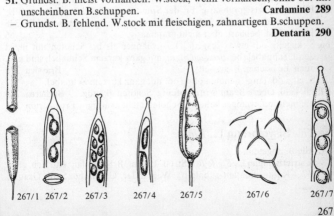

267/1 267/2   267/3   267/4   267/5   267/6   267/7

52. Schoten dem St. anliegend, mit schwertfg.-zusgedr. Schnabel. Landpfl.
                    Eruca 322
− Schoten abstehend, ohne Schnabel. Wasserpfl.   **Nasturtium 287**
53. (39.) S. in jedem Schotenfach (bisweilen etwas undeutl.) 2reihig *(Fig. 267/3).* 54
− S. in jedem Schotenfach einreihig *(Fig. 267/4, 7).* 56
54. Schoten mit schwertfg.-zusgedr., lg. Schnabel *(Fig. 267/5).* **Eruca 322**
− Schoten ohne od. mit kurzem, undeutl. Schnabel. 55
55. Schoten zusgedr. Klappen einnervig.   **Diplotaxis 319**
− Schoten nicht od. wenig zusgedr. Klappen meist nervenlos.
                    Rorippa 286
56. Alle B. ungeteilt, ganzrandig bis buchtig gezähnt. 57
− Wenigstens die unteren B. mehr od. weniger geteilt (ausg. bei kleineren Exemplaren von *Sinapis arvensis*). 60
57. Pfl. mit zum Teil 2- bis mehrschenkligen, verzweigten Haaren *(Fig. 267/6).* 58
− Pfl. kahl. od mit ausschliessl. einfachen Haaren. 59
58. N. tief-2lappig. Schoten flach-4kantig.   **Cheiranthus 282**
− N. nicht tief-2lappig. Schoten 4kantig.   **Erysimum 280**
59. S. viel länger als br. *(Fig. 267/4).* Schoten mit 3nervigen Klappen.
                   Sisymbrium 271
− S. kugelig *(Fig. 267/7).* Klappen einnervig.   **Brassica 320**
60. Klappen 3–5nervig; Nerven meist stark, gerade. 61
− Klappen einnervig od. undeutl. nervig. 63
61. Schoten ohne od. mit sehr kurzem Schnabel. **Sisymbrium 271**
− Schoten mit 7–20 mm lg. Schnabel. 62
62. Kb. aufrecht, die seitl. am Grunde sackartig verlängert. Nagel der Krb. den K. überragend.   **Rhynchosinapis 324**
− Kb. abstehend, nicht sackartig verlängert. Nagel der Krb. kurz.
                     Sinapis 321
63. B. fein sternhaarig, gefiedert od. 2–3fach fiederschn. 64
− B. kahl od. mit einfachen Haaren 65
64. B. 2–3fach fiederschn. Schoten 15–25 mm lg. **Descurainia 273**
− B. 1–2fach fiederschn. Schoten 8–15 mm lg. **Hugueninia 274**
65. Pfl. unterwärts grauhaarig. Fr. der Spindel angedrückt, mit 3–4 mm lg. Schnabel, der oft noch 1–2 S. einschliesst. **Hirschfeldia 325**
− Pfl. kahl od. behaart, aber nicht grauhaarig. 66
66. S. kugelig od. etwas zusgedr., kaum länger als br. Schoten mit meist deutl. Schnabel (bei *Brassica nigra*, mit ganz kurzem Schnabel, sind alle, auch die oberen, B. gestielt).   **Brassica 320**
− S. eifg. od. längl. Schoten ohne od. mit ganz kurzem Schnabel. ... 67
67. Pfl. kahl. Obere B. am Grund pfeilfg. Schoten 4kantig. **Barbarea 285**
− Pfl. mehr od. weniger behaart. Schoten nicht 4kantig. **Erucastrum 323**

271. Sisýmbrium L., *Rauke*

1. Alle B. ungeteilt.
  S. strictissimum L., *Steife R.* – St. 60–150 cm. B. längl.-lanzettl. Krb. gelb. / 7 / Kollin-montan(-subalpin). Wegränder, Gebüsche. Südl. Graub.;

sonst verschleppt. – Ossolatäler und südl. Grenzzone von Ao. bis Bormio, Vintschgau, Badischer Jura. [1137]
– B., wenigstens die unteren, geteilt.   2
2. S. in jedem Schotenfach 2reihig.
    S. supínum L., (*Braya supina* KOCH, *Kibera supina* (L.) FOURREAU), *Niederliegende R.* – St. 5–20 cm. B. fiederschn. Bl. mit b.artigen Deckb. Krb. weiss. / 6 bis 9 / Kollin-montan. Kiesige Ufer; s. s. J (Lac de Joux). – Französ. Jura (Doubs). [1138]
– S. in jedem Schotenfach einreihig.   3
3. Obere B. fiederschn., mit linealen, lg. Zipfeln.
    S. altíssimum L. (*S. sinapistrum* CRANTZ, *S. pannonicum* JACQ.), *Ungarische R.* – St. 30–100 cm. Abschn. der unteren B. gezähnt, die der oberen ganzrandig. Bl. blassgelb. Schoten bis 8 cm lg. / 5 bis 8 / Kollin-montan. Ödland, Schuttstellen, Bahnareale; hie und da. [1142]
– B. schrotsägefg.-fiederschn., die oberen oft spiessfg.   4
4. Fr. am St. anliegend, an der Spitze kegelfg.-pfriemfg.
    S. officinále (L.) SCOP., *Weg-R.* – St. 30–60 cm. B. mit grossem Endabschn. Bl. klein, 2–3 mm lg. Krb. hellgelb. / 5 bis 8 / Kollin-montan(-subalpin). Wegränder, Schuttstellen; s. hfg. [1143]
– Fr. abstehend, stielrund.   5
5. Fr.stiele fast so dick wie die Fr.
    S. orientále L. (*S. columnae* JACQ.), *Östliche R.* – St. 30–60 cm. St. und B. behaart bis kahl. Obere B. gestielt, spiessfg., 3teilig bis ungeteilt. Krb. blassgelb, zuletzt weiss. / 5 bis 7 / Kollin-montan. Schuttstellen; eingeschleppt. [1147]
– Fr.stiele schlank, viel dünner als die Fr.   9
6. Kb. 2–2,5 mm lg. Krb. blassgelb.
    S. irio L., *Schlaffe R.* – St. 10–50 cm. Zipfel der B. gezähnt, der obere eckig. Fr. 4–6mal so lg. wie ihr Stiel. / 5 bis 7 / Kollin. Ödland; s. Wallis, T, Graub.; sonst verschleppt. [1144]
– Kb. 3–3,5 mm lg., die seitl. am Grunde etwas sackartig verlängert. Krb. goldgelb.
    S. austríacum JACQ. (*S. pyrenaicum* VILL.), *Österreichische R.* – St. 30–60 cm. St. und B. kahl od. mit vereinzelten Haaren. Zipfel der B. aus br. Grunde 3eckig-spitz od. lanzettl. Gr. 1–2 mm lg. / 5 bis 6 / Kollin-montan(-subalpin). Felsige, steinige Orte; s. Wallis; eingebürgert im Unterengadin; sonst hie und da vorübergehend. – Salève bei Genf, Ao., Val Sesia. [1145]
    S. loesélii L., *Loesels R.* – St. 20–80 cm. St. und B. rauhhaarig; Haare am St. abwärts gerichtet. Zipfel der B. grob gezähnt. Gr. höchstens ½ mm lg. / 6 bis 9 / Kollin. Schuttstellen; eingeschleppt. [1146]

272. **Murbeckiella** ROTHMALER, *Fiederrauke*

M. pinnatífida (LAM.) ROTHMALER (*Sisymbrium dentatum* ALL., *S. pinnatifidum* DC., *Braya pinnatifida* KOCH), *Fiederrauke*. – St. 5–25 cm, aufrecht bis aufsteigend, fein sternhaarig. Stlb. fiederschn., mit linealen Zipfeln. Bl. weiss. Fr. 15–25 mm lg., kahl, aufrecht abstehend. / 7 bis 8 / Subalpin-alpin. Steinige Orte; auf Silikat; s. A (Waadt, Wallis). – Ao. [1139]

273. **Descuraínia** WEBB u. BERTHELOT, *Sophienkraut*

D. sophía (L.) WEBB ex PRANTL (*Sisymbrium sophia* L.), *Sophienkraut.* –
St. 20–90 cm, aufrecht, mit sparrig verzweigten Haaren besetzt. B. 2–
3fach fiederschn. mit linealen bis lineal-lanzettl. Zipfeln, von mehrstrahligen Haaren grau. Krb. hellgelb, oft kürzer als die Kb. Fr. 15–25 mm lg.,
kahl, aufrecht abstehend. / 5 bis 8 / Kollin-montan(-subalpin). Wegränder, Äcker, Schuttstellen, Balmen; besonders in wärmeren Gegenden;
zieml. hfg. [1140]

274. **Huguenínia** RCHB., *Farnrauke*

H. tanacetifólia (L.) RCHB. (*Sisymbrium tanacetifolium* L.), *Farnrauke.* –
St. 30–100 cm, aufrecht, mit kleinen mehrstrahligen Haaren besetzt. B.
gefiedert, mit eingeschnitten-gezähnten Teilb. Blstd. beim Aufblühen
doldenartig. Bl. lebhaft gelb. Fr. 8–15 mm lg., auf abstehenden Stielen
aufrecht. / 7 / Subalpin(-alpin). Feuchte, felsige Orte, Hochstaudenfluren, Schuttstellen; s. A (Wallis). – Ao. [1141]

275. **Alliária** SCOP., *Knoblauchhederich*

A. petioláta (M. B.) CAVARA u. GRANDE (*A. officinalis* ANDRZ.), *Knob-
lauchhederich.* – St. 20–90 cm. B. ausgeschweift gezähnt. Bl. weiss. / 4 bis
6 / Kollin-montan. Gebüsche, Wegränder, Schuttstellen; hfg. [1136]

276. **Arabidópsis** (DC.) HEYNHOLD, *Schotenkresse*

A. thaliána (L.) HEYNHOLD (*Stenophragma thalianum* ČEL.), *Schoten-
kresse.* – St. 5–40(–60) cm, unterwärts rauhhaarig. B. längl.-lanzettl.,
sitzend, stumpf. Krb. weiss. Schoten aufrecht-abstehend. / 4 bis 5, auch
im Herbst / Kollin-montan(-subalpin). Äcker, Grasplätze, Mauern, Balmen; verbr. [1230]

277. **Mýagrum** L., *Hohldotter*

M. perfoliátum L., *Hohldotter.* – Pfl. 30–60 cm, blaugrün. Untere B. verkehrt-eifg., stumpf, obere pfeilfg., spitz. Krb. gelb. / 5 bis 6 / Kollin.
Äcker, Schuttstellen; eingeschleppt. [1148]

278. **Ísatis** L., *Waid*

I. tinctória L., *Färber-W.* – Pfl. 30–120 cm. St. und B. kahl od. behaart,
blaugrün. Stlb. längl., pfeilfg. umfassend. Krb. gelb. Fr. hängend *(Fig.
266/3).* / 4 bis 6 / Kollin-montan(-subalpin). Dämme, Wegränder, Rebgelände, Flussufer; stellenweise hfg. (so im Wallis). Früher als Farbpfl.
kult. [1150]

279. **Búnias** L., *Zackenschötchen*

B. orientális L., *Östliches Z.* – St. 30–120 cm. Grundst. B. längl., meist
buchtig-fiedersp. Bl. gelb. Schötchen mit 2 schiefgestellten, einsamigen

Hugueninia, Alliaria, Arabidopsis, Myagrum, Isatis, Bunias, Erysimum

Fächern. / 5 bis 8 / Kollin-montan. Wegränder, Wiesen, Schuttstellen; stellenweise. [1271]

B. erucágo L., *Acker-Z.* – St. 30–60 cm. Grundst. B. leierfg., schrotsägefg.-fiedersp. Bl. gelb. Schötchen 4fächerig, mit 4 zackig-geflügelten Kanten. / 5 bis 7 / Kollin-montan. Äcker, Wiesen, Schuttstellen; s. West- und Südschw. [1270]

280. Erýsimum L., *Schöterich, Schotendotter*

1. Pfl. mehrjährig, mit nichtblühenden Trieben. Kb. 8–14 mm lg.
   E. húmile PERS. (*E. ochroleucum* DC., *E. dubium* THELL.), *Blassgelber S.* – Äste des W.stockes verlängert, kriechend. St. 10–40 cm. B. lanzettl., nach vorn breiter werdend. Kb. 10–14 mm lg. Krb. bis über 2 cm lg., zuerst zitronen-, dann strohgelb. Schoten flach-4kantig. / 6 / Kollin-subalpin. Felsschutt. J (Dôle bis Chasseral). – Französ. Jura. [1247]
   E. helvéticum (JACQ.) DC. (*E. rhaeticum* (SCHLEICHER ex HORNEMANN) DC.), *Schweizerischer S.* – Äste des W.stockes kurz, aufrecht. St. 5–50 cm. B. lineal-lanzettl. Kb. 8–12 mm lg. Krb. bis über 2 cm lg., gelb. Schoten 4kantig. / 6 bis 7 / Kollin-subalpin. Felsen, Felsschutt, Kies. A (südl. Teile). [1248] – Vom Typus abweichend: Var. *nanum* BEYER (var. *pumilum* GREMLI), Hochalpenform mit verkürztem St. und wenig zahlreichen St.b.; var. *rhaéticum* (DC.) THELL., St.b., wenigstens teilweise, mit Laubb.büscheln, St. meist verlängert.
– Pfl. 1–2jährig, od. 2- bis mehrjährig. Kb. nicht über 9 mm lg. 2
2. Bl.stiele 2–3mal so lg. wie der K.
   E. cheiranthoídes L., *Acker-S.* – St. 15–80 cm. B. längl.-lanzettl., geschweift-gezähnt bis ganzrandig. Bl. klein. Kb. 2–3 mm lg. Krb. goldgelb. / 6 bis 8 / Kollin-montan. Äcker, Wegränder, Schuttstellen; verbr. [1250]
– Bl.stiele kürzer od. höchstens so lg. wie der K. 3
3. Schoten auf waagrecht od. fast waagrecht abstehenden Stielen.
   E. repándum L., *Brachen-S.* – St. 15–30 cm. B. lanzettl., zugespitzt, an der Spitze zurückgekrümmt. Kb. 4–5 mm lg. Krb. gelb. / 4 bis 6 / Kollin. Wegränder, Brachfelder, Schuttstellen; eingeschleppt. [1251]
– Schoten auf aufrecht-abstehenden Stielen. 4
4. Krb. 8–10 mm lg.
   E. hieraciifólium L., *Steifer S.* – St. 40–100 cm. Kb. 5–7 mm lg., die seitl. am Grunde sackartig verlängert. Krb. gelb. / 6 bis 7 / Kollin-subalpin. Steinige Orte, Wegränder.

   > **E. hieraciifólium** L. ssp. **hieraciifólium** (*E. strictum* G. M. SCH.), *Habichtsblättriger S.* – B. lanzettl., buchtig gezähnt. Kb. 5–6 mm lg. – J (Waadt, Neuenb.), A (Freib., Wallis). – Els., Belf. auch adv. [1253]
   > **E. hieraciifólium** L. ssp. **virgátum** (ROTH) SCH. u. K. – B. lineal-lanzettl., meist ganzrandig. Kb. 6–9 mm lg. – Wallis, St. Gallen, Graub.; auch verschleppt. [1254]

– Krb. 10–16 mm lg.
   E. crepidifólium RCHB., *Pippaublättriger S.* – St. 15–60 cm. B. lineal-lanzettl., spitz, die unteren buchtig spitz-gezähnt, die oberen ganzrandig. Kb. 6–9 mm lg. Krb. 10–16 mm lg., gelb. / 4 bis 6 / Kollin-montan. Felsen, Wegränder, Mauern. – Hegau. [1252]

281. Hésperis L., *Nachtviole*

H. matronális L., *Nachtviole.* – St. 40–80 cm. B. eilanzettl., zugespitzt, gezähnt. Bl. purpurn, lila od. weiss. / 5 bis 6 / Kollin-montan. Gebüsche, Flussufer, Schuttstellen; zerstr. [1268]

282. Cheiránthus L., *Goldlack*

Ch. cheiri L. (*Erysimum cheiri* (L.) Crantz), *Goldlack.* – St. 30–45 cm, am Grunde holzig. B. kurz gestielt, lanzettl., spitz, ganzrandig, ange-drückt behaart. Krb. goldgelb. / 4 bis 5 / Kollin-montan. Felsen, Mauern; eingebürgert. Besonders Nordwest- und Westschw. und T. [1256]

283. Matthíola R. Br., *Levkoje*

M. fruticulósa (L.) Maire ssp. **valesíaca** (J. Gay) P. W. Ball (*M. vale-siaca* J. Gay ex Boissier), *Walliser L.* – St. 10–30 cm, am Grunde reich-blättrig. Bl. schmutzigviolett. / 5 bis 7 / Kollin-subalpin. Felsen, Fels-schutt, Kies; auf Kalk und Glimmerschiefer; s. Wallis. [1269]

284. Euclídium R. Br., *Schnabelschötchen*

E. syríacum (L.) R. Br., *Schnabelschötchen.* – St. 20–35 cm, sparrig-ästig. Obere B. längl.-lanzettl., ganzrandig. Krb. gelbl.-weiss. Fr. kugelig, be-haart, mit schnabelfg. Gr. *(Fig. 265/5).* / 6 / Kollin-montan. Schuttstel-len; hie und da; verschleppt. [1267]

285. Barbaréa R. Br., *Winterkresse*

1. Fr.stiele dünner als die reifen Schoten. Obere B. ungeteilt.
  B. vulgáris R. Br., *Gemeine W.* – St. 30–90 cm. Untere B. leierfg., mit grossen, rundl.-eifg. Endabschn., die oberen eckig gezähnt. Krb. gelb, doppelt so lg. wie die Kb. / 5 bis 7 / Kollin-montan(-subalpin). Feuchte Orte, Schuttstellen, Strassenränder; hfg. [1176]
– Fr.stiele fast so dick wie die reifen Schoten. Alle B. fiederschn.
  B. intermédia Boreau, *Mittlere W.* – St. 30–60 cm. Untere B. 3–5paarig. Krb. gelb. Schoten zahlreich, einander genähert, gerade, 2,5–3 cm lg. / 4 bis 6 / Kollin-subalpin. Strassenränder, Schutt, Bahnareale; zieml. verbr. [1177]
  B. verna (Miller) Asch. (*B. praecox* R. Br.), *Frühlings-W.* – St. 30–60 cm. Untere B. 5–10paarig. Krb. gelb. Schoten voneinander entfernt ste-hend, leicht bogig aufwärts gekrümmt, 4–7 cm lg. / 4 bis 6 / Kollin-mon-tan. Wie vorige; s. [1178]

286. Roríppa Scop., *Sumpfkresse*

1. Krb. so lg. wie die Kb., blassgelb.
  R. islándica (Oeder) Borbás (*R. palustris* Besser, *Nasturtium palustre* DC.), *Gemeine S.* – St. 5–60 cm. B. fiederschn., die unteren leierfg. Scho-

ten holprig, etwa so lg. wie ihr Stiel. / 6 bis 8 / Subalpin-alpin. Feuchte Orte; auch an Schuttstellen; verbr. [1179]

– Krb. fast doppelt so lg. wie die Kb., goldgelb. 2

2. Schoten so lg. od. länger (mindestens halb so lg.) als ihr Stiel.

R. silvéstris (L.) BESSER (*N. silvestre* R. BR.), *Wilde S.* – St. 20–50 cm. B. tief fiederschn. Junge Fr. allmähl. in den zieml. dicken Gr. übergehend. Fr.stiele unter spitzem Winkel abstehend. / 6 bis 9 / Kollin-montan(-subalpin). Feuchte Orte, Wegränder, Schuttstellen; stellenweise. [1180]

R. prostráta (BERGERET) SCH. u. TH. (*N. anceps* RCHB., *N. riparium* GREMLI), *Niederliegende S.* – St. 30–90 cm. B. leierfg.-fiederschn., mit grossem Endabschn. Junge Fr. mit deutl. abgesetztem, schlankem Gr. Fr.stiele fast waagrecht-abstehend od. etwas zurückgebogen. / 6 bis 9 / Kollin-montan. Feuchte Orte, Fluss- und Seeufer; zerstr.; auch adv. [1181]

– Schoten (Schötchen) 3–4mal kürzer als ihr Stiel.

R. amphíbia (L.) BESSER (*N. amphibium* R. BR.), *Wasserkresse.* – St. 40–150 cm, am Grunde kriechend, meist hohl. Stlb. ungeteilt, die untersten oft buchtig gezähnt od. gesägt, selten fiederschn. / 5 bis 7 / Kollin. Sumpfgräben, Ufer; zerstr. [1182]

R. pyrenáica (LAM.) RCHB. (*R. stylosa* (PERS.) MANSFELD u. ROTHMALER, *N. pyrenaicum* R. BR.), *Pyrenäen-S.* – St. 10–30 cm, aufrecht. Stlb. fiederschn., mit linealen, ganzrandigen Abschn. / 5 bis 6 / Kollin-subalpin. Steinige Orte, Wiesen; nicht hfg. [1183]

287. **Nastúrtium** R. BR., *Brunnenkresse*

N. officinále R. BR. (*Rorippa nasturtium-aquaticum* HAYEK), *Gemeine B.* – St. 30–90 cm. B. fiederschn., mit herz-eifg. Endabschn. Krb. weiss. Stb.beutel gelb. Schoten 13–18 mm lg., auf 8–12 mm lg. Stielen sitzend. S. in 2 Reihen, mit ca. 50 wabenartigen Gruben auf der Samenschale. Laub im Herbst und Winter grün bleibend. / 6 bis 9 / Kollin-montan(-subalpin). Gräben, Bäche; verbr. [1184]

N. microphýllum (BOENNINGH.) RCHB. (*R. microphylla* HYLANDER), *Kleinblättrige B.* – Schoten 16–22 mm lg., auf 11–15 mm lg. Stielen sitzend. S. in 1 Reihe, mit ca. 200 wabenartigen Gruben auf der Samenschale. Laub sich im Herbst rotbraun verfärbend. Sonst wie die vorige Art. / 6 bis 9 / Kollin. Wie vorige. Nord- und Westschw.; weitere Verbreitung festzustellen.

288. **Armorácia** G. M. SCH., *Meerrettich*

A. rusticána G. M. SCH. (*A. lapathifolia* GILIB., *Cochlearia armoracia* L.), *Meerrettich.* – St. 80–140 cm. Grundst. B. gross, längl.-eifg. od. herzfg., gekerbt. Untere Stlb. fiederschn., obere lanzettl. bis lineal. Bl. weiss. / 5 / Kollin-montan. Kult. und hie und da verwildert. [1185]

289. **Cardámine** L., *Schaumkraut*

1. Alle od. doch die untersten B. ungeteilt. 2

– Alle B. fiederschn., gefiedert od. 3zählig zusges. 3

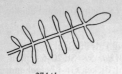

274/1   274/2

2. Pfl. 30–80 cm hoch. Stb.beutel violett.
　　C. asarifólia L., *Haselwurzblättriges S.* – B. gross, rundl.-nierenfg., ge-
　　schweift gezähnt. Krb. weiss. / 5 bis 6 / Montan-subalpin. An Quellen
　　und Bächen; kalkfliehend. A (Graub. [Puschlav]). – Ao., Co., Veltlin.
　　[1186]
－ Pfl. höchstens 15 cm hoch, meist niedriger. Stb.beutel gelb.
　　C. alpína WILLD., *Alpen-S.* – St. 2–8 cm. B. alle ungeteilt od. die oberen
　　undeutl. 3lappig. Krb. weiss. / 7 bis 8 / Alpin. Schneetälchen, feuchte
　　Felsen, Quellränder. A. [1187]
　　C. resedifólia L., *Resedablättriges S.* – St. 5–15 cm. Unterste B. eifg.,
　　obere fiederschn. Krb. weiss. / 5 bis 8 / Subalpin-alpin. Felsschutt, Fel-
　　sen, Rasen. A. [1188]
3. St. b.los od. einblättrig.
　　C. trifólia L., *Dreiblättriges S.* – St. 10–15 cm. Grundst. B. lg. gestielt,
　　3zählig. Krb. weiss. / 5 / Montan. Wälder; s. J (Neuenb.), A (Waadt,
　　Bern, Graub.). – Vorarlberg. [1189]
－ St. beblättert. 4
4. Pfl. niedrig, halb-niederliegend, zart. B. wenig. geteilt.
　　C. plumíeri VILL. (*C. thalictrifolia* ALL.), *Wiesenrautenblättriges S.* – St.
　　3–20 cm. Grundst. B. einfach, rundl.-nierenfg.; st.st. gefiedert, mit 3–5
　　oval-abgerundeten Blättchen; das Endblättchen grösser, oft mit 3 Lap-
　　pen. Krb. 7–9 mm lg., weiss. / 7 bis 8 / (Subalpin-)alpin. Felsige Orte;
　　auf Silikatgestein. – Ao., Val Sesia. [1190]
－ Pfl. ansehnl., aufrecht. B. 3–11zählig gefiedert. 5
5. Krb. 3–5 mm lg., schmal, od fehlend. 6
－ Krb. 7–18 mm lg.
　　C. amára L., *Bitteres S.* – St. 15–40 cm. Alle B. mit eifg., eckig-gezähnten
　　Abschn. Grundst. B. nicht rosettenartig angeordnet. Krb. weiss. Stb.beu-
　　tel violett. / 5 bis 6 / An Quellen und Bächen; verbr. [1192]
　　C. praténsis L. s.l., *Wiesen-S.* – St. 15–60 cm. Grundst. B. in einer Ro-
　　sette, gefiedert, mit 2–10 seitl. Teilb. und oft grösserem, rundl.-nierenfg.
　　Endteilb. Stlb. fiederschn. mit ovalen bis linealen, ganzrandigen Ab-
　　schn., kahl. od. zerstr. behaart. Krb. violett, lila, rosa od. weiss. Stb.beutel
　　gelb. Fr. 20–55 mm lg., 0,8–1,5 mm br. / 4 bis 7 / Kollin-subalpin(-alpin).
　　Feuchte Wiesen und Wälder; verbr. [1191]
　　01. Kb. 4–6 mm lg., Krb. 12–19 mm lg. Teilb. der unteren und mittleren Stlb. kurz
　　　　gestielt. Sumpf- und Ufergesellschaften.
　　　　C. palústris (WIMM. u. CRAB.) PETERM. (*C. dentata* auct. p.p.), *Sumpf-S.* – St.
　　　　meist 1, oft unverzweigt. Grundst. B. mit 7–25 Teilb., Endteilb. wenig vergrös-
　　　　sert. Stlb. 5–12, Teilb. oval bis lineal, oft etwas nach rückwärts gerichtet;
　　　　zweitoberstes Stlb. mit 7–17 oft gestielten Teilb. Kr. weiss od. sehr hellviolett.
　　　　Fr. 1,1–1,5 mm br., 3–5 cm lg., mit 20–32 S.anlagen. / 5 / Kollin. See- und
　　　　Teichufer, Riedwiesen, Moorwälder, Gräben; s. M. – Sav., Vintschgau, Bo-
　　　　denseegebiet.

– Kb. 2–4 mm lg., Krb. 6–12 mm lg. Teilb. der Stlb. meist ungestielt. 02

02. Fr. 0,5–0,9 mm br., untere Teilb. der unteren Stlb. meist abgerundet und etwas nach rückwärts gerichtet *(Fig. 274/1)*. Krb. weiss.

C. matthíoli MORETTI (*C. hayneana* WELWITSCH EX. RCHB.), *Matthiolis S.* – St. 1 bis wenige, oft verzweigt, aufrecht. Grundst. B. zur Bl.zeit oft fehlend, mit 3–17 Teilb., Endteilb. meist deutl. vergrössert. Stlb. 5–20, Teilb. der unteren meist gestielt, zweitoberstes Stlb. mit 5–11 ungestielten Teilb. Fr. 0,5–0,9 mm br., meist 2,5–3 cm lg., mit 36–48 S.anlagen. / 4 bis 5 / Kollin. Magere Fett-wiesen, Gräben, Auenwälder; s. Südl. T. – Var., Co.

– Fr. 0,9–1,5 mm br., untere Teilb. der unteren Stlb. spitz od. bespitzt, recht-winklig abstehend od. leicht nach vorne gerichtet *(Fig. 274/2)*. Krb. hellvio-lett, rosa, seltener weiss. 03

03. Haare am B.rand der grundst. B. 2–5mal so lg. wie br., Endteilb. oft länger als 1,5 cm. Untere Stlb. mit 5–13 Teilb.

C. praténsis L. s.str., *Wiesen-S.* – St. 1 bis mehrere, einfach od. verzweigt, auf-recht. Grundst. B. mit (1–)3–7(–13) Teilb., Endteilb. meist bedeutend vergrös-sert, meist 1,5–3,5 cm lg. Stlb. 3–8, Teilb. meist ungestielt; zweitoberstes Stlb. mit 5–11 ungestielten Teilb. Krb. hellviolett. Fr. 1,1–1,6 mm br., 1,5–3,5 cm lg. mit 20–40 S.anlagen. / 4 bis 5 / Kollin-montan. Nährstoffreiche Wiesen, Wei-den, Gebüsche, Wälder; hfg., in den Zentral- und Südalpen s.

– Haare am B.rand der grundst. B. 5–12mal so lg. wie br. od. B. kahl, Endteilb. kaum länger als 1,5 cm. Untere Stlb. mit 9–21 Teilb.

C. rivuláris SCHUR, *Bach-S.* – St. meist 1, selten verzweigt, aufrecht. Grundst. B. mit 7–31 Teilb., Endteilb. nur wenig vergrössert. Stlb. meist 3–5, Teilb. meist ungestielt, an den unteren B. nur 1–2mal so lg. wie br., zweitoberstes Stlb. mit 7–11 ungestielten Teilb., Endteilb. $\frac{1}{4}$–$\frac{3}{4}$mal so lg. wie der Rest des B. Krb. rosa. Fr. 0,9–1,3 mm br. mit 8–32 S.anlagen. / 6 bis 7 / (Montan-)sub-alpin(-alpin). See- und Bachufer, feuchte Wiesen, quellige Stellen; zerstr. A, besonders nördl. Teile.

C. udícola JORDAN, *Moor-S.* – St. 1 bis meist viele, oft verzweigt, aufsteigend bis aufrecht. Grundst. B. mit 5–25 Teilb., Endteilb. nur wenig vergrössert. Stlb. 4–10, Teilb. meist ungestielt, an den unteren B. meist mehr als 2mal so lg. wie br., das zweitoberste Stlb. mit 5–11 ungestielten Teilb., Endteilb. $\frac{2}{3}$–1½mal so lg. wie der Rest des B. Krb. weiss od. hellviolett (in der gleichen Po-pulation oft beide Farben). Fr. 0,9–1,3 mm br., 1,5–3 cm lg., mit 8–32 S.anla-gen. / 4 bis 5 / Kollin-montan. Riedwiesen, Flachmoore, Ufer, in höheren Lagen in feuchten Wiesen; verbr., in den Zentral- und Südalpen s. s.

6. B.stiel am Grunde pfeilfg. geöhrt.

C. impátiens L., *Spring-S.* – St. 10–80 cm. B. 5–9paarig gefiedert. Krb. klein, schmutzigweiss, oft fehlend. / 5 bis 7 / Kollin-montan(-subalpin). Feuchte Wälder, Gebüsche, Mauern; stellenweise. [1193]

– B.stiel nicht geöhrt.

C. flexuósa WITH. (*C. silvatica* LINK), *Wald-S.* – St. 15–40 cm, reichblätt-rig, meist einzeln, etwas hin- und hergebogen. B. 3–5paarig. Krb. weiss. Schoten mit abstehenden Stielen aufrecht. Stbb. 6 / 5 bis 6, auch im Herbst / Kollin-montan(-subalpin). Wälder; verbr. [1195]

C. hirsúta L., *Vielstengliges S.* – St. 5–30 cm, 1–3blättrig, zu mehreren. B. 2–4paarig. Krb. weiss. Schoten mit aufrechten Stielen aufrecht. Stbb. meist 4. / 3 bis 5, auch im Herbst / Kollin-montan(-subalpin). Gras-plätze, Felder, Weinberge; verbr. [1194]

290. **Dentária** L., *Zahnwurz*

1. B. handfg. 3–5zählig zusges.

D. pentaphýllos L. (*D. digitata* LAM., *Cardamine pentaphyllos* (L.) CRANTZ em. R. BR., *C. digitata* O. E. SCHULZ), *Fingerblättrige Z.* – St.

30–50 cm, 3–4blättrig. Krb. violett. / 4 bis 5 / (Kollin-)montan(-subalpin). Bergwälder; verbr. [1197]

– B. alle od. doch zum Teil gefiedert. 2

2. Pfl. in den Winkeln der B. Brutknöllchen tragend.

D. bulbífera L. (*C. bulbifera* (L.) CRANTZ), *Knöllchentragende Z.* – St. 30–60 cm. Oberste B. ungeteilt. Krb. lila. Fr. selten entwickelt. / 4 bis 5 / Kollin-montan(-subalpin). Wälder. Südl. T, St. Gallen; sonst s. – Bad. [1198]

– Pfl. ohne Brutknöllchen.

D. heptaphýlla VILL. (*D. pinnata* LAM., *C. heptaphylla* (VILL.) O. E. SCHULZ, *C. pinnata* R. BR.), *Fiederblättrige Z.* – St. 30–60 cm. Stlb. wechselst. B.abschn. 5–7, selten bis 9. Krb. weiss od. blasslila. / 4 bis 5 / Kollin-montan(-subalpin). Bergwälder; stellenweise. [1199]

D. polyphýlla W. u. K. (*C. kitaibelii* BECHERER, *C. polyphylla* O. E. SCHULZ), *Kitaibels Z.* – St. 25–40 cm. Stlb. fast quirlig. B.abschn. 7–9. Krb. gelbl.-weiss. / 4 bis 5 / Kollin-montan(-subalpin). Wie vorige; nicht hfg. Zentral-, Ost- und Südschw. [1200]

Bastarde.

291. **Cardaminópsis** (C. A. MEYER) HAYEK, *Schaumkresse*

1. Pfl. mit oberird. Ausläufern. St. nur mit einfachen Haaren besetzt.

C. hálleri (L.) Hayek (*Arabis halleri* L.), *Hallers Sch.* – St. 20–45 cm. Grundst. B. in der Regel ungeteilt, herzfg. od. eifg.; untere Stlb. jederseits mit 1–3 Lappen, obere lanzettl. Bl. weiss, oben ganz schwach lila überlaufen, selten lebhaft lila. / 4 bis 6 / (Kollin-)montan-subalpin. Wiesen, seltener Gebüsche. T, Graub.; sonst verschleppt. – Südl. Grenzzone von Piemont über Co. bis Bormio. [1239]

– Pfl. ohne Ausläufer. St. mit einfachen und gegabelten Haaren besetzt.

C. arenósa (L.) HAYEK s.l. (*A. arenosa* (L.) SCOP.), *Sand-Sch.* – Pfl. 10–25 cm. Grundst. B. und untere Stlb. lanzettl. bis schmal-lanzettl., leierfg. fiedersp., jederseits mit 1–9 Lappen. Bl. lila, selten weiss. / 4 bis 10 / Kollin-montan. Sandige Orte, Felsen, torfige Wiesen; zerstr. – Els., Belf. [1238]

C. arenósa (L.) HAYEK ssp. **arenósa**, *Sand-Sch.* – Untere B. jederseits mit 1–6 Lappen. Krb. weiss, selten blasslila. Schoten mit ihren St. einen Winkel bildend, aufrecht. S. meist ohne Hautrand. – Stickstoffhaltige Böden, torfige Wiesen, sandige Ruderalstellen, Bahndämme, Mauern, Gebüsche; zerstr. (Fehlt Westschw., Wallis und Graub. weitgehend.)

C. arenósa (L.) HAYEK ssp. **borbásii** (ZAPALOWICZ) PAWLOWSKI, *Felsen-Sch.* – Mindestens einzelne der unteren B. jederseits mit 4–9 Lappen. Krb. lila. Schoten mit ihren Stielen keinen Winkel bildend, abstehend. S. mit deutl. Hautrand. – Sandige, steinige Orte, Felsen; s. J (nordwestl. Teil), M (Einzugsgebiet der Emme).

292. **Árabis** L., *Gänsekresse*

1. Pfl. im oberen Teil kahl, blaugrün. Schoten aufrecht angedrückt. S. in jedem Fach 2reihig.

A. glabra (L.) BERNH. (*Turritis glabra* L.), *Turmkraut.* – St. 50–170 cm, straff aufrecht. Grundst. B. sternhaarig, gezähnt. Stlb. kahl, blaugrün, ganzrandig, pfeilfg.-umfassend. Krb. gelbl.-weiss. / 5 bis 7 / Kollin-montan(-subalpin). Steinige Orte, Gebüsche; verbr. [1231]

– Ganze Pfl. behaart od. kahl, aber dann die Schoten nicht angedrückt. S.
  in jedem Fach einreihig. 2
2. Stlb. am Grunde geöhrt, herz- od. pfeilfg.-umfassend. 3
– Stlb. am Grunde verschmälert od. abgerundet. 7
3. Pfl. kahl.
  A. pauciflóra (GRIMM) GARCKE (*A. brassiciformis* WALLR.), *Armblütige*
  G. – St. 30–100 cm, wie die B. blau bereift. B. längl., ganzrandig, die
  unteren in einen zieml. lg. Stiel verschmälert. Krb. weiss. / 5 bis 6 / Kol-
  lin-subalpin. Steinige Orte und Gebüsche; zerstr. [1232]
– Pfl. mehr od. weniger behaart. 4
4. Schoten bogig-abwärts gekrümmt. Bl. gelbl.-weiss.
  A. turríta L., *Turm-G.* – St. 30–80 cm, einfach. B. weich behaart, gezähnt.
  Schoten 8–15 cm lg. / 4 bis 6 / Kollin-montan. Wälder, steinige, buschige
  Hänge; besonders hfg. im J. [1233]
– Schoten aufrecht od. abstehend. Bl. weiss. 5
5. Krb. 6–15 mm lg. Pfl. mehrjährig, mit nichtblühenden Trieben.
  A. alpína L., *Alpen-G.* – Pfl. graugrün. St. 10–40 cm, oft verzweigt. B. grob
  gezähnt. Krb. 6–10 mm lg. / 3 bis 10 / (Kollin-)montan-alpin. Felsschutt
  und Felsen. J, M, A; oft mit den Flüssen herabgeschwemmt. [1234]
  A. caucásica WILLD. (*A. albida* STEVEN), *Kaukasische G.* – Der vorigen
  Art nahestehend, von ihr verschieden: Pfl. grau- bis weissfilzig. St. 15–30
  cm. B. jederseits nur mit 2–3 Zähnen. Krb. 9–15 mm lg. / 3 bis 4 / Kol-
  lin(-subalpin). Als Zierpfl. in Gärten und auf Friedhöfen kult. (oft mit
  «gefüllten» Bl.); da und dort an Mauern und Strassenrändern verwildert.
  Stammt aus dem Mittelmeergebiet.
– Krb. 4–6 mm lg. Pfl. ohne nichtblühende Triebe. 6
6. Schoten aufrecht, einander genähert.
  A. hirsúta (L.) SCOP. s.l., *Rauhhaarige G.* – Pfl. 15–80 cm, mit einfachen
  od. gegabelten Haaren besetzt. Grundst. B. in einer Rosette, gestielt.
  Stlb. sitzend, am Grunde geöhrt od. schwach herzfg. umfassend. Blstd.
  reichblütig, nach der Blüte verlängert. Bl. weiss. Schoten 2–5 cm lg., 1–
  1,5 mm br. / 5 bis 7 / Kollin-montan(-subalpin); hfg. [1235]
  01. Unterer Teil des St. nur mit fast sitzenden, gegabelten, anliegenden Haaren
     besetzt *(Fig. 277/1)*. Schoten bis 1 mm br., ohne deutl. Nerven.
     A. planisíliqua (PERS.) RCHB. fil. (*A. gerardii* (BESS.) BESS.), *Flachschotige G.* –
     Pfl. 30–80 cm. Stlb. 20–50, einander überdeckend, mit pfeilfg., angedrückten,
     den St. umfassenden Öhrchen. / 5 bis 7 / Kollin. Stromtalpfl.; Streuwiesen,
     Auenwälder; s. Untersee.
  – Unterer Teil des St. mit einfachen od. mit gestielten, gegabelten, abstehenden
     Haaren besetzt *(Fig. 277/2, 3)* od. kahl. Schoten 0,8–1,9 mm br., mindestens
     im unteren Teil mit deutl. Nerven.

277/1   277/2   277/3

A. sagittáta (BERTOL.) DC., *Pfeilblättrige G.* – Pfl. 15–60 cm. Haare des St. 0,3–0,8 mm lg. *(Fig. 277/2).* Stlb. 10–25, sich teilweise überdeckend, mit herzpfeilfg. Grunde, den St. mit 1–2 mm lg., spreizenden Öhrchen umfassend. Schote 0,8–1,1 mm br. / 5 bis 7 / Kollin-montan. Nährstoffarme Böden, Halbtrockenrasen, Gebüsche; auf Kalk; zerstr.

A. hirsúta (L.) SCOP. s.str., *Rauhhaarige G.* – Pfl. 15–60 cm. Haare des St. 0,1–1,2 mm lg. *(Fig. 277/3).* Stlb. 8–30, sich teilweise überdeckend, mit schwach herzfg. Grunde, den St. mit bis 1 mm lg., wenig spreizenden Öhrchen umfassend. Schote 1,1–1,9 mm br. / 5 bis 6 / Kollin-montan(-subalpin). Raine, Trockenwiesen, Wegborde; hfg. [1235]

– Schoten abstehend, voneinander entfernt.

A. recta VILL. (*A. auriculata* auct.), *Öhrchen-G.* – St. 10–30 cm, schlank. Fr.stiele 3–5 mm lg., so br. wie die Fr. Spindel der Fr.traube hin- und hergebogen. / 4 bis 5 / Kollin-montan(-subalpin). Felsige Orte; s. J (bis Olten), A (in wärmeren Tälern). – Bad. (Kaiserstuhl). [1236]

A. nova VILL. (*A. saxatilis* ALL.), *Felsen-G.* – St. 15–75 cm. Fr.stiele 8–12 mm lg., bedeutend schmäler als die Fr. Spindel der Fr.traube fast gerade. / 5 bis 6 / (Kollin-)montan-subalpin. Gebüsche, Felshänge, Balmen. J, M, A. [1237]

7. S. ringsum br.-häutig geflügelt. 8
– S. ohne od. mit ganz schmalem, höchstens an der Spitze verbreitertem Flügelsaum. 9
8. Untere Teile der Pfl. behaart.

A. púmila JACQ., *Zwerg-G.* – St. 5–10 cm. Stlb. 2–3, eifg.-längl., sitzend. Bl. weiss, 6–7 mm lg. Fr. 2–4 cm lg. / 6 bis 7 / (Montan-)subalpin-alpin. Felsen, Felsschutt; auf Kalk. A. [1240]

– Pfl. kahl od. fast kahl.

A. coerúlea ALL., *Blaue G.* – St. 2–10 cm. Grundst. B. an der Spitze 3zähnig. Stlb. 2–4, am Rande gewimpert. Bl. hell-blaulila. Fr.traube kurz. / 7 bis 8 / (Subalpin-)alpin. Felsgrus; auf Kalk. A. [1241]

A. soyéri REUTER u. HUET ssp. **subcoriácea** (GREN.) BREISTR. (*A. jaquini* BECK, *A. bellidifolia* JACQ.), *Jacquins G.* – St. 10–25 cm. Grundst. B. ganzrandig od. undeutl. gezähnt. Stlb. 5–12, am Rande kahl, halbumfassend. Bl. weiss. Fr.traube verlängert, reichfr.; Fr. sehr dicht stehend. / 6 bis 7 / Subalpin-alpin. Quellfluren, Bachgeröll. A. [1242]

9. Fr.stiele und Fr. dem St. angedrückt.

A. murícola JORDAN (*A. muralis* BERTOL.), *Mauer-G.* – St. 10–20 cm, unterwärts nebst den B. sternhaarig-grau. B. grob gezähnt, die obersten ganzrandig. Bl. weiss, 6–7 mm lg. Fr. 3–5 cm lg. / 5 / Kollin-montan(-subalpin). Mauern, Felsen. Südwest- und Südschw. [1244]

– Fr.stiele und Fr. abstehend od. aufrecht-abstehend. 10
10. B. meist nur mit Sternhaaren.

A. serpyllifólia VILL., *Quendelblättrige G.* – St. 8–20 cm, dünn, hin- und hergebogen. B. eifg. od. verkehrt-eifg., ganzrandig od. schwach gezähnt. Bl. weiss, 4–5 mm lg. / 6 / Montan-alpin. Kalkfelsen; zerstr. J (Waadt, Neuenb.), M, A. – Salève bei Genf. [1243]

– B. mit einfachen od. gabeligen Haaren (dazwischen vereinzelte Sternhaare).

A. scabra ALL. (*A. stricta* HUDSON), *Rauhe G.* – St. 8–15 cm. B. lederig, glänzend, die grundst. buchtig gezähnt. Traube wenigbl. (3–6bl.). Bl. gelbl.-weiss, 6–7 mm lg. Fr. ca. 4 cm lg. Gr. schmal geflügelt. / 5 / Montan-subalpin. Felsen; s. – Französ. Jura, französ. Voralpen. [1246]

A. ciliáta CLAIRV. (*A. corymbiflora* VEST, *A. alpestris* RCHB.), *Bewimperte G.* – Tracht von A. hirsuta. St. 8–20 cm. B. krautig, die grundst. ganzrandig od. unregelm. gezähnt. Traube reichbl. Bl. weiss, 4–5 mm lg. Fr. 2–3 cm lg. (die jungen, etwas gekrümmten Fr. den Blstd. überragend). Gr. nicht geflügelt. / 4 bis 7 / (Kollin-montan-)subalpin(-alpin). Magere Wiesen, Weiden, Felsen. J, M, A. [1245]

293. Lunária L., *Mondviole*

L. redivíva L., *Wilde M.* – St. 40–100 cm. Alle B., auch die oberen, gestielt. Krb. lila. Schötchen längl., an beiden Enden spitz, 5–6 cm lg. / 5 bis 6 / (Kollin-)montan(-subalpin). Feuchte, schattige Schluchten. J, M (s.), A. – S, V. [1202]

L. ánnua L. (*L. biennis* MOENCH), *Garten-M., Silberling.* – St. 30–90 cm. Oberste B. sitzend. Krb. purpurviolett. Schötchen oval, 3–4,5 cm lg. / 4 bis 5 / Kollin. Kult.; nicht s. verschleppt und hie und da eingebürgert. [1203]

294. Alyssoídes MILLER, *Blasenschötchen*

A. utriculátum (L.) MEDIKUS (*Vesicaria utriculata* DC.), *Blasenschötchen.* – St. 20–50 cm. B. längl. Bl. in einer dichten, reichbl. Traube. Krb. lebhaft gelb. Schötchen ellipsoidisch, aufgeblasen, kahl. / 4 / Kollin-montan. Felsige Orte. Unteres Rhonetal. – Ao. [1266]

295. Alýssum L., *Steinkraut*

1. Krb. blassgelb, zuletzt weiss. K. bis zur Fr.reife bleibend *(Fig. 266/6)*.
   A. alyssoídes (L.) L. (*A. calycinum* L.), *Gemeines S.* – Pfl. 5–20 cm, sternhaarig-grau. St. mit aufstrebenden Ästen. B. lanzettl. / 4 bis 5 / Kollin-subalpin. Trockenrasen, Äcker, Dämme, Schuttstellen; verbr. [1257]
– Krb. goldgelb. K. abfallend. 2
2. Blstd. einfach, traubig. Krb. ausgerandet.
   A. montánum L., *Berg-S.* – Pfl. 10–25 cm, niederliegend-aufsteigend, sternhaarig-grau. B. lanzettl., die unteren längl.-verkehrt-eifg., in den B.stiel verschmälert, oberseits grün, unterseits sternhaarig-graufilzig. / 4 bis 6 / Kollin-subalpin. Steinige Hänge, Felsen. J (nördl. Teil), M (Burgdorf), A (Wallis [Simplon], Rigi). – Bad., Hegau. [1259]
– Blstd. rispig. Krb. abgerundet.
   A. alpéstre L., *Alpen-S.* – Pfl. 5–20 cm, dicht sternhaarig. B. verkehrt-eifg. od. längl. bis längl.-lanzettl., oberseits graugrün, unterseits gelbl.-weiss. / 7 bis 8 / Subalpin-alpin. Steinige Hänge; s. s. A (Wallis [Zermatt]). – Ao. [1260]
   A. argénteum ALL., *Silbergraues S.* – Pfl. 20–40 cm, dicht sternhaarig. St. oberwärts dicht trugdoldig verästelt. B. längl.-verkehrt-eifg., oberseits graugrün, unterseits dicht weissfilzig. Bl. in einer reichbl., rispig-verzweigten Traube. / 7 bis 8 / Wie vorige. – Ao. In der Schweiz kult. und verwildert. (Eine zu A. argenteum überleitende Form von *A. alpestre* im Wallis [Zermatt].) [1261]

296. Clypéola L., *Schildkraut*

C. ionthláspi L. (*C. gaudini* TRACHSEL p.p.), *Schildkraut.* – Pfl. 5–25 cm, sternhaarig-grau. B. spatelfg., stumpfl. Krb. gelb, zuletzt weissl. Schötchen abwärts gebogen, fast kahl bis kurzhaarig-grau. / 3 bis 4 / Kollin-montan. Trockene, sandige Orte; besonders in Balmen; s. Wallis. [1264]

297. Berteróa DC., *Graukresse*

B. incána (L.) DC., *Graukresse.* – Pfl. 25–60 cm, sternhaarig-grau. B. lanzettl. Krb. weiss. Schötchen elliptisch. / 6 bis 10 / Kollin-montan(-subalpin). Wegränder, Schuttplätze, Bahnareale; stellenweise. [1265]

298. Draba L., *Hungerblümchen*

1. St. b.los od. mit 1–3 B. Pfl. oft mit nichtblühenden B.rosetten. 2
– St. meist reichl. beblättert. 5
2. Krb. gelb.
  D. aizoídes L., *Immergrünes H.* – St. 2–10 cm. B. in dichter, grundst. Rosette, lineal, starr, kammfg. gewimpert. Gr. 1,5–4 mm lg. / 2 bis 4 (in tieferen Lagen), bis 7 (in höheren Lagen) / (Montan-)subalpin-alpin. Felsen, Rasen; auf Kalk. J, A. – V. [1217]
  D. hoppeána RCHB. (*D. zahlbruckneri* HOST), *Hoppes H.* – Unterscheidet sich von der vorigen Art durch den kurzen, 0,8–1 mm lg. Gr. / 7 bis 8 / Alpin. Felsgrus, Schneetälchen. A (hauptsächl. Südketten). [1218]
– Krb. weiss od. blassgelb.
3. Bl.stiele sternhaarig. Krb. in der Regel weiss.
  D. tomentósa CLAIRV., *Filziges H.* – St. 3–6 cm, dicht sternhaarig. B. sternhaarig-filzig. Schötchen oval, am Rande und oft auch auf den Flächen behaart. / 7 bis 8 / Alpin. Felsen; auf Kalk. A. [1219]
  D. dúbia SUTER (*D. frigida* SAUTER), *Gletscher-H.* – St. 2–10 cm, locker sternhaarig. B. sternhaarig-filzig. Schötchen längl. od. längl.-lanzettl., auf den Flächen und meist auch am Rande kahl. / 7 bis 8 / Alpin. Felsen; besonders auf kalkarmem Gestein. A. [1220]
– Bl.stiele kahl od. (bei *D. ladina*) mit spärl. einfachen Haaren. 4
4. Krb. 4–5 mm lg., blassgelb. Gr. deutl. (1 mm lg.).
  D. ladína BR.-BL., *Ladiner H.* – St. 2–6 cm, b.los. B. unterseits und oft auch oberseits zerstr.-gabel- und sternhaarig, am Rande lg. gewimpert. / 7 bis 8 / Alpin. Felsen, Felsschutt; auf Dolomit; s. A (Unterengadin). [1221]
– Krb. 3–3,2 mm lg., weiss. Gr. sehr kurz (0,2 mm lg.).
  D. fladnizénsis WULFEN (*D. wahlenbergii* auct.), *Flattnitzer H.* – St. 2–5 cm, b.los od. 1–2blättrig, kahl. B. meist nur am Rande gewimpert. Fr.traube kurz, fast doldenfg. / 7 bis 8 / Alpin. Rasen. A [1222]
  D. siliquósa M. B., (*D. johannis* HOST, *D. carinthiaca* HOPPE), *Kärntner H.* – St. 3–10 cm, meist 2blättrig, oben kahl. B. sternhaarig. Fr.traube verlängert. / 7 bis 8 / (Subalpin-)alpin. Rasen, Felsen, Mauerkronen. A. [1223]
5. Krb. hellgelb.
  D. nemorósa L., *Hellgelbes H.* – Pfl. einjährig. St. (6–)15–35 cm. Stlb. eifg., mit br. od. etwas verschmälertem Grunde sitzend, gezähnt bis

ganzrandig. Krb. an der Spitze ausgerandet. Fr.stiele fast waagrecht-
abstehend, bis 25 mm lg. / 4 bis 6 / Kollin-montan(-subalpin). Mauerkronen, Steinhaufen, Grasplätze. Graub. (mehrfach adv., eingebürgert
im Puschlav).
- Krb. weiss. 6
6. Stlb. umfassend, kreisrundl.-eifg., gezähnt. Fr.stiele zuletzt waagrecht-
abstehend.
   D. murális L., *Mauer-H.* – Pfl. einjährig. St. 10–50 cm. Fr.stiele so lg. bis
   doppelt so lg. wie die Fr. / 4 bis 6 / Kollin(-montan). Trockenrasen,
   Mauerkronen, Wegränder. Ajoie, Basel und Umgebung, M, Wallis, T;
   auch verschleppt. – Co. [1224]
- Stlb. nicht umfassend. Fr.stiele aufrecht-abstehend.
   D. incána L. (*D. bernensis* MORITZI, *D. confusa* EHRH.), *Graues H.* – Pfl.
   stets mit nichtblühenden Rosetten. St. 10–35 cm, reichl. beblättert. Stlb.
   eifg., gezähnt, die unteren mit Sternhaaren und längeren einfachen Haaren. Mittlere St.b. länger als der Abstand zum nächsten B. Fr. schraubenfg. gedreht, kahl od. flaumig. Gr. bis 0,1 mm, so lg. wie br. / 6 / Subalpin-alpin. Felsige Orte; auf Kalk; s. A (nördl. Ketten). [1226]
   D. styláris J. GAY (*D. thomasii* KOCH), *Thomas' H.* – Pfl. oft ohne nichtblühende Rosetten. St. 10–25 cm, reichl. beblättert. Stlb. längl.-lanzettl.,
   die unteren fein sternhaarig. Mittlere St.b. kürzer als der Abstand zum
   nächsten B. Fr. nicht od. schwach gedreht, flaumhaarig. Gr. 0,7–1 mm,
   länger als br. / 6 bis 7 / Subalpin-alpin. Felsige Orte. A (Wallis, Graub.).
   – Bormio. [1227]
Bastarde.

299. **Eróphila** DC., *Lenzblümchen*

E. verna (L.) CHEVALLIER s.l. (*Draba verna* L.), *Lenzblümchen.* – St. 2–15
cm. B. in grundst. Rosette, lanzettl., ganzrandig od. gezähnt. Krb. weiss.
Formenreiche Art. / 2 bis 5 / Äcker, Grasplätze, Kies, Mauerkronen;
hfg. [1229]
  01. Pfl. im unteren Teil sternhaarig. Fr. 5–12 mm lg., 2–5mal so lg. wie br.
    E. verna (L.) CHEVALLIER s.str., *Frühlings-L.* – St. meist zahlreich, 5–20 cm.
    Krb.zipfel länger als br. Bl. sich nach der Streckung des St. öffnend. – Kollin-
    montan(-subalpin); verbr.
    E. obcónica DE BARY (*E. simplex* WINGE), *Einfaches L.* – St. meist einzeln, 2–7
    cm. Krb.zipfel kürzer als br. Bl. sich teilweise vor der Streckung des St. öff-
    nend. – Kollin; s. T. – Els.
  – **E. praecox** (STEVEN) DC., *Frühblühendes L.* – Pfl. im unteren Teil kahl od. mit
    meist einfachen Haaren. Fr. 4–5 mm lg., 1,5–2mal so lg. wie br. – Kollin.
    Nord- und Westschw., zentral- und südalpine Täler; nicht hfg.

300. **Petrocállis** R. BR., *Steinschmückel*

P. pyrenáica (L.) R. BR., *Steinschmückel.* – Pfl. rasenbildend. St. 2–8 cm.
B. keilfg., 3–5sp. Bl. hell-lila. / 6 bis 7 / (Subalpin-)alpin. Felsen, Felsschutt; auf Kalk. A (besonders in den nördl. Ketten; fehlt in der Schweiz
auf der Alpensüdseite). – Ao., Co. [1125]

301. **Cochleária** L., *Löffelkraut*

C. pyrenáica DC. (*C. officinalis* L. ssp. *alpina* (BABINGTON) HOOKER fil.), *Pyrenäen-L.* – Pfl. ausdauernd. St. 10–30 cm, kahl. Grundst. B. lg. gestielt, mit nierenfg. bis 5 cm lg. Spreite. Obere Stlb. mit halbumfassendem Grunde. Bl. weiss. Fr.stiele schräg aufwärts abstehend, 0,6–1mal so lg. wie die Fr. Schötchen rhombisch-elliptisch, beiderseits zugespitzt. / 6 bis 8 / Montan-subalpin. Quellfluren, Bachränder; s. A (Freib., Bern). [1134]

C. officinális L., *Echtes L.* – Pfl. 1–2jährig. St. 20–50 cm, kahl. Grundst. B. lg. gestielt, mit nierenfg. bis 2 cm lg. Spreite. Obere Stlb. mit umfassendem Grunde. Bl. weiss. Fr.stiele waagrecht abstehend, 1,5–2mal so lg. wie die Fr. Schötchen br.-eifg. bis rundl., besonders an der Basis abgerundet. / 6 bis 8 / Kollin-montan. Salzhaltige Böden, Schuttstellen, meist verwildert; s. A (Bern [Kandersteg], T [Mendrisiotto]). – Französ. Jura, Els.

302. **Kérnera** MEDIKUS, *Kugelschötchen*

K. saxátilis (L.) RCHB., *Kugelschötchen.* – St. 10–30 cm. Grundst. B. rosettenartig, am Grunde verschmälert, ganzrandig od. gezähnt bis fiedersp., angedrückt-rauhhaarig. Bl. weiss. / 5 bis 7 / (Kollin-)montan-subalpin. Felsen, Felsschutt; auf Kalk. J, M (vereinzelt), A. [1135]

303. **Camelína** CRANTZ (*Chamaelina* auct.), *Leindotter*

1. St. und B. rauhhaarig; Haare teils einfach, teils verzweigt. Krb. 3–4 mm lg. Gr. $\frac{1}{2}$ so lg. od. $\frac{1}{3}$ so lg. wie die früh verholzende, harte Fr.
   C. microcárpa ANDRZ. ex DC., *Kleinfrüchtiger L.* – St. 30–60 cm. B. längl.-lanzettl., ganzrandig od. schwach gezähnelt. Fr. (ohne Gr.) etwa 5 mm lg., birnfg., oben abgerundet, Mittelnerv kaum vortretend. Gr. $\frac{1}{2}$ so lg. wie die Fr. S. unter 1 mm lg. / 5 bis 6 / Kollin-subalpin. Getreideäcker, Schuttstellen; zerstr. [1211]
   C. pilósa (DC.) ZINGER, *Behaarter L.* – St. 30–70 cm. Fr. (ohne Gr.) 6–7 mm lg.; Klappen mit stark vortretendem Mittelnerv. Gr. $\frac{1}{3}$ so lg. wie die Fr. S. 1–1,6 mm lg. / 5 bis 6 / Kollin-subalpin. Äcker, Ödland; s. A (Wallis, Graub. [Unterengadin]). [1212]
– St. und B. mit zerstr., kurzen, meist sternfg. Haaren od. fast kahl. Gr. $\frac{1}{4}$–$\frac{1}{3}$ so lg. wie die Fr. Krb. 4–5,5 mm lg.
   C. satíva (L.) CRANTZ, *Saat-L.* – St. 30–90 cm. B. längl.-lanzettl., ganzrandig od. gezähnelt. Fr. birnfg., vorn abgerundet, deutl. länger als br., hartschalig. S. 1–2 mm lg. / 5 bis 6 / Kollin-montan. Äcker, Ödland; s. und Fundorte zurückgehend. [1213]
   C. alýssum (MILLER) THELL. (*C. dentata* PERS.), *Gezähnter L.* – St. 30–60 cm. B. ganzrandig od. buchtig-gezähnt bis fiedersp. Fr. vorn gestutzt, kaum länger als br., zuerst weichschalig, erst spät hart werdend. S. 1,5–2,5 mm lg. / 5 bis 6 / Kollin-montan. Flachsfelder; s. s. und in neuerer Zeit nicht mehr nachgewiesen; auch adv. [1214]

304. Néslia Desv., *Ackernüsschen*

N. paniculáta (L.) Desv. (*Vogelia paniculata* Hornem.), *Kugelfrüchtiges A.* – St. 15–60(–90) cm, einfach od. oberwärts ästig. B. lanzettl., die unteren in den Stiel verschmälert, die oberen pfeilfg. umfassend, alle nebst dem St. sternhaarig. Krb. gelb. Fr. fast kugelig (nicht kantig) od. linsenfg. *(Fig. 264/7).* / 5 bis 9 / Kollin-montan(-subalpin). Äcker, Schuttstellen; zerstr. und s.

N. paniculáta (L.) Desv. ssp. **paniculáta**, *Kugelfrüchtiges A.* – Fr. breiter als lg., ohne Längsrippen, oben und unten abgerundet, undeutl. gekielt. Fr. sitzend (ohne Carpophor). – Äcker, Wegränder; zerstr. und Fundorte zurückgehend.
N. paniculáta (L.) Desv. ssp. **thrácica** (Vel.) Bornmüller (*N. apiculata* Fischer, Meyer u. Avé Lallemont, *V. apiculata* Vierhapper), *Spitzfrüchtiges A.* – Fr. länger als br., am Grunde mit 4 deutl. Längsrippen, oben und unten kurz zugespitzt, scharf gekielt. Fr. mit 0,5 mm lg. Stiel (Carpophor). – Äcker; s. s. – Bad. (Huttingen, Istein).

305. Capsélla Medikus, *Hirtentäschchen*

C. bursa-pastóris (L.) Medikus, *Gemeines H.* – St. 5–70 cm. Untere B. buchtig gezähnt bis fiedersp., selten ganzrandig. Krb. weiss, meist länger bis doppelt so lg. wie die Kb. Seitenränder des Schötchens geradlinig od. etwas nach aussen gebogen. / 3 bis 11 / Kollin-alpin. Äcker, Wegränder, Ödland; im Gebirge auf Lägern; s. hfg. [1207]
C. rubélla Reuter, *Rötliches H.* – St. 5–30 cm. B. wie bei der vorigen Art. Kb. rötl. Krb. weiss, kaum länger als die Kb. Seitenränder des Schötchens einwärts geschweift. / 4 bis 11 / Kollin(-montan). Äcker, Schuttstellen; zerstr. Nordwest-, Südwest- und Südschw.; sonst hie und da verschleppt. [1208]

Bastard: C. bursa-pastoris × rubella.

306. Hutchínsia R. Br., *Gemskresse*

H. alpína (L.) R. Br., *Alpen-G.* – St. 3–15 cm, meist b.los. Krb. weiss, 2–3 mm br., plötzl. in den unteren Teil verschmälert. Fr.traube verlängert. Schötchen bespitzt, 4–5 mm lg. Gr. 0,2–0,5 mm lg. / 6 bis 7 / Subalpin-alpin. Felsschutt. A; s. herabsteigend. – Französ. Jura. [1204]
H. brevicáulis Hoppe, *Kurzstenglige G.* – St. 2–4 cm, b.los. Krb. weiss, 1–2 mm br., allmähl. in den unteren Teil verschmälert. Fr.traube kurz, oben flach. Schötchen stumpf, 3,5–4 mm lg. Gr. 0,1–0,2 mm lg. – Subalpin-alpin. A (Südketten).

307. Hymenólobus Nuttall, *Salzkresse*

H. procúmbens Nuttall (*Hutchinsia procumbens* Desv., *Capsella procumbens* (L.) Fr.), *Kleine S.* – St. 5–20 cm, schwach, niederliegend. B. fiederschn., seltener ungeteilt. Traube vielbl., verlängert. Krb. weiss. Fr. elliptisch-längl. / 4 / Kollin. Sandsteinfelsen. Früher Freiburg. [1209]
H. pauciflórus (L.) Nuttall (*Hutch. pauciflora* Bertol., *C. pauciflora* Koch), *Armblütige S.* – St. 2–10(–25) cm, dünn. B. meist ungeteilt. Traube arm(3–5)bl. Krb. weiss. Fr. rundl.-oval. / 6 bis 7 / Montan-subalpin(-alpin). Mauerschutt, Balmen; s. Graub. (Engadin, Münstertal). – Sav., Bormio. [1210]

308. Hornúngia RCHB., *Steinkresse*

H. petraéa (L.) RCHB. (*Hutchinsia petraea* R. BR.), *Steinkresse*. – St. 2–10 cm, meist rot, beblättert. Krb. weiss, klein (bis 1 mm lg.). Schötchen stumpf. / 4 / Kollin-montan(-subalpin). Steinige, trockenwarme Orte. Südwestschw., J. (s.); auch adv. – Bad., Els., Lomont (Doubs), Ain, Sav., Ao. [1206]

309. Teesdália R. BR., *Teesdalie*

T. nudicaúlis (L.) R. BR., *Teesdalie*. – St. 5–15 cm. B. leierfg.-fiederschn. Bl. weiss, klein. / 4 bis 5 / Kollin(-montan). Sandige Orte; s. – Bad., Els., Belf., Montbéliard. (In der Schweiz Fundorte seit 1827 erloschen; nach 1900 einmal adv. beobachtet.) [1100]

310. Thlaspi L. (*Noccaéa* MOENCH), *Täschelkraut*

1. Krb. hellviolett (sehr selten weiss). Fr.schötchen nicht geflügelt.
   Th. rotundifólium (L.) GAUDIN, *Rundblättriges T.* – Pfl. im Geröll kriechend. St. 3–15 cm, kahl. B. gegenst., gelegentlich zu Rosetten zusammentretend, fleischig, gezähnt od. ganzrandig. Blstd. doldenartig. / 6 bis 7 / Subalpin-alpin. Felsschutt, Grus; zerstr. [1126, 1127]

     Th. rotundifólium (L.) GAUDIN ssp. **rotundifólium**, *Rundblättriges T.* – St. 5–15 cm. Untere B. rundl. od. eifg., plötzl. in den Stiel zusgez. Fr. 2–6samig, mit bis 2 mm lg. Gr. S. 1,6–2,4 mm lg. – Auf Kalkschutt. Nord- und Zentralalpen (Mittelbünden). [1126]
     Th. rotundifólium (L.) GAUDIN ssp. **corymbósum** (GAUDIN) GREMLI, *Doldentraubiges T.* – St. 3–10 cm. Untere B. längl. od. elliptisch, allmähl. in den Stiel verschmälert. Fr. 4–9samig, mit 2–3,5 mm lg. Gr. S. 0,8–1,2 mm lg. – Auf Silikat- und Serpentinschutt. Westalpin; Wallis, T, Graub. (Misox, Calanca). – Ao., Co. [1127]

– Krb. weiss. Fr.schötchen mindestens vorn geflügelt. 2
2. Pfl. einjährig, ohne nichtblühende Triebe. 3
– Pfl. 2- bis mehrjährig, mit nichtblühenden Trieben. 4
3. Schötchen ringsum 3–5 mm br. geflügelt.
   Th. arvénse L., *Acker-T.* – St. 15–40 cm, kantig. B. mit pfeilfg. Grunde sitzend. Schötchen bis 15 mm, rundl., ringsum br. geflügelt; Fächer vielsamig. S. runzlig. / 4 bis 6 / Kollin-montan(-subalpin). Äcker, Dungstellen, Schuttplätze; hfg. [1128]
– Schötchen mit schmalen, bis 2 mm br. Flügeln.
   Th. alliáceum L., *Lauch-T.* – St. 20–60 cm, am Grunde mit zerstr., lg., weichen Haaren besetzt. B. lanzettl. bis keilfg.-verkehrt-eifg., blaugrün, die untersten gestielt, die übrigen mit geöhrtem Grunde sitzend. Bl. in einer später stark verlängerten Traube. Krb. weiss, 2,5–3 mm lg. Schötchen bis 8 mm, sehr schmal geflügelt. / 3 bis 5 / Kollin-montan. Felder, Ufer. Genf, Schaffh.
   Th. perfoliátum L., *Stengelumfassendes T.* – St. 10–20 cm, stielrund. B. herzfg., sitzend, blaugrün. Schötchen bis 6 mm, verkehrt-herzfg., gegen den Grund sehr schmal geflügelt; Fächer 4samig. S. glatt. / 4 bis 5, oft auch im Herbst / Kollin-montan. Trockene Hügel, Äcker, Weinberge; zerstr. [1129]

4. Triebe meist ausläuferartig verlängert. Stb.beutel gelb od. weissl. Gr. an der Fr. meist über 2 mm lg.

Th. montánum L., *Berg-T.* – St. 10–25 cm. Triebe ausläuferartig. Fr. gegen die Spitze zieml. br. geflügelt und deutl. ausgerandet, am Grunde oft fast abgerundet. / 4 bis 5 / Kollin-montan. Felsen, Felsschutt, rasige Abhänge; kalkliebend. J (Waadt bis Schaffh.). – Els. [1130]

Th. sýlvium GAUDIN (*Th. alpinum* CRANTZ ssp. *sylvium* (GAUDIN) P. FOURNIER), *Penninisches T.* – St. 5–15 cm. Triebe wenig verlängert. Fr. sehr schmal geflügelt, seicht ausgerandet, am Grunde keilfg. verschmälert. / 6 bis 8 / Subalpin-alpin. Steinige Weiden, Felsschutt; auf Silikatgestein. A (Wallis [Zermatt], T [Val Verzasca]). – Piemont. [1131]

– Triebe nicht verlängert. Stb.beutel gelb, violett od. schwärzl. Gr. an der Fr. höchstens 2 mm lg.

Th. alpéstre L. s.l., *Voralpen-T.* – St. 10–30 cm. B. etwas blaugrün. Fr.traube verlängert, locker. Krb. längl.-keilfg., 1–3 mm lg., bis 2mal so lg. wie die Kb. Schötchen vorn zieml. br. geflügelt, deutl. ausgerandet. Gr. etwas kürzer bis etwas länger als die Ausrandung. / 4 bis 6 / (Montan-)subalpin-alpin. Wiesen, Weiden. [1132]

> **Th. caeruléscens** J. u. C. PRESL (*Th. sylvestre* JORDAN, *Th. alpestre* L. ssp. *gaudinianum* (JORDAN) GREMLI), *Wildes T.* – Krb. 2–3 mm lg. Gr. 0,6–1,5 mm lg., die seichte, höchstens 1 mm tiefe Ausrandung deutl. überragend. Stb.beutel nach dem Verblühen violett bis schwarz werdend. (Montan-)subalpin-alpin. Verbr. J, M, A. – S, V.
>
> **Th. brachypétalum** JORDAN (*Th. alpestre* L. ssp. *alpestre*), *Voralpen-T.* – Krb. 1–2 mm lg. Gr. 0,4–0,7 mm lg., höchstens so lg. wie die mindestens 1 mm tiefe, scharfe Ausrandung. Stb.beutel nach dem Verblühen gelb bleibend. (Montan-) subalpin(-alpin). Zerstr. A. [1132]

Th. virens JORDAN, *Grünes T.* – St. 5–20 cm. B. grasgrün. Fr.traube kurz, zieml. dicht. Krb. verkehrt-eifg.-keilfg., 3,5–4 mm lg., 2–2,5mal so lg. wie die Kb. Schötchen schmal geflügelt, seicht ausgerandet. Gr. 1,5–2,5(–4) mm lg., die Ausrandung weit überragend. / 4 bis 6 / Wie vorige; s. A (Wallis, Gotthardgebiet). [1133]

Bastard: Th. sylvium × rotundifolium ssp. corymbosum.

311. Aethionéma R. BR., *Steintäschel*

A. saxátile (L.) R. BR., *Steintäschel*. – St. 10–30 cm. B. blaugrün, die untersten oval, die oberen lineal. Bl. fleischrot. / 4 bis 6 / Kollin-subalpin. Felsschutt; auf Kalk; s. A. – Französ. Jura. [1123]

312. Ibéris L., *Bauernsenf*

1. Pfl. halbstrauchig, ausdauernd.

I. saxátilis L., *Felsen-B.* St. 5–15 cm. B. lineal, ganzrandig, etwas fleischig. Krb. weiss, auch vereinzelt rötl. / 4 bis 5 / (Kollin-)montan-subalpin. Kalkfelsen. J (Oensingen–Balsthal). – Französ. Jura (Lomont [Doubs]). [1116]

– Krautpfl., 1–2jährig. 2

2. Schötchen seicht- od. stumpfwinklig ausgerandet, mit auseinandertretenden Lappen. B. meist fiedersp. (selten nur gekerbt).

I. pinnáta L., *Fiederblättriger B.* – St. 10–20 cm. B. jederseits mit 2–3 voneinander entfernt stehenden, linealen Lappen. Krb. weiss od. lila. Fr.traube verkürzt, fast doldenfg. / 5 / Kollin-montan. Äcker, Dämme; erloschen.

I. intermédia GUERSENT ssp. **intermédia** (GUERSENT) ROUY u. FOUC. var. **contejeánii** BILLOT, *Contejeans B.* – St. 20–60 cm. B. lanzettl., die des ersten Jahres beiderseits mit 1–2 Zähnen, die des zweiten Jahres ganzrandig, die oberen stets ganzrandig. Krb. lila. Fr.traube etwas verkürzt. / 6 bis 7 / Kollin-montan. Kalkschutt. J (Doubstal [Jura]). – Französ. Jura (Dép. du Doubs). [1118]

– Schötchen recht- od. spitzwinklig ausgerandet, mit vorgestreckten Lappen *(Fig. 287/1).* B. ganzrandig od. etwas gelappt.

I. amára L., *Bitterer B.* – St. 10–30 cm. B. längl., jederseits mit 2–4 voneinander entfernt stehenden, stumpfen Zähnen. Krb. weiss od. rötl. Fr.traube verlängert. / 6 bis 10 / Kollin-montan. Äcker, Kalkschutt; J (s.), M (s. s.). Fundorte am Erlöschen; auch kult. und verschleppt. [1120]

I. umbelláta L., *Doldiger B.* – St. 20–50 cm. B. lanzettl., obere ganzrandig. Krb. lilaviolett, purpurn od. weiss. Fr.traube verkürzt, doldenfg. / 6 bis 9 / Kollin-montan. Als Zierpfl. kult. und verwildert. [1119]

313. **Biscutélla** L., *Brillenschötchen*

B. laevigáta L., *Gemeines B.* – St. 10–30 cm, nebst den B. steifhaarig. Grundst. B. ganzrandig od. gezähnt, obere lanzettl. bis lineal. Krb. gelb od. hellgelb. / 5 bis 7 / (Kollin-montan-)subalpin-alpin. Trockenrasen, Felsen, Felsschutt, Alluvionen; verbr. J (s.), A; auch herabsteigend. [1114]

B. cichoriifólia LOISEL., *Wegwartenblättriges B.* – St. 30–60 cm. Grundst. B. buchtig gezähnt od. fiederschn., obere lanzettl., mit rundl. Öhrchen. Seitl. Kb. am Grunde gespornt. Krb. lebhaft gelb. / 6 / (Kollin-)montan. Felsen. T (Fuss des Monte Generoso, seit ca. 1895); auch adv. [1115]

314. **Lepídium** L., *Kresse*

1. Obere B. st.umfassend. 2
– Obere B. nicht st.umfassend. 3
2. Untere B. doppelt fiederschn. Bl. blassgelb.

L. perfoliátum L., *Durchwachsenblättrige K.* – St. 20–50 cm. Obere B. mit tief herzfg. Grunde, ganzrandig. / 5 bis 6 / Kollin(-montan). Schuttstellen; s.; eingeschleppt. [1104]

– Alle B. ungeteilt, die oberen mit pfeilfg. Grunde. Bl. weiss.

L. campéstre (L.) R. BR., *Feld-K.* – St. 15–45 cm, oberwärts ästig; Äste am Grunde beblättert. B. längl., gezähnelt. Schötchen geflügelt, vorn ausgerandet *(Fig. 287/2).* / 4 bis 6 / Kollin-montan(-subalpin). Felder, Dämme; verbr. [1102]

3. Schötchen an der Spitze nicht ausgerandet *(Fig. 287/3).*

L. latifólium L., *Breitblättrige K.* – St. 30–100 cm. B. eifg.-lanzettl., die unteren scharf gesägt, die oberen ganzrandig. Krb. weiss. Schötchen rundl.-elliptisch, weichhaarig. / 7 bis 10 / Kollin. Hie und da aus Kultur verwildert an Felsen und alten Mauern. [1105]

287/1 287/2 287/3 287/4

L. graminifólium L., *Grasblättrige K.* – St. 40–80 cm. Obere B. lineal, ganzrandig. Krb. weiss. Schötchen eifg., spitz, kahl. / 6 bis 10 / Kollin-montan. Wegränder, Schuttstellen; nicht hfg. Südwestschw., T u. a. [1106]
– Schötchen an der Spitze deutl. ausgerandet *(Fig. 287/4)*. 4
4. Schötchen etwa 5 mm lg., oben deutl. (bis 1 mm br.) geflügelt.
    L. satívum L., *Garten-K.* – Pfl. meist blau bereift. St. 20–60 cm. Untere B. doppelt, obere einfach fiederschn., die obersten ungeteilt. Krb. weiss, oft schwach rosa, länger als die Kb. / 6 bis 7 / Kollin(-montan). Kult. und verwildert. [1107]
– Schötchen höchstens 3 mm lg. 5
5. Krb. fehlend. Schötchen eifg., 1,5–2 mm br.
    L. ruderále L., *Schutt-K.* – St. 10–30 cm. Untere B. fiederschn., obere un-geteilt, lineal, ganzrandig. Stbb. 2. Pfl. unangenehm riechend. / 6 bis 10 / Kollin-montan(-subalpin). Bahnareale, Wegränder, Schuttstellen; verbr. [1108]
– Krb. vorhanden od. verkümmert. Schötchen 2,5–3 mm br. 6
6. Krb. etwas länger bis doppelt so lg. wie die Kb., weiss.
    L. virgínicum L., *Virginische K.* – St. 20–80 cm. Obere B. lineal-lanzettl., entfernt gesägt, seltener ganzrandig. Fr. kreisrund. / 5 bis 9 / Kollin-montan. Bahnareale, Wegränder, Schuttstellen; eingeschleppt; zieml. verbr. und oft in Menge. Stammt aus Amerika. [1109]
– Krb. kürzer als die Kb., weiss, od. verkümmert.
    L. negléctum Thell., *Übersehene K.* – St. 15–30 cm. Obere B. lineal, 15–25mal so lg. wie br., meist ganzrandig. Frstd. sehr verlängert, etwas lok-ker. Fr. meist kreisrund, mit seichter Ausrandung, 2,5–3 mm br. / 6 bis 8 / Kollin-montan. Wie vorige; s. Stammt aus Nordamerika. [1111]
    L. densiflórum Schrader, *Dichtblütige K.* – St. 15–40 cm. Obere B. li-neal-lanzettl., 5–15mal so lg. wie br., meist entfernt gesägt. Frstd. sehr dicht. Fr. mit tiefer, aber schmaler Ausrandung, bis 2,5 mm br. / 5 bis 8 / Kollin-montan. Wie die vorigen; stellenweise eingebürgert. Stammt aus Nordamerika. [1110]

315. Cardária Desv., *Pfeilkresse*

C. draba (L.) Desv. (*Lepidium draba* L.), *Pfeilkresse.* – St. 30–60 cm, ober-wärts mit teils b.losen, teils beblätterten Ästen. B. längl., geschweift-gezähnelt. Schötchen nicht geflügelt, herz-nierenfg., spitzig. / 5 bis 7 / Kollin-subalpin. Wegränder, Schuttstellen, Bahnareale; verbr.; einge-bürgert. [1103]

316. **Corónopus** ZINN, *Krähenfuss*

C. squamátus (FORSKAL) ASCH. (*C. procumbens* GILIB., *Senebiera coronopus* POIRET), *Niederliegender K.* – St. 5–25 cm. Bl.stiele kürzer als die Bl. und die Fr. Krb. weiss. Schötchen am Grunde herzfg., netzartig-runzlig. Gr. kegelfg. / 6 bis 9 / Kollin(-montan). Wegränder, Dorfstrassen, Schuttstellen; s. s. [1112]
C. dídymus (L.) SM. (*S. didyma* PERS.), *Zweiknotiger K.* – St. 10–30 cm. Bl.stiele länger als die Bl. und die Fr. Krb. sehr klein, gelbl., od. fehlend. Schötchen 2knotig, unten seicht, oben tief ausgerandet, netzartig-runzlig. Gr. fehlend. Pfl. übelriechend. / 6 bis 9 / Kollin-montan. Schuttstellen, Gartenland, Rasenplätze; s. Stammt aus Amerika. [1113]

317. **Subulária** L., *Pfriemenkresse*

S. aquática L., *Pfriemenkresse.* – Pfl. meist untergetaucht. St. 2–8 cm. B. alle grundst., lineal-pfriemfg., grasartig. Bl. 2–8, weiss, sehr klein, in lokkerem Blstd. / 6 bis 9 / Kollin-montan. Seen, Fischteiche. – V. (In der Schweiz je einmal bei Basel [1784] und bei Genf [1824] beobachtet.) [1101]

318. **Conríngia** ADANSON, *Ackerkohl*

C. orientális (L.) DUMORTIER, *Ackerkohl.* – Pfl. 20–80 cm, kahl, blaugrün. Bl. gelbl.-weiss. Schoten 4kantig, bis 12 cm lg. / 5 bis 7 / Kollin(-montan). Äcker, Schuttstellen; s. und unbeständig. [1255]

319. **Diplotáxis** DC., *Doppelsame*

1. St. halbstrauchig, beblättert. Bl.stiele 2–3mal so lg. wie die Bl.
 D. tenuifólia (L.) DC., *Schmalblättriger D.* – St. 30–60 cm. B. kahl, meist fiederschn. Krb. gelb, 8–12 mm lg. / 5 bis 9 / Kollin-montan. Wegränder, Schuttstellen, Bahnareale; stellenweise. [1156]
– St. krautig, nur am Grunde beblättert. Bl.stiele höchstens ein wenig länger als die Bl.
 D. murális (L.) DC., *Mauer-D.* – St. 15–30 cm. B. zerstr. behaart, oft buchtig gezähnt od. fiederschn. Bl.stiele so lg. od. ein wenig länger als die Bl. Krb. gelb, 5–8 mm lg. / 6 bis 9 / Kollin(-montan). Äcker, Wegränder, Mauern; zerstr. [1157]
 D. vimínea (L.) DC., *Rutenästiger D.* – St. 15–30 cm. B. kahl, buchtig gezähnt od. fiederschn. Bl.stiele kürzer als die Bl. Krb. gelb, 3–4 mm lg. / 5 bis 8 / Kollin. Vorübergehend verschleppt beobachtet. (Früher in Bad. [Kaiserstuhl].) [1158]

320. **Brássica** L., *Kohl*

1. Schoten aufrecht, der Spindel anliegend, mit fadenfg., dünnem Schnabel.
 B. nigra (L.) KOCH, *Schwarzer Senf.* – St. 60–120 cm. B. alle, auch die oberen, gestielt; die unteren leierfg., kahl od. fast kahl, die oberen lan-

zettl. Krb. lebhaft gelb, mit dunkleren Adern. / 6 bis 9 / Kollin-montan. Flussufer, Schuttstellen; hie und da. [1164]
– Schoten auf abstehenden Stielen aufrecht od. abstehend, mit deutl. Schnabel. 2
2. Obere B. tief herzfg., st.umfassend.

B. rapa L., *Rüben-K., Weisse Rübe.* – St. 30–100 cm. Untere B. grasgrün, beiderseits zerstr. steifhaarig, leierfg., obere fast ganzrandig und bläul. bereift. Traube während des Aufblühens verkürzt; die geöffneten Bl. die Knospen überragend. Kb. zuletzt, waagrecht-abstehend. Krb. 7–11 mm lg., lebhft gelb. / 4 bis 5 / Kollin-montan(-subalpin). Kult. als Öl-, Gemüse- und Futterpfl.; hfg. verwildert. [1169]
B. napus L., *Raps, Lewat.* – St. 60–120 cm. Alle B. bläul. bereift. Traube locker, schon während des Aufblühens verlängert; die geöffneten Bl. tiefer stehend als die Knospen. Kb. aufrecht-abstehend. Krb. 10–14 mm lg., blass bis lebhaft gelb. / 4 bis 5 / Kollin-montan. Wie vorige. [1170]
– Obere B. am Grunde verschmälert od. abgerundet, seltener schwach herzfg.
B. olerácea L., *Gemüse-K.* – St. 60–100 cm. B. etwas fleischig, blaugrün, kahl; die oberen am Grunde oft abgerundet od. schwach herzfg. Traube schon vor dem Aufblühen verlängert. Kb. aufrecht. Krb. 12–25 mm lg., hellgelb. / 4 bis 5 / Kollin-montan(-subalpin). In vielen Formen kult. und verwildert. [1166]
B. júncea (L.) Czerniaev, *Sarepta-Senf.* – Pfl. 40–90 cm, unterwärts borstig behaart, oberwärts kahl. Obere B. am Grunde stielartig verschmälert, längl. bis lanzettl., gezähnt bis ganzrandig. Kb. aufrecht-abstehend. Krb. 8 mm lg., blass- bis lebhaft gelb. / 6 bis 9 / Kollin-montan. Äcker, Ödland, Schuttstellen; hie und da eingeschleppt. [1165]

321. Sinápis L., *Senf*

S. arvénsis L. (*Brassica arvensis* Rabenhorst), *Acker-S.* – St. 20–60 cm. Unterste B. leierfg., obere ungeteilt, ungleich buchtig gezähnt. Krb. gelb. Schoten behaart od. kahl, etwas länger als der Schnabel. S. braunschwarz. / 5 bis 10 / Kollin-montan(-subalpin). Äcker, Ödland; s. hfg. [1152]
S. alba L., *Weisser S.* – St. 30–70 cm. B. fiederschn. Krb. blassgelb. Schoten meist steifhaarig, so lg. od. kürzer als der Schnabel. S. gelbl. / 6 bis 10 / Kollin-montan. Kult. und auf Äckern und an Schuttstellen verwildert. [1153]

322. Erúca Miller, *Ruke*

E. vesicária (L.) Cav. ssp. **satíva** (Mill.) Thell. (*E. sativa* Miller), *Ruke.* – St. 30–50 cm. B. leierfg. fiederschn. Bl. gelbl., später weissl., od. lila, mit violetten Adern. / 5 bis 8 / Kollin-montan. Äcker, Wegränder. Rhonetal, Schaffh.; sonst verschleppt. [1151]

323. Erucástrum (DC.) C. Presl, *Rampe*

E. nasturtiifólium (Poiret) O. E. Schulz (*E. obtusangulum* Rchb.), *Brunnenkressenblättrige R.* – St. 40–80 cm. B. fiederschn. Bl. ohne

Deckb. K. waagrecht-abstehend. Krb. goldgelb. / 5 bis 8 / Kollin-montan(-subalpin). Felsen, Felsschutt, Alluvionen, Schuttstellen; zerstr. [1160]

E. gállicum (WILLD.) O. E. SCHULZ (*E. pollichii* SCHIMPER u. SPENNER), *Französische R.* – St. 25–50 cm. B. fiederschn. Untere Bl. mit Deckb. K. aufrecht-abstehend. Krb. gelb. / 5 bis 8 / Kollin. Sandig-lehmige Äcker, Schuttstellen, Bahnareale; zerstr. [1161]

324. Rhynchosinápis HAYEK, *Lacksenf*

R. cheiránthos (VILL.) DANDY (*Brassicella erucastrum* (L.) O. E. SCHULZ, *Sinapis cheiranthos* KOCH), *Lacksenf.* – Pfl. 30–60 cm, unterwärts borstig behaart. B. gestielt, blaugrün, die unteren leierfg., die obersten meist ungeteilt und ganzrandig. Krb. schwefelgelb, dunkler geadert. / 6 bis 10 / Kollin-montan. Unbebaute Orte; s.; eingeschleppt. [1154]

325. Hirschféldia MOENCH, *Graukohl*

H. incána (L.) LAGRÈZE-FOSSAT (*Erucastrum incanum* KOCH, *Brassica incana* MEIGEN), *Graukohl.* – St. 40–100 cm. Untere B. leierfg., kurzhaarig-grau, obere lanzettl. bis lineal. Krb. blassgelb, mit lg. Nagel. Fr.schnabel dick, stumpf. / 6 bis 9 / Kollin-montan. Äcker, Dämme wärmerer Lagen; s. [1162]

326. Rapístrum CRANTZ, *Rapsdotter*

R. rugósum (L.) ALL., *Runzliger R.* – St. 30–70 cm. B. leierfg. Krb. gelb. Gr. fadenfg., meist so lg. od. länger als das obere Glied der Fr. / 6 bis 9 / Kollin-montan(-subalpin). Äcker, Wegränder, Schuttstellen. West- und Zentralschw.; sonst verschleppt. [1174]
R. perénne (L.) ALL., *Mehrjähriger R.* – St. 30–90 cm. B. fiederschn. Krb. gelb. Gr. kegelfg., kürzer als das obere Glied der Fr. / 6 bis 8 / Kollin-montan. Wegränder, Schuttstellen; s.; eingeschleppt. [1175]

327. Calepína ADANSON, *Calepine*

C. irreguláris (ASSO) THELL. (*C. corvini* DESV.), *Calepine.* – Pfl. 20–50 cm, kahl. Krb. weiss. Fr. eifg., bespitzt. / 5 bis 6 / Kollin. Grasplätze, Bahnareale; s. s. und meist unbeständig. [1149]

328. Ráphanus L., *Rettich*

R. raphanístrum L., *Acker-R., Hederich.* – St. 20–60 cm. B. leierfg. Schoten zwischen den St. perlenschnurartig eingeschnürt *(Fig. 264/6)*. Krb. weiss od. schwefelgelb, mit violetten Adern. / 5 bis 10 / Kollin-montan(-subalpin). Äcker, Ödland; s. hfg. [1172]
R. satívus L., *Garten-R., Rettich.* – St. 50–90 cm. B. leierfg. Schoten wenig eingeschnürt, zur Reifezeit schwammfg. aufgetrieben *(Fig. 266/7)*. Krb. weiss od. lila, mit violetten Adern. / 5 bis 8 / Kollin-subalpin. Kult. und verwildert. [1173]

Fam. 88. **Resedáceae.** *Resedagewächse*

Einjährige Kräuter od. Stauden, seltener Halbsträucher, mit wechselst., einfachen od. geteilten B. Nebenb. klein, drüsenfg. Bl. in Trauben, zwittrig, monosymm. Kb. 4–8. Krb. 2–8, selten fehlend, oft zerschlitzt. Stbb. 3–4. Frb. 3–7, meist zu einem oberst., oben offenen Frkn. verwachsen. Kapseln od. Beeren.

329. **Reséda** L., *Reseda*

1. K. 4teilig.
  R. lutéola L., *Färber-R.* – St. 50–150 cm. B. ungeteilt, lineal-lanzettl., meist am Grunde jederseits mit einem Zahn. Krb. gelbl.-weiss. / 6 bis 10 / Kollin(-montan). Wegränder, Schuttplätze; zerstr. [1273]
– K. 6teilig.
  R. lútea L., *Gelbe R.* – St. 30–50 cm. Mittlere Stlb. 1–2fach fiederschn., obere 3sp. Krb. gelbl. / 6 bis 9 / Kollin-montan(-subalpin). Wegränder, Alluvionen, Bahnareale, Schuttplätze; verbr. [1274]
  R. phyteúma L., *Rapunzel-R.* – St. 15–40 cm. Stlb. ungeteilt od. 3sp. Kb. zur Fr.zeit sehr vergrössert (9–10 mm). Krb. weissl. / 6 bis 9 / Kollin. Felder, Schuttstellen; s. Genf, Waadt, Neuenb.; sonst verschleppt. – Ain, Sav., Ao. [1275]

Fam. 89. **Salicáceae.** *Weidengewächse*

Zweihäusige Bäume od. Sträucher mit wechselst., einfachen B. Nebenb. vorhanden, oft hinfällig. Bl. einzeln in den Achseln von schuppenfg., ganzrandigen od. zerschlitzten Deckb. sitzend und zu Kätzchen angeordnet. Bl.decke fehlend, jedoch die Bl. mit schief abgeschnittenem, becherfg. Diskus *(Fig. 292/1a, b)* od. mit 1–2 Nektardrüsen *(Fig. 292/2–8).* Stbb. 2–5 od. mehr, frei od. verwachsen. Frb. 2, zu einem Frkn. verwachsen. 2- od. 4klappig aufspringende Kapseln. S. zahlreich, mit Haarschopf.

1. Kätzchen steif, meist aufrecht. Tragb. (Kätzchenschuppen) ganzrandig. Stbb. 1–10, meist 2. Am Grunde der Stbb. od. des Frkn. 1–2 Nektarien *(Fig. 292/2–8).* Winterknospen nur mit 1 Schuppe. **Salix 330**
– Kätzchen hängend. Kätzchenschuppen zerschlitzt. Stbb. 8–30. Am Grunde der Bl. ein schief abgeschnittener Drüsenbecher *(Fig. 292/1a, b).* Winterknospen mit mehreren Knospenschuppen. **Populus 331**

330. **Salix** L., *Weide*

Anmerkung: Die Merkmale des Schlüssels beziehen sich auf Frischmaterial und sind oft an Herbarexemplaren nicht mehr zu erkennen. Zur *Bl.zeit* erfolgt die Bestimmung der Weiden entweder nach weibl. Exemplaren (Schlüssel A) od. nach männl. Exemplaren (Schlüssel B), jedoch mit Vorteil nach beiderlei Geschlecht(!); später, nach der Bl.zeit, nach *gut entwickelten* Sommerb. (Schlüssel C). Merkmale für die Bestimmung ergeben Blstd. (Kätzchen), Rinde, Blätter und Gestalt der Weide, in einzelnen Fällen das nackte Holz 2–4jähriger Zweige. An diesem sind, nach dem Entfernen der Rinde, mitunter in der Längsrichtung verlaufende Rippen, die Striemen, zu sehen. Es ist wichtig, alle Merkmale an mehreren Beispielen eines Exemplars zu überprüfen!

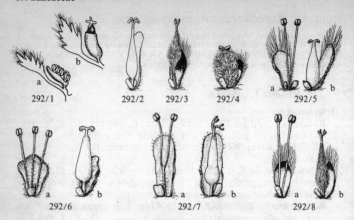

292/1   292/2   292/3   292/4   292/5

a   b   292/6   a   292/7   b   a   292/8   b

A. Bestimmung nach blühenden weibl. Exemplaren und Beschreibung der Arten

1. Mehr od. weniger aufrechte Sträucher od. Bäume. 8
– Niedrige, flach am Boden ausgebreitete od. den Felsen angeschmiegte Zwergsträucher. Äste flach über dem Boden od. unterird.; auch in Mooren wachsend. 2
2. Kleiner Strauch in Moosen, Triebe oft durch Torfmoose verdeckt, freiwachsend 30–60 cm hoch.
S. myrtilloídes L., *Heidelbeerblättrige W.* – Sehr unscheinbares Sträuchlein. Sommerb. elliptisch, 24 mm lg., 12 mm br., ganzrandig, zugespitzt, bläul.-grün. Kätzchen längl.-eifg., Tragb. einfarbig. Frkn. lg. gestielt, kahl. / 5 bis 7 / Montan. Torfmoore; s. s., A (St. Gallen). [711]
– Spalierstrauch alpiner Rasen, auf Felsschutt od. in Schneetälchen, nicht in Torfmooren. 3
3. Frkn. und B. kahl; 2 Nektarien pro Bl. *(Fig. 292/2).* 4
– Frkn. behaart. B. beidseitig od. nur einseitig behaart. 6
4. Äste unterird. kriechend. B. einen dem Boden entspringenden Rasen bildend. B.rand gekerbt-gesägt.
S. herbácea L., *Kraut-W.* – Zwergstrauch mit unter Moos und Steinen kriechendem Erdstamm, nur 2–8 cm lg., krautige Zweige über dem Boden. B. 1–2 cm lg., rundl., keilfg. in den B.stiel zusgez., beidseitig grün; Nervennetz heller. Kätzchen klein, mit 5–10 Bl., von B. umfasst. / 7 bis 8 / Alpin. Feuchte Rasen, Felsschutt; kalkmeidend. A. [700]
– Äste meist über dem Boden, oft an Felsen geschmiegt. B. ± ganzrandig, beiderseits grün, bogennervig. 5
5. B. verkehrteifg., bis 25 mm lg., keilfg. in den B.stiel zusgez., an der Spitze br. abgerundet od. ausgerandet.
S. retúsa L., *Stumpfblättrige W.* – Meist niederliegender Zwergstrauch. Kätzchen aufgerichtet, 12–20bl. Tragb. an der Spitze bewimpert. B. im Herbst goldgelb, nach Baldrian duftend. / 6 bis 7 / (Montan-)subalpin-alpin. Felsen, Schutt, steinige Weiden. J (bis Montoz), M (s.), A. [698]

– Ähnl. der vorigen, aber kleiner! B. elliptisch bis verkehrteifg., sehr klein, 4–8 mm lg., 3 mm br., kurz zugespitzt od. stumpf.

S. serpyllifólia SCOP., *Quendelblättrige W.* – Kätzchen 2–7bl. Tragb. an der Spitze kahl. B. im Herbst goldgelb, nicht duftend! / 6 bis 7 / (Subalpin-)alpin. Steinige Weiden, Felsen. A. [699]

6. Kätzchen ± 20 mm lg. gestielt. rötl., 12–15 mm lg., Kätzchenstiel b.los. Tragb. purpurn, dicht behaart, bärtig, 2 Nektarien pro Bl. B. über 1 cm lg. gestielt.

S. reticuláta L., *Netz-W.* – Äste zum Teil unterird. B. rundl. bis br.-elliptisch, mit auffällig eingesenktem Nervennetz, oberseits zuerst lg. grau zottig, später kahl, sattgrün, glänzend, unterseits hell seidig behaart. Frkn. gedrungen, oval, filzig behaart. / 7 bis 8 / Subalpin-alpin. Steinige Weiden, Felsen; auf Kalk. J (bis Chasseral), M (s.), A. [701]

– Kätzchen 10–12 mm lg. gestielt, 15 mm lg., Stiel beblättert. Tragb.spitze purpurn, lg. graubärtig, 1 Nektarium pro Bl. B.stiel bis 3 mm lg. .. 7

7. Frkn. sitzend. B. verkehrteifg., kleindrüsig gesägt, oberseits behaart.

S. breviserráta FLODERUS (*S. arbutifolia* WILLD., *S. myrsinites* L. ssp. *serrata* SCH. u. TH.), *Myrten-W.* – Niederliegender Zwergstrauch, 20–30 cm hoch, nur die Triebenden aufsteigend. Äste rötl.-braun, Rinde aufreissend, abschilfernd. B. 2–3,5 cm lg., oberseits spinnwebig, wirr behaart, unterseits wenig behaart bis kahl, grün, glänzend, Rand oft leicht umgebogen. Frkn. seidig behaart. Gr. und N. purpurn. Nektarium längl., purpurn. / 6 bis 7 / Subalpin-alpin. Felsige Hänge, Moränen. A. [712]

– Frkn. deutl. gestielt. B. elliptisch, ganzrandig, oberseits kahl.

S. alpína SCOP. (*S. jacquinii* HOST, *S. jacquiniana* WILLD.), *Ost-Myrten-W.* – Niederliegender Zwergstrauch, 10–30 cm hoch, Äste wurzelnd, dunkelbraun, Rinde nicht abschilfernd. B. um 15 mm lg., oberseits lebhaft grün, unterseits und am Rand anfangs seidig behaart, verkahlend, Rand fast flach. Frkn. seidig behaart. Tragb., Gr., N. und Nektarium purpurn. / 6 bis 7 / Geröll, Felshänge, Alluvionen; auf Dolomit; s. s. A (Graub. [Münstertal]).

8. Tragb. in frischem Zustande einfarbig, bis zur Spitze hell, gelbl. od. grünl., dünnhäutig, Rand manchmal purpurn gesäumt; trocken bräunl., nach der Bl.zeit oft abfallend *(Fig. 292/2)* (vgl. auch *S. glabra*). 9

– Tragb. in frischem Zustande deutl. 2farbig, Basis hell, vorderer Teil dunkel, schwarz, braun od. rötl., Aussenseite behaart, Spitze bärtig. *(Fig. 292/3, 4).* 16

9. Grosse Bäume od. Sträucher, oft in Flussauen. Kätzchen langgestreckt, zylindrisch. 10

– Kleiner Baum od. Strauch der Alpen. 15

10. Äste lg., bogig überhängend. Grosse Bäume (Trauerweiden). 11

– Äste ± aufrecht od. abstehend. 12

11. Weibl. Bl. mit 1 od. 2 Nektarien. B. nebst den B.stielen in der Jugend flaumig behaart.

S. babylónica L., *Echte Trauer-W., Tränen-W.* – Baum, 5–10 m hoch. Zweige hell, undeutl. gelb bis schmutzig elfenbeinfarben, kahl, nur an der Spitze behaart. B. lanzettl. bis lineallanzettl., 15–18 cm lg., 2–3 cm br., lg. und fein zugespitzt. Rand gesägt. Kätzchen meist 2geschlechtig. / 4 bis 5 / Kult. und verwildert; meist als Bastard *S. alba × babylonica* od. *babylonica × fragilis*, da winterhärter. [704]

– Weibl. Bl. mit 2 Nektarien. B. nebst den B.stielen kahl.

S. elegantíssima K. KOCH, *Schirm-W., Japanische Trauer-W.* – Der vorigen Art in ihrer Tracht sehr ähnl. Kätzchen jedoch stets weibl.! Zweige etwas dunkler, grünl. od. bräunl. / 4 bis 5 / Kult.

12. Hohe Bäume. Frkn. sehr kurz gestielt, Nektarium länger als der Stiel. Männl. Pfl. mit 2 Nektarien *(Fig. 292/5).* 13

– Sträucher. Frkn. deutl. gestielt, Nektarium höchstens so lg. wie der Stiel. Männl. Pfl. mit 1 od. 2 Nektarien *(Fig. 292/6).* 14

13. Tragb. an der Spitze kahl, nicht bärtig, im unteren Teil kurz behaart.

S. alba L., *Weiss-W., Silber-W.* – Verzweigung im Winkel von 50–60°. Junge Triebe schmutzig graubraun, zerstreut anliegend behaart od. gelb, kahl. Zweige nicht auffällig leicht abbrechend. Erstb. lanzettl., fast ganzrandig, beidseitig behaart, Sommerb. gesägt, silberweiss, dicht behaart. / 4 bis 5 / Kollin(-montan). Auenwälder, Ufer; hfg. [703]

– Tragb. an der Spitze lg. bärtig, im unteren Teil dicht behaart.

S. frágilis L., *Bruch-W.* – Verzweigung annähernd rechtwinklig. Junge Triebe hell, graubraun, kahl, leicht glänzend. Zweige an der Basis leicht, knackend abbrechend. B. buchtig gesägt, Drüsen in die Buchten gedrängt, kahl. / 4 bis 5 / Kollin(-montan). Bach- und Flussufer, Gräben; s. s., in der Schweiz meist der als Korbweide angepflanzte Bastard *S.* × *rubens* SCHRANK (*S. russeliana* SM.) = *S. alba* × *fragilis:* B. ± behaart! Drüsen auf den Spitzen der Zähne. [705]

14. Tragb. kurz, bis in die Mitte des Frkn. reichend, verkehrteifg. Strauch im Hochwasserbereich von Flüssen.

S. triándra L., *Mandel-W.* – Strauch 1,5–4 m hoch, Zweige von der Strömung niedergebogen. Borke älterer Äste sich in Fetzen ablösend. B. lineallanzettl., fein gesägt. Tragb. dünn, häutig, gewölbt, fast kahl. Frkn. gestielt, spindelfg., Gr. sehr kurz, N. seitl. umgebogen. / 4 bis 5 / Kollinmontan(-subalpin). Ufergelände; verbr. [702]

– Tragb. lang, den Frkn. überragend und bis in die Mitte des Gr. reichend, zungenfg. *(Fig. 292/7).* Strauch auf sandig-kiesigen Böden.

S. elaeágnos SCOP. (*S. incana* SCHRANK), *Lavendel-W.* – Strauch 3–5 m hoch, selten baumfg. bis 16 m hoch. Äste aufrecht, gelbl.-grau bis rötl.-braun. B. lg., schmal, unterseits dicht graufilzig, matt. Tragb. lg., dachziegelartig das Kätzchen bedeckend, nur Spitzen der Stbf. und Gr. mit N. freilassend. Frkn. gestielt, lg. ei-kegelfg., Gr. lg. gespalten, N.äste seitl. geneigt. / 3 bis 5 / Kollin-montan(-subalpin). Alluvionen, Kiesterrassen, Steinbrüche; verbr. [707]

15. Frkn. und Tragb.spitze kahl. Kleiner Baum, 4–12 m hoch, selten Strauch.

S. pentándra L., *Lorbeer-W.* – B. lanzettl., Rand sehr fein, drüsig gesägt, Drüsen klebrig, duftend. B.fläche kahl, sattgrün, glänzend. Tragb. der weibl. Kätzchen lg., den Gr. erreichend, dünn, spärl. behaart, nach der Bl.zeit abfallend. Frkn. kurz gestielt, lg. spindelfg., kahl, grün, in den Gr. verjüngt. Gr. längl., gespalten, N.äste umgebogen; 2 Nektarien. / 5 bis 7 / (Kollin-montan-)subalpin. Feuchte Wiesen, Torfmoore, Ufer; nicht hfg. J, M, A. Auch gepflanzt und verwildert. – S. [706]

– Frkn. dicht, weiss, wollig-filzig behaart. Tragb.spitze bärtig. Selten über 70 cm hoher Strauch.

S. glaucoserícea FLODERUS (*S. glauca* auct.), *Seidenhaarige W.* – Strauch oft flach ausgebreitet. B. längl.-elliptisch, beidseitig mit längsgerichteten Seidenhaaren, weich, ganzrandig. Tragb.spitze hellgelb (nie schwarz!), Frkn. längl.-eifg., Gr. und N. lg., gelb od. orange. Nur männl. Bl. mit 2

Nektarien. / 6 bis 7 / Subalpin-alpin. Feuchte, steinige Weiden; nicht hfg. A (zentrale und südl. Teile). [717]

16. (8.) Frkn. kahl, seitl. zusammengedrückt. 17
– Frkn. kahl od. behaart, drehrund, nicht seitl. zusammengedrückt. . 18

17. Bis 10 m hoher Baum, selten Strauch. Jüngere Zweige purpurn, im Vorsommer hell, bläul., abwischbar bereift. Frkn. kurz gestielt, Stiel deutl. kürzer als das Nektarium.
S. daphnoídes VILL., *Reif-W.* – B. lanzettl., regelm. fein gesägt, beiderseits kahl, nicht duftend. Kätzchen 3–4 cm lg., vor der Bl.zeit lg. weisszottig behaart. Tragb.spitze dunkelbraun, lg. bärtig. Basis des Frkn. sehr br., Gr. abgesetzt, N.äste aufrecht. Nektarium lg., schmal. / 3 bis 4 / (Kollin-)montan(-subalpin). Flussauen; J (s.), M, A. [708]
– Strauch, 40–150 cm hoch. Zweige graubraun bis rötl., nicht abwischbar bereift, kurz knotig. Frkn. deutl. gestielt, Stiel so lg. wie das Nektarium.
S. hastáta L., *Spiessblättrige W.* – B. ellipt. bis verkehrteifg., in der Jugend behaart od. kahl, unregelm., nicht bis zur B.spitze gesägt. Kätzchen 4–6 cm lg., vor der Bl.zeit dicht hellgrau behaart. Tragb. kraus behaart, lg. bärtig. Frkn. lg. schlank, Gr. gespalten, N.äste kurz. Nektarium keulenfg. / 6 bis 8 / Montan-subalpin(-alpin). Feuchte Stellen, felsige Rasen; verbr. A. [709]

18. Frkn. sitzend *(Fig. 292/4, 8)* od. kurz gestielt, Stiel höchstens so lg. wie das Nektarium *(Fig. 292/2)* (vgl. auch *S. nigricans*). 19
– Frkn. lg. gestielt, Stiel deutl. länger als das Nektarium *(Fig. 292/3)*. 25

19. Frkn. sitzend, gedrungen, eifg., dicht behaart *(Fig. 292/4)*. Kätzchen sitzend, lg. zylindrisch, seitwärts gerichtet. Oft hohe Sträucher. 20
– Frkn. kurz gestielt, Stiel bis so lg. wie das Nektarium *(Fig. 292/8)*. . 21

20. N. dem Frkn. direkt, ± ohne Gr. aufsitzend. Kätzchen dichtbl., schlank, seitwärts abwärts gebogen, oft gegenst.
S. purpúrea L., *Purpur-W.* – Bis 6 m hoher Strauch. Zweige dünn, gelbl.-braun od. purpurn, kahl. B. lanzettl., 4–7mal so lg. wie br., im vordersten Drittel am breitesten, nur in der vorderen B.hälfte gesägt, ausgewachsen kahl. Kätzchen 20–40 mm lg. Stb.beutel, N. und Tragb.spitze vor der Bl.zeit purpurn. Bl.zeit mit dem B.ausbruch. / 3 bis 5 / Kollin-montan. Gebüsche, Ufergelände; auch gepflanzt; hfg. [713]

    S. purpúrea L. ssp. **grácilis** (WIMMER) BUSER, *Alpen-Purpur-W.* – Bis 3 m hoher Strauch. Zweige dünn, biegsam, locker beblättert, graugelbl. B. lanzettl. bis lineal. Kätzchen 12–15 mm lg. / 3 bis 6 / Montan-subalpin. Sandig-schlickige Flussalluvionen; hfg.

– Gr. mit N. 5 mm lg., fädl. Kätzchen etwas gedrungen, am Zweig aufrecht stehend, nicht gegenst.
S. viminális L., *Korb-W., Hanf-W.* – Grosser Strauch od. bis 10 m hoher Baum. Zweige gelbl. bis rötl.-braun, kahl. B. lineal-lanzettl., 8–14mal so lg. wie br., ganzrandig od. etwas ausgeschweift, unterseits von angedrückten Haaren seidig schimmernd. Kätzchen 30–35 mm lg. Nektarium schlauchfg., aufwärts gebogen. Bl.zeit vor dem B.austrieb. / 3 bis 4 / Kollin-montan. Ufergelände; oft gepflanzt. [716]

21. Frkn. sehr kurz gestielt, Stiel höchstens ½ so lg. wie das Nektarium. Kätzchen 10–15 mm lg., sitzend od. kurz gestielt. Zweige dunkelgrau bis dunkelbraun. 22
– Frkn. kurz gestielt, Stiel so lg. wie das Nektarium. Kätzchen 15–30 mm lg., 5–12 mm lg. gestielt. Zweige grün bis rötl.-braun od. braun. . . . 23

22. Erstb. fein gesägt, unterseits lg. seidig behaart, verkahlend. 2–3jährige Triebe kahl, glänzend, jüngste Triebe kurz rauhhaarig. Gr. mit N. 1–1,5 mm lg.

S. foétida SCHLEICHER ex DC. (*S. arbuscula* L. ssp. *foetida* (SCHLEICHER) BR.-BL., *S. arbuscula* auct. non L.), *Stink-W.* – Ausgebreiteter od. bogig aufsteigender, dicht verzweigter, bis 1 m hoher Strauch. Zweige dunkelbraun od rötl., kurz knotig. B. elliptisch bis lanzettl., regelm., auffallend helldrüsig gesägt, sattgrün, kahl. Kätzchen fast sitzend, bis 15 mm lg. Bl.zeit mit der B.entfaltung. / 6 bis 7 / Subalpin-alpin. Sonnige, feuchte Orte, Alluvionen; kalkmeidend; verbr. A. [715]

– Erstb. ganzrandig, unterseits kahl. 1–3jährige Triebe matt, stets kahl. Gr. mit N. 0,5–1 mm lg.

S. caésia VILL., *Blaugrüne W.* – Aufrechter od. bogig aufsteigender bis 1 m hoher, sparriger Strauch. Zweige dunkelgrau bis dunkelbraun. B. elliptisch, kurz zugespitzt, ganzrandig, blaugrün, matt, kahl. Kätzchen bis 15 mm lg. Bl.zeit mit der B.entfaltung. / 6 bis 7 / Bachufer, Quellfluren; zieml. s. A. [714]

23. Frkn. kahl, schlank. Jüngste Triebe kahl.

S. glabra SCOP., *Kahle W.* – Strauch, 80–150 cm hoch, Zweige grün od. braun, kahl. B. oberseits lackartig glänzend, unterseits matt, mit dichtem Wachsbelag, beiderseits kahl. Kätzchen an beblätterten Kurztrieben, 1 cm lg. gestielt. Tragb. einfarbig, hell od. Spitze purpurn bis braun, bärtig. Bl.zeit kurz nach dem B.austrieb. / 6 bis 7 / Montan-subalpin. Steinige Hänge, Hochstaudenfluren; auf Kalk. A (T [Val Colla]) – Ossola, Co., Bergam., Bormio (Val Viola [Val di Dentro]), Tirol. [720]

– Frkn. behaart. Jüngste Triebe flaumig behaart. 24

24. Bl.zeit mit der B.entfaltung. Zweige kurz knotig, braun, glänzend, kahl. Frkn. dicht weisswollig-filzig behaart.

S. helvética VILL. (*S. lapponum* L. ssp. *helvetica* SCH. u. K.), *Schweizer-W.* – Aufsteigender od. aufrechter Strauch, 50–150 cm hoch. Erstb. unterseits dicht, lg.seidig glänzend, Sommerb. längl.-elliptisch, ± ganzrandig, unterseits kraushaarig weissfilzig, matt. Kätzchen 10–20 mm lg. gestielt, weiss behaart, 20–25 mm lg. Tragb.spitze stets deutl. schwarz! / 6 bis 7 / Subalpin-alpin. Feuchte, lg. schneebedeckte Blockschutthänge, Gletscherböden; verbr. A. [718]

– Bl.zeit vor der B.entfaltung. Zweige glatt, bräunl.-oliv, mit hellen Korkwarzen, kahl. Frkn. dicht, straff, hell behaart.

S. waldsteiniána WILLD. (*S. arbuscula* L. ssp. *waldsteiniana* (WILLD.) BR.-BL.), *Waldsteins W.* – Meist dichte Horste bildender, 50–150 cm hoher Strauch. Erstb. oft ganzrandig, unterseits flaumig. Sommerb. verkehrteifg., unregelm., drüsig gesägt bis fast ganzrandig, unterseits kahl. Kätzchen 5–8 mm lg. gestielt, 25–30 mm lg. Tragb.spitze hellbraun. / 5 bis 6 / Subalpin. Kalk- und Bündnerschieferschutt lange schneebedeckter Hänge. A (östl. Gotthardlinie).

25. (18.) Stiel des Frkn. bis 1,5mal so lg. wie das Nektarium. Frkn. bei verschiedenen Exemplaren derselben Art individuell kahl od. behaart. 26

– Stiel des Frkn. 2–5mal so lg. wie das Nektarium, Frkn. stets behaart *(Fig. 292/3).* 27

26. Kätzchen 15–20 mm lg., zylindrisch. Kätzchenstiel mit schmalen, spitzen, fahlgrünen, beidseitig dicht behaarten Blättchen. Junge Triebe kahl. Nacktes Holz oft mit zerstreuten, 3–5 mm lg. Striemen.

S. hegetschweíleri HEER (*S. phylicifolia* auct. non L., *S. phylicifolia* (L.)
SM. var. *rhaetica* KERNER), *Hegetschweilers W.* – Bogig aufsteigender od.
aufrechter, bis 3 m hoher Strauch. Jüngere Zweige silbergrau, schwärzl.
od. purpurn. B. br.-elliptisch bis verkehrteifg., 3–6 cm lg., oberseits dunkelgrün. B.stiel 8–10 mm lg. Kätzchenstiel kurz, 4–6 mm lg. Frkn. dünn,
weiss behaart od. kahl. Bl.zeit knapp mit der B.entfaltung. / 5 bis 7 /
Montan-subalpin. Bach- und Flussufer, Talböden; zerstr. A (kalte, zentrale Längstäler; vorwiegend auf Silikat). – Ao., Co., Bergam. [719]
S. hegetschweíleri HEER ssp. **vosegíaca** LAUTENSCHLAGER (*S. phylicifolia*
auct. non L., *S. bicolor* FLODERUS non WILLD.), *Vogesen-W.* – Von der
vorigen verschieden durch etwas kleineren, 1,2–2,5 m hohen Wuchs. B.
oberseits bläul.-grün. B.stiel 3–5 mm lg. Kätzchenstiel in Vollblüte 1 cm
lg. Frkn. dicht, lg.seidig behaart und ausserdem mit zerstr., flachen, abstehenden Haaren bedeckt. / 5 / Felsige Kare mit langer Schneebedek-
kung; auf Silikat. – V (Wormspel-Kar am Hohneck, Ammeltal).
– Kätzchen spitzeifg., 10–15 mm lg., nach der Bl.zeit verlängert. Kätzchenstiel mit elliptischen, stumpfen, oberseits kahlen, grünen, unterseits lg.
seidig behaarten Blättchen. Junge Triebe kurz, borstig od. flaumig behaart, selten kahl. Nacktes Holz ohne Striemen. B. trocken schwarz werdend.
S. nígricans SM. (*S. myrsinifolia* SALISB.), *Schwarzwerdende W.*,
Schwarz-W. – Meist aufrechter, 2–5 m hoher Strauch. Jüngere Zweige
braun bis oliv. B. rundl. bis längl.-elliptisch oder verkehrteifg., 4–6 cm
lg., oberseits dunkelgrün, unterseits von dichtem Wachsbelag graugrün,
mit grüner Spitze(!), zerstr. kurzborstig. Kätzchenstiel bis 1 cm lg. Frkn.
behaart od. kahl. Gr. so lg. wie der Frkn.stiel. Bl.zeit mit der B.entfal-
tung. / 4 bis 6 / Kollin-subalpin. Gebüsche, Ufer, Waldränder; hfg. [710]

    S. nígricans SM. ssp. **alpícola** BUSER (*S. nigricans* SM. var. *glabra* BUSER), *Al-
    pen-Schwarz-W.* – Von der vorigen verschieden durch niedrigeren, 1,5–2,5 m
    hohen Wuchs. Jüngere Zweige völlig kahl, kastanienbraun bis schwarzrot,
    glänzend. B. etwas runder und weniger behaart. Gr. etwas länger als der
    Frkn.stiel. / 5 bis 6 / Subalpin. Flussalluvionen. A (Wallis, Berner Oberland,
    Graub.). – Sav.

27. Grössere Sträucher od. Bäume, ohne unterird. kriechende Äste, meist
    über 1 m hoch, wenn kleiner, dann stets mit deutl., kurzen Striemen.
    Zweige behaart od. kahl. 28
– Kleiner, selten über 50 cm hoher Strauch in Mooren und Riedwiesen.
    Äste niederliegend od. unterird. kriechend, Zweige aufrecht od. bogig
    aufsteigend, grau, gelb od. rötl., kahl, jüngste Triebe oft behaart.
    S. répens L. s.l., *Moor-W.* – Erstb. beidseitig, vor allem unterseits lg. sei-
    denhaarig. Sommerb. lanzettl., beide Enden zugespitzt; am Rande ±
    umgebogen, ganzrandig od. mit einzelnen Zähnen od. Drüsen, oberseits
    sattgrün, meist kahl, unterseits seidig behaart, spät verkahlend. Kätzchen
    8–12 mm lg., Frkn. lg.gestielt, seidigfilzig behaart, s. s. kahl. Gr. so lg. wie
    der Frkn.stiel. Mitunter schwarze, alte B. am Strauch überwinternd. / 4
    bis 6 / Kollin-montan(-subalpin). Kalkhaltige Flachmoore, Magerrasen,
    Streuwiesen; zerstr. J, M, A (s.). [721]

    S. rosmarinifólia (L.) ČEL. – B. schmal-lanzettl., bis 10mal so lg. wie br., fast
    lineal. (In der Schweiz nicht sicher nachgewiesen.)
    S. argéntea NEUMANN ex RECHINGER – B. br.-elliptisch, 2mal so lg. wie br.,
    beidseitig dicht behaart, silbern glänzend. Oristal bei Liestal, verwildert. Ob
    andernorts in der Schweiz?

28. Bl.zeit mit der B.entfaltung. Tragb. so lg. wie der Frkn.stiel. 29
– Bl.zeit vor der B.entfaltung. Tragb. 1,5–2mal so lg. wie der Frkn.-
   stiel. 30
29. Grösserer, 2–8 m hoher Strauch. Äste grau, jüngere Triebe oliv bis
   bräunl., glatt, leicht behaart od. kahl. Diesjährige Triebe kurz und dicht,
   weissl. behaart.

   S. appendiculáta VILL. (*S. grandifolia* SER.), *Grossblättrige W., Ge-
   birgs-W.* – Erstb. büschelig, dicht flaumig. Sommerb. bis 12 cm lg., 2–4
   cm br., lanzettl., bis längl.-verkehrteifg., oberseits sattgrün, unterseits
   bläul., borstig behaart, im Griff rauh. Nervennetz stark vorspringend.
   Nebenb. gross. Weibl. Kätzchen bis 18 mm lg. und 9 mm dick, nach der
   Bl.zeit verlängert. / 4 bis 7 / (Kollin-)montan-subalpin. Wälder, steinige,
   buschige Hänge; hfg. J, M, A. – S. [722]
– Mittlerer, 0,8–2 m hoher Strauch. Äste grau, letztjährige Triebe
   schwärzl., kurzknotig, dicht grauflaumig, diesjährige Triebe gelbl.-grün,
   dicht weisszottig behaart, an der Basis weissbärtig.

   S. lággeri WIMMER (*S. pubescens* SCHLEICHER, *S. albicans* BONJEAN),
   Laggers W., Weissfilzige W. – Erstb. dicht flaumig. Sommerb. elliptisch
   bis verkehrteifg., 7 cm lg., 2,5–3 cm br., schief zugespitzt, oberseits dunkelgrün, kurzflaumig, verkahlend, unterseits dicht, hell behaart. B. im
   Griff weich. Haupt- und Seitennerven stark vorspringend, das feine Nervennetz fast flach durch die Haare verdeckt. Nebenb. klein od. fehlend.
   Weibl. Kätzchen bis 25 mm lg. und 9 mm br., schlanker als bei voriger. /
   6 / Sonnige, felsige, durchfeuchtete Rasenhänge; auf Silikat; zerstr. und
   s. A (Wallis, T, Graub.). – Bormio. [723]
30. Nacktes Holz meist ohne Striemen. Grosser, bis 9 m hoher Strauch, seltener Baum.

   S. cáprea L., *Sal-W.* – Äste grau, jüngere Triebe oliv od. rötl., kurzhaarig,
   verkahlend. Sommerb. br.-elliptisch, kurz, schief zugespitzt, oberseits
   grün, kahl, unterseits dicht, hell behaart, im Griff weich. Kätzchen fast
   sitzend, rund bis kurz zylindrisch, 2,5–4 cm lg. Frkn. ei-kegelfg., Gr. sehr
   kurz, N.äste aufrecht, zusammenneigend. Bl.zeit vor B.entfaltung. / 3 bis
   5 / Kollin-subalpin. Gebüsche, Schuttplätze, lichte Waldstellen; hfg.
   [726]
– Nacktes Holz mit zahlr., deutl. Striemen. 31
31. Kätzchen 12–15 mm lg., spitz-eifg. Kleiner, 0,5–2 m hoher, sparriger
   Strauch auf Sumpfmatten. Striemen 5–10 mm lg. Junge Triebe graubraun, verkahlend od. kahl.

   S. auríta L., *Ohr-W.* – Sommerb. verkehrteifg., runzlig, Rand ausgebissen gezähnt, unterseits graugrün, dichtflaumig, Nervennetz stark vorspringend. Nebenb. gross. Frkn. lg. gestielt, Gr. sehr kurz, N.äste leicht
   gespreizt. Bl.zeit vor der B.entfaltung. / 4 bis 5 / Kollin-montan. Feuchte
   Wiesen, Torfmoore, Waldränder; verbr. [725]
– Kätzchen 30–40 mm lg., zylindrisch. 1,5–4 m hoher Strauch, br.wüchsig,
   oben abgeflacht. Striemen 15–20 mm lg. Junge Triebe zimtbraun, kurz,
   samtig behaart.

   S. cinérea L., *Aschgraue W.* – Sommerb. elliptisch bis längl.-verkehrt-
   eifg., Rand wellig, unregelm., kleindrüsig gesägt od. fast ganzrandig,
   unterseits grau, weichflaumig. Haupt- und Seitennerven stark vorspringend. Nebenb. mässig ausgebildet. Frkn. sehr lg. gestielt, Gr. so lg. wie

die N.äste, diese aufgerichtet. Bl.zeit vor der B.entfaltung. / 3 bis 4 / Kollin-montan. Gebüsche, Ufergelände; verbr. [724]

B. Bestimmung nach blühenden männl. Exemplaren

1. Niederliegende, flach dem Boden od. Felsen angeschmiegte Spaliersträucher der Alpen od. Moore: Vgl. Schlüssel A, Seite 292 unter **2.–7.**
 – Mehr od. weniger aufrechte Sträucher od. Bäume. 2
2. Stbf. frei, nicht miteinander verwachsen. 5
 – Stbf. teilweise od. vollständig zusammengewachsen *(Fig. 292/7a)*. . 3
3. Stbf. in der ganzen Länge zusammengewachsen, scheinbar nur 1 Stbf.
   vorhanden: *S. purpurea / S. purpurea* ssp. *gracilis* (A, 20).
 – Stbf. nur im unteren Teil ± zusammengewachsen. 4
4. Stb.beutel gelb, Stbf. ⅓–½ zusammengewachsen: *S. elaeagnos* (A, 14).
 – Stb.beutel blühend blauviolett, Stbf. frei od. verschieden hoch zusammengewachsen, Alpenpflanze: *S. caesia* (A, 22).
5. Stbb. 2. 7
 – Stbb. mehr als 2. 6
6. Stbb. 3 *(Fig. 292/6a)*: *S. triandra* (A, 14).
 – Stbb. 4–6 und mehr: *S. pentandra* (A, 15).
7. Stb.fäden kahl. 17
 – Stb.fäden deutl. behaart. 8
8. Nektarien 2, Tragb. einfarbig *(Fig. 292/5a)*. 9
 – Nektarium 1, Tragb. 2farbig, Spitze dunkel *(Fig. 292/3)*. 12
9. Tragb.spitze spärl. behaart, nicht lg. bärtig. Hohe Bäume. 10
 – Tragb.spitze deutl. bärtig *(Fig. 292/5a)*. 11
10. Äste lg. bogig überhängend, grosser Baum (Trauerweide). Tragb. kahl
    od. behaart: *S. babylonica* (A, 11).
 – Äste ± aufrecht od. abstehend: *S. alba* (A, 13).
11. Grosser Baum an Flüssen od. Bächen. Zweige leicht, knackend abbre-
    chend. Jüngste Triebe kahl: *S. fragilis* (A, 13).
 – Strauch der Alpen, zur Bl.zeit mit beidseits seidig längsbehaarten, lan-
    zettl. Sommerb. Jüngste Triebe dichtflaumig bis kurzzottig: *S. glaucose-
    ricea* (A, 15).
12. Nacktes Holz 2–4jähriger Triebe mit deutl., längl. Striemen: *S. cinerea*
    (A, 31).
 – Nacktes Holz glatt, ohne deutl. Striemen. 13
13. Jüngere Triebe kahl od. leicht zerstr. behaart. 14
 – Jüngere Triebe borstig od. lg.zottig behaart. 15
14. Tragb.spitze hell od. purpurn bis braun, Stb.fäden locker behaart. Junge
    Triebe gelbl., Zweige völlig kahl. Nur im T: *S. glabra* (A, 23).
 – Tragb.spitze dunkelbraun bis schwarz, Stb.fäden dicht behaart. Jüngere
    Zweige oliv bis bräunl., glatt, kahl od. leicht behaart: *S. appendiculata*
    (A, 29).
15. Vorjährige Triebe schwarz, kurzknotig, zerstreut behaart, diesjährige
    Triebe blassgrün, dicht weisszottig behaart, an ihrer Basis hellbärtig.
    Kätzchenstiele mit beiderseits flaumigen Blättchen: *S. laggeri* (A, 29).
 – Vorjährige Triebe braun bis schwarzrot, glatt, kurzborstig od. kahl, matt
    od. schwach glänzend, diesjährige Triebe leicht behaart od. kahl. Kätz-
    chenstiele mit oberseits kahlen, grünen, unterseits behaarten Blätt-
    chen. 16

16. Letztjährige Triebe braun, kurzborstig, matt, diesjährige Triebe oft rötl., anliegend kurzhaarig: *S. nigricans* (A, 26).

– Vorjährige Triebe schwarz bis rotbraun, kahl, schwach glänzend, diesjährige Triebe leicht flaumig od kahl: *S. nigricans* ssp. *alpicola* (A, 26).

17. Meist grosse, 2–10 m hohe Sträucher od. Bäume. Kätzchen 25–40 mm lg. 18

– Kleinere, 0,5–2(–3) m hohe Sträucher. Kätzchen 10–25 mm lg. (vgl. aber *S. hastata* mit 30–40 mm lg. Kätzchen). 20

18. Jüngere Zweige purpurn, bläul. bereift: *S. daphnoides* (A, 17).

– Jüngere Zweige oliv bis gelbl. od. rötl.-braun, nicht bereift. 19

19. Nektarium kurz, dick, gestutzt, ca. ¼ so lg. wie das Tragb. Bl.zeit deutl. vor der B.entfaltung. Jüngere Zweige oliv od. rötl.: *S. caprea* (A, 30).

– Nektarium auffallend lg. schlauchfg., ½ so lg. wie das Tragb. Bl.zeit knapp vor der B.entfaltung. Junge Zweige gelbl. bis rötl.-braun: *S. viminalis* (A, 20).

20. Nacktes Holz 2–4jähriger Zweige mit kurzen Striemen. 21

– Nacktes Holz stets ohne Striemen. 22

21. Bl.zeit mit der B.entfaltung. Jüngere Triebe kahl, knotig. Holz hfg. mit 3–5 mm lg. Striemen. Kätzchen 15–20 mm lg. Nektarium flach, br., gestutzt. Bogig aufsteigender od. aufrechter Strauch: *S. hegetschweileri / S. hegetschweileri* ssp. *vosegiaca* (A, 26).

– Bl.zeit vor der B.entfaltung. Jüngere Triebe meist kurz behaart, glatt. Holz mit 5–10 mm lg. Striemen. Kätzchen 12–15 mm lg. Nektarium rund, keulenfg. Sparrig verzweigter Strauch: *S. aurita* (A, 31).

22. Kleiner, bis 50 cm hoher, seltener höherer Strauch in Mooren od. Riedwiesen. Äste niederliegend od. unterird. kriechend, Zweige aufrecht od. bogig aufsteigend. Kätzchen 8–10 mm lg., eifg.: *S. repens* (A, 27).

– Sträucher anderer Standorte. Äste nicht unterird. kriechend. Kätzchen meist über 10 mm lg. 23

23. Kätzchen 30–40 mm lg., sehr dicht, hellgrau behaart. Haare der Tragb. anfangs glatt, später kraus: *S. hastata* (A, 17).

– Kätzchen 10–25 mm lg. Haare der Tragb. stets glatt, nicht kraus werdend *(Fig. 292/8a).* 24

24. Kätzchen 15–20 mm lg., dicht weisshaarig. Tragb.spitzen schwarz. Erstb. und Blättchen des Kätzchenstiels beiderseits lg., seidig weisshaarig: *S. helvetica* (A, 24).

– Kätzchen 10–15 mm lg., grauhaarig. Erstb. und Blättchen der Kätzchenstiele nur unterseits seidig behaart, oberseits ± kahl. 25

25. Kätzchen deutl., bis 8 mm lg. gestielt. Zweige bräunl.-oliv, glatt, mit hellen Korkwarzen. Dichte, 50–150 cm hohe Horste auf Felsschutt; nur auf Kalk: *S. waldsteiniana* (A, 24).

– Kätzchen ± sitzend. Zweige dunkelbraun bis rötl., knotig, ohne Korkwarzen. Bis 100 cm hoher, ausgebreiteter od. bogig aufsteigender Strauch; kalkmeidend: *S. foetida* (A, 22).

C. Bestimmung nach Sommerblättern
Nicht gültig für Erstb. und Spätb. sommerlicher Langtriebe

1. Niederliegende, flach dem Boden od. Felsen angeschmiegte Spaliersträucher der Alpen od. Moore: Vgl. Schlüssel A, Seite 292 unter **2.–7.**

– Mehr od. weniger aufrechte Sträucher od. Bäume. 2
2. B. lanzettl. od lg. lineal-lanzettl., mindestens 3mal so lg. wie br. . . . 3
– B. lanzettl., elliptisch od. rundl., höchstens 2(–3)mal so lg. wie br. . . 15
3. Grösste Breite ± in der Mitte der B.fläche. 4
– Grösste Breite in der vorderen B.hälfte. 13
4. B. beiderseits ± kahl od. sehr früh verkahlend. 5
– B. mindestens unterseits behaart. 9
5. Äste lg. bogig überhängend (Trauerweiden). 6
– Äste kräftig, ± aufrecht od. abstehend. 7
6. Zweige grünl. od. bräunl. Junge B. sattgrün: *S. elegantissima* (A, 11).
– Zweige hell, undeutl. gelb bis schmutzig elfenbeinfarben. Junge B. blass
   od. gelbl.-grün: *S. babylonica* (A, 11).
7. B.rand buchtig gesägt, Drüsen in die Buchten gerückt. Hoher Baum mit
   12–16 cm lg., 3–4 cm br., fein zugespitzten B.: *S. fragilis* (A, 13).
– B.rand fein gesägt, Drüsen nicht in den Buchten. 8
8. B. lineal-lanzettl., lg. zugespitzt, Seiten ± parallel. B.stiel mit Drüsen
   besetzt. Zweige nicht bereift: *S. triandra* (A, 14).
– B. lanzettl., lg. zugespitzt, Seiten nicht parallel. B.stiel ohne Drüsen. Jüngere Zweige bereift: *S. daphnoides* (A, 17).
9. Bis 50 cm hohe, selten höhere Sträucher mit unterird. kriechenden Zweigen. B. 1–4 cm lg., 7–20 mm br., Rand umgebogen, oberseits grün, kahl
   od. selten behaart, unterseits hell, lg. seidig, spät verkahlend: *S. repens*
   (A, 27).
– 1–20 m hohe Sträucher od. Bäume, ohne unterird. kriechende Äste. B.
   5–15 cm lg. 10
10. B. schmal, lineal-lanzettl., 6–20mal so lg. wie br. B.rand deutl. umgebo-
   gen, mit spärl. Drüsenzähnchen. 11
– B. lanzettl., 4–6mal so lg. wie br. B.rand flach, drüsig gesägt. 12
11. B.unterseite von gegen den Rand gerichteten Haaren dicht seidig-glän-
   zend. B.rand gewellt: *S. viminalis* (A, 20).
– B.unterseite von krausen Haaren dicht weissfilzig, matt. B. ± ganzrandig: *S. elaeagnos* (A, 14).
12. B. beidseitig hell, weiss behaart, silbern glänzend, 5–9 cm lg. Rand fein,
   kleindrüsig gesägt: *S. alba* (A, 13).
– B. beidseitig zerstr. behaart, kaum silbrig glänzend, bis 16 cm lg. Rand
   buchtig gesägt, Drüsen auf den Spitzen der Zähne: Bastard *S.* ×*rubens*
   (*S. alba* ×*fragilis*) (A, 13).
13. B. beiderseits kahl. Nebenb. selten vorhanden od. fehlend. 14
– B. unterseits borstig behaart, (7–)12(–15) cm lg., kurz, oft schief zugespitzt, oberseits kahl, grün, unterseits hell bläul., mit scharf vorspringendem Nervennetz. Nebenb. meist kräftig entwickelt: *S. appendiculata* (A,
   29).
14. B.rand regelm., feindrüsig gesägt, Drüsen klebrig, balsamisch duftend.
   B. steif, 4–7 cm lg., lanzettl., grösste Breite wenig über der Mitte. B.ober-
   seite stark glänzend: *S. pentandra* (A, 15).
– B.rand nur in der vorderen B.hälfte fein gesägt, ohne Drüsen. B. nicht
   steif, 5–12 cm lg., schmal, grösste Breite im vorderen Drittel. B.oberseite
   bläul.-grün, matt: *S. purpurea* / *S. purpurea* ssp. *gracilis* (A, 20).
15. (2.) Grösste B.breite ± in od. unterhalb der Mitte. 16
– Grösste Breite in der vorderen B.hälfte. 22

16. B. kahl od. sehr früh verkahlend. 17
– B. behaart. 19
17. B. beiderseits gleichfarbig, blaugrün, matt, bis 3 cm lg., ganzrandig, kurz zugespitzt: *S. caesia* (A, 22).
– B. oberseits sattgrün bis dunkelgrün, ± glänzend, unterseits etwas heller. 18
18. B. 1,5–3 cm lg., steif. Rand regelm., fein gesägt, mit auffälligen, hellen (trocken dunkeln) Drüsen auf den Zähnen: *S. foetida* (A, 22).
– B. 4–8 cm lg., etwas steif, ganzrandig od. gesägt, mit kleinen, unauffälligen Drüsen, oberseits dunkelgrün, glänzend, unterseits hell, bläul., matt, Hauptnerv br., gelb, Seitennerven genähert, parallel verlaufend, selten verzweigt: *S. hegetschweileri* / *S. hegetschweileri* ssp. *vosegiaca* (A, 26).
19. B. längl.-elliptisch bis längl.-oval od. lanzettl., 2–4mal so lg. wie br., mindestens unterseits dicht, weissfilzig od. weiss, seidig behaart. Kleine, bis 80 cm hohe Sträucher der Alpen. 21
– B. rundl. bis elliptisch, längl. od. br. verkehrteifg., 1–2(–3)mal so lg. wie br., unterseits zerstr. borstig bis dicht grauflaumig. Meist grosse, 2–10 m hohe Bäume od. Sträucher. 20
20. B.unterseite von hellem Wachsbelag graugrün, matt, die Spitze aber grün! B. beiderseits zerstr. borstig behaart od. kahl. B.form veränderl., grösste Breite auch über der Mitte. Rand gekerbt-gesägt. B. trocken schwarz werdend: *S. nigricans* / *S. nigricans* ssp. *alpicola* (A, 26).
– B. unterseits dicht, hellflaumig behaart, im Griff weich, oberseits grün, kahl. B.fläche br.-elliptisch, Spitze meist schief gefaltet, Rand unregelm. gesägt bis ganzrandig: *S. caprea* (A, 30).
21. B. oberseits locker, unterseits dicht von längsgerichteten Seidenhaaren weisszottig, ganzrandig, längl.-elliptisch, 2,5–4mal so lg. wie br., weich: *S. glaucosericea* (A, 15).
– B. oberseits sattgrün, glänzend und kahl od. bläul.-grün kurzflaumig, unterseits dicht, angedrückt weissfilzig, matt. B.rand umgebogen, mit vereinzelten Drüsenzähnen. B. elliptisch-lanzettl., grösste Breite oft etwas über der Mitte, 2–3mal so lg. wie br.: *S. helvetica* (A, 24).
22. B. kahl od. sehr früh verkahlend. 23
– B. behaart. 25
23. B. nachgiebig weich, oberseits mattgrün od. leicht glänzend (trocken stets matt!), unterseits graugrün. Rand nicht bis zur Spitze gesägt. Nervennetz zwischen den Seitennerven völlig flach. B.form verschieden: *S. hastata* (A, 17).
– B. steif, oberseits stark glänzend, unterseits hell blaugrün, matt. Nervennetz vorspringend. 24
24. B. ± 7 cm lg., zugespitzt, Rand regelm. drüsig gesägt. Jüngste Triebe kahl. B. beim Trocknen matt, schwärzl. werdend; nur im T: *S. glabra* (A, 23).
– B. ± 4 cm lg., kurz zugespitzt, Rand unregelm. gesägt bis fast ganzrandig. Jüngste Triebe zerstr. flaumig behaart. B.nerven bis 3. Ordn. vorspringend; nordöstl. A, auf Kalk!: *S. waldsteiniana* (A, 24).
25. B. 1,5–4 cm lg., vorn br. abgerundet, kurz bespitzt, am Grunde keilfg. verschmälert, oberseits stark runzlig, unterseits mit deutl. vorspringendem Nervennetz, graugrün, dichtflaumig. B.rand ausgebissen gezähnt. Nacktes Holz 2–4jähriger Zweige mit kurzen Striemen. Letztjährige Zweige kahl od. verkahlend: *S. aurita* (A, 31).

– B. 6–9(–15) cm lg., vorn spitz od. zugespitzt, oberseits kaum runzlig, feingesägt bis ganzrandig, beiderseits behaart. Letztjährige Zweige samtig od. flaumig. 26

26. B. 6–9 cm lg., 2–3mal so lg. wie br. Rand wellig od. glatt, schwach gesägt. Oberseits braun- bis graugrün, zerstr. behaart, Unterseite heller, grau, weichflaumig, mit vorspringendem Nervennetz. Nacktes Holz 2–4jähriger Zweige mit lg. Striemen. Letztjährige Zweige zimtbraun, samtig behaart: *S. cinerea* (A, 31).

– B. ± 7 cm lg., 3–4mal so lg. wie br., Rand leicht umgebogen, ± ganzrandig. Oberseite dunkelgrün, kurzflaumig, verkahlend, Unterseite dicht, hell behaart, Haupt- und Seitennerven vorspringend, das feine Nervennetz flach, von Haaren verdeckt. Letztjährige Zweige schwärzl., grauflaumig behaart: *S. laggeri* (A, 29).

Bastarde zahlreich; darunter die als Korbweide hfg. gepflanzte *S. purpurea* × *viminalis* (*S. rubra* Hudson).

331. Pópulus L., *Pappel*

1. Stbb. 8. Kätzchenschuppen gewimpert *(Fig. 292/1).*

P. trémula L., *Zitter-P., Espe.* – B. fast kreisrund, ausgeschweift-eckig gezähnt, anfangs seidenhaarig-zottig, später kahl, an den Stockausschlägen eifg., weichhaarig. / 3 bis 4 / Kollin-subalpin. Wälder, Gebüsche; verbr. [728]

P. alba L., *Silber-P.* – B. rundl.-eifg., unterseits weissfilzig, an den Endtrieben und Stockausschlägen handfg. gelappt. / 3 bis 4 / Kollin. Wälder, Ufer. Basel, Aarg., Wallis. Auch gepflanzt und verwildert. – Bad., Els. [729]

– Stbb. 12–30. Kätzchenschuppen kahl.

P. nigra L., *Schwarz-P.* – Äste ausgebreitet. B. 3eckig-eifg., zugespitzt. / 3 bis 4 / Kollin-montan. Ufer; verbr. Auch gepflanzt. [730]

P. itálica (Muenchhausen) Moench (*P. pyramidalis* Rozier), *Italienische P., Pyramiden-P.* – Äste straff aufrecht. B. rautenfg. / 3 bis 4 / Kollin. Hfg. gepflanzt (nur in männl. Exemplaren). Heimat Vorderasien. [731]

Bastard: **P.** ×**canescens** (Ait.) Sm. = *P. alba* × *tremula*.

Fam. 90. **Cucurbitáceae.** *Kürbisgewächse*

Einjährige Kräuter od. Stauden, oft mit Ranken kletternd, seltener Bäume od. Sträucher, mit wechselst., meist ± stark handfg. gelappten B. Nebenb. fehlend. Bl. in cymösen Blstd., meist eingeschlechtig, radiärsymm. Kb. 4, verwachsen. Krb. 5, meist verwachsen. Stbb. 5 oft je 2 verwachsen und 1 frei und daher scheinbar 3. Frb. meist 3, zu einem unterst. Frkn. verwachsen. Beeren.

1. Pfl. 2- od. einhäusig. Kr. klein (nicht über 1,5 cm im Durchm.). Fr. eine kugelige, glatte Beere. **Bryonia 332**

– Pfl. einhäusig. Kr. gross. Fr. gross bis sehr gross, längl., oval od. kugelig, glatt od. warzig. 2

2. Stbb. frei. **Cucumis 333**
– Stbb. verwachsen. **Cucurbita 334**

332. **Bryónia** L., *Zaunrübe*

B. dióica JACQ., *Zweihäusige Z.* – W. rübenfg. St. kletternd, 2–3 m. B. handfg. gelappt, rauh. Pfl. 2häusig. K. der weibl. Bl. halb so lg. wie die Kr. Diese grünl.-weiss. N. rauhhaarig. Beere rot. / 6 bis 9 / Kollin(-montan). Hecken, Gebüsche; zerstr. vor allem Westschw. [2582]
B. alba L., *Weisse Z.* – W., St. und B. wie bei der vorigen Art. Pfl. einhäusig. K. der weibl. Bl. so lg. wie die Kr. Diese grünl.-weiss. N. kahl. Beere schwarz. / 6 bis 7 / Kollin. Wie vorige; s. Wallis, Graub. – Vintschgau. [2581]

333. **Cúcumis** L., *Gurke*

C. satívus L., *Gurke.* – St. 1–4 m, mit einfachen Wickelranken. B. undeutl. 5lappig, mit spitzen Lappen. Kr. gelb. Fr. längl. / 6 bis 8 / Kollin. Kult. Stammt aus Indien. [2583]
C. melo L., *Melone.* – St. 2–5 m. B. br.-herzfg., 5eckig, mit stumpfen Lappen. Kr. gelb. Fr. kugelig od. oval. / 6 bis 8 / Kollin. Kult. Stammt aus Südasien und dem tropischen Afrika. [2584]

334. **Cucúrbita** L., *Kürbis*

C. pepo L., *Kürbis.* – St. 3–8 m, mit ästigen Wickelranken. B. herzfg., 5lappig, rauh. Kr. gelb. Fr. kugelig od. oval, glatt od., var. *verrucósa* (L.) ALEFELD, warzig-rauh. / 6 bis 9 / Kollin(-montan). Kult. Stammt aus Mexiko und Texas. [2585]

Fam. 91. **Malváceae.** *Malvengewächse*

Kräuter, seltener Sträucher od. Bäume mit wechselst., ± stark handfg. geteilten B. Nebenb. vorhanden. Bl. in aus Wickeln zusges. Blstd., zwittrig, radiärsymm. Kb. 5, am Grunde verwachsen, mit Aussenk. Krb. 5, frei od. verwachsen. Stbb. zahlreich, zu einer Röhre untereinander und mit den Krb. verwachsen. Frb. 4 bis viele, meist zu einem oberst. Frkn. verwachsen. Vielteilige Spaltfr. od. Kapsel.

1. Aussenk. 3blättrig *(Fig. 304/1).* **Malva 335**
– Aussenk. 6–9sp. *(Fig. 304/2).* **Althaea 336**

304/1   304/2

335. **Malva** L., *Malve*

1. Stlb. tief handfg. 5–7sp. Bl. einzeln in den B.winkeln, die oberen oft zu 3–4 einander genähert.

M. álcea L., *Sigmarswurz.* – St. 50–120 cm, mit angedrückten Sternhaaren. B.abschn. rautenfg., 3sp., eingeschnitten-gezähnt. Aussenkb. eifg. od. längl.-eifg. Krb. 2–3,5 cm lg., hellrosa od. weiss. / 7 bis 9 / Kollin(-montan). Wegränder; verbr. [1789]

M. moscháta L., *Bisam-M.* – St. 30–60 cm, mit einfachen, abstehenden Haaren. Abschn. der oberen B. fiedersp., mit linealen Zipfeln. Aussenkb. lineal-lanzettl. Krb. 2–3 cm lg., rosa. / 6 bis 9 / Kollin(-montan). Raine, Wegränder; verbr. [1790]

– Stlb. handfg. gelappt. Bl. büschelig in den B.winkeln.

2. Bl.stiele zur Fr.zeit mehrmals länger als der K.

M. silvéstris L., *Wilde M.* – St. 30–120 cm, aufsteigend od. aufrecht. Krb. 1,5–2 cm lg., hellrot, mit 3 dunkleren Streifen. Fr. fein vertieft-runzlig. / 6 bis 9 / Kollin-montan. Wegränder, Schuttstellen; verbr. [1791]

M. neglécta WALLR., *Kleine M., Käslikraut.* – St. 10–50 cm, niederliegend-ästig. Krb. 8–10 mm lg., hellrosa. Fr. glatt od. schwach runzlig. / 6 bis 9 / Kollin-montan(-subalpin). Wie vorige; s. hfg. [1792]

– Bl.stiele zur Fr.zeit höchstens doppelt so lg. wie der K.

M. verticilláta L. var. **crispa** L. (*M. crispa* L.), *Krause M.* – St. 1–2 m. B. wellig-kraus, dicht und fein gesägt. Bl.stiele sehr kurz. Krb. bleichfleischfarben bis weissl. / 7 bis 9 / Kult. und verwildert. Alte Heilpfl. (Kulturrasse der ostasiatischen M. verticillata L.). [37A]

336. **Althaéa** L., *Eibisch*

A. hirsúta L., *Rauhhaariger E.* – Pfl. abstehend behaart. St. 15–50 cm. Bl. zieml. lg. gestielt, zu 1–2 in den B.winkeln. Krb. bleichlila. / 6 bis 9 / Kollin(-montan). Äcker, unbebaute Orte; s. Südwestschw.; sonst meist nur vorübergehend verschleppt. – Bad., Els. [1793]

A. officinális L., *Gebräuchlicher E.* – Pfl. samtig-filzig. St. 50–150 cm. Bl. kurz gestielt, zu mehreren in den B.winkeln. Krb. blassrosa. / 7 bis 8 / Kollin. Kult. und verwildert. [1794]

Fam. 92. **Tiliáceae.** *Lindengewächse*

Bäume od. Sträucher, seltener Kräuter, mit meist wechselst., einfachen, oft gelappten B. Nebenb. hinfällig. Bl. in cymösen Blstd., zwittrig, radiärsymm. Kb. (4–)5, Krb. (4–)5. Stbb. meist zahlreich, oft am Grunde zu Bündeln verwachsen. Frb. 2–5 bis viele, zu einem oberst. Frkn. verwachsen. Kapseln, Nüsse.

337. **Tília** L., *Linde*

T. cordáta MILLER (*T. ulmifolia* SCOP., *T. parvifolia* EHRH.), *Winter-L.* – B. unterseits blaugrün und kahl, mit rostfarbenen Bärtchen in den Nervenwinkeln. Trugdolden 5–10bl. Krb. gelbl.-weiss. / 6 bis 7 / Kollin(-montan). Wälder, buschige Hänge; verbr. Oft. gepflanzt. [1787]

T. platyphýllos Scop. (*T. grandifolia* Ehrh.), *Sommer-L.* – B. unterseits grün und weichhaarig, mit weissl. Bärtchen in den Nervenwinkeln. Trugdolden 3–6bl. Krb. gelbl.-weiss. / 6 / Kollin(-montan). Wie vorige; verbr. Oft gepflanzt. [1788]

Fam. 93. **Pyroláceae.** *Wintergrüngewächse*

Immergrüne Stauden, selten Halbsträucher, mit wechselst., einfachen B. Nebenb. fehlend. Bl. einzeln od. in Trauben, zwittrig, radiärsymm. od. schwach monosymm. Kb. 4–5, Krb. 4–5, frei od. verwachsen. Stbb. 8–10. Frb. 4–5, zu einem oberst. Frkn. verwachsen. Fachspaltige, mehrsamige Kapseln.

1. Bl. einzeln od. in Trauben	2
– Bl. in Dolden.	**Chimaphila 338**
2. St. mit einer einzigen, endst., nickenden Bl.	**Moneses 339**
– Bl. in Trauben.	3
3. Bl. einseitswendig. B. am unteren Teile des St. zerstr.	**Orthilia 340**
– Bl. allseitswendig. B. in einer grundst. Rosette.	**Pyrola 341**

338. **Chimáphila** Pursh, *Winterlieb*

Ch. umbelláta (L.) Barton (*Pyrola umbellata* L.), *Winterlieb*. – Pfl. 10–15 cm. B. keilfg.-lanzettl., gesägt. Krb. rosarot. / 6 bis 7 / Kollin. Föhrenwälder; s. s. M (Berner Seeland, Kt. Zürich[?] und Thurgau[?]). [2013]

339. **Monéses** Salisb. ex S. F. Gray, *Moosauge*

M. uniflóra (L.) A. Gray (*Pyrola uniflora* L.), *Moosauge, Einblütiges Wintergrün*. – Pfl. 5–10 cm. B. rundl., grundst. Bl. gross (bis 2 cm), Krb. flach ausgebreitet, weiss. Fr.kapsel aufrecht. / 6 bis 8 / (Kollin-montan-)subalpin. Moosige Wälder; s. J, M (verbr.), A. – S. [2009]

340. **Orthília** Rafin., *Birngrün*

O. secúnda (L.) House (*Pyrola secunda* L.), *Birngrün, Einseitswendiges Wintergrün*. – Pfl. 10–20 cm. B. eifg., spitz, klein-gekerbt-gesägt. Kr. glokkig bis fast kugelig. Krb. grünl.-weiss. / 6 bis 7 / (Kollin-)montan-subalpin. Wälder; verbr. [2010]

341. **Pýrola** (*Pirola*) L., *Wintergrün*

1. Stbb. aufwärts, Gr. abwärts gebogen.
    P. rotundifólia L., *Rundblättriges W.* – Pfl. 15–35 cm. B. rundl., stumpf. K.zipfel lanzettl., zugespitzt, viel länger als br., halb so lg. wie die weisse Kr. / 7 bis 9 / (Kollin-)montan-subalpin(-alpin). Wälder, Legföhrenbestände, Zwergstrauchheiden; verbr. [2011]
    P. chlorántha Sw. (*P. virens* Schweigger), *Grünliches W.* – Pfl. 10–30 cm. B. rundl., oft ausgerandet. K.zipfel 3eckig-eifg., spitz, angedrückt, nicht länger als br., ¼ so lg. wie die grünl.-weisse Kr. / 6 bis 8 / (Kol-

lin-)montan-subalpin. Wälder (besonders unter Föhren); s. J, M, A. [2012]
– Stbb. zusammenneigend. Gr. gerade.
P. média Sw., *Mittleres W.* – Pfl. 10–25 cm. B. rundl.-eifg. Kb. br.-lanzettl. Krb. weiss od. rötl. Gr. schief, länger als der Frkn., unter der N. ringfg. verdickt. / 6 bis 8 / (Kollin-)montan-sublpin. Wälder; zerstr. M, A. – V, Salève bei Genf. [2014]
P. minor L., *Kleines W.* – Pfl. 10–20 cm. B. rundl. od. oval. Kb. 3eckigeifg., spitz. Krb. weiss od. hellrosa. Gr. auf dem Frkn. aufrecht, kürzer als dieser, unter der N. nicht ringfg. verdickt. / 6 bis 8 / (Kollin-)montansubalpin(-alpin). Wälder, Torfmoore, Zwergstrauchheiden; verbr. [2015]

Fam. 94. **Monotropáceae.** *Fichtenspargelgewächse*

Blattgrünlose, saprophytisch lebende, etwas fleischige Stauden mit wechselst., einfachen B. Nebenb. fehlend. Bl. zwittrig, radiärsymm. Kb. 4(–5), Krb. 4(–5), Stbb. 8–10. Frb. 4–5, zu einem oberst. Frkn. verwachsen. Fachspaltige, mehrsamige Kapseln.

342. **Monótropa** L., *Fichtenspargel*

M. hypópitys L. s.l., *Fichtenspargel.* – Pfl. 10–25 cm, gelbl.-braun, mit schuppenfg. B. Bl. in einer anfangs nickenden, später aufrechten Traube. Kr. glockenfg. / 6 bis 8 / Kollin-subalpin. Wälder; verbr. [2016]

    M. hypópitys L. s.str. (*M. hypopitys* L. var. *hirsuta* ROTH, *M. multiflora* (SCOP.) FRITSCH), *Behaarter F., Echter F.* – Traube dicht, 8–30bl. Oberer St.teil, K. und Aussenseite der Kr. behaart od. kahl. Innenseite der Krb., Stbb. und Stempel steifhaarig. Fr. länger als br. / Verbr.
    M. hypophégea WALLR. (*M. hypopitys* L. var. *glabra* ROTH), *Kahler F., Buchenspargel.* – Traube locker, 3–12bl. St. und ganze Bl. kahl. Fr. kugelig. – Kalkmeidend; zerstr.

Fam. 95. **Ericáceae.** *Heidekrautgewächse*

Sträucher und Zwergsträucher, seltener Bäume, mit meist immergrünen, wechselst., gegenst. od. quirlst., einfachen B. Nebenb. fehlend. Bl. in Trauben, Rispen od. Dolden, selten einzeln, zwittrig, radiärsymm. od. schwach monosymm. Kb. 4–7, oft verwachsen. Krb. 4–7, meist verwachsen. Stbb. meist 8–14, mit hornfg. Anhängsel und sich an der Spitze mit Löchern öffnend. Frb. (4–)5(–10), zu einem oberst. od. unterst. Frkn. verwachsen. Kapseln, Beeren od. Steinfr.

1. Frkn. unterst. *(Fig. 308/1).* Beere.   **Vaccinium 347**
– Frkn. oberst. *(Fig. 308/2).* Kapsel od. Steinfr. 2
2. K. 4teilig. Stbb. 8. B. nadelfg. od. schuppenartig. 3
– K. 5teilig. Stbb. 5 od. 10. B. nicht nadelfg. 4
3. Bl. mit einem grünen Aussenk. K. kr.artig, länger als die Kr. *(Fig. 308/3).*
        Calluna 348
– Bl. ohne Aussenk. K. kürzer als die Kr. *(Fig. 309/1).*   **Erica 349**

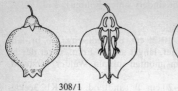

308/1   308/2   308/3

4. Kr. trichterfg.-glockenfg., klein, 4–5 mm lg., tief 5sp. *(Fig. 309/2)*, hell-rosa. Stbb. 5. Niederliegender Zwergstrauch.   **Loiseleuria 344**
– Kr. anders gestaltet. Stbb. 10.   5
5. Kr. röhrenfg.-glockenfg., über 1 cm lg., 5zipflig *(Fig. 309/3)*, hell- od. lebhaft rot. Stbb. 10. Aufrechter Strauch.   **Rhododendron 343**
– Kr. krugfg., mit 5 kleinen Zähnchen *(Fig. 308/2)*, weiss od. rötl. Stbb. 10.   6
6. B. unterseits weissl. bereift. Bl. lg. gestielt.   **Andromeda 345**
– B. beiderseits grün. Bl. kurz gestielt.   **Arctostaphylos 346**

343. **Rhododéndron** L., *Alpenrose*

R. hirsútum L., *Bewimperte A.* – Strauch, 50–100 cm. B. elliptisch, unter-seits grün und zerstr. drüsig getüpfelt, am Rande gewimpert. K.zipfel längl.-lanzettl. Kr. rosa, selten weiss. / 5 bis 7 / (Montan-)sub-alpin(-alpin). Felsen, Felsschutt; kalkstet. M (vereinzelt), A (s. im Wallis und T). [2018]

R. ferrugíneum L., *Rostblättrige A.* – Strauch, bis 1 m und höher. B. ellip-tisch, unterseits zuletzt rostbraun, am Rande umgerollt, nicht gewimpert. K.zipfel kurz, br.-eifg. Kr. dunkelrosa, selten weiss. / (4–)6–8 / (Mon-tan-)subalpin(-alpin). Wälder, Weiden; kalkmeidend. Südl. J, M (ver-einzelt), A. [2019]

> **R. ×intermédium** TAUSCH (*R. ferrugineum × hirsutum*). – In den morpho-logischen Merkmalen die Mitte zwischen den vorigen Arten haltend od. sich bald dem einen, bald dem anderen Elter nähernd. – Mit den Eltern od. nur mit einer der Stammarten, öfters auch an Stellen, wo beide Stammarten fehlen, als hybridogene Art auftretend; zieml. hfg. A.

344. **Loiseleúria** DESV., *Alpenazalee*

L. procúmbens (L.) DESV. (*Azalea procumbens* L.), *Alpenazalee.* – Äste 15–45 cm lg. B. immergrün, elliptisch, am Rande umgerollt. Bl. zu 2–5, doldig. K. dunkelrot. Kr. hellrosa. / 6 bis 7 / Subalpin-alpin. Felskämme, Moränen, Zwergstrauchheiden, Moore; verbr. A. [2021]

345. **Andrómeda** L., *Rosmarinheide*

A. polifólia L., *Rosmarinheide.* – St. 15–30 cm. B. lineal-lanzettl., am Rande umgerollt. Bl. blassrosa, in endst., armbl. Dolden. / 5 bis 6 / Kol-lin-subalpin. Torfmoore; zerstr., fehlt im Wallis und T. [2022]

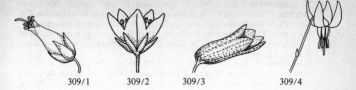

309/1   309/2   309/3   309/4

346. **Arctostáphylos** ADANSON, *Bärentraube*

A. uva-ursi (L.) SPRENGEL, *Immergrüne B.* – Äste niederliegend, 30–100 cm lg. B. derb, lederartig, immergrün, ganzrandig. K. weissrandig. Kr. weiss od. blassrosa. Fr. rot. / 4 bis 5 (7) / (Kollin-)montan-alpin. Steinige Orte. J, M, A. [2023]

A. alpína (L.) SPRENGEL, *Alpen-B.* – Äste bis 30 cm lg. B. dünn, sommergrün, gezähnelt, im Herbst leuchtend weinrot. Kr. grünl.-weiss od. rötl. angehaucht. Fr. schwarz. / 5 bis 6 / Subalpin-alpin. Steinige Orte. J (Dôle), A. – Französ. Jura [2024]

347. **Vaccínium** L., *Heidelbeere*

1. Kr. krugfg. od. glockenfg. *(Fig. 308/1).* 2
– Kr. radfg., fast bis zum Grunde 4teilig, mit zurückgeschlagenen Zipfeln *(Fig. 309/4).*

    V. oxycóccos L. (*Oxycoccus quadripetalus* GILIB., *O. paluster* PERS.), *Gemeine Moosbeere.* – St. 10–30 cm, niederliegend, kriechend, mit fadenfg. Ästen. B. klein, eifg.-längl., spitz, am Rande umgerollt, unterseits graugrün. Bl. rosa, lg. gestielt. Bl.stiele behaart. K.zipfel bewimpert. Beere braunrot, kugelig. / 5 bis 7 / Kollin-montan. Torfmoore, verbr. [2028]

    V. microcárpum (TURCZ. ex RUPR.) HOOKER f. (*O. microcarpus* TURCZ.), *Kleinfrüchtige Moosbeere.* – Von der vorigen Art verschieden durch kahle Bl.stiele und K.zipfel sowie kleinere Bl. und kleinere, birn- od. zitronenfg. Beere. / 5 bis 7 / (Kollin-)montan-subalpin. Torfmoore; s. J, M, A. – S.

2. Kr. glockenfg., meist 4zähnig. B. immergrün. Beere rot.

    V. vitis-idaéa L., *Preiselbeere.* – St. 10–30 cm. B. lederartig, am Rande umgerollt, unterseits drüsig punktiert. Bl. weiss od. rötl., in kurzen Trauben. / 5 bis 6, in tiefen Lagen wieder in 8 / (Kollin-)montan-alpin. Bergwälder, Heiden, Torfmoore; verbr. [2024]

– Kr. krugfg., meist 5zähnig. B. sommergrün. Beere blauschwarz, bereift.

    V. myrtíllus L., *Heidelbeere.* – St. 15–50 cm, kantig, grün. B. eifg., spitz, gekerbt-gezähnelt, hellgrün. Kr. fast kugelig, grün, rot überlaufen. Beere innen blauviolett. / 4 bis 6 / (Kollin-)montan-subalpin(-alpin). Wälder, Heiden, Moore; verbr. [2025]

    V. uliginósum L. s.l., *Moorbeere, Rauschbeere.* – St. 15–100 cm, rundl., braun. B. elliptisch od. verkehrt-eifg., ganzrandig, unterseits blaugrün. Kr. weiss od. rötl. Beere innen weiss. / 5 bis 6 / Kollin-alpin. Moore, Zwergstrauchheiden; verbr. [2026]

V. gaultherioídes BIGELOW (*V. uliginosum* L. ssp. *alpinum* (BIGELOW) HULTEN, *V. uliginosum* L. ssp. *pubescens* (WORMSKIOLD ex HORNEMANN) S. B. YOUNG), *Gaulteria-ähnliche Moorbeere.* – Pfl. 5–20 cm hoch. B. verkehrt-eifg., bis 1 cm br. Bl. meist einzeln, b.achselst., Bl.stiele 1–3 mm lg., kürzer als die Bl. – (Montan-)subalpin-alpin. Weiden, Zwergstrauchheiden, windexponierte Kanten; hfg. A.

V. uliginósum L. s.str., *Echte Moorbeere.* – Pfl. 20–50(–100) cm hoch. B. br.-lanzettl., oft über 1 cm br. Bl. zu 2–3, b.achselst. Bl.stiele 3–10 mm lg., länger als die Bl. – Kollin-montan(-subalpin). Moore, nasse, nährstoffarme Böden; nicht hfg.

348. Callúna SALISB., *Heidekraut*

C. vulgáris (L.) HULL, *Besenheide.* – Pfl. 30–90 cm. B. gegenst., 4reihig, lineal-lanzettl., schuppenartig. Bl. rosa (selten weiss), in einseitswendigen Trauben. / 7 bis 10 / Kollin-alpin. Lichte Wälder, Moore, Weiden; verbr. [202]

349. Eríca L., *Erika*

1. Pfl. 1–3 m hoch. Strauch od. baumartig.

E. arbórea L., *Baumheide.* – Zweige buschig aufrecht. Junge Triebe dicht weissfilzig. B. lineal, nadelfg., zu 3 od. 4. Blstd. eine vielfach zusges., reichbl., pyramidenfg. Rispe. Kr. weiss od. blassrosa, 3–3,5 mm lg. / 4 / Kollin. Trockene, buschige Hänge und Felsen; kalkfliehend. – Co., Chiav., Veltlin. [2033]

– Zwergsträucher, nicht über 80 cm hoch. 2

2. B. kahl. Stbb. die Kr. überragend.

E. herbácea L. (*E. carnea* L.), *Schneeheide, Erika.* – Pfl. 15–50 cm. B. schmal-lineal, nadelfg., zu 4(3) quirlig. Bl.stiele kürzer als die Bl. Kr. längl.-krugfg., fleischrot (selten weiss), in einseitigen Trauben. / 3 bis 6 (oft schon im Winter / (Kollin-)montan-subalpin(-alpin). Lichte Wälder (besonders unter *Pinus silvestris* und *P. mugo*), trockene Hänge; kalkliebend. M (vereinzelt), A. – Salève bei Genf(?). [2031]

E. vagans L., *Wanderheide.* – Pfl. 30–80 cm. B. schmal-lineal, zu 4–5 quirlig. Bl.stiele länger als die Bl. Kr. glockenfg., rosa, in walzenfg. Trauben. / 6 bis 9 / Kollin. Gebüsche, Waldränder; s. Genf (Presinge). – Sav. [2032]

– B. steifhaarig gewimpert. Stbb. die Kr. nicht überragend.

E. tetrálix L., *Glockenheide.* – Pfl. 15–40 cm. B. schmal-lineal, meist zu 4 quirlig. Bl. rosa, in doldenfg. Köpfchen. / 7 / Montan. Torfmoore; s. Entlebuch (Luzern); offenbar erst in neuerer Zeit eingeführt. – S (Hotzenwald). [2030]

Fam. 96. Empetráceae. *Krähenbeerengewächse*

Zwergsträucher von heidekrautartigem Aussehen mit immergrünen, wechselst., einfachen B. Bl. klein, in 1–3bl. Trauben od. in Köpfchen, zwittrig od. eingeschlecht., radiärsymm. Kb. (2–)3, Krb. (2–)3, Stbb. (2–)3. Frb. 2–9, zu einem oberst. Frkn. verwachsen. Beerenartige Steinfr. mit 2–9 Kernen.

350. Émpetrum L., *Krähenbeere*

E. nigrum L. s.l., *Krähenbeere.* – Pfl. 10–45 cm, mit niederliegenden
Ästen. B. lineal, am Rande umgerollt. Bl. meist einzeln, b.winkelst., purpurn. Fr. schwarz. / 5 bis 6 / Montan-alpin. Zwergstrauchheiden, Torfmoore. J (bis Creux-du-Van), A. – S, V. [2017]

E. nigrum L. s.str., *Schwarze K.* – Die meisten Bl. eingeschlechtig. Pfl. meist
2häusig, daher selten fruchtend. St. niederliegend, oft wurzelnd. Junge
Zweige rötl., B. 3–4mal so lg. wie br., lineal-lanzettl. B.knospen rot. – Montan-
subalpin. Torfmoore, Bergföhrenwälder. J (bis Creux-du-Van). – S, V.
E. hermaphrodítum (LANGE) HAGERUP (*E. nigrum* L. ssp. *hermaphroditum*
(LANGE) OBERDORFER), *Zwittrige K.* – Die meisten Bl. zwittrig, meist reichl.
fruchtend. St. aufsteigend, nicht wurzelnd. Junge Zweige grün. B. 2–3mal so
lg. wie br., lanzettl. B.knospen grün. – Subalpin-alpin. Zwergstrauchheiden;
hfg. A. – Französ. Jura, V(?).

Fam. 97. **Ebenáceae.** *Ebenholzgewächse*

Bäume od. Sträucher mit oft schwarzem Kernholz. B. meist wechselst. Nebenb. fehlend. Bl. einzeln od. in Trugdolden, eingeschlechtig, selten zwittrig, radiärsymm. Kb.
3–7, verwachsen, nach der Bl. oft vergrössert. Krb. 3–7, verwachsen. Männl. Bl. mit
14–24 Stbb., weibl. Bl. oft mit Staminodien. Frb. 2–16(–20), zu einem oberst. Frkn.
verwachsen. Beeren.

351. **Diospýros** L., *Dattelpflaume*

D. lotus L., *Lotuspflaume.* – Strauch, bis 10 m hoch, 2häusig. B. längl. bis
lg.-elliptisch, oberseits bleibend kurzhaarig, unterseits mit längeren, weichen Haaren. Bl. klein, grünl. Fr. beerenfg., kirschgross, anfangs gelb
und hart, später blauschwarz, teigig, wohlschmeckend. / 5 bis 6 / Kollin.
Kult. im südl. T und hier an buschigen Orten verwildert und eingebürgert. Stammt aus Asien. [2083]

Fam. 98. **Primuláceae.** *Schlüsselblumengewächse*

Einjährige Kräuter od. Stauden, selten Halbsträucher, mit grundst., wechselst., selten
gegenst. od. quirlst. einfachen B. Nebenb. fehlend. Bl. in Dolden, Trauben od. Rispen,
selten einzeln, zwittrig, meist radiärsymm. Kb. 5(–7), verwachsen. Krb. 5(–7), verwachsen. Stbb. 5(–7), vor den Krb. stehend und mit diesen verwachsen. Frb. vermutl. so
viele wie Krb., zu einem oberst., selten halboberst., Frkn. verwachsen. Mit 5 Zähnen
aufspringende Kapseln od. Deckelkapseln.

1. Wasserpfl. mit quirlst., fiederteiligen B.   **Hottonia 356**
 – Land- od. Sumpfpfl. 2
2. Bl. meist 7zählig, weiss. B. am oberen Teile des St. fast quirlig angeord-
    net.   **Trientalis 359**
 – Bl. 4- od. 5zählig (bis 8zählig bei *Lysimachia thyrsiflora,* mit gelben
    Bl.). 3
3. B. grundst. od. an der Spitze der Zweige rosettenartig angeordnet (an
    verlängerten Trieben auch locker wechselst.). 4

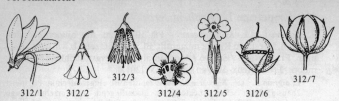

312/1   312/2   312/3   312/4   312/5   312/6   312/7

– B. nicht grundst. und nicht rosettenartig angeordnet. 9
4. B. herzfg.-rundl. od. eckig gelappt. 5
– B. nicht herzfg.-rundl. und nicht gelappt. 7
5. Kr. im unteren Teile röhrenfg., mit 5 zurückgebogenen, ganzrandigen Zipfeln *(Fig. 312/1)*. Bl. einzeln, grundst. **Cyclamen 357**
– Kr. glockenfg. 6
6. B. eckig-gelappt. Kr. purpur-rosa, mit ungeteilten Zipfeln *(Fig. 312/2)*. **Cortusa 354**
– B. rundl.-nierenfg., ganzrandig od. undeutl. gekerbt. Kr. violett od. rötl.-bläul., mit fransig zerschlitztem Saum *(Fig. 312/3)*. **Soldanella 355**
7. Kr. kurzröhrig-radfg. *(Fig. 312/4)*. **Androsace 353**
– Kr. lg.röhrig *(Fig. 312/5)*. 8
8. Pfl. mit kleinen, 5–8 mm lg., fast nadelfg. B. Bl. einzeln, gelb. **Androsace 353**
– Pfl. mit zieml. grossen, grundst. B. Bl. meist in Dolden, seltener einzeln. **Primula 352**
9. B. wechselst. 10
– B. gegen- od. quirlst. 11
10. Bl. meist 4zählig, einzeln in den B.winkeln, ganz kurz gestielt. Deckelfr. **Centunculus 361**
– Bl. 5zählig, lg. gestielt, in Trauben. Frkn. zum Teil mit dem K. verwachsen. Fr. 5klappig. **Samolus 362**
11. Kr. rot, blau od. rosarot, selten lila od. weiss. Kapsel mit kreisfg. abspringendem Deckel *(Fig. 312/6)*. **Anagallis 360**
– Kr. gelb. Kapsel 5klappig aufspringend *(Fig. 312/7)*. **Lysimachia 358**

352. **Prímula** L., *Schlüsselblume, Primel*

1. Kr. gelb. 2
– Kr. rosa, violett od. blau (selten weiss). 4
2. Bl. grundst., lg. gestielt.
  P. vulgáris HUDSON *(P. acaulis* HILL*)*, *Schaftlose S.* – Pfl. 5–10 cm. B. am Grunde allmähl. verschmälert, oberseits kahl, unterseits graugrün. Kr. blass-schwefelgelb, bis 3 cm im Durchm. / 3 bis 4 / Kollin-montan. Baumgärten, Wiesen, Gebüsche. J (Südostrand, bis Grenchen), M (vereinzelt), A (Innerschw., Walenstadt, Chur), Südwest- und Südschw. (hfg.). [2034]
– Bl. in gestielten Dolden. 3
3. B. kahl, flach, in der Jugend am Rande einwärts gerollt. K. nicht kantig.
  P. aurícula L., *Gelbe Felsen-P., Aurikel, Flühblümchen.* – Pfl. 10–25 cm. B. etwas fleischig, verkehrt-eifg., nebst Bl.stielen, K. und Kr.schlund

mehlig bestäubt. Krb. gelb. / 5 / (Kollin-montan-)subalpin-alpin. Felsen; auf Kalk. J, M (s.), A. – S. [2035]
– B. behaart, runzlig, in der Jugend am Rande zurückgerollt. K. kantig.
    P. elátior (L.) HILL em. SCHREBER, *Wald-S.* – Pfl. 10–30 cm. K. eng anliegend. Kr.saum flach, schwefelgelb. Bl. geruchlos. / 3 bis 5 (8) / Kollinsubalpin(-alpin). Wiesen, Wälder; hfg., Südschw. seltener [2036]
    P. veris L. em. HUDSON s.l. (*P. officinalis* (L.) HILL), *Frühlings-S.* – Pfl. 10–25 cm. K. aufgeblasen. Kr.saum vertieft, goldgelb, mit dunkleren Flecken. Bl. wohlriechend. / 4 bis 5 (8) / Trockene Wiesen; verbr. [2037]

        P. veris L. em. HUDSON ssp. **veris**, *Frühlings-S.* – B. beiderseits grün, unterseits schwach behaart bis verkahlend. Haare gerade, unverzweigt, meist drüsig. B.spreite plötzl. in den schmal geflügelten Stiel zusgez. K. 8–16 mm lg., meist kürzer als die Kr.röhre. Kr.zipfel konkav. – Kollin-subalpin. Wiesen, Halbtrockenrasen, Gebüsche, auf Kalk; verbr.
        P. veris L. em. HUDSON ssp. **suavéolens** (BERTOL.) GUTERMANN u. EHREND. (*P. columnae* TEN. ssp. *suaveolens* (BERTOL.) O. SCHWARZ, *P. canescens* auct. p.p.), *Graufilzige S.* – B. unterseits grau bis weissfilzig. Haare gekrümmt, oft verzweigt, miteinander verfilzt, meist drüsenlos. B.spreite plötzl. in den oben br. und unten kaum geflügelten Stiel zusgez. K. 16–25 mm lg., so lg. od. länger als die Kr.röhre. Kr.zipfel flach. – Kollin-montan. Trockene kalkhaltige Böden, Halbtrockenrasen, lichte Laubwälder, Gebüsche; verbr. J, Südwest- und Südschw., sonst s.

4. B. unterseits dicht weiss-mehlig bestäubt.
    P. farinósa L., *Mehlprimel.* – Pfl. 5–20 cm. B. verkehrt-eifg.-längl. Kr. lilarosa. Kr.röhre 5–8 mm lg., bis 1½mal so lg. wie der K. / 5 bis 7 / (Kollin-)montan-alpin. Sumpfige Wiesen, Quellfluren; in den A auch in trockenen Rasen. J (bis Nods [Kt. Bern]), M, A. [2038]
    P. hálleri J. F. GMELIN (*P. longiflora* JACQ.), *Hallers P.* – Pfl. 10–25 cm. B. verkehrt-eifg.-längl. Kr. violettrosa. Kr.röhre 15–30 mm lg., den K. um das 2½–3fache überragend. / 6 bis 7 / (Montan-)subalpin-alpin. Rasen. A (Südketten). [2039]
– B. beiderseits grün, oft drüsig. 5
5. Hüllb. länger als die Bl.stiele. 6
– Hüllb. kürzer od. so lg. wie die Bl.stiele. 7
6. B. gezähnt.
    P. glutinósa WULFEN, *Klebrige P.* – Pfl. 5–10 cm. B. keilfg.-lanzettl., drüsig-klebrig. Bl. blauviolett, sich gegen lila verfärbend. / (6–)7 bis 8 / Alpin. Rasen, in ruhendem Felsschutt; s. A (Graub.). [2042]
– B. ganzrandig.
    P. integrifólia L. em. GAUDIN, *Ganzblättrige P.* – Pfl. 2–6 cm. B. grasgrün, längl. od. elliptisch, ganzrandig, besonders am Rande mit gegliederten Haaren. Bl. hell-violettpurpurn. / 6 bis 7 / (Subalpin-)alpin. Rasen, Schneetälchen. A (mehr im östl. Teil). [2040]
    P. glaucéscens MORETTI (*P. calycina* DUBY), *Meergrüne P.* – Pfl. 5–15 cm. B. meergrün, stark glänzend, schmal-lanzettl. od. längl., mit einem br., weissl., fein gesägten Knorpelrand. Bl. rosa, purpurn od. hellviolett. / 5 bis 7 / (Kollin-)montan-alpin. Felsen, steinige Rasen; auf Kalk. – Co. [2041]
7. Kr.schlund mehlig bestäubt.
    P. latifólia LAPEYR. (*P. viscosa* ALL., *P. hirsuta* VILL.), *Breitblättrige P.* – Pfl. 5–15 cm. Bl.schaft meist länger als die B. B. längl.-verkehrt-eifg., keilfg. verschmälert, von der Mitte an meist gezähnt. Drüsen farblos. Kr.

violett. / 6 bis 7 / (Subalpin-)alpin. Felsen, Felsschutt. A (Graub.). – Ao.,
Val Sesia, Co. [2045]

– Kr.schlund nicht mehlig bestäubt. 8

8. B. in ausgewachsenem Zustand auf beiden Seiten so gut wie kahl.

P. pedemontána E. THOMAS ex GAUDIN, *Piemonteser P. –* Pfl. 4–12 cm. B.
glänzend, verkehrt-eifg. bis längl.-lanzettl., ganzrandig od. fein gezähnelt, auf den Flächen kahl, nur am Rande mit kurzen Drüsenhaaren.
Drüsen rot. Kr. violettrosa. Fr. so lg. wie der K. / 4 bis 5 (7) / (Subal-
pin-)alpin. Felsen; auf Silikatgestein. – Ao. (Val Gressoney), Bielleser
Alpen, Val Sesia. [2048]

– B., auch im ausgewachsenen Zustand, drüsig-behaart. 9

9. K.zähne abstehend. Fr. kürzer als der K. Bl.schaft zur Fr.zeit gleich lg.
od. kürzer als die B.

P. hirsúta ALL. (*P. viscosa* VILL.), *Rote Felsen-P. –* Pfl. 3–10 cm. B.
rundl.-oval, plötzl. in den B.stiel zusgez., meist gezähnt. Drüsen klein,
farblos bis gelb od. gelbrötl., am Ende der Bl.zeit rot od. braunrot.
Bl.stiele 4–10 mm lg. Kr. violettrosa. / 6 bis 7 (in tieferen Lagen 4 bis 5) /
(Kollin-montan-)subalpin-alpin. Felsen; in der Regel auf Silikatgestein.
A. [2046]

– K.zähne anliegend. Fr. so lg. od. länger als der K. Bl.schaft zur Fr.zeit
länger als die B.

P. daonénsis (LEYBOLD) LEYBOLD (*P. oenensis* E. THOMAS), *Val-Dao-
ne-P. –* Pfl. 2-8,5 cm. B. lanzettl., keilfg. verschmälert, fein gezähnelt.
Drüsenhaare ⅙–⅓ mm lg., Drüsen gross, rotgelb bis dunkelrot. Bl.stiele
2–5 mm lg. K.zipfel br.-eifg. Kr. violettrosa. / 6 bis 7 / Alpin. Weiden; s.
A (Graub. [Münstertal]). [2047]

P. villosa WULFEN (incl. *P. cottia* WIDMER), *Zottighaarige P. –* Pfl. 3–15
cm. B. oval-eifg., am Grunde verschmälert, fein gezähnelt od. ganzrandig. Drüsenhaare ¼–¾ mm lg., Drüsen gross, rot. Bl.stiele 2–7 mm lg.
K.zipfel 3eckig. Kr. lila od. rosa. / 4 bis 6 / (Montan-)subalpin-alpin.
Felsen; auf kalkarmem Gestein. – Ao., Bielleser Alpen; vielleicht auch
im Val Sesia.

Bastarde.

353. **Andrósace** L., *Mannsschild*

1. Kr. gelb mit bis 10 mm lg. Zipfeln.

A. vitaliána (L.) LAPEYR. (*Douglasia vitaliana* (L.) PAX, *Gregoria vitaliana*
DUBY, *Aretia vitaliana* L., *Vitaliana primuliflora* BERTOL.), *Goldprimel. –*
Pfl. 5–12 cm, von rasigem Wuchs. Bl. gelb. Kr.röhre doppelt so lg. wie
der K. / 6 bis 7 / (Subalpin-)alpin. Steinige Rasen. A (Wallis, T). – Piemont. [2049]

– Kr. weiss od. rot mit bis 5 mm lg. Zipfeln. 2

2. Pfl. 1–2jährig, ohne nichtblühende Triebe. B. meist gezähnt.

A. septentrionális L., *Nordischer M. –* Pfl. 5–20 cm. B. lanzettl., zugespitzt. K. kahl od. mit einzelnen kurzen Drüsen. Kr. weiss. / 6 / (Mon-
tan-)subalpin. Trockene Rasen, Mauerkronen, Äcker; s. A (Wallis, Engadin). [2050]

A. máxima L., *Acker-M. –* Pfl. 5–10 cm. B. elliptisch. K. zottig behaart,
nach dem Abblühen stark vergrössert. Kr. weiss. / 4 bis 5 / Kollin-montan. Äcker; s. Mittelwallis. – Els. [2051]

– Pfl. mehrjährig, mit nichtblühenden Trieben. B. ganzrandig. 3
3. Bl.stiele und K. kahl.

    A. láctea L., *Milchweisser M.* – Pfl. 5–20 cm. B. lineal-lanzettl. Bl. einzeln od. in Dolden. Kr. weiss, mit ausgerandeten Lappen. / 6 bis 7 / (Montan-)subalpin. Felsen, Felsschutt, Rasen; auf Kalk. J (Aiguilles de Baulmes [Kt. Waadt] bis Schmutzfluh [Kt. Baselland]), A (Freib., Bern). [2052]

– Bl.stiele und meist auch der K. behaart. 4
4. Bl. in Dolden (bei armbl. Exemplaren bisweilen einzeln); am Grunde der Bl.stiele eine Hülle von Deckb. 5

– Bl. einzeln. Polsterbildende, 2–5 cm hohe Arten. 7
5. St. und Bl.stiele lg.haarig-zottig.

    A. chamaejásme WULFEN, *Bewimperter M.* – Pfl. 2–10 cm. B. am Rande gewimpert, auf den Flächen meist kahl. Kr. weiss od. rötl. / 6 bis 7 / (Montan-)subalpin-alpin. Steinige Rasen; kalkliebend; verbr. A, in den Südketten s. [2056]

    A. villósa L., *Zottiger M.* – Pfl. 3–6 cm. B. am Rande und auf der Unterseite, namentl. im vorderen Teil, lg.haarig. Kr. weiss od. rötl. / 6 bis 7 / Subalpin-alpin. Wie vorige; auf Kalk. J (Dôle). [2055]

St. und Bl.stiele kurzhaarig. 6
6. B. lineal-lanzettl., grösste Breite unter der Mitte.

    A. cárnea L. s.l., *Fleischroter M.* – Pfl. 3–12 cm mit lockerem Rosettenpolster. B. 0,5–2,5(–3) cm lg., 1–2(–2,5) mm br., ganzrandig od. mit zähnchenartigen Ausbuchtungen, besonders am Rande mit ein- bis mehrstrahligen Haaren. K. 2,5–6 mm lg., spärl. behaart. Kr. 4–8 mm br., rosa od. weiss. / 6 bis 7 / Montan-alpin. Zieml. feuchte Rasen, Schutt, Felsgrus, Fels; verbr. A (südwestl. Teile). – V. [2053]

    01. B. ganzrandig, ohne zähnchenartige Ausbuchtungen. Bl. blass bis dunkel rosa.
      A. affínis BIROLI ssp. **pubérula** (JORDAN u. FOURREAU) KRESS (*A. puberula* JORDAN u. FOURREAU, *A. carnea* auct.), *Flaumigbehaarter M.* – B. gerade, beiderseits matt, schmutzig graugrün, 0,6–1,2(–2) cm lg., 1–2 mm br., auf den Flächen und am Rande dicht mit mehrstrahligen Haaren besetzt, seltener schwächer mit meist 1–2strahligen Haaren besetzt. K. 2,5–3,5 mm lg. mit 1–2 mm lg. Zähnen, fast kahl. Kr. 4–7 mm br., blass rosa. (Subalpin-)alpin. Offene, feuchtere Stellen in trockenen Rasen od. auf feinem Grus kalkfreier bis kalkarmer Böden; verbr. A (Waadt [s.], Wallis [Südketten]). – Ao.
      A. hálleri L. (*A. carnea* L. ssp. *rosea* (JORDAN u. FOURREAU) ROUY, *A. lachenalii* auct.), *Hallers M.* – B. an der Spitze abwärts gekrümmt, oberseits glänzend, dunkelgrün, 1–2,5 cm lg., 1–2 mm br., meist an der Spitze auf der B.oberfläche behaart, auf der Bl.fläche spärl., am Rande dicht mit einfachen, selten 2strahligen Haaren besetzt. K. 2–5 mm lg. mit 2–2,5 mm lg. Zähnen. Kr. 6–8 mm br., kräftig bis dunkel rosa od. fleischfarben. – Montan. Kalkfreie, wasserzügige Böden, Felsgrus, selten Felsspalten. – V (Sulzer Belchen).
    – B. am Rande mit einzelnen zähnchenartigen Ausbuchtungen od. ganzrandig. Bl. schmutzig weiss.
      A. affínis BIROLI ssp. **brigantíaca** (JORDAN u. FOURREAU) KRESS (*A. carnea* L. ssp. *brigantiaca* (JORDAN u. FOURREAU) FERGUSON), *Cottischer M.* – B. gerade, beiderseits matt, schmutzig graugrün, 1–2,5(–3) cm lg., 1–2,5 mm br., auf der B.fläche zerstreut, am Rande schwach mit meist einfachen, gegen die Spitze gekrümmten, selten 2strahligen Haaren besetzt. K. 2,5–3,5 mm lg. mit 1–2 mm lg. Zähnen. Kr. 4–7 mm br. – (Subalpin-)alpin. Zieml. feuchte, humose Weiden, Feinschutt; auf Kalk. – Westalpen (Sav. [Maurienne]).

– B. lineal-lanzettl., grösste Breite in od. über der Mitte.
    A. obtusifólia ALL., *Stumpfblättriger M.* – Pfl. 5–10 cm. B. längl.-ver-

kehrt-eifg. od. lanzettl., am Rande gewimpert. K. deutl. behaart. Kr. weiss od. blassrötl. / 7 bis 8 / (Subalpin-)alpin. Weiden, Rasen; kalkfliehend; verbr. A. [2054]

7. Hare alle od. grössenteils einfach.
 A. helvética (L.) ALL. (*Aretia helvetica* L.), *Schweizerischer M.* – Pfl. dichte, halbkugelige Polster bildend. B. 2–3 mm lg., schuppenfg., dicht mit rückwärts gerichteten Haaren bedeckt. Bl. sitzend, weiss. / 5 bis 7 / (Subalpin-)alpin. Kalkfelsen; verbr. A. [2057]
 A. pubéscens DC. (*Aretia pubescens* LOISEL.), *Weichhaariger M.* – Pfl. locker polsterfg. B. 6–9 mm lg., lanzettl., zugespitzt, mit einfachen und einigen gabelig verzweigten Haaren. Bl. deutl. gestielt, weiss. / 6 bis 7 / Alpin. Gesteinsschutt, Felsen; s. zerstr. A (besonders Nordketten). [2058]
– Haare alle od. grössenteils sternfg. od. gabelig verzweigt. 8
8. Pfl. dicht sternhaarig-weissfilzig, dichte Polscr bildend.
 A. vandéllii (TURRA) CHIOVENDA (*A. multiflora* MORETTI, *A. imbricata* LAM., *Aretia vandellii* TURRA), *Vandellis M.* – B. 2–4 mm lg., dicht dachziegelartig angeordnet. Bl. fast sitzend, weiss. / 7 / (Montan-)subalpin-alpin. Felsen; auf Silikatgestein; zerstr. A (besonders Südketten). [2059]
– Pfl. nicht weissfilzig, von etwas lockerem Wuchs.
 A. brevis (HEGETSCHW.) CESATI (*A. charpentieri* HEER, *Aretia brevis* HEGETSCHW.), *Charpentiers M.* – B. elliptisch. Bl. lg. gestielt; die Stiele 2–3(–4)mal so lg. wie die B. Kr. lebhaft rosa, mit ausgerandeten Lappen. / 6 / (Subalpin-)alpin. Felsgräte; auf Silikatgestein; s. A (T, Graub. [Misox]). – Co. [2061]
 A. alpína (L.) LAM. (*A. glacialis* HOPPE, *Aretia alpina* L.), *Alpen-M.* – Pfl. mit mehrfach (bis 8)strahligen Haaren. B. lanzettl., mit stumpfer Spitze. Bl.stiele etwa so lg., selten bis doppelt so lg. wie die B. Kr. rosa od. weissl. Kr.röhre kürzer als die K.zipfel. Kr.zipfel mit meist gerundeten Lappen. / 7 bis 8 / Alpin. Felsschutt, Moränen; verbr. A. [2060]
 Bastarde.

354. Cortúsa L., *Mattioliprimel*

C. matthíoli L., *Mattioliprimel.* – Pfl. bis 50 cm hoch, zottig behaart und drüsenhaarig. Bl. doldig. Kr. glockenfg., purpurrosa. / 5 bis 7 / (Montan-)subalpin. Schattige, feuchte Orte. A (Graub. [Unterengadin, Samnaun, Münstertal]). [2063]

355. Soldanélla L., *Soldanelle, Alpenglöckchen*

S. alpína L., *Grosse S.* – B. 1,5–3,5 cm br. Bl. meist zu 2–3. Kr. violett, bis zur Hälfte gespalten *(Fig. 312/3)*, im Schlunde mit 5 häutigen Schuppen. / 5 bis 7 / (Montan-)subalpin-alpin. Frische Wiesen, Weiden, Wälder, Schneetälchen. J (bis Suchet), M (vereinzelt), A (hfg.). – S (Feldberg). [2064]
S. pusílla BAUMG., *Kleine S.* – B. meist kaum 1 cm br. Bl. zu 1–2. Kr. rötl.-violett, höchstens bis ⅓ gespalten, ohne Schlundschuppen. / 6 bis 8 / (Subalpin-)alpin. Schneetälchen; kalkfliehend. A (mehr im östl. Teil). [2065]
Bastard.

356. Hottónia L., *Wasserfeder*

H. palústris L., *Wasserfeder*. – B. untergetaucht. Bl. weiss od. rötl. mit gelbem Schlund, in traubig angeordneten Quirlen. / 5 bis 7 / Kollin. Stehende Gewässer, Gräben; s. und Fundorte zurückgehend. M. – Bad., Els., Var., Co. [2067]

357. Cyclámen L., *Zyklamen, Alpenveilchen*

C. purpuráscens MILLER (*C. europaeum* auct.), *Gewöhnliches Z.* – Pfl. 5–15 cm. B. herzfg.-rundl., ausgeschweift od. klein gekerbt. Bl. rosa, wohlriechend. / 6 bis 10 / Kollin(-montan). Steinig-buschige Orte, Laubwälder; kalkliebend. J, M (s.), A (besonders hfg. auf der Südseite); auch verwildert und als Kulturrelikt. [2078]
C. hederifólium AITON (*C. linearifolium* DC., *C. neapolitanum* TEN.), *Neapolitanisches Z.* – Pfl. 10–15 cm. B. tief herzfg.-eifg., gekerbt und etwas eckig. Bl. hellrosa, mit gezähntem Kr.schlund, geruchlos. / 9 / Kollin. Bewaldete Hänge. Roche (Kt. Waadt); auch verwildert. [2079]

358. Lysimáchia L., *Lysimachie, Gilbweiderich*

1. St. niederliegend. Bl. einzeln in den B.winkeln.
  L. nummulária L., *Pfennigkraut.* – St. 10–60 cm. B. rundl. od. herzfg.-rundl., stumpf. K.zipfel herz-eifg. Krb. gelb, 12–15 mm lg. / 6 bis 7 / Kollin-montan(-subalpin). Feuchte Waldstellen, Gräben; hfg. [2069]
  L. némorum L., *Wald-L.* – St. 10–40 cm. B. eifg., spitz. K.zipfel lineal-pfriemfg. Krb. gelb, 4–7 mm lg. / 5 bis 7 / Kollin-montan(-subalpin). Feuchte Waldstellen; verbr. [2070]
– St. aufrecht. Bl. in Trauben od. Rispen. 2
2. Bl. 3–5 mm lg., in dichten, fast köpfchenartigen Trauben.
  L. thyrsiflóra L., *Strauss-G.* – St. 30–70 cm. B. kreuzweise gegenst., lanzettl. Kr. gelb, mit 5–8 linealen Zipfeln; zwischen diesen je ein kleines Zähnchen. / 5 bis 7 / Kollin-montan. Teichufer, Sümpfe; s. und Fundorte zurückgehend. J, M. – Belf. [2071]
– Bl. 8–15 mm lg., in pyramidenfg. Rispen.
  L. vulgáris L., *Gewöhnlicher G.* – St. 60–150 cm. B. gegenst. od. zu 3–4 quirlig, längl.-eifg., sehr kurz gestielt. K.zipfel lanzettl., mit rotem Rand, drüsig gewimpert. Kr. gelb, kahl. / 6 bis 8 / Kollin-montan. Feuchte Wiesen, Ufer; hfg. [2072]
  L. punctáta L., *Getüpfelter G.* – St. 30–100 cm. B. zu 3–4 quirlig, längl.-lanzettl. od. eifg., kurz gestielt. K.zipfel nicht mit rotem Rand. Kr. gelb, mit drüsig gewimperten Zipfeln. / 6 bis 7 / Kollin. Kult.; hie und da verwildert. [2073]

359. Trientális L., *Siebenstern*

T. europaéa L., *Siebenstern.* – St. 10–20 cm. B. längl.-verkehrt-eifg., spitzl. Bl. 1–3, lg. gestielt, weiss. / 6 bis 7 / (Kollin-)montan-subalpin. Nadelwälder, Torfmoore; s. A. – S. [2074]

360. **Anagállis** L., *Gauchheil*

1. B. längl.-eifg. bis lanzettl., sitzend. Bl.stiele höchstens 2mal so lg. wie das nächststehende B. Kr. etwa so lg. wie der K.
   A. arvénsis L. (*A. phoenicea* (GOUAN) SCOP.), *Acker-G.* – St. 5–30 cm, niederliegend od. aufsteigend, 4kantig. Kr. mennigrot, selten rosa, lila od. weiss, mit dicht drüsig gewimperten, 3,5–6 mm br., lanzettl. Zipfeln. Fr. mit 20–22 S., diese bis 1,3 mm lg. / 6 bis 9 / Kollin-montan(-subalpin). Nährstoffreiche, lehmige Äcker, Ödland; verbr. [2076]
   A. foémina MILL. (*A. coerulea* auct., *A. arvensis* L. ssp. *foemina* (MILL.) SCH. u. TH.), *Blauer G.* – St. 5–30 cm, niederliegend od. aufsteigend, 4kantig. Kr. blau, Zipfel 2–3,5 mm br., lanzettl., an den Rändern gezähnt und bewimpert, wenigdrüsig. Fr. mit 16–20 S., diese bis 1,6 mm lg. / 6 bis 9 / Kollin-montan. Nährstoffreiche, lehmige oft skelettreiche Böden, Äcker, Ödland; seltener als vorige; zerstr.
 – B. rundl. bis herzfg., kurz gestielt. Bl.stiele 2–6mal so lg. wie das nächststehende B. Kr. 2–3mal so lg. wie der K.
   A. tenélla (L.) L., *Zarter G.* – St. 5–15 cm, sehr zart, kriechend, 4kantig. Kr. rosa, dunkler geadert, mit kahlen, abgerundeten od. ausgerandeten Zipfeln. / 5 bis 6 / Kollin(-montan). Sumpfwiesen, Torfmoore; s. s. M (Waadt; Freib.?). – S (Hotzenwald). [2075]

361. **Centúnculus** L., *Kleinling*

C. mínimus L. (*Anagallis minima* (L.) KRAUSE), *Kleinling.* – St. 2–6 cm, ästig. B. sitzend, eifg. Bl. klein, weiss od. schwach rosa. / 6 bis 9 / Kollin(-montan). Feuchte Äcker, Riedwege; s., aber öfters in Menge. [2077]

362. **Sámolus** L., *Bunge*

S. valerándi L., *Bunge.* – St. 15–40 cm. B. längl.-verkehrt-eifg. Bl.stiele in der Mitte mit einem Deckb. Kr. weiss. / 6 bis 9 / Kollin. Gräben, Sümpfe; s. s. Genf, unteres Rhonetal (ob noch?), Thurg. – Bad. (Kaiserstuhl), Belf. [2068]

Fam. 99. **Caryophylláceae.** *Nelkengewächse*

Einjährige Kräuter od. Stauden, seltener Halbsträucher, mit meist kreuzgegenst., selten wechselst., einfachen B. Nebenb. vorhanden od. fehlend. Bl. in oft cymösen Blstd., selten einzeln, meist zwittrig, radiärsymm. Kb. 4–5, frei od. verwachsen. Krb. 4–5 od. 0, frei, mitunter mit Nebenkr. Stbb. meist 5 od. 10. Frb. 2, 3 od. 5, zu einem oberst. Frkn. verwachsen. 1- bis mehrfächrige, sich mit Zähnen öffnende Kapseln, selten Beeren od. Nüsse.

1. Kb. röhrenfg. verwachsen. (Unterfamilie *Silenoideae*.) 2
 – Kb. frei od. höchstens ganz am Grunde etwas verwachsen 11
2. Pfl. 2häusig. Kr. mit einer Nebenkr. *(Fig. 319/1)* **Silene 389**
 – Bl. zwittrig (bei einigen Silene-Arten auch Pfl. 2häusig). 3
3. K. am Grunde mit schuppenfg. Hochb. (K.schuppen; *Fig. 319/2*). 4
 – K. ohne K.schuppen 5

319/1   319/2   319/3

99. Caryophyllaceae

320/1   320/2   320/3   320/4

37. B. lanzettl., nicht über 3 mm lg. Kb. mit meist 5 deutl. Nerven.
Minuartia rupestris 372
– B. lanzettl.-pfriemfg. (bis 1 cm lg.), od. lanzettl., eifg., od. rundl. und
dann die Kb. 1–3nervig. **Arenaria 375**
38. Bl. 4zählig (nur ausnahmsweise 5zählig). **Moehringia muscosa 376**
– Bl. 5zählig. 39
39. Ganze Pfl. kahl. St. niederliegend. Krb. länger als die Kb.
Moehringia ciliata und **bavarica 376**
– Pfl. od. doch die Bl.stiele behaart od. drüsig, seltener kahl, aber dann der
St. aufrecht od. die Krb. kürzer als die Kb. **Minuartia 372**

99.1 Unterfam. **Paronychioídeae.** *Paronychienartige*

B. meist mit Nebenb. Pgb. frei od. am Grunde wenig verwachsen. Häufig bereits Krb.
vorhanden und somit K. und Kr. unterscheidbar.

363. **Polycárpon** LOEFLING, *Nagelkraut*

P. tetraphýllum (L.) L., *Nagelkraut.* – St. 5–15 cm, aufrecht od. aufsteigend. B. gegenst. od. zu 4 quirlig, längl.-verkehrt-eifg. Krb. weiss, sehr
kurz. / 7 bis 8 / Kollin. Zwischen Strassenpflaster, auf Schutt. T; nördl.
der Alpen adv. – Val Sesia, Ossolatal, Co., Veltlin. [963]

364. **Illécebrum** L., *Knorpelblume*

I. verticillátum L., *Knorpelblume.* – St. 5–25 cm, niederliegend, meist rötl.
B. verkehrt-eifg., stumpf, mit grossen, häutigen Nebenb. Bl. schneeweiss.
/ 6 bis 10 / Kollin. Überschwemmte, sandige Orte. – Belf., Langensee bei
Arona. (Früher auch T und Els.) [971]

365. **Paronýchia** MILLER, *Paronychie, Nagelheil*

P. polygonifólia (VILL.) DC., *Knöterichblättrige P.* – St. niederliegend-
aufsteigend, bis 4 cm hohe Rasen bildend. B. lanzettl., bläul.-grün, 2–5
mm lg., mehr als 2,5mal so lg. wie br., kurz bewimpert od kahl. Bl.knäuel
3–6 mm br., entlang des St., b.achselst. Silberweisse, trockenhäutige
Tragb. 2–4 mm lg. Kb. mit Stachelspitze. / 7 bis 9 / Subalpin-alpin. Sandige, steinige Orte; auf Silikat; s. – Sav., Ao.
P. kapéla (HACQUET) KERNER ssp. **serpyllifólia** (CHAIX) GRAEBNER,
Quendelblättrige P. – St. niederliegend-aufsteigend, bis 4 cm hohe Rasen
bildend. B. oval, 1,5–3,5 mm lg., weniger als 2,5mal so lg. wie br.
Bl.knäuel endst., 7–15 mm br. Trockenhäutige Tragb. 4–7 mm lg., auffällig. Kb. stumpf. / 6 bis 7 / (Montan-)subalpin. Felsen, Felsschutt in wärmeren Lagen. Sav. (St-Jean de Maurienne).

366. **Corrigíola** L., *Hirschsprung*

C. litorális L., *Hirschsprung.* – St. 5–25 cm, ausgebreitet, ästig, kahl. Bl.
weiss. / 7 bis 9 / Kollin. Sandige, feuchte Orte, Flussufer. – Els., Belf.,
Montbéliard. (In der Schweiz früher bei Basel; s. adv.) [964]

367. Herniária L., *Bruchkraut*

1. B. und K. kahl. Krb. grünl., verkümmert od. fehlend.

 H. glabra L., *Kahles B.* – St. 5–15 cm, niederliegend, ästig[1]. B. klein, eifg.-lanzettl., stumpf[1]. Bl. sitzend. Fr. länger als der K. / 6 bis 8 / Kollin-montan(-subalpin). Trockene, sandige Orte. Besonders West- und Südschw.; sonst s.; auch adv. [965]

– B. und K. behaart od. gewimpert. Krb. wie bei der vorigen Art. ...   2

2. Bl. sitzend. Pfl. meist einjährig.

 H. hirsúta L., *Behaartes B.* – St. 5–15 cm. B. und K. kurzhaarig. Bl. sitzend. Kb. an der Spitze mit einem stärkeren, borstenfg. Haar. Fr. so lg. wie der K. / 6 bis 8 / Kollin-montan(-subalpin). Wie vorige; nicht hfg. [966]

– Bl. kurz gestielt. Pfl. mehrjährig.

 H. alpína CHAIX u. VILL., *Alpen-B.* – Pfl. ausdauernd, niederliegend. B. bis 4,5 mm lg., am Rande behaart, auf den Flächen ± kahl. Nebenb. 0,5–1 mm lg. Kb. abstehend zerstreut behaart. / 7 bis 8 / Subalpin-alpin. Alluvionen, Moränen. A (besonders Südketten). [967]

 H. incána LAM., *Graues B.* – Pfl. ausdauernd, niederliegend od. gelegentl. aufsteigend. B. 3–12 mm lg., dicht, weiss, steifhaarig. Nebenb. 1,5–3 mm lg. Kb. dicht abstehend behaart. / 7 bis 8 / Kollin-montan. Felshänge, sandige Orte. – Sav. (Maurienne, Tarentaise). [968]

368. Spérgula L., *Spark*

 S. arvénsis L., *Acker-S., Spörgel.* – St. 10–40 cm. B. lineal bis pfriemfg., unterseits mit einer Längsfurche. Bl.stiele nebst dem K. drüsig, nach dem Verblühen zurückgeschlagen. Krb. weiss. S. mit sehr schmalem Hautrand. / 6 bis 8 / Kollin-montan(-subalpin). Getreideäcker, Schuttstellen; verbr. Auch als Futterpfl. kult. [958]

 S. pentándra L., *Fünfmänniger S.* – St. 5–20 cm. B. lanzettl. bis pfriemfg., ohne Längsfurche. Bl.stiele kahl od. schwach drüsig. Krb. weiss. S. mit br., weissem Hautrand. / 4 bis 5 / Kollin. Sandige Felder. – Els. [959]

369. Spergulária (PERS.) J. u. C. PRESL, *Schuppenmiere*

1. Kb. krautig, nur am Rande trockenhäutig, nervenlos. Krb. rosa od. hell-lila.

 S. rubra (L.) J. u. C. PRESL (*S. campestris* ASCH.), *Rote S.* – St. 5–20 cm, niederliegend od. aufsteigend, oberwärts drüsig. B. stachelspitzig. Kb. 2–3 mm lg. Krb. rosa, wenig länger als die Kb. Kapsel so lg. wie der K. S. nicht geflügelt. / 5 bis 8 / Kollin-montan(-subalpin). Strassen- und Wegränder, Mauern, Alluvionen, sandige Äcker; kalkmeidend; zerstr. [960]

 S. média (L.) C. PRESL (*S. maritima* (ALL.) CHIOVENDA, *S. marginata* KITTEL), *Flügelsamige S.* – St. wie bei der vorigen Art, aber höher (bis 40 cm). B. stumpfl., fleischig. Kb. 4–6 mm lg. Krb. hell-lila, fast 2mal so lg. wie die Kb. Kapsel doppelt so lg. wie der K. S. mit weissem Flügelrand. / 7 bis 9 / Kollin. Ödland (an Salzstellen); eingebürgert. – Els.

– Kb. trockenhäutig, mit grünem Mittelnerv. Krb. weiss.

 S. segetális (L.) G. DON fil. (*Alsine segetalis* L., *Delia segetalis* (L.) DUMORTIER), *Getreidemiere.* – St. 5–15 cm, ästig. B. lineal-fadenfg., sta-

---

[1] So auch bei den folgenden Arten.

chelspitzig. Bl.stiele fast rechtwinklig-abstehend. Krb. weiss, kürzer als die Kb. / 5 bis 6 / Kollin. Lehmige Äcker; s. s. und Fundorte am Erlöschen. Nordwestschw. (Birsigtal, unteres Birstal, Ajoie). – Bad., Els., Belf., Montbéliard. [961]

370. Teléphium L., *Telephie*

T. imperáti L., *Telephie.* – St. 15–30 cm, niederliegend od. aufsteigend, kahl. Blstd. dicht-trugdoldig. Krb. weiss. / 6 bis 7 / Kollin-montan(-subalpin). Felsige, trockene Orte; s. Wallis. – Ao., Vintschgau. [962]

99.2 Unterfam. Alsinoídeae. *Mierenartige*

B. ohne Nebenb. Kb. frei od. höchstens am Grunde verwachsen. Krb. meist vorhanden, selten fehlend.

371. Scleránthus L., *Knäuel*

S. perénnis L., *Ausdauernder K.* – St. 5–15 cm, ästig. Kb. abgerundetstumpf, mit br., milchweissem Rand (daher Bl. weiss mit Grün), wenig länger als die Stbb. Krb. fehlend. / 5 bis 8 / Kollin-montan(-subalpin). Trockene, sandige Orte; kalkfliehend. Südschw.; sonst s. od. fehlend. – Bad., Els., Hegau. [972]

S. ánnuus L. s.l., *Einjähriger K.* – St. 5–12 cm, sehr ästig. Bl. grünl. Kb. spitz, 3–4mal länger als die Stbb. Krb. fehlend. / 4 bis 10 / Kollin-subalpin. Grasplätze, Äcker.

  01. S. ánnuus L. s.str., *Einjähriger K.* – Pfl. 5–20 cm. Bl.knäuel gehäuft am Ende längerer Zweige. Bl. zur Fr.zeit 3,4–4,5 mm lg. K.zipfel aufrecht od. abstehend, alle gleich lg. *(Fig. 323/1).* / 4 bis 10 / Kollin-montan(-subalpin). Sandige, leicht saure Böden; verbr. [973]

  – Bl.knäuel kurz gestielt, längs des St. und der Zweige verteilt. Bl. zur Fr.zeit 1,5–3,8 mm lg. K.zipfel aufrecht od. zusammenneigend.

  S. polycárpos L. (*S. annuus* L. ssp. *polycarpos* (L.) THELL.), *Wilder K.* – Pfl. 2–15 cm. Bl. zur Fr.zeit 2,2–3,8 mm lg., freie Kb. alle gleich lg., spreizend, aufrecht od. wenig einwärts gekrümmt *(Fig. 323/2).* / 4 bis 9 / (Kollin-)montansubalpin. Sandige, eher saure Böden, Wegränder, Ödland, Felsen; verbr. M (s.), A. – Hegau, Bad., Els., Belf. [974]

  S. verticillátus TAUSCH (*S. collinus* HORNUNG), *Hügel-K.* – Pfl. 2–10 cm. Bl. zur Fr.zeit 1,5–3 mm lg., freie Kb. deutl. ungleich lg. und einwärts gekrümmt *(Fig. 323/3).* / 4 bis 5 / Kollin. Trockenwarme Wiesen, Felsensteppen, oft über Kalk, s. Genferseegebiet, Wallis. – Sav., Ao.

323/1   323/2   323/3

372. **Minuártia** LOEFLING, *Miere*

1. B. lanzettl. od. längl.-lanzettl., klein, 2–3 mm lg. Krb. weiss.

M. cherlerioídes (HOPPE) BECHERER (*Alsine octandra* (SIEBER) KERNER, *M. aretioides* SCH. u. TH.), *Polster-M.* – Wuchs dicht, polsterfg. Zweige 1–3 cm. B. stumpf, 2 mm lg., dicht stehend. Bl. einzeln, endst., 4zählig, mit 8 Stbb. Kb. 3nervig. / 7 bis 8 / Alpin. Felsen, Moränenschutt; s. A (Wallis, Graub. [Misox]). – Piemont, Co., Bergam., Bormio. [933]

> **M. cherlerioídes** (HOPPE) BECHERER ssp. **cherlerioides**, *Kahle Polster-M.* – B. kahl. Auf Kalk; Ostalpin. – Co.(?), Bergam.
> **M. cherlerioídes** (HOPPE) BECHERER ssp. **rionii** (GREMLI) FRIEDRICH (*M. aretioides* (SOMMERAUER) SCH. u. THELL. var. *rionii* (GREMLI) SCH. u. THELL., *A. herniarioides* RION), *Behaarte Polster-M.* – B. am Rande bewimpert. Auf Silikat. Zentralalpen (Wallis, Graub. [Misox]). – Piemont, Bormio.

M. rupéstris (SCOP.) SCH. u. TH. (*A. rupestris* FENZL, *A. lanceolata* M. u. K.), *Felsen-M.* – Wuchs rasig. Pfl. mit kriechenden, 4–15 cm lg. Zweigen. B. spitz, 3 mm lg. Bl. zu 1–3, 5zählig, mit 10 Stbb. Kb. 3–5nervig. / 7 bis 8 / (Subalpin-)alpin. Kalkfelsen; s. A (T, Graub.). – Bormio. [934]

– B. lineal od. pfriemfg. 2

2. Krb. meist fehlend; wenn vorhanden, schmal und meist kürzer als die Kb.

M. sedoídes (L.) HIERN (*Cherleria sedoides* L., *A. sedoides* KITTEL), *Zwerg-M.* – Wuchs dichtrasig, polsterfg. St. 2–6 cm. Bl. einzeln, kurz gestielt, grünl. / 7 bis 8 / (Subalpin-)alpin. Felsen, Rasen; verbr. A. [935]

– Krb. deutl. ausgebildet, weiss. . . . . : 3

3. Kb. abgerundet, stumpf. Krb. doppelt so lg. wie die Kb.

M. capillácea (ALL.) GRAEBNER (*A. liniflora* HEGETSCHW., *M. liniflora* SCH. u. TH.), *Feinblättrige M.* – St. 7–12 cm. Bl.stiele und K. drüsenhaarig. K. nach unten verschmälert. / 7 bis 8 / Montan-subalpin. Felsen, Geröll; auf Kalk; s. s. J (Dôle, Chasseron), T (San Salvatore bei Lugano). – Französ. Jura, Var., Co. [936]

M. laricifólia (L.) SCH. u. TH. (*A. laricifolia* CRANTZ), *Nadelblättrige M.* – St. 8–25 cm, nebst B., Bl.stielen und K. flaumhaarig (selten mit Drüsenhaaren). K. unten abgestutzt. / 7 bis 8 / Montan-subalpin. Felsige, trockene Hänge; kalkfliehend. A (besonders Südketten). [937]

– Kb. spitz od. zugespitzt od., wenn stumpfl., die Krb. nur wenig länger als die Kb. 4

4. Kb. weisshäutig, mit 2 einander genäherten, grünen Mittelstreifen.   5

– Kb. grün, mit trockenhäutigem Rand. 6

5. Krb. $\frac{1}{3}$ so lg. wie die Kb.

M. fastigiáta (SM.) RCHB. (*A. jacquini* KOCH, *M. fasciculata* HIERN), *Büschelige M.* – St. 10–30 cm, aufrecht, ästig. Bl. gebüschelt. Kb. fein zugespitzt, länger als die Fr. / 6 bis 8 / Kollin-subalpin. Trockenwarme Orte; nicht hfg. Basel (erloschen), West- und Südschw. – Bad., Els., Ain, Sav., Ao., Vintschgau. [938]

– Krb. ungefähr so lg. wie die Kb. (etwas kürzer od. etwas länger).

M. mutábilis (LAPEYR.) SCH. u. TH. (*A. mucronata* auct., *M. rostrata* RCHB., *M. mucronata* SCH. u. TH.), *Geschnäbelte M.* – St. 5–15 cm. Kb. spitz, die Fr. nicht od. nur ein wenig überragend. Krb. etwas kürzer als die Kb. / 7 bis 8 / Montan-subalpin(-alpin). Wie vorige. Wallis, Graub. (Unterengadin). – Ao., Bormio, Vintschgau. [939]

M. setácea (THUILL.) HAYEK (*A. setacea* M. u. K.), *Borstenblättrige M.* – St. 5–15 cm, rasenbildend. Blstd. locker, mit abstehenden Ästen. Kb. spitz. Krb. etwas länger als die Kb. / 5 bis 6 / Kollin. Felsen; auf Kalk. – Bad. (Kaiserstuhl; erloschen).

6. Krb. deutl. kürzer als die Kb.

    M. hýbrida (VILL.) SCHISCHKIN (*A. tenuifolia* CRANTZ, *M. tenuifolia* HIERN), *Zarte M.* – Pfl. 5–15(–25) cm, zart, drüsig behaart od. kahl. Kb. lineal-lanzettl. od. eifg.-lanzettl., kürzer als die Fr. S. (0,3–)0,4–0,6 mm. / 5 bis 6 / Kollin-montan. Trockene Orte, sandige Äcker; zerstr. [940]

    M. viscósa (SCHREBER) SCH. u. TH. (*A. viscosa* SCHREBER), *Klebrige M.* – Pfl. 5–10 cm, drüsig-behaart. Kb. schmal-lanzettl., länger als die Fr. S. 0,2–0,4 mm. / 5 bis 6 / Kollin-montan. Kiesige, sandige Orte, Gneisfelsköpfe; s. s. Wallis. [941]

– Krb. so lg. od. länger als die Kb. 7

7. Krb. fast doppelt so lg. wie die Kb.

    M. austríaca (JACQ.) HAYEK (*A. austriaca* WAHLENB.), *Österreichische M.* – St. 8–20 cm, 1–3bl. B. kahl, lineal-fadenfg., mit 3 undeutl. Nerven. Kb. eifg., fein zugespitzt. / 6 bis 8 / (Montan-)subalpin(-alpin). Felsen, Felsschutt; auf Kalk. – Co.

    M. villárii (BALBIS) WILCZEK u. CHENEVARD (*A. villarii* M. u. K., *A. flaccida* CHIOVENDA, *M. flaccida* SCH. u. TH.), *Villars' M.* – Pfl. mit zahlreichen, aufsteigenden Sprossen, bei der im Gebiet vorkommenden Rasse drüsig-behaart. St. 10–20 cm, 2–6bl B. flach, lineal-lanzettl., 3nervig, am St. gleichmässig verteilt. Kb. lanzettl., fein zugespitzt, mit 3 stark rippenfg. vortretenden Nerven. / 7 bis 8 / Montan-subalpin. Felsen; auf Silikatgestein. – Ao. [946]

– Krb. so lg. od. nur wenig länger als die Kb. 8

8. B. nervenlos od. einnervig.

    M. stricta (SW.) HIERN (*A. stricta* WAHLENB.), *Steife M.* – St. 8–15 cm, steif aufrecht. Bl.stiele zu 3–5, 15–35 mm lg., sehr dünn, kahl. Kb. spitz. / 7 / Kollin-montan. Torfmoore; s. s. und Fundorte am Erlöschen. J. [942]

    M. biflóra (L.) SCH. u. TH. (*A. biflora* WAHLENB.), *Zweiblütige M.* – Wuchs rasig. St. meist unter 10 cm, 1–2bl. Bl.stiele kurz, 5 mm lg., behaart. Kb. stumpf, kapuzenfg. eingebogen. / 7 bis 8 / Alpin. Rasen; s. A. [943]

– B., wenigstens getrocknet, deutl. 3nervig. 9

9. Kb. 5–7nervig; Nerven schwach begrenzt.

    M. recúrva (ALL.) SCH. u. TH. (*A. recurva* WAHLENB.), *Krummblättrige M.* – Pfl. 5–20 cm. Äste des W.stockes derb, fast holzig. B. meist einseitig gekrümmt, dick. / 7 bis 8 / (Subalpin-)alpin. Steinige Orte, Rasen; kalkmeidend; verbr. A. [944]

– Kb. 3nervig; Nerven mehr od. weniger deutl.

    M. verna (L.) HIERN (*A. verna* WAHLENB.), *Frühlings-M.* – Pfl. 5–10 cm, oberwärts meist drüsig. B. meist gerade, flach; obere viel kürzer als die Internodien. Kb. mit 3 scharf begrenzten Nerven. Krb. eifg. bis fast herzfg., in einen Nagel zusgez. / 7 bis 8 / Subalpin-alpin. Rasen, Felsschutt, Felsen. J (Dôle), A (hfg.). – Französ. Jura. [945]

    M. grignénsis (RCHB.) CHENEVARD (*Moehringia thomasiana* J. GAY, *A. thomasiana* HUTER, *A. flaccida* CHIOVENDA var. *grignensis* FIORI, *M. villarii* WILCZEK u. CHENEVARD var. *grignensis* WILCZEK u. CHENEVARD, *M. flaccida* SCH. u. TH. ssp. *grignensis* A. u. G.), *Grigna-M.* – St. bis 10 cm, 10–12bl., kahl. B. sehr schmal, so lg. bis länger als die Internodien. Kb. eifg., in eine kurze, oft rötl. Stachelspitze zugespitzt. Krb. längl.-lanzettl. / 7 / (Montan-)subalpin-alpin. Felsen, Felsschutt; auf Kalk. – Co. (Grigna).

373. Buffónia L., *Buffonie*

B. paniculáta DUBOIS, *Buffonie*. – St. 20–30 cm, verzweigt, knotig. B. am Grunde scheidenfg. Bl. weiss. / 7 / Kollin. Kiesige Orte; s. s. Wallis. [932]

374. Sagína L., *Mastkraut*

1. Bl. in der Regel 4zählig. Stbb. 4 (5). Krb., wenn vorhanden, weiss, viel kürzer als die Kb. 2
– Bl. 5zählig. Stbb. 10. Krb. weiss, wenig kürzer bis doppelt so lg. wie die Kb. 3
2. St. niederliegend, wurzelnd. Krb. vorhanden.
 S. procúmbens L., *Niederliegendes M.* – Pfl. 2–10 cm, mit verkürztem Mitteltrieb, daher mit einer nichtblühenden zentralen B.rosette. Kb. br.-eifg., stumpf. / 5 bis 9 / Kollin-subalpin. Feuchte Äcker, Wegränder, zwischen Strassenpflaster; verbr. [925]
– St. aufrecht od. aufsteigend, nicht wurzelnd. Krb. fehlend od. rudimentär.
 S. micropétala RAUSCHERT (*S. apetala* auct.), *Kronblattloses M.* – Pfl. 5–10 cm. B. meist gewimpert. Bl.stiele meist kahl. Kb. an der reifen Fr. abstehend, kürzer als diese, mit einwärts gekrümmter Spitze. Fr. kugeligeifg. / 5 bis 9 / Kollin-montan. Äcker, Brachfelder, Wege; zerstr. [926]
 S. ciliáta FR. (*S. apetala* ARD.), *Bewimpertes M.* – Pfl. 5–10 cm. B. kahl od. am Grunde schwach gewimpert. Bl.stiele meist drüsig. Kb. der Fr. angedrückt, teilweise so lg. wie diese, deutl. stachelspitzig. Fr. längl.-eifg. / 5 bis 9 / Wie vorige; seltener. [927]
3. Krb. länger als die Kb.
 S. nodósa (L.) FENZL, *Knotiges M.* – Pfl. kahl od. schwach drüsig. St. 5–15 cm. Obere B. auffallend kurz; in den B.winkeln verkürzte Zweige (B.büschel). Bl.stiele aufrecht. / 7 / Kollin(-montan). Sumpfwiesen, Torfmoore; s. J, M. [929]
 S. glabra (WILLD.) FENZL (*S. repens* BURNAT), *Südalpines M.* – Pfl. kahl, selten schwach drüsig. St. 2–10 cm. Obere B. nicht auffallend kurz. Bl.stiele nach dem Verblühen überhängend. / 7 bis 8 / Subalpin(-alpin). Weiden, Alluvionen. A (Wallis, Graub.). – Ao. [928]
– Krb. nicht länger als die Kb.
 S. saginoídes (L.) H. KARSTEN (*S. linnaei* C. PRESL), *Alpen-M.* – Pfl. 3–10 cm. B. lineal, kahl; Stachelspitze des B. kürzer als die Breite des B. Kb. der Kapsel angedrückt. / 6 bis 8 / (Montan-)subalpin-alpin. Feuchte Rasen, Felsen, Felsschutt; verbr. J (bis Bölchen), M, A. – S. [930]
 S. subuláta (Sw.) C. PRESL, *Pfriemblättriges M.* – Pfl. 3–10 cm. B. linealpfriemfg., am Rande gleich dem oberen Teile des St. und den Bl.stielen behaart; Stachelspitze des B. fast so lg. wie die Breite des B. / 6 bis 8 / Kollin. Sandige Orte, Mauern, Felsen; s. s. T, Graub. (Misox). [931]
 S. intermédia FENZL (*S. nivalis* auct.). – Nordische Art. Angebl. Wallis.

375. Arenária L., *Sandkraut*

1. Krb. weiss, kürzer als die Kb. 2
– Krb. weiss, länger als die Kb. 3
2. Kb. in eine Haarspitze auslaufend. Der häutige Rand der inneren Kb. höchstens halb so br. wie der krautige Mittelstreifen.

A. marschlínsii KOCH, *Salis-Marschlins' S.* – Pfl. 2–8(–10) cm, niederliegend-aufsteigend, oberwärts gabelig verzweigt, borstig behaart. Fr.stiele bis 1,5mal so lg. wie der 3,5–4 mm lg. K. Kapsel etwa 2mal so lg. wie br. / 7 bis 8 / Alpin. Rasen, Lägerstellen; s. A. [949]

– Kb. zugespitzt. Der häutige Rand der inneren Kb. etwa so br. wie der krautige Mittelstreifen.

A. serpyllifólia L. s.l., *Quendelblättriges S.* – St. 5–30 cm, ästig, kurz behaart. B. eifg. zugespitzt, am Rande kurz behaart. Kapsel wenig kürzer bis etwas länger als der K. / 5 bis 8 / Kollin-montan. Trockene Orte, Lägerstellen; hfg.

A. serpyllifólia L. s.str., *Quendelblättriges S.* – Pfl. 5–30 cm, graugrün, vom Grunde an ästig, aufrecht od. aufsteigend, fein behaart, oft drüsig. Fr.stiele bis 2,5mal so lg. wie der 3–3,7 mm lg. K. Kapsel br.-eifg., am Grunde fast kugelig, etwa 1,5mal so lg. wie br., dickwandig. / 5 bis 7 / Kollin-montan. Trockenrasen, Mauern, Äcker, Ödland; s. hfg. [947]

A. leptóclados (RCHB.) GUSS. (*A. serpyllifolia* L. ssp. *tenuior* (M. u. K.) ARCANG.), *Zartes S.* – Pfl. 5–25 cm, gelbgrün, feinstengelig aufsteigend, ästig, fein behaart, oft drüsig. Fr.stiele 2–3mal so lg. wie der 1,8–3 mm lg. K. Kapsel zylindrisch-eifg., etwa 2mal so lg. wie br., dünnwandig. / 5 bis 7 / Kollin-montan. Sandig-lehmige Äcker, Trockenrasen, Mauern. In wärmeren Lagen; zerstr. [948]

3. B. lanzettl.-pfriemfg., grannenartig-stachelspitzig.

A. grandiflóra L., *Grossblütiges S.* – St. 5–12 cm. B. am Rande verdickt, unterseits mit stark vorspringendem Mittelnerv. Bl.stiele und K. drüsenhaarig-flaumig. Krb. 2–2½mal so lg. wie die Kb. / 5 bis 7 / Montan-alpin. Felsige Stellen; auf Kalk; s. J (Waadt, Neuenb.). – Salève bei Genf, Lemanische Alpen (Sav.). [950]

– B. rundl. bis oval, stumpf od eifg. bis lanzettl., spitz, doch nicht grannenartig-stachelspitzig.

A. biflóra L., *Zweiblütiges S.* – St. 7–30 cm, niederliegend, kriechend. Ästchen 1–2bl. B. rundl. bis br.-oval, stumpf, am Grunde meist in einen deutl. gewimperten Stiel verschmälert. Kb. einnervig. / 7 bis 8 / (Subalpin-)alpin. Rasen, Schneetälchen; kalkfliehend. A. [951]

A. ciliáta L. s.l., *Bewimpertes S.* – Pfl. 3–10 cm, niederliegend aufsteigend. B. eifg. bis längl.-lanzettl., am Grunde keilfg. verschmälert, gewimpert. Kb. 1–3(–5)nervig. / 7 bis 8 / Lockere, steinige, kalkhaltige Böden, Rasen, Geröll; verbr. J (bis Chasseral), A. [952]

01. Pfl. mehrjährig. St. fast nur mit abwärts-gekrümmten Haaren besetzt.

A. ciliáta L. s.str. (*A. tenella* auct.), *Bewimpertes S.* – Pfl. 3–5 cm, von dichtem Wuchs. B. 3–4mal so lg. wie br. Bl. zu 1–2(–3) pro Zweig. Krb. 5–7,5 mm lg., 1,5–2mal so lg. wie der K. / 7 bis 8 / (Subalpin-)alpin. Verbr. A. [952]

A. multicáulis L. (*A. ciliata* L. ssp. *moehringioides* (J. MURR) A. u. G.), *Vielstengliges S.* – Pfl. 4–10 cm, von eher lockerem Wuchs. B. 2–3mal so lg. wie br. Bl. zu (2–)3–5(–7) pro Zweig. Krb. 4–5 mm lg., 1,2–1,5mal so lg. wie der K. / 7 bis 8 / (Subalpin-)alpin. Trockenere Lagen. J (Chasseral), Nordalpen (hfg.). – Französ. Jura. – Vom Typus abweichend: *A. bernensis* FAVARGER. – Bl. 1–2 pro Zweig. Krb. 7–8 mm lg., 1,2–1,3mal so lg. wie der K. Feuchtere Lagen. (Gantrisch, Stockhorn).

– Pfl. 1–2jährig. Pfl. mit kurzen abstehenden und längeren, abwärts gebogenen, verkrümmten Haaren.
A. góthica FRIES, *Gothisches S.* – Pfl. 6–12(–15) cm, von lockerem Wuchs. Bl. zu (1–)2–6(–8) pro Zweig. Krb. 4–4,5 mm lg., 1,2–1,6mal so lg. wie der K. / 7 / Montan. Sandig-kiesige, feuchte bis trockene Seeuferflächen. J (Lac de Joux).

376. **Moehríngia** L., *Nabelmiere*

1. Bl. in der Regel 4zählig. Krb. weiss. Stbb. 8.
  M. muscósa L., *Moos-N.* – St. 8–20 cm, zart. B. lineal-fadenfg., nervenlos. Krb. länger als die Kb. / 5 bis 8 / (Kollin-)montan(-subalpin). Schattige, felsige Orte; verbr. J, M, A. [954]
– Bl. 5zählig. Krb. weiss. Stbb. 10.   2
2. B. fleischig.
  M. ciliáta (SCOP.) D.T. (*M. polygonoides* M. u. K.), *Bewimperte N.* – St. 5–15 cm, niederliegend. B. lineal. Kb. stumpfl., etwas kürzer als die Krb. / 7 bis 8 / (Subalpin-)alpin. Gesteinsschutt; auf Kalk; verbr. A. [956]
  M. bavárica (L.) GRENIER (*M. ponae* FENZL) ssp. **insúbrica** (DEGEN) SAUER, *Insubrische N.* – Pfl. angedrückte od. lg. hängende Rasen bildend, grau od. bläul. bereift. St. dicht kurz-beblättert. B. schmal, bei Sonnenpfl. deutl. blau bereift. Kb. längl.-eifg. Krb. fast doppelt so lg. wie die Kb. / 7 / Kollin-montan. Felsen; auf Kalk. – Co. [957]
– B. nicht fleischig.
  M. trinérvia (L.) CLAIRV., *Dreinervige N.* – St. 10–30 cm. B. eifg. od. längl.-eifg., 3–5nervig. Kb. spitz, länger als die Krb. / 5 bis 6 / Kollin-montan(-subalpin). Gebüsche, Wälder; hfg. [955]

377. **Holósteum** L., *Spurre*

H. umbellátum L., *Spurre.* – Pfl. 5–25 cm, bläul.-grün, oberwärts drüsenhaarig. B. sitzend, längl.-eifg., stumpfl. Bl. weiss, oft rötl. überhaucht. Fr.stiele zuerst herabgeschlagen, dann aufgerichtet. / 3 bis 5 / Kollin(-montan-subalpin). Äcker, Weinberge, Mauerkronen, Dämme; zerstr. Wärmere Schweiz. [922]

378. **Moénchia** EHRH., *Weissmiere*

M. erécta (L.) G. M. SCH. (*Cerastium quaternellum* FENZL), *Vierzählige W.* – St. 3–10 cm, 2–3bl. Bl. 4zählig. Krb. weiss, kürzer als die br.-hautrandigen Kb. / 5 / Kollin. Sandige Felder. – Els., Belf. In der Schweiz früher bei Genf. [923]
M. mántica (L.) BARTLING (*C. manticum* L.), *Fünfzählige W.* – St. 10–30 cm, mehrbl. Bl. 5zählig. Krb. weiss, selten bläul. überhaucht, doppelt so lg. wie die Kb.; diese mit sehr br. Hautrand. / 5 bis 6 / Kollin(-montan). Wiesen. T, Graub. (Misox); sonst verschleppt. – Val Sesia, Co. [924]

379. **Stellária** L., *Sternmiere*

1. St. stielrund. B. eifg. od. herz-eifg.
  S. média L. (VILL.) s.l., *Vogelmiere, Hühnerdarm.* – Pfl. 5–80 cm, niederliegend od. aufsteigend, verzweigt, einreihig behaart od. kahl. B. oval,

zugespitzt, bis 3(–4,5) cm lg., kahl, die unteren deutl. gestielt. Kr. 0,5–1,5mal so lg. wie der K. Kapsel. länger als der K. S. mit Höckern besetzt. / 1 bis 12 / Kollin-subalpin. Äcker, Gartenland, Waldschläge, Schuttstellen, Trockenmauern; im Gebirge an Lägerstellen; s. hfg. [899]

01. S. neglécta WEIHE, *Übersehene S.* – Pfl. 20–80 cm. Krb. so lg. od. länger als der 5–6,5 mm lg. K. Stbb. meist 10, Stb.beutel vor dem Aufspringen purpurn. S. 1,3–1,7 mm lg., dunkelrotbraun, mit kegelfg. Höckern. / 4 bis 7 / Kollin. Nährstoffreiche, feuchte Waldgesellschaften; zerstr.

– Krb. wenig kürzer bis so lg. wie der 2–5 mm lg. K. od. fehlend. Stbb. meist 1–5 (0–10). S. 0,5–1,3 mm lg., mit br., stumpfen Warzen.

S. pállida (DUMORTIER) PIRÉ (*S. apetala* auct.), *Bleiche S.* – Pfl. 5–30 cm, gelbl.-grün. Kb. 2–3,5 mm lg., Kr. fehlend od. sehr kurz. Stbb. 1–3(–5), Stb.beutel grauviolett. S. 0,5–0,8 mm lg. / 3 bis 5 / Kollin-montan. Nährstoffreiche, eher trockene, sandige Böden; zerstr.

S. média (L.) VILL. s.str., *Vogelmiere, Hühnerdarm.* – Pfl. 10–40 cm. K. 3–5 mm lg. Kr. wenig kürzer bis so lg. wie der K. Stbb. meist 3–5, Stb.beutel rotviolett. S. 0,8–1,3 mm lg. / 1 bis 12 / Kollin-subalpin. Bebaute Orte, Mauern, Waldschläge; s. hfg.

S. némorum L., *Wald-S.* – St. 20–50 cm, ringsum od. 2zeilig behaart. Untere B. gestielt, am Grunde herzfg. Krb. 2mal so lg. wie die Kb. S. mit halbkugeligen od. zylindrischen Höckern. / 6 bis 9 / (Kollin-)montan-subalpin. Feuchte Waldstellen; verbr. [900]

S. némorum L. ssp. **némorum**, *Hain-S.* – Obere B. unterhalb der 1. Verzweigung ± sitzend, am Grunde keilfg. bis schwach herzfg. Deckb. gross, laubb.artig, nach oben allmähl. an Grösse abnehmend. Reife S. mit halbkugeligen Höckern besetzt. – (Kollin-)montan-subalpin. Hochstauden, Läger, Quellfluren; verbr.

S. némorum L. ssp. **glochidispérma** MURBECK, *Stachelsamige Wald-S.* – Obere B. unterhalb der 1. Verzweigung deutl. (bis 4 cm lg.) gestielt, am Grunde tief herzfg. Deckb. nach oben plötzl. in schuppenfg. Hochb. übergehend. Reife S. am Rande mit längl., zylindrischen Höckern besetzt. (Kollin-)montan. Schlagfluren, Hochstauden; verbr. T, Graub. (Misox, Münstertal).

– St. 4kantig. B. lineal od. längl.-lanzettl. 2
2. Deckb. krautig.

S. holóstea L., *Grossblumige S.* – St. 15–30 cm, an den Kanten rauh. B. lanzettl., lg. zugespitzt, am Rande und unterseits am Mittelnerv rauh. Kb. nervenlos. Krb. doppelt so lg. wie die Kb. / 5 bis 6 / Kollin-montan. Gebüsche, lichte Waldstellen. Basel, Ajoie, M (s.), T. – Bad., Els., Belf., Val Sesia, Co., Veltlin. [901]

– Deckb. trockenhäutig. 3
3. Krb. deutl. kürzer als die Kb.

S. alsíne GRIMM (*S. uliginosa* MURRAY), *Moor-S.* – St. 10–40 cm. B. lanzettl. od. elliptisch-lanzettl., bläul.-grün, am Grunde etwas gewimpert. Deckb. am Rande kahl. Kb. deutl. 3nervig. / 5 bis 6 (8) / Kollin-subalpin. Gräben, feuchte Wälder; stellenweise. [902]

– Krb. so lg. od. länger als die Kb. 4
4. St. im oberen Teil an den Kanten rauh. B. auf der Unterseite und am Rande rauh.

S. longifólia MÜHLENB. ex WILLD. (*S. diffusa* SCHLECHTENDAL, *S. longifolia* FR., *S. friesiana* SER.), *Langblättrige S.* – St. 10–25 cm. B. lineal-lanzettl. Krb. so lg. wie die Kb. / 6 bis 7 / Subalpin. Feuchte Waldstellen; s. A (Graub. [Oberengadin]). – Vintschgau. [903]

– St. und B. glatt.

S. gramínea L., *Grasblättrige S.* – St. 15–40 cm, schlaff, ausgebreitet-aufsteigend. B. lanzettl., spitz. Deckb. am Rande gewimpert. Krb. so lg. od. länger als die Kb. / 5 bis 7 / Kollin-montan(-subalpin). Wiesen, Hecken; hfg. [904]

S. palústris RETZ (*S. dilleniana* MOENCH, *S. glauca* WITH.), *Sumpf-S.* – St. 20–40 cm, aufrecht. B. lineal-lanzettl., spitz. Deckb. am Rande kahl. Krb. so lg. od. länger als die Kb. / 6 / Kollin-subalpin. Sumpfwiesen; s. s. M (Seeland; wahrscheinl. erloschen). – Bad. [905]

380. Pseudostellária PAX, *Knollenmiere*

P. europaéa SCHAEFTLEIN (*Stellaria bulbosa* WULFEN), *Knollenmiere.* – Grundachse fadenfg., kriechend, zerbrechl., mit rübenfg. verdickten, an der Spitze mit W.fasern versehenen Knöllchen. St. 10–15 cm, zart, dünn, stielrund, einreihig-behaart. B. elliptisch od. ei-lanzettl., spitz. Bl. b.winkelst., meist unfruchtbar. Bl.stiele ca. 2,5 cm lg., einreihig-behaart. Krb. weiss, kaum bis zur Mitte 2sp., so lg. od. ein wenig länger als der K. Selten noch kleine, reduzierte, fruchtbare Bl. vorhanden. Vermehrung der Pfl. hauptsächlich vegetativ (durch die W.knöllchen). / 4 bis 5 / Kollin-montan. Quellige Waldstellen. – Valduggia (Val Sesia). (Ein weiterer, entfernterer Fundort nahe Biella.)

381. Myosóton MOENCH, *Wassermiere, Wasserdarm*

M. aquáticum (L.) MOENCH (*Stellaria aquatica* (L.) SCOP., *Malachium aquaticum* FR.), *Wassermiere.* – St. 20–50 cm, niedergestreckt, oft klimmend, oberwärts drüsenhaarig. B. herz-eifg., die oberen sitzend. K. kurzdrüsenhaarig. Krb. bis 1½mal so lg. wie die Kb., fast bis zum Grunde 2teilig. / 6 bis 10 / Kollin-montan(-subalpin). Gräben, Auenwälder, Äcker, Ödland; verbr. [898]

382. Cerástium L., *Hornkraut*

1. Gr. 3(–4–5). Bl. weiss.

C. cerastoídes (L.) BRITTON (*C. trigynum* VILL.), *Dreigriffliges H.* – St. 5–15 cm, niederliegend-aufsteigend, mit einer Haarleiste. B. längl.-lanzettl., kahl. Krb. länger als die Kb. / 7 bis 8 / Alpin. Quellfluren, Läger, Schneetälchen; kalkfliehend; verbr. A. [906]

C. dúbium (BASTARD) GUÉPIN (*C. anomalum* W. u. K.), *Klebriges H.* – St. 10–40 cm, aufrecht, nebst den B. und Kb. drüsig-klebrig. B. lineal. Krb. wenig länger als die Kb. / 4 bis 6 / Kollin. Feuchte, zeitweise überschwemmte Wiesen. – Els. (Bollweiler). In der Schweiz adv. [907]

– Gr. 5. Bl. weiss. 2

2. Krb. gross, die Kb. mindestens um ⅓ überragend (vgl. aber das einjährige *C. ligusticum*). 3

– Krb. höchstens 8 mm lg., kürzer, so lg. od. wenig länger als die Kb. 6

3. Deckb. kleiner als die B., oft hautrandig. 4

– Deckb. den anderen B. gleich, nicht hautrandig. (Nur A bewohnende Arten.). 5

4. Deckb. an der Spitze schmal-trockenhäutig od. öfters ganz krautig.

C. alpínum L. s.l., *Alpen-H.* – Pfl. mit nichtblühenden B.rosetten. St. 5–20 cm. lg. behaart. B. elliptisch od. längl.-lanzettl. Krb. die Kb. weit überragend. / 7 bis 9 / (Subalpin-)alpin. Steinige Rasen. A. [908]

> **C. alpínum** L. ssp. **alpínum**. – Pfl. wollig behaart od. verkahlend, oft drüsig. St. 4–5bl.
> **C. alpínum** L. ssp. **lanátum** (Lam.) Simk. – Pfl. dicht kraushaarig, drüsenlos. St. 2–3bl.

C. carinthíacum Vest ssp. **austroalpínum** Kunz (*C. austroalpinum* Kunz), *Südalpines H.* – Pfl. lockere Rasen bildend. St. 5–10(–20) cm, wie die B. mit drüsentragenden und drüsenlosen Haaren. B. eifg.-elliptisch bis lanzettl., spitz. Krb. bis mehr als doppelt so lg. wie die Kb. / 7 bis 9 / Subalpin(-alpin). Felsschutt; auf Dolomit; s. A (T [Val Colla]). – Co. [17A]

– Deckb. an der Spitze br.-trockenhäutig.

C. arvénse L. s.l., *Acker-H.* – St. nebst den B. mehr od. weniger behaart. B. längl.-lanzettl. bis lineal, mit B.büscheln in den Winkeln. Krb. etwa doppelt so lg. wie die Kb. / 4 bis 7 / Trockene, steinige Orte, Felsen; verbr. [910/911]

> **01.** Deckb. am Rande und unterseits bis zur Spitze behaart.
> **C. arvénse** L. ssp. **arvénse**, *Acker-H.* – Pfl. 10–30 cm, lockerrasig. Sterile Triebe drüsenlos, fast so lg. wie die oberwärts drüsigen Blühtriebe. B. bis 3,5 cm lg. Kb. 7–10 mm lg., Krb. 11–14 mm lg. – Kollin-montan; zerstr. [910]
> **C. arvénse** L. ssp. **stríctum** (Haenke) Gaudin, *Aufrechtes H.* – Pfl. 3–15 cm, in lockeren Polstern, flaumig behaart bis kahl. Sterile Triebe bis ½ so lg. wie die Blühtriebe. B. bis 1,5 cm lg. Kb. 5–7 mm lg., Krb. 8–11 mm lg. – Montan-alpin; hfg. J (bis zur Dôle), A. [911]
> – Deckb. ganz od. mindestens an der Spitze kahl.
> **C. arvénse** L. ssp. **suffruticósum** (L.) Nyman (*C. laricifolium* Vill.), *Halbstrauchiges H.* – Pfl. 5–25 cm, in lockeren Polstern. Sterile Triebe bis ½ so lg. wie die Blühtriebe. B. bis 2 cm lg. – Kollin-montan; s. Südschw. (T?, Graub. [Puschlav]). – Veltlin, Vintschgau.

C. tomentósum L., *Filziges H.* – Ähnl. *C. arvense* ssp. *arvense*, von diesem verschieden: Pfl. dicht weisswollig-filzig. B. lineal-lanzettl. / 5 bis 7 / Kollin-montan. Kult. und hie und da verwildert. Stammt aus Südosteuropa und dem Kaukasus. [912]

5. Kr. glockenfg., den K. etwa um ½ überragend.

C. pedunculátum Gaudin (*C. filiforme* Schleicher), *Langstieliges H.* – Wuchs lockerrasig. St. niedrig, 2–3 cm. B. schmal-elliptisch bis linealisch, zugespitzt, dichtstehend. Fr.stiele bis 6mal so lg. wie die Kb. Kapsel fast walzenfg., gerade. S. 1–1,5 mm im Durchm. / 7 bis 8 / (Subalpin-)alpin. Felsschutt, Moränen; kalkfliehend; zerstr. A. [915]

– Kr. weit-beckenfg., den K. bis um das Doppelte od. mehr überragend.

C. uniflórum Clairv., *Einblütiges H.* – Wuchs rasig. Blühende St. aufsteigend, 2–6 cm. B. elliptisch, meist grasgrün, nebst dem St. drüsig-zottig behaart. Krb. höchstens doppelt so lg. wie die Kb. Kapsel am Grunde eifg. gekrümmt. S. 1,5–2 mm im Durchm. / 7 bis 8 / (Subalpin-)alpin. Felsschutt, Moränen; kalkfliehend; zerstr. A. [914]

C. latifólium L., *Breitblättriges H.* – Blühende St. aufsteigend, 5–8 cm. B. br.-elliptisch bis eifg., spitz, blaugrün, dickl., kurz filzig behaart bis fast kahl, mit od. ohne Drüsen. Krb. mehr als doppelt so lg. wie die Kb. S. 2–3 mm im Durchm. / 7 bis 8 / (Subalpin-)alpin. Wie vorige; auf Kalk; zerstr. A. [913]

6. Deckb. krautig, an der Spitze bärtig. 7
– Deckb. zum Teil am Rande trockenhäutig, an der Spitze kahl. 8
7. Fr.stiele kürzer od. höchstens so lg. wie der K.

   C. glomerátum Thuill. (*C. viscosum* auct.), *Knäuelblütiges H.* – St. 5–40 cm, abstehend-behaart, oberwärts meist drüsig. Bl. knäuelig-gedrängt. / 4 bis 9 / Kollin-subalpin. Äcker, Weinberge, Wegränder; verbr. [916]
– Fr.stiele 2–4mal so lg. wie der K.

   C. brachypétalum Pers., *Kleinblütiges H.* – Pfl. 5–30 cm, abstehend-zottig behaart, grau, meist drüsig. / 4 bis 6 / Kollin(-montan). Sandige, trokkene Orte; zerstr. [917]

   C. tenoreánum Ser., *Tenores H.* – Pfl. 5–20 cm. St. und Bl.stiele mit aufwärts-anliegenden Haaren, drüsenlos. / 4 bis 5 / Kollin. Wegränder, Rasen, Mauerkronen. Südl. T, Graub. (Misox); sonst. s.
8. Pfl. mit nichtblühenden, am Grunde bewurzelten Trieben, meist drüsenlos, 10–40 cm hoch.

   C. fontánum Baumg. s.l., *Gewöhnliches H.* – Pfl. 10–40 cm, mehrjährig, mit sterilen Trieben in den B.achseln, dunkelgrün. Kb. ganzrandig, 4–9 mm lg., Krb. 4–9 mm lg. / 4 bis 10 / Kollin-subalpin. Wiesen, Weiden, Äcker und Wälder; hfg. [918]

    01. C. macrocárpum Schur, *Grossfrüchtiges H.* – Pfl. im Blstd. dicht drüsig behaart. Krb. am Nagel bis 0,4 mm lg. bewimpert, etwa so lg. wie die Kb. / 4 bis 6 / Kollin-subalpin. Feuchte Wälder, Bachufer. Waadt, Pilatus.
    – Pfl. im Blstd. drüsenlos, Krb. nicht bewimpert. 02
    02. C. holosteoídes Fries em. Hylander (*C. caespitosum* Gilib., *C. triviale* Link), *Gewöhnliches H.* – K. und Kr. etwa gleich lg., 4–7 mm. Kapsel 7–12 mm lg. S. 0,4–0,9 mm lg. / 4 bis 6 / Kollin-montan(-subalpin). Wiesen, Weiden, Wegränder, Äcker; hfg.

    C. fontánum Baumg. s.str., *Quell-H.* : Kb. etwas kürzer als die Krb., 6–9 mm lg. Kapsel 12–18 mm lg. S. 0,9–1,2 mm lg. – (Subalpin-)alpin. Weiden, Lägerstellen; zerstr. A (Graub.), sonst s.

– Pfl. ohne nichtblühende Triebe, stets drüsenhaarig, 3–20 cm hoch.   9
9. Alle Deckb. br.-, an der Spitze mindestens zu ¼ der Länge hautrandig.

   C. semidecándrum L., *Sand-H.* – Krb. kürzer (bis wenig länger) als die br. hautrandigen Kb. Fr.stiele abstehend bis zurückgekrümmt. / 3 bis 5 / Kollin-montan. Trockene Felder, Rasen; verbr. in wärmeren Lagen. [920]
– Obere Deckb. schmal hautrandig, untere krautig od. nur an der Spitze wenig trockenhäutig. 10
10. Krb. meist deutl. länger als die Kb.

   C. ligústicum Viv. (*C. campanulatum* Viv.), *Ligurisches H.* – Pfl. 10–40 cm, hellgrün, oberwärts flaumig, stark drüsig. K. glockig. Krb. 1½–2mal so lg. wie die Kb. / 4 bis 5 / Kollin. Rasen. – Langensee. In der Schweiz adv.

   C. púmilum Curtis (*C. obscurum* Chaubard), *Niedriges H.* – Pfl. trübgrün, dichtdrüsig. Untere Deckb. ganz od. fast ganz krautig, unterwärts meist rötl. überlaufen. Krb. meist deutl. länger als die Kb. / 4 bis 5 / Kollin(-montan). Trockenrasen, auch auf Ödland; zerstr. (besonders in den wärmeren Gegenden). [921]
– Krb. meist kürzer od. höchstens so lg. wie die Krb.

   C. glutinósum Fr. (*C. pallens* F. W. Schultz), *Blasses H.* – Pfl. blassgrün, weniger drüsig als die vorige Art. Untere Deckb. breiter hautrandig, unterwärts nie rötl. überlaufen. Krb. meist etwas kürzer od. höchstens so lg. wie die Kb. / 4 bis 5 / Kollin(-montan). Wie vorige; seltener.

99.3 Unterfam. **Silenoídeae.** *Leimkrautartige*

B. ohne Nebenb. Kb. zu einer K.röhre verwachsen. Zwischen K. und Kr. die Bl.achse oft etwas verlängert. Gr. frei.

383. **Gypsóphila** L., *Gipskraut*

1. Pfl. einjährig. Samen 0,3–0,6 mm br.
   G. murális L., *Acker-G.* – St. aufrecht, 5–15 cm, dünn, ästig. B. lineal. Bl. einzeln, 3–5 mm lg., rosa, mit dunkleren Adern. / 7 bis 10 / Kollin-montan. Sandige, feuchte Orte, Teichböden, Äcker; stellenweise. [876]
   – Pfl. mehrjährig. Samen 1,2–1,5 mm br.
   G. repens L., *Kriechendes G.* – St. niederliegend-aufsteigend, 10–25 cm. B. lineal. Bl. in einer Doldentraube. K.zähne spitz, Krb. 5–10 mm lg., weiss od. rötl. / 5 bis 8 / (Kollin-montan-)subalpin-alpin. Felsen, Geröll; auf Kalk; verbr. J (Dôle), A; M, an Flussufern herabgeschwemmt. – Französ. Jura. [877]
   G. paniculáta L., *Schleierkraut.* – St. steif aufrecht, vom Grunde an verzweigt, bis 90 cm. B. lanzettl., scharf zugespitzt. K.zähne stumpf. Krb. 3–4 mm lg., weiss od. rötl. / 6 bis 9 / Felsenhänge, sandige Stellen wärmerer Lagen; verwildert und eingebürgert. Waadt.

384. **Saponária** L., *Seifenkraut*

1. K. bis 2 cm lg., fast od. ganz kahl.
   S. officinális L., *Gebräuchliches S.* – St. 40–70 cm, aufrecht. B. elliptisch, spitz. Bl. gross. Kr. hell-fleischfarben (selten weiss). / 7 bis 9 / Kollin(-montan-subalpin). Dämme, Wegränder, Alluvionen; verbr. [895]
   – K. nicht über 12 mm lg., drüsig od. zottig behaart.
   S. ocymoídes L., *Rotes S.* – St. 20–30 cm, niederliegend, ästig. B. verkehrt-eifg. Blstd. locker-trugdoldig. K. drüsig-zottig. Kr. lebhaft rosenrot, selten weiss. / 5 bis 9 / Kollin-subalpin. Felsige Hänge, Felsschutt; kalkliebend; verbr. J, M, A. [896]
   S. lútea L., *Gelbes S.* – St. 5–10 cm. B. lineal. Blstd. kopffg. K. wollig behaart. Kr. blass-schwefelgelb. / 7 bis 8 / (Subalpin-)alpin. Steinige Weiden; auf Kalk; s. s. A (T [Val Bavona]). – Piemont. [897]

385. **Vaccária** MEDIKUS, *Kuhnelke*

V. hispánica (MILL.) RAUSCHERT (*V. pyramidata* MEDIKUS), *Kuhnelke.* – Pfl. 30–60 cm, kahl. B. lanzettl., am Grunde verwachsen. Blstd. locker-trugdoldig. Krb. rosa. / 6 bis 7 / Kollin-montan. Getreidefelder, Schuttstellen; s. und Fundorte zurückgehend. [881]

386. **Petrorhágia** (SER. ex DC.), LINK (*Tunica* (L.) SCOP.), *Felsennelke*

P. prolífera (L.) P. W. BALL u. HEYWOOD (*T. prolifera* (L.) SCOP.), *Sprossende F.* – St. 15–40 cm. Bl. zu einem endst., von häutigen Schuppen eingehüllten Köpfchen vereinigt. Krb. blassrosa. / 6 bis 10 / Kollin-montan. Trockenwarme Hügel, Rasen; zerstr. [879]

P. saxífraga (L.) Link (*T. saxifraga* (L.) Scop.), *Gewöhnliche F.* – St. 10–20 cm. Bl. einzeln. Krb. hell-lila bis sattrosa. / 6 bis 9 / Kollin-montan(-subalpin). Wie vorige; zerstr. Südwest- und Südschw. [880]

387. Diánthus L., *Nelke*

1. Platte der Krb. bis zur Mitte od. noch tiefer eingeschnitten-zerschlitzt.
   D. supérbus L., *Pracht-N.* – St. 30–60 cm, meist einzeln. B. lineal-lanzettl. K.schuppen 3–4mal kürzer als die K.röhre, kurz begrannt. Kr. rosalila. / 6 bis 9 / (Kollin-montan-)subalpin(-alpin). Wiesen, lichte Waldstellen, Weiden; verbr. [882]
   D. monspessulánus L. (*D. hyssopifolius* L.), *Montpellier-N.* – Pfl. 20–40 cm, mehrstenglig. B. lineal, spitz. K.schuppen mindestens halb so lg. wie die K.röhre, mit pfriemfg. Granne. Krb. blasslila od. weissl. / 7 / Montan-subalpin. Felsige Rasen; auf Kalk; s. Südl. T. – Französ. Jura, Co. [883]
 – Platte der Krb. ungeteilt, gezähnt, seltener ganzrandig. 2
2. Bl. büschelig (selten an Kümmerformen zu 1–2). 3
 – Bl. einzeln stehend. 6
3. K.schuppen kurzhaarig.
   D. arméria L., *Rauhe N.* – Pfl. oberwärts kurzhaarig-rauh. St. 30–45 cm. B. lineal. Bl. lockerbüschelig. Krb. purpurn, klein. / 6 bis 8 / Kollin(-montan). Lichte Wälder, Hecken, Brachäcker; zerstr. [884]
 – K.schuppen kahl.
4. B. br.-lanzettl., 3–8mal so lg. wie br.
   D. barbátus L., *Bart-N., Busch-N.* – St. 30–60 cm. B. kurz gestielt, br.-lanzettl. Bl. zu vielen in Büscheln, hell- bis dunkelrot, am Grunde mit dunkleren Querstreifen und weissen Punkten. Hfg. verwilderte Zierpfl. [885]
 – B. schmal-lanzettl., meist 10–80mal so lg. wie br.
5. B.scheiden 2–4mal so lg. wie die Breite des B.
   D. carthusianórum L. ssp. **carthusianorum**, *Kartäuser-N.* – St. 30–60 cm. B. lineal, meist 2–3 mm br. Blstd. (3–)6(–15)bl. Hüllb. braun bis gelbbraun. K.schuppen in eine Granne ausgezogen. Krb. purpurn. / 6 bis 10 / Kollin-subalpin(-alpin). Lichte Wälder, Rasen, Felsen; verbr. [886]
   D. carthusianórum L. ssp. **vaginátus** (Chaix) Sch. u. K., *Scheidige Kartäuser-N.* – St. 30–45 cm. B. lineal, 1–2 mm br. Blstd. viel(2–)12(–25)bl. K.schuppen sehr stumpf od. gestutzt, plötzl. in eine kurze Stachelspitze zusgez. Krb. dunkelpurpurn. / 6 bis 10 / Kollin-montan. Wie vorige; verbr. A (besonders in den Südtälern). [887]
 – B.scheiden so lg. wie die Breite des B.
   D. seguiéri Vill., *Séguiers N.* – St. (10–)30–45 cm. Hüllb. krautig, grün. K.schuppen aus eifg. Grunde plötzl. zugespitzt. Krb. hell- bis dunkelrosa. / 6 bis 9 / Kollin-subalpin. Buschige Hänge, Kastanienhaine. T, Graub. (Misox, Puschlav). [888]
6. St. 2–5 cm.
   D. glaciális Haenke, *Gletscher-N.* – Pfl. dichtrasig. B. lineal-lanzettl., stumpf. K.schuppen lanzettl., begrannt, so lg. od. länger als die K.röhre. Krb. purpurn. / 7 bis 8 / Alpin. Rasen; s. A (Graub.). [890]
 – St. 10–60 cm. 7

7. St. fein-flaumhaarig.

 D. deltoídes L., *Heide-N.* – St. 10–30 cm, ästig. B. kurzhaarig-rauh. K.schuppen (die Granne mitgerechnet) wenigstens halb so lg. wie die K.röhre. Kr. purpurn. / 6 bis 8 / Kollin-montan(-subalpin). Wiesen, Waldränder, Weiden; nicht hfg. M, A (Bern, Graub.). Auch kult. und. verwildert od. adv. – S, V, Hegau. [891]

– St. kahl. **8**

8. B.scheiden 2–5 mm br. Krb. am Schlunde kahl.

 D. caryophýllus L., *Garten-N.* – St. 40–60 cm, meist verzweigt und mehrbl. B. lineal, spitz, am Rande kahl. K.schuppen meist 4. Krb. rosa, am Schlunde kahl. Bl. stark duftend. / 6 / Kult. [892]

 D. silvester WULFEN, *Stein-N.* – St. 10–40 cm, oft nur einbl. B. am Rande rauh. K.schuppen meist 2. Bl. schwach od. gar nicht duftend. / 6 bis 7 / Kollin-subalpin(-alpin). Trockenwarme Hügel, Felsen; verbr. J (bis Biel), M (s.), A.

– B.scheiden 2 mm br. Krb. am Schlunde bärtig.

 D. gratianopolitánus VILL. (*D. caesius* SM.), *Grenobler N.* – St. 10–20 cm, meist einbl. B. lineal-lanzettl., graugrün, am Rande rauh. Krb. purpurn, tief gezähnt. Bl. duftend. / 5 bis 7 / Kollin-montan. Felsen; s. J (besonders nördl. Teil), M. Auch kult. und verwildert. – Französ. Jura, Hegau, Badischer Jura. [894]

Bastarde.

388. Cucúbalus L., *Taubenkropf*

 C. báccifer L., *Taubenkropf.* – St. klimmend, 60–150 cm. B. eifg. Bl. einzeln. Krb. grünl.-weiss, 2sp., mit einer Nebenkr. / 7 bis 9 / Kollin. Gebüsche, Hecken. Genf, T, Graub. (Misox); auch verschleppt. – Ain, Sav., Ossolatal, Var., Co. [875]

389. Siléne L., *Leimkraut*   335/1

1. K. undeutl. nervig, kahl. Krb. weiss, vorn 4zähnig *(Fig. 335/1).*

 S. pusílla W. u. K. (*Heliosperma quadridentatum* (PERS.) SCH. u. TH., *H. quadrifidum* RCHB.), *Strahlensame.* – St. 5–15 cm, oben klebrig. Krb. weiss, vorn ausgerandet-4zähnig. / 7 / (Montan-)subalpin. Feuchte Felsen, Felsschutt; auf Kalk; zerstr. A. – Französ. Jura. [870]

– K.nerven deutl. **2**

2. Fr. einfächerig. K. 10rippig, besonders an den Rippen zottig und drüsig, mit 5–10 mm lg. Zipfeln. **3**

– Fr. am Grunde 3–5fächerig. K. 10- od. 20–30nervig, kahl od. behaart, aber dann die Zipfel höchstens 3 mm lg. **4**

3. Bl. zwittrig. Gr. 3.

 S. noctiflóra L. (*Melandrium noctiflorum* (L.) FR.), *Ackernelke.* – St. 10–50 cm, oberwärts klebrig-drüsenhaarig. Untere B. längl., zugespitzt, obere lanzettl., spitz. K. aufgeblasen-röhrenfg. Krb. schmutzigweiss od.

etwas rötl. / 6 bis 9 / Kollin-montan(-subalpin). Äcker, Schuttstellen; zerstr. [871]

S. elisabéthae JAN (*M. elisabethae* (JAN) ROHRBACH), *Südalpine Waldnelke.* – Pfl. 5–25 cm hoch. St. bogenfg. aufsteigend, oberwärts dicht drüsig-flaumig. B. schmal-lanzettl., zugespitzt, obere schmal-eilanzettl. Bl. einzeln od. zu wenigen. K. röhrenfg.-glockenfg., ca. 2 cm lg., dicht drüsig, meist rot überlaufen, mit 10 dunkleren Nerven. Krb. bis 3,5 cm lg., rosa-purpurn. / 7 bis 8 / (Montan-)subalpin(-alpin). Felsen und Felsschutt der südl. Kalkalpen. – Co. [874]

– Pfl. 2häusig. Gr. 5.

S. dióica (L.) CLAIRV. (*M. diurnum* (SIBTH.) FR., *M. dioecum* SIMONKAI, *M. silvestre* ROEHLING, *M. rubrum* GARCKE), *Rote W.* – St. 30–90 cm. Bl. rot, selten weiss, am Tage offen, geruchlos. Kapsel kugelig-eirund, mit zurückgerollten Zähnen. / 4 bis 9 / Kollin-subalpin(-alpin). Feuchte Wiesen, Hochstaudenfluren; hfg. [872]

S. alba (MILLER) E. M. L. KRAUSE (*M. album* (MILLER) GARCKE, *M. vespertinum* FR.), *Weisse W.* – St. 40–90 cm. Bl. weiss, gegen Abend offen, wohlriechend. Kapsel ei-kegelfg., mit aufrechten od. etwas auswärts gebogenen Zähnen. / 6 bis 9 / Kollin-montan(-subalpin). Wegränder, Äcker; verbr. [873]

4. St. sehr kurz, 1–3 cm, einbl. Wuchs polsterfg.

S. acaúlis (L.) JACQ., *Kalk-Polsternelke.* – B. lineal-pfriemfg. K. am Grunde gestutzt. Krb. rosa (selten weiss). Kapsel doppelt so lg. wie der K. / 6 bis 8 / (Subalpin-)alpin. Steinige Rasen, Geröll; kalkliebend; hfg. A. [853]

S. exscápa ALL., *Kiesel-Polsternelke.* – Von der vorigen Art verschieden: K. am Grunde verschmälert. Krb. blassrosa (selten weiss). Kapsel den K. kaum überragend. / 7 bis 8 / Alpin. Wie vorige; kalkfliehend; verbr. A. [854]

– St. gut ausgebildet, selten unter 10 cm. 5

5. K. 20- od. 30nervig.

S. vulgáris (MOENCH) GARCKE (*S. cucubalus* WIBEL, *S. inflata* SM., *S. venosa* ASCH.), *Gemeines L.* – St. (10–)15–50(–100) cm, niederliegend od. aufrecht, kahl, am Rande flaumig bewimpert. B. lanzettl. od. eifg., spitz, 1–12 cm lg. Blstd. locker, 1- bis vielbl. K. 20nervig, aufgeblasen, eifg., kahl. Krb. weiss, 2spaltig, ohne od. mit Nebenkr. / 6 bis 9 / Wegränder, Ruderalstellen, Gebüschsäume, Schuttfluren; hfg. [855, 856]

    S. vulgáris (MOENCH) GARCKE ssp. **vulgáris**, *Gemeines L.* – St. aufsteigend od. aufrecht. B. 3–12 cm lg., bis 2,5 cm br. Blstd. reichbl. Nebenkr. meist fehlend. Kapsel mit aufrechten Zähnen. S.oberfläche stachelig. / 6 bis 9 / Kollin-subalpin(-alpin). Ruderalstellen, Gebüschsäume; hfg. [855]

    S. vulgáris (MOENCH) GARCKE ssp. **glareósa** (JORDAN) MARSDEN-JONES u. TURILL (*S. willdenowii* auct. p.p., *S. alpina* auct. p.p.), *Alpen-L.* – St. niederliegend-aufsteigend. B. 1–4 cm lg., 0,2–0,5 cm br. Blstd. arm-(1–3)bl. Nebenkr. meist gut entwickelt, 2höckerig. Kapsel mit abstehenden od. zurückgekrümmten Zähnen. S.oberfläche feinwarzig. / 7 bis 8 / (Montan-subalpin-)alpin. Kalkschutt und Geröllfluren; verbr. J (Waadt, Bern), A. – Französ. Jura. [856]

S. cónica L., *Kegelfrüchtiges L.* – St. 15–45 cm. B. lineal-lanzettl. K. 30nervig, walzenfg., behaart. Krb. hellrot, ausgerandet, mit Nebenkr. Kapsel ei-kegelfg. bis längl. / 6 bis 7 / Kollin. Felder. – Ao. In der Schweiz verschleppt auf Ödland und in Kunstrasen. [857]

– K. 10nervig. . . . . , ... 6

6. St. 1–2-, höchstens 3bl.

S. saxífraga L., *Steinbrech-L.* – St. 10–20 cm. B. lineal. K. kahl, etwa 8 mm lg. Krb. innen weiss, aussen grünl. od. rötl. / 5 bis 7 / Montan-subalpin. Felsen; auf Kalk und Dolomit; selten auf kalkreichen Silikatgesteinen; s. A (Wallis, südl. T, Graub.). – Südl. Grenzzone von Ao. bis Bormio. [858]

S. vallésia L., *Walliser L.* – St. 5–20 cm. B. lanzettl. K. drüsig-behaart, 20–25 mm lg. Krb. innen schwach rosa, aussen schmutzigrot. / 6 bis 7 / Montan-subalpin. Felsen, Felsschutt; s. A (Wallis). – Ao., Val Sesia. [859]

– St. mehrbl. 7

7. Bl. in traubenartigen, einfachen od. gabelig-2ästigen Wickeln.

S. gállica L., *Französisches L.* – St. 15–45 cm, oberwärts drüsig. K. nicht über 10 mm lg. Krb. weissl. od. blassrosa, gezähnelt od. ausgerandet. / 6 bis 7 / Kollin-montan. Unter Getreide, auf Ödland; s. und unbeständig. [860]

S. dichótoma EHRH., *Gabeliges L.* – St. 30–60 cm, behaart. K. über 10 mm lg. Krb. weiss, tief-2sp. / 6 bis 7 / Kollin-montan. Wegränder, Schuttstellen; hie und da; eingeschleppt. [861]

– Blstd. rispig od. trugdoldig. 8

8. Krb. tief-2sp.

S. nutans L., *Nickendes L.* – Pfl. 30–60 cm. St. zottig, oberwärts drüsig-klebrig. Internodien der sterilen Triebe 1–3mal so lg. wie dick. B. spatelfg. bis lanzettl., weichhaarig. Blstd. einseitswendig. Bl. nickend. Krb. schmutzigweiss od. rötl. / 5 bis 7 / Kollin-subalpin(-alpin). Trockenrasen, lichte Wälder; hfg. [862]

S. insúbrica GAUDIN (*S. livida* SCHLEICHER non WILLD., *S. nutans* L. var. *livida* OTTH subvar. *insubrica* THELL.), *Insubrisches L.* – Pfl. hoch, bis über 80 cm. Internodien der sterilen Triebe 3–20mal so lg. wie dick. St. oben stark drüsig-klebrig und schwach wollig, mit lg., aufrecht-abstehenden (nicht einseitswendigen) Ästen. Blstd. reich. Bl. fast aufrecht (nicht nickend). Krb. aussen hell-schmutzigrötl., innen gelbl.-weiss. Kapsel stark bauchfg., den K. weniger weit überragend als bei der vorigen Art. / 6 bis 7 / Kollin-montan. Buschige Stellen; auf Kalk. Südl. T. – Val Sesia, Co., Veltlin.

– Krb. ungeteilt od. ausgerandet. 9

9. K. lg.-röhrig-keulenfg., 12–16 mm lg.

S. arméria L., *Nelken-L.* – St. 15–60 cm, unter den oberen Knoten klebrig. Bl. büschelig-gedrängt. Krb. rosenrot, ausgerandet. / 6 bis 7 / Kollin-montan. Trockenwarme, felsige Orte; s. Südschw. Auch als Zierpfl. kult. und gelegentl. auf Ödland verschleppt. [864]

– K. glockenfg. od. kreiselfg., nicht über 7 mm lg.

S. rupéstris L., *Felsen-L.* – St. 10–20 cm, wie die ganze Pfl. kahl, vom Grunde an ästig. B. längl.-eifg., spitz. Blstd. locker-trugdoldig. Bl. lg. gestielt. Krb. weiss, mit einer Nebenkr. / 7 bis 8 / (Kollin-)montan-subalpin(-alpin). Felsen, Flusskies; auf Silikatgestein; hfg. A. – S, V. [865]

S. otítes (L.) WIBEL, *Öhrchen-L.* – St. 25–60 cm, einfach, klebrig, unterwärts kurzhaarig. Stlb. lineal. Blstd. rispig. Krb. grünl.-gelb, ohne Nebenkr. / 6 bis 7 / Kollin-montan(-subalpin). Trockenwarme Hügel; verbr. Südwest- und Südschw. – Hegau. [866]

390. Lychnis L., *Lichtnelke, Pechnelke*

1. Pfl. kahl od. mit etwas rauher Behaarung. 2
– Pfl. dicht seidenartig-filzig.

L. flos-jovis (L.) DESR., *Jupiternelke*. – St. 30–60 cm. B. längl., spitz od. zugespitzt. Blstd. dicht-trugdoldig. Krb. hellpurpurn, 2sp., mit br. Lappen. / 6 bis 7 / Montan-subalpin. Warme Hänge; zerstr. A.

L. coronária (L.) DESR., *Kranzrade*. – St. 60–90 cm. Bl. einzeln. Krb. purpurrot, ungeteilt od. ausgerandet. / 6 bis 8 / Kollin-montan. Waldige Hügel; s. Wallis; auch verwildert. – Ao.

2. Krb. tief 4sp. zerschlitzt. Kapsel im K. fast sitzend.

L. flos-cucúli L., *Kuckucksnelke*. – St. 30–90 cm. B. lineal-lanzettl. Krb. rosa, selten weiss, bis über die Mitte 4sp. / 5 bis 8 / Kollin-montan(-subalpin). Wiesen; s. hfg.

– Krb. ungeteilt, ausgerandet od. 2sp. Kapsel im K. deutl. gestielt.

L. viscária L. (*Viscaria vulgaris* BERNH.), *Gewöhnliche P.* – St. 30–60 cm, unter den oberen Knoten drüsig-klebrig. B. lanzettl. Blstd. traubig-rispig. Krb. rot, ungeteilt. / 5 bis 7 / Kollin(-montan). Trockenrasen; zerstr. Wallis, T, Graub.; sonst s. – Els., Belf., Hegau. [851]

L. alpína L. (*V. alpina* (L.) G. Don), *Alpen-P.* – St. 5–12 cm, nicht klebrig. B. lanzettl. Blstd. kopffg. Krb. rot, 2sp. / 7 bis 8 / Alpin. Rasen; zerstr. A (Wallis, Graub.). [852]

391. Agrostémma L., *Kornrade*

A. githágo L., *Kornrade*. – St. 50–90 cm. B. lineal. Krb. trübpurpurn, gestutzt, kürzer als die K.zipfel. / 6 bis 8 / Kollin-montan(-subalpin). Unter Getreide; zerstr., doch heute stellenweise s. geworden. [850]

Fam. 100. Phytolaccáceae. *Kermesbeerengewächse*

Einjährige Kräuter, Stauden, Sträucher od. Bäume mit wechselst. einfachen, ganzrandigen B. Nebenb. fehlend. Bl. in Trauben, Ähren od. Rispen, zwittrig od. eingeschlechtig, radiärsymm., selten monosymm. Pgb. (4–)5, meist frei, bleibend. Stbb. 4–5 od. 8 bis viele, am Grunde oft verwachsen. Frb. 5 bis viele, zu einem oberst. Frkn. ± verwachsen od. frei. Beeren, Nüsse od. fachspaltige Kapseln.

392. Phytolácca L., *Kermesbeere*

Ph. americána L. (*Ph. decandra* L.), *Kermesbeere*. – St. 1–3 m, aufrecht, verzweigt. B. wechselst. eifg. Bl. in Trauben, mit 5 weissl., später roten Kb. Stbb. 10. Fr. beerenartig, aus 10 verwachsenen Frb., dunkelrot, zuletzt schwarz. / 7 / Kollin. Wegränder, Hecken. Eingebürgert im T und in Graub. (Misox, Calanca); sonst hie und da verwildert. – Südl. Grenzzone von Piemont bis Veltlin. Stammt aus Nordamerika. [845]

Ph. esculénta VAN HOUTTE, *Essbare K.* – Von der vorigen verschieden durch Bl. mit nur 8 Stbb. und 8 freien, sich zu schwarz glänzenden beerenartigen Fr. entwickelnden Frb. / 7 / Kollin. Adv. Basel, Thurg.; sich in Gärten ausbreitend. (Stammt aus Ostasien.)

Fam. 101. **Aizoáceae.** *Eiskrautgewächse*

1–2jährige Kräuter od. Stauden, selten Sträucher od. Halbsträucher, mit meist gegenst., einfachen, ± fleischigen B. Nebenb. fehlend. Bl. in cymösen Blstd. od. einzeln, zwittrig od. eingeschlechtig, radiärsymm. Pgb. (3–)5 bis viele, fleischig. Stbb. (1–)4–5, 8–10 od. viele, teilweise verwachsen, mitunter krb.artig. Frb. 2–5 bis viele, zu einem unterst., halbunterst. od. oberst. Frkn. verwachsen. Kapseln, Beeren, Steinfr. od. Nüsse.

393. **Tetragónia** L., *Tetragonie*

T. tetragonioídes (PALLAS) O. KUNTZE (*T. expansa* MURRAY), *Neuseeländerspinat.* – St. 20–100 cm lg., niederliegend, ästig. B. fleischig, rautenfg.-3eckig, besonders unterseits mit wasserhellen Papillen besetzt. Pg. 3–5teilig. Fr. meist 4hörnig. / 7 bis 9 / Kollin. Als Gemüsepfl. kult. und hie und da verwildert. [846]

Fam. 102. **Cactáceae.** *Kaktusgewächse*

Sukkulente Sträucher mit säulenfg., zylindrischen od. abgeflachten, oft durch Einschnürungen gegliederten Sprossen. B. meist vollständig auf den polsterfg. B.grund reduziert, in dessen Achseln abgeflachte, ± filzige Kurztriebe (Areolen) sitzen, deren B. zu Dornen, Borsten od. Haaren umgewandelt sind. Bl. meist einzeln, zwittrig, radiärsymm. od. monosymm. Pgb. zahlreich, die äusseren k.artig, die inneren kr.artig, spiralig-röhrig verwachsen. Stbb. zahlreich, der Bl.röhre eingefügt. Frb. mehrere, zu einem unterst. Frkn. verwachsen. Oft dornige Beeren.

394. **Opúntia** MILLER, *Opuntie, Feigenkaktus*

O. vulgáris MILL. (*O. compressa* (SALISB.) MACBRIDE, *O. humifusa* auct.), *Gewöhnliche O.* – Pfl. niederliegend. St.glieder verkehrt-eifg. od. oval, hellgrün. B. verkümmert, eifg.-pfriemfg., 4–5 mm lg. B.achseln mit gelbl. Stacheln. Bl.knospen stumpf. Bl. gelb. / 6 / Kollin. Felsige Orte; eingebürgert. Wallis, T. – Ao., Ossolatal, Co., Veltlin. Stammt aus Nordamerika. [1852]

O. rafinésquii ENGELM., *Rafinesques O.* – Pfl. aufrecht, reichstachlig. St.glieder tiefgrün. B.achseln mit roten Stacheln. Bl.knospen spitz. Bl. gelb. / 6 / Kollin. Wie vorige und mit ihr. Wallis. Stammt aus Nordamerika.

Fam. 103. **Portulacáceae.** *Portulakgewächse*

Einjährige Kräuter od. Stauden, selten Sträucher od. Halbsträucher, mit gegenst. od. wechselst., einfachen, fleischigen B. Nebenb. fehlend. Bl. in cymösen Blstd. od. einzeln, zwittrig, meist radiärsymm. Kb. 2. Krb. 4–6, frei od. am Grunde verwachsen. Stbb. 3 bis viele. Frb. 2–8, zu einem oberst., seltener halbunterst. Frkn. verwachsen. Mehrsamige Kapseln.

1. Bl. gelb. Stbb. 8–15. Kapsel ringsum aufspringend, vielsamig. Pfl. stark fleischig. **Portulaca 395**

– Bl. weiss. Stbb. 3(–5). Kapsel 3klappig aufspringend, 2–3samig *(Fig. 70/2)*. Pfl. etwas fleischig. **Montia 396**

395. **Portuláca** L., *Portulak*

P. olerácea L., *Portulak.* – Pfl. 10–50 cm, kahl. St. reich verzweigt. / 6 bis 9 / Kollin. Tritt in 2 Sippen auf: Ssp. **silvéstris** (DC.) THELL. – St. nieder- liegend. B. längl.-keilfg. K.zipfel stumpf-gekielt. – Zwischen Pflaster, Wege, Weinberge; zerstr. – Ssp. **satíva** (HAWORTH) THELL. – St. aufrecht. B. verkehrt-eifg., gestutzt od. ausgerandet. K.zipfel flügelig-gekielt. – Kult. und verwildert. [847]

396. **Móntia** L., *Quellkraut*

1. **M. fontána** L. s.l., *Bach-Q.* – 1- od. mehrjährige, etwas fleischige, nieder- liegend-aufsteigende, aufrechte od. flutende, kahle Pfl. B. gegenst., sit- zend, schmal spatelfg. Bl. unscheinbar, weiss, vor dem Blühen überhän- gend. Fr. eine Kapsel. / 3 bis 9 / Kollin-subalpin. Feuchte Äcker, Quel- len, Gräben; kalkmeidend; verbr. bis zerstr.
   01. S. stark glänzend, glatt, am Kiel höchstens ganz schwach gekerbt (Lupe!).
      M. fontána L. ssp. **fontána** (*M. rivularis* auct., *M. lamprospermia* CHAMISSO), *Glattsamiges Q.* – St. 10–30 cm, schlaff, meist flutend. B. dunkelgrün. S. 0,9– 1,6 mm, mit netziger Struktur. / 6 bis 8 / (Kollin-)montan-subalpin. Quellen, Bäche. Wallis (Gletsch), T, Graub. – S, V. [849]
   – S. matt od. wenig glänzend; am Kiel mit ± deutl. Höckern (Lupe!). 02
   02. S. wenig glänzend, nur am Kiel mit Höckern.
      M. fontána L. ssp. **amporitána** SENNEN (*M. lusitanica* SAMPAIO, *M. rivularis* auct. mult.), *Portugiesisches Q., Bach-Q.* – St. 10–20 cm, schlaff, meist flutend. B. freudig-grün. S. 0,6–1,2 mm, am Kiel mit mehreren Reihen dichtstehender, kegelfg. zugespitzter Höcker. / 3 bis 9 / Kollin-montan(-subalpin). Quellen, Bäche; s. Südl. T (Chiasso). – S, Els., V.
      M. fontána L. ssp. **variábilis** S. M. WALTERS (*M. rivularis* auct. mult.), *Bach-Q.* – St. und B. wie bei voriger. S. 0,7–1,2 mm, am Kiel mit entfernt stehenden, kegelfg. zugespitzten od. stumpfen Höckern. Oft nur 1 S. pro Kapsel entwik- kelt. / 5 bis 9 / Kollin-montan. – S, V.
   – S. matt, auf der ganzen Oberfläche mit Höckern.
      M. fontána L. ssp. **chondrospérma** (FENZL) S. M. WALTERS (*M. arvensis* WALLR., *M. verna* auct., *M. minor* auct.), *Kleines Q., Acker-Q.* – St. 2–8 cm, auf- steigend, etwas starr. B. gelbgrün. S. 1–1,3 mm. Höcker stumpf bis halbkuge- lig. / 4 bis 5 / Kollin. Überschwemmte, sandige Böden, saure Äcker, s. Basel (erloschen), aargauisches Rheintal, M, T. – Bad., Els.

Fam. 104. **Chenopodiáceae.** *Gänsefussgewächse*

Einjährige Kräuter od. Stauden, seltener Sträucher, mit wechselst., gegenst., einfachen B. Nebenb. fehlend. Bl. unscheinbar, einzeln od. in cymösen Knäueln zu ährigen od. rispigen Blstd. angeordnet, zwittrig od. eingeschlechtig, meist radiärsymm. Pgb. 5–1, selten 0, ± verwachsen, krautig, oft mit der Fr. abfallend. Stbb. 5–1, vor den Pgb. ste- hend. Frb. 2(–3–5), zu einem oberst. Frkn. verwachsen. 1–5samige Nüsse, seltener Deckelkapseln.
Anmerkung: Für die Bestimmung der Gattung Chenopodium sind reife S. nützl., wel- che von der häutigen Fr.wand zu befreien und bei ca. 100facher Vergrösserung zu be- trachten sind.

1. B. pfriemfg.-lineal. 2
– B. br., lanzettl., eifg. od. 3eckig bis spiessfg. 4
2. Pgb. zur Fr.zeit mit sternfg. ausgebreiteten, flügelfg. Anhängseln *(Fig.*

397. **Polycnémum** L., *Knorpelkraut*

P. arvénse L., *Acker-K.* – St. 5–15 cm, ästig. Vorb. kaum so lg. wie das Pg.;
dieses trockenhäutig. / 7 bis 9 / Kollin. Äcker, Brachfelder; s. s. und
Fundorte am Erlöschen. [810]
P. majus A. BR., *Grosses K.* – St. 10–25 cm. Vorb. länger als das Pg. / 7 bis
9 / Kollin(-montan). Wie vorige; s. Wallis, Schaffh.; auch verschleppt
auf Schuttstellen und Bahnhöfen. [811]

398. **Beta** L., *Runkelrübe*

B. vulgáris L., *Runkelrübe, Mangold.* – St. 60–120 cm. Grundst. B. gross,
gestielt, eifg., stumpf, etwas herzfg.; obere B. kleiner, eifg.-lanzettl. / 7
bis 9 / Kollin. Hfg. kult. (Abarten der Runkelrübe: Zuckerrübe, Rote
Rübe od. Rahne und andere.) [812]

399. **Chenopódium** L., *Gänsefuss*

1. B. kurzhaarig-drüsig, klebrig.
   Ch. botrys L., *Drüsiger G.* – St. 10–30 cm. B. buchtig-fiederschn. Blstd.
   fast b.los. Pfl. wohlriechend. / 7 bis 8 / Kollin-montan. Kiesige Orte,
   Wegränder, Schuttstellen. Besonders Wallis; sonst s.; auch adv. – Ao.,
   Co., Veltlin, Vintschgau. [814]
– B. kahl od. durch sitzende Bläschen mehlig bestäubt. 2
2. Pg. zur Fr.zeit saftig, scharlachrot; die Knäuel eine beerenartige Sam-
   melfr. bildend.
   Ch. foliósum ASCH. (*Ch. virgatum* AMBROSI, *Blitum virgatum* L.), *Echter
   Erdbeerspinat.* – St. 15–60 cm, bis zur Spitze beblättert. B. längl.-3eckig,
   kurz gestielt. Alle Bl.knäuel b.winkelst. / 6 bis 7 / Kollin-subalpin.
   Schuttplätze, Wegränder, Lägerstellen. Graub.; sonst. s. [815]
   Ch. capitátum (L.) ASCH. (*B. capitatum* L.), *Ähriger Erdbeerspinat.* – St.
   30–60 cm, oberwärts b.los. B. 3eckig, fast spiessfg. Oberste Bl.knäuel
   ohne Stützb. / 6 bis 7 / Kollin(-montan). Schuttplätze, Wegränder; s. s.,
   in neuerer Zeit nicht beobachtet. [816]
– Pg. zur Fr.zeit unverändert, nicht saftig. 3
3. B. 3eckig-spiessfg.
   Ch. bonus-henrícus L., *Guter Heinrich.* – St. 20–60 cm. Obere Bl.knäuel
   zu einer endst. Scheinähre vereinigt. / 6 bis 8 / (Kollin-)montan-sub-

alpin(-alpin). Schuttplätze, Wegränder; im Gebirge in der Umgebung der Sennhütten und in Balmen; hfg. [817]
– B. nicht spiessfg. 4
4. B. am Grunde etwas herzfg. od. br.-gestutzt, am Rande buchtig-gezähnt.
Ch. hýbridum L., *Bastard-G.* – St. 30–70 cm. B. gross, oberseits dunkelgrün, fast 3eckig, in eine lg. Spitze ausgezogen, jederseits mit 2–3 grossen Zähnen. S. glänzend, fein vertieft-punktiert. / 7 bis 9 / Kollin-montan. Schuttplätze, Wegränder; verbr. [818]
– B. am Grunde nicht herzfg. 5
5. B. ganzrandig, eifg. od. rauten-eifg.
Ch. vulvária L., *Übelriechender G.* – St. 10–20 cm, ausgebreitet-ästig. B. rautenfg.-eifg., beiderseits mehlig bestäubt. Pfl. übelriechend. / 6 bis 8 / Kollin(-subalpin). Schuttplätze, Wegränder, Strassenpflaster; zerstr. bis s. [819]
Ch. polyspérmum L., *Vielsamiger G.* – St. 15–60 cm, meist verzweigt. B. eifg., nicht bestäubt. S. glänzend, fein punktiert. / 7 bis 9 / Kollin-montan. Flusskies, Wegränder, Äcker; hfg. [820]
– B. buchtig gezähnt od. gelappt (nur bei schmalblättrigen Formen ganzrandig). 6
6. Blstd.achse und Pg. mehlig bestäubt. 7
– Blstd.achse und Pg. kahl. 12
7. Fr.wand dick. S. scharfrandig gekielt[1].
Ch. murále L., *Mauer-G.* – St. 15–50 cm. B. rautenfg., spitz gezähnt, trübgrün, etwas glänzend, unterseits kahl od. spärl. bestäubt. / 7 bis 9 / Kollin. Wegränder, Schuttstellen; zerstr. [821]
– Fr.wand dünn, durchscheinend. S. stumpfrandig. 8
8. B. kaum länger als br.
Ch. opulifólium SCHRADER, *Schneeballblättriger G.* – St. 30–90 cm. B. rundl. od. ei-rautenfg., die oberen schmäler, alle stumpf und gezähnt, oft 3lappig, etwas dickl. S. glatt. / 7 bis 8 / Kollin. Wegränder, Schuttstellen; s. [822]
– B. deutl. länger als br. 9
9. Reife S. fein vertieft-punktiert. 10
– Reife S. glatt od. schwach gerillt. 11
10. Pfl. übelriechend.
Ch. hircínum SCHRADER, *Bock-G.* – Pfl. 20–100 cm, ästig, stark bestäubt. B. tief 3lappig; Mittellappen etwas verlängert, buchtig-gezähnt, stumpf od. kurz zugespitzt. / 8 bis 10 / Kollin. Schuttstellen; eingeschleppt; s. [823]
– Pfl. geruchlos.
Ch. ficifólium SM. (*Ch. serotinum* auct.), *Feigenblättriger G.* – St. 30–100 cm. B. schmal, stumpf, tief 3lappig; Mittellappen verlängert, parallelrandig; seitl. Lappen unter der Mitte stehend. Blstd. meist ausgebreitet trugdoldig. / 7 bis 9 / Kollin. Wegränder, Felder, Schuttplätze; zerstr. [824]
Ch. berlandiéri MOQUIN ssp. **zscháckei** (MURR) ZOBEL, *Berlandiers G.* – Ganze Pfl. gelbl.-weiss bestäubt. St. 100–150 cm. B. eifg. od. elliptisch, spitz, mit Stachelspitze, schwach 3lappig; Seitenlappen in od. über der Mitte stehend. Blstd. meist ährig, seltener trugdoldig. / 7 bis 9 / Kollin. Schuttplätze, Wegränder; hie und da verschleppt. [825]
11. Bl.knäuel olivgrün.
---
[1] Die S. sind von der hautartigen Fr.wand zu befreien.

Ch. strictum ROTH (*Ch. striatum* (KRAŠAN) MURR, *Ch. album* L. ssp. *striatum* (KRAŠAN) MURR), *Gestreifter G.* – St. 30–100 cm, stark rotstreifig. B. elliptisch-eifg., stumpf, fast parallelrandig, ohne grössere Zähne und Lappen, mit rotem Rand. / 9 bis 10 / Kollin. Wie vorige; s. [826]
– Bl.knäuel weissl. bestäubt.
  Ch. album L., *Weisser G.* – Pfl. 30–100 cm, mehr od. weniger gelbl. bestäubt. St. meist aufrecht, ästig. B. eifg. bis lanzettl., die unteren und mittleren gezähnt, spitz, die oberen längl.-lanzettl., oft ganzrandig. Formenreiche Art. / 7 bis 9 / Kollin-subalpin. Wegränder, Äcker, Schuttstellen; s. hfg. [827]
  Ch. praterícola RYDBERG (*Ch. desiccatum* NELSON, *Ch. leptophyllum* auct.), *Schmalblättriger G.* – Pfl. 20–90 cm, dicht weiss bestäubt. St. aufrecht, ästig, Verzweigung im Umriss eifg. B. lineal bis lineal-lanzettl., meist ganzrandig, 3nervig (1 Mittelnerv und 2 schwächere seitl. Randnerven). / 7 bis 9 / Schuttstellen; s.; eingeschleppt. [828]
12. B. unterseits graugrün und stark mehlig bestäubt.
  Ch. glaucum L., *Graugrüner G.* – St. 10–50 cm, aufrecht od. niederliegend. B. längl., buchtig gezähnt, stumpf. / 7 bis 9 / Kollin-montan. Feuchte Orte, Dorfstrassen, Schuttstellen; zerstr. [829]
– B. beiderseits gleichfarbig, ausgewachsen unterseits fast od. ganz kahl.
  Ch. úrbicum L., *Städte-G.* – St. 50–100 cm. B. rautenfg.-3eckig, in den Stiel verschmälert. Blstd. steif aufrecht, fast b.los. Alle Bl. mit 5blättrigem Pg. / 7 bis 9 / Kollin. Wegränder, Schuttstellen; s. s. [830]
  Ch. rubrum L., *Roter G.* – Pfl. 20–80 cm, oft rötl. überlaufen. B. rautenfg.-3eckig, fast spiessfg. Blstd. fast bis zur Spitze beblättert. Seitl. Bl. der Knäuel mit 2–3blättrigem Pg. / 7 bis 9 / Kollin-montan. Wegränder, Schuttstellen; auch auf Salzboden; zerstr. [831]
  Bastarde.

400. **Spinácia** L., *Spinat*

S. olerácea L., *Spinat.* – St. 30–50 cm. B. lg. gestielt, längl. bis 3eckig od. am Grunde spiessfg. / 5 bis 9 / Kollin-subalpin. Kult. in 2 Formen: Obere B. längl., am Grunde keilfg., Fr. wehrlos (*Sommerspinat*); B. spiessfg., Fr. stachlig (*Winterspinat*). [832]

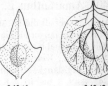

343/1   343/2

401. **Átriplex** L., *Melde*

1. Vorb. der Bl. (Fr.klappen) rundl., netzaderig *(Fig. 343/2).*
  A. horténsis L., *Garten-M.* – St. 30–120 cm. B. unterseits grauschülferig, die unteren br.-3eckig, ganzrandig od. schwach gezähnt, die mittleren längl. / 7 bis 8 / Kollin(-montan). Kult. und hie und da verwildert. [833]
– Vorb. (Fr.klappen) 3eckig od. spiessfg., nicht netzaderig.
  A. pátula L., *Gemeine M.* – St. 30–80 cm. B. lanzettl., die unteren längl.-lanzettl. od. fast spiessfg. und ausserdem oft gezähnt. Vorb. spiessfg.-rau-

tenfg., meist ganzrandig *(Fig. 343/1).* / 7 bis 9 / Kollin-subalpin. Wegränder, Äcker; s. hfg. [834]
A. hastáta L., *Spiessblättrige M.* – St. 30–80 cm. Untere und mittlere B.
am Grunde gestutzt, br.-3eckig-spiessfg. Vorb. 3eckig, klein-gesägt od.
ganzrandig. / 7 bis 9 / Kollin-montan. Wegränder, Schuttstellen; s. und
unbeständig. [835]

402. **Kóchia** ROTH, *Radmelde*

K. prostráta (L.) SCHRADER (*Chenopodium augustanum* ALL.), *Niederliegende R.* – Ausdauernd, halbstrauchig, bis 80 cm hoch. St. niederliegend
od. aufsteigend, rutenfg. B. lineal, fast fadenfg., angedrückt seidenhaarig. Bl. zur 3–5 achselst. od. verlängerte, beblätterte, lockerbl., meist einfache Scheinähren od. dichte Bl.knäuel bildend. / 7 bis 9 / Kollin. Trokkene, sandige Orte. – Ao. [836]
K. scopária (L.) SCHRADER (*Ch. scoparia* L.), *Besen-R., Besenkraut.* – St.
60–150 cm, ästig. B. lanzettl. bis lineal-lanzettl., flach, bewimpert, zuletzt
fast kahl werdend. Bl. in beblätterten Scheinähren. / 7 bis 9 / Kollin. Als
Zierpfl. kult. (oft in einer sich im Herbst rot färbenden Form) und nicht
s. verwildert od. verschleppt. [15A]

403. **Sálsola** L., *Salzkraut*

S. kali L. ssp. **ruthénica** (ILJIN) SOÓ, *Salzkraut.* – St. 15–60 cm, meist vom
Grunde an abstehend-ästig. B. lineal, stachelspitzig. / 7 bis 10 / Kollin.
Sandige Orte, Schuttplätze, Salzstellen; s.; meist vorübergehend. [837]

Fam. 105. **Amaranthàceae.** *Amarantgewächse*

Einjährige Kräuter, seltener Stauden od. Sträucher, mit gegenst. od. wechselst., einfachen B. Nebenb. fehlend. Bl. unscheinbar, in cymösen Knäueln zu ährigen, traubigen,
kopffg. od. rispigen Blstd. angeordnet, zwittrig od. eingeschlechtig, meist radiärsymm.
Pgb. (1–)4–5, trockenhäutig, frei od. verwachsen. Stbb. 1–5, vor den Pgb. stehend. Frb.
2–3, zu einem oberst. Frkn. verwachsen. Einsamige Nüsse od. Kapseln.

404. **Amaránthus** L., *Amarant*

1. Vorb. länger als die Bl., stachlig od. stachelspitzig *(Fig. 345/2).* 2
– Vorb. nicht länger als die Bl., nicht stachlig *(Fig. 345/3).* 4
2. Alle Bl.knäuel b.winkelst.
   A. albus L., *Weisser A.* – St. 10–50 cm, abstehend-ästig, weissl. B. verkehrt-eifg.-längl., stumpf, stachelspitzig. Pgb. kürzer als die Fr. *(Fig.
   345/4).* / 8 bis 10 / Kollin. Schuttplätze, Bahnkörper, Gartenland;
   zerstr.; eingeschleppt. [838]
– Obere Bl.knäuel zu einer Scheinähre od. Rispe vereinigt. 3
3. Blstd. meist vom Grunde an überhängend.
   A. caudátus L., *Garten-A., Fuchsschwanz.* – St. 30–90 cm. Bl. rot. Pgb. der
   weibl. Bl. rhombisch-verkehrt-eifg., sich mit den Rändern deckend, spitz
   od. stumpfl. *(Fig. 345/5).* / 7 bis 9 / Als Zierpfl. kult. und hie und da verwildert. [841]
– Blstd. aufrecht od. höchstens von der Mitte an nickend.

345/1   345/2   345/3   345/4   345/5

A. retrofléxus L., *Rauhhaariger A.* – St. 10–90 cm, aufrecht od. ausgebreitet-ästig, kurz-rauhhaarig. B. eifg.-längl., am Rande etwas wellig, kurz stachelspitzig. Blstd. dicht, grünl. Pgb. der weibl. Bl. lineal, spatelfg., gestutzt, stachelspitzig *(Fig. 345/6)*. / 7 bis 9 / Kollin-montan(-subalpin). Ödland, Wegränder, Äcker; verbr. [839]

A. hýbridus L. s.l., *Bastard-A., Fuchsschwanz.* – St. 10–90 cm, aufrecht, oberwärts kahl od. kurzflaumig. B. rhombisch-eifg. Blstd. locker, eifg. bis lanzettl. Pgb. der weibl. Bl. spitz. / 6 bis 10 / Kollin. Schuttplätze, Wegränder, Gartenland; eingeschleppt; auch kult. und verwildert. [840]

01. Fr. eine bei der Reife sich öffnende Deckelkapsel *(Fig. 345/7, 8)*.

A. chlorostáchys WILLD. (*A. hybridus* L.), *Grünähriger F.* – Pfl. freudig grün. Blstd. höchstens schwach rötl. überlaufen. Vorb. 3–5 mm lg., die längeren mit langer Grannenspitze und ca. 2mal so lg. wie die lanzettl., stachelspitzigen Pgb. *(Fig. 345/7)*. / 7 bis 9 / Im Gebiet verbr.

A. pátulus BERTOL. (*A. hybridus* L. var. *patulus* (BERTOL.) FIORI), *Ausgebreiteter F.* – Ganze Pfl. meist dunkelgrün, selten hellgrün. St. zuweilen rötl. Vorb. der weibl. Bl. 2–3 mm lg., kurz begrannt, ca. 1,3–1,5mal so lg. wie die oft verkümmerten, linealischen, bespitzten Pgb. *(Fig. 345/8)*. / 7 bis 9 / Weniger hfg. als vorige.

– Fr. eine Nuss, nicht aufspringend *(Fig. 345/9)*.

A. bouchónii THELL., *Bouchons F.* – Pfl. graugrün. Vorb. 3,5–4 mm lg., pfrieml., begrannt, fast 2mal so lg. wie die unter sich ungleich langen, ellipt.-lanzettl. bis lineal- od. spatelfg. bespitzten Pgb. / 6 bis 10 / Adv.; s. Basel. – Bad., Els.

4. Alle Bl.knäuel b.winkelst. Fr. mit einem scharf umschriebenen Deckel aufspringend *(Fig. 345/3)*.

A. graécizans L. (*A. angustifolius* LAM. var. *silvester* (VILL.) THELL.), *Wilder A.* – St. 15–30 cm, aufrecht. B. am Rande wellig, die untersten an der Spitze schwach ausgerandet. / 7 bis 9 / Kollin. Wegränder, Schuttstellen; s. Genf, Wallis; auch adv. [844]

– Obere Bl.knäuel zu einer Scheinähre vereinigt. Fr. nicht aufspringend.

A. lívidus L. var. **ascéndens** (LOISEL.) THELL. (*Albersia blitum* KUNTH), *Aufsteigender A.* – St. 10–80 cm, kahl, niederliegend od. aufsteigend. B. br.-eifg., alle an der Spitze ausgerandet. Pgb. 3(–5) *(Fig. 345/10)*. / 7 bis 9 / Kollin-montan. Äcker, Gartenland, Schuttplätze, Wegränder; verbr. [843]

345/6   345/7   345/8   345/9   345/10   345/11

345

A. defléxus L. (*Albersia deflexa* GREN.), *Niederliegender A.* – St. 15–90 cm, niederliegend od. aufsteigend, oben fein behaart. B. eifg. bis lanzettl., spitz od. stumpfl. Pgb. 2(–3) *(Fig. 345/11).* / 7 bis 9 / Kollin. Wegränder, Schuttstellen. Südl. T, Graub. (Misox, Unterengadin); sonst. s. [842]

Fam. 106. **Polygonáceae.** *Knöterichgewächse*

Einjährige Kräuter od. Stauden, selten Sträucher od. Bäume, mit meist wechselst., einfachen od. selten fiederschn. B. Nebenb. zu einer den St. röhrig umfassenden Scheide (Ochrea, *Fig. 347/1*) verwachsen. Bl. in cymösen, seltener traubigen Blstd., zwittrig od. eingeschlechtig, radiärsymm. Pgb. 3–6, frei od. verwachsen. Stbb. 3–9. Frb. (2–)3(–4), zu einem oberst. Frkn. verwachsen. 3kantige od. linsenfg., einsamige Nüsse.

1. Pg. 4- od. 6teilig; die inneren Pgb. zur Fr.zeit vergrössert. 2
– Pgb. 3-, 5- od. 6teilig; die inneren zur Fr.zeit nicht vergrössert. 3
2. Pgb. 6, die 3 inneren die 3kantige Fr. umschliessend. Gr. 3. **Rumex 405**
– Pgb. 4, die 2 inneren der linsenfg. Fr. anliegend. Gr. 2.   **Oxyria 407**
3. Fr. mit 2–4 Flügeln. B. sehr gross (Kulturpfl.).   **Rheum 406**
– Fr. nicht geflügelt. B. nicht auffallend gross. 4
4. St. windend od. hin- und hergebogen.   **Fallopia 409**
– St. nicht windend, aufrecht. 5
5. Äussere Pgb. zur Fr.zeit gekielt od. geflügelt.   **Reynoutria 410**
– Äussere Pgb. weder gekielt noch geflügelt. 6
6. Pg. die Fr. bei der Reife ganz od. fast ganz umschliessend *(Fig. 347/2).*
                                                            Polygonum 408
– Pg. die Fr. bei der Reife nur am Grunde umschliessend *(Fig. 347/3).*
                                                            Fagopyrum 411

405. **Rumex** L., *Ampfer*

1. St. b.los od. 1–2blättrig.
  R. nivális HEGETSCHW., *Schnee-A.* – St. 7–20 cm. B. lg. gestielt, rundl.-eifg. od. herzfg. bis spiessfg. Pfl. 2häusig. Äussere Pgb. zurückgeschlagen. / 7 bis 8 / Alpin. Felsgrus, Schneetälchen; auf Kalk; zerstr. A (besonders östl. Teil). [774]
– St. mehrblättrig (ausg. bei Kümmerexemplaren von R. acetosella).   2
2. B. spiess- od. pfeilfg. Pfl. 2häusig od. vielehig. 3
– B. nicht spiess- od. pfeilfg. Bl. zwittrig. 5
3. B. alle gestielt. Äussere Pgb. zur Fr.zeit aufrecht.
  R. scutátus L., *Schildblättriger A.* – Pfl. 25–50 cm. B. etwa so br. wie lg., spiessfg., blaugrün od. grasgrün. / 6 bis 7 / (Kollin-)montan-subalpin(-alpin). Felsschutt, Felsen, Mauern; verbr. J, M, A, T; auch als Kulturrelikt und adv. – Bad., Belf., Hegau.
  R. acetosélla L. s.l., *Kleiner Sauerampfer.* – Pfl. 10–30 cm. B. lanzettl. bis lineal, mit auswärts abstehenden Spiessecken. / 5 bis 8 / Kollin-subalpin. Brachäcker, Wegränder, Torfmoore; kalkmeidend; verbr. [775]
    01. Fr. mit den inneren Pgb. fest verbunden, bei der Reife nicht ausfallend.
      R. angiocárpus MURB., *Hüllfrüchtiger Sauerampfer.* – B. meist über 2 mm br., 3–8mal so lg. wie br. Innere Pgb. schwach nervig. Fr. 1 mm lg. – Kollin-montan(-subalpin). Sandige, trockene Rasen.

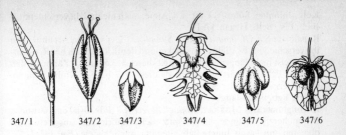

347/1   347/2   347/3   347/4   347/5   347/6

– Fr. von den inneren Pgb. nur lose umschlossen, bei der Reife ausfallend.
   R. acetosélla L. s.str., *Kleiner Sauerampfer.* – St. aufrecht. B. meist über 2 mm
   br., 3–8mal so lg. wie br. Fr. 1,3–1,5 mm lg. – Kollin-subalpin. Sandige, trokkene Rasen und Brachen.
   R. tenuifólius (WALLR.) A. LÖVE, *Schmalblättriger Sauerampfer.* – St. niederliegend, bogig aufsteigend od. aufrecht. B. meist weniger als 2 mm br., mehr
   als 10mal so lg. wie br. Fr. 0,9–1,3 mm lg. – Kollin-montan. Sandige, trockene
   Rasen.

– Obere B. sitzend, st.umfassend. Äussere Pgb. zur Fr.zeit zurückgeschla-
   gen. 4
4. B. dünn, mit deutl. Nerven. Spiessecken stumpf.
   R. alpéstris JACQ. (*R. arifolius* ALL.), *Berg-Sauerampfer.* – Pfl. 30–100
   cm. Untere B. lg. gestielt, br.-eifg., meist stumpf. B.scheiden ganzrandig.
   / 7 bis 8 / Montan-subalpin(-alpin). Karfluren und Wälder; verbr. [779]
– B. dickl., mit undeutl. Nerven. Spiessecken spitz.
   R. acetósa L., *Wiesen-Sauerampfer.* – Pfl. 30–100 cm. Untere B. längl.-
   pfeilfg., mit abwärts gerichteten Spiessecken. B.scheiden fransig od. gezähnt. / 5 bis 8 / Kollin-subalpin. Wiesen; s. hfg. [777]
   R. thyrsiflórus FINGERHUTH (*R. acetosa* L. ssp. *auriculatus* DAHL, *R. a.* L.
   ssp. *thyrsiflorus* (FINGERHUTH) HAYEK), *Rispen-Sauerampfer.* – Von der
   vorigen Art verschieden durch höheren Wuchs (Pfl. bis über 1 m hoch),
   lineal-lanzettl. bis lineale B. mit schmalen, aus- od. einwärts gekrümmten Spiessecken und dichten, reichbl. Blstd. / 7 bis 9 / Kollin. Trockene
   Wiesen, Schuttstellen, Bahndämme; zerstr. Basel, M, T. – Bad., Els. [778]
5. Innere Pgb. zur Fr.zeit deutl. gezähnt. *(Fig. 347/4).* 6
– Innere Pgb. ganzrandig od. unmerkl. gezähnt *(Fig. 347/5, 6).* 8
6. Scheinquirle, ausg. die untersten, b.los.
   R. obtusifólius L., *Stumpfblättriger A.* – Pfl. 50–100 cm. Untere B. am
   Grunde herzfg., stumpf od. spitzl. Äste aufrecht-abstehend. Innere Pgb.
   am Grunde jederseits mit 2–3 pfriemfg., zugespitzten Zähnen. / 6 bis 8 /
   Kollin-montan(-subalpin). Gräben, Wiesen, Wegränder, Schuttstellen;
   hfg. [780]
– Scheinquirle alle, ausg. etwa die obersten, mit Tragb. 7
7. Äste sparrig-abstehend. Blstd. unterbrochen.
   R. pulcher L., *Schöner A.* – Pfl. 40–100 cm. Grundst. B. am Grunde abgerundet od. herzfg. Innere Pgb. dornig-vielzähnig. / 6 bis 8 / Kollin-montan. Unbebaute Orte, Wegränder; zerstr. [782]
– Äste nicht sparrig-abstehend. Blstd. dicht.
   R. maritimus L., *Strand-A.* – Pfl. 30–90 cm. Grundst. B. lineal-lanzettl., in
   den Stiel verschmälert. Fr.stiele meist länger als das Fr.pg.; dieses ca. 2,5
   mm lg. Zähne an den inneren Pgb. feinborstig, länger als diese. / 7 bis 8 /

Kollin-montan. Sümpfe, Ufer; s. s. Ajoie; auch hie und da verschleppt. – Bad., Els., Belf., Hegau. [781]

R. palúster SM. (*R. limosus* auct.), *Sumpf-A.* – Der vorigen Art ähnl., von ihr verschieden: Fr.stiele etwas dicker und deutl. kürzer als bei *R. maritimus*, meist nicht länger als das Fr.pg.; dieses 3–3,5 mm lg. Zähne an den inneren Pgb. steifborstig, kürzer als diese. / 7 bis 8 / Kollin-montan. Flussufer. – Els. In der Schweiz adv.

8. Innere Pgb. lineal-längl.

R. conglomerátus MURRAY, *Knäuelblütiger A.* – Pfl. 30–60 cm. Grundst. B. mit herzfg. Grunde, längl., spitz. Scheinquirle alle, ausg. etwa die obersten, mit Tragb. Innere Pgb. alle mit einer Schwiele *(Fig. 347/5).* / 7 bis 8 / Kollin-montan. Gräben, Ufer; verbr. [783]

R. sanguíneus L. (*R. nemorosus* SCHRADER), *Blut-A.* – Pfl. 30–60 cm, oft rötl. angelaufen. Nur die unteren Scheinquirle mit Tragb. Nur eines der inneren Pgb. mit einer Schwiele. / 7 bis 8 / Kollin-montan. Feuchte Wälder, Gebüsche; verbr. [784]

– Innere Pgb. 3eckig, eifg., rundl. od. herzfg. 9
9. Innere Pgb. alle ohne Schwiele. 10
– Innere Pgb. alle od. mindestens eines mit Schwiele. 11
10. Grundst. B. am Grunde herzfg. bis gestutzt. Innere Pgb. länger als br.

R. aquáticus L., *Wasser-A.* – Pfl. 100–150 cm. Grundst. B. 20–40 cm lg., längl.-eifg. bis 3eckig-eifg., spitz bis zugespitzt, am Grunde tief herzfg. Innere Pgb häutig, netznervig. / 8 / Kollin-montan. Ufer, Gräben; s. Neuenb. (am Doubs), Schaffh. – Bad. [785]

R. alpínus L., *Alpen-A., Blacke.* – Pfl. 30–100 cm. Grundst. B. 30–50 cm lg., br. bis rundl.-oval, stumpf, am Grunde br.-herzfg. Innere Pgb. etwas häutig, netznervig. / 7 bis 8 / (Montan-)subalpin(-alpin). Viehläger in der Umgebung der Sennhütten, überdüngte Wiesen. M (vereinzelt), A (hfg.), angepflanzt im J. – S. [786]

– Grundst. B. abgerundet od. in den Stiel verschmälert. Innere Pgb. deutl. breiter als lg.

R. longifólius DC. (*R. domesticus* HARTMAN), *Langblättriger A.* – St. 60–120 cm. Grundst. B. an der Basis verschmälert bis gestutzt od. abgerundet, mehr als doppelt so lg. wie br. Stlb. am Rande stark gewellt. Blstd. verlängert, dicht; Äste gebüschelt, aufrecht. Innere Pgb. ohne Schwielen, der Mittelnerv am Grunde bisweilen undeutl. verdickt. / 7 bis 8 / Kollin-montan(-subalpin). Wegränder, Schuttplätze, Ufer, Wiesen. Graub. (vielfach im Oberengadin, besonders hfg. und in Massen um St. Moritz; aufwärts bis Maloja und hier auch auf der Bergeller Seite); in der übrigen Schweiz adv. [790]

11. Innere Pgb. 3eckig-eifg. Untere B. am Grunde verschmälert.

R. hydrolápathum HUDSON, *Riesen-A.* – Pfl. 1–2 m. Grundst. B. sehr gross (bis 1 m lg.), längl.-lanzettl., in den Stiel verschmälert. / 7 bis 8 / Kollin(-montan). Sümpfe, Ufer; sehr zerstr. [787]

– Innere Pgb. rundl.-eifg. od. herzfg. Untere B. am Grunde etwas verschmälert, abgerundet-gestutzt od. schwach herzfg.

R. crispus L., *Krauser A.* – Pfl. 50–100 cm. B. lanzettl. od. längl.-lanzettl., am Rande wellig-kraus. B.stiel oberseits flach. Innere Pgb. 3,5–5 mm lg. / 7 bis 8 / Kollin-subalpin. Gräben, feuchte Wiesen; hfg. [788]

R..patiéntia L., *Garten-A.* – Pfl. 1–2 m. B. dünn, nicht od. schwach krausrandig, die unteren längl.-elliptisch, zugespitzt. Innere Pgb. 4–8 mm lg.

(Fig. 347/6). / 7 bis 8 / Kollin. Als Gemüsepfl. kult. und hie und da an Schuttstellen verwildert. [789]

Bastarde.

406. **Rheum** L., *Rhabarber*

R. rhabárbarum L. s.l., *Gemeiner R.* – Pfl. bis 1,5 m, ausdauernd. B. mit dicken, fleischigen Stielen und grosser, ovaler, am Rande krauser Spreite. Blstd. gross, rispig. Bl. zwittrig, grünl.-gelb. Fr. eine 2–4flügelige Nuss. / 5 bis 6 / Kult. in verschiedenen Arten. [792, 793]

407. **Oxýria** HILL, *Säuerling*

O. dígyna (L.) HILL, *Säuerling.* – St. 5–20 cm, b.los od. 1–2blättrig. B. nierenfg., vorn etwas ausgerandet. Fr. br. geflügelt. / 7 bis 8 / (Subalpin-)alpin. Felsschutt; verbr. A. [791]

408. **Polýgonum** L., *Knöterich*

1. Bl. einzeln od. büschelig in den B.winkeln.
   P. aviculáre L. s.l., *Vogel-K.* – St. 10–50 cm, vielästig, niederliegend od. aufsteigend, bis zur Spitze beblättert. B. lineal bis elliptisch. Pg. grünl.-weiss od. rötl. / 6 bis 10 / Kollin-montan(-subalpin). Wege, Äcker, Ödland; s. hfg. [796]
– Bl. in Rispen, Scheinähren od. Trauben. 2
2. Bl. in lockeren end- od. seitenst. Rispen, einen Gesamtblstd. bildend.
   P. alpínum ALL., *Alpen-K.* – St. 30–80 cm, verzweigt. B. lanzettl., gewimpert. Bl. gelbl.-weiss (sehr selten rosa). / 7 / (Montan-)subalpin. Wiesen. A (Wallis [Simplon, Goms], T, Graub. [Misox]). [797]
   P. polystáchyum WALLICH, *Vielähriger K.* – St. 1–2 m. B. bis 30 cm lg., längl.-lanzettl., am Grunde pfeil- od. herzfg. Bl. weiss od. rosa. / 7 bis 10 / Kollin. Gartenpfl., oft verwildert. [14A]
– Bl. in Scheinähren od. Trauben, diese meist einzeln stehend. 3
3. Pfl. 1–3 m hoch. B. gross, etwa 1,5mal so lg. wie br.
   P. orientále L., *Östlicher K.* – Ganze Pfl. behaart, bis 3 m hoch, verzweigt. B. längl.-eifg. am Grunde abgerundet od. herzfg. Blstd. bis 10 cm lg., nickend. Bl. rot. Pgb. nicht geflügelt. / 7 bis 10 / Kollin. Gartenflüchtling (besonders T). [802]
– Pfl. bis 1 m hoch. B. kleiner, lanzettl., mindestens 2mal so lg. wie br.
4. Pfl. mehrjährig. St. meist einfach od. wenigästig. 5
– Pfl. einjährig. St. meist reich verzweigt. 6
5. B. am Rande umgerollt. Blstd. dünn, oft locker; Bl. teilweise od. ganz durch Brutknöllchen ersetzt.
   P. vivíparum L., *Knöllchen-K.* – St. 10–30 cm, mit 1 Scheinähre. B. lanzettl. od. lineal-lanzettl. Bl. weiss, selten rosa. / 6 bis 8 / (Montan-)subalpin-alpin. Wiesen und Weiden; hfg. J (bis Chasseral), M, A. [799]
– B. am Rande nicht umgerollt. Blstd. dick-walzenfg., dicht, ohne Brutknöllchen.
   P. bistórta L., *Schlangen-K.* – W.stock kurz, dick. St. 30–100 cm, einfach, mit 1 Scheinähre. Obere B. sitzend, untere mit lg., geflügeltem Stiel. Pg.

rosarot. Stbb. meist 8. Gr. 3. / 5 bis 7 / (Kollin-)montan-subalpin. Feuchte Wiesen; verbr. [800]

P. amphíbium L., *Sumpf-K.* – W.stock kriechend. St. oft verzweigt, mit 1–3 Scheinähren. B., auch die oberen, gestielt, am Grunde abgerundet od. herzfg. Pg. rosarot. Stbb. 5. Gr. meist 2. – Tritt in 2 Formen auf: einer Wasserform mit 20–27 cm lg., flutendem, mit grossen Luftgängen durchzogenem St. und kahlen Schwimmb., und einer Landform mit 30–60 cm lg., aufsteigendem od. aufrechtem, nicht von Luftgängen durchzogenen St. und kurz gestielten, behaarten B. / 6 bis 9 / Kollin-montan(-subalpin). Gräben, Teiche, Seen; auch auf Schuttplätzen; zieml. verbr. [801]

6. Blstd. dicht, walzenfg. 7
 – Blstd. locker, dünn und oft nickend. 8
7. Ährenstiele und Bl. drüsenlos.

P. persicária L., *Pfirsichblättriger K.* – St. 20–80 cm. B. lanzettl., meist schwarz gefleckt, kahl od. etwas behaart; Scheiden eng anliegend, kurzhaarig, lg. gewimpert. Pg. rötl. od. grünl. Fr. schwarz. / 7 bis 10 / Kollin-montan(-subalpin). Gräben, Äcker, Schuttstellen; hfg. [803]
 – Ährenstiele und Bl. mehr od. weniger drüsig.

P. lapathifólium L., *Ampferblättriger K.* – St. 20–90 cm. B. längl. bis lanzettl., oft dunkel gefleckt, unterseits meist drüsig punktiert od. bisweilen weissfilzig; Scheiden locker, kahl od. sehr kurz gewimpert. Pg. grünl., rosa od. weiss. Fr. dunkelbraun. / 7 bis 10 / Kollin-montan(-subalpin). Wie vorige; hfg. [804]

P. brittíngeri OPIZ, *Brittingers K.* – Unterscheidet sich von der vorigen Art durch niederliegende St. und br., am Grunde der St. oft fast rundl., unterseits grau-spinnwebartig behaarte, oberseits stark braun gefleckte B. / 7 bis 10 / Kollin. Flussufer, Schuttstellen; s. Nördl. M, Bodensee. – Bad.

8. Pg. drüsig punktiert, 3–4teilig. Pfl. scharf (pfefferartig) schmeckend.

P. hydrópiper L., *Wasserpfeffer-K.* – St. 25–80 cm. B. längl.-lanzettl., an beiden Enden verschmälert; Scheiden fast kahl, kurz gewimpert. Pg. grünl., am Rande weiss od. rötl. / 7 bis 10 / Kollin-montan. Feuchte, schlammige Stellen; verbr. [805]
 – Pg. fast od. ganz drüsenlos, meist 5teilig. Pfl. nicht scharf schmeckend.

P. mite SCHRANK (*P. dubium* STEIN), *Milder K.* – St. 25–50 cm. B. längl.-lanzettl., an beiden Enden verschmälert; Scheiden lg. gewimpert, kurzhaarig. Ähren nickend. Pg. rötl. od. weiss. Fr. an der Spitze matt. / 7 bis 10 / Kollin(-montan). Feuchte Wegränder, Gräben; verbr. [806]

P. minus HUDSON, *Kleiner K.* – St. 10–40 cm. B. lineal-lanzettl., am Grunde kaum verschmälert; Scheiden lg. gefranst, rauhhaarig. Ähren fast aufrecht. Pg. rötl. Fr. glänzend. / 7 bis 10 / Kollin-montan. Feuchte Orte; zerstr. [807]

409. **Fallópia** ADANSON (*Bilderdýkia* DUM.), *Windenknöterich*

F. convólvulus (L.) A. LÖVE (*Polygonum convolvulus* L.), *Windenknöterich*. – St. 20–80 cm, kantig. Pg. grünl. Fr. matt, von den stumpf-gekielten od. schmal geflügelten äusseren Pgb. umgeben. / 7 bis 9 / Kollin-montan(-subalpin). Gartenland, Felder, Ödland; verbr. [794]

F. dumetórum (L.) Holub (*P. dumetorum* L.), *Heckenknöterich.* – St. 1–3 m, fein gestreift. Pg. grünl. Fr. glänzend, von den br.-häutig geflügelten Pgb. umgeben. / 7 bis 9 / Kollin-montan. Hecken, Gebüsche; zerstr. [795]

410. Reynoútria Houtt., *Staudenknöterich*

R. japónica Houtt. (*Polygonum cuspidatum* Sieb. u. Zucc.), *Japanischer S.* – Pfl. 1–3 m hoch. B. br.-eifg., zugespitzt, am Grunde gestutzt od. plötzl. verschmälert. Bl. grünl.-weiss od. rötl. Pgb. geflügelt. / 7 bis 9 / Kollin-montan. Vielenorts verwildert, in Hecken und auf Schuttplätzen. In Ausbreitung begriffene Art. [798]

411. Fagopýrum Miller, *Buchweizen*

F. esculéntum Moench (*F. sagittatum* Gilib., *Polygonum fagopyrum* L.), *Echter B.* – St. 20–70 cm. B. herz-pfeilfg., so lg. od. länger als br. Pg. weiss od. rötl. Fr. scharf-3kantig, mit ganzrandigen Kanten *(Fig. 347/3).* / 7 bis 9 / Montan. Kult. (im Puschlav [Graub.], heute nur noch spärl.); oft verschleppt. – Veltlin. Stammt aus Mittelasien. [808]

F. tatáricum (L.) Gaertner (*P. tataricum* L.), *Tatarischer B., Falscher B.* – St. 30–75 cm. B. br.-herz-pfeilfg., meist breiter als lg. Pg. grünl. Kanten der Fr. meist ausgeschweift gezähnt. / 7 bis 9 / Montan. Kult. (in höheren Lagen des Puschlav); auch adv. Stammt aus Mittelasien. [809]

Fam. 107. **Plumbagináceae.** *Bleiwurzgewächse*

Stauden, seltener einjährige Kräuter od. Sträucher. B. wechselst. od. in grundst. Rosetten, einfach. Nebenb. fehlend. Bl. in cymösen, köpfchenfg., selten ährigen Blstd., zwittrig, radiärsymm. Kb. 5, röhrig verwachsen, gefaltet, bleibend, trockenhäutig. Krb. 5, ± hoch verwachsen. Stbb. 5, vor den Krb. stehend und diesen eingefügt. Frb. 5, zu einem oberst. Frkn. verwachsen. Nüsse od. einsamige Kapseln.

412. Arméria Willd., *Grasnelke*

1. Äussere Hüllb. zugespitzt.
    A. alliácea (Cav.) Hoffmannsegg u. Link (*A. plantaginea* (All.) Willd., *Statice plantaginea* All.), *Wegerichartige G.* – Pfl. 25–50 cm. B. lineal-lanzettl., zugespitzt. Bl. rosa. / 6 bis 7 / Kollin-montan(-subalpin). Rasen; s. A (Wallis [Val de Ferpècle, Saastal]). – Ao., Val Sesia. [2080]
– Äussere Hüllb. stumpf, stachelspitzig.
    A. alpína Willd. (*S. montana* Miller), *Alpen-G.* – Pfl. 10–20 cm. B. schmal-lineal, gegen den Grund etwas verschmälert. Bl. lebhaft rosa. / 7 bis 8 / (Subalpin-)alpin. Felsschutt, Rasen; s. zerstr. A (Wallis, T, Graub.). [2081] – Vom Typus abweichend: Var. **purpúrea** (Koch) E. Baumann (*A. purpurea* Koch, *A. rhenana* Gremli, *S. purpurea* Koch). – Pfl. 20–30 cm. B. lineal, gegen den Grund etwas verbreitert od. gleich br. Bl. purpurn. / 6 / Kollin. Auf Kies und Sand des im Sommer überfluteten Grenzgürtels am Untersee; heute nur noch auf badischem Gebiet. [2082]

Fam. 108. **Menyantháceae.** *Fieberkleegewächse*

Krautige Sumpf- od. Wasserpfl. mit wechselst., einfachen od. 3teiligen B. Nebenb. fehlend. Bl. in Trauben od. Doldenrispen, zwittrig, radiärsymm. Kb. 5, verwachsen. Krb. 5, verwachsen, in der Knospe klappig. Stbb. 5, mit pfeilfg. Stb.beuteln. Frb. 2, zu einem oberst. bis halbunterst. Frkn. verwachsen. Mehrsamige, 2- od. 4klappige Kapseln.

413. **Menyánthes** L., *Bitterklee*

M. trifoliáta L., *Fieberklee*. – Pfl. halb-submers, mit 40–120 cm lg. Rhizom. B. 3zählig, grundst., lg. gestielt. Bl. eine Traube bildend. Kr. weiss, rosa angehaucht, 5zipflig, innen bärtig. / 5 / Kollin-subalpin. Sümpfe, Torfmoore; verbr. [2095]

414. **Nymphoídes** Hill, *Teichenzian*

N. peltáta (S. G. Gmelin) O. Kuntze (*N. orbiculata* Gilib., *Limnanthemum nymphoides* Hoffmannsegg u. Link, *Villarsia nymphoides* Ventenat), *Teichenzian*. – B. lg. gestielt, fast kreisrund, mit schmalem Herzausschnitt. Blstd. eine Doldenrispe. K.zipfel lanzettl. Kr. gross (3 cm), goldgelb, im Schlunde bärtig, tief 5teilig; die Zipfel am Rande gewimpert-gezähnt. / 7 bis 9 / Kollin(-montan). Stehende Gewässer; eingepflanzt. J, M. – Urwüchsig: Var., Co. [2096]

Fam. 109. **Gentianáceae.** *Enziangewächse*

Kahl, einjährige Kräuter od. Stauden, seltener Gehölze, mit bitterem Geschmack. B. meist gegenst., einfach, meist sitzend, oft paarig verwachsen. Nebenb. fehlend. Bl. in cymösen Blstd. od. einzeln, meist zwittrig, radiärsymm., selten schwach monosymm. Kb. 4–5(–12), ± röhrig verwachsen. Krb. 4–5(–12), röhrig verwachsen, die Kr.zipfel in der Knospe gedreht, auf der Innenseite oft bärtig *(Fig. 353/1)*. Stbb. 4–5(–12), der Kr.röhre eingefügt. Frb. 2, zu einem oberst. Frkn. verwachsen. Mehrsamige, wandspaltige Kapseln.

1. K. und Kr. 6–8sp. Stbb. 8, selten 6. Bl. gelb.   **Blackstonia 415**
   - Kr. 4–5(selten 6–7)sp. od. tief 5–6teilig. Stbb. 4–5(–7). 2
2. Kr. tief 5sp., radfg. Gr. fehlend *(Fig. 353/2)*. 3
   - Kr. röhrenfg. mit radfg. Saum, keulenfg.-glockenfg. od. trichterfg. Gr. vorhanden (vgl. aber *Gentiana prostrata*). 4
3. St. einfach, mit endst., trugdoldigem Blstd. Kr. stahlblau bis schmutzigviolett.   **Swertia 417**
   - St. meist ästig. Bl. einzeln, lg. gestielt. Farbe der Kr. ein sehr blasses Blau.   **Lomatogonium 418**
4. Kr. rosa. Stb.beutel nach dem Verblühen schraubenfg. gedreht *(Fig. 353/3)*.   **Centaurium 416**
   - Kr. gelb, blau, violett od. dunkel-purpurrot, selten weiss. Stb.beutel nicht gedreht. 5
5. Kr.schlund durch gefranste Schuppen bärtig *(Fig. 353/1)* od. Kr.zipfel am Rande lg. gefranst *(Fig. 353/4)*.   **Gentianella 420**
   - Kr. im Schlunde kahl, Kr.zipfel nicht gefranst.   **Gentiana 419**

353/1   a   353/2   b   353/3   353/4

415. Blackstónia HUDSON, *Bitterling*

B. perfoliáta (L.) HUDSON (*Chlora perfoliata* L.), *Gewöhnlicher B.* – St.
10–40 cm. Stlb. 3eckig-eifg., am B.grunde paarig verwachsen. Bl.stiele
meist 1 cm lg., selten bis 3 cm lg. od. noch mehr. Kb. kürzer als die Krb.,
in fruchtendem Zustand etwas von der Kapsel bogig abstehend. Krb.
gelb. / 7 bis 8 / Kollin(-montan). Lehmige Stellen, Halbtrockenrasen;
zerstr. [2097]
B. acumináta (KOCH u. ZIZ) DOMIN (*Ch. serotina* KOCH, *B. serotina*
BECK), *Spätblühender B.* – St. 10–40 cm. Stlb. wie bei der vorigen Art,
aber gegen den B.grund verschmälert, nicht verwachsen. Bl.stiele meist 2
cm lg., selten bis über 6 cm lg. Kb. bisweilen fast so lg. wie die Krb., der
Kapsel angedrückt. Krb. gelb. / 8 bis 10 / Kollin. Wechselfeuchte Orte,
Wegränder, Ufer, Gräben; s. und Fundorte zurückgehend. [2098]

416. Centaúrium HILL, *Tausendgüldenkraut*

C. erythráea RAFN (*C. umbellatum* GILIB., *C. minus* MOENCH, *Erythraea
centaurium* PERS.), *Gemeines T.* – St. 15–40 cm, einfach od. im Blstd.
ästig. Untere B. rosettenartig. Bl. büschelig-trugdoldig. K. beim Aufblühen halb so lg. wie die Kr.röhre. Kr. rosa. / 7 bis 9 / Kollin-montan. Buschige Hänge, Waldschläge; verbr. [2103]
C. pulchéllum (SW.) DRUCE (*E. pulchella* FR.), *Kleines T.* – St. 3–15 cm,
vom Grunde an ästig. Untere B. nicht rosettenartig. Bl. locker-trugdoldig. K. beim Aufblühen fast so lg. wie die K.röhre. Kr. rosa. / 6 bis 10 /
Kollin-montan. Feuchte Wege und Äcker, Teich- und Seeufer; zerstr.
[2104]

417. Swértia L., *Moorenzian*

S. perénnis L., *Moorenzian.* – St. 15–40 cm. Grundst. B. lg. gestielt, elliptisch, stumpf, die oberen sitzend, spitzl. Bl.stiele 4kantig-geflügelt. Kr.
stahlblau bis schmutzigviolett (selten gelbl.-grün). / 7 bis 8 / Montan-
subalpin. Sumpfwiesen. J (Waadt, Neuenb., Bern), M, A (Nordketten). –
S, Badischer Jura. [2101]

418. Lomatogónium A. BR., *Saumnarbe*

L. carinthíacum (WULFEN) RCHB. (*Pleurogyna carinthiaca* G. DON),
Saumnarbe. – St. 1–14,5 cm, 4kantig. B. eifg. Farbe der Kr. ein sehr blasses Blau. N. beiderseits am Frkn. herablaufend *(Fig. 353/2b).* / 8 / Subalpin-alpin. Weiden, sandige Alluvionen; s. s. A (Wallis, Graub.). [2102]

419. **Gentiána** L., *Enzian*

1. Bl. gelb od. rot, in den oberen B.winkeln in Scheinquirlen angeordnet
od. an der Spitze des St. einen Kopf bildend. 2
– Bl. blau, selten weiss od. violett. 4

2. St. 50–120(–220) cm. Bl. gestielt. Kr. fast bis zum Grunde geteilt.
    G. lútea L., *Gelber E.* – B. elliptisch. K. dünnhäutig, scheidenfg. aufge-
schlitzt. Kr. gelb, 5–6teilig. / 6 bis 8 / (Kollin-)montan-subalpin. Bergwiesen, Weiden; kalkliebend; verbr. J, M (s.), A. – S, V. [2105]
– St. 15–60 cm. Bl. sitzend. Kr. auf ¼–⅓ gespalten. 3

3. K. scheidenfg.-2zähnig.
    G. purpúrea L., *Purpur-E.* – B. eilanzettl. Kr. aussen dunkel-purpurrot,
innen gelbl., selten ganz gelb od. weiss. / 7 bis 8 / Subalpin(-alpin).
Hochstaudenfluren, Weiden, Zwergstrauchheiden; hfg. A. [2106]
– K. glockenfg., 5–6zähnig.
    G. punctáta L., *Getüpfelter E.* – B. längl.-eifg. Kr. blassgelb, meist
schwarz punktiert. / 7 bis 8 / Subalpin-alpin. Weiden, Wildheuplanken;
verbr. A. [2107]
    G. pannónica Scop., *Ostalpen-E.* – B. elliptisch od. lanzettl. Kr. trübvio-
lettrot, mit schwarzroten Punkten, selten gelbl.-weiss. / 8 bis 9 / Subal-
pin(-alpin). Karrenfelder, Weiden. A (Churfirsten [Kt. St. Gallen]).
[2108]

4. Kr. keulenfg.-glockenfg. od. trichterfg. *(Fig. 354/1).* 5
– Kr. röhrenfg., mit tellerfg., ausgebreitetem Saum *(Fig. 354/2).* 8

5. Kr. 4zipflig.
    G. cruciáta L., *Kreuzblättriger E.* – St. 15–40 cm, dicht beblättert. B. lan-
zettl., am Grunde scheidenfg. verwachsen. Bl. in den oberen B.winkeln
und an der Spitze des St. quirlig angeordnet. Kr. schmutzigblau. / 6 bis 9
/ Kollin-subalpin. Trockene Wiesen, lichte Wälder; zerstr. [2120]
– Kr. 5- od. mehrzipflig. 6

6. St. hoch, mehrbl. Untere B. nicht rosettenartig.
    G. asclepiadéa L., *Schwalbenwurz-E.* – St. 30–90 cm. B. eilanzettl., lg. zu-
gespitzt, 5nervig. Bl. zu 1–3 in den oberen B.winkeln. Kr. lebhaft blau,
innen mit kleinen dunklen Flecken (selten Kr. hellblau od. weiss). / 8 bis
10 / Kollin-subalpin. Wälder, Weiden, nasse Wiesen; verbr. J (Weissenstein, Passwangkette, Lägern), M, A. [2121]
    G. pneumonánthe L., *Lungen-E.* – St. 15–80 cm. B. lineal od. lineal-lan-
zettl., stumpfl., einnervig. Kr. tiefblau, grün punktiert, innen mit 5 grü-

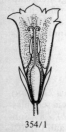

354/1   354/2   354/3

nen Streifen. / 7 bis 9 / Kollin(-montan). Moorige Wiesen, Magerrasen auf wechselfeuchtem Sandboden; zerstr. [2122]

– St. niedrig, einbl. Untere B. rosettenartig. (Gesamtart *G. acaulis* L. s.l.). 7

7. K.zähne so lg. od. länger als die halbe K.röhre, zugespitzt.

  G. clúsii PERR. u. SONG., *Clusius' E.* – B. etwas lederig, lanzettl. od. elliptisch-lanzettl., spitz. Buchten zwischen den K.zipfeln spitz. Kr. gross, 5–7 cm lg., tiefblau. / 5 (in tieferen Lagen) bis 8 / (Montan-)subalpin-alpin. Felsen, Rasen; besonders auf Kalk. J (bis Hornfluh ob Trimbach [Kt. Sol.]), M, A (hfg.). [2123]

– K.zähne meist kürzer als die halbe K.röhre, oft stumpf.

  G. acáulis L. s.str. (*G. kochiana* PERR. u. SONG., *G. excisa* KOCH), *Kochscher E.* – Rosettenb. gross, 5–10 cm, elliptisch, eifg. od. verkehrt-eifg., 2–3mal so lg. wie br. Bl. 5–6 cm lg., deutl. gestielt. K.zipfel am Grunde etwas zusgez.; Buchten br., mit weisser Verbindungshaut. Kr. meist tiefblau, innen mit grünen Flecken. / 5 bis 8 / (Montan-)subalpin-alpin. Rasen; kalkfliehend. J (bis Creux-du-Van), M (vereinzelt), A (s. hfg.). – S. [2125]

  G. alpína VILL., *Alpen-E.* – Pfl. von kleinem, gedrungenem Wuchs. Rosettenb. 1,5–3 cm lg. Bl. 3–4 cm lg., sitzend od. kurz gestielt. Kr. tiefblau (selten schmutzigviolett). / 6 bis 7 / Alpin. Rasen, Felsen; auf Urgestein; s. A (Wallis, T, Graub. [Misox]). – Co. [2126]

8. Pfl. einjährig, ohne nichtblühende Triebe. St. meist mehrbl. 9

– Pfl. mehrjährig, mit nichtblühenden Trieben. St. einbl. 10

9. Äste der N. nach aussen zurückgerollt. St. meist niederliegend.

  G. prostráta HAENKE, *Niederliegender E.* – St. 2–7(–11) cm. B. verkehrteifg., stumpf. Kr. 5- od. 4zählig, stahlblau; Faltenlappen kr.zipfelartig ausgebildet, Kr. daher 10- od. 8zählig scheinend. Gr. kurz od. fehlend. / 7 bis 8 / Subalpin-alpin. Rasen; s. s. A (Graub. [Avers, Oberhalbstein]). [2127]

– Äste der N. nicht zurückgerollt. St. meist aufrecht.

  G. utriculósa L., *Aufgeblasener E.* – St. 5–20 cm, meist vom Grunde an ästig. B. eifg. od. längl., stumpf. K. zur Fr.zeit aufgeblasen, an den Kanten br. geflügelt. Kr.saum innen dunkelazurblau, aussen weissl.; Zipfel 5–8 mm lg. / 5 bis 8 / (Kollin-montan-)subalpin. Feuchte Wiesen; auch in Trockenrasen (so besonders im Gebirge). M, A; zerstr. – Els. [2124]

  G. nivális L., *Schnee-E.* – St. 2–15(–25) cm, meist ästig. B. klein, elliptisch-lanzettl. K. walzenfg., mit gekielten Kanten. Kr.saum dunkelazurblau, selten trüblila od. violett; Zipfel 3–4 mm lg. / 7 bis 8 / (Subalpin-)alpin. Rasen. J (bis Chasseral), A (verbr.). [2128]

10. B. stumpf od. abgerundet.   '

  G. bavárica L., *Bayrischer E.* – St. 4–20 cm. B. am blühenden St. zu 3–4 oft voneinander entfernt stehenden Paaren, verkehrt-eifg., abgerundet, die unteren höchstens so gross wie die übrigen; die oberen Paare entfernt stehend od. alle einander genähert. K. gegen oben etwas trichterfg. erweitert; Kanten schmal geflügelt. Kr. dunkelazurblau. / 7 bis 8 / Subalpin-alpin. Feuchte Bachränder, Quellfluren, Feinschutt; verbr. A. [2130]

  G. orbiculáris SCHUR (*G. favrati* RITTENER), *Rundblättriger E.* – St. fast fehlend. Untere B. bis 1 cm lg., grösser als die oberen, glänzend, lederig, eifg. bis fast kreisrund, am Rande rauh. K.kanten oft deutl. geflügelt. Kr.

dunkelazurblau; Lappen br. / 7 bis 8 / Alpin. Ruhschutt, Rasen; kalkstet; zerstr. A. [2134]

– B. spitz. 11

11. Untere B. dicht gedrängt, aber nicht rosettenartig und nicht über 8 mm lg.

G. schleícheri (VACCARI) KUNZ (*G. terglouensis* auct.), *Schleichers E.* – St. 3–6 cm. B. elliptisch-lanzettl., scharf zugespitzt, mit stark papillösem Rande. K.kanten deutl. geflügelt. Kr. dunkelazurblau. / 7 bis 8 / Alpin. Steinige Rasen; s. A (Wallis). – Piemont. [2132]

– Untere B. rosettenartig. 12

12. B. elliptisch od. elliptisch-lanzettl., spitz, die unteren bedeutend grösser als die übrigen, bis 2 cm lg., selten länger.

G. verna L., *Frühlings-E.* – St. 1–8 cm. K.kanten schmal geflügelt. Kr. dunkelazurblau, selten weiss. / 4 bis 5 (in tieferen) bis 8 (in höheren Lagen) / Montan-alpin. Wiesen, Weiden; hfg. Besonders J und A. [2133]

– B. rundl.-eifg. od. rhombisch, die unteren nicht od. nur wenig grösser als die übrigen, nicht über 1 cm lg.

G. brachyphýlla VILL., *Kurzblättriger E.* – St. sehr kurz, 0,5–1 cm, selten höher. B. matt, rundl.-eifg. od. rhombisch, spitz (selten stumpfl.); das oberste Paar der Stlb. vom K.grund entfernt stehend. K.kanten nicht geflügelt. Kr. tiefblau. / 7 bis 8 / Alpin. Rasen, steinige Hänge; kalkfliehend; verbr. A. [2135]

Bastarde.

420. **Gentianélla** MOENCH, *Enzian*

1. Kr.zipfel am Rande lg. gefranst *(Fig. 353/4).*

G. ciliáta (L.) BORKH. (*Gentiana ciliata* L.), *Gefranster E.* – St. 10–30 cm, kantig, 1–3bl. B. lineal-lanzettl. Kr. 4teilig, hellblau. / 8 bis 10 / Kollin-subalpin(-alpin). Magerwiesen, Weiden; verbr. [2109]

– Kr.zipfel ganzrandig. 2

2. K. und Kr. in der Regel 4zählig. 3

– K. und Kr. 5zählig (ausg. etwa an Kümmerformen). 4

3. K.zipfel alle gleich gestaltet.

G. tenélla (ROTTBOELL) BÖRNER (*Gentiana tenella* ROTTBOELL), *Zarter E.* – St. 4–12 cm, am Grunde verzweigt. Äste lg., bogig aufsteigend, meist einbl. K. fast bis zum Grund 4teilig, K.zipfel am Grunde sackfg. ausgebuchtet. Kr. schmutzigviolett od. blau, selten weiss. / 7 bis 9 / (Subalpin-)alpin. Rasen; zerstr. A. [2110]

– K.zipfel sehr ungleich, die äusseren deutl. breiter.

G. campéstris (L.) BÖRNER (*Gentiana campestris* L.), *Feld-E.* – St. 5–20 cm, bereits unterhalb der Mitte, oft vom Grunde an ästig, mit vertrockneten B.resten am Grunde. Grundst. B. spatelfg., im vorderen Drittel am breitesten. K. höchstens bis zu ⅔ gespalten; Kr. violett, nicht selten weiss. / 6 bis 10 / Montan-sublpin(-alpin). Weiden; hfg. J (bis Grenchenberg und Graitery), M (Gäbris), A. – S, V. [2111]

G. báltica (MURBECK) BÖRNER (*Gentiana baltica* (MURBECK) DAHL), *Baltischer E.* – St. 10–30 cm, nur in der oberen Hälfte ästig, zur Bl.zeit noch die Keimb. tragend, ohne vertrocknete B.reste. Grundst. B. eilan-

zettl., gegen den Grund am breitesten. / 8 bis 10 / Kollin-montan. Moorwiesen; s. Waadt, Graub.(?). [2112]

4. Frkn. (Fr.) in der Bl. nicht gestielt. K.buchten abgerundet, stumpf.

    G. amarélla (L.) Börner (*Gentiana axillaris* (F. W. Schmidt), Rchb.),
Blattwinkelblütiger E. – St. 5–30 cm, einfach od. verzweigt. Untere B.
spatelfg., stumpf, obere lanzettl., spitz. K.zipfel lineal, am Rande
schwach bewimpert. Kr. rötl.-violett. / 7 bis 10 / Montan-subalpin. Rasen; s. A (Unterengadin, Münstertal). – Bormio. [2113]

– Frkn. (Fr.) in der Bl. deutl. gestielt *(Fig. 354/3)*, od. ungestielt, aber dann
    die K.buchten spitz. 5

5. K.zähne am Rande papillös-rauh od. glatt, nicht bewimpert. 6

– K.zähne am Rande bewimpert. 10

6. Kr. 2,5–3,5 cm lg., schlank, röhrig-trichterfg.

    G. germánica (Willd.) Börner s.l. (*Gentiana germanica* Willd.), *Deut-
scher E.* – St. 5–40 cm, aufrecht, meist ästig. Grundst. B. zur Bl.zeit meist
verdorrt. Obere B. eifg.-lanzettl. K. mit spitzen Buchten; K.lappen am
Rande rauh. Kr. rötl.-violett, selten weiss. / 5 bis 10 / Kollin-subalpin.
Wiesen, Weiden. [2114]

    01. St.glieder wenig zahlreich (3–5). Obere B. stumpf. Ästivale Rasse.

        G. germánica (Willd.) Börner ssp. **solstitiális** (Wettst.) Holub (*Gentiana g.*
        ssp. *solstitialis* (Wettst.) Vollmann). – St. einfach od. wenigästig. Das 2. und
        3. St.glied meist sehr lg. B. meist kürzer als die St.glieder. / 5 bis 7 / Montan-
        subalpin. Stellenweise; besonders A.

    – St.glieder zahlreich, kurz. Obere B. spitz. Autumnale Rasse.

        G. germánica (Willd.) Börner ssp. **germánica.** – St. einfach od. besonders
        oberwärts ästig. B. so lg. od. kürzer als die St.glieder. Kanten der K.röhre
        schmal geflügelt. K.zipfel abstehend. Kr.zipfel lanzettl., meist 1 cm lg. od.
        länger. / 8 bis 10 / Kollin-montan(-subalpin). Verbr. bis in die Täler der A.

        G. germánica (Willd.) Börner ssp. **rháetica** (A. u. J. Kerner) Börner (*Gen-
        tiana g.* ssp. *rhaetica* (A. u. J. Kerner) Br.-Bl.). – St. meist niedrig, 5–20 cm,
        oft unterwärts ästig. B. nicht länger als die St.glieder. Kanten der K.röhre
        nicht geflügelt. K.zipfel nicht abstehend. Kr.zipfel br.-eilanzettl., 7–9 mm lg. /
        8 bis 10 / Montan(-subalpin). A (besonders Graub.).

– Kr. selten über 2 cm lg., etwas glockenfg.-röhrenfg.

    G. ramósa (Hegetschw.) Holub (*Gentiana ramosa* Hegetschw., *G.
compacta* Hegetschw., *G. obtusifolia* auct.), *Reichästiger E.* – St. 2–25
cm, einfach od. vom Grunde an ästig. Grundst. B. spatelfg., die übrigen
eifg. od. eifg.-lanzettl.; alle stumpf. K. mit abgerundeten Buchten;
K.lappen am Rande glatt, schmallineal, länger als die K.röhre. Kr. hell-
lila od. weissl. / 7 bis 9 / (Subalpin-)alpin. Rasen; auf Silikatgestein;
verbr. M (Napf), A. [2115]

    G. insúbrica (Kunz) Holub (*Gentiana insubrica* Kunz), *Insubrischer E.*
– St. 10–25 cm, dick, ästig. Grundst. B. längl.-spatelfg., die oberen längl.-
oval, stumpf od. selten etwas zugespitzt. K. mit spitzen Buchten; K.lap-
pen am Rande papillös-rauh, etwas länger als die K.röhre. Kr. blauviolett. / 6 bis 7 (–9) / Montan-subalpin. Waldwiesen. Südl. T. [2116]

10. 2 K.zähne nur wenig breiter als die übrigen, am Rande kaum zurückgerollt, am Mittelnerv bewimpert.

    G. áspera (Hegetschw.) Dostál ex Skalický, Chrtek u. Gill (*Gen-
tiana aspera* Hegetschw.), *Rauher E.* – St. 5–30 cm. B. am Rande kurz
bewimpert. Kr. meist doppelt so lg. wie der K., violett, selten weiss. / 6
bis 9 / Subalpin(-alpin). Steinige Rasen; zerstr. A (östl. Teil). [2117]

– 2 K.zähne viel breiter als die übrigen, am Rande zurückgerollt, am Mittelnerv nicht bewimpert.

G. anisodónta (BORBÁS) A. u. D. LÖVE (*Gentiana anisodonta* BORBÁS, *G. calycina* WETTST.), *Ungleichzähniger E.* – St. 5–30 cm, meist vom Grunde an reichästig. B., abgesehen etwa von den oberen, ganz kahl. Kr. 20–30 mm lg., violett od. weiss. Frkn. deutl. gestielt. / 6 bis 9 / Subalpin(-alpin). Rasen; kalkfliehend; s. A (T[?], Graub.). – Co., Bormio. [2118]

G. engadinénsis (WETTST.) HOLUB (*Gentiana engadinensis* (WETTST.) BR.-BL. u. SAM.), *Engadiner E.* – St. 3–10 cm, vom Grunde an verzweigt. Kr. 15–20 mm lg., rötl.-violett, oft weiss. Frkn. sitzend od. ganz kurz gestielt. / 7 bis 8 / (Subalpin-)alpin. Rasen; auf Kalk; zerstr. A (Graub.). [2119]

Fam. 110. **Apocynáceae.** *Hundsgiftgewächse*

Stauden od. Sträucher, oft lianenartig, gelegentl. mit giftigem Milchsaft. B. meist gegenst., einfach. Nebenb. hinfällig. Bl. einzeln od. in cymösen Blstd., zwittrig, radiärsymm. Kb. (4–)5, verwachsen. Krb. (4–)5, röhrig verwachsen, in der Knospe gedreht. Stbb. (4–)5, der Kr.röhre eingefügt. Frb. 2(–5), frei, jedoch im gemeinsamen Gr. verwachsen. Balgfr., selten Kapseln, Beeren od. Steinfr.

421. **Vinca** L., *Immergrün*

V. minor L., *Kleines I.* – St. 15–30 cm, kriechend. B. gegenst., eilanzettl., wintergrün. Kb. kahl. Kr. hellblau, selten violettrot, schwarzviolett od. weiss. / 4 bis 5 / Kollin-montan. Wälder, Gebüsche; verbr. [2136]

V. major L., *Grosses I.* – St. 20–50(–80) cm. B. eifg. od. herz-eifg., wintergrün. Kb. gewimpert. Kr. in der Regel blau. / 4 bis 5 / Kollin. Kult. und hie und da verwildert od. eingebürgert. [2137]

Fam. 111. **Asclepiadáceae.** *Seidenpflanzengewächse*

Stauden, Halbsträucher od. Sträucher, mitunter windend, mit meist gegenst. od. quirlst., einfachen B. Nebenb. meist fehlend. Bl. in cymösen od. doldigen Blstd., zwittrig, radiärsymm. Kb. 5, frei. Krb. 5, verwachsen, in der Knospe gedreht, oft Nebenkr. bildend. Stbb. 5, aussen mit Nebenkr. bildenden Anhängseln, mit dem Frkn. säulenartig verwachsen (Gynostegium). Pollen zu Pollinien verklebt, die nebeneinander liegenden benachbarter Stb.beutel durch Klemmkörper (Translatoren) verbunden. Frb. 2, frei, jedoch im gemeinsamen Gr. verwachsen. Vielsamige Balgfr. S. mit Haarschopf.

422. **Vincetóxicum** WOLF, *Schwalbenwurz*

V. hirudinária MEDIKUS (*V. officinale* MOENCH, *Cynanchum vincetoxicum* (L.) PERS.), *Schwalbenwurz.* – St. 30–90 cm. B. gegenst., kurz gestielt, die unteren herzfg., die obersten längl.-lanzettl. Bl. schmutzigweiss, in b.winkelst. Trugdolden. / 6 bis 8 / Kollin-subalpin. Steinige, buschige Orte; verbr. [2139]

Fam. 112. **Rubiáceae.** 359/1 359/2
Krappgewächse

Einjährige Kräuter od. Stauden, auch Bäume od. Sträucher mit gegenst., einfachen B. Nebenb. vorhanden und oft zu mehreren, den Laubb. ähnlichen Abschn. entwickelt, wodurch die B. zu 4–12 quirlst. scheinen. Bl. in Thyrsen, zwittrig od. eingeschlechtig, meist radiärsymm. Kb. (3–)4–5, meist reduziert. Krb. (3–)4–5, lg.röhrig od. kürzer verwachsen. Stbb. (3–)4–5, der Kr.röhre eingefügt. Frb. 2, selten mehr, zu einem unterst. Frkn. verwachsen. Nuss- od. beerenartige Spaltfr.

1. K.saum deutl., 6zähnig. **Sherardia 423**
 – K.saum undeutl. od. 4zähnig. 2
2. Kr. trichterfg. od. röhrig-trichterfg. *(Fig. 359/1)*. Kr.röhre meist länger als die Kr.zipfel. Vorb. vorhanden. Bl.stiele meist fehlend od. kürzer als der Frkn. **Asperula 424**
 – Kr. radfg. *(Fig. 359/2)*, meist kürzer als die Kr.zipfel. Vorb. fehlend. Bl.stiele meist länger als der Frkn. 3
3. Kr. meist 5zählig. Fr. fleischig-saftig. **Rubia 427**
 – Kr. 4-, selten 3zählig, Fr. trocken. 4
4. Bl. gelbl., in achselständigen Cymen. B. in 4zähligen Quirlen.
 Cruciata 425
 – Bl. weiss od. gelbl.-weiss bis grünl., in endst. Thyrsen. **Galium 426**

423. **Sherárdia** L., *Ackerröte*

S. arvénsis L., *Ackerröte.* – St. 8–20 cm, ausgebreitet-ästig. St.kanten und B.ränder stachlig-rauh. B. zu 4–6, stachelspitzig. Bl. lilarosa (selten weiss), in einem endst. Köpfchen. / 5 bis 10 / Kollin-montan(-subalpin). Äcker, Weinberge, Grasplätze; verbr.

424. **Aspérula** L., *Waldmeister*

1. Kr. blau (sehr selten weiss).
 A. arvénsis L., *Acker-W.* – St. 20–30 cm. Untere B. zu 4, längl.-verkehrt-eifg., obere zu 6–8, lineal-lanzettl. Bl. fast sitzend, von den borstig ge-wimperten Hüllb. überragt. / 5 bis 7 / Kollin(-montan). Äcker (auf Kalk), Schuttstellen; s. und meist unbeständig. [2494]
 – Kr. weiss, rötl. od. purpurn. 2
2. B. eifg., elliptisch od. lanzettl.
 A. taurína L., *Turiner W.* – St. 20–40 cm. B. zu 4, eifg. od. elliptisch, zuge-spitzt, 3nervig, am Rande und an den Nerven seidenhaarig. Kr. weiss. Fr. kahl. / 5 bis 6 / Kollin-montan. Wälder, Gebüsche. M (s.), A (Föhntäler der Nordkette und besonders im Süden, in der Westschw. fehlend). [2496]
 – B. lineal. 3

3. Kr. purpurn, mit 1–1,5 mm lg. Kr.röhre.
    A. purpúrea (L.) EHREND. (*Galium purpureum* L.), *Purpur-W.* – St. 10–50 cm, ästig, 4kantig, fein behaart. B. zu 8–10, lineal, am Rande fein gewimpert. Kr.zipfel kurz bespitzt. Fr. kahl, etwas runzlig. / 7 bis 8 / Kollinmontan. Trockene Felshänge; zerstr. T, Graub. (Puschlav). – Var., Co., Chiav., Veltlin. [2501]
– Kr. rötl. od. weiss mit 1,5–4 mm lg. Kr.röhre 4
4. Kr. rötl., meist 4zählig.
    A. cynánchica L., *Hügel-W.* – St. 10–50 cm, aufsteigend, ästig. Deckb. 2–4mal so lg. wie br., den Frkn. kaum überragend. Kr. 4zipflig, rötl.-weiss. Kr.röhre 1–1,5mal so lg. wie die Kr.zipfel. Fr. körnig-rauh. / 6 bis 8 / Kollin-montan(-subalpin). Trockene, kalkhaltige Böden wärmerer Lagen. Wiesen, Weiden, Föhrenwälder; verbr. [2499]
    A. aristáta L. f. (*A. longiflora* W. u. K., *A. montana* auct. non WILLD.), *Grannen-W.* – St. 10–50 cm, aufsteigend, ästig. Deckb. 3–6mal so lg. wie br., den Frkn. weit überragend. Kr. 4zipflig, rosa. Kr.röhre 1,5–3mal so lg. wie die Kr.zipfel. Fr. körnig-rauh. / 6 bis 8 / Kollin-montan(-subalpin). Trockene, kalkhaltige Böden wärmerer Lagen. Rasen, Felsen; nicht hfg. Wallis, T. – Ao., Var., Co. [2500]
– Kr. weiss, meist 3zählig.
    A. tinctória L., *Färber-W.* – St. 30–50 cm, aufrecht. Deckb. eifg., spitz. Kr. meist 3zipflig, weiss. Fr. glatt. / 6 bis 7 / Kollin(-montan). Steinige, felsige Stellen, buschige Hänge; kalkliebend; s. [2498]

425. Cruciáta MILLER, *Kreuzlabkraut*

1. Pfl. einjährig. Blstd. 1–3bl. B. einnervig.
    C. pedemontána (BELL.) EHREND. (*Galium pedemontanum* (BELL.) ALL.), *Piemonteser K.* – St. 5–30 cm, kahl od. behaart, an den Kanten mit rückwärts gerichteten Stachelchen. Bl. grünl.-gelb. / 4 bis 5 / Kollin-montan. Trockene Rasen, Kastanienhaine; zerstr. Wallis, T, südl. Graub. [2504]
– Pfl. mehrjährig. Blstd. vielbl. B. mit 3 Hauptnerven.
    C. laévipes OPITZ (*G. cruciata* (L.) SCOP.), *Gewöhnliches K.* – St. 20–80 cm, rauhhaarig. Blstd. mit Deckb. *(Fig. 361/1).* Bl. gelb. / 4 bis 6 / Kollin-montan(-subalpin). Gebüsche, Hecken, Wegränder; verbr. [2505]
    C. glabra (L.) EHREND. (*G. vernum* SCOP.), *Frühlings-K.* – St. 5–30 cm, kahl od. kurzhaarig. Blstd. ohne Deckb. *(Fig. 361/2).* Bl. gelb. / 4 bis 6 / Kollin-montan. Hecken, Gebüsche, lichte. Wälder. Besonders T und Graub.; auch adv. [2506]

426. Gálium L., *Labkraut*

1. Kr. gelb. 2
    G. verum L., *Gelbes L.* – St. 10–90 cm, stielrund, mit 4 erhabenen Linien. B. zu 6–12, schmal-lineal, ca. 1 mm br., stachelspitzig, am Rande umgerollt. Rispenäste länger als die St.glieder. Bl. lebhaft gelb, nach Honig duftend. / 6 bis 9 / Kollin-montan(-subalpin). Wiesen, trockene Halden; hfg. [2502]
    G. wirtgénii F. W. SCHULTZ (*G. verum* L. ssp. *wirtgenii* (F. W. SCHULTZ) OBORUY, *G. v.* L. ssp. *praecox* (LANG) PETRAK), *Wirtgens L.* – St. 10–70 cm, unterwärts deutl. 4kantig. B. 1–2 mm br. Rispenäste viel kürzer als

361/1   361/2   361/3   361/4

die St.glieder. Bl. fast duftlos. / 5 bis 6 / Kollin-montan(-subalpin).
Feuchte Wiesen; seltener. [2503]
– Kr. weiss, weissl., gelbl.-weiss, grünl. od. hellrot.   2
2. Kr. trichterfg. od. röhrig-glockenfg., weiss od. rötl.
    G. odorátum (L.) Scop. (*Asperula odorata* L.), *Echter Waldmeister.* – St.
    5–30 cm. B. zu 6–8, verkehrt-eifg. od. lanzettl., am Rande und auf dem
    Mittelnerv rauh, stachelspitzig. Kr. weiss. Fr. mit hakigen Borsten be-
    setzt. / 4 bis 6 / Kollin-montan(-subalpin). Wälder; hfg. [2495]
    G. glaucum L. (*A. galioides* M. B., *A. glauca* (L.) Besser), *Blaugrüner*
    Waldmeister. – St. 30–60 cm. B. meist zu 8, blaugrün, am Rande umge-
    rollt, stachelspitzig. Kr. milchweiss, Fr. glatt. / 5 bis 7 / Kollin-montan.
    Trockenwarme Hügel, Raine; s. M, Schaffh., Wallis, Graub.; ausserdem
    nicht s. adv. – Bad., Els., Salève bei Genf, Hegau. [2497]
– Kr. radfg. *(Fig. 359/2).*   3
3. B. 3nervig, in 4zähligen Quirlen.   4
– B. einnervig.   5
4. B. rundl. bis eifg.-elliptisch, mit kurzer Stachelspitze.
    G. rotundifólium L., *Rundblättriges L.* – St. 15–30 cm, niederliegend-auf-
    steigend. Blstd. armbl., locker. Bl. weiss. Fr. hakig-borstig. / 5 bis 7 /
    (Kollin-)montan(-subalpin). Nadelwälder; verbr. [2507]
– B. längl. bis lanzettl. od. lineal-lanzettl., ohne Stachelspitze.
    G. boreále L., *Nordisches L.* – St. 10–60 cm, aufrecht. B. lanzettl. bis li-
    neal-lanzettl., 1–3 cm lg., mit undeutl. Adernetz. Blstd. reichbl., dicht. Bl.
    weiss od. grünl.-weiss. Fr. hakig-borstig od. kahl. / 6 bis 8 / Kollin-sub-
    alpin. Magerwiesen, Streuewiesen, lichte Wälder, Felsen; zerstr. [2508]
    G. rubioídes L., *Krappartiges L.* – St. 40–70 cm. B. längl. bis eifg.-längl.,
    3–6 cm lg., mit deutl. Adernetz. Bl. weiss. Fr. kahl, glatt. / 6 bis 8 / Kollin.
    Schuttstellen, Alluvionen; eingebürgert. Wallis (bei Monthey), Zürich
    (bei Dietikon). [2509]
5. B. zu 4, selten zu 5–6.
    G. palústre L., *Sumpf-L.* – St. 15–60 cm, zart, nie weisskantig. B. längl.-
    lanzettl. od. lineal, ohne Stachelspitze. Rispe ausgebreitet, mit fast waag-
    recht abstehenden Ästen. Kr. weiss, 2,5–3,5 mm br. Stb.beutel rot. Fr. 1,5
    mm hoch, fast glatt. / 5 bis 8 / Kollin-montan(-subalpin). Sumpfwiesen,
    Gräben; verbr. [2510]
    G. elongátum K. Presl (*G. palustre* L. ssp. *elongatum* (Presl) Arcang.),
    Verlängertes L. – St. 30–100 cm, fast geflügelt, weisskantig. B. verkehrt-
    eifg. bis elliptisch-lanzettl. Äste der Rispe aufrecht-abstehend. Kr. weiss,
    4–4,5 mm br. Stb.beutel rot. Fr. 2–3 mm hoch. – Kollin(-montan). Zerstr.
– B. zu 6–12.   6

6. St. an den Kanten durch rückwärts gerichtete Stächelchen rauh (vgl. auch *G. triflorum*). 7
– St. glatt (vgl. auch *G. rubrum*). 10
7. Sumpfpfl. Durchm. der Kr. grösser als der der reifen Fr.

G. uliginósum L., *Moor-L.* – St. 15–40 cm. B. zu 6–8, lineal-lanzettl., stachelspitzig, am Rande mit rückwärts gerichteten Stächelchen. Bl. weiss. Stb.beutel gelb. Fr. körnig-rauh. / 5 bis 8 / Kollin-subalpin. Sümpfe, Gräben; zerstr. [2511]
– Pfl. trockener Standorte. Durchm. der Kr. kleiner als der der reifen Fr. 8
8. B. am Rande mit rückwärts gerichteten Stachelchen.

G. tricornútum DANDY (*G. tricorne* STOKES), *Dreihörniges L.* – St. 10–30 cm, einfach, niederliegend-aufsteigend. B. lineal-lanzettl., stachelspitzig. Bl. gelbl.-weiss, meist zu 3. Fr.stiele zurückgebogen. Fr. 5–7 mm hoch, warzig. / 6 bis 9 / Kollin-montan(-subalpin). Äcker, Schuttstellen; s. [2512]

G. aparíne L., *Kletten-L., Klebkraut.* – St. 30–150 cm, niederliegend od. kletternd. B. lineal-lanzettl., stachelspitzig. Kr. weiss, ca. 2 mm br., in mehrbl. Blstd. Fr.stiele gerade. Fr. 4–7 mm hoch, warzig, kahl od. hakigborstig. / 5 bis 10 / Kollin-montan(-subalpin). Hecken, Gebüsche, Äkker, Schuttstellen; s. hfg. [2513]

G. spúrium L. (*G. aparine* L. ssp. *spurium* (L.) HARTMAN), *Falsches Kletten-L.* – St. 10–75 cm. B. lineal-lanzettl., stachelspitzig. Bl. grünl.-weiss, ca. 1 mm br. Fr. 2–3 mm hoch, glatt od. hakig-borstig. Kollin-montan(-subalpin). Äcker, Balmen; zerstr. [2514]
– B. am Rande mit vorwärts gerichteten Stachelchen. 9
9. Fr.stiele zurückgekrümmt. Fr. gross (4–5 mm hoch), warzig-höckerig.

G. verrucósum HUDSON (*G. valantia* WEBER, *G. saccharatum* ALL.), *Anis-L.* – St. 10–30 cm. B. zu 6–7, lanzettl. bis lineal, bespitzt. Blstd. 3bl., kürzer als das B. Bl. weissl. / 6 bis 7 / Kollin. Äcker; s. und unbeständig. [2515]
– Fr.stiele gerade. Fr. klein (1–1,5 mm hoch).

G. parisiénse L., *Pariser L.* – St. 10–20 cm, niederliegend od. klimmend. B. zu 6–7, lineal-lanzettl., stachelspitzig. Blstd. vielbl. Kr. sehr klein, grünl., aussen meist rötl. Fr. feinhöckerig od. steifhaarig. / 6 bis 8 / Kollin-montan. Felder, Brachäcker; s. West- und Südschw.; auch adv. – Els. [2516]

G. triflórum MICHAUX, *Dreiblütiges L.* – St. 30–50 cm, liegend bis aufsteigend. B. zu 6, eilanzettl., stachelspitzig, mit deutl. Adernetz, unterseits am Mittelnerv mit rückwärts gerichteten Stachelchen. Blstd. 3- bis mehrbl. Kr. sehr klein, grünl. Fr. hakig-borstig. / 7 bis 8 / Montan-subalpin. Nadelwälder; s. s. A (Wallis [Val d'Hérémence], Graub. [Unterengadin]). [2517]
10. St. stielrund, mit 4 feinen Rippen. Bl.stiele vor dem Aufblühen nickend.

G. silváticum L., *Wald-L.* – St. 50–140 cm. B. meist zu 8, längl.-lanzettl., über der Mitte breiter, unterseits graugrün. Bl. weiss, in einer lockeren Rispe. / 7 bis 9 / Kollin-montan. Wälder; verbr. [2518]
– St. 4kantig. Bl.stiele stets gerade. 11
11. Kr.zipfel bespitzt od. stachelspitzig *(Fig. 361/3)*. 12
– Kr.zipfel zugespitzt od. spitz *(Fig. 361/4)*. 15
12. Kr. hellrot, zuletzt blass (gelbl.) werdend. Fr. feinkörnig.

G. rubrum L., *Rotes L.* – St. 20–50 cm, aufsteigend, oft an den Kanten mit vereinzelten Stachelchen. B. meist zu 8, lineal-lanzettl., spitz, am Rande fein stachlig gewimpert. Kr.zipfel mit lg. Haarspitze. / 7 bis 8 / Kollin(-montan). Magerwiesen, Gebüsche, Weiden; zerstr. Südschw.; sonst s. [2523]

– Kr. weiss. Fr. glatt od. runzlig.

13. B. lanzettl., unterseits blau- od. graugrün. Bl.stiele haarfein. St. meist einzeln, aufrecht, im unteren Teil oft abgerundet.

G. aristátum L., *Begranntes L.* – Pfl. ohne Ausläufer. St. 40–150 cm, deutl. 4kantig, kahl. B. schmal-lanzettl., grösste Breite in od. unter der Mitte, nach vorn allmähl. scharf zugespitzt. Kr. flach, radfg. Fr. ± glatt, kahl. / 6 bis 8 / Montan. Lichte Laubwälder. Südschw.? [2522]

G. laevigátum L., *Glattes L.* – Pfl. mit Ausläufern. St. 40–150 cm, im unteren Teil abgerundet, oberwärts kantig, kahl. Junge Triebe leicht bereift. B. lineal-lanzettl. bis lanzettl., grösste Breite in der Mitte, nach vorn allmähl. zugespitzt. Kr. becherfg. bis radfg. Fr. ± glatt, kahl. / 6 bis 8 / Kollin-montan. Lichte Laubwälder, Gebüsche; zerstr. T, südl. Graub. – Piemont, Veltlin, Tirol.

– B. längl. lineal od. vorn etwas verbreitert, beidseits grün. Bl.stiele nicht haarfein. St. meist zahlreich, aufsteigend, durchweg 4kantig. 14

14. B. 1–2 mm br., lineal-lanzettl. bis borstl., 8–15mal so lg. wie br., flach, oberseits glänzend, unterseits heller mit zwei glänzenden Streifen.

G. lúcidum ALL., *Glänzendes L.* – Pfl. grün od. bläul.-grün bereift, mit od. ohne Ausläufer, oft rasig. St. 10–70 cm, aufrecht od. aufsteigend, meist kahl, seltener rauh od. behaart. Blstd. schmal-eifg., Kr. radfg., flach, weiss bis grünl. od. gelbl. / 6 bis 8 / Kollin-montan(-alpin). Steinige, trockene Karbonatböden wärmerer Lagen. Wälder, Felsenhänge, Trockenwiesen; zerstr. J, A (südl. Teil und Föhntäler). – Sav., Französ. Jura, Hegau (Engen). Formenreiche Art.

– B. 1,5–7 mm br., längl. bis lanzettl., 2–7mal so lg. wie br., flach od. am Rande schwach umgebogen, beidseits grün.

G. mollúgo L. (*G. elatum* THUILL., *G. tyrolense* WILLD., *G. insubricum* GAUDIN), *Gemeines L.* – Pfl. mit lg. unterird. Ausläufern. St. 20–150 cm, aufrecht od. aufsteigend, kahl. B. zu 6–8, längl. oval bis br.-lanzettl., plötzl. in die Spitze verschmälert, auffallend dünn, am Rande leicht umgerollt. Bl.stiele länger als der Durchmesser der weissen Kr., miteinander stumpfe Winkel bildend, Blstd. daher ± locker. Fr. ± glatt, kahl. / 5 bis 9 / Kollin-montan. Tiefgründige, nährstoffreiche Böden. Wiesen, Wälder, Gebüsche. A (südl. Teil und nordalpine Föhntäler). – Sav., Ao., Vintschgau (Laas).

G. álbum MILLER (*G. mollugo* auct. helv. non L., *G. erectum* HUDS.), *Weisses L.* – Pfl. mit kürzeren od. längeren unterird. Ausläufern. St. 30–170 cm, niederliegend bis aufrecht, kahl od. leicht behaart. B. längl. bis längl.-lanzettl., etwas lederig. Bl.stiele etwas kürzer als der Durchmesser der weissen Kr., miteinander spitze Winkel bildend, Blstd. daher ± dicht. Fr. ± runzelig. / 6 bis 10 / Kollin-subalpin. Feuchte bis mässig trockene, nährstoffreiche Böden. Wiesen, Wälder, Gebüsche, Äcker; verbr. und s. hfg. [2524]

15. B. zu 6. Fr. dicht mit spitzen Knötchen besetzt.

G. harcýnicum WEIGEL (*G. saxatile* auct.), *Herzynisches L.* – St. 10–25

cm, niederliegend bis aufsteigend, fast flügelig-4kantig, kahl. B. ver-
kehrt-eilanzettl., stachelspitzig. Bl. weiss. / 6 bis 7 / Kollin-montan.
Heide- und Moorstellen, Weiden. Schwyz (Einsiedeln), Appenzell
(Gäbris). – S, V. [2521]
- B. zu 6–8. Fr. glatt od. feinkörnig.
16. Fr.stiele gerade.

G. púmilum MURRAY (*G. asperum* SCHREBER, *G. sylvestre* POLLICH),
Niedriges L. – Pfl. 10–50 cm, aufsteigend, lockerrasig, meist ohne nichtblühende Triebe. B. zu 8–9, lineal-lanzettl., mit hyaliner Spitze, ± kahl,
$\frac{1}{3}$–$\frac{1}{2}$mal so lg. wie die Internodien. Blstd. schmal pyramidal. Bl. weiss. /
5 bis 7 / Kollin-montan(-subalpin). Mässig trockene, kalk- und stickstoffarme Böden. Trockenwiesen, Laubmischwälder; hfg. [2519]

G. anisophýllum VILL. (*G. pumilum* MURRAY ssp. *alpestre* (GAUDIN) SCH.
u. TH.), *Ungleichblättriges L.* – Pfl. 5–20 cm, aufsteigend, dichtrasig, mit
zahlreichen nichtblühenden Trieben. B. zu 7–9, lineal-lanzettl., nach
vorn verbreitert, plötzl. in eine hyaline Spitze verschmälert, am Rande
mit rückwärtsgerichteten, kürzen Haaren, die der Bl.triebe ± so lg. wie
die Internodien. Blstd. br.-pyramidal bis schirmfg. Bl. gelbl.-weiss. / 6
bis 9 / (Montan-)subalpin-alpin. Nährstoff- und kalkreiche, steinige
Böden. Wiesen, Weiden, Felsschutt; hfg. J, M (s.), A. – V.
- Fr.stiele abwärts gekrümmt.

G. megalospérmum ALL. (*G. helveticum* WEIGEL), *Schweizerisches L.* –
St. 5–25 cm, kriechend, kahl. B. eifg. od. lanzettl., stumpf, ohne Stachelspitze, dickl.; Rückennerv undeutl. Bl. gelbl.-weiss. Fr.stiele zurückgebogen. / 7 bis 8 / Alpin. Felsschutt; auf Kalk; verbr. A (nördl. Ketten).
[2520]

Bastarde: besonders G. album ×verum und G. pumilum ×rubrum.

427. **Rúbia** L., *Färberröte*

R. tinctórum L., *Krapp.* – St. 50–120 cm, aufsteigend, stachlig-rauh. B.
4–6, lanzettl., am Rande stachlig-rauh. Bl. gelbl. / 6 bis 7 / Kollin-montan. Wegränder, Hecken. Waadt, Wallis; eingebürgert (Kulturrelikt). –
Ao. [2526]

Fam. 113. **Caprifoliáceae.** *Geissblattgewächse*

Meist Sträucher, mitunter windend, selten Stauden od. einjährige Kräuter, mit
gegenst., einfachen od. gefiederten B. Nebenb. meist fehlend. Bl. in Trugdolden od. zu
2, zwittrig, radiärsymm. od. monosymm. Kb. (4–)5, oft sehr klein. Krb. (4–)5, zu sehr
verschieden gestalteten Kr. verwachsen. Stbb. (4–)5, der Kr. eingefügt. Frb. 2–5, zu
einem unterst. od. halbunterst. Frkn. verwachsen. Steinfr., Beeren, seltener Kapseln
od. Nüsse.

1. B. gefiedert. **Sambucus 428**
- B. ungeteilt od. gelappt. 2
2. Hauptst. niederliegend, mit aufrechten, 1–3bl., 6–10 cm hohen Bl.zwei-
gen. **Linnaea 431**
- Sträucher mit aufrechten od. windenden St. 3

3. Gr. sehr kurz, 3teilig.   **Viburnum 429**
– Gr. verlängert, mit einfacher, kopffg. N.   4
4. Kr. ungleichmässig 5zipflig od. 2lippig.   **Lonicera 432**
– Kr. fast gleichfg. 5zipflig.   **Symphoricarpos 430**

428. Sambúcus L., *Holunder*

1. Staude. Nebenb. b.artig.
 S. ébulus L., *Zwerg-H.*, *Attich.* – St. 60–150 cm. B.abschn. 5–9, längl.-lanzettl. Blstd. flach, trugdoldig. Kr. rötl.-weiss. Fr. schwarz. / 7 bis 8 / Kollin-montan. Wegränder, Hecken; verbr.; in der Südschw. seltener. [2527]
– Holzpfl. Nebenb. warzenfg. od. fehlend.
 S. nigra L., *Schwarzer H.* – B.abschn. längl.-eifg. Blstd. flach, trugdoldig. Bl. stark duftend. Kr. gelbl.-weiss. Fr. schwarz. St.mark weiss. / 5 bis 6 / Kollin-montan. Hfg. in Gärten und Hecken gepflanzt; vielfach verwildert und heute völlig eingebürgert in Gebüschen, um Ruinen und in Wäldern. [2528]
 S. racemósa L., *Trauben-H., Roter H.* – B.abschn. längl.-lanzettl. Blstd. eifg., rispig. Kr. grünl.-gelb. Fr. rot. St.mark bräunl. / 4 bis 5 / (Kollin-)montan-subalpin. Wälder und Hecken; hfg. [2529]

429. Vibúrnum L., *Schneeball*

V. lantána L., *Wolliger S.* – Junge Zweige filzig. B. eifg., gezähnt-gesägt, unterseits filzig. Alle Bl. der Trugdolde gleichartig. Fr. weiss. Fr. eifg., zusgedr., zuerst rot, dann schwarz. / 5 / Kollin-montan(-subalpin). Hekken, Wälder; hfg. [2530]
V. ópulus L., *Gemeiner S.* – Zweige kahl. B. 3–5lappig, grob gezähnt, unterseits weichhaarig. Äussere Bl. der Trugdolde gross, radfg., geschlechtslos[1]. Kr. weiss. Fr. oval, scharlachrot. / 5 bis 6 / Kollin-montan. Wälder, Gebüsche; hfg. [2531]

430. Symphoricárpos DUHAMEL, *Schneebeere*

S. rivuláris SUKSDORF (*S. albus* (L.) S. F. BLAKE, *S. racemosus* MICHAUX), *Schneebeere.* – Strauch lg.ästig. B. längl.-elliptisch bis eifg., ganzrandig od. etwas gelappt. Bl. zu 1–2 od. in kurzen, unterbrochenen, endst. Ähren. Kr. klein, glockenfg., rötl. Fr. eine kugelige weisse Beere. / 6 bis 7 / Kollin-montan. Als Zierstrauch kult. und hie und da verwildert. Stammt aus Nordamerika. [2541]

431. Linnaéa GRONOVIUS, *Moosglöckchen*

L. boreális L., *Moosglöckchen.* – Hauptst. kriechend, bis über 1 m lg. Bl.zweige oben drüsig behaart, meist 2bl. B. rundl., gekerbt. Bl. nickend, wohlriechend. Kr. trichterfg.-glockenfg., hellrosa. / 7 bis 8 / (Montan-)subalpin. Moosige Nadelwälder; zerstr. A (besonders östl. Teil). [2540]

---

[1] Bei dem hfg. in Gärten gepflanzten «gefüllten» Schneeball sind alle Bl. vergrössert und geschlechtslos.

432. **Lonícera** L., *Geissblatt, Heckenkirsche*

1. Bl. in endst. Köpfchen und b.winkelst. Scheindolden. 2
– Bl. zu 2 in den B.winkeln. 3
2. Alle B., auch die oberen, getrennt.

L. periclýmenum L., *Wald-G.* – St. windend. B. kurz gestielt, die oberen sitzend. Endst. Köpfchen gestielt. Bl. wohlriechend. Kr. gelbl.-weiss, rötl. überlaufen. Fr. rot. / 6 bis 8 / Kollin(-montan). Wälder; zerstr. [2532]

– Obere B. am Grunde paarig verwachsen.

L. caprifólium L., *Garten-G., Jelängerjelieber.* – St. windend. B. rundl.-elliptisch, unterseits blaugrün. Endst. Köpfchen sitzend. Bl. wohlriechend. Kr. weiss od. gelbl.-weiss, selten schwach rötl. Fr. korallenrot. / 5 bis 6 / Kollin. Vielfach gepflanzt und hie und da verwildert. [2533]

L. etrúsca SANTI, *Toskanisches G.* – St. windend. Endst. Köpfchen gestielt erscheinend. Bl. schwach wohlriechend. Kr. gelbl., rosa überlaufen. Fr. kirschrot. / 5 bis 6 / Kollin. Trockenwarme, buschige Hänge; s. Wallis, südl. T. Auch gepflanzt und verwildert. – Ao. [2534]

3. Deckb. gross, b.artig, br.-eifg.

L. japónica THUNB., *Japanisches G.* – Strauch immergrün. St. windend od. niederliegend. B. kurz gestielt, eifg., am Grunde gerundet od. etwas herzfg. Kr. zuerst weiss, später gelb. Fr. schwarz. / 6 bis 9 / Kollin. Gepflanzt und verwildert; eingebürgert im T und in Graub. (Misox, Puschlav). Stammt aus Ostasien. [2535]

– Deckb. klein, pfriemfg. 4
4. Frkn. eines jeden Bl.paares ganz verwachsen.

L. alpígena L., *Alpen-H.* – B. elliptisch, lg. zugespitzt, zuletzt kahl. Blstd.stiele viel länger als die Bl. Kr. gelbgrün, rötl. überlaufen. Fr. rot. / 4 bis 6 / (Kollin-)montan-subalpin. Bergwälder; verbr. J, M, A. [2538]

L. coerúlea L., *Blaue H.* – B. elliptisch, stumpf od. spitzl., zerstr. behaart, unterseits blaugrün. Blstd.stiele kürzer als die Bl. Kr. grünl.-weiss. Fr. blauschwarz. / 6 bis 7 / (Montan-)subalpin(-alpin). Bergwälder, Zwergstrauchheiden, Torfmoore; verbr. J (bis Bellelay [Kt. Bern]), A. [2539]

– Frkn. eines jeden Bl.paares nur am Grunde verwachsen.
5. Blstd.stiele so lg. od. wenig länger als die Bl.

L. xylósteum L., *Rote H., Beinholz.* – B. br.-elliptisch, spitz, besonders unterseits wie die jüngeren Zweige weichhaarig. Blstd.stiele zottig. Kr.

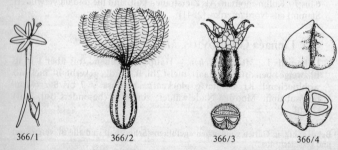

366/1   366/2   366/3   366/4

blassgelb. Fr. rot. / 4 bis 5 / Kollin-montan(-subalpin). Hecken, Wälder;
hfg. [2536]

L. tatárica L., *Tataren-H.* – B. am Grunde gestutzt bis herz-eifg., beiderseits zerstreut behaart bis kahl. Kr. weiss bis rot. Fr. rot. / 5 bis 6 / Kollin.
Hfg. kult. und gelegentl. verwildert; so am Alpensüdfuss.

– Blstd.stiele 3–4mal so lg. wie die Bl.

L. nigra L., *Schwarze H.* – B. längl.-elliptisch, zuletzt kahl od. unterseits
bleibend behaart. Blstd.stiele kahl od. flaumig. Kr. rötl.-weiss, aussen
kahl. Fr. schwarz. / 5 bis 6 / Kollin. Bergwälder; verbr. [2537]

Fam. 114. **Adoxáceae.** *Bisamkrautgewächse*

Staude mit 2zeilig beblättertem Rhizom. Laubb. gegenst., zusges. Nebenb. fehlend. Bl.
in würfelfg., 5bl. Köpfchen, zwittrig, radiärsymm. Kb. 2–3, verwachsen. Krb. 4–5, verwachsen. Stbb. 4–5, tief gespalten und daher scheinbar 8–10. Frb. 3–5, zu einem halbunterst. Frkn. verwachsen. Steinfr.

433. **Adóxa** L., *Bisamkraut, Moschuskraut*

A. moschatellína L., *Bisamkraut.* – Pfl. 8–15 cm. Grundst. B. 3zählig zusges., mit tief-3teiligen Abschn. Stlb. 2, 3zählig. Bl. grünl., in einem Köpfchen. / 3 bis 4 / Kollin-subalpin. Hecken, humusreiche Waldstellen;
zerstr. [2542]

Fam. 115. **Valerianáceae.** *Baldriangewächse*

Einjährige Kräuter od. Stauden, selten Sträucher, mit gegenst., zusges. od. einfachen B.
Nebenb. fehlend. Bl. in cymösen Blstd., zwittrig od. eingeschlechtig, asymm. Kb. verwachsen, zur Fr.zeit einen häutigen od. borstigen Saum bildend. Krb. (3–)5, verwachsen, oft mit einem Höcker od. Sporn. Stbb. 1–4, der Kr.röhre eingefügt. Frb. 3, zu
einem unterst. Frkn. verwachsen. Von 3 Fr.fächern stets nur 1 fertil. Nüsse.

1. Kr. gespornt. Stbb. 1 *(Fig. 366/1).*   **Centranthus 436**
– Kr. nicht gespornt. Stbb. 3. 2
2. K.saum eingerollt, zur Fr.zeit zu einem Haarkrönchen auswachsend.
(Fig. 366/2).   **Valeriana 435**
– K.saum undeutl. od. schief, 1–5zähnig, kein Haarkrönchen bildend *(Fig.
366/3),* od. K.saum becherfg. ausgebreitet.   **Valerianella 434**

434. **Valerianélla** MILLER, *Ackersalat*

1. K.saum an der Fr. becherfg. ausgebreitet, netzaderig, mit 6 begrannten
Zähnen *(Fig. 366/3).*
V. coronáta (L.) DC., *Krönchen-A.* – St. 10–30 cm. Untere B. längl., obere
lanzettl. bis lineal, meist zieml. grob gezähnt. Fr. dicht zottig-behaart. / 5
bis 6 / Kollin-montan. Trockene Hänge. – Ao. [2560]
– K.saum an der Fr. nicht becherfg. ausgebreitet. 2
2. K.saum an der Fr. undeutl.
V. locústa (L.) LATERRADE em. BETCKE (*V. olitoria* POLLICH), *Nüsslisalat.*

368/1   368/2   368/3   368/4

– St. 10–25 cm. Obere B. lanzettl. Fr. rundl.-eifg., von der Seite etwas zus-gedr. *(Fig. 366/4).* / 4 bis 5 / Kollin-montan. Äcker, Weinberge, Gras-plätze; verbr. Auch kult. [2556]

V. carináta LOISEL., *Gekielter A.* – St. 10–30 cm. Obere B. lineal-längl., stumpfl. Fr. lineal-längl., 4kantig, auf einer Seite tief gefurcht *(Fig. 368/1).* / 4 bis 5 / Wie vorige; zerstr. [2557]

– K.saum an der Fr. deutl., schief, der hintere Zahn grösser.   3
3. K.saum fast so br. wie die Fr., deutl. netzaderig *(Fig. 368/2).*

V. eriocárpa DESV., *Haarfrüchtiger A.* – St. 10–20 cm. Fr. eifg., vorn ge-wölbt und fein 3rippig, hinten flach, mit eingedrückter Vertiefung. / 4 bis 5 / Kollin. Äcker, Schuttstellen; s. s. M (adv.). – Bad., Els., Belf. [2559]

– K.saum ½–⅓ so br. wie die Fr. *(Fig. 368/3, 4).*
V. dentáta (L.) POLLICH (*V. morisonii* DC.), *Gezähnter A.* – St. 15–50 cm. Obere B. lanzettl.-lineal bis lineal. Fr. eifg.; fruchtbares Fach mehrmals grösser als die leeren; diese voneinander getrennt, eng, fadenfg. *(Fig. 368/3).* / 6 bis 7 / Kollin-montan. Getreideäcker; zerstr. [2561]

V. rimósa BASTARD (*V. auricula* DC.), *Gefurchter A.* – St. 15–50 cm. Obere B. lanzettl. Fr. kugelig-eifg.; fruchtbares Fach kleiner als die lee-ren; diese einander genähert, aufgeblasen *(Fig. 368/4).* / 4 bis 5 / Kollin-montan. Wie vorige; s. [2563]

435. **Valeriána** L., *Baldrian*

1. Wenigstens die unteren B. ungeteilt.   2
– Alle B. gefiedert.
V. officinális L. s.l., *Gebräuchlicher B.* – St. 50–160 cm, unterwärts zerstr. behaart bis kahl. B. 3–14paarig, mit lanzettl., lineal-lanzettl. od. eifg., ganzrandigen od. gezähnten Abschn. Kr. hellrosa bis weiss. Formenrei-che Art. / 5 bis 8 / Kollin-subalpin. Hfg. [2546]

   01. Mittlere Stlb. mit 6–12(–14) Fiederpaaren, ihr Endfiederchen schmäler od.
        wenig breiter als die Seitenfiedern. Pfl. meist nur mit unterirdischen Ausläu-
        fern od. ausläuferlos.   02
    – Mittlere Stlb. mit 2–6 Fiederpaaren, ihr Endfiederchen deutl. breiter als die
        Seitenfiedern. Pfl. mit oberirdischen und unterirdischen Ausläufern.
        V. procúrrens WALLR. (*V. repens* HOST), *Kriechender B.* – Pfl. 80–150 cm. St.
        unten abstehend behaart, mit 6–10 B.paaren. Mittlere Stlb. mit 2–8 (meist
        4–6) Fiederpaaren. Fiederchen unterseits besonders auf den Nerven deutl.
        abstehend behaart. / 6 bis 8 / Kollin-montan. Nasse, nährstoffreiche, humose,
        oft kalkarme Böden. Quellfluren, Ufer, Sümpfe, Erlenbrücher; verbr. [2547]

V. sambucifólia MIKAN f., *Holunderblättriger B.* – Pfl. 40–90 cm. St. kahl, mit 4–9 B.paaren. Mittlere Stlb. mit 2–4 Fiederpaaren. Fiederchen unterseits kahl od. mit vereinzelten ± anliegenden Haaren. / 5 bis 6 / (Kollin-)montan-subalpin. Feuchte, lockere, nährstoffreiche Böden. Wälder, Gebüsche, Hochstaudenfluren. – Vintschgau (Meran). [2547]

02. Seitl. Fiederchen ganzrandig od. mit einzelnen Zähnen. . . . . 03.
 – Seitl. Fiederchen deutl. gesägt.

V. officinális L. s.str., *Echter B.* – Pfl. 60–160 cm. St. meist zu mehreren, stark gerillt, kahl, mit 6–13 B.paaren. Mittlere Stlb. mit 5–9 Fiederpaaren, diese unterseits an den Nerven mit kurzen, ± anliegenden Borsten. / 7 bis 8 / Kollin-montan. Feuchte, nährstoffreiche, lockere, meist kalkhaltige Böden wärmerer Lagen. Feuchte Wälder und Wiesen, Gräben, Gebüsche; verbr.

03. St. unten abstehend behaart. Mittlere Stlb. unterseits lg. abstehend behaart.

V. wallróthii KREYER (*V. collina* WALLR.), *Hügel-B.* – Pfl. 40–100 cm, mit kurzen, unterirdischen Ausläufern. St. mit 4–7 B.paaren. Mittlere Stlb. mit 6–12(–14) Fiederpaaren. Endfieder höchstens so br. wie die Seitenfiedern. / 5 bis 6 / Kollin-subalpin. Mässig trockene, kalkreiche Böden wärmerer Lagen. Wälder, Gebüsche, Wiesen; nicht hfg. J. – Bad., Els.

V. versifólia BRÜGGER, *Verschiedenblättriger B.* – Pfl. 30–70 cm, mit od. ohne Ausläufer. St. mit 4–6 B.paaren. Mittlere Stlb. mit 5–8 Fiederpaaren. Endfieder meist etwas breiter als die Seitenfiedern. / 5 bis 6 / Montan-subalpin. Lockere, nährstoffreiche Böden. Hochstaudenfluren, Mähwiesen; nicht hfg. A (zentrale und südl. Teile).

 – St. kahl. Mittlere Stlb. unterseits ± anliegend kurzborstig.

V. praténsis DIERBACH, *Wiesen-B.* – Pfl. 50–100 cm, meist ohne Ausläufer. St. mit 4–7 B.paaren. Mittlere Stlb. mit 6–8 Fiederpaaren. / 5 bis 6 / Kollin. Feuchte od. wechselfeuchte, lockere Böden wärmerer Lagen. Riedwiesen, Auenwälder, Gräben. M (Maschwanden), Hochrhein aufwärts bis Chur. – Bad., Els.

2. W.stock knollig verdickt.

V. tuberósa L., *Knolliger B.* – St. 10–35 cm. Grundb. oval, ungeteilt. Stlb. leierfg.-fiedersp. Bl. rosa. / 5 bis 6 / Kollin. Trockenrasen. – Ao. [2548]
 – W.stock nicht knollig verdickt. 3

3. Pfl. mit beblätterten, kriechenden Ausläufern. Obere Stlb., leierfg.-fiederschn. od. unpaarig gefiedert.

V. dioica L., *Sumpf-B.* – St. 15–30 cm. Grundst. B. gestielt, eifg. Pfl. 2häusig. Kr. der männl. Bl. rosa, die der weibl. weiss. / 4 bis 6 / Kollin-montan(-subalpin). Feuchte Wiesen, Moore; verbr. [2549]
 – Pfl. ohne kriechende Ausläufer. Obere Stlb. ungeteilt od. 3sp. 4

4. St., abgesehen von den B. des Blstd., mit 2 bis mehr B.paaren. Stlb. eifg. od. 3teilig.

V. trípteris L., *Dreischnittiger B.* – St. 15–50 cm, kahl. B. weich, matt; die der nichtblühenden Triebe herzfg., grob gezähnt; die st.st. meist 3teilig. Bl. weiss od. rötl. / 4 bis 7 / (Kollin-)montan-subalpin(-alpin). Felsige, schattige Orte. J, M, A (hfg.). – S, V. [2550]

V. montána L., *Berg-B.* – St. 10–40 cm, flaumig behaart. B. etwas derb, glänzend; die der nichtblühenden Triebe am Grunde abgerundet od. in den Stiel verschmälert; die st.st. ungeteilt, sehr selten 3teilig. Bl. rötl. / 5 bis 7 / (Montan-)subalpin(-alpin). Steinige Hänge; auf Kalk; verbr. J, M (vereinzelt), A. [2551]

 – St., abgesehen von den B. des Blstd., b.los od. mit 1–2 B.paaren. Stlb. lineal, lanzettl. od. rundl.-spatelfg. 5

5. Blstd. eine unterbrochene Ähre bildend; die Teilblstd. (Trugdolden) quirlig angeordnet, die untersten oft gestielt.

V. céltica L. ssp. **céltica** (ssp. *pennina* VIERHAPPER), *Keltischer B.* – St. 5–20 cm (selten höher). B. ganzrandig, kahl, die grundst. längl.-lanzettl., die st.st. lineal. Bl. gelbl., aussen rötl. / 7 bis 8 / (Subalpin-)alpin. Steinige Weiden; auf Silikatgestein; s. s. A (Wallis). – Piemont. [2552]

– Blstd. anders gestaltet. 6
6. Blstd. locker, traubig-rispig.

V. saxátilis L., *Felsen-B.* – St. 10–30 cm, am Grunde mit einem Faserschopf. B. elliptisch-lanzettl., am Rande gewimpert. Bl. weiss. / 6 bis 7 / (Kollin-)montan-subalpin(-alpin). Felsen; auf Kalk; s. A (besonders östl. Teil und südl. T). [2553]

– Blstd. kopffg., dicht.

V. saliúnca ALL., *Felsschutt-B.* – St. 5–20 cm. Grundst. B. längl.-verkehrteifg., in den Stiel verschmälert, kahl. Bl. blassrötl. / 7 bis 8 / (Subalpin-)alpin. Felsschutt; auf Kalk; s. A (westl. Teil). [2554]

V. supína ARD., *Zwerg-B.* – St. 3–15 cm, kriechend und ästig verzweigt. Grundst. B. spatelfg., gestielt, ganzrandig od. etwas gezähnt, gewimpert. Bl. blass-lilarosa. / 7 bis 8 / (Subalpin-)alpin. Felsgrus; auf Kalk; zerstr. A (Graub.). [2555]

436. **Centránthus** DC. (*Kentranthus* NECKER), *Spornblume*

C. angustifólius (MILLER) DC., *Schmalblättrige S.* – St. 30–60 cm. B. lineal bis lineal-lanzettl. Sporn etwa so lg. wie der Frkn. Kr. rosa. / 6 bis 8 / Kollin-montan(-subalpin). Felsschutt; s. J (Creux-du-Van bis Roggenfluh [Kt. Sol.]). – Französ. Jura. [2544]

C. ruber (L.) DC., *Rote S.* – St. 35–80 cm. B. eifg. od. br.-lanzettl. Sporn doppelt so lg. wie der Frkn. Kr. rosa od. rot, selten weiss. / 5 bis 8 / Kollin(-montan). Felsen, Mauern; eingebürgert. Besonders West- und Südschw. – Urwüchsig in Ao. und Co. [2545]

Fam. 116. **Dipsacáceae.** *Kardengewächse*

Einjährige Kräuter od. Stauden, selten Halbsträucher, mit gegenst., einfachen od. geteilten B. Nebenb. fehlend. Bl. in cymösen Köpfchen, zwittrig, monosymm. Die Tragb. der äusseren B. eine Hülle bildend, die der inneren zu Spreub. entwickelt. Jede Bl. mit 2 Vorb., welche zu einem unterst. Aussenk. verwachsen sind. Kb. 4–5, oft borstenfg., bleibend. Krb. 4–5, röhrig verwachsen. Stbb. (2–)4, der Kr.röhre eingefügt. Frb. 2, zu einem unterst. Frkn. verwachsen. Achänen, vom Aussenkelch umschlossen bleibend.

1. Fr.boden zwischen den Bl. ohne Spreub. (diese durch Haare ersetzt). Kr. 4sp. **Knautia 440**
– Fr.boden mit Spreub. *(Fig. 371/1, 4).* 2
2. St. stachelig. Spreub. starr, stechend. **Dipsacus 438**
– St. wehrlos. Spreub. nicht starr stechend. 3
3. K. behaart, aber nicht in Borsten auslaufend *(Fig. 371/2).* Kr. gelbl. od. gelbl.-weiss. **Cephalaria 437**
– K. in 5 rauhe od. gewimperte Borsten auslaufend *(Fig. 371/3).* 4
4. Kr. 4sp. *(Fig. 371/4).* Spreub. ⅔ bis nahezu so lg. wie die Bl. Saum des Aussenk. krautig, 4zipflig. **Succisa 439**

371/1   371/2   371/3   371/4   371/5

– Kr. 5sp. *(Fig. 371/5).* Spreub. kürzer als die Bl. Saum des Aussenk. trokkenhäutig, schüsselfg.   **Scabiosa 441**

437. Cephalária SCHRADER, *Schuppenkopf*

C. alpína (L.) SCHRADER ex R. u. S., *Alpen-S.* – St. 60–140 cm. Stlb. fiederschn., mit lanzettl., gesägten Abschn. Spreub. eifg., zugespitzt, zottig behaart. Kr. gelbl. / 7 bis 8 / Montan-subalpin. Weiden, Karfluren, Felsschutt; auf Kalk; s. J (bis Aiguilles de Baulmes), A (westl. Gebiete, St. Gallen, Graub.). [2567]

438. Dípsacus L., *Karde*

1. Bl.köpfe eifg. bis zylindrisch. Hüllb. die Spreub. weit überragend.
D. fullónum L. (*D. silvester* HUDSON), *Wilde K.* – St. 1–2 m. Stlb. längl.-lanzettl., gekerbt-gesägt, am Rande kahl od. zerstr. stachlig. Hüllb. bogig aufsteigend, den Bl.kopf teilweise überragend. Kr. hell-lila. / 7 bis 8 / Kollin-montan. Wegränder, Ufer; zerstr. [2564]
D. laciniátus L., *Schlitzblättrige K.* – St. 1–2 m. Stlb. fiedersp., borstig gewimpert. Hüllb. abstehend, kürzer als der Bl.kopf. Kr. weissl. / 7 bis 8 / Kollin. Wie vorige; s. s. Südwestschw.; auch adv. – Bad., Els. [2565]
– Bl.köpfe rundl. Hüllb. so lg. wie die Spreub.
D. pilósus L. (*Cephalaria pilosa* (L.) GREN. u. GODR., *Virga pilosa* (L.) HILL), *Behaarte K.* – St. 60–120 cm. Stlb. 3teilig, mit grossem mittlerem und kleinen seitl. Abschn. Spreub. verkehrt-eifg., lg.borstig gewimpert. Kr. gelbl.-weiss. / 7 bis 8 / Kollin(-montan). Gebüsche, Wegränder; zerstr. [2566]

439. Succísa HALLER, *Abbisskraut*

S. praténsis MOENCH, *Abbisskraut.* – St. 30–90 cm. Untere B. längl.-eifg., mittlere längl.-lanzettl., meist ganzrandig. Köpfchen fast kugelig. Kr. violettblau. / 7 bis 9 / Kollin-subalpin. Nasse Wiesen, Moore, Heiden; hfg. [2573]

440. Knaútia L. em. COULTER, *Witwenblume*

1. Stlb. fiederspaltig od. leierfg. fiederspaltig (wenigstens bei einem Teil der Population), selten (bei *K. transalpina* und *velutina* öfters) alle ungeteilt. 2

116. Dipsacaceae

– Stlb. ungeteilt. 3

2. B. ± graufilzig, selten unterseits dicht zottig behaart. Endlappen der Stlb. meist so lg. wie der übrige B.teil.

K. velútina BRIQ., *Samtige W.* – St. 15–60 cm, dicht samtig behaart, oberwärts drüsig. B. samtig behaart, oberseits eher kurzhaarig. Köpfchen 2–3 cm br. Kr. purpurn. / 7 bis 8 / Kollin-montan(-subalpin). Trockene, steinige, kalkhaltige Böden wärmerer Lagen. Felshänge, Trockenwiesen. Südl. T. – Co., Bergam.

K. transalpína (CHRIST) BRIQ., *Ennetbirgische W.* – St. 20–70 cm, unterwärts locker langhaarig, oberwärts kürzer behaart, drüsig. B. locker wollig behaart, oberseits lg.haarig. Köpfchen 3–4 cm br. Kr. rosaviolett. / 7 bis 8 / Kollin-subalpin. Lockere, kalkhaltige, trockenere Böden wärmerer Lagen. Wiesen, Raine, Gebüsche. Südl. T, Graub. (Puschlav). – Langensee, Var., Co., Bergam. [2569]

– B. grün, unterseits zottig behaart od. flaumig. Endlappen der Stlb. meist kürzer als der übrige B.teil.

K. arvénsis (L.) COULTER em. DUBY, *Feld-W.* – St. 30–90 cm, kurzhaarig und ausserdem mit längeren, steifen Haaren. Untere B. meist ungeteilt. Äussere Hüllb. eilanzettl., ca. 2mal so lg. wie br., bewimpert. Kr. blaulila. Pfl. mit unterird. Ausläufern. / 5 bis 9 / Kollin-montan(-subalpin). Lockere, nährstoffreiche, meist saure, lehmige Böden wärmerer Lagen. Wiesen, Raine, Wegränder; verbr. und hfg. [2568]

K. purpúrea (VILL.) BORBAS, *Purpur-W.* – St. 25–70 cm, kurzhaarig, grau, oberwärts drüsig. Äussere Hüllb. eilanzettl., ca. 3mal so lg. wie br., bewimpert. Kr. purpurn. Pfl. ohne Ausläufer. / 7 bis 8 / Kollin-montan(-subalpin). Lockere, trockene Böden. Wiesen, Raine, Gebüsche; s. A (Wallis). – Sav. (Maurienne), Ao.

3. St. und Unterseite der B., wenigstens auf den Nerven, kurz, ± dicht, weich behaart.

K. dryméia HEUFFEL, *Ungarische W.* – St. 50–80 cm, seitenst. in den Achseln vorjähriger B. entspringend. Rhizom in einer B.rosette endend. Obere B. br.-eifg. od. eifg.-lanzettl., ungleich gesägt. Kr. violettrosa. Fr. 4–5 mm lg., mit 0,7 mm lg. Haaren. / 5 bis 9 / Kollin-montan(-subalpin). Nährstoffreiche Böden warmer Lagen. Wälder, Gebüsche. Südl. T, Graub. (Südtäler). – Ao., Var., Co., Bergam. [2570]

– St. unterwärts kahl od. ± steifhaarig, nicht samtig. 4

4. St. unterwärts steifhaarig. Untere Stlb. rauhhaarig, meist weniger als 5mal so lg. wie br.

K. dipsacifólia KREUTZER s.str. (*K. silvatica* (L.) DUBY), *Wald-W.* – St. 20–100 cm, im mittleren Teil besonders an den Knoten mit an der Basis rötl. Haaren. B. elliptisch-lanzettl., ganzrandig od. gesägt. Äussere Hüllb. ca. 3–4,5mal so lg. wie br. Kr. violett. Fr. 5–6,5 mm lg., mit 1–2 mm lg. Haaren. / 6 bis 9 / (Kollin-)montan-subalpin. Zieml. feuchte, nährstoffreiche, steinige Böden halbschattiger Lagen. Hochstaudenfluren, Wälder, Bergwiesen; s. hfg. [2571]

> **K. dipsacifólia** KREUTZER ssp. **sixtína** (BRIQ.) EHREND., *Lemanische W.* – Wie vorige Art, jedoch St. im mittleren Teil besonders an den Knoten kahl. B. ± kahl, obere schmal-lanzettl. – Sav. (Lemanische Alpen).

– St. unterwärts kahl od. kurz kraushaarig. Untere Stlb. kahl, meist mehr als 5mal so lg. wie br.

K. godétii REUTER, *Godets W.* – St. 25–70 cm, unterwärts stets kahl, oberwärts meist drüsenlos. B. lineal-lanzettl., oft leicht gesägt. Köpfchen 2,5–3,5 cm br. Äussere Hüllb. 2–3,5mal so lg. wie br. K.borsten 1,5–2 mm lg. Kr. lilarosa. / 6 bis 8 / (Kollin-)montan-subalpin. Kalkreiche Böden wärmerer Lagen. Wiesen, Weiden, Waldränder; zerstr. J (Waadt, Neuenb., Bern). [2572]

K. longifólia (W. u. K.) Koch, *Langblättrige W.* – St. 20–70 cm, unterwärts kahl, selten kurzflaumig, oberwärts mit abstehenden Haaren, flaumig und drüsig. B. lanzettl., ganzrandig. Köpfchen 3,5–6 cm br. Äussere Hüllb. 3–5mal so lg. wie br. K.borsten 2–3 mm lg. Kr. purpurviolett. / 6 bis 8 / (Montan-)subalpin. Kalkreiche, nährstoffreiche Böden wärmerer Lagen. Wiesen, Weiden, Waldränder. – Ao.(?), Val Sesia(?), Co. (Grigna), Vintschgau.

441. Scabiósa L., *Skabiose, Krätzkraut*

1. Alle B. ungeteilt, lineal
    S. graminifólia L., *Grasblättrige S.* – St. 30–50 cm. B. ganzrandig, seidenhaarig. Kr. blassblau. / 6 bis 8 / Kollin-montan. Felshänge; auf Dolomit; s. s. Südl. T. – Sav., Var., Co., Veltlin.
– Obere B. geteilt, nicht lineal. 2
2. B. der nichtblühenden Triebe ganzrandig. K.borsten gelbl.
    S. canéscens W. u. K. (*S. suaveolens* DESF.), *Graue S.* – St. 20–60 cm, nebst den B. kurzhaarig-grau. Stlb. fiederteilig. Bl. wohlriechend. K.borsten 1½–2mal so lg. wie der Saum des Aussenk. Kr. hellblau. / 8 bis 9 / Kollin-montan. Trockenwarme Orte; s. – Bad. und Els. unterhalb Basel, Hegau, Hochrhein (Bad.); früher auch Sav. [2576]
– B. der nichtblühenden Triebe gekerbt od. leierfg. fiedersp. K.borsten braun od. schwärzl. 3
3. Kr. hellgelb.
    S. ochroleúca L., *Gelbe S.* – St. 20–80 cm, kahl od. schwach behaart. Stlb. meist fiederteilig. K.borsten 3–5 mm lg., braun. / 6 bis 9 / Kollin-montan. Trockene, lockere, kalkhaltige Böden wärmerer Lagen. Felsentreppen, Trockenwiesen, Bahndämme; adv. und teilweise eingebürgert. J (Eglisau bis Altenburg). – Langensee, Val Divedro.
– Kr. andersfarbig. 4
4. K.borsten höchstens 2mal so lg. wie der Saum des Aussenk.
    S. gramúntia L. (*S. triandra* L.), *Südfranzösische S.* – St. 10–60 cm, kahl od. schwach behaart. Stlb. tief 2–3fach fiederschn., mit schmalen Abschn. Kr. rötl.-lila. / 6 bis 8 / Kollin-montan(-subalpin). Trockene Hügel und Grasplätze; zerstr. Besonders Wallis, T und Graub. [2577]
– K.borsten 3–4mal so lg. wie der Saum des Aussenk.
    S. columbária L., *Gemeine S.* – St. 20–80 cm, meist ästig und mehrköpfig. B. fein behaart, glanzlos, die oberen 1–2fach fiederschn., mit fast linealen Zipfeln. K.borsten nervenlos. Kr. lila od. violettblau. / 6 bis 9 / Kollin-montan. Trockene Hügel und Wiesen; hfg. [2578]
    S. lúcida VILL., *Glänzende S.* – St. 10–30 cm, meist einfach, einköpfig. B. fast kahl, selten weichhaarig, etwas glänzend, die oberen fiedersp., mit lanzettl. bis linealen Zipfeln, od. eingeschnitten-gesägt bis fast ganzrandig. K.borsten auf der Innenseite mit einem kielartigen Nerv. Kr. rötl.-lila. / 7 bis 8 / (Montan-)subalpin-alpin. Bergwiesen; hfg. J, M (s.), A. – V. [2579]

Fam. 117. **Oleáceae.** *Ölbaumgewächse*

Sträucher od. Bäume mit gegenst., einfachen od. zusges. B. Nebenb. fehlend. Bl. in traubigen, rispigen od. cymösen Blstd. Kb. meist 4, verwachsen, sehr klein od. 0. Krb. meist 4, verwachsen, selten 0. Stbb. 2(–4), der Kr.röhre eingefügt od. am Grunde des Frkn. Frb. 2, zu einem oberst. Frkn. verwachsen. Fachspaltige Kapseln, Flügelnüsse, Beeren od. Steinfr.

1. B. gefiedert. **Fraxinus 442**
– B. ungeteilt. 2
2. B. br.-eifg., am Grunde herzfg. **Syringa 445**
– B. längl.-lanzettl. bis lanzettl. 3
3. B. unterseits silbergrau- bis rotbräunl.-schimmernd. **Olea 443**
– B. beiderseits grün. **Ligustrum 444**

442. **Fráxinus** L., *Esche*

F. excélsior L., *Gemeine E.* – B. 4–6paarig. Teilb. fast sitzend, klein gesägt. Bl. vor den B. erscheinend, ohne Bl.decke. / 4 bis 5 / Kollin(-montan). Wälder; s. hfg. [2085]
F. ornus L., *Blumen-E., Manna-E.* – B. 3–4paarig. Teilb. gestielt, das endst. länger; alle gekerbt-gesägt. Bl. mit den B. erscheinend, mit Bl.decke. Kr. weiss. / 4 bis 6 / Kollin(-montan). Wälder, buschige Hänge; zerstr. T, Puschlav; anderwärts gepflanzt und bisweilen verwildert. – Var., Co., Vintschgau. [2086]

443. **Ólea** L., *Ölbaum*

O. europaéa L., *Ölbaum, Olive.* – B. lanzettl., immergrün. Kr. weiss, 4lappig. Fr. eine Steinfr. / 5 / Kollin. Kult. und verwildert im südl. T. [2088]

444. **Ligústrum** L., *Liguster*

L. vulgáre L., *Liguster, Rainweide.* – B. elliptisch. Bl. weiss, in pyramidenfg. Rispen. Fr. eine schwarze Beere. / 5 bis 7 / Kollin(-montan). Waldränder, Gebüsche; hfg. [2089]

445. **Syrínga** L., *Flieder*

S. vulgáris L., *Flieder, Lila.* – Bl. lila, violett od. weiss, in dichten Rispen. Fr. eine Kapsel. / 4 bis 5 / Kollin-montan. Kult. und hie und da verwildert. Heimat Südosteuropa und nordwestl. Kleinasien. [2087]

Fam. 118. **Convolvuláceae.** *Windengewächse*

Einjährige Kräuter od. Stauden, seltener Sträucher od. Bäume, oft mit linkswindendem St. B. wechselst., einfach. Nebenb. fehlend. Bl. einzeln od. in cymösen Blstd., meist zwittrig, radiärsymm. Kb. 5, ± frei, bleibend. Krb. 5, in der Knospe längsfaltig und gedreht. Stbb. 5, der Kr.röhre eingefügt. Frb. 2(–5), zu einem oberst. Frkn. verwachsen. Fachspaltige Kapseln, selten holzige bis fleischige Schliessfr.

1. Vorb. klein, lineal, von der Bl. entfernt stehend.   **Convolvulus 446**
– Vorb. gross, den K. einschliessend.   **Calystegia 447**

446. Convólvulus L., *Winde*

C. arvénsis L., *Acker-W.* – St. 30–70 cm, windend od. liegend. B. pfeil-
od. spiessfg. Kr. weiss, rosa gestreift od. ganz rosa, 1,5–2,5 cm lg. / 6 bis 9
/ Kollin-montan(-subalpin). Äcker, Wegränder; s. hfg. [2141]

447. Calystégia R. Br., *Zaunwinde*

C. sépium (L.) R. Br. (*Convolvulus sepium* L.), *Zaunwinde.* – St. 1–3 m,
windend. B. br.-pfeilfg. Vorb. gross, eifg. od. herz-eifg., die Kb. nicht
ganz verdeckend. Kr. weiss, selten rosa, 3,5–6 cm lg. / 6 bis 9 / Kollin-
montan. Hecken, Gebüsche; hfg. [2142]
C. silvática (Kit.) Griseb. (*Convolvulus silvaticus* Kit., *C. silvester* W. u.
K.), *Wald-Z.* – Wie die vorige Art, aber die Vorb. sackfg. aufgeblasen, die
Kb. ganz verdeckend. Kr. weiss, meist aussen mit 5 rosenroten Streifen,
5–7 cm lg. / 6 bis 9 / Kollin. Kult. und verwildert. Südl. T. [2143]

Fam. 119. **Cuscutáceae.** *Seidegewächse*

Einjährige, blattgrünlose, sich durch Saugwurzeln mit ihrer Wirtspfl. verbindende
Parasiten mit fadenfg., windendem St. B. wechselst., zu Schuppen reduziert. Bl. in cymösen, kugelig, ährig od. doldig aufgebauten Blstd. Bl. zwittrig, radiärsymm. Kb. 4–5,
verwachsen. Krb. 4–5, glockenfg. verwachsen, unter der Einfügungsstelle der 4–5 Stbb.
mit je 1 schuppenfg., gefransten Anhängsel. Frb. 2, zu einem oberst. Frkn. verwachsen.
Kapseln, selten Beeren."

448. Cúscuta L., *Seide*

1. N. kopffg. Fr. nicht quer aufspringend.
    C. austrális R. Br. ssp. **cesatiána** (Bertol.) Feinbrun, *Knöterich-S.* – St.
gelb. Bl.knäuel locker. Kr. weissl., tief 4–5sp.; Zipfel stumpf. / 6 bis 9 /
Kollin. Auf Polygonum, Artemisia und anderen Pfl.; s. s. Wallis, südl. T,
St. Galler Rheintal. – Els., Veltlin. Eingeschleppt aus Südeuropa. [2144]
    C. campéstris Yuncker (*C. pentagona* Engelm. var. *calycina* Engelm.,
C. arvensis auct.), *Grosse Klee-S.* – St. orangerot. Bl.knäuel dicht, 1 cm
od. mehr im Durchm. Kr. grünl.-weiss, 5sp.; Zipfel keilfg. zugespitzt. / 6
bis 8 / Kollin. Auf kult. Pfl. (Daucus, Trifolium und anderen Arten);
stellenweise vorübergehend eingeschleppt. Stammt aus Nordamerika.
[42A]
– N. fadenfg. Fr. quer aufspringend. 2
2. Kr.röhre kugelig-bauchfg., doppelt so lg. wie der Saum.
    C. epilínum Weihe, *Flachs-S.* – St. wenig ästig od. einfach. Bl. grünl.-
weiss. Fr. kürzer als die Kr. / 6 bis 7 / Kollin-montan. Auf Flachs; s. s.
und Fundorte am Erlöschen. [2145]
– Kr.röhre walzenfg., so lg. wie der Saum.
    C. europaéa L., *Nessel-S.* – St. ästig. Bl.knäuel reichbl. Bl. rötl.-weiss,

meist 4zählig. Schlundschuppen der Kr.röhre anliegend. Gr. nicht länger als der Frkn. / 6 bis 8 / Kollin-montan(-subalpin). Auf Urtica, Humulus, Salix und anderen Pfl.; zerstr. [2146]

C. epíthymum (L.) L., *Quendel-S.* – St. dünn, sehr verästelt. Bl.knäuel wenigbl. Bl. rötl.- od. reinweiss, meist 5zählig. Schlundschuppen die Kr.röhre zwischen den Stbb. verschliessend. Gr. länger als der Frkn. / 7 bis 9 / Kollin-montan(-subalpin). Auf Thymus, Papilionaceen, Euphrasia und anderen Pfl.; zerstr. [2147]

Fam. 120. **Polemoniáceae.** *Sperrkrautgewächse*

Stauden, selten Sträucher, Lianen od. Bäume, mit wechselst. od. gegenst., einfachen od. zusges. B. Nebenb. fehlend. Bl. einzeln od. in Trugdolden, zwittrig, meist radiärsymm. Kb. 5, ± verwachsen. Krb. 5, verwachsen, in der Knospe links verdreht. Stbb. 5, oft ungleich, der Kr.röhre eingefügt. Frb. 3(–2), zu einem oberst. Frkn. verwachsen. Fach- od. wandspaltige Kapseln.

449. **Polemónium** L., *Sperrkraut*

P. coerúleum L., *Sperrkraut.* – St. 30–90 cm. B. unpaarig gefiedert; Teilb. elliptisch-lanzettl., spitz. Bl. hellblau, selten weiss, in einer endst. Rispe. / 6 bis 8 / Montan-subalpin. Hecken, Gebüsche, Viehläger; zerstr. A (Graub.). Auch kult. und verwildert od. eingebürgert. – Bormio, Vintschgau. [2148]

Fam. 121. **Hydrophylláceae.** *Wasserblattgewächse*

Einjährige Kräuter od. Stauden, selten Halbsträucher, mit wechselst. od. gegenst., einfachen od. geteilten B. Nebenb. fehlend. Bl. in einseitigen Wickeln, selten einzeln, zwittrig, meist radiärsymm. Kb. 5, ± verwachsen, Krb. 5, verwachsen. Stbb. 5, der Kr.röhre eingefügt. Frb. 2, zu einem oberst. Frkn. verwachsen. Fachspaltige Kapseln.

450. **Phacélia** Jussieu, *Büschelblume*

Ph. tanacetifólia Bentham, *Büschelblume.* – Pfl. 30–60 cm, rauhhaarig. B. doppelt fiederschn. Blstd. wickelartig, einseitig. Bl. blauviolett. / 5 bis 10 / Kollin. Als Honigpfl. kult. und hie und da verwildert. Stammt aus Nordamerika. [2150]

Fam. 122. **Boragináceae.** *Borretschgewächse, Rauhblattgewächse*

1–2jährige Kräuter od. Stauden, auch Holzgewächse, oft steif behaart, mit wechselst., einfachen B. Nebenb. fehlend. Bl. in Wickeln, zwittrig, radiärsymm. od. selten monosymm. Kb. 4, verwachsen od. frei. Krb. 5, verwachsen, mitunter am Eingang der Kr.röhre behaarte Buckel od. Schlundschuppen *(Fig. 377/1)*. Stbb. 5, der Kr.röhre eingefügt. Frb. 2, zu einem oberst. Frkn. verwachsen. Meist Spaltfrucht mit 4 nussartigen Teilfr. (Klausen; *Fig. 377/2).*

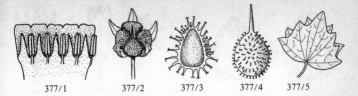

377/1   377/2   377/3   377/4   377/5

1. Frkn. zur Bl.zeit ungeteilt. Kr. weiss od. bläul., mit nacktem Schlund.
Heliotropium 451
– Frkn. schon zur Bl.zeit 4(2)teilig. 2
2. Fr. mit widerhakigen Stachelchen *(Fig. 377/3, 4).* 3
– Fr. nicht mit widerhakigen Stachelchen 4
3. Fr. auf den vorstehenden Kanten mit widerhakigen Stachelchen besetzt
(Fig. 377/3). Bl. blau. **Lappula 453**
– Fr. fast auf der ganzen Fläche stachlig *(Fig. 377/4).* Bl. mattblutrot.
Cynoglossum 456
4. K. zur Fr.zeit sehr vergrössert, zusgedr., fast 2klappig, am Rande lappig
gezähnt *(Fig. 377/5).* **Asperugo 452**
– K. zur Fr.zeit nicht od. nur wenig vergrössert, fast gleichmässig 5zähnig
od. 5sp. 5
5. Kr. radfg., flach, bis 2 cm gross, blau. Stbf. unter der Spitze mit einem
hornfg. Anhängsel. **Borago 467**
– Kr. kurzröhrig-radfg., trichterfg. od. röhrig-glockenfg. Stbf. ohne An-
hängsel. 6
6. Am Eingang der Kr.röhre 5 mit den Stbb. abwechselnde Schlundschup-
pen *(Fig. 377/1).* 7
– Eingang der Kr.röhre ohne Schlundschuppen, bisweilen mit 5 behaarten
Linien od. Buckeln. 12
7. Schlundschuppen lg., zugespitzt *(Fig. 377/1),* kegelfg. zusammennei-
gend. Kr. röhrig-glockenfg. **Symphytum 466**
– Schlundschuppen kurz, stumpf od. ausgerandet. 8
8. Kr. röhrig-trichterfg. od. trichterfg. Schlundschuppen deutl. be-
haart. 9
– Kr. radfg. Schlundschuppen kahl od. vorn papillös. 10
9. Schlundschuppen den Kr.schlund fast bis völlig schliessend.
Anchusa 463
– Schlundschuppen den Kr.schlund nicht schliessend. **Nonnea 464**
10. Schlundschuppen weiss, Teilfr. napffg. vertieft, mit eingebogenem
Rand. **Omphalodes 455**
– Schlundschuppen gelb. Teilfr. nicht napffg. vertieft. 11
11. Hochalpine Polsterpfl. St. 2–3 cm hoch. Fr. von einem vortretenden
Rand umgeben *(Fig. 378/1).* **Eritrichium 454**
– Pfl. der Ebene und des Gebirges. St. 5–40 cm hoch. Fr. ohne Rand *(Fig.
378/2).* **Myosotis 459**
12. Pfl. fast od. ganz kahl, blaugrün, mit st.umfassenden B. Je 2 Teilfr. verwachsen. **Cerinthe 461**
– Pfl. behaart bis stechend-steifhaarig. Teilfr. 4 (bisweilen durch Fehl-
schlagen weniger). 13

| 378/1 | 378/2 | 378/3 | 378/4 | 378/5 |

13. Kr. mit unregelm. Saum *(Fig. 378/3).* **Echium 462**
– Kr.saum regelm. 14
14. K. 5zähnig *(Fig. 378/4)* od. höchstens bis zur Hälfte 5sp.
Pulmonaria 465
– K. fast bis zum Grunde 5teilig *(Fig. 378/5).* 15
15. Kr. trichterfg. od. radfg. 16
– Kr. röhrig-glockenfg. **Onosma 460**
16. Eingang der Kr.röhre mit 5 mehr od. wenig drüsig behaarten Buckeln.
Lithospermum 457
– Eingang der Kr.röhre ohne Buckel, mit 5 behaarten Streifen.
Buglossoides 458

451. **Heliotrópium** L., *Sonnenwende*

H. europaéum L., *Sonnenwende.* – St. 15–30 cm, ästig. B. eifg., stumpf. Bl. klein, weiss od. bläul., in dichten Wickeln. / 7 bis 9 / Kollin. Äcker, Weinberge, Schuttstellen; zerstr. Besonders Südwest- und Südschw.; auch verschleppt. [2151]

452. **Asperúgo** L., *Scharfkraut*

A. procúmbens L., *Scharfkraut.* – St. 15–60 cm, liegend od. aufsteigend, mit rückwärts gerichteten Stachelchen. B. längl.-elliptisch. Bl. zu 1–5 in den B.winkeln, klein. Kr. blau. / 5 bis 8 / (Kollin-)montan-subalpin. Schuttstellen, Umgebung von Ställen, Balmen; zerstr. A (besonders westl. Teil und Graub.); auch hie und da verschleppt. – Salève bei Genf. [2160]

453. **Láppula** MOENCH, *Igelsame*

L. squarrosa (RETZ.) DUMORTIER (*L. echinata* GILIB., *Echinospermum lappula* LEHM.), *Acker-I.* – Pfl. 20–40 cm. St. oberwärts verzweigt. B. längl.-lanzettl., angedrückt behaart. Bl. 2–4 mm lg. Kr. himmelblau. Fr.stiele aufrecht. / 6 bis 9 / Kollin-subalpin. Äcker, Wegränder, Schuttstellen; zerstr. [2157]
L. defléxa (WAHLENB.) GARCKE (*E. deflexum* (WAHLENB.) LEHM.), *Wald-I.* – Pfl. 25–120 cm. St. meist vom Grunde an ästig. B. lanzettl., abstehend behaart. Bl. 3–6 mm lg. Kr. himmelblau. Fr.stiele zurückgebogen. / 6 bis 8 / (Kollin-)montan-subalpin(-alpin). Wälder, Schluchten, Balmen; zerstr. A. [2158]

454. Eritríchium SCHRADER, *Himmelsherold*

E. nanum (L.) SCHRAD. ex GAUDIN, *Himmelsherold.* – Pfl. seidenglänzend-zottig. St. 2–3 cm. B. lanzettl. Bl. lebhaft azurblau (sehr selten weiss), in armbl. Trauben. / 7 bis 8 / (Subalpin)-alpin. Felsen; bei uns fast ausschliessl. auf Silikatgestein; zerstr. A. [2159]

455. Omphalódes MILLER, *Nabelnuss*

O. verna MOENCH, *Nabelnuss, Falsches Vergissmeinnicht.* – St. kriechend, mit aufsteigenden, 5–20 cm lg. Ästen. Die unteren, grundst. B. gestielt, eifg. bis herzfg. Bl. in wenigbl. Trauben. Kr. 8–12 mm br., azurblau. / 4 bis 6 / Kollin-montan. Als Zierpfl. kult. und hie und da verwildert. [2152]

456. Cynoglóssum L., *Hundszunge*

C. officinále L., *Gebräuchliche H.* – Pfl. 30–100 cm, kurzhaarig-grau. B. längl.-lanzettl., derb. Kr. mattblutrot. / 5 bis 7 / Kollin-subalpin(-alpin). Steinige Orte, Dämme; zerstr. [2153]
C. germánicum JACQ. (*C. montanum* LAM.), *Deutsche H.* – Pfl. 30–100 cm, zerstr. behaart. B. elliptisch bis lanzettl., dünn, oberseits fast kahl und glänzend. Kr. mattblutrot. / 6 bis 7 / Montan. Bergwälder; s. J. – V, Salève bei Genf. [2155]

457. Lithospérmum L., *Steinsame*

L. officinále L., *Gebräuchlicher S.* – St. 30–80 cm, dicht beblättert. B. lanzettl., zugespitzt, unterseits mit deutl. vortretenden Seitennerven. Kr. grünl. od. gelbl.-weiss. Nüsschen glatt, weiss, glänzend. / 5 bis 7 / Kollin(-montan). Ufergebüsche, steinige Hänge; verbr. [2186]

458. Buglossoídes MOENCH, *Steinsame*

1. Bl. gross (12–15 mm im Durchm.), zuerst rot, dann tiefblau.
   B. púrpurocaerulea (L.) I. M. JOHNSTON (*Lithospermum purpuro-coeruleum* L.), *Blauer S.* – W.stock kriechend. St. 20–50 cm, dicht beblättert. B. lanzettl., zugespitzt. Nüsschen glatt, weiss, glänzend. / 5 bis 6 / Kollin(-montan). Wälder, Gebüsche; zerstr. J, Südwest- und Südschw. [2185]
– Bl. klein, weissl.
   B. arvénsis (L.) I. M. JOHNSTON (*L. arvense* L.), *Acker-S.* – St. 15–50 cm, entfernt beblättert. B. längl., verkehrt-eifg. bis lanzettl., untere stumpf, obere spitzl. ohne vortretende Seitennerven. Kr. weissl., selten bläul. od. rötl. Nüsschen runzlig-warzig, braun, matt. / 4 bis 6 / Kollin-montan(-subalpin). Äcker; zerstr. [2187]

459. Myosótis L., *Vergissmeinnicht*

1. K. angedrückt behaart *(Fig. 380/1)* od. kahl. 2
– K. ganz od. teilweise abstehend behaart; die Haare am Grunde des K. mit hakig gekrümmter Spitze *(Fig. 380/2)*. 4

380/1   380/2   380/3   380/4   380/5

2. Blstd. im unteren Teil mit Deckb. K. bis zur Mitte 5sp. Pfl. faserwurzelig. Pfl. von Grunde an rasig verzweigt.

M. caespitósa C. F. SCHULTZ (*M. laxa* LEHM. ssp. *caespitosa* (C. F. SCHULTZ) HYL. ex NORDH.), *Rasiges V.* – St. 15–40 cm, stielrund. B. längl. Kr. 2–5 mm im Durchm., blau, selten weiss. / 5 bis 7 / Kollin-montan. Feuchte Orte; zerstr. [2178]

– Blstd. meist ohne Deckb. K. nur bis ⅓ 5sp. Pfl. mit Rhizom, nicht vom Grunde an rasig verzweigt. 3

3. St. stielrund, bis 10 cm hoch.

M. rehsteíneri WARTMANN (*M. scorpioides* ssp. *caespititia* (DC.) E. BAUMANN), *Bodensee-V.* – Pfl. 2–10 cm, rasig. St. mit nach vorne gerichteten, anliegenden Haaren besetzt. Haare der B.unterseite gegen die Spitze gerichtet. Kr. 6–12 mm im Durchm. / 4 bis 5 / Kollin. Zeitweise überschwemmte Ufer; s. Rhein, Bodensee. [2177]

– St. kantig, meist über 20 cm hoch.

M. scorpioídes L. em. HILL (*M. palustris* (L.) HILL), *Sumpf-V.* – Pfl. 10–100 cm, kriechend bis aufsteigend. St. stumpfkantig bis fast stielrund, Haare waagrecht abstehend bis schräg vorwärts gerichtet. B. oval. K.zähne 3eckig. Kr. (4–)6–8 mm im Durchm., blau, selten rötl. od. weiss. / 5 bis 7 / Kollin-subalpin. Feuchte Wiesen, Ufer; hfg. [2176]

M. nemorósa BESSER (*M. strigulosa* RCHB.), *Hain-V.* – Pfl. 10–40 cm. St. scharfkantig, glänzend, am Grunde mit rückwärtsgerichteten Haaren od. kahl. B. lanzettl. Kr. 4–6 mm Durchm., blau, selten rötl. od. weiss. / 5 bis 8 / (Kollin-)montan-subalpin. Gräben, feuchte Wiesen und Wälder; zerstr.

4. Saum der Kr. flach, 6–10 mm im Durchm. 5

– Saum der Kr. meist vertieft, 2–5 mm im Durchm. 6

5. K. in den Stiel verschmälert, bei der Fr.reife bleibend.

M. alpéstris F. W. SCHMIDT (*M. pyrenaica* auct.), *Alpen-V.* – St. 5–15 cm. K. mit zahlreichen angedrückten und wenigen abstehenden, meist hakig gekrümmten Haaren. Kr. lebhaft blau. Fr.stiele dick, wenig länger als der K. / 6 bis 7 / (Montan-)subalpin-alpin. Rasen; hfg. J (bis Creux-du-Van), A. – V (Sulzer Belchen). [2180]

– K. am Grunde abgerundet, bei der Fr.reife abfallend.

M. silvática EHRH. ex HOFFM., *Wald-V.* – Pfl. 15–50 cm, 2jährig od. ausdauernd. K. so lg. od. wenig länger als die Kr.röhre, mit schmal-3eckigen Zähnen. Hakig gekrümmte Haare des K. weich, 0,2 mm lg. Fr.stiele bis 5 mm lg. Klausen bis 1,6 mm lg., mit sehr kleiner, runder Ansatzstelle. Kr. zuerst rosa, dann blau (selten rosa od. weiss). / 5 bis 7 / Montan-subalpin. Feuchte Wiesen und Wälder, Hochstaudenfluren; verbr. [2179]

M. decúmbens Host (*M. silvatica* Ehrh. ex Hoffm. ssp. *frigida* Vestergren), *Niederliegendes V.* – Pfl. 20–40 cm, ausdauernd, oft mit Rhizom. K. kürzer als die Kr.röhre, mit br.-3eckigen Zähnen. Hakig gekrümmte Haare des K. steif, 0,4 mm lg. Klausen ca. 1,7–2 mm lg., mit br.-nierenfg. Ansatzstelle. Kr. wie bei voriger. / 6 bis 8 / Montan-subalpin. Feuchte Wiesen und Wälder, besonders an Quellfluren und Bächen; verbr. A.

6. K. zur Fr.zeit offen.

   M. ramosíssima Rockel ex Schultes (*M. collina* Hoffm., *M. hispida* Schlechtendal), *Hügel-V.* – St. 5–25 cm, unter der Fr.traube dünn und kürzer als diese zur Zeit der völligen Entwicklung. Kr. sehr klein, hellblau. Fr.stiele waagrecht abstehend, so lg. wie der K. od. ein wenig länger. / 4 bis 6 / Kollin-subalpin. Trockene Felder, Mauerkronen; zerstr. [2181]

– K. zur Fr.zeit durch die zusammenneigenden Zähne geschlossen (in gepresstem Zustand offen). 7

7. Fr.stiele länger als der K.

   M. arvénsis (L.) Hill (*M. intermedia* Link), *Acker-V.* – St. 15–40 cm. B. längl.-lanzettl. Bl. hellblau. Fr.stiele bis doppelt so lg. wie der K. / 4 bis 10 / Kollin-subalpin(-alpin). Äcker, Wiesen, Wegränder; hfg. [2182]

– Fr.stiele kürzer als der K. Bl. sehr klein.

   M. strícta Link ex R. u. S. (*M. arenaria* Schrader, *M. micrantha* Pallas), *Kleinblütiges V.* – St. 5–20 cm. Bl.traube am Grunde beblättert. Kr.röhre kurz, im K. eingeschlossen. Kr. hellblau. / 3 bis 5 / Kollin-montan(-subalpin-alpin). Sandige Äcker, Trockenstellen, Balmen; zerstr. [2183]

   M. díscolor Pers. (*M. versicolor* (Pers.) Sm., *M. lutea* auct.), *Farbwechselndes V.* – St. 10–25 cm. Bl.traube b.los. Kr.röhre zuletzt doppelt so lg. wie der K. Kr. zuerst hellgelb, dann rötl., zuletzt blau. / 4 bis 6 / Kollin. Äcker; s. s.; auch adv. [2184]

460. **Onosma** L., *Lotwurz*

1. Borstenhaare der B. auf Höckern mit allseitig abstehenden, kurzen, 0,1–0,3 mm lg. Börstchen *(Fig. 380/3)*, seltener einzelne Höcker kahl.

   O. pseudoarenária Schur s.l. (*O. helveticum* (Boissier) em. Teppner), *Schweizer L.* – Pfl. ausdauernd, 15–75 cm, gabelig verzweigt, mit zahlr. sterilen Trieben und aufsteigenden, oberwärts ± verzweigten Blühtrieben. Untere B. 5–20 cm lg., lineal-lanzettl. bis lg. spatelfg. B.oberseite mit 1–4 mm lg. Borsten, Höcker mit (0–)5–10(–20) Börstchen. K. zur Bl.zeit 10–16 mm lg., zur Fr.zeit 15–20 mm lg. Kr. blassgelb, (16–)18–25(–28) mm lg., ± behaart. Klausen 3–4(–5) mm br. / 5 bis 7 / Kollin(-montan). Sehr trockene, warme Rasen, Föhren- und Flaumeichenwälder sandiger, meist basischer Böden. A (Inneralpine Trockentäler). [2188, 2189]

    01. Untere B. 10–20mal so lg. wie br. Bl.stiele 0–2 mm lg.

      O. pseudoarenária Schur ssp. **helvética** Rauschert (*O. taurica* Willd. ssp. *helvetica* Br.-Bl., *O. helvetica* (Boissier) em. Teppner ssp. *helvetica* p.p.), *Schweizerische L.* – Pfl. 20–50 cm, ± aufrecht, graugrün. B.rand umgerollt. Kr. 20–24 mm lg. / 6 bis 7 / Wallis.

      O. pseudoarenária Schur ssp. **cineráscens** (Br.-Bl.) Rauschert (*O. taurica* Willd. ssp. *cinerascens* Br.-Bl., *O. helvetica* (Boissier) em. Teppner ssp. *helvetica* p.p.), *Aschgraue L.* – Pfl. schmächtiger als vorige, 15–30 cm, am

Grunde niederliegend-aufsteigend. B.rand stark umgerollt. Blstd. armbl. Kr.
16–18 mm lg. / 6 bis 7 / Ao.
– Untere B. 25–50mal so lg. wie br. Bl.stiele 2–4 mm lg.
    O. pseudoarenária SCHUR ssp. **tridentína** (WETTST.) BR.-BL. (*O. tridentina*
WETTST., *O. helvetica* (BOISSIER) em. TEPPNER ssp. *tridentina* (WETTST.)
TEPPNER), *Tridentiner L.* – Pfl. 25–50 cm, bogig aufsteigend, hell graugrün.
Höcker der Borsten zum Teil kahl. Kr. 18–20 mm lg. / 5 bis 6 / Vintschgau.

– Borstenhaare der B. auf kahlen Höckern *(Fig. 380/4).*
    O. arenária W. u. K. ssp. **pennína** BR.-BL. (*O. helvetica* (DC.) BOISSIER,
O. pennina (BR.-BL.) BINZ, *O. vaudensis* GREMLI), *Penninische L.* – Pfl.
ausdauernd, 20–70 cm, verzweigt, mit sterilen Trieben und aufrechten
od. aufsteigenden, ± verzweigten od. einfachen Blühtrieben. Untere B.
5–18 cm lg., schmal-lanzettl. bis spatelfg. B.oberseite mit 1,5–2 mm lg.
Borsten, Höcker kahl od. selten mit 1–5 Börstchen von 0,1–0,2 mm
Länge. K. zur Bl.zeit 10–20 mm lg., zur Fr.zeit 16–19 mm lg. Kr. blassgelb, (20–)22–25 mm lg., kahl od. mit Haaren an den Zipfeln und an von
dort ausgehenden Linien. Klausen (3–)3,4–3,6 mm br. / 6 bis 7 / Kollin
(-montan). Sehr trockene, warme Rasen, Föhren- und Flaumeichenwälder sandiger, meist basischer Böden. A (Waadt, Wallis). – Val Divedro.
[2190/2191]

461. **Cerínthe** L., *Wachsblume*

1. Kr.zipfel lanzettl., gerade zusammenneigend. Kr.röhre bis zur Mitte
eingeschnitten.
    C. minor L., *Kleine W.* – St. 15–60 cm. Untere B. spatelfg., zur Bl.zeit ab-
gestorben. B.rand gewimpert. Kr. 1–1,2 cm lg., gelb, am Grunde mit od.
ohne braunviolette Flecken. / 5 bis 8 / Kollin-subalpin(-alpin). Nährstoffreiche, trockene Orte, Brachen, Ruderalstellen, Weiden; s. s. adv. –
Els. (adv.), Alpensüdfuss verbr.
– Kr.zipfel eifg., an der Spitze zurückgerollt. Kr.röhre nur seicht eingeschnitten.
    C. glabra MILLER (*C. alpina* KIT.), *Alpen-W.* – St. 25–50 cm, nebst den B.
ganz kahl. Kr. 1–1,5 cm lg., blassgelb, mit goldgelbem Saum und 5 pur-
purroten Flecken am Grunde der Buchten. Stbf. $\frac{1}{4}$ so lg. wie die Stb.beu-
tel. / 6 bis 8 / (Montan-)subalpin(-alpin). Hochstaudenfluren, steinige
Hänge; auf Kalk; zerstr. J (bis Kt. Neuenb.), A. [2193]
    C. major L., *Grosse W.* – St. 30–35 cm. B. warzig, am Rande gewimpert.
Kr. 2,5–3 cm lg., am Grunde gelbl., oberwärts violett, od. ganz gelbl. od.
ganz violett. Stbf. so lg. wie die Stb.beutel. / 6 / Kollin. Unbebaute Stellen; hie und da; verschleppt. [2195]

462. **Échium** L., *Natterkopf*

E. vulgáre L., *Natterkopf.* – St. 30–90 cm, nebst den B. borstig-steifhaarig.
B. lanzettl. Kr. zuerst rosa, dann himmelblau, seltener fleischrot od.
weiss. / 5 bis 10 / Kollin-subalpin. Kiesige Orte, Wegränder; hfg. [2196]

463. **Anchúsa** L., *Ochsenzunge*

1. Kr. blassgelb.
    A. ochroleúca M. B., *Fahlgelbe O.* – Pfl. 30–80 cm, dicht, kurz anliegend

behaart, mit einzelnen Borstenhaaren. B. schmal-lanzettl., ganzrandig.
K. nicht mehr als auf ⅔ geteilt, mit br. abgerundeten, häutigen Zipfeln.
Kr. 7–10 mm br. / 5 bis 7 / Kollin. Ruderalstellen; s. – Els. (Mülhausen,
Hart); eingebürgert. Stammt aus Südosteuropa.
– Kr. blau, violett, rötl. od. weissl. 2
2. Kr.röhre kniefg. gebogen *(Fig. 380/5).* Bl. monosymm. 3
A. arvénsis (L.) M. B. (*Lycopsis arvensis* L.), *Krummhals.* – St. 15–30 cm,
nebst den B. dicht steifhaarig. B. lineal-lanzettl., ausgeschweift gezähnt.
Kr. klein, himmelblau. / 6 bis 9 / Kollin-subalpin. Äcker, Wegränder,
Schuttstellen; zerstr. [2167]
– Kr.röhre gerade. Bl. radiärsymm. 3
3. K. fast ganz bis zum Grunde geteilt. Bl. auffallend gross, ca. 15 mm br.
A. azúrea MILL. (*A. italica* RETZ.), *Italienische O.* – St. 60–140 cm, ästig,
steifhaarig. B. lanzettl. Bl. lebhaft azurblau. Schlundschuppen weiss,
längl., pinselfg. behaart. / 5 bis 8 / Kollin. Wegränder, Schuttstellen; s.
und unbeständig. [2169]
– K. nicht mehr als auf ⅔ geteilt. Bl. kleiner, bis 10 mm br. 4
4. K.zähne spitz.
A. officinális L., *Gemeine O.* – St. 30–90 cm, ästig, steifhaarig. B. längl. bis
lineal-lanzettl., ganzrandig. Bl. anfangs karminrot, dann dunkelblauvio-
lett, selten hellrot od. weiss. Schlundschuppen eifg., kurzhaarig-samtig. /
5 bis 9 / Kollin-montan(-subalpin). Wegränder, Schuttstellen; zerstr.
[2168]
– K.zähne stumpf.
A. undulata L., *Welligblättrige O.* – Pfl. 10–50 cm, mit langen, rauhen
Haaren und kurzen Flaumhaaren. B. am Rande wellig, kraus, ausgeschweift gezähnt. Kr. blauviolett od. purpurn. / 6 bis 9 / Kollin. Ruderalstellen. – Els. (Mülhausen); eingebürgert. Stammt aus Südosteuropa.

464. **Nónnea** MED., *Mönchskraut*

N. lútea (DESR.) RCHB., *Gelbes M.* – Pfl. einjährig, flaumig-borstig und
drüsig behaart. St. 10–40 cm, aufrecht, unverzweigt, meist mehrere.
Obere B. lanzettl., sitzend, untere spatelfg. K. zur Fr.zeit 12–18 mm lg.
Kr. hellgelb. Nüsschen netzig-runzlig mit glattem Basalring. / 4 bis 6 /
Kollin. Weinberge, Ruderalstellen trockenwarmer Gebiete; s. und unbeständig. (Aus Gärten verwildert.) [2175]
N. púlla (L.) DC., *Braunes M.* – Pfl. mehrjährig, grauborstig und mehr
od. weniger drüsig behaart. St. aufrecht, oberwärts verzweigt. B. wie bei
voriger. K. zur Fr.zeit 9–12 mm lg. Kr. braunviolett bis schwarzpurpurn,
selten gelbl. Fr. warzig-runzlig mit geripptem Basalring. / 5 bis 8 / Kol-
lin(-montan). Raine, Wegborde, Äcker warmer Gebiete; s. und zum Teil
mehr od. weniger beständig. [44A]

465. **Pulmonária** L., *Lungenkraut*[1]

1. Spreiten der ausgewachsenen Grundb. (Sommerb. der seitl. Triebe) eilanzettl., am Grunde herzfg. od. abgerundet, plötzl. in den schmalen
Stiel zusgez. B. ungefleckt od. hellgrün bis weiss gefleckt. 2

[1] Bearbeitet von M. Bolliger.

– Spreiten der Sommerb. meist elliptisch-lanzettl., ± allmähl. in den Stiel verschmälert. B. ungefleckt (od. nur wenige Pfl. einer Population gefleckt). 3

2. Spreitengrund der Sommerb. herzfg.; auf der Oberseite der B. neben locker stehenden, bis 3 mm lg. Borsten, sehr dicht stehende kurze Stachelhöcker (0,02–0,08 mm) vorhanden.

P. obscúra DUMORTIER (*P. officinalis* L. ssp. *obscura* (DUMORTIER) MURBECK), *Dunkelgrünes L.* – St. 10–30 cm. B. ungefleckt; Spreite 7–15 cm lg. und 4–10 cm br. Pfl. mit lg.gestreckten Erdsprossen waagrecht kriechend. Kr. 8–16 mm lg., zuerst lila, dann violett und nachher blau. / 3 bis 5 / Kollin-montan. Frische Laubmischwälder; verbr. J, M.

P. officinális L. (*P. maculosa* HAYNE), *Gemeines L.* – St. 10–40 cm. B. meist deutl. hellgrün bis weiss gefleckt; Spreite 10–18 cm lg. und 4–10 cm br. Erdsprosse meist lg.gestreckt und kriechend. Kr. 12–20 mm lg. / 3 bis 5 / Kollin-subalpin. Frische Laubmischwälder, Tannenwälder und Gebüsche; zerstr. M (Westschw. s., alte Aare bei Lyss, Auen der Thur), A (Unterwallis und südl. T verbr.).

– Spreitengrund der Sommerb. abgerundet od keilfg. gestutzt; neben lokkerstehenden, bis 3 mm lg. Borsten, zahlreiche kurze Borsten (0,1–0,5 mm) vorhanden.

P. helvética BOLLIGER, *Schweizerisches L.* – St. 20–60 cm. B. undeutl. hellgrün gefleckt bis fast ungefleckt, oft auffallend gross; Spreite bis 30 cm lg. Kr. 15–24 mm lg., zuerst rosa, später blau bis blauviolett; Kr.röhre innen unterhalb des Haarrings meist behaart. / 3 bis 5 / Kollin(-montan). Frische bis feuchte Laubmischwälder, Gebüsche und Waldschläge; s. M (zwischen Neuenburger- und Genfersee).

3. Spreiten der Sommerb. elliptisch- bis eilanzettl., mit Grauschimmer. Stieldrüsen (0,6–1,3 mm) meist zahlreich, junge B. und Blstd. stark drüsig-klebrig.

P. móllis WULFEN ex HORNEMANN ssp. **alpígena** SAUER (*P. tuberosa* auct. non SCHRANK p.p., *P. montana* s.l. auct. non LEJEUNE p.p.), *Weiches L.* – St. 15–50 cm. B. ungefleckt, wellig-kraus, weichhaarig, neben locker stehenden bis 3 mm lg. Borsten meist zahlreiche kurze Borsten (0,1–0,5 mm) vorhanden. Kr. 15–25 mm lg., zuerst rötl., dann rotviolett od. violett. Kr.röhre innen dicht behaart. / 3 bis 6 / Kollin-subalpin. Auenwälder, Gebüsche, frische Buchen- und Nadelwälder. J (Val de Ruz, Vallon de St-Imier, Birstal), M (s.), A (s.; Voralpen, Wallis).

> **P. mollis** wird in der Schweiz ausschliessl. durch diese Unterart vertreten. Die Typus-Unterart ssp. **mollis** ist im östlichen Mitteleuropa verbreitet.
> **P. collína** SAUER, *Hügel-L.* – B. elliptisch-lanzettl., spärl. mit Stieldrüsen besetzt, nicht od. nur schwach klebrig. Kr.röhre innen schwach behaart bis kahl. – Diese Art wurde von Sauer aus Bayern beschrieben und soll in der Schweiz vom Wallis nordwärts bis zum Schwarzwald vorkommen. In ihren äusseren Merkmalen gleicht sie P. montana, gehört aber aufgrund der Chromosomenzahl eindeutig in die *mollis*-Gruppe. Die Unterscheidung von *P. mollis* ist schwierig, weil Genintrogressionen die Artgrenzen verwischen. Die Art sollte weiter untersucht und ihre geographische Verbreitung im Gebiet abgeklärt werden.

– Spreiten der Sommerb. stets elliptisch-lanzettl., ohne Grauschimmer. Stieldrüsen spärl. od. fehlend. Blstd. nicht klebrig. 4

4. Spreiten der Sommerb. br. elliptisch-lanzettl., 3,5–5mal so lg. wie br.;

obere Stlb. 3–4,5mal so lg. wie br. Kr. zuerst rötl., dann braun- od. blau-violett.

P. montána LEJEUNE (*P. tuberosa* auct. non SCHRANK p.p., *P. vulgaris* auct. non MÉRAT p.p., *P. angustifolia* auct. non L. p.p.), *Berg-L.* – St. 10–50 cm. B. meist ungefleckt, selten einzelne Pfl. mit hellgrünen bis weissl. Flecken. B. oberseits mit auffallend zahlreichen Kurzdrüsen (0,2–0,14 mm), aber nur spärl. mit Stieldrüsen (0,6–1,3 mm). Blstd. zur Bl.zeit lokkerbl. und oft weit ausladend. Kr. 12–24 mm lg. / 3 bis 5 / Kollin-montan; verbr. J (bis Ajoie).

> **P. montana** LEJEUNE ssp. **montána**, *Berg-L.* – St. 20–50 cm. Sommerb. 25–50 cm. K. zur Bl.zeit 10–16 mm lg. – Kollin(-montan). Eichen-Hainbuchenwälder, Hecken, Gebüsche; verbr. J.
>
> **P. montana** LEJEUNE ssp. **jurána** (GRABER) SAUER, *Jura-L.* – Zierlicher als vorige. St. 10–35 cm. Sommerb. 12–35 cm. K. zur Bl.zeit 6–12 mm lg. – Montan. Haselgebüsche, Ränder von Rotbuchenwäldern; s. J (Dôle, Marchairuz, Chasseron, Creux-du-Van).

– Spreite der Sommerb. schmal elliptisch-lanzettl., 5–8mal so lg. wie br.; obere Stlb. 4–7mal so lg. wie br. Kr. zuerst rötl., dann leuchtend azurblau.

P. austrális (MURR) SAUER (*P. angustifolia* auct. non L. p.p., *P. azurea* auct. non BESSER p.p.), *Südalpen-L.* – St. 10–35 cm. B. ungefleckt, nur spärl. mit Stieldrüsen; Blstd. nicht klebrig, reichbl. Kr. 12–34 mm lg., intensiv azur- bis violettblau. / 4 bis 6 / Montan-subalpin. Haselgebüsch, Wildheuplanken, Halbtrockenrasen, lichte Birkenwälder. A (Wallis, zerstr.; T, Graub. verbr.).

466. Sýmphytum L., *Wallwurz*

1. St. 30–120 cm hoch, meist vom Grunde an ästig.

S. officinále L., *Gemeine W., Beinwell.* – Pfl. rauhhaarig. B. eifg.-lanzettl., die oberen am St. herablaufend. Kr. schmutzig-rotviolett od. gelbl.-weiss. / 5 bis 8 / Kollin-montan. Feuchte Wiesen, Gräben; verbr. [2161]

S. ásperum LEPECHIN, *Rauhe W., Comfrey.* – Pfl. stechend-borstig. B. nicht herablaufend. Kr. zuerst rötl., dann hellblau. / 5 bis 8 / Kollin. Als Futterpfl. kult. und verwildert. [2162]

– St. 15–40 cm hoch, einfach od. oben verzweigt.

S. bulbósum C. SCHIMPER, *Knollige W.* – W.stock kriechend, dünn, mit kugeligen Knollen. St. 20–40 cm. Kr. hellgelb. Schlundschuppen aus der Kr. hervortretend. Stbf. so lg. wie die Stb.beutel. / 4 / Kollin-montan. Weinberge, Grasplätze; s. T. – Els. (bei Thann, eingebürgert). [2164]

S. tuberósum L., *Knotige W.* – W.stock fleischig, stellenweise knotig verdickt. St. 15–30 cm. Kr. gelbl.-weiss. Schlundschuppen nicht aus der Kr. hervortretend. Stbf. halb so lg. wie die Stb.beutel. / 4 bis 5 (7) / Kollin-montan. Laubwälder, Wiesen. Besonders südl. T. [2165]

467. Borágo L., *Borretsch*

B. officinális L., *Borretsch.* – Pfl. 25–60 cm, stechend-steifhaarig. B. elliptisch. Bl. lg. gestielt. Kr. himmelblau, selten weiss. / 5 bis 8 / Kollin(-montan). Kult. und verwildert. [2166]

Fam. 123. **Solanáceae.** *Nachtschattengewächse*

Einjährige Kräuter, Stauden, Sträucher od. Bäume. B. wechselst., einfach od. zusges. Nebenb. fehlend. Bl. in Wickeln od. einzeln, zwittrig, radiärsymm. od. monosymm. Kb. 4–5, verwachsen, zur Fr.zeit oft vergrössert. Krb. 4–5, verwachsen, in der Knospe gefaltet. Stbb. 5(–8), der Kr. eingefügt. Frb. 2, schräg gegen die Mediane gestellt, zu einem oberst. Frkn. verwachsen. Beeren, Kapseln.

1. Stbf. sehr kurz. Stb.beutel kegelfg. vereinigt. 2
– Stbf. länger als die Stb.beutel; diese nicht kegelfg. vereinigt. 3
2. Kr. gelb.   **Lycopersicon 474**
– Kr. nicht gelb.   **Solanum 475**
3. Dorniger Strauch mit lanzettl. B.   **Lycium 469**
– Krautpfl. 4
4. Bl. einzeln (selten zu 2), b.winkelst. 5
– Bl. ährig, traubig od. rispig angeordnet. 9
5. Fr. eine stachlige Kapsel. Kr. trichterfg., weiss.   **Datura 476**
– Fr. eine Beere. 6
6. B. buchtig gezähnt. Kr. glockenfg. *(Fig. 387/1)*, mit hellblauem Saum.
                                                               Nicandra 468
– B. ganzrandig od. etwas geschweift gezähnelt. 7
7. Kr. radfg.-glockenfg. *(Fig. 387/2)*, schmutzigweiss.   **Physalis 473**
– Kr. röhrenfg.-glockenfg. *(Fig. 387/3)*, braunviolett od. glänzend
  braun. 8
8. K. 5teilig-5spaltig. Kr. aussen braunviolett, innen schmutzig gelb.
                                                                Atropa 470
– K. 5zähnig. Kr. aussen glänzend braun, innen olivgrün.   **Scopolia 471**
9. Bl. fast sitzend. Deckelkapsel.   **Hyoscyamus 472**
– Bl. gestielt. 2klappig aufspringende Kapsel.   **Nicotiana 477**

468. **Nicándra** ADANSON, *Giftbeere*

N. physalódes (L.) GAERTNER, *Giftbeere*. – Pfl. 50–100 cm. St. ästig. B. eifg. od. elliptisch, buchtig gezähnt bis gelappt. Kb. pfeilfg., spitz, die Fr. vollständig verdeckend. Kr. mit hellblauem Saum und weissem Grund. Beere fast saftlos. / 7 bis 10 / Kollin. Als Zierpfl. kult. und hie und da verwildert. Stammt aus Peru. [2294]

469. **Lýcium** L., *Bocksdorn*

L. bárbarum L. (*L. halimifolium* MILLER), *Bocksdorn*. – Strauch mit schlanken, rutenfg. Zweigen. B. lanzettl. Bl. gestielt, zu 1–3 in den B.winkeln. Kr. rötl.-violett. / 6 bis 8 / Kollin(-montan). Zierpfl. aus dem Mittelmeergebiet; hie und da verwildert. [2289]

470. **Átropa** L., *Tollkirsche*

A. bella-donna L., *Tollkirsche*. – St. 60–150 cm, ästig. B. eifg., ganzrandig, in den Stiel verschmälert. Bl. zu 1–3, 2,5–3,5 cm lg. Kr. braunviolett. Beere kirschgross, schwarz, glänzend. / 6 bis 8 / Kollin-montan. Wälder; zieml. verbr. [2291]

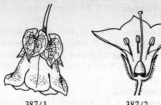

387/1   387/2   387/3

471. Scopólia JACQ., *Tollkraut*

S. carniólica JACQ., *Tollkraut.* – St. 30–60 cm, am Grunde mit schuppenartigen Niederb., gabelig-verästelt. B. verkehrt-eifg., in den Stiel verschmälert, ganzrandig od. mit ganz schwachen Buchten. Bl. einzeln, achselst., an zieml. lg. Stielen nickend, bis 2,5 cm lg. K. glockenfg. Kr. röhrig-glockenfg., aussen glänzend braun, innen mattolivgrün. / 4 bis 5 / Montan(-subalpin). Steinige, buschige Hänge. – Val Sessera nordöstl. Biella.

472. Hyoscýamus L., *Bilsenkraut*

H. niger L., *Bilsenkraut.* – Pfl. 30–120 cm, ästig, klebrig-zottig. B. längl.-eifg., grob buchtig-gezähnt, obere halbumfassend. Bl. fast sitzend, einseitswendig. Kr. gelbl., violett geadert. / 6 bis 9 / Kollin-montan(-subalpin). Schuttstellen, Gartenland; hie und da. [2292]

473. Phýsalis L., *Judenkirsche*

Ph. alkekéngi L., *Judenkirsche.* – Pfl. 30–70 cm, mit kriechendem W.stock. B. eifg., spitz, etwas ausgeschweift. K. zur Fr.zeit sehr vergrössert, blasig aufgetrieben, rot, die rote Beere einschliessend. Kr. schmutzigweiss. / 5 bis 8 / Kollin(-montan). Wegränder, Gebüsche, Weinberge; zerstr.; auch kult. und verwildert. [2293]

474. Lycopérsicon MILLER, *Tomate*

L. esculéntum MILLER (*Solanum lycopersicum* L.), *Tomate.* – Pfl. 40–120 cm. St. ästig, nebst B., Bl.stielen und K. drüsenhaarig. B. unterbrochen gefiedert. Beere kirschen- bis apfelgross, niedergedrückt-kugelig, leuchtend rot. / 7 bis 10 / Kollin(-montan). Kult. und hie und da verwildert. Stammt aus Peru. [2296]

475. Solánum L., *Nachtschatten*

1. B. unterbrochen gefiedert.
S. tuberósum L., *Kartoffel, Erdapfel.* – Pfl. 50–80 cm, kurzhaarig. Grundachse ästig, essbare Knollen treibend. Kr. weiss, violett od. rötl. Beere kugelig, grün. / 6 bis 8 / Kollin-montan(-subalpin). Kult. und verwildert. Stammt aus Südamerika. [2297]

– B. ungeteilt od. am Grunde mit 1–2 Seitenabschn. 2
2. Kr. violett.
   S. dulcamára L., *Bittersüss.* – Hauptst. holzig, oft kletternd und dann bis 3 m lg. werdend. Zweige krautig. B. längl.-eifg., ungeteilt od. am Grunde mit 1–2 (sehr selten bis 4) kleinen Seitenabschn. Beere eifg., rot. / 6 bis 8 / Kollin-montan(-subalpin). Ufer, Gebüsche; hfg. [2298]
– Kr. weiss. Beere kugelig. 3
3. B. längl.-lanzettl., ganzrandig.
   S. sublobátum WILLD. ex R. u. S. (*S. gracile* OTTO, *S. ottonis* HYLANDER), *Zierlicher N.* – St. 30–60 cm, nebst den B. kurz-weichhaarig; die obersten Teile der Pfl. fast filzig. Beere schwarz. / 6 bis 9 / Kollin. Wegränder, Mauern. Eingebürgert im südl. T. Stammt aus Südamerika. [2302]
– B. eifg. od. fast 3eckig, meist buchtig gezähnt.
   S. nigrum L. em. MILLER, *Schwarzer N.* – Pfl. 10–80 cm, mehr od. weniger dicht anliegend-steifhaarig bis kahl. Beere schwarz, seltener gelb od. grünl.-gelb, selten mennigrot. / 6 bis 10 / Kollin-montan. Wegränder, Schuttstellen; hfg. [2300]
   S. lúteum MILLER (*S. villosum* LAM.), *Gelber N.* – Pfl. 10–40 cm, kraushaarig bis fast graufilzig. Beere orangegelb. / 7 bis 10 / Kollin. Wie vorige; s. T u. a. [2301]

476. **Datúra** L., *Stechapfel*

   D. stramónium L., *Stechapfel.* – Pfl. 30–100 cm, ästig. B. kahl, zugespitzt, buchtig gezähnt. Bl. gross (6–9 cm lg.), einzeln. Kr. weiss. Kapsel unvollständig 4klappig. / 6 bis 10 / Kollin(-montan). Schuttstellen, Gartenland; zerstr. und oft unbeständig. Stammt aus Mittelamerika. [2303]

477. **Nicotiána** L., *Tabak*

   N. tabácum L., *Virginischer T.* – St. 80–150 cm. B. sitzend, längl.-lanzettl., zugespitzt od. (var. **macrophýlla** [SPRENGEL] SCHRANK [*N. latissima* MILLER]) br.-elliptisch od. eilanzettl. Kr. trichterfg., rosarot. / 7 bis 10 / Kollin. Kult. Stammt aus Südamerika (vermutl. Kreuzung zweier in Argentinien heimischer Arten). [2304]
   N. rústica L., *Bauern-T.* – St. 50–100 cm. B. gestielt, eifg., stumpf. Kr. röhrig, mit tellerfg. ausgebreitetem Saum, grünl.-gelb. / 7 bis 10 / Kollin. Kult. Stammt aus Mittelamerika und dem nördl. Südamerika. [2305]

Fam. 124. **Buddlejáceae.** *Buddlejagewächse*

Bäume, Sträucher od. Kräuter mit meist gegenst., einfachen B. Nebenb. vorhanden. Bl. in Trauben od. Rispen, zwittrig, radiärsymm. od. schwach monosymm. Kb. 4(–5), verwachsen. Krb. 4(–5), röhrig verwachsen. Stbb. 4, der Kr.röhre eingefügt. Frb. 2, zu einem oberst., selten halbunterst. Frkn. verwachsen. Kapseln, Steinfr. od. Beeren.

478. **Buddléja** L., *Buddleja*

   B. davídii FRANCHET (*B. variabilis* HEMSLEY), *Buddleja.* – Strauch, 2–3 m hoch. B. lanzettl., lg. zugespitzt, gezähnt, unterseits graufilzig. Bl. in dichten, zylindrischen, 20–50 cm lg. Rispen. Kr. violett, röhrig, mit 4zipfligem Saum. / 7 bis 8 / Kollin. Als Zierpfl. kult.; nicht s. auf Ödland und an Trümmerstellen verwildert und hie und da (hfg. im T) eingebürgert. Stammt aus China. [2094]

Fam. 125. **Scrophulariáceae.** *Braunwurzgewächse Rachenblütler*

Einjährige Kräuter od. Stauden, selten (bei uns nie) Sträucher, mit wechselst. od. gegenst., selten quirlst., einfachen B. Nebenb. fehlend. Bl. nie endst., in traubigen, rispigen od. cymösen Blstd., zwittrig, ± monosymm. Kb. 4–5, frei od. verwachsen. Krb. 5, verwachsen, Kr.röhre oft 2lippig, bisweilen am Grund ausgesackt *(Fig. 389/1)* od. gespornt *(Fig. 389/2)*, od. durch Verwachsung der beiden oberen Krb. 4lappig *(Fig. 389/3)*. Stbb. der Kr.röhre eingefügt, selten 5, durch Rückbildung des oberen od. auch der beiden unteren meist 4 od. 2. Frb. 2, zu einem oberst. Frkn. verwachsen. Mehrsamige, 2klappig aufspringende Kapseln.
Anmerkung: Viele Rachenblütler werden beim Trocknen schwarz. Beim Sammeln Bl.farbe notieren!

1. Stbb. 4. 4
– Stbb. 2 od. 5. 2
2. Stbb. 2. 3
– Stbb. 5, ungleich, einige od. alle mit violetten od. weissen Wollhaaren. Kr. radfg., 5sp. **Verbascum 479**
3. Kr. radfg., mit oft ungleichen Zipfeln *(Fig. 389/3)*. **Veronica 493**
– Kr. 2lippig, mit verlängerter Röhre *(Fig. 389/4)*. Neben den fruchtbaren Stbb. 2 unfruchtbare. **Gratiola 488**
4. Pfl. ohne grüne B. **Lathraea 501**
– Pfl. mit grünen B. 5
5. B. und Bl.stiele grundst. **Limosella 489**
– St. beblättert. Bl.stiele nicht grundst. 6
6. Kapsel einfächerig und einsamig. Kr. gelb, mit 5 fast gleichen Zipfeln. **Tozzia 500**
– Kapsel mehrsamig, meist, wenigstens am Grunde, 2fächerig. 7
7. K. 4zähnig od. 4sp. 8
– K. 5zähnig, 5sp., 5teilig od. 2lippig. 12
8. K. zusgedr., aufgeblasen. Kr. gelb; Oberlippe unter der Spitze jederseits mit einem violetten od. weissl. Zahn *(Fig. 390/1)*. **Rhinanthus 498**
– K. röhrenfg. od. glockenfg. 9
9. B. ganzrandig od. die oberen am Grunde mit 2–3 grossen Zähnen. Kapselfächer 1–2samig. S. glatt. **Melampyrum 499**

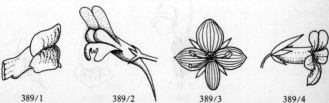

389/1   389/2   389/3   389/4

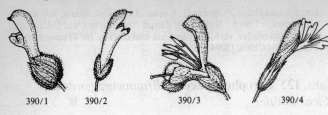

390/1   390/2   390/3   390/4

390/5   390/6   390/7

21. Bl. klein (nicht über 8 mm). Kr. fast kugelig, 2lippig, mit sehr kurzer Unterlippe, grünl., schmutzigbraun, purpurbraun od. violett.
          Scrophularia 480
– Bl. gross. Kr. röhrenfg., mit 2lippigem Saum, gelb.   **Mimulus 487**
22. Bl. in einer lg., ährenfg. Traube. Kr. glockenfg. od. röhrenfg.-glockenfg.
   (Fig. 390/6). St. 30–150 cm.   **Digitalis 491**
– Bl. in einer doldenfg., später verlängerten Traube. Kr. tellerfg.-trichterfg.
   (Fig. 390/7). St. 5–20 cm.   **Erinus 492**

479. Verbáscum L., *Wollkraut, Königskerze*

1. Bl. zu 1–4 in den Achseln der Tragb.; Haare fehlend od. unverzweigt. 2
– Bl. zu 2 od. mehreren in den Achseln der Tragb.; Haare verzweigt.   3
2. Pfl. im Blstd. drüsig behaart, sonst kahl.
   V. blattária L., *Schabenkraut*. – St. 30–150 cm. B. gekerbt bis gelappt; obere Stlb. sitzend, herzfg. Bl. stets einzeln. Bl.stiele länger als die Tragb. und länger als der K. Kr. gelb, bis 3 cm im Durchm. 3 Stb.beutel nierenfg., 2 längl., herablaufend. Stbf.wolle purpurviolett. / 6 bis 8 / Kollin. Unbebaute, etwas feuchte Orte, Kunstwiesen; sehr zerstr.; oft unbeständig. [2308]
   V. virgátum WITH. (*V. blattarioides* LAM.), *Ruten-K.* – St. 30–120 cm. B. gekerbt bis gelappt; obere Stlb. sitzend, herzfg. Bl. zu 1–4. Bl.stiele kürzer als die Tragb. und höchstens so lg. wie der K. Kr. gelb, 3–4 cm im Durchm. Stb.beutel wie bei voriger. / 7 bis 10 / Kollin. Magere, kalkarme Böden wärmerer Lagen. Unbebaute Orte, Äcker. – Ain, Französ. Jura, Els. (Mülhausen).
– Pfl. überall drüsig und drüsenlos behaart.
   V. phoeníceum L., *Purpurrotes W.* – St. 30–100 cm. B. ausgerandet od. entfernt stumpf gekerbt. Kr. violett bis rotbraun. Alle Stb.beutel nierenfg. Stbf.wolle purpurviolett. / 5 bis 7 / Kollin. Trockene, magere Hänge. – Var. In der Schweiz adv.
3. Stbf.wolle purpurviolett. 4
– Stbf.wolle weissl.-gelb. 6
4. K. kahl od. spärl. behaart. Kr. aussen kahl.
   V. alpínum TURRA (*V. lanatum* SCHRADER), *Wolliges W.* – St. 40–120 cm. B. gekerbt-gezähnt bis fast gelappt, oberseits anliegend sternhaarig, unterseits wollig-filzig. Kr. gelb. / 5 bis 7 / Kollin-subalpin. Waldige Hänge. – Co.
– K. dicht behaart. Kr. aussen sternhaarig. 5
5. Basalb. am Grunde herzfg. Bl.stiele etwa doppelt so lg. wie der K.
   V. nigrum L., *Dunkles W.* – St. 30–100 cm. B. oberseits zerstr., unterseits dichter sternhaarig bis schwach filzig, einfach bis doppelt gekerbt. Kr. gelb. / 6 bis 8 / Kollin-montan(-subalpin). Wegränder, trockene, sonnige Stellen; verbr. [2310]
– Basalb. am Grunde abgerundet, abgestutzt od. kurz keilfg. Bl.stiele kaum länger als der K.
   V. chaíxii VILL. s.str., *Chaix' W.* – St. 40–100 cm. B. oberseits zerstr., unterseits dichter sternhaarig bis graufilzig, gekerbt bis fiederteilig. Kr. gelb. / 7 bis 8 / Kollin-montan. Wie vorige. Südl. T. – Co. [2311]

V. chaíxii VILL. ssp. **austríacum** (SCHOTT) HAYEK, *Österreichisches W.* – St. 40–100 cm. B. unterseits grün sternhaarig, obere fein gekerbt-gesägt, untere meist ganzrandig. Kr. gelb. / 7 bis 8 / Kollin-montan. Lockere, nährstoffreiche, lehmige Böden wärmerer Lagen. Wegränder, Ödland. – Veltlin, Vintschgau.

6. Alle Stb.beutel gleich gestaltet, nierenfg. 7
– 3 Stb.beutel nierenfg., 2 längl., herablaufend od. schräg angeheftet. 8
7. St. kantig gestreift. Behaarung bleibend.
V. lychnítis L., *Lampen-W.* – St. 50–150 cm. B. oberseits grün, fein angedrückt sternhaarig, unterseits angedrückt graufilzig, deutl. gekerbt. Kr. gelb, nicht selten weiss. / 6 bis 9 / Kollin-subalpin. Wegränder, trockene, warme Böden; verbr. [2316]
– St. stielrund. Behaarung sich flockig ablösend.
V. pulveruléntum VILL., *Flockiges W.* – St. 50–130 cm. B. dicht weissfilzig, zuletzt kahl werdend, fein gekerbt bis fast ganzrandig. Kr. gelb. / 6 bis 9 / Wie vorige; s. West- und Nordwestschw., T; auch adv. [2317]
8. 2 vordere Stb.beutel längl., 1–2 mm lg. Bl.stiele meist unterdrückt, mit dem St. verwachsen.
V. thapsus L., *Kleinblütiges W.* – St. 30–200 cm. B. grau wollig-filzig, am St. von Glied zu Glied herablaufend; grundst. B. kaum od. undeutl. gestielt. Kr. 12–22 mm br., gelb. 2 vordere Stbf. kahl od. in der Mitte mehr od. weniger einseitig behaart. / 6 bis 9 / Kollin-montan(-subalpin). Steinige, unbebaute Orte; verbr. [2313]
V. crassifólium DC. (*V. montanum* SCHRADER), *Dickblättriges W.* – St. 30–200 cm. B. gelbl. wollig-filzig, untere deutl. gestielt, wenig (nicht von Glied zu Glied) herablaufend. Kr. 15–28 mm br., vordere Stbf. dicht behaart. / 6 bis 9 / Montan-subalpin. Lockere, steinige Böden warmer Lagen; nicht hfg. Südl. J, A. [2315]
– 2 vordere Stb.beutel längl. bis lineal, 3,5–7 mm lg. Bl.stiele deutl.
V. densiflórum BERTOL. (*V. thapsiforme* SCHRADER), *Dichtblütiges W.* – St. 50–200 cm. B. am St. schmal geflügelt herablaufend, grau bis gelbl. wollfilzig. Kr. 30–50 mm br., gelb. / 6 bis 9 / Kollin-montan(-subalpin). Unbebaute Orte, Waldlichtungen; verbr., aber nicht hfg. [2314]
V. phlomoídes L., *Filziges W.* – St. 30–150 cm. Stlb. am Grunde herzfg. geöhrt umfassend od. kurz herablaufend, grau bis gelbl.-wollfilzig. Kr. 30–50 mm br., gelb. / 6 bis 9 / Kollin. Wie vorige; s. [2312]
Bastarde zahlreich.

480. **Scrophulária** L., *Braunwurz*

1. Bl. in b.winkelst. Trugdolden.
S. vernális L., *Frühlings-B.* – St. 30–60 cm, 4kantig, nebst B. und Bl.stielen drüsig-zottig. B. herzfg., doppelt gesägt-gekerbt. Bl. grünl.-gelb. / 5 bis 6 / Kollin-subalpin. Feuchte, schattige Orte. – V. In der Schweiz s. verschleppt. [2335]

392/1   392/2   392/3

- Bl. in einer endst., aus Trugdolden zusges. Rispe. 2
2. B. 1–2fach fiederschn.
   S. canína L., *Hunds-B.* – St. 30–70 cm. Blstd. mit fast sitzenden Drüsen.
K.zipfel mit br., weissem Rand. Oberlippe der Kr. ⅓ so lg. wie die Röhre.
Kr. bräunl.-violett; die seitl. Zipfel weiss. / 6 bis 8 / Kollin-montan. Stei-
nige Orte, Kiesplätze, stellenweise. [2336]
   S. jurat́ensis Schleicher (*S. hoppei* Koch), *Jurassische B.* – St. 20–40
cm. Blstd. mit gestielten Drüsen. K.zipfel mit schmalem, weissem Rand.
Oberlippe der Kr. mehr als ½ so lg. wie die Röhre. Kr. bräunl.-violett;
alle Zipfel mit weissem Rand. / 6 bis 8 / Kollin-subalpin. Felsschutt; auf
Kalk. J (bis Roggenfluh [Kt. Sol.]), A (Freib., T). – Formazzatal, Co.
[2337]
- B. ungeteilt. 3
3. St. und B.stiele br. geflügelt.
   S. auriculáta L. (*S. aquatica* L. em. Hudson), *Wasser-B.* – St. 60–120 cm.
B. längl., herzfg., abgerundet-stumpf, stumpf gekerbt, am B.stiel mit 2
kleinen Seitenb. Kr. purpurbraun. Stbb.rudiment rundl.-nierenfg., kaum
ausgerandet *(Fig. 392/1).* / 6 bis 8 / Kollin. Feuchte Orte; s. Südwestschw. (ob noch?). – Ain, Sav. [2339]
   S. umbrósa Dumortier (*S. alata* Gilib.), *Geflügelte B.* – St. 60–120 cm.
B. längl.-eifg., am Grunde verschmälert od. abgerundet, meist spitz, die
oberen scharf- und oft ungleich gesägt. Kr. grünl. bis rotbraun. Stbb.ru-
diment verkehrt-herzfg., 2sp., in den Stiel verschmälert *(Fig. 392/2)* od.
meist (var. *crenáta* [Neilr.] Hayek [var. *neesii* Asch.]) mit scharf abgesetztem Stiel *(Fig. 392/3).* Kr. grünl. bis rotbraun. / 6 bis 8 / Kollin-montan. Wie vorige; verbr. [2340]
- St. und B.stiele nicht geflügelt.
   S. nodósa L., *Knotige B.* – St. 50–120 cm. B. längl.-eifg., in den Stiel verschmälert, seltener etwas herzfg., doppelt gesägt. Kr. schmutzigbraun. /
6 bis 7 / Kollin-subalpin. Auenwälder, Gebüsche, Waldschläge; hfg.
[2348]

481. Antirrhínum L., *Löwenmaul*

   A. majus L., *Garten-L.* – St. 30–60 cm. Bl. 3–4 cm lg., in einer lockeren
Traube. K.zipfel eifg., viel kürzer als die Kr.; diese purpurrot, selten gelb
od. weissl. / 6 bis 8 / Kollin-montan. Als Zierpfl. kult. und hie und da an
Mauern verwildert. Stammt aus dem Mittelmeergebiet. [2332]

482. Misopátes Rafin., *Feldlöwenmaul*

   M. oróntium (L.) Rafin. (*Antirrhinum orontium* L.), *Feldlöwenmaul,
Katzenmaul.* – St. 15–30 cm. Bl. 10–12 mm lg., einzeln, voneinander entfernt stehend. K.zipfel lineal, so lg. od. länger als die Kr.; diese blassrosa.
/ 7 bis 10 / Kollin-montan. Felder, Ödland; zerstr. [2331]

483. Linária Miller, *Leinkraut*

1. Alle B. wechselst. Kr. gelb.
   L. vulgáris Miller, *Gemeines L.* – St. 30–80 cm, dicht beblättert. B. li-

neal-lanzettl. Achse des Blstd. und Bl.stiele meist drüsig. Bl. 20–30 mm lg. Kr. bleichgelb, mit orangefarbenem Gaumen. / 6 bis 9 / Kollin-montan(-subalpin). Äcker, Wegränder, steinige Orte; hfg. [2322]

L. angustíssima (LOISEL.) BORBAS (*L. italica* TREVIRANUS), *Italienisches L.* – St. 20–50 cm. B. lineal-lanzettl. Achse des Blstd. und Bl.stiele kahl. Bl. 16–22 mm lg. Kr. lebhaft zitronengelb. / 7 bis 8 / Kollin-montan(-subalpin). Trockenwarme Orte, felsige Hänge. Wallis, Graub. (Münstertal). – Ao., Langensee, Co., Veltlin, Bormio, Vintschgau.

– Untere B. gegenst. od. quirlst. 2
2. Bl.stiele und K. dünnhaarig.

L. arvénsis (L.) DESF., *Acker-L.* – St. 15–30 cm. B. schmal-lineal, blaugrün. Kr. hellblau, dunkler gestreift; Gaumen weiss, violett geadert. / 6 bis 8 / Kollin. Äcker, Schuttstellen; s. und unbeständig. [2328]

L. simplex (WILLD.) DC., *Einfaches L.* – St. 15–30 cm. B. lineal. Kr. hellgelb; Oberlippe fein violett gestreift. / 6 bis 8 / Wie vorige. [2329]

– Pfl. vollständig kahl. 3
3. Sporn höchstens halb so lg. wie die übrige Kr. Diese 0,7–1 cm lg.

L. repens (L.) MILLER em. WILLD. (*L. monspessulana* MILLER, *L. striata* DUMONT-COURSET), *Gestreiftes L.* – St. 20–80 cm, aufrecht. B. schmallanzettl., spitz. Blstd. verlängert. Kr. bläul. od. gelbl.-weiss; Oberlippe dunkelviolett gestreift. / 6 bis 9 / Kollin-subalpin. Äcker, Wegränder, Bahnareale; s. und meist vorübergehend; beständig in Gesteinsschutt im Neuenburger Jura (Doubs). [2327]

– Sporn etwa so lg. wie die übrige Kr. Diese 0,8–1,5 cm lg.

L. alpína (L.) MILLER, *Alpen-L.* – St. 8–15 cm, niederliegend. B. meist zu 4, lineal-längl., stumpf, etwas fleischig, blaugrün. Blstd. kurz. Kr. blauviolett, mit orangefarbenem Gaumen, od. einfarbig blauviolett (so auf Silikatgestein), sehr selten gelb. Zipfel der Kr.oberlippe 1–2mal so lg. wie br. Sporn unterseits abgeflacht. S. 1,2–2 mm im Durchm. / 6 bis 8 / (Subalpin-)alpin. Felsschutt, Moränen. M (Napf, Uetliberg), A; hie und da an Flussufern herabgeschwemmt. [2325]

L. petraea JORDAN (*L. alpina* (L.) MILLER var. *petraea* (JORDAN) RAPIN, *L. alpina* (L.) MILLER var. *jurana* DUCOMMUN), *Stein-L.* – St. 10–20 cm, aufsteigend. B. und Blstd. länger. Farbe der Kr. wie bei voriger. Zipfel der Kr.oberlippe 2–3mal so lg. wie br. Sporn dünn, zylindrisch. S. 2,5–3 mm im Durchm. / 6 bis 8 / Subalpin-alpin. Kalkschutt. J (bis Hasenmatt [Kt. Sol.]). – Sav., (Lemanische Alpen).

Bastard: L. repens × vulgaris.

484. **Kíckxia** DUMORTIER, *Schlangenmaul, Tännelkraut*

K. spúria DUMORTIER (*Linaria spuria* (L.) MILLER), *Eiblättriges S.* – St. 10–30 cm. B. eifg., die mittleren am Grunde abgerundet od. etwas herzfg. Bl.stiele meist zottig behaart. Kr. weissl.-gelbl. Oberlippe innen violett; Unterlippe dunkelgelb; Sporn gekrümmt. / 7 bis 10 / Kollin. Äcker, Ödland; zerstr. [2320]

K. elatíne DUMORTIER (*L. elatine* (L.) MILLER), *Pfeilblättriges S.* – St. 10–40 cm. B. eifg., die mittleren am Grunde spiess- und pfeilfg. Bl.stiele kahl. Kr. wie bei der vorigen Art, aber Sporn gerade. / 7 bis 10 / Kollin. Kalkarme Äcker, Ödland; zerstr. [2321]

485. **Cymbalária** HILL, *Zimbelkraut*

C. murális G. M. SCH. (*Linaria cymbalaria* (L.) MILLER), *Mauer-Z.* – St. 10–30 cm, rankenartig-fadenfg. B. herzfg.-rundl., 5lappig. Kr. hellviolett (selten weiss). / 4 bis 10 / Kollin(-montan). Mauern, Felsen; eingebürgert; zieml. verbr. Stammt aus Südeuropa. [2319]

486. **Chaenorrhínum** (DC.) Rchb., *Kleines Leinkraut*

Ch. minus (L.) LANGE (*Linaria minor* (L.) DESF.), *Kleines Leinkraut.* – Pfl. 5–30 cm, ästig, drüsig-behaart. B. lineal-lanzettl. Kr. klein, lila, mit blassgelbem Gaumen. / 6 bis 10 / Kollin-montan(-subalpin). Trockene Äcker, Felsschutt, Ödland; verbr. [2318]

487. **Mímulus** L., *Gauklerblume*

M. guttátus DC. (*M. luteus* auct.), *Gauklerblume.* – St. 30–90 cm. B. rundl. bis längl.-eifg., die oberen sitzend. Kr. gelb, braunpurpurn gefleckt. / 7 bis 9 / Kollin-montan. Gräben, Fluss- und Seeufer; hie und da eingebürgert. Stammt aus Nordamerika. [2342]

488. **Gratíola** L., *Gnadenkraut*

G. officinális L., *Gnadenkraut.* – St. 15–30 cm. B. halbumfassend, lanzettl., entfernt fein gezähnt. Bl. einzeln, b.winkelst. Kr. rötl.-weiss, mit gelber Röhre. / 7 bis 8 / Kollin-montan. Sumpfwiesen, Gräben, Teiche; Fundorte zurückgehend; M (s.), A (T, Graub. [Domleschg]). [2341]

489. **Limosélla** L., *Schlammkraut*

L. aquática L., *Schlammkraut.* – Pfl. 3–8 cm, mit Ausläufern. B. längl.-lineal, spatelfg. Bl. einzeln, kurz gestielt. Kr. blasslila od. rosa. / 7 bis 9 / Kollin-montan(-subalpin). Feuchte, zeitweise überschwemmte Orte; s. s. und Fundorte am Erlöschen. M. – Els. [2344]

490. **Lindérnia** ALL., *Büchsenkraut*

L. procúmbens (KROCKER) PHILCOX (*L. pyxidaria* L.), *Büchsenkraut.* – St. 3–20 cm, meist ästig, liegend od. aufsteigend. B. gegenst., sitzend, längl.-eifg., ganzrandig, 3nervig. Bl. einzeln, b.winkelst. Kr. rötl.-weiss. / 7 bis 9 / Kollin. Feuchte, zeitweise überschwemmte Orte; s. s. T. – Bad., Els., Belf., Langensee, Var.; Co. und Veltlin (ob noch?). [2345]

491. **Digitális** L., *Fingerhut*

1. Kr. rot.
D. purpúrea L., *Roter F.* – St. 40–150 cm. B. eilanzettl., gekerbt, oberseits kurzhaarig od. fast kahl, unterseits graufilzig. Kr. 4–5 cm lg., hellpurpurn, innen mit dunklen Flecken. / 6 bis 9 / Kollin-montan. Lichte Wälder, Holzschläge; auf Silikatgestein. / S, V, Belf., Montbéliard. In der

Schweiz als Zierpfl. kult. und hie und da verwildert, verschleppt od. eingeführt. 1969 in Schaffh. (als Einstrahlung aus dem S) beobachtet. [2379]
– Kr. gelb od. gelbl.-weiss.

D. grandiflóra MILLER (*D. ambigua* MURRAY), *Blassgelber F.* – St. 30–80 cm. B. längl.-lanzettl., gesägt, unterseits od. beiderseits flaumig. Kr. 3–4 cm lg., weit-glockenfg., blassgelb, innen hellbraun gefleckt, aussen drüsig-flaumig. / 6 bis 8 / (Kollin-)montan-subalpin. Trockene, steinige Hänge, lichte Waldstellen; verbr. [2381]

D. lútea L., *Gelber F.* – St. 50–100 cm. B. längl.-lanzettl., gesägt, am Rande gewimpert. Kr. 2–2,5 cm lg., röhrig, gelbl.-weiss, ungefleckt, aussen meist kahl. / 6 bis 8 / Kollin-subalpin. Wälder, steinige Hänge; verbr. [2382]

> **D. lanáta** EHRH. – St. 40–90 cm. B. längl.-lanzettl. Blstd.achse drüsig-weich-haarig. Deckb. den K. überragend; dieser wollig behaart. Kr. gelbl.-weiss, braunviolett geadert, mit verlängerter Unterlippe. / 6 bis 7 / Als Medizinalpfl. kult. Heimat Osteuropa und Südwestasien. [2380]

Bastarde.

492. Erínus L., *Leberbalsam*

E. alpínus L., *Leberbalsam.* – St. 5–20 cm, ausgebreitet-aufsteigend. B. spatelfg., vorn gekerbt. Kr. violettrot. / 6 bis 7 / (Kollin-montan-)subalpin. Steinige, felsige Orte; auf Kalk; verbr. J (bis Aarg.), A. [2383]

493. Verónica L., *Ehrenpreis*

1. Bl. in den Winkeln von Deckb., zu Trauben od. Ähren angeordnet *(Fig. 396/1, 2)* od. (bei *V. aphylla*) Bl.traube grundst., wenigbl. 2
– Bl. einzeln in den Winkeln von meist wechselst. Laubb. 19
2. B. meist alle grundst., rosettenartig gedrängt.
V. aphýlla L., *Blattloser E.* – B. verkehrt-eifg. od. elliptisch. Meist ein einziger, 3–6 cm hoher Blstd. mit 2–5 Bl. Kr. lila. / 7 bis 8 / (Montan-subalpin-)alpin. Weiden, Felsen. J (bis Dent de Vaulion), M (s.), A. [2346]
– Pfl. mit beblättertem St. 3

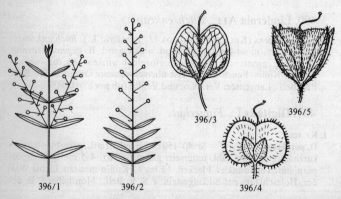

396/1   396/2   396/3   396/5   396/4

3. Blstd. b.winkelst. *(Fig. 396/1)*. 4
– Blstd. endst. *(Fig. 396/2)*. 11
4. K. 5teilig, der obere Zipfel sehr klein. 5
– K. 4teilig. 6
5. Nichtblühende Triebe niederliegend, bl.tragende St. mehr od. weniger
aufrecht. Bl. blass- bis lebhaft blau.
V. prostráta L., *Niederliegender E.* – St. 10–20 cm, dünn, kurzhaarig-grau.
B. lineal-lanzettl., gekerbt bis fast ganzrandig. Kapsel kahl. / 5 bis 6 /
Kollin-montan(-subalpin). Trockenwarme Orte; stellenweise. Basel, J,
M, A. – Bad., Els., Belf., Ao., Langensee, Bormio, Vintschgau, Badischer
Jura. [2347]

> **V. prostráta** L. ssp. **prostráta**, *Niederliegender E.* – St. zahlreich. B. eifg. bis lan-
> zettl., fein gesägt, unterseits kurz flaumig behaart. Junger Blstd. dichtbl., pyra-
> midal. Bl. 4–11 mm br., blass hellblau. Kollin-montan(-subalpin). Kontinen-
> tale Trockenrasen; nicht hfg. A (Zentralalpine Täler), T. – Co.
> **V. prostráta** L. ssp. **schéereri** J. P. BRANDT (*V. satureiaefolia* POITEAU u.
> TURPIN), *Scheerers E.* – St. wenig zahlreich. B. lanzettl. bis lineal, ganzrandig
> od. wenig gesägt, unterseits ± kahl. Blstd. kugelig bis eifg., lockerer als bei
> voriger. Kr. 7–14 mm br., dunkelblau. Kollin-montan. Trocken- und Halb-
> trockenrasen. J, M (s.). – Bad., Els., Sav., Hegau.

– Alle Triebe aufrecht od. bogig aufsteigend. Bl. blau.
V. teúcrium L., *Gamanderartiger E.* – St. 20–40 cm. B. sitzend, eifg. od.
längl., am Grunde oft herzfg., stark gezähnt. Kapsel behaart. / 5 bis 7 /
Kollin-montan(-subalpin). Trockene Hügel, Waldränder; zerstr. [2348]
V. austríaca L. (*V. dentata* F. W. SCHMIDT), *Österreichischer E.* – St. 10–
25 cm. B. lanzettl. bis lineal-lanzettl., am Grunde verschmälert, gezähnt,
die obersten oft ganzrandig. Kapsel meist kahl. / 6 bis 7 / Kollin-montan.
Trockene Wiesen, Weiden; s. s. J (Kt. Neuenb.). – Kaiserstuhl, Badischer
Jura. [2349]
6. St. und B. meist kahl. (Sumpf- od. Wasserpfl.). 7
– St. und B. behaart. (Landpfl.). 9
7. Trauben wechselst.
V. scutelláta L., *Schildfrüchtiger E.* – Pfl. 5–30 cm, mit dünnen Ausläufern. St. aufsteigend, schlaff. B. sitzend, lineal-lanzettl., spitz. Kr. weissl.,
mit lila Adern. Kapsel flach zusgedr., tief ausgerandet *(Fig. 396/3)*. / 6
bis 9 / Kollin-montan. Sumpfwiesen, Gräben; stellenweise. [2350]
– Trauben gegenst. 8
8. B. kurz gestielt.
V. beccabúnga L., *Bachbungen-E.* – St. 30–60 cm, fast stielrund. B. elliptisch, stumpf. Kr. blau. / 5 bis 8 / Kollin-subalpin. Gräben, Bäche; verbr.
[2353]
– B. sitzend, halb-st.umfassend.
V. anagállis-aquática L., *Gauchheil-E.* – St. 15–50 cm, stumpf-4kantig. B.
lanzettl. od. längl.-lanzettl., spitz. Kr. 4–6 mm br., blassrötl. od. bläul.
Fr.stiele spitzwinklig abstehend. Kapsel kürzer od. so lg. wie die Kb. / 5
bis 9 / Kollin-montan. Gräben, Bäche; verbr. [2351]
V. catenáta PENNELL (*V. aquatica* BERNH., *V. comosa* auct.), *Lockerähri-*
ger E. – St. 20–50 cm. B. lanzettl., spitz. Blstd. locker. Kr. 3–4 mm br.,
weiss od. rosa, mit violetten Adern. Fr.stiele mehr od. weniger waagrecht
abstehend. Kapsel länger als die Kb. / 7 bis 10 / Kollin(-montan). Wie
vorige; zerstr. Nord- und Ostschw. – Bad., Els.

398/1 398/2 398/3 398/4

9. B. am Grunde keilfg. verschmälert und kurz gestielt.

V. officinális L., *Gebräuchlicher E.* – St. 10–30 cm, am Grunde wurzelnd, aufsteigend, behaart. B. elliptisch od. verkehrt-eifg., gesägt. Kr. lila od. hellblau, dunkler gestreift. / 5 bis 7 / Kollin-subalpin. Wälder, Weiden; hfg. [2354]

– B. am Grunde nicht keilfg. verschmälert. 10

10. B. lg. gestielt.

V. montána L., *Berg-E.* – St. 10–25 cm, am Grunde niederliegend, behaart. B. rundl.-eifg., oft am Grunde schwach herzfg., grob gesägt. Kr. blasslila, dunkler gestreift. Kapsel an der Spitze und am Grunde ausgerandet *(Fig. 396/4)*. / 5 bis 6 / Kollin-montan. Feuchte Wälder; verbr. [2356]

– B. sitzend.

V. chamaédrys L., *Gamander-E.* – St. 10–30 cm, aufsteigend, 2zeilig behaart. B. eifg. od. am Grunde etwas herzfg., eingeschnitten-gesägt, die obersten oft kurz gestielt. Kr. azurblau, dunkler gestreift. Kapsel 3eckig *(Fig. 396/5)*. / 4 bis 8 / Kollin-subalpin(-alpin). Wiesen, Wegränder, lichte Wälder; hfg. [2357]

V. urticifólia JACQ. (*V. latifolia* L. em. SCOP.), *Breitblättriger E.* – St. 30–70 cm, aufrecht, ringsum behaart. B. herz-eifg., scharf gesägt, obere lg. zugespitzt. Kr. blassrosa od. lila, mit dunkleren Streifen, sehr selten weiss. Kapsel fast kreisrund *(Fig. 398/1)*. / 5 bis 8 / (Kollin-)montan-subalpin. Wälder; verbr. [2358]

11. Blstd. dicht, ährenfg., von der Laubb.region scharf abgesetzt. Kr.röhre länger als br.

V. spicáta L., *Ähriger E.* – St. 10–35 cm, nebst den B. mehr od. weniger behaart. B. längl. bis lanzettl., gekerbt-gesägt, an der Spitze ganzrandig. Blstd. einzeln, seltener zu mehreren. Kr. blau. / 7 bis 9 / Kollin-subalpin. Trockenwarme Orte; stellenweise. [2359]

– Laubb. allmähl. in die Deckb. des Blstd. übergehend. Kr.röhre sehr kurz. 12

12. Pfl. mehrjährig. St. oft mehrere, aber unverzweigt. 13

– Pfl. einjährig. St. an kräftigen Exemplaren verzweigt. 16

13. Pfl. mit rosettenartig angeordneten grundst. B.; diese grösser als die übrigen.

V. bellidioídes L., *Rosetten-E.* – St. 5–15 cm, aufrecht, mit meist 3 entfernt stehenden B.paaren. Blstd. armbl. Kr. trübblau. / 7 bis 8 / (Subalpin-)alpin. Weiden; kalkfliehend; verbr. A. [2361]

– Grundst. B. zur Bl.zeit meist schon verwelkt; wenn vorhanden, nicht grösser als die übrigen. 14

14. Trauben verlängert, vielbl.

V. serpyllifólia L. s.l., *Quendelblättriger E.* – St. 5–20 cm, am Grunde niederliegend, kriechend. B. rundl. od. eifg.-längl., schwach gekerbt, kahl.
Kr. weissl. bis lila, dunkler gestreift. Kapsel verkehrt-herzfg., breiter als
lg. *(Fig. 398/2).* / 5 bis 9 / Äcker, Wiesen, Läger; hfg. [2362]

> **V. serpyllifólia** L. ssp. **serpyllifólia,** *Quendelblättriger E.* – St. 5–20 cm, aufrecht
> bis aufsteigend. B. eifg. bis ellipt., gekerbt. Blstd. reichbl. K. und Bl.stiele sehr
> kurz und drüsenlos behaart. Kr. weiss, mit blauen Streifen. – Kollin-subalpin.
> Nährstoffreiche, tonige Böden. Wiesen, Weiden, Äcker; zieml. hfg.
> **V. serpyllifólia** L. ssp. **humifúsa** (DICKSON) SYME (*V. borealis* KIRSCHL., *V.
> humifúsa* DICKSON, *V. nummularioides* LECOQ. u. LAMOTTE), *Zarter E.* – St.
> 5–15 cm, lg. kriechend, am Ende aufsteigend. B. rundl. bis eifg., schwach ge-
> kerbt bis ganzrandig. Blstd. armblütiger als bei voriger. K. und Bl.stiele mit
> mehrzelligen Drüsenhaaren besetzt. Kr. blau, dunkler gestreift. – (Mon-
> tan-)subalpin(-alpin). Nasse, nährstoffreiche Böden. Quellfluren, Läger;
> zieml. hfg. J, A. – V.

– Trauben kurz (doldig), wenig(3–10)bl. 15
15. St. krautig. Kr. 5–7 mm im Durchm. Gr. bis halb so lg. wie die Fr.
V. alpína L., *Alpen-E.* – St. 5–15 cm. B. rundl. bis eifg. od. elliptisch. Blstd.
behaart, ohne Drüsenhaare. Kr. blaulila. / 7 bis 8 / (Subalpin-)alpin.
Rasen, Schneetälchen, Moränen. J (Dôle), A (hfg.). – Französ. Jura.
[2363]
– St. am Grunde verholzt. Kr. 10–12 mm im Durchm. Gr. etwa so lg. wie
die Fr.
V. fruticulósa L., *Halbstrauchiger E.* – St. 10–20 cm. B. längl., schwach
gekerbt. Blstd. drüsig behaart. Kr. blassrosarot, mit dunkleren Streifen. /
6 bis 7 / (Montan-)subalpin. Felsige Orte; auf Kalk. J (bis Vallée de
Joux), A (zerstr.). [2364]
V. frúticans JACQ. (*V. saxatilis* SCOP.), *Felsen-E.* – St. 5–20 cm. B. längl.
od. elliptisch, fast ganzrandig. Blstd. von drüsenlosen Haaren flaumig.
Kr. dunkelazurblau. / 6 bis 7 / (Montan-)subalpin-alpin. Felsen, Felsschutt. J (bis Chasseral), M (s.), A (hfg.). – S, V. [2365]
16. Fr.stiele kürzer als der K. 17
– Fr.stiele länger als der K. 18
17. B. herz-eifg. od. elliptisch, ungeteilt, die oberen sitzend.
V. arvénsis L., *Feld-E.* – St. 5–30 cm. B. gekerbt, behaart. Kr. hellblau.
Kapsel verkehrt-herzfg., etwa so lg. wie br., spitzwinklig ausgerandet,
gewimpert, mit sehr kurzem Gr. *(Fig. 398/3).* / 4 bis 9 / Kollin-mon-
tan(-subalpin). Äcker, Wegränder; hfg. [2366]
V. peregrína L., *Amerikanischer E.* – St. 5–30 cm. B. am Grunde keilfg.
verschmälert, ganzrandig od. gezähnelt, kahl. Kr. bläul. od. weissl. Kapsel zusgedr., verkehrt-herzfg., kahl, mit kurzem Gr. / 4 bis 6 / Kollin-
montan. Bebaute Orte, Flussufer; eingebürgert. Stammt aus Südamerika. [2367]
– Mittlere B. fiederschn. (an kleinen Exemplaren ungeteilt), wie die oberen
stielartig verschmälert.
V. verna L., *Frühlings-E.* – Pfl. 5–30 cm, oberwärts drüsig. B. dünn, grasgrün. Kr. hellblau. Kapsel breiter als lg., recht- od. stumpfwinklig ausgerandet. Gr. kurz (0,5 mm), die Ausrandung nicht od. kaum überragend
(Fig. 398/4). / 4 bis 6 / Kollin-montan(-subalpin). Trockenrasen, Mauerkronen, Äcker; s. A. – V. [2368]
V. dillénii CRANTZ, *Dillenius' E.* – Pfl. 10–40 cm, oberwärts dicht drüsig-

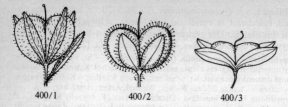

400/1   400/2   400/3

zottig. B. dickl., trübgrün. Kr. tiefazurblau. Kapsel wie bei der vorigen Art, aber der Gr. länger (1–1,5 mm), die Ausrandung deutl. überragend *(Fig. 400/1)*. / 4 bis 6 / Kollin-subalpin. Wie vorige; s. Wallis, Graub.; auch adv. – Bad. (Kaiserstuhl), V, Ao., Vintschgau. [2369]

18. B. ganzrandig od. schwach gekerbt. Kapsel flachgedrückt, breiter als lg. *(Fig. 400/2)*.

V. acinifólia L., *Steinquendelblättriger E.* – St. 5–15 cm, mit lg., abstehenden Drüsenhaaren. B. eifg. Kr. blassblau. Kapsel fast bis zur Mitte eingebuchtet *(Fig. 400/2)*. / 4 bis 5 / Kollin-montan. Äcker; s. und Fundorte zurückgehend. Basel und Umgebung (wohl erloschen), M, Wallis. – Els., Belf. [2370]

– B. deutl. gekerbt od. handfg.-3–5(–7)sp. Kapsel länger als br.

V. triphýllos L., *Dreiteiliger E.* – St. 5–15 cm, stark drüsig. Mittlere B. handfg.-3–5sp. Kr. dunkelblau. / 3 bis 5 / Kollin-montan(-subalpin). Äcker; s. M, A (Wallis, Graub.). – Els. [2371]

V. praecox ALL., *Frühblühender E.* – St. 5–20 cm, dicht drüsig. B. herzeifg., grob gekerbt. Kr. dunkelblau. / 3 bis 5 / Kollin-montan(-subalpin). Erdanrisse, offene Rasen, Felsen warmer Lagen; s. M, A (Wallis). [2372]

19. K.zipfel br.-herzfg., ohne vortretende Nerven. B. 3–7lappig.

V. hederifólia L., *Efeublättriger E.* – St. 8–30 cm, niederliegend. B. rundl.-herzfg., 3–7lappig. K.zipfel gewimpert. Kr. hellblau. / 3 bis 5 / Kollin-montan(-subalpin). Äcker, Gartenland, Mauern, Wegränder, lichte Laubwälder; verbr. [2373]

– K.zipfel nicht herzfg., zur Fr.zeit mit vortretenden Nerven. B. gekerbt-gesägt. 20

20. Kr. 8–12 mm im Durchm. Gr. 1,5–4 mm lg., an der Fr. stark gekrümmt *(Fig. 400/3)*.

V. pérsica POIRET (*V. tournefortii* GMELIN), *Persischer E.* – St. 15–40 cm. B. rundl.- bis längl.-eifg., gekerbt-gesägt. Kr. blau. Fr.stiele bis 2mal länger als das B. Kapsel *(Fig. 400/3)* doppelt so br. wie lg., stumpfwinklig ausgerandet, mit zusgedr., netzaderigen Lappen. / 2 bis 10 / Kollin-montan(-subalpin). Bebautes Land, Schuttstellen; verbr. Stammt aus Westasien. [2374]

V. filifórmis SM., *Feinstieliger E.* – St. 10–30 cm, dünn, niederliegend-aufsteigend, wurzelnd. B. rundl., 6–13 mm br., schwach gekerbt. Kr. helllilablau. Fr.stiele fadenfg., 2–5mal länger als das B. Kapsel kaum breiter als lg., spitzwinklig ausgerandet. / 4 bis 5 (8) / Kollin-montan. Als Zierpfl. kult.; stellenweise auf Rasenplätzen, oft in Menge, verwildert und eingebürgert. Stammt aus Kleinasien und dem Kaukasus. [2375]

– Kr. höchstens 7 mm im Durchm. Gr. 0,5–1,2 mm lg., an der Fr. gerade *(Fig. 401/1)*.

21. Kapsel nur mit Drüsenhaaren besetzt *(Fig. 401/1a)*.

a 401/1   a 401/2   401/3

V. agréstis L., *Acker-E.* – St. 5–25 cm. B. eifg. od. elliptisch, hellgrün, gekerbt-gezähnt. Kr. weissl., 1 Zipfel lila. Kapsel gekielt, nur mit Drüsenhaaren; Gr. die Ausrandung kaum überragend *(Fig. 401/1)*. / 3 bis 10 /
Kollin-montan(-subalpin). Äcker, Gartenland; zerstr. [2378]
– Kapsel dicht mit kurzen Haaren besetzt, dazwischen vereinzelte Drüsenhaare *(Fig. 401/2b)*.
V. políta FR., *Glänzender E.* – St. 5–20 cm. B. rundl. bis rundl.-eifg., dunkelgrün, meist glänzend, mit leicht nach aussen umgerolltem Rande, tief
gekerbt-gezähnt. K.zipfel sehr schwach behaart, sich überdeckend. Kr.
blau, unterer Zipfel weissl. Kapsel nicht gekielt; Gr. die Ausrandung
beträchtl. überragend *(Fig. 401/2a)*, 14–20 S. je Fr. / 3 bis 10 / Kollin-
montan(-subalpin). Äcker, Weinberge; zerstr. [2376]
V. opáca FR., *Glanzloser E.* – St. 5–25 cm. B. rundl. bis br.eifg., dunkelgrün, meist matt, schwach gekerbt-gesägt. K.zipfel am Grunde dicht
behaart, sich nicht überdeckend. Kr. dunkelblau. Kapsel etwas gekielt;
Gr. die Ausrandung kaum überragend *(Fig. 401/3)*, 4–14 S. je Fr. / 3 bis
10 / Kollin-montan. Äcker, Weinberge. – V, Els.

494. **Pediculáris** L., *Läusekraut*

1. Oberlippe der Kr. vorn an den Ecken jederseits mit einem spitzen Zahn
(Fig. 402/1). Bl. rosa od. rot.
P. silvática L., *Waldmoor-L.* – Pfl. 10–20 cm. Hauptst. fast von unten an
Bl. tragend, am Grunde mit ausgebreitet-aufsteigenden Ästen. K. 5kan-
tig. Kr. rosa; Unterlippe kahl. / 5 bis 6 / Kollin-montan. Heide- und
Waldmoore, Borstgrasrasen; zieml. zerstr. [2429]
P. palústris L., *Sumpf-L.* – St. 20–70 cm, aufrecht, im unteren Teile ästig,
nur im oberen Teile Bl. tragend. K. 10–15kantig. Kr. purpurn; Unter-
lippe fein gewimpert. / 5 bis 7 / Kollin-subalpin. Sumpfwiesen, Moore;
verbr. [2428]
– Oberlippe der Kr. ohne seitl. Zähne. Bl. rosa bis rot od. gelb. 2
2. Oberlippe der Kr. ohne Schnabel, stumpf *(Fig. 402/2)*. 3
– Oberlippe der Kr. mit einem deutl. Schnabel *(Fig. 402/3, 4)*. 5
3. Bl. rot (selten weiss) od. weiss, rötl. überlaufen. 4
– Bl. gelb.
P. foliósa L., *Blattreiches L.* – St. 20–50 cm. Abschn. der B. tief fiedersp.
Deckb. die Bl. überragend, die unteren gross, b.artig. Kr. schwefelgelb
(Fig. 402/2). / 6 bis 7 / (Montan-)subalpin(-alpin). Grasige Berghänge;
auf Kalk. J (bis Chasseral), A (verbr.). – V. [2430]
P. oéderi VAHL (*P. versicolor* WAHLENB.), *Oeders L.* – St. 5–10(–15) cm.
Abschn. der B. gekerbt. Deckb. kürzer als die Bl. Kr. gelb; Oberlippe mit
2 dunkelroten Flecken. / 6 bis 8 / (Subalpin-)alpin. Rasen; auf Kalk;
zerstr. A (Nordketten). [2432]

402/1   402/2   402/3   402/4

4. Bl. rot (selten weiss).

P. verticilláta L., *Quirlblättriges L.* – St. 5–25 cm. Stlb. zu 3–4 quirlst. K. rauhhaarig, mit kurzen Zähnen. Kr. purpurn (selten rosa od. weiss). / 6 bis 8 / Subalpin-alpin. Wiesen, Weiden; hfg. A. [2434]

P. recutíta L., *Trübrotes L.* – St. 20–40 cm. B. wechselst. K. kahl (aber mit bewimperten Zähnen), fast bis zur Hälfte 5sp. Kr. braunrot. / 6 bis 7 / (Montan-)subalpin(-alpin). Feuchte Wiesen. A (vor allem östl. Teile). [2433]

– Bl. rosarot od. weiss, rötl. überlaufen.

P. rósea WULFEN (*P. hirsuta* VILL.), *Rosarotes L.* – St. 2–15 cm, aufrecht, 1–3blättrig od. b.los, oberwärts lg. weisshaarig. K. dicht wollig-zottig, Zähne ganzrandig. Kr. 1,2–1,8 cm lg., rosa. / 7 bis 8 / Steinige Grashänge, Felsschutt; auf Kalk. – Sav. (Tarentaise), Ao., Bergam. [2431]

P. acaúlis SCOP., *Stengelloses L.* – Pfl. 5–10 cm. B. und Bl. grundst. (St. fehlend). Bl. einzeln auf 1–3 cm lg., dicht flaumigen Stielen. K. wollig behaart. Kr. gross (bis 3,5 cm lg.). / 4 bis 6 / Montan-subalpin. Frische grasige und schattige Orte der Südalpen. – Co. [2427]

5. Bl. hellgelb.

P. tuberósa L., *Knolliges L.* – St. 10–20 cm. Blstd. meist kurz und dicht. K.zipfel gezähnt. / 6 bis 8 / Subalpin-alpin. Wiesen, Weiden; auf Urgestein; hfg. A. [2435]

P. adscéndens SCHLEICHER ex GAUDIN (*P. barrelieri* RCHB.), *Aufsteigendes L.* – St. 12–20 cm. Blstd. verlängert, locker. K.zipfel ganzrandig. / 7 bis 8 / Subalpin(-alpin). Weiden; auf Kalk. A (westl. Teil). – Ossola, Bergam. [2436]

– Bl. heller od. dunkler rosa bis rot. 6

6. Schnabel der Oberlippe nicht besonders lg. *(Fig. 402/3)*.

P. gyrofléxa VILL. (*P. fasciculata* BELL.), *Bogenblütiges L.* – St. 15–25 cm, nebst den B. weichhaarig. Bl. 3 cm lg. K. dicht wollig-flaumig, b.artig, fiedersp. / 6 bis 7 / Subalpin-alpin. Steinige Hänge, Felsen; auf Kalk; s. A (Unterwallis, T). – Ao., Var., Co., Bergam. [2437]

– Schnabel der Oberlippe verlängert, lineal *(Fig. 402/4)*. 7

7. St. 20–40 cm, mehrblättrig. Blstd. verlängert.

P. rostráto-spicáta CRANTZ (*P. incarnata* JACQ.), *Fleischrotes L.* – K. wollig behaart, mit lanzettl.-pfriemfg., ganzrandigen Zipfeln. / 7 bis 8 / Alpin. Trockene Wiesen, Weiden; s. A (Wallis, Graub.). [2438]

– St. 3–15 cm, armblättrig od. b.los. Blstd. kopffg. 8

8. K. lg.haarig od. dichtwollig.

P. aspleniifólia FLÖRKE ex WILLD., *Farnblättriges L.* – B. deutl. gestielt. K. mit lg., rötl. Haaren bekleidet; Zipfel oberwärts b.artig, gekerbt. / 7 bis 8 / Alpin. Rasen, Felsgrus; kalkliebend; s. A (Graub. [Unterengadin]). [2440]

P. cenísia GAUDIN, *Mont-Cenis-L.* – B. fast ungestielt. K. mit aufgeblasener, dicht weisswolliger Röhre; von den Zähnen 4 eifg., kammartig gezähnt, der 5. lineal-pfriemfg., ungeteilt, zieml. kurz. / 7 bis 8 / Subalpinalpin. Rasen; auf Silikatgestein. – Ao. [2439]

– K. kahl od. kurzhaarig.

P. rostráto-capitáta CRANTZ (*P. jacquini* KOCH), *Jacquins L.* – K. röhrigglockenfg. Unterlippe der Kr. am Rande gewimpert. Längere Stbf. oben spärl. behaart. / 7 bis 8 / (Subalpin-)alpin. Steinige Rasen; auf Kalk. A (St. Gallen, Graub.). [2441]

P. kérneri D. T. (*P. caespitosa* SIEBER), *Kerners L.* – K. röhrig, nach unten verjüngt. Unterlippe der Kr. kahl. Längere Stbf. oben bärtig. / 7 bis 8 / (Subalpin-)alpin. Rasen, Weiden; kalkfliehend; verbr. A. [2442]

Bastarde zahlreich.

495. Bártsia L., *Bartschie*

B. alpína L., *Bartschie.* – St. 10–25 cm. B. eifg., gekerbt, die obersten dunkelviolett überlaufen. Kr. braunviolett. Stb.beutel weiss-zottig. / 6 bis 8 / (Montan-)subalpin-alpin. Wiesen, Quell- und Flachmoore. J (bis Chasseral, M (vereinzelt), A (hfg.). – S, V. [2384]

496. Odontítes LUDWIG, *Zahntrost*

1. Kr. schmutzigrot.

O. vérna (BELL.) DUMORTIER (*O. rubra* GILIB., *Euphrasia odontites* L.), *Roter Z.* – St. 10–30 cm, ästig. B. lanzettl. Deckb. länger als die Bl. K.zähne lanzettl. / 6 bis 7 / Kollin-montan. Felder, unter Getreide; zerstr. [2391]

O. vulgáris MOENCH (*O. serotina* DUMORTIER, *E. serotina* LAM.), *Spätblühender Z.* – St. 15–40 cm, abstehend-ästig. B. lanzettl. Deckb. kürzer als die Bl. K.zähne 3eckig. / 8 bis 10 / Kollin-montan(-subalpin). Äcker, feuchte Wiesen, Gräben; zerstr. [2392]

– Kr. gelb. 2

2. Pfl. drüsig-klebrig.

O. viscósa (L.) CLAIRV. (*E. viscosa* L.), *Klebriger Z.* – St. 10–40 cm, abstehend ästig. B. schmal-lanzettl. Kr. hellgelb, kahl. / 8 bis 9 / Kollin-montan. Föhrenbestände. Mittelwallis. – Ao. [2393]

– Pfl. nicht drüsig-klebrig (od. nur der K. drüsig).

O. lútea (L.) CLAIRV. (*E. lutea* L.), *Gelber Z.* – Pfl. kräftig. St. 20–50 cm, ästig, flaumhaarig. B. schmal, lineal bis lanzettl., ganzrandig od. mit 2 wenig deutl. Zähnen. Deckb. kürzer als die Bl. K. ohne Drüsenhaare. Kr. goldgelb, gewimpert. / 8 bis 9 / Kollin-montan(-subalpin). Trockene Hügel, Buschwälder, Kastanienhaine; stellenweise. [2394]

O. lanceoláta (GAUDIN) RCHB. (*E. lanceolata* GAUDIN), *Lanzettlicher Z.* – Pfl. schmächtig. St. 10–30 cm. B. lanzettl., gesägt-gezähnt. Deckb. länger als die Bl. K. drüsig. Kr. goldgelb, gewimpert. / 6 bis 9 / Kollin-subalpin. Getreidefelder; kalkliebend. – Ao., Val Sesia. [2395]

497. Euphrásia L., *Augentrost*

Anmerkung: Die Länge der Kr. wird auf dem Rücken der Oberlippe gemessen. Zahn- und B.formen werden entweder an den bl.tragenden Deckb. od. an den keine Bl. tragenden B. unter dem Blstd. untersucht, wobei zwischen unteren, mittleren und oberen B.. zu unterscheiden ist.

1. Oberer Teil der Pfl., besonders die Deckb., drüsenhaarig. 2
– Pfl. ohne Drüsenhaare. 7
2. Kr. 10–15 mm lg., beim Abblühen verlängert.

    E. rostkoviána HAYNE (*E. officinalis* auct.), *Rostkovs A.* – St. 5–25 cm, meist schon unter der Mitte ästig. B. derb, eifg., spitz; die unteren mit stumpfen, die oberen mit fein zugespitzten Zähnen. Kr. in der Regel weiss, mit violetter Oberlippe; Unterlippe mit einem gelben Fleck und violetten Adern. / 6 bis 10 / Kollin-alpin. Wiesen, Weiden, Flachmoore; s. hfg. [2396]

    E. montána JORDAN, *Berg-A.* – St. 5–25 cm, meist einfach od. oberwärts verzweigt, mit wenigen, lg. Gliedern. B. eifg., stumpf; auch die mittleren und oberen mit stumpfen Zähnen. Kr. wie bei der vorigen Art. / 5 bis 6 / Kollin-alpin. Feuchte Wiesen, Weiden; zerstr. [2397]

– Kr. 4–10 mm lg., beim Abblühen nicht verlängert. 3
3. Oberer Teil der Pfl. reichl. mit lg., gegliederten Drüsenhaaren und drüsenlosen Haaren besetzt.

    E. hirtélla JORDAN ex REUTER, *Zottiger A.* – St. 5–25 cm, kräftig, meist einfach, mit etwas entfernt stehenden B.paaren. B. eifg.; die unteren und oft auch die mittleren mit stumpfen Zähnen. Oberer Teil des Blstd. gedrängt. Kr. 5–7 mm lg., weissl., mit violetten Adern und gelbem Schlundfleck. / 6 bis 9 / Subalpin(-alpin). Weiden; verbr. A. [2398]

– Oberer Teil der Pfl. meist spärl. drüsenhaarig.

    E. brevípila BURNAT u. GREMLI (*E. vernalis* LIST), *Kurzhaariger A.* – St. 5–30 cm, meist unter der Mitte verzweigt. Pfl. oberwärts mit kurzgestielten Drüsen. Kr. 6–10 mm lg., lila; Unterlippe mit einem gelben Fleck. / 7 bis 9, im südl. T schon 4 / Kollin-subalpin. Trockene Rasen. M (s.), A, T. [2400]

    E. drosócalyx FREYN, *Drüsiger A.* – St. 2–20 cm. Oberer Teil der Pfl. mit gegliederten Drüsenhaaren, ohne lg., drüsenlose Haare. Kr. 4–6 mm lg., gelb od. mit bläul. Oberlippe, od. ganz violett od. ganz bläul. / 7 bis 9 / (Montan-)subalpin-alpin. Weiden; s. J (Chasseral), A. [2399]

4. Kr. 9–15 mm lg., beim Abblühen verlängert. 5
– Kr. 2–10 mm lg., beim Abblühen nicht verlängert. 9
5. B. und Deckb. schmal-lineal, durchweg jederseits nur mit 1 Zahn.

    E. tricuspidáta L., *Dreispitziger A.* – St. 5–35 cm. B. und Deckb. gleichgestaltet, lg.-lineal, zugespitzt, unter der Spitze jederseits mit einem kurzen Zahn. Kr. 12–15 mm lg., weiss, mit gelbem Schlundfleck und dunklen Adern. / 7 bis 9 / Kollin-montan(-subalpin). Felsen, Felsschutt; auf Kalk. – Co.

– B. und Deckb. jederseits mit 2–5 Zähnen. 6
6. Zähne der Deckb. in eine lg., gekrümmte Granne auslaufend. 7
– Zähne der Deckb. nicht begrannt (siehe aber *E. kerneri*). 8
7. Kr. lebhaft gelb.

    E. chrístii FAVRAT, *Christs A.* – St. 2–12 cm, einfach od. unterwärts verzweigt. Mittlere und obere B. jederseits mit 3–5 spitzen Zähnen. / 7 bis 8

/ (Subalpin-)alpin. Rasen; auf Silikatgestein. A (Wallis, T). – Ao., Val Divedro. [2401]

– Kr. bläul., weissl., rötl. od. violett.

E. alpína LAM., *Alpen-A.* – St. 3–10(–20) cm, meist ästig. Untere B. jederseits mit 1–2 stumpfen Zähnen; mittlere und obere keilfg.-längl. od. eifg., jederseits mit 3–6 grannig bespitzten Zähnen. Kr. bläul., weissl. od. rötl. / 7 bis 9 / (Subalpin-)alpin. Steinige Weiden; kalkfliehend. A. [2402]

E. cisalpína PUGSLEY (*E. alpina* LAM. var. *castanetorum* CHRIST), *Tessiner A.* – St. 5–25 cm, ästig. Mittlere und obere B. 2–5mal so lg. wie br., jederseits mit 2–3(–4) grannig bespitzten Zähnen. Kr. hellviolett, mit dunkleren Adern. / 7 bis 10 / Kollin-montan(-subalpin). Lichte Wälder. T, Graub. (Misox, Calanca). – Co., Chiav., Veltlin. [2403]

8. Obere B. stumpf, mit stumpfen Zähnen.

E. picta WIMMER, *Geschecker A.* – St. 3–20 cm, meist einfach, lg.gliederig. B. rundl. od. kurz-eifg., jederseits mit 3–5 Zähnen. Deckb. kurz gestielt. Kr. von weisser Grundfarbe. / 6 bis 9 / Montan-alpin. Nasse Wiesen, Weiden. M (Napf), A. – V. [2404]

– Obere B. spitz, mit spitzen Zähnen.

E. kérneri WETTST., *Kerners A.* – St. 10–30 cm, einfach od. verzweigt. Mittlere und obere B. eifg., spitz. Deckb. mit fein zugespitzten und begrannten Zähnen. Kr. von weisser bis violetter Grundfarbe. / 7 / Kollinalpin. Weiden, feuchte Wiesen; s. T, Kt. St. Gallen. [2405]

E. versícolor KERNER, *Bunter A.* – St. 3–10(–20) cm, meist vom Grunde an verästelt. Mittlere und obere B. br.-eifg. Deckb. mit lanzettl., 3eckigen, am Rande oft schwarzen Zähnen. Kr. von weisser Grundfarbe. / 7 bis 9 / Montan-alpin. Wie vorige. J (Montoz), A. [2406]

9. Obere B. 2–5mal so lg. wie br., mit entfernt stehenden Zähnen. Kapsel am Rande kahl od. mit wenigen, gebogenen Haaren.

E. salisburgénsis FUNCK ex HOPPE, *Salzburger A.* – St. 5–25 cm. B. kahl, schmal-lanzettl. od. längl.-lanzettl., jederseits mit 2–4 grannig bespitzten Zähnen. Kr. 6–8 mm lg., weiss, mit violetten Adern, seltener bläul. od. rötl. / 7 bis 9 / Kollin-alpin. Felsen, trockene Rasen. J, M, A. – Bad., Els. [2407]

– Obere B. höchstens doppelt so lg. wie br. Kapsel am Rande mit straffen Haaren. 10

10. Kr. bei gut ausgebildeten Exemplaren 7–10 mm lg. 11

– Kr. bei gut ausgebildeten Exemplaren 4–7 mm lg. 12

11. B. borstig behaart (selten kahl werdend).

E. tatárica FISCHER, *Tatarischer A.* – St. 3–20 cm, meist einfach. B. stets behaart, eifg., die oberen spitz, jederseits mit 4–7 grannig zugespitzten Zähnen. Deckb. am Grunde abgerundet. Kr. hell-lila. / 6 bis 9 / Kollinsubalpin. Trockene Rasenhänge; zerstr. A. [2411]

E. pectináta TEN., *Kamm-A.* – St. 10–40 cm, meist einfach. B. meist behaart, selten kahl werdend, die oberen eifg., spitz, grannig gezähnt. Deckb. dicht dachziegelartig angeordnet, am Grunde keilfg. verschmälert. Kr. blasslila. / 5 bis 8 / Kollin-subalpin. Wie vorige. Wallis, T. – Bad. (Kaiserstuhl). [2412]

– B. kahl od. am Rande sehr kurz behaart.

E. stricta D. WOLFF ex LEHM. (*E. ericetorum* JORDAN), *Heide-A.* – St. 5–30(–50) cm, vom Grunde an lg.ästig; Äste fast aufrecht. B. kahl; die oberen spitz, mit lg.-grannig bespitzten Zähnen. St. oft schon vom Grunde an Bl. tragend. Kr. 7–10 mm lg., blassviolett. Fr. die K.zähne nicht überragend. / 7 bis 9 / Kollin-subalpin. Trockene Rasen; verbr. [2413]

E. pulchélla KERNER, *Niedlicher A.* – St. 2–10 cm. B. am Rande sehr kurz behaart; die oberen stumpf, jederseits mit 1–3 stumpfen Zähnen. Kr. 7–8 mm lg., weiss od. bläul. Fr. die K.zähne überragend. / 7 bis 8 / Subalpin-alpin. Weiden; s. A. [2414]

12. B. wenigstens am Rande und unterseits auf den Nerven borstig behaart.
E. mínima JACQ. ex. DC., *Zwerg-A.* – St. 2–15(–25) cm, einfach od. unterwärts verzweigt. B. behaart, jederseits mit 2–4 stumpfen od. spitzen Zähnen. Kr. 5–6 mm lg., von sehr veränderl. Farbe (gelb, weiss od. bläul. bis rotviolett). / 7 bis 9 / Subalpin-alpin. Rasen. J (bis Grenchenberg), M (s.), A. – V. [2408]

– B. kahl.

E. nemorósa (PERS.) WALLR. (*E. nitidula* REUTER), *Busch-A.* – St. 5–30 cm, kräftig, meist ästig. Obere B. mit zugespitzten Zähnen. Die obersten Deckb. fast gegenst., abstehend od. etwas bogig zurückgekrümmt, mit sehr spitzen bis kurz begrannten Zähnen. Kr. 5–7 mm lg., weissl. od. bläul., violett gestreift, im Schlunde gelb. / 7 bis 9 / Kollin-montan. Weiden, lichte Waldstellen; nicht hfg. J, M (s.), A. – V. [2409]

E. micrántha RCHB. (*E. gracilis* FR.), *Kleinblütiger A.* – St. 5–30 cm, zart, meist einfach, seltener in der Mitte einige Äste tragend. B. klein, kürzer als die St.glieder, die oberen mit spitzen Zähnen. Deckb. aufrecht, mit spitzen Zähnen. Kr. 4–6 mm lg., weissl., mit einem gelben Fleck und dunklen Streifen auf der Unterlippe, seltener blau od. lila. / 6 bis 9 / Kollin(-montan). Trockene Wiesen. – V (bei Guebwiler). [2410]

Bastarde zahlreich.

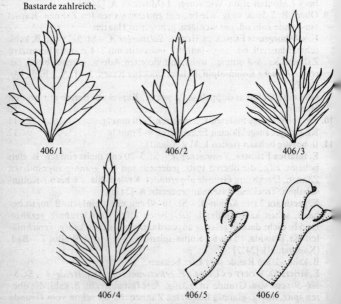

406/1   406/2   406/3

406/4   406/5   406/6

498. Rhinánthus L. (*Alectorolophus* ZINN), *Klappertopf*

1. Zähne der Oberlippe breiter als lg., kürzer als 1 mm. Kr.röhre gerade.
  R. mínor L. (*R. crista-galli* auct. p.p., incl. *R. stenophyllus* (SCHUR)
  DRUCE), *Kleiner K.* – St. 10–15 cm, einfach od. verzweigt, ± kahl, glänzend, oft schwarz gestrichelt. Stlb. lanzettl., kurzborstig, dunkelgrün.
  Zähne der Deckb. gegen die B.spitze allmähl. kleiner werdend, nicht
  begrannt. K. kahl. Kr. 13–15 mm lg., gelb; Schlund offen. / 5 bis 8 / Kol-
  lin-subalpin. Meist stickstoffarme, lehmige Böden. Magerwiesen, Flach-
  moore; verbr. [2415/2416]
– Zähne der Oberlippe so lg. od. länger als br., mindestens 1 mm lg.   2
2. K. auf der Fläche dicht-zottig behaart.
  R. alectorólophus (SCOP.) POLLICH (*R. hirsutus* LAM.; incl. *R. ellipticus*
  (HAUSKN.) HAUSKN., *R. semleri* (STERNECK) SCH. u. TH.), *Zottiger K.* –
  St. 10–50 cm, einfach od. verzweigt, oberwärts dicht abstehend behaart.
  Stlb. beiderseits dicht und kurz borstig behaart, lichtgrün. Zähne der
  Deckb. gegen die B.spitze kaum kürzer werdend, nicht begrannt *(Fig.*
  406/1). Kr. 18–23 mm lg., blassgelb; Schlund geschlossen. / 5 bis 8 / Kol-
  lin-subalpin. Lockere, feuchte, meist kalkhaltige, lehmige Böden. Wie-
  sen, Getreideäcker; verbr. [2417/2418]
– K. auf der Fläche kahl.   3
3. Zähne der Deckb. gegen die Spitze allmähl. an Länge abnehmend, die
  unteren höchstens 5 mm lg. *(Fig. 406/2).*
  R. serótinus (SCHÖNHEIT) OBORNY (*R. glaber* LAM., *R. augustifolius*
  GMEL., *R. major* EHRH.), *Kahler K.* – St. 10–50 cm, einfach od. verzweigt,
  schwarz gestrichelt. Stlb. eifg. bis längl.-lanzettl., kahl od. kurz borstig,
  bleichgrün. Kr. 17–22 mm lg., blassgelb; Schlund geschlossen. Zahn der
  Oberlippe 1–2 mm lg. / 5 bis 6 / Kollin(-montan). Feuchte od. wechselfeuchte, nährstoffreiche, lehmige Böden. Wiesen; s. Aargauisches
  Rheintal, M, A. – Bad., Els. [2419/2420]
– Zähne der Deckb. gegen die Spitze rasch an Länge abnehmend *(Fig.*
  406/3) od. die unteren grannig verlängert *(Fig. 406/4).*   4
4. Untere Zähne der Deckb. grannig verlängert. Kr.röhre deutl. aufwärts
  gebogen *(Fig. 406/5).*
  R. glaciális PERSONNAT (incl. *R. aristatus* (ČELAK.) HAUSSKN., *R. angusti-*
  folius auct. non GMEL. p.p., *R. subalpinus* (STERNECK) SCH. u. TH., *R.*
  vollmanni (POEVERLEIN) BECHERER), *Schmalblättriger K.* – St. 10–50 cm,
  einfach od. verzweigt, rotbraun gestrichelt, ± kahl. Stlb. längl.-lanzettl.,
  grün. Grannen der Deckb. kürzer als der Rest des Zahns. Kr. 13–20 mm
  lg., hellgelb; Schlund offen. / 6 bis 9 / (Montan-)subalpin-alpin. Trokkene Böden wärmerer Lagen. Wiesen, Weiden; verbr. und zieml. hfg. J,
  M, A. – S, V. [2424/2425]
  R. songeónii CHABERT, *Songeons K.* – St. 10–50 cm, einfach od. verzweigt, ± kahl. Stlb. längl.-lanzettl., grün. Grannen der Deckb. länger
  als der Rest des Zahns. Kr. 10–20 mm lg., hellgelb; Zahn der Oberlippe
  1–2 mm lg. Schlund geschlossen. / 6 bis 8 / Montan-subalpin. Kalkreiche
  Böden, grasige buschige Hänge. – Sav., Bergam. [2422]
– Untere Zähne der Deckb. nicht grannig verlängert. Kr.röhre fast gerade.
  (Fig. 406/6)
  R. antíquus (STERNECK) SCH. u. TH., *Altertümlicher K.* – St. 8–15 cm lg.,
  meist einfach, unterwärts abstehend behaart, grün. Stlb. lanzettl., unter-

seits auf den Nerven behaart. Untere Zähne der Deckb. etwa 6 mm lg.
Kr. 12–17 mm lg., hellgelb, Zahn der Oberlippe etwa quadratisch, bis 1
mm lg.; Schlund offen. / 8 / Subalpin-alpin. Kalkhaltige Böden. Rasen;
s. A (T, Graub. [Südtäler]). – Bergam. [2423]

499. **Melampýrum** L., *Wachtelweizen*

1. Ähre 4kantig, mit dicht dachziegelartig angeordneten Deckb.
   M. cristátum L., *Kamm-W.* – St. 15–40 cm. B. lanzettl. bis lineal-lanzettl.
   Deckb. aufwärts zusammengefaltet, am Rande kammfg. gezähnt. Kr.
   gelbl.-weiss, rot überlaufen. / 5 bis 8 / Kollin-montan. Gebüsche, trokkene Hügel; stellenweise. [2385]
 – Ähre nicht ausgesprochen 4kantig. Deckb. flach.   2
2. Bl. allseitswendig.
   M. arvénse L., *Acker-W.* – St. 15–40 cm. Ähre walzenfg. Deckb. fiedersp.,
   mit pfriemfg. Zähnen, meist purpurn, unterseits schwarz punktiert. Kr.
   rot, mit gelbem Gaumen, selten nebst den Deckb. weissl. / 6 bis 8 / Kol-
   lin-montan(-subalpin). Trockenrasen, Felshänge, Getreidefelder; stellenweise. [2386]
 – Bl. einseitswendig.   3
3. Obere Deckb. leuchtend violettblau, br.-herzfg. K. lg.-zottig.
   M. nemorósum L., *Hain-W.* – St. 20–50 cm. B. eifg. bis eilanzettl., zugespitzt. Kr. goldgelb. / 7 bis 8 / Kollin-montan. Gebüsche, Waldränder; s.
   J (Dôle, Bielersee), M (Vevey, Schaffh.). – Französ. Jura (Tal des Dessoubre [Dép. du Doubs]). [2387]
 – Alle Deckb. grün, lanzettl. K. mehr od. weniger kahl.
   M. silváticum L., *Wald-W.* – St. 8–25 cm. B. schmal-lanzettl. Deckb.
   ganzrandig od. die oberen mit 1–3 Zähnen. K.zähne so lg. od. länger als
   die Kr.röhre. Kr. 8–10 mm lg., mit offenem Schlund, gelb, selten rosa od.
   weiss. / 6 bis 9 / Montan-subalpin. Wälder; verbr. und hfg. [2388]
   M. praténse L., *Heide-W.* – St. 15–40 cm. B. lanzettl. bis br.-lanzettl.
   Obere Deckb. meist mit lg., pfriemfg. Zähnen. K.zähne viel kürzer als die
   Kr.röhre. Kr. 12–17 mm lg., mit geschlossenem Schlund, weissl.-gelb,
   selten weiss, gelb od. rötl. / 6 bis 9 / Kollin-subalpin. Wälder, Heiden,
   Torfmoore; verbr. und hfg. [2389]

500. **Tózzia** L., *Tozzie*

T. alpína L., *Tozzie.* – St. 20–50 cm, ästig. B. sitzend, eifg., gekerbt. Bl.
b.winkelst. Kr. gelb, mit rot punktierter Unterlippe. / 6 bis 7 / (Mon-
tan-)subalpin(-alpin). Feuchte Orte; kalkliebend. J (bis Weissenstein), M
(vereinzelt), A. [2390]

501. **Lathraéa** L., *Schuppenwurz*

L. squamária L., *Schuppenwurz.* – St. 10–30 cm, hellrosa. Bl. in einer
dichten, vor dem Aufblühen nickenden Traube, hellrosa, purpurn überlaufen. Oberlippe der Kr. helmfg.; Unterlippe 3lappig. / 3 bis 4 / Kollin-
montan. Auf den W. von Laubhölzern schmarotzend; zerstr. [2464]

Fam. 126. **Orobancháceae.** *Sommerwurzgewächse*

1- od. mehrjährige, blattgrünlose, auf den Wurzeln spezieller Wirtspfl. schmarotzende Kräuter mit schuppenfg., wechselst. B. Nebenb. fehlend. Bl. in endst. Trauben od. Rispen, in den Achseln schuppenfg. Tragb., zuweilen auch mit Vorb., zwittrig, monosymm. K. röhrig od. 2teilig, 5blättrig. Kr. röhrig, 5blättrig, oft 2lippig. Stbb. 4, 2 längere und 2 kürzere, der Kr.röhre eingefügt, das 5. staminodial od. fehlend. Frb. 2(–3). zu einem oberst. Frkn. verwachsen. Fachspaltige Kapseln mit zahlr., winzigen S.

Anmerkung: Für die Bestimmung der Sommerwurzgewächse ist die Kenntnis der Narbenfarbe erforderlich (beim Sammeln notieren) und jene der Wirtspfl. von Vorteil (Begleitpfl. notieren, ev. Verbindung zur Wirtspfl. freilegen).

502. **Orobánche** L., *Sommerwurz, Würger*

1. K. verwachsenblättrig, 4–5zähnig. Bl. mit 1 Deckb. und 2 Vorb. *(Fig. 409/1).* (Untergattung *Phelypaéa.*) 2
   – K. aus 2 seitl., meist 2sp., selten vorne verwachsenen B. bestehend. Bl. mit 1 Deckb., ohne Vorb. *(Fig. 409/2–5).* 3
2. K. 4zähnig. St. meist ästig.
   O. ramósa L. (*Phelypaea ramosa* C. A. MEYER), *Ästige S., Hanf-W.* – St. 15–25 cm. Kr. gelbl.-weiss, blau überlaufen. / 7 bis 9 / Kollin-montan. Auf *Cannabis* (früher), *Nicotiana* und anderen Pfl.; s. s. [2443]
   – K. 5zähnig; der 5. Zahn klein. St. meist einfach.
   O. arenária BORKH. (*O. levis* auct., *Ph. arenaria* WALPERS), *Sand-S.* – St. 15–45 cm. Blstd. zieml. dicht. Kr. fast gerade, hell-violettblau. Stb.beutel wollig behaart. / 6 bis 7 / Kollin-montan. Auf *Artemisia campestris*; s. Südwestschw., südl. Graub. – Bad., Ao., Veltlin, Vintschgau. [2444]
   O. purpúrea JACQ. (*Ph. coerulea* C. A. MEYER), *Violette S.* – St. 15–30 cm. Blstd. etwas locker. Kr. vorwärts gekrümmt, hellviolett, dunkler geadert. Stb.beutel kahl od. oben etwas behaart. / 6 bis 7 / Kollin-montan(-subalpin). Auf *Achillea* und *Artemisia*; s. [2445]
3. N. in frischem Zustand gelb od. dunkelgelb bis bräunl. 4
   – N. meist rotbraun od. violett (vgl. auch *O. caryophyllacea* und *O. minor*). 11
4. Rückenlinie der Kr. in der Mitte fast gerade. Oberlippe winklig abwärts gekrümmt *(Fig. 409/3)* od. Kr.röhre vor dem Saum verengt *(Fig. 409/4).* 5
   – Rückenlinie der Kr. vom Grunde an bogenfg. gekrümmt, nicht winklig gebrochen *(Fig. 409/2, 5).* 6
5. Kr.röhre in der Mitte stark eingeschnürt, abwärts geknickt, am Grunde bauchig aufgetrieben.
   O. cérnua LOEFLING (incl. *O. cumana* WALLR.), *Gekrümmter W.* – St. 20–40 cm, gelbl.-weiss. Bl. 12–20 mm lg., spärl. drüsenhaarig, am Grunde

409/1   409/2   409/3   409/4   409/5

weisshäutig, gegen den Schlund violett-blau. / 4 bis 6 / Kollin-montan. Auf *Artemisia*, seltener auf *Helianthus*. – Ao. (Ville-sur-Sarre, Gressan).
– Kr.röhre in der Mitte nicht eingeschnürt, nicht abwärts geknickt.

O. lútea BAUMG. (*O. rubens* WALLR.), *Gelbe S.* – St. 30–45 cm. Bl. 20–30 mm lg. Kb. mehrnervig. Kr.röhre gegen den Saum zu erweitert *(Fig. 409/3).* Kr. rotbräunl., am Grunde gelb, od. ganz gelbl. / 5 bis 6 / Kollin-montan. Auf *Medicago sativa, M. falcata* und *Melilotus*; s. J, M, A (Rheintal). – Bad., Els. [2446]

O. héderae DUBY, *Efeu-S.* – St. 20–30 cm. Bl. 12–20 mm lg. Kb. 1–3nervig. K.röhre vor dem Saum etwas zusgez. *(Fig. 409/4)*, aussen kahl, hellgelb, violett überlaufen. / 5 bis 7 / Kollin. Auf *Hedera*; s. [2447]

6. Stbf. am Grunde kahl.

O. rapum-genístae THUILL., *Ginster-W.* – St. 25–60 cm. Kr. 20–25 mm lg., hellrötl.-braun. Oberlippe ausgerandet. / 5 bis 6 / Kollin-montan(-subalpin). Auf *Cytisus scoparius*. T, Graub. (Misox, Calanca, Bergell). – Els., Belf., südl. Grenzzone von Ao. bis Co. [2448]

– Stbf. am Grunde behaart. 7

7. Kb. 1–3nervig. 8
– Kb. mehrnervig. 9

8. Stbf. fast in der Mitte der Kr.röhre eingefügt.

O. flava H. MARTIUS ex F. W. SCHULTZ, *Hellgelbe S.* – Pfl. wachs- od. hellgelb. St. 20–40 cm. Kr. 15–20 mm lg. Oberlippe mit fast kahlen, zuletzt zurückgeschlagenen Lappen. Stbf. vom Grunde bis über die Mitte dicht behaart. / 6 bis 8 / Montan-subalpin. Auf *Aconitum, Adenostyles* und *Petasites*; zerstr. [2449]

– Stbf. fast am Grunde der Kr.röhre eingefügt.

O. lucórum A. BR., *Berberitzen-S.* – St. 15–30 cm. Kb. 2nervig. Kr. bräunl. Oberlippe mit gerade vorgestreckten, feindrüsig gewimperten Lappen. / 7 bis 8 / (Kollin-)montan(-subalpin). Auf *Berberis* und (selten) *Rubus*. A (Wallis, T, Graub.). – Co., Veltlin, Bormio, Vintschgau, Liechtenstein, Vorarlberg. [2450]

O. sálviae F. W. SCHULTZ ex KOCH, *Salbei-S.* – St. 20–30 cm. Kb. einnervig. Kr. weissl.-gelb. Oberlippe mit zuletzt abstehenden, gezähnelten Lappen. / 7 bis 8 / (Kollin-)montan(-subalpin). Auf *Salvia glutinosa*; nicht hfg. [2451]

9. Kr. innen blutrot, am Grunde vorn kropfartig-bauchfg.

O. grácilis SM. (*O. cruenta* BERTOL.), *Schlanke S.* St. 15–50 cm. Kr. aussen zimtbraun. Oberlippe helmartig, mit abstehenden Seitenlappen *(Fig. 409/5).* Stbf. am Grunde eingefügt, unten dicht behaart, oben drüsig. / 5 bis 8 / Kollin-montan(-subalpin). Besonders auf *Fabaceen*; s. [2452]

– Kr. innen nicht blutrot. 10

10. Stbf. unten behaart, oben fast kahl od. sehr spärl. drüsig.

O. alsática KIRSCHL. (*O. cervariae* SUARD), *Elsässische S.* – St. 30–70 cm. Kr. (15–)20–25 mm lg., mit gleichm. gebogener Rückenlinie, gelb od. bräunl. Stbf. 3–7 mm über der Basis der Kr.röhre angeheftet. Gr. dicht mit kürzeren und längeren Drüsenhaaren besetzt. / 6 bis 7 / Kollin-montan. Auf *Peucedanum cervaria*; Trockenhänge, lichte Wälder; s. J, M, A. – Bad., Els., Co. (Früher folgende Art miteingeschlossen.) [2454]

O. bartlíngii GRISEB. (*O. libanotidis* RUPR.), *Bartlings S.* – St. 20–40 cm. Kr. 12–17(–20) mm lg., Bogen der Rückenlinie im mittleren Teil verflacht. Stbf. 1–3 mm über der Basis der Kr.röhre angeheftet. Gr. kahl od.

spärl. drüsenhaarig. / 6 bis 7 / Kollin-montan. Auf *Seseli libanotis*; Busch- und Waldsäume trockenwarmer Lagen, auf Kalk; s. J (Doubstal). – Els. (Verbreitung ungenügend bekannt, da bisher mit voriger Art verwechselt).

– Stbf. unten dicht behaart, oben drüsig.

O. elátior SUTTON (*O. major* auct.), *Grosse S.* – St. 20–70 cm. Kr. bräunl.-gelb od. rötl., am Grunde blassgelb. Oberlippe undeutl. 2lappig. Lappen der Unterlippe ungleich gezähnelt, fast kahl. / 6 bis 8 / Kollin-montan(-subalpin). Auf *Centaurea scabiosa* und *alpestris*; s. [2453]

O. laserpítii-síleris REUTER ex JORD., *Laserkraut-S.* – St. 30–70 cm. Kr. bräunl.-violett, am Grunde heller. Oberlippe tief ausgerandet. Lappen der Unterlippe gestutzt, stachelspitzig, drüsenhaarig. / 7 / Kollin-subalpin. Auf *Laserpitium*; zerstr. J, A. [2455]

11. K.zipfel so lg. od. kürzer als die halbe Kr.röhre.

O. caryophyllácea SM. (*O. galii* DUBY, *O. vulgaris* POIRET), *Labkraut-S.* – St. 20–45 cm. Kb. 2sp., mit meist ungleichen Zipfeln. Kr. 20–35 mm lg., rotbraun od. gelbl. Rückenlinie der Kr. leicht gekrümmt. Lappen der Oberlippe vorgestreckt. N. rotbraun, sehr selten gelb. Bl. nach Nelken duftend. / 5 bis 6 / Kollin-montan(-subalpin). Auf *Galium* und *Asperula*; zerstr. [2456]

O. teúcrii HOLANDRE, *Gamander-S.* – St. 10–30 cm. Kb. 2sp., mit fast gleichen Zipfeln. Kr. 20–30 mm lg., rotgelb, violett überlaufen. Rückenlinie der Kr. gerade, vorn abwärts gebogen. Lappen der Oberlippe abstehend. N. purpurbraun. / 5 bis 7 / Kollin-montan(-subalpin). Auf *Teucrium*; zieml. verbr. [2457]

– K.zipfel länger als die halbe Kr.röhre. 12

12. Kr. aussen mit violettroten, auf kleinen Höckerchen sitzenden Drüsenhaaren.

O. alba STEPHAN ex WILLD. (*O. epithymum* DC.), *Quendel-S.* – St. 10–30 cm. Deckb. so lg. od. kürzer als die Kr. Kb. meist ungeteilt. Kr. 18–22 mm lg., gelbbraun, gegen die Oberlippe purpurn überlaufen. Unterlippe drüsig gewimpert. / 5 bis 7 / Kollin-subalpin. Auf *Thymus serpyllum*; verbr. [2458]

O. reticuláta WALLR., *Distel-S.* – St. 30–90 cm. Deckb. länger als die Kr. Kb. meist 2sp. Kr. 20–25 mm lg., gelbl., violett od. purpurn überlaufen. Unterlippe am Rande meist fast kahl. / 6 bis 8 / Montan-subalpin. Auf *Carduus, Cirsium, Knautia* und *Scabiosa*; verbr. [2459]

– Kr. aussen helldrüsig. Unterlippe am Rande kahl. 13

13. Stbf. bis über die Mitte dicht behaart.

O. pícridis F. W. SCHULTZ, *Bitterkraut-S.* – St. 20–50 cm. K.zähne lg. zugespitzt. Kr. 15–20 mm lg., hellgelbl.-weiss. Oberlippe an den Nerven oft violett überlaufen. / 6 / Kollin. Auf *Picris hieracioides*; s. s. Kt. Zürich (Hüntwangen). – Bad., Co. [2460]

– Stbf. nur am Grunde behaart, oben kahl od. drüsig. . . . . ; 14

14. Oberlippe der Kr. mit zurückgeschlagenen Lappen *(Fig. 409/5)*.

O. loricáta RCHB., *Beifuss-S.* – St. 20–50 cm. Deckb. die Kr. überragend. K.zipfel pfriemfg. zugespitzt. Kr. 14–22 mm lg., gelbl.-weiss, an den Nerven oft violett. Stbf. und Gr. oben drüsig. / 6 / Kollin-montan. Auf *Artemisia campestris*; s. Wallis, Graub. (Puschlav). – Sav. [2461]

– Oberlippe gerade vorgestreckt *(Fig. 409/2)*.

O. minor SM. (*O. barbata* POIRET), *Kleine S., Klee-W.* – St. 10–50 cm.

K.zähne pfriemfg. zugespitzt. Kr. 8–15 mm lg., leicht gekrümmt *(Fig. 409/2)*, gelbl.-weiss, an den Nerven oft violett. Oberlippe ausgerandet od. 2lappig. N. purpurn od. violett, selten gelb. / 5 bis 7 / Kollin(-montan). Auf *Trifolium, Daucus* und anderen Pfl.; verbr. [2462]

O. améthystea THUILL., *Amethystblaue S.* – St. 20–45 cm. K.zähne lg. zugespitzt. Kr. 15–23 mm lg., im unteren Drittel zuletzt kniefg. gebogen, am Grunde weiss, gegen den Saum amethystblau od. violett. Oberlippe tief 2lappig. / 6 bis 7 / Kollin. Auf *Eryngium campestre*; s. – Bad., Els., Veltlin, Bormio. [2463]

Fam. 127. **Lentibulariáceae.** *Wasserschlauchgewächse*

Meist mehrjährige Sumpf- od. Wasserkräuter, bisweilen wurzellos. B. wechselst., oft in Rosetten, insektenfangend. Bl. einzeln. od. in Trauben, zwittrig, monosymm. Kb. 5. 2lippig verwachsen. Krb. 5, 2lippig verwachsen, am Grunde ausgesackt od. gespornt, abfallend. Stbb. 2, dem Grunde der Kr.röhre eingefügt, seitl. zusammenneigend. Frb. 2, zu einem oberst. Frkn. verwachsen. Mehrsamige Kapseln.

1. Landpfl. B. in grundst. Rosette, dem Boden aufliegend, längl., stumpf, gelbgrün, drüsig-fettig, mit eingerollten Rändern. Kr. mit offenem Schlunde. **Pinguicula 503**
– W.lose Wasserpfl. B. haarfg.-vielteilig, mit Luftblasen (Schläuchen). Kr. gelb; Schlund durch einen Gaumen verschlossen. **Utricularia 504**

503. **Pinguícula** L., *Fettblatt*

1. Kr. weiss. Sporn kurz, kegelfg.
   P. alpína L., *Alpen-F.* – St. 5–15 cm. Kr. mit 1–2 gelben Flecken auf der Unterlippe. / 5 bis 7 / (Montan-)subalpin-alpin. Nasse Felsen, Tuffstellen, moorige Weiden; auf Kalk. J (bis Crémines [Kt. Bern]), M, A. [2465]
– Kr. blau od. violett. Sporn verlängert, schlank-pfriemfg. 2
2. Sporn halb so lg. wie der Rest der Kr.
   P. vulgáris L., *Gemeines F.* – St. 5–20 cm. Die 2 unteren K.zipfel bis zu ⅔ ihrer Länge verwachsen. Kr. blauviolett, mit weissl., behaartem Schlundfleck; Zipfel abgerundet od. 3eckig, sich nicht od. kaum berührend. / 5 bis 7 / Kollin-subalpin. Moore, feuchte, überrieselte Felsen, Uferstellen; verbr. [2466]
   P. leptóceras RCHB. (*P. vulgaris* L. ssp. *leptoceras* ARCANG.), *Blaues Alpen-F.* – Von der vorigen Art verschieden: Die 2 unteren K.zipfel kaum bis zur Hälfte verwachsen. Kr. grösser, violettblau, mit weissem, behaartem Schlundfleck; Zipfel der Unterlippe rundl., sich seitl. deckend. / 6 bis 8 / Subalpin-alpin. Flach- und Quellmoore. A. [2467]
– Sporn mehr als halb so lg. wie der Rest der Kr.
   P. grandiflóra LAM., *Grossblütiges F.* – St. 5–20 cm. Bl. 30–35 mm lg. Kr. tiefblau bis lila; Zipfel vorn br. gestutzt. / 6 bis 7 / Feuchte Felsen, Weiden. J (Dôle). – Französ. Jura.

   P. grandiflóra LAM. ssp. **grandiflóra.** – K. rotbraun bis olivgrün. Kr. tiefblau bis violett, mit weissem Schlundfleck. Sporn karminrot. Kapsel rotbraun bis olivgrün. / 6 bis 8 / Montan-subalpin. Auf Kalk. [2468]

P. grandiflóra LAM. ssp. **reúteri** (GENTI) SCH. u. K. (*P. grandiflora* LAM. var. *pallida* REUTER). – K. hellgrün. Kr. hell-lila mit violetten Schlundflecken. Sporn lg. zugespitzt, lilafarben bis grünl. / 6 bis 7 / Montan-subalpin. – Franzős. Jura. [2469]

504. Utriculária L., *Wasserschlauch*

1. B. mit vielen (8–150 und mehr) Schläuchen, in zahlreiche haarfg., am Rande gezähnelte Zipfel geteilt.

   U. vulgáris L., *Gewöhnlicher W.* – Bl.stiel 2–3mal so lg. wie das zugehörige Deckb. Kr. 13–30 mm lg., goldgelb. Oberlippe kaum länger als der Gaumen; Unterlippe sattelfg. gebogen, mit nach unten umgeschlagenen Rändern. / 6 bis 8 / Kollin-montan. Teiche, Sümpfe, Torfgräben; s. Westschw. – Els. [2470]

   U. austrális R. BR. (*U. neglecta* LEHM.), *Südlicher W.* – Bl.stiel 3–5mal so lg. wie das zugehörige Deckb. Kr. 12–18 mm lg., zitronengelb. Oberlippe viel länger als der Gaumen; Unterlippe flach, kreisrund. / 6 bis 8 / Kollin-montan. Wie vorige; zerstr. [2471]

   – B. mit 0–10 Schläuchen, in 7–30 fast flache Zipfel geteilt. 2

2. Schläuche 0–5, besonders an den farblosen Erdsprossen. B. mit gezähnelten Endzipfeln.

   U. intermédia HAYNE, *Mittlerer W.* – Grüne B. ohne Schläuche. B.zipfel stumpf, mit aufgesetzter Spitze. Kr. gelb. Oberlippe braun gestreift. Sporn pfriemfg., bis 6 mm lg. Pfl. sehr selten blühend. / 6 bis 9 / Kollin-montan. Wie die vorigen; s. J, M, Rhonetal, Sargans. – Els., Belf., Bodenseegebiet. [2472]

   U. ochroleúca R. HARTMAN, *Blassgelber W.* – Grüne B. bisweilen mit Schläuchen. B.zipfel allmähl. in die Spitze verschmälert. Kr. blassgelb, am Gaumen mit bräunl. Querstreifen. Sporn kurz, kegelfg., kaum länger als br. Pfl. selten blühend. / 6 bis 7 / Kollin-montan. Wie die vorigen. M (Kt. Zürich). – S, V, Belf. [2473]

   – Schläuche 0–10, auch an den grünen Wassersprossen. B. mit glattrandigen Endzipfeln.

   U. minor L., *Kleiner W.* – Oberlippe des K. zugespitzt. Kr. 6–8,5 mm lg., blassgelb. Gaumen oft braunrot gestreift. Oberlippe ausgerandet; Unterlippe mit zuletzt br. zurückgeschlagenen Rändern, höchstens 5,5 mm br. / 6 bis 9 / Kollin-subalpin. Wie die vorigen; nicht hfg. [2474]

   U. brémii HEER ex KÖLLIKER, *Bremis W.* – Oberlippe des K. abgerundet. Kr. 8–9 mm lg., blassgelb. Gaumen und Lippenplatte braunrot gestreift; Unterlippe stets flach, 8–9 mm br. / 7 bis 9 / Kollin. Wie die vorigen; s. s. M (Kt. Zürich), A (St. Galler Rheintal). – Els., Var., Co. [2475]

Fam. 128. Globulariáceae. *Kugelblumengewächse*

Verholzende Kräuter od. Sträucher mit wechselst., oft in Rosetten angeordneten, einfachen, etwas ledrigen B. Nebenb. fehlend. Bl. in von Hüllb. umgebenen Köpfchen od. Ähren, zwittrig, monosymm. Kb. 5, verwachsen. Krb. 5, röhrig-2lippig verwachsen, mit schmalen Zipfeln, 2 kürzere (oft verkümmerte) die Oberlippe, 3 längere die Unterlippe bildend. Stbb. 4 od. 2, der Kr.röhre eingefügt. Frb. 2, zu einem oberst. Frkn. verwachsen. Einsamige Nüsse, vom K. umschlossen bleibend.

505. Globulária L., *Kugelblume*

1. St. beblättert.

G. punctáta LAPEYR. (*G. elongata* HEGETSCHW., *G. willkommii* NYMAN, *G. vulgaris* L. ssp. *willkommii* (NYMAN) SCH. u. K.), *Gemeine K.* – St. 10–25(–50) cm. Stlb. lanzettl., die grundst. lg. gestielt, lederartig, spatelfg., an der Spitze oft ausgerandet. Kr. blau (selten lila od. weiss). / 4 bis 6 / Kollin-montan(-subalpin). Trockenwarme Orte; verbr. [2476]

– St. b.los od. mit 1–2 Schuppen.

G. cordifólia L., *Herzblättrige K.* – Hauptst. holzig, niederliegend. Bl.tragende St. 3–12 cm. B. verkehrt-eifg., keilfg. verschmälert, vorn ausgebuchtet. Kr. blau (selten weiss). / 5 bis 7 / Montan-alpin. Felsen; auf Kalk. J, M (vereinzelt), A. [2477]

G. nudicaúlis L., *Schaft-K.* – Pfl. ohne niederliegende verholzte Triebe. Bl.tragende St. 10–25 cm. B. längl., keilfg. verschmälert, vorn abgerundet, stumpf. Kr. blau (sehr selten weiss). / 6 bis 8 / (Montan-)subalpin(-alpin). Trockene Wiesen, Weiden, steinige Hänge. M (s.), A (vor allem nördl. Teile). – Salève bei Genf. [2478]

Fam. 129. Plantagináceae. *Wegerichgewächse*

Einjährige Kräuter od. Stauden mit Rhizomen, seltener Halbsträucher, mit meist wechselst., oft in Rosetten angeordneten, einfachen, parallelnervigen B. Nebenb. fehlend. Bl. in Ähren od. Köpfchen, seltener einzeln, zwittrig od. eingeschlechtig, ± radiärsymm. Kb. (3–)4(–5), verwachsen, oft ungleich. Krb. 4(–5), verwachsen, trockenhäutig. Stbb. 4(–5), der Kr.röhre eingefügt, mit lg. Stb.fäden, in der Knospenlage eingekrümmt. Frb. 2, zu einem oberst. Frkn. verwachsen. Mit Deckelchen aufspringende, mehrsamige Kapseln od. Nüsse.

1. Bl. zwittrig, in dichten Ähren od. Köpfchen. **Plantago 506**

– Pfl. einhäusig; Bl. nicht in Ähren od. Köpfchen *(Fig. 415/1a)*.

Littorella 507

506. Plantágo L., *Wegerich*

1. Pfl. mit beblättertem St. B. gegenst.

P. sempervírens CRANTZ (*P. suffruticosa* LAM., *P. cynops* auct.), *Halbstrauchiger W.* – Pfl. ausdauernd, 15–30 cm, halbstrauchig, ästig. B. schmal-lineal. Blstd. eifg. Untere Deckb. mit krautiger Granne, obere stachelspitzig. / 6 / Kollin-montan. Trockenrasen. – Sav. In der Schweiz adv. [2479]

P. índica L. (*P. arenaria* W. u. K.), *Sand-W.* – Pfl. einjährig, 15–30 cm, einfach od. ästig. B. lineal. Blstd. kugelig bis längl. Untere Deckb. mit lg., krautiger Spitze, obere stumpf, br.-hautrandig. / 6 bis 9 / Kollin. Sandige Orte. – Ao. In der Schweiz auf Ödland und Bahnhöfen verschleppt. [2480]

– Alle B. in grundst. Rosette. 2

2. B. eifg. od. elliptisch. 3

– B. lanzettl. od. lineal. 4

3. B. kurz gestielt, meist dem Boden aufliegend. Stbf. lila.

P. média L., *Mittlerer W.* – Ährenstiel 20–40 cm, viel länger als die B. Blstd. längl. Kapsel meist 4samig. / 5 bis 7 / Kollin-montan(-subalpin). Wiesen, Wegränder, Weiden; verbr. [2481]

– B. lg. gestielt, Stiel mindestens halb so lg. wie die Spreite. Stbf. weissl.

P. major L. ssp. **major**, *Grosser W.* – B. aufrecht-abstehend. Ährenstiel 15–30 cm, kaum länger als die B. Blstd. sehr verlängert. Kapsel meist 8 S. enthaltend. / 6 bis 10 / Kollin-subalpin(-alpin). Wegränder, Grasplätze; s. hfg. [2482]

P. major L. ssp. **intermédia** (GODRON) ARCANG. (*P. intermedia* GILIB., *P. nana* TRATT.), *Zwerg-W.* – B. an beiden Enden verschmälert, dünn und weich, nebst dem Ährenstiel behaart; dieser bogig aufsteigend, 5–12 cm. Blstd. meist kurz-walzenfg. Kapsel 14–23 S. enthaltend. / 6 bis 10 / Kollin-montan. Lehm- und Lössäcker; zerstr. Basel und Umgebung, Ajoie, M, Wallis, T, Graub. [2483]

4. Kr.röhre kahl. B. lanzettl.

P. lanceoláta L., *Spitz-W.* – Ährenstiel 10–40 cm, gefurcht. Blstd. eifg. od. eifg.-längl., vielbl. Deckbl. kahl od. in der Mitte zerstr. behaart. Äussere Kb. weit hinauf verwachsen. / 4 bis 9 / Kollin-subalpin. Wiesen, Wegränder; s. hfg. [2484]

P. atráta HOPPE (*P. montana* LAM.), *Berg-W.* – Ährenstiel 3–12 cm, stielrundl. Blstd. eifg., gedrungen. Deckb. an der Spitze bärtig. Äussere Kb. frei. / 5 bis 7 / (Montan-)subalpin-alpin. Wiesen, Weiden. J (bis Mont Tendre), A (hfg.). [2486]

– Kr.röhre behaart. B. lineal. 5

5. Seitennerven vom B.rand und Mittelnerv gleichweit entfernt. Ähre schmal, 5–16mal länger als br. 6

– Seitennerven dem B.rand genähert, vom Mittelnerv entfernt. Ähre längl.-walzl., 1–5mal so lg. wie br.

P. alpína L., *Alpen-W., Adelgras.* – Ährenstiel 5–15 cm. B. lineal od. lineal-lanzettl., getrocknet schwärzl. Blstd. längl. bis fast kopffg. (1–3 cm). Deckb. so lg. wie der K., nicht gekielt. / 5 bis 7 / (Montan-)subalpin-alpin. Magerwiesen, Weiden. J (Dôle), M (s.), A. – Französ. Jura. [2488]

6. B. flach, meist ganzrandig, lederig, am Rand gewöhnl. borstig bewimpert.

P. serpentína ALL., *Schlangen-W.* – Ährenstiel 8–25 cm hoch. Ähre dickl., walzl. 2–8(–10) cm lg., viel kürzer als der Ährenstiel, meist breiter

a   b

415/1

und lockerer als bei *P. marítima*. Deckb. lanzettl. bis br.-lanzettl. Kb. mit zieml. kräftigem Kiel. Deckb. und Kb. lg. gewimpert. / 5 bis 8 / Magere Bergwiesen, dürre Grastriften, Felsen, Geröll- und Blockfluren. Wallis, T, Graub. – Vintschgau. [2489]

– B. fleischig, längsrinnig, zuletzt manchmal flach werdend, oft entfernt gezähnt, kahl.

P. marítima L., *Strand-W.* – Deckb. schmal-eifg. bis eifg. Kb. mit schmalem Kiel. Deckb. und Kb. kahl od. kurz gewimpert. / 7 bis 10 / Kollin. Sandige Orte. Genf; auch adv. – Sav. [2489]

507. **Littorélla** BERGIUS, *Strandling*

L. uniflóra (L.) ASCH. (*L. lacustris* L.), *Strandling*. – Pfl. ausläufertreibend, 2–12 cm. B. grundst., lineal-pfriemfg. Männl. Bl. lg. gestielt, einzeln, mit lg., aus der Bl. weit herausragenden Stbf.; weibl. Bl. zu 2–3 am Grunde des Stieles der männl. Bl. sitzend *(Fig. 415/1b)*. / 4 bis 6 (auch 8 bis 9) / Kollin. Sandige, periodisch überschwemmte Ufer; s. [2491]

Fam. 130. **Hippuridáceae.** *Tannenwedelgewächse*

Ausdauernde Wasser-, Sumpf- od. Strandpfl. mit quirlst., einfachen B. Nebenb. fehlend. Bl. unscheinbar, b.achselst., meist zwittrig, radiärsymm. K. einen 2–4buchtigen Saum bildend. Kr. fehlend. Stbb. 1. Frb. 1, einen unterst. Frkn. bildend. einsamige Steinfr.

508. **Hippúris** L., *Tannenwedel*

H. vulgáris L., *Tannenwedel*. – St. 20–80 cm. B. lineal, ganzrandig, zu 8–12 quirlst. Bl. unscheinbar, b.winkelst. / 5 bis 8 / Kollin-subalpin. Stehende und langsam fliessende Gewässer; zerstr. [1894]

Fam. 131. **Verbenáceae.** *Eisenkrautgewächse*

Einjährige Kräuter, Stauden, Sträucher od. Bäume, mit oft 4kantigen St. B. gegenst. od. quirlst., meist einfach. Nebenb. fehlend. Bl. in traubigen od. cymösen Blstd., selten einzeln, zwittrig, meist monosymm. Kb. 5, röhrig verwachsen, bleibend. Krb. 5, röhrig verwachsen, mit oft 2lippigem Saum. Stbb. 2 od. 4, 2 längere und 2 kürzere. Frb. 2, zu einem oberst. Frkn. verwachsen, zur Fr.zeit in 2 od. 4 einsamige, steinfr.artige Klausen zerfallend.

509. **Verbéna** L., *Eisenkraut*

V. officinális L., *Eisenkraut*. – St. 30–70 cm, abstehend ästig, 4kantig. B. gegenst., eifg.-längl., die mittleren 3sp., mit eingeschnitten-gesägten Abschn. Bl. klein, in sehr verlängerten, lockeren Ähren. Kr. blasslila. / 6 bis 9 / Kollin-montan(-subalpin). Wegränder, Ödland; s. hfg. [2198]

Fam. 132. **Lamiáceae** (*Labiátae*). *Lippenblütler*

Einjährige Kräuter, Stauden od. Sträucher, seltener Bäume, mit meist 4kantigem St. B. kreuzgegenst. od. quirlst., einfach. Nebenb. fehlend. Bl. oft in Scheinquirlen (gegenst. Cymen), die ihrerseits hfg. zu ährenfg. od. traubenfg. Gesamtblstd. (Thyrsen) zusammengefasst sind, meist zwittrig, monosymm., seltener fast radiärsymm. Kb. 5, röhrig verwachsen, bleibend. Krb. 5, verwachsen, meist deutl. 2lippig *(Fig. 418/2)*, seltener röhrig od. trichterfg. od. die Oberlippe scheinbar fehlend *(Fig. 417/2, 3)*. Stbb. 4, die 2 oberen kürzer, mitunter nur 2 (obere fehlend). Frb. 2, zu einem oberst. Frkn. verwachsen. Dieser in 4 Klausen geteilt, in deren Mitte der Gr. entspringt *(Fig. 69/2)*, zur Fr.zeit in 4 nussartige Teilfr. zerfallend. Pfl. reich an ätherischen Ölen.

1. Kr. 2lippig od. scheinbar einlippig. 2
– Kr. fast gleichfg. 4sp. *(Fig. 417/1)*. 4
2. Kr. 2lippig, Oberlippe deutl. ausgebildet. 5
– Oberlippe der Kr. sehr kurz *(Fig. 417/2)* od. scheinbar fehlend *(Fig. 417/3)*. 3
3. Oberlippe der Kr. sehr kurz, 2lappig. Unterlippe gross, 3lappig, mit br. Mittellappen *(Fig. 417/2)*.   **Ajuga 510**
– Oberlippe der Kr. scheinbar fehlend (in Wirklichkeit tief gespalten, die beiden Zipfel mit der Unterlippe verbunden; diese daher scheinbar 5lappig; *Fig. 417/3*).   **Teucrium 511**
4. Stbb. 2 (meist noch 2 fadenfg. unfruchtbare Stbb.). K. glockenfg., 5sp. Kr. weissl.   **Lycopus 540**
– Stbb. 4. K. 5zähnig od. undeutl. 2lippig. Kr. rosa bis violett od. lila, seltener weiss.   **Mentha 541**
5. Stbb. 2. 6
– Stbb. 4 (2 längere und 2 kürzere). 7
6. B. lineal, am Rande umgerollt, unterseits filzig.   **Rosmarinus 512**
– B. längl.-eifg., eifg. od. herzfg.   **Salvia 529**
7. Stbb. und Gr. in der Kr.röhre eingeschlossen, nicht aus dem Schlunde hervorragend *(Fig. 418/1)*. 8
– Stbb. od. doch der Gr. aus dem Schlunde der Kr. hervorragend *(Fig. 418/2, 8)*. 10
8. K.rand undeutl. 5zähnig. Bl. blauviolett. Halbstrauch mit linealen, ganzrandigen B.   **Lavandula 514**
– K.rand 5- od. 10zähnig. 9
9. K. 5zähnig. Bl. gelb. Nur die 2 oberen Stbb. fruchtbar.   **Sideritis 516**
– K. 10zähnig. Bl. weiss. Alle 4 Stbb. fruchtbar.   **Marrubium 515**
10. Oberlippe der Kr. 4lappig. Stbb. auf die Unterlippe herabgebogen.   **Ocimum 542**
– Oberlippe der Kr. ungeteilt od. 2lappig. 11
11. Bl. einzeln in den Winkeln dichtstehender Deckb., in kopffg. od. ährenfg. Blstd.; diese einen traubigen od. doldig-rispigen Gesamtblstd. bildend. 12

417/1   417/2   417/3

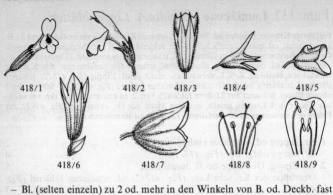

418/1 418/2 418/3 418/4 418/5

418/6 418/7 418/8 418/9

– Bl. (selten einzeln) zu 2 od. mehr in den Winkeln von B. od. Deckb. fast sitzend od. gestielt, in gegenst. Trugdolden (Halbquirlen), oft zu Scheinquirlen angeordnet. (In einzelnen Fällen sind die Bl. einseitswendig.) 13

12. Deckb. längl.-eifg., meist violettrot. K. fast gleichfg. 5zähnig.
Origanum 537

– Deckb. fast kreisrund, graugrün. K. ungezähnt, vorn gespalten.
Majorana 538

13. K. 2lippig od. 2lippig-5zähnig *(Fig. 418/3, 5–7)*. 14

– K. 5zähnig *(Fig. 418/4)*. 23

14. Oberlippe des K. auf dem Rücken mit einem aufgerichteten, hohlen Anhängsel *(Fig. 418/5)*. **Scutellaria 513**

– Oberlippe des K. ohne Anhängsel. 15

15. Stlb. klein, schuppenfg. Bl. lebhaft violett, einseitswendig. Alpenpfl. mit grundst. B.rosette. **Horminum 530**

– Stlb. gut ausgebildet. 16

16. Oberlippe der Kr. deutl. gewölbt, helmfg. Scheinquirle am Ende des St. ährenfg. angeordnet. 17

– Oberlippe der Kr. flach od. schwach gewölbt. 18

17. Oberlippe des K. kurz-3zähnig *(Fig. 418/3)*. Obere (innere) Stbb. kürzer als die unteren (äusseren). **Prunella 520**

– Oberlippe des K. lg.-3zähnig *(Fig. 418/6)*. Obere (innere) Stbb. länger als die unteren (äusseren). **Dracocephalum 519**

18. K. br.glockenfg., mit br., meist stumpfen Lappen *(Fig. 418/7)*. Bl. gross (bis 3,5 cm lg.), zu 1–3 gestielt in den B.winkeln. **Melittis 521**

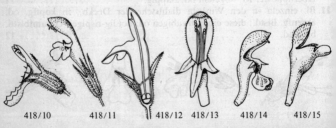

418/10 418/11 418/12 418/13 418/14 418/15

– K. röhrig od. röhrig-glockenfg. Oberlippe des K. mit 3, Unterlippe mit 2
   spitzen Zähnen. 19
19. Stbb. oben auseinandertretend *(Fig. 418/8)*. Scheinquirle am Ende des
   St. meist ährenfg. od. kopffg. angeordnet. **Thymus 539**
– Stbb. oben zusammenneigend *(Fig. 418/9)*. 20
20. K. walzenfg.-röhrenfg. Kr. meist violett od. rötl. 21
– K. glockenfg. erweitert. Kr. weiss. **Melissa 531**
21. Halbquirle vielbl., von lineal-pfriemfg. Deckb. umhüllt. Deckb. so lg.
   wie der K. **Clinopodium 533**
– Halbquirle 2–5–8bl. Deckb. nicht hüllenartig gruppiert, kürzer als der K.
   od. ganz klein. 22
22. Halbquirle gestielt; Bl.stiele mit gemeinsamer Hauptachse.
   Calamintha 534
– Halbquirle sitzend, 2–3bl.; Bl. auf gesonderten Stielchen. **Acinos 535**
23. B. handfg., 3–5lappig. **Leonurus 525**
– B. anders gestaltet. 24
24. B. lineal od. lineal-lanzettl., ganzrandig. 25
– B. anders gestaltet. 26
25. K. 10nervig. Stbb. unter der Oberlippe zusammenneigend *(Fig. 418/9)*.
   Kr. violett, rot, lila od. weissl. **Satureja 532**
– K. 15nervig. Stbb. oben auseinandertretend. Kr. blau. **Hyssopus 536**
26. Oberlippe der Kr. flach, 2lappig. 27
– Oberlippe der Kr. gewölbt od. helmfg. 28
27. B. rundl.-nierenfg. Mittellappen der Unterlippe ganzrandig.
   Glechoma 518
– B. eifg., längl.-eifg. od. schmal-lanzettl. Mittellappen der Unterlippe
   gekerbt *(Fig. 418/10)*. **Nepeta 517**
28. Unterlippe der Kr. am Grunde mit 2 von unten eingedrückten, hohlen
   Höckern *(Fig. 418/11)*. **Galeopsis 522**
– Unterlippe der Kr. ohne hohle Höcker. 29
29. Halbquirle auf 2–5 mm lg. Stielen, vielbl. **Ballota 526**
– Halbquirle sitzend. 30
30. Oberlippe der Kr. gewölbt. Unterlippe mit 3 br., stumpfen Lappen *(Fig.
   418/2)*. 31
– Oberlippe der Kr. helmfg. Seitenlappen der 3teiligen Unterlippe sehr
   klein, zahnfg. od. grösser, aber dann spitz. 32
31. Stbb. nach dem Verstäuben auswärts gebogen. Kr.röhre innen mit einem
   Haarring *(Fig. 418/12)*. **Stachys 527**
– Stbb. nach dem Verstäuben nicht auswärts gebogen. Kr.röhre innen mit
   od. ohne Haarring. Scheinquirle in endst., dichten, am Grunde oft unterbrochenen Ähren. **Betonica 528**
32. Kr. gelb. Unterlippe mit 3 spitzen Lappen *(Fig. 418/13)*.
   Lamiastrum 524
– Kr. rot, rosa od. weiss. Seitenlappen der Unterlippe klein, zahnfg. *(Fig.
   418/14, 15)*; Mittellappen br., verkehrt-herzfg. **Lamium 523**

510. **Ájuga** L., *Günsel*

1. Bl. einzeln (selten zu 2) in den B.winkeln. Kr. gelb.
   A. chamaépitys (L.) SCHREBER, *Gelber G.* – Pfl. 5–20 cm, zottig behaart.

Obere B. tief 3sp., mit linealen Abschn. / 5 bis 9 / Kollin-montan(-subalpin). Äcker, Brachfelder, stellenweise. [2199]
– Bl. in mehrbl., ährenartig angeordneten Scheinquirlen. Kr. blau, seltener rötl. od. weiss. 2

2. Pfl. mit Ausläufern.

A. reptans L., *Kriechender G.* – Pfl. 10–30 cm. Grundst. B. gross, spatelfg., lg. gestielt. Obere Deckb. kürzer als die Bl. Kr. in der Regel violettblau. / 4 bis 7 / Kollin-subalpin. Wiesen, Wälder; s. hfg. [2200]
– Pfl. ohne Ausläufer.

A. genevénsis L., *Genfer G.* – Pfl. 10–30 cm, zottig behaart. Grundst. B. zur Bl.zeit meist verwelkt. Deckb. grob-gekerbt-gezähnt, obere meist kürzer als die Bl. Kr. meist lebhaft blau. / 4 bis 6 / Kollin-subalpin. Trockenrasen, Weinberge, Äcker; verbr. [2201]

A. pyramidális L., *Berg-G.* – Pfl. 15–20 cm. Grundst. B. in dichter Rosette, gross, elliptisch-verkehrt-eifg. Scheinähre dicht, 4kantig. Obere Deckb. doppelt so lg. wie die Bl., rot od. violett überlaufen. Kr. in der Regel hellviolettblau. / 6 bis 8 / (Montan-)subalpin(-alpin). Waldwiesen, Weiden; kalkfliehend; hfg. A. – S. [2202]

Bastarde.

511. **Teúcrium** L., *Gamander*

1. Kr. gelbl. od. gelbl.-weiss.

T. scorodónia L., *Salbeiblättriger G.* – St. 30–80 cm, aufrecht. B. gestielt, herzfg., runzlig, gekerbt. Bl. in schlanken, einseitswendigen Scheinähren. Kr. gelbl. / 6 bis 8 / Kollin-montan. Lichte Wälder, Heiden; kalkmeidend; verbr. [2203]

T. montánum L., *Berg-G.* – St. 10–25 cm, ausgebreitet, am Grunde holzig. B. sitzend, lineal-lanzettl., unterseits graufilzig. Bl. in endst. Köpfchen. Kr. gelbl.-weiss. / 6 bis 8 / Kollin-subalpin(-alpin). Felsen, Felsschutt, trockenwarme Hänge; vorherrschend auf Kalk; verbr. [2204]
– Kr. rosa od. purpurn. 2

2. B. 1–2fach fiedersp.

T. botrys L., *Trauben-G.* – Pfl. 10–30 cm, drüsig-zottig. Kr. trübrosa. / 6 bis 9 / Kollin-montan. Äcker, Felsschutt, Ödland; zerstr. [2205]
– B. ungeteilt.

T. chamaédrys L., *Edel-G.* – Pfl. 15–30 cm, halbstrauchig, mit unterird. Ausläufern. B. etwas derb, eingeschnitten-gekerbt, die unteren kurz gestielt. Bl. in den Winkeln kleinerer B., endst. Scheinähren bildend. Kr. rosa. / 6 bis 8 / Kollin-subalpin. Steinige, buschige Orte; verbr. [2206]

T. scórdium L., *Lauch-G.* – Pfl. 20–40 cm, mit oberird., beblätterten Ausläufern. B. weich, grob-gekerbt, die unteren mit abgerundetem Grunde sitzend. Bl. in den Winkeln gewöhnl. B. Kr. hellpurpurn. Pfl. schwach nach Knoblauch riechend. / 7 bis 8 / Kollin(-montan). Sumpfige Wiesen; s. J (Schaffh.), M, T. – Els., Belf. [2207]

512. **Rosmarínus** L., *Rosmarin*

R. officinális L., *Rosmarin.* – St. 60–120 cm, strauchig, aufrecht-ästig. Kr. bläul.-lila (selten weiss). / 3 bis 10 / Kollin. In der Südschw. kult. und verwildert od. eingebürgert. [2208]

513. **Scutellária** L., *Helmkraut*

1. Bl. in den Winkeln von häutigen Deckb., in Scheinähren.
S. alpína L., *Alpen-H.* – St. 10–30 cm, ästig. B. eifg., gekerbt-gezähnt. Bl.
20–25 mm lg. Kr. bläul.-violett, mit weissl. Unterlippe. / 6 bis 8 / (Montan-)subalpin(-alpin). Steinige, felsige Hänge; auf Kalk. A (südwestl.
Teil). – Französ. Jura. [2209]
– Bl: b.winkelst., einseitswendig.
S. galericuláta L., *Sumpf-H.* – St. 15–50 cm. B. längl.-lanzettl., entfernt
gekerbt-gezähnt. Bl. 10–15 mm lg., ihr Stiel kürzer als der K.; dieser kahl
od. kurzhaarig. Kr. violettblau, mit bogig aufwärts gekrümmter Röhre. /
6 bis 9 / Kollin-montan. Feuchte Wiesen, Sümpfe; zerstr. [2210]
S. minor HUDSON, *Kleines H.* – St. 8–25 cm. Untere B. eifg., obere lan-
zettl., am Grunde jederseits mit 1–2 stumpfen Zähnen. Bl. 6–8 mm lg.,
ihr Stiel länger als der K.; dieser kurzhaarig. Kr. violettrosa, mit gerader
Röhre. / 7 bis 8 / Kollin. Sumpfige Wiesen, Torfmoore. – S (südl. Teil),
Belf. [2212]

514. **Lavándula** L., *Lavendel*

L. angustifólia MILLER (*L. officinalis* CHAIX, *L. spica* L. em. LOISEL.),
Lavendel. – St. 20–60 cm. Scheinquirle in lockeren Scheinähren. Kr.
blauviolett. / 7 bis 8 / Kollin-montan. Kult.; s. verwildert. [2213]

515. **Marrúbium** L., *Andorn*

M. vulgáre L., *Andorn.* – St. 30–60 cm, ästig, nebst den B. wollig-filzig. B.
runzlig, untere rundl.-eifg., obere eifg. Scheinquirle vielbl. K.zähne hakig. Kr. klein, weiss. / 6 bis 9 / Kollin-montan. Wegränder, Schuttstellen;
s. und Fundorte zurückgehend. [2214]

516. **Siderítis** L., *Gliedkraut*

S. hyssopifólia L., *Ysopblättriges G.* – St. 10–30 cm. Bl. in dichten Scheinähren, mit dornig gezähnten Deckb. Kr. mit 7 mm lg. Röhre, blassgelb. /
7 bis 9 / Subalpin. Felsige Hänge; auf Kalk. J (bis Weissenstein). – Französ. Jura. [2215]
S. montána L., *Berg-G.* – St. 10–25 cm. Bl. in den Winkeln b.ähnl., fast
ganzrandiger, stachelspitziger Deckb. Kr. mit 3 mm lg. Röhre, zuerst
hellgelb, dann bräunl. / 7 bis 8 / Kollin. Trockene, steinige Orte. – Co. In
der Schweiz adv. [2216]

517. **Népeta** L., *Katzenminze*

1. St. gleich den B. filzig behaart.
N. catária L., *Echte K.* – Pfl. 60–100 cm. B. eifg.-herzfg., höchstens doppelt so lg. wie br., mit bis 4 cm lg. Stiel, grob gesägt. Kr. den K. wenig
überragend, gelbl.- od. rötl.-weiss. / 7 bis 9 / Kollin-montan. Steinige
Orte, Balmen, Schuttstellen; zerstr. [2217]
N. nepetélla L. (*N. lanceolata* LAM.), *Lanzettblättrige K.* – Pfl. 20–80 cm. B.
schmal-lanzettl., viel länger als br., mit kurzem Stiel, gesägt. Kr. den K. um

5–7 mm überragend, weissl. od. rosa. / 6 bis 9 / Kollin-montan(-subalpin). Steinige od. sandige Orte. – Ao. In der Schweiz adv. [2219]
– St. unterwärts kahl.
N. pannónica L. (*N. nuda* L.), *Kahle K.* – Pfl. 50–90 cm. B. fast sitzend, längl.-eifg., am Grunde herzfg., gesägt-gekerbt. Kr. blassviolett. / 7 bis 8 / Kollin-montan. Trockenwarme Hänge; s. Rhonetal; auch adv. [2218]

518. Glechóma L., *Gundelrebe*

G. hederácea L., *Gundelrebe.* – St. niederliegend, wurzelnd, mit 8–20 cm lg., aufsteigenden blühenden Ästen. B. lg. gestielt, grob gekerbt. Kr. blauviolett. / 4 bis 5 / Kollin-montan(-subalpin). Wiesen, Gebüsche; s. hfg. [2220]

519. Dracocéphalum L., *Drachenkopf*

D. ruyschiána L., *Nordischer D.* – St. 10–30 cm, fast kahl. B. lineal-lanzettl., ganzrandig, mit umgerollten Rändern. Kr. lebhaft violettblau. / 7 bis 8 / Subalpin. Wiesen, Wildheuplanken, lichte Waldstellen; zerstr. A. [2221]
D. austríacum L., *Österreichischer D.* – St. 20–40 cm, weichhaarig. B. teils tief fiedersp., mit linealen, am Rande umgerollten Abschn., teils einfach, lineal. Kr. dunkelviolett. / 5 bis 6 / Kollin-subalpin. Felsige Hänge, Buschränder; s. s. Wallis, Unterengadin. – Vintschgau (ob noch?). [2222]

520. Prunélla (*Brunella*) L., *Brunelle*

1. Bl. bis über 20 mm lg. Kr.röhre gekrümmt. Der mittlere obere K.zahn, wie die seitl., 3eckig, spitz.
P. grandiflóra (L.) SCHOLLER, *Grossblütige B.* – St. 5–40 cm. B. längl.-eifg., selten fiedersp. Kr. violett. / 6 bis 10 / Kollin-subalpin. Trockene Wiesen, Raine; verbr. [2223]
– Bl. höchstens 17 mm lg. Kr.röhre gerade. Der mittlere obere K.zahn br., fast gestutzt, in der Mitte bespitzt *(Fig. 418/3).*
P. vulgáris L., *Gemeine B.* – St. 5–30 cm, kurz behaart od. fast kahl. B. längl.-eifg. bis lanzettl., selten fiedersp. Zähne der K.unterlippe kurz gewimpert. Kr. violett, selten weiss. / 6 bis 9 / Kollin-subalpin. Wiesen, Weiden; hfg. [2224]
P. laciniáta (L.) L. (*P. alba* PALLAS), *Weisse B.* – Pfl. 5–30 cm, grauhaarig. St. an den Kanten stark behaart. Obere B. meist fiedersp. Zähne der K.unterlippe kammfg. gewimpert. Kr. gelbl.-weiss, selten violett überlaufen. / 6 bis 8 / Kollin-montan. Trockene Rasen. Schaffh., West- und Südschw.; sonst s.; auch adv. [2225]
Bastarde.

521. Melíttis L., *Immenblatt*

M. melissophýllum L., *Immenblatt.* – Pfl. 20–50 cm. B. gestielt, herz-eifg. Kr. gross, purpurn od. weiss und rosa, selten ganz weiss. / 5 bis 6 / Kollin-montan. Laubwälder; kalkliebend; J, Südwest- und Südschw. verbr.; sonst s. [2226]

522. Galeópsis L., *Hohlzahn*

1. St. unter den Knoten mehr od. weniger stark verdickt, abstehend borstig-
behaart. 3
– St. unter den Knoten nicht verdickt, angedrückt behaart. 2
2. Obere B. und K. samtig behaart. K. mit hellen Drüsenhaaren. Kr. meist
gelb.
   G. ségetum NECKER (*G. dubia* LEERS, *G. ochroleuca* LAM.), *Gelber H.* – St.
5–30 cm. B. eifg. bis eilanzettl., gezähnt, unterseits seidenhaarig. Kr. 25–
30 mm lg., schwefelgelb, selten rot od. bunt. / 7 bis 8 / Kollin-mon-
tan(-subalpin). Sandige Felder, Dämme, Flussufer; kalkmeidend; s. und
Fundorte zurückgehend; Westschw. [2227]
– Obere B. kahl od. behaart. K. mit einzelnen dunkeln Drüsenhaaren. Kr.
rot od. weissl.
   G. angustifólia (EHRH.) HOFFM., *Schmalblättriger H.* – St. 10–70 cm. B.
schmal, lineal bis lineal-lanzettl., jederseits mit 1–4 Zähnen od. ganzrandig. K. oft rot überlaufen, drüsenlos od. schwach drüsig, mit matten,
meist anliegenden Haaren. Kr. 3mal so lg. wie der K., lebhaft hellkarminrot. / 6 bis 10 / Kollin-subalpin. Trockene, sandige, steinige, meist
kalkhaltige Böden, Äcker, Ödland; verbr., nicht hfg. [2228]
   G. ládanum L. (*G. intermedia* VILL., *G. latifolia* HOFFM.), *Acker-H.* – St.
10–80 cm. B. eifg. bis eilanzettl., jederseits mit 3–8 Zähnen. K. grün, drüsig, mit glänzenden, abstehenden Haaren. Kr. 2mal so lg. wie der K., karminrot. / 6 bis 10 / (Kollin-)montan-subalpin. Trockene, sandige, steinige, meist kalkarme Böden, Äcker, Ödland; verbr., nicht hfg. [2229]
3. St. unter den Knoten nur wenig verdickt, mit spärl. Borstenhaaren und
weichen, zum Teil anliegenden Seidenhaaren.
   G. pubéscens BESSER, *Weichhaariger H.* – St. 30–60 cm. B. eilängl. bis lanzettl., gestielt, zugespitzt, regelm. gezähnt. K. weichhaarig. Kr. 20–25 mm
lg., lebhaft purpurn, mit nach oben bräunl.-gelber Röhre. / 7 bis 9 / Kollin-montan. Lichte Waldstellen, Hecken; besonders auf der Südseite der
Alpen. [2230]
– St. unter den Knoten stark verdickt, ohne anliegende Seidenhaare.   4
4. Kr. gelb, der Mittellappen der Unterlippe violett. K.zähne die Mitte der
Kr.röhre erreichend.
   G. speciósa MILLER (*G. versicolor* CURTIS), *Bunter H.* – St. 30–70 cm. B.
längl.-eifg. bis eilanzettl., gekerbt-gesägt. / 7 bis 9 / (Kollin-)montan-
subalpin. Waldschläge, Gebüsche, Wegränder; zerstr. Nördl. J, M (s.),
A, vor allem östl. Teile; auch adv. [2231]
– Kr. rot od. weiss, bisweilen gelb gefleckt. K.zähne die Mitte der Kr.röhre
überragend.
   G. tétrahit L., *Gemeiner H.* – St. 10–100 cm. B. eifg. od. längl.-eifg., spitz
od. zugespitzt. Mittellappen der Kr.unterlippe fast quadratisch od.
rundl., undeutl. ausgerandet od. klein-gekerbt, flach. / 6 bis 10 / Kollin-
subalpin. Waldschläge, Wegränder, Äcker, Läger; s. hfg. [2232]
   G. bífida BOENNINGH., *Ausgerandeter H.* – St. 20–80 cm. B. eilanzettl.
Mittellappen der Kr.unterlippe längl., schmal, an der Spitze deutl. ausgerandet, an den Seitenrändern zuletzt etwas abgebogen. / 6 bis 10 /
Kollin-subalpin. Besonders auf Mooräckern; s. [2233]

523. Lámium L., *Taubnessel*

1. Pfl. 20–80 cm hoch. Bl. 20–25 mm lg. Kr.röhre gekrümmt *(Fig. 418/14).*
   L. maculátum L., *Gefleckte T.* – St. 20–60(–80) cm. B. herz-eifg., spitz, gekerbt-gesägt; obere fast 3eckig. Kr. rot, selten rosa od. weiss. Oberlippe am Rande kurzhaarig. Pollen orange. / 4 bis 9 / Kollin-subalpin. Hekken, Wegränder; s. hfg. [2236]
   L. álbum L., *Weisse T.* – St. 20–40 cm. B. eifg., lg. zugespitzt, scharf gesägt. Kr. weiss. Oberlippe am Rande lg.haarig gewimpert. Pollen gelb. / 5 bis 8 / Kollin-subalpin. Hecken, Wege, Ödland, Läger; zerstr. [2237]
– Pfl. 10–30 cm hoch. Bl. 10–20 mm lg. Kr.röhre gerade *(Fig. 418/15)* od. fast gerade. 2
2. Obere B. sitzend, rundl.-nierenfg.
   L. amplexicaúle L., *Stengelumfassende T.* – Untere B. gestielt, herz-eifg. od. kreisrundl., stumpf gekerbt, die oberen eingeschnitten-gekerbt. Kr. fleischrot, mit lg. Röhre. / 4 bis 9 / Kollin-subalpin. Äcker, Gartenland; verbr. [2238]
– B. alle gestielt (die oberen kurz gestielt), eifg. od. herz-eifg.
   L. purpúreum L., *Acker-T.* – B. ungleich gekerbt, alle am Grunde herzfg., die oberen fast 3eckig, oft rot überlaufen. Kr. *(Fig. 418/15)* rot. / 3 bis 10 (12) / Kollin-subalpin. Äcker, Gärten, Weinberge; s. hfg. [2239]
   L. hýbridum VILL. (*L. incisum* WILLD.), *Schlitzblättrige T.* – B. tief und ungleich eingeschnitten-gesägt, die oberen etwas in den B.stiel vorgezogen. Kr. rosa. / 4 bis 9 / Kollin-montan. Wie vorige; s.; vor allem Südwestschw. [2240]

524. Lamiástrum HEISLER ex FABR., *Goldnessel*

L. galeóbdolon (L.) EHREND. u. POLATSCHECK (*Lamium galeobdolon* (L.) L., *Galeobdolon luteum* HUDSON), *Goldnessel.* – St. 25–60 cm. B. lg. gestielt, eifg., gekerbt-gesägt. Halbquirle 3–5bl. Unterlippe der Kr. braun gefleckt. / 5 bis 7 / Kollin-montan. Wälder; hfg. [2234]

   01. Pfl. ohne Ausläufer. Kr. 1,2–1,7 cm lg., blassgelb.
      L. flávidum (F. HERM.) EHREND. (*Lamium flavidum* F. HERM., *L. galeobdolon* (L.) L. ssp. *pallidum* F. HERM., *G. flavidum* (F. HERM.) HOLUB), *Blassgelbe G.* – St. 25–50 cm. In den B.achseln der unteren Stlb. meist kurze Triebe. Obere B. schmal- bis eilanzettl., scharf abstehend gesägt. Scheinquirle 10–16bl. – Kollin-subalpin. Steinige, feuchte Wälder. Alpensüdseite hfg., Wallis (Goms) und Graub. (Hinterrhein); s.
   – Pfl. zur Bl.zeit od. kurz nachher mit Ausläufern. Kr. 1,5–2,5 cm lg., gold- bis hellgelb.
      L. montánum (PERS.) EHREND. (*Lamium galeobdolon* (L.) L. ssp. *montanum* (PERS.) HAYEK, *G. montanum* EHREND.), *Berg-G.* – St. 30–50 cm. Bl. tragende St. am Grunde dicht abstehend behaart. Oberste B. schmal- bis eilanzettl., 2–3,5mal so lg. wie br., scharf gesägt. Scheinquirle 8–16bl. – Kollin-subalpin. Feuchte, nährstoffreiche Böden, Wälder, Hecken. Alpennordseite; hfg.
      L. galeóbdolon (L.) EHREND. u. POLATSCHECK (*Lamium galeobdolon* (L.) L. ssp. *galeobdolon, G. vulgare* (PERS.) PERS., *G. luteum* HUDS.), *Echte G.* – St. 20–35 cm. Bl. tragende St. an den Kanten rückwärts anliegend behaart. Oberste B. br. eifg. bis lanzettl., 1–1,5mal so lg. wie br., gekerbt-gesägt. Scheinquirle 2–6(–10)bl. – Kollin-montan. Feuchte, nährstoffreiche, humose Böden, Laubwälder. In der Schweiz angepfl. und gelegentl. verwildert.

525. Leonúrus L., *Löwenschwanz*

L. cardíaca L., *Löwenschwanz.* – St. 30–120 cm. B. gestielt. Scheinquirle dichtbl. Kr. fleischrot; Oberlippe zottig behaart. / 6 bis 9 / Kollin-montan(-subalpin). Wegränder, Schuttstellen; hie und da. [2241]

526. Ballóta L., *Schwarznessel, Gottvergess*

B. nigra L., *Schwarznessel.* – St. 30–120 cm, ästig. B. gestielt, eifg., grob gekerbt-gesägt, am Grunde gestutzt od. abgerundet. Kr. rötl.-lila, selten weiss. / 6 bis 8 / Kollin-montan(-subalpin). Hecken, Wegränder, Schuttstellen, Mauern wärmerer Lagen; verbr. [2243]

> **B. nigra** L. ssp. **nigra** (*B. ruderalis* Sw.), *Schwarzer G.* – K.zähne mit Granne 2–6,5 mm lg., schmal 3eckig, allmähl. in eine pfrieml. Spitze auslaufend. Stlb. 3–7 cm lg. – Kollin-montan; zerstr.
> **B. nigra** L. ssp. **foétida** Hayek (*B. alba* L., *B. nigra* L. ssp. *nigra* (L.) Briq.), *Stinkender G.* – K.zähne mit Granne 1–2,5 mm lg., br. 3eckig, abgerundet, mit aufgesetzter Stachelspitze. Stlb. 2–4 cm lg. – Kollin-montan(-subalpin); verbr.

527. Stachys L., *Ziest*

1. Halbquirle viel(6–20)bl. Untere Deckb. so lg. wie der K. 2
– Halbquirle arm(bis 6)bl. Deckb. kürzer als der K. od. fehlend. 3
2. Pfl. grün, zottig, oberwärts drüsig.
  S. alpína L., *Alpen-Z.* – St. 60–100 cm. Obere B. kurz gestielt, herz-eifg. Kr. schmutzigrot. / 7 bis 9 / (Kollin-)montan-subalpin. Bergwälder; verbr. J, M, A. – V. [2244]
– Pfl. wollig-filzig, drüsenlos.
  S. germánica L., *Deutscher Z.* – St. 60–120 cm. B. besonders unterseits wollig-filzig, eifg. od. längl.-eifg., am Grunde herzfg., stumpf, gekerbt. Kr. rötl. / 6 bis 8 / Kollin(-montan). Steinige, unbebaute Orte; zerstr. [2246]
  S. byzantína K. Koch (*S. lanata* Jacq., *S. olympica* Poiret), *Wolliger Z.* – St. 40–80 cm. B. beiderseits angedrückt weisswollig-filzig, br.-lanzettl., am Grunde verschmälert, spitz, ganzrandig od. klein-gekerbt. Kr. rosa. / 7 bis 8 / Kult.; hie und da verwildert. [2245]
3. Kr. gelbl.-weiss. B. am Grunde verschmälert. 4
– Kr. rötl. B. am Grunde herzfg. od. gestutzt. 5
4. Scheinquirle 4–6bl. Spitze der K.zähne behaart.
  S. ánnua (L.) L., *Einjähriger Z.* – Pfl. einjährig, 15–30 cm. St. weichhaarig. Alle B. gestielt, längl.-eifg., kahl od. schwach behaart. K.zähne lanzettl., bis zur Spitze behaart. / 6 bis 10 / Kollin(-montan). Äcker; verbr. [2247]
– Scheinquirle 6–10bl. Spitze der K.zähne kahl.
  S. recta L., *Aufrechter Z.* – Pfl. mehrjährig, 25–70 cm. St. und B. rauhhaarig. B. längl.-lanzettl., obere sitzend. K.zähne 3eckig, mit kahler Stachelspitze. / 6 bis 10 / Trockenwarme Hügel, Felsen; verbr. [2248]

> **S. recta** L. s.str., *Aufrechter Z.* – Untere Halbquirle meist mit 10–14, kürzer als 1 mm gestielten Bl. Oberlippe der Kr. 5–6 mm lg., ca. ⅔ so lg. wie die Unterlippe, vorne mit einem bis 2 mm br., flachen Rand. Unterlippe 8–9 mm lg. Klausen 2 mm lg., 1,5 mm br., mit deutl. Mittelrippe – Kollin-montan(-subalpin). In wärmeren Gebieten verbr. und zieml. hfg.
> **S. labiósa** Bertol. (*S. recta* L. ssp. *labiosa* (Bert.) Briq.), *Grosslippiger Z.* –

Untere Halbquirle stets mit nur 6, 1–2 mm lg. gestielten Bl. Oberlippe der Kr. 4–6 mm lg., ca ½ so lg. wie die Unterlippe, vorne ohne flachen Rand. Unterlippe 9–12 mm lg. Klausen 1,9 mm lg., 1–7 mm br., ohne deutl. Mittelrippe. – Kollin-montan. Wie vorige, auf Kalk (Dolomit). Südl. T. – Co.

5. Pfl. einjährig, 10–30 cm. Kr. wenig länger als der K.
  S. arvénsis (L.) L., *Acker-Z.* – St. mit drüsigen Gliederhaaren. B. gestielt, rundl.-eifg., stumpf, gekerbt, die obersten sitzend. Kr. blassrosa. / 7 bis 10 / Kollin(-montan). Feuchte, sandige Äcker; nicht hfg. Nordwest-, West- und Südwestschw., T; auch adv. [2249]
– Pfl. mehrjährig, 30–100 cm. Kr. doppelt so lg. wie der K.
  S. silvática L., *Wald-Z.* – St. rauhhaarig, oberwärts drüsig. B. lg. gestielt, herz-eifg., zugespitzt, gesägt. Kr. braunrot. / 6 bis 9 / Kollin-montan. Wälder, Hecken; hfg. [2250]
  S. palústris L., *Sumpf-Z.* – St. rückwärts angedrückt kurzhaarig bis abstehend steifhaarig, drüsenlos. B. sehr kurz gestielt od. halbumfassend, lanzettl., klein-gekerbt. Kr. hellrot. / 6 bis 9 / Kollin-montan(-subalpin). Feuchte Äcker, Gräben, Flussufer; verbr. [2251]

528. Betónica L., *Betonie*

1. Kr. blassgelb, am Grunde der Röhre mit einem Haarring.
  B. alopecúros L. (*Stachys alopecuros* (L.) BENTHAM), *Blassgelbe B.* – St. 20–50 cm, rauhhaarig. B. br.-eifg., am Grunde herzfg., tief gekerbt. / 6 bis 8 / (Kollin-)montan-subalpin. Weiden, steinige Hänge; auf Kalk. A (Bern) [Sefinental], T [Denti della Vecchia bei Lugano]). – Co. [2253]
– Kr. rot, selten weiss, ohne Haarring.
  B. officinális L. (*S. officinalis* (L.) TREVISAN, *S. betonica* BENTHAM), *Gebräuchliche B.* – St. 20–70 cm. B. eifg.-längl., gekerbt, die unteren und mittleren gestielt, mit herzfg. Grunde. K. glockenfg.-röhrig, 7–8 mm lg., mit wenig vorragenden Nerven und pfriemfg. zugespitzten Zähnen. / 7 bis 9 / Kollin-montan. Gebüsche, Wiesen; verbr. [2254]
  B. hirsúta L. (*S. danica* SCH. u. TH., *S. densiflora* BENTHAM), *Alpen-B.* – St. 10–30 cm. B. eifg.-längl., am Grunde herzfg., gekerbt, die unteren lg. gestielt. K. lg.röhrig, 11–14 mm lg., netzartig geadert, mit lanzettl. Zähnen. / 7 bis 8 / Subalpin(-alpin). Bergwiesen. A (westl. Teil, T, Graub. [Misox]). – Co. [2255]
Bastarde.

529. Sálvia L., *Salbei*

1. Kr. gelb.
  S. glutinósa L., *Klebrige S.* – St. 40–120 cm. Pfl. oberwärts drüsig-klebrig. B. herz-spiessfg., unregelm. gezähnt. Bl. gross (3–4 cm lg.). / 7 bis 9 / (Kollin-)montan(-subalpin). Wälder; verbr. [2256]
– Kr. blau od. violett, seltener rötl. od. weiss. 2
2. Oberlippe der Kr. seitl. zusgedr.
  S. praténsis L., *Wiesen-S.* – St. 30–80 cm, oberwärts nebst Deckb. und Bl. drüsig-klebrig. B. herz-eifg. od. längl., gekerbt-gezähnt, runzlig, unterseits flaumig. Deckb. eifg., kürzer als der K. Kr. violettblau, seltener rötl. od. weiss. / 5 bis 8 / Kollin-montan(-subalpin). Wiesen, Raine; meist hfg. [2257]

S. sclárea L., *Muskateller-S.* – St. 40–80 cm, oberwärts drüsenhaarig. B. eifg. od. längl.-eifg., stark runzlig, gekerbt, fast filzig behaart. Deckb. eifg., zugespitzt, weinrot bis lila überlaufen, länger als der K. Kr. hell-lila bis rosa. / 6 bis 7 / Kollin. Trockenwarme Hänge, Weinberge (Kulturrelikt); s. Südwest- und Südschw. – Ao. [2259]
– Oberlippe der Kr. nicht zusgedr.
S. officinális L., *Garten-S.* – St. 60–100 cm, am Grunde holzig. B. längl.-eifg., nebst den Ästen graufilzig, fein gekerbt. Halbquirle 2–6bl. Bl. 3 cm lg. Kr. hellviolett. / 5 bis 7 / Kollin. Kult. und verwildert. [2261]
S. verticilláta L., *Quirlige S.* – St. 30–60 cm, krautig, kurzhaarig. B. herz-fg.-3eckig, oft mit 2 getrennten Öhrchen, ungleich gesägt. Halbquirle 10–15bl. Deckb. braun od. violett. Bl. 1 cm lg. Kr. violett. / 6 bis 9 / Kollin-montan(-subalpin). Wegränder, Dämme, Bahnareale; hie und da; oft unbeständig; eingebürgert in Graub. (Unterengadin). [2262]

530. Hormínum L., *Drachenmaul*

H. pyrenáicum L., *Drachenmaul.* – St. 10–30 cm, einfach. B. rundl.-eifg., gekerbt. Bl. gross (bis 18 mm lg.). Kr. lebhaft violett (selten weiss). / 6 bis 8 / (Kollin-)montan-subalpin(-alpin). Weiden, felsige Hänge; kalkliebend; s. A (T, Graub.). – Co., Bergam., Bormio. [2263]

531. Melíssa L., *Melisse*

M. officinális L., *Melisse.* – St. 30–90 cm, meist ästig. B. eifg., gekerbt-gesägt. Scheinquirle einseitswendig. Kr. weiss. Pfl. mit Zitronengeruch. / 6 bis 8 / Kollin(-montan). Kult.; hie und da verwildert. [2264]

532. Saturéja L., *Saturei, Bohnenkraut*

S. horténsis L., *Bohnenkraut.* – Pfl. einjährig. St. 10–25 cm, ästig. Scheinquirle 2–6bl. K.röhre innen kahl. Kr. 4–6 mm lg., lila od. weissl. / 7 bis 9 / Kollin-montan. Kult. und hie und da verwildert. Stammt aus Südeuropa und Südwestasien. [2265]
S. montána L., *Winter-B.* – Pfl. ausdauernd. St. 10–40 cm, ästig. Scheinquirle 2–14bl. K.röhre innen bärtig. Kr. 0,6–1 cm lg., weiss, rosa od. violett. / 8 bis 10 / Kollin. Steinige, kalkreiche Böden in wärmeren Lagen. – Sav. (Salève), Ossolatal(?), Co., Bergam. [2266]

533. Clinopódium L., *Wirbeldost*

C. vulgáre L. (*Satureja vulgaris* (L.) FRITSCH, *S. clinopodium* CARUEL), *Wirbeldost.* – St. 30–60 cm, zottig. B. eifg., klein-gekerbt od. fast ganzrandig. Kr. karminrot. / 7 bis 9 / Kollin-montan(-subalpin). Gebüsche, Waldränder; hfg. [2267]

534. Calamíntha MILLER, *Bergminze*

C. grandiflóra (L.) MOENCH (*Satureja grandiflora* (L.) SCHEELE), *Grossblütige B.* – St. 20–50 cm, fast einfach. B. grob und spitz gezähnt. Halbquirle 3–5bl. Bl. gross, 3–4 cm lg. Kr. lebhaft hellkarminrot. / 7 bis 9 /

(Kollin-)montan(-subalpin). Bergwälder; s. A (Wallis, Simmental, T, Graub. [Misox]). – Ao., Ossolatal, Co., Bergam. [2268]

C. népeta (L.) SCHEELE s.l. (*S. calamintha* (L.) SCHEELE), *Echte B.* – St. 20–60 cm, einfach od. ästig. B. gekerbt-gesägt, seltener fast ganzrandig. Halbquirle 3–15bl. Zwittrige Bl. 10–20 mm lg., weibl. bis 9 mm lg. Kr. lila od. violett. / 7 bis 9 / Kollin(-montan). Trockene Böden wärmerer Lagen, Gebüsche, Wegränder. [2269–2271].

  01. K. zur Fr.zeit 4–5,5 mm lg. Untere K.zähne 1,2 mm lg., kaum länger als die 0,5–1,5 mm lg. oberen K.zähne.

  C. glandulósa (REQUIEN) BENTHAM (*C. nepeta* auct., *S. nepeta* (L.) SCHEELE, *S. calamintha* (L.) SCHEELE ssp. *nepeta* (L.) BRIQ.), *Drüsige B.* – Untere B. 1–1,5 cm lg., gekerbt bis undeutl. stumpf gesägt. Halbquirle 3–11bl., bis 1 cm lg. gestielt. Bl.stiele 3–7 mm lg. K. der unteren Bl. 4–5 mm lg., die Behaarung der Innenseite herausragend. Kr. der zwittrigen Bl. 1,3–1,6 cm lg. – Kollin. Gebüsche, Wegränder; zieml. s. Südschw. – Ao., Co. [2271]

  – K. zur Fr.zeit 5–9 mm lg., untere K.zähne 2–4 mm lg., deutl. länger als die 1,5–2 mm lg. oberen K.zähne. 02

  02. Halbquirle bis 0,5 cm lg. gestielt. Pfl. vom Grunde an stark verzweigt.

  C. ascéndens JORDAN (*S. ascendens (*JORDAN*) DRUCE*), *Aufsteigende B.* – Untere B. meist 1–3 cm lg., oval bis rundl., ganzrandig od. undeutl. gesägt. Halbquirle 3–7bl., bis 0,5 cm lg. gestielt. Bl.stiele 2–5 mm lg. K. der unteren Bl. 5–7 mm lg. Kr. der zwittrigen Bl. 1–1,5 cm lg. – Kollin. Wegränder, Gebüsche; zerstr. und s. J, M, A. – Sav., Co. [2270]

  – Halbquirle 0,5–2,5 cm lg. gestielt. Pfl. meist einfach od. wenig verzweigt.

  C. silvática BROMFIELD (*C. calamintha* (L.) SCHEELE ssp. *silvatica* BRIQ.), *Echte B.* – Untere B. 3–6 cm lg., oval bis rundl., scharf gesägt bis gekerbt. Halbquirle 1–9bl., 0,5–1,4 cm lg. gestielt. Bl.stiele 5–10 mm lg. K. der unteren Bl. 6–9 mm lg. Kr. der zwittrigen Bl. 1,5–2 cm lg. – Kollin(-montan). Kalkhaltige Böden. Wälder, Gebüsche; zerstr. [2269]

  C. nepetoídes JORDAN (*S. nepetoides* (JORDAN) FRITSCH), *Katzenminzenartige B.* – Untere B. 2–4 cm lg., oval bis rundl., gekerbt bis gesägt. Halbquirle 7–20bl., 1–2,5 cm lg. gestielt. Bl.stiele 5–15 mm lg. K. der unteren Bl. 5–7 mm lg. Kr. der zwittrigen Bl. 1–1,5 cm lg. – Kollin-montan. Kalkhaltige, steinige Böden. Gehölze, Wegränder, Mauern, Felsen; s. M, A. – Sav. (Salève).

535. Ácinos MILLER, *Steinquendel*

A. arvénsis (LAM.) DANDY (*Satureja acinos* (L.) SCHEELE), *Steinquendel.* – Pfl. 1–2jährig. St. 10–40 cm, ästig, behaart. B. längl.-eifg., oft fast ganzrandig. Bl. 8–10 mm lg. K. nach dem Verblühen geschlossen. Kr. hellviolett. / 6 bis 9 / Kollin-montan(-subalpin). Steinige Abhänge, Äcker, Dämme; verbr. [2272]

A. alpínus (L.) MOENCH (*S. alpina* (L.) SCHEELE), *Alpen-S.* – Pfl. mehrjährig. St. 10–30 cm, aufsteigend, schwach behaart. B. eifg. od. elliptisch, oft schwach gezähnt, kurz gestielt. Bl. 10–18 mm lg. K. nach dem Verblühen offen. Kr. purpurviolett. / 7 bis 9 / (Montan-)subalpin(-alpin). Felsen, steinige Hänge; auf Kalk. J (bis Weissenstein), M (s.), A. [2273]

536. Hyssópus L., *Ysop*

H. officinális L., *Ysop.* – Halbstrauch mit aufgerichteten Ästen. St. 30–50 cm. B. lineal-lanzettl., gewimpert. Scheinquirle einseitswendig. Kr. blau. / 7 bis 9 / Kollin-montan. Felsige Hänge. Wallis; auch kult. und verwildert. – Ao., Ossolatal. [2275]

537. **Oríganum** L., *Dost*

O. vulgáre L., *Dost, Kostets.* – St. 30–50 cm, schwach kantig. B. eifg., ganzrandig od. undeutl. gezähnelt. Deckb. meist kahl. Kr. rosa bis fleischrot, selten weiss. / 7 bis 9 / Kollin-montan(-subalpin). Buschige, trockene Orte; verbr. [2276]

538. **Majorána** MILLER, *Majoran*

M. horténsis MOENCH (*Origanum majorana* L.), *Majoran.* – Pfl. 20–50 cm, graufilzig. B. gestielt, elliptisch, ganzrandig, stumpf. Deckb. filzig behaart, von den Bl. nur wenig überragt. Kr. klein, weiss bis blasslila. / 7 bis 9 / Kollin-subalpin. Als Gewürzpfl. kult.; s. verwildert. [2274]

539. **Thymus** L., *Thymian, Quendel*

1. B. am Rande nach unten umgerollt, unterseits dicht weissfilzig behaart.
   Th. vulgáris L., *Garten-T.* – Pfl. 10–30 cm, strauchartig, mit weissl. behaarten Zweigen. B. lanzettl. bis lineal. Kr. lila bis rosa. / 5 bis 10 / Kollin-montan. Felsenheiden, Macchien. – Ao. (Auch kult. und s. verwildert.) [2277]
– B. am Rande flach od. schwach umgebogen, unterseits behaart od. kahl, nicht weissfilzig.
   Th. serpýllum L. s.l., *Feld-T., Kleiner Kostets.* – Pfl. 5–30 cm, mit aufsteigenden od. kriechenden Zweigen. B. kurz gestielt bis sitzend, lineallanzettl. bis eifg.-rundl., am Grunde gewimpert. Kr. rosa bis purpurn. / 5 bis 10 / Raine, Rasen, steinige Hänge, Felsen; hfg. [2278, 2279]

   Anmerkung: Für die Bestimmung sind ganze Pflanzen od. mindestens mehrjährige Triebe erforderlich, um die Wuchsform (Verzweigungsmodus, Art und Länge der Ausläufer) beurteilen zu können. Die Behaarung des St. ist an den Bl.trieben am zweit- und drittobersten Internodium festzustellen. Die Nervatur ist auf der B.unterseite nach dem Trocknen zu beobachten. Sie wird als undeutl. bezeichnet, wenn die Seitennerven kaum vorspringen und sich gegen den B.rand verlieren *(Fig. 429/1)*. Sie ist kräftig, wenn die Seitennerven vorspringen (oft gelb gefärbt) und am Rand gegen die Spitze in einen verdickten Randwulst zusammenlaufen *(Fig. 429/2)*.

   01. Bl.triebe scharf 4kantig, im Querschn. rechteckig, auf den beiden schmäleren Seitenflächen deutl. eingesenkt, nur an den Kanten behaart *(Fig. 429/3)*, wenn auch auf den eingesenkten St.flächen behaart, dann Haare mindestens so lg. wie der St.durchm. *(Fig. 429/4)*. 02
   – Bl.triebe fast stielrund od. im Querschn. quadratisch, ohne eingesenkte, schmälere Seiten, allseitig behaart *(Fig. 429/5)* od. auf 2 gegenüberliegenden St.flächen weniger behaart bis kahl *(Fig. 429/6)*. 04
   02. St. kriechend, mit langen, in einem blütenlosen, beblätterten Spross endenden

429/1   429/2   429/3   429/4   429/5   429/6

Ausläufern. Bl.triebe auf den letztjährigen Sprossabschn. zu Reihen angeordnet.

Th. alpéstris Tausch ex Kerner, *Voralpen-T.* – Pfl. 5–20 cm hoch, Bl.triebe
mit ca. 0,3 mm lg., zurückgekrümmten Haaren. B. gestielt, oval bis lanzettl.,
2–3mal so lg. wie br., kahl, an der Basis bewimpert, Nervatur undeutl. / 5 bis 8
/ Subalpin-alpin. Silikatschuttfluren, Rasen. A. – V.

 – St. niederliegend od. niederliegend-aufsteigend, mindestens im 2. Jahr in
einem Blstd. endend. Pfl. ohne lange Ausläufer. 03

03. B. meist kahl od. nur am Rande bewimpert. Kanten der Bl.triebe mit kurzen,
abwärts gerichteten Haaren.

Th. pulegioídes L., *Arznei-T.* – Pfl. 20–30 cm hoch, Bl.triebe mit 0,2–0,3 mm lg.
zurückgekrümmten Haaren. B. gestielt, oval bis lanzettl., 2–3mal so lg. wie br.,
kahl, Nervatur undeutl. / 4 bis 8 / Kollin-subalpin. Magere Wiesen und Weiden wärmerer, vorwiegend kalkarmer Lagen; hfg. [2278]

 – B. beidseitig zieml. dicht behaart. St. der Bl.triebe lg. abstehend behaart.

Th. froelichiánus Opiz (*Th. pulegioides* L. ssp. *carniolicus* (Borbás) P.
Schmidt), *Krainer T., Froelichs T.* – Pfl. 20–30 cm hoch, Bl.triebe 0,5–2 mm lg.
abstehend behaart. B. gestielt, oval, elliptisch bis lanzettl., 2–3mal so lg. wie
br., beidseitig zottig, Nervatur undeutl. / 4 bis 8 / Kollin-subalpin. Trockene,
steinig-felsige Orte; zerstr. J (s., Sol., Aargau), M (s., Aargau, Schaffh.), A
(Wallis, Berner Oberland, T, Graub., Walensee). – Bad., Els., Bodenseegebiet.

04. St. der Bl.triebe allseitig ± gleichmässig behaart. 05

 – St. der Bl.triebe auf 2 gegenüberliegenden Seiten weniger behaart bis
kahl. 09

05. B. der Bl.triebe alle ± gleich gross, gegen die St.basis nicht kleiner werdend.
St. niederliegend-aufsteigend, in einem Blstd. endend. 06

 – B. der Bl.triebe gegen die St.basis kleiner werdend. St. niederliegend-kriechend, in einem blütenlosen, beblätterten Ausläufer endend. 07

06. St. der Bl.triebe mit zurückgekrümmten, 0,2–0,4 mm lg. Haaren. B. 3–5mal so
lg. wie br.

Th. oenipontánus H. Braun ex Borbás (*Th. glabrescens* Willd. ssp. *decipiens*
(H. Braun) Domin), *Innsbrucker T.* – Pfl. 10–20 cm hoch. B. schmal-lanzettl.,
in den Stiel verschmälert, ca. 5mal so lg. wie br., zottig behaart, Nervatur
zieml. kräftig. / 5 bis 8 / Kollin-subalpin. Felsenheiden, Trockenrasen. A
(Wallis, T, Graub.). – Bad. (Kaiserstuhl), Els., Ao., Co., Bergam., Vintschgau.

 – St. der Bl.triebe mit abstehenden, ca. 0,5 mm lg. Haaren. B. 1,5–3mal so lg. wie
br.

Th. humifúsus Bernh. (*Th. praecox* Opiz ssp. *praecox* Jalas p.p.), *Niederge-
streckter T.* – Pfl. 5–15 cm hoch. B. gestielt, eifg. bis rundl., 1–2mal so lg. wie
br., zottig behaart, Nervatur kräftig. / 5 bis 8 / Kollin-montan(-subalpin).
Trockene, steinig-felsige Orte, Schutt; vorwiegend auf Kalk. A (Wallis,
Graub.). – Bad., Els., Ain, Ao., Vintschgau.

07. St. der Bl.triebe mit zurückgekrümmten, 0,2–0,4 mm lg. Haaren. 08

 – St. der Bl.triebe mit abstehenden, 0,5–0,7 mm lg. Haaren.

Th. glabréscens Willd. (incl. *Th. austriacus* Bernh. ex Rchb.), *Kahlblättriger
T.* – Pfl. 10–25 cm hoch. B. sitzend, lanzettl. bis elliptisch, 3–4mal so lg. wie br.,
oberseits meist kahl, Nervatur undeutl. / 5 bis 8 / Kollin-montan. Trockenrasen, Felsenheiden; vorwiegend auf Kalk. – Ao., Vintschgau.

08. St. der Bl.triebe oberwärts allseitig behaart, gegen die Basis auf 2 gegenüberliegenden Seiten verkahlend bis kahl.

Th. polýtrichus Kerner ex Borbás (*Th. praecox* Opiz ssp. *polytrichus*
(Kerner ex Borbás) Jalas p.p.), *Vielhaariger T.* – Pfl. 3–15 cm hoch. B. gestielt, lanzettl. bis oval-rundl., 1–3mal so lg. wie br., oberseits behaart, Nervatur kräftig. / 6 bis 9 / (Kollin-)montan-alpin. Geröll und Schuttfluren, Weiden, in wärmeren Lagen; verbr. J, M (zerstr.). A. – Els., V.

 – St. der Bl.triebe auf der ganzen Länge allseitig behaart.

Th. praécox Opiz (*Th. praecox* Opiz ssp. *praecox* Jalas p.p.), *Frühblühender T.*
– Pfl. 3–10 cm hoch. B. gestielt, oval bis rundl., 1–2mal so lg. wie br., oberseits
kahl, glänzend, Nervatur kräftig. / 4 bis 8 / Kollin-subalpin. Fels- und Schuttfluren, Steppenrasen, Föhrenwälder, in wärmeren Lagen. J (s.), M (s.), A
(Wallis, T, Graub.). – Bad., Els., Sav., Ao., Vintschgau. [2279]

09. St. der Bl.triebe nur an der Basis auf 2 gegenüberliegenden Seiten behaart, gegen den Blstd. durch zunehmende Behaarung ± allseitig behaart; vgl. *Th. polytrichus*, 08.

– St. der Bl.triebe auf der ganzen Länge auf 2 gegenüberliegenden Seiten behaart. 010

010. Bl.triebe gegen unten mit gehäuft stehenden B., an der Basis mit 4–6 kleineren, rosettenartig gedrängten, hinfälligen B.paaren. St. stets lg. niederliegend-kriechend, meist in einem Blstd. endend.

Th. longicáulis PRESL, *Langstengliger T.* – Pfl. 5–10 cm hoch. Bl.triebe mit ca. 0,3 mm lg., zurückgekrümmten Haaren. B. ± sitzend, schmal-elliptisch bis lineal-spatelfg., 4–5mal so lg. wie br., oberseits kahl, Nervatur undeutl. / 4 bis 8 / Kollin-montan. Steinige Trockenrasen. Penninische A (im Gebiet?).

– Bl.triebe mit gleichmässig locker stehenden B., an der Basis ohne rosettenartig gedrängte B. 011

011. St. der Bl.triebe oberwärts mit abstehenden, 0,5–2 mm lg. Haaren. Pfl. ± buschig, mit aufsteigenden od. niederliegend-aufsteigenden, in einem Blstd. endenden St.; vgl. *Th. froelichianus*, 03.

– St. der Bl.triebe mit zurückgekrümmten, 0,2–0,3 mm lg. Haaren. St. niederliegend-aufsteigend od. niederliegend-kriechend. 012

012. B.unterseite mit kräftiger Nervatur. Wimpern an der B.basis zahlreich.

Th. alpígenus (KERNER ex H. BRAUN) RONNIGER (*Th. praecox* OPIZ ssp. *polytrichus* (KERNER ex BORBÁS) JALAS p.p.), *Alpen-T.* – Pfl. 6–10 cm hoch. B. gestielt, oval bis rundl., 1,5–2mal so lg. wie br., oberseits bewimpert. / 7 bis 9 / (Montan-)subalpin-alpin. Geröll und Schuttfluren; besonders auf Kalk. A.

– B.unterseite mit undeutl. Nervatur. Wimpern an der B.basis spärl.; vgl. *Th. alpestris*, 02.

540. Lýcopus L., *Wolfsfuss*

1. B. im Blstd. grob gesägt bis fiederlappig, B.grund oft fiederteilig. K.zähne doppelt so lg. wie die K.röhre.

L. europaéus L. s.l., *Wolfsfuss.* – St. 30–90 cm. B. längl.-eifg., selten über 3 cm br., eingeschnitten-gezähnt, die unteren fiedersp. Abschnitte senkrecht abstehend. Bl. klein. Kr. weissl., innen mit roten Punkten. / 7 bis 9 / Nährstoffreiche, feuchte Orte, torfige od. lehmige Verlandungszonen, Gräben; verbr. [2280]

> **L. europaéus** L. ssp. **europaéus**, *Europäischer W.* – St. und B. spärl. behaart od. kahl. B. 2,5–5mal so lg. wie br. – Kollin-montan; verbr.
>
> **L. europaéus** L. ssp. **mollis** (KERNER) J. MURR, *Weichhaariger W.* – St. und B. dicht anliegend behaart. B. 2–3mal so lg. wie br. – Kollin-montan. Genfersee, Rheintal (Liechtenstein), Puschlav. – Veltlin, Vintschgau.

– B. im Blstd. fiederteilig, Buchten spitz. K.zähne so lg. wie die K.röhre.

L. exaltátus L. f., *Hoher W.* – St. 60–150 cm. B. oval, 3–7 cm br. Abschnitte der B. schräg nach vorn gerichtet. St. oft unverzweigt. – Kollin. Nährstoff- und basenreiche, tonige Nasstandorte wärmerer Lagen (Weidenauen); s. – Bodenseegebiet(?), Domodossola.

541. Mentha L., *Minze*

1. Scheinquirle in den B.winkeln, voneinander getrennt stehend.

M. pulégium L., *Polei-M.* – St. 10–40 cm, ästig. B. klein, gestielt, eifg. od. elliptisch, undeutl. gezähnt. K. schwach 2lippig, im Schlunde mit einem Haarring; die 3 oberen Zähne 3eckig-lanzettl., die 2 unteren pfriemfg. Kr. violett. / 7 bis 9 / Kollin. Feuchte Stellen; s. s. M (erloschen?), T; auch adv. – Bad., Els., Belf., Langensee, Var., Co. [2281]

M. arvénsis L., *Acker-M.* – St. 10–40 cm, aufrecht od. aufsteigend, einfach od. ästig. B. gestielt, eifg. od. elliptisch, gezähnt-gesägt od. gekerbt. K. gleichfg. 5zähnig, im Schlunde kahl; Zähne kurz-3eckig, spitz. Kr. lila. / 7 bis 9 / Kollin-montan(-subalpin). Äcker, Gräben, auch an Schuttstellen; hfg. [2282]

– Scheinquirle am Ende des St. kopfartig angeordnet.

M. aquática L., *Bach-M.* – St. 30–100 cm. B. gestielt, eifg.-längl. bis elliptisch, ungleich gesägt. K.zähne 3eckig od. aus 3eckigem Grunde pfriemfg. zugespitzt. Kr. hellviolett od. lila. / 7 bis 10 / Kollin-montan(-subalpin). Gräben, Bachufer; hfg. [2283]

– Scheinquirle in endst. Ähren. 2

2. K.zähne 3eckig-lanzettl., zugespitzt *(Fig. 432/1).*

M. suavéolens EHRH. (*M. rotundifolia* (L.) HUDSON), *Rundblättrige M.* – St. 30–60 cm, zottig. B. rundl.-eifg., stumpf, runzlig, gekerbt-gezähnt, unterseits vorragend-netznervig und mehr od. weniger graufilzig. Kr. weissl. od. trübrosa. / 7 bis 9 / Kollin. Feuchte Orte, Gräben, Ufer; zerstr.; besonders Nordwest- und Südwestschw., T, Graub. (Misox). [2284]

– K.zähne lineal-pfriemfg. *(Fig. 432/2).*

M. longifólia (L.) HUDSON em. HARLEY (*M. silvestris* L.), *Ross-M.* – St. 30–100 cm, weichhaarig-filzig. B. längl.-lanzettl., am Grunde verschmälert od. fast herzfg., scharf gesägt, unterseits mehr od. weniger graufilzig. Bl.stiele und K. allseitig angedrückt-behaart. Kr. lila od. fleischrot. / 7 bis 9 / Kollin-subalpin. Feuchte Orte, Gräben, Ufer; s. hfg. [2285]

M. spicáta L. em. HARLEY (*M. viridis* L.), *Grüne M.* – St. 30–80 cm, nebst den B. grün, fast kahl. B. längl.-lanzettl. bis längl.-eifg., scharf gesägt. Bl.stiele und unterer Teil des K. kahl. Kr. lila od. fleischrot. / 7 bis 9 / Kollin-montan(-subalpin). In Gärten kult. und vielfach verwildert und verschleppt. [2287]

Bastarde zahlreich; z.B. die hfg. kult. und verwilderte **M. piperíta** L. (*M. aquatica* ×*spicata*) *Pfeffer-M.* [2287]. Ferner urwüchsig: **M. verticilláta** L. (*M. aquatica* ×*arvensis*), **M. dumetórum** SCHULTES (*M. aquatica* ×*longifolia*) und **M. nilíaca** JACQ. (*M. villosa* HUDSON; *M. longifolia* ×*rotundifolia*).

432/1 432/2

542. **Ócimum** L., *Basilienkraut*

O. basílicum L., *Basilikum.* – St. 15–45 cm, ästig. B. gestielt, eifg., spitz, ganzrandig od. gekerbt. K. mit br., ungeteilter Oberlippe und 4zähniger Unterlippe. Kr. weissl. (schwach rötl.). / 6 bis 9 / Kollin-montan. Als Gewürzpfl. kult. und s. s. verwildert. [2288]

Fam. 133. **Callitricháceae.** *Wassersterngewächse*

Ein- od. mehrjährige Wasser- od. Sumpfpfl. mit schwachem St. B. gegenst., einfach, oft in einer Schwimmb.rosette. Nebenb. fehlend. Bl. einzeln, b.achselst., eingeschlechtig, obere männl., untere weibl., monosymm. Bl.decke fehlend, oft 2 Vorb. vorhanden. Stbb. 1, Frb. 2, zu einem 4fächrigen Frkn. verwachsen, zur Fr.zeit in 4 Klausen zerfallend.

Anmerkung: Zur Bestimmung sind reife Fr. unentbehrl. Für die Beobachtung der S.merkmale sind an reifen Fr. die äusseren Gewebeschichten sorgfältig zu entfernen.

543. **Callítriche** L., *Wasserstern*[1]

1. Fr. am Rande deutl. geflügelt.
  C. stagnális Scop., *Gemeiner W.* – B. br. verkehrt-eifg., die unteren oft schmäler bis lineal. Fr. breiter als lg., bis 2 mm br. S. br. geflügelt. / 5 bis 9[2] / Kollin(-montan). Stehende und langsam fliessende Gewässer[2]; zerstr. [1753]
– Fr. nicht od. ganz schwach geflügelt. 2
2. Unterer Teil der N. zurückgeschlagen, der Fr. dicht angedrückt.
  C. hamuláta Kützing, *Hakiger W.* – Alle B. lineal und an der Spitze ausgerandet od. die oberen verkehrt-eifg. Fr. rundl., mit zieml. scharfen Rändern, 1,25–1,5 mm. S. schmal geflügelt. – Kollin-montan(-subalpin). Zieml. s. [1754]
– Unterer Teil der N. nicht zurückgeschlagen. 3
3. N. 1–2 mm lg., bald abfallend. S. am Oberrand geflügelt.
  C. palustris L. em. Schotsman (*C. verna* L. em. Lönnroth), *Frühlings-W.* – Fr. länger als br., etwa 1 mm lg., an den Kanten gekielt bis schwach geflügelt. (Kollin-)montan-alpin. Zerstr. A. [1755]
– N. 4–6 mm lg., lange bleibend. S. ungeflügelt.
  C. cophocárpa Sendtner (*C. polymorpha* Lönnroth), *Stumpffrüchtiger W.* – Obere B. spatelfg.-lineal bis verkehrt-eifg. Fr. breiter als lg., 1,25–1,5 mm lg., mit gekielten bis schwach geflügelten Rändern. – Kollin-montan(-subalpin). Zerstr. J, M, A. [1756]
  C. obtusángula Le Gall, *Stumpfkantiger W.* – Obere B. mehr od. weniger rhombisch. Fr. länger als br., 1,75–2 mm lg., mit abgerundeten Rändern. – Kollin. Genf. – Bad., Els. [1757]

Fam. 134. **Campanuláceae.** *Glockenblumengewächse*

Einjährige Kräuter od. Stauden, selten Sträucher, mit Milchsaft. B. wechselst., einfach. Nebenb. fehlend. Bl. in Trauben, Ähren, Rispen od. Köpfchen, selten einzeln, endst., zwittrig, radiärsymm., selten monosymm. Kb. (3–)5, am Grunde verwachsen. Krb. 5, verwachsen, röhrig, glockig od. radfg., selten fast bis zum Grunde geteilt. Stbb. 5, frei od. die Stb.beutel ± vereint, den Pollen auf die «Griffelbürste» übertragend. Frb. 5–2, zu einem unterst. Frkn. verwachsen. Kapseln, sich meist mit Löchern od. Klappen öffnend.

1. Krb. verwachsen. Kr. glockenfg., glockenfg.-trichterfg. od. radfg. . . . 2
– Krb. nur anfangs verbunden bleibend, später von unten nach oben sich

---

[1] Eine neuere Gliederung der Gattung *Callitriche* (mit Bestimmungsschlüssel) gibt. H. D. Schotsman in Bull. Soc. neuchâtel. Sc. nat., Bd. 84, S. 89–101 (1961).
[2] So auch alle folgenden Arten.

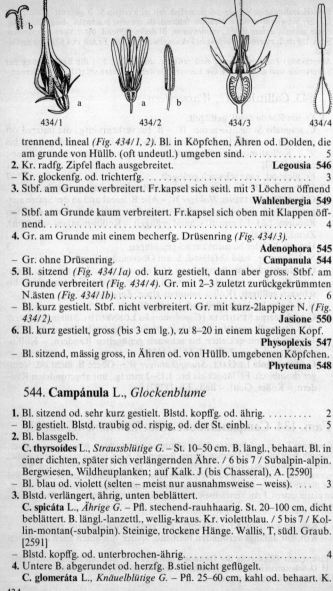

434/1   434/2   434/3   434/4

trennend, lineal *(Fig. 434/1, 2)*. Bl. in Köpfchen, Ähren od. Dolden, die am grunde von Hüllb. (oft undeutl.) umgeben sind. 5
2. Kr. radfg. Zipfel flach ausgebreitet. **Legousia 546**
– Kr. glockenfg. od. trichterfg. 3
3. Stbf. am Grunde verbreitert. Fr.kapsel sich seitl. mit 3 Löchern öffnend
Wahlenbergia 549
– Stbf. am Grunde kaum verbreitert. Fr.kapsel sich oben mit Klappen öffnend. 4
4. Gr. am Grunde mit einem becherfg. Drüsenring *(Fig. 434/3)*.
Adenophora 545
– Gr. ohne Drüsenring. **Campanula 544**
5. Bl. sitzend *(Fig. 434/1a)* od. kurz gestielt, dann aber gross. Stbf. am Grunde verbreitert *(Fig. 434/4)*. Gr. mit 2–3 zuletzt zurückgekrümmten N.ästen *(Fig. 434/1b)*. 6
– Bl. kurz gestielt. Stbf. nicht verbreitert. Gr. mit kurz-2lappiger N. *(Fig. 434/2)*. **Jasione 550**
6. Bl. kurz gestielt, gross (bis 3 cm lg.), zu 8–20 in einem kugeligen Kopf.
Physoplexis 547
– Bl. sitzend, mässig gross, in Ähren od. von Hüllb. umgebenen Köpfchen.
Phyteuma 548

544. **Campánula** L., *Glockenblume*

1. Bl. sitzend od. sehr kurz gestielt. Blstd. kopffg. od. ährig. 2
– Bl. gestielt. Blstd. traubig od. rispig, od. der St. einbl. 5
2. Bl. blassgelb.
C. thyrsoídes L., *Straussblütige G.* – St. 10–50 cm. B. längl., behaart. Bl. in einer dichten, später sich verlängernden Ähre. / 6 bis 7 / Subalpin-alpin. Bergwiesen, Wildheuplanken; auf Kalk. J (bis Chasseral), A. [2590]
– Bl. blau od. violett (selten – meist nur ausnahmsweise – weiss). 3
3. Blstd. verlängert, ährig, unten beblättert.
C. spicáta L., *Ährige G.* – Pfl. stechend-rauhhaarig. St. 20–100 cm, dicht beblättert. B. längl.-lanzettl., wellig-kraus. Kr. violettblau. / 5 bis 7 / Kollin-montan(-subalpin). Steinige, trockene Hänge. Wallis, T, südl. Graub. [2591]
– Blstd. kopffg. od. unterbrochen-ährig. 4
4. Untere B. abgerundet od. herzfg. B.stiel nicht geflügelt.
C. glomeráta L., *Knäuelblütige G.* – Pfl. 25–60 cm, kahl od. behaart. K.

mit schmal-lanzettl., spitzen Zipfeln und spitzen Buchten. Kr. violett-blau. Gr. die Kr. nicht überragend. / 6 bis 9 / Kollin-montan(-subalpin). Verbr. [2592]

> **C. glomeráta** L. ssp. **glomeráta.** – St. und B.unterseiten kahl bis zerstreut kurz-haarig. Mittlere Stlb. bis 10 cm lg., 3–5mal so lg. wie br. / 6 bis 8 / Kalkhaltige, humose, lehmige Böden. Trockenwiesen, Weiden, Gebüsche; verbr.
>
> **C. glomeráta** L. ssp. **farinósa** (ROCHEL) KIRSCHLEGER. – St. und besonders B.unterseiten graufilzig behaart. Mittlere Stlb. bis 5 cm lg., 1,5–3mal so lg. wie br. / 7 bis 9 / Offene, steinige, trockene Böden wärmerer Lagen. Felsenhei-den, lichte Wälder. Wallis, Graub., südl. T. – Sav., Ao., Co., Vintschgau.

– Untere B. allmähl. in den Stiel verschmälert. B.stiel geflügelt.

  C. cervicária L., *Borstige G.* – Pfl. 30–80 cm, stechend-steifhaarig. K. mit lanzettl., stumpfen Zipfeln. Buchten zwischen diesen eng, abgerundet, mit umgerollten Rändern, Kr. blassblau. Gr. die Kr. überragend. / 6 bis 8 / Kollin-montan. Wechselfeuchte, neutrale, tonige Böden warmer, schattiger Lagen. Lichte Wälder, Gebüsche; zerstr. und s. J, M. [2593]

5. Buchten zwischen den K.zipfeln mit herabgeschlagenen Anhängseln *(Fig. 435/1).*

  C. barbáta L., *Bärtige G.* – St. 5–30 cm. Blstd. meist einseitswendig, trau-big, bisweilen einbl. Kr. hellblau, seltener weiss, die Zipfel bärtig. / 7 bis 8 / (Montan-)subalpin-alpin. Waldwiesen, Weiden. M (vereinzelt), A (hfg.). [2594]

– Buchten zwischen den K.zipfeln ohne Anhängsel. 6
6. Kb. sehr schmal, lineal od. pfriemfg. *(Fig. 435/2).* 7
– Kb. lanzettl. od. eilanzettl. *(Fig. 435/3).* 12
7. Stlb. rautenfg., eifg. od. eilanzettl., gezähnt.

  C. rhomboidális L., *Rautenblättrige G.* – St. 20–50 cm. Grundst. B. zur Bl.zeit fehlend, st.st. zahlreich, sitzend. Bl. in einer einseitswendigen Traube, blau. / 6 bis 8 / Montan-subalpin. Wiesen. J, M, A. [2598]

– Wenigstens die oberen Stlb. lineal od. lineal-lanzettl., ganzrandig od. schwach gezähnt. 8
8. Buchten zwischen den Kr.zipfeln fast kreisfg. ausgeschnitten *(Fig. 435/4).*

  C. excísa SCHLEICHER ex MURITH, *Ausgeschnittene G.* – St. 5–20 cm. B. lineal bis lineal-lanzettl. Bl. 1–3, hellviolettblau. / 7 bis 8 / (Mon-tan-)subalpin-alpin. Felsschutt, Felsspalten; auf Silikatgestein. A (Wal-lis, T). – Piemont. [2599]

– Buchten zwischen den Kr.zipfeln spitz *(Fig. 435/2).* 9
9. Grundst. B. zur Bl.zeit noch vorhanden, längl.-verkehrt-eifg., in den Stiel verschmälert. St. aufrecht.

  C. rapúnculus L., *Rapunzel-G.* – St. 30–90 cm. Bl. in einer verlängerten, fast traubigen Rispe. Seitl. Bl.stiele nahe am Grunde mit 2 Vorb. Kr.

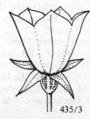

435/1   435/2   435/3   435/4

schmal trichterfg., Durchm. 1,5–2,5 cm. Bl. blau. / 5 bis 7 / Kollin-montan. Wiesen, Raine; verbr. [2600]

C. pátula L. s.l., *Lockerrispige G.* – St. 30–70 cm. Bl. in einer lockeren, fast doldentraubigen Rispe. Seitl. Bl.stiele über der Mitte mit 2 Vorb. Kr. weit trichterfg., Durchm. 2–4 cm. Bl. lilablau. / 6 bis 8 / Kollin-montan(-subalpin). Mässig feuchte, nährstoffreiche, humose, lehmige Böden. Wiesen, Weiden; verbr. [2601]

> **C. pátula** L. ssp. **pátula.** – K.zipfel kürzer als die halbe Kr., ganzrandig, stumpf. – Verbr., im zentral- und südalpinen Gebiet fehlend.
> **C. pátula** L. ssp. **cóstae** (WILLK. u. LANGE) FEDOROV. – K.zipfel deutl. länger als die halbe Kr., am Grunde gezähnt, lg. und fein zugespitzt. – Westschw. (s.), in den südl. Teilen der A verbr.

– Grundst. B. zur Bl.zeit oft schon verwelkt; wenn vorhanden, rundl., herzfg. od. nierenfg. St. aufsteigend. 10
10. Untere Stlb. deutl. gestielt. Kr. nicht über 2 cm lg. 11
– Stlb. ungestielt. Kr. 2–3,5 cm lg., weit-glockenfg.

C. scheúchzeri VILL., *Scheuchzers G.* – Pfl. ohne sterile Triebe. St. 5–20 cm, 1–2(–5)bl. Untere Stlb. lanzettl., obere lineal. Bl.knospen nickend. Kr. violettblau. / 7 bis 8 / (Montan-)subalpin-alpin. Rasen. J, M (vereinzelt), A (hfg.). – S. [2605]

11. St. unten dicht, oben locker beblättert. Stlb. kürzer als 2 cm.

C. cochleariifólia LAM. (*C. pusilla* HAENKE), *Niedliche G.* – Pfl. 5–15 cm, mit zahlreichen sterilen Trieben. Untere und mittlere Stlb. längl.-eifg., gezähnt, die obersten lineal. Blstd. meist einfach traubig, 1–5bl. Knospen nickend. Kr. hellblau, fast halbkugelig-glockenfg., am Grunde abgerundet. Stb.beutel kürzer als die Stbf. / 6 bis 8 / Montan-alpin. Felsen, Mauern, Flusskies; da und dort längs der Flüsse herabsteigend. Nordschw. (Rheingebiet), hfg. J, M, A. – S. [2602]

– St. ± gleichmässig beblättert. Stlb. länger als 2 cm.

C. rotundifólia L., *Rundblättrige G.* – Pfl. 15–50 cm, mit sterilen Trieben; deren B. rundl.-herzfg. Rhizom dünn. Untere Stlb. längl.-eifg., mittlere und obere schmal-lanzettl. bis lineal. Blstd. meist reichbl., rispig. Knospen aufrecht. Kr. violettblau, trichterfg.-glockenfg., am Grunde verengt. Stb.beutel so lg. od. etwas länger als die Stbf. / 5 bis 9 / Kollin-montan(-subalpin). Wiesen, Raine, Felsen; s. hfg. [2603]

> **C. bértolae** COLLA (*C. rotundifolia* L. ssp. *bertolae* (COLLA) VACCARI), *Bertols G.* – Pfl. 15–60 cm, ohne sterile Triebe. Rhizom verdickt. St. straff aufrecht. Alle Stlb. sehr schmal, meist nur bis 1 mm br. Bl.stiele kurz. / 6 bis 8 / (Kollin-)montan(-subalpin). Kalkarme, humose Böden wärmerer Lagen. Kastanienselven, offene Rasen. Südl. T. – Var., Co.

12. Stlb. lineal-lanzettl.

C. persicifólia L., *Pfirsichblättrige G.* – St. 40–100 cm, mit 3–6, selten mehr Bl. Kr. blau, mit weiter Glocke *(Fig. 435/3)*, 2–5 cm lg. / 6 bis 7 / Kollin-montan. Buschige Hänge, lichte Waldstellen; verbr. [2607]

– Stlb. br., nicht lineal-lanzettl. 13
13. St. niedrig (1–10 cm), 1-, selten 2–3bl.

C. cenísia L., *Mont-Cenis-G.* – Pfl. mit bl.losen und aufsteigenden blühenden Zweigen. St. 1–5 cm. B. rundl.-verkehrt-eifg., ganzrandig. Kr. blassblau, 8–15 mm lg., bis über die Hälfte gespalten. / 7 bis 8 / Alpin. Felsen, Felsschutt, Moränen; kalkliebend; zerstr. A. [2611]

C. raíneri PERPENTI, *Insubrische G.* – St. 2–10 cm lg., kriechende Ausläufer treibend. B. elliptisch, stumpf gekerbt. Kr. bis 3 cm lg. und 4 cm br., weit trichterfg.-bauchfg., etwa bis zu ⅓ gespalten, hell-lilablau. / 7 bis 9 / Subalpin-alpin. Felsen und Feinschutt der südl. Kalkalpen. – Co. [2608]

– St. hoch (30–150 cm), reichbl. 14

14. Bl. alle in den Winkeln von kleinen Deckb.

C. bononiénsis L., *Bologneser G.* – St. 30–100 cm, stielrund, flaumig-filzig. Untere B. herzfg., obere eifg., unterseits graugrün bis graufilzig. Kr. hellviolettblau, 1–2 cm lg. / 7 bis 8 / Kollin-montan. Buschige Hänge; s. Wallis, T, Puschlav. – Ao., Langensee, Var., Co., Veltlin, Vintschgau. [2612]

– Untere Bl. od. Blstd.äste in den Winkeln von Laubb. 15

15. Pfl. mit unterird. Ausläufern. K.zipfel nach dem Aufblühen zurückgeschlagen.

C. rapunculoídes L., *Ausläufertreibende G.* – St. 30–80 cm, stumpfkantig, flaumhaarig. Grundst. B. herzfg., st.st. eilanzettl. Blstd. traubig, einseitswendig. Kr. violettblau, 2–3 cm lg. / 6 bis 9 / Kollin-montan(-subalpin). Hecken, Felsschutt, Wegränder; verbr. [2613]

– Pfl. ohne Ausläufer. K.zipfel nicht zurückgeschlagen.

C. trachélium L., *Nesselblättrige G.* – St. 50–100 cm, scharfkantig, steifhaarig. B. gròb doppelt gesägt; die grundst. lg. gestielt, herzfg. K. meist steifhaarig. Kr. violettblau, nicht selten hellviolett od. weiss, 3–4 cm lg. / 7 bis 9 / Kollin-montan(-subalpin). Wälder, Gebüsche; s. hfg. [2614]

C. latifólia L., *Breitblättrige G.* – St. 60–150 cm, stumpfkantig, weichhaarig. Grundst. B. kurz gestielt, kaum herzfg.; untere Stlb. längl.-eifg. K. meist kahl. Kr. violettblau od. weiss, 4–5,5 cm lg. / 6 bis 8 / Montan(-subalpin). Wie vorige; s. [2615]

Bastarde.

545. **Adenóphora** FISCHER, *Drüsenglocke*

A. liliifólia (L.) A. DC. (*A. suaveolens* FISCHER), *Drüsenglocke.* – St. 30–100 cm. Stlb. zahlreich, die unteren verkehrt-eifg., die oberen eifg.-lanzettl. Bl. wohlriechend. Kr. weit-glockenfg., blassblau, mit weit vorragendem Gr. / 7 / Kollin-montan. Waldwiesen; s. T (Mte S. Giorgio). [2589]

546. **Legoúsia** DURANDE, *Venusspiegel*

L. spéculum-véneris (L.) CHAIX (*Specularia speculum-veneris* A. DC.), *Gemeiner V.* – St. 15–30 cm, einfach od. abstehend ästig. K.zipfel lineal, so lg. wie die Kr. und der Frkn. Kr. dunkelviolett. / 6 bis 7 / Kollin-montan. Äcker, Ödland; zerstr. [2587]

L. hýbrida (L.) DELARBRE (*S. hybrida* A. DC.), *Kleiner V.* – St. 10–25 cm, einfach od. am Grunde ästig. K.zipfel lanzettl., länger als die Kr., halb so lg. wie der Frkn. Kr. rötl.-violett, klein / 5 bis 6 / Kollin. Äcker; s. s. Schaffh.; auch adv.; in neuerer Zeit nicht mehr nachgewiesen. – Els., Hegau. [2588]

547. **Physopléxis** (ENDL.) SCHUR, *Schopfrapunzel*

Ph. comósa (L.) SCHUR (*Phyteuma comosum* L.), *Schopfrapunzel.* – St. 8–20 cm. Grundst. B. gestielt, gegen die Spitze gesägt, nierenfg. Stlb. rhombisch-elliptisch, am ganzen Rande scharf gesägt, die unteren lg.-gestielt, die oberen ungestielt. Kopf von scharfgesägten Hochb. umgeben. Kr. azurblau od. aus Azurblau und Dunkelpurpur gescheckt. / 7 bis 8 / Montan-subalpin. Felsen der südl. Kalkalpen. – Co. [2630]

548. **Phyteúma** L., *Rapunzel*

1. Blstd. kugelig.   2
   – Blstd. längl., ährenfg.   6
2. Köpfchen 5–7(–12) bl. B. spatelfg.
   Ph. globulariifólium STERNB. u. HOPPE s.l., *Kugelblumenblättrige R.* – St. 1–7 cm. Grundst. B. verkehrt-eifg. bis lanzettl., nach vorn breiter und an der Spitze oft 3zähnig. Hüllb. eifg. Kr. blau. / 7 bis 8 / Alpin. Rasen, Felsen; kalkfliehend; verbr. A (in höheren Lagen). [2616]

   > **Ph. globulariifolium** STERNB. u. HOPPE ssp. **globulariifolium**, *Kugelblumenblättrige R.* – Pfl. 1–5 cm. B. stumpf, gegen die Spitze oft gekerbt, flach, plötzl. in den Stiel verschmälert. Äussere Hüllb. rundl. bis breiter als lg., stumpf, an der Spitze selten gekerbt bis gezähnt, eher kürzer als der Blstd. – A, vor allem östl. Teile.
   > **Ph. globulariifolium** STERNB. u. HOPPE ssp. **pedemontanum** (R. SCHULZ) BECHERER (*Ph. pedemontanum* R. SCHULZ), *Piemontesische R.* – Pfl. (1–)5–12 cm. B. spitz, oft 3zähnig, häufig kapuzenfg., allmähl. in den Stiel verschmälert. Äussere Hüllb. eifg.-lanzettl., kurz zugespitzt, am Grunde oft mit einzelnen Zähnen, eher länger als der Blstd. – A, vor allem westl. Teile.

   – Köpfchen mindestens bis 15bl. B. anders gestaltet.   3
3. Grundst. B. lanzettl. bis rundl.-eifg., od. herzfg. Pfl. 5–50 cm hoch.   4
   – Grundst. B. lineal. Pfl. 2–30 cm hoch   5
4. Hüllb. mit br.-eifg. od. lanzettl. Grunde, zugespitzt, meist so lg. wie das Köpfchen, od. kürzer als dieses.
   Ph. síeberi SPRENGEL (*Ph. charmelii* SIEBER non VILL., *Ph. cordatum* RCHB. non VILL.), *Siebers R.* – St. 5–30 cm, oft gekrümmt. Stb. zieml. tief gezähnt. Köpfchen 5–15bl. Hüllb. br.-eifg. bis rundl., zugespitzt, scharf gesägt. Kr. blau. / 7 bis 8 / (Subalpin-)alpin. Felsen und steinige Bergwiesen der südl. Kalkalpen. – Co. [2618]
   Ph. orbiculáre L., *Rundköpfige R.* – St. 15–50 cm. B. gekerbt-gezähnt. Köpfchen 20–30bl. Hüllb. eifg.-lanzettl., zugespitzt, gekerbt-gezähnt. Kr. blau. / 5 bis 7 / Montan-subalpin. Wiesen, Weiden; hfg. [2617]
   – Hüllb. schmal-lanzettl. bis lineal, äussere meist deutl. länger als das Köpfchen.
   Ph. scheúchzeri ALL. (*Ph. corniculatum* GAUDIN), *Scheuchzers R.* – St. 10–45 cm. Grundst. B. meist gesägt; Stb. lanzettl. bis lineal, gesägt od. ganzrandig. Hüllb. oft zurückgekrümmt. Kr. blau. / 5 bis 7 / Kollin-subalpin. Felsen; verbr. A (besonders Südketten). [2619]
5. Hüllb. eifg., spitz od. zugespitzt, ganzrandig od. am Grunde stumpfzähnig, meist kürzer als das Köpfchen.
   Ph. hemisphaéricum L., *Halbkugelige R.* – St. 3–30 cm. B. lineal, ganzrandig od. entfernt gezähnt, kahl. Hüllb. kahl od. am Rande gewim-

pert. Kr. blau. / 7 bis 8 / (Subalpin-)alpin. Felsen, Weiden; kalkmeidend; verbr. A. [2621]
– Hüllb. lineal od. aus eifg. Grunde lg. zugespitzt, wenigstens unten gezähnelt, so lg. od. länger als das Köpfchen.
Ph. húmile SCHLEICHER ex MURITH, *Niedrige R.* – St. 2–12 cm. B. lineal, die grundst. unterwärts am Rande mit feinen, etwas abwärts gebogenen Wimpern. Hüllb. aus eifg. Grunde lg. zugespitzt. Kr. blau. / 7 bis 8 / (Subalpin-)alpin. Felsen; auf Silikatgestein; s. s. A (Wallis [Zermatt, Saastal]). – Piemont. [2622]
Ph. hedraianthifólium R. SCHULZ (*Ph. carestiae* auct.), *Rätische R.* – St. 2–18 cm. B. lineal, entfernt gezähnelt. Hüllb. lineal, zugespitzt, die äusseren bis doppelt so lg. wie das Köpfchen. Kr. blau. / 7 bis 8 / (Subalpin-)alpin. Wie vorige; s. A (Graub.). – Co., Veltlin, Bormio. [2623]
6. Kr. vor dem Aufblühen fast gerade. Spreite der grundst. B. 2- bis mehrmals länger als br.
Ph. betonicifólium VILL., *Betonienblättrige R.* – St. 25–80 cm. Grundst. B. lg. gestielt, am Grunde meist herzfg., seltener gestutzt od. in den Stiel verschmälert. Kr. lilablau. N. 3. / 6 bis 8, im südl. T schon 4 / (Montan-)subalpin-alpin. Wiesen, Weiden, lichte Waldstellen; hfg. M (s.), A, T. [2627]
Ph. scorzonerifólium VILL., *Schwarzwurzelblättrige R.* – St. 30–90 cm. Grundst. B. am Grunde verschmälert. Blstd. verlängert, walzenfg. Kr. lilablau. N. 2. / 6 bis 7 / Kollin-subalpin. Lichte Waldstellen. Südl. T. – Val Sesia. [2628]
– Kr. vor dem Aufblühen gekrümmt. Spreite der grundst. B. so lg. bis doppelt so lg. wie br. 7
7. B. einfach gekerbt-gezähnt. Mittlere Stlb. am Grunde keilfg. verschmälert.
Ph. nigrum F. W. SCHMIDT, *Schwarze R.* – St. 20–50 cm. Grundst. B. bis doppelt so lg. wie br., herz-eifg. Blstd. längl.-eifg. Kr. schwärzl.-violett. / 5 bis 6 / Kollin-montan. Wälder. – S, Els., V. In der Schweiz adv. [2626]
– B. doppelt gekerbt od. gesägt. Mittlere Stlb. am Grunde herzfg. od. abgerundet.
Ph. spicátum L., *Ährige R.* – St. 30–80 cm. Grundst. B. nicht od. wenig länger als br., herz-eifg., doppelt gekerbt-gesägt. Stlb. schmäler, die oberen längl.-lanzettl. Kr. gelbl.-weiss, selten graublau. / 5 bis 6 / Kollin-montan(-subalpin). Wälder, Bergwiesen; hfg. [2624]
Ph. ovátum HONCKENY (*Ph. halleri* ALL.), *Hallers R.* – St. 40–130 cm. Grundst. B. etwa so lg. wie br., herzfg., wie die Stlb. grob doppelt gesägt. Kr. schwarzviolett, beim Abblühen heller, selten hellblau bis weiss. / 6 bis 8 / (Montan-)subalpin. Wiesen, Wälder; kalkliebend; zerstr. A. [2625]
Bastarde.

549. Wahlenbérgia SCHRADER, *Moorglocke*

W. hederácea (L.) RCHB., *Efeublättrige M.* – Pfl. ausdauernd. St. 5–30 cm lg. fein fadenfg. kriechend. B. rundl. bis 5eckig, mit herzfg. Grunde, kahl, unregelm. gezähnt. Bl. einzeln, zur Bl.zeit aufrecht. Kr. 0,8–1 cm lg., hell blaulila, geadert. / 6 bis 8 / Kollin. Nasse, saure, torfige Böden wintermilder Lagen. Moore, Wälder, Äcker. – S (Hünersedel).

550. Jasióne L., *Jasione*

J. montána L., *Berg-J.* – Pfl. ohne Ausläufer. St. 15–50 cm, am Grunde ästig, rauhhaarig. B. am Rande wellig. Kr. blau. / 6 bis 8 / Kollin-montan. Sandige und steinige Orte, Magerwiesen; kalkmeidend; J und M (s.), A (vor allem Südketten). [2631]

J. levis Lam. (*J. perennis* Vill.), *Ausdauernde J.* – Pfl. mit Ausläufern und überwinternden B.rosetten. St. 30–60 cm, einfach, rauhhaarig. B. flach, wie die Hüllb. am Rande verdickt. Kr. blauviolett. / 6 bis 8 / Kollin. Trockene Hügel, Felsen; auf Silikatgestein. – S, V. [2632]

Fam. 135. **Asteráceae** (*Compositae*).
Korbblütler, Köpfchenblütler

Einjährige Kräuter od. Stauden, auch Sträucher, mit wechselst., oft rosettig angeordneten, seltener gegenst., einfachen, oft stark geteilten B. Nebenb. fehlend. Bl. in von Hüllb. (h) umgebenen Köpfchen (Körbchen; *Fig. 440/1*), oft eine Einzelbl. vortäuschend. Hüllb. ein- bis mehrreihig, oft dachziegelartig *(Fig. 440/2; 441/5, 9; 446/3)*, die innersten zuweilen krb.artig. Körbchenboden mit spelzenartigen Spreub. (Deckb. der einzelnen Bl.; *Fig. 440/1 s*) od. nackt. Bl. zwittrig, eingeschlechtig od. geschlechtslos, radiärsymm. od. monosymm. Kb. undeutl., an ihrer Stelle Schuppen und Borsten od. Haare (Pappus; *Fig. 440/3 p, 5 p*), welche zur Fr.zeit als Flugorgan der Verbreitung der Fr. dienen. Krb. 5, stets verwachsen, entweder röhrenfg. *(Fig. 440/3)* od. trichterfg. *(Fig. 440/4)* od. der Länge nach aufgeschlitzt und zur Bl.zeit flach ausgebreitet, zungenfg. *(Fig. 440/5)*. Stbb. 5, ihre Stbf. frei, die Stb.beutel röhrig verwachsen, den Pollen auf die «Griffelbürste» übertragend. Frb. 2, zu einem unterst. Frkn. verwachsen. Achänen (Nüsse, deren Fr.wand mit der Samenschale verwachsen ist).

1. Köpfchen eingeschlecht; die männl. vielbl., mit getrennten Stb.beuteln; die weibl. 1–2bl., Pfl. einhäusig, weibl. Bl. ohne Kr. *(Fig. 441/1, 2)* 2
– Köpfchen in der Regel alle gleichartig, zwittrig, mehrbl. Stb.beutel verwachsen. 3
2. Weibl. Köpfchen einbl., in den oberen B.achseln sitzend *(Fig. 441/1)*. Männl. Köpfchen darüber in endst., tragb.losen Ähren angeordnet, nikkend.   **Ambrosia 569**
– Weibl. Köpfchen 2bl., zu mehreren in den B.achseln sitzend zuletzt von der stachligen Hülle ganz umschlossen *(Fig. 441/2)*. Männl. Köpfchen aufrecht, in b.achselst. Ähren   **Xanthium 568**
3. Bl. im Mittelfeld des Köpfchens (Scheibenbl.) röhrenfg. bis trichterfg., 5zipflig (= Röhrenbl.; *Fig. 440/3*). Pfl. (ausgenommen Carlina) stets ohne Milchsaft. (Unterfam.: **Asteroideae** [*Tubuliflórae*], *Röhrenblütler*). 4

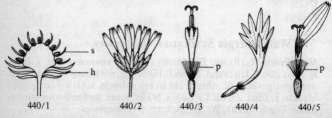

440/1 s h   440/2   440/3 p   440/4   440/5 p

441/1   441/2   441/3   441/4   441/5

– Alle Bl. des Köpfchens zungenfg. (= Zungenbl.; *Fig. 440/5*). (Unterfam.: **Cichorioideae** [*Liguliflórae*], *Zungenblütler*) 68
4. Alle Bl. im Köpfchen röhrenfg. od. die randst. trichterfg. *(Fig. 440/4)*. . 33
– Scheibenbl. röhrenfg., randst. Bl. zungenfg.; «Strahlblütler». (Hierher
viele gefüllte Gartenformen, denen die Röhrenbl. ± fehlen.) 5
5. Fr.boden zwischen den Bl. mit Spreub. *(Fig. 440/1s)*. 6
– Fr.boden ohne Spreub. 14
6. Alle B. gegenst. 7
– B. wechselst. od. die unteren gegenst. 8
7. Hüllb. 2reihig, die äusseren abstehend. Strahlbl. geschlechtslos, gelb.
Pappus aus 2–4 rückwärts-stachligen Grannen gebildet *(Fig. 441/3)*.
                                                        Bidens 572
– Hüllb. 1–2reihig. Strahlbl. weibl., weiss.   **Galinsoga 573**
8. Hüllb. 1–2reihig *(Fig. 441/4)*. Strahlbl. gelb, geschlechtslos.
                                                     Rudbeckia 570
– Hüllb. mehrreihig, dachziegelartig angeordnet *(Fig. 441/5)*. 9
9. Strahlbl. geschlechtslos. 10
– Strahlbl. weibl. 11
10. Bl. in grossen Köpfen. Strahlbl. gelb. B. herz-eifg. od. längl.-eifg.
                                                     Helianthus 571
– Bl. in Köpfchen. Strahlbl. weiss. B. mehrfach fiederschn. **Anthemis 574**
11. Köpfchen über 3 cm im Durchm. Strahlbl. gelb. Stb.beutel geschwänzt
(Fig. 441/6). B. ungeteilt. 12
– Köpfchen unter 3 cm im Durchm. Strahlbl. weiss, rötl. od. gelb. Stb.beu-
tel nicht geschwänzt 13
12. Strahlbl. mehr als 2 mm br. Stlb. schmal-lanzettl.   **Buphthalmum 566**
– Strahlbl. ca. 1 mm br. Stlb. br. verkehrt-eifg.   **Telekia 567**
13. Köpfchen dicht doldentraubig, klein (selten einzeln und dann ansehnl.).
Zunge der Strahlbl. br., rundl. *(Fig. 441/7)*. Scheibenbl. weiss, gelbl. od.
rötl.   **Achillea 575**
– Köpfchen locker doldentraubig od. einzeln. Zunge der Strahlbl. längl.
Scheibenbl. gelb.   **Anthemis 574**

441/6   441/7   441/8   441/9   441/10

14. Pappus fehlend od. nur ein vorspringender Rand 15
– Pappus haarfg. *(Fig. 441/8)* 23
15. Alle B. grundst., ungeteilt. St. einköpfig **Bellis 554**
– B. st.st., od. grundst. und dann fiederschn. 16
16. Hüllb. 1–2reihig *(Fig. 441/4)*. Nur die randst. Bl. fruchtbar. Fr. einwärts
gekrümmt. Strahlbl. gelb. **Calendula 589**
– Hüllb. mehrreihig *(Fig. 441/9)*. Alle Bl. fruchtbar. 17
17. Fr.boden kegelfg., hohl. **Matricaria 576**
– Fr.boden flach bis halbkugelig, vollmarkig. 18
18. Strahlbl. gelb. **Chrysanthemum 578**
– Strahlbl. weiss. 19
19. Köpfchen in Doldentrauben. **Tanacetum 580**
– Köpfchen einzeln am Ende des St. od. längerer Äste. 20
20. B. ungeteilt, meist gekerbt, gesägt od. eingeschnitten-gezähnt bis fiedersp. **Leucanthemum 579**
– B. kammfg.- od. 2–3fach fiederschn. 21
21. Grundst. B. und untere Stlb. kammfg.-fiederschn.

Leucanthemopsis 581
– Grundst. B. 2–3fach fiederschn. 22
22. B.abschn. fast fadenfg., kahl **Tripleurospermum 577**
– B.abschn. schmal-lanzettl., unterseits dünnfilzig behaart.

Tanacetum 580
23. St. mit Schuppen besetzt. Bl. vor den grundst. B. entwickelt.

Tussilago 583
– St. ohne Schuppen od. mit gut ausgebildeten B. 24
24. Strahlbl. weiss, rötl., violett od. blau (nie gelb) 25
– Strahlbl. gelb od. orange 28
25. St. b.los, einköpfig **Aster 555**
– St. beblättert. 26
26. Strahlbl. 2- bis mehrreihig, sehr schmal. Pappus einreihig *(Fig. 441/8)*
od. (bei Erigeron annuus) an den Scheibenbl. 2reihig. 27
– Strahlbl. einreihig, bis 2 (3) mm br. Pappus meist 2–3reihig *(Fig. 441/10)*.

Aster 555
27. Köpfchen 3–5 mm br., in reichverzweigter Rispe. **Conyza 556**
– Köpfchen 8–35 mm br., einzeln od. in wenig verzweigten Trauben od.
Rispen. **Erigeron 557**
28. Hüllb. 1–2reihig, gleich lg. od. die äusseren eine Aussenhülle bildend
(Fig. 443/1) 29
– Hüllb. mehrreihig, dachziegelartig angeordnet *(Fig. 441/5)*. 31
29. Stlb. gegenst. Strahlbl. orangegelb. **Arnica 586**
– B. wechselst. 30
30. Hülle walzenfg. od. kegelfg. *(Fig. 443/1)*. **Senecio 588**
– Hülle halbkugelig od. fast flach, tellerfg. **Doronicum 587**
31. Strahlbl. 5–12. Stb.beutel nicht geschwänzt. Köpfchen dicht stehend.

Solidago 553
– Strahlbl. meist zahlreich. Stb.beutel am Grunde geschwänzt *(Fig.
441/6)*. Köpfchen einzeln od. locker doldentraubig. 32
32. Pappus doppelt, der äussere kurz, ein Krönchen bildend *(Fig. 443/2)*.

Pulicaria 564
– Pappus einfach. **Inula 563**
33. (4.) Köpfchen einbl.; jede Einzelbl. mit besonderer, aus Blättchen und

443/1   443/2   443/3   443/4   443/5

Borsten bestehender Hülle *(Fig. 443/3)*. Köpfchen zu einem kugeligen
Gesamtblstd. vereinigt.   **Echinops 590**
– Köpfchen mehr- bis vielbl. 34
34. Pappus fehlend od. einen kurzen, kr.fg. Rand bildend........... 35
– Pappus vorhanden (bei Bidens 2–4 rückwärtsstachlige Grannen). . 40
35. Fr.boden mit Spreub. *(Fig. 440/1s)* od. Borsten.   **Centaurea 601**
– Fr.boden ohne Spreub. 36
36. Köpfchen einzeln, mit einer von Laubb. gebildeten Aussenhülle.
                                                          Carpesium 565
– Köpfchen zahlreich, mehr od. weniger einander genähert. 37
37. Hüllb. 2reihig. Pfl. graufilzig.   **Micropus 558**
– Hüllb. dachziegelartig angeordnet *(Fig. 441/5)*. 38
38. Köpfchen höchstens 5 mm lg., meist rispig od. traubig angeordnet.
                                                          Artemisia 582
– Köpfchen grösser. 39
39. Köpfchen in einer flachen Doldentraube. Bl. goldgelb. Pfl. bis über 1 m
hoch.   **Tanacetum 580**
– Köpfchen kurz gestielt. Bl. unansehnl., gelbgrün. Pfl. 5–30 cm hoch.
                                                          Matricaria 576
40. Pfl. filzig od. wollig-filzig, mit ungeteilten, schmalen, ganzrandigen B.,
meist klein od. mittelgross. Hüllb., wenigstens teilweise, trockenhäutig
od. filzig. 41
– Pfl. nicht die genannten Merkmale zeigend 46
41. Köpfchen zieml. gross, einzeln auf lg. Stielen. 42
– Köpfchen meist klein, knäuelig, ährig od. doldentraubig angeordnet.
(Kleine Exemplare auch einköpfig.). 43
42. Hüllb. mit gefranstem, trockenhäutigem Saum *(Fig. 476/2–5)*.
                                                          Centaurea 601
– Innere Hüllb. rosa gefärbt, strahlbildend   **Xeranthemum 591**
43. Hüllb. wollig-filzig od. am Rande trockenhäutig. Fr.boden zwischen den
äusseren (weibl.) Bl. mit den Hüllb. ähnl. Spreub.   **Filago 559**
– Hüllb., wenigstens die inneren, ganz trockenhäutig. Fr.boden ohne
Spreub. 44
44. Alle Bl. eines Köpfchens entweder weibl., fadenfg., od. zwittrig, 5zähnig.
Köpfchen meist deutl. gestielt, in einer flachen Doldentraube.
                                                          Antennaria 560
– Äussere Bl. des Köpfchens weibl., innere zwittrig. 45
45. Pappus der inneren Bl. keulenfg. verdickt *(Fig. 443/4)*. Köpfchen an der

St.spitze knäuelig gedrängt, von sternfg. angeordneten, weisswolligen Hochb. umgeben. **Leontopodium 561**
- Pappus aller Bl. fadenfg. od. nur wenig verdickt *(Fig. 443/5).*
  Gnaphalium 562
46. Fr.boden zwischen den Bl. mit Spreub. od. Borsten *(Fig. 440/1s).* . 47
- Fr.boden ohne Spreub. 47
47. Innere Hüllb. silberweiss od. gelb, trockenhäutig, strahlbildend. Pfl. distelartig. **Carlina 592**
- Innere Hüllb. nicht strahlbildend. 59
48. Hüllb. 2reihig, die äusseren b.artig *(Fig. 444/1).* B. gegenst. **Bidens 572**
- Hüllb. dachziegelartig angeordnet *(Fig. 441/5).* B. wechselst. . . 49
49. Hüllb. mit hakig umgebogener Stachelspitze *(Fig. 444/2).* B. br., ungeteilt. **Arctium 593**
- Hüllb. mit geradem Stachel od. mit trockenhäutigem Anhängsel . . 50
50. Haare des Pappus gefiedert (die Seitenästchen viel länger als der Durchm. des Haares; *Fig. 444/3)* od. fein gewimpert *(Fig. 444/4).* . 51
- Haare des Pappus nicht gefiedert. 53
51. Haare des Pappus fein gewimpert, kaum gefiedert *(Fig. 444/4).* Grosse, distelartige Pfl. mit weissgefleckten B. Äussere Hüllb. mit lg.stachligem, b.artigem Anhängsel. **Silybum 598**
- Haare des Pappus gefiedert *(Fig. 444/3).* 52
52. Hüllb. stachlig. B. stachlig-gezähnt od. doch fein stachlig-gewimpert.
  Cirsium 597
- Hüllb. und B. wehrlos. **Saussurea 595**
53. Äussere Hüllb. b.artig. Pfl. dornig. **Carthamus 604**
- Äussere Hüllb. nicht b.artig. 54
54. Haare des Pappus am Grunde verwachsen, zuletzt ungetrennt abfallend. B. meist stachlig-gezähnt. **Carduus 596**
- Haare des Pappus frei, getrennt abfallend. B. nicht stachlig. 55
55. Hüllb. mit trockenhäutigem, deutl. abgesetztem *(Fig. 478/1–4)* od. herablaufendem Anhängsel *(Fig. 476/2–5)* od. mit handfg. geteiltem Dorn *(Fig. 476/1).* 56
- Hüllb., ausg. etwa die inneren, ohne Anhängsel od. mit kurzem, einfachen Stachel. 57
56. Köpfchen 4–10 cm br. Pappusborsten länger als die Fr.
  Rhaponticum 602
- Köpfchen bis 3 cm br. Pappusborsten meist kürzer bis wenig länger als die Fr. **Centaurea 601**
57. Bl. gelb. Hüllb. br.-lanzettl. ± abgerundet. **Centaurea 601**
- Bl. rot. Hüllb. lanzettl., spitz. 58

444/1   444/2   444/3   444/4   444/5

58. Pappus vielreihig, die innersten Borsten länger als die übrigen.

59. (47.) Pfl. distelartig, mit stachlig-gezähnten B. Fr.boden mit tiefen Gruben; die Ränder dieser fransig-gezähnt.
60. Hüllb. einreihig, gleich lg. od. am Grunde einige kürzere, eine Aussenhülle bildend *(Fig. 443/1)*.
61. Hüllb. mehrreihig, dicht weissfilzig. St. sehr kurz, weissfilzig, Köpfchen über 4 cm br.
68. (3.) Pappus fehlend, einen kurzen, kr.fg. Rand bildend od. aus häutigen Schuppen bestehend.
69. Bl. blau. Hüllb. 2reihig, die äusseren abstehend.
70. St. beblättert, mehr- bis vielköpfig.
71. Köpfchenstiel nach oben keulenfg. verdickt. Oberer Teil der Hüllb. nach dem Verblühen zusammenneigend.
72. Haare des Pappus, wenigstens teilweise, gefiedert (d.h. mit deutl. Seitenhärchen versehen, *Fig. 446/1)*.
– Haare des Pappus einfach (ohne od. mit äusserst kleinen Zähnchen; *Fig. 446/5)*.
73. Fr.boden zwischen den Bl. mit abfallenden Spreub. *(Fig. 440/1s)*.
74. Hüllb. einreihig, am Grunde verwachsen, alle gleich lg. *(Fig. 446/2)*.
– Hüllb. 2- bis mehrreihig, dachziegelartig angeordnet *(Fig. 446/3)* od. nur die inneren gleich lg.
76. B. ganzrandig, kahl od. am Grunde weichhaarig, oft blaugrün. Fiederchen des Pappus ineinander verflochten *(Fig. 446/4)*.

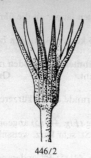

| 446/1 | 446/2 | 446/3 | 446/4 |

- B. oft gezähnt bis buchtig fiederschn., seltener ganzrandig, dann aber gewöhnl. behaart bis filzig-rauhhaarig. Fiederchen des Pappus frei *(Fig. 446/1).* **Leontodon 610**
77. Hüllb. regelm. dachziegelartig angeordnet *(Fig. 446/3).* Pfl. kahl od.
- Hüllb. 2- od. mehrreihig, die inneren gleich lg., die äusseren klein und abstehend, od. gross, br. b.artig und aufrecht. Pfl. rauhhaarig. **Picris 611**
78. Untere B. meist fiederschn. Fr. am Grunde mit einer Schwiele, die dicker ist als die Fr. selbst. **Podospermum 614**
- Alle B. ungeteilt. Fr. am Grunde mit einer unscheinbaren Schwiele.
Scorzonera 613
79. Köpfchen 5bl. 80
- Köpfchen mehrbl. 82
80. Bl. rot. Fr. ungeschnäbelt *(Fig. 446/5).* **Prenanthes 623**
- Bl. gelb. Fr. geschnäbelt *(Fig. 446/6, 447/1, 2).* 81
81. B. mit geöhrt umfassendem Grunde, gestielt. Schnabel der Fr. kurz, 1 mm *(Fig. 446/6).* **Mycelis 618**
- B. am St. herablaufend. Schnabel der Fr. verlängert, 6–7 mm *(Fig. 447/1, 2).* **Lactuca 620**
82. Reife Fr. lg. geschnäbelt; Pappus daher gestielt *(Fig. 446/7–9).* 83

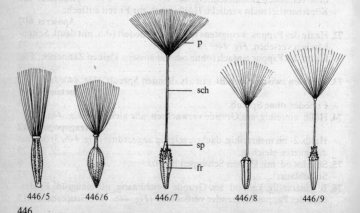

| 446/5 | 446/6 | 446/7 | 446/8 | 446/9 |

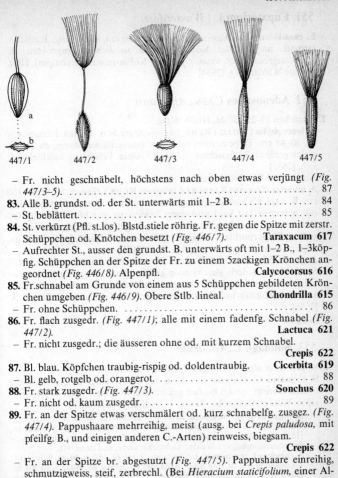

447/1   447/2   447/3   447/4   447/5

– Fr. nicht geschnäbelt, höchstens nach oben etwas verjüngt *(Fig. 447/3–5)*. 87

83. Alle B. grundst. od. der St. unterwärts mit 1–2 B. 84

– St. beblättert. 85

84. St. verkürzt (Pfl. st.los). Blstd.stiele röhrig. Fr. gegen die Spitze mit zerstr. Schüppchen od. Knötchen besetzt *(Fig. 446/7)*. **Taraxacum 617**

– Aufrechter St., ausser den grundst. B. unterwärts oft mit 1–2 B., 1–3köpfig. Schüppchen an der Spitze der Fr. zu einem 5zackigen Krönchen angeordnet *(Fig. 446/8)*. Alpenpfl. **Calycocorsus 616**

85. Fr.schnabel am Grunde von einem aus 5 Schüppchen gebildeten Krönchen umgeben *(Fig. 446/9)*. Obere Stlb. lineal. **Chondrilla 615**

– Fr. ohne Schüppchen. 86

86. Fr. flach zusgedr. *(Fig. 447/1)*; alle mit einem fadenfg. Schnabel *(Fig. 447/2)*. **Lactuca 621**

– Fr. nicht zusgedr.; die äusseren ohne od. mit kurzem Schnabel. **Crepis 622**

87. Bl. blau. Köpfchen traubig-rispig od. doldentraubig. **Cicerbita 619**

– Bl. gelb, rotgelb od. orangerot. 88

88. Fr. stark zusgedr. *(Fig. 447/3)*. **Sonchus 620**

– Fr. nicht od. kaum zusgedr. 89

89. Fr. an der Spitze etwas verschmälert od. kurz schnabelfg. zusgez. *(Fig. 447/4)*. Pappushaare mehrreihig, meist (ausg. bei *Crepis paludosa,* mit pfeilfg. B., und einigen anderen C.-Arten) reinweiss, biegsam. **Crepis 622**

– Fr. an der Spitze br. abgestutzt *(Fig. 447/5)*. Pappushaare einreihig, schmutzigweiss, steif, zerbrechl. (Bei *Hieracium staticifolium,* einer Alpenpfl., Pappushaare reinweiss, biegsam.). **Hieracium 624**

Unterfam. 135.1. **Asteroídeae** (*Tubuliflorae*), *Röhrenblütler*

Bl. des Körbchens entweder alle röhren- od. trichterfg., die randst. zuweilen etwas vergrössert und leicht monosymm., od. aber nur die inneren Bl. des Körbchens (Scheibenbl.) röhrenfg.-5zipflig, die randst. auffallend vergrössert, zungenfg. (Strahlbl.), oft eingeschlechtig od. steril. Zunge aus 3 Krb. gebildet, vorn 3zählig od. abgerundet. Pfl. ohne Milchsaft (ausgenommen Silberdistel), mit Ölgängen.

551. Eupatórium L., *Wasserdost*

E. cannábinum L., *Wasserdost.* – Pfl. 80–200 cm, kurzhaarig. B.abschn. lanzettl., meist gesägt. Köpfchen klein, in dichten Trugdolden. Bl. schmutzigrosa, selten weiss. / 7 bis 9 / Kollin-montan(-subalpin). Ufer, feuchte Wälder; hfg. [2634]

552. Adenostýles Cass., *Alpendost*

1. Köpfchen 10–25(–30)bl. Hüllb. filzig.
   A. leucophýlla (Willd.) Rchb. (*A. tomentosa* Sch. u. Th.), *Filziger A.* – St. 30–40 cm. B. beiderseits od. doch unterseits weissfilzig, etwas ungleich gezähnt. Bl. fleischrot. / 7 bis 8 / Alpin. Felsschutt; kalkfliehend; s. A. [2635]
– Köpfchen 3–6bl. Hüllb. kahl.
   A. alliáriae (Gouan) Kerner (*A. albifrons* Rchb.), *Grauer A.* – St. 50–150 cm. B. ungleich grob doppelt gezähnt, unterseits spinnwebartig-flockig, od. unterseits fast kahl und dann beiderseits gleichfarbig, mattgrün. Obere Stlb. sitzend, halbumfassend od. gestielt. B.stiel am Grunde geöhrt. Bl. purpurlila. / 6 bis 9 / (Montan-)subalpin(-alpin). Waldige, steinige Orte; verbr. J, M (s.), A. – S, V. [2637]
   A. glabra (Miller) DC. (*A. alpina* Bluff u. Fingerhuth), *Grüner A.* – St. 40–90 cm. B. derb, gleichmässig gezähnt, unterseits graugrün und nur auf den Nerven flaumig. B.stiel am Grunde nicht geöhrt. Bl. purpurlila. / 6 bis 8 / (Montan-)subalpin. Wie vorige; auf Kalk; verbr. J, M (s.), A. [2636]

Bastarde.

553. Solidágo L., *Goldrute*

1. Köpfchen in allseitswendigen Trauben od. Rispen.
   S. virgaúrea L., *Gemeine G.* – St. 6–120 cm. B. längl.-elliptisch od. die oberen lanzettl., gesägt bis fast ganzrandig. Bl. gelb. / 7 bis 10 / Kollin-alpin. Wälder, Gebüsche, Rasen, Felsschutt; s. hfg. [2638]

   S. virgaúrea L. ssp. **virgaúrea**, *Echte G.* – Pfl. 20–120 cm. B. br.-lanzettl., 3–4mal so lg. wie br. (mit Stiel). Köpfchen 10–15 mm br., Hülle 5–7 mm lg., Hüllb. kurz, plötzl. zugespitzt. Pappus 4 mm lg. Fr. 3–4 mm lg. / 8 bis 10 / Kollin-montan(-subalpin). Wälder, Gebüsche; verbr. und zieml. hfg.

   S. virgaúrea L. ssp. **minúta** (L.) Arcang., *Alpen-G.* – Pfl. 6–40 cm. B. lanzettl., 4–6mal so lg. wie br. (mit Stiel). Köpfchen 15–20 mm br., Hülle 7–10 mm lg., Hüllb. lg., allmähl. zugespitzt. Pappus 5 mm lg. Fr. 4–6 mm lg. / 7 bis 8 / Subalpin-alpin. Steinige Wiesen, Weiden, Zwergstrauchheiden, Hochstaudenfluren; zieml. hfg. J, A. – S, V.
– Köpfchen in dichten, trugdoldigen Büscheln, sitzend.
   S. graminifólia (L.) Salisb., *Grasblättrige G.* – St. 60–70 cm. B. lineal-lanzettl., spitz, am Rande und unterseits auf den Nerven etwas rauh. Bl. lebhaft gelb. / 7 bis 9 / Kollin. Ufergebüsch. Ostschw., s. Stammt aus Nordamerika. [2641]
– Köpfchen in einseitswendigen, rispig angeordneten Trauben, deutl. gestielt.
   S. canadénsis L., *Kanadische G.* – St. 60–250 cm, der ganzen Länge nach dicht kurzhaarig. B. lanzettl., meist scharf gesägt, behaart od. kahl. Bl.

lebhaft gelb, die äusseren die Scheibenbl. kaum überragend. / 7 bis 9 / Kollin. Ufergebüsch, Waldlichtungen, Ödland; verbr. Stammt aus Nordamerika. [2639]

S. gigantéa AITON (*S. serotina* AITON var. *serotina* (O. KUNTZE) CRONQUIST, *S. gigantea* AITON var. *leiophylla* FERNALD), *Spätblühende G.* – St. 50–250 cm, oft rötl., kahl od. oberwärts kurzhaarig. B. lanzettl., an beiden Enden lg. zugespitzt, kahl od. unterseits auf den Nerven kurzhaarig, gesägt bis ganzrandig. Bl. lebhaft gelb, die äusseren die Scheibenbl. deutl. überragend. / 8 bis 10 / Kollin. Wie vorige. [2640]

554. Bellis L., *Gänseblümchen*

B. perénnis L., *Massliebchen.* – Pfl. 5–15 cm. B. spatelfg. Strahlbl. weiss od. rötl. / 2 bis 11 / Kollin-montan(-subalpin). Wiesen, Raine; s. hfg. [2642]

555. Aster L., *Aster*

1. St. b.los.
   A. bellidiástrum (L.) SCOP. (*Bellidiastrum michelii* CASS.), *Alpenmasslieb.* – Pfl. 10–25 cm. B. lg. gestielt, längl.-verkehrt-eifg., gekerbt. Strahlbl. weiss od. rötl. / 5 bis 6 / (Kollin-)montan-alpin. Feuchte, waldige Hänge, quellige Stellen, Schluchten, Trockenrasen; s. hfg. J, M, A. – S. [2643]
– St. beblättert. 2
2. Strahlbl. fehlend.
   A. linósyris (L.) BERNH. (*Linosyris vulgaris* LESSING), *Goldschopf-A.* – St. 30–50 cm. B. lineal, kahl. Köpfchen doldentraubig. Scheibenbl. gelb. / 8 bis 9 / Kollin(-montan). Trockenwarme Hügel und Felshänge; zerstr. [2644]
– Strahlbl. vorhanden. 3
3. St. einköpfig.
   A. alpínus L., *Alpen-A.* – St. 5–20(–45) cm. B. 3nervig, flaumig. ganzrandig, lanzettl., die grundst. längl. Hüllb. lanzettl., locker. Strahlbl. violettblau (bei der hochstengligen var. *wólfii* FAVRAT blau). Scheibenbl. gelb. / 6 bis 8 / Subalpin-alpin, gelegentl. herabgeschwemmt. Rasen, Felsen; auf Kalk. J (bis Stallfluh [Kt. Sol.]), A (hfg.). [2645]
– St. mehr- bis vielköpfig. 4
4. Hüllb. stumpf, die äusseren gegen die Spitze spatelfg. verbreitert.
   A. améllus L., *Berg-A.* – St. 20–40 cm, nebst den B. kurzhaarig-rauh. B. elliptisch od. längl.-elliptisch. Hüllb. etwas abstehend. Strahlbl. violettblau. Scheibenbl. gelb. / 8 bis 9 / Kollin-montan(-subalpin). Trockene Hänge, lichte Gehölze. J (verbr.), M, A. [2646]
– Hüllb. spitz od. zugespitzt, hautrandig. (Aus Nordamerika stammende, kult. und oft verwilderte od. eingebürgerte Arten.). 5
5. Stlb. am Grunde verschmälert. Hüllb. an der äussersten Spitze etwas abstehend.
   A. salígnus WILLD., *Weiden-A.* – St. 90–150 cm. B. lanzettl., ganzrandig od. entfernt gezähnelt. Köpfchen mittelgross (2–4 cm). Strahlbl. weiss od. lila. / 8 bis 9 / Kollin. Ufergebüsch, Ödland. [2649]
   A. tradescántii L., (*A. parviflorus* NEES), *Tradescants A.* – St. 60–100 cm,

kurzhaarig. B. lanzettl., in der Mitte entfernt scharf gesägt. Köpfchen klein (1–1,5 cm). Strahlbl. weiss. / 8 bis 9 / Kollin. Wie vorige. [2650]
– Stlb. am Grunde abgerundet od. etwas herzfg., halb-st.umfassend.   6
6. St. steifhaarig-flaumig, im Blstd. drüsig.
    A. novae-angliae L., *Neuenglischer A.* – St. 50–120 cm. B. lanzettl., flaumig. Köpfe 3–4 cm br. Strahlbl. violett. / 8 bis 9 / Kollin. Wie die vorigen; zerstr. und s. [2648]
– St. kahl od. unterwärts etwas behaart.
    A. novi-bélgii L., *Neubelgischer A.* – St. 60–120 cm. B. schmal-lanzettl. bis eifg. Hüllb. locker; die äusseren meist mindestens halb so lg. wie die inneren und abstehend. Strahlbl. blau od. violett. / 8 bis 9 / Kollin. Wie die vorigen; zerstr. und s. [2647]
    A. versícolor WILLD., *Gescheckter A.* – St. 60–120 cm. B. längl. bis lanzettl. od. eifg. Hüllb. dicht angedrückt; die äusseren viel kürzer, ihre grünen Spitzen von den hellgefärbten Teilen scharf abgegrenzt, daher die Hülle gescheckt. Strahlbl. weiss, rosa, violett od. blau. / 8 bis 9 / Kollin. Wie die vorigen. [2652]

      Callístephus chinénsis (L.) NEES, *Sommeraster*, «*Aster*». – Pfl. einjährig, 10–80 cm hoch. Köpfe gross, mit b.artigen Hüllb. Strahlbl. weiss, blau, rosa, rot od. violett. – Als Zierpfl. kult. und nicht s. verwildert. Stammt aus China und Japan.

556. Conyza LESS., *Berufkraut*

C. canadénsis (L.) CRONQ. (*Erigeron canadensis* L.), *Kanadisches B.* – St. 30–120 cm, im Kopfstd. stark verzweigt. Kopfstd. rispig, vielköpfig. Köpfchen 3–5 mm gross. Strahlbl. aufrecht, unscheinbar, weissl. / 7 bis 9 / Kiesige Orte, Ufer, Schuttstellen; hfg. Stammt aus Nordamerika. [2653]

557. Erígeron L., *Berufkraut*

1. Strahlbl. aufrecht, die Scheibenbl. nicht od. wenig überragend.
    E. ácer L. s.l., *Scharfes B.* – St. 10–60 cm, oberwärts ästig. Kopfstd. traubig-rispig. Köpfchen 1–1,5 cm gross. Strahlbl. hellviolett bis purpurn. / 6 bis 9 / Kollin-subalpin. Raine, trockene Hänge, Moränen, Weiden; verbr. und hfg. [2654–2656]
      01. Pfl. rauhhaarig. St. aufrecht, meist einzeln.
        E. ácer L. ssp. **acer.** – Pfl. 10–30 cm. B. längl., stumpf, etwas wellig. Hülle dicht behaart. / 6 bis 9 / Kollin-montan(-subalpin). Lockere, nährstoffreiche, meist kalkhaltige Böden wärmerer Lagen. Trockenrasen, Wegränder, Kiesgruben; verbr. und zieml. hfg. [2654]
      – Pfl. kahl od. spärl. behaart. St. bogig aufsteigend, zu mehreren.
        E. ácer L. ssp. **angulósus** (GAUDIN) VACCARI (ssp. *droebachensis* RIKLI). – Pfl. 20–40 cm. St. fast kahl. B. lanzettl., flach, nur am Rande bewimpert. Hülle spärl. behaart, 6–8 mm br. / 7 bis 9 / Subalpin, gelegentl. herabgeschwemmt. Feuchte, offene, steinig-kiesige Böden. Kies der Alpenflüsse, Moränen, Weiden. M (s.), A (verbr., zentrale und südl. Teile). [2655]
        E. ácer L. ssp. **politus** (FR.) SCH. u. K. – Pfl. 30–60 cm, kahl, oberwärts drüsig. Hülle drüsig, dunkelrot. Köpfchen lg. gestielt. / 7 bis 9 / Wie vorige Unterart. A. [2656]

– Strahlbl. abstehend, die Scheibenbl. überragend.   2
2. Strahlbl. weiss od. rötl.-lila. Pappus der Scheibenbl. 2reihig; äussere Reihe sehr kurz.

E. ánnuus (L.) PERS. (*Stenactis annua* NEES), *Feinstrahliges B.* – St. 30–100 cm hoch, dicht beblättert. B. hellgrün, beiderseits zerstr. bis zieml. dicht behaart; die unteren lanzettl., eifg. od. verkehrt-eifg. od. elliptisch bis rundl., in den Stiel verschmälert, meist am Rande entfernt grob und stumpf gezähnt; mittlere und obere Stlb. lanzettl., längl. od. lineal-lanzettl., allmähl. kürzer gestielt bis sitzend, entfernt grob od. fein gezähnt od. ganzrandig. Köpfchen in einer lockeren, zusges. Doldentraube. Hüllb. kahl od. meist zerstr. lg.-haarig. / 6 bis 10 / Kollin(-montan). Nährstoffreiche, lehmige und tonige Böden. Dämme, Flussufer, Waldschläge, Schuttstellen; eingebürgert; hfg. Stammt aus Nordamerika. [2657–2658]

01. Stlb. grob gesägt, auch oberste mit einzelnen Zähnen.

> **E. ánnuus** (L.) PERS. ssp. **ánnuus.** – St. zerstr. bis zieml. dicht abstehend lg.-haarig. Zunge der Strahlbl. so lg. od. etwas länger als die Breite des Diskus. – Kollin(-montan). Verbr. und hfg. [2658]

– Alle Stlb. od. mindestens die oberen ganzrandig.

> **E. ánnuus** (L.) PERS. ssp. **septentrionális** (FERNALD u. WIEGAND) WAGENITZ (*E. ramosus* B. S. P. var. *septentrionalis* FERNALD u. WIEGAND). – St. sehr zerstr. abstehend (unter den Köpfchen auch anliegend) behaart od. fast kahl. Zunge der Strahlbl. meist deutl. kürzer als die Breite des Diskus. – Kollin. Verbr.; häufigste Unterart.

> **E. ánnuus** (L.) PERS. ssp. **strigósus** (MÜHLENB.) WAGENITZ (*E. strigosus* MÜHLENB., *E. ramosus* B. S. P.). – St. zieml. dicht, kurz und anliegend behaart. Zunge der Strahlbl. meist deutl. kürzer als die Breite des Diskus. – Kollin. Verbr. und zieml. hfg. [2657]

– Strahlbl. violett, rot od. lila, selten weiss. Pappus aller Bl. einreihig.   3
3. Untere B. tief grob gezähnt bis 3lappig.

> **E. karvinskiánus** DC. (*Vittadinia triloba* hort.), *Karwinskis B.* – St. 10–30 cm, aufsteigend, verzweigt. Strahlbl. blassrosa bis weiss, beim Verblühen rosa. / 4 bis 11 / Kollin. Verwildert; eingebürgert an Mauern und Felshängen im T und am Genfersee (Kt. Waadt); sonst s.; im südl. Grenzgebiet stark verbr. am Comersee. Stammt aus Mittel- und Südamerika. [2659]

– Alle B. ganzrandig od. schwach gezähnt. 4
4. Pfl. mit Drüsenhaaren.

> **E. átticus** VILL. (*E. villarii* BELL.), *Reichdrüsiges B.* – Pfl. 20–60 cm, mit 1–3köpfigen Ästen, reichdrüsig. Köpfchen 2–3,5 cm im Durchm. Strahlbl. meist satt violettrot. / 7 bis 9 / Subalpin(-alpin). Moränen, steinige Rasen; zerstr. A. [2660]

> **E. gaudínii** BRÜGGER (*E. schleicheri* GREMLI, *E. glandulosus* SCH. u. TH.), *Gaudins B.* – Pfl. 5–25 cm, mit verlängerten, einköpfigen Ästen, armdrüsig. Köpfchen 1,5–2,5 cm im Durchm. Strahlbl. blasslila bis weissl. / 7 bis 8 / (Kollin-montan-)subalpin(-alpin). Moränen, Felsen; auf Silikatgestein; zerstr. A. – S. [2661]

– Pfl. ohne Drüsenhaare. 5
5. St. 1- bis mehrköpfig. Hülle behaart (doch nicht wollig-zottig) bis kahl.

> **E. alpínus** L., *Alpen-B.* – St. 4–40 cm, 1–5(–10)köpfig. B. beidseits behaart. Randst. Bl. des Diskus weibl. mit verkümmerter Kr. (= Fadenbl.; *Fig. 452/2*). Strahlbl. rotviolett od. hellrosa. / 7 bis 8 / (Montan-)subalpin-alpin. Lockere, steinige Böden. Rasen. J (bis Passwang; s.), A (verbr. und hfg.). [2662]

> **E. polymórphus** SCOP. (*E. alpinus* L. ssp. *glabratus* (HOPPE u. HORNSCHUCH) BRIQ.), *Vielgestaltiges B.* – St. 5–30 cm, 1–3(–6)köpfig. B.

nur am Rande behaart. Diskus ohne sterile, weibl. Bl. (= Fadenbl.). Strahlbl. lila od. purpurn. / 7 bis 8 / (Montan-)subalpin-alpin. Kalkfelsen, Kalkschutt. J (bis Creux-du-Van), A (verbr.). [2663]

– St. fast stets einköpfig. Hülle wollig-zottig.

E. negléctus KERNER, *Verkanntes B.* – St. 10–30 cm. B. gewimpert, auf den Flächen meist kahl. Strahlbl. weinrot. Zwischen den Strahlbl. und den Scheibenbl. zahlreiche weibl. Fadenbl. (Bl. mit verkümmerter Kr. und daher lg. vorragendem Gr.). / 7 bis 8 / (Subalpin-)alpin. Trockene Rasen; auf Kalk; zerstr. A. [2665]

E. uniflórus L., *Einköpfiges B.* – St. 2–12 cm. B. stumpf, abgerundet, oberseits kahl, unterseits behaart, am Rande lg. gewimpert. Strahlbl. lila, hellrosa od. weissl. Weibl. Fadenbl. fehlend. / 7 bis 9 / (Subalpin-)alpin. Rasen; verbr. A. [2664]

Bastarde.

558. Mícropus L., *Falzblume*

M. eréctus L., *Falzblume.* – St. 5–10 cm. B. längl.-verkehrt-eifg. Köpfchen in sitzenden, end- und seitenst. Knäueln. Bl. gelbl.-weiss. / 6 bis 7 / Kollin. Trockenwarme Hügel, Äcker; s. s. und Fundorte am Erlöschen. Südwestschw. – Els., Ain, Ao. [2666]

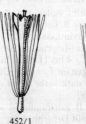

452/1   452/2

559. Filágo LOEFLING, *Fadenkraut*

1. B. lineal-pfriemfg., die obersten die Köpfchenknäuel weit überragend.
   F. gállica L., *Französisches F.* – Pfl. dünnfilzig behaart, grau. St. 10–20 cm, gabelästig. B. lg. pfriemfg. zugespitzt. Hüllb. mit kahnfg. Aussakkung, innere die reifen Fr. ganz umschliessend. / 7 bis 9 / Kollin. Sandige, trockene Äcker und Brachfelder; kalkmeidend, s. s. und Fundorte am Erlöschen. Früher Nordwest- und Westschw. – Els., Belf. [2669]

– B. lineal-lanzettl. bis spatelfg., die obersten die Köpfchenknäuel höchstens ein wenig überragend. 2

2. Mittlere Hüllb. stumpf, zur Fr.zeit sternfg. ausgebreitet. Köpfchen zu 2–7 in lockeren, unregelm. Knäueln.
   F. mínima (SM.) PERS., *Kleines F.* – Pfl. seidig bis filzig behaart, grau. St. 10–20 cm, gabelästig. B. schmal-lanzettl. Köpfchen 3–3,5 mm lg., vor dem Aufblühen pyramidal. Mittlere Hüllb. gekielt, angedrückt behaart, mit kahler glänzender Spitze. / 6 bis 9 / Kollin(-montan). Trockenwarme, sandig-kiesige Böden, Grasplätze, Strassenränder; kalkmeidend; s. s. und Fundorte am Erlöschen (Wallis, T). [2671]

F. arvénsis L., *Acker-F.* – Pfl. wollig-filzig behaart, weissl. St. 10–30 cm, aufrecht, oberwärts verzweigt. B. lanzettl. Köpfchen 4–5 mm lg., vor dem Aufblühen längl.-eifg. Mittlere Hüllb. nicht gekielt, bis zur Spitze dicht wollig-filzig behaart. / 7 bis 9 / Kollin-montan(-subalpin). Trockene sandige Äcker, Wegränder und Felshänge; kalkmeidend; zerstr. und Fundorte zurückgehend. [2670]

– Mittlere Hüllb. fein grannenartig zugespitzt, zur Fr.zeit aufrecht. Köpfchen zu 8–30 in dichten, kugeligen Knäueln. 3

3. Köpfchenknäuel mit 8–16 Köpfchen, von 3–4 B. wenig überragt. Köpfchen mit 2–5 weibl. Fadenbl. *(Fig. 452/2)* und 4–7 zwittrigen Röhrenbl. *(Fig. 452/1).*

F. pyramidáta L. (*F. spathulata* J. u. C. Presl), *Spatelblättriges F.* – Pfl. dünnfilzig behaart, gräul.-weiss. St. 5–30 cm, meist vom Grunde an br. abstehend ästig. B. lanzettl. bis spatelfg., mit flachem Rand. Mittlere Hüllb. gekielt, reichl. wollig behaart, unten und an der Spitze kahl, mit hellgelber Grannenspitze. / 7 bis 9 / Kollin. Trockene, kalkarme Böden, Äcker und Hügel; s. s. und Fundorte am Erlöschen (Genf, Graub. [Puschlav]). – Bad., Els., Belf. [2668]

– Köpfchenknäuel mit 10–30 Köpfchen, höchstens von 1–2 B. wenig überragt. Köpfchen mit 12–30 weibl. Fadenbl. und 2–4 zwittrigen Röhrenbl.

F. vulgáris Lam. (*F. germanica* L.), *Gewöhnliches F.* – Pfl. filzig behaart, grau. St. 10–35 cm, aufrecht, gabelästig od. mit vom Grunde aufsteigenden Ästen. B. lineal-lanzettl., oft mit gewelltem Rand. Köpfchen zu 20–30(–40). Mittlere Hüllb. kaum gekielt, nur auf einem kleinen grünen Fleck oberhalb der Mitte locker mit langen Haaren besetzt, sonst kahl, mit ockergelber Grannenspitze. / 7 bis 9 / Kollin(-montan). Wie vorige; s. s. und Fundorte am Erlöschen (Wallis [Bovernier], Graub. [Puschlav]). – Bad., Els., Belf. [2667]

F. lutéscens Jordan (*F. apiculata* G. E. Smith), *Gelbliches F.* – Pfl. filzig behaart, gelbl.-grün. St. 10–25 cm, aufrecht, ästig. B. längl.-oval bis lanzettl., mit flachem Rand. Köpfchen zu 10–25. Mittlere Hüllb. gekielt, reichl. wollig behaart, unten und an der Spitze kahl, mit purpurner Grannenspitze. / 7 bis 9 / Wie vorige. Früher in der Schweiz. – Bad., Els., Belf.

560. **Antennária** Gaertner, *Katzenpfötchen*

A. dioéca (L.) Gaertner, *Gemeines K.* – Pfl. mit Ausläufern. St. 5–25 cm. Untere B. spatelfg., stumpf, oberseits grün od. graugrün, die oberen lineal. Hüllb. der zwittrigen Köpfchen weiss, die der weibl. rosenrot. / 5 bis 7 / (Kollin-montan-)subalpin-alpin. Torfböden, Wiesen, Weiden; hfg. [2672]

A. carpática (Wahlenb.) Bluff u. Fingerhuth, *Karpaten-K.* – Pfl. ohne Ausläufer. St. 5–20 cm. Alle B. lanzettl., beiderseits wollig-filzig. Alle Hüllb. bräunl. / 7 bis 8 / (Subalpin-)alpin. Steinige Weiden, Wildheurasen, Felsbänder; verbr. A. [2673]

561. **Leontopódium** (Pers.) R. Br., *Edelweiss*

L. alpínum Cass., *Edelweiss.* – Pfl. 3–20 cm, dicht weissfilzig behaart. Untere B. spatelfg., obere lineal-lanzettl. / 7 bis 8 / (Subalpin-)alpin. Steinige Hänge, Felsen; auf Kalk. J (Dôle), A (verbr.). [2674]

562. **Gnaphálium** L., *Ruhrkraut*

1. Pfl. einjährig. Köpfchen am Ende der Zweige knäuelig gedrängt.
   G. uliginósum L., *Sumpf-R.* – Pfl. 10–25 cm, meist vom Grunde an abstehend-ästig. B. gegen den Grund verschmälert. Köpfchenknäuel von den oberen B. weit überragt. Hüllb. hellbraun. / 7 bis 9 / Kollin-montan. Feuchte Äcker, überschwemmte Stellen; verbr. [2675]
   G. luteoálbum L., *Gelblichweisses R.* – Pfl. 10–40 cm, einfach od. aufrecht-ästig. B. lanzettl., halbumfassend. Köpfchenknäuel nicht von B. umgeben. Hüllb. hellbräunl.-strohgelb. / 7 bis 9 / Kollin. Äcker, feuchte Orte, Mauern; zerstr. Besonders West-, Südwest- und Südschw. [2676]
 – Pfl. mehrjährig. Köpfchen ährig od. traubig angeordnet, bisweilen einzeln. 2
2. B. 3nervig (neben dem Hauptnerv 2 schwächere, aber deutl. Seitennerven).
   G. norvégicum GUNNERUS, *Norwegisches R.* – St. 15–25 cm. Mittlere B. länger als die unteren, lanzettl., nach unten allmähl. verschmälert, oberseits dünn-, unterseits dichtfilzig. Ähre verkürzt. Hüllb. mit einem dunkelbraunen Saum. / 7 bis 8 / Subalpin(-alpin). Waldwiesen, Weiden; verbr. A. – S, V. [2677]
 – B. 1nervig od. am Grunde undeutl. 3nervig. 3
3. Pfl. 15–50 cm hoch. Köpfchen zahlreich, ährig angeordnet.
   G. silváticum L., *Wald-R.* – B. nach oben allmähl. kleiner werdend, lineal-lanzettl. bis lineal, oberseits zuletzt kahl. Hüllb. mit einem hell- bis dunkelbraunen Saum. / 6 bis 8 / (Kollin-)montan-subalpin(-alpin). Lichte Waldstellen, Buschweiden; verbr. [2678]
 – Pfl. 1–10 cm hoch. Köpfchen 1–8.
   G. supínum L., *Niedriges R.* – B. lineal od. lineal-lanzettl., wollig-filzig. Äusserste Hüllb. länger als das halbe Köpfchen. / 7 bis 8 / (Subalpin-)alpin. Schneetälchen, Alluvionen; hfg. A. – S, Französ. Jura. [2679]
   G. hoppeánum KOCH, *Hoppes R.* – B. lineal od. lineal-lanzettl., beiderseits dichtfilzig, am Grunde undeutl. 3nervig. Äusserste Hüllb. ⅓ bis fast ½ so lg. wie das Köpfchen. / 7 bis 8 / Wie vorige. J (Mt. Tendre), A (verbr.). [2680]

563. **Ínula** L., *Alant*

1. Randbl. röhrig, 3zähnig, die Scheibenbl. nicht od. kaum überragend.
   I. conýza DC. (*I. squarrosa* BERNH., *Conyza squarrosa* L.), *Dürrwurz.* – St. 50–150 cm, dünnfilzig. B. elliptisch bis lanzettl., unterseits dünnfilzig. Köpfchen doldentraubig. Bl. hellbräunl. / 7 bis 10 / Kollin-montan. Gebüsche, Wälder; verbr. [2682]
   I. gravéolens (L.) DESF., *Starkduftender A.* – Pfl. drüsig-klebrig, unangenehm riechend. St. 20–50 cm. B. längl.-lanzettl. bis lineal. Köpfchen auf der ganzen Länge des St. traubig angeordnet. Bl. gelb. oft purpurn angehaucht. / 8 bis 10 / Kollin. Ödland (an Salzstellen); eingebürgert. – Els.
 – Randbl. zungenfg., strahlbildend, gelb. 2
2. Innere Hüllb. an der Spitze spatelfg. verbreitert.
   I. helénium L., *Echter A.* – St. 80–150 cm. B. unterseits filzig; die st.st. herz-eifg., umfassend. Köpfchen 6–7 cm br. / 7 bis 8 / Kollin-montan. Als Zierpfl. kult. und hie und da verwildert. [2684]

– Innere Hüllb. zugespitzt. 3
3. Fr. behaart.

   I. británnica L., *Wiesen-A.* – St. 20–80 cm, nebst den B. behaart. B. längl.-lanzettl., die oberen herzfg. umfassend. 1–6 Köpfchen, 3–4 cm im Durchm. / 7 bis 8 / Kollin-montan. Sumpfwiesen, Gräben; s. M, Südschw.; auch adv. – Bad., Els. [2685]

   I. montána L., *Berg-A.* – St. 10–35 cm, nebst den B. weiss-seidig-behaart, meist einköpfig. B. längl.-lanzettl., nicht umfassend. Köpfchen 3,5–4,5 cm im Durchm. / 6 bis 7 / Kollin-montan(-subalpin). Steinige, trockene Hänge; kalkliebend. – Ao. [2686]

– Fr. kahl. 4
4. B. unterseits graufilzig.

   I. helvética F. WEBER (*I. vaillantii* VILL.), *Schweizerischer A.* – St. 90–150 cm, wie die Hüllb. grauhaarig. B. elliptisch-lanzettl. Köpfchen dolden-traubig. / 7 bis 8 / Kollin. Ufergebüsch; s. M, Wallis(?). [2687]

– B. kahl od. behaart. 5
5. Hüllb. steifhaarig gewimpert, die äusseren so lg. wie die inneren, aufrecht.

   I. hirta L., *Rauher A.* – St. 15–45 cm, abstehend behaart. B., wenigstens unterseits, besonders auf dem Mittelnerv rauhhaarig. Köpfchen meist einzeln. / 6 bis 7 / Kollin-montan. Felsige Orte, Trockenwiesen. Nordschw., südl. T. – Bad., Els., Ao. [2688]

– Hüllb. kahl od. gewimpert, die äusseren kürzer als die inneren, auswärts gekrümmt.

   I. salicína L., *Weiden-A.* – St. 30–60 cm, nebst den B. kahl od. spärl. behaart. B. lanzettl., zugespitzt, die oberen am Grunde herzfg. umfassend. Köpfchen 1–5. Hüllb. lanzettl., die inneren lineal. / 7 bis 8 / Kollin-montan. Sumpfwiesen, trockene Rasen; verbr. [2689]

   I. spiraeifólia L., *Sparriger A.* – St. 25–60 cm, flaumig behaart, oberwärts kahl. B. eifg. bis lanzettl., mit abgerundetem Grunde sitzend, stachelspitzig, am Rande gezähnt und fein-flaumig. Köpfchen 1–10. Hüllb. eifg. / 7 bis 8 / Kollin(-montan). Buschige Hügel; s. s. Südl. T. – Ao., Var., Co. [2691]

Bastarde.

564. Pulicária GAERTNER, *Flohkraut*

P. dysentérica (L.) BERNH., *Grosses F., Ruhrwurz.* – St. 30–60 cm. B. tief herzfg.-umfassend. Köpfchen mittelgross (etwa 2 cm im Durchm.). Bl. lebhaft gelb; Strahlbl. abstehend, die Hülle überragend. / 6 bis 8 / Kollin-montan. Feuchte Orte; verbr. [2692]

P. vulgáris GAERTNER, *Kleines F.* – St. 10–30 cm. B. mit abgerundetem Grunde sitzend. Köpfchen klein (bis 1 cm im Durchm.). Bl. gelb; Strahlbl. aufrecht, kaum länger als die Hülle. / 7 bis 8 / Kollin. Wie vorige; s. s. Westschw., T (anscheinend erloschen). – Bad., Els., Belf. [2693]

565. Carpésium L., *Kragenblume*

C. cérnuum L., *Kragenblume.* – St. 30–50 cm. B. längl.-lanzettl. Köpfchen etwa 2 cm im Durchm., nickend. Bl. gelb. / 7 bis 8 / Kollin(-montan). Schattige, waldige Orte, s. s. Südschw.; sonst meist unbeständig. [2694]

566. **Buphthálmum** L., *Rindsauge*

B. salicifólium L., *Weidenblättriges R.* – St. 20–50 cm, einköpfig od. ästig-mehrköpfig. **B.** lanzettl. bis lineal-lanzettl., flaumig. Köpfchen 3–6 cm im Durchm. Bl. lebhaft gelb. / 6 bis 9 / Kollin-subalpin. Steinige Hänge, Trockenrasen, Flachmoore; verbr. [2695]

567. **Telékia** BAUMG., *Telekie*

T. speciosíssima (L.) LESSING (*Buphthalmum speciosissimum* L.), *Telekie, Südalpines Rindsauge.* – St. 20–60 cm, einköpfig. **B.** br.-verkehrt-eifg., mit herzfg. Grunde st.-umfassend, steif lederig, unterseits mit stark hervortretenden Nerven. Köpfchen 4–6 cm im Durchm. Bl. goldgelb. / 7 / Kollin-subalpin. Felsen; auf Dolomit. – Co. [2696]

568. **Xánthium** L., *Spitzklette*

1. B. am Grunde des Stieles mit 3teiligen, gelben Dornen.
   X. spinósum L., *Dornige S.* – Pfl. 20–80 cm. **B.** 3lappig, am Grunde keilfg., unterseits grau- bis weissfilzig. Bl. gelbl. / 7 bis 9 / Kollin. Schuttstellen, Hecken; s. und unbeständig. [2697]
– B. ohne Dornen. 2
2. Reife Fr.köpfchen graugrün bis rötl.-graugelb, fein weichhaarig, 12–18 mm lg.
   X. strumárium L., *Gewöhnliche S.* – Pfl. 30–120 cm, B. steifhaarig, herzfg.-3lappig. Bl. grünl. Fr.hülle mit 2–3 mm lg. Stacheln, dazwischen haarig und drüsig. Schnäbel gerade. / 7 bis 10 / Kollin. Wegränder, Schuttstellen; s. und unbeständig. [2698]
– Reife Fr.köpfchen kräftig braun gefärbt, steifhaarig, 17–30 mm lg.
   X. orientále L. (*X. canadensis* MILL., *X. macrocarpum* DC.), *Grossfrüchtige S.* – Pfl. 30–100 cm, steifhaarig. B. herzfg.-3lappig. Fr.köpfe 17–30 mm lg., mit 2 hakig gekrümmten Schnäbeln und zahlreichen, von der Mitte an bogig gekrümmten, an der Spitze hakigen, 3–5 mm lg. Stacheln. Diese mit vielen Drüsenhaaren und einzelnen drüsenlosen Haaren besetzt. / 7 bis 10 / Kollin. Wegränder, Schuttstellen; s. und unbeständig. – Els.
   X. itálicum MORETTI, *Italienische S.* – Pfl. 30–120 cm, steifhaarig. B. 3eckig-eifg., am Grunde keilfg. Fr.köpfe 20–30 mm lg., mit 2 hakig gekrümmten Schnäbeln und zahlreichen bis zur hakigen Spitze geraden 4–6 mm lg. Stacheln. Diese mit zahlreichen drüsenlosen und wenigen drüsentragenden Haaren besetzt. / 7 bis 10 / Kollin. Wegränder, Schuttstellen; s. T. [2699]

569. **Ambrósia** L., *Ambrosie, Traubenkraut*

A. artemisiifólia L., (*A. elatior* L.), *Aufrechte A.* – Pfl. 20–90 cm, einjährig. B. doppelt fiederteilig, auch die oberen gestielt, unauffällig behaart, grün. St. oberwärts zottig behaart. Fr.hülle mit 5–7 kurzen Stacheln. Hülle der männl. Köpfchen zerstreut behaart od. fast kahl. / 8 bis 10 / Kollin. Schuttplätze, Wegränder, Äcker, s. und unbeständig. [2700]
A. psilostáchya DC. (*A. coronopifolia* TORREY u. GRAY), *Ausdauernde A.*

– Pfl. 30–80 cm, ausdauernd, mit kriechenden W., an denen Sprosse entstehen. B. einfach fiederteilig, die oberen sitzend, dicht grauhaarig. St. anliegend behaart. Fr.hülle mit wenig stumpfen Höckern. Hülle der männl. Köpfchen dicht behaart. / 8 bis 10 / Kollin(-montan). Schuttplätze, Bahnareale, Wegränder; s. adv. Wallis. – Els.

570. **Rudbéckia** L., *Sonnenhut*

R. laciniáta L., *Schlitzblättriger S.* – St. 80–200 cm, kahl. Untere B. gefiedert, obere 3–5teilig. Strahlbl. gelb, 6–10, 4–5 cm lg. Scheibenbl. grünl.-braun. / 7 bis 10 / Kollin. Kult. und hie und da verwildert. Stammt aus Nordamerika. [2701]
R. hirta L., *Rauher S.* – St. 30–120 cm, nebst den B. rauhhaarig. B. längl.-oval bis lanzettl., ganzrandig. Strahlbl. gelb, 10–20, 2–3 cm lg. Scheibenbl. rotbraun. / 7 bis 9 / Wie vorige. Stammt aus Nordamerika. [2702]

571. **Heliánthus** L., *Sonnenblume*

H. ánnuus L., *Gewöhnliche S.* – Pfl. 60–250 cm. B. wechselst., herz-eifg. Köpfe sehr gross (10–40 cm im Durchm.), nickend. Strahlbl. gelb. Scheibenbl. braun. / 7 bis 9 / Kollin. Kult. und verwildert. Stammt aus Nordamerika. [2704]
H. tuberósus L., *Knollen-S., Topinambur.* – Pfl. 60–250 cm. Obere B. längl.-eifg., die unteren gegenst. Köpfe 4–8 cm im Durchm., aufrecht. Alle Bl. gelb. / 9 bis 11 / Wie vorige. Stammt aus Nordamerika. [2705]

572. **Bidens** L., *Zweizahn*

1. B. einfach, ungeteilt (bei B. connata die unteren mit 1–2 Seitenlappen). Fr. meist mit 4 Grannen.
B. cérnua L., *Nickender Z.* – St. 15–130 cm, einfach od. aufrecht-ästig. B. sitzend, am Grunde etwas verwachsen, lanzettl., gesägt. Köpfchen nickend, meist mit Strahlbl. Bl. gelb. / 7 bis 9 / Kollin(-montan). Sumpfige Orte, Ufergelände, Schuttstellen; zerstr. [2710]
B. connáta MÜHLENB. ex WILLD., *Verwachsenblättriger Z.* – St. 20–160 cm, abstehend-ästig. B. in einen geflügelten Stiel verschmälert, lanzettl., grob gezähnt. Köpfchen aufrecht, ohne Strahlbl. Bl. bräunl.-gelb. / 8 bis 10 / Kollin(-montan). Flussufer; eingebürgert. Rheintal (Aarg.), M.-Bad., Els. Heimat Nordamerika. [2711]
– B. geteilt od. zusges. Fr. mit 2 od. 3 Grannen. 2
2. B. mit schmalgeflügeltem Stiel, 3–5(–7)teilig (an kleinen Exemplaren ungeteilt), Lappen nicht gestielt.
B. tripartíta L., *Dreiteiliger Z.* – St. 10–120 cm. Abschn. der B. meist gesägt. Köpfchen so br. wie hoch. Hüllb. 5–8. Bl. gelb. Strahlbl. meist fehlend. Innere Fr. 6–8 mm lg. / 7 bis 10 / Kollin-montan. Feuchte Orte, Schuttstellen; zerstr. [2708]
B. radiáta THUILL., *Strahlender Z.* – St. 15–80 cm. B. gelbgrün. Köpfchen br., tellerfg. Hüllb. 9–12, die Scheibenbl. strahlenartig überragend. Bl. gelb. Strahlbl. fehlend. Innere Fr. 4,5–5,5 mm lg. / 7 bis 9 / Kollin. Teichränder; s. Ajoie, Schaffh. – Els., Belf. [2709]
– Mindestens die unteren B. gefiedert. Teilb. deutl. gestielt. 3

3. Teilb. fast bis zur Mittelrippe gelappt.

   B. bipinnáta L., *Fiederblättriger Z.* – St. 60–150 cm. B. 2–3fach fieder-schnittig; Zipfel lanzettl., am Rande und unterseits auf den Nerven kurz-borstig. Köpfchen mit einigen Strahlbl. Bl. gelb. Grannen der Fr. 2–4 mm lg., ± spreizend. / 7 bis 10 / Kollin. Ödland, Bahnareale; hie und da adv.; eingebürgert im südl. T. Heimat wärmeres Amerika. [2713]

   B. subálternans DC. (*B. megapotamica* O. E. SCHULZ non SPRENG.), *Rio Grande-Z.* – St. 40–200 cm. B. 1–2fach fiederschnittig. Zipfel schlank ausgezogen, lanzettl., auch auf der Oberfl. anliegend kurzborstig. Bl. gelb. Grannen der Fr. 1–2,5 mm lg., ± aufrecht. / 7 bis 10 / Kollin. Schuttplätze, Wegränder; s. adv.; Basel, Freib. (Pérolles). Heimat Süd-amerika. (Oft mit voriger verwechselt.)

– Teilb. nicht gelappt.

   B. frondósa L., *Dichtbelaubter Z.* – St. 20–180 cm. B. lg. gestielt, gefiedert, mit 3–5 zugespitzten Teilb.; das Endb. lg. gestielt. Bl. bräunl.-gelb. / 8 bis 10 / Wie vorige; eingebürgert im südl. T und Misox. Heimat Nordame-rika. [52A]

573. Galinsóga RUIZ u. PAVON, *Knopfkraut, Franzosenkraut*

   G. parviflóra CAV., *Kleinblütiges K.* – St. 20–50 cm, zerstr. behaart. B. eifg., zugespitzt, gezähnelt. Köpfchen klein. Zungenbl. weiss, wenige, kurz. Scheibenbl. gelb. Spreub. 3sp. / 7 bis 10 / Kollin(-montan). Schutt-stellen, Dorfstrassen, als Unkraut in Weinbergen, Äckern und Gärten; verbr. Stammt aus Peru. [2714]

   G. ciliata (RAFIN) BLAKE (*G. quadriradiata* RUIZ u. PAVON ssp. *hispida* (DC.) THELL.), *Borstenhaariges K.* – Von der vorigen Art verschieden: St. oberwärts nebst den Kopfstielen dicht rauhhaarig-zottig. Kopfstiele mit dunkelköpfigen Stieldrüsen. Spreub. meist ungeteilt. / 7 bis 10 / Kol-lin(-montan). Schuttstellen, Äcker, Gartenland, Bahnhöfe; hfg. Stammt aus Südamerika und dem südl. Nordamerika. [2715]

574. Ánthemis L., *Hundskamille*

1. Spreub. lineal, borstenfg., meist nur zwischen den oberen Bl. des kegelfg. Fr.bodens ausgebildet.

   A. cótula L., *Stinkende H.* – Pfl. 15–45 cm, fast kahl, von widerlichem Geruch. B. doppelt fiederschn. Alle Hüllb. aufrecht. Strahlbl. weiss, geschlechtslos. Fr. deutl. höckerig. / 5 bis 9 / Kollin-montan(-subalpin). Äcker, Schuttstellen; zerstr. [2716]

– Spreub. lanzettl. od. schmal-rhombisch, stachelspitzig, zwischen allen Bl. ausgebildet. 2

2. Fr.boden kegelfg. Fr. stumpf-4kantig.

   A. arvénsis L., *Feld-H.* – Pfl. 25–50 cm, wollig-flaumig. B. doppelt fie-derschn. Innere Hüllb. an der Spitze zurückgekrümmt. Strahlbl. weiss, weibl. / 5 bis 10 / Wie vorige. Äcker, Raine, Schuttstellen; verbr. [2721]

– Fr.boden etwas gewölbt bis halbkugelig. Fr. 4kantig-zusgedr., am Rande schmal geflügelt.

   A. tinctória L., *Färberkamille.* – St. 25–60 cm, flaumig. B. fiederschn., mit kammfg. gesägten Abschn. Köpfchen lg. gestielt. Strahlbl. gelb od. blassgelb, selten fehlend. / 6 bis 8 / Kollin-montan(-subalpin). Äcker, Wegränder, Ödland; s. [2719]

A. triumféttii (L.) DC., *Trionfettis H.* – Von der vorigen Art verschieden: B. doppelt fiederschn., mit gesägtem Abschn. Strahlbl. weiss. / 7 bis 8 / Kollin-montan. Trockenwarme, buschige Hänge; s. Südl. T; auch adv. und als Gartenflüchtling. – Co. [2720]

575. **Achilléa** L., *Schafgarbe*

1. B. ungeteilt.
   A. ptármica L., *Sumpf-S.* – Pfl. 30–60 cm. B. lineal-lanzettl., gesägt. Strahlbl. 5–10, weiss. / 7 bis 8 / Kollin-montan. Feuchte Wiesen, Gräben; verbr.; auch kult. (hfg. mit gefüllten Bl.köpfchen) und verwildert. [2725]
 – B. gefiedert od. fiederschn. 2
2. Strahlbl. und Scheibenbl. goldgelb (bisweilen blassgelb).
   A. tomentósa L., *Gelbe S.* – St. 10–20 cm. B. zottig behaart, gefiedert. / 5 bis 7 / Kollin-montan(-subalpin). Trockenwarme Hügel. Wallis (verbr.). – Ao.; Vintschgau. [2726]
 – Strahlbl. weiss, gelbl.-weiss od. rötl. Scheibenbl. weissl. od. gelbl.-weiss. 3
3. Strahlbl. 6–12(–20), weiss, so lg. od. länger als die Hülle (ausg. bei A. nana). 4
 – Strahlbl. 3–5(–7), höchstens halb so lg. wie die Hülle. 7
4. St. in der Regel einköpfig.
   A. oxýloba (DC.) F. W. SCHULTZ (*Anthemis alpina* L.), *Spitzzipflige S.* – St. 8–30 cm, unten kahl, oben zottig. B. spärl. behaart, dunkelgrün, fiederschn., mit sehr schmalen und spitzen Fiedern, am St. oben rasch an Grösse abnehmend. Köpfchen 20–28 mm br. Hüllb. mit br., schwarzem Rand. / 7 bis 9 / (Subalpin-)alpin. Felsschutt der östl. Kalkalpen. – Ortlermassiv. [2724]
 – Mehrere Köpfchen (in Doldentrauben). 5
5. B. bis 3mal so lg. wie br., fiederschn.; Abschn. mehr als 1,5 mm br.
   A. macrophýlla L., *Grossblättrige S.* – St. 50–100 cm. B. etwas behaart od. kahl, gefiedert, mit lanzettl., zugespitzten, eingeschnitten-doppeltgesägten Abschn.; die oberen Abschn. zusammenfliessend. / 7 / Subalpin. Grünerlen- und Alpenrosenbestände, Hochstaudenfluren; verbr. A. [2727]
   A. clavénae L., *Clavenas S.* – St. 10–30 cm. B. anliegend seidig behaart, bisweilen kahl werdend, fiederschn., mit längl., ganzrandigen od. 2–3zähnigen Abschn. Pfl. aromatisch duftend. / 6 bis 8 / (Subalpin-)alpin. Felshänge; auf Kalk. A (T [Monte Generoso, Val Colla]). – Co. [2728]
 – B. mindestens 3mal so lg. wie br., fiederschn.; Abschn. bis 1,5 mm br. 6
6. B. wollig-zottig, im Umriss schmal-lanzettl.
   A. nana L., *Zwerg-S.* – St. 5–10 cm. B. fiederschn., mit zahlreichen, einander genäherten, 2sp. Abschn. Pfl. stark aromatisch duftend. / 7 bis 8 / Alpin. Moränen, Gesteinsschutt; auf Silikatgestein; verbr. A. [2729]
 – B. kahl od. etwas behaart, im Umriss längl.
   A. moschata WULFEN (*A. erba-rotta* ALL. ssp. *moschata* (WULFEN)

VACCARI), *Moschus-S.*, *Ivapflanze*. – St. 5–25 cm, B. kammfg.-fiederschn., mit linealen, ungeteilten od. (an den unteren B.) 1–3zähnigen Abschn., drüsig punktiert. Hüllb. mit braunem Rand. Pfl. stark aromatisch duftend. / 6 bis 8 / (Subalpin-)alpin. Gesteinsschutt, steinige Rasen; kalkfliehend; verbr. A. [2730]

A. atráta L., *Schwarzrandige S.* – St. 5–25 cm. B. fiederschn.; die oberen Abschn. 2–4sp., die unteren ungeteilt. Hüllb. mit schwarzem Rand. Pfl. schwach aromatisch duftend. / 7 bis 8 / Schiefer- und Kalkschutthalden; verbr. A. [2731]

7. B. jederseits mit 5–10 Hauptabschn. Platte der Strahlbl. 3–4mal kürzer als die Hülle.

A. nóbilis L., *Edle S.* – St. 15–50 cm. B. zottig od. fast kahl, im Umriss oval, doppelt fiederschn. Strahlbl. weiss (beim Trocknen ± gelbl. werdend). / 6 bis 8 / Kollin-montan. Trockenwarme Hügel. J (Kt. Neuenb. bis Biel), Rhonetal, T; auch adv. – Bad., Els., Belf., Ao., Vintschgau. [2732]

– B. jederseits mit mehr als 10 Hauptabschn. Platte der Strahlbl. halb so lg. wie die Hülle. 8

A. millefólium L. s.l., *Gemeine S.* – Pfl. aufrecht, meist einfach, oberwärts gelegentl. verzweigt, fein wollig behaart bis kahl. B. lanzettl. bis lineallanzettl., bis fast zum Mittelnerv 2–3fach fiederschnittig. Hülle 2–6 mm lg., Hüllb. mit hellbraunem Rand. Kr. gelbl.-weiss, weiss, rosa od. purpurn. / 6 bis 9 / Kollin-subalpin (adv. bis alpin). Wiesen, Weiden, Wegränder, Wälder; s. hfg. [2733–2736]

01. Mittelrippe der Stlb. geflügelt, oft gezähnt, 1,5–4 mm br. Grundständige B. 3–8 cm br. Hülle 4,5–6 mm lg.

    A. stricta SCHLEICHER ex GREMLI (*A. millefolium* L. ssp. *magna* FIORI), *Straffe S.* – Pfl. 20–80 cm. B. mit 1,2–2 mm br. Mittelrippe, Abschn. an der Basis 1–3 mm br., deutl. über die Hälfte gegen den Mittelnerv eingeschnitten. Strahlbl. rosa bis purpurn, selten weiss. / 7 bis 8 / (Montan-)subalpin(-alpin). Lichte Wälder, Gebüsche. A (südl. Teile). – Französ. Jura. [2736]

    A. dístans W. u. K. (*A. tanacetifolia* ALL.), *Rainfarn-S.* – Pfl. 20–80 cm. B. mit 2–4 mm br. Mittelrippe, Abschn. an der Basis mehr als 3 mm br., deutl. über die Hälfte gegen den Mittelnerv eingeschnitten. Strahlbl. rosa bis purpurn. / 7 bis 8 / Montan-alpin. Lichte Wälder, Gebüsche. T (Generoso?). – Ao., Val Sesia, Co. (Grigna), Vintschgau. [2735]

– Mittelrippe der Stlb. kaum geflügelt, nicht gezähnt, 0,6–1,2 mm br. Grundständige B. 0,5–3,5 cm br. Hülle 2–4,5 mm lg. 02

02. B. der vegetativen Triebe selten über 1 cm br. Längs der obersten 12 cm des St. unterhalb des Blstd. 8–12 B.

    A. setácea W. u. K. (*A. millefolium* L. ssp. *setacea* (W. u. K.) ČEL.), *Borstenblättrige S.* – Pfl. 15–50 cm, dicht seidig-wollig behaart. B. mit fädl.-borstl., an der Basis 0,1–0,3 mm br., aufgerichteten Endzipfeln. Blstd. dicht. Strahlenbl. weiss od. gelbl.-weiss. / 6 bis 9 / Kollin-montan(-subalpin). Felsenheiden, Trockenwiesen; nicht hfg. Wallis, T, Graub., auch adv. – Ao. [2734]

– B. der vegetativen Triebe (0,5–)1,5–2,5(–4) cm br. Längs der obersten 12 cm des St. unterhalb des Blstd. 2–8 B. 03

03. St. schlank, auch bei grossen Pfl. kaum mehr als 2 mm im Durchmesser. Strahlbl. rosa, selten weiss.

    A. roseo-álba EHREND., *Hellrosafarbene S.* – Pfl. 15–50 cm. St. am Grunde bogig aufsteigend. B. mit lanzettl., an der Basis 0,2–0,5 mm br., ausgebreiteten Endzipfeln. / 6 bis 9 / Kollin-montan. Lichte Laubwälder, magere Wiesen, Gebüsche. M (vor allem Nordostschw.), südalpine Täler (hfg.).

– St. meist über 2 mm im Durchmesser. Strahlbl. weiss, selten rosa.

    A. millefólium L. s.str., *Gemeine S.* – Pfl. 15–60 cm. St. straff aufrecht. Grund-

ständige B. 1,5–3,5 cm br. Fiederzipfel der mittleren B. 2–3mal so lg. wie br. / 6 bis 9 / Kollin-subalpin (adv. bis alpin). Wiesen, Weiden, Wegränder; s. hfg. [2733]
A. collína BECKER, *Hügel-S.* – Pfl. 15–60 cm. St. straff aufrecht. Grundständige B. 0,5–1,5 cm br. Fiederzipfel der mittleren B. 1–2mal so lg. wie br. / 6 bis 9 / Kollin-subalpin. Lichte Wälder, Wegränder, Trockenwiesen; nicht hfg. A (zentrale und südl. Teile). – Els.

Bastarde bei den alpinen Arten hfg.

576. Matricária L., *Kamille*

M. chamomílla L., *Echte K.* – Pfl. 15–40 cm, kahl, stark duftend. B. doppelt fiederschn. Strahlbl. weiss, meist gut ausgebildet. Scheibenbl. gelb, 5zähnig. / 5 bis 9 / Kollin-subalpin. Äcker, Ödland; verbr. Hfg. kult. [2737]
M. discoídea DC. (*M. matricarioides* (LESSING) PORTER, *M. suaveolens* BUCHENAU), *Strahlenlose K.* – Pfl. 5–40 cm, kahl, stark duftend. B. 2–3fach fiederschn. Strahlbl. fehlend. Scheibenbl. grünl., 4zähnig. / 5 bis 10 / Kollin-subalpin. Schuttstellen, Ödland, Bahnkörper; hfg.; eingebürgert. Stammt aus Nordamerika und Nordostasien. [2738]

577. Tripleurospérmum SCH.-BIP., *Strandkamille*

T. inodórum (L.) SCH.-BIP. (*Chrysanthemum maritimum* (L.) PERS., *Ch. inodorum* L., *Matricaria maritima* L., *M. inodora* L.), *Geruchlose Kamille.* – Pfl. 15–60(–80) cm. B. kahl, 2–3fach fiederschn., mit schmal-linealen, stachelspitzigen Abschn. Tracht der Kamille, aber geruchlos. Fr. zerstr. warzig, auf der Aussenseite mit 2 rundl., schwarzen Harzdrüsen *(Fig. 461/1)*. / 6 bis 7 / Kollin-subalpin. Äcker, Schuttstellen; verbr. [2744]

578. Chrysánthemum L., *Margerite*

Ch. ségetum L., *Saat-M.* – St. 30–60 cm. B. halbumfassend; die unteren fast fiederschn., die oberen grob gesägt. Bl. gelb. / 7 bis 8 / Kollin. Äcker. – Früher Bad. In der Schweiz verschleppt an Schuttstellen und auf Bahnhöfen. [2741]

579. Leucánthemum MILL., *Margerite, Wucherblume*

1. Alle Bl. mit kronfg. K.saum (Pappus) *(Fig. 461/2)*. Obere Stlb. wenig kleiner als die unteren.
   L. hálleri (SUTER) DUCOMMUN (*Chrysanthemum atratum* auct. helv. non JACQ., *L. atratum* DC.), *Schwarzrandige M.* – St. 8–30 cm, einköpfig. B.

461/1   461/2   461/3

meist kahl, etwas fleischig, tief eingeschnitten gezähnt od. fiedersp. Hüllb. mit schwarzem Rand. / 7 bis 8 / (Subalpin-)alpin. Gesteinsschutt; auf Kalk. A (Nordketten und östl. Teile). [2749]
– Scheibenbl. und oft auch die Randbl. ohne K.saum od. dieser nur halb (auf der Innenseite der Fr.) entwickelt *(Fig. 461/3).* Stlb. gegen oben deutl. kürzer werdend.
L. vulgáre Lam. s.l. (*Ch. leucanthemum* L.), *Margerite.* – Pfl. 10–80 cm, 1- bis mehrköpfig. Untere B. längl., verkehrt-eifg. bis spatelfg., allmähl. in den Stiel verschmälert, obere sitzend. B. gekerbt, gesägt od. fiederteilig. Hüllb. mit schwarzbraunem od. durchscheinendem Rand. Strahlbl. weiss. Fr. 2–3,5 mm lg., zwischen den 10 Rippen mit Harzdrüsen. / 5 bis 10 / Kollin-subalpin. Wiesen, Weiden, Schuttplätze, Wegränder; s. hfg. [2746–2748]

01. Obere und mittlere Stlb. mit fiederteiligen, den St. oft umfassenden Öhrchen. Randst. Bl. ohne gezähnten K.saum (Pappus). 03
– Obere und mittlere Stlb. mit verschmälertem od. abgerundetem, oft gezähntem Grunde, nicht geöhrt. Randst. Bl. mit gezähntem, oft einseitigem K.saum. 02
02. Grundst. B. (zur Bl.zeit oft vertrocknet) und B. der sterilen Triebe verkehrt-eifg. bis lanzettl.
L. heterophýllum (Willd.) DC. (*Ch. heterophyllum* Willd., *Ch. lanceolatum* Pers.), *Verschiedenblättrige M.* – Pfl. 15–80 cm, meist einköpfig. B. dick, ± fleischig, oft blaugrün, regelm. gekerbt-gesägt, vor allem in der vorderen B.hälfte. Zähne nach vorn gerichtet. Mittlere Stlb. ohne Öhrchen und ohne lg. Zähne an der Basis. Köpfchen 4–7 cm br. Fr. 2,5–3,5 mm lg. / 7 bis 9 / (Kollin-)montan-subalpin. Grasige Hänge, auf Kalk. T. – Ao.(?), Co., Bergam. [2747]
– Grundst. B. verkehrt-eifg. od. spatelfg.
L. adústum (Koch) Gremli (*Ch. adustum* (Koch) Fritsch, *Ch. montanum* All. p.p.), *Berg-M.* – Pfl. 15–30 cm, meist einköpfig. B. dick, lederig, oft etwas behaart, mit spitzen, oft etwas nach aussen gerichteten Zähnen. Mittlere Stlb. mit abgerundetem, gelegentl. gezähntem Grunde sitzend, meist ohne Öhrchen, oft fast ganzrandig. Köpfchen 3,5–7 cm br. Fr. 2,5–3,3 mm lg. – (Kollin-)montan-subalpin. Steinige Rasen, Felsen, Schutthänge; s. hfg. J, M, A. - S. [2748]
03. Mittlere Stlb. regelm. gezähnt od. gekerbt. Zähne der vorderen Hälfte der unteren Stlb. meist breiter als lg., kürzer als ⅓ der B.breite. 04
– Mittlere Stlb. unregelm. fiederlappig bis fiederspaltig. Zähne der vorderen Hälfte der unteren Stlb. meist länger als br., mindestens ⅓ so lg. wie die B.breite.
L. praécox (Horvatič) Horvatič (*Ch. praecox* Horvatič, *Ch. leucanthemum* L. sec. Böcher u. Larsen), *Frühblühende M.* – Pfl. 30–70 cm, meist mehrköpfig. Obere Stlb. mit fiederschnittigen Öhrchen den St. umfassend, Zipfel 3–8 mm lg. Mittlere Stlb. meist 5mal länger als br. Köpfchen 4–5,5 cm br. Fr. 1,5–2 mm lg. / 5 bis 9 / Kollin-montan. Wegränder, Wiesen, Erdanrisse; adv.(?). J, A (zentrale und südl. Teile). – Els. – Tritt in 2 Sippen auf: var. **autumnale** (Saint-Aman) Villard: St. vom Grunde an verzweigt, vielköpfig. Zipfel der unteren B. unregelm. gezähnt. / 8 bis 9 / – var. **praecox** Horvatič: St. nur oberwärts verzweigt, wenigköpfig. Zipfel der unteren B. ganzrandig. / 5 bis 7.
04. Grundst. B. mit Stiel bis 3 cm lg., etwas fleischig. Pfl. 10–40 cm, einköpfig. Köpfchen ca. 3 cm br.
L. gaudínii D. T. (*L. praecox* Horvatič var. *alpicola* (Gremli) Villard, *Ch. alpicola* H. L. H.), *Hügel-M.* – Grundst. B. ± tief eingeschnitten, zur Bl.zeit vorhanden. Mittlere Stlb. verkehrt-eifg., schmal (ca. 6mal so lg. wie br.), deutl. gezähnt, am Grunde verbreitert, fiederteilig, mit deutl. länger als br., spreizenden Zipfeln, selten geöhrt. Köpfchen 3–3,5 cm br., Hüllb. schwarzrandig. Fr. 1,5–2,4 cm lg. / 6 bis 8 / (Montan-)subalpin. Rasen; zerstr. J, M, A.

– Grundst. B. zum Teil länger als 3 cm, krautig. Pfl. 30–70 cm, meist mehrköpfig. Köpfchen über 3,5 cm br.
L. vulgáre LAM. s.str. (*Ch. leucanthemum* PETERM., *Ch. ircutianum* BÖCHER u. LARSEN), *Gemeine M.* – Grundst. B. und jene der sterilen Triebe grob gekerbtgesägt, mit nach vorn gerichteten Zähnen. Mittlere Stlb. 4mal länger als br., mit plötzl. verbreitertem, eingeschnittenem, gezähntem Grunde, oft abstehend geöhrt. Hüllb. braunrandig. Köpfchen 3,5–5,5 cm br. Fr. 1,7–2,3 mm lg. / 5 bis 10 / Kollin-subalpin. Wiesen, Weiden, Schuttplätze, Äcker; verbr. und hfg. [2746]

580. **Tanacétum** L., *Rainfarn, Margerite*

1. Zungenbl. fehlend.
T. vulgáre L. (*Chrysanthemum vulgare* BERNH.), *Rainfarn.* – St. 60–120 cm. B. doppelt fiederschn. Bl. goldgelb. / 6 bis 9 / Kollin-montan(-subalpin). Raine, Ufergelände, Schuttstellen; verbr. [2752]
– Zungenbl. vorhanden, weiss. 2
2. Köpfchen in Doldentrauben angeordnet.
T. corymbósum (L.) SCH.-BIP. (*Ch. corymbosum* L.), *Straussblütige M.* – Pfl. 30–100 cm. B. im Umriss längl.-elliptisch, gefiedert, 5–15paarig; Abschn. lanzettl., spitz, fiedersp. Mittlere und obere B. sitzend. Strahlbl. längl., weiss. / 6 bis 7 / Kollin-montan(-subalpin). Buschige, trockene Hügel, lichte Waldstellen. Nordschw. (Rheintal). West- und Südschw. [2739]
T. parthénium (L.) SCH.-BIP. (*Ch. parthenium* (L.) BERNH.), *Mutterkraut, Falsche Kamille.* – Pfl. 30–60 cm. B. alle gestielt, im Umriss eifg., gefiedert, 4–5paarig; Abschn. längl. od. längl.-eifg., stumpf, fiederschn. Strahlbl. rundl.-verkehrt-eifg., weiss. / 6 bis 8 / Kollin-montan. Kult. und hfg. verwildert. Stammt aus Südeuropa und Südwestasien. [2740]
– Köpfchen einzeln, am Ende des St. od. längerer Äste. 3
T. cinerariifólium (TREVIRANUS) SCH.-BIP. (*Ch. cinerariifolium* (TREVIRANUS) VIS., *Pyrethrum cinerariifolium* TREVIRANUS), *Dalmatinische Insektenblume.* – Pfl. 40–60 cm. B. meist grundst., seidenhaarig, doppelt fiederschn., mit lineal-lanzettl., spitzen Abschn. / 5 bis 6 / Kollin-montan. Kult.; s. verwildert od. eingebürgert. Heimat: Adriatische Küstenländer. [2743]

581. **Leucanthemópsis** (GIROUX) HEYW., *Margerite*

L. alpína (L.) HEYW. (*Chrysanthemum alpinum* L., *Tanacetum alpinum* (L.) SCH.-BIP.), *Alpen-M.* – Pfl. 3–10 cm. Grundständige B. kammfg. fiederschn., mit deutl. voneinander getrennten, 4–8mal so lg. wie br. Zipfeln. Ungeteilter Mittelteil an der Basis 1–2 mm br., gegen die Spitze kaum verschmälert. / 7 bis 8 / (Subalpin-)alpin. Rasen, Moränen, Felsschutt; kalkfliehend; hfg. A. [2745]
L. mínima (VILL.) MARCHI (*Ch. minimum* VILL., *Ch. alpinum* L. var. *minimum* KOCH, *Ch. a.* L. var. *cuneifolium* VIERHAPPER), *Zwerg-M.* – Pfl. 3–10 cm. Grundst. B. fast radiär fiederschn., mit nahe beieinander stehenden, 1–4mal so lg. wie br. Zipfeln. Ungeteilter Mittelteil aus 2–5 mm br. Basis gegen die Spitze verschmälert. / 7 bis 8 / (Subalpin-)alpin. Wie vorige, jedoch auch auf kalkhaltiger Unterlage. A (südöstl. Teile).

582. Artemísia L., *Beifuss, Edelraute*

1. B. ungeteilt.

    A. dracúnculus L., *Estragon.* – Pfl. 60–150 cm. B. lineal-lanzettl., ganz-
randig, kahl. Kr. gelbl. / 8 bis 9 / Kollin-montan(-subalpin). Als Gewürzpfl. kult. Heimat Mittel- und Südrussland, Sibirien, westl. Nordamerika. [2753]

– B. fiederschn. od. handfg. geteilt. 2

2. B. deutl. 2farbig, oberseits dunkelgrün, kahl, unterseits dicht weissfilzig;
Abschn. am Rande umgerollt.

    A. vulgáris L., *Gemeiner B.* – Pfl. 50–140 cm, ohne Ausläufer. B. fiedertei-
lig, mit lanzettl., meist eingeschnitten-gezähnten Abschn. Kr. gelb od.
rötl.-braun. / 7 bis 9 / Kollin-montan(-subalpin). Wegränder, Ufer,
Kiesgruben; verbr. [2754]

    A. verlotiórum Lamotte (*A. selengensis* auct.), *Verlotscher B.* – Pfl. 1–2
m, mit Ausläufern. B. fiederschn., mit linealen, ganzrandigen Abschn.
Kr. rötl.-braun. Pfl. stark aromatisch duftend. / 9 bis 11 / Kollin-montan.
Bahnareale, Ödland, Kulturland; verschleppt und eingebürgert; oft in
Menge (so besonders im T). Heimat Kamtschatka und Nordjapan. [2755]

– B. kahl, flaumig od. filzig, aber nicht ausgeprägt 2farbig. 3

3. B., wenigstens die unteren, 2–3fach fiederschn. 4

– Untere B. (an den nichtblühenden Trieben) 2–3fach handfg. geteilt.
Niedrige (5–25 cm hohe) Hochgebirgspfl. 7

4. Köpfchenboden behaart.

    A. absínthium L., *Wermut.* – Pfl. 40–100 cm, angedrückt-weisseidig be-
haart, stark aromatisch. B.abschn. lanzettl., stumpf. B.stiele am Grunde
nicht geöhrt. Kr. hellgelb. / 7 bis 8 / Kollin-subalpin. Steinige, unbebaute Orte. Besonders Südschw. Auch kult. und verwildert. [2756]

    A. alba Turra (*A. lobelii* All., *A. camphorata* Vill.), *Kampfer-Wermut.* –
Pfl. 20–90 cm, flaumig-filzig bis kahl werdend, kampferartig duftend.
B.abschn. lineal. B.stiele am Grunde geöhrt. Kr. gelb. / 8 bis 9 / Kollin-
montan. Trockenwarme Hügel. – Els., Mont Vuache bei Genf, Co. [2757]

– Köpfchenboden kahl. 5

5. Köpfchen kahl od. bisweilen flaumhaarig.

    A. campéstris L., *Feld-B.* – Pfl. 30–80 cm, halbstrauchig, oft rispig ästig.
B. in der Jugend seidenhaarig, später kahl. Köpfchen meist eifg., klein
(2–3 mm lg.). Kr. mit rötl. Saum. / 7 bis 9 / Kollin-subalpin. Trockenrasen, Raine; verbr., vor allem Südschw. – Bad., Els. [2759]

    A. boreális Pallas var. **nana** (Gaudin) Fritsch, *Nordischer B.* – Pfl. 10–
20 cm, einfach od. wenigästig. B. seidenhaarig-grau od. kahl werdend.
Köpfchen kugelig, 5–6(–8) mm gross. Kr. gelbl. od. rötl. / 7 bis 8 / (Sub-
alpin-)alpin. Felsschutt; s. A (Wallis). – Ao., Formazzatal. [2760]

– Köpfchen weiss- od. graufilzig. 6

6. B. beiderseits, wie die übrigen Teile der Pfl., schneeweiss-filzig. Alle Bl.
zwittrig.

    A. vallesíaca All. (*A. maritima* L. ssp. *vallesiaca* Gams), *Walliser Wer-
mut.* – Pfl. 20–40 cm, halbstrauchig. B.zipfel lineal. Blstd. oberwärts fast
b.los. Köpfchen längl. Kr. gelb. / 8 bis 10 / Kollin-montan. Trockenwarme Hügel, Wegränder. Wallis. – Ao. [2763]

– B. unterseits grau, oberseits kahl od. grauhaarig. Randbl. weibl.

    A. póntica L., *Pontischer Wermut.* – Pfl. 50–80 cm, aromatisch. B. unterseits filzig, oberseits kahl od. grauhaarig, mit kurzen, linealen Zipfeln. B.stiel am Grunde geöhrt. Kr. gelb. / 8 bis 10 / Kollin. Kult. und verwildert. [2764]

A. abrótanum L., *Eberreis.* – Pfl. 60–120 cm, aromatisch. B. unterseits grauhaarig, mit verlängerten, schmal-linealen Zipfeln. B.stiel am Grunde nicht geöhrt. Kr. hellgelb. / 7 bis 10 / Kollin. Wie vorige. [2765]

7. Pfl. kahl.

A. nivális BR.-BL. (*A. genipi* WEBER forma *glaberrima* HESKE), *Schnee-E.* – Köpfchen ährig-traubig bis kopffg. gedrängt. Kr. gelb. / 8 / Alpin. Felsen; s. s. A (Wallis). [2767]

– Pfl. grau- od. weiss-schimmernd seidig(-filzig) behaart. 8

8. Stlb. fiederschn. od. tief gezähnt, im Umriss längl.

A. genípi WEBER (*A. spicata* WULFEN), *Schwarze E.* – St. einfach. Köpfchen ährig angeordnet. Kr. gelb. / 7 bis 8 / Alpin. Felsen, Moränen, Alluvionen; verbr. A. [2766]

– Untere und mittlere Stlb. handfg. geteilt.

A. mutellína VILL. (*A. laxa* FRITSCH), *Echte E.* – St. aufstrebend. Köpfchen 12–15bl., traubig-rispig, die unteren gestielt. Kr. gelb, an der Spitze behaart. / 7 bis 8 / (Subalpin-)alpin. Felsen, Felsschutt, steinige Rasen; verbr. A. [2768]

A. glaciális L., *Gletscher-E.* – St. aufrecht. Köpfchen 30–40bl., an der Spitze des St. knäuelig gedrängt, sitzend od. einige der unteren gestielt. Kr. goldgelb, kahl. / 7 bis 8 / Felsen, Moränen; s. A (Wallis). – Ao. [2769]
Bastarde.

583. **Tussilágo** L., *Huflattich*

T. fárfara L., *Huflattich.* – St. 5–20 cm. B. rundl.-herzfg., eckig gezähnt, unterseits grau- bis weissfilzig. Bl. goldgelb. / 3 bis 4 / Kollin-subalpin(-alpin). Äcker, Wegränder, Ufer; hfg. [2770]

584. **Petasítes** MILLER, *Pestwurz*

1. B. fast 3eckig-herzfg., unterseits bleibend dicht-weissfilzig.

P. paradóxus (RETZ.) BAUMG. (*P. niveus* BAUMG.), *Schneeweisse P.* – St. 15–30 cm (zur Fr.zeit bis 60 cm). B. ungleich-stachelspitzig gezähnt. Bl. rötl. / 3 bis 5 (in hohen Lagen bis 7) / (Montan-)subalpin-alpin. Steinige, buschige Hänge, Felsschutt; auf Kalk. J (Montagne de Boudry [Kt. Neuenb.]), M (vereinzelt), A. – Französ. Jura. [2773]

– B. rundl.-herzfg., unterseits grauwollig od. weissl.-filzig.

P. hýbridus (L.) G. M. SCH. (*P. officinalis* MOENCH), *Gemeine P.* – St. 20–50(–100) cm. B. sehr gross (an der Sommerpfl. bis 60 cm br.), am Grunde bis an die beiden Seitennerven ausgeschnitten, gezähnt, unterseits grauwollig. Bl. schmutzigpurpurn od. rosa. N. der Zwitterbl. kurz, eifg. / 3 bis 4 / Kollin-montan(-subalpin). Feuchte Wiesen, Ufer; verbr. [2771]

P. albus (L.) GAERTNER, *Weisse P.* – St. 10–30(–80) cm. B. spitzig gezähnt, mit vorspringenden Hauptzähnen und einem die Seitennerven nicht erreichenden Ausschnitt, unterseits in der Jugend dicht- (weissl.-)filzig, später dünnfilzig. Bl. gelbl.-weiss. N. der Zwitterbl. verlängert, lineal-lanzettl. / 3 bis 4 (5). / (Kollin-)montan(-subalpin). Feuchte Waldstellen; verbr. [2772]

585. Homógyne CASS., *Alpenlattich*

H. alpína (L.) CASS., *Alpenlattich.* – St. 15–30 cm, wollig-filzig. B. grundst., herzfg., rundl. od. nierenfg. Hüllb. dunkelrot. Bl. rötl. / 5 bis 7 / (Montan-)subalpin-alpin. Rasen, lichte Waldstellen. J (bis Matzendorfer Stierenberg [Kt. Sol.]), M, A (hfg.). – S. [2774]

586. Árnica L., *Wohlverleih*

A. montána L., *Arnika.* – St. 30–60 cm, mit 1 od. 2 B.paaren und 1–3(–5) Köpfchen. Grundst. B. verkehrt-eifg. Bl. orangegelb. / 6 bis 8 / (Montan-)subalpin-alpin. Bergwiesen, Weiden, lichte Waldstellen; kalkfliehend. J (Neuenb.), M, A. – S, V, Salève bei Genf. [2775]

587. Dorónicum L., *Gemswurz*

1. Grundst. B. lg. gestielt, tief herzfg. Randst. Fr. ohne Pappus.
D. pardaliánches L. em. JACQ., *Kriechende G.* – W.stock mit knollig verdickten Ausläufern. St. 30–80 cm, weichhaarig-zottig. Grundst. B. mehr od. weniger ganzrandig; mittlere und obere Stlb. ei-lanzettl., mit herzfg. Grunde umfassend. Bl. gelb. / 5 bis 6 / Kollin-montan. Laubwälder; s. J, Schaffh., Südwest- und Südschw. – V. [2776]
D. colúmnae TEN. (*D. cordatum* SCH.-BIP.), *Colonnas G.* – W.stock nicht knollig verdickt. St. 15–60 cm, unten kahl, oben drüsig, wenig beblättert. Grundst. B. büschelig stehend, regelm. gezähnt; mittlere und obere Stb. eifg.-längl., mit tief herz-eifg. Grunde umfassend. Bl. gelb. / 5 bis 8 / (Montan-)subalpin. Schattige, feuchte Orte, Felsschutt, Felsspalten, unter Legföhren; auf Kalk. – Co. [2777]
– Grundst. B. gestielt, am Grunde verschmälert, gestutzt od. etwas herzfg. Alle Fr. mit Pappus.
D. grandiflórum LAM. (*Aronicum scorpioides* KOCH), *Grossköpfige G.* – St. 15–40 cm. Untere B. am Grunde gestutzt od. etwas herzfg., buchtig gezähnt; obere sitzend, halbumfassend. Haare der B. gegliedert, teilweise drüsentragend. Bl. gelb. / 7 bis 8 / (Subalpin-)alpin. Felsschutt; auf Kalk; verbr. A. [2778]
D. clúsii (ALL.) TAUSCH (*A. clusii* KOCH), *Clusius' G.* – St. 5–20 cm. Untere B. in den Stiel verschmälert, ausgeschweift gezähnt bis ganzrandig; obere mit verschmälertem od. abgerundetem Grunde sitzend. B. ohne Drüsenhaare. Bl. gelb. / 7 bis 8 / Alpin. Felsschutt, steinige Rasen; kalkfliehend; verbr. A. [2779]

588. Senécio L., *Kreuzkraut*

1. B. ungeteilt. 2
– B. fiederschn., leierfg.-fiederschn. od. doch eingeschnitten-gekerbt; selten die unteren ungeteilt. 7
2. B., wenigstens die unteren, herz-eifg., gestielt.
S. alpínus (L.) SCOP. (*S. cordifolius* CLAIRV.), *Alpen-K.* – St. 30–100 cm. B. ungleich grob gezähnt. Bl. goldgelb. / 7 bis 8 / (Kollin-montan-)subalpin. Läger, Viehweiden, lichte Waldstellen, Bachufer. M (vereinzelt), A (verbr.). [2781]

– B. nicht herzfg., die unteren am Grunde gestutzt od. in den Stiel verschmälert. 3
3. Hülle mit äusseren Hüllb. *(Fig. 443/1)* 4
– Hülle ohne äussere Hüllb. 5
4. Strahlbl. 10–20. Äussere Hüllb. 10 od. mehr.

    S. paludósus L., *Sumpf-K.* – St. 70–180 cm, mit 12–16 Köpfchen. B. li-
neal-lanzettl., scharf gesägt, die untersten gestielt, die übrigen sitzend,
alle unterseits spinnwebartig-filzig, seltener kahl. Strahlbl. hellgelb. / 6
bis 7 / Kollin(-montan). Sumpfwiesen, Seeufer; zerstr. [2783]

    S. dorónicum (L.) L., *Gemswurz-K.* – St. 20–60 cm, mit 1–3 Köpfchen,
flockig-filzig. B. eilängl. bis lanzettl., gezähnt, die unteren gestielt, die
übrigen sitzend, alle in der Regel etwas filzig. Strahlbl. gold- od. orangegelb. / 7 bis 8 / Subalpin-alpin. Steinige, felsige Hänge; kalkliebend. J
(bis Suchet), A (verbr.). [2784]

– Strahlbl. 3–8. Äussere Hüllb. 3–5.

    S. nemorénsis L. s.str., *Busch-K.* – St. 60–130 cm. B. eilängl. bis lanzettl.,
mittlere und obere mit verbreitertem, halbumfassendem Grunde sit-
zend. Hülle glockenfg.-walzenfg., kurzhaarig. Bl. gelb. / 7 bis 9 / (Mon-
tan-)subalpin. Bergwälder, Schluchten; zerstr. J, A. – S, V. [2787]

    S. fúchsii Gmelin, *Fuchs' K.* – St. 60–150 cm. B. lanzettl., in den schmal
geflügelten, am Grunde etwas verbreiterten Stiel zusgez. Hülle walzenfg., meist kahl. Bl. gelb. / 7 bis 9 / (Kollin-)montan(-subalpin). Gebüsche, Wälder; verbr. [2786]

5. Bl. orangerot, sehr selten gelb. Hüllb. wenigstens oberwärts rot.

    S. capitátus (Wahlenb.) Steudel (*S. aurantiacus* auct.), *Orangerotes K.*
– Pfl. 15–40 cm, wollig-filzig od. zuletzt kahl werdend. Grundst. B. längl.
bis elliptisch, ganzrandig od. ausgeschweift gezähnt, die oberen längl. bis
lanzettl. / 6 bis 7 / Subalpin-alpin. Wiesen, felsige Hänge; auf Kalk; s. A
(besonders nördl. Teile und südl. T). [2790]

– Bl. gelb. Hüllb. grün od. höchstens an der Spitze rötl. 6
6. Grundst. B. längl., allmähl. in den geflügelten Stiel verschmälert, bald
absterbend.

    S. gaudínii Gremli, *Gaudins K.* – Pfl. 30–70 cm, schwach wollig-filzig.
Obere B. lanzettl. bis lineal, alle gezähnt od. die obersten ganzrandig. / 7
bis 8 / (Montan-)subalpin. Lägerstellen, Karfluren; s. s. A (T, Graub.). –
Val Sesia, Co. [2791]

– Grundst. B. eifg. od. elliptisch, mehr od. weniger rasch in den geflügelten
Stiel verschmälert, dem Boden anliegend.

    S. helenitis (L.) Sch. u. Thell. (*S. spatulifolius* (Gmelin) Griesselich),
Spatelblättriges K. – Pfl. 30–90 cm, mehr od. weniger weisswollig-filzig.
Grundst. B. gestutzt od. fast herzfg.; Spreite der untersten B. kürzer als
ihr Stiel; dieser schmal geflügelt. Köpfchen zu 3–12. Hüllb. an der Spitze
rot. / 6 bis 7 / Kollin-montan. Feuchte, moorige Wiesen, Bergwälder; s.
J, M, A. – Bad. (Kaiserstuhl), V, Französ. Jura (Doubs). [2788]

    S. integrifólius (L.) Clairv. s.str. (*S. campester* (Retz.) DC.), *Ganzblätt-
riges K.* – Pfl. 20–50 cm, spinnwebartig-wollig behaart. Spreite der
grundst. B. länger als ihr Stiel; dieser br. geflügelt. Köpfchen zu 4–8.
Hüllb. an der Spitze meist grün. / 6 bis 7 / Kollin-subalpin. Steinige Weiden; auf Kalk; s. J (Waadt). – Co. [2789]

7. Strahlbl. fehlend od., wenn vorhanden, zurückgerollt; Bl.zähne kürzer
als die Hülle. 8

135. Asteraceae

– Strahlbl. gut ausgebildet, ausgebreitet (bei S. erucifolius und S. jacobaea zuweilen fehlend). 9
8. Strahlbl. fehlend. Äussere Hüllb. 8–10, an der Spitze schwarz.
   S. vulgáris L., *Gemeines K.* – Pfl. 15–30 cm. B. buchtig-fiederschn. Äussere Hüllb. sehr kurz. Bl. gelb. / 1 bis 12 / Kollin-montan(-subalpin). Unbebaute Orte, als Unkraut in Gärten und auf Äckern; s. hfg. [2792]
– Strahlbl. vorhanden, zurückgerollt. Äussere Hüllb. 4–5, grün.
   S. viscósus L., *Klebriges K.* – Pfl. 15–50 cm, drüsig-klebrig. Äussere Hüllb. fast halb so lg. wie die inneren. Bl. gelb. Fr. zuletzt kahl. / 6 bis 9 / Kollin-subalpin. Steinige Orte, lichte Waldstellen, Flussufer; verbr. [2794]
   S. silváticus L., *Wald-K.* – Pfl. 15–60 cm, nicht od. spärl. drüsig. Äussere Hüllb. etwa ⅙ so lg. wie die inneren Bl., gelb. Fr. kurzhaarig. / 6 bis 8 / Kollin-montan(-subalpin). Lichte Waldstellen; zerstr. [2793]
9. B.stiel nicht geöhrt. B. meist dicht grau- od. weissfilzig. 5–15 cm hohe Hochgebirgspfl.
   S. hálleri DANDY (*S. uniflorus* ALL.), *Hallers K.* – St. einköpfig. B. schneeweiss-filzig, die unteren eingeschnitten-gekerbt, die oberen ganzrandig. Bl. dottergelb. Fr. behaart. / 7 bis 8 / Alpin. Steinige Rasen; auf Silikatgestein; s. A (Wallis). – Piemont. [2795]
   S. incánus L. s.l., *Weissgraues K.* – St. mehrköpfig. B. weissfilzig bis seidenhaarig grau od. fast kahl, meist fiederschn. Bl. lebhaft gelb. / 7 bis 8 / (Subalpin-)alpin. Steinige Rasen; kalkmeidend; verbr. A.

   S. incánus L. ssp. **incánus**. – Grundst. B. br.-eifg., plötzl. in den Stiel zusgez., fiederschn.; Abschn. an der Spitze gekerbt. B. weissfilzig. Fr. mindestens oberwärts behaart. – Westl. Gebiet, ostwärts bis zum Piz Maler (Graub.) und T. [2796]
   S. incánus L. ssp. **carniólicus** (WILLD.) BR.-BL. – Grundst. B. schmal-eifg. bis br.-lanzettl., eingeschnitten gekerbt od. fiederlappig, allmähl. in den Stiel verschmälert. B. weniger dicht behaart, zuletzt verkahlend und grün. Fr. kahl. – Östl. Gebiet, westwärts bis ins Wallis (Furka). [2798]
   S. incánus L. ssp. **insúbricus** (CHENEVARD) BR.-BL. – In B.form und Behaarung intermediäre Form der beiden vorigen Unterarten. – T, Graub. (Misox, Calanca). – Co. [2797]

– B.stiel am Grunde geöhrt. B. kahl, behaart od. locker spinnwebartiggrauwollig. 10
10. B., wenigstens die unteren, doppelt fiederschn., mit sehr schmal-linealen Zipfeln.
   S. abrotanifólius L., *Eberreisblättriges K.* – Pfl. 10–40 cm. St. am Grunde holzig. B. kahl. Bl. hellorangerot, selten rotorange. / 7 bis 9 / Subalpin(-alpin). Trockenrasen, Wacholder- und Bergföhrenbestände; zerstr. A (Wallis, T, Appenzell, Graub.). [2799]
– B. fiederschn., leierfg.-fiederschn. mit lanzettl. Abschn. od. die unteren ungeteilt. 11
11. Äussere Hüllb. 6–12. B.spindel gezähnt.
   S. rupéstris W. u. K. (*S. nebrodensis* DC.), *Felsen-K.* – St. 20–70 cm. B. leierfg.-fiederschn., etwas spinnwebartig-wollig. Bl. gelb. / 6 bis 9 / Steinige Hänge, Wegränder; zerstr. A (Graub.); auch adv. – Co., Veltlin, Bormio, Vintschgau. [2801]
– Äussere Hüllb. 4–6 od. 1–2. B.spindel nicht gezähnt. 12
12. Äussere Hüllb. 4–6, etwa halb so lg. wie die inneren. Alle Fr., auch die randst., kurzhaarig.

S. erucifólius L., *Raukenblättriges K.* – St. 30–120 cm. B. fiederschn., mit etwas vorwärts gerichteten Abschn., mehr od. weniger grauhaarig, die oberen sitzend, geöhrt-umfassend. Bl. gelb. / 8 bis 9 / Kollin-montan. Raine, Waldränder, Riedwiesen; verbr., vor allem nördl. der A. [2803]
– Äussere Hüllb. 1–2, viel kürzer als die inneren. 13
13. Randst. Fr. kahl, die übrigen dicht behaart. Grundst. B. zur Bl.zeit meist nicht mehr vorhanden.
　S. jacobaéa L., *Jakobs-K.* – St. 30–100 cm. Untere B. leierfg., die übrigen fiederschn., mit fast waagrecht abstehenden, nach vorn etwas verbreiterten Abschn., unterseits kahl od. locker grauhaarig. Bl. gelb. / 6 bis 8 / Kollin-montan(-subalpin). Wegränder, Hügel; verbr. wie vorige. [2804]
– Alle Fr. kahl od. die inneren schwach behaart. Grundst. B. zur Bl.zeit noch vorhanden.
　S. aquáticus HILL, *Wasser-K.* – St. 15–60 cm. Grundst. B. oft ungeteilt; die oberen leierfg. fiederschn., mit schief abstehenden Abschn. Kopfstd. doldentraubig, mit aufrecht-abstehenden Ästen. Bl. gelb. / 7 bis 9 / Kollin(-montan). Feuchte Wiesen; zerstr. [2806]
　S. erráticus BERTOL., *Spreizendes K.* – St. 30–80 cm. Alle B. leierfg. fiederschn., mit fast rechtwinklig abstehenden od. etwas vorwärts gerichteten seitl. Abschn.; die unteren mit sehr grossem Endabschn. Kopfstd. doldenrispig, mit spreizenden Ästen. Bl. gelb. / 8 bis 9 / Kollin. Wie vorige; s. Glarus, T, Graub.; auch verschleppt. [2807]
Bastarde so S. alpinus × erucifolius (A; nicht s.); S. halleri × incanus ssp. incanus (Wallis).

589. **Caléndula** L., *Ringelblume*

C. officinális L., *Garten-R.* – St. 30–50 cm. Untere B. spatelfg., obere längl.-lanzettl. Köpfchen 4–5 cm im Durchm. Bl. orange- od. dottergelb, seltener hellgelb. / 6 bis 8 / Kollin-montan. Kult. und verwildert. [2809]
C. arvénsis L., *Acker-R.* – St. 15–30 cm. B. längl.-lanzettl. Köpfchen 1,5 cm im Durchm. Bl. hellgelb od. hellorangegelb. / 4 bis 12 / Kollin. Weinberge; s. und Fundorte zurückgehend. Genf, Waadt, Wallis; sonst verschleppt. – Bad., Els., Sav. [2808]

590. **Echínops** L., *Kugeldistel*

E. sphaerocéphalus L., *Kugeldistel.* – St. 60–120 cm, weissfilzig. B. fiederschn., stachlig gezähnt, unterseits grau- od. weissfilzig. Bl. weissl., mit blauen Stbb. / 7 bis 9 / Kollin(-montan). Unbebaute Orte, Wegränder; s. Wallis, T, Unterengadin; auch verschleppt. – Ao., Vintschgau. [2810]

591. **Xeránthemum** L., *Strohblume*

X. inapértum (L.) MILLER, *Felsenheide-S.* – St. 30–60 cm. Innere Hüllb. 1½mal so lg. wie der Durchm. der Scheibe. B. violettpurpurn. / 6 bis 8 / Kollin-montan. Trockenwarme Hügel, Wegränder, Brachäcker; s. Wallis. – Ao. [2811]
X. ánnuum L., *Einjährige S.* – St. 25–60 cm. Innere Hüllb. doppelt so lg. wie der Durchm. der Scheibe. Bl. hellviolett. / 6 bis 7 / Kollin. Ödland; eingeschleppt; s. s. [2812]

592. **Carlína** L., *Eberwurz, Silberdistel*

1. St. verlängert, mehrköpfig, selten einköpfig. Köpfchen mit ausgebreiteten Hüllb. 3–5 cm br. Pappus 7–8 mm lg., bis doppelt so lg. wie die Fr.
   C. vulgáris L. s.l., *Gemeine E., Golddistel.* – St. 15–50 cm. B. längl.-lanzettl., buchtig gezähnt, stachlig. Strahlende Hüllb. glänzend-strohgelb. Bl. gelbl., an der Spitze rot überlaufen. / 7 bis 9 / Kollin-subalpin. Hügel, trockene Rasen, lichte Wälder; verbr.

   01. Obere Stlb. flach, gezähnt, 4–8mal so lg. wie br. Hochb. die inneren Hüllb. überragend.
       C. stríĉta (ROUY) FRITSCH (*C. vulgaris* L. ssp. *longifolia* NYMAN), *Aufrechte E.* – St. 20–40 cm, meist einköpfig. Obere Stlb. weichstachlig gezähnt, nie kraus, unterseits spinnwebig-wollig. Seitennerven dem B.rand ± parallel verlaufend. Köpfchen 2,5–4 mm br. – Montan-subalpin. Grasige Hänge in mässig trockener Lage; s. M, A. – V.
     – Obere Stlb. mindestens an ihrer Basis sparrig gezähnt, 2–4mal so lg. wie br. Hochb. die inneren Hüllb. nicht überragend.
       C. intermédia SCHUR (*C. vulgaris* L. ssp. *intermedia* (SCHUR) HAYEK), *Mittlere E.* – St. 30–70 cm, meist vielköpfig. Obere Stlb. an ihrer Basis sparrig-stachlig, kraus, gegen die Spitze flach, unterseits dicht wollig-filzig. Seitennerven nur im flachen Teil dem B.rand parallel laufend, im krausen Basalteil in die Dornen der Zähne verlaufend. Köpfchen 1,5–3 cm br. – Kollin-montan. Östliche Rasse. Ob im Gebiet?
       C. vulgáris L. s.str., *Gemeine E.* – St. 10–30 cm, meist vielköpfig. Obere Stlb. ganz sparrig-stachlig, kraus, unterseits spinnwebig-flaumig. Seitennerven in die derben Dornen der Zähne verlaufend. Köpfchen 1–2,5 cm br. – Kollin-montan. Im Gebiet verbr., nicht hfg. [2814]

– St. meist sehr kurz, einköpfig. Köpfchen mit ausgebreiteten Hüllb. 5–15 cm br. Pappus 10–25 mm lg., 2–4mal so lg. wie die Fr.
   C. acaúlis L., *Silberdistel, Stengellose E.* – St. sehr kurz, selten bis 40 cm lg. B. alle gestielt, kahl od. locker spinnwebig behaart. Köpfchen blühend 5–13 cm br. Strahlende Hüllb. glänzend weiss, selten rosa. Bl. weiss od. rötl. / 7 bis 9 / (Kollin-)montan-subalpin. Trockene Rasen, Weiden, lichte Wälder; hfg. [2813]
       C. acaúlis L. ssp. **acaúlis**, *Stengellose E.* – Pfl. 3–10 cm. B. ± flach, nicht bis auf den Mittelnerv geteilt, Fiedern kaum bis auf die Hälfte eingeschnitten. Endzipfel der mittleren Fiedern ± eifg., am Grunde 6–15 mm br. Geschlossene Köpfe 3,5–6 cm br. – Ostalpine Rasse. Ob im Gebiet?
       C. acaúlis L. ssp. **símplex** (W. u. K.) NYMAN (*C. caulescens* LAM.), *Einfache E.* – Pfl. 3–40 cm. B. ± kraus, bis fast auf den Mittelnerv geteilt. Fiedern meist bis über die Hälfte eingeschnitten. Endzipfel der mittleren Fiedern ± pfrieml., am Grunde 2–6 mm br. Geschlossene Köpfe 3–3,5 cm br. – Im Gebiet verbr.

   C. acanthifólia ALL., *Akanthusblättrige E.* – Innere B. sitzend; alle fiedersp., beiderseits weisswollig (od. später oberseits kahl werdend). Köpfchen 12–15 cm br. Strahlende Hüllb. schwefelgelb. Bl. blassrot. / 7 bis 9 / Montan-subalpin. Trockene, steinige Orte. – Ao. [2815]

593. **Árctium** L., *Klette*

1. Innere Hüllb. stumpf, mit gerader Stachelspitze. Bl. purpurn.
   A. tomentósum MILLER (*Lappa tomentosa* LAM.), *Filzige K.* – Pfl. 60–130 cm. Köpfchen doldentraubig, dicht spinnwebartig-filzig. Hüllb. dicht gewimpert, die inneren rot. / 8 bis 9 / (Kollin-)montan(-subalpin). Wegränder, Schuttstellen; zerstr. [2816]

– Hüllb. alle mit hakenfg. gekrümmter Spitze od. die innersten mit gerader Stachelspitze. Bl. purpurn. 2

2. Köpfchen locker-doldentraubig. Hüllb. grün.

A. lappa L. (*L. major* GAERTNER), *Grosse K.* – Pfl. 60–160 cm. Hüllb. am Grunde spärl. gewimpert, sonst kahl. / 7 bis 9 / Kollin-montan(-subalpin). Wegränder, Dämme; verbr. [2817]

– Köpfchen traubig od. traubig-rispig. Wenigstens die inneren Hüllb. an der Spitze rot. 3

3. Köpfchen 3–4 cm br. Abstehender Teil der Hüllb. am Grunde über ½ mm br.

A. nemorósum LEJEUNE (*L. nemorosa* KOERNICKE), *Hain-K.* – Pfl. 90–180 cm, mit lg., abstehenden, zuletzt fast überhängenden Ästen. Hüllb. etwas spinnwebartig, die inneren so lg. wie die Bl. Fr. 8–11 mm lg. / 7 bis 9 / Montan(-subalpin). Wegränder, Wälder; zerstr. [2818]

– Köpfchen 1,5–3 cm br. Abstehender Teil der Hüllb. am Grunde nicht über ½ mm br.

A. minus BERNH. s.str. (*L. minor* HILL), *Kleine K.* – Pfl. 50–120 cm, mit aufrecht-abstehenden Ästen. B. unterseits grau-, seltener weissfilzig. Köpfchen klein (haselnussgross). Innere Hüllb. kürzer als die Bl. Fr. 5–7 mm lg. / 7 bis 9 / Kollin-montan(-subalpin). Wegränder, Schuttstellen; verbr. [2819]

A. pubens BABINGTON, *Flaumige K.* – Pfl. 50–150 cm. B. unterseits meist weissfilzig. Köpfchen mittelgross, öfters spinnwebartig. Innere Hüllb. kaum kürzer als die Bl. / 7 bis 9 / Kollin-montan(-subalpin). Wie vorige. A. [2820]

594. **Berárdia** VILL., *Berardie*

B. subacaúlis VILL. (*B. lanuginosa* (LAM.) FIORI), *Berardie.* – Pfl. mit lg., kriechendem unterird. St. B. in einer dem Boden angedrückten Rosette, gross, lederig, eifg., auf beiden Seiten weissl.-filzig. In der Mitte der Rosette ein einzelner, grosser, 5–10 cm br. Kopf. Bl. gelbl., von einem weissfilzigen Hüllk. umgeben. / 7 bis 8 / Subalpin-alpin. Felsschutt; kalkliebend. – Val Divedro (Simplon, Piemont) (nach einer alten, belegten Angabe; ob noch?). [2821]

595. **Saussúrea** DC., *Alpenscharte*

1. B. unterseits weissfilzig, untere am Grunde herzfg., selten abgerundet.

S. díscolor (WILLD.) DC. (*S. lapathifolia* BECK), *Weissfilzige A.* – St. 5–35 cm. Untere B. ei-lanzettl., unregelm. gezähnt; obere B. die Köpfchen nicht umhüllend. Bl. hellviolett. / 7 bis 9 / Subalpin-alpin. Felsen, Felsschutt, Rasen; zerstr. A (vor allem östl. Teile). [2823]

– B. unterseits spinnwebartig, graufilzig, untere in den Stiel verschmälert od. abgerundet.

S. depréssa GREN. (*S. alpina* (L.) DC. ssp. *depressa* (GREN.) ROUY), *Niedere A.* – St. 2–10 cm, 3–5 mm dick. Untere B. br.-lanzettl., abgerundet, ganzrandig bis schwach gezähnt, unterseits graufilzig; obere B. die Köpfchen oft umhüllend od. überragend. Bl. violett. / 7 bis 9 / Alpin. Felsschutt, Felsspalten; auf Kalk; s. A (westl. Teile [Waadt, Wallis. – Sav.]).

S. alpína (L.) DC., *Gewöhnliche A.* – St. 5–60 cm, selten über 3 mm dick.

Untere B. längl.-lanzettl., in den Stiel verschmälert, ganzrandig, unterseits spinnwebartig behaart; obere B. die Köpfchen nicht umhüllend. Bl. violettrot. / 7 bis 9 / (Subalpin-)alpin. Rasen; zerstr. A. [2822]

596. **Cárduus** L., *Distel*

1. Köpfchen ei-zylindrisch, zur Fr.zeit abfallend.
   C. tenuiflórus CURTIS, *Dünnköpfige D.* – Pfl. 30–120 cm. St. mit br.-geflügelten Ästen. B. buchtig und fiedersp., oberseits dünn-, unterseits weissl.-wollig. Köpfchen zu 3–20 dicht gedrängt. Bl. rosa, selten weiss. / 6 / Kollin. Ödland; s. Genf, Ajoie. [2825]
– Köpfchen eifg. od. kugelig, zur Fr.zeit bleibend. 2
2. Mittlere Hüllb. über dem eifg. unteren Teil etwas verengert; oberer, lanzettl. Teil zurückgeknickt.
   C. nútans L., *Nickende D.* – Pfl. 30–100 cm. B. tief-fiederschn., stark stachlig. Köpfchen kugelig, gross. Bl. rot. / 7 bis 8 / Kollin-subalpin. Wegränder, Schuttstellen. [2826]

> **C. nútans** L. ssp. **nútans**, *Nickende D.* – Köpfchen einzeln, nickend. Hüllb. mit deutl. Einschnürung. B. mit kräftigen zum Teil bis 6 mm lg. Stacheln. – Kollin-subalpin. Wegränder, Schuttplätze, Weiden in wärmeren Lagen; zerstr.
>
> **C. nútans** L. ssp. **platýlepis** (RCHB. u. SAUTER) NYMAN, *Breitschuppige D.* – Köpfchen oft zu 2, aufrecht. Hüllb. mit wenig deutl. Einschnürung. B. mit kaum über 3 mm lg. Stacheln. – Kollin-subalpin. Wiesen, Weiden, Wegränder, Gebüsche trockener Lagen; zerstr. A (zentrale und südl. Täler).

– Hüllb. lanzettl. od. lineal, angedrückt, mit abstehender, aber nicht zurückgeknickter Spitze. 3
3. Oberer Teil des St. und der köpfchentragenden Äste nicht geflügelt. Köpfchen einzeln.
   C. deflorátus L. s.l., *Langstielige D.* – Pfl. 30–80 cm. B. lanzettl., stechend gewimpert, grob stachlig gezähnt od. ausgebuchtet bis fiedersp. Köpfchen mittelgross, nickend. Bl. rosa, selten weiss. / 6 bis 8 / Kollin-alpin. Steinige Berghänge, Felsen; hfg. J, M (s.), A. – S (Feldberg). [2827]

> **01.** B. ungeteilt bis fiederlappig, dornig gezähnt, ± flach, wenig stechend.
> **C. crassifólius** WILLD. (*C. defloratus* L. ssp. *crassifolius* (WILLD.) HAYEK), *Dickblättrige D.* – St. 10–70 cm, in der Mitte 4–8 mm br. B. beidseits blaugrün, fleischig, ungeteilt, mittlere 3–5mal so lg. wie br., mit mindestens 5 mm br. Leiste am St. herablaufend. Hüllb. am Grunde 1–1,5 mm br. / 6 bis 9 / (Kollin-)montan-subalpin. Felsen, Felsschutt; auf Dolomit. A (T, Graub.). – Co., Berg.
> **C. deflorátus** L., *Berg-D.* – St. 10–90 cm, in der Mitte 2–4 mm br. B. beiderseits grün od. oberseits blaugrün, dünn, ungeteilt bis fiederlappig, mittlere 4–8mal so lg. wie br., mit höchstens 2–5 mm br. Leiste am St. herablaufend, jederseits am Rande mit 1–3 mm lg. Dornen. / 6 bis 9 / Montan-alpin. Geröll, Schutthänge, Weiden, lichte Wälder; auf Kalk; hfg. J, M, A. – S, V.
> – B. fiedersp. bis fiederschn., kraus-stachlig, stechend.
> **C. médius** GOUAN ssp. **carlinaefolius** (LAM.) KAZMI (*C. carlinaefolius* LAM.), *Eberwurzblättrige D.* – St. 10–60 cm, stark verzweigt, in der Mitte 2–4 mm br. Köpfchenstiel 2–5mal so lg. wie das Köpfchen. B. beiderseits grün, fiederteilig bis fiederschn., sparrig-dornig, Dornen bis 5 mm lg. / 6 bis 9 / Kollin-subalpin(-alpin). Kalkarme Felsen, Schutthalden, Weiden. A (südl. Teile). (Ob im Gebiet?).
> **C. ×rhaéticus** (DC.) KERNER (*C. defloratus* L. ssp. *rhaeticus* (DC.) ROTHM.), *Rätische D.* – Diese der vorigen Art sehr ähnliche und von dieser morphologisch kaum abtrennbare Sippe ist höchstwahrscheinlich als Bastard C. defloratus ×medius zu betrachten. Sie ist in den zentralen und südl. Teilen der Al-

pen zieml. hfg. und bisher in der Schweiz als C. carlinaefolius LAM. bezeichnet worden.

– St. und Äste bis zu den Köpfchen kraus geflügelt. 4
4. Köpfchen einzeln am Ende kurzer Zweige. Stacheln der B. derb, gelbl., 6–7 mm lg.

    C. acanthoídes L., *Weg-D.* – Pfl. 30–90 cm. B. tief fiederschn., beiderseits grün. Bl. rot. / 7 / Kollin. Wegränder, Schuttstellen; s. s. und unbeständig. [2828]
– Köpfchen zu 2–5 am Ende der Zweige gedrängt. Stacheln der B. schwach.

    C. crispus L., *Krause D.* – Pfl. 60–140 cm. B. unterseits filzig, die unteren buchtig-gezähnt od. fiedersp., die oberen lanzettl., mit verschmälertem Grunde, stets deutl. gelappt. Äussere Hüllb. viel kürzer als die inneren. Bl. rot, selten weiss. / 7 bis 9 / Kollin-montan(-subalpin). Wegränder, Schuttstellen; verbr. [2829]

    C. personáta (L.) JACQ., *Kletten-D.* – Pfl. 60–180 cm. B. unterseits wollig, die unteren leierfg.-fiederschn., die oberen eifg. od. ei-längl., gezähnt. Äussere Hüllb. nur wenig kürzer als die inneren. Bl. dunkelrot. / 6 bis 8 / Montan-subalpin. Frische Orte (Wälder, Wiesen); verbr. [2830]
    Bastarde.

597. Círsium MILLER, *Kratzdistel*

1. B. oberseits von kleinen Stacheln rauh.

    C. vulgáre (SAVI) TEN. (*C. lanceolatum* SCOP.), *Lanzettblättrige K.* – St. 60–220 cm. B. herablaufend, fiederschn., unterseits etwas spinnwebartig od. grau- bis weissfilzig. Köpfchen eifg. Hüllb. abstehend, locker spinnwebartig. Bl. hellrot. / 7 bis 9 / Kollin-montan(-subalpin). Wegränder, lichte Waldstellen; verbr. [2831]

    C. erióphorum (L.) SCOP. s.l., *Wollköpfige K.* – St. 80–150 cm. B. nicht herablaufend, tief fiederschn., unterseits filzig. Köpfchen sehr gross, kugelig. Bl. violettrot. / 7 bis 9 / Montan-subalpin. Weiden, trockene Hänge; verbr. [2832]

        C. erióphorum (L.) SCOP. ssp. **erióphorum** (*C. e.* ssp. *vulgare* PETRAK). – Hüllb. dicht, spinnwebartig, gegen die Spitze nicht od. kaum verbreitert. – Montan-subalpin. J, A.

        C. erióphorum (L.) SCOP. ssp. **spathulátum** (MORETTI) PETRAK. – Hüllb. fast kahl, gegen die Spitze in ein rautenfg.-spatelfg., kammfg. gewimpertes Anhängsel verbreitert. – Montan-subalpin. T. – Ao., Co., Bormio.

– B. oberseits nicht stachlig. 2
2. Pfl. meist 2häusig. Pappus zuletzt viel länger als die Kr.

    C. arvénse (L.) SCOP., *Ackerdistel.* – St. 30–140 cm, ästig, vielköpfig. B. etwas herablaufend, längl.-lanzettl., ungeteilt od. buchtig-fiederschn., stachlig gewimpert, unterseits grün od. bisweilen weissfilzig. Bl. rotlila. / 7 bis 9 / Kollin-montan(-subalpin). Äcker, Ödland, lichte Waldstellen; s. hfg. [2833]
– Pfl. zwittrig. Pappus kürzer als die Kr. 3
3. Bl. rot, sehr selten weiss. 4
– Bl. blassgelb od. gelbl.-weiss, bisweilen etwas rötl. überlaufen. 8
4. B. am St. ganz- od. halb-herablaufend.

    C. palústre (L.) SCOP., *Sumpf-K.* – St. 60–200 cm, bis zur Spitze durch die ganz-herablaufenden B. kraus geflügelt. Köpfchen 7–10 mm im Durchm., in Knäueln. / 7 bis 10 / Wie vorige. Feuchte Wiesen, Waldschläge; hfg. [2834]

C. pannónicum (L. f.) Link, *Ungarische K.* – St. 30–100 cm, einfach od. mit wenigen, einköpfigen Ästen. B. halb-herablaufend, fast ganzrandig, stachlig gezähnt und fein stachlig gewimpert. Köpfchen 1–2 cm br. / 6 bis 7 / Montan. Kastanienselven, buschige Abhänge. – Co. [2836]

– B. nicht herablaufend (bei *C. acaule* oft alle grundst.). 5

5. B. unterseits schneeweissfilzig.

C. heterophýllum (L.) Hill (*C. helenioides* (L.) Hill), *Verschiedenblättrige K.* – St. 50–150 cm, 1–3köpfig. B. ungeteilt od. fiedersp., mit vorwärts gerichteten Abschn., die oberen am Grunde umfassend. / 7 bis 8 / (Montan-)subalpin. Wasserläufe, Quellfluren; verbr. A (vor allem östl. Teile). [2837]

– B. beiderseits grün od. unterseits spinnwebartig-graufilzig. 6

6. St. verkürzt, scheinbar fehlend (bisweilen 10–30[–50] cm hoch und dann bis zur Spitze beblättert).

C. acaúle Scop., *Stengellose K.* – St. einköpfig. B. buchtig-fiedersp., meist in einer grundst. Rosette. / 7 bis 9 / (Kollin-)montan-subalpin(-alpin). Magerwiesen, Weiden; hfg. [2838]

– St. 40–200 cm hoch. 7

7. St. bis zur Spitze beblättert.

C. montánum (W. u. K. ex Willd.) Sprengel (*C. tricephalodes* auct.), *Berg-K.* – St. 50–200 cm. B. sehr gross (bis 30 cm), wenigstens die unteren immer fiedersp., am Rande fein stachlig gewimpert, am Grunde geöhrt. Köpfchen zu 2–8 an der Spitze des St. od. der Äste geknäuelt. / 7 bis 8 / Montan(-subalpin). Schattige Bachläufe; s. s. A (Graub. [Oberhalbstein]). – Ao., Bormio. [2841]

– St. oberwärts b.los.

C. tuberósum (L.) All. (*C. bulbosum* DC.), *Knollige K.* – W. spindelfg. verdickt. St. 50–120 cm. B. tief fiederschn. (Abschn. mit 2–3 lanzettl., spreizenden Zipfeln), unterseits dünn spinnwebartig-filzig; die st.st. ohne Öhrchen. Köpfchen einzeln auf verlängerten Ästen. / 6 bis 8 / Kollin-montan. Feuchte Wiesen; s. Nordschw. (Rheingebiet), J, M. – Bad., Els. [2839]

C. riviláre (Jacq.) All. (*C. salisburgense* (Willd.) G. Don), *Bach-K.* – W. fadenfg. St. 40–100 cm. B. in der Regel tief fiederschn. (Abschn. mit 1 Seitenzahn), beiderseits gleichfarbig; die st.st. geöhrt-umfassend. Köpfchen zu 2–5, selten einzeln. / 6 bis 8 / Kollin-montan. Wie vorige; zerstr. [2840]

8. Köpfchen aufrecht, von Deckb. umgeben.

C. oleráceum (L.) Scop., *Kohldistel.* – St. 50–150 cm. B. ungeteilt od. fiederschn., umfassend, weichstachlig. Deckb. br.-eifg., blass. Hüllb. fein zugespitzt, weichstachlig. / 6 bis 9 / Kollin-montan(-subalpin). Feuchte Wiesen, Gräben; s. hfg. [2843]

C. spinosíssimum (L.) Scop., *Alpen-K.* – St. 20–120 cm. B. gelbgrün, wie die blassen, lanzettl. Deckb. stachlig-fiedersp. Hüllb. in einen lg., harten Dorn auslaufend. / 7 bis 8 / Subalpin-alpin. Weiden, Lägerstellen, Alluvionen. M (vereinzelt), A (hfg.). [2844]

– Köpfchen nickend, nicht von Deckb. umgeben.

C. erisíthales (Jacq.) Scop., *Klebrige K.* – St. 80–150 cm, oberwärts armblättrig. B. tief fiedersp., stachlig gewimpert. Hüllb. klebrig. / 7 bis 9 / (Kollin-)montan-subalpin. Lichte Waldstellen, Hochstaudenfluren; zerstr. J (bis Mt. Tendre), A (T, Graub. [Engadin, Puschlav]). – Ao., Val Sesia, Var., Co., Veltlin, Bormio. [2842]

Bastarde zahlreich.

In den Verwandtschaftskreis von Cirsium gehört auch **Cýnara cardúnculus** L., die *Artischocke*; sie wird in zwei Unterarten kult.: Ssp. **cardúnculus** (L.) BEGER var. **áltilis** DC., *Kardone, Gemüse-* od. *Spanische A.*, von der die B.stiele und die B.rippen als Gemüse verwendet werden [2847] und ssp. **scólymus** (L.) BEGER, *Artischocke*, von der die fleischigen Teile der Hüllb. und der Bl.boden als Gemüse gebraucht werden. Heimat Mittelmeergebiet. [2848]

598. Sílybum ADANSON, *Mariendistel*

S. mariánum (L.) GAERTNER, *Mariendistel.* – Pfl. 60–150 cm. B. kahl, weiss gescheckt, am Rande stachlig, die oberen st.umfassend. Bl. purpurn. / 7 bis 9 / Kollin. Unbebaute Orte; s. Wallis; sonst hie und da verwildert. [2845]

599. Onopórdum L., *Eselsdistel*

O. acánthium L., *Eselsdistel.* – Pfl. 50–150 cm. St. durch die herablaufenden B. br.-stachlig geflügelt. B. dicht spinnwebartig-wollig. Köpfchen einzeln, kugelig. Bl. purpurn. / 7 bis 9 / Kollin-montan(-subalpin). Steinige, unbebaute Orte; zerstr. [2846]

600. Crupína PERS., *Schlupfsame*

C. vulgáris CASS., *Schlupfsame.* – St. 20–70 cm. B. fiederschn., mit linealen, stachelspitzigen, fein gezähnten Abschn. Hülle längl.-walzenfg., am Grunde verschmälert. Bl. rot. / 5 bis 7 / Kollin(-montan). Trockenwarme Hügel; s. A (Wallis); auch adv. – Ao. [2849]

601. Centauréa L., *Flockenblume*

1. Hüllb. ohne deutl. Anhängsel, stumpf, mit schmalem, trockenhäutigem, braunem Rand.
 C. alpína L., *Südliche F.* – Pfl. 40–100 cm, aufrecht, einfach od. gabelig verzweigt. B. kahl, blaugrün, fiederschn., Abschn. lanzettl., gesägt od. ganzrandig. Kr. hellgelb. / 4 bis 5 / Kollin-montan. Lichte Föhrenwälder; auf Kalk. – Südalpen (Domodossola?). [2870]
– Hüllb. mit br., fransigem Hautrand od. mit deutl. Anhängsel od. Dorn.   2
2. Hüllb. an der Spitze in einen 5–20 mm lg. (am Grunde oft handfg. geteilten) Dorn auslaufend *(Fig. 476/1)*.
 C. solstitiális L., *Sonnenwend-F.* – Pfl. 30–80 cm, ästig, graufilzig. B. am St. herablaufend; die oberen ungeteilt, lineal, die unteren leierfg.-fiederschn. Köpfchen lg. gestielt. Bl. hellgelb. / 7 bis 9 / Kollin(-montan). Luzerne- und Kleeäcker, Schuttstellen; hie und da; eingeschleppt aus Südeuropa. [2850]
 C. calcítrapa L., *Fussangel-F.* – Pfl. 15–50 cm, sparrig-ästig. B. nicht herablaufend, fiederschn., mit stachelspitzigen Zipfeln. Köpfchen kurz ge-

476/1   476/2   476/3   476/4   476/5

stielt. Bl. rot. / 7 bis 10 / Kollin. Ödland, Wegränder; s. Südwest- und Südschw.; sonst hie und da eingeschleppt. [2851]

– Hüllb. nicht in einen Dorn auslaufend (vgl. aber *C. paniculata* und *C. diffusa*). 3

3. Hüllb. mit trockenhäutigem, an den Seiten mehr od. weniger tief herablaufendem, fransig-gesägtem od. kammfg. gefranstem Saum *(Fig. 476/2–5)*. 4

– Hüllb. mit meist scharf abgesetztem, trockenhäutigem, ungeteiltem, zerschlitztem od. fiederfg. gefranstem Anhängsel *(Fig. 478/1–4)*. Bl. rot, selten weiss. 8

4. Randst. Bl. blau (selten rosa od. weiss). 5

– Bl. rot, rosa od. gelbl.-weiss (selten weiss). 6

5. Pfl. einjährig. B. am St. nicht herablaufend.

C. cýanus L., *Kornblume*. – St. 30–80 cm, mit einköpfigen Ästen. B. lineal-lanzettl., die unteren (zur Bl.zeit fehlend) fiederschn. Bl. lebhaft blau (in Kultur und verschleppt auch rosa od. weiss). / 6 bis 10 / Kollin-montan(-subalpin). Unter Getreide; zerstr. und stark zurückgehend; auch auf Ödland. [2853]

– Pfl. ausdauernd. Obere und mittlere B. mehr od. weniger herablaufend.

C. montána L., *Berg-F.* – St. 30–70 cm, meist einköpfig. B. elliptisch bis längl.-lanzettl., grün od. spinnwebartig-flockig. Fransen der Hüllb. etwa so lg. wie die Breite des Hautrandes, braunschwarz *(Fig. 476/2)*. Bl. blau (die inneren rot). / 5 bis 8 / Montan-subalpin. Bergwälder; verbr. (im T und in den transalpinen Tälern von Graub. fehlend). [2854]

C. triumféttii ALL. (*C. axillaris* WILLD.), *Trionfettis F.* – St. 20–70 cm, l- bis mehrköpfig. Mittlere und obere B. längl. od. lanzettl., spinnwebartig-weissfilzig. Fransen der Hüllb. beträchtl. länger als die Breite des Hautrandes, oft silberglänzend *(Fig. 476/3)*. Bl. blau (die inneren rot). / 5 bis 7 / Kollin-subalpin. Trockene Hänge; zerstr. A (Oberwallis, T). – Ao., Co. [2855]

6. Köpfchen gross (Hülle etwa 2 cm lg. od. länger). Hüllb. nervenlos.

C. scabiósa L. s.l., *Skabiosen-F.* – Pfl. 10–130 cm, ausdauernd, verzweigt, oft zerstreut weissfilzig behaart. B. 1–2fach fiederschn., selten einfach. Köpfe einzeln, eifg. Hüllb. grün, mit schwarzem, 3eckigem Anhängsel. Dieses am Rande bis über die Mitte herablaufend, gefranst *(Fig. 476/4)*. Bl. purpurn. / 6 bis 8 / Kollin-subalpin(-alpin). Verbr. [2856–2857]

01. Hüllb.anhängsel 5–7 mm lg., den grünen Teil der Hüllb. ± verdeckend, Köpfchen daher schwarz erscheinend.

C. scabiósa L. ssp. **alpéstris** (HEGETSCHW.) NYMAN (*C. alpestris* HEGETSCHW.),

476

Alpen-F. – Pfl. 10–60 cm, meist einköpfig. Hülle 2–3 cm br. Hüllb. jederseits mit 15–25, 3–5 mm lg. Fransen. / 7 bis 8 / (Montan-)subalpin(-alpin). Wiesen, Weiden; verbr. J, M (Schaffh.), A. [2857]

– Hüllb.anhängsel 1–5 mm lg., den grünen Teil der Hüllb. nicht verdeckend, Köpfchen daher gescheckt erscheinend.

C. scabiósa L. s.str., *Skabiosen-F.* – Pfl. 30–120 cm, meist mehrköpfig. B.ab-schn. oval bis schmal-lanzettl., mit flachen Rändern. Hülle 1,5–2,5 cm br., Anhängsel mit bis 2 mm br. Rand herablaufend, jederseits mit 5–15, 1–4 mm lg. Fransen. / 6 bis 8 / Kollin-montan(-subalpin). Raine, Wiesen; verbr. [2856]

C. scabiosa L. ssp. **tenuifolia** (SCHLEICHER ex GAUDIN) ARC. (*C. tenuifólia* (SCHLEICHER) HAYEK), *Zartblättrige F.* – Pfl. 20–120 cm, meist mehrköpfig. B.abschn. schmal-lanzettl., bis lineal, mit verdickten Rändern. Hülle 1,3–1,6 cm br., Anhängsel mit 1–2 mm br. Rand herablaufend, jederseits mit 5–15, 1–2 mm lg. Fransen. / 6 bis 8 / Kollin-montan(-subalpin). Trockenwiesen, Felsenheiden; zerstr. Nordschw. (Rheintal), M (Genf), A. – Hegau.

– Köpfchen klein (Hülle etwa 1 cm lg.). Hüllb. deutl. 5nervig *(Fig. 476/5)*. 6

7. Bl. lila bis blassrosa. Hüllb. ohne od. mit bis 2 mm lg. Stachelspitze.

C. paniculáta L. s.l., *Rispige F.* – Pfl. 20–120 cm, ästig, kurz od. locker bis graufilzig behaart. B. doppelt fiederschn., mit linealen Zipfeln, die obe-ren oft ungeteilt. Köpfe zahlreich, oft in doldenartiger Rispe. / 7 bis 9 / Kollin(-montan). Trockenwarme Orte; zerstr. [2858–1860]

01. Hüllb.anhängsel schwarz bis braun, jederseits mit 6–12 Fransen *(Fig. 476/5)*.

C. stoebe L. (*C. rhenana* BOREAU), *Rheinische F.* – Pfl. grauhaarig. Hüllb.an-hängsel schwarz, jederseits mit 6–8 an der Spitze meist weissl. Fransen. Pap-pus ½ so lg. wie die Fr. – Kollin(-montan). Trockenwiesen, Wegränder. Nordschw. (Rheingebiet), Graub. (Rheintal), gelegentl. verschleppt. – Bad., Els., Belf., Französ. Jura. [2858]

C. maculósa LAM. (incl. *C. muretii* JORD.), *Gefleckte F.* – Pfl. grauflaumig bis filzig. Hüllb.anhängsel braun, jederseits mit 7–12 weissl. Fransen. Die unteren hautartig verwachsen, Mittelnerv oft stark vortretend. Pappus ⅓ so lg. wie die Fr. – Kollin(-montan). Wie vorige. A (Graub.). – Veltlin, Vintschgau. [2859]

– Hüllb.anhängsel weiss bis hellbraun, jederseits mit 2–6 Fransen.

C. vallesíaca (DC.) JORD., *Walliser F.* – Pfl. dicht weissfilzig. Unterste Fransen der Hüllb.anhängsel bis über die Mitte miteinander verwachsen. Pappus ⅓ so lg. wie die Fr. – Kollin-montan(-subalpin). Felsenheiden, Föhrenwälder; zieml. hfg. A (Wallis, T). – Sav. (Maurienne), Ao.

C. paniculáta L. em. LAM. (*C. gallica* GUGLER), *Rispige F.* – Pfl. locker weiss-filzig. Untere Fransen der Hüllb.anhängsel alle frei. Spitze des Anhängsels stachlig, doppelt so br. wie die seitl. Fransen. – Kollin. Unbebaute Orte, Weg-ränder; s. s. eingeschleppt. – Sav. (Chambéry). [2860]

– Bl. gelbl.-weiss, selten rosa. Hüllb. in eine 3–4 mm lg. Stachelspitze aus-laufend.

C. diffúsa LAM., *Sparrige F.* – Pfl. 20–50 cm, flaumig rauh. B. doppelt od. einfach fiederteilig, die oberen ganzrandig, lanzettl. Hülle 8 mm lg. Hüllb. in einen 3–4 mm lg. Dorn auslaufend. Bl. meist gelbl.-weiss. Pap-pus fehlend od. verkümmert. Fr. schwarzbraun, mit 4 hellen Streifen. / 7 bis 8 / Kollin. Schuttstellen; eingeschleppt. Westschw. [2861]

8. Anhängsel der Hüllb. zurückgekrümmt, pfriemfg. verlängert und fie-derfg. gefranst *(Fig. 478/1)*. 9

– Anhängsel der Hüllb. nicht zurückgekrümmt (bisweilen etwas abste-hend), nicht pfriemfg. verlängert. 11

9. Anhängsel die unteren Teile der Hüllb. nicht ganz deckend, die Hülle daher gescheckt erscheinend. Pfl. kaum rauh. Hülle längl.

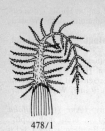   

478/1   478/2   478/3   478/4

C. rhaética MORITZI (*C. cirrhata* KERNER), *Rätische F.* – St. 5–30 cm, meist einfach und einköpfig, nebst den B. kahl od. fein spinnwebhaarig. B. längl.-lanzettl., fein gezähnt. Hülle längl. Bl. purpurn. / 7 bis 8 / (Montan-)subalpin. Trockene Hänge, Föhrenbestände, Felsen; auf Kalk; zerstr. A (T [oberhalb Morcote, Val Colla], Mittelbünden). – Co., Bormio. [2862]

– Anhängsel die unteren Teile der Hüllb. verdeckend. Pfl. rauh. Hülle ± kugelig.

10. St. meist einköpfig. Hüllb.anhängsel hellbraun.

C. nervósa WILLD. (*C. uniflora* TURRA ssp. *nervosa* ROUY), *Federige F.* – Pfl. 10–40 cm, von kurzen Haaren oft grau erscheinend. B. br.-lanzettl., fein buchtig bis tief ausgeschweift gezähnt, obere mit br. gestutztem Grunde sitzend. Bl. purpurn. Pappus 1,5–3 mm lg. / 7 bis 8 / (Montan-)subalpin(-alpin). Bergwiesen, Wildheuplanken. A (Südketten verbr.). [2863]

C. uniflóra TURRA, *Einköpfige F.* – Pfl. 5–30 cm, dicht weissfilzig behaart. B. schmal-lanzettl., ganzrandig od. fein gezähnt, obere mit verschmälertem Grunde sitzend. Bl. purpurn. Pappus 0,5–1 mm lg. / 7 bis 8 / Subalpin(-alpin). Weiden, Rasen. – Sav., Ao., Val Sesia.

– St. meist mehrköpfig. Hüllb.anhängsel schwarzbraun.

C. pseudophrýgia C. A. MEYER ex RUPR., *Perücken-F.* – St. 30–80 cm, meist mehrköpfig, nebst den B. behaart. Obere Stlb. eifg., am Grunde deutl. verschmälert, gezähnt. Bl. hellpurpurn. / 7 bis 8 / (Montan-)subalpin. Bergwiesen, Waldränder; zerstr. A (T, St. Gallen und besonders Graub.); auch verschleppt. [2864]

11. Pappus fehlend.   12

– Pappus vorhanden.   14

12. Hüllb.anhängsel weiss bis dunkelbraun, die Hülle ganz deckend. . .   13

– Hüllb.anhängsel schwärzl., die Hülle nicht ganz deckend. Diese daher gescheckt erscheinend.

C. nigréscens WILLD. (*C. dubia* SUTER, *C. transalpina* SCHLEICHER), *Ennetbirgische F.* – Pfl. 30–80 cm. Obere B. mit br. Grunde sitzend, halbumfassend. Anhängsel, ausg. die der oberen Hüllb., kammfg. kurz gefranst. Bl. purpurn. / 6 bis 9 / Kollin-subalpin. Wiesen, Weiden; verbr. Südschw.; sonst hie und da eingeschleppt. [2867]

13. Hüllb.anhängsel weiss bis bräunl., meist über 5 mm lg.

C. bracteáta SCOP. (*C. jacea* ssp. *gaudinii* (BOISS. u. REUTER) GREMLI), *Hellschuppige F.* – Pfl. 30–50 cm, wollig-flockig. Untere B. ei-lanzettl. bis lanzettl., gezähnelt, obere lanzettl., am Grunde nicht selten spiessfg., alle grauflaumig. Anhängsel gross, fast kreisrund, stumpf, stark konkav, am Rande oft etwas eingerollt, in der Mitte oft dunkler *(Fig. 478/2)*. Bl. purpurn. / 7 bis 9 / Kollin-subalpin. Kastanienwälder, Felshänge; zerstr. Südl. T, Graub. (Puschlav). – Var., Co., Chiav., Veltlin. [2866]

– Hüllb.anhängsel hell- bis dunkelbraun, meist weniger als 5 mm lg.

C. jácea L. ssp. **jácea**, *Gemeine F.* – Pfl. 10–90 cm. St. einfach od. oberhalb der Mitte verzweigt, kahl, unter den Köpfen verdickt. Untere B. eifg. bis lanzettl., buchtig fiederschn., obere lanzettl. Hüllb.anhängsel abgerundet, unregelm. eingerissen, selten ganzrandig od. kammfg. gefranst *(Fig. 478/3)*. Bl. purpurn. / 6 bis 9 / Kollin-subalpin. Wiesen, Trockenhänge; hfg. [2865]

> **C. jácea** L. ssp. **angustifólia** (SCHRANK) GREMLI (*C. angustifolia* SCHRANK, *C. pannonica* (HEUFFEL) HAYEK), *Schmalblättrige F.* – Pfl. 30–100 cm. St. schon unterhalb der Mitte verzweigt, reichästig, spinnwebig-flockig; unter den Köpfen kaum verdickt. Untere B. lanzettl., wenig fiederschn., obere lineal-lanzettl. bis lineal. Hüllb.anhängsel br. ei-lanzettl., unregelm. eingerissen. Bl. purpurn. / 7 bis 11 / Kollin(-subalpin). Riedwiesen, Magerwiesen, Bahndämme; verbr.

14. Hüllb.anhängsel (ausg. die der innersten Reihe) regelm. kammfg. gefranst *(Fig. 478/4)*.

C. nigra L. ssp. **nemoralis** (JORD.) GREMLI (*C. nemoralis* JORD.), *Schwarze F.* – Pfl. 20–80 cm. B. lanzettl., die unteren gezähnt. Hüllb.anhängsel schwarzbraun. Bl. purpurn; Strahlbl. meist fehlend. Pappus $\frac{1}{6}$–$\frac{1}{3}$ so lg. wie die Fr. / 7 bis 10 / Kollin(-montan). Raine, Waldränder; zerstr. J, nördl. M. – (Hfg. in S, V und Belf.). [2868]

– Hüllb.anhängsel ungeteilt, ganzrandig od. zerschlitzt.

C. splendens L. (*C. alba* auct., *C. leucolepis* auct.), *Glänzende F.* – St. 50–150 cm, abstehend-ästig. Untere B. doppelt, obere einfach fiederschn., mit schmalen Abschn. Hülle 1–1,5 cm lg. Hüllb.anhängsel weisshäutig, gewölbt, weichspitzig. Bl. rosa. Pappus kürzer als die Fr. / 7 bis 8 / Kollin(-montan). Steinige Orte; zerstr. T, Graub. (Misox). – Val Sesia, Ossolatal, Langensee, Co., Chiav. [2869]

Bastarde.

602. **Rhaponticum** LUDWIG, *Bergscharte*

Rh. scariósum LAM. (*Centaurea rhaponticum* L.), *Bergscharte, Riesen-Flockenblume.* – St. 50–150 cm, meist einköpfig. B. sehr gross, unterseits filzig, längl.-eifg., meist ungeteilt, am Grunde oft herzfg. Köpfchen sehr gross (5–9 cm im Durchm.). Hüllb.anhängsel br.-eifg., bewimpert und flaumig, nicht weichspitzig. Bl. rosa bis purpurn. Pappus länger als die Fr. / 7 bis 8 / Subalpin(-alpin). Steinige Hänge, Karfluren; zerstr. A. [2872]

603. **Serrátula** L., *Scharte*

1. St. einköpfig, nur in der unteren Hälfte beblättert.

S. nudicaúlis (L.) DC., *Nacktstenglige S.* – St. 25–40 cm, einköpfig. B. ungeteilt, eifg.-lanzettl. bis lineal, bläul.-grün. Köpfchen zieml. gross (bis über 1 cm br.), halbkugelig. Äussere Hüllb. an der Spitze mit einem dunklen Fleck. Bl. hellpurpurn. / 6 bis 7 / Montan(-subalpin). Felsige Orte; auf Kalk. – Salève und Mont Vuache bei Genf. [2875]

– St. mehrköpfig, bis unter die Köpfe beblättert.
S. tinctória L., *Färber-S.* – St. 30–100 cm, ästig. B. meist fiederschn., selten ungeteilt, scharf gesägt, obere so lg. od. kürzer als die Internodien. Köpfchen in einer Doldentraube; geschlossene Köpfchen eifg., Hülle 4–6 mm br., grün. Bl. 9–10 mm lg., purpurn, selten weiss. Pappus 4–9 mm lg. / 7 bis 9 / Kollin-montan. Feuchte Wiesen, Gebüsche; zerstr. [2873]
S. macrocéphala BERTOL. (*S. vulpii* FISCHER-OOSTER), *Grossköpfige S.* – St. 10–40 cm, wenig verzweigt. Obere B. deutl. länger als die Internodien. Köpfchen zu 2–5, gedrängt, geschlossene Köpfchen kugelig. Hülle 6–12 mm br., rötl. Bl. 14–16 mm lg., purpurn. Pappus 6–9 mm lg. / 7 bis 9 / Subalpin(-alpin). Wiesen, lichte Wälder sonniger Hänge; zerstr. J (Dôle, Cirque de Moron [Kt. Neuenb.]), A (Waadt, Wallis, südl. T). – V, Französ. Jura, Sav. [2874]

604. Cárthamus L., *Saflor*

C. lanátus L. (*Kentrophyllum lanatum* DC.), *Saflor.* – St. 20–60 cm. B. eifg., halb-st.umfassend, wie die äusseren Hüllb. stachlig gezähnt. Bl. gelb. / 6 bis 7 / Kollin-montan. Steinige Orte; s. s. Südwestschw.; sonst eingeschleppt. – Ain, Sav., Ao. [2876]

Unterfam. 135.2. Cichorioídeae (*Liguliflorae*), *Zungenblütler*

Bl. des Körbchens alle zungenfg., zwittrig, die Zunge aus allen 5 Krb. gebildet, vorn 5zähnig od. ganzrandig. Pfl., vor allem in jüngeren Teilen, mit Milchsaft (bisweilen spärl.), nie mit Ölgängen.

605. Cichórium L., *Wegwarte*

C. intybus L., *Wegwarte, Zichorie.* – Pfl. 30–120 cm, sparrig-ästig, steifhaarig. Obere B. lanzettl. Bl. hellblau. ⅄ 7 bis 9 / Kollin-montan(-subalpin). Wegränder, Schuttstellen; hfg. Auch kult. [2879]
C. endívia L., *Endivie.* – Pfl. 60–150 cm, fast kahl. Obere B. herz-eifg., umfassend. Bl. hellblau. / 7 bis 9 / Kollin-subalpin. Kult. als Salatpfl.; hie und da verwildert. [2880]

606. Lápsana L., *Rainkohl*

L. commúnis L., *Rainkohl.* – St. 20–120 cm. B. eckig-gezähnt; die unteren leierfg.-fiederschn., mit sehr grossem Endabschn.; die oberen längl.-lanzettl. Köpfchen klein, wenigbl., in einer lockeren Rispe. Bl. gelb. / 6 bis 10 / Kollin-montan(-subalpin). Wegränder, Felder, Waldschläge; s. hfg. [2882]

607. Apóseris DC., *Hainlattich*

A. foétida (L.) LESSING, *Hainlattich.* – Köpfchenstiele 10–20 cm lg., einzeln od. zu mehreren, einköpfig. B. schrotsägefg.-fiederschn., mit 3ecki-

gen Abschn. Bl. goldgelb. / 6 bis 7 / Montan-subalpin. Wälder, Weiden;
auf Kalk. A (westl. Gebiete, bis Berner Oberland, südl. T [s.], Graub.
[Prättigau]). [2884]

608. Arnóseris GAERTNER, *Lämmerlattich*

A. mínima (L.) SCHWEIGGER u. KOERTE (*A. pusilla* GAERTNER), *Lämmer-
lattich.* – Köpfchenstiele 10–20 cm lg., meist zu mehreren, einköpfig od.
mit 1–2 Ästen. B. längl.-verkehrt-eifg., gezähnt. Bl. gelb. / 7 bis 9 / Kollin. Sandige Äcker. Früher M. – Bad., Els., Belf. [2885]

609. Hypochoéris L., *Ferkelkraut*

1. St. kahl. Äussere Pappushaare kürzer als die inneren, nicht gefiedert.
    H. radicáta L., *Gewöhnliches F.* – St. 20–60 cm, einfach od. ästig, nach
    oben mit verkümmerten, fast borstenfg. Blättchen besetzt. B. in einer
    grundst. Rosette, buchtig gezähnt bis fiederschn., rauhhaarig. Bl. gelb,
    die äusseren länger als die Hülle. Fr. meist alle geschnäbelt. / 6 bis 10 /
    Kollin-montan(-subalpin). Wiesen, Raine; verbr. [2886]
    H. glabra L., *Sand-F.* – St. 10–40 cm, ästig, zuweilen mit einzelnen lan-
    zettl. Blättchen, oben mit schuppenfg. Hochb. B. grundst., buchtig ge-
    zähnt, kahl od. bewimpert. Bl. gelb, die äusseren so lg. wie die Hülle.
    Randst. Fr. meist ohne Schnabel. / 7 bis 9 / Kollin. Sandige Felder; s. s.
    T (ob noch?). – Bad., Els., Belf. [2887]
– St. steifhaarig. Alle Pappushaare gefiedert.
2. St. meist einköpfig, nach oben deutl. verdickt.
    H. uniflóra VILL. s.l., *Einköpfiges F.* – St. 15–50 cm. B. 2–7, steifhaarig,
    nie gefleckt, die grundst. dem Boden nicht anliegend, am Rande entfernt
    und fein gezähnt. Hülle und Köpfchenstiel rauh schwarzhaarig. Bl. gelb.
    / 7 bis 8 / Subalpin-alpin. Wiesen, Weiden, Zwergstrauchheiden; verbr.
    A. [2888]

        H. uniflóra VILL. s.str., *Einköpfiges F.* – B. ungestielt, oval bis lanzettl. Köpf-
        chen 5–7 cm br., Hülle 2–2,5 cm lg. Äussere Hüllb. am Rande fransig zer-
        schlitzt. Randst. Bl. 2,5–3,5 cm lg. – Subalpin-alpin. Wiesen, lichte Wälder,
        Zwergstrauchheiden; verbr. A. [2888]
        H. facchiniána AMBROSI, *Facchinis F.* – B. allmähl. in einen geflügelten Stiel
        verschmälert, lanzettl. Köpfchen 2–3,5 cm br., Hülle 1,5–2,2 cm lg. Äussere
        Hüllb. am Rande kurz bewimpert, nicht gefranst. Randst. Bl. 2–3 cm lg. – Sub-
        alpin-alpin. Wiesen, Weiden. – Bergam., Tirol(?).

– St. meist 2–3köpfig, nach oben kaum verdickt.
    H. maculáta L., *Geflecktes F.* – St. 30–70 cm, 1–3köpfig, am Grunde mit
    1–4 oft braun gefleckten, dem Boden anliegen B. Köpfchen gross (4–5
    cm im Durchm.). Hüllb. an der Spitze mit gelbl.-filzigem Rand. Bl. gelb.
    / 6 bis 8 / Kollin-montan. Wiesen, Wälder. J (s., bis Couvet [Kt. Neu-
    enb.]), A (zerstr.); s. in tiefen Lagen. – Els. [2889]

610. Leóntodon L., *Löwenzahn, Milchkraut*

1. Pappus der randst. Fr. kurz, kr.fg.
    L. saxátilis LAM. (*L. nudicaulis* (L.) BANKS ssp. *taraxacoides* (VILL.) SCH.
    u. TH., *Thrincia hirta* ROTH), *Hundslattich.* – St. 5–20 cm, einköpfig. B.

gezähnt bis buchtig-fiederschn., behaart. Hüllb. mit schwärzl. Rand. Bl. gelb, die äusseren unterseits blaugrau gestreift. / 7 bis 9 / Kollin. Feuchte Wiesen, Felder; s. M, südl. T; auch verschleppt. – Bad., Els., Belf., Var., Co. [2890]

– Pappus aller Fr. gefiedert *(Fig. 446/1)*, oft einige Haare kürzer als die übrigen und nicht gefiedert. 2

2. St. meist ästig und mehrköpfig. Alle Pappushaare gefiedert.

L. autumnális L., *Herbst-L.* – Pfl. 10–50 cm, kahl od. mit wenigen, einfachen Haaren. B. buchtig gezähnt bis fiederschn., mit vorwärts gerichteten Zipfeln. Köpfchenstiele nach oben verdickt, mit schuppenfg. Hochb. Bl. gelb, die äusseren unterseits rot gestreift. / 7 bis 9 / Kollin-subalpin. Wiesen, Weiden; s. hfg. [2891]

– St. einfach, in der Regel einköpfig. Äussere Pappushaare teilweise kürzer als die übrigen und meist nicht gefiedert. 3

3. St. 3–10 cm hoch. Pappus schneeweiss.

L. montánus LAM. (*L. taraxaci* LOISEL.), *Alpen-L.* – St. oben fast keulenfg. verdickt, nebst den Hüllb. dicht schwärzl. behaart. B. kahl od. mit einfachen Haaren. Bl. gelb. Fr. weissl., fast glatt. / 7 bis 8 / Alpin. Felsschutt; auf Kalk; verbr. A. [2893]

– St. 5–60 cm hoch. Pappus schmutzigweiss od. bräunl. 4

4. St. oberwärts mit mehreren schuppenfg. Hochb. (einzelne dieser Hochb. oft auch tiefer, bis unterhalb der Mitte des St.). 5

– St. oberwärts ohne od. mit 1–2 schuppenfg. Hochb. 6

5. Pfl. kahl od. mit einfachen Haaren.

L. helvéticus MÉRAT em. WIDDER (*L. pyrenaicus* auct.), *Schweizerischer L.* – St. 5–30 cm, nach oben allmähl. verdickt. B. lanzettl., buchtig gezähnt bis fast ganzrandig. Köpfchenstiel und Hülle schwarz borstig und weiss kraushaarig. Bl. gelb. / 7 bis 8 / (Montan-)subalpin-alpin. Rasen; kalkfliehend. M (s.), A (s. hfg.). – S, V. [2892]

– Pfl. von Gabelhaaren graufilzig.

L. incánus (L.) SCHRANK, *Grauer L.* – St. 10–45 cm. B. fast ganzrandig od. etwas buchtig gezähnt, von 3–6gabeligen Haaren graufilzig; Äste der Haare etwa so lg. wie der unverzweigte Haarteil. Innere Hüllb. mit zahlreichen sternfg. und einfachen Haaren besetzt. Bl. gelb. / 6 bis 7 / Kollinsubalpin. Trockenwiesen, Felsen, Felsschutt; auf Kalk; verbr. A (östl. Teile). [2896]

L. tenuiflórus (GAUDIN) RCHB., *Schmalblättriger L.* – Pfl. 10–40 cm. B. meist buchtig gezähnt, von 2–4gabeligen Haaren graugrün; Äste der Haare deutl. kürzer als der unverzweigte Haarteil. Innere Hüllb. kahl od. mit anliegenden einfachen Haaren besetzt. Bl. gelb. / 4 bis 5 / Kollinsubalpin. Wie vorige. T. – Var., Co., Veltlin, Bormio, Bergam. [2897]

6. Pfl. mit kurzem, waagrecht od. schief stehendem, mit starken Seitenw. besetztem Rhizom.

L. híspidus L. s.l., *Gemeiner L.* – St. 10–60 cm, einköpfig, seltener gabelig. B. buchtig gezähnt bis fiederschn., kahl od. rauhhaarig; Haare 2–4gabelig. Bl. sattgelb. Fr. gegen die Spitze leicht verschmälert. Äussere Pappushaare rauh, nicht gefiedert. / 6 bis 8 / Kollin-alpin. Wiesen, Weiden, Felsschutt; s. hfg. [2894]

    01. B. tief schrotsägefg.-fiedersp., mit schmalen Abschn., oft kraus. 02

  – B. fast ganzrandig bis ± buchtig gezähnt od. schwach gelappt.

    L. híspidus L. ssp. **pseudocríspus** (SCH.-BIP.) J. MURR. – Schaft 10–20 cm, nebst der Hülle steifhaarig. B. gabelhaarig, B.abschn. kurz, wellig kraus. – (Montan-)subalpin-alpin. Felsen, Schuttfluren, steinige Hänge; auf Kalk; zerstr. J, M (s.), A.

L. híspidus L. ssp. **hyseroídes** (WELWITSCH) J. MURR. – Schaft 10–20 cm, oberwärts stark verdickt. Pfl. kahl. B.abschn. längl. und schmal, flach. – (Kollin-)subalpin-alpin. Felsen, Schuttfluren; auf Kalk; zerstr. J, M, A.

02. B. ± rauh, gabelhaarig.

L. híspidus L. ssp. **híspidus.** – Schaft 30–60 cm, mehrmals länger als die B., nebst der Hülle ± weiss, steifhaarig. – Kollin-alpin. Wiesen, Weiden, lichte Wälder, Kalkschutthalden; verbr. und hfg.

– B. kahl od. mit einzelnen einfachen Haaren.

L. híspidus L. ssp. **hástilis** (L.) RCHB. – Schaft dünn, 30–50 cm, mehrmals länger als die B. Köpfe klein. – Kollin-montan(-subalpin). Moor- und Sumpfwiesen, Kalkschuttfluren.

L. híspidus L. ssp. **ópimus** KOCH. – Schaft oberwärts stark verdickt, 30–50 cm, bis 2mal so lg. wie die B. Köpfe gross. – Subalpin-alpin. Frische Wiesen. A.

– Pfl. mit verlängerter, spindelfg., senkrecht absteigender, mit feinen Fasern besetzter Pfahlw.

L. crispus VILL., *Krauser L.* – St. 10–30 cm. B. buchtig gezähnt bis fiedersp., dicht mit lg.stieligen Gabelhaaren besetzt. Bl. gelb. Fr. gegen die Spitze stark verjüngt und geschnäbelt, alle Pappushaare gefiedert. / 6 bis 7 / Kollin-montan. Trockenwarme Hänge; s. s. Wallis. – Ao. [2895]

611. **Picris** L., *Bitterkraut*

1. Äussere Hüllb. zahlreich, klein, ca. 1 mm br. Fr. undeutl. geschnäbelt.

P. hieracioídes L. s.l., *Bitterkraut.* – Pfl. 20–120 cm, 2- bis mehrjährig. B. buchtig gezähnt bis ganzrandig, obere längl.-lanzettl. bis lineal, halbumfassend. Köpfchenstd. doldenrispig. Hüllb. lanzettl., die äusseren kleiner, abstehend, auf dem Rücken borstig. Bl. gelb. / 7 bis 10 / Kollinsubalpin. Grasland, Wegränder, Schuttplätze; s. hfg. [2898–2899]

P. hieracioídes L. ssp. **hieracioídes.** – Ganzer St. borstig behaart. B. beiderseits borstig, gezähnelt bis buchtig gezähnt, wenigstens die oberen und mittleren mit abgerundetem Grunde sitzend. Fr. 2,5–4 mm lg. – Kollin-montan(-subalpin). Wiesen, Wegränder, Schuttplätze; s. hfg. [2898]

P. hieracioídes L. ssp. **crepoídes** (SAUTER) SIMK. (*P. sonchoides* VEST). – St. nur im unteren Teil behaart. B. nur am Rande und unterseits auf den Nerven borstig, auf den Flächen kahl, oft ganzrandig, am Grunde fast herzfg.-stengelumfassend. Fr. 4–5 mm lg. – Montan-subalpin. Frische Weiden, Hochstaudenfluren; verbr. [2899]

– Äussere Hüllb. 3–5, gross, 4–7 mm br. Fr. lg. geschnäbelt.

P. echioídes L. (*Helminthia echioides* GAERTNER), *Wurmsalat.* – Pfl. 30–60 cm, einjährig. B. längl.-lanzettl., ganzrandig od. geschweift gezähnt, die oberen herz-eifg., umfassend. Kopfstd. doldenrispig. Äussere Hüllb. 3–5, b.artig, herz-eifg.; innere 8, lineal-lanzettl. Bl. gelb. / 7 bis 10 / Kollin. Luzerneäcker, Schuttplätze; s. und meist unbeständig; eingeschleppt. Stammt aus dem Mittelmeergebiet. [2900]

612. **Tragopógon** L., *Bocksbart*

1. Alle Bl. gelb. 2
– Randbl. rotviolett, innere gelb.

T. crocifólius L., *Safranblättriger B.* – St. 30–50 cm. B. lineal-lanzettl. Köpfchenstiele nach oben nicht verdickt. Köpfchen klein. Hüllb. 5–8. Fr.

mit spitzen Höckern. / 5 bis 7 / Kollin-montan(-subalpin). Trockene Hänge. – Ao. In der Schweiz adv. [2901]

2. Köpfchenstiele nach oben allmähl. und stark keulenfg. verdickt. Hüllb. (8–)10–12.

T. dúbius SCOP. (*T. major* JACQ.), *Grosser B.* – Pfl. 30–100 cm. B. aus br. Grunde plötzl. verschmälert, lineal-pfrieml. Hüllb. zur Bl.zeit 3 cm lg., später bis 6 cm lg. Bl. schwefelgelb. Fr. mit Schnabel 2–3,5 cm lg., schuppig. / 5 bis 6 / Kollin-montan. Trockenwarme Hänge, Wegränder; zerstr. Südschw. und angrenzende Gebiete; auch verschleppt. – Bad., Els., Französ. Jura, Sav., Hegau. [2903]

– Köpfchenstiele nach oben kaum verdickt. Hüllb. meist 8. 3

3. Bl. deutl. länger als die Hüllb. Köpfchen 5–7 cm br.

T. orientális L. (*T. pratensis* L. ssp. *orientalis* (L.) VEL.), *Östlicher B.* – Pfl. 20–80 cm. Köpfchen bis gegen 11 Uhr geöffnet. B. aus br. Grunde allmähl. verschmälert. Bl. goldgelb, so lg. od. meist länger als die weissl.-grün berandeten Hüllb. Stb.beutel gelb, mit 5–8 braunen Längsstreifen. Fr. mit Schnabel 2–2,5 cm lg. / 5 bis 7 / Kollin-montan(-subalpin). Halbtrockenrasen; verbr. und hfg. [2904]

– Bl. so lg. od. kürzer als die Hüllb. Köpfchen 3–5 cm br.

T. praténsis L., *Wiesen-B.*, *Habermark*. – Pfl. 30–90 cm. B. wie bei voriger. Köpfchen bis gegen 14 Uhr geöffnet. Bl. hellgelb, so lg. od. wenig kürzer als die weissl.-grün berandeten Hüllb. Stb.beutel gelb, an der Spitze violettbraun. Fr. mit Schnabel 2–2,5 cm lg. / 5 bis 7 / Kollin-montan(-subalpin). Wiesen, Wegränder; s. J, A. – Bad., Els. [2905]

T. mínor MILLER (*T. pratensis* L. ssp. *minor* (MILLER) HARTMANN), *Kleiner B.* – Pfl. 20–60 cm. B. wie bei voriger. Köpfchen bis gegen 14 Uhr geöffnet. Bl. blassgelb, höchstens ⅔ so lg. wie die wenigstens anfangs rötl. berandeten Hüllb. Stb.beutel braun. Fr. mit Schnabel 1,2–1,8 cm lg. / 5 bis 7 / Kollin(-montan). Strassenränder, Ruderalstellen; s. Schaffh. – Ao., Bad., Els., Hegau. [2906]

613. **Scorzonéra** L., *Schwarzwurzel*

1. St. beblättert, 2- bis mehrköpfig.

S. hispánica L., *Garten-S.*, *Schwarzwurzel*. – St. 60–120 cm. B. längl.-lanzettl. bis lineal. Hüllb. spitz, die äusseren eifg. Bl. hellgelb. / 6 bis 8 / Kollin-montan. Als Gemüsepfl. kult. und hie und da verwildert. Einheimisch von Süd- und Osteuropa bis Westasien. [2910]

– St. b.los od. mit 2–3 linealen od. schuppenfg. B., meist einköpfig. . . 2

2. Äussere Hüllb. mit einer pfriemfg. Spitze.

S. aristáta RAMOND ex DC., *Grannen-S.* – St. 10–50 cm. B. alle grundst., verlängert lineal-lanzettl. bis lineal, lg. zugespitzt. Bl. goldgelb. / 7 bis 8 / Montan-subalpin. Wiesen und Wildheuplanken der südl. Kalkalpen. – Co. [2911]

– Äussere Hüllb. ohne pfriemfg. Spitze.

S. austríaca WILLD., *Österreichische S.* – Pfl. am Grunde mit einem durch die aufgelösten vorjährigen B. entstandenen Faserschopf. St. 5–30 cm. B. lineal od. lanzettl., zugespitzt. Bl. gelb. Pappus reinweiss. / 5 / Kollin(-montan). Trockenrasen, Föhrenwälder, Felsen; auf Kalk; zerstr. J (La Reuchenette, Pieterlen), A (Waadt, Wallis), T. – Savoyer Jura, Ao., Co., Vintschgau, Badischer Jura. [2912]

S. húmilis L., *Kleine S.* – Pfl. ohne Faserschopf. St. 15–50 cm. Grundst. B. lineal bis längl.-lanzettl., in einen Stiel verschmälert. Bl. gelb. Pappus schmutzigweiss. / 5 bis 6 / Kollin-montan(-subalpin). Sumpfwiesen, Weiden; zerstr. J, M, A. – S, Els., Belf., Pontarlier, Sav., Var., Co. [2913]

614. Podospérmum DC., *Stielsame*

P. laciniátum (L.) DC. (*Scorzonera laciniata* L.), *Schlitzblättriger S.* – Pfl. 10–60 cm, ästig. B.abschn. lineal. Hülle 8kantig. Hüllb. so lg. wie die randst. Bl. Bl. hellgelb. / 5 bis 7 / Kollin-montan. Sandige Orte, Wegränder, Rebmauern; zerstr. Wallis. – Ao. [2907]
P. resedifólium (L.) DC. (*P. calcitrapifolium* (VAHL) DC., *S. resedifolia* L.), *Resedablättriger S.* – Pfl. 10–40 cm, ästig. B.abschn. oval bis lanzettl., Endabschn. deutl. grösser. Hüllb. meist deutl. kürzer als die randst. Bl. / 5 bis 7 / Kollin. Wegränder, Weinberge, Schuttplätze. – Ao., Els. (eingebürgert). [2908]

615. Chondrílla L., *Knorpelsalat*

Ch. júncea L., *Ruten-K.* – Pfl. 30–120 cm, mit rutenfg. Ästen. Grundst. B. (zur Bl.zeit verwelkt) schrotsägefg. Köpfchen kurz gestielt, ährenfg.-traubig. Bl. gelb. / 6 bis 9 / Kollin(-montan). Wegränder, trockene Hügel. J und M (s.), A (Wallis und T zerstr.); auch. adv. [2914]
Ch. chondrilloídes (ARD.) H. KARSTEN (*Ch. prenanthoides* VILL.), *Alpen-K.* – Pfl. 15–30 cm, ästig. Grundst. B. verkehrt-lanzettl., entfernt gezähnt. Köpfchen doldentraubig. Bl. gelb. / 7 bis 8 / Kollin-montan. Kies und Flussschotter. A (Rhein und Zuflüsse [Graub., sporadisch in St. Gallen]). [2915]

616. Calycocórsus F. W. SCHMIDT, *Kronlattich*

C. stipitátus (JACQ.) RAUSCHERT (*Willemetia stipitata* (JACQ.) D. T., *W. apargioides* LESSING), *Kronlattich.* – St. 20–30 cm. Grundst. B. längl.-verkehrt-eifg., buchtig gezähnt. Oberer Teil des St. und Köpfchenstiele mit weissen Sternhaaren und schwärzl. Drüsenhaaren. Bl. goldgelb. / 7 bis 8 / Montan-subalpin. Sumpfige Wiesen; verbr. M, A (östl. Teil). [2916]

617. Taráxacum WEBER, *Pfaffenröhrlein*

Anmerkung: Für die Bestimmung, welche nur zur Hauptblütezeit möglich ist, sind reife Fr. unerlässlich. Beim Sammeln sind die Farben von B. B.stiel, Bl., Gr. und N. zu notieren. Die Fr. (Achäne) *(Fig. 446/7)* besteht aus einem ± farbigen, samentragenden Hauptteil, der eigentl. Fr. (fr) mit aufgesetzter, oft warzig-schuppiger, pyramidenfg. Spitze (sp) und dem meist farblosen Stiel, dem Schnabel (sch) des weissen Haarkelchs (Pappus /p).

1. Fr. oberwärts glatt od. mit sehr kleinen, undeutl. Höckern. Schnabel kürzer als die Fr.
T. pachéri SCH.-BIP., *Pachers Pf.* – Pfl. 2–6 cm. B. klein, regelm. und grob gesägt. Zähne br. 3eckig, ± stumpf, ganzrandig, etwa so lg. wie br. Hüllb. ohne deutl., hellen Rand, an der Spitze ohne Höcker. Bl. orange-gelb, aussen purpurn. Fr. grau. Schnabel 0,5–1mal so lg. wie die Fr. / 7 bis 8 / Alpin. Kalkruhschutt; zerstr. A (Wallis, T, Graub.). – Bormio, Tirol.

  – Fr. oberwärts reichl. mit schuppenfg. Höckern besetzt. Schnabel länger
als die Fr. 2

2. B.rosetten zu mehreren beisammen. Pfl. kleine Polster bildend.

  T. disséctum (LEDEB.) LEDEB. (*T. zermattense* DAHLST.), *Schlitzblättriges
Pf.* – Pfl. 2–10 cm. B.rosetten am Grunde mit zahlreichen, schwarzen
B.resten. B. ± bis auf den Mittelnerv geteilt. Zähne etwa 1,5–3mal so lg.
wie br., grob gezähnt. Hüllb. mit deutl., 0,3–0,5 mm br., hellem Haut-
rand, an der Spitze gelegentl. mit Höckern. Bl. hellgelb. Fr. hellbraun.
Schnabel 1,5–2mal so lg. wie die Fr. / 7 bis 8 / Alpin. Rasen; s. A (Wallis
[Zermatt–Simplon]). – Ao.

  – B.rosetten einzeln. 3

3. B. ganzrandig od. seicht gezähnt, 10–20mal so lg. wie br. (vgl. auch *T. ce-
ratophorum*).

  T. palustre (LYONS) SYMONS s.l. (*T. paludosum* (SCOP.) SCHLECHTER ex
CRÉPIN), *Sumpf-Pf.* – Pfl. 5–30 cm. B. 3–10 mm br. Äussere Hüllb. br.-
lanzettl., 2,5–5 mm br., mit 0,5–0,8 mm br., hellem Hautrand, innere an
der Spitze ohne Höcker. Bl. gelb. Fr. hellbraun. Schnabel 1,5–2mal so lg.
wie die Fr. / 4 bis 7 / Kollin-montan(-subalpin). Sumpfwiesen, Ufer;
verbr. [2922]

  – B. meist ± tief geteilt, 2–8mal so lg. wie br. 4

4. Hülle zur Bl.zeit 1,4–2 cm lg. Äussere Hüllb. linealisch.

  T. officinále WEBER s.l., *Pfaffenröhrlein, Kuhblume, Löwenzahn.* – Pfl.
15–50 cm. B. vielgestaltig, meist schrotsägefg. fiederschn. Äussere Hüllb.
zur Bl.zeit abstehend od. zurückgeschlagen, innere an der Spitze ohne
Höcker. Bl. gelb, aussen selten purpurn. Fr. hellbraun. Schnabel 2–4mal
so lg. wie die Fr. / 4 bis 5 (10) / Kollin-subalpin(-alpin). Wiesen, Wegränder; s. hfg. [2919]

  – Hülle zur Bl.zeit höchstens 1,5 cm lg. Äussere Hüllb. ± eifg., zugespitzt. 5

5. Fr. graubraun bis purpurn bis graupurpurn. 6

  – Fr. bleich, gelbl.-bräunl. bis graubraun. 7

6. Äussere Hüllb. mit sehr schmalem, deutl., weissem Hautrand.

  T. laevigátum (WILLD.) DC. s.l., *Glattes Pf., Rotfrüchtiges Pf.* – Pfl. 3–30
cm, am Grunde mit alten B.resten. B. fein schrotsägefg.-fiederschn., mit
schmalen, gezähnten Abschn. Äussere Hüllb. lanzettl., abstehend od.
anliegend, ± so br. wie die inneren. Innere Hüllb. an der Spitze mit 1–2
kleinen Höckern. Bl. hellgelb. Fr. dunkelrot. Schnabel 1,5–2,5mal so lg.
wie die Fr. / 4 bis 6 / Kollin-montan(-subalpin). Trockenwarme, steinige
Orte, Rasen; verbr. [2920]

  T. schroeteránum HANDEL-MAZZETTI, *Schröters Pf.* – Pfl. 3–30 cm, ohne
B.reste am Grunde. B. wenig geteilt, mit zurückgebogenen, 3eckigen
Zähnen. Äussere Hüllb. oval bis br.-lanzettl., anliegend, schmäler od. so
br. wie die inneren. Innere Hüllb. an der Spitze ohne Höcker. Bl. dunkel-
gelb. Fr. hellrotbraun. Schnabel 1,3–1,6mal so lg. wie die Fr. / 7 bis 8 /
Subalpin-alpin. Flachmoore, Quellfluren; verbr. A. [2921]

  – Äussere Hüllb. br. weissrandig, trocken oft rötl. hautrandig.

  T. aquilonáre HANDEL-MAZZETTI, *Nördliches Pf.* – Pfl. 5–15 cm. B. blass
blaugrün, ± tief gesägt, mit geraden, 3eckigen Zähnen. Äussere Hüllb.
oval bis lanzettl., innere ohne od. selten mit kleinen Höckern an der
Spitze. Bl. dunkelgelb. Fr. dunkelrot. Schnabel 1,5–2mal so lg. wie die

Fr. / 7 bis 8 / Montan-alpin. Rasen, Ruhschutt. A (Wallis, T, Graub.). – Sav., Ao., Tirol.

7. Hüllb. auf der Aussenseite mit deutl., langen Höckern.

T. ceratóphorum (LEDEB.) DC. s.l., *Gehörntes Pf.* – Pfl. 5–12 cm. B.rosette am Grunde weissflockig, mit wenigen alten B.resten. B. fast ganzrandig bis wenig tief gezähnt, Zähne etwa so lg. wie br. Äussere Hüllb. etwa halb so lg. wie die inneren, ohne deutl., hellen Hautrand. Bl. hellgelb. Fr. hellbraun. Schnabel 1–2mal so lg. wie die Fr. / 6 bis 8 / Alpin. Schafläger, Kalkschutt; s. A (Graub.). – Sav., Tirol.

– Hüllb. auf der Aussenseite ohne deutl. Höcker. 8

8. Zungenbl. an der Spitze kapuzenfg. eingerollt.

T. cucullátum DAHLST. s.l., *Kapuzen-Pf.* – Pfl. 10–30 cm. B.rosette am Grunde kahl, ohne alte B.reste. B. unregelm. gesägt bis wenig tief geteilt. Äussere Hüllb. bis halb so lg. wie die inneren, ohne deutl. Hautrand. Bl. weissl. bis blassgelb, aussen wenig purpurn. Fr. gelbbraun. Schnabel 1,5–2mal so lg. wie die Fr. / 6 bis 8 / Subalpin-alpin. Schneetälchen, Lägerstellen; zerstr. A.

– Zungenbl. an der Spitze nicht kapuzenfg. eingerollt.

T. fontánum HANDEL-MAZZETTI s.l., *Brunnen-Pf.* – Pfl. 10–25 cm. B.rosette am Grunde mit zahlreichen, alten B.resten. B. schmal-lanzettl., aufrecht, wenig eingeschnitten. Äussere Hüllb. etwa halb so lg. wie die inneren, mit br., deutl. Hautrand. Bl. gelb. Fr. graubraun. Schnabel mindestens 2mal so lg. wie die Fr. / 6 bis 8 / Subalpin-alpin. Bachränder; zerstr. A.

T. alpinum (HOPPE) HEGETSCHW., *Alpen-Pf.* – Pfl. 30–150 cm. B.rosette am Grunde zerstreut weissflockig, ohne alte B.reste. B. schrotsägefg. fiederschn. Äussere Hüllb. oval bis br.-lanzettl., 0,3–0,6mal so lg. und 1–1,4mal so br. wie die inneren, ohne hellen Hautrand. Fr. gelbbraun. Schnabel 0,8–1,5mal so lg. wie die Fr. / 6 bis 9 / (Subalpin-)alpin. Rasen, Schneetälchen, Lägerstellen. J (bis Mont Tendre), A (verbr.). [2923]

618. **Mycélis** CASS., *Mauerlattich*

M. murális (L.) DUMORTIER (*Cicerbita muralis* (L.) WALLR., *Lactuca muralis* FRESENIUS), *Mauerlattich*. – St. 30–100 cm. B. leierfg.-fiederschn., mit br., eckig-gezähnten Abschn. Köpfchen zahlreich, 5bl., in einer sparrig-ästigen Rispe. Fr. geschnäbelt *(Fig. 446/6).* / 7 bis 9 / Kollin-montan(-subalpin). Wälder, Mauern; s. hfg. [2924]

619. **Cicérbita** WALLR., *Milchlattich*

C. alpína (L.) WALLR. (*Mulgedium alpinum* LESSING), *Alpen-M.* – St. 60–130 cm. B. leierfg.-fiederschn., mit spiessfg., zugespitztem Endlappen. Köpfchen in einer verlängerten, drüsenhaarigen Traube od. Rispe. Bl. violettblau. / 7 bis 8 / (Montan-)subalpin. Bergwälder, Hochstaudenfluren; verbr. J (bis Raimeux und Weissenstein), M, A. – S, V. [2925]

C. plumiéri (L.) KIRSCHL. (*M. plumieri* DC.), *Plumiers M.* – St. 60–120 cm. B. schrotsägefg.-fiederschn. Köpfchen in einer kahlen Doldentraube. Bl. hellblau. / 7 bis 8 / Montan-subalpin. Zieml. s. A (westl. Teil). – S, V. [2926]

Bastard: C. alpina ×plumieri.

620. **Sonchus** L., *Gänsedistel*

1. Gr. und N. grünl.-braun. Köpfchenstiele und Hülle kahl od. nur mit vereinzelten Drüsen.

 S. oleráceus L., *Gemeine G.* – St. 30–100 cm. B. weich, glanzlos, buchtig fiederschn., selten ungeteilt, mit zugespitzten, vorgestreckten Öhrchen. Bl. gelb od. gelbl.-weiss. Fr. fein querrunzlig. / 6 bis 10 / Kollin-montan(-subalpin). Äcker, Gartenland, Schuttstellen; s. hfg. [2929]

 S. asper (L.) HILL, *Rauhe G.* – St. 30–80 cm. B. etwas steif, glänzend, meist ungeteilt, fast stachlig gezähnt; die st.st. am Grunde herzfg., mit abgerundeten, angedrückten Öhrchen. Bl. meist hell-goldgelb. Fr. nicht querrunzlig. / 6 bis 10 / Kollin-montan(-subalpin). Wie vorige; hfg. [2930]

– Gr. und N. gelb. Köpfchenstiele und Hülle meist dicht mit gelben od. schwarzen Drüsenhaaren besetzt. 2

2. Stlb. mit abgerundeten Öhrchen sitzend. Fr. dunkelbraun.

 S. arvénsis L. s.l., *Acker-G.* – Pfl. mit Ausläufern. St. 60–140 cm, im Querschnitt mit lanzettl. Höhlung. B. fiederschn., Öhrchen anliegend, abgerundet. Köpfchen bis 5 cm br., in verkürzter Doldenrispe. Bl. goldgelb. Pappus reinweiss. Fr. beidseits mit 5 Längsrippen, leicht querrunzlig bis höckerig. / 7 bis 10 / Kollin-montan. Äcker, Schuttstellen, feuchte Wiesen, Gräben; verbr. [2927]

 > **S. arvénsis** L. ssp. **arvénsis**, *Acker-G.* – Hülle und Köpfchenstiele ± dicht gelbdrüsig. Grössere Hüllb. 14–17 mm lg. – Kollin-montan(-subalpin). Lehmigtonige Äcker, Schuttplätze; verbr.
 >
 > **S. arvénsis** L. ssp. **uliginósus** (M. B.) NYMAN, *Moor-G.* – Hülle und Köpfchenstiele ± drüsenlos. Grössere Hüllb. 10–15 mm lg. – Kollin-montan. Feuchte Wiesen, Ufer, Gräben; s. J, M, A (Wallis, T).

– Stlb. mit zugespitzten Öhrchen sitzend. Fr. gelbbraun.

 S. palústris L., *Sumpf-G.* – Pfl. ohne Ausläufer. St. 90–300 cm, im Querschnitt mit grosser 4eckiger Höhlung. B. fiederschn., Öhrchen abstehend, pfeilfg. Köpfchen bis 3 cm br., in verkürzter Doldenrispe. Bl. hellgelb. Pappus schmutzigweiss. Fr. beiderseits mit 5 Längsrippen, leicht querrunzlig. / 7 bis 9 / Kollin. Moorwiesen, nasse Staudenfluren, Gräben. Ob in der Schweiz? – Els.(?), Ao., Ossola, Co. [2928]

621. **Lactúca** L., *Lattich*

1. Bl. blau od. lila.

 L. perénnis L., *Blauer L.* – Pfl. 20–80 cm. B. schrotsägefg.-fiederschn., kahl, bläul.-grün. / 5 bis 6 / Kollin-montan(-subalpin). Trockenwarme, felsige Hänge; zerstr. [2931]

– Bl. gelb. 2

2. Köpfchen 5bl.

 L. vimínea (L.) J. u. C. PRESL (*Phoenixopus vimineus* RCHB.), *Ruten-L.* – St. 30–60 cm, in verlängerte, rutenfg. Äste geteilt, strohgelb. Stlb. herablaufend, die oberen lineal, ganzrandig. / 7 / Kollin-montan. Steinige Hänge. Wallis; auch adv. – Ao. [2932]

– Köpfchen mit mehr als 5 Bl. 3

3. Mittlere und obere Stlb. lineal, ganzrandig.

 L. salígna L., *Weiden-L.* – St. 20–60 cm. Stlb. mit tief pfeilfg. Grunde um-

fassend. Köpfchen fast sitzend, an rutenfg. Ästen. / 7 bis 10 / Kollin. Äkker nach der Ernte; s. M, A (Wallis, T); auch adv. [2933]
– Stlb. längl. od. längl.-verkehrt-eifg., gezähnt od. fiederschn. 4
4. Fr. schwarz, mit fast flügelfg. Rand, an der Spitze kahl *(Fig. 447/1).*
   L. virósa L., *Gift-L.* – St. 60–150 cm. B. meist ungeteilt, mit waagrecht gestellter Spreite, blaugrün, unterseits auf der Mittelrippe stachlig-borstig.
   Köpfchen in einer verlängerten, pyramidenfg. Rispe. / 7 bis 9 / Kol-
   lin(-montan). Steinige Orte, Schuttstellen; s. Besonders Südwest- und
   Südschw. [2936]
– Fr. braun, graubraun od. weissl., mit schmalem Rand, an der Spitze
   kurzborstig *(Fig. 447/2).*
   L. serríola L. (*L. scariola* L.), *Wilder L.* – St. 60–120 cm. B. meist schrot-
   sägefg. fiederschn., mit senkrecht gestellter Spreite, blaugrün, am Rande
   und unterseits auf der Mittelrippe stachlig. Köpfchen wie bei der vorigen
   Art. Fr. graubraun. / 7 bis 9 / Kollin-montan. Dämme, Wegränder,
   Schuttstellen; verbr. [2935]
   L. satíva L., *Gartensalat, Kopfsalat, Salat.* – St. 60–100 cm. B. meist kahl,
   gezähnt od. fiederschn., nicht stachlig. Köpfchen in einer Doldentraube.
   Fr. braun od. grauweiss. / 7 bis 8 / Kollin-subalpin. Kult. und verwildert.
   [2934]

622. Crepis L., *Pippau*

1. Fr.boden borstig; die Borsten 5 mm lg., so lg. od. länger als die Fr. Äusserste Fr. mit 3 br. geflügelten Kanten.
   C. sancta (L.) BABCOCK ssp. **nemausénsis** (GOUAN) BABCOCK (*Pterotheca
   nemausensis* CASS., *Lagoseris sancta* (L.) K. MALY ssp. *nemausensis*
   (GOUAN) THELL.), *Hasensalat.* – St. 10–30 cm, 1- bis mehrköpfig. B. in
   einer grundst. Rosette, längl. od. längl.-eifg., gezähnt bis leierfg.-fie-
   derschn. Köpfchen in einer Doldentraube, mit lg., drüsenhaarigen Stielen. Bl. gelb. / 4 bis 5 / Kollin. Luzernefelder, Rebäcker; s. Genf; auch
   adv. auf Ödland, Bahnhöfen und Kunstwiesen. – Els., Ain, Sav. (Aus
   dem Mittelmeergebiet einwandernde, nach Norden in Ausbreitung begriffene Art. Heimat wahrscheinl. Kleinasien.) [2918]
– Fr.boden kahl bis dicht kurzhaarig. Haare länger als die Fr. Äusserste Fr.
   ohne br. geflügelte Kanten. 2
2. St. einköpfig od. mit wenigen, einköpfigen Ästen. Stlb., wenn vorhanden, am Grunde nie pfeilfg. 3
– St. mehr- bis vielköpfig, bisweilen 1–3köpfig, dann aber die Stlb. (ausg.
   bei *C. mollis*) mit pfeilfg. od. geöhrt-umfassendem Grunde. 7
3. Bl. orangefarben bis bräunl.-feuerrot.
   C. aúrea (L.) CASS., *Gold-P.* – St. 5–30 cm, b.los, einköpfig, oberwärts
   nebst der Hülle schwarzzottig. B. verkehrt-eifg. bis längl., kahl. / 6 bis 8 /
   (Montan-)subalpin-alpin. Wiesen, Weiden. J (bis Weissenstein und Rüt-
   telhorn [Kt. Sol.]), M (vereinzelt), A (s. hfg.). [2937]
– Bl. gelb. 4
4. St. 30–60 cm, mit elliptischen, am Grunde umfassenden B.
   C. pontána (L.) D. T. (*C. montana* TAUSCH), *Berg-P.* – Köpfchenstiel
   nach oben verdickt. Köpfchen gross (4–5 cm im Durchm.). Hülle rauhhaarig. Bl. gelb. / 7 bis 8 / Subalpin(-alpin). Bergwiesen; kalkliebend. J
   (Dôle), A (zerstr.). [2938]

– St. 3–30 cm, b.los od. die B. am Grunde verschmälert od. gestielt. . 5
5. B. leierfg., mit eifg. od. herz-eifg. Endabschn. und geflügelt-gezähntem Stiel.

    C. pygmaéa L., *Zwerg-P.* – St. 5–15 cm, liegend, ästig. B. unterseits oft violett überlaufen. Hülle grauflockig. Bl. gelb. / 7 bis 8 / (Subalpin-)alpin. Felsschutt; auf Kalk; zerstr. A. [2939]

– B. lanzettl., längl.-verkehrt-eifg. od. fiederschn.; zerstr. 6
6. St. beblättert (bei C. terglouensis bis dicht unter das Köpfchen).

    C. terglouénsis (HACQUET) KERNER (*C. hyoseridifolia* TAUSCH, *Soyeria hyoseridifolia* KOCH), *Triglav-P.* – St. 3–7 cm, einköpfig. B. gestielt, schrotsägefg. Köpfchenstiel keulenfg. verdickt. Hüllb. schwarzzottig. Bl. goldgelb. / 7 bis 8 / Alpin. Felsschutt; auf Kalk; zerstr. A. [2940]

    C. kérneri RECH. f. (*C. jacquinii* TAUSCH ssp. *kerneri* (RECH. f.) MERXM.), *Kerners P.* – St. 3–20 cm. Untere Stlb. fiederschn., mit verlängertem, linealem Endzipfel; obere ungeteilt, lineal. Hüllb. locker filzig, schwarzzottig, ohne od. mit spärl. Drüsenhaaren. Bl. hellgelb. Pappus zerbrechl. / 7 bis 8 / (Subalpin-)alpin. Felsschutt, steinige Hänge; auf Kalk; zerstr. A (Wallis [Ofenhorn], Graub., östl. des Rheins). – Co. [2943]

– St. b.los od. oberwärts mit kleinen, ungeteilten B. 7
7. Oberer Teil des St. nebst der Hülle durch geschlängelte Haare dicht gelbl.-zottig.

    C. rhaética HEGETSCHW. (*C. jubata* KOCH), *Rätischer P.* – St. 3–7 cm, einköpfig. B. ganzrandig od. etwas gezähnt. Bl. goldgelb. / 7 bis 8 / Alpin. Felsschutt, Felsen, steinige Hänge; kalkliebend; s. A (Wallis, Graub.). [2941]

– Oberer Teil des St. nebst der Hülle graufilzig od. schwarzzottig.

    C. alpéstris (JACQ.) TAUSCH, *Alpen-P.* – St. 5–30 cm. B. lanzettl., geschweift-gezähnt od. schrotsägefg., zerstr. behaart. Hüllb. flaumig, drüsenhaarig. Bl. gelb. / 7 bis 8 / (Kollin-montan-)subalpin(-alpin). Rasen und Felsschutt. J (Schaffh.), M, A (vom Berner Oberland ostwärts verbr.). [2942]

8. St. b.los. B. in grundst. Rosette.

    C. praemórsa (L.) TAUSCH, *Trauben-P.* – St. 20–70 cm. B. eilängl., ganzrandig od. gezähnelt, flaumig. Köpfchen in einer Traube od. Rispe. Bl. hellgelb. / 5 bis 6 / Kollin-montan. Wiesen, lichte Gehölze; zerstr. J, M (s.), A (Rheintal [Chur bis Bodensee]). [2944]

    C. froelichiana DC. ssp. **froelichiana** (*C. incarnata* (WULFEN) TAUSCH), *Froelichs P.* – St. 20–50 cm. B. längl.-verkehrt-eifg. Köpfchen zu 3–7 in einer Doldentraube. Bl. hellgelb. / 5 / (Kollin-)montan-subalpin. Bergwiesen, steinige Weiden; auf Kalk; zerstr. Südl. T. – Co. [2945]

– St. beblättert. 9
9. Alle od. wenigstens die inneren Fr. des Köpfchens geschnäbelt. (Untergattung *Barkhaúsia*.) 10
– Fr. nicht geschnäbelt. 12
10. Hüllb. mit gelben Borsten.

    C. setósa HALLER f. (*Barkhausia setosa* DC.), *Borstiger P.* – St. 15–50 cm, ästig, oberwärts wie die Hüllb. mit gelben Borsten besetzt. Stlb. mit pfeilfg. Grunde sitzend. Bl. hellgelb. / 6 bis 8 / Kollin(-montan). Äcker, Wiesen, Ödland; zerstr. [2946]

– Hüllb. grauhaarig und oft drüsig-borstig od. die äusseren kahl. 11
11. Köpfchen vor dem Aufblühen nickend. Gr. gelb.

C. foétida L. (*B. foetida* F. W. SCHMIDT), *Stinkender P.* – St. 15–30 cm. B. meist mit st.umfassendem, geöhrtem Grunde. Köpfchen lg. gestielt. Hüllb. grauhaarig. Bl. gelb, die äusseren rot gestreift. Randst. Fr. kurz geschnäbelt. / 6 bis 9 / Kollin(-montan). Trockene, steinige Orte, Brachfelder; zerstr. Besonders West- und Südschw.]2947]

– Köpfchen vor dem Aufblühen aufrecht. Gr. schwärzl.-grün.

C. vesicária L., *Blasen-P.* – St. 30–80 cm. Stlb. mit meist pfeilfg. Grunde sitzend. Äussere Hüllb. sich mit den Rändern überdeckend, br.-eifg., fast ganz häutig. Bl. gelb, die äusseren rot gestreift. Fr. verschieden, äussere abgeflacht, kaum geschnäbelt, innere geschnäbelt. / 5 bis 6 / Kollin. Schuttplätze, Wegränder, Bahnareale; s. adv. M, T. [2948]

C. taraxacifólia THUILL. (*C. vesicaria* L. ssp. *taraxacifolia* (THUILL.) THELL., *B. taraxacifolia* DC.), *Löwenzahnblättriger P.* – St. 30–80 cm. Untere Stlb. in den Stiel verschmälert, obere sitzend, mit kleinen Öhrchen. Äussere Hüllb. 2–4mal so lg. wie br., sich mit den Rändern nicht überdeckend. Kr. gelb, äussere rot gestreift. Fr. alle gleich, 10rippig, geschnäbelt. / 5 bis 6 / Kollin-montan. Wiesen, Wegränder, Schuttplätze; verbr. [2949]

12. Hüllb. vollständig kahl.

C. púlchra L., *Schöner P.* – St. 40–100 cm, oberwärts kahl, unterwärts nebst den B. behaart und bisweilen drüsig. Stlb. ungestielt, am Grunde oft geöhrt. Hülle walzenfg. Bl. gelb, nur wenig länger als die Hülle. / 6 bis 7 / Kollin. Raine, Weinberge; s. s. Aarg.; auch verschleppt. – Bad., Els., Ao. [2950]

– Hüllb. sternhaarig od. mit einfachen drüsenlosen od. drüsentragenden Haaren od. grauflaumig. 13

13. Pfl. mehrjährig. Hülle mit lg., drüsenlosen od. drüsentragenden Haaren. 14

– Pfl. 1–2jährig. Hülle mehr od. weniger sternhaarig, oft mit vereinzelten Drüsenborsten. 16

14. Stlb. am Grunde abgerundet od. schwach herzfg.

C. móllis (JACQ.) ASCH. (*C. succisifolia* TAUSCH), *Weicher P.* – St. 30–90 cm. B. entfernt gezähnt od. fast ganzrandig, zerstr. behaart od. kahl. Köpfchen in einer lockeren Doldenrispe (an schwachen Exemplaren wenige). Hüllb. drüsenhaarig. Bl. goldgelb. / 6 bis 7 / (Kollin-)montansubalpin. Wiesen, Weiden. J (verbr. bis Passwang), A (St. Gallen, Appenzell). – S. [2951]

– Stlb. am Grunde pfeilfg. od. deutl. herzfg. 15

15. Pappus schmutzigweiss, etwas starr, zerbrechl.

C. paludósa (L.) MOENCH, *Sumpf-P.* – St. 40–120 cm. B. meist kahl, gezähnt, mit zugespitzten Öhrchen tief umfassend. Haare der Hüllb. schwarz, drüsentragend. Bl. goldgelb. / 5 bis 7 / Wie vorige. Bachufer, Quellen, Sümpfe; hfg. [2952]

– Pappus reinweiss, weich und biegsam.

C. conyzifólia (GOUAN) KERNER (*C. grandiflora* TAUSCH), *Grossköpfiger P.* – St. 25–60 cm, oberwärts nebst den B. und Hüllb. meist reichdrüsig. Grundst. B. zur Bl.zeit noch vorhanden. Stlb. nach oben an Grösse rasch abnehmend. Bl. goldgelb. / 7 bis 8 / (Montan-)subalpin(-alpin). Bergwiesen. M (s.), A (verbr.). [2953]

C. pyrenáica (L.) GREUTER (*C. blattarioides* VILL.), *Pyrenäen-P.* – St. 30–70 cm, nebst den B. und Hüllb. drüsenlos. Grundst. B. zur Bl.zeit meist nicht mehr vorhanden. Stlb. zahlreich, alle ansehnl. Bl. gelb. / 6 bis 8 / (Montan-)subalpin. Wiesen, Hochstaudenfluren und buschige Hänge; verbr. J (bis Hasenmatt [Kt. Sol.]), A. – S, V. [2954]

16. Stlb. am Grunde gezähnt-geöhrt.

C. biénnis L., *Wiesen-P.* – St. 60–120 cm. Köpfchen in einer lockeren Doldenrispe. Hüllb. aussen graufilzig, auf der Innenfläche behaart, die äusseren abstehend. Bl. goldgelb. Gr. gelb. / 5 bis 7 / Kollin-montan(-subalpin). Wiesen; s. hfg. [2955]

– Stlb. am Grunde pfeilfg. umfassend. 17

17. Stlb. am Rande zurückgerollt. Hüllb. auf der Innenfläche behaart.

C. tectórum L., *Dach-P.* – St. 10–60 cm, kurzhaarig. Stlb. meist ungeteilt, lineal. Äussere Hüllb. abstehend. Bl. hellgelb. Gr. bräunl. / 6 bis 9 / Kollin-subalpin. Trockene Äcker, Wegränder; s. M, A (Wallis, Engadin); auch adv. – Bad., Els., Belf., Veltlin, Vintschgau, Hegau. [2956]

– Stlb. flach. Hüllb. auf der Innenfläche kahl.

C. capilláris (L.) WALLR. (*C. virens* L.), *Kleinköpfiger P.* – St. 15–70 cm, nebst den B. fast kahl od. kurzhaarig. Köpfchen klein (Hülle 5 mm lg.). Äussere Hüllb. angedrückt. Fr.boden kahl. Bl. goldgelb. / 6 bis 9 / Kollin-montan(-subalpin). Raine, Äcker, Wegränder; hfg. [2957]

C. nicaeénsis BALBIS EX PERS., *Nizzaer P.* – St. 30–90 cm, unterwärts steifhaarig. Köpfchen mittelgross (Hülle 7–10 mm lg.). Äussere Hüllb. abstehend. Fr.boden mit bewimperten Grubenrändern. Bl. goldgelb. / 5 bis 7 / Kollin-montan. Wiesen (mit fremdem Grassamen eingeschleppt), Ödland; s. M, A. [2958]

Bastarde.

623. Prenánthes L., *Hasenlattich*

P. purpúrea L., *Hasenlattich.* – St. 60–200 cm. B. kahl, unterseits blaugrün, längl.-lanzettl., herzfg. umfassend, buchtig gezähnt. Köpfchen zahlreich, in einer Rispe. Bl. violett bis purpurrot, selten weiss. / 7 bis 9 / Kollin-subalpin. Wälder; hfg. [2959] – Eine auffallende, systematisch aber nicht bedeutende Form ist: var. **angustifólia** KOCH (*P. tenuifolia* L.) mit verlängerten, linealen, 3–5 mm br., mehr od. weniger ganzrandigen B. (hfg. im T, sonst vereinzelt).

624. Hierácium L., *Habichtskraut*[1] [2]

1. Pappushaare biegsam, weiss bis schmutzigweiss. Äussere Hüllb. viel kürzer als die inneren, in die schuppenfg. Hochb. des St. übergehend. (Untergattung *Stenothéca*.)

---

[1] Von dieser Gattung sind hier ausser den Arten nur einige wenige (der vielen) Zwischenarten und einige wenige (der äusserst zahlreichen) Unterarten aufgenommen worden. Ausführliche Darstellungen findet der sich hierfür Interessierende in dem Werke von *K. H. Zahn:* Die Hieracien der Schweiz (1906), sowie in den späteren Schriften dieses Autors: Hieracium in Schinz und Keller, Flora der Schweiz, 2. Teil, 3. Aufl. (1914); Hieracium in Ascherson und Graebner, Synopsis der mitteleuropäischen Flora, Bd. XII, 1–3 (1922–1939), Hieracium in Hegi, Illustrierte Flora von Mittel-Europa, Bd. VI, 2 (1929).

[2] Bl.farbe bei den Arten, soweit nichts anderes angegeben, ein gewöhnl. Gelb.

H. staticifólium ALL., *Grasnelkenblättriges H.* – St. 15–40 cm, b.los od. 1–2blättrig, beschuppt, 1–5köpfig. Grundst. B. lineal-lanzettl. od. lineal, meist kahl. Hüllb. lg. zugespitzt, sternhaarig. Bl. schwefelgelb, getrocknet grünl. / 7 bis 8 / (Kollin-)montan-subalpin. Alluvionen der Bergflüsse. M (s.), A (verbr.); hie und da in die Ebene herabgeschwemmt; ausserdem adv. – Französ. Jura. [2960]

– Pappushaare steif, zerbrechl., schmutzigweiss. 2

2. Pfl. oft mit Ausläufern. St. b.los od. wenig(1–2)blättrig, seltener mehrblättrig, immer mit grundst. B. B. meist ganzrandig od. mit voneinander entfernten, winzigen, stumpfen Zähnchen, ohne abgesetzten Stiel. Fr. höchstens 2,5 mm lg., schwarz. (Untergattung *Pilosélla*.) 3

– Pfl. nie mit Ausläufern. St. meist mehrblättrig, seltener nur 1–2 B. tragend od b.los. Grundst. B. vorhanden od. fehlend. Form der B. verschieden. Fr. 3–5 mm lg. (Untergattung *Hierácium*.) 9

3. St. b.los, einköpfig. Ausläufer vorhanden. 4

– St. 1- bis mehrblättrig, selten b.los, 2- bis mehrköpfig (nur bei Kümmerexemplaren einköpfig). Ausläufer vorhanden od. fehlend. 5

4. Hüllb. wenigstens am Grunde etwa 3 mm br. od. aus br. Grunde lg. zugespitzt. Ausläufer kurz, mit oft einander genäherten, grossen B.

H. hoppeánum SCHULTES, *Hoppes H.* – St. 10–30 cm, oberwärts drüsig. B. meist lg.-steifhaarig, unterseits graufilzig. Bl. hellgelb. Hüllb. stumpf, mit hellem Rande. / 6 bis 8 / Montan-subalpin(-alpin). Rasen; hfg. A (östl. Teil; Westgrenze: Uri, T). [2961]

H. peletieránum MÉRAT, *Lepeletiers H.* – St. 10–25 cm, oben reichdrüsig. B. meist stark borstig, unterseits graufilzig. Bl. hellgelb. Hüllb. aus br. Grunde lg. zugespitzt, meist drüsenlos, mit Sternhaaren und vielen lg., seidenartigen einfachen Haaren. / 5 bis 8 / Kollin-subalpin(-alpin). Felsen, Trockenrasen; verbr. A (westl. Teil [Wallis, T]). – S (Schlüchttal), V. [2962]

– Hüllb. höchstens 2 mm br., lineal bis lineal-lanzettl. Ausläufer meist verlängert (meist kurz bei *H. saussureoides*), mit gegen das Ende an Grösse abnehmenden B.

H. pilosélla L., *Langhaariges H.* – St. 5–30 cm. B. oberseits mit zerstr. od. zahlreichen lg. Haaren, dazu selten flockig od. filzig, unterseits grau- bis weissfilzig. Bl. hellgelb. Hüllen (6–)9–11(–13,5) mm lg., mit Haaren, Drüsen und Flocken, die Haare öfters, die Drüsen seltener spärl. od. fehlend. Ausläufer meist mehrere bis zahlreich, meist schlank und verlängert. Schäfte dünn bis kräftig. / 5 bis 10 / Kollin-alpin. Grasplätze, Weiden, Geröllhalden; s. hfg. [2963]

H. saussureoídes ARV.-TOUV. (*H. tardans* PETER, *H. niveum* ZAHN), *Spätblühendes H.* – St. 5–30 cm. B. oberseits mit zerstr. bis zahlreichen lg. Haaren, ohne Flocken, unterseits weissfilzig. Bl. hellgelb. Hüllen 7–10 mm lg., drüsenlos. Ausläufer wenige, kurz od. etwas verlängert. Schäfte dünn. / 6 bis 8 / Kollin-subalpin. Trockenwarme Rasen. J und M (s.), A (Wallis [verbr.]). [2964]

5. St. 5–20 cm, meist aufsteigend, b.los od. einblättrig, 2–7köpfig. 6

– St. meist 20–80 cm, meist ganz aufrecht, 1- bis mehrblättrig. Äste des Blstd. meist verzweigt. 7

6. Ausläufer verlängert, mit gegen das Ende an Grösse zunehmenden B.

H. lactucélla WALLR. (*H. auricula* L. em. SM.), *Öhrchen-H.* – B. spatelfg., stumpf, blaugrün, drüsenlos, ohne Sternhaare, kahl od. zerstr. lg.haarig.

493

Hüllb. stumpf, dunkelgrün, mit weissl. Rand. Bl. hellgelb. / 5 bis 10 / Kollin-subalpin. Wiesen, Moore, Weiden, Felsschutt; hfg. [2965]
– Ausläufer kurz od. fehlend.

H. glaciále REYNIER (*H. angustifolium* HOPPE), *Schmalblättriges H.* – St. oben sternhaarig, drüsig und meist lg.haarig. B. lineal bis lanzettl., meist spitz, beiderseits od. doch unterseits am Rückennerv und am Rande sternhaarig. Hülle 6–8 mm lg., dunkel, armdrüsig, mit vielen einfachen Haaren und Sternhaaren. Bl. hellgelb. / 7 bis 8 / (Subalpin-)alpin. Rasen; verbr. A. [2966]

H. alpícola SCHLEICHER EX STEUD. u. HOCHST., *Seidenhaariges H.* – St. graufilzig, mit einzelnen lg. Haaren, fast drüsenlos. B. spatelfg. bis schmal-lanzettl., beiderseits reichl. sternhaarig, am Rande und unterseits drüsig. Hülle 8–10 mm lg., dicht und lg. seidenhaarig. / 7 bis 8 / Alpin. Steinige Rasen; s. A (Wallis). [2967]

7. B. blaugrün, oft derb, lineal od. lanzettl., am St. wenige od. mehrere, drüsenlos.

H. piloselloídes VILL. (*H. florentinum* ALL., *H. praealtum* VILL.), *Florentiner H.* – Pfl. oft mit schwächeren, aus der B.rosette entspringenden Seitenst., aber ohne Ausläufer. St. 30–80 cm. B. meist nur am Rande und am Mittelnerv mit lg. Haaren, oberseits ohne, unterseits selten und oft nur am Rückennerv mit Sternhaaren. Kopfstd. locker doldentraubig bis rispig. / 6 bis 9 / Kollin-subalpin. Trockenrasen, kiesige Orte; verbr. [2968]

H. bauhínii SCHULTES, *Bauhins H.* – Pfl. mit verlängerten Ausläufern. Sonst mit der vorigen Art übereinstimmend. / 6 bis 7 / Kollin-montan. Grasige Orte; s. s. Nordostschw. – Bad., Vorarlberg. [2969]

– B. grün od. gelbl.-grün, weich, elliptisch bis längl. od. lanzettl., am St. wenige, oft an der Spitze drüsig. 8

8. B. beiderseits mehr od. weniger sternhaarig. Ausläufer meist fehlend, selten unterird., dünn und leicht abbrechend.

H. cymósum L., *Trugdoldiges H.* – St. 30–80 cm. B. längl.-verkehrt-eifg. od. längl.-lanzettl., mehr od. weniger steifhaarig. Kopfstd. gedrungen, doldig. Hüllb. meist mit zahlreichen lg., hellen, einfachen Haaren, Drüsenhaaren und Sternhaaren. Bl. dunkelgelb. / 5 bis 7 / Kollin-subalpin. Steinige Orte, Wiesen, Weiden; zerstr. M, A (nur im Wallis verbr.). [2970]

– B. oberseits ohne, unterseits mit zerstr. Sternhaaren. Ausläufer stets vorhanden, entweder oberird., mit normal entwickelten B., od. unterird., mit schuppenfg. B.

H. aurantíacum L., *Orangerotes H.* – St. 20–60 cm. Doldentraube in der Regel 2–6köpfig. Köpfchen mittelgross. Bl. dunkelorangerot bis hellorange. / 6 bis 8 / Montan-subalpin. Bergwiesen. J (bis Chasseron), M (s.), A (verbr.). Auch kult. und verwildert. – S, V. [2971]

H. caespitósum DUMORTIER (*H. pratense* TAUSCH), *Wiesen-H.* – St. 30–60 cm. Doldentraube dicht 10- bis vielköpfig. Köpfchen zieml. klein. / 6 bis 7 / Kollin-montan. Feuchte Wiesen; s. J, Schaffh., M. – Bad., Belf. [2972]

9. (1.) Pfl. mit grundst. B.rosette (vgl. auch *H. jurassicum*, Seite 498). . 10
– Pfl. zur Bl.zeit in der Regel ohne grundst. B.; meist auch die unteren Stlb. um diese Zeit schon vertrocknet. 20

10. B. behaart bis filzig; Haare gefiedert, d.h. mit Seitenästchen, die 2- bis mehrmal länger sind als der Haardurchm.

H. tomentósum (L.) L. (*H. lanatum* VILL.), *Wollfilziges H.* – St. 10–40 cm, gabelig 2–5köpfig. B. elliptisch bis längl., wollig-filzig, meist ganzrandig. Köpfchen gross, wollig behaart. Bl. hellgelb. / 6 bis 7 / Kollin-subalpin. Felsige, trockenwarme Hänge. J (Waadt, Neuenb.), A (Wallis, verbr.). – Salève bei Genf, Ao. [2973]

H. pictum Pers., *Geflecktes H.* – St. 10–20 cm, meist 2–3köpfig. Grundst. B. längl. bis lanzettl., mässig behaart, oberseits oft kahl und braun gefleckt, buchtig gezähnt bis gelappt. Stlb. 0–3. Köpfchen klein, kurzhaarig. Bl. lebhaft gelb. / 6 bis 7 / Kollin-montan(-subalpin). Wie vorige. A (Rhonetal und Seitentäler [Waadt, Wallis]). [2974]

– Haare der B. einfach (mehr od. weniger gezähnelt). 11
11. Haare der B. drüsenlos (bei *H. pallidum* das B. am Rande, Rückennerv und Stiel mit zerstr. winzigen Drüsen). 12
– Haare der B. alle od. teilweise drüsentragend. 19
12. Hüllb. dachziegelartig angeordnet, d.h. spiralig mehrreihig, von aussen nach innen an Grösse zunehmend. 13
– Hüllb. nicht dachziegelartig angeordnet, die inneren fast gleich lg., die äusseren meist sehr kurz. B. mehr od. weniger deutl. gestielt. 17
13. St. niedrig, meist einfach, einköpfig und b.los, selten einblättrig.

    H. piliferum Hoppe s.l. (*H. glanduliferum* Hoppe s.l.), *Grauzottiges H.* – St. 5–20 cm, mit zahlreichen grundst. B. Hüllb. lg. zugespitzt, mit zahlreichen lg., seidenartigen, hellgrauen bis bräunl. od. schwärzl. Haaren. Bl. goldgelb. / 7 bis 8 / (Subalpin-)alpin. Rasen, felsige Hänge; verbr. A. [2975]

        H. piliferum Hoppe ssp. **piliferum** (Hoppe) Hayek. – St. reichl. lg.haarig, ohne Drüsenhaare od. solche nur spärl. vorhanden.
        H. piliferum Hoppe ssp. **glanduliferum** (Hoppe) Sch. u. K. – St. reichdrüsig; drüsenlose Haare spärl. od. ganz fehlend.

– St. meist 2- bis mehrköpfig, beblättert. 14
14. Hüllb. ohne od. mit zerstr. einfachen Haaren, oft sternhaarig. B. blaugrün, etwas derb, schmal, oberseits stets kahl. 15
– Hüllb. von lg. Haaren zottig. 16
15. Grundst. B. deutl. gestielt, gezähnelt bis gesägt-gezähnt.

    H. glaucum All., *Blaugrünes H.* – St. 20–60 cm, 4–8köpfig. Grundst. B. lanzettl. bis lineal-lanzettl. Stlb. 2–4(–6), nach oben rasch an Grösse abnehmend. Hüllb. meist stumpf, 9–12 mm lg. / 7 bis 9 / (Kollin-)montan-subalpin. Felsen, Felsschutt. A (in Graub. verbr., sonst zerstr. bis s.). [2977]

– Grundst. B. meist ungestielt, ganzrandig, selten schwach gezähnelt.

    H. porrifólium L., *Lauchblättriges H.* – St. 30–40 cm, 6–20(–30)köpfig (magere Exemplare oft nur 3–5köpfig). Grundst. B. schmallineal, mit scheidenfg. Grunde, sehr spitz, fast stets ganzrandig, blaugrün, steifl. Stlb. 5–15, allmähl. in die Hochb. übergehend. Hülle meist kreiselfg. Hüllb. spitz bis stumpf, 9–11 mm lg. / 7 bis 9 / Kollin-montan(-subalpin). Steinige, felsige Orte; auf Dolomit. – Co. [2978]

    H. bupleuroídes Gmelin, *Hasenohrähnliches H.* – St. 15–50 cm, einfach od. ästig, 2–5köpfig. Grundst. B. lanzettl. bis lineal-lanzettl., ganzrandig od. schwach gezähnt. Stlb. 3–10, nach oben allmähl. kleiner werdend. Hülle am Grunde abgestutzt. Hüllb. spitz, 12–15 mm lg. / 7 bis 8 / (Kollin-montan-)subalpin. Felsen, buschige Hänge; auf Kalk; verbr. J (bis Bölchen und Geissberg bei Brugg), M (östl. Teil), A. [2979]

16. Hüllb. ohne Sternhaare.
    H. villósum Jacq., *Zottiges H.* – Ganze Pfl. und besonders die Hülle von

lg. Haaren zottig. St. 10–30 cm, 1–3köpfig. B. bläul.-grün, meist weich, die grundst. ungestielt od. stielartig verschmälert. Stlb. 4–8, die oberen mit br., abgerundetem od. halbumfassendem Grunde sitzend. Äussere Hüllb. sparrig-abstehend und b.artig verbreitert. Bl. hellgelb. / 7 bis 8 / (Subalpin-)alpin. Steinige Rasen, Felsen; verbr. J (bis Weissenstein), M (s.), A. [2980]

H. morisiánum Rchb. f. (*H. villosiceps* N. u. P.), *Moris' H.* – Von der vorigen Art verschieden: St. 10–25 cm. B. meist mit verschmälertem Grunde. Hüllb. mehr aufrecht; die äusseren nicht b.artig. /.7 bis 8 / (Subalpin-)alpin. Wie vorige. J (bis Chasseron), M (s.), A (verbr.). [2982]
– Hüllb. oft mit Sternhaaren.

H. scorzonerifólium Vill. = **villósum>bupleuroídes** od. **villósum>glaucum.** – St. 30–60 cm. B. etwas derb, lanzettl. od. breiter, spitz, wie der St. kahl od. schwach behaart. Stlb. 3–7, die oberen mit abgerundetem Grunde. Hüllb. fein zugespitzt. / 7 bis 8 / Subalpin-alpin. Verbr. J, A. [2981]

H. dentátum Hoppe = **villósum–bífidum.** – St. 15–40 cm. Tracht von *H. villosum*, aber die grundst. B. gestielt, oft gezähnt. Stlb. 2–5, die oberen stiellos, oft klein. Hüllb. feinspitzig. / 7 bis 8 / Subalpin-alpin. J (bis Röthifluh), M (s.), A. [2986]

17. St. 3- bis mehrblättrig. B. mit verschmälertem Grunde.

H. lachenálii Gmelin (*H. vulgatum* Fr.), *Lachenals H.* – St. 30–90 cm. Grundst. B. längl. bis lanzettl. od. br.-elliptisch, in einen lg. Stiel verschmälert, fast ganzrandig, gezähnt od. eingeschnitten gesägt-gezähnt, oberseits kahl od. zerstr. behaart, am Rande reichlicher behaart. Köpfchenstiele und Hüllb. reichdrüsig. Bl. goldgelb. Gr. dunkelbraun od. bleifarbig, selten gelb. / 6 bis 8 / Kollin-subalpin. Wälder, Gebüsche; verbr. [2983]

– St. b.los od. 1–2blättrig. 18

18. B. blaugrün, am Rande mit lg., steifen, borstenfg. Haaren und vereinzelten kleinen Drüsen. Grubenränder des Fr.bodens stark gezähnt bis gewimpert-gezähnt. Zähne der Zungenbl. bewimpert.

H. pállidum Bivona s.l., *Blasses H.* – St. 10–40 cm. Grundst. B. eifg.-lanzettl., in den Stiel verschmälert, fast ganzrandig od. gezähnt bis grobzähnig. Oberer Teil des St. und Köpfchenstiele sternhaarig und reichdrüsig. Bl. hellgelb. / 6 bis 7 / Montan-subalpin. Felsige Orte; zerstr. J (s.), A. [2984]

    H. pállidum Bivona ssp. **schmídtii** (Tausch) Zahn. – B. unterseits ohne Sternhaare. Hüllb. dunkel, nur am Rande mehr od. weniger sternhaarig. – J (Waadt, Neuenb.), A (Waadt, Wallis, Graub.). – S, V.
    H. pállidum Bivona ssp. **rupícola** (Fr.) Zahn. – B. unterseits mit Sternhaaren. Hüllb. sternhaarig, grau. – A (Wallis, Uri, Graub.). – S, V.

H. glaucínum Jordan (*H. praecox* Sch.-Bip.) = **pállidum–silvaticum.** – St. 20–50 cm. B. oft blaugrün, oft gefleckt, unterseits am Nerv oft, seltener auf der ganzen Fläche, mit Sternhaaren. Zähne der Zungenbl. oft schwach bewimpert. / 4 bis 6 und oft wieder im Herbst / Kollin-montan. In wärmeren Lagen; zerstr. [2987]

– B. grün od. bläul.- bis graugrün, weichhaarig, bisweilen fast kahl. Grubenränder des Fr.bodens nicht od. schwach gezähnt. Zähne der Zungenbl. meist kahl.

H. silvaticum (L.) L. (*H. murorum* L. em. Hudson), *Wald-H.* – St. 20–50 cm. Grundst. B. meist mit gestutztem, abgerundetem od. herzfg. Grunde, gestielt. Kopfstd. rispig. Köpfchenstiele und Hüllb. meist reichdrüsig und sternhaarig-filzig. / 5 bis 9 / Kollin-subalpin. Wälder, Gebüsche; s. hfg. [2985]

H. bífidum Kit. ex Hornem, *Gabeliges H.* – St. 20–50 cm. Grundst. B. meist in den Stiel verschmälert, oft am Grunde grobzähnig bis eingeschnitten. Köpfchen lockerrispig, auf lg., etwas bogig-abstehenden Ästen. Köpfchenstiele und Hüllb. drüsenlos od. armdrüsig, sternhaarigfilzig und mehr od. weniger behaart. Bl. goldgelb. / 6 bis 8 / (Montan-)subalpin-alpin. Berghänge, Gebüsche. J (s., bis Stürmenkopf ob Wahlen), M (s.), A (hfg.). – S. [2988]

19. (11.) Stlb. mit br., gerundetem, mehr od. weniger geöhrtem Grunde umfassend.

H. amplexicaúle L., *Stengelumfassendes H.* – Pfl. 10–50 cm, drüsig-klebrig, meist ästig. B. meist buchtig-gezähnt; die grundst. am Grunde verschmälert. Drüsenhaare der Hülle gelbl. Bl. hell- bis lebhaft gelb. / 6 bis 8 / (Kollin-)montan-subalpin. Felsen; vrbr. J, M (zerstr.), A. – S (Schlüchttal). [2990]

– Stlb. gestielt od. mit verschmälertem od. abgerundetem Grunde sitzend, nicht umfassend; obere meist schmal-lanzettl. od. längl.-lineal.

H. húmile Jacq., *Niedriges H.* – St. 10–30 cm, 2- bis mehrblättrig. B. eilanzettl., tief eingeschnitten gezähnt od. fast fiedersp., die unteren gestielt. Köpfchenstiele ohne Sternhaare od. mit spärl. Sternhaaren und wie die Hülle mit einfachen, weissl. Haaren. Bl. hell- bis lebhaft gelb. Bl.zähne kahl. / 6 bis 8 / (Kollin-)montan-subalpin. Felsen; verbr. J, M (s.), A. – S (Höllental), V (Rossberg), Hegau. [2991]

H. alpínum L., *Alpen-H.* – St. 6–20 cm, meist einfach, 1–2blättrig. Grundst. B. längl.-spatelfg. od. lanzettl., fast ganzrandig. Köpfchenstiele sternhaarig und wie die Hüllb. grau- bis dunkelhaarig. Bl. oft röhrig, gewimpert. / 7 bis 8 / (Subalpin-)alpin. Rasen, Geröllhalden; verbr. A – V (Hohneck). [2992]

20. (9.) B. (wie auch die anderen Teile der Pfl.) drüsenhaarig, ohne einfache Haare.

H. intybáceum All. (*H. albidum* Vill.), *Weissliches H.* – Pfl. 10–30 cm, 1- bis mehrköpfig, gabelig-ästig, reichdrüsig. B. verlängert lanzettl., buchtig gezähnt, gelbgrün; die grundst. bald verwelkend. Bl. gelbl.-weiss. / 7 bis 8 / Subalpin-alpin. Felsige Orte; auf Silikatgestein; verbr. A. – V (Hohneck). [2993]

H. picroídes Vill. = **prenanthoídes–intybáceum.** – Pfl. 15–60 cm, reichdrüsig, zugleich aber mit mehr od. weniger zahlreichen drüsenlosen Haaren. Stlb. 8–18 und mehr, die unteren mit verschmälertem Grunde längl.-lanzettl. od. geigenfg. *(Abb. 32/11)*, die mittleren mit gestutztem od. herzfg. Grunde sitzend. Bl. hell- bis weissl.-gelb. Bl.zähne etwas drüsig gewimpert. / 8 bis 9 / Subalpin-alpin. Wie vorige. A. [2995]

– B. ohne Drüsenhaare. 21

21. Köpfchenstiele mehr od. weniger drüsig. Bl.zähne meist gewimpert. 22

– Köpfchenstiele drüsenlos od. mit sehr spärl. Drüsen. Bl.zähne meist kahl. 23

22. Köpfchenstiele und Hüllb. reichdrüsig.

H. prenanthoídes Vill., *Hasenlattichartiges H.* – St. 40–120 cm, reichblättrig, oberwärts abstehend-ästig, mehr- bis vielköpfig. B. längl.-lanzettl. bis eifg., mit br.-herzfg. od. geöhrtem Grunde sitzend und mehr od. weniger umfassend, oft geigenfg., meist ganzrandig od. gezähnelt, unterseits engmaschig netzaderig. / 7 bis 9 / (Montan-)subalpin. Felsige Orte und bewaldete Hänge. J (s., bis Chasseral), A (verbr.). – S, V. [2994]

H. jurássicum GRISEB. (*H. juranum* FR.) = **prenanthoídes–silvaticum.** – St. 40–120 cm. Grundst. B. fehlend und Stlb. bis 18, od. grundst. B. vorhanden und Stlb. 6–12. Die unteren B. gestielt od. stielartig verschmälert, die mittleren und oberen mehr od. weniger geigenfg., mit br. od. herzfg. Grunde umfassend. Hülle kleiner als bei *H. prenanthoides,* mehr walzenfg., an *H. silvaticum* erinnernd. / 7 bis 8 / Wie vorige. J (bis Creux-du-Van), M (s.), A (verbr.; häufiger als vorige). [2996]

– Köpfchenstiele und Hüllb. zerstr. kleindrüsig.

H. lycopsifólium FROELICH = **sabaúdum–prenanthoídes.** – St. 50–120 cm. B. besonders gegen den Grund hin grob eingeschnitten-gezähnt, die unteren etwas verschmälert, die oberen mit br. od. herzfg. Grunde sitzend und halbumfassend. Köpfchenstiele und Hüllb. zerstr. kleindrüsig. / 8 bis 10 / Buschige, bewaldete Hänge. Im Wallis verbr., sonst sehr zerstr. [3000]

23. Äussere Hüllb. mehr od. weniger sparrig zurückgebogen. Kopfstd. doldig, drüsenlos.

H. umbellátum L., *Doldiges H.* – St. 40–120 cm. B. derb, sitzend, längl.-lanzettl. bis lineal, gezähnt bis fast ganzrandig, am Rande etwas umgerollt. Hüllb. dunkelgrün, die inneren breiter und stumpf. / 8 bis 10 / Kollin-montan(-subalpin). Wälder, Gebüsche, Riedwiesen; verbr. [2997]

– Hüllb. anliegend od. die äusseren etwas abstehend. Kopfstd. rispig od. traubig, selten fast doldig, meist mit vereinzelten Drüsen. 24

24. Wenigstens die inneren Hüllb. gegen die Spitze verschmälert. Mittlere Stlb. mit keilfg. verschmälertem Grunde sitzend od. sehr kurz gestielt, obere sitzend.

H. levigátum WILLD., *Glattes H.* – St. 40–100 cm, gerade, aufrecht, reichl. beblättert. Untere B. in einen mehr od. weniger geflügelten Stiel verschmälert, alle lg. zugespitzt, die unteren bis zum oberen Drittel gezähnelt bis grob gesägt-gezähnt, oft mit 3–4 grossen und dazwischen einzelnen kleineren Zähnen. Köpfchenstiele und Hüllb. armdrüsig. / 6 bis 8 / Kollin-subalpin. Waldränder, Gebüsche; zerstr. [2998]

– Alle Hüllb. stumpf. Mittlere und obere Stlb. oft herzfg. umfassend od. mit br., gerundetem Grunde sitzend.

H. sabaúdum L., *Savoyer H.* – St. 40–120 cm, schlank, aufrecht. Stlb. zahlreich (bis 40), mehr od. weniger dicht stehend, lanzettl. bis elliptisch od. eifg., zugespitzt, gezähnt bis grob gesägt-gezähnt, obere bisweilen fast ganzrandig, oberseits grün, unterseits blasser. Kopfstd. vielköpfig, rispig. Köpfchenstiele und Hüllb. meist ohne Drüsen, dagegen die ersteren mit zahlreichen Sternhaaren. Fr. braun bis schwarz. / 8 bis 10 / Kollin-montan. Wälder, Gebüsche; zerstr. [2999]

H. racemósum W. u. K. ex WILLD., *Traubiges H.* – St. 20–100 cm. Stlb. zahlreich, br.-elliptisch bis längl.-lanzettl., gezähnt. Kopfstd. traubig-rispig. Köpfchenstiele und Hüllb. armdrüsig bis reichl. kleindrüsig. Bl. schwefel- od. lebhaft gelb. Fr. glänzend rot- bis schwarzbraun. / 8 bis 10 / Kollin-montan. Wälder; s. Östl. M, A (T, Rheintal von Chur bis Berneck, Walensee). – Co., Liechtenstein. [3001]

Klasse: Monocotyledóneae (Liliópsida).
Einkeimblättrige Pflanzen

Fam. 136. **Alismatáceae.** *Froschlöffelgewächse*

Meist mehrjährige Sumpf- od. Wasserpfl. mit wechselst., oft grundst., aufrechten od.
flutenden, einfachen B. mit B.scheiden. Nebenb. fehlend. Bl. in cymösen Blstd. mit
schraubeligen Teilblstd., meist zwittrig, radiärsymm. Kb. 3, frei. Krb. 3, frei, oft hinfällig. Stbb. 6 od. mehr, frei. Frb. 3 bis viele, frei (apokarp) od. am Grunde verwachsen
und sich erst zur Fr.zeit trennend, oberst. 1–2samige Nüsschen.

1. Bl. eingeschlechtig. Stbb. zahlreich. Die aufgerichteten B. tief pfeilfg.
   Sagittaria 628
 – Bl. zwittrig. Stbb. 6 (selten 9)............................... 2
2. Blstd. doldig. Fr. kopfartig gedrängt.   **Baldellia 627**
 – Blstd. rispig, mit quirlig angeordneten Ästen. Fr. kreisfg. angeord-
   net. 3
3. B. am Grunde verschmälert od. schwach herzfg. Fr. stark seitl. zusgedr.
   Alisma 625
 – B. tief herzfg. Fr. wenig zusgedr.   **Caldesia 626**

625. **Alísma** L., *Froschlöffel*

1. Gr. hakenfg. gebogen, kürzer als der Frkn.
   A. gramíneum LEJEUNE (*A. arcuatum* MICHALET), *Grasartiger F.* – St.
   10–80 cm, aufsteigend od. niederliegend. Die zuerst entwickelten B. lineal, bandfg., die späteren längl.-elliptisch od. lanzettl. Krb. weiss od.
   blassrosa. Stbb. so lg. wie der Frkn. / 6 bis 8 / Kollin. Gräben, Sümpfe; s.
   Rhein (Aarg. bis Untersee), Ajoie, M, T. – Bad., Co. [126]
 – Gr. mehr od. weniger gerade, länger als der Frkn.
   A. plantágo-aquática L., *Gemeiner F.* – St. 20–100 cm. B. eifg. bis lanzettl., oft mit schwach herzfg. Grunde. Krb. weiss od. blassrosa. Stbb.
   doppelt so lg. wie der Frkn. / 6 bis 8 / Kollin-montan. Gräben, Sümpfe;
   verbr. [125]
   A. lanceolátum WITH. (*A. plantago-aquatica* L. var. *lanceolatum* GREN. u.
   GODR., *A. p.-a.* L. ssp. *stenophyllum* HOLMBERG), *Lanzettblättriger F.* –
   Ähnl. der vorigen Art, von ihr verschieden: B. immer lanzettl., am
   Grunde und an der Spitze allmähl. verschmälert, etwas blaugrün. / 6 bis
   8 / Kollin. Wie vorige; zerstr. Ajoie, M, A (s.).

626. **Caldésia** PARL., *Caldesie*

C. parnassiifólia (BASSI) PARL., *Caldesie.* – St. 10–80 cm. B. 2–7 cm lg., tief
herzfg., lg. gestielt. Krb. weiss. / 7 bis 9 / Kollin. Sumpfgräben. Bis um
1950 im M (Linthebene). Früher auch in zwei Grenzgebieten. Heute nur
ausserhalb des Gebietes dieser Flora (Frankreich). [127]

627. **Baldéllia** PARL., *Igelschlauch*

B. ranunculoídes (L.) PARL. (*Echinodorus ranunculoides* (L.) ENGELM.), *Igelschlauch.* – St. 5–30 cm. B. lg. gestielt, schmal-lanzettl. Krb. weiss od. rosa. Teilfr. kantig. / 6 bis 7 / Kollin. Gräben, Ufer; s. s. M. (besonders südwestl. Teil). – Co. [130]

628. **Sagittária** L., *Pfeilkraut*

S. sagittifólia L., *Gewöhnliches P.* – St. 20–100 cm, 3kantig. Blstd. quirlig-traubig. Die flutenden B. lineal-bandfg., die aufgerichteten pfeilfg., lg. gestielt. Bl. bis 2,5 cm, mit weissen, am Grunde roten Krb. / 6 bis 8 / Kollin. Gräben, Ufer; s. und Fundorte am Erlöschen. J, M, A (Sargans). – Bad., Els., Belf., Var. [131]
S. latifólia WILLD., *Breitblättriges P.* – Pfl. der vorigen Art ähnl., aber in allen Teilen kräftiger. St. 20–150 cm. Bl. reinweiss. / 7 bis 9 / Kollin. Als Aquariumpfl. kult. Neuerdings in Gräben und Teichen sowie an Fluss-ufern da und dort ausgesetzt od. verwildert und sich haltend. Stammt aus Nordamerika.

Fam. 137. **Butomáceae.** *Schwanenblumengewächse*

Mehrjährige Sumpf- od. Wasserpfl. mit wechselst., aufrechten, einfachen B. Nebenb. fehlend. Bl. in cymösen Scheindolden mit schraubeligen Teilblstd., zwittrig, radiär-symm., 3zählig. Pgb. 6, frei. Stbb. 6, 9 od. mehr, frei. Frb. 3, 6 od. mehr, am Grunde ver-wachsen, oberst. Sammelfr. aus 6 bis mehreren, mehrsamigen Balgfr.

629. **Bútomus** L., *Schwanenblume*

B. umbellátus L., *Schwanenblume.* – St. 60–150 cm, stielrund. B. grundst., lineal, 3kantig. Bl. rosa, dunkler geadert. / 6 bis 7 / Kollin. Ufer, Gräben; zerstr. Rheintal (Basel, Aarg.), M; sich neuerdings an den gestauten Flüssen ausbreitend. – Bad., Els., Belf.; früher auch Co. und Veltlin. [132]

Fam. 138. **Hydrocharitáceae.** *Froschbissgewächse*

Meist mehrjährige, untergetauchte od. schwimmende Wasserpfl. mit wechselst., selte-ner wirteligen, einfachen B. Nebenb. fehlend od. vorhanden. Bl. einzeln od. in cymö-sen Blstd. mit wickeligen Teilblstd., von einer aus 1–2 Hochb. bestehenden Hülle (Spa-tha) umgeben, eingeschlechtig od. seltener zwittrig, radiärsymm. od. leicht mono-symm. Kb. 3, frei. Krb. 3, frei od. fehlend. Stbb. 2–15, frei od. verwachsen, die Stbf. lg. od. fehlend. Frb. 2–15, ± frei, jedoch durch Verwachsen mit dem becherfg. vertieften Bl.achse miteinander vereinigt, unterst. Fr. beerenartig, unter Wasser reifend.

1. B. lg. gestielt, schwimmend, rundl.-nierenfg., mit Nebenb.
Hydrocharis 633
– B. sitzend, untergetaucht, längl. bis lineal. 2
2. B. grundst. angeordnet, bis 40 cm lg. 3

– B. quirl- od. wechselst., bis 3 cm lg., sehr fein gesägt. Internodien deutl.
  sichtbar.   4
3. Pfl. halb untergetaucht. B. steif, stachlig gezähnt. Bl. gross.
  Stratiotes 632
– Pfl. untergetaucht. B. weich, lg. bandfg., flutend.   **Vallisneria 634**
4. B. zu 3–6, quirlständig.   **Elodea 630**
– B. wechselst.   **Lagarosiphon 631**

630. Elódea MICHX. (*Helodea* RCHB.), *Wasserpest*

E. canadénsis MICHX., *Wasserpest*. – St. bis 3 m lg., flutend, oft verzweigt.
B. in 3zähligen Quirlen, fein gezähnelt. Bl. lg. gestielt. / 6 bis 8 / Kollin-
montan(-subalpin). Stehende und fliessende Gewässer; verbr. Bei uns
selten blühend und nur weibl. Bl. hervorbringend. Stammt aus Nordamerika. [133]
E. dénsa (PLANCHON) CASPARY (*Egeria densa* PLANCHON), *Dichtblättrige
W*. – Pfl. kräftiger als vorige. B. zu 4–5 quirlst., 2 cm lg. Bl. 10–20 mm br.,
2häusig. In Mitteleuropa nicht blühend. – Kollin. Langsam fliessende
od. stehende, warme Gewässer. Stammt aus Südamerika. Eingebürgert
im T (Langensee).

631. Lagarosíphon HARVEY, *Lagarosiphon*

L. májor (RIDLEY) MOSS, *Grosser L*. – Pfl. 30–60 cm. St. dicht beblättert.
B. 1–3 cm lg., zurückgebogen, im Alter steif werdend. Bl. 2häusig. Pfl. in
der Schweiz nicht blühend. – Kollin. Stehende, kalkarme, warme Gewässer. Stammt aus Südafrika. Im T (Langen- und Luganersee) sowie im
Kt. Zürich eingebürgert.

632. Stratiótes L., *Krebsschere, Wassersäge*

S. aloídes L., *Krebsschere*. – Pfl. 15–45 cm, ausdauernd. B. schwertfg., im
unteren Teil 3kantig, oben flach, mit hakigen Zähnen. Bl. 2häusig, zu 2
od. mehreren aus einer Spatha ragend. Fr. eine Kapsel. / 5 bis 8 / Kollin.
Langsam fliessende od. stehende, nährstoffreiche, kalkarme, warme Gewässer; s. adv. M (Oberneunforn). – Bodenseegebiet. [136]

633. Hydrócharis L., *Froschbiss*

H. morsus-ranae L., *Froschbiss*. – Pfl. schwimmend, mit 5–15 cm lg. Ausläufern und eifg., zwiebelartigen Winterknospen. Bl. weiss. / 6 bis 8 /
Kollin. Stehende und langsam fliessende Gewässer; s. s. und Fundorte
am Erlöschen. M, T; auch ausgesetzt. – Bad., Els., Var. [135]

634. Vallisnéria L., *Vallisnerie*

V. spirális L., *Vallisnerie*. – B. untergetaucht, bis 80 cm lg. Pfl. 2häusig;
die männl. Bl. in Knäueln, die weibl. einzeln auf langem, nach der Befruchtung spiralig gedrehtem Stiel. / 7 bis 10 / Kollin. Auf dem Grunde
stehender und langsam fliessender Gewässer; s. Eingebürgert. Südl. T. –
Lago di Mergozzo, Co. [134]

Fam. 139. **Scheuchzeriáceae.** *Blumenbinsengewächse*

Ausdauernde Moorpfl. mit wechselst., schmalrinnigen B. Nebenb. fehlend. Bl. in den Achseln grösserer Tragb. zu armbl. Trauben angeordnet, zwittrig, radiärsymm., 3zählig. Pgb. 6, frei. Stbb. meist 6. Frb. 3(–6), am Grunde leicht verwachsen, oberst. 1–2samige Balgfr.

635. **Scheuchzéria** L., *Blumenbinse*

Sch. palústris L., *Blumenbinse*. – St. 10–20 cm, am Grunde von abgestorbenen Scheiden umhüllt. B. lineal. Bl. gelbgrün. / 5 bis 7 / Kollin-subalpin. Torfmoore; zerstr. J, M, A. [124]

Fam. 140. **Juncagináceae.** *Dreizackgewächse*

Ein- od. mehrjährige Sumpfpfl. mit wechselst., grundst. B. Nebenb. fehlend. Bl. zu tragb.losen Ähren od. Trauben angeordnet, zwittrig od. eingeschlechtig, meist radiärsymm., 3zählig. Bl.decke fehlend, aber mit meist 6 od. weniger pg.artigen Stbb.anhängseln. Stbb. 6 od. weniger, mit sitzenden Stb.beuteln. Frb. 6, zum Teil steril, frei od. miteinander verwachsen, oberst. Spaltfr., Teilfr. einsamig.

636. **Triglóchin** L., *Dreizack*

T. palústre L., *Dreizack*. – Pfl. 15–40 cm, mit dünnem, kriechendem W.stock. St. und B. dünn (1 mm). Bl. klein, gelbgrün, in einer vielbl., lokkeren Traube. / 6 bis 7 / (Kollin-)montan-subalpin. Sümpfe, nasse Feldwege; verbr. [123]

502/1

Fam. 141. **Potamogetonáceae.** *Laichkrautgewächse*

Ausdauernde Wasserpfl. mit verschieden gestalteten Unterwasser- und Schwimmb. B. einfach, 2zeilig, zuweilen paarig genähert, meist mit grossen B.scheiden und einem B.häutchen. Nebenb. vorhanden. Bl. in tragb.losen Ähren, zwittrig od. eingeschlechtig, meist radiärsymm. Bl.decke fehlend, aber mit meist 4 pg.artigen Stbb.anhängseln *(Fig. 502/1)*. Stbb. 4, mit sitzenden Stb.beuteln. Frb. 4(–1), frei od. am Grunde verwachsen, oberst. Einsamige Steinfr. od. Nüsschen.

1. B. einander genähert, fast gegenst., selten zu 3 quirlig. **Groenlandia 637**
– B. wechselst. (ausgenommen die beiden unter der Ähre stehenden).

Potamogeton 638

637. **Groenlándia** J. GAY, *Fischkraut*

G. densa (L.) FOURR. (*Potamogeton densus* L.), *Fischkraut*. – B. sitzend, eifg. bis lanzettl., 1–2(–3) cm lg., gezähnelt. / 7 bis 8 / Kollin-montan(-subalpin). Stehende und langsam fliessende Gewässer; verbr. [96]

638. **Potamogéton** L., *Laichkraut*

1. B. oval bis lanzettl., wenigstens die oberen nie lineal. 2
– Sämtl. B. schmal-lineal. 9
2. St. zusgedr.-4kantig.
    P. crispus L., *Krauses L.* – B. sitzend, lanzettl. bis lineal-lanzettl., wellig-kraus, fein gezähnt. / 6 bis 7 / Kollin-montan(-subalpin). Stehende und langsam fliessende Gewässer; verbr. [97]
– St. stielrund. 3
3. Sämtl. B. gestielt, die oberen schwimmend. 4
– Untergetauchte B. sitzend od. kurz- (höchstens 1 cm lg.) gestielt. . . 6
4. Spreite der Schwimmb. durchscheinend, 2–4mal so lg. wie ihr Stiel.
    P. colorátus HORNEM. *Gefärbtes L.* – Untergetauchte B. zur Bl.zeit meist vorhanden; Schwimmb. eifg., mit meist 1–2 cm lg. Stiel. Ährenstiele sehr dünn. / 7 bis 9 / Kollin. Stehende Gewässer; s. M, A (St. Galler-Rheintal). [98]
– Spreite der Schwimmb. lederartig, nicht durchscheinend, so lg. od. kürzer als ihr Stiel. 5
5. Ährenstiele dicker als die unten angrenzenden St.glieder.
    P. nodósus POIRET (*P. fluitans* ROTH), *Flutendes L.* – Schwimmb. am Grunde verschmälert od. abgerundet, oval-lanzettl. Untergetauchte B. zur Bl.zeit noch vorhanden. / 7 bis 8 / Kollin. Stehende und langsam fliessende Gewässer; zerstr. [99]
– Ährenstiele nicht dicker als der St.
    P. natans L., *Schwimmendes L.* – Schwimmb. br.-oval, am Grunde meist leicht herzfg. Spreite der untergetauchten B. lanzettl.; diese zur Bl.zeit meist nicht mehr vorhanden. Teilfr. 4–5 mm lg. / 7 bis 8 / Kollin-subalpin. Seen, Gräben, Teiche; verbr. [100]
    P. polygonifólius POURRET (*P. oblongus* VIV.), *Knöterichblättriges L.* – Schwimmb. elliptisch-lanzettl. Untergetauchte B. lanzettl., zur Bl.zeit meist vollständig erhalten. Teilfr. 3 mm lg. / 6 bis 8 / Kollin. Wie vorige; s. T. – Var. [101]
6. Ährenstiele nach oben nicht verdickt und nicht wesentl. dicker als der St. 7
– Ährenstiele nach oben verdickt, dicker als der St. 8
7. Pfl. Schwimmb. ausbildend; die untergetauchten B. am Grunde verschmälert.
    P. alpínus BALBIS (*P. rufescens* SCHRADER), *Alpen-L.* – Untergetauchte B. lanzettl.; schwimmende, wenn vorhanden, lederartig, verkehrt-eifg. od. längl. spatelfg. Pfl. oft rötl. gefärbt. / 6 bis 8 / (Kollin-)montan-subalpin. Gräben, Flüsse, Teiche, Moorseen; zerstr. [102]
– Pfl. keine Schwimmb. ausbildend; alle B. untergetaucht, st.umfassend.
    P. perfoliátus L., *Durchwachsenes L.* – B. rundl. bis längl.-eifg., am Grunde tief herzfg., am Rande gezähnelt. / 6 bis 7 / Kollin-subalpin. Gewässer; verbr. [103]
    P. praelóngus WULFEN, *Langblättriges L.* – B. längl.-lanzettl., an der Spitze kappenfg. zusgez., am Grunde abgerundet, seicht herzfg., ganzrandig. / 7 / Montan-subalpin. Bergseen; s. s. J, A. – S, V. [104]
8. B. alle in einen kurzen, geflügelten Stiel verschmälert, stachelspitzig.
    P. lucens L., *Glänzendes L.* – St. 3–4 mm dick. B. lanzettl., häutig, durchscheinend, lebhaft grün, oft am Rande wellig; die oberen nicht länger

gestielt als die unteren. / 7 / Kollin-montan(-subalpin). Gewässer; verbr. [105]

P. ×angustifólius J. PRESL. = *P. gramíneus* × *lucens* (*P.* ×*zízii* KOCH), *Schmalblättriges L.* – St. etwa 2 mm dick. Obere B. meist länger gestielt als die unteren, oft schwimmend; die untergetauchten oft sichelfg. zurückgebogen. / 6 bis 8 / Kollin-subalpin. Seen, Gräben, Teiche; s. J, M, A. [106]

– Untergetauchte B., ausg. etwa die obersten, sitzend, nicht stachelspitzig.
P. gramíneus L., *Grasblättriges L.* – Untergetauchte B. lanzettl., am Grunde verschmälert, selten halb-st.umfassend, trocken schwach glänzend; schwimmende, wenn vorhanden, lederartig. / 6 bis 8 / Kollin-subalpin. Besonders in stehenden Gewässern; zerstr. [107]

P. ×nítens WEBER = *P. gramíneus* × *perfoliatus, Schimmerndes L.* – Untergetauchte B. längl.-lanzettl. bis lanzettl., am Grunde abgerundet, halb-st.umfassend, trocken glänzend; schwimmende selten vorhanden. / 6 bis 8 / Kollin-subalpin. Gewässer; s. J, M. [108]

9. (1.) B. mit 1–6 cm lg., den St. umfassenden Scheiden. 10
– B. ohne Scheiden. 11
10. Untere B.scheiden kräftig, steif, aufgeblasen, 3–6 cm lg., bis 8 mm br.
P. helvéticus (G. FISCHER) W. KOCH, *Schweizerisches L.* – Pfl. wintergrün. Obere B. 7–11 cm lg., zugespitzt bis feinspitzig, 3–5nervig. Ähre 5–7 cm lg. / 9 bis 10 / Kollin(-montan). Flüsse, Seen; zerstr. M, A (Vierwaldstätter- und Brienzersee). – Bad., Els. [110]

– B.scheiden nicht od. schwach aufgeblasen.
P. pectinátus L., *Kammförmiges L.* – St. meist reichl. gabelästig. B. bis 2 mm br., 1–3nervig; Scheiden bis 5 cm lg. Teilfr. gelbbraun, 4 mm lg. / 7 bis 8 / Kollin-montan. Gewässer; verbr. [109]

P. filifórmis PERS., *Fadenförmiges L.* – St. meist nur am Grunde verzweigt. B. sehr schmal, einnervig; Scheiden selten über 1,5 cm lg. Teilfr. grünl., 2 mm lg. / 7 bis 8 / Kollin-montan(-subalpin-alpin). Wie vorige; zerstr. J, M, A. [111]

11. St. flach zusgedr. B. vielnervig; 2–5 stärkere, dazwischen zahlreiche schwächere Nerven.
P. compréssus L., *Plattstengliges L.* – B. 5–20 cm lg., 2–4 mm br., an der Spitze abgerundet, stachelspitzig. Ährenstiele 2–4 cm lg. Ähre dicht, 10–15bl. / 6 bis 8 / Kollin-montan(-subalpin). Gewässer; s. s. – Els., Belf., Französ. Jura. [112]

P. acutifólius LINK ex R. u. S., *Spitzblättriges L.* – B. 3–8 cm lg., 2–3 mm br., in eine feine Spitze auslaufend. Ährenstiele 0,5–1,5 cm lg. Ähre lokker, 4–6bl. / 6 bis 8 / Kollin. Gräben, Teiche; s. s. Ajoie, M. – Els., Belf., Var., Lindau, Hegau. [113]

– St. zusgedr., mit gerundeten Kanten, od fast stielrund. B. neben dem Mittelnerv oft mit 3–5 undeutl. Nerven. 12
12. Ährenstiel so lg. od. kaum länger als die Ähre.
P. obtusifólius M. u. K., *Stumpfblättriges L.* – B. 2–8 cm lg., bis 3 mm br., stumpf, mit einem Stachelspitzchen, od. die oberen spitzl. Ähre kurz, 6–8(–12)bl. / 6 bis 8 / Kollin. Wie vorige; s. s. Ajoie, Westschw. – Belf. [114]

– Ährenstiel 2–3mal so lg. wie die Ähre. 13
13. Teilfr. fast halbkreisrund. B. einnervig, fadenfg.
P. trichoídes CHAMISSO u. SCHLECHTENDAL, *Haarförmiges L.* – St. fa-

denfg. B. etwas starr, zugespitzt. Meist nur 1 Teilfr. jeder Bl. ausgebildet. / 6 / Kollin-montan. Teiche; s. s. Ajoie, St. Galler-Rheintal. [118]
- Teilfr. oval bis halboval. B. meist 3–5nervig. 14
14. B. 1,5–2,5 mm br. Ährenstiele nach oben verdickt.
  P. fríesii RUPR. (*P. mucronatus* SCHRADER), *Fries' L.* – St. zusgedr. B. meist 4–5 cm lg., 5nervig. / 6 bis 7 / Kollin. Seen, Gräben, Tümpel; s. Ajoie, St. Galler-Rheintal. [115]
- B. höchstens 1,5 mm br. Ährenstiele fadenfg.
  P. berchtoldii FIEBER (*P. pusillus* auct.), *Kleines L.* – St. fast stielrund. Nebenb. offen, eingerollt. B. 1,5–3 cm lg., mit zusges. Mittelnerv und oft undeutl. Seitennerven. Ähre kopffg. Fr. warzig. / 6 bis 9 / Kollin-subalpin. Gräben, Tümpel, Seen; verbr. [116]
  P. pusillus L. sec. DANDY u. TAYLOR (*P. panormitanus* BIVONA), *Palermer L.* – Von der vorigen Art verschieden. Nebenb. in der unteren Hälfte röhrig verwachsen, später aufreissend. Mittelnerv der B. scheinbar einfach, Seitennerven meist deutl., od. B. fast fadenfg., einnervig (var. *minor* G. FISCHER). Ähre walzl. Fr. glatt. / 6 bis 9 / Kollin-subalpin. Wie vorige; zerstr. M, Schaffh., A. – Bad., Var. [117]
  Bastarde zahlreich.

Fam. 142. **Zannichelliáceae.** *Teichfadengewächse*

Mehrjährige, untergetauchte Wasserpfl. mit wechselst. od. fast gegenst., linealen B. mit Scheiden am Grunde. Bl. einzeln od. in Sicheln, eingeschlechtig. Männl. Bl. gestielt, meist ohne Bl.decke, Stbb. 3–1. Weibl. Bl. mit becherfg. od 3teiligem Pg. od. ohne Bl.decke. Frb. 9–1, meist 4–3, oberst. steinfr.artige Nüsschen.

639. **Zannichéllia** L., *Teichfaden*

Z. palústris L., *Teichfaden.* – St. und B. fadenfg. in eine feine Spitze verschmälert. / 6 bis 8 / Kollin(-montan). Gewässer; zerstr. [119]

Fam. 143. **Najadáceae.** *Nixenkrautgewächse*

Einjährige, untertauchte, wurzelnde, brüchige Wasserpfl. B. paarweise genähert od. fast quirlst., am Grunde mit Scheiden. Bl. b.achselst., eingeschlechtig. Männl. Bl. mit 2lippiger Hülle (Spatha und Pgb.) und 1 Stbb. Weibl. Bl. ohne Bl.decke, mit einem oberst. Frkn. mit 2–4 fadenfg. Narben. Einsamige Nuss.

640. **Najas** L., *Nixenkraut*

1. Pfl. 2häusig. St. und B.rücken mit Stachelchen. B.scheiden ganzrandig.
  N. marína L. (*N. major* ALL.), *Grosses N.* – St. bis 2 mm dick. B. br.-lineal, etwa 2 mm br., ausgeschweift-stachlig gezähnt. / 7 bis 8 / Kollin. Stehende und langsam fliessende Gewässer; s. M, T. – Bad., Els. [120]
- Pfl. einhäusig. St. und B.rücken ohne Stachelchen. B.scheiden gewimpert-gezähnt.

N. minor ALL., *Kleines N.* – Pfl. sehr zerbrechl. St. kaum 1 mm dick. B.scheiden scharf abgesetzt. B. schmal-lineal bis fadenfg., höchstens 0,5 mm br., meist zurückgekrümmt, fein stachlig gezähnt. / 7 bis 8 / Kollin. Wie vorige; s. s. M, T. – Bad., Els., Belf., Montbéliard, Vorarlberg. [121]
N. fléxilis (WILLD.) ROSTKOVIUS u. SCHMIDT, *Biegsames N.* – Pfl. zart, lebend biegsam. B.scheiden allmähl. in den Grund der Spreite übergehend. B. meist gerade. / 7 bis 8 / Kollin. Wie vorige. Früher Schaffh. – Bad. (Untersee). [122]

Fam. 144. **Liliáceae.** *Liliengewächse*

Meist mit Knollen, Zwiebeln od. Rhizomen überwinternde Stauden, mitunter kletternd, selten kleine Sträucher od. einjährige Kräuter. B. stets einfach, selten gestielt, oft grundst., meist streifennervig. Nebenb. fehlend. Bl. in Ähren, Trauben od. Rispen, seltener einzeln od. in cymösen Blstd., meist zwittrig, radiärsymm. od. leicht monosymm., (2–)3(–4)zählig. Pgb. 6, selten 4 od. 8, frei od. verwachsen. Stbb. (4–)6(–8). Frb. 3(–4), zu einem oberst. Frkn. verwachsen. Mehrsamige Kapseln od. Beeren.

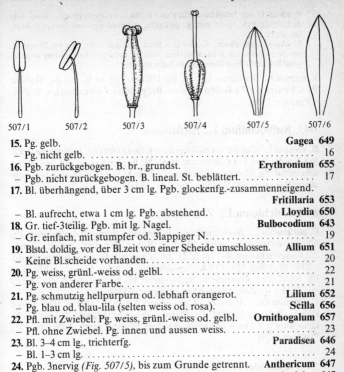

507/1   507/2   507/3   507/4   507/5   507/6

15. Pg. gelb. **Gagea 649**
– Pg. nicht gelb. 16
16. Pgb. zurückgebogen. B. br., grundst. **Erythronium 655**
– Pgb. nicht zurückgebogen. B. lineal. St. beblättert. 17
17. Bl. überhängend, über 3 cm lg. Pgb. glockenfg.-zusammenneigend.
Fritillaria 653
– Bl. aufrecht, etwa 1 cm lg. Pgb. abstehend. **Lloydia 650**
18. Gr. tief-3teilig. Pgb. mit lg. Nagel. **Bulbocodium 643**
– Gr. einfach, mit stumpfer od. 3lappiger N. 19
19. Blstd. doldig, vor der Bl.zeit von einer Scheide umschlossen. **Allium 651**
– Keine Bl.scheide vorhanden. 20
20. Pg. weiss, grünl.-weiss od. gelbl. 22
– Pg. von anderer Farbe. 21
21. Pg. schmutzig hellpurpurn od. lebhaft orangerot. **Lilium 652**
– Pg. blau od. blau-lila (selten weiss od. rosa). **Scilla 656**
22. Pfl. mit Zwiebel. Pg. weiss, grünl.-weiss od. gelbl. **Ornithogalum 657**
– Pfl. ohne Zwiebel. Pg. innen und aussen weiss. 23
23. Bl. 3–4 cm lg., trichterfg. **Paradisea 646**
– Bl. 1–3 cm lg. 24
24. Pgb. 3nervig *(Fig. 507/5)*, bis zum Grunde getrennt. **Anthericum 647**
– Pgb. einnervig *(Fig. 507/6)*, am Grunde verwachsen. **Asphodelus 645**

641. Tofíeldia HUDSON, *Liliensimse*

T. calyculáta (L.) WAHLENB., *Gemeine L.* – St. 10–30 cm. B. meist grundst., verlängert, lg. und fein zugespitzt, 4–10nervig. Bl. gelbl., in einer 2–8 cm lg. Traube, mit eifg. Deckb. und dicht anliegendem 3lappigen Vorb. / 6 bis 9 / (Kollin-)montan-alpin. Feuchte Wiesen, Moore; auch auf trockenem Boden; verbr. [533]

T. pusílla (MICHX.) PERS. (*T. borealis* WAHLENB., *T. palustris* auct.), *Kleine L.* – St. 5–12 cm. B. kurz, kurz zugespitzt, 3–5nervig. Bl. weissl., in einem Köpfchen, mit kleinem 3teiligem Deckb., ohne Vorb. / 7 bis 8 / Subalpin-alpin. Moorige Stellen; s. A. [534]

642. Verátrum L., *Germer*

V. album L. s.l., *Weisser G.* – St. 60–140 cm. Pgb. länger als die Bl.stiele. Bl. innen weissl., aussen grünl. od. beiderseits grünl. / 7 / Montan-alpin. Wiesen und Weiden; auch in Wäldern (so in tiefen Lagen im T); hfg. J, M (vereinzelt), A. – V. [535]

V. album L. ssp. **lobeliánum** (BERNH.) RCHB., *Gewöhnlicher G.* – Blstd. sehr dichtblütig. Pgb. 10–15 mm lg., gelbgrün, mit dunkelgrünen Nerven. – Montan-alpin. Hfg.

V. album L. ssp. **album**, *Weisser G.* – Blstd. weniger dicht. Pgb. bis 20 mm lg., oberseits weiss, mit grünen Nerven. Montan-subalpin. Verbreitung ungenügend bekannt (beim Sammeln Bl.farbe notieren!).

V. nigrum L., *Schwarzer G.* – St. 60–150 cm. Pgb. so lg. wie die Bl.stiele. Bl. schwarzrot. / 7 / Kollin-montan. Bergwälder, Gebüsche; s. s. Südl. T. – Var., Co. [536]

643. **Bulbocódium** L., *Lichtblume*

B. vernum L. (*Colchicum bulbocodium* KER-GAWLER), *Lichtblume.* – Pfl. mit Knolle und 1–2 Colchicum-ähnl. Bl. B. gleichzeitig mit den Bl. erscheinend. Pg. lilarosa, selten weiss. / 2 bis 3 (5) / (Kollin-montan-)subalpin. Rasen; zerstr. Wallis. – Sav., Ao. [537]

644. **Cólchicum** L., *Zeitlose*

C. autumnále L., *Herbstzeitlose.* – B. lanzettl., glänzend dunkelgrün. Pg. lilarosa, selten weiss, mit 8–20 cm lg. Röhre. Pgb. verkehrt-eifg.-längl., die äusseren breiter, 4–7 cm lg. N. am gebogenen Gr.ende herablaufend. / 8 bis 10 (selten 3 bis 4) / Kollin-subalpin. Feuchte Wiesen; s. hfg. (Die Pfl. blüht normalerweise im Spätsommer bis Herbst; die B. erscheinen mit der Fr. im darauf folgenden Frühjahr.) [538]

C. alpínum DC., *Alpen-Z.* – Der vorigen Art ähnl., aber in allen Teilen kleiner. B. lineal-lanzettl. Pg. lilarosa. Pgb. lineal-längl., 2–3 cm lg. N. klein, kopffg. / 7 bis 8 / Montan-subalpin. Wiesen; zerstr. A (Wallis, T). – Piemont. [539]

645. **Asphódelus** L., *Affodill*

A. albus MILLER, *Affodill.* – St. 60–120 cm. B. grundst., schmal-lineal, rinnig. Bl. weiss, in einer dichten, endst. Traube. / 5 bis 7 / Montan-subalpin. Bergwiesen, Felsfluren; s. Wallis, südl. T. – Ao., Val Sesia, Ossolatäler, Co. [540]

646. **Paradísea** MAZZUCATO, *Trichterlilie*

P. liliástrum (L.) BERTOL., *Trichterlilie.* – St. 30–40 cm. B. grundst., lineal. Bl. weiss, 3–5 cm gross, trichterfg., in einer wenigbl. Traube. / 6 bis 7 / Montan-subalpin(-alpin). Bergwiesen. J (Waadt), A (verbr.). – Französ. Jura. [541]

647. **Anthéricum** L., *Graslilie*

A. ramósum L., *Ästige G.* – St. 30–80 cm, oberwärts abstehend-ästig. B. schmal-lineal, viel kürzer als der St. Pgb. weiss, etwa 1 cm lg. Gr. gerade. / 6 bis 8 / Kollin-montan(-subalpin). Trockenwarme Hügel, Felsen; verbr. [543]

A. liliágo L., *Astlose G.* – St. 30–50 cm, einfach. B. lineal, fast so lg. wie der St. Pgb. weiss, 1,5–3 cm lg. Gr. aufsteigend. / 5 bis 6 / Kollin-montan(-subalpin). Wie vorige; hfg. in den wärmeren Gegenden; sonst meist s. [542]

648. Hemerocállis L., *Taglilie*

H. lílio-asphódelus L. em. Scop. (*H. flava* L.), *Gelbe T.* – St. 60–100 cm. B. br.-lineal. Bl. hellgelb, wohlriechend. / 6 / Kollin. Kult.; s. s. verwildert. [545]
H. fulva L., *Gelbrote T.* – St. 60–150 cm. B. lineal. Bl. gelbrot, geruchlos. Pgb. queraderig. / 7 bis 8 / Kollin. Kult.; hfg. verwildert und vielerorts eingebürgert. [544]

649. Gágea Salisb., *Gelbstern*

1. Grundst. B. halb-stielrund, röhrig-hohl.
   G. fistulósa (Ramond) Ker-Gawler (*G. liottardi* J. A. u. J. H. Schultes), *Röhrigblättriger G.* – St. 6–12 cm. Grundst. B. 1–2, lineal. Bl.stiele zottig. Pgb. gelb, 10–15 mm lg. / 5 bis 7 / Subalpin-alpin. Fette Weiden, besonders in der Nähe der Sennhütten; verbr. A. [546]
– Grundst. B. flach od. rinnig, nicht hohl. 2
2. Grundst. B. 2. Bl.stiele zottig.
   G. villósa (M. B.) Duby (*G. arvensis* (Pers.) Dumortier), *Acker-G.* – St. 10–15 cm. Grundst. B. 1–2 mm br. Bl. 2–20. Pgb. gelb, 14–17 mm lg. / 3 bis 4 / Äcker, Weinberge; zerstr. und Fundorte zurückgehend. [547]
   G. saxátilis (M. u. K.) J. A. u. J. H. Schultes, *Felsen-G.* – St. 3–8 cm. Grundst. B. fadenfg., rinnig, meist nicht 1 mm br. Bl. 1, selten 2–3. Pgb. gelb, 8–12 mm lg. / 3 bis 4 / Kollin-montan. Trockene, steinige Hügel; s. Wallis. [548]
– Grundst. B. 1. Bl.stiele kahl. 3
3. Grundst. B. schmal-lineal, höchstens 2 mm br.
   G. mínima (L.) Ker-Gawler, *Kleiner G.* – St. 7–15 cm. Pfl. zart. Pgb. gelb, lineal-lanzettl., zugespitzt. / 5 bis 6 / (Montan-)subalpin. Weiden, Lägerstellen; s. A (nördl. Kalkketten). [549]
– Grundst. B. über 2 mm br.
   G. lútea (L.) Ker-Gawler (*G. silvatica* Loudon), *Wald-G.* – Pfl. mit 1 Zwiebel. St. 10–25 cm. Grundst. B. br.-lineal, 5–10 mm br., an der Spitze plötzl. kappenfg. zusgez., grasgrün, seltener blaugrün. Pgb. gelb, 12–15 mm lg. / 4 bis 5 / Kollin-montan(-subalpin). Wiesen, Hecken, Baumgärten, Wälder; zerstr. [550]
   G. praténsis (Pers.) Dumortier (*G. stenopetala* Rchb.), *Wiesen-G.* – Neben der Hauptzwiebel noch 2 freie Nebenzwiebeln. St. 10–15 cm. Grundst. B. bis über 5 mm br., scharf gekielt, gegen die Spitze verschmälert. Pgb. gelb, etwa 20 mm lg. / 4 / Kollin. Äcker, Grasplätze; s. s. Schaffh., M, Graub. (Rheintal bei Chur). – Els. [551]

650. Lloýdia Salisb., *Faltenlilie*

L. serótina (L.) Rchb., *Faltenlilie.* – St. 5–10 cm, 1(–2)bl. Grundst. B. schmal-lineal; Stlb. lanzettl. Pgb. weiss, mit 3 rötl. Adern. / 6 / (Subalpin-)alpin. Rasen, Felshänge; verbr. A. [552]

144. Liliaceae

651. Állium L., *Lauch*

1. Die 3 inneren Stbf. verbreitert, 3spitzig, die mittlere
Spitze den Stb.beutel tragend *(Fig. 510/1)*. 2
− Stbf. alle einfach *(Fig. 507/2)* od. die inneren jederseits am
Grunde mit einem kurzen, stumpfen Seitenzahn. 4
2. B. halb-stielrund od. fast stielrund, oberseits rinnig.

510/1

A. vineále L., *Weinberg-L.* − St. 30–50 cm. B. fast zylindrisch, schmalrinnig. Dolde mit Brutzwiebeln. Pg. blasspurpurn. Mittelzipfel der inneren
Stbb. länger als das ungeteilte Stück der Stbf. / 6 bis 8 / Kollin-montan.
Äcker, Weinberge, Grasplätze; in wärmeren Lagen; verbr. [557]
A. sphaerocéphalon L., *Kugelköpfiger L.* − St. 30–90 cm. B. halb-stielrund, weitrinnig. Dolde kugelig, ohne Brutzwiebeln. Pg. lebhaft purpurn. Mittelzipfel der inneren Stbb. kürzer als das ungeteilte Stück des
Stbf. / 6 bis 7 / Kollin-montan(-subalpin). Trockenwarme Hügel, Felsen; zerstr. [558]
− B. flach. 3
3. Dolde mit Brutzwiebeln.
A. satívum L., *Knoblauch.* − Zwiebel mit weissen Nebenzwiebeln. St.
25–70 cm. B. lineal, 4–8 mm br. Hüllb. 1, viel länger als die Dolde. Bl.
rötl.-weiss od. grünl. / 6 / Kult. [559]
A. scorodóprasum L., *Schlangen-L.* − Zwiebel mit gestielten, rotbraunen
Nebenzwiebeln. St. 60–120 cm. Hüllb. 2, kürzer als die Dolde. Bl. dunkelpurpurn. / 6 bis 7 / Kollin. Hecken, Grasplätze, Weinberge; s. Rheintal (Basel bis Schaffh.), M, A (St. Galler-Rheintal). − Bad., Els. [560]
− Dolde ohne Brutzwiebeln.
A. rotúndum L., *Kugeliger L.* − Zwiebel mit lg. gestielten, roten Nebenzwiebeln. St. 30–60 cm. B. 4–6 mm br. Hüllb. kürzer als die Dolde. Bl.
purpurn. / 6 bis 7 / Kollin. Wegborde, Äcker; s. s. Schaffh. − Bad., Els.,
Sav. [561]
A. porrum L. em. Lam. *(A. ampeloprasum* L. em. J. Gay), *Lauch.* − St. 30–
60 cm. B. 0,5–2 cm br. Hüllb. die Dolde weit überragend. Bl. rosa bis
weissl. / 6 / Kult. [562]
4. B. stielrund, vollkommen röhrig. 5
− B. halb-stielrund, rinnig od. flach. 6
5. St. in der Mitte aufgeblasen.
A. fistulósum L., *Winterzwiebel.* − St. 30–80 cm. Bl.stiele etwa so lg. wie
die Bl. Stbf. alle ungezähnt. Bl. weissl.-grün. / 6 / Kult. [563]
A. cepa L., *Zwiebel.* − St. 60–120 cm. Bl.stiele bis 7mal so lg. wie die Bl.
Innere Stbf. am Grunde mit seitl. Zähnen. Bl. grünl.-weiss. / 6 / Kult.
[564]
− St. nicht aufgeblasen.
A. schoenóprasum L., *Schnittlauch.* − St. 15–50 cm. Pgb. rosa, mit dunklerem Kiel. Stbb. kürzer als das Pg., ungezähnt. / 5 bis 8 / (Kollin-mon-
tan-)subalpin-alpin. Feuchte Wiesen, Flussufer; verbr. Rheintal (Basel
bis Bodensee), J, M, A. Auch kult. und gelegentl. verwildert. − Bad., Els.
[565]
A. ascalónicum L., *Schalotte.* − St. 15–60 cm. Pgb. rosa, mit dunklerem
Kiel. Stbb. etwa so lg. wie das Pg., die inneren am Grunde mit kurzen
seitl. Zähnen. / 6 / Kult. [566]

6. B. höchstens 1 cm br., meist schmäler.   8
– B. 2–5 cm br.   7
7. St. beblättert.
    A. victoriális L., *Allermannsharnisch.* – St. 30–50 cm, rund. B. kurz ge-
    stielt, br.-lanzettl. Bl. grünl.-weiss. / 6 bis 8 / (Montan-)subalpin-alpin.
    Grasige und felsige Hänge, Hochstaudenfluren. J, A (in den nördl. Ket-
    ten verbr.). – S, V. [556]
– B. alle grundständig.
    A. ursínum L., *Bärenlauch.* – Zwiebel längl.-lineal. St. 15–30 cm, stumpf-
    kantig. B. zu 2, lg. gestielt, ei-lanzettl. Bl. weiss, in mässig gewölbter
    Dolde. / 4 bis 5 / Kollin-montan. Auen, feuchte Laubwälder; verbr.
    [554]
    A. nigrum L. (*A. multibulbosum* JACQ.), *Vielzwiebliger L.* – Zwiebel kuge-
    lig. St. 60–100 cm, stielrund. B. zu 3–4, sehr gross, nicht in einen Stiel ver-
    schmälert, br.-lanzettl. Bl. grünl.-weiss, in stark gewölbter Dolde. / 5 bis
    6 / Kollin. Äcker, Weinberge. – Els., Bodenseegebiet; wohl erloschen.
    [555]
8. Hüllb. kürzer, so lg. od. wenig länger als die Dolde. Pfl. mit wurzelstock-
    artiger Zwiebel.   10
– Hüllb., wenigstens das eine, die Dolde weit überragend. Zwiebel nicht
    wurzelstockartig.   9
9. Stbb. etwa so lg. wie die Pgb.
    A. oleráceum L., *Gemüse-L.* – St. 30–60 cm. B. oberseits rinnig, schmal-
    lineal. Dolde mit Brutzwiebeln. Bl. grünl., schmutzigrötl. od. weiss. / 7
    bis 8 / Kollin-subalpin. Steinige, buschige Orte, Felder; verbr. [572]
– Stbb. die Pgb. weit überragend.
    A. carinátum L., *Gekielter L.* – St. 30–60 cm. B. lineal, 2–4 mm br., fast
    flach. Dolde mit Brutzwiebeln. Bl. rosa od. purpurn. / 7 bis 8 / (Kol-
    lin-)montan-subalpin. Trockene Rasen, Gebüsche; zerstr. [573]
    A. pulchéllum G. DON, *Niedlicher L.* – St. 30–60 cm. B. schmal-lineal, 1–2
    mm br. Dolde meist ohne Brutzwiebeln. Bl. purpurrosa. / 7 bis 8 / Kol-
    lin. Wie vorige; zerstr. Südwestschw., südl. T. [575]
10. St. stielrund, im untersten Drittel beblättert.
    A. strictum SCHRADER, *Steifer L.* – Zwiebelhäute in netzfg. verwobene
    Fasern aufgelöst. St. 20–50 cm. B. unterseits gewölbt. Bl. hellpurpurn bis
    rosa. Stbb. so lg. od. etwas länger als die Pgb. / 8 / Montan-subalpin. Fel-
    sige Orte; s. A (Wallis, Graub.). – Ao., Vintschgau. [567]
    A. suavéolens JACQ., *Wohlriechender L.* – Zwiebelhäute zuletzt an der
    Spitze in Fasern aufgelöst, aber diese nicht netzfg. verbunden. St. 20–50
    cm. B. unterseits gekielt. Bl. fleischrot. Stbb. bis doppelt so lg. wie die
    Pgb. / 7 bis 9 / Kollin. Sumpfwiesen; s. Nordostschw. – Vorarlberg, Bo-
    denseegebiet. [568]
– St. scharfkantig, B. grundst.   11
11. Pg. nicht über 8 mm lg.
    A. angulósum L. (*A. acutangulum* SCHRADER), *Kantiger L.* – St. 20–60 cm.
    B. durch den starken Mittelnerv gekielt. Bl. rosa, nicht von den Stbb.
    überragt. / 7 bis 8 / Kollin. Sumpfwiesen; s. [569]
    A. montanum F. W. SCHMIDT (*A. senescens* L.), *Berg-L.* – St. 20–50 cm. B.
    nicht gekielt. Bl. rosa, von den Stbb. überragt. / 7 bis 9 / Kollin-subalpin.
    Felsige Stellen; verbr. Nordschw., J (zerstr.), A. – Bad. [570]
– Pg. 10–15 mm lg., allmähl. zugespitzt.

A. insúbricum BOISSIER u. REUTER, *Insubrischer L.* – Zwiebel ohne Faser-schopf. St. 20–30 cm, 3kantig. B. lineal, graugrün. Dolde nickend. Bl. rot-braun. Pgb. bis über 1 cm lg. / 7 / Subalpin. Felsbänke und Zwerg-strauchheiden. Südl. Kalkalpen. – Co. [574]

A. narcissiflórum VILL. (*A. pedemontanum* WILLD.), *Piemonteser L.* – Nahestehend *A. insubricum* BOISSIER u. REUTER. Zwiebel von einem dichten Schopf von Fasern umgeben. B. grasgrün. Dolde nur anfangs nickend, später aufrecht. / 6 bis 7 / Subalpin-alpin. Felshänge. – Bielle-ser Alpen.

652. Lílium L., *Lilie*

L. mártagon L., *Türkenbund.* – St. 30–90 cm. Mittlere B. quirlig. Bl. über-hängend. Pgb. turbanartig zurückgerollt, schmutzig-hellpurpurn, mit dunkleren Flecken. / 6 bis 7 / Kollin-subalpin(-alpin). Wälder, Wiesen; verbr. [575]

L. bulbíferum L. s.l., *Feuerlilie.* – St. 30–80 cm. B. wechselst. Bl. aufrecht, zu 1–5, fast doldig angeordnet. Pgb. nicht zurückgerollt, lebhaft orange-rot. / 6 bis 7 / Kollin-subalpin. Felsen, Wiesen, Gebüsche. A (vor allem im östl. Teil verbr.).

  01. L. bulbíferum L. ssp. **bulbíferum.** – In den Winkeln der meisten B. Brutknöll-chen. – Montan-subalpin. Gebüsche, Waldwiesen; s. A (Wallis [Simplon]. Graub. [Engadin, Münstertal]). [577]

  – **L. bulbíferum** L. ssp. **cróceum** (CHAIX) ARCANG. – Pfl. ohne Brutknöllchen. – Kollin-subalpin. Felsen, Bergwiesen; verbr. A (östl. Teile); s. in J und M. [576]

653. Fritillária L., *Schachblume*

F. meleágris L., *Gewöhnliche S.* – St. 20–50 cm. B. wenig zahlreich (meist 4–5), am St. alle voneinander entfernt, bis 15 cm lg., lineal, rinnig. Bl. gross, meist einzeln (seltener zu 2 od. 3). Pgb. schachbrettartig gezeich-net, purpurbraun mit helleren Feldern. / 4 bis 5 / Kollin-montan. Feuchte Wiesen. J (Gebiet des Doubs); sonst aus Kultur verwildert. [578]

F. tubaefórmis GREN. u. GODR. (*F. delphinensis* GREN.), *Tubaförmige S.* – St. 15–30 cm. B. zahlreich (bis 10), alle im oberen Drittel der St. verei-nigt, der Bl. genähert, bis 8 cm lg., die unteren verkehrt-eifg., die oberen schmäler, lanzettl., rinnig. Bl. fast immer einzeln. Pgb. hellbräunl.-pur-purn, weniger deutl. schachbrettartig gezeichnet als bei der vorigen Art. / 5 bis 6 / Montan-subalpin. Bergwiesen. – Ao., Val Sesia. [9A]

654. Túlipa L., *Tulpe*

1. Stbf. kahl.

T. didiéri JORDAN, *Didiers T.* – St. 30–50 cm. Pgb. scharlachrot, am Grunde mit einem schwarzblauen Fleck. / 4 / Kollin-montan. Äcker. Früher als Kulturrelikt im Wallis. (Form der *Garten-T., T. gesneriana* L.). [579]

T. grengiolénsis THOMMEN, *Grengjer T.* – St. 30–65 cm. Pgb. gelb und Stb.beutel strohfarben, od. Pgb. mit rotem Rand und einem schwarzen Basalfleck und Stb.beutel schwarzviolett. / 5 / Montan. Wie vorige. Wal-lis (bei Grengiols; Kulturrelikt). (Wie vorige.) [10A]

– Stbf. am Grunde behaart.

T. silvéstris L., *Weinberg-T.* – St. 25–50 cm. Bl. vor dem Aufblühen nikkend. Pgb. gelb. / 4 bis 5 / Kollin. Äcker, Weinberge; zerstr. und Fundorte zurückgehend. [580]

T. austrális LINK, *Südalpine T.* – St. 15–40 cm. Bl. vor dem Aufblühen aufrecht. Pgb. gelb, die äusseren rot überlaufen. / 5 bis 6 / Montan-subalpin. Bergwiesen, felsige Hänge; s. A (Wallis). – Ao., Val Sesia, Val Divedro, Val Antigorio. [581]

655. **Erythrónium** L., *Hundszahn*

E. dens-canis L., *Hundszahn.* – St. 10–30 cm. B. 2, dunkelgrün od. braun, grün gefleckt (selten die grüne Farbe überwiegend, die B. braun gefleckt scheinend). Bl. hell-rotviolett. / 3 bis 4 / Kollin-subalpin. Gebüsche, Wälder; s. Genf, T (Mendrisiotto). – Sav., südl. Grenzzone vom Biellese bis Co. und Veltlin. [582]

656. **Scilla** L., *Meerzwiebel*

S. bifólia L., *Zweiblättrige M., Blaustern.* – St. 10–25 cm. B. meist zu 2, lineal-lanzettl., zur Bl.zeit vorhanden. Blstd. wenigbl. Bl. blau, selten weiss od. rosa. / 3 bis 4 / Kollin-montan. Laubwälder, Auen, Wiesen; zerstr. J, westl. M, A (T, Churer Rheintal). [583]

S. autumnális L., *Herbst-M.* – St. 10–15 cm. B. zu mehreren, schmallineal, erst nach der Bl.zeit entwickelt. Blstd. 10–20bl., zuletzt sehr verlängert. Bl. blau-lila, selten weiss. / 8 bis 9 / Kollin. Trockene, grasige Stellen; auf Kalk. – Els. [585]

657. **Ornithógalum** L., *Milchstern*

1. Bl. in einer kurzen Doldentraube. Bl.stiele 3–8 cm lg.

  O. umbellátum L., *Doldiger M.* – Pfl. 10–30 cm, mit vielen Brutzwiebeln. B. 2–6 mm br. Pgb. 4–8 mm br., 1,5 cm lg. Die untersten Bl. sehr lg. gestielt, zuletzt waagrecht-abstehend. Pg. innen weiss, aussen grün. / 4 bis 5 / Kollin-montan(-subalpin). Frische Wiesen, Äcker; zerstr. [587]

  O. orthophyllum TEN. ssp. **kochii** (PARL.) ZAHARIADI, *Kochs M.* – Pfl. 10–15 cm, meist ohne Brutzwiebeln. B. 1–2 mm br. Pgb. 3–4 mm br., 1 cm lg., stumpf, mit Stachelspitze. Fr.stiele aufrecht abstehend. / 4 bis 5 / Kollin(-montan). Trocken- und Halbtrockenrasen. T, Graub. (Südtäler). – Bad. [588]

– Bl. in einer verlängerten Traube. Bl.stiele meist nicht 2 cm lg. . . . . . . '   2

2. Stbf. der inneren Stbb. mit 2 seitl. Zähnen, diese so lg. wie der Stb.beutel.

  O. nutans L., *Nickender M.* – St. 20–40 cm. Traube 5–12bl. Bl. hängend, innen weiss, aussen grün. Pgb. 25–30 mm lg. Innere Stbb. unter dem Stb.beutel ohne Zahn. / 4 bis 5 / Kollin. Baumgärten, Weinberge, Felder; s. Westschw., M, Schaffh. – Bad., Els. [589]

  O. boucheánum (KNUTH) ASCH., *Bouchés M.* – Von voriger abweichend: Pfl. 20–50 cm. B. zur Bl.zeit bereits vertrocknend. Blstd. etwas dichter. Mittelrippe der inneren Stbb. nach innen flügelartig verbreitert, unter dem Stb.beutel in einen Zahn auslaufend. / 4 bis 5 / Kollin. Wie vorige. – Vintschgau. Gelegentl. auch kult. od. verwildert.

– Stbf. der inneren Stbb. ohne seitl. Zähne an der Spitze.

O. pyrenáicum L. ssp. **pyrenáicum** (*O. flavescens* LAM.), *Pyrenäen-M.* – St. 50–80 cm. B. gegen das Ende der Bl.zeit nicht mehr vorhanden. Traube sehr verlängert, 20–50bl. Bl. aufrecht, gelbl.-grün. Pgb. 6–10 mm lg. Stbf. ungeteilt. / 5 bis 6 / Kollin-montan. Gebüsche, Wälder, Wiesen; zerstr. Nordwest- und Westschw., T; sonst s. [590]

> **O. pyrenáicum** L. ssp. **sphaerocárpum** (KERNER) A. u. G. in HEGI (*O. sphaerocarpum* KERNER), *Weissblütiger Pyrenäen-M.* – Von voriger abweichend: Pgb. blass grünl.-weiss. Frkn. rundl. bis eifg. / 5 bis 6 / Kollin. Walensee (Betlis; verlassenes Rebgelände). Heimat Südosteuropa.

658. **Muscári** MILLER, *Bisamhyazinthe*

1. Traube zuletzt sehr verlängert (10–25 cm).

M. comósum (L.) MILLER, *Schopfartige B.* – St. 30–70 cm. B. 10–25 mm br. Obere Bl. geschlechtslos, mit verlängerten Stielen, amethystblau, untere grünl.-braun. / 4 bis 5 / Kollin-montan. Grasige Hügel, Weinberge, Felder; verbr. West- und Südschw.; sonst s. s.; auch adv. [592]

– Traube kurz (2–6 cm). 2

2. B. 2–3(–5), aufrecht-abstehend. Bl. hellblau, fast geruchlos.

M. botryoídes (L.) MILLER em. DC., *Hellblaue B.* – St. 10–25 cm. B. kürzer als der St., spatelfg.-lineal, 4–8 mm br. / 3 bis 4 / Kollin-montan(-subalpin). Grasplätze, Weinberge; zerstr. bis s. [593]

– B. zahlreich, bogenfg. ausgebreitet. Bl. dunkelblau, nach Pflaumen riechend.

M. racemósum (L.) MILLER em. DC., *Gemeine B.* – St. 15–30 cm. B. meist länger als der St., schmal-lineal, 2–4 mm br., oberseits schmalrinnig. Kapselklappen oben ausgerandet. / 4 / Kollin-montan. Weinberge, Raine; zerstr. [594]

M. negléctum GUSS., *Übersehene B.* – St. 20–40 cm. B. lineal, 3–5 mm br., oberseits br.-rinnig. Kapselklappen oben gestutzt. / 4 / Wie vorige; s. Östl. M, A (Rhonetal). [595]

659. **Aspáragus** L., *Spargel*

A. officinális L., *Gemüse-S.* – St. 50–120 cm. B. borstenfg. Bl.stiele in od. etwas über der Mitte gegliedert. Bl. weissl.- od. gelbl.-grün. Beere erbsengross, rot. / 5 bis 6 / Kollin. Sandige Orte, Flussufer; zerstr. Vielfach kult. und da und dort verschleppt. [597]

A. tenuifólius LAM., *Zartblättriger S.* – St. 30–80 cm. B. haardünn. Bl.stiele nahe unter der Bl. gegliedert. Bl. weissl., grün gestreift. Beere kirschgross, rot. / 5 / Kollin-montan. Buschige Hänge; s. Wallis (Gondo), südl. T (verbr.), Graub. (Misox); auch adv. – Ao., Co., Chiav. [598]

660. **Ruscus** L., *Mäusedorn*

R. aculeátus L., *Mäusedorn.* – Immergrüner, ästiger, 30–80 cm hoher Strauch. B. (eigentl. Zweige) derb, eifg., stachelspitzig. Bl. grünl. Beere rot. / 3 bis 4 / Kollin. Steinige, buschige Hänge; verbr. Südwest- und Südschw. (s.), Kt. Schwyz. [599]

661. Maiánthemum WEBER, *Schattenblume*

M. bifólium (L.) F. W. SCHMIDT (*Smilacina bifolia* DESF.), *Schatten-blume.* – St. 8–20 cm, mit 2 wechselst., gestielten, herzfg. B. Bl. klein, weiss, wohlriechend. Beere zuletzt rot. / 5 / Kollin-subalpin. Wälder, Bergwiesen; hfg. [600]

662. Stréptopus MICHX., *Knotenfuss*

S. amplexifólius (L.) DC., *Knotenfuss.* – St. 20–200 cm, verzweigt, zick-zackfg. gebogen. Bl. einzeln, b.winkelst., ihre Stiele um den St. herum unter das nächstobere B. gebogen. Pg. weissl. Beere rot. / 6 bis 7 / Mon-tan-subalpin. Laubgehölze, Fichtenwälder, Grünerlenbestände; zerstr. J (bis Chasseral), M, A. – S, V. [601]

663. Polygónatum MILLER, *Weisswurz, Salomonsiegel*

1. B. zu 3–7 quirlig, lineal-lanzettl.
P. verticillátum (L.) ALL., *Quirlblättrige W.* – St. 30–70 cm, straff auf-recht, kantig. Bl. zu 2. Pg. weiss, mit grünl. Zähnen. Beere rot. / 5 bis 7 / Montan-subalpin. Bergwälder; verbr. [602]
– B. 2zeilig-wechselst., eifg.-elliptisch.
P. multiflórum (L.) ALL., *Vielblütige W.* – St. 30–80 cm, gebogen, stiel-rund. Bl. in der Regel zu 3–5. Pg. weiss, mit grünl. Zähnen, vorn trich-terfg. erweitert; Röhre in der Mitte bis 3 mm dick. Stbf. behaart. Beere blauschwarz. / 4 bis 6 / Kollin-montan. Wälder, Gebüsche; verbr. [603]
P. odorátum (MILL.) DRUCE (*P. officinale* ALL.), *Gemeine W.* – St. 20–50 cm, gebogen, kantig. Bl. zu 1–3. Pg. weiss, mit grünl. Zähnen, etwas bauchfg.; Röhre in der Mitte 5–7 mm dick. Stbf. kahl. Beere blau-schwarz. / 5 bis 6 / Kollin-subalpin. Wie vorige; mehr an felsigen Orten; verbr. [604]

664. Convallária L., *Maiglöckchen*

C. majális L., *Maiglöckchen.* – St. 10–20 cm. B. zu 2, grundst., elliptisch-lanzettl. Bl. weiss, in einer lg. gestielten, einseitigen Traube, wohlrie-chend. Beere rot. / 5 / Kollin-subalpin. Wälder, Bergwiesen, Geröllhal-den; verbr. [605]

665. Paris L., *Einbeere*

P. quadrifólia L., *Einbeere.* – St. 15–30 cm, einbl., mit 4 (3–6) quirlst., br.-eifg. B. Pgb. grün; die 4 äusseren lanzettl., die 4 inneren lineal. Beere dunkelblau bereift. / 4 bis 5 / Kollin-subalpin. Wälder; hfg. [606]

Fam. **Agaváceae,** *Agavengewächse.* – Zwischen den Liliaceae und Amaryllidacea stehend. Pgb. 6, frei od. am Grunde verwachsen. Frkn. ober- bis unterst. Heimat neuweltl. Trockengebiete.
Agáve americána L., *Agave.* – Pfl. ausdauernd. B. fleischig, 1–2 m lg., bis 20 cm br., lanzettl., in einer Rosette, an der Spitze und den Rändern mit Stacheln. Blstd. eine vielbl., 2–15 m hohe Rispe. Pg. trichterfg., nickend. – Eingebürgert im südl. T an Felsen (ebenso Var., Co.). [618]

Fam. 145. **Amaryllidáceae.** *Narzissengewächse*

Mit Zwiebeln od. Knollen überwinternde Stauden mit meist grundst., linealen B. Nebenb. fehlend. Blstd. cymös, viel- bis wenigbl., trugdoldig, auf einem Schaft sitzend, von 1 bis mehreren scheidigen Hochb. (Spatha) umschlossen. Bl. zwittrig, radiärsymm. od. leicht monosymm., 3zählig. Pgb. 6, frei od. röhrig verwachsen. Stbb. 6. Frb. 3, zu einem unterst. Frkn. verwachsen. Mehrsamige, etwas fleischige Kapseln.

1. Pgb. verwachsen, mit einer Nebenkr. **Narcissus 668**
– Pgb. frei, ohne Nebenkr. 2
2. Äussere Pgb. viel länger als die inneren. **Galanthus 666**
– Äussere und innere Pgb. gleich lg. **Leucojum 667**

666. **Galánthus** L., *Schneeglöckchen*

G. nivális L., *Schneeglöckchen.* – St. 8–15 cm, einbl. B. zu 2, graugrün, lineal. Bl. nickend. Äussere Pgb. weiss, innere oben ausgerandet, grün gefleckt. / (1) 2 bis 3 / Kollin-montan. Feuchte Waldgründe, Baumgärten; zerstr. [607]

667. **Leucójum** L., *Knotenblume*

L. vernum L., *Frühlings-K., Märzenglöckchen, Grosses Schneeglöckchen.* – St. 10–30 cm, 1-, seltener 2bl. B. 2 od. mehr, br.-lineal. Bl. nickend. Pgb. weiss, an der Spitze mit einem grüngelben Fleck. / (2) 3 bis 4 / Kollin-montan(-subalpin). Feuchte Wälder und Wiesen; zerstr. [608]
L. aestívum L., *Spätblühende K.* – St. 30–50 cm, 3–6bl. Sonst wie die vorige Art. / 4 bis 5 / Kollin. Feuchte Wiesen; s. s. M (Meienried bei Büren a. d. Aare [Kt. Bern]). Auch kult. und verwildert. – Co. [609]

668. **Narcíssus** L., *Narzisse*

1. Pgb. blasser od. dunkler gelb.
N. pseudonarcíssus L., *Gelbe N., Osterglocke.* – St. 15–40 cm. B. etwas rinnig. Nebenkr. so lg. wie die lebhaft gelben Pgb., am Rande wellig. / 3 bis 4 / Montan-subalpin. Wiesen, lichte Waldstellen; zerstr., im J verbr. Vielfach kult. (oft mit gefüllten Bl.). [610]
N. incomparábilis MILLER, *Unvergleichliche N.* – St. 30–40 cm. B. blaugrün, zieml. flach. Nebenkr. ½ so lg. wie die blassgelben Pgb., am Rande kraus. / 3 bis 5 / Kollin. Wiesen. Neuenburger Jura. [611]
– Pgb. weiss. 2
2. Nebenkr. hellgelb, mit weissl. Rand.
N. ×biflórus CURTIS = *N. tazetta ×poeticus, Zweiblütige N.* – St. 30–40 cm, meist 2bl. / 4 / Kollin. Kult. und (besonders in der Südschw.) verwildert. [613]
– Nebenkr. gelb, am Rande scharlachrot. 3
3. Alle Stbb. fast gleich hoch eingefügt; alle Stb.beutel die Pg.röhre überragend.
N. radiíflorus SALISB. (*N. angustifolius* auct., *N. exertus* HAWORTH), *Weisse Berg-N.* – St. 20–40 cm. B. schmal-lineal. Pgb. gegen den Grund keilfg. verschmälert. Nebenkr. flach, fast scheibenfg. Fr. mehr od. weni-

ger 3kantig. / 5 / Montan-subalpin. Frische Bergwiesen; verbr. Südl. und mittlerer J, A (vor allem Waadt, Freib.). [614]

– Stbb. ungleich hoch eingefügt, die unteren in der Pg.röhre eingeschlossen.

N. verbanénsis (HERBERT) M. J. ROEMER, *Langensee-N.* – St. 20–30 cm. B. schmal-lineal. Nebenkr. etwa 2 mm tief. Fr. ellipsoidisch. / 4 bis 5 / Kollin-montan. Wiesen, lichte Waldstellen; verbr. Südl. T. – Var., Co. [616]

N. poéticus L., *Weisse Garten-N.* – St. 30–40 cm. B. lineal, 7–8 mm br. Nebenkr. flach, zuletzt scheibenfg. Fr. br.-ellipsoidisch, undeutl. 3kantig. / 4 bis 5 / Kollin-subalpin. Zerstr. Kult. und verwildert. [615]

Fam. 146. **Iridáceae.** *Schwertliliengewächse*

Stauden mit Knollen, Zwiebeln od. Rhizomen. B. lineal od. schwertfg.-reitend *(Fig. 517/1)*. Nebenb. fehlend. Bl. zu 1 bis mehreren von einem häutigen Hochb. (Spatha) umschlossen. Blstd. ährig, traubig od. rispig, fächel- od. wickelartig. Bl. zwittrig, radiär- od. monosymm., 3zählig. Pgb. 6, frei od. am Grunde lg., röhrig verwachsen. Stbb. 3, vor den äusseren Pgb. stehend. Frb. 3, zu einem unterst. Frkn. verwachsen. Fachspaltige Kapseln.

517/1

1. Unterer Teil der lg.röhrigen Bl. mit dem Frkn. unterird.; Pfl. ohne oberird. St. .... **Crocus 669**
– Bl. an oberird. St. 2
2. Bl. monosymm., in einer einseitswendigen Ähre. .... **Gladiolus 672**
– Bl. radiärsymm. 3
3. Gr.äste blumenb.artig. Äussere Pgb. zurückgebogen. .... **Iris 670**
– Gr.äste fadenfg. Äussere und innere Pgb. gleichartig. **Sisyrinchium 671**

669. **Crocus** L., *Safran*

C. albiflórus KIT. ex SCHULT. (*C. vernus* WULFEN), *Frühlings-S., Frühlings-Krokus.* – Pfl. 5–15 cm. B. lineal, mit weissem Mittelnerv. Pg. weiss od. hell-, seltener dunkelviolett. N. orangerot, trichterfg. / 3 bis 6 / (Kollin-)montan-subalpin(-alpin). Wiesen und Weiden. J, M, A. – S, V. [620]

C. satívus L. em. HILL, *Echter S.* – Pfl. 8–30 cm. Pg. violett. N. lebhaft orangerot, tief-3lappig, zwischen den Pgb. herabgezogen. / 9 bis 11 / Kollin(-montan). Angebaut im Wallis (Siders bis Mörel), aber Kultur heute zurückgegangen; ebenda auf Feldern als Kulturrelikt; noch kultiviert in Mund. [621]

670. **Iris** L., *Schwertlilie*

1. Äussere Pgb. innen bärtig. 2
– Äussere Pgb. innen nicht bärtig. 5
2. St. 1–2bl.
I. × viréscens REDOUTÉ, *Grünliche S.* – St. 25–30 cm. Pgb. gelbl.-weiss. /

4 bis 5 / Kollin. Felsen (aus Kultur verwildert). Bex, Sitten. Heimat Südosteuropa. [622]
– St. mehrbl. 3
3. Innere Pgb. reingelb.
   I. variegáta L., *Gescheckte S.* – St. 20–40 cm. Äussere Pgb. gelbl.-weiss,
   violett- od. dunkel-purpurn geadert. / 6 / Kollin. Kult.; hie und da verwildert. Heimat Südosteuropa. [624]
– Innere Pgb. nicht reingelb; äussere violettblau. 4
4. Äussere Pgb. nur am Grunde mit dunklen Adern.
   I. ×**germánica** L., *Deutsche S.* – St. 30–80 cm. Äussere Pgb. dunkel-, innere hellviolettblau. / 5 bis 6 / Kollin. Hfg. kult.; verwildert und eingebürgert (Felsen, Mauern, Weinberge). Heimat Mittelmeergebiet. [626]
– Äussere Pgb. bis zum Rande mit dunklen Adern.
   I. ×**sambucína** L., *Holunder-S.* – St. 40–60 cm. Äussere Pgb. mit weissem
   Bart, innere schmutzig-graublau od. violett. / 5 bis 6 / Kult. und hie und
   da verwildert. Herkunft unbekannt. [627]
   I. ×**squalens** L., *Schmutziggelbe S.* – St. 60–80 cm. Äussere Pgb. mit gelbem Bart, innere schmutzig-hellgelb, violett überlaufen. / 6 / Felsen (aus
   Kultur verwildert). Graub. (Ramosch). Heimat Südosteuropa und Süd-
   westasien. [628]
5. B. br., schwertfg. (1–3 cm br.).
   I. pseudácorus L., *Gelbe S.* – St. 60–120 cm, fast stielrund. Pgb. lebhaft
   gelb, innere kürzer als die Gr.äste. / 6 / Kollin(-montan). Ufer, Sumpfgräben; verbr. [629]
   I. foetidíssima L., *Übelriechende S.* – St. 40–80 cm, zusgedr. Äussere Pgb.
   bläul.-lila, innere gelbl., violett überlaufen, länger als die Gr.äste. / 6 /
   Kollin. Kult. und in Hecken und Gehölzen verwildert. Genf, Waadt, T. –
   Ain, Co. Heimat Südwesteuropa. [630]
– B. schmal, lineal (höchstens 1 cm br.).
   I. sibírica L., *Sibirische S.* – St. 40–80 cm, stielrund. Äussere Pgb. hell-
   blau, mit violetten Adern, innere hell-violettblau; selten Pgb. weiss. / 6 /
   Kollin(-montan). Sumpfwiesen; zerstr.; Fundorte zurückgehend. [631]
   I. gramínea L., *Grasblättrige S.* – St. 15–25 cm, 2schneidig.-zusgedr. Äus-
   sere Pgb. geadert, mit violettpurpurnem Nagel, blauer Platte und einer
   gelben Linie, innere lilaviolett. / 5 / Montan. Rasen; s. s. Südl. T; sonst
   hie und da verwildert. – Var., Co. [632]

671. Sisyrínchium L., *Blumensimse*

S. bermudiána L. em. FARW., *Blumensimse.* – St. 15–30 cm. B. schmal-
lineal, grundst. Bl. zu mehreren, blau. / 5 bis 6 / Kollin. Sumpfwiesen,
Grasplätze; hie und da; eingeschleppt. Stammt aus Nordamerika. [633]

672. Gladíolus L., *Gladiole, Siegwurz*

1. Stb.beutel länger als die Stbf. S. nicht geflügelt. Pgb. rosa.
   G. itálicus MILLER (*G. segetum* KER-GAWLER), *Italienische G.* – St. 30–60
   cm, 4–12bl. Seitl. Pgb. lineal, keilfg. / 6 / Kollin. Äcker, Hecken. Früher
   Genf und T. [634]
– Stb.beutel kürzer als die Stbf. S. br. geflügelt. Pgb. hellkarminrot. . 2
2. Fasern der Knollenhülle rundl.-eifg. Maschen bildend.

G. palústris GAUDIN, *Sumpf-G.* – St. 30–50 cm, 3–5bl. Kapsel 6furchig, an der Spitze abgerundet. / 6 bis 7 / Kollin-montan. Feuchte Wiesen; auch an trockenen Orten; s. und Fundorte zurückgehend. Nordöstl. M, A (Wallis, Graub., St. Gallen). [635]
– Fasern der Knollenhülle gleichlaufend, ganz schmale Maschen bildend.
  G. imbricátus L., *Busch-G.* – St. 30–90 cm, 4–12bl. Fr. stumpf-3kantig; Kanten nicht gekielt. / 7 / Montan. Wiesen, Gebüsche; s. s. Südl. T. [637]
  G. commúnis L., *Garten-G.* – St. 40–90 cm, 5–10bl. Fr. 3kantig; die Kanten oberwärts stumpf-gekielt. / 5 / Kult.; s. s. verwildert. [636]

Fam. 147. **Dioscoreáceae.** *Yamswurzelgewächse*

Kletternde od. schlingende Stauden od. Sträucher mit knollenfg. Rhizom. B. wechsel-od. gegenst., einfach, netznervig. Nebenb. fehlend. Bl. in Ähren, Trauben od. Rispen, auch einzeln, eingeschlechtig, selten zwittrig, radiärsymm., 3zählig. Pgb. 6, verwachsen. Stbb. 6, frei od. verwachsen, gelegentl. die 3 inneren steril. Frb. 3, zu einem unterst. Frkn. verwachsen. Beeren od. Kapseln.

673. **Tamus** L., *Schmerwurz*

T. commúnis L., *Schmerwurz.* – Pfl. 2häusig. St. kletternd, 1–3 m. B. lg. gestielt, herzfg., zugespitzt, glänzend. Bl. grünl., in lockeren Trauben, selten einzeln. Beere rot. / 5 bis 6 / Kollin-montan. Wälder, Gebüsche; verbr. in den wärmeren Gegenden. [619]

Fam. 148. **Orchidáceae.** *Orchideen, Knabenkräuter*[1]

Stauden mit Rhizomen od. mit kugeligen od. handfg. geteilten W.knollen, vielfach Epiphyten od. Saprophyten, meist mit Mykorrhiza. St. einfach, am Grunde mitunter knollenartig verdickt. B. einfach, spiralig od. 2zeilig, mit st.umfassendem Grunde, bei den Saprophyten zu scheidenfg. Schuppen reduziert. Nebenb. fehlend. Bl. in den Achseln von schuppen- od. laubb.artigen Tragb. zu Ähren od. Trauben angeordnet, meist zwittrig, monosymm. *(Fig. 520/1).* Pgb. 6, in 2 3zähligen Kreisen. Das mittlere Pgb. des inneren Kreises als Lippe (Labellum; lb) gestaltet, oft gespornt (sp), durch Überkippen od. Drehung des Frkn. abwärts gerichtet (ausgenommen bei *Männertreu, Widerbart, Weichorchis* und *Zwiebelorchis*). Stbb. 1, selten 2 (*Frauenschuh*), mit Gr. und N. zu einem Säulchen (Gynostemium; gy) verwachsen. Die Pollenkörner einer Theke zu einem Paket, dem Pollinium (pl) vereinigt, an dessen Basis eine Klebscheibe ist. N. unter dem Stbb. als grubenfg. Vertiefung (n) vorhanden, oft ein N.lappen zu einem sich zwische die Stbb.hälften einschiebenden Schnäbelchen (Rostellum) umgestaltet. Frb. 3, zu einem unterst. Frkn. verwachsen. 3- od. 6spaltige Kapseln mit zahlreichen, winzigen S.

1. Pfl. ohne grüne B. 2
– Pfl. mit grünen B. 5
2. Lippe mit Sporn. 3
– Lippe ohne Sporn. 4
3. Sporn aufgeblasen, kurz, aufwärts gerichtet. Lippe oben stehend.
                                                                Epipogium 682

[1] Bastarde zahlreich (auch zwischen Arten verschiedener Gattungen).

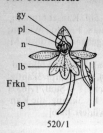

gy
pl
n
lb
Frkn
sp

520/1　　　　520/2　　　　520/3

– Sporn pfriemfg., abwärts gerichtet. Lippe unten stehend.
　　　　　　　　　　　　　　　　　　　　　　　Limodorum 677
4. Lippe vorn 2lappig.　　　　　　　　　　　　**Neottia 679**
– Lippe ungeteilt, zungenfg.　　　　　　　　　**Corallorhiza 701**
5. Lippe mit (bisweilen kurzem) Sporn *(Fig. 520/1, 2)*. 6
– Lippe ohne Sporn *(Fig. 520/3)*. 16
6. Lippe ungeteilt. 7
– Lippe 3zähnig od. 3teilig *(Fig. 520/4–6)*. 9
7. Sporn länger als der Frkn. B. 2, grundst. Bl. weiss od. grünl.-weiss. Lippe
bandfg.　　　　　　　　　　　　　　　　　　**Platanthera 683**
– Sporn kürzer als der Frkn. 8
8. Lippe aufwärts gerichtet. Bl. in der Regel schwarzrot od. rot. Pgb. ausgebreitet.　　　　　　　　　　　　　　　　　　**Nigritella 686**
– Lippe abwärts gerichtet.　　　　　　　　　　　**Orchis 693**
9. Mittellappen der Lippe auffallend stark verlängert (bis 6 cm), bandfg.,
gewunden.　　　　　　　　　　　　　**Himantoglossum 697**
– Mittellappen der Lippe höchstens doppelt so lg. wie die übrigen
Pgb. 10
10. Pg. grünl., oft braunrot überlaufen. Lippe br.-lineal, vorn 3zähnig, mit
kleinem Mittelzahn.　　　　　　　　　　　**Coeloglossum 684**
– Pg. weiss, gelb, violett od. rot. Lippe 3zähnig od. 3lappig (der Mittellappen oft nochmals geteilt). 11
11. Sporn fadenfg., dünn, kaum 1 mm dick *(Fig. 520/1)*. 12
– Sporn walzenfg., meist mehr als 1 mm dick *(Fig. 520/2)*. 13
12. Ähre kurz, pyramidenfg. Knollen ungeteilt.　　　**Anacamptis 696**
– Ähre verlängert, schlank. Knollen handfg. geteilt.　**Gymnadenia 685**
13. Pg. klein, 4 mm lg., weiss od. grünl.-weiss; die äusseren Pgb. helmfg. zusammenneigend.　　　　　　　　　　　　　**Pseudorchis 687**
– Pg. mindestens 6 mm lg. od. länger (ausg. bei *Orchis ustulata*, kenntl. an
den schwarzroten äusseren Pgb.). 14

520/4　　　　520/5　　　　520/6

14. Pgb. in eine vorn spatelfg. verbreiterte Spitze ausgezogen *(Fig. 520/6).*
                  Traunsteinera 692
– Pgb. eifg. bis längl.-eifg., stumpf, spitz od. zugespitzt. 15
15. Sporn waagrecht od. aufwärts gerichtet. Deckb. nicht od., abgesehen von
 den untersten, wenig länger als der Frkn., meist 1- od. die unteren mehrnervig. Knollen ungeteilt.   **Orchis 693**
– Sporn abwärts gerichtet. Deckb. viel länger als der Frkn., 3–5nervig,
 meist netzaderig. Knollen meist handfg. geteilt.   **Dactylorhiza 688**
16. St. 1–2(selten 3)bl. Bl. mit 2 seitl. Stbb. Lippe schuhfg. aufgeblasen, bis 3
 cm lg.   **Cypripedium 674**
– St. mehrbl. 1 Stbb. Lippe nicht aufgeblasen. 17
17. Unterid. Teile der Pfl. für die Bestimmung vorhanden. 18
– Bei Ermangelung der unterird. Teile. 30
18. Pfl. mit unterird. W.stock, ohne Knollen. 27
– Pfl. mit 1 od. 2, selten 3, unterird., je nach Art verschieden gestalteten
 Knollen. St. am Grunde bisweilen ± verdickt. 19
19. St. am Grunde ± knollenfg. verdickt, seitl. die Knolle des Vorjahres tragend od. mit dieser durch einen dünnen W.stock verbunden. 20
– Pfl. mit meist 2 (selten 1 od. mehr als 2) unterird., kugeligen, ovalen, rübenfg. od. handfg. geteilten Knollen. 19
20. Blstd. 1–8bl.   **Liparis 700**
– Blstd. vielbl. 21
21. Äussere Pgb. eifg., seitl. innere längl. Lippe längl., vertieft. B. 3–4.
                  Hammarbya 699
– Äussere Pgb. lanzettl., seitl. innere linealisch. Lippe eifg., lg. zugespitzt.
 B. meist 1.   **Microstylis 698**
22. Oberer Teil des St. und die schraubenfg. gedrehte Ähre drüsig behaart.
                  Spiranthes 680
– St. und Ähre kahl. 23
23. Pgb. alle abstehend *(Fig. 520/4).* Lippe samtig behaart.   **Ophrys 691**
– Pgb. helmfg. zusammenneigend *(Fig. 520/3).* 24
24. B. schmal-lineal, so lg. od. etwas länger als der St. **Chamorchis 689**
– B. nicht schmal-lineal. 25
25. Blstd. armbl. Bl. 2–3 cm gross, braunrot.   **Serapias 694**
– Blstd. reichbl. 26
26. Lippe vorgestreckt, tief 3zipflig.   **Herminium 690**
– Lippe herabhängend, 4zipflig *(Fig. 520/3).*   **Aceras 695**
27. Pfl. mit grundst. B.rosette.   **Goodyera 681**
– Pfl. ohne grundst. B. 28
28. St. mit 2, nahezu gegenst. B.   **Listera 678**
– St. mit mehreren, deutl. wechselst. B. 29
29. Frkn. gedreht, meist sitzend. Pgb. zusammenneigend.
                Cephalanthera 675
– Frkn. gestielt; der Stiel gedreht. Pgb. abstehend.   **Epipactis 676**
30. Lippe durch seitl. Einschnürungen in ein hinteres und ein vorderes Glied
 zerfallend. 29
– Lippe nicht so gegliedert. 31
31. St. mit 2, nahezu gegenst. B.   **Listera 678**
– St. 1- bis mehrblättrig od. die B. grundst. 32
32. Oberer Teil des St. und der Blstd. drüsig behaart. 33

33. Blstd. schraubenfg. gedreht. B. lineal-lanzettl. od. längl.-elliptisch.
34. Pgb. helmfg. zusammenneigend *(Fig. 520/3)*. 24
35. Bl. gelbgrün. Lippe kahl. 20

674. **Cypripédium** L., *Frauenschuh*

C. calcéolus L., *Frauenschuh*. – St. 20–50 cm. B. br.-elliptisch, spitz. Pgb. rotbraun, 3–5 cm lg. Lippe gelb. / 5 bis 6 / Kollin-montan(-subalpin). Wälder, buschige Hänge; mit Vorliebe auf Kalk; zerstr. J, M, A. – Bad. [638]

675. **Cephalanthéra** RICH., *Waldvögelein*

1. Bl. rot. Frkn. behaart.
　　C. rubra (L.) RICH., *Rotes W*. – St. 20–50 cm. B. lanzettl. Pgb. und Lippe zugespitzt. / 6 bis 7 / Kollin-montan. Lichte Wälder; verbr. [683]
– Bl. weiss. Frkn. kahl.
　　C. damasónium (MILLER) DRUCE (*C. alba* SIMONKAI, *C. pallens* RICH., *C. grandiflora* S. F. GRAY), *Weissliches W*. – St. 25–60 cm. B. längl.-eifg. Deckb. länger als der Frkn. Pgb. gelbl.-weiss. / 6 / Kollin-montan. Wälder; verbr. [684]
　　C. longifólia (L.) FRITSCH (*C. ensifolia* RICH., *C. xiphophyllum* RCHB. f.), *Langblättriges W*. – St. 20–50 cm. B. lineal-lanzettl., 2zeilig. Deckb. viel kürzer als der Frkn. Pgb. reinweiss. / 5 bis 6 / Kollin-montan. Bergwiesen, Waldlichtungen; verbr. [685]

676. **Epipáctis** ZINN em. RICH., *Sumpfwurz*

1. Vorderes Glied der Lippe stumpf, vom hinteren durch tiefe Einschnitte scharf abgesetzt.
　　E. palústris (L.) CRANTZ (*Helleborine palustris* SCHRANK), *Gemeine S*. – St. 30–50 cm. B. längl.-lanzettl. Bl. hängend. Äussere Pgb. bräunl.-grün, innere weiss. / 6 bis 7 / Kollin-montan(-subalpin). Sumpfwiesen; verbr. [678]
– Vorderes Glied der Lippe spitz, dem hinteren br. angesetzt. 2
2. B. kürzer als die St.glieder. St. 15–40 cm.
　　E. microphýlla (EHRH.) SW. (*H. microphylla* SCH. u. TH.), *Kleinblättrige S*. – Pfl. rötl. überlaufen. B. klein, längl.-lanzettl. Pgb. grünl., am Rande rötl. / 6 bis 7 / Kollin-montan(-subalpin). Bergwälder; J (zerstr.), M und A (s.). [679]
– B. so lg. od. länger als die St.glieder. St. 20–60 cm. 3
3. Bl. dunkel-rotbraun (selten hellgelb). Frkn. flaumig-weichhaarig.
　　E. atrorúbens (HOFFM. ex. BERNH.) SCHULTES (*E. atropurpurea* RAFIN., *H. atropurpurea* SCH. u. TH.), *Braunrote S*. – B. lanzettl. bis ei-lanzettl. Bl. klein, wohlriechend. Vorderes Glied der Lippe mit 2 deutl., faltig-krau-

sen Höckern. / 6 bis 7 / Kollin-subalpin. Wälder, trockenwarme, felsige Orte; hfg. [680]
– Bl. grünl., oft violett od. rötl. überlaufen. Frkn. kahl od. fast kahl.
E. helleboríne (L. em. MILLER) CRANTZ (*E. latifolia* ALL., *H. latifolia* DRUCE), *Breitblättrige S.* – B. gross, oval, viel länger als die St.glieder. Bl. zieml. gross. Vorderes Glied der Lippe meist mit 2 glatten Höckern. Formenreiche Art. / 7 bis 8 / Kollin-subalpin. Wälder; hfg. [681]
E. purpuráta SM. (*E. sessilifolia* PETERM., *H. purpurata* DRUCE), *Violettrote S.* – Pfl. violett überlaufen. B. längl.-oval bis lanzettl., wenig länger od. so lg., etwa auch kürzer als die St.glieder. Blstd. stark papillös, rauh, sehr dicht und reichbl. Bl. gross, sich berührend, die unteren hängend. Innere Pgb. weiss bis grünl.-weiss. Vorderes Glied der Lippe mit 2 gekerbten Höckern. / 8 bis 9 / Kollin-montan. Wie vorige; zerstr., vor allem Nordschw. [682]

677. **Limodórum** RICH., *Dingel*

L. abortívum (L.) SW., *Dingel.* – Pfl. samt den B. fahl-violett. St. 30–80 cm. Bl. gross, in einer lockeren, verlängerten Ähre. Lippe ungeteilt. (Saprophyt.) / 5 bis 6 / Kollin-montan. Trockene Hänge, lichte Föhren- und Eichenbestände; s. [686]

678. **Lístera** R. BR., *Zweiblatt*

L. ováta (L.) R. BR., *Grosses Z.* – St. 30–60 cm. B. eifg. Bl. grünl., in einer lockeren, verlängerten Traube. / 5 bis 7 / Kollin-subalpin. Wälder, Wiesen, Weiden; hfg. [690]
L. cordáta (L.) R. BR., *Kleines Z.* – St. 5–20 cm. B. fast 3eckig-herzfg. Bl. grünl., innen violettrot, in einer kurzen, armbl. Traube. / 5 bis 7 / Montan-subalpin. Moosige Fichtenwälder; zerstr. [691]

679. **Neóttia** LUDWIG, *Nestwurz*

N. nidus-avis (L.) RICH., *Nestwurz.* – W.stock mit knäuelig verflochtenen, fleischigen Fasern. Pfl. 20–40 cm, gelbbraun. B. schuppenfg. Traube vielbl. (Saprophyt.) / 5 bis 6 / Kollin-montan(-subalpin). Wälder; verbr. [692]

680. **Spiránthes** RICH., *Wendelähre*

S. aestivális (POIRET) RICH., *Sommer-W.* – Knollen walzenfg.-spindelfg. St. 10–40 cm, am Grunde mit 2–3 schmal-lanzettl. B. Pg. weiss. Frkn. fast drüsenlos. / 7 / Kollin-montan. Nasse Wiesen, Quellfluren; s. [689]
S. spirális (L.) CHEVALLIER (*S. autumnalis* RICH.), *Herbst-W.* – Knollen rübenfg. St. 10–35 cm, ohne B.; diese in seitl. Rosette, längl.-elliptisch. Pg. innen weiss, aussen grünl.; Lippe weiss, in der Mitte grünl. Frkn. kurzdrüsig behaart. / 8 bis 10 / Kollin-montan. Trockenwiesen, Weiden; s. [688]

681. **Goodyéra** R. Br., *Moosorchis*

G. repens (L.) R. Br., *Moosorchis.* – W.stock ästig, kriechend. St. 10–25 cm. B. br. gestielt, eifg., netzaderig. Bl. weissl.-grün, in einer fast einseitswendigen, schwach gewundenen Ähre. / 7 bis 8 / Kollin-montan(-subalpin). Moosige Föhren- und Fichtenwälder; zerstr. [693]

682. **Epipógium** R. Br., *Widerbart*

E. aphýllum (F. W. Schmidt) Sw., *Widerbart.* – Pfl. 10–30 cm, weissl. od. gelbl., mit korallenfg. W.stock. Bl. zu 3–5, hängend, gross, gelbl.-weiss, oft rötl. od. violett überlaufen. (Saprophyt.) / 7 bis 8 / (Kollin-)montan-subalpin. Wälder (besonders Fichtenwälder); s. und unregelm. auftretend. [687]

683. **Platanthéra** Rich., *Breitkölbchen*

P. bifólia (L.) Rich., *Weisses B.* – St. 20–50 cm. Bl. weiss od. gelbl.-weiss, wohlriechend. Sporn fadenfg. Stb.beutelfächer einander genähert, parallel. / 5 bis 7 / Kollin-subalpin. Wiesen, Wälder, Gebüsche; hfg. [676]
P. chlorántha (Custer) Rchb., *Grünliches B.* – St. 20–50 cm. Bl. grünl.-weiss, geruchlos, grösser als bei der vorigen Art. Sporn nach hinten keulenfg. verdickt. Stb.beutelfächer voneinander entfernt, nach unten auseinandertretend. / 5 bis 7 / Kollin-montan(-subalpin). Wie vorige; verbr. [677]

684. **Coeloglóssum** Hartman, *Hohlzunge*

C. víride (L.) Hartman, *Hohlzunge.* – Pfl. 10–25 cm. B. eifg. Pgb. grünl., oft braunrot überlaufen, helmfg. zusammenneigend. Sporn kurz, sackfg. / 5 bis 7 / (Kollin-)montan-alpin. Rasen, Weiden; hfg. J, M (s.), A. [670]

685. **Gymnadénia** R. Br., *Handwurz*

G. conópsea (L.) R. Br., *Langspornige H.* – St. 30–60 cm. B. lanzettl. Sporn viel länger als der Frkn. *(Fig. 520/1).* / 6 bis 7 / Kollin-subalpin(-alpin). Feuchte Wiesen; auch an trockenen Hängen und in Waldlichtungen; hfg. [674]
G. odoratíssima (L.) Rich., *Wohlriechende H.* – St. 15–40 cm. B. lineal-lanzettl. Bl. mit starkem Vanilleduft, oft hellrosa od. weiss. Sporn nicht länger als der Frkn. / 6 bis 7 / (Kollin-)montan-subalpin(-alpin). Trokkene Hänge, Kalkgeröll (besonders unter Föhren); auch auf kalkreichen Moorwiesen; verbr. [675]

686. **Nigritélla** Rich., *Männertreu*

N. nigra (L.) Rchb. (*N. angustifolia* Rich.), *Schwarze M., Bränderli.* – St. 10–25 cm. B. lineal. Ähre dicht, anfangs kurz kegelfg., später längl.-eifg. Bl. mit starkem Vanilleduft, schwarzrot, selten rosa, orange od. weiss. Seitl. innere Pgb. halb so br. wie die äusseren. Lippe mit lg., gerader

Spitze. / 6 bis 8 / (Montan-)subalpin-alpin. Weiden. J (bis Weissenstein), M (s.), A (hfg.). [671]

N. miniáta (CRANTZ) JANCHEN (*N. rubra* RICHTER), *Rote M.* – Ähre eifg. bis walzenfg. Bl. rot. Seitl. innere Pgb. so br. wie die äusseren. Lippe mit allmähl. ausgeschweifter Spitze. Sonst wie die vorige Art. / 7 (blüht ca. 10 Tage früher als N. nigra) / Subalpin. Wie vorige; zerstr. A (besonders östl. Teil). [672]

687. **Pseudórchis** SÉGUIER, *Weisszunge*

P. álbida (L.) A. u. D. LÖVE (*Gymnadenia albida* (L.) RICH., *Coeloglossum albidum* HARTMAN, *Leucorchis albida* E. MEYER), *Weisszunge.* – St. 10–30 cm. Bl. klein. Lippe tief 3teilig. Sporn walzenfg., etwa ⅓ so lg. wie der Frkn. / 6 bis 7 / (Montan-)subalpin(-alpin). Wiesen. J, M (vereinzelt), A (hfg.). – S, V.

688. **Dactylorhíza** (NECKER) NEVSKI, *Knabenkraut, Kuckucksblume*

1. Bl. gelb, seltener rot, dann aber die Lippe am Grunde gelbl. Knollen un- geteilt od. kurz-2–4lappig.
   D. sambucína (L.) SOÓ (*Orchis sambucina* L.), *Holunder-K.* – Pfl. 10–30 cm. St. hohl. Ähre gedrungen. Sporn so lg. od. länger als der Frkn. / 5 bis 6 / Montan-subalpin. Wiesen, lichte Waldstellen; zerstr. J (Dôle), A. – V, Französ. Jura. [658]
 – Bl. purpurn, rosa od. weissl., selten gelbl. Knollen handfg geteilt. . 2
2. St. 6–10blättrig, vollmarkig.
   D. maculáta (L.) SOÓ (*O. maculata* L.), *Geflecktes K.* – Pfl. 20–60 cm. B. meist schwarz gefleckt; die oberen schmal, klein, das oberste von der Ähre weit entfernt. Pgb. meist hell-lila, mit purpurnen Punkten. / 6 bis 7 / Kollin-subalpin. Wälder, Gebüsche, Wiesen; hfg. [659]
 – St. 3–6blättrig, meist hohl. 3
2. B. längl. bis längl.-eifg. (grösste Breite des untersten B. in od. über der Mitte), abstehend.
   D. majális (RCHB.) HUNT u. SUMMERHAYES (*O. latifolia* L.), *Breitblättri- ges K.* – Pfl. 20–45 cm. B. meist gefleckt, das unterste in der Mitte am breitesten. Ähre dicht. Bl. violettpurpurn. Lippe meist 3lappig, mit roten Flecken. / 5 bis 6 / Kollin-subalpin. Feuchte Wiesen, Moore; hfg. [660]
 – B. lineal bis lanzettl. (grösste Breite am Grunde od. unter der Mitte), auf- recht-abstehend. 4
3. St. nicht od. wenig hohl. Das oberste B. die Ähre nicht erreichend.
   D. traunsteíneri (SAUTER ex RCHB.) SOÓ (*O. traunsteineri* SAUTER), *Traunsteiners K.* – Pfl. 15–40 cm. B. lineal-lanzettl. od. lineal, an der Spitze fast flach. Ähre etwas locker, 7–12bl. Bl. purpurn. Lippe 3lappig. / 5 bis 6 / (Kollin-)montan-subalpin. Feuchte Wiesen, Moore; zerstr. [663]
 – St. hohl. Das oberste B. die Ähre erreichend od. überragend.
   D. incarnáta (L.) SOÓ (*O. incarnata* L.), *Fleischrotes K.* – St. 20–60 cm. B. lanzettl., vom Grunde an nach der Spitze verschmälert, an der Spitze kapuzenfg. zusgez., meist ungefleckt. Ähre 20–35bl. Bl. fleischrot, selten gelbl. (var *stramínea* RCHB. f. [var. ochroleuca BOLL]). Lippe ungeteilt

od. undeutl. 3lappig. Sporn über 8 mm lg. / 5 bis 6 / Kollin-montan(-subalpin). Feuchte Wiesen, Moore; verbr. [661]

D. cruénta (O. F. MÜLLER) SOÓ (*O. cruenta* O. F. MÜLLER), *Blutrotes K.* – St. 15–30 cm, oberwärts purpurn. B. beiderseits purpurrot gefleckt. Ähre 15–30bl. Deckb. purpurn. Bl. purpurn. Lippe ungeteilt. Sporn 5–7 mm lg. / 6 bis 7 / Subalpin. Wie vorige; s. A (Berner Oberland, Wallis, Graub.). [662]

689. **Chamórchis** RICH., *Zwergorchis*

Ch. alpína (L.) RICH., *Zwergorchis.* – St. 5–10 cm. Blstd. armbl. Bl. klein, gelbl.-grün. Pgb. helmfg. zusammenneigend. / 7 bis 8 / Subalpin-alpin. Rasen; auf Kalk; zerstr. A. [668]

690. **Hermínium** R. BR., *Einorchis*

H. monórchis (L.) R. BR., *Einorchis.* – Zur Bl.zeit nur 1 Knolle. St. 10–30 cm. Bl. klein, grünl., in einer dünnen Ähre. / 5 bis 7 / Kollin-subalpin. Feuchte Wiesen; zerstr. J, M, A. [669]

691. **Ophrys** L. em. R. BR., *Ragwurz, Insektenorchis*

1. Lippe 3lappig.
   O. insectífera L. em. MILLER (*O. muscifera* HUDSON), *Fliegen-R.* – St. 15–40 cm. Die 3 äusseren Pgb. grünl., die 2 inneren viel kürzer, braun, samtig. Lippe flach, mit längl., tief-2lappigem Mittellappen, braun, samtig, mit einem bläul., kahlen Fleck *(Fig. 520/4).* / 5 / Kollin-montan(-subalpin). Trockenwarme Hügel, lichte Waldstellen; verbr. [639]
   O. apífera HUDSON, *Bienen-R.* – St. 20–40 cm. Pgb. rötl., die 2 inneren kurz, kurzhaarig. Lippe gewölbt; der mittlere Lappen vorn mit einem abwärts gebogenen Anhängsel, rotbraun, samtig, die seitl. pelzartig gelb behaart. / 6 / Kollin-montan. Magerwiesen; zerstr. [640] – Vom Typus abweichend: ssp. **botteróni** (R. CHODAT) HEGI. – Innere Pg. blumenb.artig, wie die äusseren, fast ebenso br. und etwa ⅔ so lg. wie diese, am Rande kahl od. schwach behaart. Lippe fast 5lappig, meist ohne Anhängsel, mit einem kahlen, schildfg., mit unregelm., gelbl. Linien und Punkten gezeichneten Fleck. Wie der Typus; s. [641]
 – Lippe ungeteilt. 2
2. Lippe ohne Anhängsel.
   O. sphecódes MILLER (*O. aranifera* HUDSON), *Spinnen-R.* – St. 15–45 cm. Pgb. grün s. weiss, die inneren br.-lineal, stumpf, kahl. Lippe rotbraun, samtig, oft mit 2–4 kahlen, gelbl. Längslinien. / 4 bis 6 / Kollin(-montan). Magerwiesen; s. (vor allem Nordschw.). [643]
 – Lippe mit Anhängsel.
   O. holoserícea (BURM. f.) GREUTER (*O. fuciflora* (CRANTZ) MOENCH, *O. arachnites* MURRAY), *Hummel-R.* – St. 15–30 cm. Pgb. rosa od. weiss, die inneren 3eckig, samtig. Lippe rotbraun, samtig, mit gelbgrünem Saum, an der Spitze mit einem aufwärts gebogenen Anhängsel. / 5 bis 6 / Kollin(-montan). Magerwiesen, Trockenhänge; zerstr. (vor allem Nordschw.) [642]

O. bertolonifórmis O. u. E. DANESCH (*O. bertolonii* auct.), *Comersee-R.* –
St. 20–40 cm. Äussere Pgb. hell- bis lebhaft violettrosa. Lippe oben
schwarzpurpurn und dicht samtartig, unten grünl., geadert, mit einem
sehr kleinen Anhängsel. / 4 bis 5 / Kollin-montan. Wie vorige. – Co.

692. Traunsteínera RCHB., *Kugelorchis*

T. globosa (L.) RCHB. (*Orchis globosa* L.), *Kugelorchis*. – Pfl. 25–50 cm.
Blstd. fast kugelig, dichtbl. Bl. blassrot. Pgb. zuerst helmfg. zusammenneigend, später abstehend. Sporn abwärts gebogen, etwa halb so lg. wie
der Frkn. / 6 bis 7 / (Kollin-montan-)subalpin(-alpin). Wiesen; verbr. J,
M (s.), A. [644]

693. Orchis L., *Orchis, Knabenkraut*

1. Alle 5 Pgb. helmfg. zusammenneigend *(Fig. 520/2)*. 2
– Die 2 seitl. Pgb. abstehend od. zurückgeschlagen *(Fig. 520/5)*. 7
2. Lippe ungeteilt.
  O. papilionácea L., *Schmetterlingsblütige O.* – Pfl. 20–40 cm. Obere Stlb.
  und Deckb. purpurn überlaufen. Blstd. zieml. locker, armbl. Bl. gross.
  Pgb. bräunl.-rot bis purpurn. Lippe hellviolett od. violettrosa, mit pur-
  purnen Adern. Sporn kegelfg., abwärts gerichtet. / 5 / Kollin-montan.
  Trockenwiesen. – Co., Veltin. (In der Schweiz 1951 im T gefunden, später
  nicht mehr festgestellt.) [645]
– Lippe 3lappig od. 3sp. 3
3. Sporn waagrecht-abstehend od. aufwärts gerichtet.
  O. mório L., *Kleine O.* – Pfl. 8–30 cm. Ähre locker, armbl. Pgb. meist purpurn bis violett, stumpf, die 3 äusseren grün gestreift. Mittellappen der
  Lippe gestutzt od. ausgerandet. / 4 bis 6 / Kollin-montan. Trockene und
  mässig feuchte Wiesen; verbr. [646]
– Sporn abwärts gerichtet. 4
4. Mittellappen der Lippe ganzrandig, spitzl. od. gestutzt, zuweilen etwas
  ausgerandet.
  O. corióphora L., *Wanzen-O.* – Pfl. 15–40 cm. Ähre walzenfg., dicht,
  vielbl. Pgb. bräunl.-rot, mit grünen Adern, zugespitzt. / 5 bis 6 / Kollin-
  montan. Wiesen; zerstr. [647]
– Mittellappen der Lippe tief 2sp. od. deutl. ausgerandet; in der Bucht
  meist ein Zähnchen. 5
5. Deckb. mindestens halb so lg. wie der Frkn.
  O. ustuláta L., *Schwärzliche O.* – Pfl. 10–35 cm. Deckb. eifg.-lanzettl.,
  hellviolett bis purpurn. Bl. klein. Helm aussen schwarzrot. Lippe weiss,
  rot punktiert. Sporn kürzer als der halbe Frkn. / 5 bis 7 / Kollin-subalpin. Magerwiesen, Weiden; verbr. [651]
  O. tridentáta SCOP. (*O. variegata* ALL.), *Dreizähnige O.* – Pfl. 15–40 cm.
  Deckb. lanzettl.-pfriemfg., gegen die Spitze rötl. Bl. mittelgross. Pgb.
  hellviolett, mit rotem Mittelnerv. Lippe mit roten Punkten bestreut. Selten Bl. weiss. Sporn länger als der halbe Frkn. / 5 / Kollin(-montan).
  Trockene Wiesen, Gebüsche. T, Graub. (Misox, Calanca). [650]
– Deckb. höchstens ¼ so lg. wie der Frkn. 6
6. Helm aussen braunrot gefleckt, dunkler als die Lippe, selten ganz
  schmutzig-braunrot.

O. purpúrea HUDSON (*O. fusca* JACQ.), *Braunrote O.* – Pfl. 30–80 cm. Blstd. bis 15 cm lg. Mittellappen der Lippe br., verkehrt-herzfg., 2lappig, blassrosa (selten weiss), dunkler punktiert. / 5 / Kollin(-montan). Gebüsche, Wälder; zerstr. [652]

– Helm aussen blassrosa, mit grauem Anflug, heller als die Lippe.

O. militáris L., *Helm-O.* – Pfl. 25–45 cm. Ähre von unten nach oben aufblühend. Mittellappen der Lippe vorn verbreitert, mit 2 spreizenden Zipfeln, die 2–3mal so br. sind wie die Seitenlappen; Zähnchen in der Ausbuchtung sehr kurz. / 5 bis 6 / Kollin-montan. Wiesen, buschige Hänge; verbr. [648]

O. símia LAM., *Affen-O.* – Pfl. 20–40 cm. Ähre von oben nach unten aufblühend. Zipfel des Mittellappens der Lippe nicht breiter als die Seitenlappen; alle Lappen schmal-lineal, bogig aufwärts gekrümmt; Zähnchen in der Ausbuchtung verlängert. / 5 bis 6 / Kollin. Trockene Wiesen; s. Südwestschw., J, Schaffh. – Bad., Els., Ain, Sav. [649]

7. Bl. gelb od. gelbl.-weiss.

O. pallens L., *Blasse O.* – Pfl. 20–40 cm. B. längl. od. längl.-verkehrt-eifg., über der Mitte am breitesten. Bl. blassgelb. Lippe seicht-3lappig, ganzrandig od. schwach gekerbt. / 4 bis 6 / Kollin-montan(-subalpin). Bergwiesen, lichte Waldstellen; s. [653]

O. provinciális BALBIS, *Provenzalische O.* – Pfl. 10–30 cm. B. lanzettl., schwarz gefleckt. Bl. gelbl.-weiss. Lippe rot getüpfelt. 3lappig, mit oft 2teiligem Mittellappen. / 4 bis 5 / Kollin-montan. Kastanienhaine, Trokkenwiesen; s. s. Südl. T, Graub. (Misox). – Co. [654]

– Bl. rot od. violettrot, selten weiss. 8

8. B. lanzettl., gegen die Spitze verbreitert.

O. máscula (L.) L., *Stattliche O.* – Pfl. 20–50 cm. Ähre locker, verlängert. Deckb. meist purpurn. Bl. purpurn. Pgb. meist spitz. Lippe tief 3lappig, mit br., oft gezähnelten Lappen. / 4 bis 6 / Kollin-subalpin(-alpin). Wiesen, Gebüsche; hfg. [655]

– B. schmal, lineal-lanzettl., vom Grunde an allmähl. verschmälert.

O. palústris JACQ., *Sumpf-O.,* – Pfl. 30–60 cm. Ähre locker. Bl. hellviolett-purpurn. Mittellappen der Lippe meist etwas länger als die Seitenlappen, ungeteilt bis tief ausgerandet. / 5 bis 6 / Kollin. Feuchte, moorige Wiesen; s. M. [656]

O. laxiflóra LAM., *Lockerblütige O.,* – Pfl. 30–60 cm. Ähre locker. Bl. dunkelviolett-purpurn. Mittellappen der Lippe sehr kurz, vorn gestutzt od. gezähnelt; Seitenlappen gross, stark zurückgeschlagen. / 5 / Kollin-montan. Sumpfwiesen; s. s. Südl. T. – Co. [657]

694. Serápias L. em. Sw., *Stendelwurz*

S. vomerácea (BURMANN f.) BRIQ. (*S. longipetala* POLLINI, *Serapiastrum vomeraceum* SCH. u. TH.), *Stendelwurz.* – St. 20–40 cm, 2–8bl. Deckb. rötl.-violett, die Bl. überragend. Bl. bräunl.-rot. Mittellappen der Lippe lanzettl., etwa doppelt so lg. wie die aufgerichteten Seitenlappen. / 5 bis 6 / Kollin-montan. Wiesen. T, Graub. (Misox, Calanca). – Val Sesia, Ossolatal, Langensee, Var., Co. [664]

695. Áceras R. Br., *Ohnsporn*

A. anthropóphorum (L.) Aiton f., *Ohnsporn*. – Pfl. 20–40 cm. Ähre verlängert. Pgb. gelbgrün, mit rotem Rand. Lippe mit linealen Zipfeln *(Fig.
520/3)*. / 5 bis 6 / Kollin(-montan). Magerwiesen, Trockenhänge; s.
Nord- und Westschw., südl. T. – Bad., Els. [665]

696. Anacámptis Rich., *Spitzorchis*

A. pyramidális (L.) Rich., *Spitzorchis*. – St. 25–50 cm. B. lanzettl., die
oberen fast ohne Spreite. Bl. lebhaft rosa bis karminrot, selten dunkelpurpurn. Lippe am Grunde mit 2 zahnfg. Leisten. / 6 bis 7 / Kollin-montan. Wiesen, buschige Hänge, Weiden; zerstr. [667]

697. Himantoglóssum Koch, *Riemenzunge*

H. hircínum (L.) Koch (*Loroglossum hircinum* Rich.), *Riemenzunge*. –
St. 30–80 cm. Ähre gross (10–30 cm lg.). Pgb. grünl., rot punktiert. Bl. mit
Bockgeruch. / 5 bis 6 / Kollin. Trockene Hügel; s. J, M. – Bad., Els., Belf.
[666]

698. Microstýlis (Nuttall) Eaton, *Weichorchis*

M. monophýllos (L.) Lindley (*Malaxis monophyllos* (L.) Sw.), *Einblätt-
rige W., Einblatt.* – Vorjährige Knolle unmittelbar neben der St.basis. St.
10–30 cm, meist mit 1 längl.-eifg. B., seltener mit 2 B. Bl. sehr klein, gelbgrün; innere Pgb. lineal. / 7 / Montan. Waldwiesen; s. A. [695]

699. Hammárbya O. Kuntze, *Weichwurz*

H. paludósa (L.) O. Kuntze (*Malaxis paludosa* (L.) Sw.), *Weichwurz,
Sumpf-W.* – Vorjährige Knolle durch einen W.stock mit der neuen
Knolle verbunden. St. 5–15 cm. B. 2–3, längl.-eifg. Bl. sehr klein, gelb-
grün; innere Pgb. eifg. / 7 bis 8 / Montan. Torfsümpfe; s. s. Kt. Zug,
Schwyz und St. Gallen. – V. [696]

700. Líparis Rich., *Zwiebelorchis*

L. loesélii (L.) Rich. (*Sturmia loeselii* Rchb.), *Zwiebelorchis*. – Pfl. 10–20
cm, gelbgrün, mit 2 grundst., längl.-eifg. B. Bl. klein, gelbgrün. / 6 / Kollin-montan. Sumpfwiesen, Torfmoore; s. [694]

701. Corallorhíza Châtelain, *Korallenwurz*

C. trífida Châtelain (*C. innata* R. Br.), *Korallenwurz*. – W.stock koral-
lenartig verzweigt. Pfl. 10–25 cm, grünl.-weiss. St. mit meist 3 scheidenar-
tigen B. Bl. klein, grünl. Lippe weiss, rot punktiert. (Saprophyt.) / 5 bis 7
/ Montan-subalpin. Moosige Wälder (hauptsächl. Nadelwälder); zerstr.
[697]

Fam. 149. **Juncáceae.** *Binsengewächse*

Einjährige Kräuter od. Stauden von grasähnl. Wuchs mit meist knotenlosem, rundem, markhaltigem St. B. 2- od. 3zeilig, st.ähnl., grasartig od. schuppenfg., mit offener od. geschlossener Scheide, oft mit B.häutchen. Bl. in Rispen, Spirren od. cymösen Blstd., mit 1 od. mehreren Tragb., oft köpfchenartig gedrängt, selten einzeln, meist zwittrig, radiärsymm. Pgb. 6, trockenhäutig, frei, braun od. grünl. Stbb. 6 od. 3, frei. Frb. 3, zu einem oberst. Frkn. verwachsen. Kapseln.

1. B. kahl, flach (grasartig) od. stielrund. Kapsel vielsamig.   **Juncus 702**
– B. in der Regel gewimpert, flach (grasartig). Kapsel 3samig.

           Luzula 703

702. **Juncus** L., *Binse*

1. St. b.los (bei J. tenuis die Hüllb. der Spirre b.artig, lg.) od. nur am Grunde beblättert. 2
– St. beblättert (oft nur 1 od. wenige Stlb. vorhanden). 6
2. Blstd. scheinbar seitenst. (das unterste Hüllb. aufgerichtet, die Verlängerung des St. bildend; *Fig. 532/1*). 3
– Blstd. endst. 5
3. Blstd. 3–7bl.
   J. filifórmis L., *Fadenförmige B.* – St. 10–40 cm, dünn, wenigstens getrocknet deutl. längsstreifig. Spirre scheinbar in der Mitte des St. eingerückt. Pg. bleichgrün od. hellbraun. Kapsel kugelig. / 6 bis 8 / Montansubalpin(-alpin). Feuchte, torfige Böden. M, A (hfg.). – S, V. [498]
   J. árcticus WILLD., *Arktische B.* – St. 10–30 cm, 1–2 mm dick, frisch glatt, getrocknet unregelm. längsrunzlig. Spirre scheinbar im oberen Teil des St. eingerückt. Pg. dunkelbraun. Kapsel 3kantig. / 7 bis 8 / Subalpin-alpin. Feuchte, sandige Alluvialböden; s. A (Bern, Wallis, Graub.). – Ao., Tirol. [499]
– Blstd. vielbl. 4
4. Stbb. 6. Grundst. Scheiden schwarzrot, glänzend.
   J. infléxus L. (*J. glaucus* EHRH.), *Seegrüne B.* – St. 30–60 cm, blaugrün, tiefrinnig gestreift. / 6 bis 8 / Kollin-montan(-subalpin). Sumpfige Orte; verbr. [500]
– Stbb. 3. Grundst. Scheiden gelbl. od. braun, matt.
   J. conglomerátus L., *Knäuelblütige B.* – St. 30–60 cm, graugrün, glanzlos, feinrinnig gestreift. Spirre meist knäuelig zusgez. Gr. auf einem aus der Vertiefung der Kapsel sich erhebenden Höcker. / 6 bis 8 / Kollin-montan. Feuchte Orte, Waldschläge; zerstr. [501]
   J. effúsus L., *Flatterige B.* – St. 30–90 cm, grasgrün, glänzend, glatt. Gr. am Grunde ohne Höcker. / 6 bis 8 / Kollin-montan(-subalpin). Wie vorige; verbr. [502]
5. Bl. köpfchenartig gedrängt. Pfl. nicht über 15 cm hoch.
   J. capitátus WEIGEL, *Lössacker-B.* – St. 3–15 cm. B. borstenfg.-rinnig. Köpfchen 5–12bl. Pgb. grünl. od. gelbl., die äusseren lg. zugespitzt. 3 Stbb. / 6 bis 8 / Kollin. Lösslehmäcker, Sumpfstellen; s. s. Nordwestschw. – Bad., Els., Belf. [503]
   J. triglúmis L., *Dreispelzige B.* – St. 5–15 cm. B. fast stielrund. Köpfchen 3–5bl. Pgb. rotbraun, stumpf, kürzer als die Fr. 6 Stbb. / 7 bis 8 / Subalpin-alpin. Feuchte Stellen; zerstr. A. [504]

– Bl. in einer Spirre. Pfl. 15–60 cm hoch.

    J. ténuis WILLD. (*J. macer* S. F. GRAY), *Zarte B.* – St. schlank, oft etwas gebogen. B. weich. Spirre von den unteren Hüllb. weit überragt. Pgb. lineal-lanzettl., gelbl.-grün, schmal hautrandig. / 6 bis 9 / Kollin-montan. Feuchte Wege, Rasen, Ödland; verbr. Aus Nordamerika eingeschleppt. [505]

    J. squarrósus L., *Sparrige B.* – St. starr. B. steif, sparrig-abstehend. Hüllb. die Spirre nicht überragend. Pgb. eilanzettl., stumpf, bräunl., br.-hautrandig. / 6 bis 8 / Montan-subalpin. Feuchte Waldstellen, Moorböden. A (s. s.). – S und V (verbr.). [506]

6. Mündung der B.scheide in ein zerschlitztes Häutchen auslaufend.

    J. trífidus L., *Dreispaltige B.* – St. 10–25 cm. Grundst. B. auf eine kurze Stachelspitze od. ganz auf die Scheide reduziert. Spirre 2–4bl., von den Hüllb. sehr weit überragt. / 7 bis 8 / (Subalpin-)alpin. Felsen, trockene Rasen; kalkfliehend; verbr. A. [507]

    J. monánthos JACQ. (*J. hostii* TAUSCH, *J. trifidus* L. ssp. *hostii* HARTMAN), *Einblütige B.* – St. 10–30 cm. Obere Grundb. mit bis 10 cm lg., borstl. Spreite. Spirre 1(selten 2–3)bl., von den Hüllb. nur wenig überragt. / 7 bis 8 / Subalpin-alpin. Felsen; auf Kalk; zerstr. A (vor allem östl. Teile).

– Mündung der B.scheide nicht zerschlitzt. 7

7. Bl. einzeln stehend (bei *J. bufonius* selten einander gruppenweise genähert), in einer offenen Spirre. 8

– Bl. köpfchenartig gedrängt; Köpfchen zu 1–3 *(Fig. 532/2)* od. eine Spirre bildend *(Fig. 533/1, 2)*. 11

8. Pgb. stumpf. Pfl. mehrjährig.

    J. compréssus JACQ., *Plattstengelige B.* – St. 15–30 cm, etwas zusammengedrückt. Spirre von ihrem Hochb. überragt. Pgb. viel kürzer als die kugelig-eifg., gelb- bis kastanienbraune Kapsel. Stb.beutel 1–2mal so lg. wie ihr Stbf. / 6 bis 8 / Kollin-subalpin. Feuchte Wege und Wiesen, Ödland; verbr.

    J. gerárdi LOIS. (*J. compressus* JACQ. ssp. *gerardi* (LOIS.) HARTMAN), *Salz-B., Gerards B.* – St. 15–50 cm, stielrund. Spirre von ihrem Hochb. nicht überragt. Pgb. so lg. od. wenig kürzer als die elliptische, rot- bis schwarzbraune Kapsel. Stb.beutel 2–4mal so lg. wie ihr Stbf. / 6 bis 7 / Kollin-montan. Feuchte salzhaltige Wiesen; s. – Gebiet des Reschenpasses: Tirol (Nauders), Vintschgau (Malser Heide). [508]

– Pgb. spitz od. zugespitzt. Pfl. einjährig. 9

9. B.scheiden mit lg. hochgezogenen Öhrchen *(Fig. 532/3).*

    J. tenagéja L. f., *Schlamm-B.* – St. 8–25 cm. Blstd. mit abstehenden Ästen. Pgb. ei-lanzettl., bräunl., so lg. wie die fast kugelige Kapsel. / 6 bis 8 / Kollin. Feuchte Lehm- und Sandböden, schlammige Ufer; s. M, T. – Bad., Els., Belf. [510]

– B.scheiden ohne Öhrchen. 10

10. Reife Fr. längl. Pgb. der Fr. anliegend.

    J. bufónius L., *Kröten-B.* – St. 5–25 cm. Untere B.scheiden gelbbraun. Alle Pgb. lanzettl., spitz, die inneren so lg. od. wenig länger als die oval-ellipt. Kapsel. / 6 bis 9 / Kollin-subalpin. Feuchte Orte, Lehmäcker, Wege; verbr. [509]

    J. ranárius PERR. u. SONG. (*J. ambiguus* auct.), *Frosch-B.* – St. 5–20 cm. Untere B.scheiden dunkelrot. Innere Pgb. meist stumpf, br. hautrandig,

149. Juncaceae

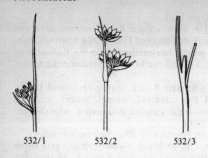

532/1   532/2   532/3

so lg. od. wenig kürzer als die ovale Kapsel. / 6 bis 9 / Kollin-montan. Kalkarme, oft salzhaltige, wechselfeuchte Lehm- und Sandböden; s. s. Nordschw., südl. T, Graub. (Münstertal). – Sav.
– Reife Fr. fast kugelig. Pgb. von der Fr. abstehend.
  J. sphaerocárpus NEES, *Kugelfrüchtige B.* – St. 5–20 cm. Äste des Blstd. schlaff herabgebogen. Alle Pgb. spitz, deutl. länger als die reife, kugelige Kapsel. / 6 bis 9 / Kollin. Wechselfeuchte, tonig-schlammige Böden; s. s. und unbeständig. – Els., Sav.
11. St. mit 1 od. 2–3 übereinanderstehenden Köpfchen, bisweilen (bei J. bulbosus) Köpfchen bis gegen 10 in einer doldenartigen Spirre, aber dann Bl. mit nur 3 Stbb. 12
– Blstd. vielköpfig (nur an kleinen Exemplaren Köpfchen weniger als 10). Stbb. stets 6. B. deutl. quer gefächert. 14
12. Köpfchen 8–12bl. St. einköpfig.
  J. jacquínii L., *Jacquins B.* – St. 10–25 cm, schlank, aufrecht. B. der nicht-blühenden Triebe dünn, lg. Unter dem Blstd. nur 1 Stlb. Köpfchen durch glänzende, schwarzbraune Pgb., schwefelgelbe Stb.beutel und korkzieherartig gedrehte, rötl. N. sehr ausgezeichnet. / 7 bis 8 / (Subalpin-)alpin. Rasen, Bachufer; zerstr. A. [511]
– Köpfchen 2–6bl. (bei J. stygius bisweilen einbl.). 13
13. Stbb. 3 (bisweilen bis 6). Kapsel die Pgb. wenig überragend.
  J. bulbósus L. (*J. supinus* MOENCH), *Knollen-B.* – St. 5–25 cm, aufrecht, niederliegend-kriechend od. im Wasser flutend. Köpfchen 2–6bl., oft mit einem Schopf von B. / 6 bis 8 / Kollin-montan. Gräben, Wasserlachen, Waldtümpel; auf Moor- und Sandböden; s. M, A. [513]
– Stbb. 6. Kapsel viel länger als die Pgb.
  J. stýgius L., *Moor-B.* – Pfl. ohne Ausläufer. St. 8–15 cm. Köpfchen (1–)2–3bl. Pgb. grünl. / 7 / Montan. Torfmoore; s. s. Sörenberg (Kt. Luzern). [514]
  J. castáneus SM., *Kastanienbraune B.* – Pfl. mit Ausläufern St. 10–40 cm. Köpfchen 3–6bl. Pgb. kastanienbraun. / 7 bis 8 / Subalpin-alpin. Flachmoore; s. A (Graub.). – Tirol. [515]
14. Alle Pgb. stumpf od. die äusseren stachelspitzig.
  J. subnodulósus SCHRANK (*J. obtusiflorus* EHRH.), *Stumpfblütige B.* – St. 40–100 cm, am Grunde mit b.losen Scheiden. Pgb. grünl.-gelb od. am Rücken rötl., alle stumpf, ein wenig kürzer als die Kapsel. / 6 bis 8 / Kollin-montan. Riedwiesen; zerstr. [516]
  J. alpino-articulátus CHAIX (*J. alpinus* VILL.), *Alpen-B.* – St. 20–40 cm.

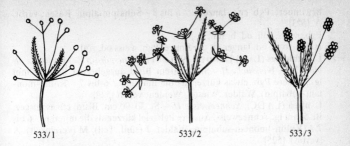

533/1   533/2   533/3

Pgb. braun bis schwarz, alle stumpf, die äusseren oft stachelspitzig, deutl. kürzer als die Kapsel. / 6 bis 8 / (Kollin-)montan-subalpin(-alpin). Flachmoore, Quellfluren; verbr. im J und M; A (hfg.). [517]

– Alle od. doch die äusseren Pgb. spitz od. zugespitzt.

J. articulátus L. (*J. lampocarpus* EHRH. ex HOFFM.), *Glänzendfrüchtige B.* – St. 20–60 cm. Blstd. wenigästig, mit abstehenden od. zurückgebogenen Ästen. Pgb. rötl.- od. grünl.-braun, alle gleich lg., die inneren spitz, seltener stumpf, die äusseren spitz. / 6 bis 8 / Kollin-subalpin. Sumpfwiesen, Ufer; s. hfg. [518]

J. acutiflórus EHRH. ex HOFFM. (*J. silvaticus* auct.), *Spitzblütige B.* – St. 30–90 cm. Blstd. meist reich verzweigt. Pgb. bräunl. od. gelbl., die inneren länger als die äusseren und auswärts gekrümmt, alle lg. zugespitzt. / 7 bis 8 / Kollin-montan. Wie vorige; zerstr. [519]

Bastarde.

703. **Lúzula** DC., *Hainsimse*

1. Bl. einzeln stehend, lg. gestielt, in einer doldenfg. Spirre *(Fig. 533/1).*   3
– Bl. in büschelfg. od. ährenfg. Teilblstd. 2
2. Bl. gebüschelt, kurz gestielt, die Büschel eine Spirre bildend *(Fig. 533/2).* 4
– Bl. in Ährchen, sitzend *(Fig. 533/3).* 7
3. Pgb. strohgelb, oft mit rötl. Mittelstreifen. Pfl. mit verlängerten Ausläufern.

L. luzulína (VILL.) D. T. u. SARNTH. (*L. flavescens* GAUDIN), *Gelbliche H.* – St. 15–30 cm. Pgb. mit br., weissem Hautrand. Fr. fast doppelt so lg. wie das Pg. / 5 bis 6 / Montan-subalpin. Nadelwälder; verbr. J (südl. Teil), M, A. [520]

– Pgb. braun od. rötl. Pfl. rasig.

L. pilósa (L.) WILLD., *Behaarte H.* – St. 15–30 cm. Untere B. lanzettl., 5–10 mm br. Fr.stiele teilweise zurückgebogen. S. mit gekrümmtem Anhängsel. / 3 bis 5 / Kollin-subalpin. Wälder; hfg. [521]

L. fórsteri (SM.) DC., *Forsters H.* – St. 15–30 cm. Untere B. lineal, 1–3 mm br. Fr.stiele nicht zurückgebogen. S. mit geradem Anhängsel. / 4 bis 5 / Kollin. Wie vorige; s. West- und Südschw. – Bad., Els. [522]

4. Pgb. hellgelb.

L. lútea (ALL.) DC., *Gelbe H.* – St. 10–20 cm. B. kahl od. am Rande spärl.

149. Juncaceae

bewimpert. Pgb. eifg.-lanzettl. / 6 bis 8 / Subalpin-alpin. Rasen; verbr. A. [523]

– Pgb. weiss, rötl. od. braun. 5

5. Hüllb. so lg. od. länger als die Spirre. Pgb. weiss od. rötl.

    L. luzuloídes (LAM.) DANDY u. WILMOTT (*L. nemorosa* E. MEYER, *L. albida* DC.), *Weissliche H.* – St. 30–60 cm. Blstd. ausgebreitet. Bl. 3–3,5 mm lg. Äussere Pgb. etwas kürzer als die inneren. / 6 bis 7 / Kollin-montan(-subalpin). Wälder, Wiesen, Weiden; verbr. [524]

    L. nívea (L.) DC., *Schneeweisse H.* – St. 30–90 cm. Blstd. etwas zusgez. Bl. 5 mm lg., schneeweiss. Äussere Pgb. viel kürzer als die inneren. / 6 bis 7 / (Kollin-)montan-subalpin. Wälder. J (südl. Teil), M (vereinzelt), A (verbr.). [525]

– Hüllb. kürzer als die Spirre. Pgb. braun. 6

6. B. lg.haarig bewimpert.

    L. silvática (HUDSON) GAUDIN s.l. (*L. maxima* DC.), *Grosse H.* – St. 30–90 cm. B. 4–15 mm br. Pgb. braun bis rotbraun, mit weissem Hautrand. / 5 bis 6 / (Kollin-)montan. Wälder, Zwergstrauchheiden; hfg. [526]

        L. silvática (HUDSON) GAUDIN s.str., *Wald-H.* – Pfl. kräftig, bis 90 cm. B. 6–15 mm br. Blstd. mehrfach verzweigt, gross. Reife Fr. so lg. wie die inneren Pgb. – Montan. Laubmischwälder, Nadelwälder auf sauren, humosen Böden; verbr.

        L. síeberi TAUSCH, *Siebers H.* – Pfl. zierl., bis 60 cm. B. 4–5 mm br. Blstd. weniger verzweigt, kleiner. Reife Fr. deutl. kürzer als die inneren Pgb. – Subalpin. Nadelwälder, Zwergstrauchheiden; verbr. A.

– B. fast kahl, nur am Grunde bewimpert.

    L. alpíno-pilósa (CHAIX) BREISTR. (*L. spadicea* DC.), *Braune H.* – St. 10–30 cm. B. 1–4 mm br. Bl. 2 mm lg. Pgb. spitz od. stachelspitzig, die äusseren kastanienbraun, die inneren blasser. / 7 bis 8 / (Subalpin-)alpin. Felsschutt, Felsen, Alluvionen; kalkfliehend; verbr. A. [527]

    L. desváuxii KUNTH, *Desvaux' H.* – St. 20–60 cm. B. 3–8 mm br. Bl. bis 3 mm lg. Pgb. lanzettl., stachelspitzig, dunkelbraun. / 7 / Montan. Rasen, Felsen, Felsschutt. – S, V.

7. Ährchen gedrängt, eine längl., nickende Ähre bildend.

    L. spicáta (L.) DC., *Ährige H.* – St. 5–20 cm. B. lineal. Pgb. stachelspitzig, kastanienbraun. / 7 bis 8 / (Subalpin-)alpin. Felsen, steinige Weiden. J (Dôle), A (verbr.). – Französ. Jura. [528]

– Ährchen in einer doldenfg. Spirre (bisweilen köpfchenartig). 8

8. Bl. 2 mm lg. Anhängsel des S. $\frac{1}{5}$ seiner Länge.

    L. sudética (WILLD.) SCHULTES, *Sudeten-H.* – St. 10–30 cm. B. in eine feine Spitze verschmälert. Äussere Pgb. deutl. länger als die inneren. / 6 bis 8 / Montan-subalpin. Moorige Stellen, Zwergstrauchheiden; verbr. A. – S, V. [532]

– Bl. 2,5–3 mm lg. Anhängsel des S. $\frac{1}{3}$–$\frac{1}{2}$ seiner Länge.

    L. campéstris (L.) DC., *Gemeine H.* – Pfl. ausläufertreibend, lockerrasig. St. 10–20 cm. Ährchen 3–6; die seitl. zuletzt zurückgebogen. Stb.beutel 2–6mal so lg. wie die Stbf. / 3 bis 4 / Kollin-montan. Wiesen; hfg. [530]

    L. multiflóra (EHRH. ex RETZ.) LEJEUNE, *Vielblütige H.* – Pfl. dichtrasig. St. 20–50 cm. Ährchen 3–10, aufrecht. Stb.beutel nur wenig länger als die Stbf. / 4 bis 5 / Kollin-alpin. Feuchte Wälder, Torfmoore, Magerweiden; hfg. [531]

535/1   535/2   535/3   535/4

Fam. 150. **Cyperáceae.** *Scheingräser, Sauergräser Riedgräser*

Einjährige Kräuter od. Stauden von grasähnl. Wuchs mit meist 3kantigem, markhaltigem St. B. 3zeilig, mit geschlossenen, selten offenen, am Grunde nie knotig verdickten Scheiden. B.spreiten grasartig, mitunter reduziert od. fehlend, ohne Nebenb. Bl. stets in den Achseln von spelzenartigen Tragb., zu 1- bis vielbl. Ährchen vereint, einzeln stehend od. zu Ähren, Köpfchen od. Spirren vereinigt, die in den Achseln von Hüllb. stehen. Bl. zwittrig *(Fig. 535/1)* od. eingeschlechtig *(Fig. 535/2, 3)*. Pg. borstenfg. *(Fig. 535/1, 536/3)* od. schuppenfg., oft 6zählig, auch fehlend. Stbb. (1–)2–3, frei. Frb. 3–2, zu einem oberst. Frkn. verwachsen. Dieser frei od. bei den Seggen von dem mit den Rändern verwachsenen Vorb. (= Fr.schlauch) umschlossen *(Fig. 544/1, Abb. 44/5)*. 3kantige od. linsenfg. Nüsse.
Anmerkung: Für die Bestimmung der Cyperaceen sind eine gute Lupe (10×) und Pfl. mit jungen bis reifen Fr. erforderlich.

1. Bl. zwittrig. 2
 – Bl. eingeschlechtig (Pfl. 1- od. 2häusig). 15
2. Sp. mehr od. weniger deutl. 2zeilig angeordnet *(Fig. 535/4, 536/1)* (bei *Cyperus michelianus* 3zeilig). 3
 – Sp. spiralig angeordnet *(Fig. 536/2)*. 4
3. Ährchen büschelig bis kugelig- od. doldig-büschelig, mit 20–30 fruchtbaren Bl. *(Fig. 535/4)*. Am Grunde des Blstd. 2–6 b.artige Hüllb.
                                                        Cyperus 704
 – Ährchen in dichten Köpfchen, mit 2–3 fruchtbaren Bl. *(Fig. 536/1)*. Blstd. mit 1 Hüllb. . . . . **Schoenus 717**
4. Ährchen 2–3bl. Die unteren, leeren Sp. kürzer als die oberen. 5
 – Ährchen meist vielbl. Die unteren Sp. so lg. od. länger als die oberen. 6
5. Bis 1,5 m hohe Pfl. mit derben, flachen B. Pg.borsten fehlend.
                                                        Cladium 715
 – Kleinere Pfl. mit schmalen, borstenfg. B. Pg.borsten vorhanden *(Fig. 536/3)*. . . . . **Rhynchospora 716**
6. Pg. aus zahlreichen (mehr als 6), die Sp. zur Fr.zeit weit überragenden, einen schneeweissen Wollschopf bildenden Haaren (Pg.borsten) bestehend. . . . . **Eriophorum 706**
 – Pg.borsten fehlend od. höchstens bis 6, nur bei *Trichophorum alpinum* die Sp. weit überragend. 7
7. Ährchen in 2zeiliger, flachgedrückter, endst. Ähre.   **Blysmus 713**
 – Ährchen einzeln od. zu mehreren, aber nicht in 2zeiliger Ähre. . . . 8

535

| 536/1 | 536/2 | 536/3 | 536/4 | 536/5 |

8. Ährchen einzeln, endst. *(Fig. 536/2)*. 9
– Ährchen zu mehreren od. einzeln, aber dann infolge des aufgerichteten
   unteren Hüllb. scheinbar seitenst. 10
9. Oberste B.scheide mit kurzer Spreite *(Fig. 536/4)*.   **Trichophorum 712**
– Oberste B.scheide ohne od. mit ganz verkümmerter Spreite *(Fig. 536/5)*.
                                                            Eleocharis 714
10. Blstd. endst. St. beblättert. 11
– Blstd. seitenst., indem das untere Hüllb. aufgerichtet ist und scheinbar
   die Fortsetzung des St. bildet. St. am Grunde mit b.losen Scheiden od.
   1–2 dieser Scheiden eine Spreite tragend. 13
11. Pfl. klein (10–20 cm). Pg.borsten meist fehlend.   **Fimbristylis 705**
– Pfl. kräftig (50–120 cm). Pg.borsten 1–6. 12
12. Ährchen 3–4 mm lg.   **Scirpus 707**
– Ährchen 10–30 mm lg.   **Bolboschoenus 708**
13. Ährchen in kugeligen, dichten Köpfchen.   **Holoschoenus 710**
– Ährchen (bei Isolepis oft nur 1) in einem Büschel angeordet od., wenigstens zum Teil, einzeln od. gruppenweise gestielt in offener Spirre. 14
14. Ährchen nicht über 3 mm lg. Pg.borsten fehlend. Zarte, 5–20 cm hohe
   Pfl.   **Isolepis 711**
– Ährchen über 5 mm lg. Pg.borsten meist vorhanden. Pfl. (ausg. der sehr
   seltene Schoenoplectus supinus) 30–300 cm hoch.
                                        Schoenoplectus 709
15. Frkn. und Fr. von einem ringsum geschlossenen, verwachsenen Vorb.
   (Fr.schlauch) eingeschlossen *(Fig. 544/1)*.   **Carex 720**
– Kein geschlossener Fr.schlauch vorhanden. (Nur Alpenpfl.). 16
16. 1 dünnes Ährchen an der Spitze des St. Im Winkel jeder Decksp. 1
   männl. und 1 weibl. Bl.   **Elyna 718**
– Ährchen zu mehreren, einen ähren- od. rispenartigen Gesamtblstd. bildend. Im Winkel der Decksp. eine einzige Bl.   **Kobresia 719**

704. Cýperus L., *Cypergras*

1. Pfl. einjährig, 3–20 cm hoch. 2
– Pfl. mehrjährig, 10–220 cm hoch. 3
2. Sp. 3zeilig, allmähl. in eine feine Spitze auslaufend.
   C. micheliánus (L.) Delile *(Scirpus michelianus* L.), *Michelis C.* – Blstd.
   dicht, kugelig bis eifg., etwa 1 cm lg. Sp. weissl., mit grünem Mittelstreifen. / 8 bis 10 / Kollin. Schlammige Ufer von Seen und Teichen. Früher
   im T. – Var.; Co. (ob noch?). [348]

– Sp. 2zeilig, stumpf od. spitz.

C. flavéscens L., *Gelbliches C.* – St. stumpfkantig. B. etwas rinnig. Ährchen 6–10 mm lg., gelbl. Stbb. 3. N. 2. / 7 bis 9 / Kollin-montan. Feuchte, überschwemmte Orte; zerstr. [349]

C. fuscus L., *Schwarzbraunes C.* – St. scharfkantig. B. flach. Ährchen 4–7 mm lg., schwarzbraun. Stbb. 2. N. 3. / 7 bis 9 / Kollin-montan. Wie vorige und oft mit ihr. [350]

3. Blstd. dicht, aus kugeligen Köpfchen od. aus kopffg. gedrängten Ährchenbüscheln bestehend.

C. difförmis L., *Missgestaltetes C.* – St. 20–60 cm, 3kantig. Ährchen 3–5 mm lg., sehr schmal, zusgedr., in dichten, kugeligen Köpfchen. Sp. rostfarbig. N. 3. / 8 bis 10 / Kollin. Sümpfe. – Var. [6A]

C. glomerátus L., *Knäueliges C.* – St. 10–220 cm, 3kantig. Ährchen 8–12 mm lg., in kopffg. gedrängten Büscheln. Sp. rostfarbig. N. 3. / 7 bis 9 / Kollin. Sumpfwiesen; s. s. Südl. T. – Var., Co. [351]

– Blstd. locker. 4

4. N. 2. Fr. flachgedrückt.

C. serótinus ROTTBOELL (*C. monti* L. f.), *Spätblühendes C.* – St. 30–100 cm. Ährchen 7–15 mm lg., rotbraun. / 7 bis 9 / Kollin. Sümpfe. Früher im T. – Var., Co.; Chiav. und Veltlin (wohl erloschen). [352]

– N. 3. Fr. 3kantig.

C. rotúndus L., *Knolliges C.* – W.stock mit knolligen Verdickungen. St. 20–40 cm. Spirrenäste bis 6 cm lg. Hüllb. 5–15 cm lg. Ährchen bräunl., 10–20 mm lg. / 7 bis 9 / Kollin. Wegränder; eingeschleppt. T. [354]

C. longus L., *Langästiges C.* – W.stock nicht knollig verdickt. St. 40–190 cm. Spirrenäste bis 30 cm lg. Hüllb. bis über 30 cm lg. Ährchen rotbraun, 10–25 mm lg. / 7 bis 9 / Kollin. Sumpfwiesen, See- und Flussufer; auch verschleppt; s. M, T. [353]

705. **Fimbrístylis** VAHL, *Fransenried*

F. ánnua (ALL.) R. u. S. (*F. dichotoma* auct.), *Fransenried.* – Pfl. einjährig, 10–20 cm. B. schmal. Ährchen 4–6(–10), dunkelbraun. Fr. mit 7–9 Längsrippen, querrunzlig. / 7 bis 9 / Kollin. Feuchte, sandige Wege; s. s. T (möglicherweise erloschen). [391]

706. **Erióphorum** L., *Wollgras*

1. Ährchen einzeln, endst., aufrecht.

E. vaginátum L., *Scheiden-W.* – Pfl. ohne Ausläufer. St. 20–60 cm, oberwärts 3kantig. B.scheiden stark aufgeblasen. Ährchen eifg. / 4 bis 5 / (Kollin-)montan-subalpin(-alpin). Torfmoore; verbr. [385]

E. scheúchzeri HOPPE, *Scheuchzers W.* – Pfl. mit unterird. Ausläufern. St. 10–30 cm, stielrund. B.scheiden nicht aufgeblasen. Ährchen kugelig. / 6 bis 8 / (Subalpin-)alpin. Tümpel, Seeufer; verbr. A. [386]

– Ährchen zu mehreren, verschieden lg. gestielt, in einer doldenfg. Spirre, überhängend. 2

2. St. fast stielrund. Ährchenstiele glatt.

E. angustifólium HONCKENY, *Schmalblättriges W.* – St. 20–50 cm. B. lineal, rinnig gekielt, an der Spitze 3kantig. Sp. fast ganz trockenhäutig. / 4 bis 6 / Kollin-alpin. Sumpfwiesen, Torfmoore; hfg. [387]

– St. stumpf-3kantig. Ährchenstiele rauh.

E. latifólium HOPPE, *Breitblättriges W.* – Pfl. ohne Ausläufer. St. 20–50 cm. B. lineal-lanzettl., flach, mit kurzer, 3kantiger Spitze. Ährchen 3–10, mit rauhen Stielen. Sp. schwärzl.-grün. / 4 bis 5 / Kollin-subalpin. Wie vorige; verbr. [388]

E. grácile KOCH, *Schlankes W.* – Pfl. mit unterird. Ausläufern. St. 20–50 cm. B. schmal-lineal, vom Grunde an rinnig-3kantig. Ährchen 3–5, mit filzig-rauhen Stielen. Sp. blassgrün. / 5 / Kollin-montan. Sumpfwiesen; s. [389]

707. Scirpus L., *Waldried*

S. silváticus L., *Waldried.* – St. 50–100 cm. Ährchen 3–4 mm lg., schwärzl.-grün, in einer mehrfach zusges. Spirre. Sp. nicht ausgerandet. / 6 bis 8 / Kollin-montan(-subalpin). Sumpfwiesen, Waldsümpfe; verbr. [382]

708. Bolboschoenus PALLA, *Strandried*

B. marítimus (L.) PALLA (*Scirpus maritimus* L.), *Strandried.* – Pfl. mit an der Spitze knollig verdickten Ausläufern. St. 50–120 cm. Ährchen 12–25 mm lg., rotbraun, in einer fast einfachen Spirre. Sp. ausgerandet, in der Ausrandung begrannt. / 6 bis 8 / Kollin. Sümpfe, Ufer; s.; auch adv. [381]

709. Schoenopléctus (RCHB.) PALLA, *Seeried*

1. Pfl. klein, nicht über 20 cm hoch.

Sch. supínus (L.) PALLA (*Scirpus supinus* L.), *Zwerg-S.* – St. 5–20 cm. Ährchen zu 3–5, scheinbar fast in der Mitte des St. (Hüllb. fast so lg. wie der St.) / 6 bis 9 / Kollin. Feuchte, schlammige Ufer, s. s. T (Magadino). – Els., Luino, Liechtenstein. [373]

– Pfl. 30–300 cm hoch. 2

2. St. stielrund.

Sch. lacúster (L.) PALLA (*S. lacuster* L.), *Gemeines S., Seebinse.* – St. 80–300 cm, grasgrün. Sp. glatt. Stb.beutel an der Spitze bärtig. N. 3. / 6 bis 7 / Kollin-montan(-subalpin). Stehende und langsam fliessende Gewässer; verbr. [374]

Sch. tabernaemontáni (GMELIN) PALLA (*S. tabernaemontani* GMELIN), *Tabernaemontanus' S.* – St. 50–150 cm, graugrün. Sp. rauh punktiert. Stb.beutel an der Spitze kahl. N. 2. / 6 bis 7 / Kollin. Wie vorige; zerstr. [375]

– St. wenigstens oberwärts 3kantig. 3

3. Pfl. ohne Ausläufer. Sp. nicht ausgerandet, stachelspitzig.

Sch. mucronátus (L.) PALLA (*S. mucronatus* L.), *Stachliges S.* – St. 50–90 cm, 3kantig. Hüllb. der Spirre sehr lg., abstehend. Ährchen sitzend. Fr. querrunzlig. / 7 bis 9 / Kollin. Sümpfe, Ufer; s. s.; auch adv. [376]

– Pfl. mit unterird. Ausläufern. Sp. ausgerandet, begrannt. 4

4. St. auf der ganzen Länge scharf-3kantig. N. 2.

Sch. tríqueter (L.) PALLA (*S. triqueter* L.), *Dreikantiges S.* – St. 40–150 cm. Scheiden ohne Spreite od. diese nicht länger als 6 cm. Ährchenköpfchen zum Teil gestielt. / 7 bis 8 / Kollin. Stehende Gewässer, schlammige Ufer; s. s. [377]

Sch. americánus (PERS.) VOLKART (*Sch. pungens* PALLA, *S. pungens* VAHL), *Amerikanisches S.* – St. 30–100 cm, dünn. B.spreite bis 20 cm lg. Alle Ährchenköpfchen sitzend. / 7 bis 8 / Kollin. Wie vorige; s. s. [378]

– St. unten stielrund, oben stumpf-3kantig. N. 2 od. 3.

Sch. ×carinátus (SM.) PALLA (*S. duvalii* HOPPE), *Gekieltes S.* – St. 80–200 cm, hellgrün. Obere B. mit bis 10 cm lg. Spreite. Stb.beutel kahl. / 7 bis 8 / Wie die vorigen; s. s. [379]

710. **Holoschoénus** LINK, *Kugelried*

H. románus (L.) FRITSCH (*H. vulgaris* LINK, *H. australis* RCHB., *Scirpus holoschoenus* L.), *Kugelried.* – St. 50–120 cm, stielrund. Ährchen in 3–10 kugeligen, teils sitzenden, teils gestielten Köpfchen. / 7 bis 8 / Kollin. Ufer; s. s. Früher Genfersee und T. – Sav., Var., Co.; Chiav. (wohl erloschen). [380]

711. **Isólepis** R. BR., *Moorried*

I. setácea (L.) R. BR. (*Scirpus setaceus* L.), *Moorried.* – St. 5–20 cm, dünn, stielrund. Ährchen 2–3 mm lg., einzeln od. zu 2–3(–10) scheinbar seitenst. / 6 bis 9 / Kollin(-montan). Feuchte, sandige Orte; zerstr. [371]

712. **Trichóphorum** PERS. (*Baeothryon* EHRH.), *Haarried*

1. St. 3kantig, rauh. Pg.borsten 6, zur Fr.zeit etwa 2 cm lg., die Sp. weit überragend.

T. alpínum (L.) PERS. (*Eriophorum alpinum* L.), *Alpen-H.* – St. 10–30 cm. Ährchen 5–7 mm lg. Pg.borsten weiss, glatt, geschlängelt. / 4 bis 5 / Kollin-subalpin. Torfmoore; zerstr. J, M, A. – S. [368]

– St. stielrund, glatt. Pg.borsten die Sp. auch zur Fr.zeit nicht überragend.

T. caespitósum (L.) HARTMAN (*Scirpus caespitosus* L.), *Rasen-H., Rasenbinse.* – Pfl. dichtrasig. St. 5–30 cm. Grundst. Scheiden, hellbraun, glänzend. Pg.borsten 6, etwas länger als die Fr. / 6 bis 7 / Kollin-alpin. Sümpfe, Moore; hfg. J, M (zerstr.), A. [369]

T. púmilum (VAHL) SCH. u. TH. (*T. oliganthum* FRITSCH, *T. atrichum* PALLA, *S. alpinus* SCHLEICHER), *Zwerg-H.* – Pfl. mit unterird. Ausläufern. St. 5–12 cm. Grundst. Scheiden schwarzbraun, matt. Pg.borsten meist 3, verkümmert. / 7 / Subalpin. Feuchte Rasen, Alluvionen von Gletscherbächen; s. A (Wallis, Graub.). [370]

713. **Blysmus** PANZER, *Quellried*

B. compréssus (L.) PANZER ex LINK (*Scirpus compressus* PERS.), *Quellried.* – St. 10–30 cm, stumpf-3kantig. B. lineal, rinnig. Ährchen braun. Pg.borsten rückwärts-stachlig. / 7 bis 8 / Kollin-subalpin. Sumpfwiesen, nasse Feldwege, Ufer; verbr. [384]

714. Eleócharis R. Br. (*Heleocharis* Lestiboudois), *Sumpfried*

1. N. 3.

    E. aiculáris (L.) R. u. S. (*Scirpus acicularis* L.), *Nadel-S., Nadelried.* – St. 3–15 cm, sehr zart, haarig, 4kantig. Ährchen spitz, längl.-eifg., 2–4 mm lg. Pg.borsten 2–4, hinfällig. Fr. längsrippig. / 6 bis 8 / Kollin-subalpin. Fluss- und Seeufer, auf oft unter Wasser stehendem Sand; zerstr. [360]

    E. quinqueflora (F. X. Hartmann) O. Schwarz (*E. pauciflora* (Lightf.) Link, *S. pauciflorus* Lightf.), *Wenigblütiges S.* – Mit unterird., dünnen Ausläufern. St. 5–20 cm, kaum 1 mm dick, stielrund. Ährchen 3–8 mm lg.; Hüllb. mehr als halb so lg. wie das Ährchen. Pg.borsten 6, bleibend. Fr. fein punktiert. / 6 bis 7 / Kollin-subalpin. Sumpfwiesen; verbr. [362]

– N. 2 (selten 3). 2

2. St. gestreift-4kantig.

    E. carniólica Koch (*S. carniolicus* Neilr.), *Krainer S.* – Pfl. dichtrasig. St. 10–30 cm. Ährchen längl., 4–12 mm lg. Pg.borsten 2–4. / 5 bis 9 / Kollin(-montan). Sumpfige Orte. – Co. [361]

– St. glatt, stielrund. 3

3. Ährchen längl., zugespitzt *(Fig. 536/2).* Pfl. mit unterird. Ausläufern.

    E. palústris (L.) R. u. S. s.l. (*S. paluster* L.), *Sumpfried, Sumpfbinse.* – St. 10–80 cm, 1–3 mm dick. Ährchen spindelfg., 5–20 mm lg. Pg.borsten 4–8. Fr. glatt, glänzend. N. 2. / 5 bis 8 / Sumpfwiesen, Ufer; hfg.

    01. Unterstes Hüllb. das Ährchen ganz umfassend.

        E. uniglúmis (Link) Schultes, *Einspelziges S.* – St. 0,5–1,5 mm dick, hellgrün, glänzend. Pg.borsten 4, oft fehlend, meist kürzer als die Fr. mit der Griffelbasis. – Kollin-subalpin. Verbr. [364]

    – Unterstes Hüllb. das Ährchen höchstens bis zur Hälfte umfassend. 02

    02. Pg.borsten 4. St. matt, dunkelgrün, starr.

        E. palústris (L.) R. u. S. s.str., *Gewöhnliches S.* – St. 2–3 mm dick. Pg.borsten 4, zuweilen fehlend, höchstens so lg. wie die Fr. mit der Griffelbasis. Diese etwa so hoch wie br. – Kollin-subalpin. Hfg. [363]

    – Pg.borsten meist mehr als 4. St. hellgrün, weich.

        E. austríaca Hayek (*E. benedicta* Beauverd), *Österreichisches S.* – St. 2–3 mm dick, Pg.borsten 5, selten 4 od. 6, so lg. wie die Fr. mit der Griffelbasis. Diese schmal, ⅓ so br. wie die Fr., etwa 2mal so hoch wie br. – Kollin-montan. Zerstr.

        E. mamilláta Lindberg f., *Zitzen-S.* – St. 2–3 mm dick. Pg.borsten meist 6, selten 4 od. 7–8, so lg. wie die Fr. mit der Griffelbasis. Diese ½ so br. wie die Fr., etwa so hoch wie br. – Kollin-montan. Zerstr.

– Ährchen eifg. bis längl.-eifg., stumpf. Pfl. ohne Ausläufer, dichtrasig, vielstenglig.

    E. ováta (Roth) R. u. S. (*E. soloniensis* (Dubois) Hara, *S. ovatus* Roth), *Eiförmiges S.* – St. 5–30 cm, bis 1 mm dick. Ährchen 2–7 mm lg. Pg.borsten länger als die Fr. / 6 bis 8 / Kollin. Überschwemmte Orte, Gräben; s. Ajoie, T. – Bad., Els., Belf., Langensee, Var. [366]

    A. atropurpúrea (Retz.) C. Presl (*E. lereschii* Shuttl., *S. atropurpureus* Retz.), *Schwarzrotes S.* – St. 3–8 cm, 0,2–0,4 mm dick. Ährchen 2–3 mm lg. Pg.borsten kürzer als die Fr. / 8 bis 9 / Kollin. Sandige Wege und Ufer; s. s. T (Langensee bei Locarno und Ascona). – Luino. [367]

715. **Cládium** BROWNE, *Sägeried, Schneidried*

C. maríscus (L.) POHL (*Mariscus serratus* GILIB., *M. cladium* O. KUNTZE), *Sägeried.* – St. 80–150 cm. B. am Rande und auf dem Kiel sehr rauh. Spirre mit kopffg. gedrängten, braunen Ährchen. / 6 / Kollin-montan. Moore, Seeufer; zerstr. [359]

716. **Rhynchóspora** VAHL, *Schnabelried*

R. fusca (L.) AITON f., *Rotbraunes S.* – St. 10–30 cm. Mit unterird. Ausläufern. Ährchen rötl.-braun. Pg.borsten länger als die Fr. / 5 bis 7 / Kollin-montan(-subalpin). Moorwiesen; s. [358]

R. alba (L.) VAHL, *Weisses S.* – St. 10–30 cm. Ohne unterird. Ausläufer. Ährchen weiss, zuletzt rötl. Pg.borsten so lg. od. kürzer als die Fr. / 6 bis 8 / Wie vorige. Sumpfwiesen, Torfmoore; zerstr. [357]

717. **Schoenus** L., *Kopfried*

Sch. nígricans L., *Schwärzliches K.* – Pfl. dichtrasig. St. 20–50 cm. B. borstenfg., die Mitte des St. erreichend od. überragend. Hüllb. 2–4 cm lg. Ährchen 5–10, schwarzbraun. / 5 bis 7 / Kollin-montan(-subalpin). Flachmoore, Sumpfwiesen, lehmige und tuffhaltige Stellen; verbr. [355]

Sch. ferrugíneus L., *Rostrotes K.* – St. 10–40 cm. B. die Mitte des St. nicht erreichend. Hüllb. 10–12 mm lg. Ährchen 2–3, dunkelrotbraun. Sonst wie vorige Art. / 5 bis 7 / Wie vorige. Flachmoore, Sumpfwiesen; verbr. [356]

Bastard.

718. **Élyna** SCHRADER, *Nacktried*

E. myosuroídes (VILL.) FRITSCH (*E. spicata* SCHRADER, *Kobresia bellardii* DEGLAND), *Nacktried.* – Dichtrasig. St. 5–25 cm. B. schmal, hohlrinnig. Ährchen 10–20 mm lg. / 7 bis 8 / Subalpin-alpin. Grasige Hänge, Felsen; hfg. A. [392]

719. **Kobrésia** WILLD. (*Cobresia* PERS.), *Schuppenried*

K. simpliciúscula (WAHLENB.) MACKENZIE (*K. bipartita* D. T., *K. caricina* WILLD.), *Schuppenried.* – St. 5–30 cm. B. rinnig-borstenfg. Ährchen 2–5, hellbraun, unten mit weibl., oben mit männl. Bl. / 7 bis 8 / (Montan-)subalpin-alpin. Flachmoore, Alluvionen; s. A. [393]

720. **Carex** L., *Segge, Riedgras*

Anmerkung: Zur Bestimmung sind die unteren Teile der Pfl. sowie die Fr. meist unentbehrlich. Mit «Fr.» wird hier der Fr.schlauch bezeichnet; er schliesst die Fr. ein *(Fig. 544/1)* und entspricht ihrem an den Rändern verwachsenen Vorb. Seine seitl. verlaufenden, vorspringenden Rippen werden als Kiele bezeichnet.

1. Ein einziges Ährchen – an der Spitze des St. – vorhanden 2
– Mehrere Ährchen vorhanden 5
2. Pfl. 2häusig. Ährchen eingeschlechtig (nur ausnahmsweise zweierlei Bl., männl. und weibl., enthaltend). N. 2.

C. dioica L., *Zweihäusige S.* – Pfl. mit Ausläufern. St. 5–20 cm, nebst den B. glatt. Fr. eifg. / 4 (in hohen Lagen bis 7) / Kollin-subalpin. Sumpfwiesen, Torfmoore; zerstr. [394]

C. davalliána SM., *Davalls S.* – Pfl. dichtrasig. St. 10–30 cm, oberwärts nebst den B.rändern rauh. Fr. lanzettl. / 4 (bis 7) / Kollin-subalpin(-alpin). Wie vorige; verbr. [395]

– Pfl. einhäusig. Ährchen unten weibl., oben männl. 3

3. N. 2.

C. pulicáris L., *Floh-S.* – St. 5–20 cm, glatt, stielrund. B. borstl. Fr. dunkelbraun, zuletzt zurückgeschlagen. / 5 bis 6 / (Kollin-)montan-subalpin. Sumpfwiesen, Torfmoore; zerstr. [396]

– N. 3. 4

4. Fr. von der borstenfg. verlängerten Achse überragt *(Fig. 544/2)*.

C. microglóchin WAHLENB., *Kleinhakige S.* – Pfl. mit Ausläufern. St. 7–20 cm, glatt. B. borstenfg. Fr. zuletzt zurückgeschlagen. / 6 bis 8 / (Montan-)subalpin-alpin. Alluvionen, Moorwiesen; s. A. [397]

– Achse nicht verlängert.

C. pauciflóra LIGHTF., *Wenigblütige S.* – St. 5–20 cm, unten mit b.losen Scheiden. Ährchen mit 3–5 zuletzt zurückgeschlagenen, 5–8 mm lg. Fr. / 5 bis 6 / (Kollin-montan-)subalpin. Torfmoore; zerstr. [398]

C. rupéstris ALL., *Felsen-S.* – St. 5–15 cm, unten beblättert. Ährchen mit 5–6 aufrechten, etwa 3 mm lg. Fr. / 7 bis 8 / (Subalpin-)alpin. Felsige, kurzrasige Orte; auf Kalk; zerstr. A. – Französ. Jura (Reculet). [399]

5. Jedes Ährchen mit männl. und weibl. Bl.; selten die oberen und unteren Ährchen rein weibl. und die mittleren männl. 6

– Ährchen eingeschlechtig, das oberste od. die oberen männl., die unteren weibl.; selten die oberen od. das oberste Ährchen an der Spitze weibl. od. die unteren am Grunde männl. 24

6. Ährchen köpfchenartig gedrängt; das Köpfchen am Grunde mit mehreren verlängerten Hüllb.

C. bohémica SCHREBER (*C. cyperoides* L.), *Böhmische S.* – St. 10–50 cm. Köpfchen grün. Fr. bis 10 mm lg., lg. geschnäbelt. N. 2. / 8 bis 9 / Kollin. Ausgetrocknete Teiche, Gräben; s. Ajoie; sonst hie und da verschleppt. – Els., Belf. [400]

C. baldénsis L., *Monte-Baldo-S.* – St. 10–55 cm. Köpfchen weiss. Fr. 3–4 mm lg., nicht geschnäbelt. N. 3. / 7, im Grenzgebiet 5 / Montan-subalpin. Steinige Rasen; auf Kalk. A (Graub. [Ofenpass]). – Co. [401]

– Ährchen nicht köpfchenartig gedrängt od. das Köpfchen nicht mit verlängerten Hüllb. 7

7. N. 3.

C. cúrvula ALL., *Krumm-S.* – Pfl. dichte Horste bildend. St. 5–20 cm. B. an der Spitze früh abdorrend, kürzer als der Blstd. Ähren einen kopffg., längl. Blstd. bildend. / 7 bis 8 / (Subalpin-)alpin. Rasen; hfg. [402]

01. C. curvula ALL. ssp. **cúrvula**. – St. nebst den B. einseitig gebogen. B. gefaltet bis flach; über dem Mittelnerv mit einer deutlichen Rinne. Tragb. dunkelbraun bis braun. – Auf kalkfreier Unterlage; hfg. A. [402]

– **C. curvula** ALL. ssp. **rósae** GILOMEN. – St. nebst den B. aufrecht, kaum gebogen. B. im Querschnitt halbmondfg., über dem Mittelnerv keine Rinne vorhanden. Tragb. gelbl.-braun bis hellbraun. – Auf Kalk; zerstr. A (mehr westl. Teil). [403]

– N. 2. 8

8. Mittlere Ährchen männl., obere und untere weibl.; selten der ganze
Blstd. weibl. od. der obere Teil männl.

    C. dísticha HUDSON, *Zweizeilige S.* – St. 30–70 cm, oberwärts scharf
3kantig-rauh. Ährchen bräunl., undeutl. 2zeilig angeordnet. / 5 / Kollin-
montan. Sümpfe, Ufer; zerstr. [404]

– Alle Ährchen männl. und weibl. Bl. enthaltend. 9

9. Pfl. mit verlängerten Ausläufern. 10

– Pfl. ohne od. mit kurzen Ausläufern. 13

10. St. glatt. Ährchen köpfchenartig gedrängt, an der Spitze männl.

    C. chordorrhíza L. f., *Fadenwurzelige S.* – Pfl. mit lg., oberird., kriechen-
den Ausläufern. St. 5–15 cm. B. flach, rauh. Köpfchen längl.-eifg. / 5 bis
6 / Kollin-montan(-subalpin). Torfmoore; s. s. J, M, A. [405]

    C. marítima GUNNERUS (*C. juncifolia* ALL., *C. incurva* auct.), *Binsen-
blättrige S.* – Pfl. mit unterird. Ausläufern. St. 3–10 cm. B. borstenfg.-rin-
nig. Köpfchen rundl.-eifg. / 7 bis 8 / Subalpin-alpin. Sandige Alluvionen; s. A (südl. Teile). [406]

– St. schwächer od. stärker rauh. 11

11. Blstd. ein spitz-rhombisches bis längl.-eifg. Köpfchen bildend.

    C. stenophýlla WAHLENB., *Schmalblättrige S.* – St. 7–25 cm, oberwärts
schwach rauh. B. schmal-lineal. Ährchen wenig zahlreich (bis 6 od. 7).
Decksp. glänzend kastanienbraun. / 4 bis 6 / Kollin. Trockene, sandige
Orte. – Co., Vintschgau.

– Ährchen in einer verlängerten Ähre, am Grunde männl. Fr. mit geflügeltem, gezähneltem Rande.

12. Decksp. weiss od. gelbl., mit grünem Mittelnerv. B. so lg. wie der St.

    C. brizoídes L., *Wald-Seegras.* – St. 30–60 cm, dünn, in der oberen Hälfte
rauh, nickend. B. sehr lg., schlaff, schmal-lineal, 1,5–3 mm br., hellgrün.
Ährchen fast 2reihig, etwas auswärts gekrümmt. Fr. lanzettl., vom
Grunde an geflügelt. / 5 bis 6 / Kollin(-montan). Wälder, grasige Raine;
verbr. [407]

– Decksp. braun, mit hellerem Mittelnerv. B. kürzer als der St.

    C. praecox SCHREBER (*C. schreberi* SCHRANK), *Frühzeitige S.* – St. 15–60
cm, nur unter dem Blstd. rauh. B. schmal-lineal, nicht über 1 mm br.,
graugrün. Ährchen rötl.-braun, nicht gekrümmt. Fr. aus br. Grunde
plötzl. verschmälert, in den oberen ⅔ geflügelt. / 5 bis 6 / Kollin-montan. Sandige, trockene Orte; s. Graub. (Zernez); sonst adv. – Bad., Els.
[408]

    C. curváta KNAF, *Gekrümmte S.* – St. 30–60 cm, unter dem Blstd. rauh. B.
1–2 mm br. Ähren hellbraun, gerade od. schwach gekrümmt. Fr. aus eifg.
Grunde allmähl. verschmälert, von der Mitte an geflügelt. / 5 bis 6 / Kollin. Trockene Wälder, Rasen. – Bad., Els.

13. Ährchen an der Spitze männl. 14

– Ährchen am Grunde männl. 19

14. Blstd. ein rundl.-eifg. Köpfchen.

    C. foétida ALL., *Schneetälchen-S.* – St. 5–25 cm. B. flach. Decksp. dun-
kel- bis schwarzbraun. Fr. geschnäbelt. / 7 bis 8 / (Subalpin-)alpin.
Feuchte Humusböden, Schneetälchen; hfg. A. [409]

– Blstd. eine Ähre od. eine Rispe. 15

15. St. 3kantig, mit vertieften Seitenflächen, an den Kanten sehr rauh; ±
geflügelt. 16

– St. 3kantig, mit ebenen od. schwach gewölbten Seitenflächen. 17

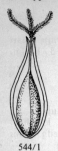   

544/1   544/2   544/3   544/4

16. St. im oberen Drittel 2,5–4 mm br. Decksp. bespitzt od. mit kurzer Grannenspitze.

C. otrúbae PODPĔRA (*C. nemorosa* REBENTISCH, *C. lamprophysa* SAM.), *Otrubas S.* – St. 30–70 cm. B. getrocknet graugrün. B.häutchen breiter als lg., 2–5 mm hochgezogen. Hyaliner Teil der B.scheide braundrüsig punktiert. Blstd. vielbl., oft rispig, bei der Fr.reife grün bis grünl.-braun. Fr. glänzend, meist beiderseits deutl. nervig. / 5 bis 6 / Kollin. Feuchte Orte, Gräben; zerstr. [410]

C. vulpína L., *Fuchsfarbene S.* – St. 30–80 cm. B. auch getrocknet grasgrün. B.häutchen länger als br., 10–15 mm hochgezogen. Hyaliner Teil der B.scheide nicht drüsig punktiert. Blstd. sehr dicht, bei der Fr.reife dunkelbraun od. rötl.-braun. Fr. papillös-matt, auf der Aussenseite meist nervenlos. / 5 bis 6 / Kollin-montan. Wie vorige; seltener. J, M. – Els. [411]

– St. im oberen Drittel 0,5–2,5 mm br. Decksp. mit lg. Grannenspitze.

C. vulpinoídea MICHX., *Fuchsseggenähnliche S.* St. 20–100 cm. Scheiden, braun, schopfig zerfasernd. B. länger als der St. Blstd. 2–15 cm lg., bei der Fr.reife strohgelb. Fr. 2–2,7 mm lg., auf der Innenseite nervenlos, aussen ± deutl. 3nervig. / 5 bis 6 / Kollin. Teichufer, Sumpfwiesen; eingeschleppt aus Nordamerika. M. – Liechtenstein. [415]

17. Blstd. ährig. Fr. auf der Innenseite flach *(Fig. 544/3)*.

C. muricáta L. s.l., *Stachlige S.* – Pfl. 15–100 cm, horstbildend, am Grunde mit Faserschopf. B. meist kürzer als der St. Blstd. 3–10 cm lg., dicht od. am Grunde locker. Fr. sparrig od. aufrecht abstehend. Decksp. kürzer als die Fr., spitz. Fr. auf der Innenseite flach, aussen gewölbt, glänzend. / 5 bis 8 / Raine, Wald- und Wegränder; verbr. [412, 413, 414]

01. Alle Ährchen dicht beisammen od. das unterste etwas abgerückt. Blstd. kurz, 2–5 cm lg.

C. spicáta HUDSON (*C. contigua* HOPPE), *Gedrängtährige S.* – St. 15–30 cm. Faserschopf schwarzviolett. B.häutchen 2–4mal so hoch wie br. Reife Fr. 2–3mal so lg. wie br., allmähl. in den Schnabel verschmälert, das unterste Drittel mit schwammigem Gewebe ausgefüllt und durch eine deutl. Rille abgegrenzt *(Fig. 544/3)*. / 5 bis 6 / Kollin-montan(-subalpin). Wegränder, Schuttplätze; verbr. [412]

C. paírae F. W. SCHULTZ, *Pairas S.* – St. 15–60 cm. Faserschopf braun. B.häutchen etwa so hoch wie br. Reife Fr. br.-eifg., plötzl. in den Schnabel verschmälert, ohne schwammiges Füllgewebe am Grunde. / 5 bis 7 / Kollin-montan(-subalpin). Trockene Raine und Waldränder; zerstr.

– Ährchen meist deutl. voneinander entfernt stehend. Blstd. bis 10 cm lg.

C. leersi F. W. SCHULTZ (*C. polyphylla* KAR. u. KIR.), *Leers S.* – St. 30–100 cm, steif aufrecht. Faserschopf braun. B.häutchen wenig breiter als hoch. Blstd. 4–8 cm lg. Reife Fr. 2–3 mm lg., allmähl. in den Schnabel verschmälert, sparrig abstehend. Decksp. gelbl.-braun. / 6 / Kollin. Waldränder, Lichtungen; zerstr. [413]

C. divúlsa STOKES, *Unterbrochenährige S.* – St. 20–80 cm, nebst den B. schlaff. Faserschopf braun. B.häutchen wenig höher als br. Blstd. 5–10 cm lg. Reife Fr. 3–5 mm lg., allmähl. in den Schnabel verschmälert, schief aufrecht. Decksp. weissl. / 5 bis 8 / Kollin. Trockene Laubwälder, Gebüsche; im Süden hfg., nördl. der A zerstr. [414]

– Blstd. rispig. Fr. beiderseits, auf der Innenseite weniger, gewölbt *(Fig. 544/4)*. 18

18. St. oberwärts 3kantig, mit etwas gewölbten Flächen. Fr. länger als die Decksp.

C. diándra SCHRANK, *Draht-S.* – St. 30–50 cm, dünn, mit glänzend-braunen Scheiden. Blstd. kurz, 1,5–3 cm, nur am Grunde etwas rispig. Fr. glänzend, auf der Aussenseite mit 2 starken, am Grunde zusammenlaufenden Rippen. / 5 bis 6 / Kollin-montan(-subalpin). Sumpfwiesen; zerstr. [416]

– St. 3kantig, mit ebenen Flächen. Fr. so lg. wie die Decksp.

C. appropinquáta SCHUMACHER (*C. paradoxa* WILLD.), *Gedrängtährige S.* – W.stock mit Faserschopf. St. 30–60 cm; untere Scheiden schwarzbraun, glanzlos. Fr. matt, beiderseits nervig. / 5 bis 6 / Kollin-montan. Sumpfwiesen, Torfmoore; zerstr. [417]

C. paniculáta L., *Rispen-S.* – W.stock ohne Faserschopf. St. kräftig, 40–100 cm; Scheiden glänzend-braun. Fr. glänzend, schwachnervig. / 5 bis 6 / Kollin-subalpin. Sumpfige Orte; verbr. [418]

19. (13.) Untere Ährchen weit voneinander entfernt stehend. Hüllb. b.artig, den Blstd. weit überragend.

C. remóta L., *Lockerährige S.* – St. 30–70 cm, dünn, schlaff, meist etwas überhängend. Decksp. weissl., mit grünem Kiel. / 5 bis 7 / Kollin-montan. Feuchte Waldstellen, Gräben; hfg. [419]

– Ährchen einander genähert. Hüllb. fehlend od. kurz, den Blstd. nicht überragend. 20

20. Fr. am Rand geflügelt. *(Fig. 545/1).*

C. leporína L., *Hasenpfoten-S.* – St. 20–40 cm, unter der Ähre rückwärtsrauh. Ährchen eirund. Decksp. hellbraun, mit grünem Kiel und weissem Rand. Fr. mit rauhen Schnabelrändern. / 5 bis 7 / Kollin-sub-

545/1   545/2   545/3   545/4

alpin(-alpin). Feuchte Wiesen, Wald- und Wegränder; hfg. [420]
- Fr. nicht geflügelt. 21
21. Ährchen 6–12, längl. St. oberwärts bis zur Mitte rauh.
    C. elongáta L., *Langährige S.* – Pfl. hellgrün. St. 30–60 cm, scharf 3kantig. Ährchen längl.-walzenfg., hellbraun. Fr. lanzettl., abstehend. / 4 bis 6 / Kollin(-montan). Feuchte, schattige Orte, Moore; zerstr. [421]
- Ährchen 3–5(–8), eifg. od. kugelig. 22
22. Fr. sparrig-abstehend.
    C. echináta MURRAY (*C. stellulata* GOOD.), *Igelfrüchtige S.* – St. 10–30 cm, starr aufrecht, unter dem Blstd. schwach rauh. Ährchen oft etwas voneinander entfernt stehend, fast kugelig. Decksp. braun, mit grünem Kiel und weissem Rand. Fr. lg. 2zähnig geschnäbelt, auf der inneren Seite flach, auf der äusseren gewölbt. / 5 bis 7 / Kollin-subalpin(-alpin). Sumpfwiesen, Moore; hfg. [422]
- Fr. aufrecht-abstehend. 23
23. Ährchen 3–5, alle einander genähert, die unteren sich deckend.
    C. heleonástes L. f., *Torf-S.* – St. 15–30 cm, in der oberen Hälfte rauh. B. steif-aufrecht, graugrün. Fr. plötzl. in den kurzen Schnabel zusgez., nervig. / 5 bis 6 / Kollin-subalpin. Torfmoore; s. J, M, A. [423]
    C. lachenálii SCHKUHR (*C. lagopina* WAHLENB.), *Lachenals S.* – St. 5–15 cm, nur unter dem Blstd. rauh od. ganz glatt. B. abstehend, grasgrün. Fr. allmähl. verschmälert, feinnervig. / 7 bis 8 / (Subalpin-)alpin. Moorige Stellen, Schneetälchen; auf Urgestein; verbr. A. [424]
- Ährchen 4–8, die unteren etwas voneinander entfernt stehend.
    C. canéscens L., *Graue S.* – St. 20–40 cm, mit 2 scharfen Kanten und 1 stumpferen. Ährchen 5–10 mm lg., grünl. Fr. undeutl. geschnäbelt, feinnervig. / 5 bis 7 / (Kollin-)montan-subalpin. Sumpfwiesen, Moore; verbr. [425]
    C. brunnéscens POIRET, *Bräunliche S.* – St. 15–40 cm. Ährchen 3–5 mm lg., bräunl. Fr. mit deutl., auf der Rückseite aufgeschlitztem Schnabel, undeutl. nervig. / 7 / Subalpin(-alpin). Sumpfige Stellen, Zwergstrauchgebüsche; auf kalkarmer Unterlage. A (vor allem östl. Teile). [426]
24. (5.) Fr. ohne Schnabel *(Fig. 545/2)* od. mit kurzem, stielrundem, gestutztem Schnabel. 25
- Fr. mit kürzerem od. längerem, deutl. 2zähnigem Schnabel *(Fig. 545/3)*. 47
25. N. 2. (Fr. flach, plankonvex od. beiderseits gewölbt). 26
- N. 3. (Fr. 3kantig). 29
26. Endst. Ährchen an der Spitze weibl.
    C. bícolor ALL., *Zweifarbige S.* – St. 5–20 cm, 3kantig, rauh. B. flach, graugrün. Ährchen 3–4. Decksp. schwarzrot. Fr. grünl.-grau. / 7 / Subalpin-alpin. Sandige Alluvionen; zerstr. A. [427]
- Endst. Ährchen männl. 27
27. Pfl. dichte Horste bildend. Ausläufer fehlend. 28
- Pfl. von rasigem Wuchs od. in kleinen Horsten. Ausläufer vorhanden.
    C. grácilis CURTIS (*C. acuta* auct.), *Schlanke S.* – St. 50–120 cm, scharfkantig, oben sehr rauh. B. grasgrün, 5–10 mm br. Weibl. Ährchen 3–10 cm lg.; 2–4 männl. Ährchen. Das unterste Hüllb. das oberste Ährchen überragend. / 5 bis 6 / Kollin-montan. Gräben, Sümpfe; verbr. [430]
    C. nígra (L.) REICHARD (*C. fusca* ALL., *C. goodenowii* J. GAY, *C. vulgaris* FRIES), *Braune S.* – St. 20–80 cm. B. graugrün, 2–5 mm br. Weibl. Ähr-

chen 1,5–3 cm lg.; 1–2 männl. Ährchen. Das unterste Hüllb. das oberste Ährchen nicht od. nur wenig überragend. / 5 bis 7 / Kollin-alpin. Sumpfwiesen, Moore; hfg. [431]

28. Pfl. mit wenigen b.losen, gelbbraunen Scheiden am Grunde; diese bis 10 cm lg.

    C. eláta ALL. (*C. stricta* GOOD.), *Steife S.* – St. 30–100 cm, straff aufrecht. B. graugrün. Das unterste Hüllb. das oberste Ährchen überragend. Fr. zusgedr., beiderseits deutl. nervig. / 5 / Kollin-montan. Sumpfwiesen, Ufer, Gräben; verbr. [428]

– Pfl. mit vielen b.losen, violettbraunen Scheiden am Grunde; diese bis 5 cm lg.

    C. caespitósa L., *Rasen-S.* – St. 15–50 cm. B. lebhaft grün. Meist alle Hochb. sp.artig, wenn b.artig, dann kürzer als das zugehörige Ährchen. Fr. nervenlos. / 4 bis 5 / Kollin. Riedwiesen. – Französ. Jura (Dép. du Doubs); Bad.(?), Els.(?). (In der Schweiz wohl erloschen.) [429]

    C. juncélla FRIES, *Binsenartige S.* – St. 30–60 cm. B. gelbgrün bis dunkelgrün. Die untersten Hochb. meist laubb.artig, das unterste das endst. männl. Ährchen erreichend, jedoch nie überragend. Fr. beiderseits undeutl. nervig. / 5 bis 6 / Subalpiner Verlander; s. A (Oberengadin).

29. Endst. Ährchen an der Spitze weibl. 30
– Endst. Ährchen männl. 31

30. Decksp. grannenartig zugespitzt, braun, mit grünem Mittelnerv.

    C. buxbaúmii WAHLENB. (*C. polygama* SCHKUHR), *Buxbaums S.* – St. 20–50 cm, scharfkantig. Grundst. Scheiden netzartig gespalten. Ährchen 3–5, aufrecht. Fr. 4 mm lg. / 5 bis 6 / Kollin-subalpin. Riedwiesen, Ufer; s. [432]

    C. hartmáni CAJANDER, *Hartm:ans S.* – Der vorigen Art ähnl. Endährchen schlank; Seitenährchen schmal, das unterste viel länger als die dicht gestellten obersten. Fr. 2,3–3 mm lg. / 5 bis 6 / Kollin(-montan). Wie vorige; s. s. M. – Els.

– Decksp. stumpf od. kurz bespitzt, schwarzbraun.

    C. norvégica RETZ. (*C. alpina* SW., *C. halleri* GUNNERUS, *C. vahlii* SCHKUHR), *Norwegische S.* – St. 5–15 cm. B. 1–2 mm br. Seitl. Ährchen 3–5 mm lg. Fr. 2 mm lg., grünl. / 7 bis 8 / Subalpin-alpin. Feuchte Weiden; s. s. A (Graub.). [433]

    C. atráta L. s.l., *Geschwärzte S.* – St. 5–60 cm, graugrün. B. 2–9 mm br. Ährchen 2–7, schwarzbraun, gestielt od. sitzend. Hochb. laubb.artig. Fr. 3–5 mm lg., gelbbraun od. schwarz. / 6 bis 8 / Rasen, auf Kalk; verbr. A.

    01. Ährchen kopffg. gedrängt, sitzend. Fr. schwarz.

        C. parviflóra HOST (*C. nigra* ALL. non (L.) REICHARD, *C. atrata* L. ssp. *nigra* (ALL.) HARTMAN), *Kleinblütige S.* – St. 5–30 cm, glatt. B. 2–4 mm br., etwa ½ so lg. wie der St. Fr. oval, schwarz, mit hellem Rand. / 7 bis 8 / Alpin. Feuchter Ruhschutt, Schneetälchen; verbr. A. [435]

    – Ährchen gestielt, die untersten nickend. Fr. gelbbraun od. schwarz.

        C. atráta L., *Schwarze S.* – St. 15–40 cm lg., glatt. B. 3–4 mm br., etwa ½ so lg. wie der St. Ährchen 1–2 cm lg. Fr. 3,5–4,5 mm lg., gelbbraun. / 6 bis 8 / Subalpin-alpin. Nacktriedrasen; verbr. A. [434]

        C. atérrima HOPPE (*C. atrata* L. ssp. *aterrima* (HOPPE) HARTMAN), *Russgeschwärzte S.* – St. 30–60 cm, rauh. B. 5–9 mm br., ⁴/₅ der St.länge erreichend. Blstd. nickend. Ährchen 1,5–3 cm lg. Fr. 4–5 mm lg., meist ganz schwarz. / 6 bis 8 / Subalpin-alpin. Wiesen, Hochstauden; zerstr. A.

31. Weibl. Ährchen sitzend od. ganz kurz gestielt (Fr. behaart). 32

– Weibl. Ährchen, wenigstens das unterste, deutl. gestielt (Stiel zuweilen von dem scheidenfg. Hüllb. umschlossen, bei *C. humilis* auch fast das ganze Ährchen). 37

32. Pfl. rasig, ohne Ausläufer. 33

– Pfl. mit verlängerten Ausläufern. 36

33. Spitze des männl. Ährchens von der Spitze des obersten weibl. Ährchens erreicht od. überragt. . . . . (vgl. *C. ornithopoda*, Seite 550).

– Männl. Ährchen nicht vom obersten weibl. Ährchen überragt. 34

34. Weibl. Ährchen walzenfg.-eifg., das unterste kurz gestielt.

  C. umbrósa HOST (*C. longifolia* HOST), *Langblättrige S.* – W.stock mit starkem Faserschopf. St. 20–35 cm. B. sehr lg., den St. überragend. Hüllb. zuweilen mit aufrecht bis waagrecht abstehender Spreite und, wenigstens das untere, mit kurzer Scheide. Decksp. braun, mit grünem Mittelnerv. / 4 bis 5 / Kollin-montan. Grasige Stellen in Wäldern; zerstr. [436]

– Weibl. Ährchen rundl. bis verkehrt-eifg., alle sitzend. 35

35. Unterstes Hüllb. in der Regel trockenhäutig, höchstens mit laubb.artiger Spitze, das zugehörige Ährchen meist nicht überragend.

  C. montána L., *Berg-S.* – St. 10–30 cm, am Grunde mit lebhaft purpurnen Scheiden, kaum mit Faserschopf. Weibl. Ährchen meist 2. Decksp. violettschwarz. / (3–)4 bis 5 / Kollin-subalpin. Bergwiesen, lichte Wälder; verbr. [437]

  C. frítschii WAISBECKER, *Fritschs S.* – Pfl. am Grunde mit starkem Faserschopf und braun-grauen Scheiden. St. 30–60 cm. Männl. Ährchen keulenfg., 15–20 mm lg.; weibl. Ährchen 2 (1). Decksp. braun mit blassem Rand. Fr. mit sehr kurzen Haaren, an den Kanten papillös, 3–3,5 mm lg. / 5 / Kollin. Wälder, Magerwiesen. T, Graub. (Misox, Calanca). – Els. (Hard), Co. [439]

– Unterstes Hüllb. (meist auch die übrigen) mit b.artiger Spreite, das zugehörige Ährchen meist überragend.

  C. pilulífera L., *Pillentragende S.* – St. 10–40 cm, zur Fr.zeit abwärtsgebogen, mit gelbbraunen od. roten grundst. Scheiden. Männl. Ährchen lineal, 7–10 mm lg.; weibl. Ährchen 3–4. Decksp. braun, mit grünem Nerv. Fr. grauweiss, kurzhaarig, bis 2 mm lg. / 4 bis 5 / Kollin-montan(-subalpin). Wälder, Heiden; verbr. [438]

36. Unterstes Hüllb. b.artig. Weibl. Ährchen 1–2.

  C. tomentósa L., *Filzfrüchtige S.* – St. 20–40 cm. Untere B.scheiden schwarzrot. B. schmal-lineal, 1–2 mm br. Weibl. Ährchen kurz, rundl.-walzenfg. Decksp. rot- bis hellbraun, mit grünem Nerv. Fr. dicht kurzhaarig. / 4 bis 5 / Kollin-montan. Feuchte Wiesen; verbr. [440]

– Hüllb. trockenhäutig, zuweilen mit aufrechter, b.artiger Spitze. Weibl. Ährchen 2–3.

  C. caryophylléa LA TOURRETTE (*C. verna* CHAIX), *Frühlings-S.* – St. 10–30 cm. B. 2–3 mm br. Decksp. spitz od. stachelspitzig, braun, mit grünem Mittelnerv. / 3 bis 4 / Kollin-subalpin(-alpin). Trockene Wiesen, Weiden; hfg. [441]

  C. ericetórum POLLICH, *Heide-S.* – St. 10–30 cm. B. bis 4 mm br. Decksp. stumpf, dunkelbraun, mit weissem Hautrand, vorn oft kurz bewimpert. / 3 bis 5 (in hohen Lagen 7 bis 8) / Kollin-alpin. Trockene Hügel, Föhrenwälder, Alpweiden; zerstr. M, Schaffh., A. – Els. [442]

37. Hüllb., wenigstens die unteren, mit b.artiger Spreite. 38

– Hüllb. scheidenfg., ohne od. mit sehr kurzer, häutiger Spreite, seltener
   mit kurzer, b.artiger Spitze.   44
38. B. und B.scheiden (wenigstens in der Jugend) behaart.
   C. pilósa SCOP., *Gewimperte S.* – Pfl. mit Ausläufern. St. 30–50 cm. B. 5–
   10 mm br. Männl. Ährchen bis über 3 cm lg., dick, keulenfg. Weibl. Ährchen 2–4, voneinander entfernt stehend, aufrecht, lineal, lockerfr.
   Decksp. rotbraun, hellrandig. / 4 bis 6 / Kollin(-montan). Wälder; gesellig, aber nicht hfg. [443]
   C. palléscens L., *Bleiche S.* – Pfl. dichtrasig. St. 20–40 cm. B. höchstens 4
   mm br. Männl. Ährchen schmal-keulenfg. Weibl. Ährchen 2–3, einander
   genähert, längl.-eirund, dichtfr. Decksp. grünl. / 5 / Kollin-subalpin.
   Wälder, Weiden, Moore; s. hfg. [444]
– B. und B.scheiden kahl.   39
39. B. 5–20 mm br.
   C. péndula HUDSON (*C. maxima* SCOP.), *Überhängende S.* – St. 50 bis
   über 150 cm. B. 10–20 mm br. Weibl. Ährchen voneinander entfernt stehend, überhängend, bis über 10 cm lg. Decksp. rotbraun. / 6 / Kollin-
   montan. Feuchte Wälder; verbr. J, M, A (zerstr.). [445]
   Vgl. auch *C. strigosa,* Seite 551.
– B. meist nicht 5 mm br.   40
40. Pfl. rasig.
   C. halleréna ASSO (*C. alpestris* ALL., *C. gynobasis* VILL.), *Grundstielige S.*
   – St. 20–40 cm, 3kantig, rauh. Weibl. Ährchen kurz, 3–5bl., das unterste
   lg. gestielt, fast grundst. Decksp. braun, mit grüner Mittelrippe und weissem Hautrand. Fr. kurzhaarig, 4–5 mm lg. / 4 bis 6 / Kollin-montan.
   Steinige Hänge, Buschwälder; besonders in wärmeren Lagen; zerstr. J,
   West- und Südschw. – Bad. (bei Istein), Ao., Co. [446]
   C. capilláris L., *Haarstielige S.* – St. 5–20 cm, stielrund, glatt. Ährchen
   doldig, das männl. von den weibl. meist überragt; das unterste weibl.
   bisweilen fast grundst. Weibl. Ährchen längl., 5–10bl. Decksp. braun-
   häutig. Fr. kahl, 2–3 mm lg. / 7 / (Montan-)subalpin-alpin. Flachmoore,
   Weiden, nasse Felsen; verbr. A. [447]
– Pfl. mit verlängerten Ausläufern.   41
41. Bl.tragende St. am Grunde mit b.losen Scheiden.
   C. limósa L., *Schlamm-S.* – St. 15–30 cm. B. schmal (1 mm), rinnig gefaltet, graugrün. Weibl. Ährchen zuletzt hängend. Fr. stark nervig. / 5 bis 6
   / Kollin-subalpin. Moore; verbr. J, M, A. – S, Belf. [448]
   C. paupércula MICHX. (*C. magellanica* auct.), *Alpen-Schlamm-S.* – St.
   10–30 cm. B. flach, bis 4 mm br., grasgrün. Weibl. Ährchen überhängend. Fr. nervenlos od. schwachnervig. / 7 / (Montan-)subalpin(-alpin).
   Wie vorige; zerstr. A. [449]
– Auch die unteren B. der bl.tragenden St. mit ausgebildeter Spreite.   42
42. Männl. Ährchen meist 2–3; weibl. Ährchen zuletzt hängend.
   C. flacca SCHREBER (*C. glauca* SCOP.), *C. diversicolor* auct.), *Schlaffe S.* –
   St. 20–80 cm. B. 2–6 mm br., graugrün. Weibl. Ährchen lg.gestielt, bis 5
   cm lg. Fr. purpurschwarz od. schwarzbraun. / 4 bis 6 / Kollin-sub-
   alpin(-alpin). Feuchte Orte, Wälder; s. hfg. [451]
– Männl. Ährchen 1; weibl. Ährchen aufrecht.   43
43. Weibl. Ährchen kugelig od. kurz-walzenfg.
   C. liparocárpos GAUDIN (*C. nitida* HOST), *Glänzende S.* – St. 10–25 cm. B.
   1–2 mm br. Weibl. Ährchen 2–3, voneinander entfernt stehend, die

unteren gestielt; das unterste Ährchen mit b.artigem, kurzscheidigem Hüllb. Fr. kurz geschnäbelt, hellbraun, glänzend. / 4 bis 5 / Kollin-montan(-subalpin). Trockenwarme, sandige Orte; zerstr. Südwest- und Südschw., St. Gallen, Graub. [450]

C. supína WAHLENB., *Steppenrasen-S.* – St. 8–20 cm. B. sehr schmal (höchstens 1,5 mm br.). Weibl. Ährchen 1–3, einander sehr genähert, sitzend; Hüllb. nicht scheidenartig. Fr. kurz geschnäbelt, gelbbraun bis kastanienbraun, glänzend. Gesellig wachsend; dadurch und durch die purpurbraunen B.scheiden sehr auffällig. / 4 bis 5 / Kollin-montan. Trockenrasen, oft unter Waldföhren. – Vintschgau. [456]

– Weibl. Ährchen längl.-walzenfg.

C. panícea L., *Hirse-S.* – St. 15–30 cm. B. 1–4 mm br., graugrün, in eine lg., 3kantige Spitze ausgezogen. Fr. etwas länger als die dunkelpurpurbraunen Decksp., graugrün, oberwärts stark papillös, mit meist quer abgestutzter Mündung. / 4 bis 6 / Kollin-subalpin(-alpin). Feuchte Wiesen, Moore; hfg. [452]

C. vagináta TAUSCH (*C. sparsiflora* STEUDEL), *Scheiden-S.* – St. 10–60 cm. B. 3–5 mm br., grasgrün, plötzl. in eine kurze, 3kantige Spitze zusgez. Fr. etwa 2mal so lg. wie die hellrotbraunen Decksp., grasgrün, oberwärts glatt, mit meist schräg abgestutzter Mündung. / 7 / Subalpin. Moorige Stellen, Heidekraut- und Borstgrasweiden; s. A (Bern, Obwalden, Luzern, Graub.). [453]

44. Pfl. mit verlängerten Ausläufern. Fr. kahl.

C. alba SCOP., *Weisse S.* – St. 20–30 cm. B. sehr schmal. Ährchen lokkerfr.; das oberste weibl. im reifen Zustand das männl. oft überragend. Decksp. weissl. / 4 bis 5 / Kollin-subalpin. Trockene, lichte Wälder; auf Kalk; verbr. [454]

– Pfl. rasig, ohne Ausläufer. Fr. behaart. 45

45. Weibl. Ährchen 3bl., voneinander entfernt stehend.

C. húmilis LEYSER, *Niedrige S.* – St. 3–10 cm, viel kürzer als die starren, borstl. eingerollten B. Hüllb. gross, den St. und oft die weibl. Ährchen ganz einschliessend. Decksp. mit br., silberglänzendem Hautrand. / 3 bis 4 / Kollin-montan(-subalpin-alpin). Trockenwarme Hügel, Felsen; kalkliebend, s. auf kalkreichen Silikatgesteinen; verbr. [445]

– Weibl. Ährchen mehrbl., einander genähert. 46

46. Das unterste Ährchen etwas entfernt stehend. Sp. so lg. wie die Fr.

C. digitáta L., *Gefingerte S.* – St. 10–30 cm, am Grunde mit rotbraunen Scheiden. Sp. rotbraun, die der weibl. Ährchen oft gezähnelt. / 4 bis 5 / Kollin-subalpin. Wälder; verbr. [457]

– Alle Ährchen einander genähert. Sp. kürzer als die Fr.

C. ornithópoda WILLD., *Vogelfuss-S.* – St. 5–15 cm. Obere Scheide am Grunde des St. blass, die unteren rotbraun. Sp. blassbraun. Fr. 2,5–3 mm lg., stark behaart. / 4 bis 6 / Kollin-subalpin. Lichte Waldstellen, Heiden; hfg. [458]

C. ornithopodioídes HAUSMANN, *Alpen-Vogelfuss-S.* – St. 3–8 cm, stark bogig gekrümmt. B. kurz, starr und glänzend. Sp. dunkelpurpurn bis schwärzl. Fr. 2 mm lg., fast kahl. / 7 / Subalpin-alpin. Felsen, Rasen; auf Kalk; zerstr. A. [459]

47. (24.) N. 2.

C. mucronáta ALL., *Stachelspitzige S.* – St. 10–35 cm, dünn, stielrund, glatt. B. borstenfg. Ährchen 2–3, 1 männl. und 1–2 weibl., letztere sitzend, kurz. Fr. 3–4 mm lg. / 5 bis 7 / Montan-subalpin(-alpin). Felsen; auf Kalk. A. [460]

48. Zähne des Schnabels fast parallel, gerade vorgestreckt *(Fig. 545/3)*.

49. Weibl. Ährchen, besonders das unterste, lg. und dünn gestielt, zuletzt
– Weibl. Ährchen sitzend od. gestielt, dann aber ihr Stiel derb, starr-auf-

50. B. 4–10 mm br. St. auf der ganzen Länge beblättert.

C. silvática HUDSON, *Wald-S.* – St. 30–70 cm, zur Fr.zeit niederliegend. B. bis 6 mm br. Die unteren weibl. Ährchen zuletzt hängend, bis 5 cm lg. Decksp. weisshäutig od. bräunl., mit grünem Mittelstreifen. Fr. lg. ge-schnäbelt, 4–5 mm lg., undeutl. nervig. / 5 bis 6 / Kollin-montan(-sub-alpin). Wälder; hfg. [461]

C. strigósa HUDSON, *Dünnährige S.* – St. 40–100 cm. B. bis 10 mm br. Weibl. Ährchen dünn, aufrecht od. etwas überhängend, bis 7 cm lg. Fr. ganz kurz geschnäbelt, 3 mm lg., nervig. / 5 bis 6 / Kollin-montan. Feuchte Wälder; zerstr. [462]

51.

52. Weibl. Ährchen aufrecht, nur das unterste lg. gestielt, doch nicht über-hängend.

C. fimbriáta SCHKUHR (*C. hispidula* GAUDIN), *Gefranste S.* – W.stock ohne Faserschopf. St. 15–40 cm, oben rauh. B. 2–3 mm br., flach, steif. Fr. 3–4 mm lg. / 7 bis 8 / Alpin. Felsen; s. s. A (Wallis, Graub.). – Pie-mont. [463]

– Weibl. Ährchen zuletzt überhängend.

C. ferrugínea SCOP., *Rost-S.* – St. 30–50 cm. B. 1–2 mm br., lg., schlaff. Ährchen lockerfr. Decksp. spitz, dunkelbraun. Fr. 3–4 mm lg., an den Kielen und am Schnabel rauh. / 6 bis 8 / (Montan-)subalpin-alpin. Feuchte Runsen, Schutthalden; auf Kalk. J (Dôle), M, A (hfg.). – Fran-zös. Jura. [464]

C. frígida ALL., *Kälteliebende S.* – St. 10–40 cm. B. 2–4 mm br. Ährchen dichtfr. Decksp. fein zugespitzt, schwarzbraun. Fr. 5–6 mm lg., schwarz, an den Kielen borstig-gewimpert. / 6 bis 8 / Subalpin-alpin. Feuchte Felsen, Quellfluren; hfg. A. – S, V. [465]

53. Ährchen lockerfr.

C. brachýstachys SCHRANK (*C. tenuis* HOST), *Kurzährige S.* – St. 15–30 cm, dünn. B. bis 1 mm br., getrocknet eingerollt. Fr. kahl, allmähl. in den Schnabel verschmält. / 6 bis 7 / Montan-subalpin. Feuchte Felsen; auf Kalk; zerstr. J, M, A. – S (Wehratal). [467]

C. austroalpína BECHERER (*C. refracta* WILLD., *C. tenax* REUTER), *Südalpine S.* – St. 30–90 cm. B. 1–2 mm br., getrocknet mehr od. weniger eingerollt. Fr. vorn borstig-rauh, plötzl. in den Schnabel zusgez. / 5 bis 6 / Kollin-montan. Buschige Hänge; auf Dolomit. A (südl. T). – Var., Co. [468]

54. Weibl. Ährchen überhängend.

C. atrofúsca SCHKUHR (*C. ustulata* WAHLENB.), *Schwarzrote S.* – St. 10–

25 cm. B. 3 mm br. Weibl. Ährchen 2–4, einander genähert. Decksp. schwarzrot. Fr. 4–5 mm lg., zuerst braunrot, dann schwarz, br.-eifg., flach, nervenlos. / 7 bis 8 / (Subalpin-)alpin. Quellfluren; s. s. A (Wallis, Bern, Graub.). [469]

– Weibl. Ährchen aufrecht od. nickend.

C. firma MYGIND, *Polster-S.* – St. 5–15 cm. B. rosettenartig ausgebreitet, 2,5–5 cm lg., 2–4 mm br. Weibl. Ährchen 5–10 mm lg. Decksp. stumpf, rotbraun, mit grünem Mittelnerv. / 6 bis 8 / Subalpin-alpin. Felsige Hänge, Gräte; auf Kalk. M (s.), A (verbr.). [470]

C. sempérvirens VILL., *Horst-S.* – W.stock mit Faserschopf. St. 10–40 cm. B. über 5 cm lg., 2–3 mm br. Weibl. Ährchen 10–20 mm lg. Decksp. zugespitzt, braun, mit weissem Hautrand. / 6 bis 8 / (Montan-)subalpin-alpin. Grasige Hänge; hfg. J, M (zerstr.), A. [471]

55. (48.) Ährchen locker(5–6)fr.

C. depauperáta CURTIS ex WITH., *Armblütige S.* – St. 30–50 cm. B. flach, 3–4 mm br. Weibl. Ährchen voneinander sehr entfernt stehend, lg. gestielt. Fr. 7–8 mm lg., grün. / 5 bis 6 / Kollin. Gebüsche, Wälder; s. s. A (Wallis, Freib.). – Els. [472]

– Ährchen dichtfr. 56

56. Hüllb. mit lg. Scheide, das männl. Ährchen nicht od. nur wenig überragend, aufrecht abstehend. 57

– Hüllb. mit kurzer Scheide, das männl. Ährchen weit überragend, zuletzt fast waagrecht abstehend.

C. fláva L. s.l., *Gelbe S.* – Pfl. dichtrasig. St. 5–70 cm, steif aufrecht, glatt. B. 1–5 mm br., gelbgrün bis dunkelgrün, kahl. Weibl. Ährchen zu 1–6, kugelig-eifg. Decksp. rot- bis hellbraun, mit grünem Mittelstreifen. Fr. rundl. od. 3kantig, 1,5–7 mm lg., mit abwärtsgebogenem od. geradem Schnabel, gelbgrün bis graugrün, kahl. / 5 bis 8 / Quellfluren, Moore, nasse Wiesen; verbr. [473–475]

01. Fr. 4–6 mm lg., Schnabel etwa so lg. wie ihr erweiterter Teil, herabgekrümmt.
C. fláva L. s.str., *Gelbe S.* – St. 20–50 cm, aufrecht. B. 3–5 mm br., flach, gelbgrün. Weibl. Ährchen dicht beisammen stehend, sitzend od. gelegentl. eines abgerückt. Stiel des männl. Ährchens die weibl. Ährchen nicht überragend. Fr. 4,5–6 mm lg., Schnabel deutl. nach unten gekrümmt *(Fig. 552/1)*. / 6 bis 7 / Kollin-subalpin(-alpin). Schlammige Böden, Flachmoore; verbr. [473]

C. lepidocárpa TAUSCH, *Kleinfrüchtige S.* – St. 20–50 cm, steif aufrecht. B. 2,5–3 mm br., flach, hellgrün. Weibl. Ährchen locker stehend, unterstes abgerückt und gestielt. Stiel des männl. Ährchens die weibl. Ährchen überragend. Fr. 3,5–4,5 mm lg., untere Schnäbel deutl. herabgekrümmt, obere gerade *(Fig. 552/2)*. / 6 bis 7 / Kollin-montan. Kalkhaltige Flach- und Quellmoore; zerstr. [474]

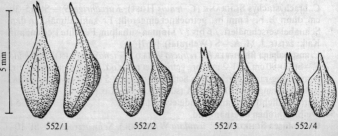

552/1   552/2   552/3   552/4

– Fr. 2–4 mm lg., Schnabel deutl. kürzer als ihr erweiterter Teil, gerade. ... 02

02. St. bogig aufsteigend. B. flach, 2–4 mm br. Fr. 3–4 mm lg. Schnabel 1,3–1,7 mm lg. *(Fig. 552/3).*

    C. demíssa HORNEM. (*C. tumidicarpa* ANDERSSON), *Niedergekrümmte S.* – St. 10–30 cm. B. 3–4 mm br., flach, dunkelgrün. Weibl. Ährchen lockerstehend, das unterste weit abgerückt. Männl. Ährchen gestielt bis sitzend. Fr. mit geradem Schnabel. / 5 bis 7 / Kollin-subalpin. Flach- und Quellmoore.

– St. straff aufrecht. B. rinnig gefaltet od. eingerollt, 1,5–3 mm br. Fr. 2–3 mm lg., Schnabel bis 1,3 mm lg. *(Fig. 552/4).*

    C. serótina MÉRAT (*C. oederi* RETZ.), *Oeders S.* – St. 5–20 cm. B. 2–3 mm br., gefaltet, gelbgrün bis grün. Weibl. Ährchen dicht gedrängt. Stiel des männl. Ährchens die weibl. Ährchen nicht überragend. Fr. 3–3,5 mm lg., mit geradem Schnabel. / 5 bis 8 / Kollin-subalpin. Nasse Wiesen, Flach- und Hochmoore. [475]

    C. serótina MÉRAT ssp. **pulchélla** (LÖNNR.) OOSTSTROOM (*C. scandinavica* DAVIES), *Schöne S., Skandinavische S.* – St. 5–20 cm. B. 2–3 mm br., binsenartig eingerollt, graugrün bis dunkelgrün. Weibl. Ährchen locker stehend. Stiel des männl. Ährchens die obersten weibl. Ährchen deutl. überragend. Fr. 2–2,5 mm lg., mit geradem, kurzem Schnabel. / 6 bis 8 / Kollin. Feuchte Trittgesellschaften kalkarmer Böden. (Ob im Gebiet?).

57. Fr. glänzend, aufgeblasen, schwachnervig.

    C. punctáta GAUDIN, *Punktierte S.* – St. 15–50 cm. B. 3–6 mm br. Decksp. stachelspitzig, gelbbraun od. blass, mit grünem Mittelnerv. Fr. fein punktiert. / 5 bis 6 / Kollin-montan. Sumpfige Stellen, überrieselte Felsen. Wallis, T (verbr.), Graub. – Var., Co., Veltlin. [477]

– Fr. matt, deutl. nervig.

    C. distans L., *Langgliedrige S.* – W.stock ohne Ausläufer. St. 30–70 cm, fast glatt. Weibl. Ährchen alle weit voneinander entfernt stehend, das unterste fast in od. unterhalb der Mitte des St. Decksp. stachelspitzig, hellbraun. / 5 bis 6 / Kollin-montan. Feuchte Wiesen; zerstr. [478]

    C. hostiána DC. (*C. fulva* auct.), *Hosts S.* – W.stock mit kurzen Ausläufern. St. 20–40 cm, oberwärts etwas rauh. Weibl. Ährchen meist im oberen Viertel des St. od. das unterste herabgerückt. Decksp. ohne Stachelspitze, braun, mit weissem Rand. / 5 bis 6 / Kollin-subalpin. Moorige Stellen; verbr. [479]

58. (48.) Pfl. ohne Ausläufer. 1 männl. Ährchen.

    C. pseudocýperus L., *Cypergras-S.* – St. 30–90 cm, nebst den B. gelbgrün. Weibl. Ährchen einander genähert, walzenfg., 2–5 cm lg., überhängend. Decksp. pfriemfg. Fr. spindelfg., stark nervig. / 6 / Kollin(-montan). Sumpfwiesen; zersr. [480]

Vgl. auch *C. distans,* oben.

– Pfl. mit unterird. Ausläufern. 1–3 männl. Ährchen. 59

59. Fr. behaart.

    C. lasiocárpa EHRH., *Behaartfrüchtige S.* – St. 40–100 cm. B. sehr schmal, nicht über 2 mm br., rinnig, nebst den Scheiden kahl. Männl. Ährchen oft nur 1; weibl. Ährchen 1–3, kurz gestielt. Decksp. stachelspitzig, purpurbraun; Rand und Mittelstreifen heller. / 5 bis 6 / Kollin-montan(-subalpin). Sumpfwiesen, Torfmoore; zerstr. J, M, A. – S. [481]

    C. hirta L., *Behaarte S.* – St. 10–60 cm. B. 3–4 mm br., flach, nebst den Scheiden behaart, seltener kahl. Männl. Ährchen 2–3; weibl. Ährchen 2–4, die oberen fast sitzend, die unteren mit lg., in die Scheide eingeschlossenen Stielen. Decksp. in eine lg., am Rande gesägte Spitze verschmälert, weisshäutig, mit grünem Mittelstreifen, oberwärts behaart. / 4

bis 6 / Kollin-montan(-subalpin). Feuchte, sandige Orte; verbr. [482]
– Fr. kahl. 60
60. Männl. Ährchen hellbraun, dünn. Fr. meist viel länger als die Decksp., aufgeblasen.

    C. rostráta STOKES ex WITH. (*C. inflata* auct.), *Schnabel-S.* – St. 30–80 cm, stumpfkantig, im Blstd. rauh, sonst glatt. B. blaugrün, rinnig, 3–5 mm br. Weibl. Ährchen 2–8 cm lg., etwa 7 mm dick. / 5 bis 6 / Kollin-subalpin(-alpin). Ufer, Gräben, Moore; verbr. [483]

    C. vesicária L., *Blasen-S.* – St. 30–70 cm, scharfkantig, oberwärts rauh. B. grasgrün, flach, 4–7 mm br. Weibl. Ährchen 2–4 cm lg., 10–12 mm dick. / 5 bis 6 / Kollin-montan(-subalpin). Wie vorige; zerstr. [484]

– Männl. Ährchen dunkelbraun, dick. Fr. kürzer bis wenig länger als die Decksp.

    C. acutifórmis EHRH. (*C. paludosa* GOOD.), *Sumpf-S.* – St. 60–120 cm, scharf-3kantig. Grundst. B.scheiden am Rande faserig zerschlitzt. B. graugrün, 5–8 mm br. Untere Decksp. der männl. Ährchen stumpf. / 5 bis 6 / Kollin-montan. Gräben, Ufer; verbr. [485]

    C. ripária CURTIS, *Ufer-S.* – St. 80–150 cm, scharf-3kantig. B.scheiden nicht faserig zerschlitzt. B. grasgrün, 1–2 cm br. Decksp. der männl. Ährchen alle stachelspitzig. / 5 bis 6 / Kollin(-montan). Sumpfwiesen, Gräben, Ufer; zerstr. [486]

    Bastarde.

Fam. 151. **Typháceae.** *Rohrkolbengewächse*

Ansehnl. Sumpf- od. Uferstauden mit kräftigen Rhizomen. B. 2zeilig, aufrecht und lineal. Nebenbl. fehlend. Bl. in sehr dichten, endst., kolbenfg., im oberen Teil männl., im unteren weibl. Blstd. Bl.stiele meist mit zahlreichen Haaren besetzt (Perigon?). Stbb. (1–)3(–7), frei od. ± verwachsen. Frb. 1, oft mit schuppenfg. Tragb., zu einem lg. gestielten, oberst. Frkn. verwachsen. Nüsschen.

721. **Typha** L., *Rohrkolben*

1. Pfl. zierl., 30–70 cm hoch. Stlb. schuppenfg.

    T. mínima HOPPE, *Kleiner R.* – B. der Seitentriebe sehr schmal (1–3 mm). Kolben 2–4 cm lg., der weibl. zuletzt fast kugelig. / 5 / Kollin(-montan). Flussufer; s. M, A, T. – Bad., Els. [88]

– Pfl. kräftig, 1–2 m hoch. Stlb. ausgebildet. Kolben 10–30 cm lg. . . . 2

554/1   554/2   554/3   554/4   554/5

2. Kolben der männl. und der weibl. Bl. nicht ganz zusammenstossend.

T. angustifólia L., *Schmalblättriger R.* – B. 4–8 mm br., grasgrün. / 6 bis 7
/ Kollin(-montan). Sümpfe, Gräben; s. J, M, A (Wallis). [89]

– Kolben der männl. und der weibl. Bl. zusammenstossend.

T. latifólia L., *Breitblättriger R.* – B. 10–20 mm br., blaugrün. Weibl. Kolben reif braun bis schwarzbraun, so lg. wie der männl. Haare des
Frkn.stiels die N. nicht überragend *(Fig. 554/1)*. / 6 bis 7 / Kollin(-mon-
tan). Teiche, Sümpfe; verbr. [90]

T. shuttlewórthii KOCH u. SONDER, *Shuttleworths R.* – B. 5–10 mm br.
Weibl. Kolben zur Reifezeit silbergrau, durch die die N. überragenden
Haare des Frkn.stieles *(Fig. 554/2)*, deutl. länger als der männl. / 6 / Kol-
lin(-montan). Wie vorige; zerstr. [91]

Bastarde.

Fam. 152. **Sparganiáceae.** *Igelkolbengewächse*

Sumpf- od. Wasserstaude mit dickem, fädige Ausläufer treibendem Rhizom. B. 2zeilig,
aufrecht od. flutend. Nebenb. fehlend. Bl. in kugeligen Blstd., die oberen, kleineren
männl., die unteren, grösseren weibl. Pgb. (1–)3–4(–6), häutig. Männl. Bl. mit (1–)3–
6(–8) Stbb. Weibl. Bl. mit 1 Frb., das sich zu einer oberst. Steinfr. entwickelt.

722. **Spargánium** L., *Igelkolben*

1. Gesamtblstd. eine Rispe, deren Äste mit männl. und weibl. Köpfchen.

E. eréctum L. s.l. (*S. ramosum* HUDSON), *Ästiger I.* – Pfl. 30–120 cm. B.
steif aufrecht, 3kantig, bis zur Spitze gekielt. / 6 bis 8 / Kollin-montan.
Gräben, Teiche; verbr. [92]

  01. S. eréctum L. ssp. **eréctum** (*S. e.* ssp. *polyédrum* (A. u. G.) SCHINZ u. THELL.). –
    Fr. matt, schwarzbraun, 4–6kantig, im Umriss 3eckig, plötzl. in den Griffel
    verschmälert, sitzend *(Fig. 554/3)*. B. bis 150 cm lg., aufrecht.

  02. S. eréctum L. ssp. **microcárpum** (NEUMAN) DOMIN. – Fr. glänzend, gelbbraun,
    im Umriss spindelfg., oberhalb der Mitte mit einer deutlichen Einschnürung,
    kurz gestielt *(Fig. 554/4)*. B. bis 150 cm lg., hellgrün, aufrecht.

  03. S. eréctum L. ssp. **negléctum** (BEEBY) SCHINZ u. THELL. – Fr. glänzend, gelb-
    braun, im Umriss spindelfg., kurz gestielt *(Fig. 554/5)*. B. bis 120 cm lg., grau-
    grün, oft etwas überhängend.

– Köpfchen zu einem ährigen od. traubigen Gesamtblstd. angeord-
net. 2

2. Meist nur 1 männl. Köpfchen vorhanden, weibl. Köpfchen stets genau in
der Achsel der Hochb. sitzend.

S. mínimum WALLR., *Kleiner I.* – Pfl. 10–30 cm, mit 1 männl. und 2–3
weibl. Köpfchen. B. bis 6 mm br., beiderseits flach, nicht gekielt. / 7 bis 8
/ Kollin-subalpin. Sümpfe, Seen; zerstr. [94]

– Meist mehrere männl. Köpfchen. Stiele der weibl. Köpfchen mit der
Blstd.achse verwachsen, diese daher über der Achsel der Hochb. sitzend.

S. emérsum REHMANN (*S. simplex* HUDSON), *Einfacher I.* – Pfl. 30–80
cm, 2–5 gestielte weibl. und bis 8 männl. Köpfchen. B. steif aufrecht, s.
schwimmend, gekielt, gegen die Basis 3kantig. / 6 bis 8 / Kollin-montan.
Gräben, Teiche; zerstr. [93]

S. angustifólium MICHX. f. (*S. affine* SCHNITZLEIN), *Schmalblättriger I.* –

Pfl. 10–100 cm, 2–3 weibl. und bis 6 männl. Köpfchen. B. bis 8 mm br., schlaff, auf dem Wasser schwimmend, abgeflacht od. auf dem Rücken gewölbt. / 7 bis 8 / (Montan-)subalpin-alpin. Seen, Torflöcher; zerstr. J (Lac de Joux), M, A. – S, V. [95]

Fam. 153. **Commelináceae.** *Commelinengewächse*

Einjährige Kräuter od. Stauden mit knotig gegliedertem St. B. einfach, wechselst., oft 2zeilig, mit st.umschliessender Scheide. Nebenb. fehlend. Bl. in wickeligen Blstd., b.achselst., zwittrig, meist monosymm. Kb. 3. Krb. 3, oft hinfällig. Stbb. 6, oft teilweise steril. Frb. 3(–2), zu einem oberst. Frkn. verwachsen. Fachspaltige Kapseln.

723. **Commelína** L., *Commeline*

C. commúnis L., *Commeline.* – St. 30–70 cm, aufsteigend od. niederliegend. B. mit lanzettl. Spreite. Blstd. in der Achsel eines grossen, br.-eifg., einer Spatha gleichenden Tragb. Krb. lebhaft blau. Nur 3 fruchtbare Stbb.; die 3 unfruchtbaren kreuzfg.-4lappig, gelb. / 7 bis 10 / Kollin. Grasplätze, Rebareale, Hecken. Eingebürgert im T und in Graub. (Misox); sonst adv. – Ossolatal, Var., Co., Chiav., Vintschgau. Heimat China, Japan und Ostsibirien. [496]

Fam. 154. **Poáceae** (*Gramineae*). *Echte Gräser, Süssgräser*

1- od. 2jährige Kräuter od. Stauden. St. (Halm) rundl., nie 3kantig, meist hohl (ausgenommen *Mais*), an den Knoten verdickt. B. 2zeilig, aus einer st.umfassenden Scheide (*Fig. 556/1* sch) und einer abstehenden Spreite (la). B.scheiden an ihrem Grunde knotig verdickt («Halmknoten»), meist offen, seltener geschlossen. Am Übergang zur B.spreite ein B.häutchen (Ligula, li) od. Haare und oft den Halm umschliessende Öhrchen (ö). Bl. in viel- bis einbl. Ährchen; diese zu ährigen, traubigen od. rispigen Gesamtblstd. zusammengefasst. Ährchen *(Fig. 556/2)* aus 2zeilig an einer Ährchenachse angeordneten, in den Achseln von Spelzen (-sp.) sitzenden Bl. Am Grunde des Ähr-

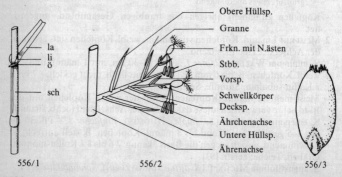

la
li
ö

sch

Obere Hüllsp.
Granne
Frkn. mit N.ästen
Stbb.
Vorsp.
Schwellkörper
Decksp.
Ährchenachse
Untere Hüllsp.
Ährenachse

556/1   556/2   556/3

chens 2 (0–4) Hüllsp., eine untere (äussere) und eine obere (innere). Darüber 1 bis viele Decksp., hfg. auf dem Rücken od. an der Spitze mit einer Granne versehen, in deren Achseln die meist zwittrigen Bl. sitzen, bedeckt von einer 2kieligen Vorsp. Die Bl.decke reduziert, aus den beiden Schwellkörpern (Lodiculae) bestehend. Stbb. 3, mit lg., dünnen Stbf. Frkn. 1, oberst., meist mit 2 federfg. Narben, sich zu einer oft von Deck- und Vorsp. umschlossen bleibenden Grasfr. (Karyopse) entwickelnd *(Fig. 556/3).*

1. Oberer Blstd. männl., untere weibl. Pfl. bis 2,5 m hoch.   **Zea 791**
– Bl. meist zwittrig. 2
2. Gesamtblstd. eine Ähre od. mehrere fingerfg. gestellte Ähren. Ährchen sitzend od. kurz gestielt. 3
– Gesamtblstd. eine Rispe, seltener eine Traube. Ährchen meist gestielt, einzeln od. zu mehreren an besonderen Ästen. Oft Blstd. dicht ährenfg. zusgez. (Scheinähre, *Fig. 558/5).* 20
3. Eine einzige Ähre an der Spitze des St. 4
– 2 bis mehrere Ähren an der Spitze des St. fingerfg. gestellt. 17
4. Ährchen in Büscheln. Ähre einseitswendig, unterbrochen.
                                                          Oplismenus 784
– Ährchen einzeln od. zu 2–3 nebeneinander. 5
5. Ährchen zu 2 od. 3 nebeneinander *(Fig. 557/1).* 6
– Ährchen einzeln *(Fig. 557/2).* 8
6. Im unteren Teil der Ähre nur männl., unbegrannte Ährchen, im oberen Teil auch zwittrige, mit 5–8 cm lg., braunen Grannen.   **Heteropogon 790**
– Ähre von unten bis oben gleichartig gebaut. 7
7. Ährchen einbl. B.scheiden glatt (bei *Hordeum nodosum* die unteren rauhhaarig).   **Hordeum 746**
– Ährchen 2bl. od. doch mit Ansatz zu einer zweiten Bl. B.scheiden rückwärts rauh behaart.   **Hordelymus 747**
8. Decksp. mit einer geknieten, gedrehten Granne; diese auf dem Rücken der Sp. entspringend *(Fig. 557/3).*   **Gaudinia 760**
– Decksp. unbegrannt od. mit einer endst., geraden Granne. 9
9. Ährchen einbl. 10
– Ährchen mehrbl. (Ähre 2zeilig.) 11
10. Ährchen am Grunde von borstenfg. Haaren umgeben *(Fig. 599/4, 5).* N. 2.   **Setaria 786**
– Ährchen am Grunde ohne Borstenhaare. N. 1.   **Nardus 753**
11. Ährchen mit 1 Hüllsp., mit der Schmalseite der Spindel zugewendet *(Fig. 557/2).*   **Lolium 740**

557/1   557/2   557/3   557/4

  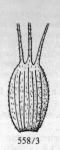  

558/1   558/2   558/3   558/4   558/5

559/1   559/2   559/3   559/4

25. Hüllsp. wenigstens am Grunde od. bis über die Mitte verwachsen. Decksp. schlauchfg., mit rückenst. Granne. Vorsp. fehlend *(Fig. 559/1).*
Alopecurus 772
– Hüllsp. nicht verwachsen. Decksp. nicht schlauchfg. Vorsp. vorhanden. 26
26. Hüllsp. am Kiel geflügelt *(Fig. 559/2).*   **Phalaris 780**
– Hüllsp. nicht geflügelt. 27
27. Stbb. 2. Ährchen 7 mm lg., mit 4 Hüllsp.; innere Hüllsp. braun, behaart und begrannt.   **Anthoxanthum 779**
– Stbb. 3. Ährchen nicht über 4–5 mm lg., mit 2 Hüllsp.; diese mit kurzer od. etwas granniger Spitze.   **Phleum 771**
28. Ährenrispe einseitig. Am Grunde der Ährchen eine aus leeren Sp. bestehende kammfg. Hülle *(Fig. 559/3).*   **Cynosurus 736**
– Ährchen ohne derartige Hülle. 29
29. Ährenrispe dicht, eifg. od. kugelig. N. fadenfg., an der Spitze der Bl. hervortretend *(Fig. 559/4).* 30
– Ährenrispe längl. N. federig, am Grunde od. an den Seiten hervortretend. 31
30. Ährenrispe 2zeilig, einseitswendig, Rispenachse einseitig sichtbar, tragblattlos.   **Oreochloa 738**
– Ährenrispe allseitswendig. Untere Rispenäste mit schuppenfg. Tragb.
Sesleria 739
31. Granne auf dem Rücken der Decksp. eingefügt *(Fig. 560/1).* 32
– Granne fehlend od. an der Spitze der Decksp. stehend. 33
32. Pfl. einjährig. Decksp. in 2 lange, grannenfg. Spitzen auslaufend.
Trisetaria 762
– Pfl. mehrjährig. Decksp. kurz 2spitzig.   **Trisetum 761**
33. Ährchen im Innern mit einem keulenfg. Rest verkümmerter Bl. *(Fig. 560/3).*   **Melica 737**
– Bl. alle entwickelt. 34
34. Decksp. lg. begrannt.   **Vulpia 726**
– Decksp. unbegrannt od. stachelspitzig. 35
35. St. niederliegend. Untere Hüllsp. 3-, obere 7nervig.   **Sclerochloa 730**
– St. aufrecht. Untere Hüllsp. 1-, obere 3nervig.   **Koeleria 767**
36. (20.) Ährchen einbl. 37
– Ährchen 2- bis mehrbl. (bei Poa gelegentl. einbl.). 49
37. Hüllsp. fehlend. Ährchen stark seitl. zusgedr.   **Leersia 781**

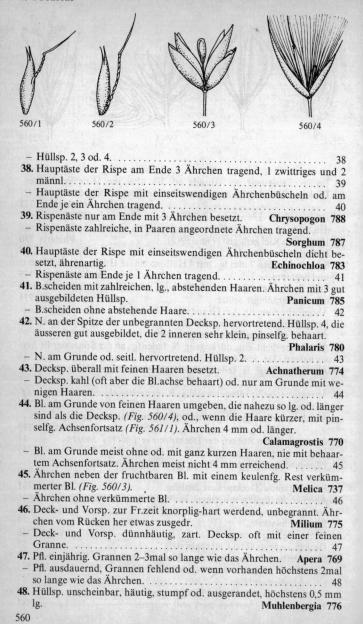

560/1 560/2 560/3 560/4

561/1 561/2 561/3

– Hüllsp. deutl. ausgebildet, spitz, mindestens 1 mm lg. **Agrostis 768**
49. (36.) Deck- und Vorsp. von lg., seidenartigen Haaren verhüllt (Schilf, *Fig. 561/2*). **Phragmites 748**
– Ährchenachse ohne od. mit kurzen Haaren. 50
50. N. an der Spitze der Sp. hervortretend. Die 2 unteren Bl. des 3bl. Ährchens männl., die obere zwittrig *(Fig. 561/3)*. Knoten nur in der unteren St.hälfte. **Hierochloë 778**
– N. am Grunde der Sp. hervortretend *(z.B. Fig. 561/5)*. 51
51. Rispenäste meist einzeln, ohne grundst. Nebenast, am Ende und an den Zweigenden Knäuel von Ährchen tragend. **Dactylis 735**
– Ährchen nicht geknäuelt. 52
52. Hüllsp., wenigstens die längere, so lg. od. fast so lg. wie das ganze Ährchen (hierher alle Arten mit rückenst. Granne). 53
– Hüllsp. kürzer als das Ährchen (Granne, wenn vorhanden, nie rükkenst.). 65
53. Ährchen 2bl.; die eine Bl. männl. 54
– Ährchen 2- bis mehrbl.; alle Bl. zwittrig od. (bei *Melica*) einzelne verkümmert. 55
54. Die obere Bl. männl., mit kurzer Granne. Hüllsp. seitl. zusgedr., länger als die beiden Bl. *(Fig. 561/4)*. **Holcus 758**
– Die untere Bl. männl., mit lg. Granne. Hüllsp. die Bl. nicht überragend *(Fig. 561/5)*. **Arrhenatherum 759**
55. Ährchen im Inneren mit einem keulenfg. Rest verkümmerter Bl. *(Fig. 560/3)*. **Melica 737**
– Ährchen ohne solches Gebilde. 56
56. Blstd. einfach, traubig. **Danthonia 763**
– Blstd. eine Rispe. 57

561/4 561/5 561/6 561/7

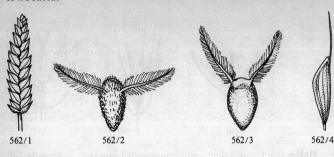

562/1 562/2 562/3 562/4

70. Ährchen 2bl., 2–3 mm lg. **Catabrosa 734**
– Ährchen 4–11bl. 71
71. Rispenäste kurz (wenige mm lg.), starr aufwärts gerichtet. Pfl. trockener
Standorte. **Catapodium 727**
– Rispenäste verlängert, schlank. Pfl. meist feuchter Standorte. 72
72. Decksp. mit meist 7 deutl. hervortretenden Nerven. Ährchen 4–11bl. (bis
2 cm lg.). **Glyceria 729**
– Decksp. mit 5 undeutl. Nerven. Ährchen 4–6bl. **Puccinellia 731**
73. N. unter dem Scheitel des Frkn. eingefügt *(Fig. 562/2)*. **Bromus 724**
– N. auf dem Scheitel des Frkn. stehend *(Fig. 562/3)*. 74
74. Pfl. einjährig. Ährchenstiele nach oben etwas verdickt. Decksp. lg. begrannt. Meist 1 Stbb. **Vulpia 726**
– Pfl. mehrjährig. Ährchenstiele nicht verdickt. 3 Stbb. **Festuca 725**

724. **Bromus** L., *Trespe*

1. Untere Hüllsp. 1-, obere 3nervig. 2
– Untere Hüllsp. 3–5-, obere 5- bis mehrnervig. 5
2. Granne viel länger als die Sp. 3
– Granne kürzer als die Sp. od. fehlend. 4
3. Rispenäste nickend od. überhängend.
B. stérilis L., *Taube T.* – St. 20–80 cm, kahl. Rispe mit sehr lg., rauhen
Ästen, allseitig überhängend. Ährchen (ohne Grannen) bis 4 cm lg.,
meist kahl. / 5 bis 7 / Kollin-montan(-subalpin). Unbebaute Orte, Wegränder; hfg. [304]
B. tectórum L., *Dach-T.* – St. 15–40 cm, oberwärts kurzhaarig. Rispe mit
zieml. kurzen, glatten Ästen, einseitig überhängend. Ährchen (ohne
Grannen) bis 17 mm lg., meist weichhaarig. / 5 bis 7 / Kollin-mon-
tan(-subalpin). Wegränder, Mauern, Felshänge, Balmen; verbr. [305]
– Rispenäste schräg aufrecht.
B. madriténis L., *Madrider T.* – St. 10–30(–50) cm, kahl. Rispe aufrecht,
locker; Äste aufrecht bis ausgebreitet. Ährchen 3 cm lg., 5–12bl. Granne
2,5 cm lg. / 4 bis 6 / Kollin. Wegränder, Trockenstellen. T; sonst adv. –
Ao., Co. [306]
4. Rispe überhängend, sehr gross.
B. ramósus HUDSON (*B. serotinus* BENEKEN), *Ästige T.* – St. 60–150 cm.
Oberste B.scheide mit lg., abstehenden Haaren. Untere Rispenäste zu 2,
lg., spreizend. Ährchen bis 3,5 cm lg., 7–9bl. / 6 bis 8 / Kollin-montan.
Wälder; verbr., vor allem Nordschw. [300]
B. benekéni (LANGE) TRIMEN (*B. asper* BENEKEN), *Benekens T.* – St. 60–
90 cm. Oberste B.scheide meist dicht kurzflaumig, ohne od. nur mit ver-
einzelten lg. Haaren. Untere Rispenäste zu 3–5 Ährchen bis 3 cm lg., 7–
9bl. / 6 bis 7 / Kollin-montan. Wie vorige; verbr. [301]
– Rispe aufrecht.
B. eréctus HUDSON s.l., *Aufrechte T.* – St. 40–100 cm. B.spreiten in der
Knospenlage gefalzt, 2 mm br., nebst den Scheiden mehr od. weniger
behaart od. bewimpert. Decksp. kurz begrannt. / 5 bis 7 / Kollin-mon-
tan(-subalpin). Trockene Wiesen und Wegränder; s. hfg. [302]

   01. B. eréctus HUDSON s.str. (*Zerna erecta* (HUDSON) PANZER), *Burstgras.* – B.rand
   locker mit steif abstehenden Haaren besetzt. Grundst. Scheiden nicht faserig
   verwitternd. / 5 bis 7 / Kollin-montan(-subalpin). s. hfg.

– **B. condensátus** HACKEL, *Zusammengezogene T.* – B.rand ohne steif abste-hende Haare. Pfl. nur flaumig behaart od. kahl. Scheiden faserig verwitternd. / 5 bis 6 / Kollin-montan. Heisse südexponierte Hänge über Kalk. T. – Co.

B. inérmis LEYSER, *Grannenlose T.* – St. 40–150 cm. B.spreiten in der Knospenlage gerollt, später flach, bis 8 mm br., Scheiden kahl. Decksp. meist unbegrannt, oft kurz stachelspitzig. / 6 bis 7 / Kollin(-montan-sub-alpin). Flussufer; verbr. Rheintal (Basel, Aarg., Schaffh.); vielfach adv. (Grasplätze, Wegränder, Bahnareale). – Bad., Els. [303]

5. B.scheiden kahl, selten mit vereinzelten Haaren.

    B. secalínus L., *Roggen-T.* – St. 30–100 cm. Rispe meist aufrecht, locker; die grössten Rispenäste mit 3–5 Ährchen. Diese 12–15(–20) mm lg., 5–7bl. Decksp. kahl od. behaart. / 6 bis 7 / Kollin-montan(-subalpin). Unter Getreide, auf Ödland; zerstr. und Fundorte zurückgehend. [309]

    B. grossus DESF. ex DC. (*B. multiflorus* SM.), *Dickährige T.* – St. 30–100 cm. Rispe oft etwas überhängend; Rispenäste mit 1–2 Ährchen. Diese 18–32 mm lg., 10–15bl. Decksp. kahl, rauh od. weichhaarig. / 6 bis 7 / Kollin-montan. Wie vorige; s. [308]

– B.scheiden, wenigstens die unteren, behaart. 6

6. Rispe kurzästig, straff aufrecht. Ährchenstiele teilweise mehrmals kürzer als die Ährchen.

    B. hordeáceus L. (*B. mollis* L.), *Weiche T.* – St. 20–70 cm. Rispenäste mit 1–2 Ährchen. Diese 8–20 mm lg., 5–12bl., meist weichhaarig. Decksp. 6,5–15 mm lg. Vorsp. in der Mitte am breitesten, mindestens so lg. wie die Fr., bis zur Spitze bewimpert. / 5 bis 6 / Kollin-montan(-subalpin). Wie-sen, Wegränder; s. hfg. [310]

    B. lépidus HOLMBERG, *Zierliche T.* – St. 20–60 cm, Ährchen 8–13 mm lg., 5–7bl. Decksp. 5–6 mm lg. Vorsp. über der Mitte am breitesten, bis 2 mm kürzer als die reife Fr., im obersten Viertel nicht bewimpert. / 5 bis 6 / Kollin. Äcker und Wegränder. Basel u.a.

– Rispe lg.ästig od. nickend bis überhängend. 7

7. Vorsp. so lg. wie die Decksp.

    B. arvénsis L., *Acker-T.* – St. 50–100 cm. Rispe ausgebreitet, lg.ästig, bis 30 cm lg. Ährchen schmal-lanzettl., 15–20 mm lg., meist violett überlau-fen, mit lg., feinen Grannen. Decksp. 7–10 mm lg. / 6 bis 7 / Kollin-mon-tan(-subalpin). Getreideäcker, Schuttstellen; zerstr. [311]

    B. racemósus L., *Traubige T.* – St. 30–60 cm. Rispe nach dem Verblühen zusgez., aufrecht od. etwas nickend, mit kurzen, starren Ästen. Ährchen längl.-eipf., bis 15 mm lg., mit etwa 6 mm lg. Grannen. Decksp. meist nicht über 7 mm lg., am Rande bogenfg. abgerundet. Stb.beutel 2–2,5 mm lg. / 5 bis 6 / Kollin-montan(-subalpin). Feuchte Wiesen, Ödland; s. [312]

– Vorsp. deutl. kürzer als die Decksp. 8

8. Grannen auch zur Fr.zeit gerade vorgestreckt, mindestens 2 mm unter-halb der Spitze der Decksp. entspringend.

    B. commutátus SCHRADER (*B. pratensis* EHRH.), *Verwechselte T.* – St. 20–60 cm. Rispe zuletzt stark überhängend. Ährchen 1,5–2 cm lg. Decksp. 9–10 mm lg., am Rande in stumpfem Winkel vorstehend *(Fig. 562/4).* Stb.beutel 1–2(–2,5) mm lg. / 5 bis 6 / Kollin-montan(-subalpin). Grasplätze, Ödland; zerstr. [312a]

– Grannen zur Fr.zeit meist am Grunde gedreht, auswärts gerichtet, sprei-zend, bis 1,5 mm unter der Spitze der Decksp. entspringend.

B. japónicus Thunb. ex Murray (*B. patulus* M. u. K.), *Japanische T.* – St. 20–60 cm. Rispe gross; Äste bis 15 cm lg., bis 4 Ährchen tragend. Diese 2–2,5(–3,5) cm lg. Decksp. etwa 9 mm lg. / 5 bis 6 / Kollin-montan. Äcker, Wegränder; verschleppt. [314]

B. squarrósus L., *Sparrige T.* – St. 20–60 cm. Rispe gross, nach der Bl. stark einseitswendig; Äste meist unter 5 cm lg., meist nur 1 Ährchen tragend. Dieses 2–4 cm lg. Decksp. 9–10 mm lg. / 5 bis 6 / Kollin-montan(-subalpin). Äcker, Trockenrasen. Wallis; sonst verschleppt. – Ao., Vintschgau. [313]

725. Festuca L., *Schwingel*

Anmerkung: Für die Bestimmung von *Festuca* sind stets mehrere vollblühende od. fruchtende Exemplare einer Population zu vergleichen, da Messungen nie nur an einem einzelnen Exemplar vorgenommen werden sollten. Als Mass für die Ährchenlänge gibt man die Länge von der Basis bis zum oberen Ende der 4. Decksp. an, ohne Granne! Die Decksp.länge wird an der zweituntersten Decksp. gemessen, ohne Granne! Für die Untersuchung müssen B.querschn. angefertigt werden, in einigen Fällen Querschn. der B.scheiden. Dazu ist die oberste, vollständig entwickelte Scheide mit B.spreite eines Erneuerungssprosses (Innovation) von den äusseren, meist geplatzten Scheiden sorgfältig zu befreien, ohne dass sie beschädigt wird. Auf keinen Fall ist das in ihr steckende, durchstossende, letzte B. herauszuziehen. Man schneidet zuerst in der Scheidenmitte und sucht dann durch weitere Schnitte auf- und abwärts nach der Verwachsungsstelle. Für die Untersuchung des B.querschn. ist in erster Linie die B.spreite der entsprechenden Scheide zu verwenden und oberhalb der B.mitte bis zum vorderen Drittel zu schneiden. Als Mass für die B.breite nimmt man bei nicht flachen B. den grössten Durchm. des B.querschn.

1. Alle B. in frischem Zustande flach od. offen rinnig, in der Jugend eingerollt, (2–)3–15 mm br. Einige Bastbündel von der Oberseite zur Unterseite durchlaufend *(Fig. 565/1, 2; 567/1–3)*. 2
– Wenigstens die grundst. B. gefalzt od. borstl. (selten bei *F. diffusa* alle od. einige flach). Stlb. flach od. gefaltet, 1–3 mm br. Keine Bastbündel von der Oberseite (Innenseite) zur Unterseite (Aussenseite) durchlaufend *(Fig. 568/1–6, 569/1–5, 573/1–5)* (vgl. aber *F. norica*). 8
2. St. am Grunde durch abgestorbene, übereinanderliegende B.scheiden zwiebelartig verdickt.

F. paniculáta (L.) Sch. u. Th. ssp. **paniculáta** (*F. spadicea* L., *F. aurea* Lam.), *Gold-S.* – Pfl. in dichten Horsten. St. 50–100 cm. B. steif, 2,2–4 mm br. *(Fig. 565/1)*. Rispe 7–10 cm lg., an der Spitze nickend. Ährchen braungelb, 9–11 mm lg. Decksp. deutl. nervig, unbegrannt, 6,5–7,5 mm lg. / 6 bis 7 / Subalpin-alpin. Wiesen, Weiden; kalkmeidend. A (T, Graub. [Misox, Calanca]). – Sav., Langensee, Var., Co., Bergam. [278]

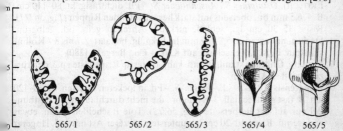

565/1   565/2   565/3   565/4   565/5

  – St. am Grunde nicht zwiebelartig verdickt. **3**

3. Decksp. 10–20 mm lg. begrannt, Granne länger als die Sp.

    F. gigántea (L.) Vill., *Riesen-S.* – Pfl. mit kurzen Ausläufern. St. 50–150 cm. B. weich, hängend, 6–18 mm br., mit st.umfassenden Öhrchen. Rispe 10–50 cm lg., überhängend. Ährchen hellgrün, 8–13 mm lg. Decksp. 5nervig, mit langer, oft geschlängelter Granne, 6–9 mm lg. Frkn. kahl. / 6 bis 8 / Kollin-montan. Wälder über staunassen Böden; verbr. [281]

  – Decksp. spitz od. nur ganz kurz begrannt. **4**

4. Ährchen br.-eifg., stumpf. Decksp. mit 5 deutl. hevortretenden Nerven.

    F. pulchélla Schrader s.l. (*F. scheuchzeri* Gaudin), *Schöner S.* – Pfl. lockerrasig, mit kurzen Ausläufern. St. 20–55 cm. B. flach od. gefaltet, 2–4 mm br. B.scheiden der sterilen Triebe bis über ½ ihrer Höhe geschlossen. Rispe 4–10 cm lg., locker, nickend. Ährchen stumpf, grün und violett gescheckt, (6–)7–8 mm lg., seitl. abgeflacht. Decksp. stark gekielt, spitz. Frkn. kahl od. spärl. behaart. / 6 bis 8 / (Montan-)subalpin-alpin. Gebüsche, Wiesen, Wildheuplanken, Kiesfluren, Geröll; auf Kalk; verbr. J (bis Creux de Croue), M, A. [279]

      01. Grundb. flach, selten rinnig od. gefaltet, 2–4 mm br.

        F. pulchélla Schrader ssp. **pulchélla** (*F. pulchella* Schrader var. *latifolia* (Ducommun) Becherer). – Pfl. bis 55 cm. Bastbündel der B. bei jedem Nerv von der Oberseite zur Unterseite durchlaufend *(Fig. 565/2)*. Rispe dicht, bis 11 cm lg., unterster Rispenast mit mehr als 5 Ährchen, diese ca. 7 mm lg. – Wiesen, Wildheuplanken.

      – Grundb. zusammengefaltet, 0,5–1 mm br.

        F. pulchélla Schrader ssp. **jurána** (Gren.) Mgf.-Dbg. (*F. pulchella* Schrader var. *angustifolia* (Ducommun) Becherer). – Pfl. bis 30 cm. Bastbündel der B. nur an den 3 Hauptnerven von der Oberseite zur Unterseite durchlaufend *(Fig. 565/3)*. Rispe lockerer, bis 7 cm lg., unterster Rispenast mit bis 5 Ährchen, diese ca. 8 mm lg. – Kiesfluren, Geröll. J, A.

  – Ährchen längl. Decksp. mit nicht od. kaum vortretenden Seitennerven, höchstens mit kräftigem Mittelnerv. **5**

5. B.grund ohne sichelf g. Öhrchen *(Fig. 565/4)*. **6**

  – B.grund mit sichelfg. Öhrchen *(Fig. 565/5)*. **7**

6. Decksp. 3nervig, ganz häutig. Ährchen 5–8 mm lg.

    F. altíssima All. (*F. silvatica* (Pollich) Vill.), *Wald-S.* – Pfl. in dichten Horsten. St. 50–120(–200) cm, am Grunde mit b.losen Scheiden. B. rauh, 4–11 mm br. Rispe 10–18 cm lg., schlaff, nickend. Ährchen hellgrün. Decksp. fein zugespitzt, unbegrannt, 4–6 mm lg. Frkn. borstig. / 5 bis 7 / (Kollin-)montan-subalpin. Wälder; verbr. [282]

  – Decksp. 5nervig, nur an der Spitze häutig. Ährchen 9–11 mm lg.

    F. spectábilis Jan ssp. **spectábilis** (*F. sieberi* Tausch, *F. nemorosa* Fritsch), *Ostalpiner S.*, *Ansehnlicher S.* – Pfl. dichtrasig. St. 80–110 cm. B. 4–6,5 mm br., oberseits mit stark hervortretenden Rippen *(Fig. 567/1)*. Rispe 15–30 cm lg., schlaff, nickend. Ährchen gelb. od. gelbgrün. Decksp. unbegrannt, 5,8–6,9 mm lg. Frkn. lg. behaart. / 7 bis 8 / Kollin-subalpin. Felsen, Felsschutt; auf Kalk. – Co., Bergam. [280]

7. Sichelfg. Öhrchen st.umfassend, kahl. Unterste Rispenäste zu 2, der kürzere mit 1–3 Ährchen.

    F. praténsis Hudson s.l., *Wiesen-S.* – Pfl. in lockeren Horsten. St. 30–120 cm. B. fast glatt, schlaff, 3–8 mm br., die nicht durchlaufenden Bastbündel nur auf der B.oberseite *(Fig. 567/2)*. Tote B.scheiden braun, etwas zerfasernd. Rispe 10–20 cm lg., unterster, kürzerer Ast mit 1–3, längerer

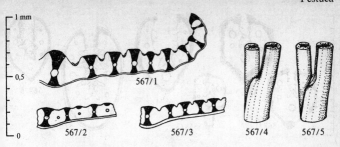

567/1 567/2 567/3 567/4 567/5

mit 3–6 Ährchen. Diese gelbgrün, oft violett überlaufen, (8,5–)11–12 (–15) mm lg. Decksp. mit od. ohne Granne, (5,3–)6,5–7(–7,5) mm lg. / 5 bis 7 / Kollin-subalpin. Gedüngte Wiesen, Weiden; s. hfg. und kult. [283]

01. Decksp. 6–7 mm lg., unbegrannt.
  F. praténsis HUDSON ssp. **praténsis.** – Pfl. meist 30–70 cm. B. 3–5 mm br., dunkelgrün. Scheiden nicht geschlossen. Ährchen 9–11 mm lg. Decksp. stumpf, nicht 2zähnig. Ährchenachse glatt. – Kollin-montan(-subalpin). Wiesen, Weiden; s. hfg. und kult.
 – Decksp. 7–9 mm lg., deutl. begrannt.
  F. praténsis HUDSON ssp. **apennína** (DE NOTARIS) HEGI. – Pfl. meist 70–90 cm. B. 5–8 mm br., oberseits leicht blaugrün. Scheiden bis ½ ihrer Höhe geschlossen. Ährchen 9–13(–15) mm lg. Decksp. an der Spitze deutl. 2zähnig. Ährchenachse rauh. – Montan-subalpin. Hochstaudenfluren; auf Kalk.

– Sichelfg. Öhrchen kurzborstig bewimpert. Unterste Rispenäste zu 2–3, mit je 3–15 Ährchen.
  F. arundinácea SCHREBER s.l., *Rohr-S.* – Pfl. in lockeren Horsten. St. 60–200 cm. B. fast glatt, etwas steif, 3–10 mm br., die nicht durchlaufenden Bastbündel in der B.ober- und unterseite *(Fig. 567/3)*. Tote Scheiden hell, nicht faserig. Rispe 15–20 cm lg. Ährchen grün, oft violett überlaufen, 5–12 mm lg. Decksp. 6–9 mm lg. / 6 bis 7 / Kollin-subalpin. Feuchte Wiesen, Ufer, Wegränder; verbr. und zieml. hfg. [284]

  01. Ährchen 10–12 mm lg. Rispe locker, nickend. B. im Alter meist nicht eingerollt. Öhrchen spärl. bewimpert.
    F. arundinácea SCHREBER ssp. **arundinácea.** – Halm unter der Rispe glatt. Scheiden glatt od. schwach rauh. B. 5–10 mm br. Rispe locker, ausgebreitet, über 20 cm lg. Hüllsp. fast gleich, br.lanzettl., die obere 4,5–5 mm lg. Decksp. 6,3–8 mm lg., 2zähnig, ± unbegrannt. – Kollin-montan(-subalpin). Feuchte Wiesen, Ufer; verbr.
    F. arundinácea SCHREBER ssp. **uechtritziána** (WIESB.) HEGI. – Halm unter der Rispe stark rauh. Scheiden stark rauh. B. 3–7 mm br. Rispe dicht zusgez., 12–20 cm lg. Hüllsp. sehr ungleich, obere 5,6–7,3 mm lg. Decksp. 7,1–8,8 mm lg., deutl. begrannt. – Kollin-montan. Wegränder und andere Sekundärstandorte; eingebürgert.
   – Ährchen 5–9 mm lg. Rispe steif aufrecht, eng zusgez. B. im Alter eingerollt. Öhrchen dicht und kurz bewimpert.
    F. arundinácea SCHREBER ssp. **fénas** (LAGASCA) ARCANG. (*F. fenas* LAGASCA). – B. 3–4 mm br. Rispe unterbrochen, steif aufrecht. Hüllsp. ± gleich, obere 4,5 mm lg. Decksp. 5–6,5 mm lg., br.lanzettl., 2zähnig, unbegrannt. – Kollin-montan. Lehmige trockene Böden. – Ao.

8. (1.) Alle B., auch im frischen Zustande, borstl. 9
 – Stlb. in frischem Zustande flach od. offen rinnig od. offen hohlkehlig. 11

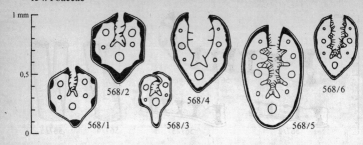

1 mm

0,5

0

568/2   568/4   568/6

568/1   568/3   568/5

9. B.häutchen geöhrt *(Fig. 567/4, 572/1)*. Frkn. kahl. Decksp. schmal haut-
randig. 15
– B.häutchen nicht geöhrt *(Fig. 567/5)*, (0,5–)1–7 mm lg. Frkn. dicht kurz-
borstig. Decksp. br. hautrandig. 10
10. Pfl. (6–)10–20(–30) cm hoch. B. feinborstl., 0,5–0,8 mm br., im Querschn.
± regelm. 6eckig, mit 5(–7) Nerven *(Fig. 568/1, 2)*.
F. quadriflóra HONCKENY *(F. pumila* VILL.), *Niedriger S. –* Pfl. dichtrasig.
St. und B. oberwärts rauh. Bastbündel 7, gelegentl. zu einem Ring zusammenfliessend *(Fig. 568/2)*. B.häutchen gestutzt, 0,5–1 mm lg. Rispe
2–4 cm lg., aufrecht, locker. Ährchen (7–)8–9(–10) cm lg., violett gescheckt. Decksp. br.lanzettl., zugespitzt, 4–6 mm lg. mit 0,2–1,3 mm lg.
Granne. / 7 bis 8 / Subalpin-alpin. Felsen, Rasen; vorwiegend auf Kalk;
verbr. J (bis Chasseral), A. [286]
– Pfl. (15–)20–55 cm hoch. B. fein- od. grobborstl., im Querschn. meist
rundl. bis oval (vgl. aber *F. flavescens*), mit (5–)7–9 Nerven.
F. vária HAENKE s.l., *Bunt-S. –* Pfl. in dichten Horsten. St. (15–)20–55 cm.
B. binsenfg. ± stechend. Bast, ausser bei *F. flavescens,* zu einem fast
gleichfg. Ring geschlossen *(Fig. 568/3–6)*. Ährchen (7,5–)8,5–14,5 mm lg.
Decksp. stumpfl., ohne od. mit kurzer Granne. / 7 bis 8 / (Kollin-)mon-
tan-alpin. Felsen, Magerrasen sonniger Lagen; A (zentrale und südl.
Teile). [285]
01. B. mit 7–9 Nerven, feinborstl. bis grobborstl., Bastring geschlossen, (1–)3–5
Rippen. Obere B. 6–16mal so lg. wie die unteren B. 02
– B. mit 5 Nerven, haarfein, 0,3–0,5 mm br., mit 7 getrennten Bastteilen,
1 Rippe *(Fig. 568/3)*. Obere B. 40–70mal so lg. wie die unteren B.
F. flavéscens BELL., *Gelblicher S. –* St. 30–50 cm, oberwärts rauh. B. rauh,
B.häutchen 0,6–1,1(–1,3) mm lg. Rispe 7–9,5 cm lg., leuchtend hellgrün.
Decksp. 5,5–7 mm lg., kurz bespitzt, ohne od. mit bis 0,8 mm lg. Granne. –
Montan-subalpin. Trockene Wiesen, lichte Wälder; bodenvag. Wallis (?). –
Sav., Ao. (Cogne).
02. B. feinborstl., kaum stechend, (0,3–)0,4–0,6 mm br., mit 1 (selten 2–3) Rippen
(Fig. 568/4). Obere B. 6–10mal so lg. wie die unteren B.
F. scabriculmis (HACKEL) RICHTER ssp. **luedii** MGF.-DBG., *Rauhhalmiger S. –*
St. (25–)30–55 cm, oberwärts kahl. B. glatt, 7nervig, B.häutchen 0,8–1,7 mm
lg., abgerundet. Rispe 4,5–10 cm lg. Ährchen 9,5–14,5 mm lg., grün und violett
gescheckt. Decksp. 5,5–8 mm lg., stets kurz (bis 1,7 mm) begrannt. – (Subal-
pin-)alpin. Bodenvag. A (Wallis, Graub. [Oberengadin]). – Bergam., Ortler.
– B. grobborstl., stechend, mit 7–9 Nerven und stets mehreren Rippen. . . . 03
03. B.häutchen spitz, 3–7 mm lg. B. 0,6–0,9 mm br., obere 10–16mal so lg. wie die
unteren B.
F. alpéstris R. u. S. (*F. varia* HAENKE ssp. *alpestris* (R. u. S.) HACKEL), *Berg-S. –*
St. 25–55 cm. B. glatt, mit 5–7 Rippen *(Fig. 568/5)*. Rispe 3–7 cm lg., ihre Äste

fein behaart. Ährchen (7,7–)8–9,1 mm lg., gelbgrün od. etwas violett überlaufen. Decksp. 4,5–5,8 mm lg., mit winziger Granne. – Montan-subalpin. Auf Kalk. – Bergam.
– B.häutchen abgerundet, 0,5–2 mm lg. B. (0,3–)0,4–0,7(–0,9) mm br., obere 6–10mal so lg. wie die unteren B.
  F. acumináta GAUDIN, *Zugespitzter S.* – St. (20–)25–50 cm, steif, oberwärts ± rauh. B. glatt, mit 3–7 Rippen *(Fig. 568/6).* Ährchen 8,5–11 mm lg., gelbgrün, schwach violett gescheckt. Decksp. 5,1–6,5 mm lg., ohne od. mit bis 0,6 mm lg. Granne. – Montan-alpin. Auf Silikat. A.

11. (8.) Pfl. ohne kriechende Ausläufer, dichtrasig, horstbildend (vgl. auch *F. nigrescens*). Frkn. am Scheitel mit einzelnen Haaren od. dicht feinborstig. 12
– Pfl. mit kurzen unterirdischen Ausläufern, lockerrasig. Frkn. kahl.
  F. rúbra L. s.latissimo, *Rot-S.* – Pfl. lockerrasig, seltener dichte Horste bildend, meist mit längeren od. kürzeren, extravaginalen (Scheiden durchbrechenden) Ausläufern. St. 30–100 cm. B.scheiden ganz geschlossen. B. der sterilen Triebe haarfein bis binsenfg., 0,3–1,3 mm br., Bastbündel 7–11, Nerven (5–)7–11, Rippen 3–9. Rispe meist aufrecht, oft steif. Ährchen grün od. graugrün, oft rötl.-violett überlaufen, matt, 7–12 mm lg. Decksp. begrannt. Frkn. kahl. / 6 bis 9 / Kollin-alpin. Wiesen, Weiden, Wälder, Flachmoore; s. hfg. [294]

  01. Pfl. horstfg., dichtrasig, ohne od. mit sehr kurzen Ausläufern. Granne mindestens ½ so lg. wie die Decksp.
  F. nigréscens LAM. non GAUDIN ssp. **nigréscens** (*F. rubra* L. ssp. *commutata* GAUDIN), *Schwarzwerdender S., Horst-S.* – St. 30–90 cm. Stlb. flach. B. der sterilen Triebe weich, dunkelgrün, 0,4–0,7 mm br., glatt, Bastbündel 7, Nerven 5–7, Rippen 3(–5), ab und zu oben mit einzelnen Bastzellen *(Fig. 569/1).* B.scheiden blass rosa, zerfasernd. Rispe 4–10 cm lg., aufrecht, einseitswendig, Äste rauh. Ährchen (6,5–)7–9,5 mm lg. Decksp. 4,6–5,2 mm lg. / 6 bis 8 / Montan-subalpin. Wiesen, Weiden auf leicht sauren Böden; hfg.
  – Pfl. mit deutl. Ausläufern, ± lockerrasig. Granne bis ½ so lg. wie die Decksp. 02
  02. B.spreiten der sterilen Triebe oft flach, deutl. gekielt, in den Furchen der B.oberseite mit Gelenkzellen *(Fig. 569/2 g).*
  F. diffúsa DUMORTIER (*F. rubra* L. ssp. *multiflora* (HOFFM.) JIRÁSEK, *F. megastachys* HEGETSCHW. u. HEER), *Ausgebreiteter S.* – St. 50–100 cm. Grundst. B.

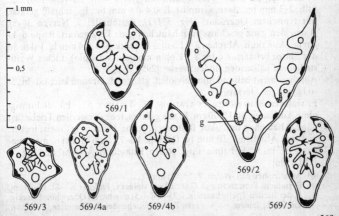

569/1

g

569/2

569/3   569/4a   569/4b   569/5

oft flach, deutl. gekielt, wenn gefaltet weich und glatt, 0,6–1,35 mm br., Bast-bündel 7–11, ungleich stark, Nerven 7–11(–13), Rippen stark vorspringend und manchmal mit Bastzellen *(Fig. 569/2)*. Rispe 9–15 cm lg., sehr locker, Äste rauh. Ährchen 8–12 mm lg. Decksp. 5–7,5 mm lg. / 5 bis 8 / Kollin-alpin. Rasen, Staudenfluren; zerstr.

– B.spreiten der sterilen Triebe borstl. od. gefalzt, auf dem Rücken abgerundet, ohne Gelenkzellen in den Furchen der B.oberseite 03
  03. Spreiten haarfein (0,15–)0,3–0,5(–0,6) mm br.

    F. trichophýlla (DUCROS ex GAUDIN) RICHTER (*F. rubra* L. ssp. *trichophylla* DUCROS ex GAUDIN), *Haarblättriger S.* – St. 30–70 cm, strohgelb. B. oberwärts leicht rauh, etwas stechend, Bastbündel 7, Nerven 5, Rippen 3 *(Fig. 569/3)*. Rispe 3–12 cm lg., lanzettl., locker. Ährchen 7–8,6 mm lg., hellgrün, schwach violett gescheckt. Decksp. 4,6–5,2 mm lg., sehr kurz begrannt. / 5 bis 8 / Kollin-subalpin. Feuchte Wiesen; vorwiegend auf Kalk; s.

– B.spreiten breiter, (0,4–)0,5–2 mm br.

    F. rúbra L. s.l., *Rot-S.* – St. 30–110 cm. B. stumpf, Bastbündel 7, Nerven (5–)7(–9), Rippen 7(–9) *(Fig. 569/4–5)*. Rispe 6–14 cm lg. Ährchen 4–9bl., 7–12 mm lg. Decksp. 5–7 mm lg., mit 1–2,5 mm lg. Granne. / 6 bis 9 / Kollin-alpin. Wiesen, Weiden; verbr. und hfg. [294]

    001. B.spreiten schlaff, grün. B. im Querschn. kantig, mit 7 mässig starken Bastbündeln *(Fig. 569/4a, b)*.

      F. rúbra L. ssp. **rúbra.** – St. bis 110 cm. Scheiden ± kahl. B. borstenfg., ge-faltet, 0,65–0,85 mm br., glatt od. oberwärts selten rauh. (5–)7 Nerven und oben stets bastzellenlosen Rippen. Ährchen 4–6bl., 7–10 mm lg., freudig-grün. Decksp. 5–6 mm lg., ihre Granne bis ½ so lg. – Verbr. und hfg.

    – B.spreiten starr, grün bis graugrün. B. im Querschn. oval, abgerundet, mit 7 stärkeren, oft 3 ungleichen Bastbündeln *(Fig. 569/5)*.

      F. rúbra L. ssp. **júncea** (HACKEL) Soó. – St. bis 65 cm. Scheiden meist bor-stig behaart. B. steif, 0,6–2 mm br., glatt. Nerven 7(–9), Rippen oben oft mit Bastzellen. Rispe 6,5–12 cm lg., ± dicht. Ährchen 5–9bl., 8,5–12 mm lg., graugrün. Decksp. 5–5,9 mm lg., zugespitzt. – Trockene Böschungen, Sekundärstandorte.

12. B.scheiden bis zur Hälfte, selten höher geschlossen, mit tief eingeboge-ner Scheidenfalte *(Fig. 571/5, 7)*. 14

– B.scheiden bis zur Mündung geschlossen, ohne Scheidenfalte. 13

13. Ährchen meist hellgrün, selten hellviolett überlaufen, nicht glänzend. Granne mindestens ½ so lg. wie die Decksp.

  F. heterophýlla LAM., *Verschiedenblättriger S.* – St. 60–120(–150) cm. Stlb. 2–3 mm br., flach. Grundst. B. 0,4–0,6 mm br., lg., schlaff, gefalzt, mit typischem Querschn. *(Fig. 571/1)*, Bastbündel 5, Nerven 3(–5). B.scheiden ganz geschlossen, B.häutchen ganz kurz geöhrt. Rispe 6–17 cm lg., Äste rauh. Ährchen 8–11,5 mm lg. Decksp. 5–8,4 mm lg. Frkn. an der Spitze behaart. / 6 bis 8 / Kollin-montan(-subalpin). Lichte Wald-stellen auf kalkarmen Böden; verbr. [295]

– Ährchen meist hell- od. dunkelviolett, glänzend. Granne kurz od. bis ½ so lg. wie die Decksp.

  F. violácea SCHLEICHER ex GAUDIN s.l., *Violetter S.* – Pfl. dichtrasig, ohne Ausläufer. St. 15–70 cm. B. alle gefaltet, jene der sterilen Triebe fast ohne B.häutchen und ohne B.öhrchen. Rispe 3–10 cm lg., meist locker, nickend. Ährchen 7–10 mm lg. Decksp. 4,3–7,1 mm lg. Frkn. meist be-haart. / 7 bis 8 / Subalpin-alpin. Rasen, Ruhschutt. A verbr. und hfg., s. J, M. [296]

  01. Ährchen hell rötl.-violett, 7–7,5(–8) mm lg.

    F. violácea SCHLEICHER ex GAUDIN ssp. **violácea,** *Violetter S.* – St. 15–30 cm. B. der sterilen Triebe haarfein, 0,25–0,4(–0,5) mm br., im Querschn. ± 6eckig, mit 7 sehr feinen, aus wenigen Zellen bestehenden Bastbündeln, 5 Nerven,

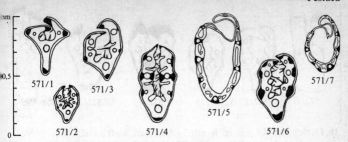

571/1 571/3 571/7
571/2 571/4 571/5 571/6

3(–5) Rippen *(Fig. 571/2).* B.scheiden bald zerfasernd. Rispe 3–6 cm lg., Äste kahl od. kurz behaart. Ährchen 7–7,5(–8) mm lg., glänzend, rötl. violett ge- scheckt. Decksp. 4,3–4,7 mm lg., mit 1–1,6 mm lg. Granne. / 7 bis 8 / Subal- pin-alpin. Lange schneebedeckte Rasen. J (s.), A (südwestl. Teile).
– Ährchen dunkelviolett, 8–10 mm lg.
F. puccinéllii PARL. *(F. violacea* SCHLEICHER ex GAUDIN ssp. *nigricans* (HACKEL) HEGI, *F. nigrescens* GAUDIN), *Schwarzvioletter S.* – St. 30–50 cm. B. der sterilen Triebe haarfein, borstl., (0,3–)0,4–0,5(–0,6) mm br., Bastbündel 7, kräftiger, Nerven 5, Rippen 3(–5) *(Fig. 571/3).* B.scheiden kaum zerfasernd. Rispe 6–9 cm lg., Äste kahl od. kurz behaart. Ährchen schwarzviolett ge- scheckt od. gelbl. grün. Decksp. (5,8–)6–7,1 mm lg., mit 2,4–4,7 mm lg. Granne. / 7 bis 8 / Subalpin-alpin. Lockere, frische Rasen. A.

14. B.scheiden bräunl., etwas zerfasernd. Granne ½ so lg. wie die Decksp.
  F. nórica (HACKEL) RICHTER *(F. violacea* SCHLEICHER ex GAUDIN ssp. *norica* (HACKEL) HEGI), *Norischer S.* – St. 20–70 cm. B. rinnig gefaltet, ± steif, 0,6–0,7 mm br., glatt od. oberwärts etwas rauh, Bastbündel 7–9, bei den stärksten Nerven von der Unterseite zur Oberseite durchlaufend, Nerven 5–9, Rippen 5–7 *(Fig. 571/4).* B.scheiden bis zur Hälfte geschlos- sen, mit 2zellreihiger Scheidenfalte *(Fig. 571/ 5).* Rispe 5–10 cm lg., lok- ker, etwas nickend. Ährchen 6,7–10 mm lg., hellviolett überlaufen. Decksp. 4,3–6,5 mm lg. mit 1–3,7 mm lg. Granne. Frkn. kahl od. behaart. / 7 bis 8 / Subalpin-alpin. Sonnige Rasenhänge, Ruhschutt. A (Graub. [Unterengadin, Ofenpass]).
– B.scheiden im frischen Zustande amethystfarben, erhalten bleibend. Decksp. unbegrannt od. winzig bespitzt.
  F. amethýstina L. ssp. **amethystina,** *Amethystblauer S.* – Pfl. in dichten Horsten. St. 45–100 cm. B. feinborstig, 0,25–0,6(–0,7) mm br., sehr rauh, Nerven (5–)7, Bast in 7–9 Bündeln, Rippen 3–5 *(Fig. 571/ 6).* B.scheiden ½(–³⁄₅) ihrer Höhe geschlossen, mit einzellreihiger Scheidenfalte *(Fig. 571/7).* Rispe 8–15 cm lg., schmal, mit leicht behaarten Ästen. Ährchen 6,9–8,5 mm lg. Decksp. stumpfl. zugespitzt, 4,2–4,7(–5,6) mm lg. Frkn. steifhaarig. / 6 bis 7 / Kollin-montan(-subalpin). Waldränder, lichte Föhrenbestände, auf Kalk; zerstr. J, M, A. [289]

15. B.scheiden fast od. bis ganz zur Mündung geschlossen, gewöhnl. zerfa- sernd. B.häutchen kurz geöhrt *(Fig. 567/4).* B. glatt. Bastbündel meist 3, bei *F. intercedens* 5. 16
– B.scheiden meist nicht bis über die Hälfte ihrer Höhe geschlossen, nicht zerfasernd. Öhrchen des B.häutchens kräftig ausgebildet *(Fig. 572/1).* B. oft rauh. Bast meist einen geschlossenen Ring bildend (vgl. aber *F. valle- siaca).* 18

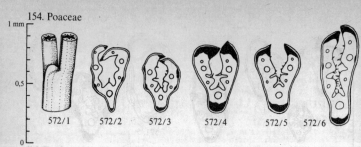

1 mm

0,5

0

572/1 572/2 572/3 572/4 572/5 572/6

16. Decksp. 3,6–4,9 mm lg. B. mit 3 schwachen Bastbündeln, 3–5(–7) Nerven, 1(–3) flachen Rippen *(Fig. 573/1, 2)*. 17

– Decksp. 4–6,2 mm lg. B. mit 3 kräftigen od. 5 schwächeren Bastbündeln, 5(–7) Nerven, 3(–5) meist kräftigen Rippen *(Fig. 572/2–6)*.

F. hálleri ALL. s.l., *Hallers S.* – Pfl. in dichten Horsten. St. 5–40 cm. B. binsenfg., gefaltet, (0,3–)0,5–1(–1,1) mm br. Rispe 1,5–7(–9) cm lg., dicht, seltener locker. Ährchen 6–8(–9) mm lg. Decksp. 3,7–6,2 mm lg., begrannt. Frkn. kahl. / 6 bis 8 / Montan-alpin. Weiden, Felsen, Felsgesimse; verbr. und hfg. A. [293]

01. Rispe einfach, unterster Rispenast mit 1–3 Ährchen. Pfl. 5–20(–26) cm hoch. 02

– Rispe mehrfach verzweigt, unterster Rispenast mit 3 bis vielen Ährchen. Pfl. 15–40 cm hoch. 03

02. Stb.beutel 1,2–1,75 mm lg. Granne kürzer als die ½ Decksp.

F. intercédens (HACKEL) LÜDI ex BECHERER (*F. alpina* SUTER var. *intercedens* (HACKEL) LITARDIÈRE), *Dazwischenliegender S.* – St. 6–20(–26) cm. B.scheiden mindestens bis zur Hälfte geschlossen. B. borstenfg., 0,3–0,6 mm br., graugrün, mit 3 stärkeren und 2 schwächeren Bastbündeln, (5–)7 Nerven, einer deutl. und 1 bis mehreren undeutl. Rippen *(Fig. 572/2)*. Rispe (2–)3–5 cm lg., ihre Äste dicht kurzhaarig. Ährchen 7–8 mm lg., blassgrün, selten violett überlaufen, etwas bereift. Decksp. lanzettl., 4–5 mm lg. / 6 bis 7 / Subalpin-alpin. Felsen, Weiden, Alluvionen; bodenvag, oft in Kontaktgebieten; verbr. A.

– Stb.beutel 2–3 mm lg. Granne länger als die ½ Decksp.

F. hálleri ALL. ssp. **hálleri,** *Hallers S.* – St. 6–15 cm. B.scheiden mindestens bis zur Hälfte geschlossen. B. borstenfg., (0,3–)0,5–0,7 mm br., glatt, graugrün, ± bereift, mit 3 kräftigen Bastbündeln, (5–)7 feineren = var. *bicknellii* (ST. YVES) MGF.-DBG. *(Fig. 572/3)*), Nerven (5–)7, Rippen 3 *(Fig. 572/4)*. Rispe 1,5–3 cm lg., ihre Äste kahl od. schwach behaart. Ährchen 6–7,6 mm lg., violett und braun gescheckt. Decksp. lanzettl., zugespitzt, 3,7–5 mm lg. / 7 bis 8 / Subalpin-alpin. Rasen mit kurzer Schneebedeckung; auf Silikat; verbr. A. [293]

03. B. (0,3–)0,4–0,7(–0,9) mm br. Hüll- und Decksp. pfrieml.

F. stenántha (HACKEL) RICHTER (*F. halleri* ALL. ssp. *stenantha* (HACKEL) HEGI), *Schmalblütiger S.* – St. 15–30 cm, kahl od. oberwärts leicht rauh. B. dünn, glatt, mit 3 kräftigen Bastbündeln, (5–)7 Nerven, 3(–5) sehr kräftigen Rippen *(Fig. 572/5)*. Scheiden fast bis oben geschlossen, kahl od. schwach behaart, zerfasernd. Rispe 3,5–6,5 cm lg., längl., locker, ihre Äste ± locker behaart. Ährchen 7–8(–9) mm lg., gelbl.-grün, bereift, selten violett überlaufen. Decksp. 5,2–5,8 mm lg., begrannt. Stb.beutel 1,7–2,3 mm lg. / 7 bis 8 / Montan-subalpin(-alpin). Trockene Rasen, Felsen; auf Kalk; s. A (Graub. [Unterengadin]). – Bormio (ostalpine Art). [292]

– B. (0,4–)0,5–1(–1,1) mm br. Hüll- und Decksp. lanzettl.

F. pseudodúra STEUDEL (*F. halleri* ALL. ssp. *dura* (HOST) HEGI), *Harter S.* – St. 15–30(–35) cm, kahl od. oberwärts spärl. behaart. B. steif, mit 3 kräftigen und gelegentl. dazwischen 2 weiteren, feinen Bastbündeln, 7(–9) Nerven, 3(–5) Rippen *(Fig. 572/6)*. Scheiden bis oben geschlossen, bräunl., oft dicht kleinborstig, kaum zerfasernd. B.häutchen deutl. bewimpert. Rispe (2–)4–7 cm lg., dicht, ihre Äste kahl od. kurzhaarig. Ährchen 7,1–8,4 mm lg., graugrün, violett überlaufen. Decksp. 4,9–6,2 mm lg., begrannt. Stb.beutel bis 3,3 mm lg. / 7 bis 8 / Subalpin-alpin. Trockene Rasen, Felsen; vorwiegend auf Silikat; s. – Ostalpine Art.

17. Stb.beutel 0,7–1(–1,4) mm lg. B. 3(–5)nervig.

F. alpína SUTER, *Alpen-S.* – Pfl. in lockeren Horsten. St. 5–20(–28) cm. B. haarfein, 0,2–0,4(–0,5) mm br., glatt, weich, grün, mit 3 schwachen Bastbündeln, stets 1 Rippe *(Fig. 573/1)*. Rispe 1,5–3,5 cm lg., einfach. Ährchen bis 6 mm lg., meist blassgrün. Decksp. 3,5–4,2 mm lg., 3–4 mm lg. begrannt. / 7 bis 8 / Subalpin-alpin. Felsen; auf Kalk; verbr. A. [290]

– Stb.beutel (1,8–)2–2,6 mm lg. B. 5(–7)nervig.

F. rupicaprína (HACKEL) KERNER, *Gemsen-S.* – Pfl. dichtrasig. St. 7–24(–30) cm. B. borstenfg., 0,3–0,6(–0,7) mm br., glatt, weich, grün, mit 3 Bastbündeln, 1 bis mehreren, flachen Rippen *(Fig. 573/2)*. Rispe 2–4 cm lg., wenig verzweigt, ihre Äste dicht kurzhaarig, zur Blütezeit waagerecht spreizend. Ährchen 5,8–7,5 mm lg., hellviolett gescheckt, stets bereift. Decksp. 3,8–4,9 mm lg., 1,1–1,6(–2,6) mm lg. begrannt. / 7 bis 8 / Subalpin-alpin. Felsschutt, Rasen; auf Kalk; verbr. A (nördl. Kalkketten vom Gantrisch ostwärts, Graub., fehlt dem Wallis und den südl. Ketten). [291]

18. B. im Querschn. ± keilfg., Seiten gefurcht (vgl. vergilbte B.!). Bast in 3 Bündeln angeordnet od. sich zu einem ungleich dicken Ring schliessend *(Fig. 573/3–5)*. B. stets rauh.

F. valesíaca SCHLEICHER ex GAUDIN s.l., *Walliser S.* – Pfl. in dichten Horsten. St. (20–)30–75 cm. B. haarfein bis grobborstig, rauh, grün bis blaugrün, mit 3 kräftigen Bastbündeln, welche selten zu einem unregelm., meist unterbrochenen Ring zusammenlaufen, 5–7(–9) Nerven. Rispe 3–13 cm lg., dicht od. locker, mit rauhen Ästen. Ährchen 5,5–10 mm lg. Decksp. 3,4–6,5 mm lg., ihre Granne bis ca. ½ so lg. Frkn. kahl. / 5 bis 7 / Kollin-subalpin. Trockenwarme Rasen und Weiden. A. [288]

01. B. haarfein bis borstl., 0,3–1 mm br., 5(–7)nervig, mit 3 Rippen und 3 Bastbündeln. 02

– B. borstl. bis binsenfg., (0,5–)0,6–1 mm br., 7nervig, mit mehr als 3 Rippen. Bast meist zu einem ungleich dicken Ring geschlossen.

F. trachyphýlla (HACKEL) KRAJINA, *Rauhblättriger S.* – St. 30–75 cm, oberwärts rauh. B. (0,5–)0,6–1,1 mm br., sehr rauh, oft bereift. Bast in einem unregelm. geschlossenen od. unterbrochenen Ring, selten in 3 Bündeln. Nerven 7, Rippen (3–)5–7 *(Fig. 573/3a, b)*. Mindestens einige Scheiden behaart. Rispe 4,5–13 cm lg., ± unterbrochen, Äste sehr rauh. Ährchen (6,2–)7–7,5(–10,8) mm lg., graugrün, oft bereift, 4–8bl. Decksp. 4,2–4,9(–6,5) mm lg., oft behaart,

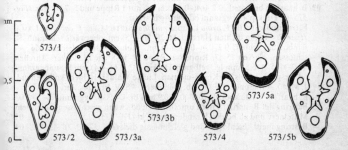

573/1

0,5

573/2   573/3a   573/3b   573/4   573/5a   573/5b

ihre Granne ½ so lg. / 5 bis 7 / Kollin-montan. Trockene Weiden, Wegränder; oft an Sekundärstandorten; zerstr. J, M, A.

02. B. haarfein bis feinborstig, 0,3–0,5 mm br., stets 5nervig. Pfl. stets blaugrau bereift.

F. valesíaca SCHLEICHER ex GAUDIN s.str., *Walliser S.* – St. 25–40(–50) cm, oberwärts leicht rauh. B. (0,2–)0,3–0,5(–0,6) mm br., bereift. Bast in 3 kräftigen Bündeln (selten dazwischen weitere feine Bündel, selten zusammenlaufend), Nerven 5, Rippen 3 *(Fig. 573/4)*. Rispe 3–7 cm lg., leicht unterbrochen. Ährchen (5,5–)6–6,7 mm lg., bereift, 3–5bl. Decksp. pfrieml.-lanzettl., kahl od. bewimpert, 3,4–4,9(–5,2) mm lg., ihre Granne selten mehr als ½ so lg. / 5 bis 7 / Kollin-subalpin. Rasen trockenwarmer Lagen auf durchlässigen Böden; verbr. A (Wallis, Graub. [Puschlav, Münstertal]). – Sav., Ao., Co., Bergam., Veltlin, Vintschgau. [288]

– B. feinborstl. bis borstl., (0,4–)0,6–0,8 mm br., 5(–7)nervig. Pfl. meist nicht bereift, dunkelgrün.

F. rupícola HEUFFEL ssp. **rupícola** (*F. sulcata* (HACKEL) NYMAN, *F. valesiaca* SCHLEICHER ex GAUDIN ssp. *sulcata* (HACKEL) SCH. u. K.), *Gefurchter S.* – St. 23–52(–65) cm, oberwärts rauh. B. (0,4–)0,6–0,8 mm br., ± halb so lg. wie der Halm. Bast in 3 kräftigen Bündeln, selten dazwischen 2 schwächere, Nerven 5(–7), Rippen 3 *(Fig. 573/5a, b)*. Rispe 4,5–8(–9,5) cm lg., ± locker, Äste rauh. Ährchen 6,4–8,2 mm lg., 3–5bl., grün. Decksp. (3,8–)4,2–4,8 mm lg., ihre Granne bis ½ so lg. / 5 bis 7 / Kollin-subalpin. Trockenwarme Rasen; zerstr. A (östl. Teile, westl. bis Zernez), T. – Els., Co., Veltlin, Vintschgau.

– B. im Querschn. elliptisch, Seiten gewölbt. Bast zu einem ± gleichmässigen od. bisweilen etwas unterbrochenen Ring geschlossen *(Fig. 575/1–10)*. B. glatt od. rauh.

F. ovína L. s.l., *Schaf-S.* – Pfl. dichtrasig. St. (10–)20–60(–70) cm. B. fein bis grobborstig, oft rauh, mit einem meist zu einem Ring geschlossenen Bast, (5–)7–11(–13) Nerven. Rispe (3,5–)5–12 cm lg., ± zusgez. mit aufrechten Ästen. Ährchen 4–10 mm lg. Decksp. 2,3–7 mm lg., begrannt. Frkn. kahl. / 5 bis 8 / Kollin-alpin. Wiesen, Wälder, Felsen; hfg. [287]

01. B. desselben sterilen Triebs auffallend verschieden dick, äussere 0,8–1,4 mm br., mit 3 Rippen und 7–9(–11) Nerven, innere 0,45–0,7 mm br., mit 1 Rippe und 7 Nerven.

F. heteropáchys (ST.-YVES) PATZKE ex AUQUIER (*F. cinerea* VILL. ssp. *crassifolia* STOHR non GAUDIN, *F. ovina* L. var. *heteropachys* (ST.-YVES) STOHR), *Derber S.* – St. 30–72 cm, oberwärts rauh. B. 0,45–1,35 mm br., grün od. graugrün. Bastring ± gleichmässig, oft unterbrochen, Nerven 7(–8–9), Rippen 1(–2–5) *(Fig. 575/1)*. B.scheiden meist dicht behaart. Rispe 6–15 cm lg., locker, oft unterbrochen, ihre Äste sehr rauh. Ährchen (7–)7,5–8,1(–9,5) mm lg., grün od. graugrün, seltener violett überlaufen, 3–6bl. Decksp. 4,6–6,2(–7) mm lg., ihre Granne etwa ½ so lg. / 6 bis 7 / Kollin-montan. Offene Rasen, Felsen; hfg. J. – Bad., Bodenseegebiet, Hegau.

– B. desselben sterilen Triebs nicht auffallend verschieden dick.......... 02

02. B. haarfein bis borstl., 0,2–0,4(–0,6) mm br., mit 1 Rippe und 5–7 Nerven *(Fig. 575/2)*. Decksp. unbegrannt od. winzig bespitzt.

F. tenuifólia SIBTH. (*F. ovina* L. ssp. *tenuifolia* (SIBTH.) ČEL., *F. capillata* LAM.), *Haar-S.* – Pfl. in dichten Horsten. St. 20–30(–55) cm, oberwärts sehr rauh. B. feinborstig, schlaff, 0,2–0,4(–0,6) mm br., rauh. Bastring gleichmässig geschlossen, Nerven (5–)7, Rippen 1. Rispe (2–)4–8 cm lg., locker. Ährchen (3,7–)4–5,2(–6,5) mm lg., gelbgrün. Decksp. 2,3–3,6(–4,4) mm lg., unbegrannt od. bespitzt. / 5 bis 7 / Kollin-montan. Lichte Wälder, Heiden; kalkfliehend. J, M (s.), A (besonders T, Graub. [Südtäler]). – S, V, Französ. Jura.

– B. haarfein bis dickborstl., (0,2–)0,5–0,9 mm br. Decksp. begrannt...... 03

03. Bastring der B. steriler Triebe unterbrochen od., wenn geschlossen, unter dem Mittelnerv und an beiden B.rändern verdickt *(Fig. 575/8–10)*.......... 07

– Bastring meist geschlossen und gleichmässig dick *(Fig. 575/3–7)*....... 04

Festuca

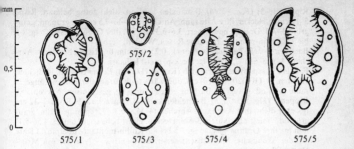

575/2
575/1   575/3   575/4   575/5

04. B.scheiden bis ¼–⅓(–½) ihrer Höhe geschlossen. Bastring oft auch unterbrochen. Ährchen oft vivipar.

F. airoídes LAM. (*F. supina* SCHUR, *F. ovina* L. var. *supina* (SCHUR) HACKEL), *Kleiner S.* – St. (10–)20–30 cm, oberwärts rauh bis dicht behaart. B. im Querschn. rundl.-oval, (0,3–)0,5–0,7 mm br., oft länger als der Halm, leicht gekrümmt. Bastring ± gleichmässig, oft unterbrochen, Nerven (5–)7, Rippen meist 1 od. 3 undeutl. *(Fig. 575/3).* B.scheiden kahl od. leicht behaart. Rispe 2–5,5(–7) cm lg., dicht, ihre Äste sehr rauh. Ährchen (5–)6–7(–8) mm lg., graugrün, oft schmutzigviolett überlaufen, 3(–5)bl., oft vivipar. Decksp. 3,5–4,6(–5,5) mm lg., ihre Granne meist weniger als ½ so lg. / 7 bis 8 / Subalpinalpin. Offene Rasen und Weiden; zerstr. A.

– B.scheiden nur am Grunde geschlossen. 05

05. B. binsenfg., 0,5–0,9 mm br., auf der ganzen Länge glatt (nur bei ssp. *scabrifolia* ± rauh). Pfl. stets stark bereift.

F. pállens HOST ssp. **pállens** (*F. glauca* LAM. var. *pallens* (HOST) K. RICHTER), *Blasser S.* – St. (20–)30–40(–58) cm. B. 0,5–1 mm br., glatt, steif, blaugrün, stark bereift. Bastring gleichmässig, Nerven (7–)9, Rippen 5(–7) *(Fig. 575/4).* Rispe 5–9,5 cm lg., locker, etwas unterbrochen. Ährchen 6,5–8 mm lg., blaugrün, stark bereift, (3–)4–7bl. Decksp. (3,7–)4,3–5,4(–5,8) mm lg., ihre Granne höchstens ½ so lg. / 5 bis 6 / Kollin-montan. Felsen, Rasenbänder in warmtrockenen Lagen; verbr. J, M (s.). – Bad., Els. – (ssp. **scabrifólia** (HACKEL ex ROHLENA) ZIELONKOWSKI: B. 0,6–1,1(–1,5) mm br., rauh. Nerven 9–11(–16), Rippen 7–9 *(Fig. 575/5).*)

– B. auf der ganzen Länge rauh, haarfein bis borstl. (bis dickborstl.), 0,25–0,7(–0,85) mm br. Pfl. unbereift od. selten schwach bereift. 06

06. B.nerven 7. B. borstl. bis dickborstl., 0,6–0,7(–0,85) mm br. Ährchen (5,5–)6–7,5 mm lg. Decksp. bewimpert.

F. guestfálica BOENNINGH. ex RCHB. (*F. ovina* L. var. *firmula* (HACKEL) HEGI), *Westfälischer S.* – St. 30–60(–70) cm, oberwärts rauh od. flaumig. B. 0,6–0,7(–0,85) mm br., graugrün. Bastring gleichmässig, geschlossen, Nerven 7,

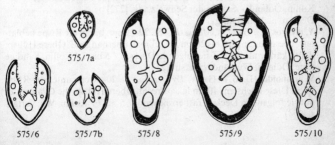

575/7a
575/6   575/7b   575/8   575/9   575/10

Rippen 1(–3) *(Fig. 575/6)*. B.scheiden kahl od. dicht zottig behaart. Rispe 5–12 cm lg., locker, ihre Äste rauh. Ährchen (5,5–)6–7,5 cm lg., grün od. graugrün, 3–7bl. Decksp. bewimpert, 3,6–5,3 mm lg., ihre Granne bis ½ so lg. / 5 bis 7 / Kollin-montan. Trockene Rasen, Weiden; verbr.

– B.nerven 5–7. B. haarfein bis borstl., 0,25–0,7 mm br. Rispe eher dicht. Ährchen (4–)4,8–6,3(–7,3) mm lg. Decksp. meist behaart.

F. ovína L. ssp. **ovína** (*F. vulgaris* (KOCH) HAYEK), *Echter S.* – Pfl. in dichten Horsten. St. (10–)20–45(–70) cm, oberwärts rauh. B. auf der ganzen Länge ± rauh, grün od. graugrün. Bastring ± gleichmässig, geschlossen, Nerven 5–7, Rippen 1 *(Fig. 575/7a, b)*. B.scheiden kahl od. schwach rauh. Rispe 2–12 cm lg., eher dicht, ihre Äste rauh. Ährchen (4–)4,8–6,3(–7,3) mm lg., grün, graugrün od. violett überlaufen, 3–8bl. Decksp. meist behaart, (2,6–)3,5–4,5(–5,1) mm lg., ihre Granne ¼–⅓ so lg. / 5 bis 8 / Kollin-montan(-subalpin). Lichte Wälder, Gebüsche, Magerrasen; zerstr. bis zieml. s. – (var. **turfósa** MGF.-DBG.: Pfl. starr, graugrün. Ährchen 5,2–6 mm lg. Decksp. 2,9–3,8 mm lg., graugrün, violett überlaufen, behaart. – Auf trockenen Torfböden.)

07. B.scheiden bis ⅓ ihrer Höhe geschlossen. Rispe eher dicht.

F. cúrvula GAUDIN ssp. **cúrvula**, *Krumm-S.* – St. 25–40(–60) cm, oberwärts glatt od. rauh. B. (0,6–)0,8–1,1(–1,35) mm br., seitl. leicht abgeflacht, gegen die Spitze glatt od. leicht rauh, bereift. Bastring ± dick, zw. B.rand und Mittelrippe ungleichm., manchmal unterbrochen. Nerven 7–9(–11), Rippen 3–5 *(Fig. 575/8)*. Rispe 5–11 cm lg., eher dicht mit rauhen Ästen. Ährchen (7,5–)8–9,7 mm lg., grün bis graugrün, (3–)4–6bl. Obere Hüllsp. nicht hautrandig. Decksp. rauh, gegen die Spitze behaart, (5–)5,5–7,5 mm lg., ihre Granne mindestens ½ so lg. / 5 bis 7 / Subalpin-alpin. Trockene Rasen, steinige Hänge; verbr. A. – (ssp. **crassifólia** (GAUDIN) MGF.-DBG. (*F. ovina* L. ssp. *crassifolia* (GAUDIN) ZOLLER): B. seitl. nicht abgeflacht, gegen die Spitze rauh, stechend, nicht bereift. Bastring ± gleichmässig *(Fig. 575/9)*. Obere Hüllsp. deutl. hautrandig. Decksp. meist kahl [Wallis].)

– B.scheiden offen od. höchstens bis ¼ ihrer Höhe geschlossen. Rispe sehr locker.

F. ticinénsis (MGF.-DBG.) MGF.-DBG. (*F. ovina* L. ssp. *ticinensis* MGF.-DBG.), *Tessiner S.* – St. 30–60 cm, glatt, oberwärts kantig. B. 0,45–1(–1,5) mm br., gegen die Spitze sehr rauh, hell- od. graugrün. B.ring zw. Mittelrippe und B.rändern ± gleichmässig dünn od. leicht unterbrochen. Nerven 7, Rippen 3 *(Fig. 575/10)*. Rispe 5,5–12,5 cm lg., sehr locker, mit abstehenden, rauhen Ästen. Ährchen (7,1–)8,1–9,7 mm lg., hell- od. graugrün, 3–7bl. Decksp. kurz bewimpert, 4,5–5,5 mm lg., ihre Granne ⅓–½ so lg. / 5 bis 7 / Kollin-montan. Kalkfelsen, Trockenwiesen; s. T (Luganese). – Co. (Endemit).

726. Vúlpia GMELIN, *Federschwingel*

1. Decksp. auf dem Rücken und an den Rändern lg.haarig.

V. ciliáta DUMORTIER, *Bewimperter F.* – St. 10–40 cm. Rispe aufrecht, schmal; der unterste Ast in der obersten B.scheide eingeschlossen. / 5 / Kollin. Ödland. – Sav. In der Schweiz adv. [272]

– Decksp. nicht lg.haarig.

V. myúros (L.) GMELIN, *Mäuse-F.* – St. 20–50 cm, bis an die Rispe beblättert. Diese verlängert, bis 20 cm lg., schmal, überhängend. Obere Hüllsp. deutl. kürzer als die auf sie folgende Decksp. / 5 bis 7 / Kollin. Sandige Orte, Ödland, Wegränder; zerstr. [273]

V. bromoídes (L.) S. F. GRAY, *Trespen-F.* – St. 20–40 cm, unter der Rispe b.los. Diese höchstens 10 cm lg., aufrecht. Obere Hüllsp. die Granne der auf sie folgenden Decksp. fast erreichend. / 5 bis 7 / Kollin. Wie vorige; s. [274]

727. **Catapódium** LINK, *Steifgras*

C. rígidum (L.) C. E. HUBBARD (*Scleropoa rigida* (L.) GRISEB.), *Steifgras*. – St. 5–20 cm. Rispe etwas einseitig. Ährchen bis 10 mm lg., 8–11bl., unbegrannt. / 5 bis 7 / Kollin. Sandige Orte, Wegränder; zerstr. Südwest- und Südschw.; auch verschleppt. [297]

728. **Brachypódium** P. B., *Zwenke*

1. Granne kürzer als die Decksp. Pfl. mit unterird. Ausläufern.
    B. pinnátum (L.) P. B., *Fieder-Z.* – Pfl. 40–120 cm, grasgrün. B. 4–6 mm br., flach. B.häutchen 1–2 mm lg. Ähre steif aufrecht, mit 6–8 Ährchen, diese 15–40 mm lg., gerade. Decksp. kurz behaart, mit 1–6 mm lg. Granne. / 6 bis 8 / Kollin-subalpin. Trockene Rasen, Wälder; hfg. [315]
    B. rupéstre (HOST) R. u. S., *Felsen-Z.* – Pfl. 40–100 cm, blaugrün. B. 3–5 mm br., eingerollt. B.häutchen ca. 3 mm lg. Ähre mit 8–10 Ährchen, diese 30–50 mm lg., leicht gekrümmt. Decksp. kahl, mit bis 3 mm lg. Granne. / 6 bis 8 / Kollin-montan. Trockene Rasen; zerstr. M, Wallis.
 – Granne der oberen Bl. des Ährchens länger als die Decksp. Pfl. horstbildend.
    B. silváticum (HUDSON) P. B., *Wald-Z.* – Pfl. 60–120 cm, dunkelgrün. B. bis über 10 mm br., unterseits mit deutl., hellem Mittelnerv. Ähre locker, schlaff überhängend. Grannen oft geschlängelt. / 7 bis 9 / Kollin-montan(-subalpin). Wälder, Gebüsche; hfg. [316]

729. **Glycéria** R. BR., *Süssgras*

1. St. aufrecht, rohrartig, 1–2 m hoch.
    G. máxima (HARTMAN) HOLMBERG (*G. aquatica* WAHLENB., *G. spectabilis* M. u. K.), *Grosses S.* – B. bis 1,5 cm br., lineal-lanzettl. Rispe ausgebreitet, vielästig, 20–40 cm lg., Ährchen 4–8 mm lg. / 7 bis 8 / Kollin. Gräben, Sümpfe; zerstr. Nordschw. (Rheintal), M. – Bad., Els., Belf., Co. [268]
    G. striáta (LAM.) HITCHCOCK (*G. nervata* TRIN.), *Gestreiftes S.* – St. auf-

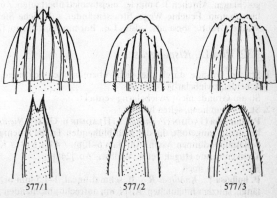

577/1   577/2   577/3

recht, 30–150 cm hoch. B. 1–4 mm br. Rispe 5–15 cm lg., mit zuerst aufsteigenden, dann überhängenden Ästen. Ährchen 2–4 mm lg. / 6 bis 7 /
Kollin. Feuchte Orte. Hie und da adv. od. eingebürgert. Aus Nordamerika eingeschleppte, in Ausbreitung begriffene Art.
– St. am Grunde niederliegend od. flutend, 40–150 cm hoch.
2. Kiele der Vorsp. in 2 auffällige Spitzen ausgezogen *(Fig. 577/1)*. Diese
die Decksp. deutl. überragend.
　G. declináta Brébisson, *Blaugrünes S.* – Nahestehend *G. plicata*. Pfl.
blaugrün. Rispe wenig verzweigt, oft nur traubig. Decksp. an der Spitze
kurz-unregelm. 3–5zähnig. Stb.beutel (schwarz-)violett überlaufen. / 6
bis 9 / Kollin-montan. Sumpfgräben; s. Aargauisches Rheintal, Ajoie, A
(Bern; bestätigungsbedürftig). – Els., V, Belf.
– Kiele der Vorsp. nicht in 2 auffällige, die Decksp. überragende Spitzen
ausgezogen *(Fig. 577/2, 3)*.
　G. flúitans (L.) R. Br., *Flutendes S.* – B.scheiden glatt. Rispe deutl. einseitig; untere Äste zu 1–2. Ährchen 15–20 mm lg. Decksp. 6–7,5 mm lg.,
längl.-lanzettl., spitzl., vorn schwach gekerbt *(Fig. 577/2)*. Stb.beutel
schwach violett. / 6 bis 9 / Kollin-montan(-subalpin). Sumpfgräben,
Teiche; verbr. [269]
　G. plicáta Fr., *Faltiges S.* – B.scheiden leicht rauh. Rispe mehr allseitig;
untere Äste meist zu 2–4. Ährchen 5–12 mm lg. Decksp. 3,5–5 mm lg.,
vorn stumpfl. bis abgerundet, undeutl. gezähnt *(Fig. 577/3)*. Stb.beutel
gelb. / 6 bis 9 / Kollin-subalpin. Wie vorige; hfg. [270]

730. **Scleróchloa** P. B., *Hartgras*

S. dura (L.) P. B., *Hartgras.* – St. niederliegend, 5–15 cm lg. B. schmal,
graugrün, mit am Rücken gekielter Scheide. Rispe dicht, ährenfg. / 5 bis
7 / Kollin. Festgetretene Wege; s. und am Erlöschen. Wallis. – Els. [247]

731. **Puccinéllia** Parl., *Salzgras*

P. distans (L.) Parl. (*Festuca distans* Knuth., *Atropis distans* Griseb.),
Salzgras. – St. 20–50 cm. Untere Rispenäste nach dem Verblühen herabgeschlagen. Ährchen 3–5 mm lg., meist violett überlaufen. / 6 bis 9 / Kollin-subalpin. Feuchte Wege, Strassenränder, salzreiche Stellen; zerstr.
Wallis, Graub.; sonst adv. – Els., Co., Bormio, Vintschgau. [271]

732. **Poa** L., *Rispengras*

1. St. am Grunde durch die dicht übereinander liegenden, schalenfg.
Scheiden zwiebelartig verdickt 2
– St. am Grunde nicht zwiebelartig verdickt 3
2. St. 5–10 cm hoch, selten höher.
　P. concínna Gaudin (*P. carniolica* Hladnik u. Graf), *Niedliches R.* – B.
borstenfg. eingerollt, die der nichtblühenden Triebe fadenfg. Rispe mit
verkürzten, dünnen Ästen. Ährchen 6–10bl. / 4 bis 5 (8) / Kollin-alpin.
Trockenwarme Hügel; verbr. Wallis. – Ao. [248]
– St. 15–30 cm hoch.
　P. bulbósa L., *Knolliges R.* – B. schmal-lineal, 1–1,5 mm br. Alle B. mit
längl., spitzem B.häutchen. Rispe mit aufrecht-abstehenden Ästen. Ähr-

chen 4–6bl., meist in b.artige Knospen auswachsend. / 5 bis 6 / Kollin-montan. Trockenrasen, Wegränder; zerstr.; auch adv. [250]

3. Unterster Rispenast ohne od. mit einer grundst. Verzweigung (bei *P. cenisia* gelegentl. 2), Decksp. undeutl. nervig. 4
– Unterster Rispenast mit 2–4 grundst. Verzweigungen. 7

4. Untere Hüllsp. 1-, obere 3nervig. Decksp. fast kahl.

    P. ánnua L., *Einjähriges R., Spitzgras.* – Pfl. einjährig. St. 2–35 cm. B. flach. Rispenäste glatt, waagrecht abstehend, zuletzt herabgeschlagen. Ährchen 3 mm lg., grün, selten gelbl. / 1 bis 12 / Kollin-subalpin(-alpin). Grasplätze, Wegränder; s. hfg. [257]

    P. supína SCHRADER (*P. annua* L. ssp. *varia* GAUDIN), *Läger-R.* – Pfl. 10–30 cm, durch wurzelnde Seitentriebe mehrjährig. Ährchen bis über 4 mm lg., dunkelviolett überlaufen. / 6 bis 9 / (Montan-)subalpin-alpin. Wege, Lägerstellen, Schneetälchen. J (südl. Teil), M, A (hfg.). – S. [258]

– Beide Hüllsp. 3nervig. 5

5. Pfl. mit verlängerten unterird. Ausläufern.

    P. cenísia ALL. (*P. distichophylla* GAUDIN), *Mont-Cenis-R.* – St. 15–40 cm. Kriechtriebe mit 2zeilig angeordneten B. B. graugrün. B.häutchen der oberen B. vorgezogen, oval. Ährchen bis 7 mm lg. / 7 bis 8 / (Montan-)subalpin-alpin. Felsschutt, Bachgeröll; auf Kalk. J (Hasenmatt [Kt. Sol.]), M (vereinzelt), A (verbr.). [259]

– Pfl. ohne od. mit kurzen (bis 5 cm lg.) unterird. Ausläufern. 6

6. Hüllsp. stumpf od. br. zugespitzt, nie stachelspitzig. Ährchen am Ende der Rispenäste locker angeordnet, mindestens um ½ Ährchenlänge von-einander getrennt.

    P. laxa HAENKE, *Schlaffes R.* – St. 10–25 cm; alle Knoten von den Schei-den bedeckt. Untere Rispenäste zu 2–3, trocken gefurcht. Ährchen meist rotviolett überlaufen, 4–5 mm lg., 3–4bl. / 7 bis 8 / (Subalpin-)alpin. Fel-sen, Felsschutt; auf kalkarmem Gestein; verbr. A. [260]

    P. minor GAUDIN, *Kleines R.* – St. 5–25 cm, mit unbedeckten Knoten. Ris-penäste meist einzeln, rund. Ährchen meist violett überlaufen, 5 mm lg., 4–6bl. / 7 bis 8 / Subalpin-alpin. Felsschutt; kalkliebend, verbr. A. [261]

– Hüllsp. schmal, scharf zugespitzt od. mit deutl. aufgesetzter Stachel-spitze. Ährchen am Ende der Rispenäste dicht gedrängt, höchstens um ½ Ährchenlänge voneinander getrennt.

    P. alpína L., *Alpen-R., Romeie.* – St. 10–40 cm. B. grün bis blaugrün, bis 4 mm br. Untere B. ohne knorpeligen, hellen Rand, mit kurz gestutztem, obere mit längl., spitzem B.häutchen. Rispenäste abstehend bis zurück-geschlagen. Ährchen 5–10bl., oft vivipar. / 6 bis 9 / (Kollin-montan-)subalpin-alpin. Wiesen, Weiden; hfg. J, M (zerstr.), A. [249]

    P. badénsis HAENKE s.l., *Badisches R.* – St. 10–40 cm, B. graugrün, steif, 1,5–5 mm br. Untere B. mit deutl. hellem Knorpelrand, B.häutchen auch an den unteren B. verlängert und gestutzt, oft zerschlitzt. Rispe dicht, untere Ris-penäste meist aufgerichtet. Ährchen meist nicht vivipar. / 7 / Trockenwarme Hänge. J (Waadt, Neuenb.), A (zerstr.). – Salève bei Genf.

    01. P. badénsis HAENKE s.str., *Badisches R.* – Grundst. B. mit breitem Knorpel-rand, meist alle flach, 2–5 mm br. Ährchen deutl. 2schneidig abgeflacht, gelb-grün bis violett gescheckt. / 7 / Kollin-montan. J (La Sarraz, La Brévine). – Salève bei Genf.

    – **P. molinéri** BALBIS (*P. alpina* L. ssp. *xerophila* BR.-BL.), *Trocken-R.* – Grundst. B. mit schmalem Knorpelrand, 1,5–2 mm br., einige B. meist gefaltet. Ährchen nicht 2schneidig abgeflacht, violett gescheckt. / 7 / Montan-subalpin. A (Trockentäler).

7. St. und B.scheiden 2schneidig-flachgedrückt. 8
– St. und B.scheiden stielrund od. der St. am Grunde etwas flachge-
 drückt. 10
8. Decksp. undeutl. nervig. Rispe 3–8 cm lg.
 P. compréssa L., *Plattes R.* – St. 20–50 cm, bogenfg. aufsteigend. B. graugrün, mit glatter Scheide. B.häutchen sehr kurz. Ährchen 5–9bl. / 6 bis 7
 / Kollin-montan(-subalpin). Felsschutt, Kies, Mauern, Trockenrasen;
 verbr. [251]
– Decksp. mit 5 deutl. hervortretenden Nerven. Rispe 10–25 cm lg. . 9
9. B. flach bis rinnig, plötzl. in eine kapuzenfg. Spitze zusgez.
 P. chaíxii VILL. (*P. sudetica* HAENKE), *Chaix' R.* – St. 70–120 cm. B. 5–
 10(–15) mm br. B.häutchen 1–2 mm lg., gestutzt. Hüllsp. ungleich lg.,
 Kiel an der Spitze rauh. Decksp. kahl, meist an der Basis ohne Woll-
 haare. / 6 bis 8 / Kollin-alpin. Wälder, Zwergstrauchheiden. J und M s.,
 A verbr. (vor allem südl. Teile). [252]
 P. remóta FORSELLES, *Entferntähriges R.* – St. 70–120 cm, oft mit oberird.
 Ausläufern. B. (4–)5–8 mm br. B.häutchen 2–3 mm, spitz bis abgerundet.
 Hüllsp. fast gleich lg., am Kiel und den Seitennerven rauh. Decksp. am
 Kiel behaart, an der Basis spärl. wollhaarig. / 7 / (Kollin-)montan(-sub-
 alpin). Feuchte Wälder, Gräben und Tobel; s. Schaffh., M, A. [254]
– B. flach, allmähl. in eine scharfe Spitze verschmälert.
 P. hýbrida GAUDIN, *Bastard-R.* – St. 70–120 cm. B. (4–)5–8 mm br.
 B.häutchen 3–5 mm lg., meist abgerundet. Hüllsp. ungleich lg., Kiel glatt
 od. an der Spitze rauh. Decksp. am Kiel behaart, an der Basis spärl. wollhaarig. / 7 bis 8 / (Montan-)sublpin. Bergwälder, Grünerlenbestände;
 zerstr. J (Weissenstein und Raimeux), A. [253]
10. Decksp. mit 5 deutl. hervortretenden Nerven. 11
– Decksp. undeutl. nervig. . . . . : 12
11. B.häutchen lg., zugespitzt, bis 8 mm lg.
 P. triviális L. s.l., *Gemeines R.* – Pfl. 30–120 cm, hellgrün, oberwärts rauh,
 mit kriechenden Ausläufern. B.scheiden meist rauh. B. dünn und weich.
 Rispe 9–25 cm lg. Decksp. zugespitzt, zarthäutig. / 6 bis 7 / Kollin-subalpin. Fettwiesen, Dungstellen, Weiden, Wälder; s. hfg. [255]

> **P. triviális** L. s.str., *Gemeines R.* – Ausläufer schlank, mit stielrunden Interno-
> dien. Rispe eher offen, pyramidal. Ährchen 3–4blütig, ca. 3,5 mm lg. – Kollin-
> subalpin. Nährstoffreiche Stellen. s. hfg.
> **P. silvícola** GUSS., *Waldbewohnendes R.* – Ausläufer mit kurzen, spindelfg.
> verdickten, fleischigen Internodien. Rispe eher geschlossen, schmal-eifg. Ähr-
> chen meist 2blütig, ca. 2,5 mm lg. – Kollin. Quellige Stellen, Bachufer,
> Schwarzerlenbestände; zerstr. M (Genfersee), A (Unteres Rhonetal), T (Tes-
> serete, Cassarate), Graub. (Puschlav). – Var., Co.

– B.häutchen kurz, gestutzt, ca. 1 mm lg.
 P. praténsis L. s.l., *Wiesen-R.* – Pfl. 20–100 cm, dunkelgrün, oberwärts
 glatt, mit unterirdischen, verlängerten Ausläufern. B.scheiden glatt.
 Rispe bis 10 cm lg. Decksp. stumpfl., derbhäutig. / 5 bis 6 / Kollin-alpin.
 Wiesen, Weiden; s. hfg. [256]

> **P. praténsis** L. s.str., *Wiesen-R.* – Pfl. lockerrasig. B. flach od. rinnig, bis 5 mm
> br., am Grunde so br. wie der Halm. B.häutchen seitl. herablaufend. Rispe
> wenig länger als br. – Kollin-subalpin(-alpin). Gedüngte Wiesen, Weiden; s.
> hfg., oft kult.

P. angustifólia L., *Schmalblättriges R.* – Pfl. dichtrasig. Grundb. borstl. gefaltet, Stlb. gelegentl. flach, 1–2 mm br., am Grunde schmäler als der Halm. B.häutchen nicht herablaufend. Rispe mindestens 2mal so lg. wie br. – Kollinalpin. Trockenere, nährstoffärmere Orte, Weiden, Wegränder, Mauern, Geröll; hfg.

12. B.häutchen fehlend od. sehr kurz, gestutzt od. (an den oberen B.) eifg., stumpf.

P. nemorális L., *Hain-R.* – St. 30–90 cm. B. in der Regel grasgrün, seltener blaugrün bereift. Spreite des obersten B. länger als seine Scheide. B.häutchen oft fast ganz fehlend. Ährchen 4–6 mm lg. Formenreich. / 6 bis 7 / Kollin-subalpin(-alpin). Wälder, Mauern, Felsen; s. hfg. [263]

P. glauca VAHL (*P. caesia* SM.), *Blaugrünes R.* – Ganze Pfl. blaugrün bereift. St. 20–50 cm. Spreite des obersten B. kürzer als seine Scheide. B.häutchen an den unteren B. fehlend, an den oberen bis über 1 mm lg., stumpf. Ährchen 4–5 mm lg. / 6 bis 7 / (Subalpin-)alpin. Felsige Orte. J (Creux-du-Van), A (zerstr.). [262]

– B.häutchen verlängert, spitz od. zerschlitzt.

P. palústris L., *Sumpf-R.* – St. 30–120 cm. B. grasgrün, flach od. zusammengefaltet. B.häutchen bis 3 mm lg., spitz. Ährchen 2–4 mm lg. Decksp. deutl. gekielt, mit gelber Spitze. / 6 bis 7 / Kollin(-montan). Riedwiesen; verbr. [264]

P. violácea BELL. (*Festuca pilosa* HALLER f.), *Violettes R.* – St. 20–50 cm, B. graugrün, borstenfg. zusammengefaltet. B.häutchen bis 7 mm lg., zerschlitzt. Ährchen 5–7 mm lg.; Ährchenachse unter den Bl. mit starren Haaren besetzt. Decksp. undeutl. gekielt, meist mit kurzer Granne. / 7 bis 8 / Subalpin(-alpin). Trockene Hänge, Felsen; auf Silikatgestein; verbr. A (zentrale und südl. Teile). [265]

733. **Briza** L., *Zittergras*

B. média L., *Zittergras.* – St. 30–90 cm. Rispe mit abstehenden, dünnen, geschlängelten Ästen. Ährchen hängend, violett gescheckt, selten strohgelb. / 5 bis 8 / Kollin-subalpin(-alpin). Wiesen, Weiden; s. hfg. [266]

734. **Catabrósa** P. B., *Quellgras*

C. aquática (L.) P. B., *Quellgras.* – St. 15–60 cm, am Grunde niederliegend und wurzelnd. B. flach, stumpf. Rispe ausgebreitet. Ährchen 2 mm lg., meist 2bl. / 6 bis 9 / Kollin-subalpin. Gräben, Ufer; zerstr. [267]

735. **Dáctylis** L., *Knäuelgras*

D. glomeráta L., *Knäuelgras.* – St. 30–120 cm. B. graugrün, mit etwas zusgedr. Spreite. Rispe meist aufrecht. Rispenäste einzeln. Ährchen meist 3–4bl. Decksp. am Kiel steifhaarig gewimpert. / 5 bis 6 / Kollin-montan(-subalpin). Wiesen, Wegränder; s. hfg. [246]

D. polygáma HORVÁTOVSZKY (*D. aschersoniana* GRAEBNER), *Aschersons K.* – Pfl. hellgrün, oft mit unterird., lg. Ausläufern. B. mit sehr rauher Spreite. Rispe schlank, verlängert, überhängend. Hüllsp. und Decksp. kahl. / 6 bis 7 / Kollin(-montan). Laubmischwälder. Basel, Schaffh., J, M. – Els.

736. Cynosúrus L., *Kammgras*

C. cristátus L., *Gemeines K.* – St. 30–60 cm. B. 2–3 mm br. Blstd. schmal, ährenfg., 2zeilig. Decksp. unbegrannt. / 6 bis 7 / Kollin-subalpin. Wiesen, Weiden; hfg. [298]

C. echinátus L., *Stacheliges K.* – St. 20–70 cm. B. 7–10 mm br. Blstd. kurz, eifg. Decksp. lg. begrannt. / 5 bis 7 / Kollin-montan. Getreidefelder, Wegränder; s. Wallis, T; anderwärts verschleppt. – Ao., Val Sesia. [299]

737. Mélica L., *Perlgras*

1. Rispe fast ährenfg. zusgez. Decksp. am Rande lg.-zottig gewimpert.
    M. ciliáta L., *Gewimpertes P.* – St. 30–70 cm. B. mehr od. weniger graugrün, meist borstenfg. eingerollt. Ährenrispe locker, zuletzt einseitswendig. Untere Hüllsp. fast so lg. wie die obere. / 5 bis 7 / Kollin-montan(-subalpin). Felsen, steinige Hänge; kalkliebend; verbr. [232]
    M. transsilvánica Schur, *Siebenbürgisches P.* – St. 30–70 cm. B.scheiden meist behaart. B. flach od. etwas eingerollt. Ährenrispe dicht, allseitswendig. Untere Hüllsp. viel kürzer als die obere. / 6 / Kollin-montan(-subalpin). Gebüsche, steinige Ackerborde. Zermatt, Puschlav, Unterengadin, Münstertal. – V, Veltlin, Bormio, Vintschgau, Hegau. [233]
– Rispe locker. Decksp. kahl.
    M. nutans L., *Nickendes P.* – St. 25–30 cm. B.häutchen sehr kurz. Rispenäste anliegend. Ährchen nickend, mit 2 Zwitterbl. / 5 bis 6 / Kollin-subalpin. Wälder; hfg. [234]
    M. uniflóra Retz, *Einblütiges P.* – St. 30–50 cm. B.häutchen der Spreite gegenüber mit lanzettl. Anhängsel. Rispenäste verlängert, abstehend. Ährchen aufrecht, mit 1 Zwitterbl. / 5 bis 6 und 8 bis 9 / Kollin-montan. Wie vorige; verbr., vor allem Nord-, West- und Südschw. [235]

738. Oreochlóa Link, *Kopfgras*

O. dísticha (Wulfen) Link (*Sesleria disticha* (Wulfen) Pers.), *Zweizeiliges K.* – St. 8–20 cm. B. haarfein, borstenfg. zusammengefaltet. Scheinähren flach zusgedr., weissl., blau gescheckt. / 7 bis 8 / (Subalpin-)alpin. Felsen, Rasen; auf Silikatgestein; verbr. A (fast ausschliessl. im östl. Teil). [224]

739. Sesléria Scop., *Seslerie*

1. Decksp. mit 5 begrannten Zähnen.
    S. ováta (Hoppe) Kerner (*S. microcephala* DC.), *Kleinköpfige S.* – St. 5–10 cm. B. borstenfg. zusammengefaltet. Scheinähren kopffg., ca. 7 mm lg., blass, oft bleifarben überlaufen. / 7 bis 8 / Alpin. Felsen der östl. Kalkalpen. – Co. (etwas ausserhalb des Gebietes), Bormio. [227]
– Decksp. mit 3–5 kurzen Spitzen, mitunter mit einer längeren Granne.
    S. vária (Jacq.) Wettst. (*S. coerulea* (L.) Ard., *S. calcaria* Opiz), *Blaugras.* – St. 10–45 cm. B. flach od. gefaltet. Scheinähren längl.-eifg., bläul. / 3 bis 5 (in höheren Lagen bis 8) / (Kollin-)montan-alpin. Kalkfelsen, auch in Flachmooren; hfg. [225]

S. sphaerocéphala ARD. ssp. **leucocéphala** (DC.) RICHTER (*S. leucocéphala* DC.), *Kugelköpfige S.* – St. 5–20(–32) cm. B. borstenfg. zusammengefaltet. Scheinähren kugelig, silberweiss. / 7 bis 8 / Subalpin-alpin. Felsen; auf Dolomit; s. s. A (Graub. [Sassalb im Puschlav]). – Co. [226]

740. Lólium L., *Lolch*

1. Decksp. derb, fast knorplig. Pfl. einjährig.

L. remótum SCHRANK (*L. linicola* A. BR.), *Flachs-L.* – St. dünn, 30–70 cm. Hüllsp. meist kürzer als das Ährchen. Decksp. klein, 4–5 mm lg., meist unbegrannt. / 6 bis 8 / Kollin. Früher als Unkraut in Flachsfeldern; heute nur noch adv. auftretend; s. [341]

L. temuléntum L., *Taumel-L.* – St. kräftig, 50–100 cm. Hüllsp. meist länger als das Ährchen. Decksp. bis 8 mm lg., begrannt. / 6 bis 7 / Kollin-montan. Unter Getreide, auf Ödland; s. [340]

– Decksp. krautartig-häutig. Pfl. 1- oder mehrjährig. 2

2. Decksp. begrannt. B. in der Knospenlage eingerollt.

L. multiflórum LAM. (*L. italicum* A. BR.), *Italienisches Raygras.* – St. 30–90 cm. Hüllsp. meist kürzer als die ihr anliegende Decksp. / 6 bis 8 / Kollin-montan(-subalpin). Wiesen (vielfach kult.), Wegränder; eingebürgert und hfg. [341a]

– Decksp. unbegrannt. B. in der Knospenlage gefaltet.

L. perénne L., *Englisches Raygras.* – Pfl. mehrjährig. St. 30–80 cm, glatt. Ährchen 6–10bl. / 6 bis 9 / Kollin-montan(-subalpin). Wiesen (vielfach kult.), Grasplätze, Wegränder; s. hfg. [342]

L. rígidum GAUDIN, *Steifer L.* – Pfl. einjährig. St. 10–50 cm, oberwärts rauh. Ährchen meist 6bl. / 5 / Kollin-montan. Hügel, Brachland; zerstr. [343]

Intergenerischer Bastard: L. perenne ×Festuca pratensis.

741. Molínia SCHRANK, *Pfeifengras*

M. caerúlea (L.) MOENCH, *Blaues Pf., Besenried.* – St. 10–100 cm, B. 2–8 mm br. Rispe 15–25 cm lg., Rispenäste meist aufrecht anliegend. Ährchen bis 6 mm lg., Decksp. bis 4 mm lg., stumpfl., Mittelnerv vor der Spitze endend. Vorsp. zur Bl.zeit in der unteren Hälfte stark auswärts

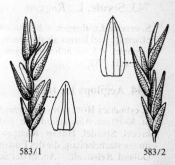

583/1   583/2

gekrümmt, Spitze nach innen neigend *(Fig. 583/1)*. / 7 bis 9 / Kollin-subalpin(-alpin). Feuchte od. zeitweise austrocknende humose Böden, Moore; hfg. [230]

M. arundinácea SCHRANK (*M. litorális* HOST), *Strand-Pf.* – St. 120–150 cm, B. 6–12 mm br. Rispe 25–60 cm lg., Rispenäste meist deutl. abstehend. Ährchen 6–9 mm lg., Decksp. 4,5–6 mm lg., zugespitzt. Mittelnerv bis zur Spitze reichend. Vorsp. zur Bl.zeit kaum gekrümmt *(Fig. 583/2)*. / 7 bis 9 / Kollin-montan. Wechselfeuchte, kalkhaltige Tonböden, lichte Wälder; verbr.

742. **Agropýron** GAERTNER, *Quecke*

1. Pfl. ohne Ausläufer. Hüllsp. 3–5nervig.
   A. canínum (L.) P. B., *Hunds-Q.* – St. 80–150 cm. Ähre schlank, etwas überhängend. Ährchenachse behaart. Decksp. lg. begrannt; Granne so lg. oder länger als die Sp. / 6 bis 7 / Kollin-subalpin. Wälder, Gebüsche, Felsschutt; verbr. [317]
   – Pfl. mit unterird. Ausläufern. Hüllsp. 5- bis mehrnervig. 2
2. Hüllsp. abgerundet, schief od. quer gestutzt, oft stachelspitzig, etwa ⅔ so lg. wie die folgende Decksp.
   A. intermédium (HOST) P. B. (*A. glaucum* R. u. S.), *Graugrüne Q.* – Pfl. blaugrün. St. 50–120 cm. B. flach od., wenigstens die oberen, borstenfg. eingerollt, steif aufrecht. Decksp. abgerundet od. stumpf, oft stachelspitzig od. kurz begrannt. / 6 bis 7 / Kollin-montan(-subalpin). Trockenwarme Hügel, Wegränder. Wallis, T, Graub. (Misox). [320]
   – Hüllsp. spitz od. kurz begrannt, wenig kürzer als die folgende Decksp.
   A. repens (L.) P. B., *Kriechende Q.* – St. 30–100 cm. B. flach, grün od. blaugrün bereift, schlaff, mit weiss durchscheinenden Nerven; das grüne B.gewebe dazwischen sichtbar. Decksp. scharf zugespitzt, oft begrannt. / 6 bis 7 / Kollin-subalpin. Wegränder, Hecken, Kulturland; hfg. [318]
   A. púngens (PERS.) R. u. S. (*A. litorale* DUMORTIER), *Strand-Q.* – St. 40–120 cm. B. trocken eingerollt, blaugrün, starr, mit starken, dichtstehenden Nerven; das grüne B.gewebe dazwischen nicht sichtbar. Decksp. stumpf, stachelspitzig od. kurz begrannt. / 6 bis 7 / Kollin-montan. Trockenwarme Hügel, Wegränder, Ufer; zerstr. Rheintal (Basel, Aarg., Zürich), Südschw. – Bad., Els., Vintschgau. [319]

743. **Secále**, L., *Roggen*

S. cereále L., *Roggen.* – St. 70–200 cm. Ährchen 2bl. Hüllsp. schmalpfriemfg., viel kürzer als die Decksp. Diese lanzettl., borstig gewimpert, begrannt. / 5 (in höheren Lagen später) / Kollin-montan(-subalpin). Hfg. kult. [333]

744. **Aégilops** L., *Walch*

A. cylíndrica HOST (*Triticum cylindricum* C. P. G.), *Walzenförmiger W.* – St. 30–60 cm. Ähre zylindrisch, verlängert, mit 4–7 Ährchen an sehr zerbrechl. Spindel. Hüllsp. flachgewölbt, auf dem Rücken abgerundet; untere stachelspitzig, die des Endährchens lg. begrannt. / 5 bis 7 / Kollin. Ödland, Rebareale. – Ao. In der Schweiz adv. [331]

745. Tríticum L., *Weizen*

1. Ährenspindel gegliedert (Glieder nach oben keulenfg. verdickt), bei der
   Reife zerfallend. Fr. von den Sp. dicht umschlossen.   2
 – Ährenspindel zäh, nicht zerbrechl. Fr. den Sp. nicht anhängend. Ähre
   mehr od. weniger 4kantig.   3
2. Ährchen jederseits fast um ihre Länge voneinander entfernt stehend,
   sich kaum deckend.
   T. spelta L., *Spelz, Korn, Dinkel-W.* – St. 1,2–1,7 m. Ähre fast gleichseitig
   4kantig. Hüllsp. gerade abgestutzt, mit stumpfen Seitenzähnen. Decksp.
   unbegrannt od. kurz begrannt. / 6 bis 7 / Kollin-montan. Kult. [321]
 – Ährchen einander genähert, sich dachziegelartig deckend.
   T. dicóccon SCHRANK, *Emmer.* – St. 80–120 cm. Ährchen 2körnig, mit 2
   lg. Grannen. Hüllsp. mit 1 kurzen, spitzen Zahn. Decksp. begrannt. / 6
   bis 7 / Früher kult.; s. adv. [323]
   T. monocóccum L., *Einkorn, Eicher.* – St. 60–120 cm. Ährchen einkörnig
   (daher die Ähre flach), mit 1 lg. Granne. Hüllsp. mit 2 spitzen Zähnen.
   Decksp. lg. begrannt. / 6 / Früher kult.; s. adv. [322]
3. Decksp. bis über 2 cm lg., von unten bis oben deutl. 10nervig, oft ohne
   Seitenzahn.
   T. polónicum L., *Polnischer W.* – St. 1–1,5 m. Ähre oft nickend. Hüllsp.
   längl.-lineal, mit br., weissem Hautrand. / 6 / Kult.; s. s.
 – Decksp. nicht über 1 cm lg., nur im oberen Teile nervig, oft mit deutl.
   Seitenzahn. (Gesamtart *T. aestivum* L.).   4
4. Hüllsp. unterwärts auf dem Rücken abgerundet, oberwärts deutl. gekielt.
   T. aestivum L. (*T. vulgare* VILL., *T. sativum* LAM.), *Gewöhnlicher W.,
   Saat-W.* – St. 1–1,5 m. Ähre schmal, lg. Decksp. begrannt od. unbe-
   grannt. / 6 bis 7 / Kollin-montan. Kult.; hfg. [325]
   T. compáctum HOST, *Zwerg-W.* – St. 90–140 cm. Ähre dick und kurz,
   etwa 3–4mal so lg. wie br. / 7 / Früher kult.; s. adv. [326]
 – Hüllsp. von unten bis oben scharf gekielt.
   T. túrgidum L., *Englischer W.* – St. 80–120 cm. Ähre dick, lg. und dicht.
   Decksp. meist lg. begrannt, meist behaart. / 6 bis 7 / Kult; nicht hfg. [327]
   T. durum DESF., *Hart-W., Glas-W.* – St. 50–120 cm. Hüllsp. fast flügelig
   gekielt. Decksp. zusgedr., mit lg., starrer Granne. Korn glasig. / 6 bis 7 /
   Kult.; s. (T); auch adv. [328]

746. Hórdeum L., *Gerste*

1. Seitl. Ährchen gestielt. Decksp. schmal-lanzettl. Ährenspindel bei der
   Reife brüchig. Wildwachsende Arten.   2
 – Seitl. Ährchen sitzend. Decksp. br.-lanzettl. Ährenspindel nicht brüchig.
   Kult. Arten.   3
2. Hüllsp. der mittleren Ährchen jedes Ährchendrillings beiderseits bewimpert. B.scheiden kahl.
   H. murínum L. s.l., *Mäuse-G.* – Pfl. büschelig verzweigt. Halme 15–60 cm
   hoch, knickig aufsteigend, B.scheiden etwas aufgeblasen. Ähren 5–12 cm
   lg. / 5 bis 8 / Kollin-montan. Grasplätze, Wegränder; hfg. [334]
   01. H. murínum L. ssp. **murínum.** – Decksp. des Mittelährchens etwa gleich gross
   wie jene der Seitenährchen, seine Granne jene der Seitenährchen überragend.
 – **H. murínum** L., ssp. **leporínum** (LINK) ARCANG. – Decksp. der seitl. Ährchen

grösser als jene des Mittelährchens, ihre Grannen jene des Mittelährchens überragend; zerstr., vor allem Südschw.

– Hüllsp. alle unbewimpert, borstenfg. Untere B.scheiden rauhhaarig.
  H. secalínum SCHREBER (*H. nodosum* L.), *Knotige G.* – St. 30–70 cm. Oberste B.scheide anliegend. Hüllsp. borstenfg., rauh, nicht gewimpert. / 6 / Kollin-montan. Wiesen, Wegränder; s. s. Früher Westschw.; auch adv. [335]
3. Ähre 2zeilig, abgeflacht.
  H. dístichon L., *Zweizeilige G.* – St. 60–100 cm. Nur das mittlere Ährchen auf jeder Seite fruchtbar und begrannt. Seitl. Ährchen meist verkümmert. / 6 bis 7 / Kollin-montan(-subalpin). Kult. und verschleppt. [336]
– Ähre 4- od. 6zeilig, nicht abgeflacht.
  H. vulgáre L. – St. 60–100 cm. Alle 3 Ährchen auf jeder Seite fruchtbar; daher die Ähre mehrzeilig. / 5 bis 7 / Kollin-montan(-subalpin). Kult. und verschleppt.
  01. H. vulgáre L. ssp. **vulgare**, *Vierzeilige G.* – Ähren 4kantig. Ährchen in 4 ungleichen Längszeilen angeordnet. / 5. [338]
  – **H. vulgáre** L. ssp. **hexástichon** (L.) ČELAK., *Sechszeilige G.* – Ähren 6kantig. Ährchen in 6 gleichartigen Längszeilen angeordnet. / 6 bis 7. [337]

747. **Hordélymus** (JESSEN) HARZ, *Haargerste*

H. europaéus (L.) HARZ (*Elymus europaeus* L.), *Haargerste.* – St. 60–120 cm. B. kahl, mit behaarter Scheide. Ähre lg., schlank. Hüllsp. schmal-lineal, pfriemfg. Decksp. mit lg. Granne. / 6 bis 8 / Kollin-montan. Bergwälder; verbr. [339]

748. **Phragmítes** ADANSON, *Schilfrohr*

Ph. austrális (CAV.) TRIN. (*Ph. communis* TRIN., *Trichoon phragmites* RENDLE), *Schilf.* – St. 1–3 m. B. br., starr. Ährchen bräunl.-violett, selten gelbl. / 8 bis 9 / Kollin-montan(-subalpin). Ufer, Sumpfgräben; hfg. [228]

749. **Eragróstis** N. M. WOLF, *Liebesgras*

1. Untere Rispenäste zu 4–5.
  E. pilósa (L.) P. B., *Behaartes L.* – St. 5–50 cm. Rispenäste haarfein. Ährchen 4–5 mm lg. / 7 bis 8 / Kollin. Wegränder, Ödland, Bahnareale; zerstr. (hfg. in der Südschw.). [243]
– Untere Rispenäste zu 1–2.
  E. minor HOST (*E. pooides* P. B.), *Kleines L.* – St. 5–50 cm. Scheiden und Ränder der B. behaart. Ährchen 6–10 mm lg. Decksp. stumpf. / 7 bis 9 / Kollin. Wie vorige; verbr. [244]
  E. megastáchya (KOELER) LINK (*E. cilianensis* VIGNOLO-LUTATI, *E. major* HOST), *Grossähriges L.* – St. 10–50 cm. B.scheiden kahl. Ährchen 10–20 mm lg. Decksp. mit ganz kurzer Stachelspitze. / 7 bis 9 / Kollin. Ödland, Seeufer; s. und unbeständig. [245]

750. **Cleistógenes** KENG, *Steifhalm*

C. serótina KENG (*Diplachne serotina* (L.) LINK), *Steifhalm.* – St. 30–80 cm, bis an die Rispe beblättert. Ährchen bis 1 cm lg. Decksp. kurz begrannt. / 8 bis 9 / Kollin. Trockenrasen; s. Rhonetal, T, Misox. – Ao., Langensee, Co., Veltlin, Vintschgau. [231]

751. Eleusíne GAERTNER, *Eleusine*

E. índica (L.) GAERTNER, *Eleusine*. – Pfl. rasig, mit aufrechten od. aufsteigenden, bis 40 cm hohen St. B. blaugrün, Ähren zu (1–)2–7 fingerfg. gestellt, zylindrisch, 2zeilig, einseitig. Ährchen 3–7bl. / 7 bis 10 / Kollin. Ödland, Rasen, Wege; eingeschleppt. Besonders T. Stammt aus den Tropen und Subtropen. [5A]

752. Cýnodon RICH., *Hundszahngras*

C. dáctylon (L.) PERS., *Hundszahngras*. – St. kriechend, mit oberird. Ausläufern. B. graugrün. Ähren zu 3–7 fingerfg. gestellt, dünn, 2zeilig, einseitig. Ährchen einbl. / 7 bis 9 / Kollin. Sandige Orte, Wegränder, Mauern, Rebäcker; zerstr., in der Nordschw. oft nur verschleppt, häufiger und beständig in der Südschw. [159]

753. Nardus L., *Borstgras*

N. strícta L., *Borstgras*. – Pfl. dichtrasig. St. 10–30 cm, starr aufrecht, am Grunde von weissgelben Scheiden umhüllt. B. borstenfg. Ähre einseitswendig. Decksp. mit pfriemfg. Granne. / 5 bis 6 / (Montan-)subalpin(-alpin). Feuchte Wiesen, Weiden; s. hfg. J, M (s.), A. – S, V. [165]

754. Nardurus RCHB. ex GODR., *Dünnschwanz*

N. hálleri (VIV.) FIORI (*Micropyrum tenellum* (L.) LINK, *N. lachenalii* GODRON, *Festuca festucoides* (BERTOL.) BECHERER, *F. lachenalii* SPENNER), *Kies-D.* – St. 15–40 cm, an den Knoten dunkelviolett. Ähre 2zeilig. Decksp. abgerundet, stumpf, begrannt od. unbegrannt. / 5 bis 7 / Kollin. Trockene, sandige Orte; s. Südl. T; auch adv. – Els. [276]
N. marítimus (L.) MURBECK (*F. maritima* L.), *Strand-D.* – St. 5–30 cm. Ähre einseitswendig. Decksp. in eine feine Spitze od. Granne ausgezogen. / 5 bis 6 / Kollin. Schuttstellen, Bahnareale; eingeschleppt. [277]

755. Aira L., *Haferschmiele*

1. Ährchenstiele 2–5mal so lg. wie die Ährchen.
A. élegans WILLD. ex GAUDIN (*A. capillaris* HOST), *Zierliche H.* – St. 5–30 cm. Ährchen sehr klein, 1,5 mm lg., silberweiss. Granne der Decksp. 2 mm lg., an der unteren Bl. oft fehlend. / 5 bis 6 / Kollin(-montan). Sandige Orte. Waadt (Allaman; ob noch?); auch adv. – Ao., Ossolatal, Co. [217]
– Ährchenstiele höchstens 2mal so lg. wie die Ährchen.
A. caryophylléa L., *Nelken-H.* – St. 5–40 cm, glatt, sehr dünn. Rispe bis 8 cm lg., ausgebreitet, Rispenäste mehrere Ährchen tragend. Ährchen bis 3 mm lg. Decksp. purpurn überlaufen, mit feiner, bis 3 mm lg. Granne. / 6

bis 7 / Kollin(-montan). Sandige Orte, Magerwiesen, Mauerkronen.
Südschw.; sonst s. – Els., Belf. [215]
A. praecox L., *Frühe H.* – St. 5–15 cm. Rispe bis 3 cm lg., mit wenigen,
eng anliegenden Rispenästen, wenige regelm. verteilte Ährchen tragend.
Ährchen 2–3 mm lg., begrannt. / 5 bis 6 / Kollin(-montan). Wie vorige. A
(Wallis). – Ao., Bad., Els., Belf. [216]

756. Avenélla PARL., *Drahtschmiele*

A. flexuósa (L.) PARL. (*Deschampsia flexuosa* (L.) TRIN.), *Drahtschmiele*.
– St. 30–70 cm. B. borstenfg. zusammengefaltet, glänzend. Rispenäste
geschlängelt. Ährchen 5 mm lg. Granne gekniet, fast doppelt so lg. wie
die Decksp. / 6 bis 8 / Kollin-subalpin(-alpin). Wälder, Gebüsche, Trok-
kenrasen. J und M zerstr., A hfg. [214]

757. Deschámpsia P. B., *Schmiele*

D. caespitósa (L.) P. B., *Rasen-S., Horstbildende S.* – Pfl. 30–120 cm,
mächtige Horste bildend. B. lg., Oberseite stark rauh, gerieft. B.häutchen
6–8 mm lg. Rispenäste rauh, Ährchen 4–5 mm lg., nie vivipar. Granne
meist so lg. wie die zugehörige Decksp. / 6 bis 8 / Kollin-alpin. Quellfluren, Fluss- und Bachufer, feuchte Wälder, Moore; hfg. [220]
D. litorális (GAUDIN) REUTER (*D. rhenana* GREMLI), *Strand-S.* – Von der
vorigen Art verschieden durch weniger rauhe, oft eingerollte, kürzere B.
B.häutchen bis 4 mm lg. Ährchen meist vivipar. Granne die zugehörige
Decksp. meist überragend. / 7 bis 8 / Kollin(-montan). Zeitweise überschwemmte, kiesige Ufer. J (Lac de Joux), M (Bodensee), A (Silsersee,
Lago di Poschiavo).

758. Holcus L., *Honiggras*

H. lanátus L., *Wolliges H.* – Pfl. rasig. St. 30–70 cm. B., B.scheiden und
Hüllsp. weichhaarig. Granne zurückgekrümmt, kaum vorragend. / 5 bis
8 / Kollin-montan(-subalpin). Wiesen; hfg. [197]
H. mollis L., *Weiches H.* – Pfl. mit kriechenden unterird. Ausläufern. St.
30–70 cm. B.scheiden und Hüllsp. fast kahl. Granne gekniet, vorragend.
/ 6 bis 7 / Kollin-montan(-subalpin). Waldränder, Gebüsche, Äcker;
zerstr. [198]

759. Arrhenátherum P. B., *Glatthafer*

A. elátius (L.) J. u. C. PRESL (*Avena elatior* L.), *Französisches Raygras,
Fromental.* – St. 60–120 cm. Rispe zur Bl.zeit ausgebreitet. Ährchen glän-
zend, gelbl., oft violett gescheckt. / 6 bis 7 / Kollin-montan(-subalpin).
Wegränder, Wiesen (vielfach kult.); hfg. [199]

760. Gaudínia P. B., *Ährenhafer*

G. frágilis (L.) P. B., *Ährenhafer.* – St. 20–60 cm. Scheiden der unteren B.
lg.haarig. Ähre bis 20 cm lg. / 5 / Kollin. Trockene Wiesen; s. Genf
(noch?); sonst verschleppt. [223]

761. **Trisétum** PERS., *Grannenhafer*

1. Rispe dicht, ährenfg. zusgez.

    T. spicátum (L.) RICHTER (*T. subspicatum* P. B.), *Ähriger G.* – Pfl. mehrjährig. St. 10–25 cm. B. und B.scheiden kahl. Decksp. kurz-2spitzig. / 7 bis 8 / (Subalpin-)alpin. Rasen, Felsgrus; verbr. A. [210]

– Rispe locker, ausgebreitet. 2

2. Pfl. horstbildend, ohne oberird. Ausläufer.

    T. flavéscens (L.) P. B., *Goldhafer.* – St. 30–80 cm. Ährchen zahlreich, glänzend, grün und goldgelb gescheckt. Haare am Grunde der untersten Decksp. spärl. und sehr kurz. / 5 bis 7 / (Kollin-)montan-subalpin(-alpin). Fettwiesen; s. hfg. [211]

– Pfl. mit oberird. Ausläufern.

    T. distichophýllum (VILL.) P. B., *Zweizeiliger G.* – Ausläufer 2zeilig beblättert, bis 1 m lg. St. 10–20 cm. B. kurz, 2–3 mm br., starr, blaugrün. Ährchen ca. 9 mm lg., violett, grün und braun gescheckt. Haare am Grunde der unteren Decksp. mindestens halb so lg. wie diese. / 7 bis 8 / (Montan-)subalpin-alpin. Felsschutt, Felsen; auf Kalk; verbr. A. – Französ. Jura (Reculet). [212]

    T. argéntum (WILLD.) R. u. S., *Silber-G.* – Von der vorigen Art verschieden: St. 15–30 cm. B. bis 1 mm br., schlaff, grasgrün. Rispe lockerer und etwas länger. Ährchen bis 6 mm lg. Haare am Grunde der unteren Decksp. 1 mm lg. / 7 bis 9 / Wie vorige. Felsschutt und Felsen der südl. Kalkalpen. – Co. (Früher aus dem T, aber wohl irrig, angegeben.) [213]

762. **Trisetária** FORSKÅL, *Grannenhafer*

T. cavanillésii (TRIN.) MAIRE (*Trisetum cavanillesii* TRIN., *T. gaudinianum* BOISSIER), *Cavanilles' G.* – Pfl. einjährig. St. 5–20 cm. B. und B.scheiden kurzhaarig. Decksp. in 2 lg., grannenfg. Spitzen auslaufend. / 4 bis 5 / Kollin-montan. Trockenwarme, sandige Orte; s. Wallis. – Ao. [209]

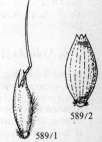

589/2

589/1

763. **Danthónia** DC., *Traubenhafer*

D. alpina VEST (*D. calycina* RCHB., *D. provincialis* DC.), *Traubenhafer.* – St. 10–40 cm. B. borstenfg. zusammengefaltet, rauh. Blstd. meist nicht über 5 Ährchen tragend. Decksp. mit bandfg. gedrehter Granne, auf jeder Seite der Granne in eine feine Spitze auslaufend *(Fig. 589/1).* / 6 bis 7 / Kollin-montan. Steinige Bergwiesen; s. Südl. T. – Ain, Co. [222]

D. decúmbens (L.) DC. (*Sieglingia decumbens* (L.) Bernh., *Triodia decumbens* P. B.), *Dreizahn.* – St. 15–40 cm, aufsteigend. B. steif, flach, etwas behaart. Blstd. 4–12 Ährchen tragend. Decksp. an der Spitze kurz 3zähnig *(Fig. 589/2).* / 5 bis 7 / (Kollin-)montan-subalpin. Rasen, Riedwiesen, Weiden; verbr. [221]

764. Avéna L., *Hafer*

1. Decksp. im unteren Teile mit rötl.-braunen Haaren.
   A. fátua L., *Flug-H.* – St. 40–120 cm. Rispe allseitig ausgebreitet. Decksp. mit kräftiger Granne. / 7 bis 8 / Kollin-montan(-subalpin). Unter Getreide, auf Ödland; zerstr. [200]
– Decksp. kahl. 2
2. Ährchenachse unter jeder Bl. behaart. Decksp. in 2 lg. Spitzen ausgezogen.
   A. strigósa Schreber, *Raub-H.* – St. 60–100 cm. Rispe etwas einseitswendig. Ährchen meist 2 begrannte Bl. enthaltend. / 7 / Kollin-montan. Selten als Unkraut auf Äckern; früher kult. [201]
– Ährchenachse kahl od. nur unter der untersten Bl. etwas behaart. Decksp. nicht in 2 lg. Spitzen ausgezogen.
   A. satíva L., *Rispen-H., Hafer.* – St. 60–150 cm. Rispe pyramidenfg. Äste allseitig abstehend. / 7 bis 8 / Kollin-montan. Kult. und oft verschleppt. [202]
   A. orientális Schreber, *Fahnen-H.* – St. 60–120 cm. Rispenäste einseitswendig, anliegend od. aufrecht-abstehend. / 7 bis 8 / Wie vorige. [203]

765. Helictótrichon Besser ex Schult. u. Schult. f., *Staudenhafer*

H. parlatórei (Woods) Pilger (*Avena parlatorei* Woods), *Parlatores St.* – Pfl. dichtrasig. St. 40–80 cm. B. starr, meist borstenfg. zusammengefaltet, oberseits zieml. stark rauh. Rispe überhängend, Äste zu 3–5. Ährchen mit 2 fruchtbaren und 1–2 fehlgeschlagenen Bl. / 6 bis 8 / Montan-subalpin(-alpin). Weiden und Felsen der Südalpen; auf Kalk. – Ao., Co. [205]

766. Avénula (Dumortier) Dumortier, *Wiesenhafer*

1. B. und B.scheiden behaart (bei alpinen Formen von *A. pubescens* auch kahl, dann aber Scheiden und St. an den basalen Teilen der Ausläufer abwärts-anliegend behaart). Untere Rispenäste zu (2–)3–5.
   A. pubéscens (Hudson) Dumortier (*Avena pubescens* Hudson, *Helictotrichon pubescens* (Hudson) Pilger), *Weichhaariger W.* – St. 30–120 cm. B. flach, glatt. Rispe aufrecht. Ährchen 2–3bl. / 5 bis 6 / Kollin-subalpin. Trockene Wiesen; hfg. [206]
– B. und B.scheiden kahl. Untere Rispenäste zu 1–2. 2
   A. praténsis (L.) Dumortier (*Avena pratensis* L., *H. pratense* (L.) Besser), *Echter W.* – St. 30–90 cm. B. oberseits rauh. Rispe schmal, 5–15 cm lg. Ährchen silberglänzend-grünl., oft etwas rötl. überlaufen. / 6 bis 7 / Kollin-subalpin. Trockene Hügel, lichte Wälder; zerstr. [207]

A. versícolor (VILL.) LAINZ (*Avena scheuchzeri* ALL., *A. versicolor* VILL., *H. versicolor* (VILL.) PILGER), *Bunt-W.* – St. 15–40 cm. B. oberseits glatt. Rispe längl.-eifg. Ährchen braun, gelb und violett gescheckt. / 7 bis 8 / (Montan-)subalpin-alpin. Wiesen, Weiden; kalkmeidend; hfg. A. [208]

767. **Koeléria** PERS., *Kammschmiele*

1. Decksp. kurz begrannt, 2spitzig od. an der Spitze ausgerandet. 2
– Decksp. unbegrannt. 3
2. Pfl. 1- od. 2jährig. Ährchen grünl.

  K. phleoídes (VILL.) PERS., *Lieschgrasähnliche K.* – St. 10–40 cm. B. und Scheiden wollig behaart. B. br.-lineal. Ährenrispe dicht zylindrisch. Decksp. zerstr. zottig, mit 2 mm lg. Granne. / 4 bis 6 / Kollin. Wegränder. In der Schweiz adv. – Co. [236]

– Pfl. ausdauernd. Ährchen meist violett überlaufen.

  K. hirsúta (DC.) Gaudin, *Behaarte K.* – St. 15–30 cm, oben meist filzig. Decksp. zottig behaart, mit 1,5–2 mm lg. Granne. / 7 bis 8 / Subalpin-alpin. Wiesen, Weiden. A (südl. Teile). [237]

  K. cenísia P. REVERCHON (*K. brevifolia* REUTER, *K. reuteri* ROUY), *Mont Cenis-K.* – St. 10–25 cm, unter der Ährenrispe kahl od. schwach behaart. Decksp. mit kaum 1 mm lg. Granne. / 7 bis 8 / Subalpin. Rasen und Felsen. – Anzascatal. [238]

3. B.scheiden zuletzt in schlängelig verwobene Fasern aufgelöst.

  K. vallesiána (HONCKENY) A. u. G. (*K. valesiaca* GAUDIN), *Walliser K.* – St. 10–40 cm. B. kahl, borstenfg. eingerollt. / 5 bis 7 / Kollin-subalpin. Trockenwarme Hügel. J (vereinzelt), A (Wallis). – Els., Ao. [242]

– B.scheiden nicht in schlängelig verwobene Fasern aufgelöst.

  K. spléndens C. PRESL, *Glänzende K.* – St. 40–90 cm, am Grunde durch die Scheidenreste zwiebelfg. verdickt, kahl. B. kurz, starr. Ährenrispe dicht. Ährchen 8 mm lg. / 6 bis 7 / Trockene Wiesen, buschige Hänge; auf Kalk. – Co. [241]

  K. pyramidáta (LAM.) P. B. s.l., *Gemeine K.* – Pfl. horstbildend, St. 10–80 cm, oft weich behaart od. bewimpert. B.scheiden an der Basis der Halme lange bleibend und dann diese verdickend, od. B.scheiden bald verwitternd. B. flach od. eingerollt, behaart. Ährchen meist über 4 mm lg., Sp. borstig od. fein behaart bis kahl. / 6 bis 7 / Trockene Wiesen, lichte Wälder; verbr. [239]

  01. B. meist eingerollt, überall gleichmässig locker bis dicht behaart, am Rande nicht abstehend bewimpert.

   K. macrántha (LEDEB.) SCHULT. (*K. gracilis* PERS.), *Zierliche K.* – St. 10–50 cm, St.basis von B.scheiden verdickt, Halm bis zur Spitze kahl. Blstd. dicht, Ährchen 5 mm lg., Decksp. spitz, nur am Kiel fein borstig behaart. / 6 bis 8 / Kollin-subalpin. Trockene Rasen, besonders in wärmeren Gebieten; verbr. [240]

   – B. meist flach, etwa 2–3 mm br., am Rande abstehend bewimpert. B.fläche meist kahl [240]

   K. pyramidáta (LAM.) P. B. (*K. cristata* auct.), *Pyramiden-K.* – St. 10–120 cm, B.scheiden verwitternd, Basis daher nicht verdickt. Halm oberwärts weich behaart. Ährchen 6–8 mm lg., Sp. fein borstig behaart, oft verkahlend. / 6 bis 7 / Kollin-subalpin. Trockene Wiesen, lichte Wälder; verbr. [239]

   K. eriostáchya PANČIČ, *Wollährige K.* – St. bis 50 cm, B. gelegentl. eingerollt. Ährchen 4–6 mm lg., Sp. fein weichhaarig. / 7 / Subalpin. Trockene Rasen auf Kalk; zerstr., J, A.

768. **Agróstis** L., *Straussgras*

1. Haare am Grunde der Bl. $\frac{1}{3}$–$\frac{1}{2}$ so lg. wie die Decksp.

    A. agrostiflóra (G. BECK) RAUSCHERT (*A. schraderana* BECHERER, *A. tenella* R. u. S., *Calamagrostis tenella* (SCHRADER) LINK non HOST), *Zartes S.* – St. 40–60 cm. Rispe mit zarten, oft geschlängelten Ästen. / 7 / (Montan-)subalpin-alpin. Grünerlengebüsche, Zwergstrauchheiden, Runsen; verbr. A. [180]

– Bl. am Grunde ohne Haare od. diese kürzer als die Breite der Decksp. 2

2. B. flach. Granne meist fehlend. 3

– B., wenigstens die grundst., borstenfg. zusammengefaltet. Granne meist vorhanden. 5

3. B.häutchen der mittleren und unteren B. 5–7 mm lg., zugespitzt, oft zerschlitzt. 4

– B.häutchen der mittleren und unteren B. 1–1,5 mm lg., gestutzt.

    A. ténuis SIBTH. (*A. vulgaris* WITH., *A. capillaris* auct.), *Gemeines S.* – St. 20–60 cm, knickig aufsteigend, B. beiderseits rauh. Rispenäste haardünn, ausgebreitet, mit glatten Ästen. / 6 bis 8 / Kollin-subalpin. Wiesen, lichte Wälder; hfg. [184]

4. Pfl. mit kräftigen, unterirdischen Ausläufern. Halme aufrecht, ohne oberirdische, wurzelnde Triebe.

    A. gigántea ROTH (*A. alba* ssp. *gigantea* (ROTH) ARCANG.), *Riesen-S.*, *Fioringras.* – St. 40–150 cm, Rispenäste nach dem Blühen spreizend, stockwerkartig angeordnet. Halme nur an der Basis mit B.trieben. B. 3–11 mm br. / 6 bis 7 / Kollin-subalpin. Feuchte Wiesen und Halbtrockenrasen; verbr. [183]

– Pfl. mit langen, oberirdisch kriechenden, beblätterten Trieben, an den Knoten wurzelnd.

    A. stolonífera L. (*A. alba* auct. non L.), *Kriechendes S.* – St. 10–70 cm, Rispe nach dem Blühen zusgez., Halm an den wurzelnden Knoten neue B.triebe bildend. B. 2–6 mm br. / 6 bis 7 / Kollin-montan. Ufer, feuchte Wiesen und Äcker; hfg.

5. Rispenäste rauh, feinborstig. 6

– Rispenäste glatt.

    A. rupéstris ALL., *Felsen-S.* – St. 5–20 cm. Ährchen braunviolett. / 7 bis 8 / (Montan-)subalpin-alpin. Felsen, Rasen; besonders auf Urgestein; hfg. A. [188]

6. Pfl. mit Ausläufern. Stlb. 3–6, ca. 2 mm br.

    A. canína L., *Sumpf-S.* – St. 20–40 cm. Untere Rispenäste zu 3–7. Granne fehlend od. vorhanden, dann unter der Mitte der Decksp. eingefügt. / 6 bis 8 / Kollin-montan(-subalpin). Torfmoore, feuchte Waldstellen; zerstr. [186]

– Dichthorstige Alpenpfl. Stlb. 1–2, höchstens 1 mm br.

    A. alpína SCOP., *Alpen-S.* – St. 10–20 cm. B. meist flach. Rispe bis 5 cm lg., untere Rispenäste zu 2–5, zur Bl.zeit ausgebreitet. Ährchen 3–4 mm lg., meist schwarzviolett. Hüllsp. lanzettl., spitz. Granne nahe über dem Grunde der Decksp. eingefügt. / 7 bis 8 / Subalpin-alpin. Rasen, Felsen. M (s.), A (hfg.). [187]

    A. schleícheri JORDAN u. VERLOT (*A. alpina* SCOP. ssp. *schleicheri* (JORDAN u. VERLOT) SCH. u. K.), *Schleichers S.* – St. 20–40 cm. B. meist borstl. Rispe bis 10 cm lg., untere Rispenäste zu 2–5, zur Bl.zeit aufrecht, anliegend. Ährchen ca. 5 mm lg., hellbraun od. grünl. Hüllsp. schmallanzettl., allmähl. in eine Stachelspitze verschmälert. Granne wie bei voriger. / 7 bis 9 / (Kollin-)montan(-subalpin). Kalkfelsen. J (Creux-du-Van), A verbr. (Nordketten) . – Französ. Jura.

769. **Ápera** ADANSON, *Windhalm*

A. spica-venti (L.) P. B. (*Agrostis spica-venti* L.), *Gemeiner W.* – St. 30–100 cm. Rispe gross, ausgebreitet-ästig; Äste 5–10 cm und länger. B. 2–3 mm br. / 6 bis 7 / Kollin-montan. Getreidefelder, Schuttplätze; verbr. [181]
A. interrúpta (L.) P. B. (*Agrostis interrupta* L.), *Unterbrochener W.* – St. 20–30 cm. Rispe schmal, zusgez.; Äste nicht über 3 cm lg. B. etwa 1 mm br. / 6 / Kollin. Sandige Orte, Äcker; s. s. Südwestschw.; auch adv. [182]

770. **Calamagróstis** ADANSON, *Reitgras*

1. Granne gekniet, am Grunde der Decksp. eingefügt. Haare so lg. od. kürzer als die grüne, etwas derbe Decksp. Ährchen mit stielartigem, behaartem Achsenfortsatz *(Fig. 593/1, 2).*
C. vária (SCHRADER) HOST (*C. montana* DC.), *Buntes R.* – St. 70–120 cm. B. beiderseits seegrün, matt. Rispe nach dem Verblühen zusgez., grün, violett od. rötl. Haare so lg. od. etwas kürzer als die Decksp. Granne die Hüllsp. nicht od. wenig (bis 3 mm) überragend *(Fig. 593/1).* / 7 bis 8 / (Kollin-)montan-subalpin(-alpin). Wälder, Rutschhänge; s. hfg. [189]
C. arundinácea (L.) ROTH (*C. silvatica* DC.), *Rohr-R.* – St. 60–120 cm. B. unterseits dunkelgrün, etwas glänzend. Rispe längl., schmal, meist grünl. Haare 3–4mal kürzer als die Decksp. Granne die Hüllsp. weit überragend *(Fig. 593/2).* / 7 bis 8 / (Kollin-)montan. Bergwälder; zerstr., verbr. [190]
– Granne gerade, an der Spitze od. in der Mitte des Rückens der Decksp. eingefügt, od. fehlend. Haare so lg. od. länger als die zarthäutige Decksp. Ährchen ohne Achsenfortsatz *(Fig. 593/3–594/3).* 2
2. Hüllsp. lineal-pfriemfg.; Spitze zusgedr., mit einem behaarten Kiel. Decksp. 3nervig.
C. epigeíos (L.) ROTH, *Gemeines R.* – St. 70–150 cm. Rispe straff aufrecht. Ährchen oft violett überlaufen. Granne in der Mitte des Rückens der

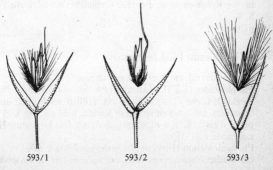

593/1   593/2   593/3

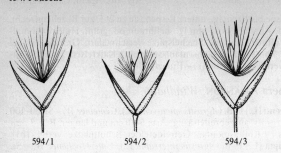

594/1 594/2 594/3

Decksp. entspringend *(Fig. 593/3).* / 7 bis 8 / Kollin-montan(-subalpin). Ufer, Wälder; verbr. [194]

C. pseudophragmítes (HALLER f.) KOELER (*C. litorea* P. B.), *Schilfähnliches R.* – St. 80–150 cm. Rispe schlaff, etwas überhängend. Ährchen oft violett überlaufen. Granne an der Spitze der Decksp. entspringend *(Fig. 594/1).* / 7 bis 8 / Kollin-montan. Ufer; zerstr. [195]

– Hüllsp. schmal-lanzettl., zugespitzt, ohne Kiel, Decksp. 5nervig. ..   3
3. Granne kurz, endst., einer Ausrandung der Decksp. entspringend *(Fig. 594/2).*

C. canéscens (WEBER) ROTH (*C. lanceolata* ROTH), *Lanzettliches R.* – St. 60–150 cm, steif-aufrecht, unten oft verzweigt. B. schmal, steif. B.häutchen bis 3 mm lg., kahl. Rispe schlaff, oft überhängend. / 6 bis 7 / Kollin-montan. Sumpfige Wiesen; s. [192]

– Granne auf dem Rücken der Decksp. entspringend *(Fig. 594/3).*

C. villósa (CHAIX) J. F. GMELIN (*C. hallerana* P. B.), *Wolliges R.* – St. 60–100 cm, gekniet-aufsteigend, unverzweigt. B. br., schlaff. B.häutchen kahl. Rispe wie bei der vorigen Art. Granne in od. unterhalb der Mitte der Decksp. entspringend, diese meist wenig überragend *(Fig. 594/3).* / 7 bis 8 / (Montan-)subalpin(-alpin). Bergwälder, Zwergstrauchheiden. M, A (hfg.). [193]

C. phragmitoídes HARTMAN, *Purpur-R.* – St. 60–150(–200) cm, mehr od. weniger verzweigt. B. br., auf der Oberseite rauh und mehr od. weniger behaart; B.häutchen 5–12 mm lg., dicht kurzhaarig. Rispe gross, aufrecht od. überhängend. Ährchen hellrötl. Granne mittel- bis endst., kurz. / 6 bis 8 / Kollin-montan. Feuchte Gebüsche. Kt. St. Gallen (Rheintal). – S, V.

Bastarde.

771. **Phleum** L., *Lieschgras*

1. Hüllsp. kahl od. am Kiel kurz gewimpert.

Ph. phleoídes (L.) H. KARSTEN (*Ph. boehmeri* WIBEL, *Ph. phalaroides* KOELER), *Glanz-L.* – St. 20–50 cm. Hüllsp. nach oben und unten verschmälert, mit trockenhäutigem Rande, kahl od. am Kiel kurz gewimpert. / 6 bis 7 / Kollin-montan(-subalpin). Trockenwarme Hügel, Rasen; stellenweise. [175]

Ph. paniculátum HUDSON (*Ph. asperum* JACQ.), *Rispiges L.* – St. 15–30 cm. Hüllsp. oben quer gestutzt, mit aufgesetzter Spitze, derb, ohne Hautrand, kahl. / 6 / Kollin. Äcker, Weinberge, Mauerkronen, Ödland; s. M, A (Wallis), auch adv. [174]

– Hüllsp. am Kiel lg.haarig gewimpert. 2
2. Blstd. beim Umbiegen lappig. Rispenäste zum Teil etwas verlängert.
   Ph. hirsútum HONCKENY (*Ph. michelii* ALL.), *Michelis L.* – St. 30–60 cm.
   Blstd. 4–10 cm lg., bis 1 cm dick. Hüllsp. lanzettl., mit trockenhäutigem
   Rande, in eine 1–2 mm lg. Granne auslaufend. / 7 bis 8 / (Montan-)sub-
   alpin(-alpin). Grasige, buschige Hänge. J (bis Chasseral), A (hfg.). [177]
– Blstd. beim Umbiegen nicht lappig. Rispenäste sehr kurz. 3
3. Ährenrispe grün, 3–10(–30) cm lg., oberste B.scheiden nicht oder nur
   wenig aufgeblasen. B. beiderseits rauh.
   Ph. praténse L. s.l., *Wiesen-L.*, *Timotheusgras.* – St. 20–100(–120) cm,
   B.häutchen bis 5 mm lg. Blstd. lg., walzenfg. Grannen der Hüllsp. $\frac{1}{4}$–$\frac{1}{2}$
   so lg. wie diese. / 6 bis 8 / Wiesen, Weiden und Triften; verbr. [178]

   > **01.** Rispe 7–12 mm br. Ährchen einschliessl. der 1–2 mm lg. Grannen 4,5–5,5 mm
   > lg.
   > **Ph. praténse** L. s.str., *Echtes Wiesen-L.* – St. 30–90(–150) cm, B.häutchen 2–5
   > mm lg., spitz, kahl. Blstd. 8–15(–30) cm. / 6 bis 8 / Kollin-montan(-subalpin).
   > Wiesen, Weiden; verbr.
   > – Rispe 4–6 mm br. Ährchen einschliessl. der 0,3–1,2 mm lg. Grannen 2,5–3,5
   > mm lg.
   > **Ph. bertolónii** DC. (*Ph. nodosum* auct.), *Knotiges Wiesen-L.* – St. 10–60(–100)
   > cm, B.häutchen 1–2 mm lg., kurz behaart. Blstd. 1–8 cm. / 6 bis 8 / Wie vorige.
   > Trockenere Wiesen und Triften; zerstr.

– Ährenrispe violett überlaufen, 1–4(–6) cm lg., obere B.scheiden deutl.
   aufgeblasen. B. nur am Rande rauh.
   Ph. alpínum L. s.l., *Alpen-L.* – St. 10–50 cm, B.häutchen bis 1 mm lg., gestutzt. Blstd. meist kurz walzenfg. bis eifg. Grannen der Hüllsp. mindestens $\frac{1}{2}$ so lg. wie diese. / 7 bis 8 / (Montan-)subalpin-alpin. Fettmatten,
   Läger; hfg. [179]

   > **01.** Grannen $\frac{1}{2}$ so lg. wie ihre Hüllsp., in der unteren Hälfte lg. behaart.
   > **Ph. rhaéticum** (HUMPHRIES) RAUSCHERT (*Ph. alpinum* L. em. GAUDIN s.str.),
   > *Alpen-L.* – Pfl. mit kurz kriechendem Rhizom. Blstd. 3–4 cm lg. / 7 bis 8 /
   > (Montan-)subalpin-alpin. Fettwiesen und Weiden; hfg.
   > – Grannen etwa so lg. wie ihre Hüllsp., kahl od. etwas rauhborstig.
   > **Ph. commutátum** GAUDIN (*Ph. alpinum* L. s.str.), *Falsches Alpen-L.* – Pfl. ohne
   > kriechendes Rhizom. Blstd. 1–3 cm lg. / 7 bis 8 / Subalpin-alpin. Wie vorige;
   > verbr.

772. **Alopecúrus** L., *Fuchsschwanz*

1. Hüllsp. durch einen Querwulst gegliedert, plötzl. in eine hornartige
   Spitze ausgezogen.
   A. réndlei EIG (*A. utriculatus* (L.) SOLANDER), *Weitscheidiger F.* – St. 10–
   30 cm, niederliegend-aufsteigend. Oberste B.scheide blasenfg. aufgetrieben. Blstd. kurz, eifg. / 5 bis 6 / Kollin. Feuchte Wiesen; s. – Bad., Els.,
   Belf.; Co. (urwüchsig?). In der Schweiz adv. [169]
– Hüllsp. nicht gegliedert. 2
2. St. aufrecht. Ährchen 4–5 mm lg. od. länger.
   A. myosuroídes HUDSON (*A. agrestis* L.), *Acker-F.* – St. 20–50 cm. Ähre
   an beiden Enden verschmälert. Hüllsp. am Kiel und am Rande sehr kurz
   gewimpert, sonst kahl. / 5 bis 9 / Kollin. Äcker, Ödland; zerstr. [170]
   A. praténsis L., *Wiesen-F.* – St. 30–100 cm. Ähre walzl., stumpf. Hüllsp.

am Kiel und an den Rändern lg.-zottig gewimpert. / 5 bis 7 / Kollin-montan. Fette Wiesen; verbr. [171]
– St. am Grunde niederliegend od. flutend. Ährchen 2 od. 3 mm lg.
  A. geniculátus L., *Geknieter F.* – St. 10–50 cm. B. graugrün, mit etwas aufgeblasener Scheide. Ährchen 3 mm lg. Granne unter der Mitte der Decksp. eingefügt, lg. hervorragend. Stb.beutel hellgelb, später braun. / 5 bis 9 / Kollin-montan.. Sumpfgräben, Ufer; zerstr. [172]
  A. aequális SOBOLEWSKY (*A. fulvus* SM.), *Rotgelber F.* – St. 10–40 cm. Ährchen 2 mm lg. Granne in od. über der Mitte der Decksp. eingefügt, sehr kurz, kaum aus dem Ährchen hervorragend. Stb.beutel weissl., später ziegelrot. / 5 bis 9 / Kollin-subalpin. Wie vorige; s. [173]

773. **Stipa** L., *Pfriemengras, Federgras*

1. Granne der Decksp. federartig behaart.
  St. pennáta L. s.l., *Federgras.* – St. 40–100 cm, horstbildend. Rispe zus-gez. Granne der Decksp. 20–50 cm lg., gekniet, gedreht. / 5 bis 7 / Kollin-montan. Trockenwarme Hügel, Felsen. J, A. – Bad., Els. [163]
  01. Ränder der Decksp. im oberen Drittel kahl. Junge B.spitzen steriler Triebe mit Haarbüscheln. Abgestorbene B.scheiden matt, graubraun. Grannen zur Fr.zeit am Grunde dunkelbraun.
    St. joánnis ČEL. ssp. **joánnis**, *Grauscheidiges F.* – St. 30–100 cm. Stlb. einge-rollt, ausgebreitet 1,5–2,5 mm br. Decksp. 16–19 mm lg., Granne 20–28 cm lg. / 5 bis 7 / Kollin-montan. Steinige Trockenrasen, Felsen; zerstr. A (Wallis, T, Graub.). – Bad. (Kaiserstuhl).
  – Ränder der Decksp. durchgehend behaart. Junge B.spitzen steriler Triebe kahl. Abgestorbene B.scheiden ± glänzend, hellgelb. Grannen zur Fr.zeit am Grunde gelb. 02
  02. Decksp. 17–21 mm lg. B. unterseits glatt, ausgebreitet 1,5–2(–2,5) mm br. Grundst. B. an der Spitze nicht schräg abgeschnitten.
    St. pennáta L. ssp. **eriocaúlis** (BORBÁS) MARTINOWSKY u. SKALICKÝ (*St. erio-caulis* BORBÁS ssp. *eriocaulis*), *Zierliches F.* – St. 25–40 cm. Decksp. 18–19 mm lg., am Rande dicht behaart. Granne 20–28 cm lg., an ihrer Ansatzstelle ohne Anhängsel. / 5 bis 7 / Kollin(-montan). Trockenrasen; verbr. J (Neuenb.), A (zentralalpine Trockentäler).
    St. pennáta L. ssp. **pennáta** (*St. eriocaulis* BORBÁS ssp. *lutetiana* H. SCHOLZ), *Echtes F.* – Von voriger verschieden. Decksp. 17–21 mm lg., am Rande locker od. unterbrochen behaart. Ansatzstelle der Granne mit ohrenfg. Anhängsel. / 5 bis 7 / Kollin. Trockenrasen; s. s. – Bad. (Istein).
  – Decksp. 20–26 mm lg. B. unterseits rauh, ausgebreitet 2–4 mm br. Grundst. B. an der Spitze schräg abgeschnitten *(Fig. 599/1)*.
    St. pulchérrima C. KOCH (*St. grafiana* STEVEN), *Gelbscheidiges F., Grosses F.* – St. 60–100 cm. Decksp. 20–26 mm lg. Granne bis 50 cm lg., mit 4–7 mm lg. Haaren. / 5 bis 7 / Kollin. Trockenrasen. – Bad. (Kaiserstuhl), Els.(?).

– Granne der Decksp. kahl, rauh, nicht federartig behaart.
  St. capilláta L., *Haar-Pf.* – St. 40–100 cm, Granne 10–15 cm lg., mehrere miteinander verdreht und verschlungen. / 6 / Kollin-montan. Trocken-rasen; zerstr. A (Wallis, Graub.). – Bad. (Kaiserstuhl), Ao., Bormio, Vintschgau. [164]

774. **Achnátherum** P. B., *Rauhgras*

A. calamagrostis (L.) P. B. (*Stipa calamagrostis* (L.) WAHLENB., *Lasiagro-stis calamagrostis* (L.) LINK), *Rauhgras.* – St. 50–120 cm. B. gegen die

Spitze borstenfg. zusammengefaltet. Rispe ausgebreitet, silberglänzend-gelbl. Decksp. lg. seidig behaart, mit 8–12 mm lg. Granne. / 6 bis 9 / (Kollin-)montan(-subalpin). Felsen, Felsschutt, Fluss- und Bachschotter; auf Kalk; verbr. J, M, A. [162]

775. **Mílium** L., *Waldhirse*

M. effúsum L., *Waldhirse.* – Pfl. blaugrün. St. 50–180 cm. B.häutchen bis 7 mm lg., gestutzt. Rispe gross, mit abstehenden, haardünnen Ästen. Ährchen 2,5 mm lg. / 5 bis 6 / Kollin-subalpin. Wälder; verbr. [160]

776. **Muhlenbérgia** SCHREBER, *Tropfensame*

M. schréberi J. F. GMELIN, *Tropfensame.* – Pfl. ausdauernd. St. zart, sehr schlank, ausgebreitet, am Grunde niederliegend und oft an den Knoten wurzelnd, 50–60 cm lg., sich in feine, aufsteigende Äste gabelnd. B. flach, 2,5–5 cm lg. Rispe zusges., fadenfg. bis linear-zylindrisch. Ährchen kurz gestielt. / 9 bis 10 / Kollin. Strassen- und Wegränder, Rasenplätze. Sich einbürgernd im T im Gebiet des Luganersees. Stammt aus Nordamerika.

777. **Tragus** HALLER, *Klettengras*

T. racemósus (L.) ALL., *Klettengras.* – St. 10–30 cm, niederliegend, an den Knoten wurzelnd. B.spreite borstig gewimpert. Rispenäste verkürzt, mit 3–4 sitzenden Ährchen. / 6 bis 8 / Kollin. Sandige Wege; s. s. Wallis; sonst hie und da verschleppt. – Ao. [148]

778. **Hieróchloë** R. BR., *Mariengras*

H. odoráta (L.) WAHLENB., *Duftendes M.* – Pfl. lg. Ausläufer treibend. St. 20–50 cm. Rispe locker, bis 15 cm lg. Ährchenstiele kahl. Ährchen bräunl.-gelb. / 5 bis 6 / (Kollin-)montan. Ufer, Torfmoore; s. s. J (Vallée de Joux), M, A (Waadt, Wallis, Schwyz). [141]
H. austrális (SCHRADER) R. u. S., *Südliches M.* – Pfl. lockerrasig, keine Ausläufer bildend. St. 15–45 cm. Rispe bis 6 cm lg. Ährchenstiele unter dem Ährchen mit einem Haarbüschel. Ährchen bräunl.-gelb. / 4 bis 5 / Montan-subalpin. Buschwälder. – Co., Bergam., Vintschgau. [142]

779. **Anthoxánthum** L., *Ruchgras*

A. odorátum L. s.l., *Ruchgras.* – St. 15–50(–80) cm. B.spreiten kurz, 2–10 cm lg., 2–6 mm br. Rispe ährenfg. zusges., 2–8 cm lg., glänzend. Ährchen 3bl., das obere Blütchen fertil, mit grannenloser Decksp., die beiden unteren sterilen mit begrannter Decksp. Pfl. beim Trocknen stark nach Cumarin duftend. / 4 bis 7 / Kollin-alpin. Wiesen, Weiden, Wälder, Zwergstrauchheiden; s. hfg. [140]

 A. odorátum L. s.str., *Ruchgras.* – St. 20–50 cm. B.spreiten beiderseits grau-grün, matt, flach, sich nach der Bl.zeit od. beim Trocknen nicht einrollend. Decksp. gelbl., die der fertilen Bl. glatt, kahl, jene der sterilen Bl. bis oben dicht behaart. / 4 bis 6 / Kollin-montan. Wiesen, Weiden, Wälder; s. hfg.

A. alpínum LÖVE u. LÖVE (*A. nipponicum* HONDO), *Alpen-R.* – St. 10–25 cm. B.spreiten oberseits graugrün, matt, unterseits gelbgrün, glänzend, sich nach der Bl.zeit od. beim Trocknen röhrenfg. nach oben einrollend. Decksp. gelbbraun, die der fruchtbaren Bl. mindestens an den Rändern borstig behaart, rauh, jene der sterilen Bl. im oberen Teil oft kahl. / 5 bis 7 / (Montan-)subalpin-alpin. Wiesen, Weiden, Zwergstrauchheiden. J (bis Raimeux), A (hfg.).

780. Phaláris L., *Glanzgras*

Ph. arundinácea L. (*Typhoides arundinacea* (L.) MOENCH), *Rohr-G.* – Pfl. 1–2 m. Blstd. eine zur Bl.zeit offene Rispe. Ährchen oft rötl.- od. hellviolett überlaufen. / 6 bis 7 / Kollin-montan. Ufer; hfg. – Vom Typus abweichend: var. **picta** L., *Bandgras.* – B. weiss und grün gestreift. – Hfg. in Gärten kult. und zuweilen verwildert (selten blühend). [138]
Ph. canariénsis L., *Kanariengras.* – Pfl. 10–50 cm. Blstd. dicht, längl.-eifg. Äussere Hüllsp. am Kiel geflügelt, weiss, mit grünen Randstreifen. / 7 / Kollin(-montan). Schuttstellen, Ödland; zerstr. [139]

781. Leersia SW., *Reisquecke, Wildreis*

L. oryzoídes SW. (*Oryza clandestina* A. BR., *O. oryzoides* (L.) BRAND), *Wilder Reis.* – St. 50–100 cm. B. flach, am Rande sehr rauh. Rispe locker, mit geschlängelten Ästen, meist in der obersten B.scheide eingeschlossen bleibend. Ährchen unbegrannt, eilanzettl., seitl. zusgedr. / 8 bis 9 / Kollin-montan. Sumpfgräben; zerstr. [137]

782. Digitária HALLER, *Fingerhirse*

D. sanguinális (L.) SCOP. (*Panicum sanguinale* L.), *Blutrote F., Bluthirse.* – St. 10–60 cm, niederliegend, am Grunde oft wurzelnd und dann gekniet-aufsteigend. B. und B.scheiden behaart. Ähren zu 4–8 od. mehr. Ährchen längl.-lanzettl., etwa 3 mm lg. / 7 bis 9 / Kollin-montan. Wegränder, Äcker, Gartenland; verbr. [151]
D. ischaémum (SCHREBER) MÜHLENB. (*P. humifusum* KUNTH, *P. lineare* KROCKER, *P. ischaemum* SCHREBER, *D. filiformis* KOELER), *Niederliegende F.* – St. 5–20 cm, niederliegend od. aufsteigend, am Grunde reichl. verzweigt. B. und B.scheiden kahl. Ähren zu 2–4. Ährchen elliptisch-eifg., 2–3 mm lg. / 7 bis 9 / Kollin-montan. Wie vorige; weniger hfg. [152]

783. Echinóchloa P. B., *Hühnerhirse*

E. crus-gálli P. B. (*Panicum crus-galli* L.), *Hühnerhirse.* – St. 30–80(–170) cm, am Grunde gekniet-aufsteigend. B. am Rande und oberseits rauh. Ährchen einseitig. Ährchen begrannt od. unbegrannt. / 7 bis 9 / Kollin-montan. Äcker, Wegränder, Schuttstellen; verbr. [150]

784. Oplísmenus P. B. (*Hoplismenus* HASSKARL), *Grannenhirse*

O. undulatifólius (ARD.) P. B., *Grannenhirse.* – St. 20–80 cm, kriechend. B.spreite eifg.-elliptisch, wellig. Hüllsp. weich behaart, mit braunroter bis schwarzer Granne. / 7 bis 9 / Kollin. Schattige Orte; verbr. T, Graub. (Misox, Calanca); verschleppt od. eingeführt bei Chancy (Kt. Genf). – Südl. Grenzzone von Ao. bis Chiav. [153]

785. Panícum L., *Hirse*

P. miliáceum L., *Echte H.* – St. 50–90 cm. Rispe gross, mit zuletzt überhängenden Ästen. Ährchen 4,5–5,5 mm lg. / 7 bis 9 / Kollin. Kult. (heute nur noch s.); Ödland; zerstr. Stammt aus Asien. [149]

P. capilláre L., *Haarästige H.* – St. 20–80 cm. Rispe sehr gross, mit weiten, aufrechten, haarfeinen Ästen. Ährchen 2–3 mm lg. / 7 bis 10 / Kollin. Zierpfl. Vielfach auf Schuttstellen und Bahnarealen, auf Feldern, an Flussufern, oft in Menge, verwildert und eingebürgert. Stammt aus Nordamerika. [4A]

786. Setária P. B., *Borstenhirse*

1. Borsten mit rückwärts gerichteten Zähnchen *(Fig. 599/2)*, daher Ährenrispe und oberer Teil des St. beim Aufwärtsstreichen rauh.
   S. verticilláta (L.) P. B. (*S. panicea* Sch. u. Th.), *Quirlige B.* – St. 30–60 cm. B. oberseits und am Rande sehr rauh. Ährenrispe am Grunde oft unterbrochen. / 7 bis 9 / Kollin. Äcker, Schuttplätze; zerstr. [154]
   – Borsten mit vorwärts gerichteten Zähnchen *(Fig. 599/3)*, daher Ährenrispe und oberer Teil des St. beim Abwärtsstreichen rauh. 2
2. Ährenrispe am Grunde unterbrochen.
   S. decípiens C. Schimper (*S. ambigua* Guss.), *Kurzborstige B.* – St. 30–50 cm. Borsten wenig zahlreich, kurz (höchstens doppelt so lg. wie die Ährchen). / 7 bis 9 / Kollin; s. [156]
   – Ährenrispe am Grunde nicht unterbrochen. 3
3. Decksp. und Vorsp. deutl. querrunzlig. Unter dem Ährchen mindestens 5 Borsten *(Fig. 599/4)*.
   S. glauca (L.) P. B., *Graugrüne B.* – St. 15–60 cm. B. graugrün. Borsten rotgelb. / 7 bis 9 / Kollin-montan. Äcker, Ödland; verbr. [155]
   – Decksp. und Vorsp. fein punktiert. Unter dem Ährchen 1–3 Borsten *(Fig. 599/5)*.
   S. víridis (L.) P. B., *Grüne B.* – St. 5–60 cm, aufsteigend. Ährenrispe auch zur Fr.zeit aufrecht. Borsten grün od. schmutzigviolett überlaufen. / 7 bis 9 / Kollin-montan. Bebaute Orte, Wegränder, Ödland; hfg. [157]
   S. itálica (L.) P. B., *Kolbenhirse, Fennich.* – St. 40–100 cm, aufrecht. Ährenrispe gross, fingerdick, zur Fr.zeit überhängend. / 7 bis 8 / Kollin. Kult. und verwildert. [158]

599/1   599/2   599/3   599/4   599/5

787. Sórghum MOENCH, *Mohrenhirse*

S. halepénse (L.) PERS. (*Andropogon halepensis* (L.) BROT.), *Aleppo-M.* –
St. 60–200 cm. Ährchen am Ende der Rispenäste zu 3, 2 gestielte und 1
sitzendes; ausserdem seitl. Ährchen zu 2, je 1 gestieltes und 1 sitzendes;
die gestielten Ährchen männl. od. unfruchtbar, die sitzenden zwittrig,
mit zarter Granne. / 6 bis 8 / Kollin. Ödland, Schuttplätze; verschleppt;
besonders im südl. T. [144]

788. Chrysopógon TRIN., *Goldbart*

Ch. gryllus TRIN. (*Andropogon gryllus* L., *Pollinia gryllus* SPRENGEL),
Goldbart. – St. 70–100 cm. Rispe gross, am Ende der Äste je 3 Ährchen
tragend; diese am Grunde gelb- bis rotgelb-glänzend behaart; das mittlere, zwittrige Ährchen mit 2,5 cm lg. Granne. / 6 / Kollin. Trockenwiesen, felsige Orte. Waadt (Bex), T, Graub. (Misox). – Ao., Co., Chiav.,
Veltlin. [143]

789. Bothríóchloa O. KUNTZE, *Bartgras*

B. ischaémum (L.) KENG (*Andropogon ischaemum* L., *Dichantium ischaemum* (L.) ROBERTY), *Gemeines B.* – St. 30–70(–100) cm, oft verzweigt.
Ähren zu mehreren, fingerfg. gestellt. Je 1 männl. und 1 zwittriges Ährchen paarweise gestellt, letzteres mit etwa 15 mm lg., kahler Granne. / 7
bis 9 / Kollin-montan. Trockene Rasen, Hänge; zerstr.; besonders Ebene
und Hügelstufe. [146]

790. Heteropógon PERS., *Bartgras*

H. contórtus (L.) P. B. ex R. u. S. (*H. allionii* R. u. S., *Andropogon contor-
tus* L.), *Gedrehtgranniges B.* – St. 30–80 cm, oft mit 1–3 Seitenästen.
Ähren einzeln. Untere Ährchen alle männl., unbegrannt, obere zwittrig,
mit lg., brauner, behaarter Granne. Grannen der ganzen Ähre oft miteinander verschlungen. / 8 bis 9 / Kollin. Trockenwarme Hügel; s. Südl.
T; auch adv. – Ao., Langensee, Co., Chiav., Veltlin. [145]

791. Zea L., *Mais*

Z. mays L., *Mais, Welschkorn.* – St. bis 6 cm dick, 1,5–2,5 m hoch. Weibl.
Blstd. (Kolben) von scheidenfg. B. umhüllt. Gr. am Ende des Kolbens
hervorragend. / 7 bis 8 / Kult. Stammt aus dem tropischen Amerika.
[147]

Fam. 155. Aráceae. *Aronstabgewächse*

Kahle Stauden mit Rhizomen od. Knollen. B. grundst., oft netznervig. Bl. in vielbl.
Kolben (Spadix) angeordnet, von einem oft krb.artig gefärbten Hochb. (Spatha) umschlossen *(Fig. 55/7).* Bl. klein, mit unscheinbarer, 4–6teiliger od. fehlender Bl.decke,
eingeschlechtig od. zwittrig, teilweise auch geschlechtslos, fadenfg. Stbb. 1–16, selten

mehr. Frb. 3–1, zu einem oberst., oft in den Kolben eingesenkten Frkn. verwachsen. Beeren.

1. B. fussfg. geteilt. Scheidenb. (Spatha) schwarzrot.   **Dracunculus 792**
– B. anders gestaltet.   2
2. B. lineal, schwertfg. (bis über 1 m lg.).   **Acorus 795**
– B. spiessfg. od. herzfg.   3
3. B. spiessfg. Spatha grünl., tütenfg. zusammengerollt. Kolben in einen keulenfg. Fortsatz verlängert, ohne Bl. an der Spitze.   **Arum 793**
– B. herzfg. Spatha weiss, flach. Kolben bis zur Spitze mit Bl. besetzt.   **Calla 794**

792. **Dracúnculus** MILLER, *Schlangenwurz*

D. vulgáris SCHOTT (*Arum dracunculus* L.), *Schlangenwurz.* – Pfl. 40–80 cm, mit knollenfg. W.stock. Kolben schwärzl.-rot. / 5 / Kollin. Hecken; s. s. Südl. T (Kulturrelikt[?]; ob noch?). [487]

793. **Arum** L., *Aronstab*

A. maculátum L., *Gemeiner A., Aronenkraut.* – Pfl. 20–50 cm. Oberer Teil des Kolbens violettbraun. B. im Frühjahr erscheinend, grün, selten schwarz gefleckt. / 4 bis 5 / Kollin(-montan). Hecken, feuchte Wälder; verbr. [488]

A. itálicum MILLER, *Italienischer A.* – Pfl. 30–60 cm. Oberer Teil des Kolbens gelb. B. im Herbst erscheinend, hellgrün, oberseits mit weissl. Adern. / 4 bis 5 / Kollin. Hecken, Ödland; s. Genf (Kulturrelikt), Waadt (verschleppt?), südl. T. – Ao., Co. [489]

794. **Calla** L., *Drachenwurz*

C. palústris L., *Drachenwurz.* – Pfl. 15–30 cm. B. lg. gestielt. Spatha stachelspitzig. / 6 bis 7 / Kollin-montan. Sumpfgräben, Seeufer; s. M. – V. [490]

795. **Ácorus** L., *Kalmus*

A. cálamus L., *Kalmus.* – Pfl. 60–180 cm. Rhizom bis 3 cm dick. Kolben infolge des aufgerichteten Hüllb. scheinbar seitenst. / 6 / Kollin-montan. Sumpfige Orte, Ufer; s. [491]

Fam. 156. **Lemnáceae.** *Wasserlinsengewächse*

Ausdauernde, freischwimmende od. untergetauchte, b.artig aussehende, fast ausschliessl. durch Sprossung auseinander hervorgehende, oft lange zusammenhängende Wasserpfl. Bl. sehr selten, ohne Bl.decke, eingeschlechtig, meist 2 männl. und 1 weibl. Bl. von einer Spatha umgeben und am Rande des Vegetationskörpers. Männl. Bl. mit 1 Stbb. Weibl. Bl. mit 1 Frb. Fr. trocken, ein- od. mehrsamig.

1. W. zu mehreren, büschelig *(Fig. 60/1).*   **Spirodela 796**
– W. einzeln *(Fig. 60/2).*   **Lemna 797**

796. **Spirodéla** SCHLEIDEN, *Teichlinse*

S. polyrrhíza (L.) SCHLEIDEN (*Lemna polyrrhiza* L.), *Teichlinse.* – Sprosse rundl., 4–7 mm br., flach, unterseits meist rot. / 5 bis 9 / Kollin(-montan). Stehende und langsam fliessende Gewässer; s. [492]

797. **Lemna** L., *Wasserlinse*

1. Sprosse dünn, längl.-lanzettl., untergetaucht, nur zur Bl.zeit an der Oberfläche.
   L. trisúlca L., *Dreifurchige W.* – Sprosse am einen Ende stielartig verschmälert, in mehrfach 3zähligen Gruppen zusammenhängend. / 5 bis 9 / Kollin(-montan). Stehende und langsam fliessende Gewässer; zerstr. [493]
– Sprosse dickl., rundl., auf dem Wasser schwimmend.
2. Sprosse im Durchlicht 3nervig (Lupe od. Mikroskop!).
   L. minor L., *Kleine W.* – Sprosse beiderseits flach od. etwas gewölbt. / 5 bis 9 / Kollin-montan(-subalpin). Stehende und langsam fliessende Gewässer; verbr. [494]
   L. gibba L., *Bucklige W.* – Sprosse unterseits halbkugelig od. doch stärker gewölbt als bei *L. minor.* / 5 bis 9 / Kollin(-montan). Wie vorige; s. s. Nordostschw. [495]
– Sprosse im Durchlicht einnervig (Lupe od. Mikroskop!).
   L. minúscula HERTER (*L. minima* PHILIPPI), *Winzige W.* – Sprosse br. oval, dicklich, ganz mit Lufthöhlen ausgefüllt. Nerv nur ¾ des Sprosses durchziehend. / 5 bis 9 / Kollin-montan. Wie vorige; s. s. M (Aare zw. Klingnau und Koblenz; Bodensee [Altenrhein]). – Bad. (Märkt), Els. (Blotzheim). Stammt aus Nordamerika.

Verzeichnis der wichtigsten Giftpflanzen

Index der morphologischen Fachausdrücke

Register

Das Register enthält die lateinischen und deutschen Familiennamen, die lateinischen und deutschen Gattungsnamen sowie zahlreiche deutsche Artnamen; ausserdem bei Carex die lateinischen Artnamen.

Die deutschen Namen sind kursiv gedruckt. Synonyme der lateinischen Gattungsnamen (und einiger Familiennamen) stehen zwischen Klammern. Die Synonyme bei Carex sind kursiv gedruckt.

607

615

617

623